2012

中国农业机械化年鉴

THE YEARBOOK OF AGRICULTURAL MECHANIZATION IN CHINA

主管　中华人民共和国农业部
主办　农业部南京农业机械化研究所

中国农业机械化年鉴

THE YEARBOOK OF AGRICULTURAL MECHANIZATION IN CHINA

主管　中华人民共和国农业部
主办　农业部南京农业机械化研究所

2012

中国农业科学技术出版社

图书在版编目(CIP)数据

中国农业机械化年鉴．2012 / 曹曙明主编．—北京：中国农业科学技术出版社，2013.1

ISBN 978-7-5116-1180-2

Ⅰ.①中… Ⅱ.①曹… Ⅲ.①农业机械化－中国－2012－年鉴 Ⅳ.①F323.3-54

中国版本图书馆CIP数据核字(2012)第305617号

责任编辑 徐 毅 姚 欢
责任校对 贾晓红

出 版 者 中国农业科学技术出版社
北京市中关村南大街 12 号　　邮编：100081
电　　话 （010）82106636（编辑室）　（010）82109704（发行部）
（010）82109709（读者服务部）
传　　真 （010）82106631
网　　址 http://www.castp.cn
经 销 者 各地新华书店
印 刷 者 南京四彩印刷有限公司
开　　本 889mm×1194mm　1/16
印　　张 23
字　　数 1 033 千字
版　　次 2013 年 1 月第 1 版　2013 年 1 月第 1 次印刷
定　　价 320.00 元

盛世修志、传承文明，知往鉴来、共创辉煌。《中国农业机械化年鉴》的正式出版，客观地记载了我国农业机械化发展的历史进程，展现了各地农机化工作取得的新成就、新经验、新亮点，搭建了权威的农业机械化信息和数据交流平台，为正确把握农业机械化发展规律，科学制定农业机械化发展规划和发展战略提供了翔实资料，是一件非常有意义的工作。

发展农业机械化，是建设现代农业的物质基础，是促进农民增收的有效途径，是建设社会主义新农村的重要内容，是应用农业科技的主要载体，是促进国民经济发展的有生力量，是构建和谐社会的必然要求。当前，我国正处于传统农业向现代农业转变的关键时期。党中央、国务院把解决好“三农”问题作为全党工作和全部工作的重中之重，支农惠农政策得到进一步巩固、加强和完善，我国农业机械化面临良好发展机遇。《中华人民共和国农业机械化促进法》为农业机械化发展提供了有力的法律保障，购机补贴等扶持措施为农业机械化发展提供了强大的政策支持，农民收入持续增长为农业机械化发展奠定了重要的经济基础，农机科技进步为农业机械化发展提供了坚实的技术支撑，建设社会主义新农村为农业机械化发展带来了新的需求，大力发展现代农业为农业机械化发展营造了良好的社会氛围。可以说，条件已经具备，时机已经成熟，我国农业机械化事业正处在一个加快发展的历史新起点上。农机化系统广大干部职工要全面落实科学发展观，以前瞻性的眼光、全局性的高度、战略性的思维来统筹谋划好农机化工作，做到在认识上要有新提高，在实践上要有新举措，在工作上要有新成效，推动我国农机化发展由初级阶段向中级阶段跨越。

希望各级农机部门继续关心、支持《中国农业机械化年鉴》的编辑和发行工作。希望《中国农业机械化年鉴》突出权威性、综合性、科学性、指南性、文献性、数据性和史料性的特色，忠实记录农机化发展历史，传承农机文化精髓，博采农机化研究成果，推动我国农业机械化事业又好又快发展，为发展现代农业、建设社会主义新农村、构建社会主义和谐社会作出新的更大贡献！

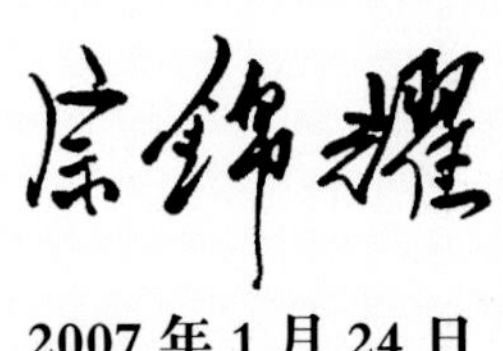

2007 年 1 月 24 日

中国农业机械化年鉴编辑委员会

编辑说明

一、《中国农业机械化年鉴》是我国农业机械化综合性行业年鉴，旨在逐年记载我国农业机械化发展的历史进程，提供农业机械化经济技术资料与统计数据，服务现代农业，促进行业发展，为政府决策提供发展借鉴与依据。

二、《中国农业机械化年鉴》2012年版设领导报告与论述、农业机械化论坛、农业机械化政策法规及规章、农业机械化工作、农机工业与流通、农业机械化统计资料、农机社团组织、机构与负责人、大事记、附录、索引等栏目。

三、《中国农业机械化年鉴》由中华人民共和国农业部主管，农业部南京农业机械化研究所主办。中国农业机械化年鉴编辑委员会由农业部农业机械化管理司、各省（自治区、直辖市）农业机械化主管部门、有关农业机械化企事业单位和高等院校领导与专家组成。《中国农业机械化年鉴》编辑部设在农业部南京农业机械化研究所。

四、《中国农业机械化年鉴》采用分类编辑法编辑，类目下设分目，年鉴以条目为记载资料的基本单元。

五、《中国农业机械化年鉴》的类目、分目、条目标题使用不同字体、字号，类目标明于页眉，以便于检索，条目标题均为黑体字加【 】号。

六、《中国农业机械化年鉴》所采用的稿件来自农业部、各省（自治区、直辖市）农业机械化主管部门、有关农业机械化企事业单位和高等院校，条目、数据、事实等经过有关部门反复核对。

七、《中国农业机械化年鉴》的各项全国统计数字均不含香港特别行政区、澳门特别行政区和台湾地区。

八、为便于读者查阅，《中国农业机械化年鉴》卷首有目录，卷末有大事记和索引，全书的信息资料可通过目录、大事记、索引3个检索渠道查阅。

九、由于编排格式的需求，年鉴农业机械化发展报告、领导报告与论述、农业机械化论坛等栏目文章略去了“参考文献”内容，在此深表歉意。

十、《中国农业机械化年鉴》的编辑工作得到中国农业科学院、各级农业机械化主管部门、农业机械化企事业单位和有关高等院校的大力支持，在此深表谢意。

2013

《中国农机化》杂志改刊为《中国农机化学报》

根据农业机械化科研与学术工作的实际需求，国家新闻出版署以“新出审字［2012］860号”文批复，《中国农机化》杂志自2013年起改刊为《中国农机化学报》，这是我国农业机械化科研平台建设的重大成果。

《中国农机化》杂志创刊于1957年，是中文核心期刊和全国农业核心期刊，也是我国农业机械化领域理论刊物。创刊以来，《中国农机化》杂志始终遵循办刊方针，贯彻党和国家农业机械化方针政策，反映我国不同时期农业机械化发展水平，真实记载国家农业机械化科学技术发展的动态历史。作为农业机械化行业重要的科技文献，《中国农机化》杂志至真至实地反映我国农业机械化的创新理论、关键技术、试验方法、详实数据、构思假设、科研历程，用独到的办刊理念，严谨的学术作风推动我国农业机械化新理论、新技术、新产品和新工艺的研发，产生了显著的社会、经济效益。

《中国农机化学报》将秉承《中国农机化》的办刊理念，坚持实事求是、理论与实践相结合的严谨学风和文风，鼓励农业机械化学术创新。办刊宗旨为：报道我国农业机械化领域最新科研成果，传播农业机械化科学理论与技术，加强农业工程学术交流，促进科研人才培养，服务我国农业现代化建设。重点栏目为：综述、发展研究、管理研究、基础研究、应用研究、“三农”研究、国外农机化等。读者对象为：国内农业机械化研究院所科研人员与推广鉴定部门科技工作者、农业高等院校师生，政府有关决策部门；国外有关高校、公图、科研机构和应用部门研究人员。

《中国农机化学报》将用崭新的媒体平台支撑我国农业机械化理论基础性、前沿性、前瞻性、应用性、公益性研究，适应实现农业现代化以及农业机械化的需求，为我国农村经济发展和社会进步做出贡献。

《中国农机化学报》编辑部

《中国农机化学报》编辑部
地址：南京市柳营100号，210014
电话：025-84346270、84346296
传真：025-84346271
投稿E-mail：jcam@vip.163.com
审稿E-mail：zgnjh@163.com

约翰迪尔，全球领先农机企业

约翰迪尔创立于1837年，历经175年的发展，现已成为全球领先的农机企业。我们的用户与土地息息相关——为了应对全球日益增长的衣食住行需求，他们在土地上耕耘、收获、拓垦、建屋，而我们则致力于为他们的成功提供支持。

约翰迪尔于1976年就来到了中国。目前，约翰迪尔在国内有5,000余名员工，共建有8个工厂，并拥有先进的产品研发中心、庞大的国内采购网络、完善的销售和售后服务网络、以及便捷的零件支持及设备融资服务。

我们的产品涵盖大、中、小马力拖拉机，各种作物收获机、植保机械、挖掘机、装载机、传动设备及柴油发动机。我们为用户提供的不仅是先进适用的机械设备，更是现代化的解决方案。

www.JohnDeere.com.cn

上市股票：A股：一拖股份 601038
H股：第一拖拉机00038
新的生活从东方红®开始
LA2004
第一拖拉机股份有限公司
FIRST TRACTOR COMPANY LIMITED
金色服务 在您身边
ATTENTIVE SERVICE AROUND YOU
免费服务电话：4006591899
www.ytogroup.com

五征现代农业装备公司

五征集团始建于1961年，其前身是五莲县拖拉机站，现已形成农用车、汽车和现代农业装备三大产业，员工14000人，总资产60亿元。企业规模列中国民营企业第211位，是中国机械制造行业重点骨干企业。先后荣获“全国五一劳动奖状”、“山东省质量管理奖”等荣誉称号，五征商标被国家工商总局认定为“中国驰名商标”，产品曾两进中南海接受党和国家领导人检阅。

五征农业装备产业起步于2003年，凭借集团的技术优势、资金优势和市场优势，农业装备产业得到了快速发展。2009年，五征并购山东拖拉机农机装备有限公司，拉长了农业装备产业链条。目前，五征已拥有“五征”、“山拖泰山”两个产品品牌。主要产品有18—210马力大中小全系列拖拉机；有两缸、三缸、四缸系列涡流/直喷柴油发动机；有两行、三行、四行、五行玉米收获机；有小麦收获机，马铃薯种植机、中耕机、收获机，有大型农田喷灌机，挖掘机等。拖拉机配套农机具有秸秆还田机、旋耕机等。

五征农业装备产品经销网点遍布全国800多处，拖拉机产销量跃居行业前列。

1996年，五征农机装备产品作为精品两进中南海接受党和国家领导人检阅。

2009年5月，五征集团并购具有50年历史的山拖农机装备有限公司

国家认定

企业技术中心

国家发展改革委　科技部
财政部　海关总署　国家税务总局

制造装备

模具加工中心

车身冲压中心

桥箱柔性加工生产线

涂装生产线

玉米收获机生产线

拖拉机总装生产线

齿轮生产线

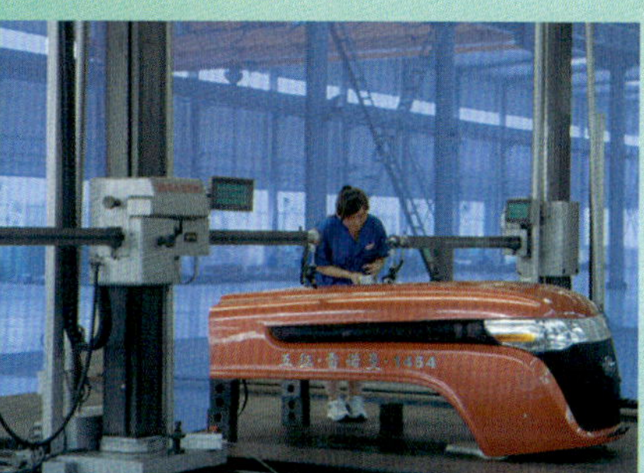

三坐标测量机

激光扫描仪

WZ504拖拉机　　四行玉米收获机　　五征雷诺曼1454、1604、1804拖拉机

五征现代农业装备有限公司　地址：山东省日照市北经济开发区五征汽车城　全国服务热线：400-6582-999　全国销售热线：13792011822/0537-3478313

近几年，常发农装在技术创新、管理创新上取得突飞猛进的成果。公司紧抓市场需求，不断开发新产品，并投入巨资引进一大批进口加工设备及检测设备。

目前常发农装拥有价值2000多万元的美国应达铸造电炉、60多万元的德国斯派克铸造光谱分析仪、2000多万元的HWS铸造造型机、数台价值300多万元的（韩国大宇、日本大限）加工中心、250多万元的奥地利AVL发动机烟度排放分析仪（其中包括滤纸烟度计、不透光烟度计、活塞漏气量仪、测功机、油耗仪）、280多万元的日本HORIBA发动机烟度分析仪（其中包括气体分析仪、颗粒分析仪），并引进国外先进涂装设备及涂漆综合测量仪，配备国际先进水平拖拉机实验室（动力输出试验台、转鼓试验台、液压悬挂试验台、颠簸试验场）及数台价值100多万元VT－300型300KN的数控转塔冲床、200多万元的激光切割机、Y32－800型－8000KN液压机等。这些投入为保证产品质量、加速企业发展夯实了基础。

常发锋陵厂区一景

常发佳联厂区一景

常发大厦

常发农装厂区一景

常发农机精品展示(一)

立式直联单缸柴油机

■**超级省油** 直喷燃烧、进气系统经过优化设计，使发动机具有良好的性能指标，比其他同类机型及其多缸机节油 10 %以上。

■**超强动力** 全滚动轴承，长冲程设计，机械效率高；轴联传动，用于离合器直联移动机械，传动效率比皮带传动提高 20% 以上；湿式缸套，强制水冷，低速大扭矩，更适合非道路车辆使用。

■**可靠性好，寿命长** 采用立式隧道式机体，高牌号合金球铁曲轴，强度高，刚性好，并大量采用久经考验的s系列通用零部件，发动机可靠性好，寿命长。

■**专利润滑系统** 采用曲轴前端进油润滑，室盖调压喷油润滑，加之氮化齿轮，噪声低、寿命长；配置旋装式车用机油滤清器， 滤清效果好， 润滑更可靠。

■**可靠性** 关键部位采用进口零部件，机体等部件自主研发并进行高精度加工，保证整机运行的可靠性。

■**耐久性** 采用全套氮化处理的齿轮，对飞轮、曲轴、平衡轴等主要运动件进行动平衡测试，有效降低振动。配备滤清效率高达99.5%的新型空气滤清器，整机使用寿命提高两倍以上。

■**低油耗** 采用进口P型油嘴，提高雾化效果，通过提高进气效率优化配气结构，燃油消耗可节省15%，润滑油消耗可节省50%，经济效益更好。

■**低排放** 采用缩口型燃烧室，选用小柱塞大升程喷油泵，有效降低了排放，整机可达国Ⅱ排放标准。

金冠柴油机

多缸柴油机

■ 可靠性更高。
■ 机体、活塞、连杆、曲轴等关键部位进行有限元分析，充分提高发动机的可靠性。
■ 采用减速起动电机，起动力矩大。
■ 采用内置式机油冷却器，实现整机一体化设计。
■ 对发动机振动进行动态模拟分析，振动小、噪声低。
■ 动力强劲，储备扭矩大，省油效果更好。
■ 排放低，达国Ⅱ排放标准。
■ 空气加热器：冷启动效果更好。

■ 配备了常发集团自主研发的大马力新型OHV汽油发动机，效率高、油耗低，确保高质量插秧作业
■ 采用锥齿轮传递动力，更加平稳可靠。
■ 采用660毫米大直径车轮，充分满足湿田、烂田作业要求。
■ 采用高性能金属材料实现左右车轮自动平衡系统，保证在凹凸不平的秧田中实现插深一致。
■ 六边形车轴设计，拆装简便，行走可靠。
■ 采用整体式宽幅皮带送秧，送秧精准可靠。
■ 插植部采用机油润滑方式，比传统的黄油润滑更可靠，更耐久。
■ 预备苗盘前后无级变位，以调节插秧机前后的重心位置，增加操作的舒适性，能减少疲劳。

2ZS-4H（钵育）型插秧机

常发农机精品展示(二)

立式直联轮式拖拉机

■传动效率高、牵引力大：传动效率高出皮带传动小四轮6%左右，牵引力比小四轮高13-20%。

运输效率高：最高行驶速度可达38公里/小时，运输作业经济性好。

■工作挡位多：采用9+3挡结构，田间作业有效挡位可达6个，扩大了作业范围，提高了作业效率。

■制动性能优越：采用蹄式制动器，制动性能可靠、安全。

■提升力大：采用滑阀结构，一类悬挂，可靠性高，最大提升力可达730公斤。

■配套动力节能、环保：常发牌ZL1115/1122柴油机，油耗低、马力足，经济效益显著。

■发动机散热效果好：强制水循环，散热效果好，长时间不需要加水。

■侧换挡操纵：主、副变速左右侧置操纵，更符合人体工程学要求，操纵方便、舒适。

■双油缸强压式提升器，最大提升力可达4.2吨。

■配备三组液压输出，为配置各种大型液压机具提供了足够的液压动力。

■采用多点式电-液传感器预警系统，对拖拉机主要部位运行状况通过仪表显示进行实时监控，确保各机组在良好状态下正常工作。电控独立操纵PTO，液压湿式离合器，可实现不停机挂接PTO，可靠性高，使用寿命长。

■静液压自增力湿式制动器，避免了制动器锈蚀、漏油、导致制动失效等缺陷，调整方便，性能可靠。采用四轮制动控制装置专利技术，制动性能好。

■变速箱采用内置逆行器专利技术。

■档位级数多，前进40档，倒退30档，高倒档自锁，安全性高。

■速度范围广（0.43-38.3公里/小时）。

■斜齿轮传动，噪音低、承载性能好，安全系数大。

CFK1504轮式拖拉机

锋陵半喂入联合收割机

■ 采用国产优质4L88-R25（增压型）柴油机，马力大，效率高，省油料。

■ 加长脱粒滚筒，加大脱离室容积，对付难脱水稻品种脱净率更高。

■ 采用多项专利技术，收割速度更快，收割效率提高10%。

附：可选配大粮仓（外伸搅龙卸粮）。

■ 结构合理、性能优越、可靠性高；

■ 可配3.2米和3.9米大豆挠性割台，可以收获大豆、小麦等不同作物；

■ 密封良好、宽大的驾驶室，为驾驶员提供舒适的驾驶环境；

■ 加宽粮箱、提高了收割效率；

■ 采用上下往复振动鱼鳞筛及可调式加长尾筛，增大了清选面积，清选性能优越；

■ 采用3米长的四键式逐稿器，对秸杆进行充分的翻抖，使裹在秸杆中的籽粒等到充分回收；

■ 性能优良的玉柴YC6J110-T10发动机（六缸，不增压），使收割机储备马力足，动力供给更可靠。

■ 优美的流线型外观。

佳联全喂入联合收割机

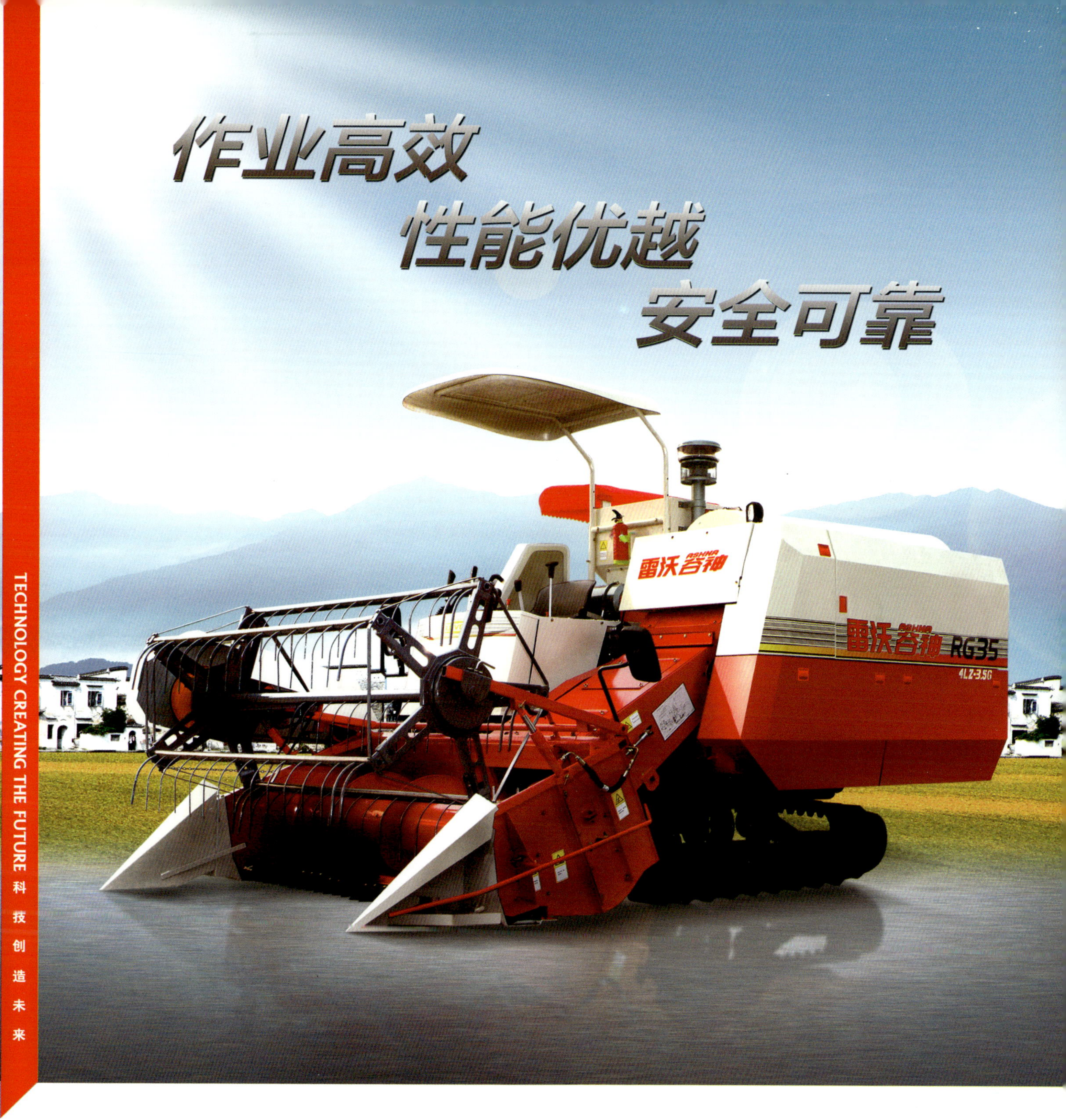

星光农机欢迎您

星光农机股份有限公司前身为湖州星光农机制造有限公司，是集研发、制造、销售于一体的联合收割机专业厂家，公司秉承中国农业文明传统，致力于中国现代农业装备的推广与应用。公司注册资金1.5亿元，占地面积200余亩，现有员工300余人，拥有从事联合收割机研究和开发三十余年经历的资深高级工程师；有多位拥有专业技术的高级技师和一支思想、技术过硬的技术型员工队伍，因此在联合收割机的研制、开发、生产、服务等方面具有很强的实力。公司依托技术优势获得并储备了多项国家专利，是国家重点支持的高新技术企业；国家三级安全质量标准化企业；湖州市“成长之星”企业；湖州市重点骨干企业。

公司主要产品有：多功能全喂入联合收割机、油菜联合收割机以及半喂入联合收割机。产品畅销全国，同时出口多个国家。其良好的使用效果，可靠的售后服务保障，得到国内外客户一致信赖。

公司立足国内，面向世界，不断提高自身素质，增强企业的竞争力，全面提高企业管理水平和产品质量，以稳健的步伐迎接未来的挑战！

为先

、服务

一路前行，一路感恩

山东润源实业有限公司

Shandong Runyuan Industry Co., Ltd.

山东润源实业有限公司始建于1986年，现有职工1200余人，其中高级工程师50人，大专以上学历220人，熟练技术工人900余人，四个项目事业部，九个处室，两个技术中心，具有较强的自主研发和生产能力。主要生产大型玉米联合收割机，多功能联合收割机，大豆专用联合收割机等产品。公司占地面积25万平方米，建筑面积12万平方米，拥有先进的机械加工设备和现代化的生产线，年产联合收割机5000台。公司被省政府认定为"山东省高新技术企业"，"山东省机械工业重点行业关键零部件和机械基础件六十强企业"，"2009年度山东省首台(套)技术装备企业"，润源牌玉米联合收割机被评为“山东名牌产品”，“中国质量过硬知名品牌”等荣誉称号。

公司通过ISO9001-2008质量管理体系。

润源谷物联合收割机、多功能玉米联合收割机被国家农业部列入2010-2013年农机补贴目录，获得山东省农业机械推广鉴定，拥有农机销售网点600多个，产品畅销全国二十几个省（市）、自治区,具有年产联合收割机5000台的生产能力。

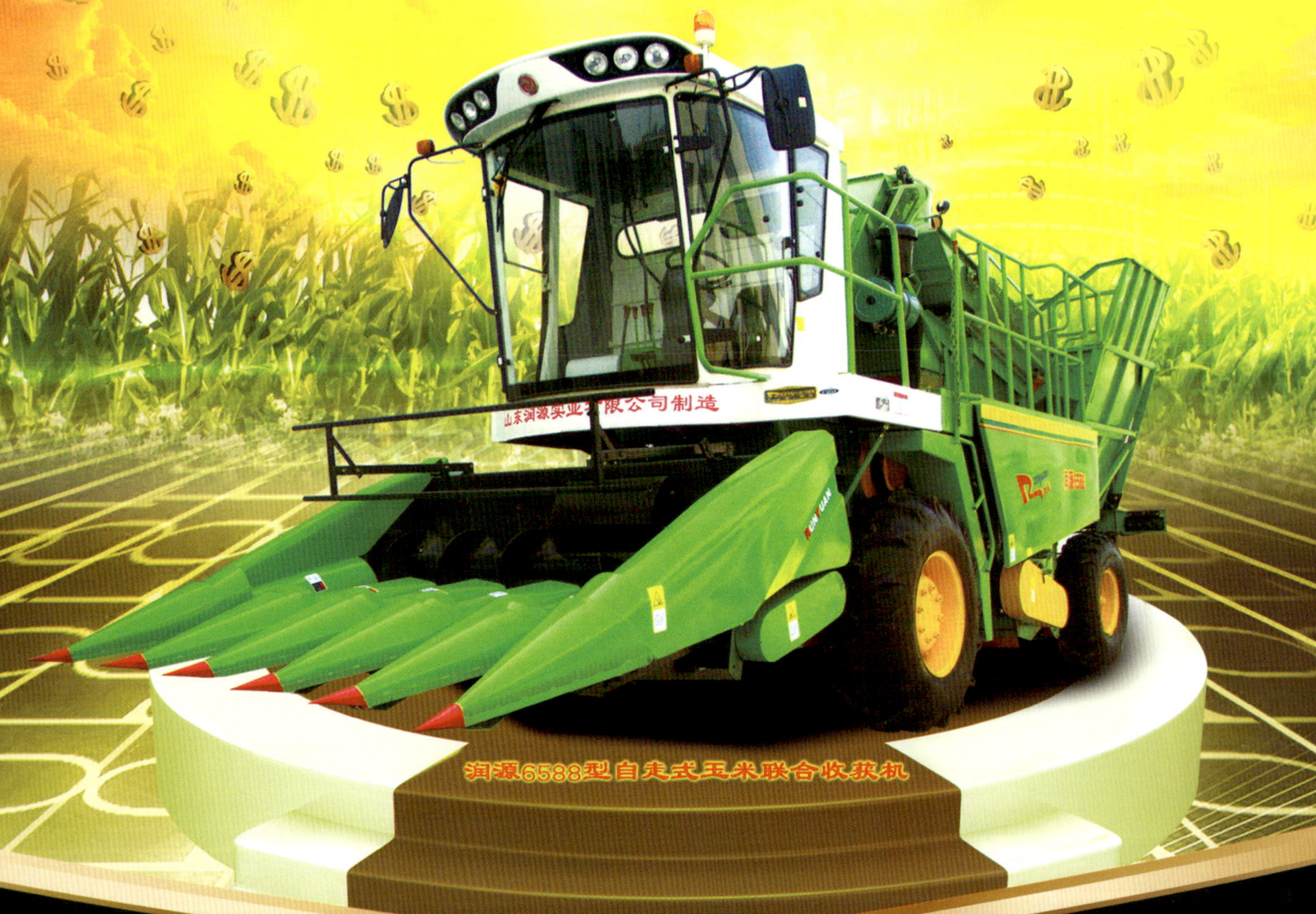

润源6588型自走式玉米联合收获机

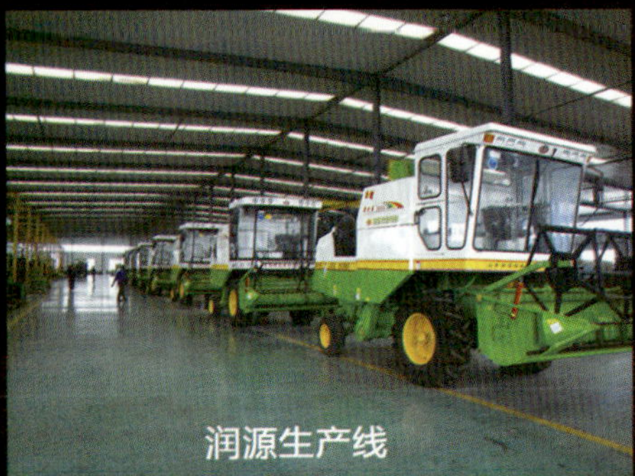

润源生产线

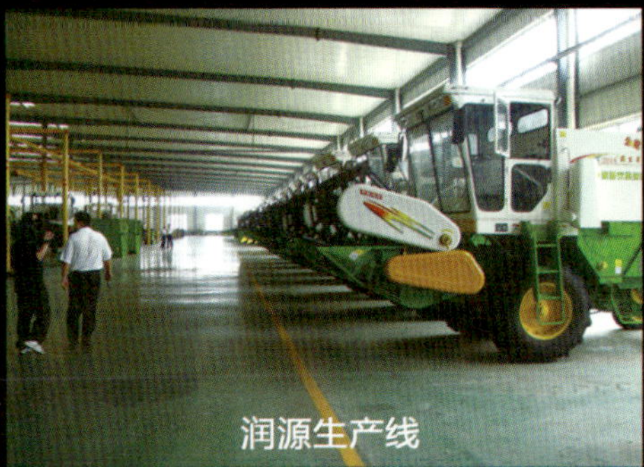

润源生产线

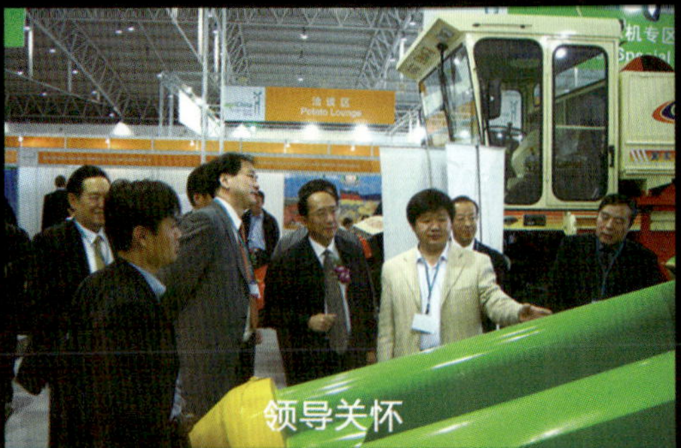

领导关怀

· 润源4LZ-6大型谷物联合收获机：

主要收获水稻、小麦、大豆等作物，采用目前国际先进的切流式脱粒滚筒加单轴流钉齿分离滚筒结构，进而增强了机器的脱粒、分离性能，降低了谷物的破碎率；小钉齿水稻脱粒装置脱粒能力强，糙米率低，配置4.57米宽幅割台，喂入量可达6公斤/秒（水稻）以上，是国内技术最先进的大型谷物联合收获机。配置豪华驾驶室、人机工程操纵系统，驾乘舒适；名优发动机，国II排放标准，节能环保。

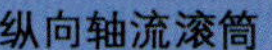
纵向轴流滚筒

双层鱼鳞往复振动筛，清选更干净

· 润源4LZ-3谷物联合收获机：

采用切流和横轴流组合式脱粒分离装置，脱粒干净，结构简单，机动性好，可靠性高；新型独立悬挂型驾驶室，密封性好，噪音低，强度高，安全性好；采用双层鱼鳞往复振动筛，清选能力提高12%，收获适应性更好，粮食清洁度更高；为满足不同地区的作业要求，可配置2.5米或者2.75米割台，喂入量可达3-4公斤/秒（水稻）以上；卸粮装置有简易卸粮筒、标准卸粮筒和加长标准卸粮筒三种可供用户选用；为适应水田作业，可配置后驱动以提高田间通过能力，适应性强。

清选效果更好，谷物更干净

倒伏作物一样收割归仓，收割能力强悍

· 润源4LZ-2谷物联合收获机：

采用圆弧豪华驾驶室，鹰眼造型水晶真空灯，加宽底盘，加大清选面积，配置2.5米割台，喂入量2.5公斤/秒，收割效率更高，加长过桥，采用同步器变速箱，90马力玉柴名优发动机。优化脱粒分离系统，加大型粮厢，粮厢容积增加到1.9立方米，优化操纵系统，驾驶更舒适，操作更方便。

可调式方向总成

配置小麦秸秆切碎器

LS農業装备，一起創造更高价值！

LS集团于2005年从韩国代表性企业LG集团分离出来，在获得本年度3月举行的年度股东大会批准后，正式启用其新名称。LS代表着‘领先解决方案(leading solution)’，它意味着LS集团“依靠自己在工业电力、电子，空调机械和材料行业的核心竞争能力以及‘永远与顾客同行’的企业的管理理念，为客户提供领先的解决方案。

LS旗下拥有LS-MTRON、LS电缆、LS机械、LS产电、LS Nikko铜业、Gaon电缆、E1、Yesco等为核心的17家相关企业。按资产计算，它成为了韩国第13大商业集团。

作为LS集团产业机械及尖端配件企业的LS MTRON，覆盖了研发、拖拉机、中央空调、注塑机、铜冶炼、电缆、汽车零部件等多个行业。通过持续性的开发和海外营销，每年保持着30%以上的高速成长。在世界市场上通过设立海外机构，不断开拓事业领域，成长为世界级的综合农用机械品牌。

韩国LS MTRON公司下属的拖拉机事业部是源于韩国LG集团下专业生产农业机械的公司，在韩国有着从事大中小型拖拉机、收割机、插秧机、农机具等农业机械生产近40年的历史。LS拖拉是韩国第二大的拖拉机生产企业，在韩国的全州设有工厂，并在韩国的安阳设有研发中心。2008年拖拉机的销售量为11000台，其中64%的拖拉机出口欧美市场和澳大利亚等发达国家。拖拉机事业部借助领先的技术还成功开发了超大型拖拉机产品，构筑起从小型到超大型产品的全套产品线，通过世界级的品质、出色的生产系统、全球化的营销网络和设施，在世界市场上保持着领先地位。

LS农业装备成立于2007年12月，位于青岛市城阳区夏庄玉皇岭工业园，是由韩国LS MTRON公司独资建立的一家专业生产拖拉机整机和相关零部件的公司。公司注册资金2500万美元，总投资规模4800万美元，公司占地面积82886.96㎡。

目前公司已具备了年产2万辆拖拉机的生产能力,主要生产55马力~100马力拖拉机及相关零配件。并备有CS、教

乐星农业装备（青岛）有限公司

地址：中国•山东•青岛•城阳•夏庄街道正阳路南侧　服务热线：400-6277-888　传真: 0532-80965616　邮编：266109

乐星农业装备(青岛)有限公司

育、常设展示等功能的Tech Center的最尖端工厂，生产车间拥有现代化的装配线、检测线和实验室等配套设施，有世界先进水平的试验、检测和加工设备，使产品质量与韩国产品达到同一标准，某些根据中国实际使用情况升级改进的指标甚至优于国外产品。

LS拖拉机的优势主要体现:

1、最小转向半径：目前市场上同类产品的最小转向半径为3.7-5.3M，而LS拖拉机旋转半径为3.31M，前桥旋转角度为55℃，方便在小空间内进行作业,大大节省作业时间，提高了作业效率。

2、同级产品中最高的行驶速度：同等产品比较，37.72KM/H的最高行驶速度，使工作效率大大提高。

3、液压助力离合器、自动四轮驱动液压式刹车：道路行驶时同时踩下左右刹车，两驱会自动转换成四驱,极大的提高了制动能力。

4、先进的同步器换挡技术（区别于国内其他品牌的机械换挡），大大延长了变速箱使用寿命，令操作更加舒适便捷。

5、三档动力输出540/750/1000（国内产品为2档动力输出），适合配装不同农机具，作业过程中,PTO提升到一定程度会自动停止转动, 确保用户的便利性、安全性、经济性。

6、方便的开关操作板：电子4轮驱动转化开关；电子液压式差速锁开关；电子PTO自动/手动开关转换，PTO设置自动状态时，踩下离合器可停止动力输出，大大节省操作时间，提高作业效率。

7、封闭式前桥设计, 适合水田作业，降低故障率（大大延长拖拉机寿命），LS自主技术设计制造的前后车轴，具有优越的硬度及耐久性。

8、起动保护装置：PTO关闭状态下踩住离合器才能起动拖拉机。

9、确认设备状态的仪表盘：仪表盘窗口显示工作状态和故障信息，从而可以预防错误操作，出现故障时可迅速发现并维修。

10、优越的液压性能 ，所有液压系统由韩国进口,在从优越的性能与品质是国内企业无法比拟的，另外装有主油压泵和转向油压泵， 以解除工作或转向时可能出现的油压不均衡现象，可稳定工作。

邮箱 销售：lsae_sales@lsmtronchina.com 售后：lsae_service@lsmtronchina.com 配件：lsae_part@lsmtronchina.com

LS
LS1004
LS904

LS農業裝备，一起創造更高价值！

——乐星农业装备（青岛）有限公司

随着普通农民，尤其是农机专业户、种粮大户对农机认知水平也不断的提高，相应的对农机的质量、操控性、舒适性的要求也越来越高。LS农业装备为适应市场需求，积极研发生产适合中国市场的拖拉机，其中50HP~100HP的中大型作为已被韩国市场验证的产品，具有质量和功能上的卓越竞争力。

除了中大型拖拉机之外，LS农业装备在2012年还推出了小机型的引擎当地化及2轮驱动，并将陆续推出50马力以下的新产品，以此来具备拖拉机的Full Line-up，并以稳定的顾客群为基础实现成长的加速化。

LS农业装备通过中国市场中的积极的产品差别化，立足于高质量高功能的高品位产品，并通过构建24小时服务体系，针对不同顾客需求提供满意的服务。每年6月下旬韩国技术专家来青岛给所有售后服务人员进行维修技术及礼仪等方面的培训；12月下旬，LS农业装备的所有售后服务人员去韩国本部进行技术交流。

公司每年都会定期召集经销商的售后服务人员到公司参与售后服务知识及技能培训，以保证用户可以在第一时间得到维修及相关的机器保养服务。2012年上半年LS农业装备已分别在哈尔滨、乌鲁木齐、武汉建立了中心库，配件储备量达上千余种，并计划于下半年继续在东北地区建立营业所，结合LS拖拉机在欧美、澳洲等高端市场成功的售后服务经验和国内售后服务口碑载道的同行的经验，为所有LS拖拉机用户提供最为完善的售后服务。通过LS拖拉机可靠的性能、卓越的操控性、超强的经济性和独一无二的世界领先技术为中国的所有用户带来一次又一次的全新的体验。

LS农业装备继承LS MTRON以信赖、热情、挑战作为企业文化，积极回馈社会为经营理念，为培养具有世界级竞争力的企业化人才，每年都向青岛理工大学和山东建筑大学的大学生提供奖学金支援，促进地区的社会贡献活动。2012年初，韩国LS MTRON公司还投资近500万人民币，在中国市场开展了一系列包括卫视广告、大型喷绘及东北农场小学捐赠学习用品的公益活动，赞助贫困用户等支农活动。

质量一直是LS拖拉机赖以生存的法宝，是LS拖拉机的主旋律！

LS拖拉机公司有着近40年拖拉机历史，在全球市场的质量口碑是有目共睹的。

在进行国产化的过程中，我们已经进行了充分的产品前期质量策划，在韩国的工厂已经有了非常完善的质量管理体系和流程，继续为中国市场提供高质量的产品！

邮箱 销售：lsae_sales@lsmtronchina.com　售后：lsae_service@lsmtronchina.com　配件：lsae_part@lsmtronchina.com

安徽中科电气自动化有限公司

AHHUI ZHONGKE ELECTRIC AUTOMATION CO.,LTD.

安徽中科电气自动化有限公司是安徽省高新技术企业，专业从事农机设备研发、设计、生产以及配套安装维护。多年来一直以勤勉务实的态度专注于中国农业机械化事业，坚持科技创新的发展思路，以满足用户的需求为第一宗旨，产品销售遍及全国十几个省份，取得了良好的经济效益和社会效益。

中科电气在潘劲松董事长的带领下，已成长为一个现代化的工业企业，目前拥有生产基地三处，厂房占地面积共370亩，车间面积达8万平方米，各种现代化生产设备200多台（套），各类生产技术人员500多名，具有很强的加工生产能力。中科电气拥有一支优良的事业团队，高处起点，低调做事，公司的每一个员工都始终把产品质量和企业信誉放在头等位置，科学管理、高效运作、严格执行，真诚对待每一位用户，和社会各界建立了良好的合作关系。已经通过包括ISO9001等在内的各项质量管理认证。

公司的行政总部设在中国美丽的文都---安徽桐城，这里文风昌盛、交通便捷。公司驻外机构包括十几个省会城市的售后维护中心；以及设在合肥的中科电气农机研发中心等，目前，公司正致力于种植、排灌、农副产品深加工方面的农机产品的研发和生产，已经有在试产品5种，涵盖种植方面的移栽技术、排灌方面的节水新技术以及深加工方面的快速烘干技术等，在和广大科研院所广泛合作的同时，中科电气也希望能得到更多同仁和机构的关注支持，一同为中国农机事业的发展做努力、出成绩、创效益。

董事长：潘劲松

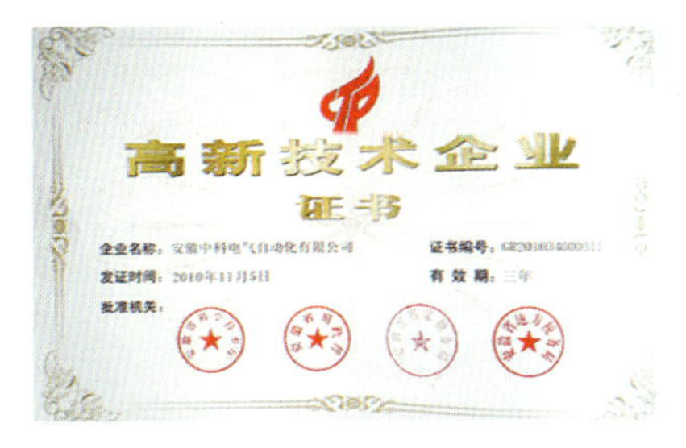

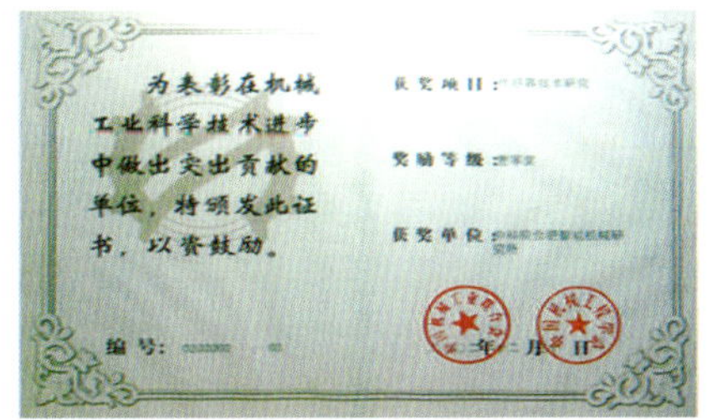

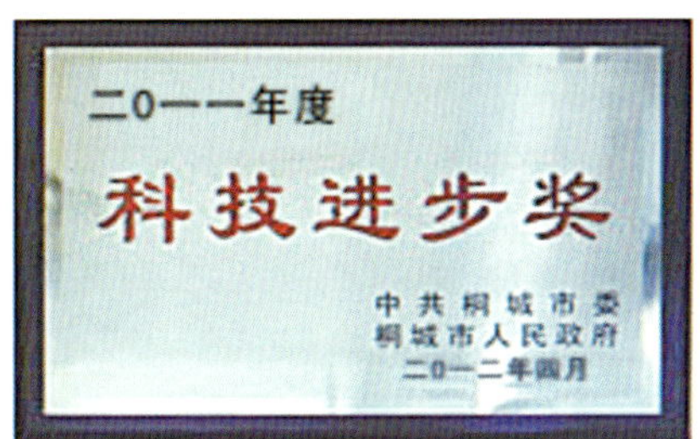

中科电气与科研院所签订合作协议

ZKE 中科电气 ZHONGKE ELECTRIC | 产品展示

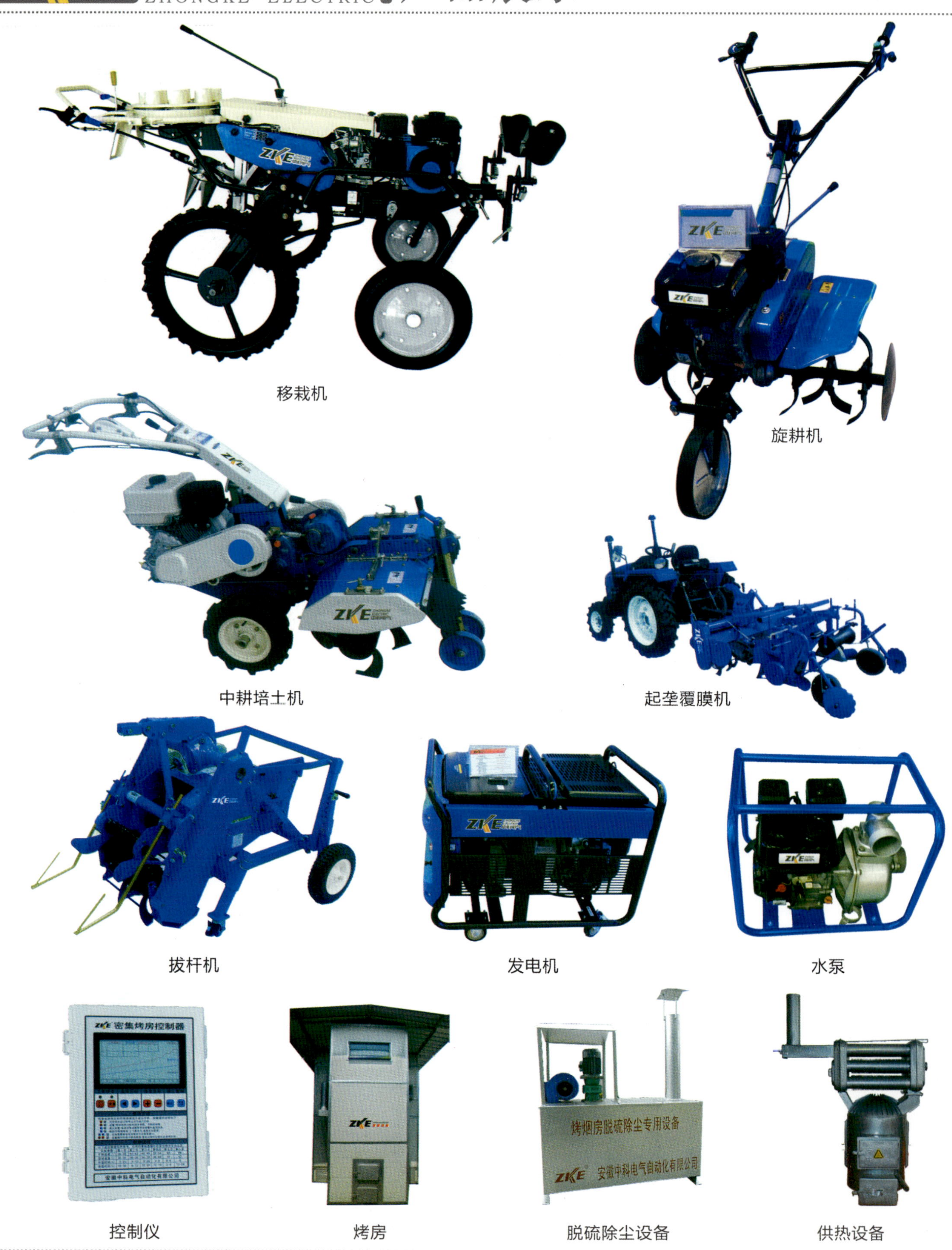

移栽机　旋耕机　中耕培土机　起垄覆膜机　拔杆机　发电机　水泵　控制仪　烤房　脱硫除尘设备　供热设备

■ 地址：安徽省桐城市华东塑料城19号 ■ 邮编：231460 ■ 电话：0556-6982666 ■ 网址：http://www.zke999.com

ZKE 中科电气 ZHONGKE ELECTRIC | 生产车间

注意！播种时不可倒退
布谷农机

布谷

新疆农业科学院农业机械化研究所

新疆农业科学院农业机械化研究所是新疆农业装备行业处于领先水平并具有较强科技开发能力和经济实力的省级公益性科研单位。设有农副产品加工技术工程、设施农业技术与装备工程、棉花全程机械化技术工程、特色经济作物机械化采收技术工程等四大学科。近六年来，先后获全国农牧渔业丰收奖科技合作奖 1 项、中国农业资源与区划学会科学技术奖 1 项、自治区科技进步一等奖 3 项、二等奖 2 项、三等奖 1 项。获得发明专利授权 10 项，实用新型专利授权 76 项。出版专著 9 部，发表科技论文 198 篇，7 篇论文被 EI 收录。设有农业部林果棉与设施农业装备科学观测实验站、新疆设施农业工程与装备工程技术研究中心、新疆特色林果机械装备工程技术研究中心和国家发展和改革委员会“特色林果产业国家地方联合工程研究中心（新疆）”新疆特色林果生产与加工设备工程技术分中心。

核桃脱青皮清洗加工生产线

大型核桃破壳、壳仁分离加工生产线

小型核桃破壳、壳仁分离加工生产线

中型核桃破壳、壳仁分离加工生产线

葡萄干清洗加工生产线

智能育苗专用连栋温室

核桃精选分级成套设备

核桃风选去空壳成套设备

设计建设的哈密瓜专用日光温室

所　长：王晓冬
联系人：马彩雯
地　址：新建维吾尔族自治区乌鲁木齐市南昌南路 291 号
邮　编：830091
电　话：0991-4550053
传　真：0991-4500174

1JSM-1800A1 型棉秸秆还田及残膜回收联合作业机

红枣清洗加工生产线

打瓜收获联合作业机

中国驰名商标
CHINA WELL-KNOWN TRADEMARK
1952-2012
感动·感恩·感谢
江苏天鹅动力机械集团
金坛柴油机有限公司
建厂六十周年
天鹅集团
1952—2012
周年庆
ANNIVERSARY
风雨六十载，一直有您的陪伴！
天鹅集团
江苏天鹅动力机械集团 | 金坛柴油机有限公司
地址：江苏省金坛市华城东路1号 邮编：213200 销售热线：0519-82320960 传真：0519-82312303 网址：www.jc-swan.com E-mail: czjtswan@public.cz.js.cn

2CZX-2型甘蔗种植机

6NF-7/9F-20型
碾米粉碎机组

6NF-9A碾米机

QJ15FS方向盘拖拉机

QJ180多功能拖拉机

广西钦州力顺机械有限公司位于广西北部湾经济区——钦州市南珠东大街小江工业园，是一家以生产运输机械、农副产品加工机械、耕作机械、收割机械、种植机械为主的农业机械专业生产企业，属民营企业。产品畅销华东、华南、西南各省，并出口越南、马来西亚、柬埔寨、印度尼西亚、巴布亚新几内亚、印度、斯里兰卡、伊朗、几内亚、尼日利亚、塞拉利昂等国家。

公司建立有效的质量管理保证体系，通过了ISO9001：2008质量管理体系认证。产品先后荣获“全区用户满意产品”、“全区消费者信得过商品”、“广西优质产品”和“广西名牌产品”；“钦机”牌商标被认定为“广西著名商标”，“钦机”品牌荣获“建国以来广西60最具影响力品牌”和“消费者最信赖广西行业十大质量品牌”。公司荣获2010年AAA级中国质量信用企业，2011年AAA+级中国质量信用企业、广西重质量守信用创品牌先进单位，2011年中国农机工业50强企业和企业信用评价AAA级信用企业，2010年、2011年度海关A类管理企业。

公司秉承“质量第一，用户至上”的宗旨，以客户的需求为发展目标，为客户提供满意的产品及服务，努力把公司建成国内先进农机装备制造企业。竭诚欢迎国内外客商来人来函洽谈业务，共同合作共谋发展。

钦机

广西钦州力顺机械有限公司

地址：广西钦州市南珠东大街小江工业园　　邮编：535000
网站：www.lsjx.com .cn　　电子邮件：lsjx@lsjx.com.cn
电话：（国内）0777-2833379　　传真：0777-3608300
（进出口）0777-2835225　　传真：0777-2842038

目　录

Contents

领导报告与论述

全国农业工作会议农机专业会

在全国农业机械化工作会议上的讲话

（2011 年 12 月 29 日 · 北京）

中华人民共和国农业部副部长　**张桃林**

一、全面总结成效，进一步巩固农业机械化发展好形势

2011 年，各级农业机械化主管部门认真贯彻《国务院关于促进农业机械化和农机工业又好又快发展的意见》，按照 2010 年全国农业机械化工作会议的部署要求，求真务实，开拓创新，奋力拼搏，扎实工作，实现了“十二五”农业机械化工作的良好开局，巩固了农业机械化全面快速健康发展的好势头。农业机械化成为农业农村经济工作的突出亮点，为全国粮食实现“八连增”和农业综合生产能力建设提供了有力的装备支撑，也为促进经济平稳较快发展做出了积极贡献。

——农机装备结构持续优化。预计 2011 年年底，全国农机总动力达到 9.7 亿千瓦，同比增长 4.5%；大中型拖拉机、水稻插秧机、玉米联合收获机拥有量分别达到 433.8 万台、43.6 万台、17.9 万台，分别比 2010 年增长 10.6%、30.9%、38%；大中型拖拉机与小型拖拉机保有量比例从 2010 年的 1∶ 4.55 提高到 1∶ 4.2。农机工业产销两旺，规模以上（即年产值 2 000 万以上）农机工业企业总产值超过 2 900 亿，同比增长 30% 左右。

——农机作业水平持续提高。预计 2011 年年底，全国耕种收综合机械化水平达到 54.5%，同比提高 2.2 个百分点，连续六年保持 2 个百分点以上的增幅。主要农作物薄弱环节机械化生产快速推进，玉米收获机械化水平达到 33%，在上年提高 8 个百分点的基础上再增 7 个百分点，进入快速推进阶段；水稻种植、收获机械化水平达到 25% 和 67.5%，同比分别提高 4 个和 3 个百分点。

——农业机械化技术推广面积持续扩大。增产增效型、资源节约型、环境友好型农业机械化新技术应用面积稳步增加。水稻机插秧新增 1 600 千公顷，总面积跃上 6 666.67 千公顷的新台阶。农机深松整地面积达到 10 666.67 千公顷，比上年增加 1 400 千公顷。保护性耕作面积达到 5 666.67 千公顷，新增 1 266.67 千公顷。机械化秸秆还田、化肥深施、高效节水灌溉分别达到 31 266.67 千公顷、32 600 千公顷和 12 800 千公顷。马铃薯机播机收、油菜机播、花生机收面积增长幅度均超过 20%。

——农机社会化服务持续推进。全国农机服务组织快速发展，服务能力明显增强，服务领域进一步扩大，经营效益不断提高。全国农机作业服务组织超过 17 万个，其中农机合作社达到 2.7 万个，比 2010 年增加 23%。预计全年农业机械化服务经营收入达到 4 400 亿元，比 2010 年增长 6% 以上。

——农机安全生产形势持续稳定。截至 11 月底，全国累计报告国家等级公路以外农机事故 848 起，与 2010 年同期相比，死亡人数和受伤人数分别下降 17% 和 5%。全国未发生重特大农机安全生产事故。

2011 年全国农业机械化发展好形势来之不易，成就令人鼓舞。这是党中央国务院和各级党委政府高度重视“三农”问题和农业机械化工作的结果，是有关部门大力支持的结果，也是各级农业机械化主管部门、广大农机工作者及农机手艰苦努力、辛勤劳动的结果。各级农业机械化主管部门重点抓了以下七个方面的工作：

（一）谋全局重长远，努力优化农业机械化发展环境。深入贯彻落实《国务院关于促进农业机械化和农机工业又好又快发展的意见》，积极与相关部门沟通协调，努力推动地方将国务院意见提出的各项目标任务和政策措施纳入"十二五"相关发展规划及具体实施意见中，为今后一个时期农业机械化发展奠定了基础。全国人大常委会组织开展了农业机械化促进法立法后评估。《国民经济和社会发展"十二五"规划纲要》明确了农作物耕种收综合机械化水平达到60%的目标和加强农机农艺融合等具体措施。国务院办公厅印发的《安全生产"十二五"规划》中，明确提出将农机安全检验、牌证发放等属于公共财政保障范围的工作经费纳入财政预算。农业部和各地制定印发了农业机械化发展"十二五"规划，为"十二五"期间全面推进农业机械化各项工作理清了思路，明确了重点。截至目前，已有15个省区市政府发布了贯彻国务院意见的实施意见，配套出台了一系列高含金量的政策措施，其中新疆明确自治区财政每年安排5 000万元以上的专项资金重点用于农业机械化公共服务体系建设。总的看，各级政府对农业机械化的工作更加重视，农业机械化的发展环境更加优化。

（二）严监管重规范，认真实施农机购置补贴政策。2011年中央财政安排农机购置补贴资金达到175亿元，比上年增加20亿元，补贴机具种类进一步扩大。农业部将2011年定为农机购置补贴政策实施监管年，层层签订补贴实施责任状，深入开展专项整治，推进信息公开，完善运行机制，全面建立廉政风险防控机制。进一步加强政策执行监督检查，严厉打击了违规企业的不法行为，在全国范围内取消浙江艾格莱公司、河北双赢公司产品的补贴资格。各地查处了一批违规企业，净化了补贴产品市场环境，维护了诚信企业和广大农民群众的合法权益。自上而下全面开展"警示教育"活动，筑牢反腐倡廉防线。各地精心组织实施，规范操作，2011年政策实施总体上启动早、措施实、进度快、效果好，全年共带动农民和农业生产经营组织投入409.7亿元，补贴各类农机具约564万台（套），受益农户约439万户。购机补贴政策在提高我国农业机械装备水平、增强农业综合生产能力、促进农民持续增收、拉动内需、振兴农机工业等方面继续发挥了重要作用。

（三）抓发展重扶持，积极培育农机社会化服务组织。深入推进农机社会化服务示范建设活动，认真开展农机合作社发展调研，落实相关扶持政策，培育壮大农机专业户，优化农机维修服务网点布局，提高了农业机械化生产的组织化、专业化、规模化程度。积极开展"企社共建"活动，培训合作社经理人、理事长，增强维修服务能力。黑龙江省加大投入，累计建设千万元级别的农机合作社558个，在全省农业生产中发挥了主力军作用。河南等地设立专项扶持资金，通过"以奖代补"支持合作社基础设施建设。浙江省对合作社进行信用登记评定，提高授信额度，解决信贷资金等困难。

（四）保进度重质量，精心组织关键农时机械化生产。强化对"春耕"、"三夏"、"三秋"时节的农业机械化生产工作部署，加强信息引导，科学调度机具，协调柴油供应，发挥农机服务组织作用，着力提高重点作物、关键环节、主要产区的农业机械化作业水平。"春耕"期间，各地组织2 280多万台（套）农机投入"抗大旱保春管促丰收"活动，累计完成春耕春播80 000千公顷，其中农机抗旱灌溉面积超过5 333.33千公顷次，发挥了农机在抗灾夺丰收中的主力军作用。东北三省大力发展大棚育秧，新增机插秧面积800千公顷，抢农时保进度效果明显。"三夏"期间，各地及时发布跨区作业市场信息，开展机具供需对接，组织50万台联合收割机参加小麦抢收，其中参加跨区作业的达32万台，河南、山东、安徽、江苏、河北等五大主产省的小麦机收水平均超过96%，小麦跨区机收秩序为近年来最好的一年。"三秋"期间，全国投入秋收、秋种、秋整地机械化作业的各类农机具超过2 900万台（套），保障了秋粮收获顺利进行，也为2012年夏季粮油生产打下坚实基础。河北等12个省（区、市）落实10.5亿元专项资金用于农机深松整地作业补贴，补贴区域由东北、华北拓展到黄淮地区，深松面积增幅超过15%，深松作业深度普遍达到25厘米以上。各地在加快机械化作业进度的同时，大力推行小麦播后镇压、秸秆粉碎还田、化肥深施等技术措施，加强农机作业质量监督，保证了农业生产质量的稳定提高。

（五）拓领域重融合，大力推广先进适用农业机械化技术。积极开展农机科技创新，举办了多次农业机械化技术交流活动，玉米籽实收获关键技术装备研究、大型拖拉机动力换挡技术、大喂入量联合收割机技术等科研项目取得重大成果。组织多学科专家研究农机农艺融合难点问题，制定发布了甘蔗、玉米生产机械化技术指导意见，启动了农机农艺融合示范基地建设，着力构建农机农艺融合长效工作机制。各地相继成立农机农艺融合专家组，河南、吉林等地农业、农机部门共同制定了主要作物农机农艺融合技术细则，为进一步推动标准化种植、机械化作业创造了条件。各地围绕优势农产品布局和主导产业发展，积极推进机械化向产前、产后延伸，向经济作物、养殖业等领域拓展。山东、江苏推进经济作物、高效农业生产机械化。山西新建15个柠条机械化平茬收割示范县。福建、浙江等地积极发展茶叶采摘和加工机械化。陕西大力发展秸秆饲草加工机械化和果品贮藏设施化。江西大力实施"农机上山"果业机械化工程。广西推广甘蔗种植、联合收获机械；云南、贵州等地大力推广烤烟移栽机械化技术。内蒙古、甘肃等地发展马铃薯生产全程机械化。农业机械化技术的广泛应用，有力促进了主导产业提质增效、农民持续增收。

（六）强队伍重素质，深入开展农业机械化教育培训。实施了农业机械化教育培训大行动，组织"春耕、三夏、三秋"农业机械化技术专项培训、新购机农民培训和政企联动培训等活动，全年共培训各类农机人员618.7万人次，其中培训新购机农民118.6万人次，阳光工程农机培训35万人。举办首届全国农机技能竞赛，29个省区市近1 000名选手参加了选拔活动，在检验培训成果的同时，激发了机手学技能、比技能、用技能的热情，各地培训工作呈现出了你追我赶、齐头并进的生动局面。江苏全面实施"361"人才培训计划，加强基层农机人员培训工作。辽宁以粮食生产薄弱环节机械化为突破口，争取省级财政专项资金，用于加强水稻插秧机和玉米收获机手的操作技能培训。湖北省农机局联合农业高等院校举办了7期基层农机推广人员培训班。新疆维吾尔自治区实施农业机械化科技创新与农机行业人才培训建设项目，着力提高农机人员的科技文化素质、创新能力和技能水平。全国农业机械化人才队伍素质进一步提升，为建设现代农业和推动农业机械化科学发展提供了强有力的人才支撑。

（七）尽职责重成效，全面加强农机监督管理。完善了《农业机械安全监督管理条例》配套制度，制定修订了农业机械事故处理办法、实地安全检验办法、事故应急管理意见等规章。组织开展了全国农机安全监管知识竞赛活动。加强了农机安全监理工作宏观指导，提出并分解落实"十二五"期末将拖拉机上牌率、检验率、持证率提高到70%以上的目标。积极争取农机安全监理惠农政策，宁夏自治区财政安排专项资金补助县区开展农机免费管理，北京、江苏、上海等地实施农机保险保费补贴，甘肃白银、辽宁大连等地实行了免费发放牌证，浙江、江苏等地开展了免费实地安全检验试点工作。深入开展了设施农业装备安全监管专项治理工作，有效遏制了事故增多的势头。规范拖拉机牌证管理，严厉打击个别地方超范围、跨地区违规发放牌照的现象。规范开展农机试验鉴定、质量认证工作，公布了国家支持推广的农机产品目录。进一步加强农机产品质量、作业质量、维修质量和服务质量的监督管理，开展补贴机具质量保障督导，及时处理农机质量投诉，促进了农机产品质量的改进和服务水平的提高。

一年来的工作卓有成效，农业机械化发展形势喜人。展望2012年及今后一个时期，中央强农惠农富农政策力度将进一步加大，农村劳动力转移、农民收入增长仍将保持较快步伐，农业机械化法律保障、政策支持、科技创新、工业支撑将更加有力，我国农业机械化整体处于快速发展的黄金机遇期。但必须清醒地认识到，我国农业机械化发展仍存在较多不平衡、不协调、不可持续的问题。与此同时，随着农业机械化扶持政策力度加大、关注度增高，对农业机械化系统规范高效落实政策提出了新的更高要求；确保粮食等主要农产品有效供给，对拓展农业机械化服务领域、快速提升农业机械化的装备支撑能力提出了新的更高要求；农机总动力持续较快增长，对加强宏观调控引导、稳定提高机具利用效率效益、调动农民购机用机积极性提出了新的更高要求；适应农业机械化发展新形势、顺应农民群众新期待，对提升农机鉴定、推广、监理机构公共服务能力提出了新的更高要求。机遇与挑战并存，农业机械化工作任务繁重。各级农业机械化主管部门要满怀信心、坚定决心，坚持抓发展的劲头不能弱、发展的措施不能减、发展的速度不能缓、发展的质量不能降，进一步巩固农业机械化发展的好形势。

二、依靠科技进步，充分发挥农业机械化支撑引领农业现代化的重要作用

刚刚结束的中央农村工作会议和全国农业工作会议，对2012年和今后一个时期的"三农"工作特别是农业科技进步工作做出了全面部署，对农业机械化工作给予了充分肯定，并提出了明确要求。我们一定要认真学习、深刻领会、全面贯彻落实。

在工业化、城镇化深入发展同步推进农业现代化，科技是关键。在粮食产量连续八年增加、农民收入持续较快增长的基础上，我国农业发展的任务更加繁重，风险挑战更加严峻。农业资源刚性约束进一步加剧，依靠大量消耗资源的传统生产方式难以为继；农业劳动力成本迅速上涨，依靠大量低成本劳动力支撑现代农业发展的空间逐渐缩小；经济全球化进程加快，农业国际竞争日趋激烈。继续保障粮食等主要农产品的有效供给和农村经济持续稳定发展，科技进步是最重大、最关键、最根本的出路和措施。各级农业机械化主管部门和每一个农机工作者，都要把思想认识统一到中央的加快农业科技创新的决策部署上来，把工作举措落实在推进农业科技进步的具体行动中。

实践证明，农业机械化发展与农业科技进步息息相关。农业机械化的发展，直接加速了农业科技成果的规模化、标准化应用，提高了劳动生产率、土地产出率、资源利用率。农业科技每向前发展一步，其在农业中的扩散与应用，也带来了对农业机械化的新需求和发挥农业机械化作用的新空间。农业机械化正深刻影响着作物品种选育方向、耕作制度变革方向、栽培模式改进方向。农业科技创新的方向日益从以生物技术为主向生物技术与机械化技术并重转变。深耕深松、精量播种、精准栽培、均衡施肥、地膜覆盖、保护性耕作、统防统治等先进的农业生产技术，离开现代农业机械光靠传统的人畜力根本无法实现。在农业劳动力数量、素质结构性下降的今天，良种、良法的推广和使用，必然要以农业机械为载体，要与轻简化、规模化、标准化、集约化的现代农业生产方式相匹配，否则难以有效推广实施。农业机械化将最新工程技术和最高农业种植要求固化在农业机械产品和作业使用上，将面向千万单个农户的农业技术示范推广过程转变为以标准化的形式集中在具有较高技能的农机手或农机合作社成员身上。农机合作社等服务组织开展从良种购置使用及耕种管防收全环节统一作业服务，科技入社就意味着科技直接到田，显著缩短了技术应用的传导链条，提升了农业技术推广到位质量。以农机作业能手为代表的新型职业农民，正成为先进农业科技的需求主体和应用主体。可以说，农业机械化与农业科技的相互影响、相互渗透从没有像今天这样深入、这样紧迫。

在加快农业科技进步、加速农业现代化的进程中，农业机械化过去做出了巨大的贡献，未来更肩负着重要的使命。农业机械化要在农业科技成果转化应用中进一步发挥关键载体作用，要在培育新型农民中进一步发挥核心纽带作用，要在提升农业生产力水平中进一步发挥基础支撑作用，要在创新农业经营体制机制中进一步发挥重要推力作用。着眼我国农业机械化发展全局，当前，最主要的矛盾是日益增长的农业机械化需求与农机新技术新装备有效供给不足的矛盾，最大的"短板"和"瓶颈"在科技进步，最大的潜力和希望也在科技进步。面对建设现代农业和农业机械化快速发展的迫切需求，我们要采取扎实有效的措施，真正把农业机械化发展方式转变到依靠科技进步和提高劳动者素质的轨道上来，实现农业机械化新一轮跨越式发展。

"十二五"期间，要力争实现适宜不同区域的水稻、玉米等粮食作物机械化生产技术体系基本形成，油菜、棉花、甘蔗、花生、薯类和果蔬茶类等作物关键机械化技术与装备基本定型并在主产区全面推广应用，畜牧业、渔业、设施农业和农产品加工业装备的集成化和智能化水平进一步提升，节约型农业机械化技术进一步熟化，农业机械化技术有效供给能力和推广服务能力显著提升，农民应用农业机械化技术装备的素质显著提高，农业机械化对推动农业科技进步、建设现代农业的支撑引领作用明显增强。实现以上目标，重点要做到"四个围绕，四个着力"：

第一，围绕满足农业生产实际需求，着力加快"三型"农业机械化装备技术研发推广。立足建设高产、优质、高效、生态、安全的现代农业需求，大力研发推广增产增效型、资源节约型、环境友好型农业机械化技术。针对保障主要农产品供给安全的战略需求，以基本实现主要粮食作物生产全程机械化和经济作物关键环节机械化为目标，重点突破水稻、玉米、马铃薯、油菜、棉花、花生、甘蔗等机械化技术瓶颈，形成适宜不同区域、农机农艺融合的机械化生产技术体系。针对推进农业产业结构调整需要，重点研发推广果蔬茶、设施园艺、设施养殖、水产养殖和农产品初加工等领域关键技术与装备。针对丘陵山区种植制度多样、规模小、种植分散的特点，大力研发推广小型、轻简型农业机械化技术与装备。针对有效保护和开发草原的战略需求，重点发展草业生产机械化技术与装备；针对促进节能减排和农业可持续发展需要，研发以精准变量作业技术为核心的高效农机装备，加快普及保护性耕作、旱作节水、土地深松、秸秆还田、高效施肥施药、节水、节肥、节药、节种、节能、节地等农业机械化技术。积极谋划粮油作物机械化生产体系示范工程、经济作物机械化关键技术创新工程、资源节约环境友好型机械化技术示范工程等，努力改善农业机械化科技保障条件。

第二，围绕提高农业机械化技术应用水平，着力抓好三个主体建设。提高农业机械化技术到位率，关键要解决最后一千米、最后一道坎问题，重点要加强基层推广机构、农机服务组织、示范基地等三个技术转化应用主体建设。一是加强公益性基层农机推广机构建设。中央要求，2012 年要努力实现“两个全覆盖、一个衔接”，即基层农技推广体系改革与建设示范县项目基本覆盖所有农业县，农业技术推广机构条件建设项目覆盖全部乡镇，人员工资水平与同级事业单位相衔接。各级农业机械化主管部门要以此为契机，进一步理顺基层农机推广管理体制、合理设置机构，强化条件手段建设。引导推广机构围绕农民生产需求开展农业机械化技术推广，认认真真了解、千方百计满足农民特别是种粮大户、农机合作社对农业机械化新技术、新机具的需求。二是加强农机服务组织建设。大力引导农机大户、农机合作社带头应用新装备新技术，鼓励开展统一整地播种、统一育苗栽插、统一田间管理、统一植保、统一收获等五统一机械化作业服务，以生产环节的统一技术服务实现技术应用标准化、规模化。三是加强农业机械化技术试验示范基地建设。大力开展适应性试验和机具配套化研究，集成和融合机具、品种、栽培和农业机械化技术，探索全程机械化的合理生产模式，以配套促熟化、以熟化促简化，以简化促转化。

第三，围绕提高农业机械化从业人员素质能力，着力加强三支人才队伍建设。人才是农业机械化事业发展的根本。充分整合和利用各种教育资源，有计划、分层次、多渠道开展农机教育培训工作，重点打造农业机械化管理人才、科技人才和实用人才三支人才队伍。一是以提高依法行政能力为目标，努力培养造就一支准确把握农业机械化发展趋势、管理能力强、乐于奉献的农业机械化管理人才队伍，保障国家强农惠农富农政策在农业机械化系统高效贯彻执行。二是以提升技术支撑能力为目标，依托重大科研项目和推广示范项目，重点集聚和培养一批高层次农业机械化科研人才及创新团队，着力打造一支结构合理、技术过硬、精干高效的农业机械化技术推广、鉴定及安全监理人才队伍，保障先进适用农业机械化技术和机具的快速普及应用。三是以提高作业服务能力为目标，加强对农机手驾驶操作、维护修理、经营服务、农艺知识培训，建设一支致富能力强、服务质量高的农机实用人才队伍，培育一批新型职业农民，为促进农业机械化科学发展提供强有力的智力支撑和人才保障。

第四，围绕增强农业机械化科技创新及服务活力，着力推进三个机制建设。机制创新是保障农业机械化科技发展的关键。一是完善联合协作机制。通过争取实施农业机械化重大科研项目和增加现代农业产业技术体系中农业机械化技术专家数量等措施，以任务带团队，以团队促体系，完善科研、制造、教学和推广等单位紧密衔接的农业机械化科技创新体系。进一步推进农机科研、农机企业、农机推广、农机鉴定、安全监理、农业技术研究推广等单位和相关专家联合协作，定期沟通技术信息，及时有效联动，巩固科技创新应用合力。二是完善政策激励机制。通过合理确定支持推广农机产品目录范围、补贴标准等措施，对符合农业机械化发展方向，具有较大市场潜力的新技术新产品重点扶持，使农机企业的科研开发、成果转化投入能够获得应有的收益，保护其技术创新积极性。对于社会效益、生态效益好，短期经济效益不明显的农业机械化技术，要争取实行技术推广（作业）补贴，调动农民应用先进技术和开展作业服务积极性。三是完善评价考核机制。改革农业机械化科技类项目立项评价机制，把解决农业机械化生产实际需求及成果覆盖率作为最主要的立项依据及验收依据，提升农业机械化科技管理的效率。探索在县及县以下推广机构建立量化到人的目标管理制度，提高推广服务效率和服务效果。

三、明确目标任务，扎实推进农业机械化又好又快发展

2012 年是实施“十二五”规划的承上启下之年，实现农业机械化又好又快发展，对于促进农业农村经济发展具有特殊重要意义。

做好 2012 年农业机械化工作，要按照中央经济工作会议提出的“稳中求进”总基调，力争好中求快、又好又快，为农业增产、农民增收和农村发展提供有力的装备支撑。总体要求是：深入贯彻落实科学发展观，围绕依靠科技进步、转变农业机械化发展方式、提升发展质量效益这条主线，以农机农艺融合、农业机械化信息化融合为途径，以调整优化装备结构布局、主攻薄弱环节机械化、推广先进适用技术为重点，着力落实完善政策、培育发展主体、建设人才队伍、强化公共服务，加快提高农机装备水平、作业水平、科技水平、服务水平和安全水平。力争全国耕种收综合机械化水平同比提高 2 个百分点以上，达到 56% 以上，水稻栽植、玉米收获机械化水平分别超过 28%、38%，农业机械化科技应用水平、作业组织化程度、公共服务能力进一步提升，装备布局结构进一步优化，安全生产形势保持平稳。

围绕上述目标任务和工作思路，要重点抓好以下六方面工作：

（一）争取支持与狠抓落实相结合，认真组织实施好农业机械化扶持政策。要千方百计争取好政策、新投入，又要扎扎实实去落实，才能赢得更多信任、得到更多支持。各级农业机械化主管部门要以更坚决的态度，更有力的措施，不断把《国务院关于促进农业机械化和农机工业又好又快发展的意见》贯彻落实工作引向深入。要主动与有关部门加强协调，推动落实《意见》提出的农业机械化财政、基础设施建设、金融、保险、税费等扶持政策。目前尚未出台实施意见的省（区、市）要加快工作进度，积极争取早日发布。要抓住实施防灾减灾稳产增产技术专项的契机，争取落实和扩大农机深松整地、秸秆还田、育插秧等作业补贴资金规模。积极稳妥开展农机以旧换新试点，完善相关制度和操作办法。要按照《全国农业机械化发展第十二个五年规划》及有关专项规划，谋划重大工程、争取加大投入。承担新增千亿斤粮食工程、保护性耕作工程等基本建设项目的地方，要严格按照批复使用资金，保证进度、保证质量。

关于农机购置补贴政策落实问题，我想强调几点。总体上讲，补贴制度不断完善，操作基本规范，成效十分显著，真正使农民得实惠、企业得发展、政府得民心，但存在的问题不容忽视。特别是近年河北、广西、重庆等地发生了较为严重的违法违规问题，可以说情节恶劣、影响极坏。归纳起来，问题主要有四类：一是个人收受贿赂，部分农机主管部门人员经不起诱惑，接受企业贿赂，为企业提供方便；二是单位违规收费，违规向企业收取推广费、服务费等；三是公职人员失职渎职，不执行规定，不履行职责，疏于监管；四是企业违规操作，部分农机生产企业、经销商与不法人员勾结，弄虚作假，骗套补贴资金，组织倒卖机具。产生这些问题的深层原因，主要是五个不到位：制度执行不够到位、监督管理不够到位、廉政风险防控不够到位、企业守法诚信经营不够到位、工作经费保障不够到位。最根本的是政策执行不力、监管不力，一些分管领导和工作人员对自己要求不严，对下缺乏有效监督，失职渎职，甚至自身违法违纪。

针对这些问题，我们务必高度重视，以更高的要求、更严的纪律、更有力的措施，进一步规范、廉洁、高效地把这项强农惠农富农的好政策实施好、落实好。一是必须严格执行国务院、农财两部的各项规定和部署要求，绝不能有令不行、有禁不止；制定补贴实施工作绩效管理考评办法，加大对各省区市补贴工作情况的监督考核，将考核结果与资金安排挂钩。二是必须进一步加强监管，对实施中易产生权力寻租的关键环节，采取针对性监督和制约措施；重点强化对县级农业机械化主管部门实施工作的监督，确保实施规范；与财政部门紧密合作，邀请同级纪检监察部门全程参与，建立多部门联合监管机制。三是必须大力推进廉政风险防控，以制约权力、严守法纪、规范操作为重点，着力构建覆盖权力运行全过程的农机购置补贴廉政风险防控机制，完善“教育、制度、监督、改革、纠风、惩治”并重的腐败惩防体系，确保廉洁实施；及时公开补贴政策、程序、受益对象、实施进度等信息，确保阳光操作。四是必须加大惩处力度，始终保持高压态势，重拳打击各类违法违规行为，发现一起严查一起，绝不姑息；严格执行补贴产品经销商监管办法，及时查处和通报企业违规行为；实行行政问责制，督促地方政府严厉追究失职渎职人员责任。总之，我们要保持清醒的头脑，增强忧患意识，做到严肃纪律要求不松懈、严格执行规定不走样、严厉惩处违规不手软，确保补贴政策不折不扣地落实到位。

（二）重点突破与整体推进相结合，加快发展农业生产全程机械化。突破关键环节是提升机械化水平的重要方法，整体推进是农业机械化发展的最终目的。要充分发挥主要农作物生产机械化示范项目的作用，加快推进水稻、玉米等粮食作物生产全程机械化，积极扩大油菜、花生、马铃薯、甘蔗、棉花等经济作物机械化播种、收获面积，努力促进农业薄弱环节机械化水平不断提高，有条件的地方要实行整村整乡整县推进。努力拓展农业机械化服务领域，逐步推进耕种收环节机械化向产前、产中、产后延伸，进一步提升畜牧业、渔业、林果业、设施农业、农业品初加工业、农业废弃物综合利用机械化水平。2012 年要试行畜牧业机械化评价指标体系，各地要认真做好相关统计工作。要继续加强主要农时季节机械化生产活动的组织管理和技术服务，提前做好机具检修、人员培训、柴油供应、信息服务等准备工作，积极参与农业抗灾救灾。要借助现代信息技术等科技手段，精心组织开展农机跨区作业，保持重点区域的机具供需平衡，保持农机手的收益平稳增长，唱好农机作业的“四季歌”，高质量高速度完成全年的农业机械化生产任务。

（三）集成创新与示范推广相结合，加快普及先进适用农业机械化技术。要注重机具和技术的集成配套，探索农机农艺融合、农业机械化信息化融合机制，又要注重示范典型引导，将成熟的经验和技术尽快推广、尽快发挥作用。争取加大对农业机械化科技项目投入，加速科技成果熟化集成和示范推广。实施全国农业机械化推广培训行动，加强对农机从业人员培训，不断扩大增产增效、资源节约、环境友好型农业机械化新技术实施范围。大力推进全国农业机械化示范区建设，探索多元化投入机制，拓宽示范区建设资金渠道，优先安排各类财政项目和基本建设项目，特别是农机购置补贴资金要适当向示范区倾斜。要协调推进农机农艺融合示范区、设施农业示范区建设，因地制宜，突出特色，注重实效。要采取政策倾斜、项目支持、技术帮扶等综合措施，进一步加强对示范区的支持和指导力度，确保“建一个、成一个、带一片”，为争取有关投入、扩大示范规模奠定良好基础。各地要积极参与国家现代农业示范区建设和高产创建活动，充分发挥农机在集成农业技术、挖掘增产增收潜力、推动经营机制创新等方面的重要作用。研究出台全国农业机械化示范区建设规范和评价验收办法，建立示范区资格退出机制。加大示范区成果宣传力度，促进示范区之间的横向交流和合作，进一步扩大示范效应，引领农业机械化发展方式转变。

（四）积极培育与规范引导相结合，大力发展农机服务组织。农机服务组织是农业机械化的发展主体，是推进农机服务产业化的重要力量，要坚持在扶持发展中促管理规范，在规范引导中谋良性发展。要进一步争取和扩大对农机服务组织的投入，落实税费减免、信贷支持、机库棚建设用地等扶持政策。继续深入开展农机社会化服务组织示范建设活动，再推出一批有完善的基础设施、有良好的运行机制、有健全的财务制度、有较大的服务规模、有显著的综合效益的“五有”农机合作社。推动农机合作社与农机企业、金融企业开展“社企合作”，加快解决维修难、资金缺问题。全面贯彻《农业机械维修管理规定》，把好“农机维修技术合格证”的审核发放关，进一步规范农机维修市场，提高维修企业服务能力。2012 年是《农民专业合作社法》公布实施五周年。农业部将以此为契机，组织召开一次全国农机合作社建设经验交流会，总结交流近年来各地的成效经验，明确工作思路和发展目标，进一步探索和完善推进农机合作社又好又快发展的途径和措施。

（五）完善标准与严格把关相结合，扎实推进农机质量监督管理。完善标准是提高农机质量水平的迫切需要，严格把关是维护标准严肃性的必须举措。以农机作业质量评价、安全使用规程为重点，加快农业机械化标准的制修订步伐，做好标准的宣传与实施工作。继续推进农机质量投诉监督体系建设，建立完善农机质量投诉信息管理系统，遵循“属地管理、首问负责、就近处理、无偿服务”原则，及时受理和认真处理各类农机投诉。要严格规范农业机械推广鉴定工作，加强对承担推广鉴定任务机构的工作考评，维护鉴定科学性、权威性、严肃性。加强农机职业技能开发工作。做好补贴机具质量源头管理，加大对推广鉴定获证产品的质量跟踪，对质量问题突出、投诉集中的产品坚决取消推广目录资格。继续组织开展补贴机具质量调查、重点检查和质量保障督导等工作，督促农机生产企业、经销商落实"三包"责任，不断提高产品质量和售后服务质量。

（六）强化执法和优质服务相结合，努力促进农业机械化安全发展。安全责任重于泰山，必须做到严格执法和改善服务两手抓，提高保障人民生命财产安全的能力水平。要完善《农业机械安全监督管理条例》配套规章，加快建立报废淘汰回收制度。协调落实《条例》关于保障农业机械安全的财政投入和《安全生产"十二五"规划》关于将农机安全检验经费纳入财政预算的要求，大力改善执法装备条件，加快建立免费实地安全检验制度。积极争取财政对农机安全保险保费给予补贴。努力提高拖拉机、联合收割机"三率"水平，坚决制止无牌无证和未经检验的拖拉机、联合收割机及驾驶人投入农机作业。开展违规发放拖拉机牌证专项治理工作，严格按照国家标准做好拖拉机的界定和推广鉴定工作，严禁给非拖拉机发放拖拉机牌证，严厉打击违规违法行为。深入开展"平安农机"和"为民服务创先争优示范窗口与示范标兵"创建活动，进一步转变监理方式，提高监管能力，推出惠民便民措施，更好地为广大农民机手提供优质服务，努力构建"政府负责、农机主抓、部门协作、群众参与"的农机安全监管长效机制，促进农业机械化和谐发展、安全发展。

农业机械化发展机遇与挑战并存，对农业机械化系统政风行风建设、干部队伍能力素质建设提出了更高要求。我们要强化依法行政意识，严格依照法律法规行使职能、履行职责。强化宗旨意识，持之以恒开展深入实际、深入基层、深入群众"三深入"活动，摸实情、解难题、求实效。强化责任意识，狠抓重点工作督导检查，确保政策、措施、服务"三落实"。强化创新意识，敢闯敢试、勇攀新高，积极开展机制创新、政策创新、技术创新和管理创新。强化反腐倡廉意识，全面推进农业机械化系统廉政风险防控机制建设，始终把权力置于有效监督制约之下，确保廉洁从政。深入开展创先争优活动，建设学习型组织，加强系统文化建设，做好农业机械化信息宣传，大力弘扬"以民为本，为民服务，帮民解难，助民增收，保民平安"的优良作风，大力营造诚实守信的农机行业环境，大力增进系统内、外团结协作，把各方面的力量和智慧凝聚到推动农业机械化又好又快发展的实践上来。

农业机械化工作使命光荣，任务繁重。我们农业机械化系统干部职工要进一步增强全局意识、政治意识、忧患意识和责任意识，不断提高素质能力，弘扬优良作风，如履薄冰尽职责、心无旁骛抓落实、创先争优求绩效，切实落实农业机械化好政策、维护农业机械化系统好形象、巩固农业机械化发展好形势，扎实推动农业机械化科学发展，为在工业化、城镇化中同步推进农业现代化作出更大贡献，以优异的成绩迎接党的十八大胜利召开！

在全国农业机械化工作会议上的总结讲话

（2011 年 12 月 29 日 · 北京）

农业部农业机械化管理司司长　宗锦耀

一、统一思想，提高认识

在日前召开的中央农村工作会议上，总理温家宝、副总理回良玉对近年来我国农业机械化持续快速发展的成就给予了充分肯定，并对今后一个时期加快农业机械化发展提出了新的任务和要求。总理温家宝强调，要适应农村劳动力结构出现的变化，积极发展农机装备业，加大农机具购置补贴力度，加快实现粮食作物全程机械化，稳步推进经济作物和养殖业机械化，全面提高农业机械化水平。副总理回良玉指出，要加快推进农业机械化，不断拓展农机作业领域，提高农机服务水平。会议强调要充分发挥农业机械集成技术、节本增效、推动规模经营的重要作用，着力解决水稻机插和玉米、油菜、甘蔗、棉花机收等突出难题，大力发展设施农业、畜牧水产养殖等机械装备，积极推广精量播种、化肥深施、保护性耕作等技术；要落实支持农业机械化发展的税费优惠政策，推动农机服务市场化和产业化。

部长韩长赋在全国农业工作会议上高度评价了农业机械化工作取得的巨大成绩，并对今后发展提出了明确要求。副部长张桃林在刚才的讲话中也充分肯定了 2011 年全国农业机械化工作，并集中概括为"五个持续"。农业机械化成为农业农村经济工作的突出亮点，为全国粮食实现"八连增"、农民收入增长"八连快"和农业综合生产能力建设，提供了有力的装备支撑，也为促进经济平稳较快发展做出了积极贡献。国务院领导和部领导对于农业机械化工作的高度评价，必将鼓舞和激励我们更加奋发进取，扎实工作，促进农业机械化又好又快发展。

副部长张桃林在讲话中全面分析了农业机械化发展面临的形势，作出了"我国农业机械化整体处于快速发展的黄金机遇期"的重大战略判断；讲话深刻阐述了依靠科技进步、充分发挥农业机械化在引领支撑农业现代化过程中四个方面的重大作用，明确提出了以"四围绕、四着力"为主要内容的、推动农业机械化科技进步四个方面的重点任务。副部长张桃林指出，在工业化、城镇化深入发展中同步推进农业现代化，科技是关键。现代农业靠科技，科技应用靠农机。着眼我国农业机械化发展全局，最主要的矛盾是日益增长的农业机械化需求与农机新技术新装备有效供给不足的矛盾，最大的"短板"和"瓶颈"在科技进步，最大的潜力和希望也在科技进步。要采取扎实有效的措施，真正把农业机械化发展方式转移到依靠科技进步和提高劳动者素质的轨道上来，实现农业机械化新一轮跨越式发展。我们要把思想和行动统一到党中央、国务院关于加快发展农业机械化的重大决策和农业部党组的部署要求上来，统一到这次会议对我国农业机械化发展形势正处于战略机遇期、黄金发展期的分析判断上来，统一到对做好今后农业机械化各项工作"好中求快、又好又快"的总体要求上来，统一到依靠科技进步、转变发展方式的主攻方向上来,统一到这次会议作出的“六个坚持相结合”重点推进的各项工作部署上来,进一步坚定信心和决心,增强使命感和责任感,锐意进取、开拓创新,努力推动农业机械化又好又快发展。

二、明确任务,把握重点

副部长张桃林在讲话中提出了做好2012年农业机械化工作的目标任务和思路措施,要求力争全国耕种收综合机械化水平同比提高2个百分点以上,达到56%以上,水稻栽植、玉米收获机械化水平分别超过28%、38%,农业机械化科技应用水平、作业组织化程度、公共服务能力进一步提升,装备布局结构进一步优化,安全生产形势保持平稳。

各级农业机械化主管部门要全面对照讲话要求,紧密结合本地区农业机械化发展实际,创新发展理念,破解发展难题,努力做到农业机械化发展速度与结构、质量、效益有机统一,推进农业机械化科学发展。做好2012年农业机械化工作要贯穿“一条主线”,推进“两个融合”,突出“三个重点”,坚持“四个着力”,全面提高“五个水平”,综合采取“六条措施”。“一条主线”就是依靠科技进步、转变农业机械化发展方式、提升发展质量效益;“两个融合”就是农机农艺融合、农业机械化信息化融合;“三个重点”就是调整优化装备结构布局、主攻薄弱环节机械化、推广先进适用农业机械化技术;“四个着力”就是着力落实完善政策、着力培育发展主体、着力建设人才队伍、着力强化公共服务;“五个水平”就是全面提高农机装备水平、作业水平、科技水平、服务水平和安全水平;综合采取“六条措施”,就是张桃林副部长提出的用“六个相结合”的方法,认真做好实施扶持政策、组织农业机械化生产、推广先进技术、发展服务组织、加强质量监管、促进安全发展等六项工作。只要我们牢牢把握张桃林副部长讲话中这些总体要求、目标任务和工作重点,埋头苦干,就一定能够不断取得农业机械化科学发展的新成效。

三、转变作风,推动落实

张桃林副部长对农业机械化系统自身建设提出了明确要求,我们要坚决贯彻落实。要按照“三深入”(深入实际、深入基层、深入群众)、“三落实”(落实政策、落实措施、落实服务)、“三创新”(思路创新、机制创新和管理创新)的要求,不断强化宗旨意识、责任意识和创新意识,增进对农民群众的感情,增强促进农业机械化事业发展的激情,切实提高干部政策理论水平和业务工作能力,为推动农业机械化科学发展提供坚强的政治和组织保证。要在狠抓落实上下工夫。副部长张桃林在讲话中对2012年的农业机械化工作作了全面的部署,工作的思路、目标、任务都已经明确,关键在于抓好落实,行动要快、措施要实、工作要细。希望与会代表们回去后,及时向当地党委和政府汇报,迅速向本系统传达,认真组织本单位领导班子和同志们学习贯彻好本次会议精神。要结合本地区、本单位农业机械化工作实际,将会议提出的工作目标任务逐项分解,制定可操作的具体措施,统筹兼顾,突出重点,把各项要求和任务落到实处。要进一步完善抓落实的工作机制,把狠抓各项工作任务落实,作为增强各级党员干部党性、遵守纪律的政治要求,切实做到有要求就有部署、有部署就有落实、有落实就有成效。要下大气力推动农机购置补贴政策规范、廉洁、高效实施,严格按照“四个必须”(必须严格执行国务院、农财两部的各项规定和部署要求;必须进一步加强监管;必须大力推进廉政风险防控;必须加大惩处力度)的要求,精心组织实施,确保补贴政策不折不扣地落实到位,确保干部的政治安全,绝不允许有令不行、有禁不止、失职渎职、毁干部、坏政策、损形象的事情屡屡发生。要继续解放思想,与时俱进,求真务实,开拓创新,思想不麻痹、政策不减弱、工作不放松,抓住机遇,应对挑战,创造性地开展工作,不断开创农业机械化发展新局面。

其他会议

在全国农机购置补贴工作座谈会上的讲话

(2011年4月7日·湖北武汉)

中华人民共和国农业部副部长 **张桃林**

今天,我们在这里召开全国农机购置补贴工作座谈会,主要任务是认真落实国务院领导同志关于加强农机购置补贴监管的批示要求,总结交流近几年实施农机购置补贴政策的好做法好经验,深入分析面临的形势和存在的问题,研究部署当前和今后一个时期农机购置补贴工作。

一、充分肯定实施农机购置补贴政策取得的显著成效

党中央、国务院高度重视农业机械化发展。近些年来,在法规建设、政策扶持、项目安排等方面形成了一个比较好的体系,特别是连续多年较大幅度地提高了农机购置补贴资金投入,极大地调动了农民购机用机的积极性。这一强农惠农政策的实施,对提高我国农业机械装备水平、促进农业稳定发展和农民持续增收、推动农机工业振兴发挥了重要作用,取得了提升产业、助民增收、利农利工等一举多得的好效果。

一是提高了农业装备水平,优化了农机装备结构。2010年,全国农机总动力达到9.2亿千瓦,比政策实施前的2003年增长52.3%。大功率、多功能、高性能及薄弱环节农业机械增长迅速,农机装备结构不断优化。大中型拖拉机保有量达到384万台,是2003年的3.95倍,年均增长21.7%;水稻插秧机、玉米收获机分别达到33万台、13万台,分别是2003年的5.6倍、31.7倍,年均增长分别达到27.7%和63.8%。

二是提升了农机作业水平,促进了农业生产方式转变。农机购置补贴对于提升全国耕种收综合机械化水平作用十分明显,7年的增幅相当于政策实施前30年的增幅。2010年已达到52%,标志着我国农业生产方式实现了由人畜力作业为主向机械化作业为主的历史性跨越。小麦基本实现了生产全过程机械化。重点农作物薄弱环节机械化取得重大突破。农机农艺进一步融合,精量播种、化肥深施、高产栽培、保护性耕作等先进农业生产技术得以大面积推广应用。

三是增强了农业综合生产能力,促进了农业稳定发展和农民持续增收。在农机购置补贴政策的推动下,先进适用的农业机械得以广泛应用,促进了农业生产专业化、标准化、规模化、集约化,提高了工地产出率、资源利用率和劳动生产率,实现了农业节本增产。

四是拉动了农村需求,促进了农机工业和服务业发展。农机购置补贴政策的实施直接拉动了农村消费需求,带动了农机工业及相关产业的快速发展。2004—2010年规模以上农机工业企业产值年均增长超过20%,产销率达98%以上,农机市场产销两旺。农机作业市场蓬勃发展,农机服务组织不断壮大。

近年来,为确保农机购置补贴政策的有效实施,各级农业机械化主管部门、财政部门密切配合,扎实工作,加强调研,细化措施,不断增强工作的预见性和前瞻性,在规范管理和创新完善办法等方面,做了大量卓有成效的工作,积累了宝贵经验。

第一,积极推进制度完善。经过多年的实践,农机购置补贴形成了以"五项制度"为核心的操作办法,即补贴产品目录制、补贴资金省级集中支付制、受益对象公示制、执行过程监督制、实施效果考核制。为进一步发挥市场机制的作用,保障企业经营自主权,保障农民自主选择权,近年来,农业部、财政部认真研究,创新完善了补贴机具目录确定、补贴产品经销商管理、补贴对象确定、补贴资金分配等办法。各地也对补贴资金使用管理细则、绩效考评办法、档案管理办法、补贴产品经销商管理办法等进行了完善和细化,为实施农机购置补贴奠定了坚实的制度基础。

第二,深入推进规范操作。农业部大力推进补贴网络化管理,在全国启用农机购置补贴计算机管理软件系统,实现了补贴目录、经销商、购机审核、资金结算管理及随机抽查的信息化、网络化。通过运用现代信息技术,规范了各级农业机械化主管部门、补贴机具生产经销企业的操作程序,促进了农民购机的选择权到位,提高了操作透明度和工作效率。各级农业机械化主管部门以补贴目录制定和补贴对象确定为重点,加强规范操作,努力做到公开、公正、公平。邀请纪检检察等部门全程参与,严格履行公示程序,接受各方监督。同时,注意信息收集和意见反馈,通过开展企业、农民"双满意"活动或农机大回访行动,广泛征求农户或企业意见,不断改进工作。

第三,全面推进信息分开,把年度补贴实施指导意见、各省实施方案和补贴目录全部在网上公开。每年在人民日报等主要媒体向社会公开补贴政策内容、程序、要求及实施情况等。2010年,农业部、财政部联合印制100多万份政策解读和工作程序图,免费发放到村入户。各地广泛利用广播、电视、报纸、网络等媒体宣传补贴政策,采取张贴公告到村、发放指南到户、发送手机短信到人等方式,努力使补贴政策家喻户晓。

第四,大力推进监督检查。农机、财政、纪检监察部门联合制定补贴政策监督检查方案,开展专项检查和重点抽查。2010年,农业部派出20个督导组对全国补贴政策实施情况进行重点督导,对6 000户购机农民进行电话抽查。公布补贴投诉电话,认真核查处理举报案件。2010年,取消了一些违规企业经销补贴产品的资格,内部通报了一些违规违法操作的案件。各地采取专项检查、联合督查、审计监督等方式,每年都对补贴政策落实情况进行核查监管,对违规问题严查严办。

第五,着力推进责任落实。农业部、财政部每年联合制定农机购置补贴实施指导意见,指导各地开展补贴工作。许多省区市将农机购置补贴实施列入地方政府对农业机械化主管部门的考核内容。各地农业机械化主管部门切实加强组织领导,行政一把手亲自抓,分管领导具体负责,明确责任,强化措施,为农机购置补贴实施工作提供了强有力的组织保障。

总体上讲,农机购置补贴实施以来,制度不断完善,操作基本规范,成效十分显著,真正使农民得实惠、企业得发展、政府得民心。在补贴政策的强力推动下,我国农业机械化发展进程不断加快,在推动农业发展方式转变、实现由传统农业向现代农业迈进中的地位更加突出,农业机械化已成为当前我国农业生产的亮点,发挥了主力军作用。

二、准确把握实施农机购置补贴政策的新形势新要求

十七届五中全会提出,在工业化、城镇化深入发展中同步推进农业现代化,是"十二五"时期的一项重大任务。农业机械是发展现代农业的重要物质基础,农业机械化是农业现代化的重要标志,是促进农业生产经营专业化、标准化、规模化、集约化,改善农业生产条件、农民生活水平、农村生态环境的重要途径。"三化同步"对农业机械化发展的速度和质量提出了新的更高要求。同时,工业化、城镇化深入发展,也将为加大强农惠农政策力度提供更加坚实的经济基础,将为加快农业机械化提供更加有力的物质支持。农业机械化发展面临着大有作为的重要战略机遇期。

作为促进农业机械化发展的重大政策,实施农机购置补贴也面临着良好的形势和难得的机遇:一是党中央、国务院高度重视农业机械化发展,国家财政支持力度逐年增加;二是政策实施效果明显,成效作用被普遍认可;三是管理制度基本建立并不断完善,操作和管理有章可循、有法可依;四是工作基础较好,各地在落实强农惠农政策方面有许多好的做法、好的经验;五是部门配合密切、齐抓共管的格局已经建立,实施农机购置补贴政策的社会氛围总体良好。

我们在肯定成绩、分析有利形势的同时,更需要保持清醒头脑,尤其要增强忧患意识,特别要深入分析面临的挑战和存在的问题。随着补贴资金规模和政策实施范围的不断扩大,社会各界的关注度越来越高,对我们全面实施好补贴政策、统筹做好各项工作提出了更高的要求。应当看到,目前实施农机购置补贴政策中,确实还存在一些急需解决的矛盾和问题。一是虽然近年来投入规模大幅增加,但补贴资金依然不能满足农业生产和农民购机需求。在补贴政策调动下,农民购机用机的热情高涨,虽然补贴资金连年大幅增加,但目前各地普遍反映农机购置补贴规模偏小,资金缺口较大。一些粮食主产区补贴资金仅能满足需求的50%左右,供需矛盾十分突出,公正公平公开地确定补贴对象非常紧迫。同时,由于资金有限,为推进农机装备结构调整和布局优化,只能突出重点,补贴先进适用、技术成熟、安全可靠、节能环保、服务到位的机具，同时兼顾农民的多样化需求，部分得不到补贴的农民有意见。二是虽然企业和经销商不断改进质量服务，但依然存在产品质量不稳定、服务不到位等现象。在农机购置补贴政策的拉动下，农机企业投入生产积极性明显增加，行业盈利水平不断提高。为赢得用户，抢占市场，大部分农机企业在扩大产能的同时，注重提高产品质量和售后服务水平，农民对补贴产品及服务总体上是满意的。但农机生产企业研发能力不强，新产品新技术开发和引进不多，难以满足现代农业生产对新型农机具的需求。少数农机生产厂家的产品质量稳定性不够，在售后服务、机械维修等方面跟不上，机具的零部件供应不及时，维修服务不到位，贻误农时。根据农业部2010年在部分省份开展补贴机具质量保障督导汇总的调研数据，尚有11%的农户对补贴机具质量不满意或感觉一般，认为产品可靠性不好的占18%，对企业售后服务不满意或认为一般的占12%。三是虽然不断强化监管措施，但少数个别地区依然存在违法违规现象。近年来，针对各地出现的一些苗头性问题，各级农业机械化主管和财政部门及时加密加严措施，不断强化监管，严肃纪律，严格要求，但少数地区仍然存在政策宣传和信息公开不够、暗箱操作等现象；个别地区存在借实施农机购置补贴之机向企业收费问题，甚至滋生腐败，造成极坏影响；有的地方违规确定补贴经销商，违规引导农民到指定经销商购机；个别地区忽视监管，出现倒卖补贴指标补贴机具现象；有的地方对省内外生产企业实行差别政策，搞地方保护。上述问题应引起大家高度重视。

2011年年初，河北省个别地区农机购置补贴收费问题，多次被媒体曝光，严重败坏了农业机械化主管部门的形象，给农机购置补贴这一好政策的执行造成了极为恶劣的影响。虽然违法违规问题属个别地区、个别现象、个别人，且都是发生在2009年以前，但该事件反映出的问题，值得我们深刻反思，引以为戒，时刻警醒。国务院领导同志和农业部、财政部对此都高度重视，要求迅速核查情况，采取措施积极应对，特别是要研究改进工作，举一反三，不能因此影响农业机械化发展推进大局。

面对新形势新要求，针对当前的矛盾问题和诸多挑战，我们必须认真总结过去好的做法、好的经验，全面分析问题和原因，在坚持农机购置补贴政策大方向不变的基础上，进一步理清思路，健全制度，创新机制，努力推进农机购置补贴政策深入有效实施。工作中要注意做到六个结合：

（一）坚持提升总量与优化结构相结合。提升农机装备数量，是加快机械替代劳动力步伐的迫切之需；推动装备结构合理优化，则是促进农业机械化持续发展的长远之道。近年来，在补贴政策拉动下，农机装备总量增长迅速，但结构优化效果还不够明显，装备结构“三多三少”的问题依然存在，即动力机械较多、配套农具少，小型机具较多、大中型机具少，低档次机具较多、高性能机具少。一些地区重视数量、轻视质量的现象依然存在。要充分发挥补贴政策的导向作用，根据农业生产发展需要，在确保装备总量增长的前提下，做到数量增长与结构优化并举，以增量调整带动存量优化，以存量优化促进结构升级。要着重促进农业生产急需、薄弱环节机具的发展，加快老旧农业机械的报废更新，促进作业机械和拖拉机配套机具的发展，改善配套比，提高利用率，降低单位能耗，避免低水平重复购置、资源浪费和效益下降。

（二）坚持突出重点与全面推进相结合。2010年，我国农业生产实现了由人畜力为主向机械化作业为主的转变，但农业机械化各领域各环节发展极不平衡，水稻机插秧、玉米机收水平还很低，养殖业、林果业、农产品初加工机械化以及设施农业等发展还较慢，一些经济作物生产机械化问题很多还没有破题。因此要按照科学发展观的要求，用统筹兼顾的方法，通过合理确定补贴范围、补贴重点及补贴标准等有效措施，优先保证关键和薄弱环节机械化发展的需要。要集中力量主攻薄弱环节，继续尽快提高粮食生产机械化水平，由耕种收环节机械化向产前、产中、产后全过程机械化延伸。要围绕优势农产品区域布局，因地制宜逐步推动经济作物、养殖业、设施农业、农产品初加工和农业废弃物综合利用机械化，全面服务农业生产、农民生活、农村生态。还要在加快推进平原地区农业机械化的同时，积极发展丘陵山区的农业机械化。

（三）坚持明确责任与狠抓落实相结合。明确责任是前提，抓好落实是关键。农机购置补贴资金管理办法和每年的农机购置补贴实施指导意见，都对各级农业机械化主管部门、财政部门的职责分工作出了明确规定，提出了相应的纪律要求，有些纪律和规定反复多次重申和强调，但有些地区还是出现了一些问题，甚至有人违法乱纪，造成了很坏影响。我们调查发现，绝大部分问题是政策执行中的问题，是没有按农业部、财政部的规定去操作造成的，是宣传不到位、监管措施没有落实、监管能力和水平不高造成的。按照目前的补贴实施办法，部省、市县各级农业机械化主管部门都有不同层级工作，各项工作既相互联系又相互制约，衔接紧密，缺一不可。如果每项工作、每个环节、每个层次逐一落实，逐一检查，可有效防止套购补贴资金和倒卖补贴机具等现象发生，还能发挥系统内部相互制约监督作用。今后要特别重视各项责任和措施的落实。

（四）坚持规范操作与创新完善相结合。农机购置补贴政策性强，农业部、财政部出台的资金管理办法、实施指导意见和其他规范性文件，全国各地都要严格遵守，规范操作，不折不扣地执行到位。对于政策文件尚未明确规定或鼓励创新试点的方面，各地可以结合实际，大胆创新，因地制宜探索新办法、提出新措施，不断创新和完善制度体系，促进建立更为便捷、高效、安全的机制。创新的目的是为了提高效率，为了堵塞漏洞，为了方便农民，切忌以创新为名，规避责任，疏于监管。要及时总结各地实践经验，有效可行的要宣传推广。

（五）坚持履行职能与部门协作相结合。农机购置补贴是一项强农惠农政策，任务重，工作量大，涉及面广，工作链条长，仅靠一两个部门很难完成，一定要在当地党委、政府的统一领导下，争取其他部门支持，确保实施到位，取得最大成效。各级农业机械化主管部门作为组织实施农机购置补贴的主要部门之一，要认真全面履行各项职能、做好本职工作，要积极与财政部门沟通协调，主动邀请财政、纪检监察、审计等部门全程参与，共同监管补贴实施情况。在确定补贴范围、补贴对象等环节，要广泛听取当地种植业、畜牧、渔业、农垦以及水利、林业等部门意见，兼顾各行业发展需求，争取各方面的支持和理解。

（六）坚持行政推动与市场引导相结合。我国的经济体制是社会主义市场经济，市场机制在资源配置中发挥着基础性作用。尽管中央财政补贴资金不断增加，2011年将达到175亿元，加上地方财政补贴，总量近200亿元，仅占全年农机工业年产值的7%左右。因此，实施农机购置补贴政策，必须坚持行政推动和市场引导相结合的原则。在补贴机具种类范围确定上,要加强政府引导,发挥农业机械化主管部门的宏观调控作用,根据现代农业发展和农机装备结构调整优化需要,合理确定并明确重点,又要兼顾各地特色产业需要和农民的多样化需求,给地方一定的补贴品目选择权;在补贴对象选择上,既要鼓励农民更新报废老旧机具,优先补贴已经报废老旧农机并取得拆解回收证明的农民,又要积极推广公开摇号等农民易于接受的方式,公平公开地确定补贴对象;在补贴机型选择上,既要通过国家支持推广目录,严格把好产品质量关、服务关,保障农民合法权益,又要尊重农民的主体地位,买哪家企业生产的产品,到哪家补贴经销商去买,完全由农民自选自定,充分保障农民购机的自主选择权。

总之,面对新形势新要求,我们要以转变农业机械化发展方式为主线,以调整优化农机装备结构布局、提升农机作业水平为主要任务,加快推进主要农作物关键环节机械化,积极发展畜牧业、渔业、设施农业、林果业及农产品初加工机械化。在补贴实施中,注重因地制宜、协调推进,注重宏观引导、突出重点,注重规范管理、强化监管,注重信息宣传、阳光操作,注重加强创新、完善机制,进一步推进补贴政策执行过程公平公开公正,监管措施有力有效,切实将农机购置补贴这一好政策全方位实施好、落实好。

三、扎实做好落实农机购置补贴政策的各项工作

2011 年是“十二五”开局之年,是中国共产党建党 90 周年。实施好农机购置补贴政策,促进农业机械化又好又快发展,具有特殊重要意义。各级农业机械化主管部门务必从政治和全局高度,进一步提高认识,强化组织,以对党和人民高度负责的精神,以最高的要求、最严的纪律、最强有力的措施,统筹协调做好农机购置补贴各项工作,切实把党的强农惠农政策全面执行到位。

第一,要履行职责,落实责任。落实农机购置补贴政策任务重、责任大,明确职责、落实考核尤为重要。各级农业机械化主管部门要把实施好农机购置补贴作为当前工作的头等大事来抓,进一步加强组织领导,完善政策配套,强化监督指导,确保补贴工作操作规范,阳光高效。要认真落实领导责任制,明确各级农业机械化主管部门一把手为农机购置补贴实施工作的第一责任人,并层层签订责任书,一级抓一级,确保实施补贴政策各项措施不折不扣落到实处。

第二,要全面部署,认真组织。农机购置补贴是一个系统工程,参与部门多,工作头绪多,规定要求多,需要统筹考虑,协调推进。要在地方各级党委、政府领导下,加强与各有关部门的协调沟通,达成共识,争取支持,形成各方面共同关注、共同关心、共同推进农机购置补贴政策实施的良好局面。各地要结合当地农业发展实际,合理制定农机购置补贴实施方案,最大限度发挥补贴资金使用效率。同时,还要根据工作时序要求,制定落实每项重点工作的具体方案,进一步明确任务和完成时限,有计划分步骤地协调开展工作。要做好动员部署,及时传达贯彻党中央国务院决策部署和农财两部意见要求,将补贴政策不折不扣地落实到位。

第三,要规范管理,完善机制。要认真落实各项制度,严格规范管理。在补贴资金分配、结算,补贴对象、补贴产品和经销商确定等方面要做到公开、公正、公平。在补贴资金分配上,要采取因素法、公式法分配,并突出补贴重点。在补贴资金结算上,要加强对补贴产品、补贴金额、支付企业或经销商是否相符等的审核,增加结算频次,至少保证每季度结算一次。在补贴对象确定上,不得优亲厚友,进一步提高公平性。在补贴产品和经销商确定上,不得指定农机生产企业、机型和经销商,补贴目录不得附带产品价格,不得以补贴资金指标有限为借口,变相为购机农民推荐补贴产品和经销商,切实保障农民选机购机自主权和企业确定经销商自主权。在保障资金安全的条件下,鼓励开展结算层级下放、重点机具全部满足申购要求等试点,不断总结经验,完善机制。

第四,要阳光操作,推进公开。在组织管理和具体操作过程中,要注重公开透明、阳光操作。部、省、市县各级都要把补贴政策的内容、程序、要求等及时向社会公开。要积极推广公开摇号等农民易于接受的方式,公开公正地确定补贴对象,及时公示受益者和补贴落实情况,接受社会监督。要切实发挥好农机购置补贴计算机管理网络系统的信息公开作用,将补贴资金执行进度、补贴对象等信息向社会公开,确保补贴实施过程公开透明。

第五,要严肃纪律,加强督查。政策实施 7 年来,我们已经形成了一套较为完善的监管体系,各方面的纪律要求都很明确。各级农业机械化主管部门要自觉遵守各项纪律,严格执行国务院“三个严禁”和农业部“四个禁止”、“八个不得”及财政部加强补贴政策实施监管工作的通知要求,真正做到令行禁止。要制定农机购置补贴政策监督检查方案,创新形式和手段,邀请财政、纪检监察等部门参加,切实加强本地区农机购置补贴政策实施情况的检查。当前,要认真吸取河北省部分市县农机购置补贴贪污受贿案件的深刻教训,深入开展自查自纠和警示教育,及时发现问题和线索,一查到底,从重从严从快处理,决不姑息迁就。同时要举一反三,逐项工作、逐个环节地查找本地区实施农机购置补贴政策过程中容易产生腐败行为的风险点,着力构建农机购置补贴廉政风险防控机制。要加强与纪检监察部门和检察机关的沟通配合,努力建立健全农机购置补贴实施监督的长效机制。

第六,要大力宣传,营造气氛。落实好强农惠农政策,搞好宣传是重要的措施。要进一步加大补贴政策宣传力度,通过广播、电视、报纸、网络等媒体,以及挂图、明白纸、公告栏等形式,广泛宣传补贴政策,让广大农民真正了解政策、熟悉政策,让社会各界知晓农机购置补贴方法和要求,提高政策的透明度。同时,要加强正面宣传,深入宣传农机购置补贴做法及成效,扩大政策效应。要密切监测舆情,及时认真妥善处理出现的问题。要正确对待舆论监督,积极与新闻单位加强沟通,实事求是、客观公正地宣传农机购置补贴这一强农惠农的好政策及执行政策的显著成效,为推动农业机械化发展创造良好舆论环境。

当前,春耕备耕已全面展开。组织好春季农业机械化生产,对于夺取夏季粮油丰产丰收,促进农业稳定发展和农民持续增收,推动经济平稳较快发展和社会和谐稳定具有十分重要的意义。各级农业机械化主管部门要以更加饱满的热情,更加有力的措施,进一步加强春季农业机械化生产的组织领导,全面落实各项扶持政策,抓紧做好机具检修和物资准备,切实加强机手培训和技术推广,努力提高农机作业水平和组织化程度,切实抓好农机安全监理,积极做好新闻宣传,充分发挥农机在农业生产和抗旱救灾中的主力军作用,全面打好 2011 年农业机械化生产的第一仗。

实施农机购置补贴政策，关系到农业机械化发展大局，关系到农业农机部门的形象和政府的公信力。各级农业机械化主管部门要进一步提高对实施好农机购置补贴政策重要性的认识，树立政治意识、大局意识和忧患意识，增强做好农机购置补贴工作的责任感和紧迫感，务必高度重视，精心组织，规范操作，加强监管，完善机制，坚决堵塞可能的管理漏洞，确保实施成效。要心无旁骛抓落实，如履薄冰尽职责，努力开创农机购置补贴工作新局面，为推进中国特色农业现代化和社会主义新农村建设作出新的更大的贡献，以优异的成绩迎接建党90周年！

在全国农业机械化技术推广工作会议上的讲话

（2011年8月30日·山西太原）

中华人民共和国农业部副部长　**张桃林**

这次会议的主要任务是全面总结"十一五"农业机械化技术推广工作取得的成绩和经验，分析面临的形势，研究部署当前和今后一个时期农业机械化技术推广工作，促进农业机械化又好又快发展。下面我讲几点意见。

一、认真总结经验，充分肯定农业机械化技术推广工作成效

"十一五"期间，各级农业机械化主管部门和推广机构认真贯彻落实农业机械化发展的各项政策措施，以科技创新引领推广工作，以机制创新提升推广能力，以落实强农惠农政策扩大推广范围，农业机械化技术推广工作成效显著，为促进农业机械化快速发展，实现农业生产方式从人畜力为主向机械化为主的历史性转变做出了重要贡献。

（一）落实农机购置补贴政策，农机装备水平不断提高。农机购置补贴等强农惠农政策的实施，极大地调动了农民购买和使用农业机械的积极性。各级农业机械化主管部门和推广机构十分重视农业机械化技术推广与强农惠农政策的结合，充分发挥农机购置补贴、农机作业补贴的导向作用，加强引导和宏观调控，加大新机具新装备的推广力度，促进了农业装备水平快速提高。"十一五"期间我国装备总量大幅增长，截至2010年全国农机总动力达到9.28亿千瓦，比2005年增长35.2%。装备结构不断优化，大功率、多功能、高性能及薄弱环节农业机械增长迅速，2010年大中型拖拉机、插秧机、联合收获机分别比2005年增长181%、318%和108%，大中拖与小拖比例从2005年的1∶11提高到2010年的1∶4.6，经济作物、林果业及农产品初加工机械发展水平加快提升。

（二）加快推广先进适用技术，农机作业水平不断提高。各地围绕重点领域、主要作物、关键环节，加大农业机械化技术推广力度，推广面积大幅增加，机械化作业水平显著提高，为保障农产品有效供给和实现粮食生产七连增做出了积极贡献。截至2010年，全国耕种收综合机械化水平达到52.28%，比2005年提高16.38个百分点。其中，小麦、水稻、玉米三大粮食作物综合机械化水平分别达到91.26%、60.51%、65.94%，水稻种植、玉米收获机械化水平分别达到20.9%和25.8%；油菜、棉花、甘蔗、马铃薯、花生等生产机械化技术推广面积逐年增加；全国保护性耕作实施面积达到4 333.33千公顷，比2005年增长6.5倍；机械化精量播种、免耕播种、秸秆粉碎还田、节水灌溉面积大幅增加，分别达到33 866.67千公顷、11 133.33千公顷、28 533.33千公顷、11 666.67千公顷，比2005年份分别增长34.4%、91.4%、47.4%、38.5%；机械化健康养殖技术、设施农业技术普及应用加快，温室面积达到1 133.33千公顷，增长幅度达到71.5%。

（三）加强农业机械化科技创新与试验示范，农业机械化技术水平不断提高。"十一五"期间，国家科技支撑计划、公益性农业行业科研专项和地方科技项目对农业机械化技术研究和成果转化支持力度不断加大，农业部在全国建立了102个农业机械化示范区，实施了主要农作物生产机械化技术示范、保护性耕作技术示范、旱作节水示范等项目。各地也建立了一批农业机械化示范基地，加强粮棉油糖等大宗农作物机械化装备研发和技术集成示范，促进了农业机械化科技成果转化。据统计，"十二五"期间，小麦免耕播种、玉米收获技术与装备研发等11项成果获得国家科学技术奖，比"十二五"时期翻了近一番；2 200多个农机新产品通过国家推广鉴定，比"十五"末增加120%，有效提高了我国农机装备的技术水平和科技含量。

（四）推进基层推广体系改革与建设，农业机械化技术推广队伍素质能力不断提高。各地认真落实《国务院关于深化改革加强基层农业技术推广体系建设的意见》，推进基层农业机械化推广体系改革，以改革为动力，加强农业机械化推广机构建设、队伍建设、设施条件建设和制度建设。山西、吉林、广东等省积极推进乡镇独立设站；湖北、湖南、广西等省（自治区）积极推进农机推广人员参公管理；内蒙古、辽宁、四川等省（自治区）积极争取财政支持，加强基层推广机构设施条件建设；浙江省全面推广农机推广责任制，明确县乡两级推广人员岗位职责和目标任务；江苏、山东、新疆等省开展有完善的管理体制、有规范的运行机制、有精干的人员队伍、有稳定的经费保障、有必要的条件手段的"五有"推广机构建设；山西省开展农机推广旗帜县建设。这些探索发挥了积极作用，也取得了宝贵的经验。2010年农业部、国家发改委启动实施了《保护性耕作工程建设规划》，并结合《全国新增500亿千克粮食生产能力建设规划》，启动了农业机械化推进工程，加大了基层农业机械化技术推广机构条件建设的投入。截至2010年年底，全国共有县以上农业机械化技术推广机构2 554个，乡镇独立设置或按区域设置的推广机构6 462个，占乡镇机构总数的21.5%。同时，纳入乡镇农业技术综合推广机构统一管理的有23 534个。总的看，农业机械化技术推广体系基本稳定。

（五）创新技术推广机制和方法，农业机械化推广服务水平不断提高。各级农业机械化技术推广机构在实践中不断创新推广方式方法，完善推广机制，积极探索适合当地特点的农业机械化技术推广新路子，推广工作水平不断提高。各地普遍加强了试验示范基地建设，提高农业机械化技术集成示范能力，发挥其辐射带动作用；加强推广责任机制和成效考核机制建设，提高推广工作活力和效能；积极推进多元化推广机制建设，包括促进产学研推相结合，积极培育农机合作组织，广泛组织科技下乡，举办培训班和技能竞赛，开展现场演示，设立技术服务热线和网络咨询平台等，丰富推广方式方法。这方面，各省区市都有许多值得总结推广的好经验和做法，不再一一列举了。

“十一五”农业机械化技术推广工作取得了显著成效，积累了宝贵经验。一是必须加强政策扶持引导，充分发挥农业机械化扶持政策的作用，调动农民应用农业机械化新技术的积极性；二是必须以农业生产实际需求为导向，以现代农业发展和农民需求为出发点和落脚点，因地制宜确定重点推广技术；三是必须坚持国家推广机构的主导地位和公益性职能，充分调动多元推广主体的积极性，增强农业机械化技术推广活力；四是必须强化人才队伍建设，建设一支精干高效的农业机械化技术推广队伍和高素质的农业机械化实用人才队伍。

与此同时，也应当看到，农业机械化技术推广工作还存在一些不足和薄弱环节，有些问题还相当急迫。一是一些地方对农业机械化技术推广的重要性认识不足，包括对农业机械化技术推广以及农业机械化对农业现代化的支撑引领作用的认识不到位。二是一些地方对国家农业机械化技术推广机构的公益性定位不明确，职能履行不够到位。三是条件能力建设比较薄弱，基层推广机构设施简陋。据对 9 000 多个乡级农机推广机构调查，52.1% 的机构没有电话，85.9% 没有培训教室，95.9% 没有基本检测仪器设备，80.3% 没有示范样机。四是投入严重不足，农业机械化技术推广工作经费匮乏的问题比较突出，一些地方甚至连基本人员经费都得不到保障，严重影响农业机械化推广人员积极性和推广队伍的稳定。据农业机械化管理司调查统计，县以下推广机构中财政全额拨款的只占 76.3%，而且其中一半仅仅是保证人员经费，没有推广工作经费支持。五是农机农艺技术融合不够紧密，已成为影响农业机械化更好地发展的一个瓶颈。我们要进一步总结经验，深入研究解决存在的困难和问题，力争“十二五”农业机械化技术推广工作取得新的更大成绩。

二、认清发展形势，进一步明确农业机械化技术推广工作目标任务

党中央根据我国经济社会发展的新形势，提出了在工业化、城镇化深入发展中同步推进农业现代化的战略部署，要求按照高产、优质、高效、生态、安全的目标，以及农业生产经营专业化、标准化、规模化、集约化的要求，加快构建现代农业产业体系。农业机械装备是发展现代农业的重要物质基础，农业机械化已成为保障农产品有效供给、促进农业转型升级和又好又快发展的重要支撑。“十二五”我国农业机械化将进入加快发展、结构改善、质量提升、领域拓宽的关键阶段。加快转变发展方式，需要通过农业机械化技术推广，促进先进适用、技术成熟、安全可靠、节能环保、服务到位的农业机械的普及应用，优化农机装备结构布局；快快构建现代农业产业体系，需要通过农业机械化技术推广，突破薄弱环节机械化技术，拓宽农业机械化技术应用领域；生物技术和信息化技术不断向农业机械化领域渗透，需要通过农业机械化技术推广，加强农机农艺技术集成，促进农业机械化技术与农艺技术、信息技术融合；农业机械化技术创新加快和新装备的不断涌现，需要通过农业机械化技术推广，不断提高农机手素质，培育熟练应用农业机械化技术的新型农民。此外，当前农业科技创新的方向日益从以生物技术为主体转向生物技术与工程、机械化技术相结合，农业机械化技术推广在现代农业科技创新中的地位越来越重要。

面对新形势新任务新要求，我们要切实增强做好农业机械化技术推广工作的紧迫感、责任感，进一步转变观念、创新方法、提升能力、拓宽领域，科学谋划和全面推进“十二五”农业机械化技术推广工作。

“十二五”我国农业机械化技术推广的总体思路是：深入贯彻落实科学发展观，认真落实《国务院关于促进农业机械化和农机工业又好又快发展的意见》，紧紧围绕粮食等主要农产品有效供给、农民持续增收和农业可持续发展的战略需求，以及建设高产、优质、高效、生态、安全农业的战略目标，以加快农业机械化发展方式转变为主线，以促进农机与农艺融合、农业机械化与信息化融合为着力点，以试验示范项目为抓手，以推广增产增效型、资源节约型、环境友好型农业机械化技术为重点，加强推广体系建设、人才队伍建设、设施条件建设，提升农业机械化科技创新能力、技术集成能力、推广服务能力，加速成果转化，加快农业机械化新技术普及，为促进农业机械化又好又快发展提供强有力的科技支撑。

做好新时期农业机械化技术推广工作，必须坚持四项原则：一是坚持国家农业机械化技术推广机构的公益性定位，政府扶持与市场引导相结合。以政府为主导，充分发挥市场机制作用，广泛吸引企业、社会经济组织和个人等多种社会力量和社会资金投入农机技术推广事业。二是坚持机制创新，农机技术与农艺、信息技术相结合。建立农机农艺科研推广协作攻关机制，创新推广方式，实现农业机械化技术与农艺技术协调推进。三是坚持示范先行，试验示范与普及推广相结合。农业机械化新技术新机具必须经过可靠性、适应性和经济性的试验，逐步扩大示范区域，通过示范引导、技术培训、普及宣传等多种方式，实现新技术的大面积推广应用。四是坚持统筹兼顾，重点突破与全面发展相结合。因地制宜，根据当地的生产急需及自然经济条件，优先搞好重点农作物关键环节机械化技术和主要机具的推广，同时要满足农民群众的多样性需求，统筹考虑种养加、粮经林及设施农业等农业机械化技术推广，不断拓宽农业机械化发展领域。

“十二五”农业机械化技术推广工作总体目标是：农业机械化技术推广体系进一步完善，推广服务能力明显增强，人才队伍建设取得新成效，农机实用人才素质明显提高，增产增效型、资源节约型、环境友好型农业机械化技术得到大面积推广，粮棉油糖等大宗农作物机械化薄弱环节实现明显突破，先进适用、技术成熟、安全可靠、节能环保、服务到位的农机装备广泛应用，装备结构明显改善，为耕种收综合机械化水平达到 60% 以上提供有力的技术和装备保障。“十二五”期间农业机械化技术推广工作的主要任务是：

（一）着力加强农机推广体系建设，以基层农业机械化技术推广机构为重点，努力提高推广服务能力。进一步明确各级农业机械化技术推广机构工作职能,强化国家农业机械化技术推广机构公益性定位,合理设置机构,创新运行机制,改善推广手段,提升服务能力,建立起机构健全、责任明确、运行高效、服务到位、支撑有力、充满活力的适应现代农业发展需要的农业机械化技术推广体系。以基层农业机械化技术推广机构为重点,加强规范化建设,完善推广工作运行机制,全面推进"五有"农业机械化技术推广机构建设,即:有完善的管理体制、有规范的运行机制、有精干的人员队伍、有稳定的经费保障、有必要的条件手段。建立健全"五项制度",即:人员聘用制度、推广责任制度、绩效考评制度、推广人员培训制度、多元推广制度。按照"一主多元"的思路,积极发展多元化、社会化农业机械化技术推广服务组织,引导和支持高校、院所、团体、企业、农机专业合作组织、农机大户等,开展多种形式的农机推广活动。

(二)着力加强农业机械化教育培训,以农业机械化实用人才为重点,努力提高农业机械化队伍素质。要以素质提升和创新能力建设为核心,加强农业机械化管理人才、科技人才和实用人才三支队伍建设。按照充实一线、强化服务的要求,着力打造一支结构合理、技术过硬、精干高效、充满活力的农业机械化技术推广队伍。对县级以下推广人员重点强化示范推广和技术服务能力的培养,对县级以上推广人员突出技术创新和成果转化能力的培养。建立知识更新激励机制,促进推广人员素质提升,县级以下推广人员至少要精通一项当地主推技术。积极落实基层农技推广机构特设岗位计划,引导高校、职业院校毕业生到基层推广机构工作。着力加强农机驾驶、操作、维修人员和农机专业合作组织经营管理人员等农业机械化实用人才培训,努力造就一批新型职业农民,使其成为农业和农业机械化新技术的实施者、勤劳致富的带头人、现代农业生产的主力军。继续实施农业机械化教育培训大行动,组织开展阳光工程农机培训、主要农时重点技术专项培训、驾驶人培训、农业职业技能鉴定培训、"政企联动"培训等培训活动,不断丰富培训形式,增强培训效果。加强农业机械化技术培训基地建设,建立以政府为主导,行业组织、企业及社会各方面广泛参与的培训体系。

(三)着力加强农业机械化技术推广技术创新,以强化农机农艺融合为重点,努力促进推广方式转变。适应农业科技创新由生物技术为主体向生物技术与工程、机械化技术相结合方向调整的新特点,按照农机农艺结合,机械化与信息化结合、机械化与现代农业生产经营方式融合的要求,加快农业机械化技术推广机制创新、制度创新、方法创新。特别要加快建立农机农艺融合协调制度,推动管理部门相互协调、科研单位联合攻关、推广机构相互协作。完善农机农艺科研推广协作攻关机制,制定科学合理的机械作业标准和农艺标准,形成适应机械化生产的农作物机械化生产体系,突破农机农艺融合重大关键技术。进一步推进产学研推的结合,依靠机制创新和利益联结,建立农机科研、教学、推广、生产单位协作长效机制,促进农业机械化技术研发、技术集成和成果转化。建立农业机械化技术推广机构与农机合作组织合作推广机制,积极促进农机专业合作社的发展,将其培育成为农业机械化技术推广的重要载体,提高技术推广的辐射带动能力。

(四)着力加强农业机械化新技术试验示范,以推广"三型"农业机械化技术为重点,努力提升农业机械化水平。充分发挥农业机械化技术创新与推广应用对农业机械化发展的先导作用,加大农业机械化新技术试验示范和普及推广力度,加快薄弱环节机械化技术突破和增产增效型、资源节约型、环境友好型农业机械的普及应用。以水稻栽植、玉米收获、马铃薯种植与收获、油菜种植与收获、甘蔗种植与收获、棉花收获等环节为重点,加强技术集成示范,加快实现瓶颈技术突破,促进粮棉油糖等大宗农作物生产机械化水平上一个新的台阶。围绕优势农产品区域布局;因地制宜推广重点环节机械化技术,加快推进经济作物、畜牧水产养殖业、林果业、草业、种业、农产品初加工业、设施农业和农业废弃物综合利用机械化水平。探索丘陵山区机械化技术体系,大力推广适合丘陵山区生产实际的轻简型机械装备,加快丘陵山区机械化发展。大力推广精量播种、化肥深施、高效植保、秸秆还田、节水灌溉、保护性耕作等资源常约型环境友好型农业机械化技术装备,全面发掘农业机械化节种、市肥、节药、节水、节能潜力,提高农业资源和投入品利用率。开展设施农业示范建设活动,提高设施装备水平。

三、切实加强领导,努力提高农业机械化技术推广工作水平

农业机械化技术推广是农业机械化发展的先导。要加大工作力度,加强保障措施,确保全面完成"十二五"农业机械化技术推广工作任务。

第一,摆上重要位置,落实工作责任。各级农业机械化主管部门要切实加强农业机械化技术推广工作的领导,科学谋划,强化措施,抓出成效。各省区市农业机械化主管部门要认真研究提出加强农业机械化技术推广工作的指导意见,充分发挥农业机械化技术推广机构的技术支撑作用。农业机械化系统各个部门要根据各自职责,与农业机械化技术推广机构密切配合,共同促进农业机械化技术推广工作。要严格规范农机推广鉴定程序,建立健全农机质量投诉监督体系,加强质量调查,把好推广的农机装备的质量关。各级农业机械化推广机构要围绕全面履行职责,切实加强自身建设,落实工作责任。

第二,科学制定规划,促进统筹发展。农业部即将颁布《农业科技发展"十二五"规划》、《全国农业机械化发展第十二个五年发展规划》、《全国农业机械化技术推广"十二五"规划》,各地要结合实际研究制定当地农业机械化技术推广规划,提出适合本地特点的农业机械化技术推广工作思路,明确推广目标和重点,制定加强农业机械化技术推广工作的具体措施。要积极争取将农业机械化技术推广体系建设和推广工作纳入当地经济社会发展的总体规划,让农业机械化技术推广事业获得长期、稳定的支持。

第三,加强政策扶持,完善保障措施。要认真贯彻《中华人民共和国农业机械化促进法》、《农业技术推广法》、《国务院关于促进农业机械化和农机工业又好又快发展的意见》,全面落实各项促进农业机械化科技创新、技术推广及体系建设的扶持政策和措施。要按照有关法律法规要求,落实人员待遇,保障推广人员的合法权益,调动推广人员的积极性。积极实施推广机构特设岗位计划,鼓励和引导高校和职业院校毕业生到基层农机推广机构工作。发挥农机购置补贴的调控作用,优先保证重点和薄弱环节作业机械购置补贴,加大补贴力度。地方农机购置补贴配套资金要重点用于工作经费和技术推广。在实施深耕深松补贴的基础上,积极争取扩大农机作业补贴范围,调动农民应用先进农业机械化技术的积极性。

第四,争取资金投入,强化项目带动。要切实保障农业

机械化推广机构人员经费和工作经费，加强基层推广机构基础条件建设，确保推广工作正常运转，同时要科学谋划项目，发挥项目带动作用，促进农业机械化科技创新、示范推广和推广机构条件建设。要加强农业机械和装备自主创新重大项目的科学论证和立项工作，着力研制适合农艺要求的农业装备，突破农业机械化装备技术瓶颈。实施好农技推广与体系建设（农机）项目、保护性耕作工程建设和技术示范项目、阳光工程农机培训项目，积极争取设立农机农艺技术融合示范工程、农业废弃物资源化利用机械化技术集成与示范等项目，不断加大农业机械化技术推广投入。全面实施农业机械化推进工程，加强农业机械化技术推广服务设施建设，提高农业机械化公共服务能力。要加强项目管理，规范资金使用，确保实施成效，同时充分发挥项目的培养人才的作用，提高项目实施的综合效应。

第五，加大宣传力度，营造良好环境。要加强农业机械化和农业机械化技术推广工作宣传，宣传发展农业机械化对建设现代农业、转变农业发展方式的重大意义，宣传农业机械化技术推广工作的重要作用，取得各级政府、有关部门及社会各界的理解、关注和支持，营造农业机械化发展良好的社会氛围。要充分利用广播、电视、报刊、网络等媒体，以群众喜闻乐见的形式，加强农业机械化新技术新装备的宣传。要积极宣传模范农机推广人物的事迹，展示农机人的风采，弘扬热爱推广、乐于献身、甘于寂寞、开拓创新的精神。要加强调查研究，善于发现新典型，总结新经验，推广好做法，充分发挥典型引路的作用，不断提高农业机械化技术推广工作水平。

“十二五”是加快建设现代农业的重要时期，农业机械化发展和农业机械化技术推广工作正面临前所未有的良好机遇。我们要抓住机遇，明确目标，坚定信心，扎实工作，不断开创农业机械化技术推广工作新局面，为推动农业机械化科学发展，实现中国特色农业现代化做出新的更大贡献。

在 2011 年全国水稻生产机械化工作会暨育插秧技术培训班上的讲话

（2011 年 1 月 21 日 · 重庆）

农业部农业机械化管理司司长　宗锦耀

这次会议是“十二五”开局之年农业部农业机械化管理司召开的第一个全国性工作会议。会议的主要任务是：贯彻落实中央农村工作会议、全国农业工作会议和全国农业机械化工作会议的精神，认真总结“十一五”水稻生产机械化工作成效和经验，研究加快推进水稻生产机械化的思路和措施，部署实施 2011 年水稻育插秧机械化示范项目。

此次会议在重庆召开很有意义。重庆市委、市政府对农业机械化工作高度重视，自 2006 年以来将水稻机械育插秧技术推广工作纳入了政府工作绩效目标考核，不断加大投入力度，强力推进，取得了显著成效。2010 年全市完成机插秧面积 86.67千公顷，相当于 5 年前的 100 倍；水稻机械化栽植水平达到 13%，2010 年增长了 5 个百分点，在西南稻区处于领先地位。重庆市地处南方丘陵山区，农业机械化发展的基础条件薄弱。在这样困难的条件下，重庆市农业机械化工作取得如此佳绩，实属不易。丘陵山区是今后一个时期我国农业机械化发展的重点和难点。我们在重庆市召开会议，一方面是要学习借鉴重庆市的工作经验，另一方面，也表明农业部对丘陵山区机械化的重视，要统筹兼顺，突出重点，齐心协力加快推进水稻生产机械化。

一、认清形势，深刻认识加快推进水稻生产机械化的重要意义

刚刚过去的“十一五”时期，是我国农业机械化发展环境显著优化、政策法规不断健全、地位作用持续增强的 5 年，是改革开放以来农机装备总量增长最多、作业水平发展最快、资金投入量最大的 5 年。农机具购置补贴规模连年大幅度增长，2010 年达到 155 亿元，极大地调动了农民购机用机的积极性。2010 年全国农机总动力快速增长，达到 9.2 亿千瓦，比“十五”期间增长了 34%，装备结构进一步优化和改善。农机作业水平显著提高，全国农作物耕种收综合机械化水平突破 50%，达到 52%，标志着农业生产方式实现了从人畜力向机械作业为主的历史性跨越。农机合作社等服务组织蓬勃发展，农业社会化服务能力显著增强，农机作业服务总收入达到 3 700 亿元，成为推动农民持续增收的重要渠道；农业机械化理论体系不断丰富完善，确立了以“农民自主、政府扶持、市场引导、社会服务、共同利用、提高效益”为主要特征的中国特色农业机械化发展道路。农业机械化日益成为保障农产品有效供给，促进农业稳定发展的重要支撑；日益成为为深入发展农业社会化服务，促进农业经营体制机制创新的推动力量；日益成为引领农艺制度深刻变革，促进农业技术集成应用的主要载体；日益成为建设资源节约型环境友好型农业，促进农业可持续发展的有力措施；日益成为培育新型职业农民，促进农业劳动者素质提高的有效途径。

当前，我国农业机械化发展进入了大有作为的重要战略机遇期，迎来了加快发展、结构改善、质量提升、领域拓展的黄金发展期。总书记胡锦涛、总理温家宝非常关心、重视农业机械化发展，多次视察农机工作，并对加快推进农业机械化作出重要指示。副总理回良玉对农业机械化工作高度肯定，指出“农机干得不错，实现了大发展大跨越，成为农业生产的主角和亮点，为抗灾夺丰收发挥了至关重要的作用。这几年农业机械化发展很快，对建设现代农业、实现农业连年丰收功不可没”。

我们要认真学习、深刻领会党中央、国务院对农业机械化的各项决策部署，充分认识新形势下做好农业机械化工作特殊而重大意义，把握机遇，突出重点，明确方向，强化措施，推进农业机械化又好又快发展。

粮食生产机械化始终是农业机械化发展全局的重中之重，水稻生产机械化又是当前粮食生产机械化的主攻方向。水稻是我国最主要的粮食作物，但与小麦、玉米相比，水稻生产机械化的综合水平还不高，其中水稻栽植环节机械化水平仅为20%，成为制约粮食生产的主要因素。在前不久召开的中央农村工作会议上，副总理回良玉强调要稳定发展粮食生产，加大力度提高粮食综合生产能力，加快提高水稻栽植等薄弱环节机械化水平。在全国农业工作会议上，部长韩长赋、副部长张桃林对当前和"十二五"期间的农业机械化工作进行了全面部署，强调要继续强化农业科技和装备支撑，全力以赴夺取农业丰收。要大力推广农业机械化技术，力争水稻机插等薄弱环节机械化水平有较大提高。中央领导和部领导对水稻生产机械化提出了明确要求，指明了工作方向。我们要从保障粮食安全、增加农民收入、推进农业现代化的高度，深刻认识加快推进水稻生产机械化的重要意义。

（一）加快推进水稻生产机械化，是提高农业综合生产能力、保障粮食安全的迫切需要。民以食为天，食以稻为先。水稻是我国第一大粮食作物，目前种植面积达到30 000公顷，总产量超过1.8亿吨，种植户1.5亿户，约占我国粮食种植面积的30%、粮食总产量的40%和农户总数的60%。解决中国人的吃饭问题，重点在水稻的生产。解决水稻生产问题的一项重要措施，就是大力发展水稻（特别是粳稻）生产机械化。发展水稻生产机械化，一可以提高单产。水稻机插秧是一项精确的农业技术，可使秧苗扎根深浅一致，返青快，分蘖强，成活率高，容易获得稳产高产。与人工栽插相比，机插秧每公顷增产可达450千克以上。据测算，我国机插秧水平每提高1个百分点，就可增产水稻1.35亿千克。二可以节约耕地。机插秧采用的是毯状秧苗，具有密度大、秧龄短的特性，可大量节省秧田并提高育秧工效。与常规大田育秧相比，秧池田利用率可提高8—10倍。这在耕地资源紧张的条件下，具有十分重要的意义。三可以防灾减灾。水稻机械化收获可减少损失3%—5%，低温干燥可减少霉烂损失4%以上。现在很多青年农民向往体面的劳动和有尊严的生活。机械化水平的高低，已经成为影响农民种粮意愿的决定性因素。实践证明，水稻生产机械化对于提高土地产出率和耕地利用率，增强农业的抗风险能力，保障粮食安全，具有十分重要的意义。

（二）加快推进水稻生产机械化，是提高劳动生产率、增加农民收入的迫切需要。要富裕农民，必须将农民从土地劳作中解放出来，向二三产业转移，拓宽增收渠道。我国种植水稻的农户约有1.5亿户，涉及6亿农村人口。种植水稻的用工量多、劳动强度大，特别是双季稻区，农时紧张，抢手抢插任务十分繁重，农民十分辛苦。改变"面朝黄土背朝天，弯腰曲背几千年"的传统生产方式，一直是广大稻农的迫切愿望。水稻生产机械化具有明显的省工节本优势。例如，一般手工插秧1公顷需要22.5个工日，而采用步进式插秧机和高速乘坐式插秧机作业只需要2.25个工日和0.75个工日，分别提高工作效率10倍和30倍。没有农业机械化为支撑，水稻"单改双"就难以实现。当前农村劳动力成本日益上升，雇工费用不断增加。与人工相比，机插秧每公顷可节省生产成本450元左右，机械收获可节约生产成本300元左右。实践证明，水稻生产机械化可大幅度提高农业劳动生产率，为农村富余劳动力向非农产业转移创造了条件，"转得出，稳得住"，拓宽了农民增收致富的门路。

（三）加快推进水稻生产机械化，是推动农业生产方式转变、促进农业现代化的迫切需要。农业机械是现代农艺技术集成应用的主要载体，是改善农业生产、农民生活和农村生态条件的重要工具，是农村生产力中最具有活力的因素。发展水稻生产机械化，改变了数千年来手工栽插、收获的作业方式，引领了农艺制度深刻变革，实现了人畜力无法达到的作业效率和作业质量，促进了水稻生产由"靠天农业"向"可控农业"的转变。水稻生产机械化水平的不断提高，催生了一大批以种植水稻为生的农机专业户，促进了农机专业合作社蓬勃发展，促进了农业劳动者由传统农民向新型农民转变。水稻生产农机作业社会化服务规模不断扩大，有力推动了水稻生产的专业化、标准化、规模化、集约化，促进了农业经营方式由一家一户分散经营向提高组织化程度的转变，促进了农村经营体制机制的创新和完善。实践证明，发展水稻生产机械化是改善稻区农业生产条件、农民生活条件、农村生态条件的重要措施，对于推动传统农业向现代农业转变的意义重大。

发展水稻生产机械化，对于提高劳动生产率、土地产出率和资源利用率，增加农业综合生产能力、抗风险能力和市场竞争力，统筹城乡发展，同步推进工业化、城镇化、农业现代化，都具有十分重要的战略作用。对此，我们要充分认识到新形势下推进水稻生产机械化的重要意义，采取有力措施，加快推进。

二、总结成效，正确把握加快推进水稻生产机械化的基本方向

"十一五"以来，农业部高度重视推进水稻生产机械化，将水稻机收、机插秧收作为农业机械化工作中的重中之重，坚持不懈地加大推动力度。编制《全国水稻生产机械化十年发展规划（2006—2015年）》，明确了水稻生产机械化的技术路线、区域目标和重点措施。通过国家科技支撑计划和跨越计划等重点项目，支持水稻种植、收获技术和机具的科研攻关。积极开展示范推广，分三批在水稻主产省建设了21个水稻生产机械化区域技术服务中心，累计建设了282个水稻育插秧机械化示范县。组织举办水稻机插秧培训班，组建水稻生产机械化专家组，分区域有针对性地开展技术指导服务。各地农业机械化主管部门结合实际，不断加大行政推动和示范推广力度，不断熟化育插秧等关键技术，推动了水稻生产机械化快速发展，取得了很好的效果。表现在以下五个方面：

——主要作业环节获得突破性进展。据初步统计，2010年全国新增水稻耕整地面积1 066.67千公顷，水稻机耕水平达到85%，激光平地等高端技术开始应用。水稻耕整地环节基本实现了机械化。2010年全国新增机插秧面积1 153.33千公顷，加上机直播和机浅栽面积，全国水稻机械化种植水平达到20%，比"十五"期末提高了将近13个百分点，呈现逐年加速发展态势。2010年全国新增水稻机收面积1 833.33千公顷，水稻机收水平突破了60%大关，比"十五"期末提高了26.5个百分点。2010年水稻耕种收综合机械化水平达到58%，超出了水稻发展十年规划设定的目标8个百分点，交出了一份令人满意的成绩单。

——各个稻区呈现竞相发展格局。北方稻区的栽植机械化发展水平最高，达到 58.3%，超过全国平均水平 38 个百分点。其中，黑龙江省水稻机插秧水平达到 81.7%，在全国处于领先地位。长江中下游一季稻区的收获机械化水平最高，达到 91.3%，实现了水稻收获机械化。江苏等省水稻栽插、收获、植保等机械化技术的推广应用基本实现了整体推进平衡发展。双季稻区收获机械化发展最快，2010 年湖南、广西等省(自治区)水稻机收比例均比上年递增 10 个百分点以上。机械化育插秧技术在早稻生产中得到成功应用。西南稻区的机插育秧等关键技术进一步熟化，适宜当地的机插秧及其配套高产栽培技术体系正在逐步完善，示范推广区逐渐扩大，加快发展的社会氛围正在形成。农垦系统大力推进规模化种植、标准化生产、产业化开发，垦区水稻耕种收机械化水平达到 90%。各稻区发展的基础和条件虽然各不相同，但都呈现加快发展势头。

——水稻作业机具快速增长。2010 年全国预计新增稻麦联合收割机 6.8 万台，总量达到 84.5 万台，比“十五”期末增长了 92%；新增插秧机约 7 万台，总量达到 33 万台，比“十五”期末增长了 320%。水稻生产机具和装备保持快速增长，成为“十一五”农业机械化发展的最大亮点之一。2010 年列入全国支持推广目录的稻麦联合收割机有 42 个品牌 77 种机型，插秧机有 14 个品牌 34 种机型。国外品牌、民族品牌齐头并进，呈现市场良性竞争态势和多元化发展格局，适应了我国不同经济水平、不同经营规模的水稻生产机械化的发展需要。

——水稻生产农机社会化服务蓬勃发展。各地重点培植发展农机大户和农机合作社，推广订单作业服务模式，组织开展跨区作业，既提高了插秧机、联合收割机的使用效率和经营效益，增强农机手经营农机的积极性，也促进了机械化水平的快速提升。2010 年全国参加跨区机收水稻的稻麦联合收割机超过 15 万台，完成作业面积 8 000 千公顷。2010 年，江苏省以机插秧作业服务为主的大户及各类服务组织达 5 586 个，完成的机插作业面积约占全省机插总面积的 50%。一批以开展机插秧服务为主的服务公司、合作社、农机大户等已经成为当地农机服务业的知名品牌。河南商城县高科农机农艺服务专业合作社投资 4 500 万元兴建了 2 万平方米的智能化水稻温室育秧工厂，2011 年完成订单生产 13.33 千公顷机插标准化秧苗。

——中央和地方政府扶持力度不断加大。中央财政连续大幅度提高农机具购置补贴资金规模，优先扶持水稻联合收割机、插秧机等机具发展。2008—2010 年共补贴插秧机 14.2 万台，投入中央补贴资金 14.4 亿元；补贴稻麦联合收割机 14.7 万台，投入补贴资金达 36.3 亿元。部分地区对插秧机进行累加补贴，其中广西、重庆等省累加补贴比例甚至高达 80%。浙江省财政安排了 5 000 多万元，对机插秧作业每公顷补贴 600 元。河南省财政专门安排 1 900 万元用于育秧硬盘和烘干设备的补贴。安徽霍邱县拨出 600 万元财政资金，专项用于水稻育插秧机械化技术推广，扶持建立了 12 个育秧工厂。

在总结成绩的同时，我们还要看到差距。在水稻、玉米、小麦三大粮食作物当中，水稻生产的综合机械化水平是最低的，2009 年只有 55.3%，低于小麦 89.4% 和玉米 60.2%。从生产环节上看，主要是水稻栽植环节拖了后腿，2009 年水稻机械栽植水平和玉米机收水平分别为 16.7%、16.9%，基本相当。但 2010 年来玉米机收水平提高了 8 个百分点，达到 25% 以上，而水稻机械栽植水平提高 3.3 个百分点，差距进一步拉大。水稻栽插已成为影响水稻生产全程机械化的“瓶颈”环节。究其原因，主要存在以下三方面“不到位”。首先是思想认识没有到位。水田相对于旱田，机械化难度更大。一些农机部门的同志有畏难情绪，工作主动性不够，推进力度不足，导致部分地区思想出现动摇，技术路线不明确，反反复复，又走了手抛秧的回头路。其次是技术培训没到位，一些地方农机部门重补贴轻推广，重数量轻培训，片面追求插秧机数量的增长，却忽视了技术培训跟进。许多农民和机手对育秧环节技术掌握不够，致使机具作用没有充分发挥出来，影响机插秧技术的大面积推广。第三是农机农艺融合没有到位。适应杂交稻，超级稻生产机械化和免耕栽培机械化发展需要的新机具研发与创新不足，需要农机部门和农业部门联合攻关，以满足杂交稻和超级稻大面积种植的需要。农艺部门对水稻育秧的技术指导力度还要进一步加大。

回顾“十一五”时期水稻生产机械化的发展历程，我们创造和积累了许多成功的经验和做法。这些经验和做法也是今后一个时期应当坚持的方向。

一是必须坚持行政推动，不断加大扶持力度。一项先进适用技术的推广初期，往往离不开政府和有关部门的引导和推动。实践证明，这是一条符合国情、行之有效的工作措施。凡是政府领导重视的地方，农业机械化工作就能有效推进。农业是弱质产业，水稻生产事关粮食安全大局。各地要推动水稻生产机械化工作从部门行为上升为政府行为，不断强化组织领导，落实工作责任，不断加大政策扶持和资金投入力度，为水稻生产机械化发展提供了坚强的组织保证和政策保障。

二是必须坚持市场拉动，不断壮大服务组织。没有给齐效益，就没有发展的积极性。要坚持以市场为导向、以效益为中心，走市场化经营、社会化服务的路子，建立起水稻生产机械化技术推广应用的长效机制。通过扶持发展农机大户和专业服务组织，组织开展跨区作业、订单作业，推行育秧、机插和机收专业化、规模化，才能不断提高插秧机械、收获机械的使用和经营效益，才能充分调动农民发展水稻生产机械化的积极性。

三是必须坚持示范带动，不断拓展辐射范围。受数千年水稻传统耕作习惯的影响，有相当多的农户对机械化作业方式认识不足，仍抱着观望的态度，不愿意使用新技术、新机具。这需要以农机大户、种粮大户和农业科技示范户为基础，建立示范点，设立对比田，以实实在在的典型和成效，做给农民看，带着农民干，带动广大农民发展水稻生产机械化。

四是必须坚持农机农艺联动，不断完善技术路线。农机、农艺都是提高水稻生产能力的重要技术手段，两者相互依存、共同促进、协调发展。农机农艺结合越紧密，农业机械化工作发展就越快。要建立农机和农艺的合作机制，聘请农艺专家参加机具的试验示范和技术指导工作，形成涵盖水稻品种、耕作制度、栽培方式和秧苗管理等机械化生产体系，制定适合本地发展的机械化育秧、插秧和收获技术路线。要坚持把机插秧作为水稻栽植环节的主推技术，不能动摇。开展农机农艺联合培训，为水稻种植机械化的发展创造条件。

五是必须坚持宣传促动，营造良好发展氛围。加强宣传是推动农业机械化发展的重要手段。做好新闻宣传的同时，做好对农民的宣传教育，把提高农民认识作为推进水稻育插秧机械化发展的切入点，通过召开育插秧观摩会、长势会、测产会，大力宣传水稻育插秧机械化技术“增产、创收、省时、省力”的优点，让农民切身感受机插秧的优势。同时，积极宣传，争取各相关部门的支持和配合，为水稻育插秧机械化深入发展创造良好发展环境。

总的来看，当前我国已经具备了加快推进水稻生产机械化的条件。我们要倍加珍惜来之不易的好形势，未雨绸缪解决发展中的新问题，坚定信心，扎实工作，加快推动水稻生产全程机械化发展。

三、明确任务，进一步强化加快推进水稻生产机械化的工作措施

“十二五”时期，是加快推进水稻生产机械化的关键时期。我们必须进一步明确未来5年水稻生产机械化的发展目标，理清发展思路，强化工作措施，坚定信心，全力打一场攻坚战，确保水稻发展十年规划确定的各项任务全部完成。

发展目标是：

在2010年的基础上，水稻机耕水平稳定发展，机收水平每年持续提高3—4个百分点，机械栽植水平加快发展，每年提高4—5个百分点。力争2015年全国水稻栽植机械化水平达到45%，水稻收获机械化水平达到80%，水稻耕种收综合机械化水平超过70%，部分地区率先实现水稻生产全程机械化。

发展思路是：

——坚持因地制宜、分类指导、突出重点、经济有效的方针，以水稻优势产区为重点，以栽插和收获两个关键环节的机械化为着力点，大力推进水稻生产全程机械化。

——栽插机械化要以机插秧为主攻方向，通过政府支持，鼓励农户购买和使用插秧机械，加大育插秧技术培训力度，完善技术体系，搞好示范推广，以点带面，梯度推进。

——收获机械化要通过市场拉动，鼓励农机户、农机合作社提高装备水平，通过跨区作业或和区域内规模化服务等形式，开展专业化的收获作业服务，提高机收作业效益，快速推进。

——植保机械化要大力发展高效植保机械，促进统防统治，提高农药利用率，提高病虫害防治效果。

——烘干机械化要鼓励专业合作社、龙头企业购置先进适用装备，发展产地干燥。

发展重点是：

——长江中下游单季稻区，以田间集约化育秧技术为基础，大力发展机械插秧。插秧机由手扶插秧机逐步向四轮高速插秧机发展。大力推广高性能联合收割机，逐步发展机械烘干。全区域加快推进水稻生产全程机械化。

——双季稻区，在发展机收的同时，大力推进机械化插秧，重点解决双季稻晚稻机械栽插和深泥脚田联合收获难题。丘陵山区发展小型耕整地、插秧、收获机具为主，平原地区发展大中型机具为主。

——西南稻区。以提高收获机械化水平为突破口，同时加强水稻插秧机械化培训示范推广力度。重点解决山地和小田块机械化技术与装备问题，发展中小型耕整机械、手扶式插秧机械。推广分段收获技术，发展中小型半喂入实联合收割机、割晒机和脱粒机。

——北方稻区。大力推广水稻机械插秧技术，努力提升收获机械水平。积极发展烘干机械，推动水稻生产机械化向产前、产中、产后延伸。东北稻区要率先实现水稻生产全程机械化。

未来五年发展水稻生产机械化的任务十分艰巨，责任十分重大。我们在思想上不能有丝毫的麻痹，在态度上不能有任何的懈怠，在工作上不能有须臾的放松，要采取更加有针对性的措施，着力做好以下七个方面的重点工作。

第一，要进一步加大组织领导力度。各级农业机械化部门要将推进水稻生产机械化摆上重要位置，列入议事日程，落实工作责任。要积极争取将水稻育插秧机械化纳入当地政府工作考核目标，加大行政推动力度。要认真落实农业部《关于加强农机农艺融合加快推进薄弱环节机械化发展的意见》，成立农机农艺融合协调小组和专家组。各地要摸清本地区水稻生产机械化的现状和制约因素，根据“十二五”时期的发展目标，有针对性地提出了解决措施，研究制定本地区的发展规划。根据各地水稻种植面积和作业水平，农业部拟按年度将全国水稻机插秧和机收作业任务分解到各有全省。各省也要进行层层分解，加大督促、检查和指导力度，确保年底完成。对于水稻生产机械化工作业绩突出的单位和个人，应予以表彰和奖励。

第二，要进一步加大政策扶持力度。要充分发挥农机购置补贴政策的引导作用，加大对收割机、插秧机、育秧播种机、秧盘、烘干设备等的补贴力度，补贴资金重点向水稻主产区倾斜、向薄弱环节倾斜，不断调动农民购机用机的积极性。我们将把农机作业绩效与购机补贴资金分配额度挂钩，发挥补贴资金的最大效率。要继续争取地方政府和有关部门支持，实施水稻机插秧作业补贴、大棚育秧补贴、统防统治作业补贴等，支持水稻育秧中心建设。要争取将水稻生产机械化纳入全国新增千亿斤粮食生产能力规划、农业机械化推进工程、高产创建、标准农田和土地整理等工程项目内容，集成各有关扶持发展粮食生产的政策和资金，不断改善水稻种植区的农业基本设施，为水稻生产机械化发展创造条件。

第三，要进一步加大示范引导力度。2011年农业部新建59个、续建67个全国水稻育插秧机械化示范县。各水稻主产省份也要积极争取投入，建立省级示范县（市），带动市（州）和县（市、区）两级办好各自的示范县和示范乡、村。强化水稻生产机械化示范县的辐射力度，加速技术推广步伐。有条件的地区，实行整村整乡推进。农业部将推出一批全国水稻生产全程机械化先进县，予以奖励。

这次会议的召开，也标志着2011年水稻育插秧示范县建设开始启动。我对参加会议和培训的项目县负责同志提三点要求。一要及早安排。中央项目资金到位会有一段时间，但农时不等人。各地要根据实施方案的内容，提早安排，尽快部署，抓紧启动项目。二要突出重点。项目资金主要重点用于技术培训、示范和宣传等工作，要发挥资金使用效率，最大限度调动农户和机手的积极性。三要严格管理。项目资金虽然不多，但也要严格执行有关财务管理制度，专款专用，合理列支。及时按照有关要求报送项目实施进展、工作总结与资金使用情况。

第四，要进一步加大培训指导力度。农业部已经成立了第二届水稻生产机械化专家组，成员已扩大到每个水稻生产省，更有利于示范推广工作。专家应对各稻区机械技术路线把关搭脉，提出解决问题的思路与办法，分片包干，各负其责。各省要相应地成立本地区的技术专家组，培养一批懂理论、会操作，懂农艺技术的专家，培养一批能操作各种水稻机具的乡镇农机技术骨干，手把手、面对面地对农民进行技术指导。阳光工程等农机培训项目应将水稻生产机械化技术培训作为主要培训内容。要建立一批水稻生产机械化的示范、培训、观摩、实践中心和基地，抓好宣传发动和技术培训，做好各个环节的服务工作，指导到户，服务到田，培训到位。组织开展机手操作水平竞赛，营造提升机手作业水平的氛围。

第五，要进一步加大技术创新力度。要组织开展水稻生产机械化基础研究和关键装备的科研攻关，研发免耕栽培播种机械、高效水田植保机械，超级稻栽插和收获机械。进一步完善与机插秧配套的低成本、标准化育秧技术，提高育秧播种机均匀度。推动降低插秧机价格，提高产品质量和性价比。大力推进农机与农艺相融合、产学研推相结合，集成、配套和示范水稻机械化生产技术体系，加快水稻生产机械化技术的推广应用。

第六，要进一步加大社会化服务推进力度。以推进服务产业化为核心，大力培育机插秧合作社、机械收获作业公司等服务组织，组织开展跨区作业、订单作业，不断提高插秧、收获机械的使用效率和经营效益。育插秧机械化程度较高的地区，要探索推广水稻规模化育秧技术，推进商品化育秧供秧。在长江中下游单季稻区等机械化水平较高的地区，要推行机具"走出去"跨区作业的发展模式；在西南稻区等机具保有量较低的地区，要采取"引进来"的作业模式，借力发展。加强水稻作业市场的信息服务和组织协调，引导机具有序流动，实现专业化分工和区域间优势互补。

第七，要进一步加大统筹协调力度。水稻生产机械化涉及面较广，要统筹农业、工业、流通业等各个领域力量，协同推进。农业机械化主管部门要加强与种植业、农垦以及农业科研院所的协调，目标措施一致，形成合力。农机生产企业要重视和加强对新机手的培训和新机具的维修服务，做出承诺。农机流通企业要搞好机具和零配件供应，及时送货下乡。农机鉴定、推广、监理部门要开展水稻机具选型推荐、质量监督、技术推广、人员培训和监督管理，严把机具质量关，提高机手技能水平，防范农机事故发生，构建有力的技术支持保障体系，合力推动水稻生产，械化的发展。

2011 年春来早，春节过后第二天就是立春。春耕生产是全年农业生产开局第一仗，对于夺取夏季粮油好收成，保持农民收入持续增长，巩固农业发展好形势意义重大。目前，我国华北、黄淮海等地区正遭受严重旱情，南方还遭遇了严重的雨雪冰冻灾害。我国春季农业生产面临极其严峻的局面。各级农业机械化主管部门要充分认识做好春季农业机械化生产对推动全年农业机械化发展，实现全年粮食和农业生产目标的重要性。在此，我对做好 2011 年的春耕备耕工作提出四点要求。一是做好机具准备。各地要提前做好春耕备耕的各项机具准备和服务保障工作，积极组织广大技术人员深入乡村，帮助和指导农民机手保养、调试和检修各类农机，确保在作业前全面完成检修工作。二是做好人员培训。要利用冬闲时间搞好技术培训，开展水稻机械化育插秧、保护性耕作、精量播种、机械深松等新技术的示范推广，提高农机驾驶操作人员技能水平，提高春播质量和农机作业质量。三是加强信息引导。要及时发布生产作业进度、天气等动态信息，推动农机专业合作社、农机大户开展跨区机耕、机播、机插等作业服务。四是保障安全生产。要针对春季农机安全生产的特点，组织开展农机安全生产检查，加大监管力度，消除农机事故隐患，预防农机事故发生。

在全国农机购置补贴工作座谈会上的总结讲话

（2011 年 4 月 7 日 · 湖北武汉）

农业部农业机械化管理司司长　宗锦耀

这次全国农机购置补贴工作座谈会，是在"十二五"开局之年、我国农业机械化发展的关键时期、2011 年农机购置补贴政策实施的启动阶段召开的一次十分重要的会议。上午，副部长张桃林作了重要讲话，充分肯定了实施农机购置补贴政策七年多来取得的显著成效，系统总结了各地组织实施农机购置补贴政策的宝贵经验，科学分析了实施农机购置补贴政策面临的新形势和新要求，全面部署了当前和今后一个时期的重点工作，具有很强的针对性、指导性和操作性。

湖北等五个省份农业机械化主管部门的负责同志从不同角度介绍了组织实施农机购置补贴政策的好经验和好做法。河北省农业厅负责同志介绍了前一阶段整改工作情况。农业部农业机械化管理司还同各省级农业机械化主管部门签署了落实农机购置补贴政策工作责任书。我们还围绕实施农机购置补贴工作中的一些重要问题进行了讨论和交流。这次会议主题鲜明、内容丰富、安排紧凑，达到了统一思想，明确任务、强化措施，严明纪律、落实责任的目的，会议开得很成功。

一、统一思想认识

一是要充分认识做好农机购置补贴工作的重要性。实施农机购置补贴是党中央、国务院强农惠农政策的重要内容。实施农机购置补贴政策，关系到农业机械化发展大局，关系到农业稳定发展、农民持续增收和社会主义新农村建设，关系到工业化、城镇化和农业现代化的同步推进与国家现代化进程，关系到农业机械化主管部门的形象和政府的公信力。对我们农业机械化系统干部而言，实施农机购置补贴政策还是促进农业机械化全面发展的主要抓手，是优化和调整农机装备结构布局的重要手段。可以说，没有农机购置补贴政策，就没有今天农业机械化持续快速健康发展的好局面，对实施好农机购置补贴政策的重要性，怎么强调也不过分。农业机械化系统各级干部职工为争取农机购置补贴政策付出了长期艰辛的努力，我们也为组织实施好农机购置补贴政策做了大量艰苦细致而富有成效的工作。农业机械化系统干部职工都要倍加珍惜这项来之不易的好政策，倍加珍惜令人农业机械化发展的好形势，倍加珍惜我们农业机械化主管部门干部职工务实为民清廉的好形象，更加兢兢业业地工作，进一步开创农机购置补贴工作新局面。

二是要充分认识加强农机购置补贴政策实施成效宣传的必要性。农机购置补贴资金量大、涉及面广、实施链条长、操作环节多、社会关注度高，一些同志对农机购置补贴政策实施还有这样那样的一些议论和建议，我们一定要正确对待。要以开放包容、积极友好的心态，欢迎有关部门和单位对我们的工作提出意见，虚心接受合理化建议。同时要本着实事求是的原则，耐心向有关方面解释我们的思路和做法，争取各方面的理解和支持。总体来说，农机购置补贴制度设计是科学的，操作是基本规范的，成效是显著的，得到了上至中央领导下至基层农民的广泛认可，巨大的成绩是谁也否定不了的。要大张旗鼓、理直气壮地继续广泛宣传实施农机购置补贴政策取得的显著成效，鼓舞全系统干部职工士气，增强同志们做好农机购置补贴工作的自豪感、使命感和责任感。要加大力度宣传农机购置补贴政策的基本内容、操作办法和政策取向，争取社会各界、各有关部门更多的理解和支持。要通过多种形式的宣传，为农机购置补贴政策的实施和农业机械化的发展，营造更加良好的环境。一些省份通过表彰实施农机购置补贴工作先进单位和模范个人，树立典型，鼓舞干劲和精神，创先争优，这种做法值得各地学习借鉴。

三是要充分认识强化农机购置补贴政策实施监管的紧迫性。在充分肯定成绩的同时，我们也应该清醒地认识到，在实施农机购置补贴政策过程中，一些地方政策公开不够，存在暗箱操作、优亲厚友的可能；一些地方宣传不到位，社会知晓度不高；有的地方对生产企业监管不严，处罚力度不够，产品质量保障、服务不到位；有的甚至还参与套取补贴或倒卖机具；个别地方农业机械化主管部门工作人员借农机购置补贴之机乱收费甚至受贿，虽然是少数个别地方，但也严重败坏了农业机械化主管部门的良好形象，影响了党的强农惠农政策的实施效果。这要求我们必须采取更加严密、更加有力的措施，切实加强对实施农机购置补贴政策全过程的监管。

二、精心组织实施

3 月 21 日，农业部、财政部办公厅已联合印发《2011 年农机购置补贴实施指导意见》。各地要贯彻这次会上副部长张桃林的讲话精神，对照 2011 年实施指导意见的要求，精心组织开展农机购置补贴各项工作。

一是要加快实施进度。2011 年的农机购置补贴实施指导意见，对各地实施工作提出了更高的要求。当前春耕生产正由南到北展开，各地农民群众长期积累的旺盛购机需求亟待释放。各级农业机械化主管部门要急农民群众之所急，想农民群众之所想，加快组织开展农机购置补贴各项工作。要加强政策宣传，广泛发动群众，加快补贴资金使用，确保补贴机具在春耕农业生产中发挥有效作用。要提高工作效率，及时办理补贴机具审核、汇总等手续，加快资金结算进度，切实减轻企业负担。

要继续严格执行农机购置补贴实施情况定期报送制度，即每月 15 日和每月底最后一天中午下班前将农机购置补贴实施情况统计表和农机购置补贴中央资金结算进度统计表的电子文档发送至农业部农业机械化管理司产业发展处邮箱，每周至少报送一期农机购置补贴简报。数据统计要严谨细致、认真核实，报送要及时。

要充分发挥全国农机购置补贴计算机管理网络系统的作用。该系统自 2010 年年初上线运行以来，在提高农机购置补贴申请和审批效率、规范工作程序、加快数据统计汇总等方面发挥了重要作用。2010 年下半年，我们又根据各地意见和建议，针对系统运行安全性、稳定性不够强等问题，组织人员对该系统软件进行重大升级改版，并增设了身份证读卡器数据接口。升级后的新版软件现已正式上线，使用新版系统软件的省份已达 30 个。2011 年仍决定使用自有软件的地方，必须使其能与农业部系统信息数据实现有效对接，确保在本地区 2011 年农机购置补贴工作正式启动前，使全国农机购置补贴计算机管理网络系统所需统计数据高效顺畅传输。

二是要严格规范操作。加快实施进度要以严格规范操作为前提。要督促各地在加快补贴实施进度的同时，进一步规范程序，强化管理，做到责任更明确、要求更严格、措施更扎实。当前尤其要防止一些地方以加快实施进度为由随意简化程序和工作不细致等问题。比如：图省事将补贴申请受理环节的工作交给经销商去办，给个别不法企业套取补贴资金以可乘之机；不按规定公示补贴对象名单；农民购机后不核实补贴机具，不按规定喷涂补贴标识、机具编号；供货单位发票填写不规范、不及时出具发票；补贴机具档案上不填写机具出厂编号或出厂编号重复、不符合规范，动力机械不填写发动机号等。各省（区、市）和地（市）级农业机械化主管部门一定要加强对县（市）一级农业机械化主管部门政策执行情况的监督检查，发现问题要及时纠正，严肃处理。

2010 年年底，我们根据电话抽查情况，要求部分省（区、市）农业机械化主管部门就登记购机农民电话空号、停机或机主与补贴档案登记人不符以及补贴机具出厂编号重复等问题，进行进一步核实，有的省份按照要求逐户农民、逐台机具进行了核实，也有极个别省份敷衍了事。这说明一些省农业机械化主管部门仍存在责任意识不强、工作要求不高等问题，应引起高度警醒。

三是要加强政策宣传。加强政策宣传，是我们做好农机购置补贴工作的一条重要经验。要把政策宣传贯穿年度农机购置补贴工作始终，常抓不懈，务求实效。一要明确宣传重点。要组织有关媒体重点围绕多年来补贴政策实施取得的显著成效进行深入宣传，要广泛报道各地农民、基层干部及农机企业拥护、支持农机购置补贴政策的生动事例，要大力宣传各地不断加强补贴政策实施监管等方面的好经验、好做法。要善于发现典型、总结典型、推广典型，充分发挥好典型引路的作用，深入挖掘农机购置补贴先进单位的做法和先进人物的事迹，展示良好风貌，弘扬良好作风，树立标杆，以点带面。二要组织宣传策划。各地每年初都要制定全年农机购置补贴工作宣传方案，明确不同时期的宣传重点内容和宣传报道形式，明确策划和组织人员，精心策划选题。要深入提炼工作亮点，找准农机购置补贴工作与重要农时季节新闻宣传工作的结合点，找准农机购置补贴宣传工作的切入点，坚持贴近农业生产、贴近农民生活、贴近群众心理。三要增强宣传效果。要更多地运用农民群众喜闻乐见、易于接受的形式，更多地宣传群众身边的鲜活实例，提高宣传报道的可读性、可看性、可听性，增强农机购置补贴宣传的亲和力、吸引力、感染力。要丰富和拓展宣传报道途径，既要重视发挥广播、电视、报纸、互联网、手机报刊等媒体的传播作用，也要高度重视和充分发挥村委会大喇叭广播、乡村公告栏、宣传车、简易明白纸、宣传挂图等的宣传作用，不断提高舆论引导水平。

四是要维护农民权益。2011年的农机购置实施指导意见,在维护农民群众权益的制度设计上有较大改进。一是在补贴对象的确定环节,不再规定由基层农业机械化主管部门按照优先序的原则来确定,而是强调坚持公平、公正、公开的原则,在申请补贴人数超过计划指标时,各地都要采取公开摇号等农民群众易于接受的方式确定补贴对象并公示,防止出现内部操作、优亲厚友等现象。二是改补贴协议为补贴指标确认通知书,或直接用申请表替代补贴协议,以防止出现借与农民签署补贴协议之机,干涉农民自主选机购机的情况。

各级农业机械化主管部门要充分认识、深刻理解2011年实施指导意见中以上两处改进的重要意义,认真做好有关工作,切实维护农民群众合法权益。一要不折不扣地按照改进后的制度执行;二要结合各地实际,完善和细化配套工作措施。比如研究科学合理、群众公认的摇号方式,确定长短适宜的摇号周期,邀请有关部门参与监督以确保公平公正公开等;三要充分保障农民群众购机补贴的平等受益权。不得以任何理由和借口,违反公开公平公正的原则和程序,擅自确定补贴受益对象。要切实保障农民自主选购农机产品、自主选择经销商的权利,基层农业机械化主管部门不得借发放补贴指标通知书之机,强令或暗示农民购买指定企业、指定经销商的产品。

五是要开展创新试点。为进一步推进农机购置补贴工作创新,简化程序,提高效率,2011年的实施指导意见提出开展操作方式创新试点。一是鼓励各地在保证资金安全、让农民得实惠、给企业创造公平竞争环境的前提下,下放资金结算层级,强化地方责任;二是选择少数农业生产急需的农机品目在省域内满足所有农民申购需求,推进农机装备结构调整和布局优化,使更多农民受益;三是提倡农机生产企业采取直销的方式直接配送农机产品,减少购机环节,实现供需对接等等。

开展试点工作要坚持积极稳妥的原则。有意愿开展上述试点工作的省级农业机械化主管部门,应结合本地区农机购置补贴工作实际,围绕上述的一项或几项试点工作内容,认真研究,周密考虑,科学设计,制定切实可行的试点工作方案,报农业部、财政部审定后实施。开展补贴资金结算层级下放试点工作,要重点研究如何保证结算权下放后的补贴资金安全、如何方便农机生产或经销企业结算、如何保证结算进度等问题;开展对少数品目农机产品敞开补贴试点工作,要坚持鼓励先进适用、技术成熟、安全可靠、节能环保、服务到位的机具发展和优化农机装备结构布局的原则,结合往年若干重点机具补贴资金使用量,结合2011年中央和地方财政安排给本地区的补贴资金规模,合理确定试行敞开补贴的农业机械品类,并细化和完善相关配套工作措施;开展补贴产品直销试点工作,要坚持企业自愿的原则,重点研究如何保证直销产品质量和及时周到的售后服务、如何加强监管、如何保证与企业及时结算补贴资金等问题。

2011年的实施指导意见强调,为确保农机购置补贴政策顺利实施,省级财政部门要安排必要的管理工作经费,对开展政策宣传、公示、建立信息档案等方面的支出给予保证,严禁挤占挪用中央财政补贴资金用于工作经费。各省级农业机械化主管部门要主动向政府主要领导同志汇报,积极与同级财政部门沟通协调,争取为本部门和地方财政困难的基层农业机械化主管部门安排必要的农机购置补贴管理工作经费,并纳入年度预算,保障农机购置补贴各项工作正常开展。

三、切实加强监管

为认真落实农机购置补贴政策,加强反腐倡廉建设,我们不断创新完善相关制度规定,并三令五申强调有关纪律要求,各地执行政策情况总体上是好的。但一些地方农业机械化主管部门的个别工作人员仍然对相关规定置若罔闻,目无法纪,徇私舞弊,影响恶劣;有些不法厂商挖空心思钻空子、找制度的漏洞,不择手段地拉拢腐蚀基层农业机械化主管部门干部,甚至相互勾结,借机谋取私利损害群众利益,败坏了农业机械化主管部门的形象,损害了农机购置补贴政策的声誉。我们必须高度重视,切实加强对实施农机购置补贴政策的监督管理,严厉打击各种违法乱纪行为。

农业部农业机械化管理司里研究决定,要把2011年作为实施农机购置补贴政策监管年,下更大的决心、用更大的气力,扎扎实实地加强对农机购置补贴政策实施全过程的监管。要加强信息公开,强化监督检查,严查违法行为,开展绩效考核,完善规章制度,努力构建预防和惩治并举、教育和监督并重的农机购置补贴工作监督管理长效机制。

各省级农业机械化主管部门也要把农机购置补贴工作重心放到"立规矩、强监管、抓服务"上来。要指导市、县农业机械化主管部门切实转变部门职能和角色定位,服务农民,服务企业,最大限度地减少对市场交易行为的干预,最有效地把农机购置补贴政策落实到位。当前要重点做好以下几个方面的工作:

第一,深入持久地开展反腐倡廉警示教育。2011年1月10日,农业部印发《关于进一步严格农机购置补贴工作纪律要求加强政策执行情况监督检查的通知》(农办机[2011]3号),要求各省(区、市)农机系统普遍开展一次以"廉洁从政、遵纪守法、规范操作"为主题的反腐倡廉警示教育活动。在今天这次会上,我们又印发了全国农机购置补贴反腐倡廉警示教育材料。开展反腐倡廉警示教育活动,是推进惩治和预防腐败的内在要求,是加强农机购置补贴实施监管长效机制建设的重要组成部分,是从政治上关心爱护农业机械化系统干部职工的重要举措。反腐倡廉警示教育不是"一阵风",一刮就停,而是"四季风",要常抓不懈,深入持久地开展下去。

各级农业机械化主管部门要组织干部深入学习廉政准则,通过编发警示教育材料、讲廉政党课、集体学习廉政建设制度文件、观看廉政教育宣传片、参观反腐倡廉主题展览、举办主题征文和演讲比赛等形式,继续扎实开展农机购置补贴反腐倡廉警示教育。要以一些地区在农机购置补贴政策实施过程中暴露出的违法违纪案件为反面教材,教育和警示各级农业机械化主管部门干部职工。要通过扎扎实实的警示教育,使广大干部职工进一步坚定理想信念,常修为政之德,常思贪欲之害,常怀律己之心,更好地牢记使命、牢记责任、牢记荣誉,珍惜组织信任、珍惜工作岗位、珍惜政治前途、珍惜家庭幸福,坚决做到依法纪办事、用制度规范行为,严格自律,警钟长鸣,不断增强拒腐防变能力。要把购机补贴政策实施与反腐倡廉建设、政风行风建设和创先争优活动紧密结合起来,一起部署、一起落实、一起检查、一起考核。

第二,扎实开展购机补贴政策实施情况监督检查。农业部目前印发了《2011年农机购置补贴政策落实监督检查方案》,并将在本次会议后组织开展对各地补贴政策落实情况的监督检查。各地要以农业部印发的2011年监督检查方案为依据，立即制定并组织实施本省（区、市）2011年农机购置补贴政策落实监督检查活动方案。要结合近期农民群众和企业反映的突出问题，结合最近几年受理的投诉举报线索，有针对性地开展监督检查工作。要根据不同情况综合运用重点时段督查、重点案件核查、专项问题整治、农户抽查、明察和暗访相结合、组织不同县（市）交叉检查、政策执行效果评估等方式，提高监督检查工作实效。要切实转变工作作风，不要满足于泛泛地听取汇报，而要真正深入实际调查研究，肯花时间、不惜气力、多动脑筋。“兼听则明，偏听则暗”。监督检查中要广泛听取基层农业机械化主管部门、农民、生产企业和经销商等各方面的意见和建议，取得第一手调查资料，及时发现问题，认真分析原因，提出改进措施，坚决防止监督检查流于形式，走过场。

各级农业机械化主管部门要认真落实《财政部关于切实加强农机购置补贴政策实施监管工作的通知》（财农［2011］17号）精神，主动接受同级财政部门和纪检监察部门的监督。实施农机购置补贴政策过程中的一些重大问题，要及时与同级财政部门沟通协商，取得理解和支持；要主动邀请纪检监察部门派员参与农机购置补贴监督检查工作，认真听取他们的意见和建议。

第三，积极推进补贴政策信息公开。阳光是最好的防腐剂，透明是最好的反腐药。农机购置补贴政策及相关工作信息，与农民群众切身利益密切相关，是社会各界特别是农民群众普遍关心的重要信息。推进农机购置补贴政策及有关工作信息公开，是落实《政府信息公开条例》、促进依法行政、建设法治政府的重要举措，也是构建农机购置补贴实施监管长效机制的重要内容。各级农业机械化主管部门要依据公正、公平、便民的原则，及时、准确地公开国家农机购置补贴政策、当地具体操作办法、年度补贴产品目录、补贴机具经销商名单、补贴受益对象信息、所购补贴机具及补贴额、当地补贴资金使用进度、当地补贴工作受理机构、受理电话及投诉举报电话等信息，努力实现农机购置补贴“阳光操作”，主动接受社会监督、群众监督和舆论监督。

凡是已开通政府网站的各级农业机械化主管部门，都应在本部门主管的网站上开辟农机购置补贴政策信息公开专栏，集中对有关信息进行公开。要继续坚持补贴受益对象公示制度，把通过公开摇号等方式确定的补贴对象，通过互联网站、电子显示屏、公告栏等农民群众易于接受、便于知晓的方式进行公开。要充分发挥全国农机购置补贴信息管理系统的作用，定期整理汇总一定时段内的补贴对象姓名、所购补贴机具及补贴额等有关信息，在有效保护补贴对象个人隐私的情况下，在当地农业机械化门户网站进行公开。要完善工作机制，切实保障农民群众的知情权、参与权和监督权。

第四，认真做好群众信访和投诉举报案件处理。认真受理农民群众关于农机购置补贴工作的信访和投诉举报，是密切联系群众、真心服务群众、主动接受群众监督的重要途径，也是各级农机主管部门全面了解农机购置补贴实施情况、掌握违法违纪案件线索的重要渠道。各级农业机械化主管部门都要高度重视、正确对待、及时办理群众关于农机购置补贴的信访、投诉和举报。要设立农机购置补贴政策实施监督投诉举报电话或电子邮箱，并向社会公开。要建立和完善农机购置补贴信访投诉举报受理的工作制度，实行投诉举报首问负责制，指定专人受理群众投诉举报，及时认真办理，做到事事有着落、件件有回音。对群众举报提供的重要线索，要认真核查处理，涉嫌跨区域违法违纪的，要及时向上一级农业机械化主管部门报告。

要认真做好群众信访投诉举报案件的记录和归档工作，定期对有关档案资料进行分析整理，及时从群众举报中发现有苗头性、在一些地方具有普遍性的问题，及时采取措施加以解决。要认真落实为举报人保密等有关规定，切实保护好举报人合法权益。

第五，切实加大违法违规案件查办力度。要把农机购置补贴违法违规案件的查处情况作为对各地工作考评的重要内容。要采取有力、有效的措施，坚决果断严厉地查处农机购置补贴过程中暴露出的违法违规问题。对出现的问题不偏袒、不护短，积极主动配合有关部门严肃查处。

各地对在农机购置补贴实施情况监督检查或群众举报投诉中发现的问题和线索，要一查到底；对查实的案件，要严肃追究相关人员责任，涉嫌犯罪的要移送司法机关处理，绝不姑息。对以各种不正当手段进行违法违规操作的农机生产企业及其经销商，一经查实，要坚决果断地取消其生产或经销的农机产品补贴资格。

下面，我就贯彻落实好这次会议精神，再提几点具体要求：

一是迅速传达学习会议精神，准确把握部署要求，这次会议结束后，与会代表要及时向当地政府主管领导、主管厅局主要负责人汇报会议精神，并迅速向本单位、本系统传达，特别是要尽快传达至基层，认真组织本单位领导班子和同志们学习本次会议精神。通过汇报、传达和学习，切实把思想统一到会议精神上来，统一到会议的要求和部署上来。在汇报、传达和学习过程中，要紧密联系本地本单位的实际，既要立足当前、又要着眼长远，既要看到成效和经验，又要分析困难和问题，进一步增强做好农机购置补贴工作的使命感、责任感和紧迫感。

二要进一步明确职责任务，不断强化责任措施。这次会议立足当前农业机械化发展大局，从现状入手，面向未来，科学分析了实施农机购置补贴工作面临的新形势，明确了当前和今后一个时期的新任务。各级农业机械化主管部门一定要按照农财两部的指导意见和本次会议精神，结合本地区、本单位实际，认真研究制定贯彻落实会议部署的工作方案，切实提出操作性和针对性强的具体措施，并尽快付诸行动，尽快抓出成效。在这次会上，农业部农业机械化管理司与各省级农业机械化主管部门签署了落实农机购置补贴政策工作责任书。各省也要与市、县各级层层签订责任状，并加强对各地补贴政策执行情况、有关工作落实情况的考评。要把各地考评结果与下一年度补贴资金分配、项目安排及评优评奖等情况挂钩，实行奖优罚劣，充分调动落实好农机购置补贴工作的积极性。

三要切实加强监督检查，积极推动工作落实。加强政策实施监管，开创农机购置补贴工作新局面，最根本的在于不折不扣、坚持不懈地抓落实。要进一步完善抓落实工作机制，切实做到有要求就有部署、有部署就有落实、有落实就有成效。各省（区、市）农业机械化主管部门要下沉工作重心，加强对本次会议确定的各项工作任务落实情况的监督检查，及时反映落实过程中的新情况、新问题，采取针对性措施，切实加以解决，促进这次会议的精神和要求真正落到实处，进一步开创本地区农机购置补贴工作新局面。请各地将贯彻落实这次会议精神的情况，于5月30日前报农业部农业机械化管理司。

利用这个机会，我还想强调一下加强农业机械化基本建设项目管理的问题。2010 年以来，在农机购置补贴资金逐年增加的情况下，中央财政用于农业机械化基本建设的投入也大幅增加。2010 年中央预算内用于农业机械化基本建设的投资达近 7 亿元，2011 年还将有较大规模投入，这既为农业机械化发展提供了良好条件，也对我们管好农业机械化基本建设项目提出了更高的要求。各地要存管好用好农机购置补贴资金的同时，切实加强对农业机械化基本建设资金使用过程的监管，防止出现各种违法违纪问题。

只要我们统一思想认识，精心组织实施，切实加强监管，心无旁骛抓落实，如履薄冰尽职责，就一定能够把实施农机购置补贴政策这件好事办好，进一步开创农机购置补贴工作新局面。

在主要农作物农机农艺融合技术研讨会上的讲话

（2011 年 4 月 11 日 · 山东潍坊）

农业部农业机械化管理司司长　**宗锦耀**

《国务院关于促进农业机械化和农机工业又好又快发展的意见》（国发［2010］22 号）提出，要以促进农机农艺结合、实现重大装备技术突破等为重点，加快实现粮食主产区、大宗农作物、关键生产环节机械化，加大协同攻关和工作力度，带动农业机械化全面协调发展。2010 年，农业部印发《加强农机农艺融合，加快推进薄弱环节机械化发展的意见》，对促进农机农艺融合的目标任务、政策措施和建立协调机制等提出了明确的要求。这次研讨会，就是研讨如何加强农机农艺技术融合，促进我国农业机械化又好又快发展，加快我国农业现代化进程。

“十一五”期间，在国家政策驱动、科技带动、市场拉动下，我国农业机械化取得了瞩目的成就，是历史上我国农业机械化发展的最好时期。主要表现在：一是装备总量快速增长。“十一五”期间农机购置补贴资金规模逐年大幅增加，中央财政购机补贴资金从 2006 年的 6 亿元增长到 2010 年的 155 亿元，极大地调动了农民购机积极性，农机装备总量持续增加。2010 年，全国农机总动力达到 9.2 亿千瓦，比 2005 年增长 34%。农业机械装备结构持续优化，大功率、多功能、高性能及薄弱环节农业机械增长迅速，现代农业建设的物质装备基础更加牢固。二是作业水平稳步提高。2010 年，全国农作物耕种收综合机械化水平达到 52%，比 2005 年提高 16 个百分点，年均提高3.2个百分点，远高于“十五”期间年均 0.7 个百分点的增幅。农业生产方式实现了从人畜力作业为主向机械作业为主的历史性跨越。三是科技支撑明显增强。农业机械化关键技术及装备研发力度不断加大，部分“瓶颈”环节技术与技术集成问题得到解决，保护性耕作、精量播种、化肥深施、机械深松、机械育插秧、玉米机收、秸秆还田、高效植保、节水灌溉等一大批农业机械化新技术、新机具得到更广泛应用。四是农机合作社等服务组织发展迅速。2010 年，全国农业机械化作业服务组织达到 18.5 万个，作业服务总收入达到 3 700 亿元，比 2005 年增长 63%。特别是农机专业合作社从无到有，2010 年超过 2 万个，入社人数达到 33 万人。农机服务模式不断创新，农机社会化服务水平不断提高。

我国工业化、城镇化的深入发展，农业机械化在推动农业发展方式转变实现由传统农业向现代农业迈进中的地位更加突出。农业机械化是当前我国农业生产的主角和亮点，发挥了主力军作用。农业机械化已成为保障农产品有效供给，促进农业稳定发展的重要支撑；已成为深入发展农业社会化服务，促进农业经营体制机制创新的推动力量；已成为引领农艺制度深刻变革，促进农业技术集成应用的主要载体；已成为建设资源节约型环境友好型农业，促进农业可持续发展的有力措施；已成为培育新型职业农民，促进农业劳动者素质提高的有效途径。农业机械化的发展为实现我国粮食七连增和农业农村经济发展形势的持续向好，做出了突出贡献，功不可没。

虽然“十一五”我国农业机械化发展取得了巨大成绩，但应当看到，我国农业机械化发展还处于中级阶段，仍然存在较多薄弱环节，如：水稻机械栽植水平 20%、玉米机收水平 25%，油菜机械化种植、收获水平仅为 12% 和 10%，马铃薯播种、甘蔗收获、棉花收获、花生收获等环节的装备尚处于试验示范阶段，畜牧水产养殖业、林果业、农产品初加工、设施农业等机械化发展远滞后于实际需求。造成这些薄弱环节机械化发展缓慢的原因很多，其中农机农艺结合不够紧密是一个重要因素。农业机械化程度已成为影响农民种植养殖意愿的重要方面。这些薄弱环节机械化问题如不尽快解决，不仅将制约农业机械化全面协调发展，也将影响农业现代化进程。因此，加强农机农艺的融合，对引领农业机械化发展，促进农业稳定增产和农民持续增收，加快推进农业现代化有着十分重要的意义。

我国粮食连续 7 年丰收，但由于受资源环境制约，保障粮食等农产品供应仍是农业农村工作的重中之重。“十二五”期间，我国粮食需求的增长态势不变。确保粮食安全和农产品生产，必需加快农业生产新品种新技术应用。农业机械是实施先进农艺技术的载体，农艺技术要标准化、大规模、高速度地推广，必须与农业机械化技术相结合，才能转化为现实的生产力。

世界农业发展的实践表明，生物技术与工程技术、信息技术、环境技术集成，农机与农艺、农业机械化与信息化相互融合、相互促进，是现代农业生产的发展方向，也是农业机械化的发展方向。当前，我国农业机械化已经到了加快发展的关键时期，农机农艺的有机融合，不仅关系到关键环节机械化的突破，也关系到现有机械化技术水平的提升，还关系到农机装备结构优化和升级，这是我国建设现代农业的内在要求和必然选择。

今天我们主要是研究玉米、油菜、棉花、马铃薯等作物机械化生产技术问题，建立农机和农艺技术融合发展、协调推进的长效机制，提高主要粮棉油作物机械化技术研发、集成和应用水平。关于农机农艺融合问题，今后重点要抓好以下几方面工作。

第一，建立农机农艺融合的长效机制。农机农艺融合是一项复杂的系统工程，涉及农作物品种、栽培制度、农业机械、农民的传统种植方式等许多方面。推动农机农艺融合，需要建立长期稳定的工作机制。今后，要形成制度，定期进行工作联系、沟通和会商，统筹协调解决农业机械化发展中遇到的困难和问题。

第二，进一步明确推进农机农艺融合的重点。要加强学术研讨交流，重点研究薄弱环节、资源节约、环境友好型技术推广问题。要集思广益，统一思想，分别研究提出玉米、油菜、棉花、马铃薯等作物机械化发展的重点、目标任务，制定分阶段、分地区推进工作思路和具体措施，为完成"十二五"规划做好技术咨询指导。

第三，加快研发关键环节农业机械化技术装备。围绕重点作物机械化发展问题，密切农机和农艺科研单位协作，共同谋划建立重点作物的农业机械化实验室和示范基地。同时，要整合农业机械化科研资源，对农业生产急需的农机装备关键技术组织联合攻关，提高农业机械化技术集成和装备配套水平。

第四，完善适应机械化作业的种植技术体系。按照国务院22号文件精神，组织农机和农业科研推广单位，加强农机农艺技术集成，针对重点薄弱环节，制定科学合理、相互适应的农艺标准，完善区域性农业机械化技术路线、模式和作业规范，引导农民统一作物占品种、播期、行距、行向、施肥和植保，为机械化生产作业创造条件。

在全国农机安全监理工作座谈会上的讲话

（2011 年 4 月 21 日 · 云南昆明）

农业部农业机械化管理司司长　**宗锦耀**

今天，我们在云南昆明召开全国农机安全监理工作座谈会，主要目的是认真贯彻落实全国农业机械化工作会议精神，深入贯彻实施《农业机械安全监督管理条例》和《国务院关于促进农业机械化和农机工业又好又快发展的意见》，总结交流"十一五"我国农机安全监理工作的成效和经验，分析当前农机安全生产形势，研究提出"十二五"加强农机安全临理工作的总体思路、目标任务和主要措施，进一步推动我国农业机械化安全发展。刚才，云南、北京、江苏、山东、广西、宁夏、新疆等省（区、市）的代表，从不同角度介绍了农机安全监理工作的经验，很有借鉴意义。

一、肯定成绩，总结经验，进一步增强做好农机安全监理工作的责任感

党中央和国务院历来高度重视安全生产工作。"十一五"期间，随着《农业机械安全监督管理条例》（以下简称《条例》）的公布实施，农机安全法规体系不断完善，全国农机安全监理工作进入了依法监管的新阶段。在各级党委和政府的领导下，农业机械化主管部门及其农机安全监理机构深入落实科学发展观，紧紧围绕农业机械化又好又快发展大局，坚持依法行政、文明监理、优质服务，积极转变思想观念，改善监理手段，开拓创新，扎实工作，促进了农机安全生产，取得了可喜的成绩。突出表现在以下几个方面：

（一）安全法规加快建设，农机安全法规标准体系基本建立。为深入实施《中华人民共和国农业机械化促进法》和《中华人民共和国道路交通安全法》，"十一五"期间，相继制定了一大批农机安全行政法规以及部门规章和地方性法规，进一步完善了农机安全法规体系。2009 年国务院公布了《条例》，标志着农机安全监管工作迈入了法制化轨道。为了贯彻实施《条例》，农业部对《拖拉机驾驶证申领和使用规定》、《拖拉机登记规定》和《联合收割机及驾驶人安全监理规定》进行了修订，制定了《农机事故处理办法》。各地根据《条例》逐步修订制定相关农业机械化法规，共制定了 37 部地方性法规。农业部还制定了一系列规范性文件。如《农机安全监理机构建设规范》、《农机安全监理人员管理规范》等，涉及机构建设、人员管理等多方面，进一步完善了全国农机安全监管规范。农机安全技术标准体系也得到完善。2008 年以来，修订了《农业机械运行安全技术条件》（GB 16151—2008）国家标准；制定了《植保机械运行安全技术条件》、《粮食干燥机运行安全技术条件》等农业行业标准；公布了《拖拉机号牌》、《农机安全监理证证件》、《农业机械事故现场图形符号》等行业安全标准，逐步完善了农机安全标准体系，为规范农机安全监管提供了技术支撑。

（二）安全机构持续加强。农机安全监理队伍保持稳定，"十一五"期间，各级政府和农业机械化主管部门更加重视农机安全工作，不断加强安全监管职责，强化体系建设。为贯彻实施《条例》，农业部在早就设有农业部农机监理总站的基础上，2010 年专门在农业部农业机械化管理司又设立了安全监理处。截至目前，全国已有 30 个省（自治区、直辖市）设立了专门的农机安全监理机构，西藏自治区也明确了负责农机安全监理工作的机构。目前，全国县级以上农机安全监理机构已达 2 901 个，农机安全监理人员 3.3 万余人，已基本形成了县以上有机构、县以下有人员的国家、省、地、县、乡、村 6 级农机安全监理监管网络。近几年来，各级农机安全监理机构参公管理步伐明显加快，全国县级以上农机安全监理机构中有 1 043 个机构纳入了公务员和参公管理，占总数的 36%；共有 1 522 个全额预算拨款单位，占与总数的 52%。全国 30 个省级监理机构中，已有 24 个纳入公务员和参公管理，占 80%。农机安全监理体系不断完善，地位明显提高，人员队伍相对稳定，经费来源持续保障，从行政体制上确立了农机安全监理机构的执法地位，为农机安全监理人员公正执法、文明监理提供组织保障。

（三）安全工作改革创新，农机安全监理机制逐步完善。"十一五"期间，国务院安全生产委员会将农机安全生产控制考核指标分解到各省（区、市）人民政府，将农机安全生产纳入了地方政府考核范围，强化农机安全监管职责，建立安全生产责任制。农业部、国家安全监理总局开展了"创建平安农机，促进新农村建设"活动，整合各方面资源，营造了良好的农机安全生产氛围，不断探索"政府负责、农机主抓、部门配合、群众参与"的农机安全监管长效机制。各地也围绕农机安全生产工作，因地制宜，开拓创新，采取多种措施，积极探索了一系列有效的农机安全监理工作机制。为加强拖拉机道路行驶安全监管，江苏、浙江等省农机安全监理机构与交警部门密切配合，在重要路段、重点时段开展经常性农机安全检查，严厉查处各类拖拉机道路交通违法行为，强化路面动态管理，建立了联合执法工作机制。北京、宁夏、辽宁大连、甘肃白银和浙江宁波等地，积极争取当地政府制定有关农机安全监管惠农政策，由地方财政负担农业机械牌证费、安全检验费以及培训费、考试费等，减轻农机手负担，探索了减免农机牌证费和检验费的安全监管新机制。北京市、宁夏回族自治区人大还将免费牌证发放纳入有关农机安全法规。陕西、湖北等省积极推动农机安全互助工作，探索农机安全互助保险机制等。这些工作机制的创新，改进了监理方法，开拓了监理思路，促进了监理工作。

(四)安全投入大幅增加，农机安全监理装备和信息化建设初见成效。"十一五"期间，农业部批复实施了移动式拖拉机安全检测装备项目，向全国 100 个县配备移动式安全检测装备 100 套，农业部农机安全监理总站组织开发了移动式农机驾驶人考试车等，进一步改善农机安全监理手段。农机安全监理服务能力建设已纳入《全国新增千亿斤粮食生产能力建设规划》，先期启动实施 800 个粮食产量大县的建设资金中约有 100 万元用于农机安全监理装备设施条件建设。在项目带动下，"十一五"期间，各地用于农机安全监理基础设施、监理装备建设等方面的资金大幅度增加，农机安全监管服务能力不断提升。北京、山西等多个省(自治区、直辖市)争取地方政府的财政资金支持，启动实施了农机安全监理设施装备建设项目。同时，农机安全监理信息化也得到了大幅度的提升。农机安全监理系统和农机事故报送分析系统统一纳入了农业部"金农工程"建设。事故报送分析系统已经启用，安全监理系统已进入调试试用阶段。全部系统正式启用后，将构建全国农业机械登记信息库、驾驶人信息库、事故信息库等，进一步提高监理工作效率，规范基层监理业务流程，实现农机安全监理数据集中统一管理。

(五)安全理念不断转变，安全监管领域延伸拓展。"十一五"期间，各地农业机械化主管部门极其农机安全监理机构深入实施《中华人民共和国农业机械化促进法》、《中华人民共和国道路交通安全法》和《农业机械安全监督管理条例》，严格依法行政，规范监管行为，转变监管理念，依法履行职责，拓展了监管领域，《中华人民共和国道路交通安全法》。实施以来，农机安全监管的重点由原来的道路为主转向在重要农时季节对农机作业环节进行监管，农机安全监管已成为农业机械化公共服务重要内容。基层监理人员经常性地深入乡村，开展宣传教育培训、安全检查等工作，及时排查安全隐患；及时对参加跨区作业的联合收割机进行安全查验，设立跨区作业服务站向机手发放安全宣传资料，安全注意事项；及时发布针对冰雪等恶劣天气的安全提醒等等。各地坚持执政为民，积极转变靠收费罚款养人的思想，牢固树立了以人为本的理念，将保障广大农民群众的生命财产安全作为监理工作的出发点和落脚点，想农民所想，急农民所急，深入基层，真正做到培训办证到乡村，年度检验到村屯，维修服务到田头，真心真意搞好安全管理和服务。

总之，在各级政府的高度重视和各有关部门的大力支持下，在农业机械化主管部门及其农机安全监理机构的共同努力下，"十一五"全国农机安全监理事业有了新发展，安全工作取得了新成效，保持了农机安全生产形势持续稳定好转。在农机数量持续增长，拖拉机联合收割机每年增长 100 万台左右的情况下，全国农机事故持续下降，重特大农机事故得到了有效控制，农机安全生产形势保持平稳。2010 年，各地统计报送的农机事故共 812 起，死亡 214 人，受伤 517 人，直接经济损失 865.13万元，与 2005 年相比，事故起数、死亡人数均大幅下降。

在取得成绩的同时，各级农业机械化主管部门及其农机安全监理机构积极进取，改革创新，求真务实，勇于实践，积累了许多宝贵经验。

一是必须坚持依法行政，强化规范监管。农机安全监理工作是具体的行政执法工作。农机监理执法人员必须按照国务院《全面推进依法行政实施纲要》的要求，做到有法必依、执法必严、违法必究。"十一五"期间，各地在加强农机安全法规建设的同时，着力在依法办事上下工夫，进一步规范各项业务。坚持依法行政，积极推进农机安全监管工作，坚持公开、公平和公正的执法原则，在法定职权范围内，充分行使农机安全监督管理职能，做到既不失职，又不越权，进一步强化农机安全执法，促进了农机安全监理工作。因此，只有切实做到有法必依、执法必严、违法必究，才能推进农机安全执法，提高行政效能。

二是必须坚持机制创新，强化政策引导。近年来，各地采取多种措施，积极开拓创新，探索了农机安全监管新方法新机制，推进了农机安全监理工作。面对新情况新问题，许多地区积极争取扶持政策，创新监理机制，引导农民机手主动接受安全监管，确保农机安全生产。目前，我国总体上已进入"以工补农、以城带乡"的发展阶段，国家强农惠农政策力度进一步加大。各地的经验表明，做好农机安全监理工作，既要坚持机制创新，又要积极争取有关农机安全的优惠政策，才能做到多措并举，强化管理和服务，引导和促进农业机械化安全发展。

三是必须坚持部门协作，强化综合治理。农机安全监督管理工作是一项复杂的系统工程，涉及农机产品生产销售、使用维修等环节以及作业转移环境、使用操作人员等，如果没有相关职能部门的协作，一些监管工作难以开展。近年来，各地积极推进"平安农机"创建活动，在当地党委政府的领导下成立联席会议制度，协调安监、公安、交通、财政、工商、质监等部门联合开展农机安全执法活动，排查农机安全隐患，有力地推进了农机安全监理工作，农机事故呈下降趋势。实践证明，只有依靠农民群众和社会各方面的力量，加强部门协作，形成合力，才能彻底查处违法违规行为，消除事故隐患，预防农机事故，保障农机安全生产。

四是必须坚持文明执法，强化优质服务。近年来，各地结合"平安农机"创建活动，坚持深入乡村，重心下沉，防线前移，积极开展文明监理、优质服务，树立了良好形象。坚持树立"以民为本、为民服务、帮民解难、助民增收、保民平安"的理念，不断加强监理系统行风建设，增强服务意识，提高服务质量和水平。尤其是基层农机安全监理机构全面实施"执法依据、办事程序、收费项目标准、办事人员、办事结果"五公开制度，接受群众和社会监督，并通过制定一系列的便民、利民、惠民措施，方便群众办理入户挂牌手续，实行"一站式办公"、"一条龙服务"，有效地推进了农机安全监理工作。由此可见，只有深入乡村，在开展文明执法同时，加强安全技术服务，帮助农民解决实际困难，才能真正提升农机安全监管工作，提高农机安全生产水平。

在肯定成绩和总结经验的同时，我们也清醒地认识到农机安全监理工作还存在一些不容忽视的问题。一是资金投入不足。许多地方农机安全监理装备设施落后，不能适应工作需要。一些地区农机安全监理办公条件差，有的甚至缺少处理事故及突发事件所必需的车辆装备等。二是工作规范不够。个别地方还存在收费养人的思想，存在违规办理牌证的现象和跨行政区域发牌发证的问题，有令不行，有禁不止。三是"三率"水平不高。拖拉机注册登记率只有40%左右，农民安全意识淡薄，机具安全技术状态不高，存在严重的安全隐患和监管死角。四是与中心工作结合不紧。有的地方对农机安全监理工作领导和重视不够，没有与农业机械化中心工作有机结合起来，做到同步推进、同步发展。

农机安全生产是农业安全生产工作的重要方面，直接关系到广大农民群众的生命财产安全，关系到农业生产和农村经济的发展，关系到农村的和谐稳定。各级农业机械化主管部门及其农机安全监理机构要充分认识农机安全工作的极端重要性，牢固树立忧患意识，进一步增强做好安全生产工作的紧迫感、使命感和责任感，切实解决好工作中存在的突出问题，不断推进农机安全监理事业向前发展。

二、认清形势，抓住机遇，进一步转变农机安全监理方式

十七届五中全会强调，在工业化、城镇化深入发展中同步推进农业现代化，是"十二五"时期的一项重大任务。现阶段突出强调"三化同步"，着眼点是加快建设现代农业、补齐农业这个短板，加快推进社会主义新农村建设、形成城乡经济社会发展一体化新格局。农业机械是发展现代农业的重要物质基础，农业机械化是农业现代化的重要标志，是促进农业生产专业化、标准化、规模化、集约化的重要途径。发展农业机械化对于提高土地产出率和资源利用率和劳动生产率，增强农业综合生产能力、抗风险能力和市场竞争力，改善农业生产条件、农民生活水平、农村生态环境都具有十分重要的作用。"三化同步"对农业机械化发展的速度和质量提出了新的更高要求。加强农机安全生产，保障农业机械化又好又快发展，是推进"三化同步"发展的必然要求。农机安全监理发展面临着大有作为的重要机遇期。

《国民经济和社会发展第十二个五年规划纲要》提出，要严格安全生产管理，加强安全监管监察能力建设，严格安全目标考核与责任追究，并确定了单位国内生产总值生产安全事故死亡率下降36%的目标。农机安全生产是国家安全生产的重要组织部分，农机行业是国家安全生产13个重点行业和领域之一。虽然"十一五"期间农机安全事故起数和伤亡人数呈现逐年递减趋势，但事故总数和死亡人数仍比较多，平均每年死亡437人，受伤1 164人，直接经济损失1 067万元以上。同时，还有不少事故因私了等原因未能统计上报。除拖拉机、联合收割机外，卷帘机、微耕机、机动脱粒机、饲料粉碎机、插秧机、铡草机等危及人身安全农业机械的安全隐患大量存在，事故时有发生，严重威胁农民的生命财产安全。因此，加大农机安全工作力度，加强安全监管，坚决遏制重特大农机事故发生，确保农机事故死亡率不超过"十二五"规划的安全目标，任务十分艰巨。

截至2010年年底，全国农作物耕种收综合机械化水平超过50%，达到52%。这标志着我国农业生产方式实现了由人畜力为主向农机作业为主的历史性跨越。我国农业机械化已进入加快发展、结构改善、质量提升、领域拓展的重要阶段。"十二五"期间，随着工业化、城镇化和农业现代化的同步推进，农业对机械化的需求将越来越迫切，农民对农机作业的依赖越来越明显，农业机械化在农业农村发展中的地位作用越来越突出，各级政府对农业机械化的发展必然会更加重视，农业机械化发展大有作为。而随着农业机械化的快速发展，高性能、大功率的作业动力机械和配套机具结构将不断调整，农机作业领域将不断延伸，机械化复式作业应用范围拓宽。这必将对我们农业机械化管理工作，尤其是农机安全监理工作提出了更新、更高的安全保障要求，农机安全监理面临新的考验。

进入"十二五"，农机安全监理工作面临许多发展机遇，也面临更多的挑战，任务艰巨。要适应农业机械化发展的新形势、新任务和新要求，必须积极推进以下几个方面的转变。

（一）监管环节要由使用操作向农业机械全过程转变。《条例》所规定的农业机械安全监督管理，是对生产、销售、维修、使用操作与报废回收等全过程安全监管。操作使用只是农业机械安全监督管理的一个环节，必须加强对农业机械全过程的安全监管，才能预防和减少农机事故的发生。各级农业机械化主管部门要增强农业机械全过程安全监管意识，加强与工业、公安、质量监督、工商管理等有关部门协调，积极推进农机生产、销售、使用、维修、回收等环节的安全监管。要统筹协调科研开发、农机试验鉴定、安全监理、技术推广、教育培训和维修等机构，各司其职，突出安全，共同抓好安全监管工作。科研开发单位在研发新产品时，将安全理念贯穿于研发试制全过程。鉴定机构要严格执行《农业机械试验鉴定办法》和相关安全标准，做好农机安全鉴定工作。监理机构要履行好牌证管理、事故处理、安全检查、实地检验、宣传教育等职责。培训机构要严格执行《拖拉机驾驶培训管理办法》，确保培训质量。维修机构要严格执行《农业机械维修管理办法》，规范维修业务，保证维修质量。农机推广机构要推广先进适用的农业机械和安全操作使用技术知识。

（二）监管范围要由实行牌证管理机械向所有农机转变。前些年，农机安全监理工作重心在于拖拉机、联合收割机安全监管上，对其他农业机械关注不够。《条例》中所称的农业机械，是指用于农业生产及其产品初加工等相关农事活动的机械、设备。为此，农机安全监管范围应当是所有农业机械。包括对拖拉机、联合收割机进行牌证管理、安全检验等；对动植保机械、机动脱粒机、饲料粉碎机、插秧机、铡草机等危及人身财产安全的农业机械进行免费安全检验；对其他农业机械的安全监管在于安全宣传教育、安全检查等方面。我们一定要转变观念，认真贯彻落实《条例》，在抓好拖拉机、联合收割机安全监管的同时，还要抓好其他危及人身财产安全的农业机械监管。各级农业机械化主管部门及其农机安全监理机构要拓展监管范畴，延伸监管触角，增强对所有农业机械的安全监管意识。对所有的农机驾驶操作人员，要进行相关法律、法规、标准和安全知识的宣传教育，提高其安全生产意识和操作技能。要加强农田、场院等场所的安全检查，了解和掌握农机安全使用状况、驾驶操作人员安全素质情况等，及时查纠各类违法违章操作行为，排除事故隐患，减少事故的发生，保障人民群众的生命财产安全。

（三）监管方式要由重管理向管理与服务并重转变。社会管理是对人的管理和服务，其核心要体现以人为本，把管理寓于服务之中。农机安全监理是社会管理的一部分，工作理念必须由"重管理"向"管理与服务并重"转变。要由对管理相对人的被动监管向深入生产一线主动为其服务转变，由只注重牌证核发向监管与服务相结合，由偏重于采用安全检查、行政处罚等强制性手段向刚性执法与柔性引导相结合转变。强化服务是政府职能转变的基本要求。各级农业机械化主管部门和农机监管机构要围绕服务抓监管，在监管中促服务。要推进执法依据、办事程序、收费项目标准、办事人员、办事结果公开，实行承诺服务和首问负责制，推进一站式业务办理模式。要真正做到培训办证到乡村，实地检验到村屯，隐患排查到田头，技术咨询到农户。做好农机事故认定和调解工作，为事故损害赔偿等后续事宜提供帮助和便利，维护社会稳定。

（四）监管手段要由传统向现代化转变。提高安全管理水平必须依靠技术进步。要加强农机安全科技创新工作，积极推进农机安全监管手段由传统的手工方式向现代的科技方法转变，充分发挥科学技术对农机安全生产的支撑和保障作用。要通过配备和运用高科技的安全监管装备设施，提高工作效率；依托现代信息技术，将各项安全监管业务信息纳入计算机网络平台，集行政审批、政务公开、数据采集、宣传教育、信息发布等于一体，实现各项业务互通互联、信息数据共享。农机安全监管手段科学化是一个动态的过程，是建立在传统监管手段基础上，不断创新和完善的动态发展过程。各级农业机械化主管部门及农机安全监管机构要善于开拓创新，采用科学化、信息化的现代安全监管手段，推进农机安全监管工作的规范化进程，不断提高农机安全监管水平。

三、明确任务，强化措施，进一步开创农机安全监理工作新局面

为进一步贯彻实施《条例》和《国务院关于促进农业机械化和农机工业又好又快发展的意见》，我们经过认真研究，提出了"十二五"全国农机安全监理工作指导思想、目标任务和工作重点。

"十二五"农机安全监理工作的指导思想是：深入贯彻落实科学发展观，适应农业机械化快速发展的新形势和农机安全生产的新要求，坚持安全第一、预防为主、综合治理的方针，遵循"以人为本、预防事故、保障安全、促进发展"的原则，以改革创新为动力，以全面实施《农业机械安全监督管理条例》为主线，以提高"上牌率、检验率、持证率"为重点，以创建"平安农机"为载体，完善规章制度、严格依法监理，加强体系建设、提高监管能力，强化宣传教育、营造良好环境，努力促进农业机械化安全发展。

农机安全监理工作的目标任务是：进一步完善配套规章制度和扶持政策，推进农机安全保险、免费安全检验、机具报废更新制度建立；进一步增强关键生产环节、重点农机具和重要农时季节的安全监管能力，增强农民安全生产意识，提高农机驾驶操作人员技能；进一步提高安全监理"三率"水平，"十二五"期末达到70%以上，创建全国"平安农机"示范县500个以上；全面提升农机安全监理工作水平，农机安全形势保持平稳。

要实现上述目标任务，必须认真贯彻落实国家安全生产法律法规和方针政策，落实责任，强化措施，重点做好以下工作。

第一，加强法规建设，完善规章制度。严格依法行政，不仅要有法律法规，还必须完善相应的规章，保证程序合法，执法规范。《条例》公布实施后，农机安全的法律和行政法规基本完善，但相关配套规章还不健全，必须加大力度，进一步完善相关规章，全面规范执法程序，推进农机安全监管工作。要加快制定农业机械实地安全检验办法，明确拖拉机、联合收割机、机动植保机械、机动脱粒机、饲料粉碎机、插秧机、铡草机等危及人身财产安全的农业机械进行免费实地安全检验的职责任务和方式方法。要加快制定农业机械报废回收办法，主动会同质量监督部门、财政部门等，尽快制定农机报废条件，明确农机回收解体或销毁的程序和方法。要加快制定农机安全技术标准和安全操作规范等，明确技术要求，规范工作行为，提高安全水平。各地要根据本地的实际情况和需要，继续做好地方立法工作，在不与法律、行政法规相抵触的情况下，因地制宜地做好地方性法规制定和修订工作，进一步完善农机安全法规体系。

第二，加强安全宣传，营造良好氛围。要充分利用广播、电视、报刊、网络等媒体，切实加强农机安全法律法规知识宣传。要通过开展"安全月活动"、法律技术咨询活动和组织安全知识学习等多种形式，宣传普及农机安全法律法规知识，不断扩大社会认知度。要结合"平安农机"创建工作，落实以"六个一"为主题的宣传活动，即在每个乡镇组织一次"平安农机"宣传教育活动，给每个农机手送一封"平安农机"倡议信，给广大农机手和群众看一部"平安农机"教育警示片，向每个村送一套"平安农机"安全宣传挂图，给每个农机户送一本"平安农机"知识手册，在每个村及中小学校上一次"平安农机"知识课。要因地制宜，结合当地农机作业特点，组织开展形式多样、生动活泼的农机安全宣传教育活动，广泛普及农机安全生产知识。要充分发挥农村基层组织和乡村农机安全员的作用，真正把宣传教育工作落到实处，进一步增强农民机手的安全生产意识。要切实加大农机安全宣传工作力度，不断提升宣传工作水平，使农机安全生产知识深入人心、家喻户晓，营造农机安全生产良好氛围。

第三，加强安全执法，推进规范管理。农机安全监管涉及许多行政许可事项，是否能够严格执法、消除隐患，直接关系农机安全生产，关系农村和谐稳定，必须强化依法行政，加大执法力度，规范牌证管理，进一步提高农机安全"三率"水平。一要依法登记管理。要按照《中华人民共和国道路交通安全法》、《农业机械安全监督管理条例》等法律法规的规定，加强对轮式拖拉机、履带拖拉机、手扶拖拉机、拖拉机运输机组等在内的所有拖拉机和联合收割机注册登记管理。严格按照规定和程序办理牌证业务，坚决做到不符合标准要求的不准办证上牌，不按规定检验合格的不准办证上牌，严禁跨行政区域发牌发证。要严格执行《机动车交通事故责任强制保险条例》的规定，在登记、年度检验时，对符合《机动车运行安全技术条件》的拖拉机运输机组，严格查验交强险标志。二要规范培训考试。各地要结合"阳光工程"的实施，加强农机操作人员培训教育，提高培训质量，确保参加培训的机手既能掌握驾驶操作技能，又掌握有关农机安全法规知识，真正成为合格的农机手。要严把驾驶员考试关，按照农业部有关规范的要求进行考试，严格考试纪律，规范考试行为，决不允许给未经考试或考试不合格的人员核发驾驶证。三要强化安全检查。各地要按照《条例》规定，在农田、场院等场所开展经常性的农机安全监督检查，加强对违法违规操作者的批评教育，必要时严格依法进行处罚。要积极争取安监、公安等有关部门的支持，建立健全联合检查或委托检查执法机制，严格查处拖拉机上道路行驶的有关违法行为，坚决遏制和减少农机事故的发生，确保农机安全生产形势进一步稳定好转。

第四，加强开拓创新，健全监管机制。开拓创新是各项事业发展的不竭动力，也是农机安全监理工作不断发展的要求，唯有创新才有发展。要在观念上创新。要牢固树立以人为本的理念，全面领会以人为本的深刻内涵，把保障广大农民群众的生命财产安全作为工作的出发点和落脚点。要牢固树立"有为才能有位"的思想观念，在继承的基础上进行创新，在创新中求发展。要在内容上创新。要拓展安全监管新领域，不仅要加强行政许可事项的监管，而且要全面履行所有安全监管职责；不仅要抓好拖拉机联合收割机牌证管理，而且要开展设施农业装备等危及人身财产安全的农业机械安全监管。要在方法上创新。要改变收费管理方式，强化农机安全执法服务手段，积极探索农机免费安全检验、免费核发牌证、农机安全互助、政策性农机保险等服务方法，不断推进农机安全监管工作。要在理论上创新。要善于从基层安全监管工作实践中总结经验、吸取营养、发现真知；善于把基层的好做法、好经验提升为理论，为上级制定政策提供决策支撑。要积极推进理论创新，用新的理论指导实践，在实践中检验理论、发展创新理论。

第五，加强自身建设，提升监理能力。加强农机安全监管服务能力建设，提升农业机械化安全发展水平，既是农业机械化发展新形势下提出的新要求，也是广大农民机手的新期待。一要注重装备建设。要继续推进"农业机械化推进工程"审批立项工作，争取尽早实施，进一步加强部、省、地、县农机安全监理机构的农业机械安全装备建设。要主动配合做好"增产千亿千克粮食生产能力工程"、金农工程的实施，进一步加强农机安全监督检查、事故勘察装备、信息系统等能力建设。要加强与财政部门协调，按照《条例》有关"保障农业机械安全的财政投入"的规定，切实推进农业机械安全监理基础设施和装备建设，努力改善执法服务手段，提高农机安全监管服务能力。二要注重队伍建设。要贯彻落实《条例》等法律法规规定，进一步明确农机安全监理机构的职责任务，理顺职能，充实力量，加强农业机械安全监督管理队伍建设，积极推行参公管理。加强农机安全监理人员能力建设，按照管理范围合理设置岗位和配备人员，强化农机监理人员的业务培训工作。三要注重行风建设。各级农业机械化主管部门及其农机安全监理机构要加强政风行风建设，建立健全监督机制，进一步加强廉政风险防控机制建设，在全系统树立起"求真务实、开拓创新、清正廉洁、文明高效"的精神风貌。要进一步加强思想政治和职业道德教育，积极开展争先创优活动，使全体农机安全监理人员牢固树立全心全意为人民服务的思想，不断提高廉洁奉公、规范执法的自觉性，始终做到权为民所用、情为民所系、利为民所谋。

第六，加强组织领导，提高安全水平。各地农业机械化主管部门要进一步增强责任意识、大局意识，统一思想，认真贯彻党中央国务院和地方党委政府促进农业机械化又好又快发展和安全生产的各项决策部署，切实加强对农机安全生产工作的组织领导，进一步理顺安全监管机制，完善工作机制。一要进一步推进监理机构参公管理。农机安全监理工作属于农机安全行政执法单位。各地要按照党中央的部署，积极推进事业单位分类改革，因地制宜，明确分类，进一步完善农机安全监理机制，满足农业机械化发展对农机安全执法服务工作的需要。二要继续推进责任制落实。结合"平安农机"创建活动，要积极争取党委政府对农机安全生产的高度重视，成立多部门参与的领导小组，将农机安全生产和"平安农机"创建活动纳入到乡镇政府考核目标之中，将农机安全生产责任制落实到实处。三要把安全生产工作贯穿于农业机械化工作各方面。要在落实农业机械化政策中不放松安全工作。在制定或实施农业机械化扶持政策时要坚持"安全第一"的方针，绷紧农机安全生产这根弦，保证享受农机具购置补贴、农机等项作业补贴等农业机械依法接受安全监管，保证其安全技术状态良好。要在发展农业机械化服务组织中不放松安全工作。在争取政策、资金等扶持农机服务组织发展的同时，进一步积极落实农机专业合作社、维修站点和农机大户等的安全生产主体责任，引导其建立健全农机安全生产规章制度，确保安全投入、安全管理、安全教育培训等措施落实到位。要在提升农机产品质量中不放松安全工作。在加强新产品研发提升产品性能质量的同时，努力提高产品的可靠性和安全性，降低故障、事故率。要加强农机试验鉴定工作，严格把好安全性能关，对不符合国家安全运行技术标准，严禁通过鉴定。要突出安全性能，加强在用农机产品质量评价与监督管理，促进产品性能改进和质量提高。要加强农机市场监管，完善农机质量投诉网络，严厉打击制售假冒伪劣农机产品等坑农害农行为，营造竞争有序、充满活力的市场环境，切实维护农民利益。

2011年是"十二五"的了开局之年，也是建党90周年。在全国农业机械数量快速增长的形势下，保障农机安全生产形势平稳，实现农业机械化安全发展，任务艰巨，责任重大，使命光荣。希望各级农业机械化主管部门及其农机安全监理机构深入贯彻落实科学发展观，抓住机遇，开拓创新，锐意进取，扎实工作，努力开创农机安全监理工作新局面，为推动我国农业机械化科学发展，为建设现代农业和社会主义新农村，为工业化、城镇化、农业现代化同步推进做出新的更大贡献，以更加优异的成绩迎接建党90周年。

在全国农业机械化技术推广工作会议上的总结讲话

（2011年8月31日·山西太原）

农业部农业机械化管理司司长　宗锦耀

全国农业机械化技术推广工作会议是新世纪"十二五"开局之年召开的第一次专门研究农业机械化技术推广工作的十分重要会议。昨天上午6个省（区市）做了典型交流，副部长张桃林作了讲话，昨天下午参观考察了山西省农业机械化推广旗帜单位孝义市，今天上午进行了分组讨论。在全体代表的共同努力下，圆满完成各项议程。这次会议主题鲜明、内容丰富，时间安排紧凑，取得了丰硕的成果：一是深化了认识，统一了思想；二是总结了成效，交流了经验；三是理清了思路，明确了任务，四是鼓舞了干劲，增强了信心。会议开得很成功，达到了预期目的，是一次承前启后、继往开来、具有里程碑意义的会议。

副部长张桃林昨天的重要讲话，从理论到实践，全面总结了“十一五”农业机械化技术推广工作取得的成效和经验；从推进农业现代化的战略要求出发，深入分析了当前农业机械化发展面临的新形势新任务，以及新形势对农业机械化技术推广工作提出的新要求；从全局的高度，提出了“十二五”农业机械化技术推广工作思路、目标任务和推进措施。讲话立意深刻、观点鲜明、部署全面，具有很强的思想性、理论性和可操作性，是指导我国“十二五”乃至更长一个时期农业机械化技术推广工作的纲领性文件。我们一定要认真学习、深刻领会、准确把握、贯彻落实。会议结束后要抓紧向省政府主管领导和主管部门汇报，向全系统传达副部长张桃林重要讲话和会议精神，认真落实到“十二五”农业机械化工作中去。

会后，我们将根据副部长张桃林讲话精神和会议讨论的意见，形成《农业部关于加强农机化技术推广工作的意见》，修改完善《农机化技术推广机构建设规范》，印发各地。

一、深刻认识加强农业机械化技术推广工作在农业现代化中的重大意义

农业机械是农业科技的物化和载体。农业机械化技术推广是农业科技的重要组成部分，是促进农业科技成果尤其是农业机械化科技成果转化的主要手段。现代农业是以先进的农业科技为支撑的农业生产体系，机械化是农业现代化的重要标志。在传统农业向现代农业转变的过程中，需要进一步加强农业机械化技术推广工作，加快科技成果转化，实现农业机械化先进技术和装备的普及应用，才能促进“三化”（农业生产技术集成化、劳动过程机械化、生产经营信息化），增强“三力”（农业的综合生产能力、抗风险能力、市场竞争力），提高“三率”（土地产出率、资源利用率、劳动生产率），改善“三生”（农业生产条件、农民生活水平和农村生态环境），为建设高产、优质、高效、生态、安全的现代农业，推进中国特色农业现代化，实现“三化”（工业化、城镇化、和农业现代化）同步推进做出贡献。

当前，我国农业生产方式已经跨入了机械化为主的新时代，农业科技创新进入以生物技术和机械技术为主导变革技术路径的新阶段，农业机械化技术推广进入与农艺、信息等技术相融合、共同促进的新时期。在加快建设现代农业的新形势下，农业机械化技术推广工作需要进一步转变农业机械化技术推广观念，迫切需要进一步提高农业机械化技术推广能力，迫切需要进一步拓宽农业机械化技术推广领域，迫切需要进一步创新农业机械化技术推广方式。各级农业机械化主管部门和技术推广机构要充分认识农业机械化技术推广工作在农业现代化中的重大意义，切实增强做好农业机械化技术推广工作的紧迫感、使命感和责任感。

二、全面落实会议提出的农业机械化技术推广工作各项任务

关于“十二五”我国农业机械化技术推广工作，副部长张桃林讲话明确提出了总体思路，提出了必须坚持的“四项原则”（即：坚持公益性定位，政府扶持与市场引导相结合；坚持机制创新，农机技术与农艺、信息技术相结合；坚持示范先行，试验示范与普及推广相结合；坚持统筹兼顾，重点突破与全面发展相结合），以及“四个明显”的工作目标（即：农业机械化技术推广体系进一步完善，推广服务能力明显增强；人才队伍建设取得新成效，农机实用技术人才素质明显提高；增产增效型、资源节约型、环境友好型农业机械化技术得到大力推广，粮棉油糖等大宗农作物机械化薄弱环节实现明显突破；先进适用、技术成熟、安全可靠、节能环保、服务到位的农机装备广泛应用，装备结构明显改善。提出了“四个着力加强”的主要任务（即：着力加强农机推广体系建设，以基层农业机械化技术推广机构为重点，努力提升推广服务能力；着力加强农业机械化教育培训，以农业机械化实用人才为审点，努力提高农业机械化队伍素质；着力加强农业机械化技术推广机制创新，以促进农机农艺融合为重点，努力促进推广方式转变；着力加强农业机械化新技术试验示范，以推广“三型”农业机械化技术为重点，努力提升农业机械化水平）。各地要结合当地实际，明确具体发展目标，科学谋划，制定措施，确保各项任务落到实处。就做好农业机械化推广工作再强调几点：

一要大力推广增产增效型资源节约型环境友好型农业机械化技术。要充分利用国家强农惠农政策和农业机械化扶持措施，利用农机购置补贴、作业补贴、技术补贴、农业机械化科研项目、农业机械化技术示范推广项目基本建设项目的实施，加强政策、项目与推广工作的结合，实施项目带动，进一步加强重点农业机械化技术的示范推广。特别要加大水稻育插秧、玉米收获、马铃薯、油菜种植收获等关键生产环节机械化技术的推广，加快推进主要粮油作物机械化步伐；加大甘蔗、棉花、茶叶、牧草、设施农业、健康养殖、农产品初加工机械化技术试验示范和推广力度，实现薄弱环节的重大突破；加大保护性耕作、旱作节水、土地深松、秸秆还田、高效施肥施药等技术的推广力度，普及推广节水、节肥、节药、节种、节能、节地等农业机械化技术，促进节能减排和农业可持续发展；针对丘陵山区种植制度多样、规模小、种植分散的特点，探索丘陵山区机械化技术体系，大力推广小型、轻简型农业机械化技术与装备，加快丘陵山区适用农业机械化技术推广应用。

二要积极推进农机农艺融合农业机械化与信息化融合。副部长张桃林讲话提出：农业科技创新进入以生物技术和机械技术为主导变革技术路径的新阶段，农业机械化技术推广进入与农艺、信息等技术相互融合、共同促进的新时期。既说明了农业机械化技术在发展现代农业中的重要地位，也强调了农机技术、农艺技术、信息技术等协调推进迫切性。要建立农机农艺融合协调制度，完善农机农艺融合机制，加快农业机械化技术推广机制创新、制度创新、方法创新。要加强农业机械化技术试验示范基地建设，以农机农艺技术融合为重点，开展机械化、轻简化、集成化、标准化、规模化生产技术集成研究，探索全程机械化的合理生产模式，形成标准化作业农艺技术和操作规程。要加强产、学、研、推的结合，依靠机制创新和利益联结，把农机科研、教学、生产单位紧密联系起来，组织联合攻关，突破农业机械化装备关键技术，提高农业机械化技术集成和装备配套水平。

三要高度重视农业机械化人才队伍建设。人才是第一资源，农业机械化技术推广离不开一支高素质的人才队伍，农业机械化技术应用需要高素质的新型职业农民。要以素质提升和创新能力建设为核心，按照充实一线、强化服务的要求，着力打造一支结构合理、技术过硬、精干高效、充满活力的农业机械化技术推广队伍。要把培养农机手作为强化农业机械化技术应用基础、培育新型职业农民的重要工作来抓。要认真落实全国农业机械化教育培训工作会议精神，继续深入开展农业机械化教育培训大行动。认真实施阳光工程农机培训项目，广泛开展形式多样、农民乐于接受的培训活动。要加强农业机械化技术培训基地建设，建立以政府为主导，行业组织、企业及社会各方面广泛参与的培训体系。

四要切实加强推广体系改革与建设。要坚持农业机械化技术推广工作的公益性定位，当前要特别注意在事业单位分类改革工作中，进一步明确农业机械化技术推广机构职能，力争将各级农业机械化技术推广机构纳入公益一类机构。要跟上农业技术推广体系改革与建设步伐，增强能力、激发活力。全面推进“五有”农业机械化技术推广机构建设，以建立“五项制度”为核心，加强农业机械化技术推广机构工作机制创新。要结合农业机械化推进工程和保护性耕作工程项目的实施加强推广体系建设，积极争取基层农技推广体系建设项目投资支持，改善条件设施。要按照建立多元化农机推广体系的思路，积极发挥农机专业合作组织等农村新兴生产主体的载体作用，逐步形成适应我国现代农业生产特点的一主多元的农业机械化技术推广体系。

三、统筹抓好下半年农业机械化工作

一要进一步落实完善扶持农业机械化发展政策。要切实推动落实国务院意见规定的各项扶持政策，积极谋划重大工程，争取重大投资。要以高度认真负责的态度，做好第二批农机购置补贴资金实施工作，严格规范操作，不折不扣将农机补贴落实到位。认真完善农机购置补贴运行机制，深入开展调查研究，改进补贴操作方式，深入开展农机购置补贴实施专项整治，全面建立农机购置补贴工作廉政风险防控机制，保证补贴政策廉洁高效实施。要继续协调落实农机深松整地、秸秆还田、育插秧等作业补贴政策，推动实施农机政策性保险政策，积极推动将农业机械安全检验、牌证发放等农机安全监管经费纳入地方各级财政预算。

二要进一步抓好“三秋”机械化生产。要对“三秋”农业机械化生产做出部署，提前做好机具检修维护、供需协调、技术培训等前期准备工作，加强水稻、玉米跨区机收的组织协调，强化信息服务，高质量高速度完成重要农时机械化生产任务。要加强“三秋”机械化技术推广，组织科技推广人员深入一线，加强指导，促进重点技术普及工作，为夺取全年农业丰收做出贡献，为2012年夏粮丰收打下坚实基础。

三要进一步培育壮大农业机械化服务组织。推动在资金投入、税费减免、人员培训、信息服务等方面加大扶持力度，加强示范引导，强化指导服务，推动农机专业合作社等农机服务组织数量大幅度增加。促进农机专业合作社规范化建设，提升经营管理水平。

四要进一步加强农机质量管理。严格规范农机试验鉴定机构工作行为，确保鉴定科学性、权威性、严肃性。认真做好《2012—2014年国家支持推广的农业机械产品目录》制定工作，切实加强目录申报、评审等过程的廉政风险防控。加快列入计划内的有关行业标准制定工作，开展补贴机具质量保障督导和质量调查，加强质量投诉监督。

五要进一步加强农机安全监理工作。要深入落实《农业机械安全监督管理条例》，按照《农业部关于进一步加强农机安全监理工作的意见》提出的要求，大力推进安全监理方式的转变，促进监管环节向农业机械化全过程转变、监管范围向所有农业机械转变、监管方式向管理与服务并重转变、监管手段向现代化转变。切实加强农机监理牌证管理，继续抓好设施农业装备安全专项治理工作，组织开展农机安全监管知识竞赛，继续开展“平安农机”创建活动，进一步提高安全监管能力。

六要进一步加强自身建设。要深入学习胡锦涛总书记在庆祝中国共产党成立90周年大会上的重要讲话，用中国化的马克思主义最新理论成果武装头脑、指导实践。切实加强自身建设，提高推动农业机械化科学发展的能力水平。要切实加强廉政建设，把反腐倡廉建设、政风行风建设创先争优活动与农业机械化工作紧密结合起来，一起部署，一起落实，一起检查，一起考核，促进农业机械化各项工作全面落实。

农业机械化工作正面临前所未有的良好发展机遇，只要我们统一思想、埋头苦干，如履薄冰尽职责，心无旁骛抓落实，创先争优求绩效，就一定能够进一步开创农业机械化技术推广工作新局面，为加快推进我国农业机械化，实现农业现代化做出新的更大贡献。

在农业部2011年保护性耕作项目培训班上的讲话

（2011年3月15日·山东青岛）

农业部农业机械化管理司副司长　**刘　宪**

按照我司对2011年全年工作部署和《全国农机化教育培训大行动2011年工作方案》，在春耕备耕生产的关键时期，我们在青岛举办保护性耕作培训班，目的是落实农业部抗旱保苗春季大培训活动要求，统一思想，提高认识，总结交流经验，拓宽发展思路，增强项目实施与技术指导的针对性，着力推动保护性耕作技术持续发展，促进农业增效和农民增收。

这次会议时间紧，内容多，除保护性耕作专题培训、地方推广经验介绍外，还安排了参观考察现场，2009年启动的创新项目验收以及座谈研讨下一阶段工作措施等。希望大家珍惜这次学习机会，身体力行，学有成效，在发展保护性耕作事业中发挥应有的作用。

一、我国保护性耕作技术推广取得阶段性成果

推广保护性耕作技术是推进农业机械化发展中的一项重要工作。自2002年农业部启动保护性耕作项目以来，各地认真组织开展保护性耕作示范和推广，大胆探索，勇于实践，技术模式不断完善，实施面积连年增长，取得了显著的成效。主要表现在：

一是持续得到国家支持。近几年，保护性耕作项目每年争取到中央财政3 000万元的支持开展保护性耕作技术示范，确保了项目的稳步发展。2010年中央财政继续投入3 000万元支持北方15省(自治区、直辖市)、南方7省、2个计划单列市和新疆生产建设兵团、黑龙江省农垦总局组织实施保护性耕作项目。截至2010年年底，中央已累计投入资金2.97亿元，地方财政配套资金9.46亿元，比上年增长24.3%，带动农民投入近32亿元，比上年增长20.9%。

二是实施面积稳步扩大。在各级农机部门的共同努力下，截至2010年年底，已累计建设了369个部级项目县，带动各地建设456个省级项目县，两级项目县合计825个。2010年保护性耕作项目区实施面积突破5 066.67千公顷，机械化免耕播种面积达到11 333.33千公顷，秸秆机械化粉碎还田面积达到16 666.67千公顷，机械深耕作业面积达到10 000千公顷，分别比上年增加35.3%、21.9%、12.6%和7.2%。

三是机械装备显著增加。近几年，在国家农业机械购置补贴等强农惠农政策的拉动下，各地将购机补贴资金向保护性耕作项目倾斜，积极引导农民购买使用保护性耕作机具。2010年年底企业保护性耕作项目区累计拥有免耕播种机达55.1万台(套)，拥有其他保护性耕作机具66.7万台(套)，分别比2010年增加13.9%和14.8%，为保护性耕作技术推广应用提供了坚实的物质基础和技术保障。

四是技术模式不断完善。随着我国保护性耕作技术推广的不断深入，各地探索形成了适应当地生产、可操作性强、农民易接受的保护性耕作技术体系。经过几年的试验、示范，不同区域的多种技术模式日趋完善和成熟，并在生产过程中不断应用，加快了保护性耕作的发展步伐。

五是研发出多种适用机具。为解决制约保护性耕作示范推广中免耕播种这一“瓶颈”，各地积极采取引进试验、消化吸收、革新改造、示范推广等途径和办法，不断开发研制出适合不同地区生产实际的免耕播种机、秸秆粉碎还田机等适用机型，提升了装备水平，确保保护性耕作实施质量和效益。

六是社会经济效益明显。保护性耕作的实施，降低了作业成本，增强了地力，减轻了水土侵蚀，提高了土壤蓄水保墒能力，为实现粮食连年增产做出了突出贡献。据测算，保护性耕作与传统耕作相比，一季作物可减少作业工序，省工75—120个/公顷，节省柴油约48公升/公顷，节水525—975立方米/公顷，减少化肥投入量10%左右，增产5%—15%，综合经济效益达900—1 200元/公顷。按2002—2010年9年累计实施保护性耕作21 733.33千公顷计算，可为农民节本增效196亿—260亿元。

保护性耕作项目立项实施的9年来，各级农机管理部门和技术推广人员采取有效措施，扎实工作，取得了阶段性成果，为大面积推广应用奠定了基础、积累了经验。概括起来，有以下几方面：

(一)争取领导重视，营造良好的发展环境。在各级农机部门的辛勤努力下，保护性耕作效果日益凸显，各地政府对保护性耕作技术推广的重视程度越来越高，把发展保护性耕作持续作为农业机械化工作的重点来抓，成立了由农机、农业、植保、土肥等部门的技术专家为成员的项目实施指导小组，共同开展项目实施。制定发展规划，并纳入了促进本省农业发展的议事日程。多数项目县把实施保护性耕作的任务纳入政府考核干部政绩的主要内容。在各级政府的重视和支持下，保护性耕作技术推广的环境逐渐改善，氛围越来越好。

(二)加大资金投入，确保项目高质量完成。各地在不断加大地方财政支持力度的同时，进行项目整合，不断拓宽保护性耕作技术推广资金渠道，同时农民自觉投入资金也不断提高。山西省财政厅将支持保护性耕作经费扩大到2 483万元，并把农机购置补贴资金、深松作业补贴等资金向保护性耕作机具倾斜。辽宁和黑龙江省均增加7 000多万元实施项目，青岛市财政支持经费增加1 200多万元开展试验。通过资金和政策扶持，调动了广大农机手和农民群众购机、用机和实施保护性耕作的积极性，山西、河南两省农民自筹资金高达1亿多元，有效保证了保护性耕作高质量完成。

(三)注重机艺融合，不断完善技术体系。各地农机部门坚持农机农艺结合、因地制宜、分类指导、试验示范，普遍建立完善了我国不同区域保护性耕作技术模式，极大地提高了保护性耕作工作质量。特别是在农业部保护性耕作创新项目支撑下，相关配套农艺措施研究不断深入，我国北方不同类型区保护性耕作技术体系趋于成熟，为大面积推广提供了技术支撑。

北京、天津、河北、吉林、江苏、河南、甘肃、大连、青海、黑龙江农垦等地不断探索深入研究，总结形成了符合当时实际的保护性耕作技术模式、操作要点和作业规范。山西两省经过多年的探索实践，在总结形成北方地区各种技术模式基础上，对不同技术模式适用机型的性能和适应性进行了详尽的归纳，不仅促进了保护性耕作规范实施，也为大面积推广提供了借鉴。山东省在省农机推广站和农业技术推广总站联合制定《玉米机收、秸秆粉碎还田和小麦免(少)耕播种技术意见》的基础上，不断规范和完善机械化生产技术体系，又联合下发了《做好农机农艺结合提高小麦播种质量技术意见》，对玉米机收、秸秆还田、机械深松、免耕播种的机械配置、作业要求、品种选择、种植标准等进行了规范，推进了机械化生产技术与农艺配套措施的融合。湖北省结合南方多熟制稻区的特点和农业生产发展的客观需要，积极探索试验示范南方多熟制稻区水旱连作保护性耕作农业机械化技术。新疆通过多年的试验研究，逐渐探索出适合当地的保护性耕作技术的一个地方标准、四项技术规程和五种技术模式，促进保护性耕作项目实施的规范化、标准化。

(四)多种措施协调推进，扩大实施面积。各地在推广保护性耕作技术过程中，坚持多项技术相结合、生产管理相结合、点面源相结合，统筹兼顾各方，协调推进保护性耕作技术的深入开展。山西省农机局与省财政厅、农业厅协调，将保护性耕作的关键作业环节机械化秸秆还田列入了《2010年现代农业玉米生产方建设工作方案》，通过与现代农业玉米丰产方项目整合，有效增加保护性耕作项目资金投入，提高了保护性耕作技术的实施水平。山东省将玉米机收与免耕播种结合，大力推广了玉米机收和小麦免耕播种“一条龙”作业，实现了玉米机收和小麦免耕播种的相互促进，共同发展。

(五)发展农机社会化服务，探索建立长效机制。北京、天津、江苏、陕西等大部分地区采取各种措施积极引导扶持并壮大农机合作社、经纪人等农机社会化服务组织，并充分发挥他们示范带动能力强的作用，示范应用保护性耕作技术，逐步实现了保护性耕作连片规模实施，通过统一协调机具、统一供肥供种、统一播种，提高了作业效率、保证了作业质量，加快了保护性耕作技术应用推广的步伐。河南省安阳县扶持引导4个农机专业合作社开展玉米联合收获—秸秆还田—小麦免耕机播"一条龙"订单作业，在3个乡镇建立3个千亩示范方，打造出了精品示范工程，同时提高了保护性耕作社会化服务的专业化、产业化、规模化程度，增强了保护性耕作推广应用的发展后劲。

（六）大力开展科技创新，加快开发研制适用机具。各地大力开展技术创新与科技攻关，积极与科研教学单位、农机生产企业联合，不断改进研发当地适用机具。吉林省依托科研教学单位的专家学者，组织农机技术人员和生产企业专业人员，自主研发出了以全秸秆覆盖免耕播种机（2、4、6行）系列产品和高留茬垄侧播种免耕播种机等两大类产品，得到了农民的认可。黑龙江与企业合作，共同开展寒地垄作玉米免耕播种机的技术改进和新机具研制，使用效果良好。陕西省在省农机专项经费中列支专项，支持保护性耕作专用机具研发，进一步提升了保护性耕作专用机具的生产能力，已形成了深松机、玉米（小麦）免耕播种机、秸秆粉碎还田机、还田深松机、秸秆粉碎免耕播种机等多种保护性耕作机具的批量生产能力，产品覆盖北方大部分省区。

（七）多种形式培训宣传，农民认知程度普遍提高。各地农机部门结合当地情况，把宣传培训工作落到实处，深入田间地头，贴近机手和农民，组织开展了形式多样的保护性耕作机具现场演示、示范宣传和技术培训活动。据不完全统计，2010年各地共举办各类技术培训班1.67万次、机具现场演示会0.77万次、电视广播等媒体宣传1.1万次，印发宣传技术资料1.7亿份，培训技术人员25万人次，培训农民314万人次。尤其是遇到特大旱灾情况下，保护性耕作在防御和提高抗旱能力方面发挥了重要作用，农民群众对保护性耕作的认知程度有了普遍提高，极大地推动了保护性耕作技术的推广应用。

二、进一步明确保护性耕作发展的目标思路

发展保护性耕作，是科学发展观在农业农村经济工作中的具体运用和落实，不仅是促进农业增产稳产的重要举措，实现农业可持续发展建设生态文明的有效途径，也是提高农民素质构建农村和谐社会的必然要求。做好保护性耕作技术推广对改善农机结构，加快农业机械化新技术应用，提高农业机械化发展质量和效益，促进农业可持续发展都具有十分重要的意义。

保护性耕作技术推广项目经过9年多的实施，已经形成了比较科学的区域技术模式，开发出了一批先进适用的适用机具，取得了阶段性成果，但是，目前我国保护性耕作仍处在试验示范阶段，推广面积小，发展还不平衡，制约因素还很多，保护性耕作发展仍面临考验。一是保护性耕作认识问题，改变传统种植习惯需要一个长期的过程。保护性耕作推广涉及的领域多，内容比较复杂，农民接受起来难度比较大，甚至个别地区出现项目反弹现象；二是基层推广技术力量薄弱，技术创新和支撑体系不够完善，技术指导不规范，增产效果还不十分明显，影响农民的积极性；三是部分免耕播种机性能与质量还不能满足生产实际的要求，大型机具少，售后服务不到位等；四是效果监测工作有待进一步完善。我们要进一步增强实施好保护性耕作项目的紧迫感和责任感，抓住机遇，加快发展，努力开创保护性耕作新局面。

做好保护性耕作示范推广工作，推进《规划》的实施，必须坚持因地制宜，分类指导；循序渐进，稳步发展；依靠科技进步，提高建设水平；引导多元投入，建立长效机制四项基本原则。

今后一个时期，加快推进保护性耕作的工作思路是：以党的十七大和十七届三中全会精神为指导，深入贯彻落实科学发展观，全面实施《保护性耕作工程建设规划（2009—2015年）》，以改善生态环境、增加粮食产量和农民收入为目标，以科技创新和技术集成为先导，以北方旱作农业区为重点，以强化技术应用能力和社会化服务为支撑，以增加投入为保障，针对不同区域特点建立和完善保护性耕作主导技术模式，加快保护性耕作发展应用步伐。

三、拓宽思路，努力实现保护性耕作新突破

2011年中央财政将继续投入3 000万元，支持181个部级保护性耕作项目县建设，其中新建79个项目县，实施规模力争突破6 666.67千公顷，面临的任务光荣而艰巨。同时2011年又是中央财政支持保护性耕作实施的第十个年头，能否实现预期目标，进一步做大做强项目，加快推动保护性耕作迈上新台阶，十分关键。

3月8日，农业部已印发了《关于落实2011年农业机械化发展重大目标任务的通知》，下达了六大目标任务，其中，年内要完成的新增保护性耕作实施面积也细化分解给各省。我们要认清形势、明确目标、狠抓落实，重点做好以下几方面工作。

（一）加强领导，着力扩大实施面积。各地要高度认识发展保护性耕作的重要性和紧迫性，把保护性耕作目标任务纳入2011年度工作目标等考核内容，切实加强领导，精心组织，周密部署，狠抓落实，努力完成新增1 000千公顷目标任务，确保总面积突破6 666.67千公顷。

（二）增加投入，加快技术普及应用步伐。各地要及时向当地党委、人大、政府汇报保护性耕作实施进展情况，争取领导的重视和支持，并结合《规划》实施，多渠道扩大财政推广经费投入。要积极争取与保护性耕作有关的深松作业补贴、秸秆还田补贴等项目资金，加快保护性耕作技术普及应用。提倡购机补贴资金向购置免耕播种机、秸秆粉碎还田机等保护性耕作机具倾斜，有条件的地区，要整合项目资源，扩大保护性耕作项目覆盖范围。

（三）加强培训宣传，进一步扩大社会影响。各级农机部门要加强各层面的培训工作，创新培训方式，着重培养一批能够熟练掌握保护性耕作技术和机具操作规程的技术骨干和机手，为农民提供规模化、标准化服务。要进一步加大宣传力度，大力宣传实施保护性耕作的成效和在抗旱中凸显的作用，以及各地在推动发展保护性耕作过程中涌现出的先进典型和成功经验，进一步提高农民对保护性耕作的认知度和应用保护性耕作技术的自觉性，为保护性耕作实现跨越式发展营造良好的外部环境。

（四）规范管理，确保项目实施水平。各地要坚持农机农艺融合，加强与农业、植保、土肥等多方面的协调沟通，密切配合，形成合力，不断完善适合当地实际的技术模式和建设规范。我们将对《保护性耕作技术实施要点》、《保护性耕作项目实施规范》等管理文件进行完善修订，各地要按照新的要求加强管理，针对保护性耕作实施过程中出现的新情况、新问题，切实加强项目的监督检查和技术指导，提高项目质量，确保实施效果。要继续做好项目调研和绩效考评工作，及时总结推广成熟的服务机制和管理经验，不断提升实施质量，推动保护性耕作技术推广工作深入开展。

目前，各地陆续开始春耕生产，农机部门要按照农业部春耕生产的有关部署和要求，做好机具组织、技术服务、农业机械化技术推广和安全生产管理工作，发挥好农机在春耕生产中的作用。希望大家认清自己所肩负的责任，抓住机遇，扎实工作，推动保护性耕作取得更大的突破，为现代农业和社会主义新农村建设做出新的贡献。

在全国农机安全监理工作座谈会上的总结讲话

（2011年4月21日·云南昆明）

农业部农业机械化管理司副司长　刘　宪

这次全国农机安全监理工作座谈会，是在"十二五"开局之年、我国农业机械化发展的关键时期召开的一次十分重要的会议，具有里程碑意义。司长宗锦耀作了主题为"深入实施条例，依法加强监理，努力推动我国农业机械化安全发展"的重要讲话，是指导当前及今后一个时期农机安全监理工作的纲领性文件。

宗锦耀司长充分肯定了"十一五"农机安全监理工作取得的五个方面的显著成就，系统总结了农机安全监理工作的四个宝贵经验，科学分析了农机安全监理工作面临的机遇和挑战，指出要适应农业机械化发展的新形势、新任务和新要求，着力推进监管环节、监管范围、监管方式、监管手段四个方面的转变。司长宗锦耀明确提出了"十二五"农业机械化发展思路、目标任务和重点工作，要求各级农业机械化主管部门及其农机安全监理机构重点做到"六个加强"，加强法规建设，完善规章制度；加强安全宣传，营造良好氛围；加强安全执法，推进规范管理；加强开拓创新，健全监管机制；加强自身建设，提升监理能力；加强组织领导，提高安全水平。司长宗锦耀的讲话，分析透彻，重点突出，措施有力，具有很强的思想性、指导性和操作性，我们一定要认真学习、深刻领会、贯彻落实。

云南、北京、江苏和广西等12个省（区、市）的代表发了言，从不同角度介绍了各自的好经验和好做法，并围绕农机安全监理工作中的一些重要问题进行了讨论和交流，提出了许多很有价值的意见和建议。

这次会议主题鲜明、内容丰富、安排紧凑，达到了统一思想、提高认识、认清形势、明确任务、增强信心的预期目的，取得了丰硕成果，会议开得很成功。会议结束后，各地农业机械化主管部门及其安全监理机构要采取多种形式，认真组织好这次会议精神的学习传达，尽快把农业机械化系统干部职工的思想行动统一到这次会议的精神上来，统一到这次会议做出的各项部署和要求上来。在今后的工作中，要积极争取党委政府领导的高度重视和有关部门的大力支持，将农机安全监理工作摆上更加突出的位置，纳入重要的议事工程，制定好发展规划，增加资金投入。要切实增强大局意识、责任意识、创新意识和依法监管意识，抓住机遇，真抓实干，创造性地开展工作，把农机安全监理工作抓紧抓实抓好，努力推动农业机械化安全发展。

为开好这次会议，农业机械化管理司组织部分省市农机安全监理机构的同志和有关专家，就各地反映的困扰农机监理工作若干问题进行了深入的专题研究。这些问题主要分三类，第一类是概念界定不清晰，容易产生误解和歧义的问题。例如"拖拉机"和"机动车"的概念、拖拉机牌证发放范围等。我们要严格按照《农业机械运行安全技术条件》（GB16151—2008）标准的规定全面准确理解拖拉机的概念和分类；严格按照《中华人民共和国道路交通安全法》和《机动车运行安全技术条件》（GB7258—2004）标准，准确理解机动车的含义和所包含的"拖拉机运输机组"的定义。这是农机监理工作的一个基础性问题。我们要严格按照《农业机械安全监督管理条例》，将轮式拖拉机、履带拖拉机、手扶拖拉机、拖拉机运输机组全部依法纳入牌证管理。第二类是影响"三率"，提高，不便于监理工作开展的问题。如是否将投保交强险作为注册登记的前置条件，这一点我们必须严格按照法律规定做好注册登记工作。对具有机动车属性的"拖拉机运输机组"，在注册登记时必须依法查验交强险标志。第三类是基层监理机构提出的，希望农业部予以解决的问题。如统一监理标志标识等，我们将组织做好标志标识的制定工作。司长宗锦耀的讲话对有关问题进行了全面阐述，提出了明确的意见，大家的思想要统一到司长宗锦耀的讲话上来。这些问题事关农机安全监理工作的大局，必须科学分析、认真对待、依法监管。农机监理工作者必须认真学习法律、深入研究法律、全面准确理解法律，不能凭感觉、凭经验去开展执法工作。在法律法规的框架下，以开拓创新的精神，探索研究新情况，解决新问题。各地要主动协调公安、保险等有关部门，解释说明法律的有关规定，积极争取他们的理解和支持，扎实提高农机安全监理工作水平。

（一）大力提高农业机械"三率"水平。上牌率、检验率和持证率"三率"水平是农机安全监理的基础性工作，是衡量农机安全监管水平的重要标准。目前，全国拖拉机注册登记率有40%左右。机具得不到应有的安全检验，整体安全技术状态不高；农民得不到应有的培训，安全意识不强，存在严重的安全隐患和监管死角。司长宗锦耀在讲话中提出了"十二五"期末70%的目标，任务光荣而艰巨，我们必须超额完成。各地要以提高"三率"为中心，要认真学习贯彻农业部近期修订的42、43和72号令，加强对拖拉机和联合收割机的牌证管理。这次会议提出了拖拉机"三率"目标任务分解的意见，我们将把"三率"水平作为农业机械化工作重要指标，进行年度考核。

（二）努力推行减免农机牌证及安全检验费等惠农措施。宁夏、甘肃白银、辽宁大连等地近年来争取财政支持，开展减免农机牌证及检验费的作法，深受农民欢迎。农民自觉接受管理的意识强烈，基层监理人员的积极性高了，"三率"水平随之大幅度提高。实践表明，这项工作群众满意，领导关注，是一项强农惠农政策。2011年各省都要开展这项工作，还没有开展这项工作的省，要创造条件开展试点。这也是农机安全监理的一项硬任务，年底要进行检查。要大力宣传浙江、江苏等地的做法，积极推进危及人身财产安全的农业机械进行免费实地安全检验，创新工作方法，采取上门服务、登记备案、集中检验、免费发放牌证等便民措施，喻管理于服务之中，努力提升监管水平。

（三）积极开展农机事故处理工作。农业部出台了《农业机械事故处理办法》（农业部2011年2号令）和《关于加强农机事故应急管理工作的意见》，4月1日启用了“全国农机事故报送分析系统”。各地要组织培训，加强学习，积极进行应急演练，切实做好事故勘查、责定、赔偿调解等工作。要严格做好事故报告工作，不得迟报、漏报、谎报或者瞒报农机事故。据了解，由于种种原因，一些农机事故没有报上来。这也反映了一些地方工作不深入、不到位。要做好安全形式的分析评估，定期发布安全事故信息。农业部每半年通报一次典型的较大以上农机事故信息，各省区市每季度要发布一次相关事故信息。

（四）深入开展“平安农机”创建活动。“十二五”期间，农业部和国家安监总局每年要推出100个左右的示范县。各地要积极争取地方政府的重视和支持，加大对创建活动的投入，将创建工作纳入农业机械化工作考核内容。对已有的“平安农机”示范县，也要进行抽查复核，达不到要求的，取消示范县称号。要充分发挥县乡两级政府在创建活动中的作用，通过政府整合公安、安监、交通以及村级组织等各方面管理资源，确保“平安农机”创建工作的深入持久开展。要不断创新形式，提升质量，总结推广典型经验，整村、整乡、整县推进创建工作。

（五）积极探索农业机械政策性保险。各地要按照中央农村工作会议和农业部关于做好2011年农业农村经济工作意见的要求，积极探索农业机械保险，研究建立财政支持下的农业保险与救助长效机制，推进农业机械安全保险纳入农业政策性保险范畴，争取财政资金对同保险工作部门开办特色农机安全保险业务。要严格依据法律和国家强制标准机动车运行安全技术条件的规定做好拖拉机运输机组的道路交通责任强制保险工作。要督促保险工作部门，切实提高保险服务水平。

（六）继续做好设施农业装备安全监管专项治理。2010年开了一个好头，举办了6期共600多人的培训班，2011年要继续做好这项工作。作为2011年农业部为农民办的29项实事之一，农业部将向农民免费发放20万份卷帘机安全使用挂图。目前已印制完成，将陆续发往各省（区、市）。各地要结合“防灾减灾日”和宣传活动，将挂图免费发放到设施农业专业村、社、户、棚，积极宣传安全操作知识，培训设施农业装备操作人员，不断增强操作者安全意识和操作水平。要组织设施农业装备使用者和技术人员在使用前开展技术维护和安全检查，引导农民加强危险部位的防护，依法坚决杜绝私自组装卷帘机等涉及人身安全的农业机械，从源头上防止农机事故发生。

（七）加大农机安全监理工作的创新研究。近期农业部农业机械化管理司组织专家，提出了农业机械安全性能检验关键技术与装备研究示范行业科技项目建议，列入了农业部公益性业（农业）科研专项“十二五”规划框架，该项目委托中国农大牵头，会同农机鉴定总站、监理总站、南京农业机械化研究所等有关单位和相关省市区，合作开展专项研究工作，并将在不认典型区域进行试验示范。希望各地对项目建议认真研究，推进理论创新、管理创新和技术创新，提升监理装备科技水平，加强事故预防和预测工作。

全国农机安全监理工作座谈会开得很成功，达到了预期的目的。让我们以这次会议为新的起点，求真务实，开拓创新，扎实工作，努力开创农机安全监理工作新局面，为推动农业机械化又快又好发展做出更大的贡献！

在2011年全国“三夏”小麦跨区机收工作座谈会上的讲话

（2011年5月5日·安徽合肥）

农业部农业机械化管理司副司长　**刘恒新**

这次会议的主要任务是落实“2011年全国粮食稳定增产行动”的要求，全面总结“三夏”小麦跨区机收的成效经验，深入分析当前面临的形势，研究部署2011年的重点工作，为夺取2011年夏粮丰产丰收和全年农业生产有个好收成贡献力量。

来自天津、河北、山西、江苏、安徽、山东、河南、湖北、四川、陕西、甘肃等11个夏收小麦主产省（市）农机管理局的同志，围绕当前的小麦跨区机收形势和重点工作进行了研讨和交流。福田雷沃、洛阳中收两家生产企业分别介绍了2011年“三夏”期间的小麦联合收割机三包服务计划。农机部门和福田雷沃签署了“三夏”跨区作业短信息服务合作协议，标志着2011年“三夏”跨区机收信息服务工作正式启动。

一、肯定成绩，认真总结2010年“三夏”跨区机收工作的主要成效

“三夏”生产历来是农业机械化生产的亮点。回顾和总结“三夏”小麦跨区机收工作，2010年是充满挑战的一年，也是成效显著的一年。

2010年麦收我们面临三个方面挑战。一是由于低温等因素的影响，主产区小麦较常年成熟推迟7天以上，农时非常紧迫，抢收抢种的任务非常繁重。二是南北地区小麦成熟期集中，山东、安徽、河南、江苏、河北等主产省同时进入麦收高潮，机具供应骤然出现紧张，跨区作业计划被打乱。三是夏收期间麦收区出现了两次大规模的强降雨过程，给机具转移和调度带来较大困难。

面对严峻困难和挑战，各级农业机械化主管部门周密安排，全力以赴，组织机械投入抢收抢种作业，抢晴天、战阴雨，开足马力、夜以继日，实现了快收快打、颗粒归仓。据统计，2010年“三夏”期间，小麦主产省共投入1 400多万台（套）农机具参加抢收抢种作业。参加小麦抢收作业的联合收割机47

万台,其中参加跨区作业的达30万台。联合收割机日投入量最高达41.4万台,日收获量连续11天超过666.67千公顷,连续5日突破1 333.33千公顷,最高达1 850.67千公顷。创下了联合收割机投入总量、跨区作业机具数量、联合收割机单日投入量、单日收获量、日收获超过1 333.33千公顷的天数的五个历史新纪录,全国麦收时间比往年缩短了4天,为夏粮再获丰收和夺取全年粮食"七连增"做出了积极贡献。

2010年"三夏"跨区机收成效来之不易,经验弥足珍贵,主要体现在以下五个方面:

一是加强了组织领导。党中央、国务院十分重视"三夏"麦收工作,温家宝总理在麦收关键时刻深入生产第一线考察指导。农业部召开了2010年农机跨区作业工作会议、"三夏"工作视频会、印发了工作通知,发出了《致参加"三夏"作业农机手的一封信》,发布了《"三夏"农机作业技术要点》,在河南举办了小麦跨区机收启动仪式。部长韩长赋、副部长危朝安、副部长张桃林在麦收期间多次深入麦收一线指导工作。农业部先后派出了11个工作组赴主产区开展督导。主产省党委政府都把"三夏"工作作为重点,摆在突出位置,全力组织协调机收会战工作。天津、河北、山西、河南、安徽、山东、湖北、陕西、四川、江苏、甘肃等省市通过召开工作会、视频会、印发通知等方式,对"三夏"跨区机收进行全面动员部署。安徽省在抢收的关键时期,省政府拨出3 000万元资金,用于主产区的联合收割机作业补贴、机械调度补贴和倒伏麦田的机收补贴,力度之大,前所未有。

二是加强了机具调度。农业部提早安排,发布了1 190个县的小麦作业市场信息,组织10多万机手通过进行市场供需对接,通过"三夏"跨区作业信息服务中心,为13万机手免费发送小麦机收市场供求信息短信2 298万条。各地农业机械化主管部门密切注意作业期间天气变化和作业市场供求状况,加强信息收集、分析和发布,免费为机手提供各类信息,促进农业机械有序流动,提高作业效率和机手效益。2010年"三夏"期间,山东省免费向农机手发送信息150多万条次,引导机具抢收鲁南、鲁中地区集中成熟小麦,支援邻省进行小麦收割。甘肃省在甘肃人民广播电台开办农机跨区机收小麦专栏,一天三次报道主要麦收区天气状况和机收进展情况,为合理调配机具作业提供了保障平台。湖北省针对襄樊市遭遇阴雨天气、迅速调度2 000多台履带式收割机参加抢收,并给以适当的作业补贴,有效地缓解了机具供应紧张的局面。

三是加强了技术服务。2010年"三夏"开始之前,农业部印发了《跨区作业证》36万张,夏收期间农业部派出部司领导带队的8个督导组赴各地指导抢收抢种工作。各地农机部门设立了2 800多个跨区机收接待服务站,对来往跨区作业队提供信息咨询、联系作业任务、后勤保障等服务。山西省各级农业机械化主管部门24小时坚守值班电话,共接到咨询电话9 000多个,解决道路通行、油料供应等方面问题600多起。陕西省各地共设立340多个服务站,开设70多部机收服务热线,共受理机手和农户咨询8 000余次。

四是加强了部门协作。农业机械化主管部门与各相关部门加强沟通与协作,并肩作战,共同为对"三夏"小麦跨区机收工作保驾护航。中央气象台和陕西、河南、江苏等省气象部门加强天气监测预报和预警,及时将天气信息发送到农机手、乡镇和村负责人,使抢收作业未雨绸缪、提前布局。公安交管部门护送作业队转移,并确保道路畅通,机手安全作业。公路交通部门开通绿色通道,积极落实农机跨区作业免费通行政策。发展改革部门强化价格监督检查,打击哄抬价格。石油石化企业加强资源储备和调配,保障农机用油。河北省农业机械化管理局与石油供应企业签署协议,投放80万吨油料储备,在省内合理设置了500座农机用油保供站,农机加油享受每升0.2—0.4元的优惠。天津、江苏、四川等省农机局联合供油企业为符合条件的机手免费办理农机"双优"(优先、优惠)加油IC卡,较好地保障了农机作业供油。河南、山西、安徽等省每升优惠0.15—0.4元/升供应农机用油,并积极送油到田,方便农民加油。农机生产企业加强零配件供应和售后维修服务,送修下乡,及时排除机具故障。各部门通力合作,为"三夏"抢收抢种得以顺利实施提供了重要保障。

五是加强了新闻宣传。"三夏"期间,中央和地方新闻媒体对农业机械化抢收抢种工作给予高度关注,进行全面的宣传报道。新华社、人民日报、中央电视台、中央人民广播电台、经济日报、农民日报和中国政府网等主流媒体报道"三夏"跨区机收近100篇次。各地农业机械化主管部门与新闻媒体密切配合,把握关键农时、突出重点区域、集中展示农业机械化在促进"粮食增产、农业增效、农民增收"中发挥的作用。宣传农机跨区作业取得的新成效,展示明星作业队的风采,宣传农民依靠农机作业增收致富的经验。陕西省农业机械管理局相关处室负责人,先后5次走进省广播电台直播室,宣传"三夏"农机作业和农机购置补贴优惠政策,现场接听热线,解答群众各类问题,为机收工作营造了良好的社会氛围。河南、山东省在省电视台、广播电台新闻时段开设宣传专栏,麦收期间天天播出跨区机收进展情况和小麦收获进度。

2010年"三夏"跨区机收工作顺利进行,主要得益于各级党委政府的高度重视,得益于各有关部门的通力协作,得益于各级农业机械化主管部门扎实工作,得益于广大农机手、服务组织和生产企业的辛勤劳动。

二、认清形势,进一步增强做好小麦跨区机收工作的责任感

开展小麦跨区机收作业,是我国农民在生产实践中的伟大创举。自1996年农业部首次组织开展小麦跨区机收以来,在各级农机管理部门的组织引导下,农机跨区作业的规模和范围迅速扩大,成为我国农机社会化服务的主要模式之一。跨区作业解决了土地家庭承包经营与机械化规模生产的矛盾,探索出了一条中国特色的农业机械化发展道路。当前,我国农业机械化已经进入结构改善、质量提高、速度加快、领域拓展的黄金时期。我们要认真分析当前小麦跨区机收的发展形势,进一步理清工作思路,完善农机跨区作业的组织管理机制,推动农业机械化又好又快发展。

(一)充分认识做好2011年小麦跨区机收的重要意义。第一,组织好小麦跨区机收是千方百计保障粮食稳定发展的迫切需要。毫不放松地抓好粮食生产,保障有效供给,对于管理好通胀预期、稳定消费价格总水平、实现经济平稳较快增长和社会和谐稳定,具有十分重要的意义。夏粮生产是全年粮食生产的第一仗,有着至关重要的地位。特别是在连续7年增产之后,各方面对2011年粮食生产实现"八连丰"也充满期待。据农情部门介绍,2011年夏收粮油面积增加,长势好于常年。丰产能否丰收?成熟的粮食能否颗粒归仓?能否实现农业部提出的“千方百计保持粮食总产在一万亿斤以上”的目标？这就需要农业机械发挥农业生产的主力军作用了。实践证明，组织开展小麦跨区机收，能够抢农时、防灾害、增效率、夺丰收，在保障粮食安全中发挥了不可替代的作用。可以说，打好“三夏”小麦跨区机收这一仗，是夺取夏粮丰收的重要措施，就能为秋粮生产赢得宝贵农时，就能掌握全年粮食生产的主动权。

第二，组织好小麦跨区机收是千方百计促进农民增收的迫切需要。增加农民收入，是推动“三农”发展的关键所在。实践证明，跨区作业能大幅度增加农机手的经济效益。在收获季节选择两个以上作业地点，能将联合收割机的作业时间从一周左右延长到20—30天，提高了农业机械的利用率。联合收割机能将小麦的收割、捆绑、装运、碾打和清选5道工序一次完成，比手工收获减少总损失约5个百分点。据测算，2010年“三夏”小麦跨区机收实现了增收节支120亿元左右。可以说，“三夏”小麦跨区机收已成为促进机手增收、农民节支的重要渠道。

第三，组织好小麦跨区机收是推动农业机械化系统“创先争优”活动深入开展的迫切需要。党中央决定在全国范围组织开展“创先争优”活动以来，各地各部门积极响应，不断掀起争创一流业绩的高潮。我们要将小麦跨区机收与“创先争优”活动紧密结合起来，把“创先争优”的理念转化为工作的实际行动，精心组织，狠抓落实，推动农业机械化工作取得新突破。要将“三夏”生产作为展示农业机械化系统风采的大舞台，通过组织开展主题劳动竞赛、技能大赛等活动，唱好小麦跨区机收这场农业机械化系统的重头戏，营造社会各界关心农业机械化、了解农业机械化、扶持农业机械化的良好发展氛围。

我们一定要把小麦跨区机收作为保障粮食安全、促进农民增收和农业机械化系统“创先争优”的大事来抓，精心组织，切实抓出成效。

（二）认真分析当前小麦跨区机收面临的新形势。从2011年小麦跨区机收的发展环境来看，呈现出六个方面的特点，可以说是三个有利因素和三个不利因素并存。

一是国家支持“三农”的力度加大，农民对机械化生产的需求上升。国务院决定实施2011年全国粮食稳定增产行动，在全社会营造了重农抓粮的良好氛围，地方政府更加积极主动地支持农业农村发展。2011年中央财政把“三农”作为优先支持的重点，2011年安排“三农”投入9 884.5亿元，比2010年增加1 304.8亿元。大幅度增加了农机具购置补贴、提高了粮食最低收购价，农民种粮积极性得到了有效保护。预计2011年夏收小麦以及夏播玉米的面积增加，广大农民对“三夏”机械化生产的需求将持续增加。党中央、国务院以及各有关部门对“三夏”生产的高度重视，为做好小麦跨区机收提供了政策保障。

二是农机管理部门准备充分，各项组织和服务工作有序推进。2011年各地高度重视“三夏”小麦跨区机收工作，及早谋划、及早部署，制订了周密的工作方案，认真开展了跨区作业队组建、信息发布、机具检修、人员培训、作业证发放登记等各项准备工作。3月18日完成了小麦、水稻、玉米跨区作业市场信息采集和发布工作，36万张《联合收割机插秧机跨区作业证》正陆续免费发放到机手手中。从刚才座谈的情况来看，各省对2011年的形势也做了充分的分析和预测，制定了积极的应对措施，为做好2011年的小麦跨区机收工作提供组织保障。

三是补贴政策扶持，收获机具供应充足。考虑到更新报废等因素，从2010年恢复小麦联合收割机的购机补贴，有效地推动了收获机械的更新换代。2010年全国稻麦联合收割机拥有量年增长11%。农机装备水平的不断提高，为做好2011年的小麦跨区机收工作提供了物质保障。

四是小麦机收作业成本上升，农机手跨区作业的意愿受到影响。首先是柴油价格上涨。与2010年同期相比，目前柴油每升涨了0.9元左右。如果按照机收小麦1公顷耗油37.5升计算，将直接增加作业成本33.75元。其次是劳动力价格上涨，一名联合收割机驾驶操作员的日工资由往年的每天100元左右，涨至2011年的150元左右，熟练的涨到200元。再者是银行贷款利率上涨，这将给贷款购机的农户增加新还贷负担。综合这些因素，2011年小麦跨区机收作业价格上涨可能性非常大。从11个省的摸底调查数据分析，2011年主产区的小麦计收作业价格基本在600—900元/公顷，均价在715.05元/公顷，与2010年相比可能会上涨9.3%，约每公顷60元左右。作业成本的变动，将直接影响到跨区作业的经济效益，这将对农机手跨区作业的意愿产生深远的影响。

五是灾害性天气可能偏重发生，将激化局部地区的机具供需矛盾。受环球气候变化的影响，近年来干旱、暴雨、洪涝等极端天气在我国呈现易发、多发、重发态势。2011年华北、黄淮地区遭遇严重春旱，预计5月底、6月份上述地区的暴雨洪涝等灾害天气可能偏重发生，对小麦的收获和晾晒产生不利影响，“龙口夺粮”的任务十分艰辛。同时，气象等不确定因素会造成作物成熟时间的变化，引起局部地区联合收割机供需失衡，容易出现农民争机用机现象，农机跨区作业的组织难度明显增大。

六是柴油供应波动大，有可能影响到机具的正常作业。“三夏”、“三秋”是传统的用油高峰期，农业柴油供应紧张的局面时常发生。特别是目前我国柴油汽油价格直接与国际市场挂钩，原油供应极易受到国际局势的影响。虽然国家发展和改革委员会三令五申要求保障农业生产的柴油供应，不得限供停供，但也不能排除柴油供应偏紧局面的出现。

（三）准确把握小麦跨区机收市场的发展趋势。大规模的小麦跨区机收已经历了15年的发展，小麦跨区机收市场规模不断扩大，已经由原来的成长期进入了成熟期，呈现出新的发展趋势，概括起来是“六个转化”。一是跨区机收的机具数量由快速增长向平稳发展转化。参与小麦跨区机收的联合收割机数量从1996年2.3万台，快速增长到2010年的30万台，平均每年增长2万台以上。据调查，2011年参加小麦跨区机收的机具增长1万台左右，增速减缓。二是跨区机收的机具比例由跨省作业为主向省内作业为主转化。虽然投入小麦收获的联合收割机数量逐年增加，但“千里跃进大别山”式的长距离跨省作业的机具增长量放缓，短距离跨县作业的机具数量越来越多，跨区作业的半径呈现缩短的趋势。三是跨区机收的新增面积由中东部为主向西部地区为主转化。山东、河南、安徽、江苏等传统小麦大省已实现小麦机收机械化，而四川、甘肃、青海、云南等省小麦机收面积增长潜力巨大。四是跨区机收的规模和路线由大兵团、主干线向小分队、全方位转化。过去的跨区作业队是100台、200台的大机组，主要沿国道、省道转移，如今是5台、10台的小规模机组，活跃在县乡公路，更加机动灵活，富有效率。五是跨区机收的组织方由县农机局、推广站向合作社、经纪人转化。县农机管理部门逐步淡出跨区作业队的具体组织和管理工作,专业从事跨区作业合作社和经纪人方兴未艾。六是跨区作业的内容向单一的机收作业向耕种收联合作业转化。许多跨区作业机组不仅拥有联合收割机,还配备了拖拉机和深松、精播等机具,实现了"一条龙"作业。

面对小麦跨区机收市场发展的新趋势,我们要及时调整工作思路、工作定位和工作重心,进一步加强"三夏"小麦跨区机收的组织管理工作,力争做到四个"更加注重"。

一要更加注重对市场的宏观调控。农机管理部门要加强对农机跨区作业市场的研究,合理调控引导小麦跨区机收的机具规模,既要防止机具不足,也要防止机具饱和;既要满足农民群众对机收的迫切需要,又要提高跨区机收的经济效益。以"作业区域清晰、服务半径适度、服务对象牢固、作业收益稳定、机具转移顺畅"为目标,鼓励派机方和引机方签订作业合同,建立长效合作机制,推动农机跨区作业可持续发展。要做好农机作业市场基础信息的收集、整理、发布工作,充分利用好中国农业机械化信息网"农机跨区服务直通车"系统,及时为广大农民、农机手和农机企业免费提供有效地的信息服务。在主产区设立信息采集点,不断提高信息服务的及时性、准确性和有效性。及时发布农机跨区作业的需求信息和进度信息,引导农机供需双方结对子,开展订单作业,减少作业成本,促进机具有序流动;要引导农机企业根据跨区作业进度,合理配置维修人员和零配件储备,搞好三包服务。

二要更加注重对市场主体的培育。开展跨区作业的市场主体是农机户、农机服务组织和中介服务组织。要鼓励引导分散的农机户联合起来,组织规模化、专业化的农机服务主体,逐步建立起管理规范有序、产权关系清晰、运行机制合理、经营服务合法的农机专业合作组织或农机作业服务公司。要注重发挥跨区作业中介服务组织的作用,为联合收割机和机手提供多元化的服务,提高机具的作业效率。大力加强农机手的教育和培训,不断提高驾驶操作技能和经营管理水平。进一步加快农机服务组织创新,打造农机服务品牌,推进农机服务社会化、市场化、产业化的发展。

三要更加注重对市场的监督管理。各级农业机械化主管部门要担当好农机跨区作业市场的监管者。要认真贯彻执行《联合收割机跨区作业管理办法》,遵循公正、公开、规范、方便的原则,建立统一开放、竞争有序的跨区作业市场。认真落实协调农机跨区作业税费减免等各项扶持政策,营造良好发展环境。严格《联合收割机跨区作业证》的申请、发放、登记、管理制度,坚决贯彻免费发放原则,不得搭车收费。要加强对跨区机收中介组织和经纪人的管理,防范只收费不服务、多收费少服务的违规行为发生。加强农机产量质量和作业质量的监督管理,及时处理用户投诉。要结合农机安全生产的特点,组织开展隐患排查治理,强化安全生产检查,消除事故隐患,预防农机事故发生,努力保障生产安全。

四要更加注重提升农机管理部门的应急响应能力。"三夏"跨区机收时间紧、任务重、影响大,是一项复杂的系统工程。各地要及时掌握作业期间天气变化和跨区作业机具的供需状况,提高对市场的分析和预警能力;要密切联系农机大户、农机服务组织,提高对机具的组织调度能力;要加强与公安、交通、石油石化等部门的协调,提高协同作战能力;要建设一支作风硬、能力强的农业机械化生产管理队伍,明确责任和任务,精心组织,科学调度,周到服务,不断提高对农机跨区作业的管理水平。

要通过政策扶持、法律规范、经济调节和行政推动等手段,以市场信息为引导、中介组织为纽带、农机大户为主体、农机合作社和其他服务组织为龙头,构建起高效的农机跨区作业市场发展机制,推动农业机械化又好又快发展。

三、突出重点,切实做好 2011 年"三夏"农机跨区作业工作

还有 20 天左右,小麦主产区跨区机收大会战就要拉开序幕,黄淮地区的玉米机播等夏种工作也将随即展开。2011 年"三夏"农机跨区作业的目标任务是:一是机具投入总量进一步增加。投入"三夏",生产的稻麦联合收割机 49 万台,比上年增加 2 万台;跨区作业的联合收割机稳定在 31 万台以上。二是机械化作业水平进一步提高。力争夏收小麦的机收水平比上年提高 2 个百分点,达到 88% 左右;玉米机播水平提高 1 个百分点,达到 77% 左右;跨区机耕、机播水平有新的突破。三是跨区作业秩序进一步优化。保持重点区域的机具供需平衡,保持农机手收益平稳,防止出现作业价格大涨大落,防止出现柴油供应短缺。

要以小麦跨区机收为重点,着力从五个方面做好工作。

(一)进一步加强信息引导。"三夏"大忙期间,各小麦主产省和重点县市农业机械化管理部门要设立 24 小时值班电话,做好信息服务和应急值守工作,2011 年农业部农业机械化管理司将继续与福田雷沃公司合作,建立全国"三夏"跨区作业信息服务中心,在"三夏"期间为广大农机手提供免费短信息服务。各地也要结合实际,与相关部门合作,开展形式多样的信息服务,引导机具有序流动,防止机械扎堆无活干,麦地空闲无机用的情况发生。2011 年"三夏"期间,主产区农机管理部门要继续执行小麦机收进度日报制度,每天向农业部农业机械化管理司报告最新的作业进度和工作动态。2010 年各地小麦机收进度的日报工作总体情况不错,河南、山东、安徽、河北等省工作较好,也有部分省份还需要在及时性、准确性上再下工夫。农业部农业机械化管理司将委托农机鉴定总站举办一期农业机械化生产信息员培训班,对"农业机械化生产信息网上直报系统"进行培训。我们希望通过建立一支高素质的生产信息员队伍、一个顺畅快捷的信息报送系统、一项激发活力的工作考核制度,来推动农业机械化生产管理工作跃上新台阶。

(二)进一步提高组织化程度。各级农业机械化主管部门要充分发挥农机大户、农机专业合作社、农机作业公司、农机协会的组织带动作用,大力组织推广订单作业、承包服务、"一条龙服务"、和"场县共建"等服务方式,提高跨区作业服务效益。认真做好《农机跨区作业证》发放记录,逐级通过"跨区作业服务直通车"向农业部登记备案。要将发放作业证作为强化跨区作业市场组织引导的重要手段。对于没有明确作业地点和作业任务,盲目外出的机具,鼓励加入合作社、参加作业队,帮助明确作业地点和任务。要充分发挥农机跨区作业机手、全国农机社会化服务示范点和各地农机社会化服务示范组织的品牌效应,着力打造一批明星服务队、服务标兵,提高跨区作业品牌化水平。要组织跨区作业队采取包、帮、扶措施,为军、烈、孤、网、寡、和打工等"六户"实行优先、优质、优惠的"三优"作业服务,树立农机部门的良好形象,体现社会主义大家庭的和谐与温暖。

（三）进一步做好技术推广。跨区作业之前，各地要面向机手开展机械保养维修、操作技能、安全生产等知识培训，确保机手以良好状态投入跨区作业。要结合“三夏”农业机械化生产，大力推进农机农艺结合，积极推广应用保护性耕作、机械深松、免耕播种、秸秆还田、节水灌溉、高效施药等节本增效新技术、新机具。要大力宣贯农机作业质量标准，加强作业质量监督，切实提高夏收、夏种机械化作业质量。要高度重视跨区作业可能引起的病虫害传播，指导农机手转场运输前清理机身和谷仓，减少病虫害随机迁移的概率。

（四）进一步加强部门协调配合。各地农业机械化主管部门要在当地党委、政府的统一领导下，加强与相关部门配合与协作，建立起责任明确、部门配合、指挥有力的组织管理体系。一是与发展改革、商务部门和石油石化企业加强协调，增加重要农时季节和用油集中地区的资源调度，通过增加乡镇加油站网点数量，推广发放“优先优惠 IC 加油卡”，出动“田间流动加油车”等各种便民措施，保障“三夏”大忙季节的农机用油供应和价格秩序。二是与公安交通管理部门密切配合，对重点地区、重点路段加强管理，严格查处无牌行驶、无证驾驶和拖拉机载人等违法行为，维护道路交通秩序，打击随意上路拦截机车的行为。三是要与交通部门沟通协调，督促落实《收费公路管理条例》相关规定，保证跨区作业机具免费通行，顺利转移。四是督促企业旅行农机产品“三包”服务承诺，及时协调处理产品质量投诉，促进生产企业提高机械质量和服务水平。推动企业根据铲平销售量分布情况，增加维修网点，完善零配件供应渠道，提高服务能力，解决机手燃眉之急。

（五）进一步营造良好舆论环境。要密切与新闻媒体合作，认真组织策划重要农时跨区作业宣传报道，重点报道机械化生产的成效经验和农机系统“创先争优”典型事迹，大力宣传农业机械化提高农业综合生产能力和防灾抗灾能力，保障粮食丰产丰收，促进农业稳定发展和农民持续增收等方面的重要作用和贡献。要积极主动配合新闻媒体，关注南征北战、东进西征的跨区作业流动大军，捕捉新闻亮点，挖掘新闻题材，努力做到“报纸上有文字，广播上有声音，电视上有图像”，为跨区作业的开展营造良好的舆论环境。要及时总结“三夏”小麦跨区机收的成效和经验，推动跨区机收向“双抢”和“三秋”，生产延伸，向跨区机播、机耕等领域拓展。这次会议，我们还专门邀请了中央电视台等多家新闻媒体参加，目的就是加强农机部门与新闻单位的供需对接，搞好“三夏”期间农业机械化新闻宣传策划，共同唱响加快农业机械化发展的主旋律。

做好“三夏”农业机械化生产特别是小麦跨区机收，责任重大、任务繁重。我们要以昂扬的精神风貌、扎实的工作作风，坚决打赢“三夏”小麦跨区机收这场硬仗，为保障夏粮颗粒归仓和全年粮食增产，为促进我国经济平稳较快发展提供有力支撑，以更加出色的工作业绩，迎接中国共产党建党 90 周年！

在全国农机专业合作社示范点理事长培训班上的讲话

（2011 年 7 月 24 日 · 山东潍坊）

农业部农业机械化管理司副司长　刘恒新

发展农机专业合作社，是增强农业综合生产能力、巩固农村生产经营体制、提升农业机械化水平的迫切需要。2010 年农业部在全国范围内开展农机社会化服务示范建设活动以来，共有 206 个农机专业合作社被命名为全国农机专业合作社示范点。我们在山东潍坊举办全国农机专业合作社示范点理事长培训班，目的是深入推进农机社会化服务月示范建设活动，不断提高农机合作社的经营管理水平，更好地发挥各示范点的示范带动作用，同时，本次培训班也是推动农机专业合作社与农机生产企业开展“社企合作”，促进农机社会化服务组织又好又快发展的一项重要举措。

一、关于当前全国农机专业合作社的发展形势

近年来，特别是 2007 年《农民专业合作社法》公布实施以来，各级农业机械化主管部门把发展农机专业合作社作为推动农业机械化发展和促进现代农业建设的重要工作任务，紧紧抓住国家农机具购置补贴大幅度增加，农民购买农业机械热情高涨的有利时机，科学谋划，精心组织，大胆实践，大力推进农机专业合作社快速发展，取得了显著成效，已成为当前我国农业机械化发展进程中的一大亮点。

前不久，我们对全国农机专业合作社发展状况做一次调查，从汇总的情况来看，全国农机专业合作社保持了快速发展的好势头，组织化、规模化、产业化程度不断提高，呈现出以下四个特点：

一是合作社的数量持续快速增长。据统计，2007 年全国农机专业合作社总数 4 435 个，2008 年达到 8 266 个，2009 年达到 14 902 个，2010 年达到 21 760 个。从 2008 年到 2010 年这三年间，年增农机合作社数量分别达到 4 000 个、6 000 个、7 000个左右，新增数量屡创新高。其中河南省农机合作社数量最多，达到 3 520 个；山东、山西、吉林、安徽、湖北等省合作社数量的年增幅均超过 60%，呈现一派欣欣向荣的发展态势。

二是合作社的综合实力大幅提升。2010 年，全国农机专业合作社拥有农机具 125.5 万台（套）（其中拖拉机 27.2 万台、收获机械 14.2 万台、插秧机 6.1 万台），农业机械原值达到 343.3 亿元。平均每个农机专业合作社拥有农机具 58 台（套），拥有机械原值超过 150 万元。黑龙江省已建立农机装备 1 000 万元级别的农机专业合作社 440 个，2 000 万元级别的农机专业合作社 7 个。全省相当一部分农机合作社拥有标准化的机库、维修间、储油库等基础设施，综合保障能力显著提高。

三是合作社的服务能力显著提高。2010 年全国农机专业合作社服务总面积达 37 266.67 千公顷，较 2008 年增加 25 333.33千公顷，占全国农业机械化作业总面积 11.1%；服务农户的总数量达到 2 037.6 万户，占全国农户数的 7.8%，平均每个合作社服务农户数量 936 户。许多农机专业合作社由初期

的机收、机插为主的单项作业,逐步向耕种收一条龙、全程保姆式服务、流转承包工地等综合性作业服务拓展,并延伸到农机维修、零配件供应、农资代购代销和农产品销售等多种经营领域。

四是合作社的经营效益不断提高。2010 年全国农机专业合作社服务总收入达到 202.7 亿元,是 2008 年 56.5 亿元的 3 倍多,其中田间作业收入 177.1 亿元,维修服务收入 6.9 亿元。每个合作社的平均年收入达 93 万元,比 2008 年增长了 14 万元。农机合作社服务总收入与全国农机户总收入的比重由 2008 年的 1.8% 提高到 2010 年的 5.9%,增幅超过 4 个百分点。

各地在大力推进农机专业合作社建设与发展的工作中,积累了许多行之有效的做法,总结了好的经验。归纳起来,有以下四个方面:

第一,坚持政策扶持,推动投入主体多元化。中央和地方不断加大扶持农机合作社发展力度,出台了相关政策措施。农业部印发了《关于进一步加快农机专业合作社发展的意见》,明确农机购置补贴政策中明确向农机专业合作社倾斜,实行多购多补。天津、河北、黑龙江、河南、山西、湖北、江苏、浙江、山东、安徽、四川、宁夏、广西等省(区),先后出台了鼓励支持加快农机专业合作社发展或开展示范建设的意见和办法。从购机补贴、报废更新、税收保险、贷款融资、作业补助、教育培训、用地保障以及资金投入等方面给予支持。河南、黑龙江、天津、山西、山东、陕西、安徽、江苏等地财政部门安排专项资金用于扶持农机专业合作社发展。河南省政府共安排 1.045 亿元,对 919 个农机合作社给予资金扶持或机具奖励。山东省财政连续 3 年分别安排 600 万—700 万元专项资金,每年重点扶持建设 100 个农机专业合作社,用于加强基础设施建设,强化技术服务手段。2010 年各级财政投入农机专业合作社的资金总额达 61.57 亿元。在中央、地方一系列扶持农机专业合作社发展的政策引导下,许多农场、企业等社会组织纷纷投资组建农机专业合作社,吸引农民群众广泛参与,逐步形成以国家资金为引导,农民个人投资为主体,社会投入为补充的多渠道、多层次、多元化投入机制。

第二,坚持因势利导,推动创办经营多样化。各地适应当前农村改革发展的新形势、新要求,充分尊重农民群众意愿,充分考虑农机社会化服务发展的阶段特点,选择适合的农机合作社发展形式,不搞一刀切,不套一种模式。山东、河南、黑龙江省积极引导多种方式创办农机专业合作社,形成了能人带动型、村集体作业队转制型、工商企业投资型、基层农机服务机构领办型等类型。在合作模式下形成了劳动合作式、劳动资本合作式、农机服务与土地经营结合式等模式。各地深入开展农机专业合作社示范建设行动,树立了一批可学可比的样板。江苏省先后对"百佳农机大户"、跨区作业先进服务组织、明星农机服务组织等进行了表彰奖励。广西组织开展了创建星级农机专业合作社活动,选出了 170 个广西明星农机专业合作社。在这些典型的示范带动下,各地合作社保持快速发展。

第三,坚持量质并重,推动运行机制规范化。为引导和规范农机专业合作社建设,维护合作社及其成员合法利益,促进农机社会化服务健康发展,农业部印发了《农机专业合作社示范章程》和《农机社会化服务示范合同》。各地通过相互学习、相互借鉴农机专业合作社的建设经验,不断探索农机专业合作社运行机制,规范内部管理和财务制度,提升发展质量和规范化建设水平,初步形成了依法办社,守法经营、规范运作的良好局面。江苏、山东、广西等省(区)先后印发加强农机专业合作社规范化建设的通知,从基础设施、运行机制、财务制度、服务规模和经济效益等方面提出了规范化农机专业合作社的建设标准。目前,山东省达到"五有"规范化建设标准的农机专业合作社 676 个,占全省农机专业合作社数量的 30% 左右。浙江省随机抽取了 100 个合作社进行调查,规章制度健全,理事会、监事会运行良好的占 87%。

第四,坚持效益为先,推动服务方式市场化。有效益是合作社生存发展的关键。各地以市场需求为出发点,以经济效益为中心,在自愿、互利、平等的基础上,积极推动合作社开展订单服务、租赁服务、承包服务、跨区作业、一条龙服务、代耕代种等多种服务形式,通过合理配置机具,增加作业量,科学组织调度,较好地满足了农机户和广大农民的需要,促进了农机专业合作社快速发展。2010 年湖北省全省农机专业合作社实现农机作业业务收入 15.5 亿元,比 2010 年增加 4.6 亿元,增长 42%;山西省参加合作社的社员平均收入 2.7 万元左右,玉米收割机 3 万元左右,比"单打独斗"的农机散户增收 0.5 万—1 万元左右,据山东省测算,农机手加入农机专业合作社可增加 20%—30% 的毛收入,纯收入可增加 30%—50%。同时,农机专业合作社的作业价格比散机一般低 75—150 元/公顷,农户也减少了成本支出,双方实现了效益最大化。

二、关于推进农机专业合作社发展的思路措施

各地的实践证明,农机专业合作社将农机经营者有效组织起来开展社会化服务,加强了农机拥有者和使用者的紧密联结,促进了土地、劳动力、资金、装备、技术、信息、人才等生产要素的有效整合,扩大了农机作业服务规模,提高了机械利用率和农机经营效益,实现了农业规模化经营、标准化生产、社会化服务的有机统一,有效提高土地产出率、劳动生产率和资源利用率。从我国农业机械化发展趋势来看,农机专业合作社承担农业机械化生产作业的份额越来越高,服务农户和农村的范围越来越广,推进现代农业建设的作用越来越明显。加快和规范农机专业合作社发展,是当前农业机械化工作的一项重要而紧迫的战略任务。

虽然近年来我国农机专业合作社保持快速发展势头,但总体上还处于发展的初期阶段,仍存在基础设施薄弱、经营规模小、服务领域窄、经营管理人才缺乏、规范化程度不高等问题。需要我们进一步提高认识,总结经验,抓住当前农业机械化发展的大好机遇,增强做好指导、扶持、服务农机专业合作社发展的责任感和紧迫性。

2009 年农业部召开了全国农机专业合作社建设经验交流会议,提出了今后一个时期发展农机专业合作社的目标:"力争到 2015 年,每个乡镇至少有一个农机专业合作社,农机专业合作社数量有大幅度增加,发展质量有明显提升,机制更加灵活,制度更加规范,服务领域更加宽广,效益更加显著,社会化服务程度显著提高,服务农户数达到整个农户总数的 1/4 以上,作业面积占整个农机作业面积的 1/4 以上,在农业机械化中的主体作用明显增强,在农业社会化服务中的影响力,带动力充分显现。"

为实现上述发展目标,各级农业机械化主管部门将深入贯彻落实科学发展观,全面实施《农民专业合作社法》,坚持推进农机专业合作社多样化创建、规范化经营、市场化服务、产业化经营的发展方向,完善配套政策措施,加大扶持力度,加强了相关指导,切实搞好服务,推动农机专业合作社又好又快发展。

今后要重点抓好以下几项工作：

（一）加大政策扶持力度，多渠道多层次增加农机合作社的投入。一是优先向农机专业合作社安排农机购置补贴资金，实行优先补贴，多购多补，支持发展先进成套的农机装备。二是优先支持农机专业合作社作为农业机械化财政专项、基本建设、科研推广项目的实施体，承担新机具、新技术的试验示范、培训推广工作任务。新增500亿千克粮食生产能力建设工程，农业机械化推进工程、主要农作物生产机械化示范项目、保护性耕作示范工程、深松整地作业等，要积极委托有条件的农机专业合作社承载和实施，有关项目经费可直接拨付给合作社。三是积极争取资金和政策，对农机专业合作社的机库棚和维修车间建设用地给予支持，并按照"以奖代补"、"先建先补"等方式予以补助，强化合作社基础设施条件建设，壮大农机专业合作社经济实力。四是协调落实对农机专业合作社的税费减免政策。包括工商部门免除登记及审验费，交通部门对跨区作业的农机免收道路通行费，税务部门对农技推广、农机作业和维修等服务项目免征所得税。有条件的地区，农业机械化主管部门要减免农机专业合作社操作人员的考试费用和拖拉机、联合收割机的登记、检验等费用。五是积极协调金融机构加大对农机专业合作社的支持力度，增加授信额度，实施政策性保险；积极引导农业产业化龙头企业和其他社会资金投资农机专业合作社，逐步建立起国家扶持、群众自筹、集体入股、银行贷款等多渠道、多形式、多元化的投入机制。

（二）加大示范引导力度，深入推进农机专业合作社规范化建设。继续在全国深入开展农机专业合作社示范点建设活动，培育发展一批设施完备、功能齐全、特色明显、效益良好的示范合作社，引导农机专业合作社依法组建、依法运作、依章办事、诚信服务。按照"部省共建、协同推进"的机制，将示范点建设与农业机械化各项工作结合起来，充分发挥示范点在新技术推广、创建平安农机、完善农机社会化服务体系等方面的作用，把示范点建成农业机械化技术推广的先行点、农业机械化发展机制的创新点、农业机械化生产管理的样板点，引导带动周围农机专业合作社的发展。我们在强调加快发展的同时，更要强调规范发展。各地要大力推广应用《农机专业合作社示范章程》、《农机社会化服务标准合同》，推动实行统一签订作业合同、统一安排作业分工、统一作业质量标准，统一机具维修保养、统一采购零配件、统一收费与核算等"统一服务"。各级农业机械化主管部门要对本区域内已建和新建的合作社实行省市县三级建档管理，指定或聘任一批农机专业合作社辅导员，建立联系点、列名指导等制度，重点推动农机专业合作社完善民主决策制度、生产管理制度和收益分配制度，不断推进农机专业合作社达到有完善的基础设施、有良好的运行机制、有健全的财务制度、有较大的服务规模、有显著的综合效益的"五有"规范化建设标准。

（三）加大教育培训力度，不断增强农机合作社的发展后劲。合作社的生存与发展需要好的带头人，离不开专业的经营和技术人才。在市场竞争中，谁经营好、有人才，谁就能适者生存、扩张发展，否则也会出现破产、倒闭。各级农业机械化主管部门要按照分类指导、分级负责、注重实效的原则，制订培训规划，采取学历教育、远程教育、短期进修、参观考察多种形式，培养农机专业合作社专门人才。我们将继续深入开展农业机械化教育培训大行动，组织实施好农机培训阳光工程，重点对农机专业合作社的从业人员开展机具维修、驾驶操作、财务会计和安全生产等方面的教育培训，提高合作社的运行质量。要培养一批善管理的合作社发展带头人，一批会经营的合作社理财专人，一批懂技术的合作社技术能人，全面提高合作社的经营管理和技术水平。

（四）加大企社共建力度，促进农机企业和农机合作社互动双赢。农机生产企业支持农机专业合作社建设，实质上是赢得市场主体信任、培养潜在客户、不断提高市场占有率的长远之策，也是"以工促农、以城带乡"的国家战略在"三农"领域的具体体现。另一方面，农机专业合作社也能及时得到企业的周到服务，在机具销售、零配件供应、技术培训等方面得到更多的优惠。这次福田雷沃股份有限公司参与承办了首批全国农机专业合作社示范点的培训任务，就是"企社共建"的一次成功实践。既有利于树立企业品牌形象，扩大企业社会知名度，又有利于农机专业合作社经营人员开阔眼界，提高经营和服务水平。我们要充分发挥农机生产企业的作用，创造条件促进农机生产企业与农机专业合作社开展一对一的结对共建，实现良性互动，达到合作共赢。另外，还要推动银行、保险公司等金融企业与农机专业合作社开展"合作联动"，加大对合作社的各种信贷支持，帮助解决合作社贷款难等问题。要推动成品油供应企业与农机专业合作社开展合作，开展送油下乡、送油到社活动，保障农业生产用油。

当前农机专业合作社正处在蓬勃发展，提质增效的重要发展阶段。发展环境好、增长潜力大，前景十分光明。希望在座的各位理事长紧紧抓住这难得的发展机遇，增强服务能力，提高服务质量，拓展服务领域，增加经营效益，带动农机手发家致富，支撑当地的农业发展和现代农业建设，为促进农民增收、提高农业综合生产能力做好新的更大的贡献！

在2011年农机深松整地工作座谈会上的讲话

（2011年11月15日·天津）

农业部农业机械化管理司副司长　刘恒新

我们在天津召开农机深松整地工作座谈会，主要目的是总结交流2011年各地深松整地工作开展情况，以及深松作业补贴落实情况，进一步加快推动农机深松整地技术的推广应用。

一、充分肯定2011年农机深松整地的工作成效

2011年以来，各有关省（市）农业机械化主管部门早部署、早动员、早落实，积极组织开展农机深松整地作业，取得了突出

成效,呈现出面积广、投入增、质量高等三个特点。

(一)深松整地作业面积进一步扩大。各地根据农时和农艺特点,积极开展春季、秋季深松作业,进展顺利,尤其是在秋冬种之前,北方地区掀起了农机深松整地作业的高潮。截至11月10日,全国共实施农机深松整地10 000千公顷,实现了全年9 866.67千公顷的计划目标,相对上年9 333.33千公顷的作业面积增加666.67千公顷。其中,黑龙江省农村已完成深松整地3 283.33千公顷,超计划面积的23%;山东省已完成深松746.67千公顷,超计划面积的12%。

(二)深松整地作业补贴总额大幅度增加。在各地的共同努力下,2011年各省从中央财政新增农资综合补贴资金中争取了10.5亿元,专项用于农机深松整地作业补贴,比2010年4亿元的补贴总额翻了一番多,增幅达到160%。其中,河北、山东、吉林、安徽、山西、黑龙江等6省落实中央补贴资金均超过1亿元。河北省2.25亿元,比2010年增长了近12倍。河南、山东、安徽3省均是首次启动深松作业补贴,落实补贴资金合计达4.34亿元。地方各级财政也积极筹集资金,用于深松整地作业补贴配套,提高了补贴标准,其中黑龙江省地方财政投入了3.5亿元,吉林省地方财政投入7 000万元。预计2011年中央财政和地方各级财政投入深松整地作业补贴的资金累计达到15亿元。

(三)深松整地作业质量持续提高。没搞深松整地作业补贴的时候,各地深松标准不一,很多地区达不到质量要求。而实施补贴的省份,发挥补贴带动作用,通过连续作业,标准更加规范,质量不断提高。在推进深松整地作业中,各地注重建立健全质量检查和验收制度,组织技术人员包村包机跟踪检查,核实作业面积和作业质量。从大家汇报情况来看,各地深松作业深度基本达到25厘米以上,符合"深、平、细、实"的要求。2011年,黑龙江省大力推进深松作业标准化,要求旱田深松深度不低于35厘米,目前全省农村标准化整地面积达4 845.33千公顷,占秋整地面积的73.4%,深松整地作业质量高于往年。

通过多地的实践证明,大功率拖拉机深松作业的地块,有效地打破了犁底层,使得土壤耕层结构得到明显改善,提高了粮食基础生产能力。一是促进土壤蓄水保墒,增强抗旱防涝能力。据山西省监测数据,深松地块较多地吸纳、蓄存夏伏雨和秋冬雨雪,土层含水率增加2—3个百分点,相当于建立了一个"土壤水科"。二是促进农作物根系下扎,提高抗倒伏能力。深松为作物生长创造了良好的土壤环境,改善了作物根系的生长条件,促进根系粗壮,充分吸收土壤的水分和养分,促进作物生产发育。据天津市武清区的对比测试,2010年深松地块的夏玉米根系更发达,茎秆更粗壮,果穗长度平均增加了6厘米,直径增粗了1.8厘米,籽粒全重增加了70.6克。三是促进农作物生产,提高粮食产量。天津市宝坻区2010年深松作业地块2011年亩均产量好于未深松地块,春小麦、夏玉米分别增产525千克/公顷、780千克/公顷,分别增产10%和8%;山西晋中市、长治市的小麦每公顷均增产15%左右;山东省玉米增产效果达到每公顷750千克左右。总的来看,2010年完成的深松作业地块,2011年都取得较好的收成,为夺取全年粮食"八连增"做出了积极贡献。

2011年深松整地工作成效显著,得益于国家强农、惠农、富民政策的激励作用,得益于各级政府和有关部门的大力支持,更得益于农机系统干部职工的辛勤工作。

二、认真总结推进农机深松整地工作的经验

农业部高度重视农机深松整地工作,部长韩长赋、副部长张桃林多次批示要求加大农机深松整地技术的推广应用力度,争取中央财政的大力支持。2011年1月,农业部印发了《全国农机深松整地作业实施规划(2011—2015年)》,明确农机深松整地的技术路线、发展目标和实施进度,要求到2015年将全国适宜地区的46 666.67千公顷耕地全部深松一遍,并进入"同一地块三年深松一次"的耕作周期。2011年农业部还将9 866.67千公顷的深松整地计划分解下达到各有关省(直辖市、自治区),并作为2011年农业机械化工作绩效考核的重要指标,以此来推动《规划》的落实。农业部还与河北省人民政府开展"部省共建",共同将河北省定州市打造成为全国农机深松整地的示范点,引导和推动河北省农机深松整地工作的深入开展。

各地认真贯彻《规划》要求,采取一系列有效措施,加大推进力度,主要体现在以下几个方面:

(一)各级领导高度重视,部门之间加强协作。有的地区成立了由政府牵头、各部门参与的工作领导小组,及早落实深松整地作业补贴资金,因地制宜制定补贴工作方案,切实加强领导统筹规划,推动了农机深松整地工作的高效、有序开展。河北省省长陈全国协调落实补贴资金2.25亿元,资金总量居各省之首。吉林省农业委员会、省财政厅联合制定深松工作实施方案,以省政府文件印发各地执行。安徽省内29个项目县中的21个县的工作方案,都是由县市政府名义下发的,将深松作业由部门行为上升为政府行为。

(二)狠抓机具到位,认真落实作业任务。各地根据本地深松作业计划和作业进度,提前落实大功率拖拉机、深松机等机具,分解落实深松作业任务到地块和农机户。利用购机补贴优先补贴深松机具和加大地方累加补贴等方式,积极调动农户购机积极性,确保机具数量和作业任务的完成。河北省2011年将农机购置补贴政策向深松机具倾斜,采取了"三优先一累加"政策,即"优先申报、优先补贴、优先供货",在国家补贴的基础上省级财政给予10%的补贴。并成立专项督导组,定期将各项目县的深松机具到位情况、缺口情况排名通报。2011年河北省共落实1.15万台(套),60千瓦以上拖拉机迈万台,为完成深松作业任务奠定坚实基础。天津市组织开展深松机具的摸底调查,台台见面核实,进行统一编号、登记、喷号,实现作业机具的协调组织和统一调度,并组织农机户签订作业合同,将全市14.67千公顷深松作业任务分解落实到55个乡镇和229个村的276个地块,为开展深松作业奠定了扎实的工作基础。

(三)积极开展培训宣传,深入做好技术服务。各地通过召开现场会、观摩会和培训班等措施,组织开展了多形式、多层次的政策宣传和技术培训活动,努力提高农机操作人员的作业技能,以及农户应用农机深松作业技术的积极性。为了让农民了解、接受并正确操作,各地采取了一系列方法。安徽省编印《农机深松整地工作简报》,及时发布工作动态,集中宣传各地的工作经验和做法,并利用新闻媒体广泛宣传农机深松整地的重要作用和增产增收效果,营造了良好的社会氛围。河北省组织农机农艺专家、技术骨干编写技术资料,成立技术服务队深入到乡、村、田间地头开展服务。全省共召开深松现场会110

多场,培训机手 1.2 万人、质量检查人员 8 000 多人。北京市农机鉴定推广站与市土肥工作站、中国农业大学等单位联合开展农机深松作业对比测试,为深松机械化技术在京郊农田的大面积应用和推广提供可靠的试验数据和理论依据。

(四)强化作业质量督导,确保补贴政策实施到位。确保质量到位,是保证深松整地效果的关键,也是各级农机管理部门的重要职责。各地严格执行深松补贴工作方案,抽调技术力量,加强监督检查,确保各项作业任务的落实。黑龙江省抽调 100 多名干部组成 15 个工作组,深入生产第一线,对各有关市县的秋整地工作进行全面的督促和指导,并组织了 3 次随机抽查验收,配备了 GPS 面积测量仪和作业深度测量尺,确保核查数据的准确性,对虚报面积的给予通报批评。河北省注重规范操作程序,严格执行"三公示、三签字、三级检查"工作机制(作业合同公示、作业面积公示、补助结果公示;农户签字、机手签字、质量检验员签字;县级竣工验收,市级项目验收、省级抽查),确保深松整地作业质量。

2011 年开展农机深松作业工作有四点启示:一是积极主动工作,才能赢得政府对农业机械化工作的重视。这次农机深松作业补贴资金与以往农业部项目资金不同,是由财政部切块下达到各省,再由省政府根据需要安排使用方向。各地要加强信息沟通,争取主要领导的重视。从各省的资金争取结果来看,主动与不主动效果大不一样。只要是工作上积极主动的,争取的项目资金就多;工作上缺乏主动的,就得不到政府和财政部门的支持。《规划》中 22 个省(区、市)中,2011 年有 12 个省争取到了 10.5 亿元补贴资金,资金总量比 2010 年翻了一番多,尤其是山东、河南、安徽等省实现了"零的突破",令人振奋;但仍有 10 个省没有争取到深松作业补贴,说明在工作上仍然存在差距。二是紧紧围绕粮食生产,才能更好体现农业机械化工作的价值。搞好农产品供给、保障粮食安全,是各级政府的任务,是各级农业部门义不容辞的职责,也是我们农业机械化系统工作的重中之重。推广深松整地技术,已成为促进粮食增产的一项有效措施,这也是中央财政决定支持农机深松整地作业的主要原因。工作证明,农业机械化与农业生产结合越紧密,农业机械化的作用就越能得到体现;离开了粮食生产这条主线,农业机械化工作就会偏离方向。三是充分发挥服务组织的优势,才能高质量高效率开展深松整地作业。2011 年各地充分发挥了农机专业合作社等服务组织的装备、人员、技术优势,组织他们与农户签订作业合同,优先承担农机深松整地作业任务,既有效地落实作业任务,也有效提高了农机作业效率。黑龙江省由农机合作社完成的深松整地面积 877.33 千公顷,占全省深松整地面积的四分之一左右。山东省 80% 的深松作业是由农机合作社承担的。积极培育发展壮大农机专业合作社,推进农业生产集约化、规模化、专业化,这是当前农业机械化工作的一个重要着力点。四是发挥好多个项目作用和用好政策手段,才能加快重点工作的落实和突破。辽宁省在安排项目资金和项目实施区域时注意将深松整地与保护性耕作相结合,规定在头一年实施保护性耕作的地块必须实施深松,加大了深松整地的推动力度。结合购机补贴、保护性耕作、农技推广、高产创建等政策和项目,整合资源,集中力量,这个方法既是深松整地工作的经验,也将是推动农业机械化工作的重要措施,我们要坚持和推广。

三、进一步做好下一阶段农机深松整地的工作

当前,全国农机深松整地作业基本结束,进入了核实作业任务和兑现补贴资金的关键环节。核实和兑付工作关系到程序和流程是否科学有效,关系到农民和机手是否真正受益,关系到财政支持力度是否持续加大,各地要高度重视,把好作业面积核定关和作业质量验收关,严格执行补贴程序,及时兑现作业补贴,做到"多作业多给补,不作业不给补;质量到位给补,质量不到位不给补",切实发挥好农机深松整地作业补贴资金的作用。

下一步要抓好以下五个方面工作。

一要进一步落实深松作业实施规划。各地要加强对深松整地工作的组织领导,根据《全国农机深松整地作业实施规划(2011—2015 年)》的要求,在认真总结 2011 年工作经验的基础上,科学制定本地区 2012 年的农机深松整地作业实施工作方案。要摸清各地深松作业配套机具的底数,建立起深松作业地块的台账和数据库,提高深松作业管理工作绩效。要把作业任务落实到县、乡、村,落实到地头。地方根据各自特点,适宜整村推进的要做到"遍地开花",不适应大面积开展的可以"星星之火",确保形式多样、科学有效地推动深松作业开展。

二要进一步争取扩大深松作业补贴资金规模。开展农机深松整地作业补贴,是扩大深松作业面积的最有效途径。各地要主动向政府主管领导汇报,及早加强与有关部门沟通,一方面广开资金渠道,另一方面争取作业补贴,部省共同努力,千方百计增加补贴资金投入,努力扩大 2012 年深松作业面积,满足广大农民的迫切需要。

三要进一步完善深松作业补贴工作制度。各地要坚持"政府扶持、农民自愿、补贴引导、完善机制"的指导思想,做好补贴制度顶层设计,建立健全各项规章制度,建立深松技术应用的长效机制。要根据各地的作业模式、作业成本、农民意愿等因素,做到尊重农民和农机手的选择,建立补贴标准动态调整机制。要完善补贴资金发放程序,加强监督检查,更好地发挥补贴政策的激励、扶持、引导作用。

四要进一步强化深松作业技术指导。各地要加强农机深松整地作业技术体系研究,开展试验示范,制定符合当地实际的技术规范和技术标准。要加强对比试验工作,不断总结保持深松作业效果的技术路线和方法。要优先扶持发展大型拖拉机、深松机具,以及相配套的玉米联合收割机、秸秆还田机、免耕播种机等,加强技术培训,提高技术"到位率",保证农机深松整地作业需要。

五要进一步宣传深松作业工作成效。各地要充分利用新闻媒体报导或召开现场演示会、算对比账等形式,广泛宣传农机深松整地作业的重要作用,提高广大农民应用深松技术的自觉性。要及时总结和宣传各地的好经验、好做法,为推进农机深松整地作业营造良好的舆论氛围。

农机深松整地是一项一季作业、多季受益的先进适应的农业机械化技术,是农业机械化作业新的亮点,是推得动农机作业补贴政策实施的重要实践。我们要认真贯彻好、执行好深松整地作业补贴政策,努力扩大作业面积,提高作业质量,为促进粮食稳定发展、农民持续增收、农村和谐稳定作出新的更大贡献。

在全国设施农业技术培训研讨班上的讲话

（2011年11月11日·北京）

农业部农业机械化管理司巡视员　丁翔文

全国设施农业技术培训研讨班今天就要结束。两天来，我们开展了设施农业装备、园艺生产、温室工程等技术的培训活动，总结交流了各地发展设施农业的经验和做法，围绕《全国设施农业发展"十二五"规划》，研讨了进一步促进设施农业发展的相关政策措施，接下来还要举行全国设施农业装备与技术示范单位授牌仪式。这次会议主题鲜明、内容丰富，安排紧凑，达到了预期的目的，必将对我国今后一个时期和"十二五"设施农业的发展产生积极影响。

一、准确把握当前农业机械化发展形势，进一步增强提升设施农业技术装备水平的紧迫感和责任感

近年来，在国家一系列强农惠农政策的扶持下，我国农业机械化取得了举世瞩目的成就，主要表现在：

一是农机装备总量快速增长。"十一五"期间农机购置补贴资金规模逐年大幅增加，中央财政累计安排农机购置补贴资金351亿元，补贴购置农机具1 078万台（套），受益农户达到906万户。2011年中央继续加大农机购置补贴力度，共安排175亿元。2010年，全国农机总动力达到9.2亿千瓦，比2005年增长34%。农业机械装备结构持续优化，现代农业建设的物质装备基础更加牢固。二是农业机械化作业水平显著提高。2010年，全国农作物耕种收综合机械化水平达到52%，比2005年提高16个百分点，年均提高3.2个百分点，农业生产进入了以机械作业为主的新时代。预计2011年，全国农作物耕种收综合机械化水平达到55%以上，我国农业机械化已经进入深入推进粮食作物生产机械化，重点突破经济作物生产机械化，加速发展养殖业和其他产业机械化的新阶段。三是农业机械化科技与推广取得重大进展。农业机械化关键技术及装备研发力度不断加大，保护性耕作、精量播种、机械深松、水稻育插秧、玉米机收、秸秆还田、节水灌溉、高效植保、畜牧水产养殖等一大批农业机械化新技术、新机具得到更广泛应用。农机作业补贴政策实现突破，保护性耕作工程、全国新增500亿千克粮食生产能力等若干步及农业机械化发展的重大建设规划启动实施，农业机械化投入机制进一步完善。四是农机合作社等服务组织蓬勃发展。2010年，全国农业机械化作业服务组织达到18.5万个，作业服务总收入达到3 700亿元，比2005年增长63%。农机专业合作超过2万个，有力带动了先进农业技术的集成化应用、规模化推广，促进了农业适度规模经营和产业化发展。

应当看到，虽然这几年我国农业机械化实现了快速增长，取得了显著成效，但设施农业仍是我们工作中的薄弱环节。当前，我国设施农业发展面临着设施条件简易、科技水平不高、机械化水平滞后等问题，这不仅制约了农业机械化的全面发展，也直接影响着农业现代化的进程。设施农业作为农业现代化建设的重要内容，加快提升设施农业技术装备水平已显得非常必要和迫切。

（一）改善设施农业技术装备条件，是提高设施农产品质量安全水平的重要手段。设施农业作为现代工程农业，具有高投入、高产出、高风险的特点。设施农业生产环境相对封闭，高温、高湿是其最基本的特征，环境条件在适宜动植物生长同时，也适宜病菌等微生物繁殖和害虫的生长。目前我国设施温室面积已超过3 500千公顷，设施农业生产中大水大肥灌溉、土壤连作障碍等经常发生。由于温室环境调控能力较弱、技术装备不配套，动植物生产过程中的病虫害危险增大。这不仅造成了大量水肥、农药、饲料等资源浪费，也降低了设施农业产品的品质产量和经济效益，增加了城乡居民消费设施农产品的风险。因此，必须不断改善和提高我国设施农业技术装备条件，为动植物提供良好的生长环境，才能提高设施农产品的生产效率和生产过程的安全性，满足农产品质量高标准要求，降低单位成本，提高我国设施农产品综合竞争力。

（二）加快推进设施农业机械化，是减轻农民劳动强度、加快农村劳动力转移的迫切需要。设施农业属劳动密集型产业，也是促进农业增效和农民增收的重要途径。当前，我国设施农业机械化水平相对偏低，多数环节仍以人工劳作为主，生产效率不高，普遍存在用工多、劳动强度人等问题，在一定程度上影响了农民的生产意愿和积极性。特别是近几年来农村劳动力价格的不断攀升，劳动力结构性、季节性短缺的矛盾不断显现，直接影响到设施农业的发展和比较效益的提升。目前在设施园艺方面，发达国家人均种植面积都在1公顷以上，我国仅有0.07公顷左右，劳动生产率的差异在15倍以上，设施农业机械化已成为"十二五"农业机械化发展面临的难点问题。因此，必须加快推进设施农业机械化，用现代物质条件装备设施农业和养殖业，用机械化的生产方式替代人工劳动，才能推进我国设施农业生产规模化、标准化、集约化，提高生产的效率和效益。

（三）不断开拓设施农业发展的新领域，是提高土地产出率、资源利用率的有效途径。设施农业是以先进工程技术、装备、工艺的综合运用，实现能源的减量化和资源的高效利用，从而达到节能、节地、节水、节肥、节药和节约饲养成本的目的，是农业发展方式从资源依赖型向创新驱动型和生态环保型转变的一条重要途径。我国是一个农业大国，人口多、耕地少，人均耕地和水资源相对不足，农业发展面临人口增长、社会需求增加、资源短缺和生产环境恶化的挑战。总体上看，各地发展设施农业仍沿用传统的模式进行建设，新结构、新材料、新工艺运用不足，标准化程度低；仍然偏重于利用现有耕地发展温室种养业，但对沙漠、戈壁、山地等非耕地资源利用较少；在实际工作中偏重于生产过程的设施投入，扩大发展规模，相对来说产品产后加工和废弃物收集处理的设施装备技术发展滞后。因此，要不断更新观念，加大新材料、新技术、新工艺的推广应用，改造基础设施条件，加强非耕地资源利用，加强设施农产品初加工和农业废弃物收集设施建设，实现农业生产环境友好和资源节约，促进农业可持续发展。

二、进一步明确工作思路和目标任务，加快提升我国设施农业技术装备水平

党中央、国务院十分重视设施农业。十七届五中全会提出，在工业化、城镇化深入发展中同步推进农业现代化，是“十二五”时期的一项重大任务，强调要继续加大强农惠农政策扶持，夯实农业农村发展基础，提高农业现代化水平和农民生活水平，建设农民幸福生活的美好家园。强调要加快推进农业机械化，加快发展设施农业，发展清洁生产方式。《国民经济和社会发展第十二个五年规划纲要》提出，将“加快发展设施农业”作为推进农业结构战略性调整和加快发展现代农业的重要内容。

“十二五”时期，是我国加快推进农业机械化并向基本实现农业机械化过渡的重要时期，也是设施农业发展的关键时期。促进设施农业又好又快发展既是当前农业农村经济发展新阶段的客观要求，也是克服资源和市场制约、应对农业国际竞争的现实选择，对于发展现代农业、保障农产品有效供给、促进农民增收都具有十分重要而深远的意义。

当前和今后一个时期，推进我国设施农业发展的总体思路是：深入贯彻落实科学发展观，以基础设施、物质装备、信息技术、环境技术为重点，抓设施工程建设，改善生产条件，不断提高设施农业技术装备水平，提升设施农业有效供给能力和食品安全水平；以加快发展设施农业机械化为抓手，加大投入力度，转变生产方式，提高设施农业生产的劳动生产率；以建设现代农业的总体要求拓宽设施农业工作新领域，促进农业机械化技术与生物技术、工程技术、信息化技术融合，不断提高设施农业土地产出率和资源利用率；以强化科技创新为支撑，研制开发先进适用的设施农业机械装备，加强技术集成配套，实现关键技术的突破；以创建设施农业技术装备示范基地为先导，通过试验示范，加快科技成果转化，加快先进技术在设施农业中的推广应用；以提升效益和效率为目标，加强设施农业装备社会化服务体系建设。促进设施农业装备区域协调发展，保障“菜篮子”产品安全有效供给和农民收入持续增长。

“十二五”我国设施农业发展的主要任务是：

（一）改善设施农业技术装备条件，推动设施规模稳定增长。加强设施园艺、设施畜牧和设施水产的技术装备标准化建设，提高设施农业的标准化水平。进一步完善设施农业装备的设计、生产、施工、安装和验收及评价、检测方法，制订设施农业装备适用性、安全性和可靠性评价技术规范，为园艺、畜牧、水产等农产品商品化各阶段提供技术支撑。努力实现设施园艺发展规模稳步提高，连栋温室、节能日光温室、塑料大棚以及中小拱棚协调发展；畜禽规模养殖技术装备明显改善，海、淡水工厂化养殖加快发展，高产、优质、高效、生态、安全设施农产品持续稳定供应，保障能力大幅度提高。

（二）推进设施农业生产机械化，实现装备总量快速提高。推进设施农业结构与作业机具的标准化、系列化，合理设置产前、产中和产后各阶段设施与机械化技术的功能定位，引进精准农业技术、智能化技术、物联网技术等高新技术，提高设施农业机械化、自动化、信息化水平。到“十二五”期末，设施园艺生产的耕种、灌溉、植保等作业机械装备及温室智能化环境控制装备水平不断提高，机械化程度达到40%以上；畜禽标准化规模养殖工艺装备的成套化水平不断提高，工程防疫设施设备配套比例提高20%以上，畜禽标准化规模养殖场废弃物无害化处理比例达到100%；水产养殖机械化取得快速发展。

（三）关键技术装备研发取得重大突破，科技支撑明显能力增强。根据设施农业装备总体状况和实际生产需要，找准设施农业技术方向，加快研制设施农业新材料、新工艺、研发多功能管理机、精量播种机、小型育苗机、移栽机、水肥一体化灌溉装备、精准施肥装备、小型果菜收获、精选、分级、包装设备，智能化温室环境控制系统等装备，开发健康养殖所需的环境监控设备、畜禽粪便处理机、动物防疫与预警仪器设备等，实现关键技术的突破。加强设施农业成套装备技术研发，提高技术成果的集成化、标准化和轻简化水平；注重农机与农艺的融合，促进先进适用装备和农艺技术的有机配套，促进设施农业装备的结构升级。进一步完善以企业和科研院所为主体、市场为导向、产学研推相结合的设施农业装备创新体系，形成基础研究和应用开发研究协调推进，科技成果转化和普及应用互动的良好局面。

（四）设施农业技术推广进一步加强，社会化服务组织取得较快发展。加大培育各类优势龙头企业和专业合作经营组织培育力度，加快设施农业的集约化、市场化进程；探索和创新设施农业科技成果转化应用的保障机制，推进科研成果转化和先进技术普及。加大设施农业的公共服务能力建设，根据不同地区生产经营优势和发展重点，建设1 000个设施农业示范点，改善推广手段，提升服务能力，促进设施农业发展质量、速度、结构和效益的有机统一，全面提升设施农业管理水平。

三、提高认识、开拓创新，扎实做好促进设施农业科学发展的各项工作

当前及今后一段时期，要着重抓好以下五方面工作：

第一，立足发展全局，加强协调配合。设施农业是一项系统工程，涉及种植、养殖、农业装备等多个领域、多个学科和生产、加工等多个环节，必须统筹协调多方面的力量和资源要素，形成发展合力，推进设施农业的科学发展。各级农业机械化主管部门要加强与农业、财政、科技、发改等部门的协调沟通，紧密配合，认真做好促进设施农业发展的各项工作。要加强调研分析，摸清设施园艺、设施畜牧和设施渔业等重点领域的技术装备条件情况，科学谋划，根据《全国设施农业发展“十二五”规划》，提出适合本地特点的工作思路，进一步明确目标任务、重点工作，提出有针对性的推进措施。各级农业机械化主管部门要切实加强对设施农业工作的领导，充分发挥农业机械化技术推广机构、鉴定机构的技术支撑作用，共同做好促进设施农业技术装备推广工作。

第二，强化政策扶持，完善保障措施。加快设施农业发展，必须采取强有力的政策措施加以引导和推动，调动广大农民发展设施农业的积极性。要在加快推进主要农作物生产机械化的同时，科学调整投入方向和投入结构，进一步扩大《国家支持推广的农业机械产品目录》中设施农业装备的品种，把设施农业的农业机械和其他技术装备纳入补贴范围，培育农业机械化发展的新亮点。要积极争取地方财政加大配套补贴，满足设施农业对关键生产环节机械设备的需求，做到装备数量快速增长和设施结构优化升级同步。各地要根据不同的区域特点和条件，建设和装备一批具有国内先进水平的设施农业示范园区，大力推广高效低量与超低量喷药植保技术、温室智能化环境控制技术、CO_2 施肥技术、物理农业技术、节水灌溉与水肥一体化技术，加强设施农业新材料新工艺引进，发挥示范带动效应，促进设施农业设备设施的更新换代和产业的技术升级。要积极利用农业重大生产项目建设资金，争取多方面对设施农业的投入。

第三，加强科研开发，促进成果转化。加强设施农业技术的科研开发是促进设施农业技术进步的重要途径。适应农业规模化、精准化、设施化等要求，以新型工程材料、环境控制系统、轻减作业机具、水肥一体化和产后加工设备等为重点，通过科技支撑计划及行业科技等项目，加快设施农业技术装备科研开发。加大成果转化力度，建立成果推广应用长效评价机制，提高成果应用水平，提升设施农业发展的科技含量。要积极整合科研、生产、推广、管理等各个方面的力量，围绕改善设施农业生产基础条件、发展设施农业机械化、拓展设施农业工作领域，通过项目带动等措施，加快设施农业先进技术装备推广应用。

第四，搞好人员培训，提升推广能力。加大设施农业技术人员培训是提高设施农业技术应用和管理水平的重要手段。建立设施农业推广服务体系，建设设施农业技术装备示范基地，提高新技术新装备推广服务能力和社会影响力。要定期举办设施农业发展研讨活动，加强设施农业交流合作。把设施农业操作人员培训纳入“阳光工程”培训，分层次、有类别、多渠道开展教育培训，壮大技术人才队伍，把提升设施农业发展质量转到依靠科技进步和提高劳动者素质的轨道上来。加强设施农业技术装备应用研究，推广应用与本地区经济技术水平与生产需求相适应的设施农业及机械化技术，提高对设施农业发展的指导服务水平，推进设施农业持续健康发展。

第五，加大宣传力度，营造良好环境。要充分利用广播、电视、报刊、网络等媒体，以群众喜闻乐见的形式，加强设施农业技术装备推广工作宣传。宣传发展设施农业对建设现代农业、转变农业发展方式的重大意义，宣传设施农业技术推广工作的重要作用，宣传设施农业技术装备示范活动取得的成效，扩大社会影响，取得各级政府、有关部门及社会各界的理解、关注和支持，营造设施发展良好的社会氛围。加强调查研究，善于发现新典型，总结新经验，充分发挥典型引路的作用，不断提高设施农业管理水平。

“十二五”是加快建设现代农业的重要时期，农业机械化发展和设施农业工作正面临前所未有的良好机遇。加快发展设施农业，提升设施农业科技质量水平，是发展现代农业、实现农业现代化的重要内容。我们要进一步提高认识、开拓创新，扎实做好促进设施农业科学发展的各项工作，不断开创设施农业的新局面，为实现中国特色农业现代化做出新的更大贡献。

农业机械化论坛

加快推进农业科技创新与推广

中华人民共和国农业部部长　**韩长赋**

2012年中央1号文件突出强调加快农业科技创新，把推进农业科技创新作为“三农”工作的重点和发展现代农业的根本支撑，出台了一系列含金量高、打基础、管长远的政策措施。这是党中央、国务院科学把握现代农业发展规律作出的重大决策，是新形势下加快推进工业化、城镇化与农业现代化同步发展的重大部署。当前，贯彻落实中央决策部署，加快推进农业科技创新与推广，大力推动农业科技跨越发展，对于促进农业增产、农民增收、农村繁荣具有深远意义。

一、认真贯彻落实中央决策部署，把加快农业科技创新与推广摆在重要战略位置

科学技术是第一生产力，农业科学技术水平决定农业生产力水平，农业科技进步程度决定农业现代化程度。新中国成立60多年来特别是改革开放30多年来，我国农业农村发展取得举世瞩目的成就，农业科技发挥了关键支撑作用。特别是新世纪以来的粮食生产“八连增”、农民增收“八连快”，科学防灾减灾成效显著，科技增粮增收功不可没。2011年粮食单产增加对总产提高的贡献率达到85.8%，耕种收综合机械化水平达到54.5%，科技对农业增长的贡献率达到53.5%，农业科技已成为推动农业农村经济发展的主要力量。

今后一个时期，我国现代农业发展的任务更加繁重，耕地和水资源紧缺、农业生产成本上升、青壮年劳动力减少、环境污染和生态退化等问题日益突出，农业发展面临的挑战和风险更加严峻。加快转变农业发展方式、促进农业可持续发展，根本依靠是农业科技的创新和应用。农业科技是确保国家粮食安全的基础支撑，是突破资源环境约束的必然选择，是加快现代农业建设的决定性力量。我们要深刻领会中央1号文件精神，科学把握关于加快推进农业科技创新与推广的一系列新论述、新思路、新举措。

在农业科技的定位上，中央1号文件明确指出，实现农业持续稳定发展、长期确保农产品有效供给，根本出路在科技；要坚持科教兴农战略，把农业科技摆上更加突出的位置。这就进一步指明了，我国已到了必须更加依靠科技进步促进现代农业发展的历史新阶段。在资源环境约束不断加剧的情况下，通过科技进步实现农业发展方式转变，把农业发展建立在创新驱动的基础上，是现代农业发展最重大、最关键、最根本的出路和措施。

在农业科技的定性上，中央1号文件明确强调，农业科技具有显著的公共性、基础性、社会性，要大幅度增加农业科技投入，保证财政对农业科技投入增幅明显高于财政经常性收入增幅，逐步提高农业研发投入占农业增加值的比重，建立投入稳定增长的长效机制。这就进一步明确了在推动农业科技发展上，政府要发挥主导作用、财政要承担主要责任的基本政策取向。

在农业科技的定向上，中央1号文件明确强调，要面向产业需求，着力突破农业重大关键技术和共性技术，切实解决科技与经济脱节问题。这更加明确了农业生产要依靠科技、农业科技要服务生产的要求，更加明确了农业科技创新的方向。为此，要坚持产业需求导向，切实解决科技与生产“两张皮”的问题，大力推进农业科技与农业农村经济的融合。

目前，无论与建设现代农业的要求相比，还是与发达国家相比，我国农业科技发展还存在不小差距。主要表现在：具有自主知识产权的重大创新成果依然不足，科技成果转化和推广应用水平依然不高，农技推广服务能力依然薄弱，农业科技人才队伍建设依然滞后。我们要进一步增强加快农业科技创新的使命感、责任感和紧迫感，坚持走中国特色农业科技发展道路，加快推进农业科技创新与推广，推动农业科技跨越发展，为农业增产、农民增收、农村繁荣注入强劲动力。

二、科学把握农业科技创新与推广的目标任务，力争在重点领域和关键环节实现新突破

中央对当前和今后一个时期农业科技创新与推广作出了

明确部署,关键是要抓好落实。总体要求是:立足我国基本国情,遵循农业科技规律,把保障国家粮食安全作为首要任务,把提高土地产出率、资源利用率、劳动生产率作为主要目标,把增产增效并重、良种良法配套、农机农艺结合、生产生态协调作为基本要求,加大投入力度,完善体制机制,强化联合协作,不断加快农业科技创新,努力强化农业技术推广服务,大力加强农业人才队伍建设,不断提升农业科技对主要农产品有效供给的保障能力、对农民持续增收的支撑能力、对转变农业发展方式的引领能力,到"十二五"末,使农业科技进步贡献率达到55%以上,主要农作物耕种收综合机械化水平达到60%以上。

现阶段推进农业科技创新与推广,要力争实现五个新突破。

加快农业科技创新尤其是种业创新有新突破。正确把握农业科技创新的方向,既要着眼长远发展,超前部署农业前沿技术和基础研究,力争在世界农业科技前沿领域占有重要位置;又要从现实紧迫需求出发,着力突破重大关键技术和共性技术。突出抓好农业科技创新的重点,大力发展现代种业,以高产、优质、多抗、专用为导向,培育一批具有重大应用价值的突破性农业新品种。推动科研机构与商业化育种、与开办的种子企业"两个分离",发挥企业在科技创新中的作用,大力支持育繁推一体化种子企业做大做强。加强农机农艺融合、农业防灾减灾、节本增效、资源环境保护、农产品加工与质量安全等关键技术研发,切实解决农业产业发展的瓶颈制约。着力推进体制机制创新,探索建立产业需求导向的立项机制,完善以解决实际问题为主要考核指标的分类评价机制,强化农科教紧密结合的大协作机制。

加快农技推广体系建设尤其是健全基层农业公共服务机构有新突破。乡镇农业公共服务机构是贯彻落实党和国家"三农"政策的最基层机构,是实施科教兴农战略、防控动植物疫病、保障农产品质量安全的最前沿阵地,是发展现代农业、建设社会主义新农村的基本依靠力量。要按照强化基层公益性农技推广服务的要求,加快健全基层农业公共服务机构,明确公益性定位,细化公益性职能并落实到每个工作机构和每位农技人员身上,确保农技推广、动物疫病防控、农产品质量安全监管等职能有效履行。进一步完善乡镇农业公共服务机构管理体制,实现管人与管事的有机统一,发挥县乡农技推广服务机构的整体功能,提倡服务在乡、管理在县。引导鼓励农民专业合作社和农业产业化龙头企业等社会力量开展农技推广,加快构建以公益性推广机构为主导、其他服务组织广泛参与的"一主多元"农技推广服务体系,提高农业社会化服务水平。

加快改善农业科技工作条件尤其是乡镇农技站条件建设有新突破。今年中央1号文件明确要求,乡镇农技人员工资待遇要与当地基层事业单位人员工资收入平均水平相衔接,2012年基层农技推广体系改革与建设示范县项目基本覆盖所有农业县,农业技术推广机构条件建设项目覆盖全部乡镇。"一个衔接、两个覆盖",这是广大农技人员长期期盼的大政策、好政策,一定要抓好落实。要推动落实基层农技人员工资倾斜和绩效工资政策,提高待遇水平。努力争取在基层农技推广工作经费上有大的突破,实现按照种养规模和服务绩效安排推广工作经费,并争取列入财政预算。加强乡镇农技站条件能力建设,做到"四有",即工作有场所、服务有手段、下乡有工具、经费有保障,切实解决"最后一公里"问题。努力争取大幅度增加农业科技投入,加大对农业科研的稳定支持力度,提高公益性农业科研机构保障水平。持续改善农业科研条件,加快提升农业科技创新能力。

加快先进实用农业技术推广尤其是农业防灾减灾稳产增产重大实用技术普及应用有新突破。减灾就是增产,要继续依靠科学技术防灾避灾减灾。及时发布针对性强的抗灾减灾应急预案和技术指导方案,加大关键技术的推广应用力度。适应生产环节、农时季节、重点区域和重点品种的需求,依托农业科技试验示范基地、粮棉油糖高产创建示范片、园艺产品标准化生产示范基地、畜禽水产规模化养殖场等,组织发动广大科技人员下乡、进村、到场、入户,开展有针对性的技术服务,实现对农业大县、重点乡村全覆盖,提升农业科技成果的入户率和到位率。推动大幅度增加农业防灾减灾稳产增产关键技术良法补助,重点推广普及玉米地膜覆盖、水稻大棚育秧、小麦"一喷三防"、农作物病虫害统防统治、动物疫病防控等关键技术,努力实现抗灾夺丰收,支撑粮食和农业稳定发展。

加快农业人才培育尤其是农村实用人才培养有新突破。加快农业科技创新,基础是人才。要把人才培养放在更加突出的位置,全面实施现代农业人才支撑计划。加强农业科研优秀人才及创新团队建设,依托现有重大科研计划、项目和基地建设等途径,重点培养一批中青年农业科研优秀人才,逐步形成以科研优秀人才为核心的优势创新团队。加强农技推广人才队伍建设,选送基层农技骨干到大专院校、科研院所深造,强化基层农技人员知识更新培训和素质提升。实施农技推广服务特岗计划,引导和鼓励高校涉农专业毕业生到县、乡农业公共服务机构工作,使基层农技推广"后继有人"、充满活力。加强农村实用人才队伍建设,依托各类农业职业院校、农民教育培训机构、推广机构与涉农企业,分类型、分层次、分领域大规模开展农村实用人才培训,加快培养具有一定专业技能的农业服务人员、农村社会管理人员和生产经营主体。着力培育种养大户、家庭农场、农民专业合作组织等现代农业生产经营主体,促进农民向职业化发展,切实解决好"谁来种地"的问题。

三、扎实开展"农业科技促进年"活动,推动农业科技创新重点工作落到实处

今年是落实中央关于推进农业科技创新全新部署的第一年。为了确保开局良好,农业部决定在全国开展"农业科技促进年"活动,以"科技进村入户,助力增产增收"为主题,广泛开展农业科教大联合、大协作、大会战,动员组织农业专家和农技人员深入生产一线,推进农业科技进村、入户、到田。

一是强化自主创新,重点抓好一批农业科技项目。关键是立足产业需求,加快提升农业科技自主创新能力,大力推进农业科技与农业农村经济紧密结合。要依托公益类农业行业科研专项等科技计划和现代农业产业技术体系,围绕现代农业发展的需求,新启动一批农业科技项目,大力组织联合攻关,重点加强农业基础性公益性研究,加大关键技术的攻关与集成配套,在农业科技前沿领域掌握一批具有自主知识产权和重大应用价值的核心技术。推进农业科研院所建设,启动实施"现代农业科研院所建设行动",加快建立"职责明确、评价科学、开放有序、管理规范"的现代科研院所制度,为农业科技创新提供保障。

二是强化科技服务,重点推广一批良种良法。重点遴选一批主导品种和轻简化的实用技术，采取科技手册、技术明白纸、广播电视、科技书屋、手机网络等形式普及与传播，加快推进农业科技成果转变为现实生产力。建立农业科研与推广的对接机制，由农业专家组成专家团队，定点联系农业大县。同时，依托基层农技推广体系改革与建设示范县项目，在全国普遍实行"农技人员包村包社联户"，开展全方位科技服务，帮助农民解决生产实际问题。在粮食主产区、经济作物优势区和重大病虫源头区大力推进病虫害专业化统防统治，重点扶持一批骨干组织，培训一批植保科技员，集成应用绿色植保技术。实施超级稻、东北玉米增产科技行动，促进粮食增产增效。

三是强化种业发展，重点培育一批骨干种子企业。全面贯彻落实《国务院关于加快推进现代农作物种业发展的意见》，制定实施农作物种业发展规划，加大对种子企业的政策扶持力度。扶持一批骨干种子企业，探索建立育繁推一体化的商业化育种新体系，充分发挥企业在品种培育、成果转化和技术推广中的重要作用。加强优势制种区种子基地建设，加快实施种子工程、综合开发、新增千亿斤粮食等项目，在西北、西南、海南等优势制种区建设一批规模化、标准化、机械化、集约化种子生产基地，开展良种引进和展示示范，加快新品种推广步伐。加强种子供需调度，做好品种和区域调剂，组织开展种子执法年专项行动，严把品种审定、市场准入、制种基地和质量检测四个关口，确保生产用种安全。

四是强化高产创建，重点建设一批高产稳产县市、乡镇。大规模开展粮棉油糖高产创建，通过集成技术推广、良种良法配套、农机农艺结合、农业生产方式创新等措施，示范带动大面积均衡增产。继续选择基础条件好、增产潜力大的县（市）、乡（镇）实施整建制高产创建，在有条件的地（市）开展整建制创建试点。推进高产创建示范片与高标准农田建设、农业产业化龙头企业、农民专业合作社和各种社会化服务组织相结合，改善高产示范片生产条件，提高粮食生产在农资供应、耕作收获、生产管理、病虫防治等方面的组织化程度。大力开展"菜篮子"产品标准化生产创建活动，新建一批蔬菜水果茶叶标准园、畜禽养殖标准化示范场、水产健康养殖标准化示范场，实现标准化生产技术全覆盖。

五是强化技术培训，重点培训一批农村科技人才。加强基层农技人员知识更新培训，对一批有突出贡献的基层骨干农技推广人员进行重点培养。加强农业实用技术培训，充分利用冬春农闲季节，多层次、多渠道、多形式地开展农业科技大培训，提高农民的科学种养水平。面向农机化管理和科学技术应用，开展技术推广培训，培养一批实用技术人才。组织"育繁推一体化"种子企业在产粮大县建立新品种展示点，举办良种良法高产技术培训班，提高良种普及推广率。

六是强化能力建设，重点建设一批试验示范基地。启动实施《全国农业科技创新能力条件建设规划（2011—2015）》，重点建设农业部重点实验室、农业应用研究示范基地等。结合相关行业建设规划，实施一批农作物改良中心、动物防疫科技中心、农产品加工技术研发中心等项目，重点建设1万个农业科技试验示范基地，发挥其研究、示范、展示和培训功能，加速农业科技成果转化与推广应用。着力加强基层农技推广机构条件能力建设，对乡镇或区域性农技推广机构条件能力建设实行全覆盖，为乡镇农技推广机构新建或改扩建业务用房，配备检验检测、推广服务等仪器设备和交通工具，不断提升基层农业公共服务能力。

（论文来源：2012年3月2日《农民日报》）

以农业机械化支撑和引领农业现代化

中华人民共和国农业部副部长　**张桃林**

农业机械是发展现代农业的重要物质基础，农业机械化是农业现代化的重要标志。发达国家的经验表明，实现农业现代化，要以实现农业机械化为前提。我国历来高度重视发展农业机械化，特别是党的十六大以来，连续9个中央1号文件都强调加快推进农业机械化，其中2012年1号文件明确提出要"充分发挥农业机械集成技术、节本增效、推动规模经营的重要作用"，积极"探索农业全程机械化生产模式"。这为我国农业机械化发展指明了方向，提出了新的更高的要求。

一、我国农业机械化实现跨越式发展

十六大以来，国家先后公布实施了《农业机械化促进法》、《农业机械安全监督管理条例》、《国务院关于促进农业机械化和农机工业又好又快发展的意见》，为农业机械化发展提供了强有力的政策法规保障。中央财政农机购置补贴资金投入连年大幅增加，极大地调动了农民购机的积极性和企业生产的积极性。2010年我国农作物耕种收综合机械化水平首次超过50%，标志着我国农业生产方式已经实现由人畜力为主向机械化作业为主的历史性跨越。

党的十六大以来，农机装备总量增长、结构优化速度之快前所未有，2011年农业机械总动力达9.77亿千瓦，是2002年的1.69倍；大中型拖拉机达440万台，是2002年的4.9倍。农机作业水平提高之快前所未有，2011年全国农作物耕种收综合机械化水平达到54.8%，比2002年增加22.5个百分点，增幅相当于前35年的总和。薄弱环节机械化突破之快前所未有，小麦生产基本实现全过程机械化，水稻机械种植水平从2002年的5%提高到2011年的26%，玉米机收水平从1%提高到34%，机械化保护性耕作、深松整地、精量播种等先进农机化技术迅速推广。农机合作社等服务组织发展之快前所未有，2011年农机化经营总收入达4 509亿元，农机专业合作社2.78万个。农机工业发展速度之快前所未有，规模以上企业总产值年均增长20%，我国跃居成为世界农机制造大国。

农业机械化的跨越式发展，有效缓解了青壮年劳动力短缺的突出矛盾，有力保障了农业稳定发展，挖掘了粮食增产潜力，引领了耕作制度改良，推动了农业技术集成、节本增效和规模经营，加速了农业现代化进程，为实现粮食产量"八连增"、农民收入增长"八连快"做出了重要贡献。

二、深刻认识农业机械化在加快农业科技进步、建设现代

农业中的历史使命

农业发展的根本出路在于科技进步。农业机械化与农业科技进步息息相关。实践证明，农业机械化的发展，直接加速了农业的科技进步。农业机械化正深刻引领着作物品种选育方向、耕作制度变革方向、栽培模式改进方向。农业科技创新的方向日益从以生物技术为主转向生物技术与机械化技术并重。农业机械化与农业科技的相互影响、相互渗透从没有像今天这样深入、这样紧迫。在加快农业科技进步、加速农业现代化的进程中，农业机械化过去做出了巨大的贡献，未来更肩负着重要的使命。

一要在提升农业生产力水平中进一步发挥农业机械化的基础支撑作用。农业机械是先进的生产工具，是先进农业生产力的重要基础。农业机械化水平成为衡量农业生产力水平和农业现代化水平的重要标志。农业机械能实现人畜力所不能达到的生产效率，降低劳动强度和生产成本；能做到定量、定位、适时、保质完成农业生产作业，挖掘稳产增产潜力，有力有序开展抗灾救灾，有效提高土地产出率；能使土水肥药种等投入品实现精准化、减量化、资源化利用，保护生态环境，显著提高资源利用率。没有农业机械的广泛应用，就没有农业生产力的飞跃发展。在青壮年农业劳动力日益短缺、劳动力成本持续提高的趋势下，必须加快推进劳动过程机械化，确保我国农业不萎缩不凋敝、农业生产力稳定提高。

二要在加快农业科技成果转化应用中进一步发挥农业机械化的关键载体作用。现代农业靠科技，科技到田靠农机。深耕深松、精量播种、精准栽培、均衡施肥等先进的农业生产技术，离开农业机械光靠传统的人畜力根本无法实现。在农业劳动力整体数量下降的今天，良种、良法的推广和使用，必然要以农业机械为载体，依靠具有较高技能的农机手或农机合作社成员，否则难以有效推广实施。农机合作社等服务组织开展耕种管防收全环节统一作业服务，科技入社就意味着科技直接到田，显著缩短了技术应用的传导链条，提升了农业技术推广质量。通过机械物化农业技术是大规模应用先进农业科技、实现现代意义精耕细作的主要途径。必须加快发展农业机械化，推动先进农业技术标准化、集成化、规模化推广应用，使之快速转化为现实的生产力。

三要在培育新型职业农民中进一步发挥农业机械化的核心纽带作用。培养高素质的劳动者是促进农业科技普及应用、建设现代农业的重要保证。实现劳动过程机械化，必然要求农民具备较高的科技文化素质和经营管理能力，能够熟练掌握农业机械的操作维修。发展农业机械化的过程，很大程度上也是造就高素质新型职业农民的过程。根据调查，目前活跃在农村的5 000万农机手，大多是有相对较高文化素质和较好身体素质的中青年农民，其中的农机大户和农机服务组织负责人懂农艺技术、会操作机械、善于经营管理，是新型职业农民的代表。因此，必须加快推进农业主要生产环节机械化，以此为纽带，培养更多的农机作业能手、维修能手、经营能手，催生更多种植大户、养殖大户，造就更多高素质新型职业农民，使之成为发展现代农业的中坚力量。

三、多措并举推动农业机械化又好又快发展

今后一个时期农村劳动力转移仍将保持较快步伐，农民对农机作业的需求越来越旺盛，农业生产对农机应用的依赖越来越明显，农机化法律保障、政策支持、科技创新、工业支撑将更加有力，我国农业机械化整体处于快速发展的黄金机遇期，必将向更广领域、更高层次深入发展。但必须清醒地认识到，我国农业机械化发展仍存在较多不平衡、不协调、不可持续的问题，特别是机耕道等农机化配套基础设施建设滞后，农机农艺技术融合度不高，一些适用技术推广应用速度不够快，一些农业生产急需的农机产品有效供给不足，农机作业服务组织化程度有待提高等。

国家提出，到2015年，主要农作物耕种收综合机械化水平要超过60%，2020年达到70%，基本实现机械化。为实现这一目标，我们要以发展农机服务组织为主攻点，以提升薄弱环节机械化水平为突破点，以推广先进适用农机化装备和技术为着力点，落实完善政策，培育发展主体，加强管理指导，促进农机农艺融合，推动农机装备总量稳步增长，装备结构不断优化，粮棉油糖等作物田间机械化水平大幅度提高，养殖业、林果业、渔业、设施农业及农产品初加工业机械化协调推进，农机化服务体系不断完善，对农业持续稳定发展的服务能力进一步增强。当前，要重点抓好以下几方面的工作。

一是完善政策，创造环境。继续实施农机购置补贴政策，完善补贴管理办法，规范操作程序，最大限度发挥政策的引导效应和市场机制作用，支持农民购置和鼓励企业生产先进适用、技术成熟、安全可靠、节能环保的农机具，加快提高我国农机装备水平，改善装备结构。实施重点环节农机作业补贴试点，支持应用深松整地、秸秆还田、高效植保等增产效果明显、资源节约和生态保护的农机化技术。减免农机作业服务税费，鼓励开展农机保险业务和农机信贷业务，推动农机社会化服务发展。实施农机化推进工程，增加安全监管、推广培训、试验鉴定和农村机耕道、机库棚等基础设施投入，力争在农机化公共服务能力建设、科技创新能力建设投入方面取得新突破。

二是把握重点，全面发展。继续集中力量尽快提高粮食生产机械化水平，由耕种收环节机械化向产前、产中、产后全过程机械化延伸，同时围绕优势农产品区域布局，因地制宜逐步推动经济作物、养殖业、设施农业、农产品初加工业和农业废弃物综合利用机械化。建设农业机械化示范区，继续鼓励农机化发展基础比较好的地区率先发展，更好地发挥辐射带动、示范引领作用。同时要按照全力普及机耕、大力发展机收、努力突破机插机播的思路，扶持、指导丘陵山区机械化实现跨越式发展。多形式、多渠道开展农机技术培训，提高农民对新技术的认知程度和农业机械操作水平，全面提升农机从业人员素质，造就更多新型职业农民。

三是培育主体，社会服务。围绕提升农机化整体运行效益，引导政策、资金和技术指导向农机专业合作社和农机大户倾斜，积极引导开展社会化作业服务，支持鼓励农机户和农业生产经营者创办农机合作社、农机作业公司、农机协会等新型农机服务组织，提高农机服务专业化、组织化、产业化程度。具备条件的地方，应把合作社建设作为主攻方向，努力将农机合作社培养为延伸农机公共服务的载体和引领农机化发展的龙头，带动大型、复式、高性能机械和先进农业技术的推广应用。鼓励农机制造企业自建品牌营销网络，专业流通企业发展连锁经营和区域中心市场，方便农民选购农机，提供优质的维修和配件供应等售后服务。

四是强化监管，安全发展。深入贯彻实施《农业机械安全监督管理条例》，切实履行好法规明确的各项职责。完善农机

质量标准体系，制(修)订农业机械安全技术强制性国家标准，保障农机产品质量、维修质量和作业质量。依法组织开展在用农业机械的质量调查，强化对财政补贴机具质量保障督导和质量跟踪调查。健全农机质量投诉网络，督促企业履行质量承诺和售后服务承诺。严厉打击制售假冒伪劣农业机械产品的行为，规范农机作业服务、维修服务、中介服务、机具租赁服务、旧农机具交易市场。尽快制定农业机械更新报废制度。加强对农业机械安全法律、法规、标准和知识的宣传教育，预防和减少农机事故发生。

五是完善体系，创新机制。多渠道积极争取投入与深挖现有资源潜力并举，全面加强基层农机管理、鉴定、推广、监理、维修、教育、培训体系建设，提升人员队伍素质，提高为农业机械化发展提供公共服务的能力。加快建立健全产学研推有机结合的农机科技创新体系，强化农机化科研院所、高等学校、骨干企业及其他部门相关科技力量的横向联系，充分发挥农机化科技的整体优势。建立健全农机与农艺专家协同攻关机制，选育适宜的品种，确定合理的种植模式，研发经济有效的机具。推进农业机械化技术推广体系的改革和建设，逐步建立推广机构服务指导、农机服务组织、企业参与合作的新型农机推广机制。

(论文来源:2012 年 7 月 16 日《中国共产党新闻网》)

在家庭经营基础上推进农业现代化

国务院发展研究中心副主任　**韩　俊**

刚刚闭幕的中央农村工作会议再次强调同步推进工业化、城镇化和农业现代化。完成农业现代化这一关系改革开放和现代化建设全局的重大任务，必须立足我国基本国情，顺应世界农业发展普遍规律，加快推进农业技术装备现代化，大力培养有文化、懂技术、会经营的新型农民，继续推进农村人口向非农产业和城镇转移，特别是稳定和完善农村基本经营制度，在家庭经营基础上推进农业现代化。

毫不动摇地坚持农业家庭经营方式

从世界各国农业发展的实践看，农业主要是实行自然人为基础的家庭经营体制，公司制农场只占很小的比例。以美国为例，10 个农场中有 9 个是家庭农场，而且公司制农场的 85% 是家族公司。家庭经营成为最普遍的农业经营形式，是由农业的产业特征决定的。农业生产的基本特点是空间分散，而且必须对自然环境的微小变化作出及时反应，这使得农业生产的监督成本较高。农户家庭成员之间的经济利益高度一致，不需要进行精确的劳动计量和监督。把家庭作为农业的基本经营单位，使劳动者具有很大的主动性、积极性和灵活性，不仅能够对农业生产全过程共同负责、对农业最终产品负责，而且能够对各种难以预料的变化作出比较灵敏的反应，这正符合农业作为生物再生产过程的特点。较之其他经营方式，家庭经营在农业中具有更好的适应性，不仅适应以手工劳动为主的传统农业，而且适应采用先进科学技术和生产手段的现代农业。良种、化肥、农药、灌溉技术等生产要素的应用与农户土地经营规模的关系并不大，大农场可以用，小农场也可以用；而农业机械这类生产要素虽然在小农场上使用会受到一定限制，但农户通过购买适宜的农业机械或购买社会化的农业机械服务，同样能够提高农业机械化水平。这说明，小规模土地的经营者照样可以使用各种现代生产要素。家庭承包经营蕴藏着巨大潜力，具有广阔发展前景。在我国农业现代化过程中，不存在生产力水平提高以后改变家庭经营主体地位的问题，家庭经营现在是、将来也是我国农业最基本的经营形式。

毫无疑问，小规模家庭经营方式也有局限性。由于规模小、劳动生产率低、农产品生产成本高，农民从事农业的相对收入低。坚持家庭经营不动摇，绝不是固化目前分散的、小规模的土地经营方式。随着农村劳动力持续向外转移，必然出现一个土地不断向种田能手集中、土地经营规模逐步扩大的过程。在有条件的地方，应按照依法自愿有偿原则，鼓励和引导农民流转土地承包经营权，培育土地承包经营权流转市场，发展专业大户、家庭农场、农民专业合作社等多种形式的适度规模经营。现阶段工商企业大规模租种农地，不符合我国人多地少的基本国情，不利于农民土地权益保护，潜藏甚至已经显现一些经济和社会风险。在土地流转过程中，不宜提倡工商企业大面积、长时间直接租种农户的承包地，以防止在农业人口大批转移之前出现大规模土地兼并现象。应坚持“让农民种自己的地”、“让更少的农民种更多的地”，真正做到“农地农用、自愿流转”，确保农民家庭经营的主体地位。

尊重和保护农民的土地财产权

土地是农民最基本的生产资料，是农民维持生计最基本的保障。土地承包经营权、宅基地使用权、集体土地收益分配权，是法律赋予农民的合法财产权利。土地产权制度是农村的基础性制度，关系农村基本经营制度的稳定。必须以保护农民土地财产权为核心，修改完善相关法规和政策，把握好改革方向，为农村社会和谐稳定奠定基础。

明确界定农民土地财产权。只有确保农村土地承包关系稳定并长久不变，农民才能定心，农村才能长治久安。在法律上明确界定农民的土地财产权，是完善农村土地管理制度最基础性的工作。应进一步完善土地承包权权能，强化农村土地承包经营权的物权性质，依法保障农户享有对承包土地的占有、使用、收益等权利，加快给农民颁发具有明确法律效力的土地承包经营权证书和宅基地使用权证书，防止以农村土地属于集体所有为名强占强征土地，损害农民土地财产权。

禁止强迫农民以土地权换市民权。据调查，绝大多数农民工不愿意以“双放弃”(放弃承包地和宅基地)换取城镇户籍；希望保留承包地的农民工占 83.6%，希望保留农村宅基地和房产的农民工占 66.7%。家中有地，进退有据。农村承包土地和宅基地是法律赋予农民的合法财产权利。让农民带着土地权利进城，成为新市民，是保护农民利益的需要，也是促进城镇化健康发展和社会和谐稳定的需要。现阶段农民工落户城镇是否放弃承包的耕地、草地、林地和宅基地，必须完全尊重农民个人的意愿，不得强制或变相强制。适应农民工进城落户和城镇化的需要，应赋予农民工对承包土地、宅基地和集体资产股权自主处置权，为农民实现土地财产权创造条件。

真正按照土地的市场价值对被征地农民进行补偿。目前征地范围过宽，对农民的补偿偏低；土地收益分配明显向城市、向非农部门倾斜，失地农民长远生计缺乏保障。地方政府土地财政收入急剧膨胀，隐含着对农民土地财产权利的侵害。应大幅缩小国家强制性征地范围，对获得强制征地权的"公共利益"进行明确的法律界定。土地非农化和城镇化过程中产生的土地增值收益巨大，应大幅提高农民在土地增值收益中的分配比例。应在符合国家土地利用规划、严格管制非农用地总量的基础上，把更多的非农建设用地直接留给农民集体开发，让农民以土地为资本直接参与工业化和城镇化，分享土地增值收益。

建立健全农业经营服务体系

农民一家一户小规模分散生产，势单力薄，无力抵御因市场竞争、需求变化带来的巨大风险；农户难以及时、全面、准确地掌握市场行情，在生产经营上往往彼此模仿，造成结构趋同、同步振荡；分散农户的商品交换交易费用高，在市场上处于不平等地位，往往是低价卖出农产品、高价买进农业生产资料，利益大量流失。以家庭承包经营为基础、统分结合的双层经营体制，是党的农村政策的基石。在稳定农村基本经营制度的基础上，把家庭分散经营的优势与统一经营和服务的优势结合起来，形成有活力的农村经营体制，是走中国特色农业现代化道路必须解决好的一个根本性问题。应适应农业生产力发展的要求，加快推进家庭经营向采用先进科技和生产手段的方向发展，推进统一经营向农户联合与合作、形成多元化多层次多形式经营服务体系的方向发展。应进一步发挥村级集体组织在统一经营和服务方面的作用。在世界各国，合作社在发展现代农业中发挥着重要作用。以农民专业合作社为依托，带动农户从事专业化生产，实现生产、加工、销售的有机结合，形成利益共享、风险共担的利益共同体，是我国农业体制创新的方向。应按照"服务农民、进退自由、权利平等、管理民主"的要求，充分发挥合作社在组织农民、落实政策、对接市场等方面的作用。加大对农民专业合作社的扶持力度，提高其为农服务的能力和水平，使之成为引领农民参与国内外市场竞争的现代农业经营服务组织。应大力发展多元化农业服务体系。加快推进农业科技推广体系改革和建设，强化公益性服务，健全机构和队伍，建立经费保障机制，加快推进科技进村入户。强化机制创新，充分发挥政府引导和市场驱动两个机制的作用，加快培育各种类型的农业社会化服务组织，搞好信息、技术、购销、金融、农机等全方位服务。

发挥科技对现代农业的支撑和引领作用

农业科技是确保国家粮食安全的基础支撑，是加快现代农业建设的决定力量。农业科技研发应用周期长，影响因素复杂，不确定性强，具有显著的公共性、基础性、社会性。在我国科技体系中，农业科技基础差，最需要加强。促进农业科技进步，必须坚持以政府为主导、以公益性为主的定位，把强化政府支持作为农业科技进步的重要保障，把产学研、农科教密切结合作为农业科技进步的根本途径。一是健全农业科技创新体系。重点支持基础性、前沿性、公益性农业科技研究，建设一批世界一流的农业科研机构，着力提高农业科技自主创新能力。着力突破农业重大关键技术和共性技术，力争在农业前沿技术研究领域取得一批重大自主创新成果，抢占现代农业科技制高点。二是健全农业科技推广服务体系。明确基层农技推广的公益性，不断增加财政投入，加强公益性农业科技推广服务体系建设。调动农业院校、农民专业合作社、供销合作社、龙头企业、种养业能手等各方面力量参与农业科技推广服务，健全多元化、社会化农业科技推广服务体系。三是健全农业科技投入机制。大幅增加财政预算内农业科技投入。鼓励社会资本投资农业科技，建立以政府为主导、企业为主体、社会力量广泛参与的多元化农业科技投入体系。

加快改善农业设施装备条件

用现代物质条件装备农业，是农业现代化的重要标志，也是我国农业发展中亟待加强的薄弱环节。推进农业现代化，必须增加投入，改善农业物质技术装备。

加强农田水利建设。应明确小型农田水利的公益性质，加大公共财政投入力度，加快在资金投入、工程建设、建后管护等方面形成新机制，全面加强小型农田水利基础设施建设，保证小型农田水利工程的正常运行和效益可持续发挥；加大中央财政投入力度，尽快实现小型农田水利重点县对农业大县的全覆盖。节水灌溉不仅节水，而且节劳、节肥，有利于控制农药使用，可谓一举多得，应加大对其支持力度。

加强高标准农田建设。我国有 85 333.33 千公顷中低产田，占耕地面积的 70%。改造中低产田，建设高标准农田，对农业增效、农民增收和保障国家粮食安全具有战略意义。建设高标准农田是一项涉及水、土、肥、路的综合工程。投入少、投资分散、项目配套差，是建设高标准农田面临的最大问题。应对涉及中低产田改造的项目和资金进行全面清理，摸清家底，找准问题，在投资体制不变的情况下，加强部际协调，尽可能配套使用各类专项资金；鼓励地方政府整合使用各类资金，用于建设高标准农田；增加中央政府高标准农田建设的投入。

加快农业机械化。近年来，农业人工成本迅速上升，用机械替代劳动更为划算。应在加快推进粮食生产全程机械化的同时，协调推进经济作物、林果业、养殖业机械化，着力加强先进适用、安全可靠、生产急需、节能减排的农业机械研发推广，大力扶持农机大户和专业合作组织发展，继续推广跨区作业等农机社会化服务模式。同时，继续扩大农机具购置补贴范围，提高大型农机具补贴比例和补贴限额。

加快培养新型农民，促进农民工融入城市

随着城镇化进程的加快，农村大批青壮年进城务工经商，农业劳动力素质呈现结构性下降，"村庄空心化、农业副业化、农民老龄化"问题开始显现，农业面临后继乏人的危险。推进农业现代化，必须下大工夫培养有文化、懂技术、会经营的新型农民，引进和造就各种专门人才。一是大力开展农民技能培训。加快培养适合现代农业需要的各种专门人才，包括农民科技带头人、农产品营销人才、农业科技推广人才、发展专业合作社的带头人等。因势利导，吸引农民工中的"能人"回到农村，把资金和发达地区的市场观念、管理经验带回家乡，引进先进农业技术，带领农民搞好农产品营销、开发未利用资源、创办农产品加工企业。二是积极发展适应现代农业发展需要的职业教育。强化农业职业教育的公共性，加大对农业职业教育的公共投入，提高中等职业教育的质量。完善家庭经济困难学生资助政策，保证家庭经济困难学生能够接受中等职业教育。三是加大对大专院校农林专业学生的助学力度，鼓励他们毕业后到农村去施展才能。

转移农民、减少农民是富裕农民、发展农村的治本之策,也是同步推进工业化、城镇化和农业现代化的最大难点。必须把促进农村劳动力持续向非农产业和城镇转移作为长期战略任务,努力实现农民充分就业、稳定就业。随着劳动力供求关系的改变,农民工的利益诉求发生了变化。过去的利益诉求主要是就业和提高工资,现在则希望在居住、社保、医疗、劳动条件、子女教育等方面获得公平待遇。在此背景下,加快城市社会管理制度改革、促进农民工融入城市是大势所趋,已到了关键时期。应以基本公共服务均等化为核心,以提高农民工就业技能和质量、保障农民工合法权益、完善农民工公共服务制度和吸纳农民工进城定居为重点,深化户籍制度改革,创新社会管理体制,推动农民工融入企业、子女融入学校、家庭融入社区、群体融入社会。

(论文来源:2012 年 1 月 18 日《人民日报》)

以农业科技创新支撑现代农业发展

中国社会科学院学部委员、农村发展研究所所长、研究员　**张晓山**

2011 年中央 1 号文件指出,实现农业持续稳定发展、长期确保农产品有效供给,根本出路在科技。这一判断以及相应出台的政策举措,必将对我国现代农业发展产生深远影响。

加强农业科技创新,补上“三化”同步的短腿

“十二五”规划纲要和今年中央 1 号文件都提出,同步推进工业化、城镇化和农业现代化。加速工业化、城镇化进程与发展现代农业、建设社会主义新农村,是统筹城乡发展、构建城乡经济社会发展一体化新格局大战略的两个相互关联、相互促进的有机组成部分,缺一不可。从全国来看,目前城镇化水平提高较快,2011 年末城镇人口达 6.9 亿,城镇化率达 51.27%,城镇人口首次超过农村人口。同时,工业化水平不断提高,我国已经成为“世界工厂”。但农业现代化在“三化”中仍然是短腿,农业现代化的速度滞后于城镇化和工业化。虽然我国粮食生产实现“八连增”,农民人均纯收入连续多年较快增长,但农村发展仍然存在许多突出矛盾和问题,农业物质技术基础仍然薄弱,农业竞争力不强,耕地和淡水资源短缺的压力加大,农业增产农民增收的难度越来越大。所以,推进“三化”同步的着力点应放在推进农业现代化上。我国农业发展已经到了必须更加依靠科技突破资源和环境约束、实现持续稳定发展的新阶段。发展现代农业,应把农业科技摆在更加突出的位置,加强农业基础性、前沿性和公益性科技研究,大力增强农业科技创新能力,坚持不懈地推进农业科技进步。

加强政策扶持和体制机制创新,为农业科技创新提供制度保障

科学技术是第一生产力,科技进步是发展高产、优质、高效、生态、安全的现代农业的基本支撑。2008 年《中共中央关于推进农村改革发展若干重大问题的决定》指出,“加强农业技术研发和集成,重点支持生物技术、良种培育、丰产栽培、农业节水、疫病防控、防灾减灾等领域科技创新”。科技创新已成为农业发展的重要支撑,而农业科技创新及其成果的应用必须综合配套。这就需要加强政策扶持和体制机制创新,为农业科技创新提供制度保障。

2011 年我国农业科技对粮食增产的贡献率达到 52%,但与许多国家相比,我国农业科技成果转化率不高。每年经过中央和省级政府部门鉴定的农业科研成果有 1 万项左右,约 30% 可以推广,但实际转化率只有 10%—15%。转化率低的主要原因是农科教、产学研脱节,体制不顺、机制不活。因此,应以农民和农业生产需求为导向,加快科研体制改革,推动资源整合,打破部门、区域、单位和学科界限,建立健全政府有关部门、农业院校、科研单位以及农业龙头企业等协同创新的机制,着力解决科技创新和农业生产脱节问题。

加强农技推广体系建设,促进农业科技成果转化为现实生产力

农业科技创新成果能否转化为现实生产力,关键在推广。长期以来,我国农业科技推广投入不足,基层农技推广机构专业人员流失、人员老化、推广能力不强的问题一直没有得到根本解决。农技推广的人员、编制和经费三权的权限界定问题,公益性服务与经营性活动的区分问题,农技推广人员的待遇问题等都需要在政策上进一步明确。今年中央 1 号文件提出,强化基层公益性农技推广服务,切实提高农技推广人员待遇水平,实现在岗人员工资收入与基层事业单位人员工资收入平均水平相衔接。这些明确的政策举措必将有力促进我国农技推广事业发展。应确立国家农业技术推广机构的公益性功能,对公益性推广和经营性推广进行分类管理。稳定和强化基层公益性农技推广机构,加快把基层农技推广机构的经营性职能分离出去。国家办的农业科研机构和农业院校有责任、有义务深入基层从事农技推广服务。涉农龙头企业和农民专业合作社在农技推广中的作用日益显现。应加快发展社会化农技服务组织,促进农业技术推广主体多元化发展。国家农业技术推广机构、村级农业技术服务站点、农民技术人员等农业科技服务机构和人员,农民专业合作社、供销社及涉农企业等农业经营性组织,农民专业技术协会等群众性科技组织,以及农业科研单位和农业院校等,是处于不同层次和位置、具有不同功能的农技推广主体,应对其推广功能加以区分和整合,着力解决农技推广“最后一公里”的问题。

促进种业发展,构建具有自主知识产权的作物品种技术体系

科技兴农,良种先行。谁能控制种子,谁就能控制农作物生产和食物的供给。在种子产业的生物技术和转基因技术研究领域,目前大型跨国公司占据主导地位。世界上最大的一家跨国种子公司 2007 年的种子销售额达到 49.64 亿美元,占全球市场份额的 23%。全球 90% 的抗虫棉和抗虫玉米品种中所含的抗虫基因来自该公司的产品。国内较大的 5 家种业公司 2009 年的研发投入为 4 400 万元,不到该公司 2008 年研发投入 9.8 亿美元的 1%。

要使我国的种业能与大型跨国公司抗衡,需要制定明确具

体的促进农业技术进步和种业发展的政策措施，着力培养具有自主知识产权的作物品种，抢占农业高技术领域的制高点。应加快培育一批育繁推一体化的大型种子企业，形成大中小种子企业各具特色、相互补充、共同发展的企业集群，推动科研院所、高等院校与种子企业联合与合作，把我国的种业做大做强，防止出现外资控制我国种子产业的局面。

提高农业机械化水平，夯实现代农业发展的物质基础

随着工业化、城镇化进程的加快，超过1.5亿农村青壮年劳动力外出务工，一些农村地区出现村庄空心化、农业兼业化、农民老龄化现象，这就引出一个在中国谁来种田的问题。但事实是，自2003年以来我国粮食总产连续8年增长，粮食单产和人均占有量一直保持在较高水平；蔬菜水果、肉禽蛋奶、水产品等其他农产品供给充足。这样的成就是如何取得的？其关键在于中央强农惠农富农的政策体系初步形成，扶持“三农”的一系列政策措施得到贯彻落实，农业的社会化服务体系越来越完善。其中一个重要方面是农业的物质技术装备得到加强，农业的机械化和自动化程度大幅度提高，农业有机构成发生了巨大变化，资本在越来越多地替代劳动，农业劳动生产率相应提高。

马克思说过，超过劳动者个人需要的农业劳动生产率，是一切社会的基础。只有更少的农业生产经营者使用更多的农业资源，他们生产的剩余才能更多，收入才能增加，社会才能发展。农业科技创新的一个重要方面是进一步提高农业机械化水平，在提高土地生产率的基础上着力提高农业劳动生产率，促进农业增产农民增收。2012年国家将增加农机具购置补贴，进一步落实支持农业机械化发展的税费优惠政策，推动农机服务的市场化和产业化。

培育从事现代农业的主体力量，推进农业科技创新

当前，我国农户构成是大量小规模兼业农户与少数专业农户并存，我国农业是市场化、专业化的农业与口粮农业并存。从变动趋势看，在兼业农户大量增加的同时，专业农户正在兴起壮大。全国各地涌现的各类专业种植户、养殖户、营销户是在农产品生产市场化、商品化、专业化程度不断提高进程中涌现出来的，他们从事完全以市场需求为导向的专业化生产，是具有企业家精神的现代农民。加快推进农业科技创新、促进农业增产农民增收的一个关键问题，是要创造一个好的制度环境和有效的社会化服务体系，使一部分有文化、懂技术、会经营的年富力强的专业农民能在农业中创业、发展、致富，使他们成为新型职业农民、农业企业家以及从事现代农业的主体和主力军，并在家庭经营的基础上鼓励他们开展联合与合作。同时加强对他们的农业技能培训，使农业科技创新成果通过他们落实到农业生产中，传导到千家万户。

巩固和完善农村基本经营制度，保护农民的生产积极性

巩固和完善农村基本经营制度是现代农业发展基础性和根本性的制度安排。在从传统农业向现代农业的转换过程中，分散的小农家庭经营模式如何实现规模经济？小规模农户如何走上农业现代化道路？这是巩固和完善农村基本经营制度所面临的重大问题。在我国农业现代化进程中，各个地区实际上实行的是一种社会主义初级阶段的混合型、多样化的农业经营模式，走的是一条兼容性较强的道路。从全国来讲，家庭经营再加上社会化服务能够容纳不同水平的农业生产力，以农户为基本经营单位的农业基本经营制度具有旺盛的生命力。发展现代农业，应在稳定和完善家庭承包经营的基础上进行。在鼓励土地向专业农户集中、发展规模经营的同时，应防止一些工商企业进入农业后导致农业非粮化、非农化倾向，更应防止一些工商企业以发展现代农业为名圈占农民土地、侵害农民利益。只有从事家庭经营的农户生产积极性得到保护，他们作为农业生产经营主体的地位得到巩固和加强，农业科技创新成果的推广应用才有坚实的基础。

建设农村现代流通服务体系，满足生产者和消费者的需求

农业科技创新成果应落实在生产上，最终应落实在农产品供给上。近年来，一些农产品的价格如同坐上了过山车，暴涨暴跌，给农户和消费者带来损失。小农户如何与大市场对接？农产品如何实现从产品到商品的“惊险跳跃”？农业生产者如何获得合理利润？一些农产品价格波动、产品滞销的现象说明，单个农户难以准确掌握供给与需求的平衡关系，分散的基层农民合作社或协会、基层乡镇政府、甚至县一级政府部门也难以把握大市场的需求，难以有效配置资源、实现供给与需求的对接。同时，近年来频繁出现的农产品以及食品质量问题使消费者越来越关心农产品的质量安全。如何对农业企业加强监管，从体制上消除或制约地方保护主义？在面对千千万万个小农户时，如何监督农产品的种植流程和实现产品的溯源？实践表明，建立一个有效的从田间到餐桌的农产品质量监督、检验检测和追溯体系已经成为当务之急。

要满足生产者和消费者的需求，就要深化农产品流通体制改革，建立一个整合农村现代流通服务体系各个相关主体（商务部、农业部及供销社等机构的有关部门、涉农企业、农产品行业协会、农民专业合作社及其联合社、农产品经纪人组织等）的更大平台，使农村现代流通服务体系真正成为农户与农产品流通及加工企业建立紧密利益联结机制的载体、促进生产与消费有效对接的纽带、各级政府调控农产品市场的抓手。

（论文来源：2012年2月22日《人民日报》）

探索农业全程机械化生产模式的几点思考

中国农业大学教授　　白人朴

2012年中央1号文件第一次提出“探索农业全程机械化生产模式”，引起业界的高度关注和热烈响应。2012年中国农业机械化论坛将以“农业全程机械化生产模式探索与创新”为主题，有利于通过学术交流加深对中央精神的理解和努力推进深入贯彻实施。因此，我们也对模式探索研究问题进行了几点思考。

探索模式的重要性

中央一号文件从国家战略高度，提出要“加快推进农业科

技创新,持续增强农产品供给保障能力",指出"稳定发展农业生产,确保农产品有效供给,对推动全局工作、赢得战略主动至关重要"。而要确保农业持续稳定发展和农产品长期有效供给,根本出路在科技。因为,"农业科技是确保国家粮食安全的基础支撑,是突破资源环境约束的必然选择,是加快现代化农业建设的决定力量"。文件精辟地阐释了必须坚决贯彻实施科技兴农战略,并有五处提及有关模式探索与创新的内容,可见模式探索与创新是农业科技创新体系的重要组成部分和重要内容,是持续增强农产品供给保障能力的重要科技支撑,对推进农业科技创新和持续增强农产品供给保障能力具有重要意义。尤其在我国农业机械化已进入中级阶段中期以后,从主要农作物生产全程机械化向农业全面机械化迈进的发展新时期,文件提出"探索农业全程机械化生产模式",给农业机械化工作者指明了努力前进的方向。

关于模式的概念和特性

关于模式的探索和研究很多,正呈兴起之势。世界上有许多不同的模式,对于模式的概念,也有许多不同的认识、理解和表述。本文认为,模式是指某种事物的典型样式(有代表性的状态),或某种行为的标准方式(如生产或服务的标准范式)。现实中人们常称的"模式",是对客观存在的某种事物典型样式(基本形式、标准状态)的理性概括、表述和称谓。所谓"式",是指事物的表现形式、状态或运行方式。"式"前面加"模",模式就是指该种事物的典型样式,基本形式,标准状态或范式。模式种类繁多,各有各的特性,相似的可归为一类,有利于在研究和实际行动中分类分析和指导。如,有各种发展模式,经济模式,技术模式,研究模式,生产模式,营销模式,服务模式,教育模式,艺术模式(门派),体育模式等等,不胜枚举。但凡称为模式的,除各有其特性外,也都具有一些共性,可称为模式有四性:时空性、相对稳定性、辐射带动性、不断进化性。

模式的时空性,是指模式本身在形成和发展过程中,其物质内容及社会化形式呈现出阶段性和地域性。同一事物,在不同的发展阶段呈现出的模式有所不同;在不同的地域呈现出的模式也有所不同。

模式的相对稳定性和辐射带动性,是指事物在不同发展阶段和不同地域模式虽然有所不同,但在一定的社会技术和经济条件下,是基本类似和相对稳定的。因此,一种模式对条件类似的区域,有自然辐射带动作用,即具有可复制性。相对稳定性和辐射带动性是模式具有推广应用价值的理论依据。由此可以认识,人们研究和推广模式,是由模式内在的自然特性和客观规律所决定的科学行为。模式的生产、存在和推广,有特定的自然属性和科学依据。由于模式的相对稳定性,才有一定范围、一定条件下的推广价值。其辐射带动作用才是一种自然的、必然的、非主观臆造的发展过程。

模式的不断进化性,是指事物发展阶段性与无限性的对立统一过程,这也是宇宙间普遍的新陈代谢规律。在发展实践中,某种模式不是永久固定不变的,而是充满生机活力,永不僵化,永不停滞的,其物质内容及社会形式也必然要随着需求和条件的变化而推陈出新,与时俱进,即模式也有时代性。所以,模式创新是由新陈代谢规律所决定的永恒课题和历史使命。世界上各类模式之多,层出不穷,就是历史的验证。例如,具有中国特色的农机跨区作业服务模式,在实践探索中,正在由单机作业服务向组织起来集体作业服务发展,更加重视创出优质服务,有良好信誉的农机服务品牌;近年来正在由单项订单作业服务向耕、种、收、管等全程托管作业服务探索前进。在不断创新发展中,形成了"作业区域清晰、服务半径适度、服务对象稳固、作业收益稳定、机具转移顺畅、用户政府满意"的发展模式,实现了农户、农机服务组织,政府"三满意"和"三赢"。模式是在实践中产生,也是在实践中不断健全完善和再创新发展的。创新突破,稳健发展,再创新突破,再稳健发展,如此不断循环,由低级向高级,生生不息,创新发展,永无止境。这就是模式的不断进化性,也是模式演变的新陈代谢规律。这符合辩证唯物论的知行统一观,事物运动变化是没有止境的,最好是暂时的,更好是发展的。

综上所述,人们研究模式,一是研究模式形成和发展演变的客观规律,得出正确的认识;二是研究模式的推广应用价值及推广应用方法,应用理论于实践,为科学发展服务。

探索农业全程机械化生产模式需要注意的几个问题

探索农业全程机械化生产模式,从实践和研究的两个角度,需要注意几个问题:模式的识别与细分,模式的比较与选择,模式的示范推广与发展演进。

首先,是模式的识别问题。模式的识别,就是研究之所以成为模式的特殊性质。任何称为某种模式的事物,都一定具有区别于其他事物的特殊性。把这些特殊现象的本质(质的规定性)从理论上高度概括表述出来,就成为大家公认的某种模式。正如毛泽东同志在《矛盾论》中所说,"如果不研究矛盾的特殊性,就无从确定一事物不同于其他事物的特殊本质,就无从辨别事物,无从区分科学研究的领域"。对农业机械化生产模式来说,就是要研究模式的物质内容(用现代物质条件装备农业、用现代科学技术改造农业的生产技术路线及其装备设施)及社会形式(用现代产业体系提升农业、用现代经营形式推进农业、用现代发展观念引领农业、用培养新型农民发展农业的农业机械化组织形式及其运行方式)。因为实际的农业机械化生产模式,都是技术装备与组合机制运行的综合表现。要在调查研究的基础上,用归纳相似性、区别差异性的聚类分析法进行归类处理。在现实生产中,一个区域的生产模式大致可归纳为大家可以接受的几类或若干类不同模式。用聚类分析法进行归类处理,是因为事物都有差异,没有绝对相同的。但许多事物也有相似之处,用归纳相似性,区别差异性的方法,求大同,存小异,把相似多于差异的事物都归为一类,就可以大致区分出不同类型,有利于分类指导发展。由于影响农业机械化生产的因素很多,而事物的性质主要是由取得主导作用的因素所决定的。所以对复杂事物要合力找出其影响最大的、起主要作用的因素,作为区分模式类型的主导因素。例如,湖北和湖南都是水稻和油菜产区,有一定相似性,但湖北是单季稻与油菜连作,湖南是双季稻与油菜连作,其差异性就形成了湖北的"稻油连作"生产机械化模式,湖南的"稻稻油"生产机械化模式,在这里,区分模式类型的主导因素是耕作制度。又如,联合收获机械化生产模式与分段收获机械化生产模式,模式区分的主导因素是机械装备。还需注意,全程机械化生产与单一环节机械化生产的技术装备模式区分不仅要看单项环节,更要看全程各环节的集成;不仅要看单一技术装备的功能先进性和条件适应性,还要看全程装备的成套性和配套协调性。

关于模式的细分,是指探索农业全程机械化生产模式是一个大课题，总命题，在实际探索和研究中，需要分层次进行细分，具体化才具有可操作性。如，农业是一个总概念，按部门可分为种植业、林业、畜牧业、渔业；农业机械化生产是指从事种植业、林业、畜牧业、渔业等产业的机械化生产；按农作物对象各产业还可进一步细分。如种植业按作物可细分为水稻、玉米、小麦、马铃薯、棉花、油菜、花生、甘蔗、蔬菜、苹果、柑橘、葡萄……等生产机械化；按地形地貌可分为平原、丘陵、山区、草原生产机械化；旱作、水作机械化；发达地区、欠发达地区农业机械化；按耕种制度可分为一熟、两熟、多熟地区农业机械化等多种不同的农业机械化生产模式。只有从实际出发，细分到当地的主要农产品机械化生产，模式探索研究才具有很强的针对性和实际指导意义。

关于模式的比较与选择，是指生产模式是在生产实践中产生的，自然有值得肯定的一面，但也可能有不够合理、不够健全之处，经过比较分析，有利于促进现有模式的改进完善和健康发展，也有利于通过比较优选促进农业机械化试验示范基地建设和优选模式的示范、推广。从某种意义上说，比较是为优化选择和试验示范推广服务的。例如，多年困扰我国农业机械化生产的薄弱环节玉米机收，山东省组织研究突破，通过调查研究比较分析，把全省的玉米机收模式梳理出适宜于不同类型地区的四种技术模式：机械摘穗 + 秸秆粉碎还田联合收获模式（主推模式）；人工果穗收获 + 秸秆机械化粉碎还田分段收获模式（适宜丘陵山区等玉米生产机械化发展初期）；玉米穗茎兼收机械化模式（适宜畜牧养殖较发达地区）；玉米青贮机械化模式（适宜有大型畜牧养殖企业或规模化养殖地区），进行因地制宜，分类指导，推荐选用，收到了很好的效果，推进了山东玉米机收大发展，玉米机收水平大提高，创造了连续几年提高幅度都在 9 个百分点以上的“山东速度”，2010 年，山东玉米机收水平达 71.5%，比全国平均水平高 45 个百分点，玉米耕种收综合机械化水平达 88.7%，成为我国实现玉米生产全程机械化第一省。

比较优选要有原则、评价指标、标准和方法指导。农业全程机械化生产模式，要符合《中华人民共和国农业机械化促进法》规定的发展原则：因地制宜、经济有效、保障安全、保护环境。就是要构建以提高土地产出率、资源利用率、劳动生产率为主要目标，适应高产、优质、高效、生态、安全 10 字方针要求的节本增效型、资源节约型、环境友好型农业机械化生产技术体系，并构建相应的评价指标体系、评价标准和评价方法，为现有模式优选和进一步优化（模式改进创新）提供科技支撑。

关于模式的示范推广。如果说，模式的选择是通过实践而发现和认识典型模式的过程，那么，模式的示范推广就是通过实践而检验典型模式的过程。只有通过试验示范检验，达到了人们预期的结果时，模式的优选才算成功了，才具有推广使用价值。因此，通过试验示范再进一步推广应用有两方面的重要作用：一是模式检验作用，看优选模式是否能够达到预期目的；二是起到提高其群众认知度、认可度的作用，看这种模式群众是否乐于接受，以利于见减少盲动性，提高科学性和自觉性，取得更好的实际效果。

关于模式的发展演进。模式演进是必然发生的客观规律，在实践中有自然演进和自觉演进两种情况。自然演进是顺从其自然的自发演进。我国现有的农业机械化生产模式多数并非出自预先设计，而是在实践中逐步形成和发展的。也就是说，多数是自然演进而成。在形成过程中逐渐被人们观察和认识到，总结归纳出若干模式，可以从中进行优选。自觉演进是有研究支持，有预先设计的演进。也就是由自发到自觉的演进，从优选到优化的演进。经济社会的快速发展，对农业机械化提出了转型升级的新要求。在新的发展时期，农业全程机械化生产对农业机械品种多样性、性能先进性和机器系统的成套完备性、配套协调性都提出了新的更高要求，既要求机具装备、设施性能先进，又要求装备结构优化升级。因此，任何现有模式在实践发展中都是有时效性的。过去适应，现在出现不适应；现在适应，将来未必能适应。发展中要突破资源环境约束，对发展模式必然有转型升级的新要求，要转变发展方式，进入新境界。上好新台阶，必然要求模式创新，以创新促发展。对此我们要有信心，又要有紧迫感和忧患意识，从自发到自觉，去迎难而上，努力解决发展中的难题。所以，模式创新也是科技资源整合，农业科技创新的方向和重点。从自发演进到自觉演进，从优选到优化，符合实践、认识、再实践、再认识的客观规律，可以再发展中更好地发挥认识的能动作用，促进农业机械化又好又快发展。

关于农机购置补贴实施方法的思考

农业部农业机械化管理司副司长　**刘恒新**

实施农机购置补贴是落实党的强农惠农富农政策的重要内容，也是提高我国农业机械装备水平、促进农业稳定发展和农民持续增收、推动农机工业振兴的重大举措。2004—2011 年中央财政共安排补贴资金 529.7 亿元，带动地方和农民投入 1 596.7亿元，补贴购置各类农机具 1 672 万台（套），受益农户达到 1 489 万户，全国农机总动力增长了 61%，农作物耕种收综合机械化水平 8 年的增幅超过了政策实施前 30 年的增幅。2010 年全国农作物耕种收综合机械化水平达到了 52.3%，标志着我国农业生产方式实现了由人畜力作业为主向机械化作业为主的历史性跨越。2011 年农作物耕种收综合机械化水平达到 54.5%，连续六年保持 2 个百分点以上的增幅。农机购置补贴政策的实施，扩大了内需，拉动规模以上农机工业产值年均增长超过 20%，促进了农业机械化和农机工业又好又快发展，在确保粮食生产“八连增”、农民收入“八连快”及提高农业综合生产能力等方面，发挥了十分重要的作用。

随着农机购置补贴资金规模逐年扩大，补贴机具种类范围越来越广，涉及的企业、经销商和农民越来越多，政策实施过程中也暴露出一些问题，有的还比较严重。如河北、广西等省区一些农业机械化主管部门干部在实施农机购置补贴工作中贪污贿赂犯罪案件查处情况，引发社会关注。一些地方仍然存在有令不行、有禁不止、执行不力、监管不到位的问题。针对存在的问题，有的方面对农机购置补贴运行机制提出了不同看法，有必要对政策实施的一些关键问题进行深入的思考。

一、关于补贴对象

《中华人民共和国农业机械化促进法》第二十七条规定，中央财政、省级财政应当分别安排专项资金，对农民和农业生产经营组织购买国家支持推广的先进适用的农业机械给予补贴。《中华人民共和国农业法》第二条规定，农业生产经营组织是农村集体经济组织、农民专业合作经济组织、农业企业和其他从事农业生产经营的组织。中央一号文件要求，新增补贴向主产区、种养大户、农民专业合作社倾斜。

《2009年农机购置补贴实施方案》规定，在申请补贴人数超过计划指标时，补贴对象的优选条件是：农机大户、种粮大户；农民专业合作组织（包括农机专业化组织）；配套购置机具的（购置主机和与其匹配的作业机具）；列入农业部科技入户工程中的科技示范户；“平安农机”示范户。申请人员的条件相同或不易认定时，在优先安排没有享受过补贴的农民的基础上，根据申请补贴的先后排序或农民接受的其他方式确定。《2012年农机购置补贴实施指导意见》规定，补贴对象为纳入实施范围并符合补贴条件的农牧渔民、农场（林场）职工、直接从事农机作业的农业生产经营组织。在申请补贴人数超过计划指标时，要按照公平公正公开的原则，采取公开摇号等农民易于接受的方式确定补贴对象。对于已经报废老旧农机并取得拆解回收证明的农民，可优先补贴。从两年的方案可以看出补贴的对象没有变化，但对公平确定对象提出了更具体的要求。

基于资金额度有限，申请补贴的农民和农业生产经营组织总是多于实际享受补贴的，因此公平确定对象，让享受不到补贴政策的也理解非常重要。

有关补贴对象方面基层实际操作中遇到以下问题：一是农民购机时间与资金下达时间不一致怎么公平确定对象？很多农民是“有钱不买半年闲”，多数农忙之前才购置，而补贴资金是按财政预算管理，下达时间与各地农时不尽不同。有的地方刚下资金，购买农户不多，快到农时季节，资金就早早用完。有的地方很愿意根据申请补贴的先后排序确定对象。这容易给暗箱操作创造条件，容易出现农民不满意。二是怎么体现向农机大户、种粮大户、农民专业合作组织倾斜？有的地方优先满足重点对象的需要。三是农业生产企业能否享受补贴？四是异地农民能否享受补贴？解决或回答这些问题，涉及到处理好公平与效率的关系，涉及防止机具倒卖问题。让人人享受，体现了公平，但没有足够的资金，也没必要家家买农机；让懂技术、会经营农机的享受补贴，使资金效益最大化，能优化发展方式，加快农业机械化发展。今后在确定补贴对象时一定要坚决采取定时定批公开摇号方式，给每个申请者同等的机会，实现人人平等；要用增量部分向重点对象倾斜，兼顾各方利益，提高政策效果。一定要妥善分配好大户、合作社与一般农户的资金额，以当地农民意见不大为标准；暂时不给企业购机进行补贴，让农民先享受政策的实惠，企业不要和农民争利益；在保证机具用到当地农业生产的前提下给异地来务农农民购机补贴。

二、补贴机具范围

《中华人民共和国农业机械化促进法》规定，对农民和农业生产经营组织购买国家支持推广的先进适用的农业机械进行补贴。2005年，中央专项资金补贴机具范围包括大中型拖拉机、耕作机械、种植机械、植保机械、收获机械、粮食干燥机械等六大类十八个品种的机具。补贴机型确定采取选型制，由部省农机管理部门采用竞争择优筛选的办法，确定补贴产品目录、确定最高限价供农民选择。2012年农机购置补贴机具范围包括：耕整地机械、种植施肥机械、田间管理机械、收获机械、收获后处理机械、农产品初加工机械、排灌机械、畜牧水产养殖机械、动力机械、农田基本建设机械、设施农业设备和其他机械等12大类46个小类180个品目机具。手扶拖拉机、微耕机仅限在血防区和丘陵山区补贴。玉米小麦两用收割机作为小麦联合收割机和单独的玉米收割割台分别补贴。除12大类46个小类180个品目外，各地可以在12大类内自行增加不超过30个品目的其他机具列入中央资金补贴范围。背负式小麦联合收割机、皮带传动轮式拖拉机、运输机械、装载机、农用航空器、内燃机、燃油发电机组、风力设备、水力设备、太阳能设备、包装机械、牵引机械、设施农业的土建部分（指用泥土、砖瓦、砂石料、钢筋混凝土等建筑材料修砌的温室大棚地基、墙体等）及黄淮海地区玉米籽粒联合收割机不列入中央资金补贴范围。各省（区、市、兵团、农垦）结合本地实际情况，合理确定具体的补贴机具品目范围。县级农业机械化主管部门不得随意缩小补贴机具种类范围，省域内年度补贴品目数量保持一致。补贴机具必须是已列入国家支持推广目录和省级支持推广目录的产品。对比两年的规定，可以看出补贴的范围不断扩大、给地方的选择不断增加、取消了机具选型、尊重市场规律管理农机产品的价格。

在实际操作中反映有以下问题：一是有的地方希望扩大补贴范围，希望把皮带传动拖拉机、运输机械、装载机以及大棚用结构等纳入补贴范围，助农民增收；二是有的地方希望减少补贴种类，缓解资金不足的矛盾，尽可能满足所有申请者需要；三是允许县级根据地方特点，突出重点进行补贴范围的取舍，容易出现有的地方按企业进行取舍，有出现权力寻租的可能，会坏了政策、毁了干部。

补贴种类范围的确定，是实现补贴宏观调控目标的手段之一。从农民角度来说，希望补贴范围越宽越好。但从政府角度，补贴资金有限，应该加强宏观引导，按照优化农机装备结构布局的要求，突出重点和导向性，合理确定补贴机具种类范围。具体应把握以下原则：一是促进粮食生产和农业结构调整，主要补贴农业生产急需的关键环节的机具；二是促进农业机械化新技术的推广应用，推广节能环保、高性能、复式作业机具的应用。如保护性耕作机具、秸秆还田机、插秧机等；三是技术成熟、安全可靠、服务到位的机具。按照农业部行业标准NY/T1640—2008《农业机械分类》规定，农业机械分14大类、71个小类、326个品目，目前仅规定13个品目不能补，可以说补贴范围已相当广，暂时没有继续扩大的必要。具体到一个省，补贴范围多大，要根据资金额的多少、地方农业生产的需要和农业机械化发展水平综合考虑，应鼓励地方在优先保证粮食生产需要的前提下，适当控制补贴机具范围，尽可能满足申请者需要，减少供需矛盾、减少权利寻租可能、加快关键环节农业机械化的突破与发展。在资金有限情况下，对于技术不成熟、不好监管以及低值的机具暂不宜补贴。对于县级根据地方特点进行补贴范围的取舍，有利于加快农业机械化装备结构优化和改善，对于出现的弊端可以通过信息的公开、社会的监督、上级的监督等方式遏止。虽然2012年不允许县级对补贴机具的种类取舍,这只是权宜之计或者是矫枉过正。

三、补贴标准

确定适当的购机补贴比例是保障购机补贴政策有效发挥扶持、引导作用的前提。补贴比例太低,不足以调动农民购买农业机械的积极性;补贴比例太高,可能会导致农民购买过量农业机械,或者不珍惜保管机械,造成资源浪费。2005年规定,使用中央资金的补贴率不超过机具价格的30%,且单机补贴额原则上不超过3万元。2012年农业部、财政部规定,中央财政农机购置补贴资金实行定额补贴,即同一种类、同一档次农业机械在省域内实行统一的补贴标准。通用类农机产品补贴额由农业部统一确定,非通用类农机产品补贴额由各省(区、市)自行确定,单机补贴限额不超过5万元。非通用类农机产品定额补贴不得超过本省(区、市)近三年的市场平均销售价格的30%,重点血防区主要农作物耕种收及植保等大田作业机械补贴定额测算比例不得超过50%。对比两年的变化,可以看出,单机补贴额在提高、重点血防区主要农作物耕种收及植保等大田作业机械补贴比例在提高、明确补贴额按照本省(区、市)近三年的市场平均销售价格计算、明确实行等额补贴。

在实践操作中,一些地方反映应对不同地区、不同机具、不同补贴对象差别对待,贫困地区的农民购买力较弱应该实行相对较高的补贴比例,国家重点扶持的机具应该提高补贴比例,对种粮大户、农机大户、农机合作社应提高比例;有的反映应限制地方累加补贴,以免造成地区间补贴额不同,出现跨区域倒卖机具,使补贴政策缩水;有的反映由于机具分类分档过粗,实行等额补贴鼓励低价机具销售,不利于促进高性能机具推广。

对不同地区采取不同的补贴比例观点是可以理解的。就总体而言,补贴资金不能满足需要,为使更多的对象享受政策,现阶段还应坚持统一比例,对特殊的如血防区、汶川地震灾区可以阶段性的提高比例。可用扶贫资金累加的方法解决贫困地区群众筹款难的问题。对不同产品实行不同补贴比例,现有的政策是允许的,2008年之前很多地区对拖拉机补贴比例就没达到30%,2006—2008年三年全国对小麦联合收割机就没有补贴。具体哪个品目补多少,只要不超过30%,各省就可以确定。至于对部分机具提高比例,可以用地方资金累加。对累加过高的,地方要加强监管,防止跨区域盗卖。同时我们要求地方保证基层实施政策所需的工作经费,鼓励地方对农机作业进行补贴,从源头拉动薄弱环节机械化水平的提高。

具体单台机具的补贴额计算方法一般有从量补贴和从价补贴两种。从量补贴是指按照一定的标准,同一档次的机械,不管实际售价多少,规定一个固定的补贴额。从价补贴是指根据机械的实际售价,按照补贴比例直接计算出补贴资金额。2008年以前我国实行的补贴方式是从价补贴,2009年改为从量补贴。从量补贴能够节约农机购置补贴资金、便于农民了解、便于监管,但农业机械化部门要科学分类档、计算补贴额,增加了工作量,也不利于优质高价产品销售。从价补贴计算补贴额容易、鼓励优质优价,但会出现不同地方同一型号机具补贴额不同,鼓励企业高报价,增加监管难度。从量补贴和从价补贴各有利弊,考虑到农业机械的品种的复杂性和我国农机销售市场的状况,从操作成本、监管成本等角度进行对比分析,现阶段宜采取从量补贴的办法。从量补贴需要政策制定部门确定补贴额,需要部省农业机械化主管部门加强市场价格信息采集工作,组织专家科学合理确定农业机械基本配置,按照科学合理直观、就低不就高、公开公平的原则分类分档确定补贴额。要注意两档补贴额的差距要低于平均售价的差距,防止企业钻空子。补贴额确定工作需要一定的积累,还有很多事要做。

四、补贴兑现方式

补贴资金的兑付,按领取对象分有两种方式:一种是农民先全价购机,然后凭发票等有关凭证领取补贴资金;另一种是农民购买时只支付补贴后的差价直接享受补贴,补贴资金由财政部门与生产企业或经销商结算;按发放主体分:一种由省级财政集中支付,一种由市县级财政支付。目前大多数省采用的是差价购机、省级财政集中支付的兑现方式。

差价购机的兑现方式有以下三方面好处:一是可减少农民的支出成本。农机价格较高,多数机具在五千元以上,有的达到几十万元,实行差价购机可降低农民购机筹款难度,使农民直接受益。二是确保资金安全。实行省级财政集中结算,补贴资金只下达到省级财政,不再向市县下拨,减少资金运作环节,降低补贴资金被挤占、挪用的可能性。三是减少监督成本。购机农民人机合影,农民、农机局工作人员、生产企业、销售商互相制约与监督,套购、虚购难度大。差价购机也存在一些弊端,一是环节多、资金结算缓慢,影响企业资金周转;二是农民没有直接感受到补贴多少、也就不关心补贴额、参与监管的程度不够;三是基层管理人员与企业接触有权力寻租的可能,收受企业贿赂,为某些企业牟利。当然这些问题可以通过加强信息公开,强化监督,落实农民知情权、选择权、严肃整治违规行为以及提高信息化水平、提升工作效率等进一步改进。

全价购机凭票报销的方式优点是:一是农民直接拿到财政补贴,能够参与监管;二是农民自己能够很大程度选择销售商,容易实现货比三家;三是一定程度割断了企业和基层农机部门的联系,权力寻租的可能性降低。不利的是:一方面给农民筹款增加难度。多数农民买大中型机具要民间借贷,补贴兑付慢农民可能会有怨言。家电下乡最高只补贴400元,因兑付慢农民反映强烈。对于农机购置补贴有的达5万元、甚至到20万元,兑付慢农民会不答应的。另一方面买了机具凭发票报销,给核实机具带来更大的难度。农机种类多,不同档机具补贴额不一样,不能保证不会出现以小报大、未购机享受补贴的情况。再一方面因为补贴资金总额不够,申请人多于实际享受人的状况没有根本改变,基层一些同志权力寻租的空间仍然存在。

不管采取哪种兑付方式,都要注意兴利除弊。

五、补贴产品经销

2008年以前有的省采取招标的办法选定补贴产品的经销商。2008年以后,农业部、财政部要求:经销商应由生产企业确定,省级农业机械化主管部门向社会公布。2011年以后农业部要求补贴机具经销商必须经工商部门注册登记,取得经销农机产品的营业执照,具备一定的人员、场地和技术服务能力等条件;经销商名单由农机生产企业依据农业部及省级农业机械化主管部门规定的经销商资质条件自主提出,报省级农业机械化主管部门统一公布。

在实施中有的地方提出经销商必须经农机部门审核,便于规范经销商的行为。有的地方要求提高经销商资质条件,扶优扶强。但实践中发现农机管理部门确定经销商,容易出现“设租”、“寻租”现象。由生产企业确定经销商,农机管理部门作为监管者,对经销商出现违规行为,生产企业承担连带责任。

农机部门不管“准入”，只重监督，重在做好“裁判工作”，有利于减少不必要的干预，减少权钱交易的可能，履行好政府的监管职责。对于经销商的资质条件，由于全国东西之间、南北之间、大型机具与小型机具经销商之间千差万别，制定统一的条件会存在一定的困难。实践中发现过去有的省份只确定不到十个经销商，一些小的经销商距离农民近，农民需要，就挂靠在大经销商名下，每销售一台机具给大经销商一定的“开票费”，实际并未减少经销商数量，反倒增加了交易成本。目前经销领域存在的主要问题是对一些违规者处理不及时或力度不够。有处置权的部省两级了解的信息有限，最了解基层情况的县级对违规者没处置权，有的也不上报。下一步主要加大查处与惩治力度。

综上所述，农机购置补贴实施以来，制度不断完善，措施不断加严，操作基本规范，成效十分显著。今后还要不断加强调查研究、不断试点创新、不断总结地方的经验，有序有效地完善落实机制，进一步把好政策实施好。

论农业机械化技术推广工作的创新与发展

农业部农业机械化技术开发推广总站站长　**刘　宪**

农业机械化技术推广是提高农业机械化水平的主要途径。推进农业机械化对于提高农业土地产出率、资源利用率和劳动生产率，增强农业综合生产能力、抗风险能力和市场竞争力，促进农业技术集成化，改善农业生产条件、农民生活质量和农村生态环境都有明显的作用。因此，促进农业机械化技术推广工作的创新与发展十分重要。

紧紧抓住农业机械化技术推广工作创新与发展的新机遇

2012 年中央 1 号文件将主题锁定在农业科技进步，突出农业科技创新与推广，提出了一系列理论性、指导性强的新观点、新论述，出台了一系列含金量高、操作性强的新政策、新举措。在总体思路上，提出“三强三保”：强科技保发展，强生产保供给，强民生保稳定。在政策设计上，明确“三大指向”：强农惠农富农——强化农业基础，惠及农村发展，富裕农民生活。在农业科技的战略地位上，界定了农业科技的“三性”：具有显著的公共性、基础性、社会性。在提升农技推广服务能力上，集中出台“三大政策”，即实现在岗农技推广人员工资收入与基层事业单位人员工作收入平均水平相衔接，2012 年基层农业技术推广体系改革与建设示范县项目基本覆盖农业县（市区场）、农业技术推广机构条件建设项目覆盖全部乡镇，集中解决基层公益性农技推广机构人员待遇低、推广经费缺、工作条件差的问题。

2012 年的中央 1 号文件，为快速推进农机推广体系改革和把握体系建设正确方向提供了最新指针，必将对农业机械化推广体系建设和推广工作的创新与发展产生现实和深远影响。

近年来，国家不断加大农机购置补贴的力度，2012 年，在上年 150 亿元的基础上将进一步扩大资金规模，各级政府也陆续出台支持本地区农业机械化技术推广普及的优惠政策，着力解决水稻机插和玉米、油菜、甘蔗、棉花机收等突出问题，积极推广精量播种、化肥深施、保护性耕作等节地、节水、节能、节药和节肥农业机械化技术。广大农民群众、农机合作社、农机生产和营销企业和政府主管部门对农业机械化技术推广机构的关注和期望越来越高，农业机械化技术推广工作的创新与发展迎来前所未有的新机遇。

机遇来临，全系统必须积极行动，把中央关于农业科技的新思路、新措施融入到农机推广实践和具体工作中，以改革创新精神，以强烈的事业心和紧迫感，下十二分的气力，努力开创农业机械化技术推广创新驱动发展的新局面。

积极探索促进农业机械化技术推广工作创新与发展的新途径

农业机械化技术推广工作创新与发展的总体要求是：深入贯彻落实科学发展观，紧紧围绕推动农业科技进步，转变农业发展方式的战略要求。以促进粮食增产和农民增收为核心目标；以突破农业机械化薄弱环节关键技术为重点；以促进农机农艺融合为主线，加大技术试验示范力度，大力推广增产增效、资源节约、环境友好型农业机械化技术。着力加强体系建设，创新推广机制，提升服务能力。我们要按照这个总体要求，依托原有基础，添进新元素，增加新机制，注入新活力。可以考虑从以下五个方面探索创新：

一是在推广与科研衔接方面推进创新。科研成果是技术推广的源泉。近年来，农机科研成果的转化推广得到主管部门和科研单位越来越多的关注。课题研究和成果评价越来越看重推广的效果，科研资源出现向推广倾斜的趋势。农机推广机构要主动迎合这种变化，积极参与行业科技和成果转化类的科研项目，提前学习、提前介入，增加技术推广的超前储备和技术含量。目前部推广总站和部分省站已经做了一些尝试，参与了一些重点科研开发项目研究，取得了一定的成效。实践证明，这样做既能提升推广的技术水平又能培养锻炼推广技术队伍，一举数得，事半功倍。

二是在新技术新机具的试验示范方面推进创新。试验示范是新技术新机具普及应用的重要前提，是农业机械化技术推广最核心的业务。2004 年以来，中央农机具购置补贴政策力度不断增强，亿万农民购买农机的积极性空前高涨，但在很多地方，用户选购农机具缺乏正确的信息引导，“村看村户看户”存在盲目性。购置的机具是否经济适用、安全可靠不得而知。推广机构往往不能向农民提出详尽的购机指导，农民靠生产中摸索的经验选用机具和技术，走了许多弯路甚至付出很大的代价。因此，加强试验示范成为当务之急。建议各地以农业部确定的在全国范围内推广的重大农业机械化技术为参考，结合本地区生产实际确定若干项示范推广机具和技术，组织技术骨干加以实施。向农民推广前，尤其要坚持试验先行，取得第一手数据，再组织大范围示范推广。一些县、乡划出机具试验地，先试验后推广这个做法很好。技术推广不仅推广新机具，更要推广新技术。通过建立试验田，先行摸索，积累经验，尔后推而广之。现在，全国农机推广系统有县级以上推广机构2 500多个，科技人员6.3万人，要充分利用推广人员本土化、专业化、熟悉试验示范程序与方法等优势，在国家和部、省示范推广项目的实施过程中，积极争取参与权、评价权和建议权，发挥应有的作用。各地要逐步探索农机新技术新机具作业效果综合评价的方法和程序，提升农机专业技术人员试验示范的组织能力和专业技能，促进技术进步，为政府决策和农民选购农机具提供依据和参考。

三是在加强农机农艺深度融合方面推进创新。农业生产的规模化、集约化、产业化和标准化，为农机农艺一体的机械化作业模式提供了越来越广阔的发展空间。现在，农业各领域的专家已经形成这样的共识：先进的农艺技术要标准化、大规模、高速度地推广应用，必须与农业机械化技术相融合，做好农机推广工作，既要推广工程技术，还要推广生物技术。技术推广是农机农艺深度融合有效实现形式，是促进农机与农艺相结合的"连通器"。坚持农机农艺融合，是推广工作一个非常重要的方向，也是今后推广工作的着力点和"亮点"。各级农机推广机构要加强与农业推广机构的沟通联系，了解需求，加强合作。农业部和省级的推广机构要做好引领工作，联合开展调查研究。以玉米、水稻、油菜、马铃薯、甘蔗等作物生产机械化技术模式研究为重点，从作物品种、农艺模式、种植模式入手，研究探索农机农艺融合的技术体系和工作机制，提出工作方案，联合组织开展理论研讨、技术培训、试验示范等各项活动，共同探讨农机农艺深度融合的途径和措施。

四是在农机推广机构规范化建设方面推进创新。机构规范化建设是农业机械化技术推广体系建设的关键环节。当前，各地都在贯彻落实中央5号文件精神，稳步推进事业单位分类改革。我们要顺应改革的要求，按照文件提出的明确公益性定位的精神，加强自身能力建设。《农业机械化技术推广机构建设规范》编制工作已取得积极的进展。《规范》是推广机构规范化建设的依据和基础，非常重要。《规范》包括各级农机推广机构的职能、机构设置方式、人员编制测算办法、工作制度和条件手段等内容。各地条件差异很大，要抓紧做好调查论证工作，使《规范》更加科学严谨，体现系统性和前瞻性。《农业技术推广法》正在修订，我们还要做好《规范》与《推广法》有关条款的衔接，争取早日发布实施。

五是在农业机械化技术推广机制方面推进创新。机制创新是推广工作发展的原动力。要把创新变为一种常态，进而打造成推广工作的理念和价值观。评价一个单位推广工作好与不好，是否开展了运行机制探索与创新应当作为重要的衡量标准之一。机制创新方面有很多问题等待我们去研究去解决。例如：鉴定与推广怎么密切结合，怎样坚持先鉴定后推广？鉴定和推广合二为一的省级机构，可以率先探索。这个问题解决好了，对农机鉴定和推广事业健康发展都有促进。又例如：近年来，农机专业合作社发展迅速，一些地方在引导、培育和规范各类组织参与推广活动方面进行了有益的探索，不仅壮大了各类服务组织的发展，也为提高农业机械化技术推广的实效积累了经验。农机合作组织已逐渐成为技术推广的新型主体之一，在解决农机推广"最后一公里"到位率不高的问题方面有独特优势，要挖掘服务组织在基层推广站的指导下开展新技术推广、信息服务的经验，加大宣传引导，促进农机服务和推广事业的共同发展。

以"科技年"活动为载体，推动农业机械化技术推广工作的创新与发展

为深入贯彻落实中央1号文件精神，农业部决定2012年在全国开展农业科技促进年活动。部长韩长赋在全国农业工作会上进行了全面部署，明确提出促进年活动以"科技进村入户，助力增产增收"为主题，分四个步骤，开展24项标志性活动，以改革创新为动力，以强化自主创新、强化成果转化应用、强化科技服务和技术培训，激发广大农业科技人员创新和服务的热情为重点任务，力求通过大联合、大协作，深入推进农业科技快速进村、入户、到场、到田，全力支撑实现"两个千方百计、两个努力确保"的目标。

在全国开展"农业机械化科技创新与推广行动"是农业部农业机械化管理司贯彻落实"全国农业科技促进年"活动的重要部署。要充分运用"创新与推广行动"的平台，组织各级农机推广部门协调行动，整体推进。2012年，要重点抓好保护性耕作技术，力争推广面积突破6 666.67千公顷，免耕播种、秸秆还田面积分别比上年新增2 000千公顷和2 666.67千公顷，促进粮食增产增收和农业可持续发展。重点抓好节水灌溉技术。通过开展喷滴灌农业装备选型鉴定工作，完善不同作物高效节水灌溉技术模式，扩大喷滴灌农业装备补贴种类和范围，力争2012年高效节水灌溉技术推广工作取得新突破，新增面积1 333.33千公顷以上。重点抓好"两深一精"技术。加快推广普及深松、化肥深施、精量播种技术，新增深松面积1 333.33千公顷、化肥深施1 000千公顷、精量播种1 333.33千公顷，努力提高小麦、玉米、水稻生产的科技含量。重点抓好薄弱环节机械化技术。重点推进棉花、甘蔗、茶叶、设施农业和养殖业机械化。开展重要农时农业机械化技术推广行动，举办全国春耕、"三夏""三秋"农业机械化生产技术、保护性耕作技术、水稻育插秧机械化技术、重点市县农机局长等培训活动，加快高产、优质、高效、生态、安全农业生产技术推广应用。举办农业机械化科技成果展示活动。展示党的十六大以来农业机械化科研开发成果，大力宣传我国农业机械化科研取得的突出成就和成功模式。促进科研院所、推广部门与制造企业有效对接，加快科技成果转化应用。力争通过强化科技创新、成果转化、技术服务，宣传引导激发广大农机科技人员创新和服务的热情，全力促进粮棉油糖等大宗农作物机械化薄弱环节实现明显突破，促进增产增效型、资源节约型、环境友好型农业机械化技术推广面积明显增加，促进先进适用、技术成熟、安全可靠、节能环保、服务到位的农机装备应用范围明显扩大，促进农业机械化技术推广服务能力明显增强，促进农机推广人员和农机实用人才素质明显提高，为2015年之前农作物耕种收综合机械化水平达到60%以上提供科技支撑和服务保障。

弘扬推广文化，促进农业机械化技术推广工作的创新与发展

推广文化是促进推广工作强大的精神动力，建议结合各地农业机械化技术推广工作的实际，在全国农机推广系统大力宣传和弘扬"四种精神"。

一是弘扬敬慕农机推广的精神。这是一种基于挚爱基础上的对工作对事业全身心忘我投入的精神境界，其本质就是敬业的精神。早在春秋时期，孔子就主张人在一生中始终要勤奋、刻苦，为事业尽心尽力。他主张"执事敬"、"事思敬"、"修己以敬"。所谓的"敬"，就是强烈的事业心。我们农业机械化推广系统中的很多同志把农业机械化事业，特别是推广事业看作生命中最重要的组成部分，心系推广，心甘情愿地为之奋斗，几十年如一日在推广岗位上认真工作，这是事业发展最可宝贵的软资源。

二是弘扬奉献农机推广的精神。这是一种老黄牛精神，老黄牛是勤勤恳恳、埋头苦干实干者形象的真实写照。老黄牛精神，是中华民族精神的重要组成部分，它彰显正义和善良，忠诚和实干，与敬业精神一脉相承。农业机械化推广系统中的许多同志正是以这种精神扎根乡村、服务农民，默默承担大量工作任务。依靠这种恪尽职守、任劳任怨的实干精神，农机推广和普及应用速度才不断加快，我们农机推广工作才越来越得到广大农民群众的欢迎和社会公认。

三是弘扬专注农机推广的精神。这是一种钉子精神，钉子精神就是专心一点，咬定青山不放松，一干到底的精神。钉子精神不仅仅表现为挤和钻，更在深层次上阐释了成功的奥秘。钉子之所以能钉进坚硬的木板，是因为目标始终如一，力量集中。知难而进，善于突破。过去几十年里在技术落后、资金匮乏、工作条件比较艰苦的情况下，我们能够打破困境完成许多难度大的推广任务，推动农业机械化的发展，靠的就是勇于进取锲而不舍的钉子精神。这种精神仍然是我们今后战胜各种困难的法宝。

四是弘扬归属农机推广的精神。这是一种主人翁精神，她不仅仅是把自己当成事业中的主人，更是一种与推广事业血肉相连、心灵相通、命运相系、身在其中的感情。我们农机推广系统中有许多同志都具有这种对事业的感情。他们长年工作在田间地头，和农民群众同甘共苦，晴天一身土，雨天一身泥，不计个人得失，倾心事业发展。这种精神是农机推广事业发展的支柱。

上述四种精神彰显了农机推广文化的核心价值理念。这些精神蕴含在9万多农机推广人的心中，滋养着我们事业的创新与发展。全国农业机械化推广系统要在实践中不断研究总结，建立和完善具有农机推广特色的精神文化和价值体系，为农业机械化技术推广工作的创新与发展提供不竭的精神动力。

（论文来源：中国农业机械化信息网）

农用柴油亟待有效保供机制

中国农业大学教授　杨敏丽

近年来，随着农机购置补贴政策的实施，我国的农机保有量不断增加，农业机械化呈现出快速发展的态势，农用柴油消耗量也迅速增长。据农业部统计资料显示，2010年，我国农用柴油消耗量为3 484.38万吨，占全国柴油消耗总量的30%—40%。柴油消耗总量及价格的不断攀升，大大增加了农业机械化生产成本，在一定程度上影响了机械化作业的开展。

农用柴油需求不断攀升

农用柴油是一种生产要素，农业生产力水平越高，对生产要素的需求也越多。在农业生产力水平较低，大量使用人畜力的时期，对柴油的需求量较少。近十年来，随着我国农业耕种收综合机械化水平的不断提升，更多的农业机械投入使用，农机总动力不断增加，农用柴油需求量快速增长。

柴油是我国农业机械最主要的动力来源。根据实际需求保证农用柴油及时、有效供给对提高农业装备水平、促进农业发展方式转变意义重大。因此，根据近年来我国农用柴油的消耗情况对未来农用柴油需求进行预测，可预见农用柴油需求的变化趋势。

从1998年到2010年的13年间，我国耕种收综合机械化水平由30.39%提高到52.28%；农用柴油消耗量由2 074.36万吨增长到3 484.38万吨，增加1 410.02万吨，增幅达到67.97%。

1998—2010年我国农机柴油消耗情况

年份	耕种收综合机械化水平(%)	农业生产柴油消耗量(万吨)
1998	30.39	2 074.36
1999	31.61	2 045.89
2000	32.30	2 237.37
2001	32.18	2 434.25
2002	32.46	2 797.72
2003	32.13	2 944.70
2004	34.32	3 335.40
2005	35.93	3 454.39
2006	39.29	3 630.56
2007	42.47	3 688.96
2008	45.85	3 254.10
2009	49.13	3 408.61
2010	52.28	3 484.38

数据来源：全国农业机械化统计年报

按目前单位耕种收综合机械化水平的农业生产柴油消耗（65万吨/百分点）水平，当基本实现机械化（90%）时，农业生产消耗量约在5 850万吨。

农用生产柴油消耗与耕种收综合机械化水平预测结果

年份	Logistic增长曲线预测结果	
	农业生产柴油消耗量(万吨)	耕种收综合机械化水平(%)
2011	3 600.77	54.19
2012	3 715.41	56.08
2013	3 827.87	57.96
2014	3 937.87	59.82
2015	4 045.14	61.65

续表

年份	Logistic 增长曲线预测结果	
	农业生产柴油消耗量(万吨)	耕种收综合机械化水平(%)
2016	4 149.46	63.44
2017	4 250.62	65.20
2018	4 348.44	66.92
2019	4 442.81	68.60
2020	4 533.59	70.22

现行补贴方式 机手直接受益难

随着农业装备水平的不断提升,柴油需求量也在不断加大。目前,柴油消耗已占到农业生产总燃油消耗的95%以上,农田作业是主要的耗油环节之一。但是我国农用柴油季节性短缺现象十分严重,农忙时节农村市场柴油需求旺盛,供需矛盾逐渐凸显。2009年1月1日,国家实施了成品油价税费改革方案,虽然对汽车等机动车而言,实现了对道路等公共设施使用"多用多缴,少用少缴"的公平原则,但农机手却要为农业机械用油支付一笔额外的柴油消费税。同时,近年来柴油价格涨幅较大,而目前的农资综合补贴政策却未将柴油补贴直接支付给柴油成本的直接负担者。

目前对农用柴油的补贴主要是以农资综合补贴的形式发放给农民,农资综合补贴自2006年实施以来,已从125亿元的补贴总额增长到2011年的835亿元,农资综合补贴的发放是为了补偿种粮农民柴油、化肥等农资价格上涨导致生产成本的增加,从而保障农民稳定的收入和国家的粮食安全。农用柴油补贴是一种农业投入品补贴,其目的是为了降低生产成本。但目前实施的农用柴油补贴是按土地承包面积发放给农民,它虽然是一种最简单、运行成本最低的方式,但并不是一种公平、有效率的方式。

我国的农资综合直补从2006年开始,而从2006年到2011年4月7日,国家进行了19次柴油价格的调整,以2005年年末为基期,柴油价格已经上涨了4 300元/吨(6元/千克,3.66元/升)。2009年实施成品油价税费改革方案之后,国家进行了14次柴油价格的调整,相比于改革之前,柴油价格也上涨了3 360元/吨(3.36元/千克,2.86元/升)。所以就柴油价格上涨一项,相比于2005年末,四个环节增加的作业成本为684元/公顷(其中:机耕环节255元/公顷,机播环节112.5元/公顷,机收环节231元/公顷,机械植保环节85.5元/公顷),相比于2009年税费改革之前,增加的作业成本为534元/公顷(其中:机耕环节199.5元/公顷,机播87元/公顷,机收180元/公顷,机械植保环节67.5元/公顷)。

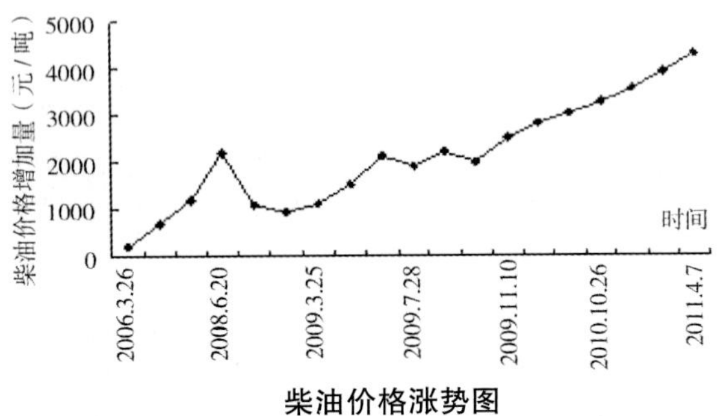

柴油价格涨势图

直补机手 操作难度大

2005年,农业部着手实施农机田间作业柴油补贴试点工作,中国农业大学"我国农用柴油需求与保供长效机制研究"课题组于2011年8月17日到8月25日在农业部柴油补贴试点城市河南省新密市进行深入调研。调研主要采取实地调查和问卷调研相结合的方式进行。调研对象主要为基层农机管理工作人员、农机专业合作社负责人(社员)、农机专业户等。

据当地农机手反映情况和以前相关研究结果综合可知,大部分地区农机手单独作业时柴油成本占单机作业成本的比例最高可达60%,若进行跨区作业该比例下降为45%左右,合作社单机柴油成本占作业成本的比例约为35%—40%。柴油成本过高对农机手和农机专业合作社创收造成巨大的压力。2005年柴油价格仅为3元/升时,小麦收获价格为525元/公顷,现在柴油价格翻了一倍还多,小麦机收价格仍然只有675—750元/公顷,上涨幅度很小,不少农机手感慨,农民挣钱不易,要挣农民的钱更难,并建议仿效城市对公交车的补助策略,在作业价格不涨或者涨幅很小的情况下增加燃油税补贴或者农用柴油价格补贴。

针对这些情况,各地纷纷出台相关政策对农机用油给予扶持。其中河南省新密市利用国家农用柴油补贴试点专项资金,根据本地农业机械化作业具体情况,主要对"三夏"小麦机收、"三秋"期间玉米秸秆还田和深耕三个环节农用柴油消耗进行补贴,并总结出大量有益的经验。新密市分别成立农用柴油补贴试点工作领导小组和技术小组,在作详细调查的基础上,得出"五定三核一完善"(定试点区域、定补贴对象、定补贴机型、定作业环节、定补贴标准、核牌证手续、核作业机具、核作业面积,在实际实施过程中针对出现的问题及时的加以总结改进和完善)的基本工作思路,与试点区机手和农机户签订相关协议,要求其认真填写有关表单,并组织人力物力认真核查落实柴油消耗及补贴情况。通过精心组织,认真实施,收到了较好的效果。

试点经验表明,农用柴油补贴须综合考虑农机动力和机具作业面积,并正确分配权重,但同时根据动力数和作业量确定补贴标准操作难度太大,主要是核定作业面积不可预测性太强(找农民签字核定作业面积时,农户若知是为了索要农用柴油补贴而填写作业面积,会要求降低作业价格;或者部分机手与农户联手做假,对补贴分成),若想做好,需要投入的行政成本较大。补贴经验还表明补贴力度应该加大并具有连续性,保证补贴资金及时到位。

需要说明的是,对农用柴油进行补贴,主要不是为了降低作业价格,而是起到平抑因农用柴油成本上升而可能导致的作业价格上涨,这样一方面农民欢迎,另一方面农机手得到实惠,调动农民和机手的积极性。许多机手也对农用柴油补贴提出一些有参考性的意见,他们认为已经补给农民的综合直补若要从农民手中再拿出来难以操作,对农机手或者农机专业合作社的补贴需要另立项目。

农机加油卡 或是破题妙解

通过分析可以看出,由于柴油消费税和柴油涨价,农机手要多支出247.5—357元/公顷的柴油费用。柴油消费税和柴油涨价所带来的作业成本的增加使粮价上涨带来的收益减少了10%—20%。而现行的农用柴油补贴政策并不能使柴油成本负担者直接成为补贴受益者,所以我国农用柴油补贴政策应该进行调整。根据江苏、四川、河南等地的经验，无论是对农用柴油实行补贴还是实行燃油税返还，都可以通过农机加油卡来操作，具体操作方法概括如下：对拖拉机、联合收割机等主要农业机械核定补贴标准（免税额），采取“定额直补，差价购油”的方式来实施。农机部门在实施联合收割机、拖拉机牌证管理时，根据既定的补贴标准（免税额）核定机主（农机户或农机服务组织）享受补贴（免税）的用油量，与石油公司联合向其发放“农机加油卡”，机主凭卡在核定额度内实行差价购油，超额部分按市场价格购油。“农机加油卡”可以充分发挥计算机网络优势，实行网络化管理。利用农机安全监理信息网络统计核算农机补贴量，利用石油公司的零售经营管理系统网络进行农机供油管理和统计用油量。财政部门根据汇总核定的金额将补贴（免税）资金直接划拨给石油公司，减少操作成本，便于监督管理，确保专款专用。

为防止利用农机加油卡倒油的问题，农机主管部门、财政部门和石油企业，合作建立农机供油管理信息系统，将机手的基本信息、机具型号、机具行驶证号、跨区作业证号、农机加油卡编号、加油次数和时间、每次的加油量、加油最高限额等纳入信息系统，同时通过限定单个加油卡优惠加油时间和加油量，最大限度的降低将优惠农用柴油用于非农业生产的非法行为。同时，信息系统可方便快捷地分地区、分时间、分机具统计用油量，有助于石油企业进行有效的需求预测和资源调度。除此之外，农忙时节配合其他保供措施，如适当增加乡（镇）农机定点加油保供点的数量和农机加油“绿色通道”，允许罐桶加油，实行送油下乡服务，确保农业生产顺利进行。

（论文来源：中国农业机械化信息网）

农业机械安全监理创新途径

农业部农机监理总站副站长　涂志强

农机安全监理是依照国家法律、法规和规章，对拖拉机联合收割机等农业机械及其驾驶操作人员进行安全监督管理的行政执法行为，具有社会性、公共性和专业性。农机安全生产作为国家安全生产13个重点行业和领域之一，在农业和农村社会中是一项必不可少的社会管理活动。加强农机安全监理技术模式研究，以增强公共服务功能创新农机安全监理，对于提高农机安全监理能力，推进农业机械化又好又快发展，促进农业增产、农民增收和维护农村社会稳定具有重要作用和意义。

一、农机安全监理运行基本要素

农机安全监理是农业机械化管理的重要组成部分。改革开放以来，我国农业机械化发展模式发生了根本的改变，由过去主要依靠国家、集体投资兴办转变为国家政策支持、市场引导和农民、农业生产经营组织投入为主的经营新格局。农民、农业生产经营组织在国家购机补贴政策支持下，购买拖拉机、联合收割机等农业机械面向市场，自主经营，开展跨区作业等多种形式的社会化作业生产服务，推动了传统农业向现代农业的转变，改变了农业生产方式，活跃了农业和农村经济。随着农机作业生产服务市场化、社会化、专业化的发展，农机安全监理由国营和集体农机站的机务安全，转向维护农民和农业生产经营组织作业生产服务的安全社会管理，并在改革与发展中不断创新与完善，构建了农机安全基本制度和社会管理运行机制及技术支撑体系要素。

1. 法规制度安排。农机安全属于社会管理范畴，而社会管理的基本任务之一是规范社会行为，规范社会行为客观要求加强法规制度建设。2003年10月28日，国家公布《中华人民共和国道路交通安全法》，规范了上道路行驶拖拉机的行为，并法律授权农业（农业机械）主管部门行使有关管理职权。2004年6月25日，国家公布《中华人民共和国农业机械化促进法》，规范了农机产品质量、维修、使用和安全宣传、教育、管理等行为。2009年9月7日，国家公布《农业机械安全监督管理条例》，建立健全了农业机械生产、销售、维修、使用操作、事故处理、监督管理等制度。农业部相继公布了有关拖拉机联合收割机等农业机械安全管理配套规章及业务规范性文件。全国有28个省（区、市）公布或修订了农机管理或监理地方法规、规章和规范性文件。同时在技术规范方面还公布了有关农业机械安全国家标准和行业标准。全国农机安全生产制度及技术标准的实施，维护了农业机械经营使用者的合法权益，保障了农机安全生产。

2. 组织建设安排。2010年年底，全国共有县级以上农机安全监理机构2 901个，省、地、县级农机安全监理机构参公管理比例分别达到83%、63.6%和31.9%，县以上农机安全监理人员近3.35万人。一些地方采取在县级以下设立农机安全监理派出机构，在乡镇、村设立农机安全监理员或农机安全协管员等形式，延伸了农机安全监理基础网络。全国已基本形成了部、省、市、县、乡、村6级农机安全监理体系，有专（兼）职农机安全管理人员11万多人，在组织上保障了法律和行政法规赋予农业机械化主管部门的职责任务的履行，并为农机化安全实施社会管理提供了有力的支撑。

3. 社会机制安排。社会管理涉及广大农民群众的切身利益，需要政府重视、部门支持和社会组织的参与。2006年，农业部、国家安全生产监督管理总局联合印发了《关于开展“创建平安农机促进新农村建设”活动的通知》，各地积极响应并组织开展创建活动，把农机安全监理工作融入地方政府工作之中，形成了“政府负责、农机主抓、部门协作、社会参与”的工作机制。一是积极推行农机安全监理业务规范化建设，公开办事依据、业务程序，规范、行政执法行为。二是大力开展安全宣传教育，着力增强农民和农机驾驶操作人员的安全生产意识，营造良好的农机安全生产氛围。三是组织开展农机执法、专项治理行动，加强与公安、安监等部门配合，建立联合执法机制，加大了安全隐患排查治理力度，切实搞好农机事故预防。目前创建扎实推进并取得了实效，“平安农机”示范县加强组织领导和部门协作，积极探索并构建了适合农民、农业、农村实际的农机安全生产长效机制，加大了对农机安全生产投入，充分调动了基层组织和广大农民参与促进了农机安全生产的积极性,发挥了创建示范带动作用,成为基层农业机械化工作的主要抓手之一。

4. 技术体系安排。2007 年农业部将“全国农机监理信息系统”纳入了国家“金农”工程建设内容,逐步建立全国农业机械登记、农业机械驾驶人员、农机事故、农机安全监理体系管理四大基础数据信息库和全国统一的应用平台,以信息化促进农机安全监理业务规范化建设。全国有三分之一的省(市)建设了区域农机监理信息网络,实现了农机监理系统网上办理业务。2009 年农业部实施了《移动式拖拉机安全检测装备项目》,为全国 100 个基层农机安全监理机构配备了移动式拖拉机检测设备。在项目建设的示范带动下,全国已有北京、山西等 20 个省区市在地方政府的财政资金支持下,启动实施了地方的农机安全监理设施装备建设项目。全国新增千亿斤粮食生产能力建设规划将农机安全监理装备纳入了建设内容,2010 年已先期启动了 600 个粮食产量大县。农机安全监理装备技术与信息化建设的体系的初步形成,为农机安全社会服务提供了支撑、搭建了平台,有利于提高了农机安全监理科学化、信息化水平。

二、农机安全监理主要功能分析

安全生产关系到人民群众生命和财产安全,关系到人民群众安居乐业,关系到改革发展稳定的大局。党的十六届五中全会提出,要坚持节约发展,清洁发展、安全发展,把安全发展作为一个重要理念纳入我国社会主义现代化建设的总体战略。2012 年中央 1 号文件再一次提出“加强农机安全监理工作”的要求,这些充分体现了党和国家对农机安全生产的高度重视。我国农业机械主要由农民个人拥有为主,量大、面广,涉及农村千家万户,流动、分散,贯穿于农业生产、流通等产业整个过程。目前,我国农业已进入加快改造传统农业、走中国特色农业现代化道路的关键时期,农业机械化正处于快速发展推进的重要时期,这个时期也是农机事故易发期,必须始终保持高度警惕,加强安全监督管理,保障农机安全生产。因此,在新的发展阶段,面对社会管理新形势、新要求,正确分析农机安全监理主要功能,有利于进一步深化农机安全监理改革,面向社会需求定位,从技术上强化服务,更好地履行农机安全社会管理职责和公共服务要求。

1. 预防和减少农机事故发生,保障安全促进发展。发展本身是一个历史的范畴,不同的发展观会导致不同的发展结果,其发展的量和质、深度和广度是不相同的。科学发展观揭示了经济社会发展的客观规律,是指导发展的世界观和方法论的集中体现。科学发展观内涵丰富,其中包括安全发展这个基本要素。安全与发展是辩证统一的关系,相辅相成、相得益彰。安全生产是经济发展的前提,安全能减损,保护生产力,安全出效益,发展生产力,安全生产意义重大。农机安全监理承担着农机安全监督管理的重任,保障农机安全生产、促进农业机械化发展,是农机安全监理第一要务。因此,应牢固树立“安全发展”的理念,贯彻实施好党和国家安全生产方针政策和法律法规,履行好职责任务,遵循合法性、合理性、公平性、效率性、责任性的依法行政执法原则,执行合法行政、合理行政、程序正当、高效便民、诚实守信、权责统一的行政执法要求,确保法律法规正确实施,使农业机械化更加发展、农民生命财产更加安全、农民生产生活更加殷实、农村社会更加和谐。

2. 提供农机安全公共服务,推进农机安全社会管理。社会管理是对人的管理和服务。在加强农机事故预防和控制过程中,研究和运用社会管理的理念和知识,结合实际创新农机安全监理方式方法,有效维护农机作业秩序和各方正当权益,加强事故应急处理,化解社会矛盾,提高行政执法效果和公共服务水平,是农机安全监理在新时期新阶段所面临的新课题、新任务。目前,农机安全监理在服务方面还相对滞后,如农机安全监理办理牌证业务在一些地方仍存在传统的等业务上门方式,在一定程度上影响了农业机械法牌证率、检验率和持证率,无牌无证农业机械造成的农机事故时有发生。因此,应坚持“以人为本”,强化服务意识,在依法加强安全监理的同时,更多地提供公共服务。特别是针对农机作业服务市场特点和农民的需求,从方便农民、服务农民出发,创新服务方式方法,以服务提升监理水平,让农民在接受监督管理得到方便的服务,自觉增强安全法制观念,减少农机事故发生,充分享受现代农业工具带来的安全发展文明成果。

3. 改善执法与服务技术条件,提高农机安全监理能力。2010 年 7 月 5 日,国务院印发《国务院关于促进农业机械化和农机工业又好又快发展的意见》,提出定期对农机监理人员进行培训,加强基层农机安全监理队伍建设,提高装备水平和监管能力等要求。加强农机安全监理能力建设,是做好农机安全生产的重要方面,也是农机安全监理机构自身建设的重要任务。一方面应加强农机安全监理人员培训,提高广大农机监理人员,增强法律素养,普及专业技术,提高软实力。另一方面,应积极争取对农机监理科技投入,研究农机安全监理新技术、新方法、新装备,搞好农机监理检验、培训、考试、宣传教育、事故勘验、安全检查、监理信息等装备设备的开发和推广应用,不断改善农机安全监理手段,提高农机安全监理科学化、信息化、现代化水平,增强硬实力。安全科技是构成安全生产的重要因素,代表安全生产的发展水平,应不断推进安全科技创新,充分发挥科学技术对农机安全生产的支撑和保障作用。

三、农机安全监理创新途径选择

创新是人类特有的认识能力和实践能力,是人类主观能动性的高级表现形式,是推动民族进步和社会发展的不竭动力。在管理方面,创新更多地体现在方式方法的变革。因此,在实施农机安全监理社会活动过程中,引入服务等要素或把行政执法与公共服务等要素相互融合,更有效地实现农机安全监督管理目标。引入服务要素,实现服务创新,不仅会给服务对象带来不同于从前的新内容、新感受,充分调动其积极性,而且还会提高安全监理能力,产生良好的社会效果。在目前农机安全监理服务相对滞后的情况下,应结合实际研究服务内容,选择技术实现途径,以服务创新农机安全监理。

1. 以送业务技术服务下乡为试点,加快农机安全监理服务观念创新。农机安全监理面向农业和农村,服务的对象是广大农民。在建设现代农业和推进社会主义新农村建设过程中,农民的生产生活发生了新的变化,但与城市相比仍有区别。从农机安全社会管理角度分析其特点,一是乡村较多,居住分散,集中度低;二是农业机械是农业生产的重要工具,其类别多,品种复杂,农时作业季节性强;三是农村年轻人外出打工多,农机驾驶操作人员年龄结构发生了变化。这些因素的存在给农机安全监督管理相对人带来一些问题和困难。如大多数农民距离县城较远,办理安全技术检验、技能考试及申领牌证等业务往返不便，且增加费用支出。解决这些问题和困难，农机安全监理系统应主动从方便农民出发，积极转变观念和作风，开展以送业务下乡为试点，变“有求必应”为主动服务，推进服务创新，提升监管水平。送业务下乡不仅可行而且会产生新的效果。其一，农机安全监理机构可结合当地实际制定年度计划，分区域分时段实施，少数因特殊情况不能参加的可采取预约方式处理。转变业务办理方式，虽然增加了农机安全监理人员工作量并付出更多的辛苦，但贴近农民、方便农民，换来是农机经营使用者的方便，体现了全心全意为人民服务的宗旨；其二，送业务下乡还会增加农机安全监理费用支出，但节省了农民费用，相对增加了农民收入，且总体费用支出是相对减少的，节本增效，产生良好的经济效益；其三，送业务下乡对广大农民来讲是农机安全法规、安全生产技术知识现场示范教育，有利于扩大影响，产生良好的社会效益。

2. 以农机专业合作社为重点，推动农机安全生产组织模式创新。在稳定和巩固现有农机安全监理行政执法组织体系同时，应从社会管理出发，积极推动农机安全技术组织模式创新，充分发挥社会成员组织在安全生产中的积极作用，扩大提供安全生产技术服务组织群体。农民和农业生产经营组织农业机械化发展主体，也是影响农机安全安全生产的重要因素。在农业生产经营组织中，据统计，2010 年全国农业机械化作业服务组织达 17.15 万个，呈现出总量稳定、结构优化的阶段性特征。特别是农机专业合作社达 2.18 万个，比上年增长 46.02%，呈现出快速发展的趋势。农机专业合作社组织化程度高，是推动农业生产方式规模化经营的主力军，也是促进农机安全生产主导力量。因此，应以农机专业合作社为重点，通过对其农机安全生产技术引导和规范，加强安全生产自治型治理结构建设，搞好其会员的安全管理与技术服务，形成农机安全自我教育、自我管理、自我服务的新机制，实现农机安全监理机构有意识引导、调控和激励农机专业合作社安全自治自律的良好状态。同时，发挥农机专业合作社示范带动作用，引导农机大户、农机作业服务组织等积极参与农机安全自律，促进基层社会成员安全自我服务组织建设，实现良性互动，广泛营造农机安全生产氛围。

3. 以科技进步和信息化技术为支撑，引领农机安全监理技术服务创新。创新服务需要用新的技术手段转变成新的或改进的服务方式方法以提升新的功能。现代社会的科学技术进步和信息化的快速发展，不仅使产品技术和功能的同质化水平越来越高，而且也推动了服务创新能力的提升和服务水平的升级。就农机监理而言，近几年来，一些新的技术手段的改善及服务方式的改变，深受广大农民的欢迎。如移动式农机安全监测设备的开发与应用，不仅方便拖拉机等经营使用者就近安全技术年检，而且还改变了过去传统的人工检验方法，提高了科学性、准确性和方便性。再如，移动式农机考试设备的开发与应用，通过信息化理论考试与电子桩考技术集成再创新，在方便申领拖拉机联合收割机驾驶操作证件人员就近技能考试的同时，提供了更为方便科学的理论和术科考试一条龙服务。因此，应继续发挥现代科技与信息化技术在服务创新中的积极作用，现阶段可重点把握几个方面的问题。一是结合当地实际研究服务需求，因地制宜创新服务。特别是应换位思考技术服务需求，研究技术服务实现途径，以更好的方式方法满足农民的需求，树立品牌、增强效果。如对农机专业合作社等经营组织，应建立联系制度定向服务，更多地采用科技信息技术手段方便其自我服务；对广大农机经营者应首先开通服务热线，方便农民咨询和提供帮助。二是推进农机安全文化建设，更多地利用现代媒体技术，以及农民喜闻乐见的形式开展农机安全宣传教育，强化安全意识，提高遵纪守法的自觉性。三是充分利用农机安全监理信息网等信息化技术公开业务和发布信息，履行好告之义务，并开办网上查询和自我服务等多样化技术服务内容，增加科技含量，提高服务质量。目前，全国农机安全监理装备和信息水平还处于起步阶段，大部分地区还不能满足工作需求，应积极争取投入，努力改善技术服务条件，以科技进步和信息化技术引领农机安全监理服务创新，为农民办实事、办好事。

4. 以农机安全监督管理环节服务为桥梁，推进农机安全综合治理创新。农机安全生产是一个系统工程，涉及领域多、环节多，必须在统筹兼顾、加强配合、综合治理上下工夫。农机安全监理机构承担农业机械使用安全管理，农业机械产品质量及安全性能对使用安全影响较大。因此，应主动加强与生产、销售、维修企业和鉴定、推广、培训机构及有关部门联系，搞好相关服务，统筹协调农机安全环节监管工作，形成相互促进、相互支持、共同治理的良好格局。一是加强对生产、销售、维修企业的宣传服务，及时向有关企业宣传农机安全法律、法规、规章和技术标准，引导生产、销售符合安全法规和技术标准的农机产品，按规定和标准开展维修活动。二是加强与鉴定机构协作服务，在鉴定环节上强化法律法规、安全标准的贯彻实施，把好农业机械品种规范、安全标准、质量性能和鉴定推广、市场准入关口。三是加强与推广机构合作服务，积极推广先进、适用、可靠、安全的农业机械，引导农民选购符合安全要求的农机具。四是加强与培训机构联系服务，突出拖拉机、联合收割机驾驶操作人员法定证件培训，搞好培训与考试工作的衔接，方便农民，提高培训及考试的质量和效果。五是加强与安监、公安等部门配合服务，协调公安依法加大对拖拉机路查力度或建立联合检查机制，组织开展农机专项整治活动，坚决查处农机违法行为。

我国棉花生产机械化发展现状及方向

农业部农村经济研究中心　李冉　杜珉

在当前城市化进程不断加快、大量农村劳动力向城市转移的背景下，种植棉花较其他大田作物更费时费工已经成为影响我国棉花生产稳定越来越突出的因素，发展棉花生产机械化、解决棉花生产过程中劳动力短缺的需求越来越迫切。国家“十二五”时期高度重视农业机械化发展，并对棉花机械化发展提出了明确目标，棉花生产机械化发展正面临前所未有的机遇，在内外力的共同作用下将迎来加速发展的十年。因此，全面了解我国棉花生产机械化各流域发展现状和各环节技术发展情况，了解走在前列的新疆建设兵团棉花生产机械化发展历史和情况，分析发展棉花生产机械化面临的环境和形势，总结发展过程中存在的问题，并探讨和展望未来发展方向对研究制定相关政策不断推动棉花生产机械化发展具有重要的意义。

一、发展现状

1. 棉花生产机械化作业水平低，收获机械化环节发展滞后。长期以来，我国棉花生产机械化发展极其缓慢，其机械化程度在大田作物中处于较低水平，远远落后于小麦、水稻、玉米、大豆等的粮食作物。2009 年，全国棉花综合机械化水平仅为47.83%，其中机耕为 76.84%，机播为 54.18%，机收为2.81%，而同期小麦、大豆、玉米和水稻的综合机械化水平分别为 89.4%、68.9%、60.2% 和 55.3%。

在棉花生产机械化各环节中，收获机械化是最薄弱的环节，同时也是制约我国棉花机械化水平提高的重要瓶颈。2009 年，我国棉花机收水平仅为 2.81%，远远低于机耕 76.8% 和机播 54% 的机械化水平。收获机械化水平之所以难以提高，是因为机械化采棉技术运用是一项系统工程，其不仅要求突破机收环节的技术瓶颈，更是对传统棉花种植和加工模式的挑战，涉及棉花生产过程中的品种选育、种植模式、栽培农艺、棉花加工流通及棉花质量标准等各个环节，各环节共同发展是推进机采棉技术、提高棉花机收水平的必要保障条件。

表 1　2008—2009 年棉花机械化水平

年份	综合机械化水平(%)	机耕水平(%)	机播水平(%)	机收水平(%)
2009	47.83	76.84	54.18	2.81
2008	43.12	69.06	49.88	1.78

数据来源：中国农业机械化年鉴

2. 棉花生产机械化区域发展不平衡，新疆生产建设兵团走在前列。从总体来看，棉花生产机械化水平由高到低依次是西北内陆棉区、黄河流域棉区和长江流域棉区。其中，西北内陆棉区的新疆建设兵团棉花机械化发展水平远远高于全国其他地区，兵团棉花除收获和打顶外，从播种、植保、中耕追肥、拔棉秆、棉籽脱绒等各环节已全部实现机械化。2009 年，兵团棉花综合生产机械化水平和机收水平分别为 77% 和 23%，分别较全国平均水平高近 30 个百分点和 20 个百分点。黄河流域棉区，河北、山西、山东、陕西和甘肃均实现了大面积的棉花机耕；机播方面，除河南和陕西较低、分别为 5% 和 34% 外，河北、山西和山东均高于54% 的全国平均水平；机收方面，山西、陕西、河北有少量机收。棉花田间管理和排灌基本实现机械化，育苗移栽处于示范、推广和完善阶段。长江流域棉区，该流域各省的机耕水平都低于全国平均水平，其中江西的机耕水平在全国各棉花主产省中最低，约为 3.6%；除湖北和安徽有少量机播外，其余各省均为 0；湖南有少量机收。棉花田间管理多靠人工，近些年来，机械化育苗移栽在长江中下游棉区有逐渐扩大的趋势，虽然机械化育苗技术已经成熟，但移栽技术以及配套机械的研发还需进一步改进、完善，提高其成功率和可靠性。

表 2　2009 年各省棉花机播、机耕和机收面积情况

（单位：千公顷，%）

区域	地区	机耕		机播		机收	
		面积	水平	面积	水平	面积	水平
黄河流域	河北	646.3	104.2	605.5	97.7	0.7	0.1
	山西	74.9	102.2	64.5	88.1	1.3	1.7
	山东	702.5	87.8	551.6	68.9	0.0	0.0
	河南	132.5	24.7	2.73	0.5	0.0	0.0
	陕西	54.3	87.7	21.3	34.4	0.3	0.5
长江流域	江苏	162.0	64.2	0.0	0.0	0.0	0.0
	江西	2.7	3.6	0.0	0.0	0.0	0.0
	湖北	337.7	73.4	8.9	1.9	0.0	0.0
	湖南	92.7	60.7	0.0	0.0	3.4	2.2
	安徽	154.3	43.9	1.5	1.0	0.0	0.0
	浙江	6.5	32.5	0.0	0.0	0.0	0.0
西北内陆	甘肃	69.6	125.0	68.27	122.6	16.1	28.9
	新疆	830.5	58.9	826.7	58.7	1.4	0.1
	兵团	487.4	100.0	487.4	100.0	116.1	23
全国		3 805.1	76.8	2 682.8	54.2	139.1	2.8

数据来源：面积数来自中国农业机械工业年鉴

表中机耕水平、机播水平和机收水平分别由各省机耕、机播和机收面积除以各省植棉面积，各省植棉面积来源于《中国统计年鉴》。由于机耕、机播和机收面积和各省植棉面积数据非同一来源，因此机耕、机播水平少量出现 >100 的情况。

3. 棉花生产机械化技术日益成熟，采棉机生产实现国产化。棉花生产机械化技术包括机械耕整地、机械铺钵育苗、机械移栽、机械植保、中耕追肥、机械收获、机械拔棉秆、棉籽机械脱绒等内容，其核心是播种、制钵育苗、移栽、中耕追肥、植保和采摘收获等环节。棉花生产中用工量最多、机械化难度最大的环节是采收。棉花采收机械化是一项复杂系统工程，机采棉的实现涉及农艺栽培、催熟脱叶、清理加工等多项配套技术和设备。

目前，棉花机耕、机播、机械化育苗、中耕追肥、拔棉秆等环节的技术已经成熟，各地根据不同条件已研制出多种机型；机械育苗移栽技术日趋成熟，处于示范、推广和完善阶段。机收方面，采棉机生产实现国产化，我国在引进、消化和吸收国外先进机械制造技术的基础上进行自主创新，实现了自走式采棉机的批量化生产，同时，与之配套的农艺栽培、脱叶催熟、田间运输、清理加工等技术和设备也相对成熟。

二、新疆生产建设兵团棉花生产机械化发展情况

1. 努力推进棉花生产全程机械化。新疆生产建设兵团是我国重要的优质棉生产基地和农业机械化示范基地，在棉花机械化方面一直走在全国前列。目前，除机械打顶、棉花收获外，兵团在棉花机耕、机播、中耕、植保、拔棉秆、棉籽脱绒等环节兵团均实现了 100% 机械化。从 2001 年开始，兵团开始大面积推广机采棉，成立了以副司令员胡兆璋副为组长的兵团机采棉新技术推广领导小组，下设机采棉技术推广办公室，全面负责机采棉技术推广工作。

当前，兵团将"努力提高棉花机收水平、实现棉花生产全程机械化"作为棉花生产机械化的工作重点。2009 年，兵团棉花综合生产机械化水平和机收水平分别为 77% 和 23%，远远高于全国平均水平，机械化采收水由 2001 年的 4.15% 稳步上升至 2010 年的 36.7%。2010 年兵团棉花种植面积达 500 千公顷，年产皮棉总量达 110 万吨，其中实现机采面积 171.56 千公顷，机采比例达到 36.7%，清理加工机采皮棉 31 万吨。

采棉机是实现棉花收获机械化过程中最关键的设备，兵团采棉机的购置和管理主要有团场出资购买、大公司筹资购机、职工干部集资购机三种形式。截至 2010 年，各师及新天公司共购买采棉机 700 余台，拥有棉花清理加工厂 184 座，棉花清理加工生产线 318 条，其中手摘棉清理加工生产线 182 条，长绒棉清理加工生产线 55 条，新建(改造)机采棉清理加工生产线 88 条(赵峰,2011)。

2. 政策法规标准体系日趋完善。经过多年的努力，新疆生产建设兵团基本建立了与机采棉相关的政策法规和技术标准体系。相继出台了有关文件，如《关于进一步加强机采棉技术推广工作的通知》、《关于"十一五"机采棉技术推广工作的意见》、《新疆生产建设兵团关于全面推进农业机械现代化的意见》、《关于印发 <新疆生产建设兵团农业机械化管理办法> 的通知》，这些文件是机采棉技术推广工作的政策依据。技术标准方面，在《棉花收获机》国家标准的基础上，制订了《机采棉模式化栽培技术规程》、《采棉机操作技术规程》、《机械采收棉花作业规程》、《机采棉(细绒棉)标准》、《机采棉(企业)标准》等规范标准。

3. 未来重点发展机采棉配套设备国产化。当前，采棉机数量不足是影响兵团机采棉推广的重要瓶颈。兵团提出目标，到 2015 年 80% 的棉田实现机械采收。以目前兵团采棉机 700 余台拥有量计算，"十二五"期间兵团棉花计划种植面积将稳定在 500 千公顷左右，按兵团机采棉推广目标"80% 的棉区实现棉花采收机械化"计算，机采棉种植面积为 416.67 千公顷左右，按采棉机年作业量 266.67 公顷/台计算，采棉机的配备量将达 1 560 台，仍需新增 860 台采棉机(赵峰,2011)。未来兵团棉花机械化发展的重点是不断推进机采棉配套设备国产化进程，并加快推广棉花全程机械化生产综合配套技术。

三、面临的有利环境

1. 国家高度重视棉花生产机械化发展。国家"十二五"时期高度重视农业机械化发展，并对棉花机械化发展提出明确目标，棉花生产机械化发展正面临前所未有的机遇，将迎来加速发展的十年。《全国农业机械化科技发展"十二五"规划》中提到"重点研究适宜机采收的棉花精量播种技术与机械、打顶机械、低成本棉花收获技术、中小型收获机械、场上预清理加工配套装备"。农业部提出，到 2020 年，主要农作物耕种收综合机械化水平超过 65%，棉花机械化水平进一步提高，新疆棉花收获基本实现机械化，全国棉花机收水平由 2% 提高到 20% 以上。2010 年，国发[2010]22 号《关于促进农业机械化和农机工业又好又快发展的意见》进一步指明了棉花机械化发展的方向，提出"在新疆棉区大幅提高棉花机收水平"的发展重点。

2. 政策支持和资金补贴力度不断加大。近些年来，中央和各地不断加大对棉花机械化发展的政策支持和补贴力度。2010 年，为探索棉花轻简栽培技术、有效解决棉花用工问题，农业部发布《关于制定棉花轻简育苗移栽技术示范工作方案的通知》，决定从 2011 年开始在部分主产棉区开展棉花轻简育苗移栽试点，该项目在天津、河北、江苏、山东、河南、安徽、湖北、湖南、江西等 9 个棉花主产省各选择一个示范县做试点。2008 年开始，中央将棉花收获机纳入补贴目录，国产的贵航牌采棉机被纳入《2008 年农业机械购置补贴项目实施方案》，政策规定每购置一台享受国家财政补贴 20 万元。除中央出台相关政策扶持和资金补贴外，走在全国棉花生产机械化前列的新疆建设兵团为促进棉花收获机械化发展，2001 年出台政策规定，每完成 666.67 公顷机采面积以及清理加工任务的单位可享受 100 万元的政策补贴用于固定资产购置，2003 年、2004 年又相继出台了每购置一台采棉机，补贴 20 万元至 30 万元不等的优惠政策。

3. 法律法规和公共服务体系基本形成。新世纪以来，我国农业机械化发展支持体系基本形成，为棉花机械化发展奠定了良好基础。农机法律法规体系不断完善，2004 年颁布实施了《农业机械化促进法》，此后相继发布了《农业机械安全监督管理条例》、《农业机械推广鉴定实施办法》、《农业机械产品修理、更换、退货责任规定》等相关规章制度，涵盖了农业机械化试验鉴定、质量监督、技术推广、教育培训、安全监理、农机维修整个产业链的各个领域。

农机公共服务能力不断提升。从中央到地方的多层次农机技术推广体系逐步形成，基层农业技术推广体系改革稳步推进，各种形式的农机服务组织不断涌现。2010 年全国农机作业服务组织达 18.5 万个，农机专业合作社从无到有，2010 年超过 2 万个，入社人数 33 万人，以农机专业合作组织为龙头、农机大户为主体、农机户为基础、农机中介组织为纽带的农机社会化服务体系初具规模。

4. 全国各地发展棉花机械化需求迫切。种植棉花费时费工，尤其在拾花环节需要耗费大量的人力。当前我国正处在城镇化进程不断加快的发展阶段，大量农村劳动力向城市转移，棉花种植过程中劳动力短缺问题越来越突出，发展棉花机械化、解决棉花生产过程中劳动力短缺的需求越来越强烈。近些年来，各地根据其不同需求积极探索棉花生产机械化。新疆建设兵团由于拾花工紧缺，近些年来一直不断探索提高棉花机收水平。天津市宁河县很早就开始探索在棉花种植各重要环节推广机械化技术，2003 年全县推广节水性机械化技术 100%，机械化整地超过 95%，机械铺膜播种占总种植面积的 85% 以上，中耕作业机械化达到 80%，机械植保率为 100%，2010 年，该县实施了棉花种植清洁生产配套残膜回收机化技术推广项目。山西棉农为实现育苗移栽机械化，自主创新改装移栽机械等。

四、存在问题和发展方向

1. 存在问题。总体来看，棉花机收水平低是制约我国棉花机械化水平提高的重要瓶颈，是未来十年的发展重点，虽然经过多年的发展取得了一定成就，但仍存在诸多问题，主要表现在三个方面：一是机采棉质量较手采棉差，不能很好满足纺织需求，而机采棉的品种选育环节滞后是影响机采棉含杂率和质量的关键因素；二是缺乏适应不同流域棉花采收的机器设备，且与采棉机配套的打膜机、开膜机及清花设备资金投入很大，目前国家仅对采棉机的购置给予一定程度补贴，但仍然无法满足发展机采棉巨大的资金投入需求；三是缺乏机采棉的国家标准,质量和等级的评定存在很大随意性,将直接影响到未来机采棉的推广。

2. 发展方向。未来十年棉花生产机械化的发展方向主要是以下三个方面:一是不断提升采棉机性能、提高机采棉质量、加快研究适应不同流域的棉花采收机械设备;二是加强与机采棉配套的品种选育和农艺栽培技术研究,不断完善与机采棉相关的综合配套技术和设备;三是综合考虑各流域棉区自然地理条件、经济发展水平和种植模式习惯的差异,不断探索和推广适应各流域棉区的棉花轻简栽培模式,循序渐进地提高棉花生产机械化水平。

推进农机农艺融合要牢牢把握四个着力点

农业部农业机械化技术开发推广总站副站长　李安宁

融合,指将两种或多种不同事物合成一体。结合,泛指人或事物之间发生密切联系。结合强调统筹兼顾,融合强调融入、合成。融合是全方位的结合、深度的结合、有机的结合,达到一种你中有我、我中有你、水乳交融的状态,形成一种新的体制机制。农机农艺融合,实质上是建立一种农机与农艺相互依赖、相互促进、相互推动、协调发展的生产方式,是现代农业的内在要求。从农机农艺结合到农机农艺融合,是一个重大的创新和战略转型,提出了未来农业机械化和农业生产的一个重要发展战略。推进农机农艺融合具有重大战略意义,涉及多个方面改革创新,是一项长期、艰巨、复杂的任务,必须深刻理解农机农艺融合的内涵要求,准确把握推进农机农艺融合的关键着力点,持之以恒,确保实效。

一、把发展机械化作为基本方向

当前,随着工业化、城镇化和农业现代化加快发展,农村劳动力结构和农民劳动观念发生了深刻变化,农村劳动力加快转移,农业机械化快速发展,新一代农民更加向往有体面的劳动和有尊严的生活。2010 年全国农作物耕种收综合机械化水平超过 50% ,2011 年达到 54.82% ;2011 年乡村居住人口、农业从业人员占总人口比重和农业从业人员中青壮年占比都低于 50% ,农业生产方式实现以人畜力为主到机械化为主的历史性转变。农民对农机作业的需求越来越迫切,农业生产对农机应用的依赖越来越明显,机械化程度的高低已直接影响农民的农业生产意愿,影响到农业生产的稳定与发展。但当前我国农机化发展仍然存在较多发展缓慢的薄弱环节,如:粮食作物中水稻种植、玉米收获机械化水平不高,主要经济作物中油菜、马铃薯播种及收获,甘蔗收获、棉花收获、花生收获等环节的机械装备尚缺乏定型的产品和技术,畜牧水产养殖业、林果业、农产品初加工、设施农业等机械化发展也滞后于实际需求。造成这些薄弱环节机械化发展较慢的重要原因,在于一些作物品种培育、耕作制度、栽植方式不适应农机作业的要求,种养标准化程度偏低等,许多农艺措施尚不能通过机械化手段加以实现,农机作业的潜力和优势难以充分发挥。农艺规范化标准化相对滞后,已经不能适应机械化时代的要求。

农机农艺融合是农业经济发展到一定阶段生产力发展的必然要求。当前,我国正处于传统农业向现代农业转变的关键时期。农业生产方式已经跨入以机械化生产为主的新时代,农业科技创新进入了以生物技术和机械技术为主导变革技术路径的新阶段,农业机械化进入了加快发展、结构改善、质量提升、领域拓宽的新时期。必须按照转变农业发展方式的要求,坚持推进农机农艺融合、促进农业机械化发展的方向,从有利、有宜、有助于促进发展机械化出发,加快适应机械作业的育种科研、栽培模式的推广和种植制度改革,围绕机械作业而确定种植方式,推进农机与水、肥、种、药等因素的协调作用,实现品种、栽培、装备和工艺融合,加快农业机械新机具、新技术的推广应用。同时,也要顺应农机农艺融合相互适应、不断调整、不断融合的规律,围绕农艺的变革发展,不断改进农机质量性能、机具规格,研发农业生产和广大农民需要的新技术新机具,推动机具大型化、功能集聚化,提高机具作业、服务水平,适应、引领、支持和服务农艺发展,实现农机农艺相互促进、相互推动,协调发展,加快推进农业机械化发展。

二、把标准化作为基本要求

标准是科学、技术和实践经验的结晶。标准化,为在一定的范围内获得最佳秩序、对实际的或潜在的问题制定共同的和重复使用的规则的活动,即制定、发布及实施标准的过程。先进农艺技术要标准化、大规模、高速度地推广,必须与农机化技术相结合,才能转化为现实的生产力。先进农业机械,本身就是物化了的农艺,是先进农艺技术的载体。农业生产过程中的标准化,主要是通过农机作业标准化实现的,是农机农艺融合的结果。农机农艺融合,最本质上是农机技术与农艺技术的融合,结果是促使品种、种植模式、机具配套,促成各种生产要素和影响因素优化组合,制定科学合理、相互适应的农艺标准和机械作业规范,形成种植、养殖机械化技术规范和生产模式。可以说,标准是农机农艺融合内容的载体和结果体现,标准化是推进农机农艺融合的基本要求,是促进农机农艺融合成果转化的有效途径,也是重要的工作措施、目的和目标。农机农艺融合的结果,体现在标准规范上,为技术的培训宣传、普及推广奠定了基础,并通过农机标准化作业,有效转化为了现实生产力。

农机农艺融合的过程,无疑是一个标准化的过程。应当把形成完善相关标准作为推进农机农艺融合工作成效和技术成果考核的必须项目、量化指标和评价内容。应当在农业标准化工作中,坚持融入农机农艺融合理念,在相关标准制修订、实施组织、管理评价各个方面予以充分体现,在相关标准的立项、验证、验收等环节提出明确要求。要在各个农产品优势区域建立农机农艺融合示范基地,围绕突破薄弱环节、探索全程机械化生产模式,建立完善相关标准规范,开展全程标准化试验示范,示范带动区域农业机械化发展,推动农业生产方式转变。

三、把制度创新作为根本保障

农机农艺融合,不仅是技术融合问题,也是管理体制机制改革创新问题,是一项复杂的系统工程。在当前我国农机、农艺分属不同部门，科研、教学、推广、生产等各自自成体系的体制环境中，没有管理体制机制的相应改革创新，就没有农机技术和农艺技术的融合。推进农机农艺融合，必然要创建新的体制机制，激发有关各方的积极性、创造性，促进资源合理配置，促成各方面、各环节围绕农机农艺融合目标工作。而管理体制机制的改革创新，核心在制度创新。应当把制度创新作为推动农机农艺融合的根本保障措施，既重源头控制，又重过程管理，在科研、教学、推广、生产等各阶段，在规划制定、项目管理、工作考核、成果评介等各方面，通过创设新的、更能有效激励、引导、促进有关各方行为的制度、规范体系，来实现农机农艺的变革、融合和持续发展。

以制度创新推动实现农机农艺融合，可以增进各方投身农机农艺融合的活力、动力和能力，提高农机农艺融合的效率、效果和效益，是有效、可靠、全面、持久地推进农机农艺融合的根本所在。当前，要着力加强农机、农艺等有关管理部门相互协调协作，建立完善定期会商、重大工作协调、工作考评协同等制度，构建工作沟通机制、建设合作协调平台，做好顶层设计、强化政策引导、实施项目带动，在相关会议、文件、规划、项目等工作上协同配合，以制度创新确保相关部门思想同心、目标同向、行动同步、事业同干，全面协调推进农机农艺融合。要在农业产业技术体系建设、农业科研立项评价、农业科技工作与成果考核改革等方面，注重源头控制，强化相关制度安排，改革创新项目管理和工作考评机制，切实落实推进农机农艺融合的要求，建立完善农机和农艺科研单位协作攻关机制。要建立健全农机、农业、渔业、畜牧等农业技术推广机构相互协调、相互协作机制，搭建合作交流平台，在项目规划实施、主导品种与主推技术遴选、技术宣传与人才培养、试验示范基地建设等等方面强化合作；以农机农艺融合为主线，加快农技推广机制创新、方法创新，在创新推广责任制度、工作考评制度、人员聘用培训制度等制度中切实加以落实，共同推进农机农艺融合。要在国家现代农业示范区建设、粮棉油糖高产创建、园艺作物和畜牧水产养殖标准化示范创建、农业机械化综合示范区建设等重大农业科技示范活动中，把推进农机农艺融合作为一项基本要求，加强规划引导，创新相关部门、相关方面协作机制，建立完善相关制度规范，集成和融合品种、栽培和机械化技术，加快推进农机农艺融合，促进农业技术集成化、劳动过程机械化、生产经营信息化。

四、把农业生产经营组织作为主要示范力量

推进农机农艺融合是通过人的劳动来实现的，需要多方力量共同参与，如农机、农艺的科研、推广专家和技术人员，农业、农机行政部门管理人员，农机生产企业，农民和农业生产经营组织等农业生产经营者等，但最终要通过农业生产经营者来实现。农机、农艺、农业经营方式协调发展是必然趋向。在农村实行以家庭承包经营为基础、统分结合的双层经营体制下，农村集体经济组织、农民专业合作经济组织、农业企业等农业生产经营组织，相对于农户而言具备比较强的经济实力、技术条件和管理能力，组织化程度和机械化水平高，能够实现农业规模化经营、标准化生产、社会化服务的有机统一，促使土地、劳动力、资金、装备、技术、信息、人才等得到有效整合，加快农业科技应用和农业机械化发展，提升农业生产集约化水平，有效提高土地产出率、劳动生产率和资源利用率；可以有效集成推广应用农业新技术，承载落实技术推广、培训宣传、生产组织等工作，示范带动能力强，能够降低农业技术推广的成本，加快推广应用步伐。因此，农业生产经营组织有意愿、有条件、有能力推进农机农艺融合，是实现农机农艺融合最佳途径和最好载体，应当把农业生产经营组织作为推进农机农艺融合的基本力量，充分发挥他们实现农机农艺融合成果的主体作用，示范、带动、引领农机农艺融合发展。

当前，农户参加专业合作社的比重达到15%以上，要特别注重发挥应用农民专业合作社在推进农机农艺融合中的重要作用。要支持农民专业合作社等农业生产经营组织参加农业生产科研、推广工作和承担农业发展、建设项目，承载和实施农机农艺融合成果，发挥示范引领效应。要依靠农民专业合作社等农业生产经营组织，开展农机农艺融合宣传，培训农机农艺融合的实用技术人才，加速推进农机农艺融合。要紧紧依托农民专业合作社等农业生产经营组织建立农机农艺融合试验示范基地，有针对性地试验推广适宜机械化生产的品种和种植模式，突破关键环节机械化瓶颈，确定合理技术路线，形成标准化作业农艺技术和操作规范，示范引导农民推进标准化、机械化生产。

总之，农机农艺能否有效机融合，直接影响关键环节机械化的突破，关系到农业机械化发展速度和质量，关系到农业的科技进步和农业发展方式转变。农机、农艺不融合，很难有全面、持续、协调、快速的农业机械化，就没有农业的标准化、集约化、规模化、专业化，也没有真正意义上的农业现代化。推进农机农艺融合，是时代的要求、历史的必然。我们要坚持以发展机械化为基本方向、以标准化为基本要求、以制度创新为根本保障，以农业生产经营组织为主要示范力量，不断推进农机农艺融合迈上新台阶，加快推进农业机械化，支撑和引领农业现代化。

深松耕与深施肥结合更给力

中国农业大学教授　**曹一平**

深松耕是指用深松铲或凿形犁等松土农具疏松土壤而不翻转土层的一种深耕方法，适宜经长期耕翻后形成犁底层、耕层有黏土硬盘、白浆层、土层厚而耕层薄不宜深翻的土地。深施肥是指将配方肥按农艺要求深度一次性施入土壤中，以提供作物不同时期的养分，满足生长发育阶段的营养需要。有关专家认为，现有的深松耕机械尚不能完美实现大量底肥深施的现实问题。为此，深松耕要与深施肥结合。

当前在河北和安徽等冬麦种植区正推广深松深耕和播后镇压技术，河北省政府决定用3年时间，将全省种植小麦的耕地普遍深耕一遍。各地出现了将深松耕、播种、覆土、镇压一次完成的联合作业等机械。深松耕技术被定位于“少耕”和“保护性耕作”范畴，是在生产周期内合理减少耕作次数或间隔减少耕作面积的方法，如实行年间轮耕等。我国北方当前的少耕类型有：翻后直接耕种，免去中耕；用深松代替翻耕；以旋耕代替翻耕；间隔带状耕作和连年耙地、旋耕、垄作等。在我国松土耕作法方面也出现了，如采用凿形犁或其他松土器平切松土，然后播种；带状耕作法：把耕翻局限于行内，行间不耕地，残茬留在行间等。这种深松耕技术的特点是作业后耕层土壤不乱，动土量小，能有效地改善土壤的通透性，提高土壤蓄水能力，利于作物深扎根。近年来，不少地区由于长期实行灭茬旋耕，造成耕层较浅，并在20厘米左右形成一个较硬的犁底层，犁底层的存在使小麦和夏玉米等农作物只能在浅层空间生长，根系发育受限，对水分养分的吸收不利。耕地土壤质量的下降，已成为制约许多麦区争取持续高产的主要障碍因素。而深松整地作业，既可打破犁底层，也可改善耕层土壤的物理性状，使土壤通透性和蓄水保墒能力提高，有利于小麦生产的高产和节水。

但是，现有的深松耕技术没有强调深施肥技术的配合，实际上现有的深松耕机械也尚不能完美实现大量底肥深施的现实问题。可是众所周知，农田培肥的主要途径有三条，其一，增施有机肥和合理施用化肥，提高农田的供肥性能；其二，合理耕作，包括深耕改善土壤松紧状况，提高土壤蓄水和通气性能，促进微生物活动加速土壤有机物矿化分解。提高有效养分供应；其三，合理排灌，消除污染等。

而当前的深松耕机械包括旋耕机和凿形铲都难以圆满完成有机肥和化肥相结合的底肥深施要求。原因：一是机械设计的动力不足，带不动；二是不同机型都属于非翻动式犁，它难以将大量有机肥或切碎的秸秆，翻到土壤下面去，只能做到在浅耕层内掺混，造成播后麦种处在混有大量有机肥或碎秸秆的耕层内，这些粗料要消耗其中的大量水分、氮素形成与麦苗争水争氮和造成土层许多的空洞而跑墒，不仅播后出苗条件差，达不到苗全、苗壮，还可能导致来年春旱期间麦苗的弱小和死亡问题。针对当前秸秆还田中存在着混入的土层浅，整地质量差的问题，农民的应对办法是加大播量，有些地区已经把小麦播量增加到了每公顷450千克。

所以说从培肥上讲，当前的深松耕还不理想，尚欠完美。为此有三点建议。

一是深松耕要与深施肥结合。

二是与现有深松耕配合的小麦播种时施肥的定位，不是全层性底肥，而是介于种肥和基肥之间。首先要注意化肥用量要适当，尤其氮肥用量不可一次性施入，建议化肥氮最高施一半，或者施全程氮的三分之一。如果氮肥施多了，集中分布于不深的根层内不仅易烧苗还可能造成浪费。不要将这次施肥的数量与作用定位于全根层基肥的要求上。在养分种类的比例上要以磷肥为主。肥料品种可采用磷二铵或过磷酸钙加尿素，或过磷酸钙加硫酸铵、碳酸氢铵或氯化铵。特别提醒的是，一半或大半的氮肥要用在年后返青—拔节期再施用。如果采用三元复合肥，最好不要选高氮型复合肥，它们容易造成氮磷比例不协调，不符合小麦冬前生长的需求，造成冬前苗旺根不壮，不利于越冬和来年返青。

三是呼吁农业部和各级政府加强对于基层农技的推广和农机补贴管理的方法创新和补贴力度。

（论文来源：2011年10月14日《农民日报》）

农业机械化政策法规及规章

农业部部门规章及文件

【农业机械事故处理办法[中华人民共和国农业部令(2011 年第 2 号)公布]】

为规范农业机械事故处理工作,维护农业机械安全生产秩序,保护农业机械事故当事人的合法权益,根据《农业机械安全监督管理条例》等法律、法规,农业部制定《农业机械事故处理办法》,并于 2010 年 12 月 30 日经农业部第 12 次常务会议审议通过,自 2011 年 3 月 1 日起施行。办法共分 8 章,包括总则、报案和受理、勘察处理、事故认定及复核、赔偿调解、事故报告、罚则、附则等内容。

【农业机械实地安全检验办法[中华人民共和国农业部公告(第 1689 号)公布]】 为规范农机安全检验工作,减少农业机械事故隐患,提高农业机械安全技术状态,预防和减少农业机械事故,保障人民生命财产安全,根据《农业机械安全监督管理条例》,农业部制定《农业机械实地安全检验办法》,自 2011 年 2 月 1 日起施行。办法共分 4 章,包括总则、检验、管理、附则等内容。

【农业部关于加强农机事故应急管理工作的意见(农机发[2011]1 号)】 为贯彻落实《中华人民共和国突发事件应对法》、《农机安全监督管理条例》、《生产安全事故报告和调查处理条例》、《国家突发公共事件总体应急预案》和《国家生产安全事故灾难应急预案》等法律法规及有关规定,规范农机事故的应急管理和应急响应程序,提高事故预防和应急处置能力,科学有效地做好农机事故应急救援工作,最大限度地预防和减少农机事故及其造成的人员伤亡和财产损失,农业部于 2011 年 1 月 21 日发文,要求各地充分认识做好农机事故应急管理工作的重要意义,进一步明确应急管理工作的原则,建立健全农机事故应急预案和组织体系,切实强化农机事故预测预警工作,认真做好分级响应和应急处置,及时报送农机事故应急信息,全面落实应急工作的保障措施。

【农业部关于加快推进水稻生产机械化的意见(农机发[2011]2 号)】 为贯彻落实《国务院关于促进农业机械化和农机工业又好又快发展的意见》和中央农村工作会议、全国农业工作会议的要求,进一步加快推进水稻生产机械化,农业部于 2011 年 3 月 14 日发文,要求各地认识发展思路、原则、目标和重点,明确主要任务,推进保障措施。

【农业部关于加快推进农机购置补贴廉政风险防控机制建设的意见(农机发[2011]4 号)】 为了深入落实中国共产党第十七届中央纪律检查委员会第五次、六次全体会议精神,认真贯彻农业部关于推进廉政风险防控机制建设的部署要求,规范行政权力运作,提高行政效能,加大从源头上防治腐败的工作力度,加快推进全国农业机械化系统农机购置补贴廉政风险防控机制建设,把强农惠农政策真正落到实处,农业部于 2011 年 7 月 15 日发文,要求各地提高思想认识,明确指导思想,突出重点工作,加强组织领导。

【农业部关于进一步加强农机安全监理工作的意见(农机发[2011]5 号)】 为深入实施《农业机械安全监督管理条例》,认真贯彻落实《国务院关于促进农业机械化和农机工业又好又快发展的意见》,依法监理,强化措施,落实责任,规范管理,促进农业机械化安全发展,农业部于 2011 年 7 月 15 日发文,要求各地充分认识加强农机安全监理工作的重大意义,进一步明确农机安全监理工作的指导思想和目标任务,大力推进农机安全监理方式转变,进一步加强农机安全法制化建设,积极创新农机安全监管工作机制,努力加强农机安全监理能力建设、切实加强农机安全监理工作的组织领导。

【农业部关于进一步加强农机试验鉴定工作的意见(农机发[2011]7 号)】 为深入贯彻落实《农业机械化促进法》、《农业机械安全监督管理条例》以及《国务院关于促进农业机械化和农机工业又好又快发展的意见》,进一步加强农机试验鉴定工作,增强公共服务能力和水平,提高农业机械质量,推动农业机械化科学发展,农业部于 2011 年 11 月 4 日发文,要求各地充分认识农机试验鉴定工作的重要意义,进一步明确农机试验鉴定工作基本原则,不断提升农机试验鉴定能力,大力推动农机试验鉴定科技进步,继续推进农机试验鉴定工作规范化管理,认真开展获证产品使用过程中的质量监督,高度重视廉政风险防控机制建设,切实加强农机试验鉴定工作的组织领导。

【农业部办公厅关于印发《全国农机深松整地作业实施规划(2011—2015年)》的通知(农办机[2011]1号)】 为推动各地开展农机深松整地作业,农业部部农业机械化管理司组织编制《全国农机深松整地作业实施规划(2011—2015年)》,农业部办公厅2011年1月11日发文,要求各地要紧紧围绕保障国家粮食安全和农产品有效供给、增加农民收入、促进农业可持续发展的目标,坚持"农民自愿、政府扶持、补贴引导、完善机制"的方针,积极开展农机深松整地作业。

【农业部办公厅关于深入推进农机购置补贴政策信息公开工作的通知(农办机[2011]33号)】 为深入推进农机购置补贴政策信息公开工作,农业部办公厅2011年5月27日发文,要求各地进一步提高思想认识,不断充实公开内容,积极拓展公开渠道,切实加强组织领导。

【农业部办公厅关于深入开展农机购置补贴政策实施专项整治工作的通知(农办机[2011]34号)】 为加强农机购置补贴政策实施监督管理,2011年农业部印发《农业部办公厅关于进一步严格农机购置补贴工作纪律要求加强政策执行情况监督检查的通知》(农办机[2011]3号,以下简称《通知》),展开全国农机购置补贴工作座谈会。为确保政策落实到位,进一步严肃农机购置补贴政策实施纪律,全面开展专项整治工作,农业部办公厅2011年5月25日发文,要求各地进一步明确专项整治重点,全面推进补贴政策信息公开,严格规范操作程序,严肃查处违法违纪行为。

【农业部办公厅关于印发甘蔗生产机械化技术指导意见的通知(农办机[2011]38号)】 为促进甘蔗生产机械化,加快农业机械化新技术的普及应用,促进我国糖业健康发展,农业部组织有关专家研究提出适宜不同类型区域条件下的甘蔗生产机械化技术指导意见,农业部办公厅2011年6月22日发文,要求各地农业机械化主管部门和推广机构,在技术指导意见的基础上,结合实际情况,细化技术内容,完善技术规范,加强宣传、培训和现场指导。

【农业部办公厅关于切实提高拖拉机"三率"的通知(农办机[2011]50号)】

为深入贯彻实施《农业机械安全监督管理条例》,提高拖拉机上牌率、持证率、检验率,完成农业部制定的"十二五"安全发展目标任务,农业部办公厅2011年9月5日发文,要求各地深刻认识提高拖拉机"三率"的重要性,采取切实可行的措施强化拖拉机牌证管理工作,加强对"三率"目标任务的考核检查,严格按要求报送相关材料。

【农业部办公厅关于印发《农业机械事故处理文书规范(试行)》的通知(农办机[2011]51号)】 为规范农业机械事故处理行为,提高农业机械事故处理文书制作水平,根据《农业机械事故处理办法》,农业部制定《农业机械事故处理文书规范(试行)》,农业部办公厅2011年7月14日发文,要求各地遵照执行。《农业机械事故处理文书规范(试行)》共分4章,包括总则、文书制作基本要求、具体文书制作、文书归档及管理,该规范自2011年10月1日起实施。

【农业部办公厅关于印发全国农业机械化专项发展规划的通知(农办机[2011]55号)】 为推进农业机械化科技、教育培训、技术推广、试验鉴定及设施农业发展,根据《全国农业和农村经济发展第十二个五年规划(2011—2015年)》和《全国农业机械化发展第十二个五年规划(2011—2015年)》,农业部组织编写《全国农业机械化科技发展"十二五"规划(2011—2015年)》、《全国农业机械化教育培训"十二五"规划(2011—2015年)》、《全国农业机械化技术推广"十二五"规划(2011—2015年)》、《全国农业机械试验鉴定"十二五"规划(2011—2015年)》、《全国设施农业发展"十二五"规划(2011—2015年)》。农业部办公厅2011年9月28日发文,要求各地结合实际,认真贯彻执行。

【农业部办公厅关于开展农机安全监理"为民服务创先争优"示范窗口创建活动的通知(农办机[2011]57号)】 为贯彻落实胡锦涛同志在庆祝中国共产党成立90周年大会上的重要讲话精神,按照中央创先争优活动领导小组《关于在窗口单位和服务行业深入开展"为民服务创先争优"活动的指导意见》和农业部《关于在农业系统窗口单位深入开展"为民服务创先争优"活动的通知》要求,为进一步推动农机安全监理机构坚持以人为本、执政为民理念,增强监理服务意识,改进监理工作作风,提高监理业务水平,提升监管服务能力,保障依法依规监理,更好地为广大农民机手群众服务,农业部决定在全国范围内开展以"争创群众满意窗口、争创优质服务品牌、争创优秀服务标兵"为主题的农机安全监理"为民服务创先争优"示范窗口创建活动。农业部办公厅2011年10月14日发文,要求各地充分认识开展创建活动的重要意义,准确把握目标任务,积极丰富创建内容,明确示范窗口和标兵的基本条件,切实加强创建活动的组织领导。

【农业部办公厅关于印发《全国农业机械安全监理"十二五"规划(2011—2015年)》的通知(农办机[2011]58号)】

为加强农机安全监理工作,提升安全监管能力,推进农业机械化安全发展,根据《农业机械安全监督管理条例》、《国务院关于促进农业机械化和农机工业又好又快发展的意见》(国发[2010]22号)、《国务院办公厅关于印发安全生产"十二五"规划的通知》(国办发[2011]47号)和《全国农业机械化发展第十二个五年规划(2011—2015年)》,农业部组织编写《全国农业机械安全监理"十二五"规划(2011—2015年)》。农业部办公厅2011年10月19日发文,要求各地认真组织实施。

【农业部办公厅关于各地贯彻落实《国务院关于促进农业机械化和农机工业又好又快发展的意见》情况的通报(农办机[2011]60号)】 自2010年7月《国务院关于促进农业机械化和农机工业又好又快发展的意见》(国发[2010]22号)发布以来,各地采取有力措施,不断把贯彻落实工作推向深入。农业部办公厅2011年10月31日发文,通报内容有各地制定实施意见进展情况，各地落实农业机械化扶持政策情况，下一步工作要求。

【农业部办公厅关于印发《农业部农业机械试验鉴定大纲管理办法》的通知（农办机［2011］61号）】 根据《农业机械试验鉴定办法》（农业部令第54号）的有关规定，农业部制定《农业部农业机械试验鉴定大纲管理办法》。农业部办公厅2011年11月7日发文，要求各地遵照执行。

【农业部办公厅关于印发玉米生产机械化技术指导意见的通知（农办机［2011］62号）】 为贯彻落实《国务院关于促进农业机械化和农机工业又好又快发展的意见》，加快推进玉米收获机械化，实现玉米生产全程机械化，建设现代农业，农业部组织有关专家研究提出玉米生产机械化技术指导意见。农业部办公厅2011年11月9日发文，要求各地在技术指导意见的基础上，结合本地实际，细化技术内容，加强宣传、培训和指导，积极推进玉米生产全程标准化。

【农业部办公厅关于落实免收小型微型企业农机监理费的通知（农办机［2011］63号）】 根据财政部和国家发展和改革委员会《关于免征小型微型企业部分行政事业性收费的通知》（财综［2011］104号），2012年1月1日至2014年12月31日，对小型微型企业免征农机监理行政事业性收费。为进一步做好农机安全监理工作，保障农机安全财政投入，农业部办公厅2011年11月21日发文，要求各级农业机械化主管部门要主动向政府领导汇报，积极协调同级财政部门，争取财政投入，保证农机安全监理机构正常履行职责。

地方性法规、规章及文件

【北京市农业机械化促进条例（北京市人民代表大会常务委员会公告第13号公布）】 为了鼓励、扶持农民和农业生产经营组织使用先进适用的农业机械，促进北京市市农业机械化，建设都市型现代农业，北京市根据《中华人民共和国农业机械化促进法》，结合全市实际情况，制定该条例，并于2010年12月23日由北京市第十三届人民代表大会常务委员会第二十二次会议通过，自2011年3月1日起施行。该条例共分8章，包括总则、科研开发与推广、质量保障、社会化服务、扶持措施、安全监督管理、法律责任、附则等内容。1997年7月18日北京市第十届人民代表大会常务委员会第十八次会议通过、2001年5月18日北京市第十一届人民代表大会常务委员会第二十六次会议修改的《北京市农业机械管理条例》同时废止。

【河北省人民政府关于推进农业机械化和农机工业又好又快发展的意见（冀政［2010］155号）】 为认真落实《国务院关于促进农业机械化和农机工业又好又快发展的意见》（国发［2010］22号）精神，河北省结合实际，就推进农业机械化和农机工业又好又快发展，提出《关于推进农业机械化和农机工业又好又快发展的意见》，要求各地明确指导思想、基本原则和发展目标，促进农业机械化发展的主要任务，促进农机工业发展的主要任务，加大政策支持力度，加强组织领导。

【辽宁省财政厅　辽宁省经济委员会关于印发辽宁省2011年农机专业合作社农机购置奖励和贷款贴息项目与资金管理办法的通知（辽财农［2011］248号）】

为扶持农机专业合作社发展，加快辽宁省农业机械化发展步伐，进一步提高农机作业组织化程度，辽宁省根据《农业部关于加快发展农机专业合作社的意见》和《辽宁省2011年度农机购置补贴实施方案》，制定《辽宁省2011年农机专业合作社农机购置奖励和贷款贴息项目与资金管理办法》，该办法共分6章，包括总则、扶持条件、扶持政策和标准、项目申报与审核拨付资金、监督检查、附则等内容。该办法自2011年4月14日起施行，由省财政厅、省农村经济委员会按各自职责负责解释。

【吉林省人民政府关于促进农业机械化和农机工业又好又快发展的实施意见（吉政发［2010］34号）】 为深入贯彻落实《国务院关于促进农业机械化和农机工业又好又快发展的意见》（国发［2010］22号），提升农业装备水平，改善农业生产条件，增强农业综合生产能力，促进粮食稳步增产和农民持续增收，吉林省就全省农业机械化和农机工业发展提出《关于促进农业机械化和农机工业又好又快发展的实施意见》，要求各地明确指导思想和发展目标，促进农业机械化发展的主要任务，促进农机工业发展的主要任务，政策扶持和组织领导。

【江苏省人民政府关于促进农业机械化和农机工业又好又快发展的实施意见（苏政发［2010］159号）】 农业机械化是农业现代化的重要标志。加快推进农业机械化和农机工业发展，对于增强农业综合生产能力、建设现代农业、拉动农村消费需求具有重要意义。江苏省根据《国务院关于促进农业机械化和农机工业又好又快发展的意见》（国发［2010］22号），紧密结合江苏实际，提出《关于促进农业机械化和农机工业又好又快发展的实施意见》，要求各地明确总体要求和目标任务，全面推进农业生产机械化，推进农作物秸秆机械化还田和综合利用，促进农机工业发展，增强农机科技创新能力，积极推进农机社会化服务，加强农机安全监督管理，加强农机人才队伍建设，加大政策扶持力度，加强组织领导。

【浙江省人民政府关于提升发展农业机械化的意见（浙政发［2011］88号）】
为大力发展农业机械化，提高农业设备装备水平和生产效率，促进农业现代化建设，浙江省根据《国务院关于促进农业机械化和农机工业又好又快发展的意见》（国发［2010］22号）精神，就提升发展农业机械化提出《关于提升发展农业机械化的意见》，要求各地充分认识提升发展农业机械化的重要意义，明确总体要求，大力推动农机科技进步，积极发展农机社会化服务，加强农机产品质量监管和安全监理，加快推进农机工业转型升级，加大政策支持力度，加强组织领导。

【安徽省人民政府关于促进农业机械化和农机工业又好又快发展的实施意见（皖政［2010］109号）】 为认真贯彻落实《国务院关于促进农业机械化和农机工业又好又快发展的意见》（国发［2010］22号）精神，安徽省结合全省实际，提出《关于促进农业机械化和农机工业又好又快发展的实施意见》，要求各地明确指导思想和发展目标，促进农业机械化发展的主要任务，促进农机工业发展的主要任务，加大政策支持力度，加强组织领导。

【山东省人民政府关于促进农业机械化和农机工业又好又快发展的意见（鲁政发［2011］13号）】 为贯彻落实《国务院关于促进农业机械化和农机工业又好又快发展的意见》（国发［2010］22号）精神，进一步促进山东省农业机械化和农机工业又好又快发展，山东省提出《关于促进农业机械化和农机工业又好又快发展的意见》，要求各地充分认识促进农业机械化和农机工业又好又快发展的重要意义，明确指导思想、发展目标和发展重点，促进农业机械化发展的主要任务，促进农机工业发展的主要任务，加大政策扶持力度，加强组织领导。

【广东省人民政府关于扶持农业机械化发展议案办理情况的报告（粤府案［2011］10号）】 广东省九届人大五次会议代表提出的《关于扶持农业机械化发展议案》，广东省人民政府从2003年起组织实施，到2010年实施期满。2011年4月下旬和5月中旬，广东省人民政府组织广东省发展和改革委员会、财政厅、农业厅、海洋与渔业局等单位，分赴汕头、梅州、惠州、江门、阳江、茂名、湛江、肇庆、潮州等9个市及有关县（市、区），对议案实施情况进行了检查。广东省人民政府认为，议案实施8年来，在广东省委的正确领导下，在各级人大及其常委会的支持监督下，通过各级政府和有关部门的共同努力，议案提出的目标任务已全面完成，议案实施取得明显成效，建议予以结案。报告内容有采取积极有力举措，精心组织实施议案；全面完成目标任务，议案实施成效明显；下一步工作思路。

【重庆市人民政府关于促进农业机械化和农机工业发展的意见（渝府发［2011］40号）】 为认真贯彻落实《国务院关于促进农业机械化和农机工业又好又快发展的意见》（国发［2010］22号）精神，促进重庆市农业机械化和农机工业加快发展，重庆市结合全市实际，提出《关于促进农业机械化和农机工业发展的意见》，要求各地明确指导思想、基本原则和主要目标，推进农业机械化发展的主要任务，加快农机工业发展的主要任务，加大政策扶持力度，切实加强组织领导。

【四川省人民政府关于推进农业机械化和农机工业又好又快发展的实施意见（川府发［2011］7号）】 为切实推进四川省农业机械化和农机工业又好又快发展，根据《国务院关于促进农业机械化和农机工业又好又快发展的意见》（国发［2010］22号）精神，四川省结合全省实际，提出《关于推进农业机械化和农机工业又好又快发展的实施意见》，要求各地明确总体要求，促进农业机械化发展的主要任务，加快农机工业发展的主要任务，推进农业机械化和农机工业的政策措施，加强组织领导。

【云南省人民政府贯彻落实国务院关于促进农业机械化和农机工业又好又快发展文件的实施意见（云政发［2011］229号）】 为认真贯彻落实《国务院关于促进农业机械化和农机工业又好又快发展的意见》（国发［2010］22号）精神，切实转变农业增长方式，加快云南省农业机械化发展，云南省结合全省实际，提出《关于促进农业机械化和农机工业又好又快发展文件的实施意见》，要求各地充分认识加快发展农业机械化的重要性和紧迫性，促进云南省农业机械化又好又快发展的总体要求，加快农业机械推广应用的重点领域，加快农业机械化发展的主要任务，加快农业机械化和农机工业发展的保障措施。

【陕西省人民政府关于促进农业机械化和农机工业又好又快发展的实施意见（陕政发［2011］20号）】 为深入贯彻落实《国务院关于促进农业机械化和农机工业又好又快发展的意见》（国发［2010］22号）精神，加快推进陕西省农业机械化和农机工业发展，提升农业装备水平，改善农业生产条件，增强农业综合生产能力，推进现代农业发展，陕西省提出《关于促进农业机械化和农机工业又好又快发展的实施意见》，要求各地加快提升农业装备水平，加强农业机械化技术推广，加强农业机械化科研教育培训，强化农机安全使用与监督管理，提高农机社会化服务水平，提高农机工业制造能力，加大对农业机械化工作的扶持力度，加强对农业机械化工作的组织领导。

【甘肃省人民政府关于促进农业机械化和农机工业又好又快发展的实施意见（甘政发［2011］31号）】 为促进甘肃省农业机械化和农机工业又好又快发展，根据《国务院关于促进农业机械化和农机工业又好又快发展的意见》（国发［2010］22号）精神，甘肃省提出《关于促进农业机械化和农机工业又好又快发展的实施意见》，要求各地明确指导思想、基本原则和发展目标，促进重点工作任务，健全和完善支撑体系，推进政策措施，加强组织领导。

【青海省人民政府关于促进农业机械化和农机工业又好又快发展的实施意见（青政［2011］38号）】 为认真贯彻落实《国务院关于促进农业机械化和农机工业又好又快发展的意见》（国发［2010］22号），切实加快青海省农业机械和农机工业发展，青海省结合全省农业机械化和农机工业发展实际，提出《关于促进农业机械化和农机工业又好又快发展的实施意见》，要求各地充分认识加快农业机械化发展的重大意义，明确总体要求，加快发展农业机械化，大力发展农机工业，强化对农业机械化和农机工业发展的扶持，切实加强对农业机械化和农机工业发展工作的领导。

【宁夏回族自治区农业机械安全监督管理条例（宁夏回族自治区人民代表大会常务委员会公告第86号公布）】 为了加强对农业机械以及驾驶操作人员的安全监督管理，预防和减少农业机械事故，保障人民生命财产安全，宁夏回族自治区根据国务院《农业机械安全监督管理条例》和有关法律、法规的规定，结合自治区实际，制定该条例，并于2011年1月7日由宁夏回族自治区第三届人民代表大会常务委员会第二十二次会议修订通过，自2011年3月1日起施行。该条例共分7章，包括总则、登记与使用管理，操作人员管理，事故处理，监督检查，法律责任，附则等内容。1997年8月21日宁夏回族自治区第七届人民代表大会常务委员会第二十六次会议通过的《宁夏回族自治区农业机械安全监督管理条例》同时废止。

【新疆维吾尔自治区人民政府关于加快农业机械化发展的意见（新政发[2011]72号）】 进入新世纪以来，特别是“十一五”以来新疆维吾尔自治区农业机械化事业取得长足发展，面对新形势新任务，为推进农业机械化发展实现新跨越，新疆维吾尔自治区提出《关于加快农业机械化发展的意见》，要求各地新时期加快农业机械化发展的指导思想、目标任务和基本原则；大力调整农机装备结构，加快优势产业机械化进程；创新组织形式，全面加强农业机械化服务能力建设；实行重点突破，深入推进农业机械化提升工程；强化农机安全使用监管，提高农机应用和保障水平；加大扶持力度，为加快农业机械化发展提供保障；切实加强对农机工作的组织领导。

【青岛市人民政府关于促进农业机械化又好又快发展的意见（青政发[2011]34号）】 根据《国务院关于促进农业机械化和农机工业又好又快发展的意见》（国发[2010]22号）和《山东省人民政府关于促进农业机械化和农机工业又好又快发展的意见》（鲁政发[2011]13号），青岛市结合全市实际，提出《关于促进农业机械化又好又快发展的意见》，要求各地明确指导思想和发展目标，促进农业机械化发展的主要任务，加大政策扶持力度，加强组织领导。

农业机械化工作

各地工作要览

北 京 市

【概况】 2011 年,北京市农机部门围绕全市农业工作的中心,科学谋划发展思路和工作布局,层层抓好落实,农业机械化各项工作保持了又好又快的发展态势,实现了“十二五”的良好开局,为全市农业和农村经济较快增长做出了积极贡献。

【农机装备水平持续提高】 2011 年,北京市农机装备水平持续提高,都市型现代农业发展支撑能力进一步增强。全年落实农机购置补贴资金 1.34 亿元,新增农机总动力 9.69 万千瓦,机具 7 700 余台(套),保温被 80 万平方米,果蔬保鲜库 1.5 万平方米,市财政还贴息 150 万元购置大型青贮收获机 8 台。大型、先进、适用、高性能的农业机械进一步增加,对设施农业、农产品初加工和保温贮藏、畜牧水产养殖等产业发展的支撑能力持续提高。

【综合机械化水平进一步提高】 2011 年,北京市主要粮食作物耕种收综合机械化水平达到 66%,比 2010 年提高了 2 个百分点。特别是玉米机收水平有很大提高,机收面积达到 87.33 千公顷,占可机收面积的 75%。

【农业机械化服务能力进一步增强】 2011 年,北京市农机社会化服务基础建设取得重要进展,完成 2 000 多平方米的场、库、棚建设,农机大户、合作社和服务组织拥有的大型、先进、适用机械数量快速增加,服务保障能力不断提高。公共服务体系建设得到加强,农机信息化服务进一步完善,农机用油得到有效保障,农机教育培训得到发展。全市农机作业组织化、规模化程度不断增强,农机作业效率进一步提高。

【农机安全生产形势保持稳定】 2011 年,北京市发生农机事故 12 起,死 1 人,伤 2 人,未超过市安全生产委员会下达的农机安全生产控制考核指标,农机安全生产形势继续保持稳定。

【贯彻落实《北京市农业机械化促进条例》,制度建设进一步加强】 2011 年,北京市制定并颁布了《北京市农业机械化促进条例》,为全市农业机械化健康快速发展奠定了重要的法律基础。制定了《北京市农机化“十二五”规划(2011—2015 年)》,明确了农业机械化的发展目标、任务和保证措施。为了加强对大型、先进、适用农业机械的扶持,市农机部门出台了《贷款购置农业机械财政贴息资金管理办法》。在政策性农业保险统颁条款中增加了《农机综合保险条款(试行)》,首次将农机保险列入政策性保险中。制定了《生物质燃料成型设备通用技术条件》、《农用保温被技术条件》、《大棚卷帘机质量评价技术规范》、《杀虫灯技术条件》、《保护性耕作技术规范》等一系列地方标准,《北京市道路交通事故社会救助基金管理试行办法》将农机事故也纳入到救助范围,促进、保障农业机械化发展的法规体系进一步完善。

【深入落实农机购置补贴政策,农机装备水平持续提高,装备结构进一步优化】 2011 年,中央和市级财政用于农机购置补贴的资金分别是 8 000 万元和 5 400 万元,资金总量比 2010 年增长了 14.5%。补贴购置的机具种类包括了粮食生产、设施农业、畜牧水产养殖和农产品质量安全等多个生产领域,补贴范围覆盖全市 13 个涉农区县,受益农户达 1.9 万多户。

严格程序,规范操作。北京市农机部门加强补贴政策的宣传,让群众了解政策、用好政策。补贴过程中坚持规范操作,做到阳光透明,统一组织机具的招标采购工作,保证了购机补贴工作实惠农民,增加效益,促进发展。

以农机购置补贴政策为引导,探索鼓励老旧机具报废的新机制。引导农户购买先进、节能、低排放的适用机具,加快农业机械的更新换代,提高作业效率。对愿意报废使用了 10 年以上的老旧机具的农户,在申请农机购置补贴时予以优先考虑,2011 年共淘汰更新老旧拖拉机 870 台,更新小麦收获机 113 台。

启用专用号段，加强国补机具监管。市农机部门进一步加大对国家补贴机具的监管力度，对国家补贴购置的拖拉机和联合收割机启用了新的、专门号段进行注册登记和牌证管理，促进国补机具的有效、安全使用，便于社会、群众对农机购置补贴工作的监督。

【把握关键，突破难点，全力推进农业机械化协调发展】 北京市各级农机部门加强组织协调，加大扶持力度，狠抓春耕、“三夏”等重要农时的关键环节农业机械化作业，推动全市农业机械化作业水平的提高。

创新工作理念，加快新产品、新技术示范推广。北京市农机部门围绕产业发展重点，加快对设施农业新型设备的试验研究和技术储备，试验示范了声频助长、智能控制、等离子种子处理机等20多种设施农业发展急需的装备和技术。展示推广了带回收、带脱粒装置的新型玉米收获机，编写了一批教材和技术规范，培养了一批技术人员，为技术和设备的推广应用做好了技术、设备和人才的储备。

把握关键，突破难点，推进粮食生产全程机械化和农业机械化协调发展。稳定粮田机耕、机播和小麦机收水平，加快玉米机械化收获进程，分类别、有重点地增加玉米收获机数量，加大技术推广力度。2011年新增自走式玉米收获机279台，新增玉米机收面积21.33千公顷；贴息购置的8台大型青贮机增加玉米青贮机收面积约3.3千公顷。全市玉米机械收获面积占可机收面积的75%，顺义等区县机收水平突破了85%，粮食生产基本实现了全过程机械化。

调整补贴重点，促进农业机械化水平协调发展。各农机部门围绕北京市农业发展重点，以购机补贴政策为引导，调整了购置机具和装备的重点，2011年用于购置设施农业装备的资金达6 047万元，比2010年增加1 750万元，总资金量的比重增加了7.7%；用于畜牧水产养殖的资金1 079万元，比2010年增加196万元，比重增加了0.5%。设施农业、畜牧水产养殖等重点产业的装备水平进一步提高，机械作业能力得到加强。

【部门联动，整合资源，强化支撑，农业机械化安全生产形势稳定】 北京市农机部门按照“围绕一条主线，把好三个关口，推进三项制度，强化两个支撑，做好六项工作”的工作计划，牢固树立以人为本、安全发展的理念，以依法履职、规范监管、落实责任为重点，加强农机安全监理体系建设，着力提升农机安全社会管理和公共服务能力，深入开展“安全生产年”和“创建平安农机、促进新农村建设”活动，加大牌证管理和安全检查力度，强化安全源头管理，努力提高农机安全生产水平。

丰富拓展联席会议制度，提高农机执法效力。北京市将质量技术监督和工商行政管理部门纳入联席会议成员单位。六部门各司其职，相互配合，围绕农机安全隐患治理、执法检查、宣传教育等方面开展联合行动，将农机安全生产纳入到区县政府部门责任考核指标。

把好三个关口，确保农机监理工作有序进行。严把行政许可关，明确“谁主管、谁负责，谁发证、谁负责，谁审批、谁负责”的行政许可原则，签订《牌证业务管理责任书》，严格按照《北京市拖拉机联合收割机牌证制发管理办法》对区县进行督促和检查。严把检验关，采用送检下乡、集中检验和按月检验相结合的方式，年度检验各类机械6.12万台，检验合格率97.3%左右。对农机牌证系统中未注册登记过的35类新型农业机械进行确认与备案，完成新机型的登记注册工作。严把考试关，全市8所拖拉机驾驶培训学校培训驾驶人949人，有关部门按月检查各培训学校农机驾驶人培训情况，保证农机驾驶人培训质量。

推进三项制度，增强工作的主动性、规范性。一是推进免费管理制度，在实现农机免费安全检验的基础上，北京市进行了农机免费管理模式的探索，以进一步免除农机登记挂牌费、驾驶员考试费、补换牌证费等十项费用。二是推进规范管理制度。规范北京市基层农机监理机构，通过调研，摸清当前基层农机监理机构办公条件、装备、人员配置等情况，为形成北京市农机监理系统统一规范的管理模式奠定基础。三是推进安全保障制度。北京市有3家公司可承担农机政策性保险。为确保农机政策性保险补贴资金充足、合理，市级财政对农机政策性保险补贴50%，各区县自行确定累加补贴比例20%—40%不等。2011年9月底，全市投保农机损失保险的农业机械218台，投保农机具机上人员责任保险的农业机械229台，其中拖拉机53台，联合收割机176台；投保农机具第三者责任保险的联合收割机229台；投保兼用型拖拉机交强险的拖拉机共1 282台，保险费合计38.4万元。

强化两个支撑，提高农机安全监理工作科技含量。强化科技支撑，全面推广使用高科技检测设备和考试装备，实现驾驶员考试的无纸化教学与考试。进一步延伸科技意识，注重挖掘工作中的难点、重点，增强工作的科技含量。强化人才支撑，努力提高农机监理人员的业务水平，全面提高农机行政处罚案卷制作、农机安全技术检验标准和操作规程、牌证管理业务、农机事故处理、隐患排查等业务工作水平。

2011年，围绕春耕、“三夏”、“三秋”等重要农忙时节，北京市共开展农机田间执法检查2 556次，出动执法人员12 960人次、执法车辆3 375台次，依法查处违法行为437起。采取多种宣传手段，打造全方位立体宣传模式，组织开展宣传咨询活动25次，发放各种农机安全生产宣传材料16.5万多份，在电视、电台、报纸、网络上加大了对农机安全生产的宣传力度，树立了农机监理行业的新风貌，稳定保持农机安全生产形势。

【强基础，增实力，农机社会化服务水平进一步增强】 北京市全面落实保护性耕作技术设施建设，落实10个示范点的建设资金2 160万元，有三个示范点已建设完成并投入使用，完成场库建设面积2 000多平方米，还有1 000多平方米正在施工。中石油北京分公司还为部分示范点免费提供储油撬装站，农机服务组织的发展得到巩固。

加强政策引导，提升服务组织装备水平。市农机部门进一步加大了对农机服务的扶持力度，对基础好、技术高、服务好的服务组织，优先享受购机补贴政策，2011年补贴购置的1 232台拖拉机和联合收割机，有81.4%补贴给了农机合作社、服务组织和农机大户，进一步提高了他们的作业能力，夯实了快速发展的基础。

加强柴油供应，满足作业需求。市农机部门继续加大与石油部门的协调力度，按照与两个石油公司签署的框架协议，为作业农机争取更多价格低、品质好的农用柴油，保障农机作业用油。同时，各区县农机管理部门积极争取优惠政策，让利于民。“三夏”期间，平谷区对有1.5吨以上储备能力的农机户和农机专业合作组织，凭村介绍信、村委会法人执照、营业执照等，到指定的加油站，在购买每吨8 485元的基础上，每吨优惠120元。顺义区持区农机服务中心介绍信购1吨以上者，享受优惠批发价格并免费送油到家。

目前，以拥有2台以上主机，能够从事3项以上作业项目为标准建设的411个农机服务组织开展的机耕作业占到全市机耕作业的82.7%，机收占35.1%，机播占25.3%，已经成为京郊农业发展的主力军，在京郊农业生产中发挥了重要作用。

【加强培训教育，稳步提高队伍素质】 一是加强调研，制定年度培训计划。围绕"管理、科技、机手"三支队伍建设的总体目标，2011年市农机部门认真组织各区县开展培训需求调研，全面掌握队伍的基础水平和培训需求，结合年度农业机械化发展重点任务，组织人员编写年度培训大纲，根据农时季节分时段实施培训计划，确保培训内容与生产贴近、培训方式与培训对象贴近，努力提高培训质量和培训效果，全面提升队伍业务技能。二是认真做好农机监理和驾驶操作人员的培(复)训工作。全市共组织农机监理人员培训班63期，培训1 235人次，内容涉及农机行政处罚案卷制作、农机安全技术检验标准和操作规程、牌证管理业务、农机事故处理、隐患排查、农机政策性保险等，为进一步提高农机监理人员业务素质起到了良好的促进作用。全市8所拖拉机驾驶培训机构共培训驾驶人949人，其中拖拉机驾驶人718人，联合收割机驾驶人231人，农忙前采取集中培训和送教下乡方式，培(复)训农机驾驶(操作)人员15 268人次。针对易发生事故的微耕机、大棚卷帘机等农机具以及政府补贴新型机具开展"送教下乡"活动，改变了"坐等上门"搞培训的方式，最大限度地为农机手提供方便。三是贴近农民实际搞培训。为了更好的开展农机使用技术培训，结合农机手、农民的实际培训要求，培训部门购置了玉米播种机、小麦播种机、微型旋耕机等机具，租赁了小麦收割机、玉米收获机，拖拉机等机具用作实际操作培训。组织了3次集中授课式培训活动。其中培训大田农机手98人，林果业农机手163人，设施农业农机手80人。依托各农机服务组织，发挥流动学校的灵活性，开展4次技术研讨活动。对培训点附近16个乡镇的农机服务组织或农机户、60名农机手进行分类培训。开展"送教进村、科技入户、结对帮扶、创先争优"实践活动，为当地村民介绍了农业机械化综合技术、设施深耕、物理增产等14项新技术及相应机具装备的正确使用和安全操作常识，发放技术资料3 600余份。四是举办了首期农机专业合作社经理人培训班。来自中国合作经济学会、农业部管理干部学院、中国农业大学专家对56名农机专业合作社经理人进行了系统培训，培训内容包含农机专业合作社规范化和品牌建设、农机专业合作社经营运行战略、国内外农机专业合作社发展等。2011年共完成各类培训400余期，培训人员40 012人次。通过使用新型教学教具模型，生动、形象地开展教育培训，提高了管理人员的工作能力，拓宽了技术推广人员的视野，机手的驾驶操作能力明显提高，为推进农业机械化整体发展提供了重要的人才保障。

天津市

【概况】 2011年，天津市农机部门认真贯彻落实国务院关于促进农业机械化和农机工业又好又快发展的意见，各项工作有序推进，扎实开展，有效落实，圆满完成年度目标任务。全市农业机械化工作以科学发展为主导，积极落实各项强农惠农政策，着力发挥农业机械化在提高农业综合生产能力、促进农民增收和建设现代农业过程中的重要作用，农业机械化继续保持了快速健康发展的势头，实现了"十二五"农业机械化发展良好开局。

【农机装备结构持续优化】 大功率拖拉机、高速插秧机、玉米收获机及高效植保、畜牧水产养殖、设施农业、物理农业、农产品初加工等各类机械实现快速增长。2011年，全市农机新增动力超过15万千瓦，新增大中型拖拉机1 342台，耕整地机械2 773台，种植施肥机械275台，田间管理机械1 040台，收获机械1 067台，收获后处理机械7台，排灌机械3 329台，农田基本建设机械49台，畜牧水产养殖机械3 239台，农村废弃物处理设备2台(套)，农机装备结构得到进一步改善。

【农作物生产机械化发展势头强劲】 玉米机收实现了新突破，全市新增玉米收获机493台，使其保有量达到1 600台，玉米机收率超过60%，同比提高约7个百分点。水稻全程机械化进程进一步加快，全年新增水稻插秧机180台，水稻联合收割机56台，分别使其保有量达到了450台和220台；水稻机插率达到70%，比2010年增加近1倍，机收率超过65%。在此基础上，全市耕种收机械化水平达到78%，较2010年提高2个百分点，均超额完成农业部下达的目标任务。设施农业机械化全面推进，机械化水平进一步提高。新增设施农业设备4 529台，全市规模化设施农业园区的耕整地机械化水平将超过45%；卷帘机配置率超过20%，节水灌溉设备配置率达到50%；高效植保机械化水平超过20%。

【农机示范推广与科技创新水平稳步提升】 2011年天津市共举办各类新技术新机具现场演示活动30多场次，观摩人数达3千多人次，农业机械化科技影响力进一步扩大。引进、示范、推广了设施农业生产、畜禽健康养殖、农业废弃物处理等9项农业机械化新技术，进一步加快了农机新技术新装备的推广应用。组织开展了设施蔬菜土壤连作障碍电处理技术示范、便携式蔬菜嫁接机研制与开发等2项农业机械化新技术新设备的研究工作，获得2项国家专利。

【农机安全生产形势稳中趋好】 截至2011年10月底，天津市累计发生农机事故13起，其中，发生道路外农机事故6起，受伤8人，无死亡；发生道路内农机事故7起，受伤5人，死亡3人。

【认真落实农机购置补贴政策】 2011年，天津市国家和市级财政农机购置补贴资金达1亿元(其中，中央财政8 000万元，市财政2 000万元)，同比增加1 200万元。为保证补贴政策不折不扣落实，2011年初通过调研，科学合理的制定了补贴实施方案和补贴产品目录，并分别与区县农机补贴产品经销商、农机企业签订工作责任书，强化责任落实。在政策实施过程中，一方面广泛宣传并公开农机补贴政策信息及实施进展情况，促进补贴阳光操作，另一方面依托"农机购置补贴信息管理系统"，进一步规范和固化补贴操作程序，并先后开展“厂补贴机具到位情况”核查、“补贴产品市场价格”调查、“补贴专项整治和廉政风险防控机制建设”等工作，切实加强补贴监督检查。2011 年 11 月全市农机购置补贴工作结束，带动农民投资近 2 亿元，使 10 328 户农户受益。

【全力以赴，抓好农业机械化作业】 天津市农机部门始终把推进重点农时关键环节机械化作业作为农业机械化工作的重中之重。春耕期间，针对春季干旱、严重影响农业生产的形势，积极指导和帮助农民检修抗旱机具，紧急部署并提前启动了排灌机械购置补贴工作。全市共投入各类农机具 4 万多台（套），完成机耕 176.98 千公顷，机播 162.81 千公顷，机插水稻 10.43 千公顷。“三夏”之际，为全力保障夏粮颗粒归仓，农机部门在 2011 年 5 月中旬召开会议对“三夏”农业机械化生产工作进行部署，并组织各区县积极做好机具检修、技术指导、信息服务及物资保供等工作。全市共投入小麦联合收割机 3 663 台，机收小麦 113.87千公顷；投入播种机 9 000 余台，机播夏玉米 114.13 千公顷。同时，组织 415 台联合收割机外出跨区作业，为广大农机手创收 740 余万元。“三秋”时节，农机部门早动员、早部署，指导各区县扎实做好应急预案编制、重点机具补贴、机具检修、机手培训、信息服务等准备工作。全市共投入拖拉机 18 000 余台，播种机 8 200 余台，其他机具 1 万余台（套），机播冬小麦 110.52 千公顷，完成机耕 115.63 千公顷；投入玉米收获机 1 600 余台，机收玉米 120.27 千公顷；投入水稻收割机 200 台，机收水稻 11.13 千公顷。

【全力推进深松作业项目实施】 2011 年上半年，天津市完成上年度结转深松作业 2.07 千公顷、激光平地作业 1.93 千公顷。为推动深松及激光平地作业大面积实施，加大资金补贴投入力度，按照《全国农机深松整地实施规划（2011—2015）》的要求，继续在蓟县、宝坻、武清、宁河、静海、西青、北辰、大港等 8 个区县安排了“耕地深松及激光平地作业补贴项目”。共争取到了市、区两级财政补贴资金 1 400 万元，计划完成 26.67 千公顷深松和 5.33 千公顷激光平地作业任务。并将项目任务分解落实到全市 58 个乡镇的 251 个村，并依托 50 家农机合作社及 20 余户农机大户，分区县组建了作业服务队，安排其保有的 230 台（套）深松整地机械及 40 台激光平地机作业。截至当年 11 月中旬，已累计实施深松作业 14.01 千公顷，激光平地作业 2.25 千公顷，分别完成了项目任务总量的 53% 和 42%。当年 12 月上旬完成了全部项目的作业任务。

【加快农业机械化新技术新机具示范推广】 2011 年，天津市在科技成果转化与推广项目中总投入 714.5 万元，其中市财政资助科技经费 365 万元，自筹及农民投资 349.5 万元，新增经济效益 4 000万元。推广各类新机具 680 台套，建立示范点 50 个，覆盖天津市静海、宝坻，宁河、西青、北辰等 9 个区县，实施面积达 266.67 千公顷（包括机具作业面积）；建立科技示范户 290 户，召开现场会、各种形式的培训班 45 次，培训农民 6 900 人次。全市新增保护性耕作实施面积 8 千公顷。保护性耕作机械化技术推广、畜禽舍空气电净化防病促生技术引进示范、秸秆固化燃料机械化技术引进、激光平地机械化技术推广等 5 个项目通过验收。农业部示范区建设工作进一步加强。10 个部级农业机械化生产示范基地制定了农机装备结构布局调整优化试点工作方案。西青区辛口镇水高庄村“天津市东淀都市型现代化农业核心区有限公司”、东丽区华明镇永和村“天津市滨海华明农业有限公司”、大港中塘镇甜水井村“天津神驰农牧发展有限公司”被推荐为农业部首批设施农业装备与技术示范单位。

【大力推进农机合作社发展】 为进一步推动农机专业合作社建设上规模、上水平，2011 年，根据天津市农业委员会、市财政局印发的《市级农机专业合作社创建项目申报指南和验收标准》要求，农机部门安排了“市级农机专业合作社创建项目”，于当年 8 月中旬指导各区县组织有意向的农机专业合作社进行了项目申报。9 月中下旬组织有关专家对各区县推荐上报的项目申报材料进行了集中评审，并对合作社的基础条件进行了实地核查。从中优选出 4 个农机合作社承担市级农机专业合作社创建，争取市财政专项资金 100 万元，对其开展机库、维修间等高标准基础设施建设给予扶持。

【努力提升农业机械化公共服务能力】 2011 年，天津市农机部门加强公共服务能力建设，提升为农服务水平，树立农机部门良好形象，采取切实有效措施，扎实推进。

一是提升示范推广能力。天津农业机械化技术试验服务中心的农业机械试验区建设项目顺利竣工，建设日光温室 14 栋、养殖棚 200 平方米、水果 1 公顷、果园种植 1 000 余棵，初步具备了开展农业机械化试验的基本功能；农机展销中心建设项目进展顺利，自 2010 年 11 月施工以来，综合服务用房和展示大厅已全部竣工。天津市农业机械化示范推广中心的设施农业装备化、信息化建设完成，现已配备机械卷帘、环境监控、自动调控等机具设备，开展了全套机械化信息化技术的示范，示范功能得到进一步提升。

二是提升农机安全监理服务能力。天津市农机部门启用了农机安全监理网上审批系统，新增 2 条移动检测线，农机驾驶员考试中心建成正加紧调试。2011 年10 月底，全市共检验拖拉机 10 573台，其中，新注册登记 1 760 台；检验联合收割机 2 559 台，其中，新注册登记 789 台；审验拖拉机驾驶员 9 116 名，其中，新培训 932 名。联合收割机驾驶证持证率提高到 53%。开展了隐患排查和专项治理。对 277 家农机行业单位、场所进行了安全检查，查出隐患 1 188处，全部进行了整改或限期整改。全市各级农机安全监理部门共出动农机安全监理执法人员 2 115 人次，出动执法车辆 700 台次，对 7 487 台农业机械和7 087名驾驶员进行了安全检查。通过宣传教育，使 246 台拖拉机上照，537 台拖拉机补检，186 人入班学证，288 人参加复训。免费发放各类农机安全宣传手册、挂图、光盘 2 万余份，其中《设施农业装备宣传手册》4 000 余册，制作并免费发放关于卷帘机、微耕机安全操作的宣传展板 40 套。

三是提升质量监督能力。完成新产品鉴定 2 项，可靠性试验 10 项，委托检验 5 项，发放农业机械推广鉴定证书 14 个；有 19 项农业机械推广鉴定大纲通过审定，使天津市农机产品推广鉴定的工作内容进一步丰富和完善。

四是提升农业机械化教育培训能力。组织编制了 2011 年度天津市农业机械化教育培训工作方案，组织实施阳光培训工程。全市已累计培训农民和农机手近万人次,农机职业技能鉴定合格人数 1 628 人,同比增长 23%。

五是提升农业机械化信息宣传能力。全市信息员队伍得到充实,信息传递体系健全。通过市农机信息网累计发布各类信息 800 余条,各部门上报信息采用 300 余条,采用率达 70%,同比增长 50%。

【存在问题】 一是农业机械化发展水平不均衡。玉米机收、水稻机插和机收等机械化水平有了较大幅度的提高,距离实现机械化的目标已为期不远。但设施农业机械化与设施农业现代化的要求相比,还存在很大的距离。二是农业机械化服务体系,无论是公共服务能力,还是社会化生产服务能力,与都市型现代农业服务体系的要求相比,也有很大的差距。各级财政用于农机推广、管理服务、安全生产、教育培训、信息宣传等农业机械化发展支撑体系建设的经费不足,缺乏应有的服务设施设备及交通工具,服务手段落后,服务效率和服务质量难以保证,严重制约了工作正常开展。农机社会化服务功能不全,农机服务组织缺乏资金扶持、信贷支持,依靠自身积累发展壮大比较缓慢。三是农业机械化发展的扶持政策有的还没有完全落实。这些问题和不足,还将在一定时期内存在,需要在今后的工作中,以更科学的发展思路,采取更扎实有效的措施逐步加以解决。

河 北 省

【概况】 2011 年,河北省农机系统深入贯彻落实科学发展观,认真落实全国农业机械化工作会议精神,解放思想,开拓创新,攻坚克难,扎实苦干,全面完成 2011 年制定的各项目标任务,推动农业机械化事业持续发展。在农机购置补贴等各项惠农强机政策的有力推动下,全省农机装备总量迅速增长,存量结构不断优化,质量性能显著提升。2011 年底,全省农机总动力达到 10 350 万千瓦,比 2010 年增长 2%。大中型拖拉机 19 万台,比 2010 年增加 2 万台。玉米联合收获机达到 1.8 万台,比 2010 年增加 4 000 多台,小麦联合收割机稳中有升。各级农机主管部门以粮食生产机械化为重点,机械化水平实现新突破。在小麦生产基本实现全程机械化的同时,着力突破玉米机收。2011 年,全省玉米机收率达到了 35%,比 2010 年提高 10 个百分点;全省农业综合机械化水平预计达到 66.5%,比 2010 年提高 1.5%,为我省粮食生产实现八连增做出了积极贡献。

【农机专项整治活动取得预期成效】 河北省各级农机部门加强对农机补贴实施工作的监管,杜绝违规违纪案件的发生,开展了农机购置补贴专项整治活动。重点治理农机购置补贴过程中出现的政策宣传不到位、规章制度不落实、操作程序不规范、监督管理不严格、自身素质不过硬等问题。通过动员部署,自查自纠,全面检查,重点抽查,总结整改五个阶段的专项整治活动,解决了确定补贴对象暗箱操作的问题;违反规定指定补贴产品经销商的问题;弄虚作假、套取资金的问题;违规收取服务费和回扣的问题。经过为期半年的专项整治活动,取得了预期成效,各级农机主管部门政策执行水平得到进一步提高,形成了一套监督制约、重大事项议事、信访举报、廉政档案等规章制度。通过强化警示教育,干部职工提高了接受监督、抵御诱惑的能力。多部门齐抓共管的良好氛围全面建立,农业、农机、财政、纪检监察部门沟通渠道畅通,协作能力进一步加强。

【农机补贴工作规范高效】 2011 年,中央财政安排河北省农机购置补贴资金 6.5 亿元,省级财政安排农业机械购置补贴资金 3 000 万元。截至当年 10 月底,中央补贴资金全部落实完毕,落实省级累加资金 2 504 万元,全省共落实到位各类补贴农机具 12.7 万多台,惠及 80 702 个农户或服务组织。实施工作中,继续坚持把玉米收获、保护性耕作和经济作物生产机械作为补贴重点,同时把抗旱机械纳入了重点补贴范畴,优先进行了补贴。各级严格按照要求和规定,坚持按照程序推进工作,在政策宣传、补贴对象和经销商确定、机具选择购买、补贴机具供货监督和使用管理、补贴资金拨付等补贴过程的各个环节,努力做到公开公正,坚持不懈地加强严格监督。认真落实农业部"八不准、四严禁"要求和省农业厅、财政厅的文件规定,在严格实施全程监控的同时,突出加强了重点环节、重点时段的监督,务求有令则行,有禁则止。开展了全省购机补贴政策实施情况的专项检查,有效地促进了补贴工作的规范化。

【重大农业机械化技术取得突破】 2011 年,河北省按照省人民政府确定的"三年完成全省小麦等粮食主产区粮田深松一遍"的目标要求,利用中央财政新增的农资综合补贴资金 2.25 亿元,在 82 个县市区实施农机深松作业 600 千公顷。通过行政推动,变部门行为为行政行为,层层落实责任制和绩效考核,强力推进深松作业。在技术推广上,因地制宜,根据河北省地理气候特点和种植模式,农机部门提出了"分季、单松、联合"等不同的技术模式,实现了夏季作业与秋季作业相结合,单独深松与深松旋耕整地联合作业相结合。精心培育"技术熟练、热心服务的机手作业队伍"和"精通验收业务的现场质检计量队伍"两支队伍,建立现场质检员全程跟踪质检机制,这两支队伍在 2011 年的农机深松作业中发挥了关键作用。机具是制约完成深松任务的瓶颈,千方百计落实深松机具是 2011 年的核心工作。河北省农机购置补贴政策向深松机具倾斜,实施优先申报、优先补贴、优先供货的"三优先一累加补贴"政策,在国家补贴的基础上,省级给予 10% 的累加补贴。有条件的市县,根据当地实际再次累加补贴。积极与财政厅协商,将非深松项目县的剩余省补资金全部调剂到深松项目县,全部用于深松机具的累加补贴,确保深松机具所需补贴资金全额到位。2011 年河北省共落实深松作业机具 1.1 万多台,58.8 千瓦以上拖拉机 8 000多台,为完成 600 千公顷作业任务奠定了物质基础。

【农业生产机械化成效显著】 一是组织好春季抗旱春播。按照农业厅的工作安排,充分发挥农业机械在春耕生产中的主力军作用,认真总结 2010 年抗春旱工作经验,早谋划、早安排、早启动,抓住关键,突出重点,制定春季农机抗旱和春耕生产工作方案,提前启动抗旱机具补贴,坚持农机农艺结合,强化工作措施和任务目标。各级农机部门积极组织农机技术人员通过科技下乡、科技入户等形式,深入田间地头,进村入户,帮助和指导农民机手保养、调试和检修各类农机具。各地开展了保护性耕作、精量播种、机械深松、节水灌溉、机械化节水播种等新技术的示范推广，提升春耕备耕科技水平。各地充分发挥各类农机服务组织、专业合作社的作用，提高农机具的使用水平和效益。

二是小麦机收会战和夏玉米机播进展快。2011年"三夏"，各级农机部门充分发挥农业机械的作用，突出一个"抢"字，立足一个"快"字，争分夺秒抢收抢种。在小麦播种面积比2010年增加约26.7千公顷，且产量高秸秆量大、机收作业难度增加的情况下，河北省2 442.67千公顷小麦仅用15天全部适时收获，机收率98%，实现了小麦连续8年丰产丰收。虽然2011年河北省小麦收获起步晚，但后期进展快，为玉米播种赢得了宝贵农时，为秋粮生产打下了良好的基础。"三夏"期间，积极应对小麦收获时间较往年推迟，出现的夏玉米播种推迟的情况，立足"抢播"，减少农耗时间。为抢农时，推广"一条龙"成熟集成技术，小麦成熟一块，收获一块，播种一块，力争当天收获小麦，当天播种玉米，为玉米生长赢得更多积温，为秋粮生产和小麦播种争取时间，为全年粮食增产争取了更大的空间。

三是抓好"三秋"农机生产。由于气候原因，2011年秋，河北省主要农作物收获期较往年推迟，面对秋粮收获期、冬小麦适时播种期缩短的实际情况，各级农机部门突出一个"快"字，抢收抢种，全省共投入农业机械200万台(套)，各地大力推行了玉米机收、秸秆还田、精细整地、小麦播种"一条龙"作业，尽量减少进地次数，降低生产成本，缩短玉米收获和小麦播种的时间。同时，各地充分发挥农机合作社和农机大户的作用，精心组织跨区机收、机播作业，及时腾茬播种，加快播种进度，提高播种质量，保证了秋收秋种的顺利进行，机播率达到97.2%。各级农机管理部门把小麦播种后镇压作为"三秋"生产的中心任务来抓，利用广播、电视、报刊、杂志等新闻媒体，积极发挥舆论引导作用，对当地小麦播后镇压情况、经验和典型及时进行了宣传报道，有条件的地区还采取全天候滚动播放的形式对小麦播后镇压好处进行宣传，营造了良好的社会氛围。在机具配备上、作业规模上、技术服务上都取得了突破，保证了镇压作业效果，小麦播后镇压实现了适宜地区全覆盖。2011年，全省加大机械化保护性耕作示范项目县建设，新增保护性耕作面积33.33千公顷，全省实施面积达到186.67千公顷。

【农机安全生产水平进一步提高】 河北省农机部门推行安全管理考核责任制，健全工作机制，工作重心下沉，探索建立联合执法检查机制，强化安全监管。深化"平安农机"创建活动，加强对示范县的动态管理。不断强化措施手段，加强农机安全生产宣传，大力推行进村入户、服务上门。加大工作力度，提高年度检验率，促进农机安全技术状况改善。组织开展严厉打击农机安全生产违法行为专项行动，查纠农机具71 351台，排查事故隐患6 883次，纠正各种违章行为7 494起，复训驾驶员60 745人。针对春、夏、秋重要农时季节农机安全生产的特点，组织开展了农机隐患排查治理，消除农机事故隐患，确保了农机安全生产。全省没有发生重特大农机事故，农机安全生产继续保持良好态势。

山西省

【概况】 2011年，山西省农机部门认真贯彻落实全国农业机械化工作会议精神，坚持把农机购置补贴作为农业机械化工作总抓手，精心组织春季、"三夏"和"三秋"农业机械化生产，大力推进农机社会化服务和公共服务体系建设，下力狠抓农机质量监督和安全生产监管，全省农业机械化发展和农业机械化工作呈现持续健康发展的良好势头。

【认真实施农机购置补贴政策，农机装备水平得到大幅提升】 2011年，山西省共落实中央和省、市、县农机购置补贴资金6.4亿元，其中中央财政5.8亿元，省级财政4 000万元，市县财政2 000万元，带动农民投入18亿元，比2010年增长近10%。农民购买各类补贴农业机械13万台(件)，直接受益农户11.2万户。全省补贴发展大中型拖拉机7 152台，社会保有量达到1.5万台。补贴发展种植业机械9.2万台，其中耕整地机械3.6万台，收获机械1万多台，田间管理机械1.7万台，设施农业装备1.3万台，为进一步改善农机装备结构，促进农业机械化综合水平提升提供了有利条件。同时，采取玉米、马铃薯收获机械购机累加补贴政策，全省新增玉米专用收获机2 651台，总数达到6 547台，新增马铃薯收获机1 165台，总数达到3 665台，玉米、薯类收获机械装备水平得到显著提升。

【积极推进保护性耕作和农机深松整地项目建设，粮食和耕地生产能力显著增强】 2011年，山西省利用中央和省级财政4 000万元项目专项资金，继续支持机械化保护性耕作发展，有17个县被列为农业部保护性耕作项目实施县，其中泽州、清徐等8县为新建项目县，文水、应县等4县为续建项目县，新绛、襄垣等5县为滚动发展项目县。全省新增保护性耕作面积90千公顷，实施面积达到733.33千公顷，覆盖了全省11个市108个县，受益农民近1 100万人，共增产粮食4亿多千克。根据各地小麦、玉米作物的种植面积和大中型拖拉机和深松机械拥有量等情况，省人民政府安排1.2亿元中央农资综合补贴资金，在109个县(市、区)实施农机深松作业补贴，全省共完成深松整地作业面积350千公顷，其中按每公顷补贴450元对266.67千公顷实施了作业补贴。保护性耕作和深松整地作业项目的顺利实施，不仅提高了农业机械的利用率，而且提高了土地产出率，为促进农业增效、粮食增产、农民增收发挥了重要作用。

【突出抓好以玉米、马铃薯为重点的农业机械化生产，农业机械化步入发展"快车道"】 2011年，山西省农机部门通过细化落实省人民政府农机购置累加补贴政策和作业补贴政策，大力调动农民发展玉米、薯类机械化收获积极性，全省新发展玉米收获机2 651台，薯类收获机2 500台，发展速度再创历史新高。"三秋"期间，引导60个县结对子、签合同，投入6 000多台玉米联合收获机开展玉米机收跨区作业，共完成玉米机收约400千公顷，薯类机收约73.33千公顷，增幅分别达到60%和47%，机收水平分别比2010年提高9个和7个百分点。在农机作业补贴政策推动下，山西省中北部地区农民玉米机收积极性得以充分发挥，玉米机收面积翻了三倍多。在春季、"三夏"和"三秋"农业机械化生产中，全省投入200多万台农业机械，积极开展抗旱保苗、春耕春播、抢收抢种、秋收秋播等重要农时机械化生产，充分发挥了农业机械在农业生产中的主力军作用,全省实施综合水平达到了54%,农业机械化发展步入了"快车道"。

【切实加强现代农业机械化示范区建设,农业机械化新技术推广范围不断扩大】 2011年,围绕山西省三大现代农业示范区建设,省农机部门加大了农机科技创新和农业机械化新技术示范推广力度。一是利用300万元农业综合开发项目资金,左云、定襄等4县新建现代农业机械化示范项目区4个,完成了配套机具、库棚建设和农田作业等项目建设任务,全省现代农业机械化示范区达到8个。二是新建立36个玉米机械化生产示范区和15个马铃薯机械化生产示范区,完成玉米全过程机械化生产49.33千公顷,马铃薯机械化生产10千公顷,为推动玉米、薯类全过程机械化生产发展奠定了基础。三是在大同、朔州、忻州3市15县(区)新建柠条机械化平茬收割项目示范区,实施面积达到10千公顷。同时,加大了高粱收获、秸秆还田、牧草养殖等农业机械化新技术推广力度,全省共举办综合和单项农业机械化新技术、新机具演示会和展销会300余场次,农业机械化新技术推广范围和实施面积不断扩大。

【培育扶持农机合作经济组织发展,农机社会化服务能力稳步提升】 2011年,山西省新发展农机专业合作社200个、农机大户775个,总数分别达到1 075个和8 550个,成为全省农业生产的主力军。新增和提升农机维修网点160个,完成"星级"标准化农机维修网点建设145个。农机合作经济组织发展壮大,全省农机社会化服务能力得到了明显增强。

【切实加强农机质量监督和安全生产监管,全省安全生产形势保持稳定】 在农机质量监督方面,山西省农机部门广泛开展了"3·15"农机质量维权与打假宣传咨询活动,维权与打假活动深入民心;对列入山西省农机补贴目录且销量较大的卷帘机生产企业的生产条件和质量保障能力进行了现场督导检查,及时公布检查结果,确保广大农机户及时了解农机产品质量信息;组织定点经销企业开展了六期法律法规业务知识培训,提高了企业守法经营意识。在安全生产监管方面,省农机部门先后出台12项农机安全生产工作制度,强化农机安全监理装备建设,实现了移动式拖拉机检测设备115个农业县全覆盖,定期不定期开展农机安全专项整治活动,严厉打击黑车非驾、超速超载等违法行为。通过实施后累加补贴和从事农田作业的机械免缴交强险等措施,努力提升农业机械"三率"监管水平。2011年全省新注册登记拖拉机和联合收割机1.3万台,组织年度安全技术检验5.3万台,新训新考农机驾驶员7 150名,共排查农机事故隐患5 168项,全省农机安全生产形势保持稳定。

内蒙古自治区

【概况】 2011年,内蒙古自治区农业机械化工作围绕农业部总体部署和自治区农牧业厅发展战略,精心安排,认真落实,推动农业机械化事业进一步发展,为"十二五"创造了良好开局。全自治区农机总动力将达到3 190万千瓦,农机总值290亿元,分别比2010年增长5.2%和9.4%。拖拉机拥有量达到103万台,其中14.7千瓦以上拖拉机达到52.5万台,同比分别增长1.98%和2.1%。拖拉机配套机具175万台,同比增长4.2%;配套比达到1: 1.7。联合收获机达到1.1万台以上,其中玉米联合收获机达到4 592台,同比分别增长37%和104%。全自治区完成农作物机耕6 186.67千公顷,与2010年基本持平,机播6 233.33千公顷、机收2 800千公顷,同比分别增加176千公顷和224.67千公顷,增幅分别为2.9%和8.7%;综合机械化水平达到70%以上,同比增长近2个百分点。

【严格落实农机购置补贴政策】 2011年,全自治区投入农机购置补贴资金11.1亿元,比2010年增加2.23亿元。其中中央财政投入7.68亿元,自治区财政7 480万元,盟市财政1.32亿元、旗县财政1.34亿元。自治区财政资金中6 780万元用于牧民购机累加补贴,700万元用于保护性耕作机具累加补贴。补贴机具环节的工作已基本结束,整体进入审查核实和报账结算阶段。全自治区补贴机具8.6万台,受益农牧民6.1万户,其中,牧民购机补贴受益户1.3万户,补贴购机1.5万台(套)。补贴资金向大型机具倾斜,补贴大中型拖拉机及联合收获机2.33万台,比2010年增加8 022台。2011年落实农机购置补贴政策的措施,一是全力强化监管,搞好风险防范。分管厅领导研究部署工作,安排向厅党组汇报购置补贴政策执行情况,引起高度重视;党组书记、厅长郭健发出致全自治区旗县委书记、旗县长一封信,要求严格落实政策,严格管好干部。农牧业厅召开了购机补贴工作会议,各地与纪检监察部门建立了沟通联系机制。开展了数次全自治区性大检查,有针对性地化解了一些地区的潜在风险。二是采取补贴资金结算层级下放、资金分配分级管理,提高了资金使用和行政管理效率。三是启动了农牧民通过网络报名申请购机补贴资金的程序,提高了客观公正性。

【大力推进机械化生产】 2011年,内蒙古自治区完成机械化春播6 233.33千公顷,比2010年增长2.9%;机播水平达到86.1%,同比提高10.6个百分点。"三夏"机收小麦634.86千公顷,机收率达93.6%。秋季突出抓玉米、马铃薯两大作物机械化收获。全自治区下达玉米联合收获机补贴指标任务1 600台,已完成补贴购机2 347台;全自治区分东西部召开了玉米机收现场会,乌兰察布市召开了西部马铃薯主要产区参加的机具演示现场会。全自治区已完成机收玉米642.27千公顷;机收水平约增长7.4个百分点,达到18.1%以上。马铃薯机播、机收面积均有较大幅度增长。在购机补贴政策的带动下,通过连续三年召开东西部玉米机收现场会,老百姓自觉开始发展玉米机,玉米机收问题的解决比预期会更快。

【深入开展保护性耕作等新技术推广】 一是做好保护性耕作工程,以工程措施带动规模化技术应用。组织项目审核申报,落实2010—2011年保护性耕作工程项目14个,中央财政投资6 000万元。工程项目融入合作社和示范基地建设内容,给农机专业合作社及示范园区注入保护性耕作技术,同时又推进了保护性耕作技术规模化应用。2011年成功召开了保护性耕作及合作社建设研讨会,广泛交流保护性耕作与合作社建设有效结合的经验,并进行深入地总结。确定了自治区深化保护性耕作技术应用的基本思路,依托示范园区建设,探讨农机农艺融合，进一步扩大规模经营成果。经过组织项目检查，总体实施良好。此外，落实2011年农业部保护性耕作示范项目16个，示范实施面积21.33千公顷。全自治区新增保护性耕作面积66.67千公顷，总面积达到1 003.33千公顷，其中规模化作业占到约30%。二是突出推广机械深松、节水灌溉新技术。制订了全自治区深松整地规划，对全自治区3 800千公顷适宜深松整地面积实施三年轮作一遍，全年完成深松作业1 247.53千公顷，是任务的105.5%。与此同时，依托购机补贴政策，以喷滴灌技术推广为内容，推进机械化节水工程，新增喷滴灌面积533.33千公顷，总数达到1 466.67千公顷。三是经济作物和小品种作物机械化发展喜人。杂粮、杂豆机收得到推广，葵花收获从油葵向花葵扩展，番茄、甜菜秧苗移栽、收获等机械化技术得到进一步提高。

【不断完善农机服务体系和促进示范园区建设】 内蒙古自治区公共服务体系建设依托“千亿斤粮食”工程项目，自治区旗县共建设27个农机推广、监理体系，其中推广体系14个、监理体系13个，共落实中央财政资金3 340万元。项目带动了基层农机机构能力建设，为下阶段全面推动公共服务体系建设提供了经验和借鉴。农机社会化服务体系建设进一步取得明显成效。全自治区10万元以上农机资产的大户达到2.7万户，比2010年增加5 000户；在工商管理部门登记注册的农机专业合作社650个，比2010年增加200个，服务收入3.9亿元，比2010年增加1.2亿元。农机专业合作社领办农业机械化示范园区成果进一步扩大，全自治区示范园区达到450个，比2010年增加115个。示范园区耕地面积270千公顷，辐射带动1 000千公顷，比2010年分别增长16.6%和27.5%。示范园区发展迅猛，规模扩大，示范内容延展到观光农业、现代畜牧业；有的经营土地，成为订单农业的生产基地，农机与农艺融合更加密切。

【加强培训和职业技能鉴定】 内蒙古自治区落实教育培训工作计划，下达农机培训任务12.96万人次，已完成11.7万人次，是计划的91%。2011年教育培训体现了三个结合。一是与阳光工程相结合，落实项目资金1 200万元，培训人员3万人，继续保持较高水平。二是与重大项目实施相结合，举办了全自治区保护性耕作工程和“千亿斤粮食”工程项目旗县培训班，共102人参加。三是与技能练兵相结合，部分盟市管理部门、推广机构与生产企业、经销企业配合，开展夏秋收获季节作业现场实地培训，提高了培训实效性。借助全国农机手技能竞赛推力，开展了全自治区性机手技能培训和竞赛，并选派代表队参加全国竞赛，获团体二等奖，其中两名参赛选手获得竞赛个人二等奖及技术能手称号。按照农业部统一部署，组织了全自治区农机安全监管知识竞赛。目前全自治区完成农机行业职业技能鉴定2 130人，超额完成全年任务。

【提升草原畜牧业机械化】 一是召集专家会议，专题研究了草原畜牧业机械化发展问题，并征求对“草原畜牧业机械化水平评价指标体系”的完善意见，形成全自治区草原畜牧业机械化宏观指标体系及测算方法，下达到5个盟市进行试运行评估。指标体系对草业生产、饲养环节、生产生活领域的机械化内容进行了全覆盖，科学合理地反映了草原畜牧业机械化发展的全貌，为准确统计和评价畜牧业机械化程度以及机械化对畜牧业的贡献提供了依据。二是按照草甸草原、典型草原、干旱半干旱草原和荒漠化草原四个类型，设计了不同牧区机械化模式和装备格局，并将呼伦贝尔、锡林郭勒、阿拉善、鄂尔多斯、巴彦淖尔5个盟市作为自治区直抓试点。开展了牧区机械化调研，着手编制自治区畜牧业机械化发展规划。

【狠抓农机质量和安全管理】 内蒙古自治区农机部门部署了全自治区玉米收获机、捡拾打捆机、田园管理机、滴灌设备质量调查，围绕安全性、可靠性、适应性“三性”进行质量监督。调查情况显示，在近年强化产品质量管理作用下，玉米收获机、捡拾打捆机产品质量明显提高，性能稳定，用户投诉明显下降；滴灌设备的材料使用存在一定问题，需要整改。农机安全管理逐步深化，通辽市大力建设发展基层监理机构的做法得到面上推广，推进前沿化管理和服务，为贴近农牧民，开展源头管理开辟了有效途径。继续深入开展“平安农机”创建活动，巩固创建成果，考核推荐了5个新创建单位上报农业部。研究制订了提高拖拉机、联合收割机上牌率、检验率、驾驶员持证率的工作方案，提高“三率”水平，全面完成农业部下达的“十二五”任务指标。

【着力开展信息宣传工作】 内蒙古自治区农机部门编制印发全自治区《2011年农业机械化新闻宣传工作要点》，确定了12项宣传重点和政策措施，制订了实施方案，提出了五项工作要求，为“十二五”农业机械化工作开好局、起好步提供较强的舆论支持。自治区电视台、广播电台、日报社三大媒体重点宣传报道10余次，其中，《内蒙古日报》全文刊载了自治区农机购置补贴实施方案，并结合建党90周年，综合报道了全自治区农业机械化发展的历史成就。《中国农机化导报》对自治区机械化深松整地、补贴供货企业加强服务等方面进行了“头版头条”宣传报道。向中国农业机械化信息网、内蒙古农牧业信息网、内蒙古农业机械化信息网三个信息网发送信息100余条；向农业部农业机械化司、农牧业厅各级信息部门提交政务信息40多篇。

辽 宁 省

【概论】 2011年，辽宁省农业机械化系统认真贯彻农业部和省人民政府关于大力发展农业机械化，推进现代农业和新农村建设的各项部署，解放思想，大胆创新，精心策划，扎实工作，较好地完成了农业部和省人民政府确定的主要目标和各项任务，实现了良好开局。全省农机总动力达到2 357.8万千瓦，农机总值达到179.4亿元，同比增加111.8万千瓦和28.7亿元，耕播收综合机械化水平达到66.8%，同比提高4.2个百分点。农业机械化的快速发展，缓解了农村青壮年劳力短缺对粮食生产带来的不利影响，有效提高了土地产出率、资源利用率和劳动生产率，持续增强了农业综合生产能力、抗风险能力和市场竞争力，为全省粮食生产实现“八连增”及农业农村经济保持良好发展势头做出了应有的贡献。2011年辽宁省农业机械化主要工作呈现出“三个明显增加”、“五个显著进展”、“五个得到加强”等特点。

【三个明显增加】 一是政策受益农户

明显增加。辽宁省农机部门认真落实农机购置补贴政策，加强补贴资金和机具监管，落实农机购置补贴金 8.2 亿元(含大连市 0.4 亿元)，同比增加 1.1 亿元，带动农民投入 16.6 亿元，直接受益农户 10 万户以上，增加 2.5 万户以上。二是农业装备数量明显增加。全省新购置耕整地机械、种植机械、排灌机械、设施农业设备、畜牧水产养殖机械等各类机具 17.8 万台(套)。拖拉机保有量将达到 44.7 万台(套)，配套机具 64.9 万台(套)，同比增加 3.2 万台和 5.1 万台(套)。三是农机作业面积明显增加。完成机耕 3 716.27 千公顷，机播 2 848.87千公顷，机收 1 283.6 千公顷，同比增加 186.67 千公顷、413.33 千公顷和 213.33 千公顷。按农作物播种面积4075.93 千公顷计算，全省机耕、机播和机收水平分别达到 90.9%、69.9% 和 31.5%，比 2010 年提高 1.9 个、4.9 个和 6.5 个百分点。

【五个显著进展】 一是水稻生产机械化取得显著进展。加强农机农艺融合，重点解决水稻育秧和机械插秧的技术匹配问题。为加强农机农艺融合，省市县均成立了农机农艺融合领导小组。购机补贴向插秧机倾斜，落实补贴资金近 6 000万元，新增水稻插秧机 5 637 台，使保有量突破 2 万台，达到 2.16 万台。争取省以上资金 530 万元，建立水稻生产机械化示范区 21 个，其中国家级 5 个。全省共完成机插 292.4 千公顷，水稻机械栽植水平 45.5%，增加 11 个百分点，超额完成农业部确定的提高 8.4% 和省长陈政高确定的不低于 40% 的工作目标。水稻机收面积突破 400 千公顷大关，达到 409.2 千公顷，水稻机收水平达到 63.6%，同比提高 13.6 个百分点。

二是玉米收获机械化取得显著进展。争取省以上财政资金 500 万元，建立玉米生产机械化示范县 22 个，其中，省级 20 个，国家级 2 个。2011 年投入玉米联合收割机的补贴达到 1.06 亿元，新增玉米收获机 1 859 台(套)，玉米收获机保有量达到 4 836 台。秋季组织玉米收获机 5 187 台，其中，背负式 1 789 台，自走式 3 390 台，完成玉米机收 492.4 千公顷，同比增加 92.4 千公顷，玉米机收水平达到 23.35%，同比提高 7.35 个百分点。

三是农机专业合作社建设取得显著进展。对农机专业合作社发展进行了调整。2010 年辽宁省农机专业合作社 1 000个，入社社员 2.1 万人，从业人员 1.64 万人，服务农户 72 万多户，服务面积 1 394 千公顷。其中，农机固定资产 101 万—200 万元的 326 个；201 万—300 万元的 144 个；301 万—500 万元的 79 个；501 万—1 000 万元的 34 个；1 000 万元以上的 7 个。省农机部门会同省财政进一步完善了《辽宁省农机专业合作社购机奖励和贷款贴息办法》，继续对农机专业合作社购买水稻和玉米生产薄弱环节机械设备，给予 10% 的购机奖励和 70% 的贷款贴息。兑现省级财政奖励资金 1 500 万元，受益农机专业合作社达到 150 个。2011 年底，全省农机合作社达到 1 253 个，农机大户达到 6 361 个。

四是节本增效技术推广取得显著进展。辽宁省顺利完成 133.33 千公顷保护性耕作和 400 千公顷深松作业补贴工作任务，兑现补贴资金 1 亿多元，受益农户分别达到 20 万户和 60 万户。2011 年又新争取补贴资金 0.6 亿元，继续对主要农业区县实施保护性耕作和深松作业实施补贴。完成保护性耕作 411 千公顷，机械深松 418.13 千公顷。通过技术集成，大幅度提高了劳动生产率和农机科技贡献率。

五是农机人才队伍建设取得显著进展。以粮食生产薄弱环节机械化为突破口，争取省级财政专项资金 480 万元，资金全部用于加强水稻插秧机和玉米收获机手的操作技能培训，每个项目区培训 500 人以上，培训水稻插秧机手 1.85 万人，玉米收获机手 11 091 人。与农机阳光工程相结合，全省累计培训各类农机手近 16.1 万人次，其中，农机管理和技术人员 3.1 万人次，农机手 13 万人次。新增农机维修网点认证 1 442 个，新增农机就业准入人数 1.46 万人。

【五个加强】 一是农机安全监管能力得到加强。扎实推进“平安农机”创建活动，加强了拖拉机、联合收割机牌证以及驾驶人管理，辽宁省农机事故死亡人数控制在省安全委员会下达的控制指标之内(指标 22 人，实际 5 人)，未发生较大以上农机事故。采取五项措施，努力提高拖拉机“三率”：即与农机购置补贴审批相结合，要求享受购置补贴的农机，必须登记注册，否则不予审批；农机专业合作社和农机大户已购农机但未登记的要补办登记注册手续；利用“阳光工程”资金和“扶贫资金”，加强对拖拉机驾驶证申请人的考前培训；农机安全监理人员深入乡村，主动上门服务；推广免费为农机登记注册发牌证、对拖拉机实行安全技术检验和为拖拉机驾驶证申请人考试等。2011 年，辽宁省拖拉机“三率”提高 5 个百分点。加强农机检测装备建设，为 25 个县区新增了 25 条农业机械移动检测线，提高农机安全技术检验水平。开展农机安全生产隐患排查，压缩农机安全生产事故。截至 2011 年 10 月末，全省共开展农机执法行动 2.3 万次，检查拖拉机 4.3 万台(次)，排查一般隐患 0.85 万起，整改率达 99%。把设施农业装备，重点是把卷帘机纳入到监管范围，下发了 2.5 万张卷帘机安全使用挂图加强宣传，减少了因卷帘机操作不当而造成的人身伤害和财产损失。

二是农机公共服务能力得到加强。辽宁省认真落实农业部《保护性耕作工程(2009—2015)建设规划》，继 2010 年在 7 个项目县实施保护性耕作能力建设后，2011 年又有 12 个县(市、区)列入 2012 年保护性耕作建设项项目计划。根据保护性耕作建设规划，按照因地制宜、各有侧重、突出重点的原则，合理安排建设内容。主要工作包括购置多功能免耕播种机、深松机(犁)、秸秆处理机和大中型拖拉机等专用机具；平整土地，修建机耕道、机具停放场、库棚等设施；加强县级农业机械化技术推广服务能力建设，有选择地改造培训用房、购置保护性耕作监测、机具维护等设备。

三是农机质量监督能力得到加强。辽宁省农机部门进一步完善农机质量投诉体系建设，在锦州、丹东、盘锦等 11 个市 28 个县分别建立了农机质量投诉监督机构；开展了以抽查企业生产条件、质量保证能力、售后服务情况等为主题的质量保障督导行动，全省共督导检查补贴机具生产企业 37 家，补贴机具经销企业 81 家，调查用户 590 户；开展了以水稻插秧机、玉米收获机和卷帘机等重点机具和关键机具质量测试和质量检查为中心的重点检查和质量跟踪调查行动。2011 年上旬，清理整顿 175 个企业 542 个产品推广鉴定证书和标志。通过系列工作的开展，省农机部门进一步建立健全了全省农机产品质量监督工作机制，督促和促进生产企业、经销企业不断提升质量意识和服务意识，维护了农民的合法权益，推进了农机补贴政策的有效落实。

四是农机科技支撑能力得到加强。省农机推广站完成农业部“玉米生产技术集成与全程机械化试验示范”和“胡萝卜生产机械化技术试验与示范”等科研项目2项；完成农业部农机推广总站“主要农作物产前种子处理机械化技术推广”和“水产养殖水体净化技术示范推广”等示范推广项目2项；完成了辽宁省1 000万亩滴灌节水农业工程的作业机具试验选型工作。省农机质量监管站还完成了1 000万亩滴灌节水农业工程的农机作业质量规范制定工作。省农业机械化研究所承担科研课题任务共9项，其中科技部、农业部重点项目3项，省级重点项目1项。《精量播种节能减排技术》等3个省科技成果转化项目通过省级科技鉴定。《YS—1.5型温室大棚悬挂输送器的研制》项目获得“辽宁农业科技贡献一等奖”。

五是农业机械化信息宣传得到加强。结合农业部网站建设规范，开展了制度建设，省农机部门对原有的信息审核发布制度、网络安全管理制度等进行了修订，细化了工作考核奖励办法，同时增补了信息保密、网站安全、技术支持、信息员管理等项工作制度。组织召开了全省农业机械化信息宣传工作会议，表彰了一批先进单位和个人。全省信息员队伍得到充实。通过辽宁省农机信息网发布宣传信息4 531条，中国农业机械化信息网采用1 178条，采用率达87.5%，同比增长25%。锦州、鞍山、营口、盘锦地区的农业机械化信息宣传工作走在全省前列。

吉林省

【概况】 2011年，吉林省农业机械化工作以转变农业机械化发展方式为主线，以调整优化农机装备结构、突破薄弱环节机械化、推广先进适用农业机械化技术为主要任务，认真落实农机购置补贴政策，全面推进全程农业机械化示范工程，积极培育农业机械化发展主体，不断强化公共服务，有效地推动了全省农业机械化的持续快速发展。

【农机装备总量持续增长，结构进一步优化】 2011年年底吉林省农机总动力达到2 340万千瓦以上，同比增长9%，拖拉机保有量将达到99万台以上，同比增长9%。大功率、多功能、高性能及薄弱环节农业机械增长进一步加快，大中型拖拉机将达到35万台以上，比2010年年底增长19%，水稻插秧机、水稻收获机、玉米收获机保有量将分别达到1.8万台、1.2万台和1万台，分别比2010年增长38%、20%和89%。

【农机作业水平显著提高，重点农作物关键生产环节取得新突破】 吉林省农作物综合机械化水平将达到65%以上，比2010年提高4个百分点。水稻育插秧、水稻和玉米收获机械化水平取得全面突破，水稻机插水平达到53%，比2010年提高8个百分点，水稻机收、玉米机收水平分别达到70%、25%，分别比2010年增长5个和8.5个百分点。

【农机新技术推广应用步伐进一步加快，农机与农艺融合取得新成效】 保护性耕作、节水灌溉、深松整地、水稻育插秧、玉米收获、高效植保和农作物秸秆综合利用等农业机械化新技术得到快速推广应用，农机深松面积达到1033.33千公顷，新增保护性耕作面积70千公顷，达到203.33千公顷，玉米机收面积883.33千公顷，玉米膜下滴灌面积53.33千公顷，引领了传统耕作制度的改革与发展，从而推动了农机农艺制度的不断融合。

【农机服务组织进一步发展壮大，引领和推动作用显著增强】 2011年底，吉林省农业机械化作业服务组织和农机户将达到98.5万户（个），其中：拥有农机原值20万元以上的服务组织和大户达到2.2万户（个），作业规模和领域进一步扩大，先进农业技术应用水平显著提高，管理服务水平不断提升，开始步入市场化、专业化和产业化的发展轨道，已经成为农业生产的主体力量，引领和推进了土地相对集中经营，加快推进了农业生产的标准化、规模化和产业化进程。

【认真组织实施农机购置补贴政策】 2011年，吉林省落实中央财政农机购置补贴资金9.4亿元，补贴各类农机具12万台（件），受益农户12万余户。农机购置补贴品种比2010年增加了3个小类20个品目，突出补贴重点作物、关键和薄弱环节农机具，将水稻插秧机、水稻收获机、播种机、玉米收获机、深松机、抗旱节水机具、滴（喷）灌设备、膜下滴灌所需的大垄双行播种机、覆膜机及保护性耕作等作为补贴重点。全省确定了384家农机购置补贴产品经销商，分布全省各市（州），农民可以跨县购买。在补贴程序上更加突出公平、公正、公开的原则，各县（市、区）采取公开摇号等农民易于接受的方式确定补贴对象，保证农民自主选择经销商和补贴产品的权利。为方便农民购机，对补贴额低于1 000元以下的机具购机与公示同时进行。强化了补贴监管，实行农机和财政两部门联合审批制度，取消了过去执行的签订补贴协议的做法，由县农业机械化管理局和财政局联合签发“补贴指标确认通知书”。一些县（市）还成立了纪检、监察部门参加的农机购置补贴工作领导小组，对农机购置补贴全过程实行监督。

【全面推进全程农业机械化示范工程建设】 2011年，吉林省投入省级财政资金1.15亿元，与国家农机购置补贴资金配套使用，继续在30个产粮大县实施全程农业机械化示范工程建设。重点对玉米收获机、免耕播种机、水稻插秧机实施累加补贴，补贴比例达到了45%，有力地推动和提升了主要农作物关键、薄弱生产环节农机具装备水平。2011年全省新增玉米收获机4 700台、水稻插秧机5 000台、免耕播种机近1 000台，新建全程农业机械化示范区面积133.33千公顷，示范区累计建设面积达到800千公顷，示范区内综合农业机械化水平达到了73%。

【认真组织农业机械化生产】 吉林省农机部门围绕促进粮食增产、农民增收，认真安排部署春播和秋收两大重要农时的农业机械化生产工作，落实任务和工作措施，充分发挥农业机械的作用，抢农时，抗御自然灾害，保增产，促增收。开展冬春科技大培训活动，2011年举办各类培训班、现场演示会400余次，培训基层科技人员、农业科技示范户、骨干专业农民、技术明白人等15万人次，发放科技宣传资料30余万份，推广先进农业机械化新技术20余项，发布跨区作业信息，发放农机跨区作业证1 400多个，印发了农机跨区作业联系卡2 000多个。协调相关部门保障农用柴油和农机具零部件供应。全省机耕、机播和机收水平分别达到 85%、77% 和 29%，分别比 2010 年提高 5 个、3 个和 6.3 个百分点，为吉林省粮食生产创历史新高提供了强有力物资装备支撑。

【深入实施农机深松】 中央和省级对农机深松作业投入补贴资金 1.4 亿元，市、县财政配套，继续对深松作业实施补贴。2011 年实施旱田农机深松（深翻）整地作业面积 1033.33 千公顷，其中作业补贴 933.33 千公顷。进一步强化了深松作业质量的检查验收，配备了必要的检测工具。省农机部门加强了作业效果的监测，建立 12 个监测点，规范了监测技术方法和指标。改进和完善了补贴程序，公开补贴政策、公示补贴对象，补贴资金直接兑付给农民或作业组织，并拨付到农民的“直补卡”上。

【大力开展农业机械化新技术示范推广和农业机械化教育培训】 吉林省投入省级财政农业机械化推广补助专项资金 1 000 万元，重点开展机械化保护性耕作、高水平水稻育插秧、秸秆综合利用项同的示范推广，建立示范县 24 个。同时巩固建立农业部保护性耕作和主要农作物生产机械化项目县 11 个。全省保护性技术实施效果监测县扩大到 10 个。通过项目带动，加快了增产增收、节本增效和节能环保新技术的推广应用，为突破主要农作物重要、薄弱环节机械化水平起到了强有力的推动作用，尤其是玉米机收环节实现了重大突破，玉米收获机增长数量和机收面积创历史新高，消灭了机收的空白县（市、区），呈现了中部地区率先发展，西部地区跨越式发展，东部地区加快发展，全省全面推进的良好态势。省农机部门启动实施了农业机械化教育培训大行动，充分利用农机阳光工程培训政策和农机职业技能鉴定培训基地作用，培训农业机械化管理人员、技术人员、操作人员 10 万人次，其中新购机农民 4 万人次。组织参加了全国 2011 年农机技能竞赛，参赛队员获得农业部“2011 年全国拖拉机作业技能竞赛能手”称号。

【积极培育和发展农机作业服务组织】 吉林省农机部门通过农机购置补贴、全程农业机械化示范区建设和省级农业机械化推广补助项目等政策引导农机作业组织提升装备水平，扩大作业规模，推广应用先进实用的农业机械化新技术。支持帮助农机专业合作组织争取全省农民专业合作社发展专项资金。提供农机服务信息，组织协调跨区作业。开展农机社会化服务示范点建设活动，建成 100 个农机社会化服务示范社和 200 个农机示范户。省内首家农机维修 4S 店落户榆树市，为农民提供农机质量、作业、维修、保养一体化服务。

【着力推动农机公共服务体系建设】 吉林省农机部门认真落实国务院《关于促进农业机械化和农机工业又好又快发展的意见》和省政府《关于促进农业机械化和农机工业又好又快发展的实施意见》，各级农业机械化管理机构建设提到了同级政府的议事日程。农业机械化业务经费投入进一步增加，2011 年省级财政安排给各县（市、区）农机购置补贴和深松作业补贴的业务经费 800 万元，比 2010 年增加 30%。吉林省启动了省农机试验鉴定站农业机械试验场的建设，购置了国内一流的检测设备，部级鉴定能力、实验室检测能力大大增强。落实全国新增千亿斤粮食总体建设计划，投入农机监理设备资金 100 多万元。在全省范围内组织开展了统计、信息、新技术师资等方面的培训，进一步加强农业机械化队伍建设。

【进一步强化农业机械化质量和安全监督管理】 吉林省农机部门实施完成省、部级推广鉴定 167 项，累计完成 5 大类 100 余个农机产品的质量抽查和抽样检验。开展了《玉米宽窄行机械化耕作技术规范》等 15 项农业机械化标准的制修订工作。实施“红盾护农”专项整治行动，接待和受理农机产品质量咨询与投诉 65 起，并积极进行调解，切实维护农民的合法权益。全面落实农机安全生产政策法规和安全生产责任制，深入开展“安全生产年”、“农机安全生产宣传年”、“平安农机”创建和“为民服务创先争优”示范窗口创建等活动，全省拖拉机、联合收割机上牌率达到 80%，比 2010 年提高 2 个百分点，检验率达到 82%，比 2010 年提高了 2 个百分点；驾驶员持证率达到 85.7%，比 2010 年提高了 1.7 个百分点；创建“平安农机”示范县 15 个，“平安农机”示范乡镇 150 个，“平安农机”示范村 1 500 个，“平安农机”示范户 15 000 个。全年未发生重特大农机事故，事故率和死亡率分别控制在农业部规定的 1‰和 0.8‰之内。

黑龙江省

【概论】 2011 年，黑龙江省农业机械化工作，以推进黑龙江省现代农业建设为核心，以现代农机专业合作社建设、农机购机补贴、农机田间标准化作业和农机工业为重点，突出关键点，狠抓薄弱环节，在以下四个方面实现了新突破、呈现出新亮点。

【创新组织载体，加快发展农机合作社】 黑龙江省农机部门因地制宜探索了村民联办、大户领办、龙头企业承办、场县共建、乡村主办等多种组建方式，走出了一条具有黑龙江特色的农业机械化发展道路。着重总结了前 3 年建设现代农机合作社的经验，从规划、申报、审核、采购、监督等方面入手，省农业机械化管理局重新调整了现代农机合作社建设的责任分工，使现代农机专业合作社建设工作由原来的只有几个人抓，转变为现在由全省农机系统分工负责、明确责任、划片监督、齐抓共管，使现代农机合作社建设监管工作更加科学合理，各阶段的实施方案更加完善。2011 年上半年，全省共投入资金 75.18 亿元，组建了 118 个现代农机专业合作社，配备了国际最先进的智能化、信息化农机装备，建立健全了自主经营、自我发展、自负盈亏、自我积累的运行机制。农机合作社建设主要利用银行贷款、政府投资、农民自筹三种方式筹资，这种融资方式不仅拓宽了农机装备资金渠道，也促进了农机组织机制的创新。为了让合作社驾驶人员能够熟练操作进口设备，省农机部门重点开展合作社从业人员的培训，使合作社拖拉机和联合收获机驾驶员培训率达 100%。目前全省规模在 1 000 万元以上的现代农机合作社有 558 个，这些合作社共完成秋整地面积达到 1 290 千公顷，深松整地面积 877.33 千公顷。

【农机购置补贴使综合机械化程度明显提高】 在国家购机补贴政策的带动下，先进、适用农业机械化技术及机具得到了普及应用。购机补贴重点突出农业生产薄弱环节，优先支持大功率拖拉机，提高了深松整地水平，建设土壤水库，增强抗旱能力;优先发展水稻插秧机,降低劳动强度,确保水稻插在丰产期,水稻插秧和水田耕整地机械化水平比2010年增长两个百分点,可达73%;优先配置玉米收获机,加快收获进度,为秋整地抢农时创造条件。2011年国家第一批安排黑龙江省农机购置补贴资金6.5亿元,其中畜牧机械补贴资金3 700万元,森工系统补贴资金1 000万元,共安排81个县(市、区)。吸引农民自筹资金近15亿元,全年共购置大中型农机设备46 408台(套),其中拖拉机21 335台,配套农具8 049台,联合收获机3 424台,水稻插秧机13 600台。直接受益农户近44 500户。全省农业机械化水平显著提高,全省农村综合机械化程度将突破87.7%,比2010年增长近1.4个百分点。

【秋整地取得历史性突破】 2011年,黑龙江省各地充分利用封冻晚、大机械力量强的有利条件,提早动手,强力推进秋整地,超额完成了既定的秋整地工作任务。一是整地数量增加。全省完成秋整地9 442千公顷,比2010年增加799.33千公顷,再创历史新高,其中农村完成秋整地6 599.33千公顷,超计划37%。二是水旱田同步推进。玉米主产区整地和水田区整地均实现重大突破,全省玉米主产区完成整地3 192.67千公顷,比2010年增长20.2%,水田区完成整地2 900.67千公顷,比2010年增长一倍多。三是连片整地规模扩大。全省200千公顷以上规模连片整地面积达到6 644千公顷,占全省秋整地面积的70%。四是质量标准提高。全省秋整地达到待播状态4 844.67千公顷,占秋整地面积的51.3%,其中完成高标准深松整地4 148千公顷,占秋整地面积的44%。2011年秋整地之所以取得这样好的成效,主要得益于以下五个方面:一是领导重视,强力推进。省人民政府先后召开三次会议专门部署秋整地工作,各市县都把秋整地摆到突出位置来抓,成立了由主要领导或分管领导挂帅的领导组织,召开秋整地工作现场会和推进会进行专题推进,各级领导和农口部门干部放弃了节假日休息,深入整地一线指导服务,帮助解决遇到的实际困难。由于各级领导重视,全省秋整地工作启动早、力度大,比2010年提前3—5天完成任务。二是科学组织,协同作战。各级农业及涉农部门加强秋整地工作的组织协调,形成了整体推进合力。省、市、县农业部门都成立了大型机具调配中心,及时调度落实大机械,实现满负荷作业。全省现代农机专业合作社共完成秋整地面积1 290千公顷,深松整地面积877.33千公顷。省农业工作委员会成立了农机售后服务中心,并与省石油公司建立了热线电话,及时保障配件和油料供应。三是主动对接,场县合作。黑龙江省与农场相邻的市县提早落实场县共建农机跨区秋整地工作,大部分市县在春播结束后就开始与农垦进行对接。将"三代"作业任务落实到乡镇、村屯、农户和地块,并积极做好农机跨区作业保障服务工作。全省2 832台机械参加了跨区作业,整地面积达593.33千公顷。四是加大扶持,增加投入。除省财政安排1亿元秋整地补贴资金外,市县乡各级财政部门也积极筹措资金,加大扶持力度,对秋整地所需油料、机具和作业费给予补贴。各市、县、乡镇累计投入秋整地资金4.17亿元,比2010年增加2亿元,是近年投入最多的一年。五是强化督查,严格检查。为确保秋整地任务落到实处,2011年秋整地进度首次实行了实名上报制,各地除每日上报秋整地进度外,每周日还需上报秋整地实名作业进度。全省还聘请100名村支部书记和30名合作社理事长,作为秋整地工作监督员和信息员,随时提供各地的秋整地进展情况。省农业工作委员会抽调136名机关和事业单位干部,由班子成员带队组成15个工作组,开展督导检查。秋整地期间,全省共抽查三次,抽查范围覆盖除大兴安岭外的所有县(市、区),共核查414个村、887个地块、33.33千公顷。

【农机装备制造业逐步壮大】 2011年,黑龙江省农机部门以产业项目三年决战为核心,围绕重点项目和产业园建设积极推进,加强项目督察,开展配套服务,继续招商引资,新型农机装备制造产业项目建设和园区建设成果不断扩大,国内外一批知名农机企业投资项目落地建设,部分项目实现投产。截至当年9月底,全省新型农机装备制造产业产业项目完成投资18.9亿元(含19个省重点项目),全省规模以上农机制造企业实现主营业务收入40.1亿元,完成了40亿元的全年目标任务。农机制造业主要在以下2个方面取得了明显进展,一是在农机产业园建设方面。建设哈尔滨、佳木斯、齐齐哈尔、大庆、七台河、松花江农场(哈尔滨与农垦共建)六个农机园区,总规划面积1 110万平方米,1—9月园区基础设施建设投资6.66亿元。现在六个园区已经引进各类企业35家,园区入驻企业不断增加,园区规模逐步扩大,企业项目涵盖了高端农机动力机械、收获机械、配套农具和主机配套产品制造。二是19个重点项目进展方面。确定了重点发展19个投资亿元以上的新型农机装备制造产业项目(含子项目为21个)。项目分布在哈尔滨市7个,齐齐哈尔市1个,佳木斯市6个,大庆市3个,七台河市1个,鹤岗市1个。按照省项目建设管理分类,有3项建成投产项目,6项加快建设项目,12项开工建设项目。2011年5月和10月,省农机部门两次深入项目建设工地督导,项目进展比较顺利。项目计划总投资53.40亿元,2011年计划投资22.24亿元,1—9月共完成项目投资10.05亿元,占2011年计划投资的45.2%。现在有5个项目实现投产。开(复)工项目18项,开(复)工率达到94.7%。其中完成投资最多为一拖一期项目,已完成投资2.4亿元。

【存在问题】 一是对农业机械化发展中的一些新情况新问题研究深度不够,需要对农机合作社的体制、机制等方面投入更多更大的精力。二是大型农业机械仍显不足。特别是玉米收获机明显不足,至使玉米秸秆出地缓慢,影响秋整地进度。三是现代农机专业合作社从业人员素质有待进一步提高。四是在农机工业建设上,入驻黑龙江省的国外、省外企业的一些项目规模不大,目前主要从组装起步,本地配套率低;水田先进收获机项目还没有真正入驻。

上海市

【概况】 2011年,上海市农机部门认真贯彻《国务院关于促进农业机械化和农机工业又好又快发展的意见》精神和全国农业机械化工作会议要求,围绕上海市委、市政府提出的"三个高水平"的目标,针对都市高效生态农业发展要求,严格执行购机补贴政策和纪律,突出水稻机械化种植、农作物秸秆机械化还田和蔬菜生产机械化等关键环节,加快农机新技术新装备研发推广,强化农机安全生产和质量监管,农业机械化工作取得了新的成绩。

【严格执行农机购置补贴政策,发挥扶持实效】 上海市农机部门积极开展警示教育和购机补贴执行情况专项检查,重点对2007年以来补贴机具使用情况进行调查并重新造册登记,坚决贯彻“五项制度”、“三个严禁”等规定;按照农业部和财政部的有关规定和上海实际,重新修订了《上海市农机购置补贴管理暂行办法》,进一步规范购机补贴行为;认真执行好购机补贴工作,做到早计划、早协调、早启动,精心组织,有序实施,确保补贴资金发挥实效。2011年,全市共执行购机补贴资金1.5亿元,其中,中央补助资金6 000万元,市财政补助资金9 000万元,新增大中拖拉机1 000台,收割机473台,粮食烘干机56台,蔬菜精量播种机54台,蔬菜移栽机4台,保鲜冷藏库363套。

【积极发挥农机抗灾作用,减少农业损失】 针对2011年“三夏”期间上海市遭遇连续阴雨天气,有效调配农机开展抢收抢种。出动联合收割机2 800台,利用6月7—9日晴好天气,突击抢收了33.33千公顷小麦。迅速启用烘干机200余台,烘干抢收的小麦,将损失减少到最低限度。抓住雨歇间隙加紧水稻机械化种植,作业面积达36.53千公顷,其中机插秧25.33千公顷,机直播11.2千公顷,机械化率为34.2%。

【努力突破农机作业薄弱环节,推进协调发展】 积极开展水稻机插秧基质育苗的示范推广,解决机插秧床土紧张的瓶颈问题;针对上海市水稻品种特点,开展水稻窄行(24厘米)插秧机的试验、示范,引进日本井关和湖南碧浪等窄行插秧机6台,在嘉定、浦东、奉贤等三个区示范种植66.67公顷,经专家测产,窄行插秧机水稻产量同比提高525—600千克/公顷;组织开展水稻机械化精量穴直播试验,多次邀请华南农业大学院士罗锡文来沪指导,在浦东、奉贤、松江和长江农场进行多点示范,通风透光性、分蘖发棵、病虫危害和丰产性明显好于常规直播水稻和机条播水稻;举办小麦机条播机具演示会,确定条播试验点,实现小麦机械化播种新突破;推进蔬菜生产机械化,加快对已列入补贴目录并适应上海市蔬菜生产的农业机械设施在示范园艺场的配置,第一批国际采购的蔬菜机械已投入使用。

【加快国内外新型机械的引进示范,优化机具结构】 针对蔬菜生产因劳动力紧缺,急需作业机械的实际,分别从日本、韩国等引进先进的播种机、移栽机和园田管理机械3种60台(套)。利用“3·15”维权活动、“三夏”、“三秋”现场会等平台,多次举办大型的蔬菜机械演示会加以推广。在上海市闵行城市菜园、奉贤景鲜蔬菜生产合作社、青浦弘阳蔬菜合作社等大型基地建立蔬菜机械化生产示范点,发挥以点带面效用。

【加大农机科研和推广鉴定力度,提升服务能力】 实施多个部级、市级科技兴农攻关项目,重点开展了水稻高产优质栽培技术集成与创新、油菜中小型高效机械化生产装备研制及配套农艺技术、数控式秸秆挤压成型成套设备、多功能变量喷雾机和农林园艺无级变速拖拉机及配套农机具等技术装备的研发。示范推广了蔬菜播种移栽、冷藏保鲜、小麦机条播、农田深耕深翻、秸秆机械化还田、水田激光整地、水稻精量穴播和窄行高速水稻插秧等新机具,满足现代农业发展需求。提升农机试验鉴定能力,完成了32个项目市级能力认定、20项农机企业委托检测和55项产品推广鉴定。

【推进秸秆机械化还田与综合利用,发展循环农业】 上海市人民政府办公厅转发了市发展和改革委员会、市农业委员会、财政和环保部门制订的《关于本市推进农作物秸秆综合利用实施方案》(沪府办发[2011]4号),提出工作思路和发展目标,明确重点任务和扶持政策,落实分解工作职责,防止秸秆焚烧产生环境污染,保护生态环境。召开全市秸秆禁烧和综合利用工作推进会,加强秸秆禁烧政策宣传和机手技术培训,加快秸秆还田机械的配置,完善还田技术方案、路线,开展秸秆禁烧的巡查,设立监督举报热线,保障秸秆机械化还田和综合利用有效实施。据统计,“三夏”二麦、油菜秸秆机械化还田面积68.47千公顷(含域外农场),还田率达77%;秸秆综合利用11.4千吨。

【抓好农业机械化教育培训工作,提供人才支撑】 一是培训管理人员,提高素质。开展农机监理执法人员和农机科技人员培训,提高依法行政水平和农艺农机推广水平;二是培训专业农民,提高技能。利用农机驾驶员培训机构开展规范化试点培训,实现“自我建设、社会化培训、政府购买培训、强化培训质量”;三是创新机制,提升质量。推进社会化办学,设立三个培训点,全市共培训农机驾驶员1 000多人,培训农机维修人员300多人,培训农机合作社负责人83人;四是专项培训,充实队伍。与农林院校联合开办“农机大专班”,培养专业人才。组织嘉定、奉贤等区县农业、农机管理部门工作人员参加农机驾驶培训,作为后备机手为农时作业提供人员储备。

【强化农机安全生产监管,营造安全氛围】 一是加强农机具质量管理。举办“3·15”农机质量维权活动,发放维权宣传资料2 800份,现场开展农机质量咨询和投诉。深化农资打假专项治理行动,共出动检查人员567人次,检查农机生产企业、农机市场和销售点47个,印发宣传资料1.1万份。开展补贴农机具质量调查和质量督导,促进农机质量稳定与提高;二是加强农机安全生产监管。落实农机安全生产责任制,层层签订责任书、承诺书6 000余份;加强农机安全生产宣传教育,农机手覆盖面达到了85%;深入开展创建“平安农机”示范活动,已验收通过1个全国“平安农机”示范区、4个示范镇和10个示范合作社;积极开展农机安全监理“三率”调查,全市农机注册登记率达到了98%,检验合格率为90.23%;组织“三夏”、“三秋”农机安全生产大检查,开展了130多天次的农机安全生产执法检查,整改事故隐患31次,纠正违规作业50起。突出“飞行抽查”机制,组成3个抽查组分赴农机生产作业现场进行安全检查和督导。截至2011年10月底,上海市共发生道路外农机事故13起,造成1人死亡,3人受伤,事故的直接经济损失3.36万元,农机安全生产形势整体平稳可控。

【加强农业机械化信息宣传,展示发展成效】 上海市农机部门拓展农机信息化技术的应用范围,不断提高农机管理和服务水平,先后开发了农机购置补贴、农机安全监理、农机统计、政务信息报送、上海市支持推广目录、补贴目录申报系统等农机业务应用系统。进一步加大办事公开力度、完善机制,公开办事程序,促进了政务信息工作制度化、规范化管理。进一步提高工作效率,提高政务信息公开工作的质量和水平。利用农业机械化信息网作为信息发布收集、政策解读、行政许可办事流程(包括拖拉机、联合收割机行驶证、驾驶证申领、农机具推广鉴定工作流程)平台。2011 年,共更新发布605 条信息。

江 苏 省

【概况】 2011 年,江苏省各级农机部门以科学发展观为指导,积极转变农业机械化发展方式,优化农机装备结构,不断提高农机装备水平、作业水平和服务水平,为发展现代农业、建设社会主义新农村作出了积极的贡献。

【全省农业机械化工作取得明显成效,实现了“十二五”良好开局】 2011 年,江苏省各级农机部门以科学发展观为指导,认真贯彻落实江苏省委十一届十次全会、省政府关于促进农业机械化和农机工业又好又快发展意见精神,在坚持政府扶持、市场主导的前提下,围绕科技领先、节能环保、合作共用、共同发展的具有江苏特点的新型农业机械化发展道路,抢抓机遇,扎实工作,全省农业机械化事业保持又好又快发展势头,为顺利完成“十二五”农业机械化发展规划奠定了坚实基础。

一是农机装备总量大幅增长,装备结构进一步优化。全省农机总动力达到 4 043.52 万千瓦,平均每公顷动力达到 8.66 千瓦。大中型拖拉机继续快速增长,新增 9 300 多台,总保有量达 10.6 万台,其中 55.13 千瓦以上的超过了 80%;联合收割机保有量 9.5 万多台,其中高性能联合收割机近 3 万台;新增插秧机 17 846 台,其中乘坐式插秧机 3 539 台;目前插秧机保有量近 8 万台,其中乘坐式插秧机保有量近 7 000 台。水产养殖、农产品加工和设施农业棚内作业机械等高效农业装备也实现快速增长,新增超过 10 万台(套)。报废更新老旧农机具 800 多台(套)。

二是农机作业水平再创新高,主要农作物生产机械化快速推进。2011 年,江苏省农业生产综合机械化水平达 73%,其中:主要农作物(稻、麦、油菜、玉米)耕、种、收、植保四项环节的综合机械化水平预计达到 80%,比 2010 年提高 2 个百分点。高效设施农业生产机械化水平超过 40%。机插秧面积超过 1 123.33千公顷,机插率达到 50%,水稻种植机械化水平达 57.6%,机插秧在水稻种植模式中开始占据主导地位。全省玉米机播面积约 106.67 千公顷,机播水平达到40%,较2010 年提高了 8 个百分点。玉米机收近 86.67 千公顷,机收水平达 33%。油菜机械化收获面积达到 46.67 千公顷,机械化种植面积有望突破 33.33 千公顷。

三是农机科技创新步伐加快,农业机械化新技术应用领域不断拓展。江苏省新立研发类、试验示范类和集成应用类科技创新项目 56 个,在建项目达到 132 个。农业机械化科技成果转化取得新的进展,有 5 项成果获得省政府农业技术推广奖。成立了设施农业机械化技术专家组和玉米生产机械化专家组,进一步加强对这两项技术推广的指导。“引进来、走出去”取得积极成效,成功举办第六届(江苏)国际农机展,组团参加德国农机展。

四是农机专业合作社蓬勃发展,社会化服务能力进一步增强。江苏省各类农机合作组织达到 4 500 多个,其中农机专业合作社达到 2 622 个,比 2010 年增加 400 多个,入社成员 13 万多人,机具总数 16 万多台,固定资产 40 多亿元,合作社服务总收入 30 亿元,纯收入超过 10 亿元。跨区作业的联合收割机达 8 万多台,插秧机 7 000 多台,跨区作业收入近 40 亿元。

【认真落实各项扶持政策】 2011 年,江苏省各级农机部门积极争取党委、人民政府支持,加大农机购置补贴和财政专项投入,为农业机械化发展提供了强有力的政策、资金保障。一是农机购置补贴政策实施规范高效。2011 年中央和地方各级财政农机购置补贴资金投入超过 10 亿元。首次将深松机列入省级购机补贴目录,及时将抗旱机具纳入补贴范围。高效设施农业装备的补贴品种扩展到 37 个,极大地调动了农民发展农业机械化的积极性。为了将农机购置补贴政策落实到位,省农机部门进一步完善了购机补贴操作程序,明确监管责任,简化资金结算环节,政策实施工作进展顺利。中央农机购置补贴资金已基本实施完毕。二是项目扶持有力。各级财政用于秸秆机械化还田、合作社场库建设、农机三项工程等项目投入进一步加大,推动了重点工作的顺利开展。三是进一步加大政策性保险扶持力度。扩大了享受财政保费的拖拉机保险范围,省级财政对苏北地区的农机保险保费补贴比例由 40% 提高至 50%,明确了各承保机构不得拒保或变相拒保农机政策性保险。

【大力推广农业机械化先进适用技术】 通过资金扶持、项目带动、技术普及促动等综合措施,推动水稻机插秧技术、秸秆机械化还田、机械深松、玉米生产、高效设施农业等节本增效型农业机械化生产技术应用面积大幅度增加。一是水稻机插秧技术的整体推进步伐进一步加快。江苏省已有 4 个省辖市、25 个县(市、区)基本实现了水稻种植机械化,2011 年新增县(市、区)6 个,目前形成了提速进位、竞相发展的良好态势。各地通过狠抓机插作业质量、实施规模化育插秧等措施,巩固机插秧增产增效优势,为农民应用机插秧技术奠定了基础。二是秸秆机械化还田全面推进。秸秆机械化还田的社会化服务机制基本建立,农机服务组织和农机大户成为实施秸秆机械化还田的主力军。秸秆还田面积大幅增加,实施范围扩大到全省所有农业县。秸秆机械化还田与机插秧集成技术的应用面积继续大幅增加,秸秆还田、机械深松集成三麦机条播技术的试验示范也取得显著成效。三是玉米油菜生产机械化取得积极进展。玉米种植和收获机械化技术、装备进一步成熟,扶持措施更加有力,示范应用面积快速增加。盱眙县继丰县之后成为江苏省第二个基本实现玉米生产机械化县。四是深松技术试验示范取得积极成效。农机深松整地技术被列为农业机械化主推技术之一,制定了《江苏省机械化深松试验示范大纲》,明确了工作措施和考核办法,举办了深松培训班约 180 期,培训 12 500 人次,新增深松机械 600 多台,完成深松示范作业约 33.33 千公顷。五是高效设施农业机械化全面推进。首次召开了全省高效设施农业机械化工作会议,进一步明确了目标、理清了思路。各地通过建设农业机械化示范园区、加大项目投入等措施,推动了设施园艺业、设施养殖业和产后加工业机械化水平的快速提升。

【加快推进农机合作社建设】 一是加大政策扶持力度。2011 年,江苏省级机库建设项目扶持资金达到 1 080 万元，享受机库建设项目资金补贴的农机合作社达 110 个。市县也安排 1 000 多万元扶持资金，推动合作社加快发展。二是扩大合作社覆盖面。全省共有农机专业合作社 2 600 多个，平均每个乡镇达 2 个以上。合作社耕、种、收、植保等作业服务面积累计超过 3 333.33 千公顷，服务农户 400 多万户。三是提高合作社规范化建设水平。修改完善了《江苏省星级农机专业合作社示范社评选办法》。全省有 51 家农机专业合作社入选省级"五好"农民专业合作社示范社。

【着力提升农机管理服务水平】 一是加强服务体系建设。江苏省农机部门以实施千亿斤粮食工程为契机，加大农机技术推广、安全监理体系建设。省财政将县级农业机械化技术推广体系建设列入财政专项预算，制定了江苏省农机推广机构建设规范和考核规定，加快提升推广机构的"三个能力"。二是加强农机安全监管。以提高农机登记率、年检率及驾驶人持证率为重点，认真组织开展"打非"专项行动、"农机安全生产年"、设施农业装备专项整治、"送检下乡"活动，全省"三率"比 2010 年提高了 4 个百分点以上。"平安农机通"和双优加油卡发放总数分别达到了 27 万户、3.5万张。全省发生道路外的农机事故 116 起，较 2010 年同期下降 18.31%，死亡 30 人，受伤 76 人。农机事故指标低于农机安全生产总体控制考核指标，安全生产形势总体趋于稳定。三是加强农机质量监督管理。在全省继续组织开展了农机质量投诉监督"3·15"、送农机下乡、补贴机具质量督导和质量调查、农机打假、农机放心消费创建等一系列活动，努力维护农民和合法企业权益，营造良好的质量环境。四是全面实施"361"人才计划。全省组织开展了市县农机局长培训班、基层推广人员培训班和农村实用人才培训，进一步加强农机管理、科技、实用人才三支队伍建设。共组织基层农机推广人员培训 2 200 名，农机技能鉴定合格人数 2.7 万人次，农村实用人才培训 16 万人。

浙 江 省

【概况】 2011 年，浙江省坚持"立足大农业、发展大农机"工作思路，以深入贯彻实施"一法一条例一意见"为主线，围绕推进农机提速提质、促进农业转型升级、推进"三化同步"，健全体系，提升能力，强化服务，全面推动农业机械化科学发展，为"十二五"发展开好了头、起好了步。

【服务于现代农业发展，大力推广先进适用机械技术装备】 一是大力推进农业机械化示范区建设。始终把创建农业机械化示范区作为新时期推进农业机械化发展的重要抓手。重点扶持发展 11 个部省级农业机械化示范区，着力提升示范区的机械化、设施化、装备化水平，稳步推动示范区建设辐射拓展到粮油及农业十大主导产业的主要产区、重点领域和关键环节，创建示范区的县（市、区）农业机械化工作走在了全省乃至全国的前列。依托农业机械化促进工程以及农业（农机）科技项目，围绕提升农业主导产业设施装备水平，集中力量创建一批具有区域特色、突出主导产业的农业机械化示范乡（镇、街道）。全年共建设省级农业机械化示范镇（乡、街道）20 个、示范村（基地）60 个。以行政区域为单位整体建设成为农业机械化示范区，有力促进了各类农业机械化技术的集成配套应用，推动农业的规模化生产和集约化经营，为转变农业发展方式、创新农业发展理念、推动全省现代农业发展发挥了重要作用。

二是大力推广先进适用农业机械。2011 年，浙江省用于购置农业机械的资金总额达 8.84 亿元，享受各级财政补贴资金 4.18 亿元，其中中央补贴资金3.49 亿元，省级补贴资金 0.26 亿元，县（市、区）配套资金约 0.43 亿元，带动农民和农业生产经营组织自筹资金 4.66 亿元。新增各类农业机械 19.85 万台（套），其中联合收割机 854 台，大中型拖拉机 1 121台（套），小型拖拉机 2 931 台（套），插秧机 1 539 台，烘干机 665 台，植保机械 65 314 台，茶叶加工机械 32 134台，受益农户达 7.88 万个，农业物质装备基础更加夯实有力。

三是大力推进粮油生产全程机械化。继续稳固提高粮油生产排灌、耕作、植保等环节机械化作业水平，加快推广普及粮油生产重点环节和关键农业机械化技术和装备，大力推进粮油生产全程机械化，提升粮油综合生产能力，切实保障粮食生产安全。粮食耕种收综合机械化水平达 64.8%，其中推广水稻机插面积 149.6 千公顷，较 2010 年增长 16.3%；粮食机械化烘干能力达到 1 287 千吨，较 2010 年翻了一番；推广油菜机收面积 13.65 千公顷，较 2010 年增长 25.1%。

四是全力推进农机防灾救灾。面对梅汛带来的严重灾情，浙江省农机部门充分发挥农机主力军作用，积极开展农机防汛救灾工作，努力减少农业灾害损失，为夺取粮食丰产丰收作出贡献。据统计，防汛救灾期间，全省农机部门组建农机防汛救灾服务队 369 个，组织投入防汛救灾极具 6.56 万台，抢救小麦 17.27千公顷，抢烘小麦 78 千吨，补育秧 0.73 千公顷，补种晚稻 5.27 千公顷，抢运物资 156 千吨，抢修农业机械 1.5 万台次，安全转移农业机械 5 776 台。

【服务于促进农民持续增收，大力推进农机服务社会化】 一是加快培育新型农机服务主体。浙江省农机部门继续引导组建农机专业合作社等新型服务主体，因地制宜推行"菜单式"、"托管式"、"全程化"等服务，有序引导开展农机跨区作业，着力提高农机利用效率和经营效益。2011 年，全省预计新增农机专业合作社 102 家，合作社总数达到 963 家，完成机械化作业面积 475.47 千公顷，服务农户数达 84.96 万户，实现经营总收入达 6.8 亿元。进一步规范壮大农机专业合作社，召开全省农机专业合作社理事长培训班等一系列活动，提升合作社管理服务能力和综合技术水平。全省预计完成跨区机收面积近 200 千公顷，实现跨区作业总收入达 2 亿元。以农机合作社为代表的新型农机服务组织已经成为农业社会化服务的重要力量，农机服务业已经成为农民增收致富的重要渠道。

二是大力提升农机市场化服务保障能力。充分整合农机合作社、农机企业、维修网点等资源，创新农机服务主体，拓宽农机服务范围，提升农机服务质量，成立综合农机服务中心。

三是大力开展农业机械化教育培训。深化开展农业机械化教育培训大行动，结合"阳光工程"实施，省、市、县三级联动推进农业机械化专业人才队伍建设，培育了一大批懂技术、会经营、善管理的新型农民，成为农村致富领头雁。2011 年共新训、轮训各类农机驾驶操作、技术推广及维修人员 95 434 人次,鉴定人数超过 3 058 人次,鉴定工种涉及农机操作工、拖拉机驾驶员及农机修理工等。

四是大力推进农机服务信息化。浙江省农机部门整合农民信箱、浙江省农业机械化信息网、农业机械化服务园地等农机类信息资源,构建联合农机管理部门、生产企业、科研教育机构、农业大户的农民信箱农机业务管理平台,实现个人通信、动态信息发布、农机作业服务、资讯发布、农机交易、农机 110 等农机业务管理功能的集成应用。

【服务于农村和谐发展,大力推进农机安全生产和质量监管】 以贯彻实施《农业机械安全监督管理条例》为抓手,以深化开展农机行业"安全生产年"活动为载体,全面加强农机安全生产工作,着力构建农机安全生产长效机制。

一是严格落实农机安全生产责任制。层层签订农机安全生产责任书,将农机安全生产责任落实到乡镇、村组和机手。省与市、市与县责任书签订率达 100%;县与乡镇、村、户签订率均超过 90%。通过层层落实责任、分解指标,建立起了纵向到底、横向到边的农机安全生产责任体系。

二是深入推进"平安农机"建设。会同省安全生产监督管理局、公安部门研究制定了《浙江省"十二五"创建"平安农机"活动方案》。2011 年创建完成省级"平安农机"示范县(市、区)6 个、示范镇(乡、街道)35 个,"平安农机"示范村 300 个。

三是深入开展设施农业装备安全治理。根据农业部安排部署,浙江省农机部门研究制定《浙江省开展设施农业装备安全治理工作方案》,组织全省农机系统开展设施农业装备安全治理工作,并将这项工作纳入 2011 年度隐患排查治理的重要工作内容。全省共排查设施农业装备 13 864 台,其中卷帘机 460 台,微耕机(含田园管理机、耕整机)8 969台,喷滴灌首部枢纽部分 742 台,施肥机械 458 台,大棚温室通风、加热、加湿、降温设施 618 台,其他设施装备 1 583台,发现隐患 289 个,落实整改 289 个,整改率达 100%。

四是大力推进农机监理规范化建设。建设健全涉及人身安全农业机械免费实地安全检验制度,计划于 2012 年在全省范围率先进行插秧机全面普查,建立插秧机备案制度,结合农时季节组织做好插秧机实地安全检验。切实加强农机监理装备建设,2011 年新增智能桩考仪 8 套、自动化检测线 7 条。

五是切实加强农机产品质量监管。以加强省级农机试验、鉴定和推广能力建设为重点,完善制度,改善装备,充实力量。省农机试验鉴定推广总站通过了浙江省质量技术监督局的检验机构计量认证现场考核评审,取得了计量认证证书,检测范围扩增至 18 个产品、27 个参数,共计 45 项。依托农机质量投诉监督站,受理调解农机产品质量投诉案件 3 起,为农民挽回经济损失 20 余万元。

【服务于推进农机产业科学发展,努力营造良好发展氛围】 一是大力开展农业机械化促进法执法检查。浙江省农机部门配合省人大常委会开展《农业机械化促进法》执法检查和立法调研工作,重点检查了杭州、宁波、温州、绍兴、嘉兴、丽水和台州等七市贯彻实施《农业机械化促进法》情况。省人大常委会对《农业机械化促进法》执法检查报告和省人民政府《农业机械化促进法》贯彻执行情况报告进行了审议。通过检查,一方面进一步摸清情况,找准了问题,为下一步深入贯彻实施该法创造了条件;另一方面进一步宣传了农机,营造了氛围,为下一步加快推进农业机械化发展创造了条件。

二是加强农机法规政策建设。浙江省贯彻落实《国务院关于促进农业机械化和农机工业又好又快发展的意见》(国发[2010]22 号)精神,研究出台了《浙江省人民政府关于提升发展农业机械化的意见》(浙政发[2011]88 号),全面系统地提出了省农业机械化发展的指导思想、总体目标、基本原则、发展重点、扶持政策以及加强组织领导等方面的新要求,内容涵盖农业机械化发展的各个方面。在 2010 年的基础上,深化调查研究,起草了《浙江省农业机械化促进与农业机械安全管理条例(草案)》,并被列为 2012 年度省人大常委会法规项目一类计划,为掀起新一轮农机产业大发展奠定了基础。当前《条例》正在征求相关部门意见。

三是进一步完善其他农业机械化扶持政策。购机补贴政策方面,适应现代农业发展和农民实际需要,补贴范围由 2010 年的 12 大类 34 小类 94 品目扩大到 2011 年的 12 大类 37 小类 116 品目。同时,浙江省农机部门进一步完善了设施农业设备补贴项目管理办法。农机安全监理方面,研究制定《关于进一步加强农机安全监理工作的通知》,大力推进全省农机安全监管环节、监管范围、监管方式和监管手段的转变。进一步完善拖拉机报废更新制度,研究起草了高耗能农业机械更新淘汰补偿方案。

【服务于树立农机良好形象,大力推进农机行风政风建设】 2011 年,浙江省始终坚持一手抓事业发展,一手抓行风建设,以"争先创优"和廉政风险防控机制建设为载体,大力推进农机行风政风建设。一是突出惠农政策落实,确保农民群众得实惠。几年来,农机购置补贴政策的资金盘子越来越大,社会关注度也越来越高。为确保农机部门这项最大的惠农政策落到实处,召开全省农机购置补贴工作会议,就实施好政策的有关纪律要求专门作了强调,并印发了《浙江省农机购置补贴反腐倡廉警示教育材料》册子。同时,加强农机购置补贴政策督查力度,2011 年 7—9 月,省、市、县三级联动开展购机补贴政策实施专项整治活动,重点对政策实施、资金落实、产品经销、纪律执行等进行了督查。二是突出经营管理规范,严防各种伤农事件发生。严禁农机管理部门所属公司、工作人员及其直系亲属以任何名义、任何形式参与补贴产品经营,确保农机管理与经营分离的要求落到实处。三是构建廉政风险防控机制,夯实廉政基础。研究提出了廉政风险防控机制建设实施方案,从构建全省农机系统惩治和预防腐败体系出发,以购机补贴、作业环节补贴等政策和农业机械化财政扶持项目实施为重点,梳理权力运行流程,查找风险类别,分析风险表现形式,制定预防和控制风险措施,明确风险防控责任。

安徽省

【概况】 2011 年,安徽省各级农机部门坚持以科学发展观为指导,认真贯彻全国、全省农业机械化工作会议精神,紧紧围绕服务农业生产、促进农民增收的目标,求真务实,真抓实干,着力转变发展方式,提高发展质量,各项农业机械化工作有力有序有效推进。

【农机装备建设得到加强】 2011年，安徽省农机总动力达到5 649万千瓦，同比增长4.4%。大中型拖拉机保有量14.5万台，同比增长16.4%；联合收割机保有量11.4万台，同比增长11.8%；插秧机保有量1.44万台，同比增长27.6%。

【农机作业水平稳步提升】 2011年，安徽省农作物耕种收综合机械化水平达到62.4%，同比增长1.6个百分点。薄弱环节机械化加快发展，机械化水稻栽植420.27千公顷、机收玉米288.67千公顷，水稻机械化栽植和玉米机收水平分别达到18.5%和31.7%，分别较2010年增长5.1和1.8个百分点。

【农机合作组织发展壮大】 2011年，安徽省各类农机作业服务组织达6 000家。其中，在工商部门登记注册的农机专业合作社达1 283家，较2010年底增加406家，增长42.6%。

【农机安全形势明显好转】 截至2011年10月底，安徽省共发生国家等级公路以外的农机安全事故23起，伤13人，无死亡事故，直接经济损失26.98万元。较2010年同期相比，安全生产形势明显好转。

【认真落实农机购置补贴政策】 2011年，安徽省农业机械管理局制定购机补贴资金分配方案，召开农机购置补贴工作会议，与各市农机、农垦部门签订责任书，启动实施农机购置补贴工作。市县农机部门按照要求，集中力量，加班加点，全力开展购机补贴工作。一是强化政策宣传。加强同新闻媒体的沟通和联系，在《安徽日报》和《安徽日报农村版》开设购机补贴政策宣传专版和专栏。编印了农机购置补贴宣传手册、宣传挂图、警示教育材料等1.5万份，全部免费发到乡镇村。同时，组织人员走进政风行风热线、安徽电视台农村广播等电台节目，宣讲购机补贴政策。二是严格规范操作。出台了《安徽省2011年度农机购置补贴实施指导意见》、《安徽省2011年度农机购置补贴产品目录》、《安徽省2011年农业机械购置补贴申请流程及注意事项》等，严格按照规定，认真履行受理申请、补贴对象公示、发放指标确认通知、机具核实等程序，公开透明，规范操作，不折不扣地把政策落实到位。三是加强监督检查。下发《关于进一步严格农机购置补贴工作纪律要求加强政策执行情况监督检查的通知》，开展了自查自纠和整改。制定《安徽省农机购置补贴工作督查办法》，成立6个省级购机补贴工作督查组，分片包市，严格督查，及时发现和处理违规违纪行为。下发开展购机补贴政策专项整治的通知，完善工作方法，提高购机补贴工作执行力。四是推进风险防控。制定了《安徽省推进农机购置补贴廉政风险防控机制建设实施方案》，举办了全省农机购置补贴政策及管理系统培训班，印发了《安徽省农机购置补贴廉政风险防控手册》，对购机补贴工作涉及的每个岗位、每个人员的职责定位、法定权限和工作流程进行认真梳理排查，确定了补贴资格确认、补贴产品价格监管、机具核查、经销商管理等环节、岗位为风险点，制定相应的防控措施，加强对权力的制约，确保了购机补贴规范实施。群众对2011年购机补贴工作反映良好。截至2011年10月10日，7.7亿元国补资金、1 000万元省补资金全部实施完毕。共补贴机具17万台(套)，受益农户13万户，拉动农民和农业生产经营组织投入近20亿元。2011年10月19日，安徽省在全国率先完成2011年购机补贴资金结算。

【精心组织重要农时机械化生产】 2011年，安徽省充分发挥农机的主力军作用，科学组织调度，全力投入春耕、"三夏"、"三秋"等重要农时机械化生产。一是精心安排部署。科学谋划，认真制定春耕、"三夏"、"三秋"机械化农业生产工作方案。及早部署，及时召开全省小麦机收工作会议、全省土壤深松整地工作会议等，对重要季节和重点作业项目机械化生产工作进行安排部署。二是搞好作业服务。开通跨区作业绿色通道，保障跨区作业机械优先快速转移。免费发放农机跨区作业证、农机专用加油卡，农机作业用油优先保障、优惠供应。开通跨区作业手机短信服务平台和24小时跨区作业热线电话，提供跨区作业信息服务。组建农机维修服务队160个、机收服务队1 308个，设立跨区作业接待站228个，保障机收顺利进行。三是强化机具调度。特别是夏收中，充分发挥农机专业合作社机械多、集合快、易调度的优势，组织机械快速转移作业。夏收后期，及时组织"南机北移"，引导南部已收地区的机械向北部跨区作业。同时，向机手印发了农机跨区作业信息手册3万份，发布各地小麦、水稻收获时间、面积、价格等，引导和调度机具开展跨区作业。四是加强检查指导。春耕、"三夏"及"三秋"期间，省农机管理部门分别成立检查指导组，分片包市，深入生产一线，检查各地机械化生产工作部署和进展情况，指导和推动机械化生产。2011年机耕、机播、机收作业量分别达4 682.67千公顷、2 467.33千公顷和3 489.33千公顷。其中，夏收投入联合收割机12.39万台，机收率达96.1%。

【积极扶持农机专业合作组织】 2011年，安徽省农业机械管理局编制完成了《十二五安徽省农机专业合作社发展规划》，明确目标任务，进一步强化扶持措施，加快发展农机专业合作组织。一是建立省市县三级帮扶联系制度。目前，省、市两级农机部门已确定帮扶联系县20个，全省农机部门共确定帮扶联络员107人、帮扶联系农机专业合作社148个，为农机专业合作社办实事、解难事，扶持其发展壮大。二是组织开展培训。邀请省内外专家、学者，就农机专业合作社法律法规、运行管理和制度建设、信息化建设等内容，对近百名2011年省级农机专业合作社(第一批)理事长、全国农机专业合作社示范点理事长、农机专业合作社辅导员进行了集中培训，并推荐部分农机合作社或农机大户参加全国的培训。通过培训弥补他们的知识欠缺，为他们搭建起相互交流和沟通的平台，进一步增添其发展活力。三是加强示范社建设。组织开展了农机专业合作社示范社评选活动和农机大户标兵评选工作，共评出2011年度省级农机专业合作社示范社80个、农机大户标兵10个。省农业机械管理局下拨专项资金190万元对示范社进行扶持，并奖励大户标兵每户1台大功率拖拉机。发挥示范社和大户标兵的辐射带动效应。池州乌沙农机专业合作社、濉溪县百善支农农机服务专业合作社还被评为"2011年度省级农民专业合作社示范社"，固镇县惠丰农机专合作社被评为"党组织建设试点示范社"。

【大力推广农业机械化新机具新技术】 2011年，安徽省农业机械管理局坚持以推广农业机械化新机具新技术为抓手，加强农机农艺融合，主攻薄弱生产环节，加快发展粮油等大宗农作物和山特产品机械化。一是大力推广小麦高产机械化技术。把提高播种质量作为重点，主推了“两深一精”高产技术和土壤深耕深松、秸秆还田等保护陆耕作技术。为落实好333.33千公顷的土壤深松整地任务，全省共投入深松机6 200台(套)，完成深松整地作业305.33千公顷，剩余28千公顷为晚茬口和冬闲田块，12月中旬全面完成作业任务。二是大力推广水稻机械化栽植技术。继续对插秧机实行叠加补贴，并将育秧秧盘纳入补贴范围，加大收割机、插秧机、育秧播种机、秧盘及烘干设备的补贴力度。省农机部门举办了全省第二届农民机插秧技能大赛，滁州、安庆等市也都组织开展了农民机插秧技能比赛，现场示范推广机械化育插秧技术。全省水稻机械化栽植整村推进数达196个，机械化栽植水平突破30%的乡镇达到81个。全省插秧机保有量达到1.44万台。水稻机械化栽植面积达420.27千公顷，其中机插秧面积334.67千公顷。三是大力推广玉米生产机械化技术。制发了玉米生产机械化工作意见，召开了全省玉米振兴计划工作推进会，举办了全省玉米生产关键环节机械化技术培训研讨班，并在全省范围内组织开展了玉米生产机械化技术培训。同时，加大示范建设力度，全省玉米生产示范县增加到14个，重点推广机播一体化壮苗技术和机收一体化增产技术。全省玉米联合收割机保有量达7 105台(含玉米专用割台)，较2010年底增加621台。玉米机播面积694千公顷、机播率76.3%，玉米机收面积288.67千公顷、机收率31.7%。四是大力推广油菜生产机械化技术。坚持以项目为龙头，以技术为支撑，以示范为载体，以点促面、梯度推进，积极推进油菜示范县项目建设，共建设部省级油菜示范县18个，建立示范点54个。全省油菜收割机保有量达3 571台，较2010年底增加1 718台。油菜机收面积42.8千公顷，较2010年增加23.07千公顷，机收率达6.4%。五是大力推广山特产品生产机械化技术。重点发展茶叶加工、山核桃脱壳等机械化生产。全省新增茶叶机械20 851台，山核桃脱蒲、板栗剥壳等特色加工机械1 079台。

【深入开展农业机械化教育培训】 2011年，安徽省农业机械管理局积极推进农业机械化教育培训大行动，在培训对象上，坚持以农机专业合作组织、农机大户、农机户等农机作业服务人员和新购买农机具的农民为重点。在培训内容上，以小麦、玉米、水稻等作物机械化生产技术为重点，切实加大教育培训力度。省农业机械管理局先后举办了全省春耕农业机械化技术培训班、农机校教师培训班、土壤深松整地技术培训班、油菜生产机械化技术培训班、玉米生产机械化技术培训班、设施农业装备与技术培训班，以及农机购置补贴工作人员培训班、农机统计业务人员培训班、农机行政执法人员资格认证培训班等，并承办了全国“三夏”农业机械化生产技术培训示范班、全同水稻生产机械化技术培训班，共培训省、市、县农机技术人员和农机技术教学骨干1 000余人。两所中专学校的教育培训能力进一步提升。省电气工程学校积极推进教学改革，强化实践教学，校农业机械使用与维修专业及其实训基地被确定为市级重点建设专业点和省级重点建设实训基地，学校首批新疆班隆重开班。省机电工程学校校舍安全工程进展顺利，综合教学楼投入使用，学生餐厅加固工程已经竣工，综合实训楼重建工程已开工建设。各地农机部门也都按照省农业机械管理局的要求，积极行动起来，扎实开展教育培训工作，取得了较好效果。全省各级农机部门共培训农机管理、农机技术、农机驾驶操作等各类人员25万人次，较2010年增长13.6%。

【着力抓好安全生产与质量监管】 一是严格落实农机安全生产责任制。省与市、市与县层层签订安全生产目标责任书，制定、分解、量化农机安全生产目标任务，实行目标管理、量化考核。二是深入开展“平安农机”创建活动。印发了《2011年农机安全生产年活动方案》，认真开展农机安全生产执法检查活动和农机牌证专项治理活动，共出动执法检查人员1.8万余人次，检查生产单位1.7万余家，整改事故隐患1.3万余起。严把登记和检验关口，认真做好机具注册登记和年度检审工作，截至2011年10月底，安徽省共检验拖拉机、联合收割机35.8万台，发放拖拉机、联合收割机号牌5万副。天长市等五个县(市)为全国“平安农机”示范县，埇桥区等10个县(区)被命名为省级“平安农机”示范县。三是切实加强农机执法队伍建设。2011年省农业机械管理局与省人民政府法制办联合举办了三期农机行政执法人员资格认证培训班，培训人员近500人。同时，组织全省农机系统参加了全国农机安全监管知识竞赛，全省农机执法人员的法律水平、依法行政水平和业务素质得到明显提高。四是进一步强化设施农业装备安全监管。制定了《安徽省设施农业装备安全监管专项治理方案》，对卷帘机、微耕机等设施农业装备进行普查核实，共查出隐患机109台、私自组装机12台，并责成立即整改。五是认真做好农机产品质量鉴定工作。修订和新编了农机产品推广鉴定大纲79个，完成了部级推广鉴定15个、省级推广鉴定531个、委托检验370个。进一步加强农机产品质量监督，制定了《2011年补贴机具质量监督工作方案》。积极开展农机行业职业技能鉴定，已通过培训、考核、申报发证9 693人。

【扎实做好规划制定与项目工作】 2011年，安徽省农业机械管理局多次召开有关业务部门座谈会和农业专家座谈会，征求意见和建议，经反复研究修订并报省农业委员会审批后，出台了《安徽省“十二五”农业机械化发展规划》。同时，编制发布了农机购置补贴、农业机械化技术推广、农业机械化安全监理、农机专业合作社建设、农业机械化教育培训、设施农业技术装备建设、农业机械化产品质量监督、农机信息化建设、农业机械化外事外经等九个专项子规划，形成了一整套完备的农业机械化行业发展规划体系。根据“十二五”发展规划，组织起草了《安徽省人民政府办公厅关于实施农业机械化推进工程的意见(代拟稿)》，已报送省人民政府。高度重视项目建设，积极做好项目编制、申报以及实施工作。重点抓了安徽省新增110亿千克粮食生产能力规划农机服务体系建设、农机深松整地作业和设施农业装备与技术示范建设等项目。农机服务体系建设项目第一批14个县的项目实施方案均已制定，项目全面启动，正在有序实施中。农机深松整地作业项目在全省29个县(市、区)和部分农垦农场实施，项目建设任务基本完成。设施农业装备与技术示范建设项目有效推进，制定了项目建设活动方案，成立了专家指导组，召开了项目建设工作会议，开展了项目建设技术培训，确定了5家国家级、21家省级示范建设单位。同时，积极开展韩贷农业机械化项目（三期）绩效评审，实施项目问题整改，强化项目规范运行。

福 建 省

【概况】 2011年，福建省各级农机管理部门以贯彻落实《国务院关于促进农业机械化和农机工业又好又快发展的意见》为契机，围绕年初制定的农业机械化各项目标，以稳定粮食生产、农业增效、农民增收为核心，着力促进农机、农艺的协调发展，认真统筹各项工作，取得了较好的成绩。

【中央和省级农机购置补贴资金全部落实到位】 2011年，福建省农机购置补贴工作于5月启动，安排的中央补贴资金3.2亿元，省级补贴资金6 000万元，其中，安排了插秧机专项资金1 600万元，其他机具5 000万元，设施农业设备资金1亿元。截至2011年11月15日，中央和省级农机购置补贴资金已全部落实到位。补贴新购置农业机械19.26万台（套），其中：拖拉机6 652台（其中轮式拖拉机345台，手扶拖拉机6 284台）；耕整地机械32 108台（其中微耕机22 483台）；农产品初加工机械22 623台（其中茶叶加工机械19 777台，果蔬加工机械364台）；排灌机械4 371台；收获机械4 745台（其中半喂入收割机209台，全喂入收割机909台，采茶机2 807台）；田间管理机械71 703台（其中修剪机械14 823台，植保机械54 210台，中耕机械2 582台）；畜牧水产养殖机械35 579台（其中增氧机11 193台，畜牧饲养机械23 683台）；种植施肥机械2 912台（其中插秧机2 325台）。补贴设施农业大棚1.33千公顷，安装节水灌溉微滴灌设备2.4千公顷，受益农户共计10.09万户。全省农业机械总动力达到1 250万千瓦，比2010年增长3.64%。

一是做好农机购置补贴目录的编制工作。2011年，聘请专家对申报2011年补贴目录的非通用类农机产品分类分档、确定补贴额，并与农业部选型的通用类农机产品合并形成2011年非通用类农机产品补贴目录。“目录”包含了耕整地机械、田间管理机械、农产品初加工机械、畜牧水产养殖机械等12大类37个小类101个品目的775家农机生产企业的4 304款农机产品。

二是制定并公布《福建省2011年农业机械购置补贴实施方案》。在操作方法和程序上作了进一步的改革和完善，主要体现在：全面调低补贴额度；省级资金累加补贴范围减小；细化了资金分配，补贴资金指标直接下达76个项目县；扩大了补贴对象和选择空间。

三是做好农机购置补贴政策实施的宣传发动。召开了福建省农机购置补贴工作视频会议。会上，局长高咸周传达了副部长张桃林在全国农机购置补贴座谈会上的讲话和司长宗锦耀的总结讲话精神，要求各级农机部门要认真、及时做好视频会议，省农业厅副厅长刘亚圣的讲话精神及有关领导在全国农机购置补贴座谈会上讲话精神的学习、传达和贯彻落实，务必确保农机购置补贴工作落实到位、执行到位。建阳市、尤溪县、莆田市荔城区农机管理部门在会上作了典型经验交流发言。

四是认真做好农机购置补贴资金的监督检查，确保购机补贴工作“公平、公开、公正”。转发了《农业部办公厅关于进一步严格农机购置补贴工作纪律要求加强政策执行情况监督检查的通知》，印发了《2011年福建省农机购置补贴政策落实监督检查方案》，要求各级农机管理部门加强自查自纠，严格管理、规范运作。按照农业部的要求，福建省农机部门主要负责人签了农机购置补贴工作责任书，各设区市也与所辖各县（市、区）签订了责任书，层层落实工作责任。2011年8月，联合厅监察宅、计财处、农机推广总站分四组对全省八个设区市14个中央项目县开展了农机购置补贴政策实施情况专项监督检查。督查对象为县级农机部门，各有关企业、经销商，购买补贴机具的补贴对象等。采取的方式主要有：听汇报，召开座谈会、查看档案、电话抽查、走访农机户等，重点核查2010年以来农机购置补贴机具是否到位，机具配置是否符合要求，农机部门是否存在违规收费问题，廉政风险警示教育是否全面开展。

五是积极开展资金结算工作。截至2011年11月中旬，完成了5批2.547亿元购置补贴资金结算，其中，中央资金2.06亿元，省级资金0.487亿元。中央资金拨付进度为64.37%，完成全部资金结算和拨付工作。

六是积极开展农机购置补贴廉政风险防控。2011年，根据农业部、农业机械化管理司工作部署和有关要求，8月份，福建省农机部门印发了《福建省实施农机购置补贴政策推进廉政风险防控机制建设实施方案》，在全省各级农机管理部门中实施购机补贴风险防控机制，切实规范行政权力运行，加大从源头上防治腐败的工作力度，扎实推进惩治和预防腐败体系建设，推动全系统廉洁从政，确保农机购置补贴政策在全省得到更好的落实。同时，认真分析购机补贴政策实施过程中能存在的廉政风险点，提出切实有效的自我防控措施。10月份，印发了购机补贴工作廉政风险防控手册，做到全体干部职工人手一册，并认真组织学习，结合岗位防控落实，进一步加强内部的监督管理。11月份，全省召开三场农机购置补贴政策实施工作座谈会，分别听取了生产企业、经销商、购机农民及专业合作社、农机部门对政策实施情况提出的意见和建议。

【积极开展机械化生产，服务农业生产】 一是在春耕、“双抢”、秋收前夕分别下发了农机务农工作通知，做到早计划、早安排、早落实、早行动，把机耕、机插、机收等项任务层层分解落实到乡、村、农机服务组织和机手，切实把农机务农的各项措施提前落实到位，确保了福建省农业生产的正常开展。全省共投入各类农机具11.83万台（套），完成机耕面积906.67千公顷、机插面积44.33千公顷、机收面积246.67千公顷，耕种收机械化综合水平31.2%，比2010年增长3.3个百分点，超额完成农业部农业机械化管理司下达的任务指标。

【鼓励各地开展农机社会化服务】 2011年，福建省充分发挥各地农机服务组织和农机大户的作用，鼓励开展跨区作业，提高农机服务组织的组织化和社会化程度。全省有439台联合收割机、插秧机外出跨区作业，各地引进联合收割机500台次，促进了全省机收水平的提高。

【加大对农机合作组织的扶持】 2011年，福建省确定了4家部级农机专业合作社示范点和23家省级农机专业合作社示范点。对部省级农机合作社示范点购置部分机具给予累加10%的优惠，对列入省农业厅合作社名录的合作社给予累加5%的优惠。鼓励各地建立一批设施齐备、功能齐全、动作规范、诚信服务和上规模的农机专业合作组织。9月份，为加大农机专业合作社的扶持力度，加快机插秧工作深入开展，下达了育秧棚、机库棚建设补贴资金197.69万元，其中：育秧棚31.5万元，机库棚166.19万元。

【参加江苏盐城召开的全国农机技能竞赛总决赛】 福建省代表队荣获“全国农机技能竞赛团体优胜三等奖”。参赛的两位选手均荣获“全国拖拉机作业技能竞赛技术能手”称号。

【新机具推广积极有效，设施农业建设稳步推进】 一是积极开展农业“五新”技术示范推广。福建省农机部门下发《2011年全省农业新机具示范推广工程实施方案》，分解下达2011年农业机械化新机具新技术示范的推广任务。到2011年11月15日，全省完成主要机械化技术推广面积578.13千公顷，其中：蔬菜机械化起垄面积71.24千公顷，茶叶机械化修剪面积56.63千公顷，茶叶机械化采摘面积38.92千公顷，高效机械化植保面积91.82千公顷，机械化节水灌溉面积18.04千公顷；建设各种农业设施10.82千公顷。新增主推机具33 883台。全省共举办各种新机具、新技术现场演示会334场，主要为机械化育插秧、耕作去垄作业及茶叶机械修剪、采摘演示会；通过媒体宣传报道189次，举办技术培训班466场次，培训农机技术人员、示范户和农机操作手15 698人次，印发各种新技术宣传材料6.98万份，巡回指导1 654次，参与新技术推广的农机服务组织共270多个；全省新增各种主推机具33 448台（套），其中插秧机2 325台、收割机1 118台、起垄机械5 809台（套）、茶叶修剪机2 453台、采摘机1 964台、植保机械18 283台、节水灌溉设备1 496台（套），配套安装节水灌溉设备覆盖面积2.45千公顷。4—5月，根据省农业厅《2011年“五新服务促春耕”活动方案》要求，福建省农机部门赴三明市永安市、尤溪县对口开展“五新服务促春耕”活动。现场讲解农业新产品、新农药、新化肥、新技术、新机具等“五新”技术，宣传中央和省的强农惠农政策，鼓励农民积极购置先进适用农业机械，积极开展农业生产。

二是加大水稻机械化育插秧机推广力度。2011年，福建省安排240万元专项资金，新建设8个省级水稻机械化育插秧机示范基地，极大地推广各地开展机械化插秧现场会。省政府副省长倪岳峰、省农业厅副厅长刘亚圣等亲临现场参观指导。副省长要求福州市要进一步扩大水稻插秧机的应用推广，全面提高水稻机械化生产水平。同期，在建阳市召开了全省水稻机械化插秧现场会。设区市和8个项目示范县的农机部门领导，以及技术人员，种粮大户、农机服务组织、农机大户和有关农机企业的代表200余人参加了会议。农机合作组织以插秧机生产企业代表作了机械化育插秧的经验交流。经过各级农机管理部门的努力，农业机械化育插秧工作再次取得突破，全年机插面积达44.33千公顷，比2010年增长72.6%，机插水平达5.6%，比2010年增长2.63个百分点，机插面积、机插水平超额完成农业机械化司下达的任务指标。新增插秧机2 325台，达2010年全省插秧机总量的96%。

三是加大设施农业的建设和扶持力度。2011年，福建省在中央和省级农机购置补贴资金中分别安排7 500万元、2 500万元专项用于设施农业钢架大棚补贴。全年共建设各种农业设施10.83千公顷，其中，完成享受购机补贴设施钢架大棚1.33千公顷，超额完成省政府下达1千公顷任务的33.3%。同时，按照农业机械化司有关要求，确定福清市绿丰农业开发公司等3家单位为全国示范单位。4月，根据省人民政府副省长倪岳峰在农口例会上的指示精神和厅领导的有关要求，农业机械管理局牵头组织4个调研组分赴福清市、永安市、南靖县、顺昌县等地对设施农业发展情况开展了调研，并商请省林业厅、省海洋渔业厅开展了相应的调研，并形成书面调研报告，为设施农业工作的深入开展提供了很好的参考依据。

四是认真组织支持推广目录的申报、评审和编制工作。2011年初，组织开展了《2010—2011年福建省支持推广的农业机械产品目录》（2011年调整）专家评审工作，并以福建省农业厅名义与省财政厅、省发展改革委员会联合发文印发。8月，发布《2012—2014年福建省支持推广目录申报指南》。全省共申报1 566个型号产品，推荐单位初审合格的1 289个。同期，还组织省内企业开展《2012—2014年国家支持推广的农业机械产品目录》申报工作。为了做好专家评审工作，成立了农业机械化技术专家库，草拟了《福建省支持推广的农业机械目录》专家评审管理暂行规定和专家评审方案，为下一步工作的开展打下了良好基础。

按照农业部农业机械化管理司验收要求，组织明溪、云霄县认真做好2009—2010年部级水稻机械化育插秧项目验收材料的准备，省级验收材料在全国所有省份中名列第一，明溪县的项目验收材料在全国65个示范县中名列第一，得到农业部农业机械化管理司领导的肯定和好评。

为了更好地开展农机支持推广目录的申报审核工作，2011年10月份，福建省农机部门率先开发了《福建省支持推广的农业机械产品目录申报评审系统》软件。该软件可以实现企业网上申报、网上查询；推荐单位网上受理、网上初审；省级受理及专家评审等功能。即使在申报通道和初审通道关闭后，企业也可以随时上网查询申报产品的动态和评审结果。系统还具有查询功能，省财政厅、省发展和改革委员会等相关部门使用给定的帐号可登录系统，随时查询申报、评审的情况，便于监督。同时软件还具备了每年初非通用补贴目录的申报功能。这套软件的开发，将极大节省人工录入的工作量，提高工作效率，保证了省级支持目录在编制、评审过程中的“公正、公开、公平”原则。

【农机安全生产保持稳定】 一是2011年初分四个组对九个设区市2010年农机安全生产工作目标责任开展了检查考核。二是在全省农业机械化工作会议上与各设区、市的农机管理部门签订了农机安全生产责任书，确保任务到位、责任到人。三是召开季度安全生产例会和上半年安全生产形势分析会。积极开展农机安全宣传和“农机安全宣传咨询日”活动。向各设区市发放“卷帘机安全使用挂图”。四是及时完成农业部农业机械化管理司布置的工作任务。收集各地监理机构意见，向农业部农业机械化管理司反馈《农业机械实地安全检验管理办法(征求意见稿)》的修改意见。五是开展拖拉机驾驶培训机构安全隐患大检查和教学人员换证审验工作。根据省人民政府和农业部、农业部农业机械化管理司的统一部署,省农机部门制定了拖拉机驾驶培训机构安全生产大检查工作方案,对全省57家拖拉机培训机构进行一次拉网式的安全隐患排查,重点对培训资质、教学场所、教学人员、教学车辆及培训质量等方面开展检查,消除安全隐患。2011年是拖拉机驾驶培训学校社会化实施以来的第五年,也是新一轮换证工作的开始年,结合安全检查对教学人员进行新一轮的换证审验工作。在2011年底全省有近500名教学人员需要进行换证。

【公共服务体系建设扎实推进】 一是积极开展教育培训大行动。2011年初,根据农业部农业机械化管理司的要求,下发《福建省农业机械化教育培训大行动2011年实施方案》,分解下达培训任务。2011年培训农业机械化管理、技术和实用人才26 387人次,其中培训农业机械化管理人员735人次、培训农业机械化技术人员2 612人次,培训农机操作、维修、营销等实用人才23 040人次(其中培训新购机农民5 932人次,超额完成农业部农业机械化管理司下达的任务指标18.6%;职业技能1 177人)。二是认真开展农机产品鉴定工作。全年共审核67家企业204款产品申报推广鉴定材料和安溪13个企业变更申请材料,发放推广鉴定证书101张。三是加大农业机械化信息宣传力度。福建省农业机械化信息网作为农业机械化信息宣传主要平台,已经成为对外交流的平台(与农业部农业机械化管理司、福建省农业厅、兄弟省农机管理部门、农机学会、市县农机部门等),成为农业机械化业务工作的主要平台(跨区作业直通车、农业机械化统计、农机购置补贴、支持推广目录申报评审等),成为信息咨询服务的平台(发布跨区作业信息、农机购置补贴政策、信息、农机产品和零配件供应等),知名度不断提升,访问量和点击率在省内农业系统相关网站中居首。2011年,向中国农业机械化信息网提交信息数176条,比2010年同期增长75%;发布数173条,采用率达98%。分别在福建省农业机械化信息网、福建农业信息网农业机械频道上发布新闻263条、通知91条。

江西省

【概况】 一是农机总量迈上了新台阶。2011年,江西省农机购置补贴政策落实启动早、进展快,8月底实施完毕。据统计,截至2011年11月25日,全省全年补贴机具种类为12大类39小类125个品目,落实农机购置补贴资金总量6.4亿元(中央财政资金6.1亿元,省财政资金0.3亿元),实施范围覆盖全省100个农业市区县。全省共补贴各类机具49.84万台(套),其中水稻联合收割机4 377台、油菜籽联合收割机571台、大中型拖拉机1 480台、手扶拖拉机65 687台、耕整机24 000台、微耕机26 163台、旋耕机65 687台(套)、插秧机3 822台、喷雾器74 700台、杀虫灯26 526台、茶叶机械3 734台、排灌机械32 521台、畜牧水产养殖机械18 149台、微灌设备5 021.6公顷、温室大棚10 355栋,直接受益农户33.3万户,共拉动市、县财政投入1 820万元,拉动农民投入12.33亿元。全省农机原值330亿元,农机总动力达到4 190万千瓦,比2010年增加385万千瓦,较2010年增长10%;耕整地机械达到78万台,年增长30%;联合收割机达到4.93万台,年增长10%;插秧机达到1.17万台,年增长49.5%。

二是农机作业水平有了新提高。江西省水稻机耕作业面积2 890千公顷,机收作业面积2 298千公顷,机插面积452.67千公顷,机耕、机收分别达83%,66%,比2010年分别提高3和4个百分点,水稻机插水平13%,比2010年增长近5个百分点。全省耕种收综合机械化水平达54%,比2010年增长4个百分点。

三是农机生产服务收入取得新变化。江西省农机专业合作社发展步伐加快。截至2011年底,全省有农机专业合作社412个,其中,新增52个,同比增长15%;农机专业合作社社员数量1.5万人;社员年服务总收入4.5亿元,同比增长30%。2011年,全省组织了500余台联合收割机到湖北、河南、安徽、山东等省进行收割作业,历时一个月,收割小麦43.33千公顷,台均创收2.2万元,大大提升了广大农机手走出去和发展农业机械化的信心。同时组织了1 000余台收割机跨省机收水稻,赣机北上,赣机西征成效显著。

四是农业机械化安全生产取得了新成就。2011年,江西省共排查事故隐患1 693起,整改1 668起,整改率98.5%。全省共发生农机事故7起,受伤5人,死亡0人,没有发生一起农机重特大事故。全省共核发拖拉机号牌34 415副,其中手扶拖拉机32 789副、大中型拖拉机1 626副;联合收割机号牌4 039副。全省共检验变型拖拉机96 424台,占登记在册数的85%;联合收割机8 239台,大中型拖拉机1 374台,分别占登记在册数的28.8%和21.7%。

【坚持不懈地落实农机购置补贴政策,努力做到“公开、公平、公正”】 2011年,在农机购置补贴政策实施过程中,全省农机系统干部真正做到了“心无旁骛抓落实,如履薄冰尽职责”。一是强化责任。省农业机械管理局与各设区市农机管理部门负责人签订了江西省农机购置补贴实施工作责任书,各设区市农机局(站)与所辖县(市、区)农机局(站)、县级农机管理部门与辖区内补贴机具供货点负责人也都签订了责任书,明确了工作目标和工作职责,为确保补贴政策真正落到实处提供了重要保障。二是强化齐抓共管。2011年农业部和财政部两部门共同制定了《江西省农业机械购置补贴专项资金使用管理暂行办法》、《2011年江西省农业机械购置补贴实施方案》,共同做好农机购置补贴实施的监督工作,一起将农机购置专项资金管理好、使用好、实施好。三是强化操作程序到位和信息公开。农民购买农机时,严格执行申请、公示、签订购机补贴协议,严格落实人机合影、逐台验机等程序,层层把关,人人核查,确保不出差错。四是强化督查检查。省农业机械管理局自觉向社会公布农机购置补贴政策咨询电话、举报电话、补贴机具质量投诉电话,接受社会各界监督;全省开展了农机购置补贴工作督导检查,由省农业机械管理局抽调相关人员,并邀请厅纪检、厅计财的同志参加省督导检查组,对设区市、省内部分重点生产企业和省级供货点进行抽查督导;各设区市督查小组交叉进行了督查,有效地防止了执行补贴政策中各种违规、违纪、违法行为。

【坚持不懈地开展“推进机插秧,创建高产县”活动,努力提高机插秧水平】 江西省自2010年开展“推进机插秧,创建高产县”活动以来，全省积极探索“标准化育秧、机械化插秧、产业化经营、社会化服务”的新路子。一是行政推动。全省各级农机管理部门成立“推进机插秧，创建高产县”活动领导小组，重点把推广水稻工厂化育秧技术作为推进水稻机插技术的重要突破口，实行省、市农机、粮油、农技、科教、种子、土肥、植保等技术部门与示范点一对一挂点服务，加强技术帮扶指导。二是示范带动。全省新建设62个省级示范点，用示范点带领专业合作社和种粮、农机大户引领机械化育插秧快速发展，全省涌现了许多水稻机插秧技术推广的典型。恒湖垦殖场恒伟农机服务专业合作社积极开展钢架连栋大棚试点建设，将水稻工厂化育秧机具设备补贴资金45万元全部转化为钢架连栋大棚建设补贴资金，已建设钢架连栋大棚167栋，强化育秧大棚智能化和通风、温度、光照等系统控制，现已建设成全省标准化大棚示范基地。三是政策拉动。全省对示范点实行中央财政补助45万元，对血防县示范点补贴标准提高到50%，对育秧硬盘累加补贴每个4元，补贴秧盘217.7万个，补贴资金867.6万元；补贴播种流水线、种子处理设备200台，补贴资金242.75万元。

【坚持不懈地推动农机科技示范推广，促进农业机械化向全方位发展】 一是油菜机械化发展步伐不断加快。2011年，江西省用项目作龙头带动油菜机械化发展。在安义、湖口、彭泽、婺源、瑞昌等县建立了油菜生产机械化示范基地，制定了《油菜机械化收获技术规范》，重点推广免耕直播油菜及机械化开沟收获技术，引导带动32个播种面积占全省总播种面积75%的油菜主产县发展油菜生产全程机械化。2011年，瑞昌全市油菜机械开沟面积2.87千公顷，油菜免耕直播机械开沟技术推广工作再上新台阶，极大推动了全市油菜高产创建活动。据统计，全省油菜机械开沟面积426.67千公顷，机械直播面积30千公顷，全程机械化面积3.33千公顷，全省油菜耕整和开沟机械化水平达60%。二是果业机械化推广又好又快。在赣南及南丰等果业示范区重点抓好果园机械、节水灌溉等先进实用技术的示范与推广，大力推广适合一家一户的简易果品贮藏设施建设，解决果品贮藏问题。大力调整柑橘产业品种结构，发展精深加工，促进赣州脐橙、南丰蜜橘产业又好又快发展。2011年，赣州市大力实施“农机上山”果业机械工程，在果业上打造“机具集成化、设施智能化、操作省力化”技术体系，走出了一条特色发展之路。

【坚持不懈地加强农机鉴定能力建设，努力提高农机产品质量】 一是加强农机推广试验鉴定规范化建设。为提高江西省农机鉴定水平，提高农机产品质量，根据农业部颁发的《农业机械推广鉴定实施办法》，省农业厅出台了《关于贯彻落实(农业机械推广鉴定实施办法)做好省级农业机械推广鉴定工作的通知》，为科学引导农机工业发展，优化农机产品结构，着力解决农机产品结构性矛盾提出了指导性意见。要求在鉴定农机产品过程中要严格执行生产技术标准和规范，注重产品性能质量，严禁出现以次充好、假冒伪劣和坑农害农等违法行为发生。同时对江西省农机新产品的界定、申请定型鉴定的程序与形式、申请新产品定型鉴定的条件及材料提出了具体的要求，促进了江西省农机新产品鉴定走上了严格而又规范化的道路，为市场提供品质优良的农机具打下了坚实的基础。二是认真严格地做好《2012—2014年江西省支持推广的农业机械产品目录》的编制工作。省局多次召集了有关专家讨论《目录》配置表，确定《目录》范围。申报的农机企业405家，产品1 709个。经过审查，将一批不符合生产条件，产品质量低劣农机产品淘汰出江西省《目录》，规范了农机市场，提高了江西省的农机产品质量。

【坚持不懈地组织农机开展社会化生产，努力提高农机服务效益】 一是积极开展“百万农机闹春耕”。2011年3月29日，江西省农业机械化管理局在南昌县泾口乡举行了全省百万农机闹春耕现场会暨农机购置补贴启动仪式，掀起了全省农机春耕的高潮。春耕期间，全省各地共举行各种形式的农机春耕现场会120场次，投入100多万台(套)农机具进行春耕生产，全省机耕水平大幅度上升。二是着力组织联合收割机跨区机收。2011年，由江西省农业机械化管理局牵头协调相关单位，解决联合收割机上高速行驶及减免过路费等问题，组织了500余台联合收割机北上跨区机小麦，历时一个月，收割小麦43.33千公顷，台均创收2万元。全省组建跨区作业服务队95个，成立跨区作业接待服务站120个。三是认真组织农机“双抢”大会战活动。“双抢”期间，全省各级农机管理部门投入联合收割机4.85万台，插秧机0.99万台，机动脱粒机94.82万台；全有共组织农机维修小分队1 000余个，组织农机维修人员5万人次为农民检修农机具，检修农机具95万台(套)，确保了“双抢”顺利进行，争抢了农时。四是及时出台农用柴油供应实施办法。为保障农忙农机用油，主动与省商务厅协商，并与省商务厅联合下发了《江西省农业机械柴油供应实施办法》，办法规定：在农忙季节，每个加油站为持有“优先加油卡”的用户专门开辟“快捷专用加油通道”或指定专门加油机加油，并允许用油桶(壶)等容器加油，优先保证农机用油供应，2011年秋收时的柴油荒得到了明显的缓解。

【坚持不懈地排查农机事故隐患，确保农机安全生产】 2011年，为抓好农机安全生产，确保人民群众生命财产安全，江西省农机部门着重从以下几个方面努力。一是强化责任，建立长效管理机制。全省各级农机管理部门与机手、机主签订农机安全生产责任状20余万份，将农机安全责任细化到人，到机。初步形成了“政府负责、农机主管、部门协作、社会参与”长效机制，建立了主要领导为农机安全生产第一负责人，分管领导为主要责任人，具体工作人员为直接责任人的农机安全管理格局。二是抓好源头治理，规范监理业务。2011年全面停止对变型拖拉机的注册登记，对新上牌的农业机械，做到严格审核，严格注册登记。三是加大执法力度，排查治理隐患。全省实行县监理站长包村，监理员与村干部包路段、包人的要求，加强对农机事故危险路段、危险点的监控和维护，实行“人盯路、人盯车、人盯人”的“三盯”办法，进行重点检查、监控，确保不发生重特大农机安全事故。

【存在问题】 一是在落实农机购机补贴政策上补贴程序和监管措施还不到位。有些县级农机部门操作不规范，监管不严。二是快速推广机械化育插秧技术压力较大。三是安全监管还不到位，安全隐患还大量存在。

山 东 省

【概况】 2011年,山东省各级农机部门以党的十七大和十七届三中、四中、五中、六中全会精神为指导,以科学发展为主题,认真贯彻落实国务院和省政府关于促进农业机械化和农机工业又好又快发展的意见精神,深入实施"立足大农业,发展大农机,服务新农村"的发展战略,进一步解放思想,真抓实干,开拓进取,创先争优,不断加快转方式、调结构、抓创新、促发展步伐,实现了"十二五"农业机械化发展的良好开局。

【农业机械化发展环境持续优化】 2011年,山东省委、省人民政府进一步把农业机械化工作作为在工业化、城镇化深入发展中同步推进农业现代化的关键措施,摆上了重要位置,围绕贯彻落实国务院《意见》,省人民政府常务会议专题进行了研究,出台了《关于促进农业机械化和农机工业又好又快发展的意见》,召开了全省农业机械化工作会议,表彰了全省农业机械化先进县,并将省农机办恢复更名为省农业机械管理局,把省农机安全监理站由差额单位改为参公管理,进一步理顺和强化了全省农业机械化管理执法体制。省长姜大明、副书记刘伟和副省长贾万志等领导同志还多次对农业机械化工作作出重要批示,并亲临农业机械化生产一线视察指导。各级党委、人民政府也都把农业机械化工作纳入重要议事日程,纷纷出台文件,召开会议,制定政策,全面贯彻落实国务院和省政府《意见》精神。中央和省里各大新闻媒体进一步加大了力度,积极宣传山东省农业机械化发展的最新成果,深度报道农业机械化发展的重要作用。全省进一步形成了党委政府更加重视农业机械化、社会各界更加关注农业机械化、农民群众更加依靠农业机械化的良好氛围,为全省农业机械化加快发展营造了十分有利的环境。

【农业机械化装备水平全面提升】 2011年,山东省农机总动力发展到1.21亿千瓦,比2010年增加3.62%,农机总值发展到695亿元,增加5.3%。拖拉机达到250万台,增加2.36%,,其中大中型拖拉机新增2.44万台,增幅达5.73%,总量达到45万台。联合收割机20.3万台,增加12.34%,其中玉米联合收获机新增1.27万台,增长22.56%,保有量达到6.5万台,连续四年增加1万台以上。各类配套机具达到410万台(套),增长4.17%。花生、马铃薯、棉花、"三辣"蔬菜等大宗、特色经济作物机械发展到18万台(套),增幅在10%以上,畜牧、水产、林果和农产品加工机械也都有了较大发展。各类机械特别是拖拉机、联合收割机等主要农机产品整体质量、性能进一步提高。农业机械化装备结构更趋优化、布局更加合理,为全省农业机械化保持又好又快发展奠定了有力的物质基础。

【农业机械化生产水平加快提高】 2011年,山东省农业机械化综合水平达到79.5%,比2010年增加2.5个百分点,其中粮食生产机械化程度达到88%,经济作物机械化程度达到58%。在粮食作物中,小麦机收面积达到3 486.67千公顷,机收率超过97%,机收质量进一步提高;玉米机收面积达到2 247.33千公顷,机收率达80.8%,比2010年增加9.3个百分点。免耕播种、土地深松等农业机械化新技术在粮食生产中推广应用步伐加快,夏季玉米免耕直播面积达到2 580千公顷,覆盖率近90%;秋季完成小麦免耕播种保护性耕作面积1 020千公顷,比2010年增加200千公顷,覆盖率达到28%;秋季累计完成土地深松664.67千公顷。在经济作物中,花生机械收获390.67千公顷,机收率达到49%;马铃薯机械播种、收获面积比2010年同期增加近2倍;棉秆机收率达到20%以上;设施农业生产机械化水平达30%以上;"三辣"蔬菜和茶叶、黄烟播种、移栽、加工等环节的机械化也都有了较大进展。另外,畜禽规模饲养、水产健康养殖、林果育苗和果品分级筛选、农产品初加工机械化整体水平超过了40%。机械化生产方式在全省农业生产中日益占据主导地位。

【农业机械化发展效益稳步增长】 2011年,山东省实现农机服务总产值达到435亿元,比2010年增长3.6%,农机服务增加值290亿元,增长3.6%,夏、秋两季农机作业收入分别达到35亿元和25亿元,农机合作社作业收入达到25亿元,农业机械化为农民增加收入700元以上。同时,随着农业机械化发展水平的不断提高,不仅为山东省实现粮食生产"九连增"、农民增收保持两位数增长和转移100多万农村劳动力做出了积极贡献,而且还极大地促进了农机工业的持续蓬勃发展。农业机械化已成为推动全省农业农村乃至整个国民经济和社会发展的重要力量。

【贯彻落实国务院、省人民政府《意见》,工作实、成效大】 国务院、省人民政府《意见》印发后,山东省各级农机部门迅速行动起来,把贯彻落实作为农业机械化工作的头等大事来抓。一是抓好学习宣传。通过座谈会、读书班等多种形式,广泛深入组织开展了学习活动,深刻领会《意见》精神,切实把握《意见》实质,努力把广大干部职工的思想统一到《意见》精神上来,落实到推进农业机械化又好又快发展的具体行动之中。同时,充分利用报刊、电视、网络等各类新闻媒体和组织知识竞赛、文艺会演多种手段,大张声势,大力宣传《意见》出台的重大意义和作用,积极营造贯彻落实《意见》、促进农业机械化科学发展的舆论氛围。二是加大汇报争取力度。围绕贯彻落实《意见》,山东省各级农机部门积极向当地党委政府汇报工作,向有关部门反映农业机械化工作情况,努力争取各级党委、人民政府和有关部门对农业机械化工作的重视支持。目前,全省已有9个市政府出台了贯彻落实国务院、省政府文件的实施意见,3个市政府召开了农业机械化工作会议,部分市县还理顺加强了农机管理机构,全省各级用于扶持农业机械化的资金比2010年增加了15%以上。三是认真落实目标任务。各级农机部门根据《意见》提出的农业机械化发展目标任务,结合制定"十二五"规划,按年度、分地区进行了细化分解,制定了具体的工作措施。全省上下不断掀起贯彻落实国务院、省政府《意见》的新高潮。

【实施农机购置补贴政策要求严、效果好】 2011年,农业部安排山东省农机补贴资金11.2亿元,补贴各类机具28万多台,受益农户20万多户,拉动农机投入30多亿元。工作中,始终将其作为一项重要的政治任务来抓,按照部、省购机补贴实施工作的一系列规定要求,一是严格规范操作。不断完善补贴流程,认真执行补贴程序,实行补贴信息全程公开，做到了程序严密、实施规范、操作透明。二是强化监督管理。充分发挥农机部门在购机补贴实施工作中的监管主体作用，在不断强化对购机补贴从报名到机具交付全过程监管的基础上，通过现场督导、专项检查和电话抽查、走访调查等多种形式，进一步加强了对补贴对象确定、补贴合同签订、补贴机具交付等关键环节的监管，建立起了有效的补贴实施监管机制。三是严肃补贴纪律。严格执行国务院“三个严禁”、农业部“三个绝不能、三个严禁、八个不得”要求和省里的21条规定，组织开展了以“廉洁从政、遵纪守法、规范操作”为主题的购机补贴反腐倡廉警示教育活动，建立了补贴工作廉政防控机制，坚持农机纪检部门参与农机购置补贴工作全过程，并对农民群众和生产企业反映的突出问题，有针对性了开展了监督检查工作，确保了购置补贴政策有条不紊、有力有序、安全高效地实施。另外，全省争取农资综合直补资金2.1亿元，用于深松作业补贴，走出了农机作业补贴的新路子。

【推进玉米收获保护性耕作机械化干劲足、势头旺】 2011年，山东省各级农机部门进一步把加快推进玉米机收作为工作重点，精心制定发展目标，并分解落实到县到乡到村；科学调度机械，引导机械合理有序流动，最大限度地发挥了机械的使用效率；强化工作督导，继续把推进玉米机收作为“三秋”农业机械化工作的重中之重，重点部署、重点检查、重点督促、重点考核，进一步加快了玉米收获机械化的发展步伐。2011年玉米机收率全省17市已有15个市达到70%以上，其中3个市超过了90%，全省整体跨越的格局持续展现。同时，扎实推进机械化免耕播种保护性耕作，继续深入开展了“大培训、大推广、大普及”活动，积极推进农机农艺结合，强化各类保护性耕作机械化技术的组合应用力度，大力推广小麦和玉米机收、秸秆还田、土地深松、免耕播种“一条龙”机械化技术模式，小麦免耕播种保护性耕作机械化保持持续发展的势头。在推广免耕播种中，注重把土地深松作为保护性耕作的重要环节，以实施土地深松作业补贴政策为抓手，充分发挥市县乡示范区的带动作用，大力进行推广引导，机械化土地深松取得快速进展，可超额完成2011年深松666.67千公顷的目标任务。

【实施以经济作物机械化为重点的农业机械化创新示范工程抓得紧、亮点多】 2011年，进入“十二五”，山东省各级农机部门都把加快推进经济作物机械化放在战略重点位置，以实施农业机械化创新示范工程为抓手，大力开展经济作物机械化创新发展工作。省里重点围绕推进花生、棉花、薯类、“三辣”蔬菜等8大经济作物机械化，建立了28个省级创新示范基地，以播种、收获等关键生产环节机械化为主攻方向，进行机具技术攻关、试验示范和宣传推广。为推动全省经济作物机械化的快速发展，山东省还制定了《山东省经济作物机械化创新发展考评办法》，并按照《办法》要求对各市推进经济作物机械化发展情况进行了综合考核。山东省就突破棉花收获机械化，与全球最大的农机生产企业约翰迪尔公司就合作推进山东省棉花收获机械化事宜进行了联系洽谈，并通过引进新疆棉花采摘机，召开了全省棉花收获机械化现场会，实现了棉花收获机械化的突破性进展；召开了全省花生、大姜等机械化生产现场会，一批先进的经济作物生产机械得到了广泛的示范、推广和应用，特别是花生联合收获机第一年规模化推广，新增了120多台。各市按照省里《关于推进全省经济作物机械化发展的意见》要求，紧密结合当地实际，分别确定了2—3种重点优势特色经济作物作为主攻方向，进行了宣传发动和示范推广，推动全省经济作物机械化发展形成了全面开花、快速推进的良好格局。

【发展农机专业合作组织力度强、进展快】 2011年，山东省各级农机部门坚持农机合作社建设作为农业机械化发展中一件带有方向性的工作来抓，进一步强化措施，加大力度，推动了农机合作社的健康、蓬勃发展。一是加大了政策资金扶持力度。除在购机补贴方面进一步加大倾斜力度外，2011年山东省安排660万元专项资金，对农机合作社场棚库等基础设施建设进行扶持。各市也都专门安排资金用于扶持农机合作社建设，许多市县在建设用地、金融信贷、税费优惠等方面为农机合作社提供支持和倾斜。二是强化了规范管理。以开展合作社示范社建设活动为导向，按照“五有”标准，加强了对合作社建设的规范引导。山东省提出了明星合作社建设标准化、管理规范化、经营企业化、作业规模化、生产科技化的“五化”建设标准，对全省22个基础强、管理好、效益高、作用大的明星农机合作社进行了表彰，并给予每个合作社15万元的奖励。三是充分发挥农机合作社的主力军作用。各级农机部门在工作中，充分利用农机合作社机具齐备和组织性能好、技术力量强的优势，注重让合作社在跨区作业、订单作业和土地流转规模经营中发挥骨干作用，并在农业机械化新技术新机具推广中担当示范尖兵，进一步使农机合作社经营服务效益不断提高，社会影响不断扩大，有效增强了农机合作社发展的后劲和活力。目前，全省农机合作社已发展到3 800多个，成为农机跨区作业、合同作业和土地流转规模经营的主力军，合作社承担的农机作业量已占农机作业总量的40%以上。

【提升农机依法行政水平措施硬、效能高】 2011年，山东省各级农机部门认真实施《农业机械化促进法》、《农机安全监督管理条例》和《山东省农业机械化促进条例》等法律法规，全面推进了农机依法管理工作。一是切实加强了农机安全监管。继续深入开展了“平安农机”创建活动，大力开展了农机“三率”整治，创新了用于运输的拖拉机挂牌办法，集中开展了对违法挂发农机牌证的清理整治。全省农机安全生产形势持续良好，没有发生重特大农机安全生产事故。二是全面强化了农机质量管理。以农机产品推广鉴定为主，结合开展农机打假护农活动、调查处理农机投诉案件和“农民满意农机产品”调查评选、重点农机产品跟踪调查等，进一步加大了对农机产品质量性能的全方位监管。强化了农机产品试验鉴定能力建设，精心组织编制了新一轮农机产品推广目录。三是深入实施了农机培训管理。以实行农机培训机构资格认定抓手，加强了农机培训机构规范化管理，组织了农机驾驶培训许可查检工作，开展了农业机械化教学培训练兵。组织开展了农业机械化技术技能竞赛，并在全国取得团体第二名的佳绩。精心组织了农业机械化教育培训大行动，实施了农机阳光工程培训工作，2011年共完成培训62万人。四是扎实推进了农机修配管理。以实施农机维修技术资格准入为抓手，以开展

"文明农机维修网点"创建活动为导向，切实加强了农机维修网点的建设、规范和提升工作。目前全省星级农机维修网点已达到6 600个，其中新建四、五星级维修网点分别达到52个和26个。积极开展农机职业技能鉴定工作，2011年共鉴定完成2.8万人。

河 南 省

【概况】 2011年，河南省农机系统深入贯彻《国务院关于促进农业机械化和农机工业又好又快发展的意见》，围绕全面推进中原经济区建设，以提高粮食综合生产能力、增加农民收入、建设现代农业为目标，认真落实农机购置补贴政策，积极组织重要农时机械化生产，主攻秋粮生产机械化，强力推进农机专业合作社建设，不断提高农机管理工作水平，进一步保持了农业机械化发展的好势头、好局面。

【农机装备总量稳步增长】 2011年，河南省农机固定资产总值达到700亿元，较2010年增长7%；农机总动力达到1.06亿千瓦，增长4%；大中型拖拉机发展到29.3万台，增长6.9%；收获机械达到15.8万台，增长9个百分点，其中玉米联合收获机达到2.63万台，增长24.6%。

【农业机械化水平继续提升】 2011年，河南省耕种收综合机械化水平达到71.8%，提高近1.9个百分点。机耕做到应耕尽耕；小麦机播、机收水平均稳定在95%以上；玉米机播水平达到83%，玉米机收水平达到50%左右，提高9个百分点，玉米秸秆还田率达到82%；水稻机收率达到76.5%。

【薄弱环节机械化加快发展】 2011年，水稻机械化育插秧技术应用力度进一步加大，河南省完成水稻机械化插秧面积87.33千公顷，较2010年新增机插面积36千公顷。全省新增花生机械化收获面积57.07千公顷，实施面积达到200千公顷。保护性耕作项目扎实推进，示范推广面积不断扩大，实施面积达到344千公顷。油菜生产机械化技术推广、茎块作物收获机械化技术研究取得新突破，经济作物、设施农业机械化技术加快应用。

【精心实施农机购置补贴政策，促进农机装备结构调整】 2011年，中央和省级农机购置补贴资金由2010年的9.6亿元增加到10.8亿元。按照农业部统一部署，围绕农业发展需要，充分发挥农机购置补贴政策的导向调控作用，促进农机装备结构优化调整。重点支持玉米收获、水稻插秧、深松整地、花生收获机械和大中拖发展。优先扶持农机合作社、种粮大户、农机大户购置先进适用机械。充分尊重农民购机自主权，阳光操作，规范管理，统筹安排，加强监督检查，深入开展"警示教育"活动，严肃工作纪律。并争取省财政安排补贴工作经费2 000万元，创造工作环境，保障有效落实政策。补贴工作整体启动早，进展快，监管力度大，实施效果好。全省各级共投入农机购置补贴资金11.2亿元，拉动农民和农业生产经营组织投入资金近30亿元。共落实补贴机具189 267台（套），受益农户达14.21万个。农机购置补贴政策的有效实施，促进了农机装备结构进一步优化，大功率、高性能的动力机械，多功能、复合式作业机械得到较快发展。60—75千瓦大功率拖拉机，继续成为2011年发展亮点，新增近万台；联合收获机械加快发展，新增1.35万台，其中新增玉米收获机械6 100台。大中拖配套比由2010年的1∶2.34调整为1∶2.45。

【科学组织重要农时机械化生产，为夺取农业丰产丰收做出了突出贡献】 2011年，河南省在春季农业生产中，提前启动抗旱机具补贴，大力组织农机投入生产，有力地服务了抗旱斗争和春季田间管理。"三夏"期间，全省共组织400多万台（套）农业机械投入夏收、夏种，继续组织开展了轰轰烈烈的小麦跨区机收大会战，保证了河南省夏粮及时收获，颗粒归仓，秋作物适时播种。全省共完成小麦收获面积5 300千公顷，机收率达97%以上；共完成玉米播种面积3 040千公顷，机播率达83%以上。"三秋"期间，共组织452万台（套）农业机械投入生产，共完成玉米机收1 533.33千公顷，机收率达到50%左右，较2010年提高9个百分点；玉米秸秆还田2 300.67千公顷，还田率达到82%，机收水稻514.6千公顷，机收率达到76.5%。机播小麦5 246.2千公顷，机播率达98.7%。实现了秋作物如期收获，冬小麦适时播种，为2011年粮食丰收和2012年夏粮丰产奠定了基础，为保障河南省粮食生产实现持续超千亿斤做出了积极贡献。

【主攻玉米收获机械化，促进农业机械化水平全面提高】 2011年，按照农业部和省委、省政府关于加快推进玉米生产机械化的要求，为加快实现玉米生产全程机械化，河南省局下发了《关于推进玉米收获机械化工作的意见》，进行了专门安排部署，采取示范带动、扶持推动、点面互动的措施，积极克服前期阴雨天气和局部玉米倒伏带来的不利影响，实现了玉米机收工作的新突破。全省共投入玉米收获机械3.6万台（套），玉米秸秆还田机械12.3万台（套），完成玉米机收面积1 533.33千公顷，机收面积较2010年增加333.33千公顷。玉米机收水平连续四年实现快速增长。一是农机补贴资金对玉米收获机实行倾斜。除稻区外，第二批补贴资金重点用于补贴玉米收获机械。同时全省选定了74个县（市、区）作为推进玉米机收工作的重点，第二批补贴资金在原有分配额度基础上，每县增加50万—100万元用于发展玉米收获机。二是对玉米收获机实行累加补贴。为进一步调动农民购机积极性，各地实行了购机累加补贴。焦作市、济源市、开封市政府分别安排400万元、300万元、150万元，禹州市、长葛市、林州市分别投入52万元、40万元、46万元，重点支持当地发展玉米收获机，购机户在享受国家资金补贴30%的基础上，再获得2万元左右的累加补贴。三是实行玉米机收作业补贴。开封、郑州、焦作部分县（市）对玉米机收示范区内的玉米机收作业给予每公顷225元左右补贴，济源市对参加三秋作业的玉米收获机，单机作业面积13.33公顷以上的，给予600元燃油补贴。一系列的政策激励，极大地调动了农民购买玉米收获机的热情，2011年全省新增玉米收获机6 100多台，用于玉米收获机的补贴资金在3亿元左右。驻马店市玉米收获机较去年增加了800多台，周口市新增600多台，郑州、平顶山、焦作、新乡四市玉米收获机增量均在500台左右。焦作、济源玉米收获基本实现机械化，机收率均在85%以上。郑州、开封机收率突破60%，安阳、鹤壁、新乡机收率在55%左右。74个重点县（市、区、场）有15个玉米机收率达到70%以上。2011年实施农业部玉米生产机械化示范项目的济源市、汝州市、宁陵县、淇滨区，在当地推进玉米机收中发挥了带头作用，机收率分别达到87%、72%、69%、60%。

【大力推进农机专业合作社建设，加快农业机械化发展方式转变】 2011年，河南省继续推进农机合作社建设，重点是巩固提升，促进上档升级，并引导开展机制创新和管理方式创新。一是抓好示范带动，为农机专业合作社建设树立标杆。对推动经济发展、适应区域产业发展要求，示范、影响、带动力强的典型，在政治上热情鼓励，政策上实行倾斜，资金上加大扶持，业务上强化指导，继续开展了省级示范农机专业合作社建设活动，命名300个河南省示范农机专业合作社，为全省农机专业合作社发展树立样板的标杆。二是加强政策扶持，促进农机专业合作社发展壮大，对农机合作社和种粮大户给予机具奖励。济源市、固始县等地财政对农机专业合作社建设给予经费扶持。农机购置补贴优先扶持农机合作社发展，从财政、金融等方面为合作社发展创造条件。三是搞好培训，提高合作社发展质量。帮助农机合作社按照《农民专业合作社法》等法律规章，建立完善各项管理制度，增强凝聚力、吸引力、感召力。组织对农机合作社法人代表、财会人员、技术人员进行培训，切实帮助协调解决发展中的问题，使合作社发展建立在牢固的基础上。四是引导农机专业合作社通过承包流转土地，建立稳固的作业市场，积极开展规模化经营，在促进农业发展方式转变中发挥更大作用。2011年底，全省经工商注册的农机作业合作社将发展到4 100个，入社农户7.8万户，服务农户450万户，年农机作业量6 533.33千公顷，社均1.53千公顷以上。合作社资产总额达到90多亿元，社均大中型机械25台，社均服务总收入达到82.7万元。农机专业合作社已成为河南省农业生产的生力军，并成为加快农业机械化发展方式转变的重要组织载体。

【推动农机农艺融合，加快推进薄弱环节机械化发展】 2011年，河南省农机部门按照农业部要求，研究提出了加强农机农艺融合的实施意见，就加强农机农艺融合，从成立工作组织、建立工作机制、加大政策扶持和资金支持力度、推广关键机械化技术、完善种植技术体系、开展技术培训等十一个方面提出了工作意见和要求，并认真加以落实。一是大力开展深松深耕作业。全省安排深松整地作业补贴资金9 900多万元，制定“2011年河南省深松整地作业补贴工作实施方案”，因地制宜，科学安排，不误农时，高标准、高质量地完成553.33千公顷任务，发展深松深耕作业机械成为2011年新的增长点。二是加快推进水稻插秧机械化。2011年在水稻主产区安排7个县实施水稻育插秧机械化技术示范推广项目，取得了显著成效。全省共完成机插面积87.4千公顷，新增机插面积36.31千公顷，新增插秧机640台。三是积极推进花生收获机械化。根据河南省花生种植分布情况，2011年以驻马店市为重点市、正阳县为重点县，实施重点突破。在实施中，以增加花生收获机械装备数量为重心，大力开展宣传引导、组织机械作业，搞好技术服务，取得明显工作成效。全省新增花生机械化收获面积57.07千公顷，实施面积达到200千公顷。四是保护性耕作示范推广进展顺利。2011年河南省保护性耕作项目共在36个县实施(农业部项目县16个，河南省项目县20个)，新增保护性耕作面积54.33千公顷，保护性耕作示范推广面积达到340.33千公顷。新增各种保护性耕作机具10 704台，其中，小麦免耕播种机1 627台。

【切实加强农机管理工作，为农业机械化又好又快发展提供了重要保障】 2011年，河南省农机部门认真贯彻“安全第一、预防为主、综合治理”的方针，健全农机安全生产责任体系。深入推进“创建平安农机，促进新农村建设”活动，济源、太康、柘城、禹州、温县、辉县六县(市)达到“全国平安农机示范县”创建标准，上报并进入全国公示阶段。围绕“综合治理，保障平安”这一主题，认真开展“安全生产年”、“安全生产月”活动，荣获全省“安全生产月”活动先进单位称号。围绕农机安全监理“为民服务创先争优”示范窗口创建活动，切实加强农机安全生产法制机制、保障能力、监管队伍“三项建设”，有效地提高了农机安全管理工作水平，农机事故下降50%，农机安全生产保持较好形势。切实加强农机产品质量监督工作，认真组织在用农机使用情况调查和农机市场打假工作，有效地促进了农机产品质量的提高，维护了企业和消费者的权益。组织实施了农机教育培训大行动，共培训各类农机人员62万人次。全省参与“阳光工程”的农机培训机构达到106所，完成“阳光工程”省定培训计划任务5万人，提高了农机从业人员素质。

湖北省

【概况】 2011年，湖北省各级农机部门深入贯彻落实科学发展观，宣传贯彻《国务院关于促进农业机械化和农机工业又快又好发展的意见》，认真贯彻落实省委一号文件关于“提高农业机械化水平”的部署，紧紧围绕粮食稳定增产、农业不断增效和农民持续增收的目标，稳步实施农机购置补贴政策，全面推进耕整、收、播、排灌、加工机械化，重点推广水稻机械化育插秧和油菜机播机收等农业机械化技术。在遭遇长达7个多月的冬春跨季连旱和旱涝急转的抗争中，农业机械化发挥了突出的作用。不失时机地组织农机投入春耕、“三夏”和“三秋”农业生产，取得了良好的经济效益和社会效益，为粮食产量持续“八连增”和农业收入增长步入快车道实现“八连快”，作出了突出贡献。

【农机作业水平进一步提高】 2011年2月底，湖北省启动了“百万农机闹春耕”的活动。“三夏”以来，组织了430万台农机投入农业生产和抗灾。全省机耕4 420千公顷，机收面积达2 817.33千公顷，其中小麦机收872.67千公顷，比2010年增加34千公顷，机收水平达86.1%；油菜机收254.67千公顷，比2010年增加82.67千公顷，机收水平达22.31%；水稻机收1710千公顷。机械化播种面积达893.33千公顷，其中水稻机插面积达到445.33千公顷，比2010年增加78千公顷，机插秧水平达21.87%，创历史最高水平，将稳居全国第3位，水稻机械直播面积达76千公顷。小麦秋播286.67千公顷，油菜秋播100千公顷，比2010年增加59.33千公顷。2011年全省在水稻机械化插秧和油菜机械收播薄弱环节取得了进一步突破。

【农机购置补贴政策贯彻落实监管严不走样】 2011年，中央财政分两批安排湖北省购机补贴资金8.6亿元。目前，全省共实施补贴资金8.16亿元，共补贴各类农机具35.02万台，其中补贴拖拉机26 433台，补贴水稻插秧机7 625台，补贴联合收割机6 191台，受益农户达20.76万户。为实施好农机购置补贴政策，年初省农机局编制完成了《湖北省2011年农业机械购置补贴产品目录》，目录产品共涉及12大类43小类159个品目，补贴产品总数达6 379个，较2010年度增加2 740个。省农业厅、省财政厅已印发《湖北省2011年农业机械购置补贴实施方案》，4月13日召开全省购机补贴专项实施会议，正式启动全省购机补贴实施工作。9月5日，省农业厅召开全省农机购置补贴工作电视电话会议，要求确保农机购置补贴政策落实不走样。在购机补贴政策的带动下，2011年全省农民购置使用农机的热情空前高涨，农机产品旺销。2011年全省农机总动力达3 591.15万千瓦，比2010年增加220万千瓦。拖拉机达1 209 308台，新增91 189台；插秧机达26 154台，新增9 625台；联合收割机达58 703台，新增8 194台。湖北省实施购机补贴越来越规范，基层违规操作的现象越来越少。2011年省委组织开展"三万"（10万名干部下基层、进万村、入万户）活动的民意调查显示，农民对农机购置补贴政策实施的满意率高达86.2%。

【农机科教培训工作进一步加强】 一是加强项目申报。2011年9月份，按照农业部要求，湖北省局组织申报了10个水稻、4个油菜生产机械化示范项目和1个保护性耕作示范项目。二是加强实施项目管理。对宜昌、十堰等5个市县级农业机械化推广站建设项目进行验收。抓好江夏、安陆等8个县（市区）新增5 000万吨粮食生产能力规划田间工程及农技服务体系农业机械化建设项目工作，总体进展顺利，每个项目县市农机技术推广站建设总投资140万元，其中中央投资112万元，地方投资28万元，目前，中央项目资金已下达各地，大部分县市的地方配套资金也已落实到位。三是抓培训。培训各类农业机械化人才25.9万人。其中，在华中农业大学举办7期基层农机推广人员培训班，共培训623人，超额完成了农业部分配给湖北省的1万个阳光培训指标，已培训农机使用和维修人员4万余人。举办了拖拉机驾驶员教员与教练员培训班、农机质量监督员培训班、农机管理和推广人员培训班，并协助中国农业机械化推广总站为全国培训"三秋"农业机械化生产管理人员和技术骨干。四是抓好农业机械化新技术机具推广工作。主推水稻、油菜生产机械化技术，推广力度加大，节本增效明显。全省新增插秧机7 625台。机插1公顷750元，人工插一公顷需1 800元，机插比人工节约1 050元。全省机插445.33千公顷，为农民节约4.67亿元。五是对47家生产企业的178个新产品进行了推广鉴定，新机具先进性、适用性、可靠性优于2010年。推荐了58家企业的206个产品上《国家2012—2014年农机产品推广目录》。六是推进作物耕作制度改革。全省约有133.33千公顷旱田实现了少耕、免耕耙茬少耕，节约燃油340吨，折合人民币442万元。

【农机专业合作社蓬勃发展】 2011年，通过2010年培植12家省级示范合作社及购机补贴政策等多项措施激励，2011年湖北省新增农机合作社200多家，总数达到1 300多家，注册资金近10亿元，拥有各类农机4.8万台，其中80%以上为大中型农机具。全省涌现出一批土地规模流转与订单作业相结合高效发展的农机专业合作社。2011年前9个月，全省农机合作社开展机耕、机插、机收、植保等作业面积达2 146.67千公顷，在2011年抗大旱保种保收中发挥了重要作用。合作社人均收入比一般农机户收入高30%以上。秋收时节农机部门鼓励农机合作社进行季节性土地流转，推广油菜机播技术，减少冬闲田，取得了较好成效。

【农机安全生产形势保持平稳】 2011年，湖北省对新购置的拖拉机、联合收割机等主要农业机械监管面达到90%以上，拖拉机上牌率、驾驶人持证率和年度检验率出现恢复性增长。"平安农机"创建活动深入开展，新申报国家级"平安农机"示范县3个，新推出8个全省"平安农机"示范县市。农机安全互助保险工作取得成效，有95个县共发展农机互助会员33 212名，累计筹集安全互助会费960万元，其中2011年筹集630.9万元，救援报案227起。启动农机监理公共服务能力建设项目，省财政安排资金为30个县配备了移动检测线车。

【血吸虫疫区的"以机代牛"工程扎实推进】 "以机代牛"是控制血吸虫病传染源的主要技术之一。2011年，湖北省财政安排血防"以机代牛"工程专项资金5 902.56万元，在阳新、孝南、汉川、沙市、荆州开发区、公安、监利、石首、洪湖、松滋、黄州、团风、赤壁、嘉鱼、仙桃、潜江共16个县市区实施。按照淘汰1头病牛并落实耕田机械的农户补贴1 200元标准，宰杀病牛49 188头。淘汰病牛补贴资金省财政已于8月下达至16个血防县市区。2011年2月，16个血防县市区淘汰病牛15 679头，占淘汰病牛任务的31.9%，购置农机6 070台(套)。

【农机在抗灾救灾中发挥显著作用】 2011年，湖北省抗灾救灾任务十分繁重。2—6月份湖北省农机部门组织和调配投入抗旱机具达85万台，2 100多名农机人日夜坚守抗旱第一线，使1 200千公顷受旱农作物减轻了损失。

【农机管理体制进一步理顺】 2011年，湖北省委、省政府将湖北省农业机械化管理办公室改名为湖北省农机局，并升格为副厅级单位。2011年4月，农业部副部长张桃林、湖北省人民政府副省长赵斌亲自为湖北省农机局揭牌，这标志着湖北省农业机械化管理体制得到真正理顺，必将对省农业机械化发展起到重要促进作用。

湖 南 省

【概况】 2011年来，湖南省各级农机部门的共同努力下，全省农业机械化工作始终坚持以科学发展观为指导，以推进新农村建设和"兴机富民"为目标，以严格执行相关法律法规为要求，不断创新工作思路，强化工作措施，取得了长足发展。2011年全省农业机械总动力比2010年增加约300万千瓦，达到4 950万千瓦，增长6.4%；机耕面积达到4 726.67千公顷，水稻机收面积达到2 866.67千公顷，增长6.6%；水稻机插面积完成207.33千公顷，增长53%，机插水平提高到4.8%，水稻耕种收综合机械化水平达到45.5%。

【以严格监管为手段，规范实施农机购置补贴政策】 2011年，中央共下拨湖南省农机购置补贴资金8.4亿元。为确保补贴资金安全有效运行,湖南将2011年确定为"购机补贴政策实施监管年",重点抓以下工作:一是广泛宣传政策。认真研制《湖南省2011年农业机械购置补贴专项资金使用方案》、《2011年湖南省农业机械购置补贴产品目录》,及时召开全省农机购置补贴工作会议进行安排部署,采取以会代训的方式对各市县实施负责人、农机生产企业负责人和补贴机具经销商进行培训。各市县也层层召开专题会议,并采取多种形式对购机补贴政策进行深入宣传,让更多农民了解购置补贴政策、补贴流程和补贴机具,提高政策实施的透明度,引导农民购机。年中,为督促各地规范实施购机补贴政策,6月13日、7月29日,分别召开市州局长座谈会和全省农机局长会议,印发警示教育材料,安排部署警示教育活动;9月3日,省人民政府牵头召开全省农机购置补贴专项清查工作会议,就规范实施政策和全面启动专项清查工作进行动员部署。二是严格规范操作程序。全面启用农机购置补贴管理软件系统,农机、财政部门信息共享,提高透明度和工作效率。严格农机购置补贴产品经销商的资质把关,建立了全省具备农机购置补贴产品经销商资质的农机销售商信息库,由农机生产企业在公布的信息库中自主选择经销商。扩大了补贴信息公示范围,由原来销售门店、集镇公示延伸到购机农民所在的村级公示,增强农民的知情权和群众监督的有效性。在资金结算环节增加了市县财政、农机部门共同审核把关,并实行按季结算。推进工作创新,开展了补贴资金结算层级下放试点,将补贴资金直接下达到试点县财政,补贴指标由县农机、财政、减负部门联合确认;开展农机补贴机具超市试点,超市实行厂家直销,降低中间费用。此外,2011下半年在益阳市赫山区实施农机购置补贴直接补贴试点,为进一步完善农机购置补贴政策实施进行了有益尝试和探索。三是切实强化监督检查。年初,结合全省"万名干部下基层,百万农机促春耕"活动,对各市州农机购置补贴政策落实情况进行重点督查。随后,配合省农业厅纪检组建联合督查组,并建立局领导分片包干责任制,采取明察暗访的方式,对各市州近年来的购机补贴实施情况展开了为期半年的专项调查,9月初开始,省人民政府牵头在全省范围内启动了农机购置补贴政策落实和资金管理使用情况专项清查情况,对2008年至2010年农机购置补贴政策执行情况、专项补贴资金管理使用情况等进行全面清查。12月底全部结束。四是严肃查处违规行为。认真核查群众举报线索,及时查处农业部等转交办理的投诉举报案件,积极配合农业部监察局对个别县的违规问题进行核查。在专项清查、重点核查的基础上,严格执行红黄牌警告制度,年内取消了浙江艾格莱机械有限公司、湖南金峰机械科技有限公司和永州市水轮发电机厂三个企业的产品补贴资格,暂停了武汉中路工贸有限公司的沼液沼渣抽排设备、湖北黄鹤插秧机制造有限公司生产的2Z—SF430型水稻插秧机的购置补贴,取消了所有太阳能杀虫灯、生物质气化炉的补贴;责成衡阳明健农机制造有限公司、桃江县鹏程农机科技开发有限公司等9家贴牌生产销售补贴农机产品的企业限期整改。2011年的8.4亿元补贴资金已全部完成,共补贴各类农机具62.18万台,受益农户51.67万户。

【以加速提质为目标,统筹发展农业机械化新技术】 一是严把农机产品鉴定关。完成鉴定产品118个、推广鉴定127个;认真做好先进适用农机产品评审,推荐90家企业417个产品进入《2012—2014年国家支持推广的农业机械产品目录》。二是加强农机产品质量监督。2011年共完成对旋耕机23批次的同家产品质量监督抽查,完成湖南省质量技术监督局委托的柴油机21批次、拖拉机16批次、喷雾器18批次、农副产品加工机械25批次农资产品打假市场抽查任务和水田耕整机械、农用运输机械、收获机械、茶叶加工机械77个厂家产品的定期检验。对检验不合格的企业发出限期整改通知,督促其整改提高,有力提升了农机产品质量。三是强化农机技术示范推广。省局在湘潭市举办了中南农机机电产品展示交易会,国内外200余家农机生产企业的产品参展;各市县在不同农时举办各类新机具现场演示会近300场次,有力推动了农业机械化新技术、新机具的推广使用。全年推广各类插秧机2 697台(步进式2 379台、乘坐式318台),同比增长84%,占全年2 000台任务的135%;推广育秧播种流水线884台,完成机插面积207.33千公顷,机插面积同比增长53%。此外,大力推广油菜、烟草、茶叶、柑橘等经济作物生产机械化和设施农业技术,其中油菜机械化直播40千公顷,机械化收获近20千公顷。四是夯实农机教育培训体系。大力开展农机行业职业技能鉴定工作,完成1 100余人的培训、考核和鉴定,鉴定职业(工种)范围涵盖拖拉机驾驶员、联合收割机驾驶员、农机修理工等12个工种。各市县农机培训机构努力完善硬件设施,发挥资源优势,扎实开展各类技术培训,全年培训农业机械化技术人员、农机驾驶操作人员、农机推广人员12万多人次。积极与有关部门衔接,扩大"阳光工程"培训,全年落实阳光工程培训指标27 000个,实际培训人数达3万人。

【以安全生产为目标,切实加强农机安全监督管理】 2011年,各级农机监理机构以保证农机安全生产为目标,重点加强体制机制、队伍和执法监管等方面的建设,取得了显著成效:一是落实农机安全生产责任制。修订完善农机安全生产目标管理办法,层层签订农机安全生产责任状,进一步明确了农机安全生产责任。为确保责任落实到位,采取联合检查和交叉检查相结合的方式,扎实开展年度目标管理考核工作。加强了监督检查和责任追究,严肃查处了个别县市在牌证核发中的违规行为,确保了政令通畅。完善了农机安全隐患信息通报制度,有效规避了执法风险。二是加强农机安全监理能力建设。大部分市县农机监理机构重新核定了人员编制,实行参照公务员管理,财政拨款大幅增长。全省取消了省市两级对8项农机牌证收费的分成,省市两级牌证管理工作经费统一由省财政预算解决。完成了农机牌证和分发管理改革工作,修订了《湖南省农业机械牌证业务操作规程》及其计算机管理系统软件。取消了不按国家标准和鉴定技术参数生产,生产条件简陋、产品质量差的拖拉机产品的上户目录,启用了新的拖拉机上户目录系统,规范了拖拉机合格证信息登记和上户目录申报工作,加强农机监理设备建设,配发了15台监理执法专用车辆,完成了千亿斤粮食工程项目县的农机监理装备招标采购工作,农机监理队伍建设得到加强,农机安全监管体系逐步健全。三是整治农机安全生产秩序。多途径开展农机安全宣传教育活动,提高了广大农机驾驶操作人员的法制意识和安全意识。积极开展农机安全生产大检查和联合整治行动,消除农机安全隐患。全省共检查生产单位 19 530 个、排查隐患 12 215 起、整改隐患 11 419 起,整改率 93.5%。2011 年 10 月底,全省共发生农机上报事故(不含拖拉机道路交通事故)18 起,受伤 13 人,死亡 3 人,直接经济损失 50.59万元。与 2010 年同期相比,事故起数持平,受伤人数下降 8%、死亡人数持平,直接经济损失上升 168%,连续四年未发生重特大农机安全事故。四是开展平安农机创建工作。各地农机部门在当地政府的重视支持下,进一步完善部门协作机制,扎实抓好创建工作,全省新建 4 个"平安农机"示范县、90 个示范乡镇、501 个示范村,5 886 个示范户,其中澧县、双峰、邵东、大通湖区 4 个县区被评为全国"平安农机"示范县。

【以合作共用为导向,积极拓宽农机社会化服务渠道】 一是全力投入防汛抗灾工作。面对湖南省出现的春夏连旱、旱涝急转、夏秋连旱的灾情,全省各级农机部门迅速启动农机抗灾救灾应急预案,动员组织干部职工、农机技术人员和农机手投入抗灾一线,认真做好农机具、配件、农用柴油等物资的协调组织和供应工作,并根据救灾需要对农机购置补贴资金进行适当调配,保证重灾区抗灾机具的购置需求。全省组织抗旱服务队 1 200 多个、农机人员 130 多万人、农机具 150 多万台(套)投入抗灾,为农业抗灾保丰收和保护人民群众生命财产安全做出了应有贡献。二是大力发展农机服务组织。全省农机服务组织达到 2.5 万多个,其中农机专业合作社 1 600 个;农机作业专业户发展到 9.5 万多户,其中农机大户 4 万多户。全年农机服务组织共签订作业承包合同 320 多万份,承包作业面积 800 千公顷。三是努力维护农民合法权益。全省开展以"净化农机市场,维护合法权益"为主题的农机执法专项行动,共检查农机经营网点 3 800 多个、维修网点 4 300 多个,审验、办理"农机维修技术合格证"2 000 多个,查验、办理从业人员职业资格证 5 000 多人次,查封不合格农机产品 300 多台(套),查处假冒伪劣农机配件近 2 000 件,停业整顿维修、经营网点 20 多家,受理农机产品质量投诉案件 110 起,为农民挽回直接经济损失 400 多万元。四是加强农机抗旱能力建设。会同省发展和改革委员会安排农机抗旱体系建设项目 400 万元,对 27 个县市区的 31 个农村排灌机埠进行了维修改造。同时,会同省发展和改革委员会启动了衡邵干旱走廊 38 个县市区的农机抗旱减灾能力建设规划编制工作。

【以全面发展为原则,整体推进农业机械化工作】 2011 年,坚持统筹兼顾、全面发展的原则,整体推进农业机械化工作:一是积极筹备农机产业园区建设。在继续支持双峰农产品加工机械、衡阳农用运输机械、长沙农用工程机械、益阳小型农用动力和耕作机械、衡阳和株洲收获机械等优势农机产业区建设的同时,为贯彻湖南省委"四化两型"战略部署,推进全省农机产业发展,经反复考察论证并报请有关省领导同意,决定与湘潭市人民政府在九华示范区合作共建湖南农业工程机械产业园,并于 6 月 13 日举行了签约仪式暨项目推介会,常州常发农业装备有限公司、湖南农友机械集团有限公司、三一重工湖南中旺工程机械设备有限公司等 8 家企业签订了入园《投资意向协议》。经多轮洽谈、考察,确定了产业园展示交易中心合作开发伙伴,开发项目即将启动,园区建设和招商引资工作同步进行。二是全面启动乡镇农机服务体系改革。各地严格按照省政府的部署和文件精神,切实加强领导,广泛宣传发动,认真制定方案,积极与农业、财政、编制、人事等部门衔接沟通,协同推进乡镇农机推广机构改革工作,大部分县市明确设立农技农机畜牧技术推广服务中心,下面分设农技、农机、畜牧三个组,2011 年完成改革工作。三是扎实做好农业机械化信息宣传工作。坚持快、准、新的原则,认真采编、发布农业机械化工作信息,及时准确地宣传农业机械化工作的新情况、新特点。积极报送农业机械化宣传信息,截至 11 月 25 日,共向农业部农业机械化管理司报送信息和宣传稿总数达到 1 027 条,被录用发布 1 011 条。同时,主动向电视台、报纸等新闻媒体投送稿件,被《湖南日报》采用稿件 20 余篇,湖南卫视、中央电视台采用稿件 10 余篇,其中 9 月 23 日中央电视 2 台《走基层百县行》栏目报道了醴陵市农机补贴惠及农民的情况,社会反响良好。

广 东 省

【概况】 2011 年,广东省各级农机管理部门按照农业部的统一部署,全力推进农业机械化议案结案验收,认真组织实施农机购置补贴政策,重点推进水稻育插秧机械化技术,加大农机专业合作社建设,认真建设南方现代农业装备产业创新中心等工作,取得了明显的成效。全年农机总动力达到 2 400 万千瓦,新增农机总动力超过 50 万千瓦,水稻生产耕种收综合机械化水平突破 58%,畜牧、水产养殖和农产品加工环节的机械化也有明显的提高。

【广东省人大扶持农业机械化发展议案结案】 2011 年 2 月,广东省农业厅成立农业机械化发展议案结案工作领导小组,由厅领导任组长,厅主要处室的领导作为成员,领导小组下设办公室。3—4 月,与财政厅联合组织农机、财务等专家对省属单位的议案项目进行结案验收。各省属单位均能按照议案的要求开展项目的实施工作,特别是省农机鉴定站、农机推广站和农机研究所等单位项目实施的情况比较好。4—5 月,广东省农机部门配合省人民政府开展了议案结案专项检查工作,重点检查了汕头、梅州、惠州、江门、阳江、茂名、湛江、肇庆、潮州等 9 个市及有关县(市、区)。根据议案实施情况和各地上报的议案工作总结,7 月把议案办理情况报告上报省政府,省政府在 8 月审批并报送省人大常委会审核,并编辑了"议案文件资料汇编"和"议案成果画册"(含 VCD 专题片)。2011 年 11 月 30 日,广东省第十一届人民代表大会常务委员会第三十次会议听取并审议广东省人民政府《关于扶持农业机械化发展议案办理情况的报告》,会议批准省人民政府的议案办理情况报告,同意如期结案。

【认真组织实施农机购置补贴政策】 2011 年,中央财政下达广东省农机购置补贴资金 2.9 亿元,省级配套资金 2 500 万元。截至 2011 年 10 月中旬,全省已基本完成全年的购置补贴任务,共补贴农机具 20 多万台(套),受益农户 10 多万户,带动农户投入资金超过 10 亿元。加强政策制订,与省发展改革委、省财政厅沟通协调，研究制定了《广东省支持推广的农业机械产品目录管理办法》。加强补贴目录的管理工作，科学制定了2011年度中央财政农机购置补贴产品目录，补贴目录产品达到3 700多种。加大宣传力度，3月和7月，在广州举办了两期广东省2011年农机购置补贴政策解读培训班，省内外农机生产企业和经销商代表近八百人次参加了培训。加强规范管理，首次采用农机购置补贴信息管理系统，杜绝超额审批等违规行为，进一步规范了各地的操作，提高工作效率。加大监管力度，2011年6月15日至7月7日，省农业厅与省财政厅共同组织了三个检查组，对各地农机购置补贴的执行情况进行重点抽查，选择了湛江、茂名、江门、珠海、河源、惠州等6个地级市及其所辖12个县(市、区)为对象，上述地区2010年使用的中央财政农机购置补贴资金额近1.5亿元，占全省实施中央财政农机购置补贴资金的比例超过50%。根据检查的情况看，各地实施农机购置补贴均比较规范，没有发现原则性问题。

【加大水稻生产机械化的推进力度】 2011年，广东省农机部门提出贯彻省长黄华华《关于推进水稻生产全程机械化，增加农民种植收入的调研报告》的意见，提出加快全省水稻生产全程机械化的意见和建议并上报省政府。根据农业部《关于加快推进水稻生产机械化的意见》(农机发[2011]2号)精神，结合实际，以广东省农业厅的名义制定并下发了《关于加快水稻生产全程机械化的意见》，对全省加快推进水稻生产全程机械化提出了五项工作要求和四项落实措施。认真做好调查研究工作，制定并争取出台《关于提升我省现代农业装备水平的若干意见》。结合贯彻《国务院关于促进农业机械化和农机工业又好又快发展的意见》，提升全省现代农业物质技术装备水平，从2010年第四季度开始，组织有关处室和专家研究起草《关于提升我省现代农业装备水平的若干意见》，并在全省提升现代农业物质技术装备水平工作会议上征求意见，随后又再次征求有关部门意见，作进一步修改，同时上报省人民政府审批。

【积极组织关键农时农业机械化生产】 一是积极组织农机抗灾救灾，组织人员深入抗旱一线，迅速组织各类拖拉机、水泵、喷灌机等机械，全力以赴投入到抗旱保生产。2011年，全省各级农机部门共出动农机系统干部职工800多人(次)，投入抗旱机具1.1万台(套)，组织调度县、镇、村抗旱机械2.1万多台(套)。积极培育农业机械化服务主体，进一步推进农机社会化服务。二是组织开展春耕农业机械化生产。召开全省农机促春耕现场会，参加全省农机工作会议的各市、县农业(农机)局局长100多人参观了演示会，推进水稻育插秧机械化技术。1月12—13日，在龙门县召开全省水稻育插秧机械化示范县工作会议，明确全省水稻育插秧机械化示范县2011年的工作目标。通过召开全省"农机促春耕"启动仪式暨首届水稻机插秧技能比赛，结合培训与现场演示，进一步推动水稻机插秧技术的发展。加大培训和宣传，在海丰县举办粤东地区水稻育插秧机械化培训班。2011年，全省共召开水稻机插秧现场演示会近500场，培训班300多期，培训农民和技术人员6万余人。全省水稻育插秧机械化技术呈现出稳步增长的态势，全省2011年新增水稻插秧机近3 000台、机插水平突破5%。三是组织开展"三夏"农业机械化生产作业，下发了《关于做好2011年双夏农机跨区作业工作的通知》，大力鼓励农机跨区作业。及时收集发布农机作业市场供需信息，促进作业机具有序流动。2011年约有1 000多台本地农机、近5 000台外省农机参加广东跨区收割作业。充分发挥农机专业社在跨区作业中的作用。做好保障服务，大力推进农机维修人员职业技能鉴定。加快推进水稻育插秧机械化技术。

【大力推进农机社会化服务体系建设】 2011年，广东省农机专业合作社数量达到363家，比2010年新增97家。一是在农机购置补贴实施方案中实行重点倾斜，对农机专业合作社购买农机具予以优先考虑；二是要求每个省级水稻育插秧示范县建设2—3个以水稻生产机械化作业为主的农机专业合作社；三是积极协调，在全省农民合作社资金安排时安排一定的指标，对农机专业合作社重点倾斜。3月召开的全省农业机械化工作会议上进一步对农机专业合作创建提出了明确的目标任务，2010年全省新增的97个合作社都有比较好的基础，在全省农业生产中发挥了重要的作用。

【不断强化农机质量管理，狠抓农机安全生产】 一是加快提升试验鉴定能力，做好质量工作。广东省农机鉴定站申请实验室检测能力(扩项)的资质认定，2011年4月13—14日通过了广东省质监局的现场评审。7月28—29日，顺利通过国家认可实验室定期监督现场评审，确保各项鉴定工作依法依规进行。8月28—29日，农业部农业机械化管理司组织专家组对省农机鉴定站申报的农用水泵、潜水电泵、旋耕机、微耕机、机动喷雾机、粮食干燥机等第三批部级能力认定进行现场评审。11月中旬组织召开2011年中南、西南片省农机鉴定站站长研讨(联谊)会，片内各省站长、片外特邀代表及广东省省内知名农机企业代表参会，农业部鉴定总站站长刘敏、省农业厅副巡视员陈华富到会并讲话。加强对补贴农机具质量督查，2011年5—6月组织有关专业人员前往湛江、韶关、汕头、惠州、河源等地进行补贴农机具质量督查，对发现的农机质量问题和售后服务等问题，召开专门分析会，敦促农机生产企业提高产品质量、经销商提高售后服务水平。做好质量投诉处理工作，2011年全省共接到农机质量投诉7宗，受理5宗，完成处理5宗，依据有关法律法规认真协调处理，圆满解决了农机质量投诉的纷争，维护了农民用户的合法权益，为用户挽回经济损失20多万元。二是紧抓农机安全生产。由厅领导与各地级以上市农业局主管领导签订《广东省农业厅农业机械安全生产责任书》，明确了2011年的主要目标和任务。组织开展2011年农机安全生产年活动并制订下发了工作实施方案。通过开展"农机安全生产年活动"，全面贯彻施行《农业机械安全监督管理条例》等法律法规，力争使全省农机"三率"水平提高5个百分点以上、完成拖拉机安装"三灯"2万台和粘贴反光贴3万台以上和创建全国"平安农机"示范县(区市)3个以上，促进全省农业机械化健康协调发展。在清远市佛冈县召开全省农机安全监理所所长例会会议。加大安全监理培训力度，先后举办农机监理业务统计人员暨金农工程农机事故采集系统软件应用操作培训班、农机考试员和拖拉机理论教员培训班。

广西壮族自治区

【概况】 2011年，广西壮族自治区各级农机部门以科学发展为主线，以落实农机购置补贴政策为抓手，加快转变发展方式，着力优化农机装备结构，突破重点作物、关键环节机械化技术，进一步提高农业机械装备水平和作业水平，增强农业综合生产能力，圆满完成了全年农业机械化各项目标任务。

【农机装备总量持续发展】 2011 年，广西壮族自治区农业机械原值达230.92亿元，农业机械总动力达 2 946 万千瓦，拥有各类拖拉机 137 万台，分别比 2010 年增 15%、6.4% 和 22.9%。大中型拖拉机、水稻联合收割机、插秧机分别增加 1 964 台、3 500 台、2 800 台，保有量分别比 2010 年增长 9.1%、20.5% 和 22.6%。

【农机作业水平不断提高】 2011 年，广西壮族自治区完成水稻机耕面积1 749 千公顷、机插面积 169 千公顷、机收面积 984 千公顷，分别比 2010 年增长 5%、28%、11.7%；全年农机总作业值 248 亿元，比 2010 年增加 0.4%；农作物耕种收综合机械化水平 31.79%，比 2010 年提高 2 个百分点，水稻耕种收综合机械化水平 49.9%，比 2010 年提高 3.6 个百分点；甘蔗收获关键环节作业"瓶颈"有所突破，甘蔗耕种收综合机械化水平达到 41%，比 2010 年提高 1.5 个百分点。

【农机购置补贴稳步推进】 截至 2011 年 11 月 23 日，广西壮族自治区落实农机购置补贴资金 5.3645 亿元(其中中央资金 5.0 亿元、壮族自治区资金 2 100 万元、市县资金 1 545 万元)。直接补贴农户 25 万户，购置机具 28 万台，拉动农民投入 12 亿元，有力促进农机装备总量的快速增长。其中，联合收割机拥有量达到了 20 544 台，比 2010 年增长 20.54%；水稻插秧机 15 169 台，比 2010 年增长 2.26%。

【农机服务组织发展迅速】 2011 年，广西壮族自治区新增农机合作社 136 个，全年全壮族自治区农机专业合作社总数将达到 1 557 个，农业机械化作业服务组织 2 500 个，农机专业户 9.7 万户，农机户总数 200 万户。基本形成以农机专业合作社为龙头、农机服务组织为主体、农机专业户为骨干的农机作业服务体系。

【农机安全生产形势稳定】 2011 年，广西壮族自治区完成拖拉机年检 16 万台，永福、武宣、田林、融安 4 个县获得全国"平安农机"示范县(区)称号。截至 11 月 22 日，全自治区区发生农机事故 2 起，死亡 2 人，没有发生一次死亡 3 人以上的农机事故。农机事故次数、伤亡人数呈下降趋势，低于农业部总体控制考核指标。

【农机推广培训和质量监督成效显著】 2011 年，广西壮族自治区推广应用水稻育插秧、甘蔗机械化种植、收获、蔗地深耕、中耕培土、化肥深施等机械化技术面积 4 748.6 千公顷，推广农机新机具 35 万台(套)，召开现场会(培训班) 1 112场次，培训人员 92.55 万人次，发放资料 131.35 万份。培训各类机电技术人员 12 万人(其中农村劳动力转移培训3 万人)，培训村"两委"干部农机手 1 400人，培训农机管理人员 3 000 人。共组织召开农机产品鉴定会 40 次，完成了 117 个农机产品的技术鉴定、73 个农机产品的推广鉴定。

【规范操作，加强监督，确保强农惠农资金落到实处】 2011 年，广西壮族自治区共落实国家补贴资金 5.2 亿元，自治区补贴资金 4 900 万元，壮族自治区补贴资金 7 823 万元，补贴 26 万户农民购置农机具 30 万台。一是加强领导，明确责任。各级农机部门成立了专门的领导机构和监督机构，并层层签订目标责任状，制定农机购置补贴实施方案。二是规范操作，公开透明。及时编制了广西补贴产品目录，要求严格按照规定的程序和流程，做到补贴政策公开、补贴内容公开、补贴相关电话公开。三是完善制度，加强监督。对于在实施购机补贴政策中出现的新情况和新问题：一是加强廉政教育。制定专门的工作方案，成立了专门机构，在全自治区农机系统范围内开展农机购置补贴廉政建设"大警示、大整顿、大培训、大提高"廉政教育活动。二是完善制度。先后下发《关于重申农机购置补贴工作规范操作阳光操作的通知》等 5 个相关文件，并及时调整了一些政策，如暂停了水稻插秧机的购机补贴工作；对甘蔗机械采取先使用，确保机器质量过关后实施购机补贴；加强高额补贴机具的管理。三是强化监督管理。全壮族自治区补贴事项统一进入政务服务中心办理。开展农机购置补贴政策落实监督检查和专项治理。对全自治区补贴工作实行每日监控，加大对违法违纪经销商的查处力度。

【精心组织，重点扶持，不断提升农业机械化服务水平】 一是组织农机投入生产。广西壮族自治区围绕重要农时，精心组织农机投入生产。2011 年，共组织了 20 万人次农机技术人员深入农业生产第一线做好协调服务工作，检修农机具 58.1 万台(套)；共组织 149.8 万台(次)拖拉机投入农业生产，其中实际下田作业拖拉机 118 万台(次)；完成机耕作业面积 3 281.33 千公顷。二是做好抗灾救灾农业机械化工作。积极组织农机抗旱保春耕、抗低温抢春播、抗击台风和暴雨灾害，加快抗洪排涝，抗旱灌溉、运送物资和抢收补种。在抗灾救灾中，组织工作队 1 097 个，人员 20.4 万人次，投入抗灾救灾动力机械 21 万台(套)，推运土石方 5 980 立方，拉运救灾物资 4 433.11 吨，拉运原料蔗 1 800 万吨，帮助农民检修农机具 17.74 万台，抢插水稻面积 261.13 千公顷，抗旱抽水浇灌面积 201.87 千公顷。三是加强农机合作社建设，提升农业机械化服务能力。大力引导扶持农机专业合作社、农机大户、机械化种植大户发展，实行"一补助"、"五优先"倾斜政策引导，并认真抓好示范创建。投入资金 90 万元按照"五有"、"五化"标准要求，重点培育 30 家壮族自治区级示范社。通过"提档升级"，培育建设一批"亮点"农机示范社带动和推动全壮族自治区农机合作社的规范化发展。

【注重监督，加强监管，维护农民合法权益及人身财产安全】 2011 年，农机产品质量安全和使用安全事关农业机械化安全发展大局。一是继续加强农机产品质量调查和质量监督管理，进一步健全农机产品管理机制，规范产品鉴定程序和企业生产经营行为，完成了产品鉴定和检测业务 561 项。积极开展农机产品质量投诉监督、市场整顿与打假工作。二是巩固农机安全生产长效机制，层层落实分解农机安全生产责任，狠抓农机安全技术检验、隐患排查、宣传教育等工作，拓宽农机安全生产宣传、监管渠道，遏制农机安全违法行为。三是继续开展"安全生产年"、"平安农机"创建、"百万农民”文明交通宣传员、“百场文艺”巡演、“关爱生命，文明出行”、“六个一”宣传等活动以及开展拖拉机、联合收割机大普查及专项整治工作。全年在乡镇组织“平安农机”宣传教育活动1 000多次，给机手发送创建“平安农机”倡议信30多万封，放映“平安农机”教育警示片1 000多场次，发放挂图1.5万多套、安全知识手册31万多册，组织“平安农机”知识课1万多次。

【突出重点，强化示范，提升甘蔗生产机械化水平】 2011年，广西壮族自治区专门成立了甘蔗生产机械化推进办公室，全力组织实施甘蔗生产机械化示范工程，重点示范、推广切断式甘蔗联合收获机械和甘蔗种植机械。推广应用甘蔗耕整地、中耕培土、植保、灌溉、蔗叶粉碎还田和装载运输等机械化技术。开展甘蔗生产机械化示范区建设，在广西6个甘蔗主产区建立甘蔗生产机械化示范区400公顷，辐射带动周边地区机械化收获面积4千公顷。全年共召开甘蔗生产机械化示范现场会38场次，推广甘蔗联合收割机30台，甘蔗割铺机7 000台，甘蔗剥叶机600台。同时加大引进技术研发力度，积极引进外资企业投资建厂。实施甘蔗联合收获和分段收获“两条腿走路”工作措施，甘蔗收获机械化薄弱环节突破工作初见成效，得到了农业部和壮族自治区领导的重视和肯定。

【精心组织，周密部署，农机教育培训工作有序开展】 一是积极开展农机技能培训。按照农业部办公厅《关于印发全国农业机械化教育培训大行动2011年工作方案的通知》的要求，广西壮族自治区农业机械化管理局及时制定了具体实施方案，明确了培训内容和目标，制定了相关保障措施，并通过层层抓落实，确保这项工作扎实有效地开展。重点开展农业机械化技术、作业服务人员特别是新购机农民培训和阳光工程农机培训，结合各类现场会、演示会、培训班，大力推广水稻生产机械化技术、甘蔗生产机械化技术、丘陵山区农业机械化技术，并加强现场指导和跟踪服务，力争农业机械化技术指导全覆盖和关键技术落实到位。二是努力提高机电学校的招生和教学水平。千方百计扩大全壮族自治区8所机电学校的办学规模，高度重视招生工作，抓早、抓紧、抓实、抓细，加强招生宣传，促进招生工作。加强教师队伍建设，提高教师的动手操作能力。学校通过送出培训、去企业、校本培训以及自主培训等途径，加强教师的知识更新与能力培养，以提高师资的教学水平。积极筹措办学经费，改善办学条件，提升学校办学竞争力，促进学校可持续发展。三是抓好农机干部培训。采用集中学习、实地调研、外出考察、座谈交流等方式进行，建立学习型机关、学习型班子，不断提高农机管理人员的整体素质，为农业机械化发展提供智力支撑和人才保障。

【存在问题】 一是农机购置补贴出现新问题。2011年，广西壮族自治区在农机购置补贴中出现了一些案件，存在机具流失等情况，主要是管理措施不力、执行和监督不到位等原因造成。二是农业机械化总体水平低、结构欠合理。农作物耕种收综合机械化水平低、现代农机装备水平低、主要作物关键环节机械化作业水平低；大中型农业机械及配套机具、高效复式作业机械比例小，产前、产后作业机械比例小，种植、收获环节作业机械比例小。三是关键生产环节机械化技术问题尚未得到有效解决。甘蔗、木薯等优势特色作物种植、收获机械化技术不够成熟，甘蔗种植、收获机械化技术还处于研发、引进、示范的阶段。水稻插秧受农村体制影响集约化程度不高及传统耕作制度影响，机插面积推广慢；甘蔗种植及收获机械化正处起步阶段，制约壮族自治区农业综合机械化水平的提高。四是农业机械化公共服务能力有待提高。农业机械化技术推广、质量监督、教育培训、安全监理和信息服务等公共服务体系建设投入长期不足，经费短缺，设施设备简陋、服务手段落后，服务“三农”的能力不强。

海南省

【概况】 2011年，海南省农机总动力达到450万千瓦，比2010年增长5.9%，拖拉机8.28万台，比2010年增长4.2%。耕种收综合机械化水平达到32.4%，比2010年提高3.8个百分点。

【贯彻强农惠农政策，落实农机购置补贴工作】 一是深入调查，制定实施方案和补贴目录。2011年，中央和省财政下达12 650万元购机补贴资金。为落实好购机补贴工作，进一步解放思想，创新思路，根据海南省实际，省农机部门与省财政厅共同制定2011年农机购置补贴工作实施方案和2011年补贴农机具目录，努力拓展购机补贴新领域、新空间，把喷滴灌设备、设施农业装备、农产品加工机械、水产畜牧养殖机械、沼气发电机组等农业机械纳入农机购置补贴范围。筹备建设农机购置补贴电子申报、审批、报账和档案信息化管理系统。

【广泛宣传补贴工作】 2011年4月22日，海南省农业厅举行省2011年农机购置补贴项目启动仪式，对农机购置补贴工作进行宣传和动员，并通过海南日报、电视台、广播电台、南海网等媒体进行广泛的宣传报道，营造良好的舆论环境。省农机主管部门还专门举办了一期购机补贴培训班，对全省补贴机具生产、经销企业和市县农机主管部门负责人、经办人员进行知识培训，共培训150多人。各市县农机主管部门还通过送科技下乡、“115”农机安全日活动、安全生产月活动、农机培训班等途径宣传发动，让广大农民和企业真正掌握政策，明白要求，自觉接受农民、企业及社会监督。

【加强宏观调控，引导调整优化农机装备结构】 在实施农机购置补贴工作中，海南省各级农机主管部门努力把握政策取向，统筹规划，创新购机补贴工作机制，充分发挥补贴政策的宏观引导作用，合理确定补贴范围，科学设定补贴额，加大设施大棚及农产品冷藏、加工、沼气等海南优势特色农业生产设施、设备的补贴力度，使农机购置补贴向瓜菜主产县(市)倾斜，向重点作物、养殖关键环节倾斜，向农民专业合作服务组织倾斜，从而进一步优化农机装备结构，提高了薄弱环节农业机械化水平，促进农业稳定增产和农民持续增收。

【强化监督检查，保障补贴操作工作规范、安全】 2011年，海南省各级农机主管部门认真制定农机购置补贴政策落实督查方案，层层签订责任书，明确进度要求，落实督查任务和责任，认真执行补贴工作“五项制度”，严守“八个不得”、“四个严禁”等农机购置补贴工作纪律，规范操作，严格管理，确保了补贴管理规范高效、操作工程阳光透明、监管及时到位。2011年4月22日农机购置补贴工作正式启动，全省各市县的农机购置补贴工作开局顺利，进展迅速，效果显著。至9月底，中央和省级农机购置补贴资金12 650万元，（同比增长20%），基本实施完毕，实施进度为100%，补贴各类农机具5.6万台（套）、设施农业节水灌溉面积9.67千公顷、田头简易冷库2万立方米，项目覆盖18个市县和农垦系统所有农场，受益农户约4万户，直接拉动农民等补贴对象投入购买农机资金近3.74亿元。11月底，全部完成全年农机购置补贴资金报账工作。

【落实农机安全生产工作，组织开展专项整治行动】 2011年，海南省认真贯彻落实“两法”、（促进法、道交法）、“两条例”（道交法实施条例、农机安全管理条例）、“一意见”（国务院农机发展意见），坚持“安全第一、预防为主、综合治理”的安全生产工作方针，积极开展农机安全监理工作。一是开展农机安全专项整治大行动，农机安全生产继续保持平稳态势。5月9日至11月9日，在全省开展严厉打击查处农机安全生产违法违规行为和交通违法行为专项整治行动，共组织开展农机安全检查1 219天次，参与排查的农机执法人员有7 472人次；排查出一般隐患5 753项，整改5 580项，整改率达97%；全年没有发生重特大农机事故。二是“平安农机”创建活动取得新的成效。2011年全省共创建“平安农机”乡镇11个；创建“平安农机”村30个，创建示范户346户。其中达省级“平安农机”创建标准的县市2个，示范乡镇8个，示范村24个，示范户200户。

【组织大中型拖拉机深耕深松作业服务，确保关键农时农业生产顺利进行】 2011年，海南省农机部门通过科技下乡、科技入户等形式，组织广大技术人员，深入田间地头，指导广大农民应用农业机械化新技术，提升科技水平。组织和指导农民机手保养、调试和检修各类农机，把修理服务工作做到田间地头，确保关键农时农业生产顺利、安全进行。省农机部门把大中型拖拉机及配套农具列为重点补贴机具之一，在农机补贴资金方面给予重点支持和优先补贴。在农机购置补贴政策的拉动下，大中型拖拉机及配套农具增长迅猛，55.13千瓦以上深耕深松拖拉机新增520台，同比增加65台，配套深耕犁510台，同比增加60台；共完成深松整地作业面积20千公顷，其中香蕉深松整地作业面积10千公顷，瓜菜深松整地作业面积6.67千公顷，甘蔗深松整地作业面积3.33千公顷。

【认真抓好农机教育培训工作，参加全国农机技能竞赛取得好成绩】 大力开展阳光工程农机培训等农业机械化教育培训工作，努力培养造就一支有文化、懂技术、讲诚信、会操作、善经营、能致富、保安全的农机作业服务人才队伍。培训农机技术及操作人员2.2万人次。2011年5月25日，海南省农业机械化管理局在海口举办参加2011年全国农机技能竞赛选手培训班，6月上旬组队参加2011年全国农机技能总决赛。海南省林方英、叶春福2名选手分别获得“2011年全国拖拉机作业技能竞赛优秀选手”称号。通过这次拖拉机耕作技能竞赛活动，在全省广大农村再次掀起学习、交流、推广、应用农机实用技能的热潮，培养造就了一批新的农机行业致富能手。

【抓重点项目，促进现代农业机械化工程进展顺利】 2011年，海南省农机部门积极争取省和市县财政的支持，安排260万元继续实施现代农业机械化促进工程。一是开展“平安农机”创建。完成文昌市全国“平安农机”示范县（市、区）创建工作，儋州市创建工作初步通过农业部农业机械化管理司、国家安全生产监管总局监管二司组织的抽查验收，琼海市、琼中县正在按照方案逐项抓好落实。二是深入开展农机安全生产专项整治。开展了为期半年的农机安全生产专项治理行动，检查拖拉机近21 178台次，排查农机安全隐患4 579起，整治率达到98%。三是开展农机教育培训示范点建设。组织海口、儋州、琼海3个农机学校购置农机教学培训和考试设备，开展市县农机教育培训示范点建设。四是加强省级农机试验鉴定推广能力建设。省农机鉴定推广站添置一批农机试验检测仪器设备，修缮了实验室，筹建省级农机行业职业技能鉴定站和微耕机、耕整机、联合收割机部级能力认定。五是加强农机安全监理执法系统建设。省农机安全监理所按照加强农机安全监理执法体系建设，完成了办公场所、办证服务窗口标准化建设，升级完善《海南省农机安全监理信息网》，加强农机牌证网上申请、受理、审批、信息查询等功能，农机安全监理规范化建设有了新的提高。六是开展农业机械化发展状况和农机促进农民增收等专项调查。组织对文昌、屯昌、东方等3个市县农业机械化发展状况以及农业机械化对农民增收的情况进行全面调查。七是组织开展全省农机购置补贴信息管理及资金报账系统建设。2011年底，农机购置补贴信息管理及资金报账系统服务器已经采购到位并进行系统安装、调试、完成。

【开展农机农艺技术融合示范区建设活动】 2011年，海南省在琼海市建立农机农艺融合示范基地，集成和融合品种、栽培和机械化技术，开展机械化、轻简化、集成化、标准化、规模化生产试验示范，带动区域农业生产方式转变和机械化水平提高。5月27日，省农业厅在琼海市组织召开全省农机与农艺融合现场会，总结交流海南粮油糖高产创建经验，推进农艺与农机结合，加快现代农业发展进程。琼海市共投入50万元购置一批水稻、瓜菜育苗机械，免费提供150万株瓜菜苗、66.67公顷水稻育秧和插秧服务。

【积极参加抗灾抢险，发挥农机主力军作用】 2011年9月底至10月初，海南省连续遭受“海棠”、“纳沙”、“尼格”等强台风和强降雨的袭击，给海南省农业生产和人民群众造成重大损失。灾情发生后，海南各级农机主管部门积极响应省委省人民政府的号召，贯彻落实厅长肖杰关于抗洪救灾讲话精神，响应“把国庆黄金周作为抗灾服务周”、“把10月份作为抗洪救灾恢复生产服务月”的号召，开展万台大型农机支援抢收抢耕行动，并在海口、儋州、澄迈、临高等市县举行观摩会和现场会。共组织12万台农业机械，其中组织3.5万台抽水机、500台挖掘机，排涝20千公顷；组织收割机3 100台，抢收晚稻70千公顷；组织大中型拖拉机、耕整机4.1万台，备耕冬季瓜菜72千公顷；组织运输拖拉机4.1万台，运输物资125万吨，确保了晚稻收获和冬种瓜菜生产的顺利进行。

【农机自身能力建设有新突破】 2011年，琼海、儋州、屯昌、五指山等市县农机部门利用自身资源和财政投入，加大自身能力建设,改善办公条件和装备设施。海南省各市县农机部门用于自身能力建设投入超千万元,其中琼海市就达200万元,极大地提高了公共服务能力。

【存在问题】 一是水稻生产各个环节机械化水平发展不平衡。水稻栽植仍是农业机械化发展的难题。农业机械化综合水平仍然较低。二是农机装备结构不尽合理,机具老化问题突出,需继续加大资金和扶持力度。三是2011年购机补贴资金虽有所增加,但农机安全质量管理、农机新技术、新机具引进推广、农机培训、合作组织建设、农业机械化信息系统等农业机械化体系建设方面投入明显不足。

重 庆 市

【概况】 2011年,重庆市全体干部职工以科学发展观为指导,团结一心,排除干扰,顽强拼搏,克难攻艰,扎实工作,推进全市农业机械化持续快速健康发展。重庆市各级农机主管部门以探索具有丘陵山区特色的农业机械化为主线,以加强农机新机具新技术推广为重点,以大力扶持农机服务组织为抓手,努力开创农业机械化工作新局面。

【农业机械化水平保持高速增长态势】 2011年,重庆市共推广各类补贴机具近21万台(套),其中推广微耕机12.5万台,完成年度目标任务208%,是2010年的1.2倍;推广小型收获机械3 200台(套),其他机具8.18万台(套)。重庆市农机总动力达到1 100万千瓦,耕种收综合机械化水平将提高到30%以上,同比增长4个百分点以上,农业机械化发展继续保持快速推进的大好形势。

【农机作业实现扩面增量提质】 2011年,重庆市通过认真贯彻落实全国粮食生产电视电话会议和全国抗旱促春管工作视频会议精神,切实做好农机春耕秋耕生产工作,实现春耕机耕面积1 062.67千公顷,秋耕机耕面积580千公顷,合计1 642.67千公顷。特别是水稻机收,2011年共引进跨区作业联合收割机9 663台,完成水稻机收作业面积233.33千公顷,机收粮食总量达157.5万吨,全市水稻种植总面积的1/3实现了机械化收割,为农民节本增收约8亿元,机收率达34.1%,较2010年增长7个百分点,机收作业再创历史新高。

【农机专业合作社建设步伐加快】 2011年,随着农村经济的快速发展,青壮年劳动力的大量转移,农业生产方式的深刻变革,农民群众对机械化作业的渴求越来越迫切,农机专业合作社成为满足当前农业规模化生产需要的新模式,其规模经营的服务效益,也成为农民增收致富的新亮点。重庆市重点狠抓15个市级农机专业合作社示范社的推进建设,积极开展农机耕、种、防、收等“一条龙”作业服务,积极促进规模化种植、标准化生产和产业化经营。力争通过典型示范,以点带面,不断加快各地农机专业合作社的发展壮大,全市农机专业合作社达到660个。

【特色农产品生产机械化进展较好】 油菜、烤烟、金银花、黄连和辣椒生产、加工机械化的示范推广受到农民认可,取得初步成功。2011年,重庆市组织油菜免耕直播、油菜机械化收割等示范演示活动6场次,油菜免耕直播机械化生产示范面积466.67公顷;积极引进编烟机、铺膜机、烟叶烘干机等,加强烟地耕地起垅、烟叶烘烤等关键环节的技术培养,共推广各型烟草机具达500多台(套);石柱、秀山等地的金银花、黄连和辣椒从耕种、植保、烘干三个环节基本实现了机械化生产,其机耕水平较高,植保机械配备率达100%,经专用烘干设备处理的达70%以上。特色农产品机械化生产的推广应用,助推当地农村经济发展和农民增收。

【农机安全生产形势平安稳定】 一是责任落实到位。重庆市农业委员会与各区县签定了2011年度农机安全生产责任书,各区县农机主管部门与各乡镇,各区县农机监理机构与农机驾驶(操作)人员分别签订了农机安全责任书或保证书3万多份;二是任务分解到位。将“平安农机”创建工作继续纳入全市安全生产重点任务,分解下达到各市县政府,共建成“平安农机”示范乡镇34个,示范村居338个;三是执法检查到位。通过认真开展一系列农机安全生产专项整治行动,遏制了重特大农机安全事故发生;四是目标完成到位。农机安全生产事故死亡人数实现零指标,严格控制在市政府下达的目标任务以内。

【农机试验鉴定工作实效明显】 2011年,重庆市农机部门完成了部级(离心泵、潜水电泵)推广鉴定大纲修订任务和农业部农机鉴定总站下达的《重庆地区农业机械适用性影响因素调查情况的报告》、《农业机械适用性影响因素设想方案》的编写任务。农业部行业公益性项目——玉米收割机的研发,已完成第一代样机试制和田间玉米收割试验工作。同时2011年共接受质量投诉案件11起,涉及的产品包括微耕机、拖拉机、柴油机、水泵和收割机。所有投诉均按相关规定进行了处理。其中调解成功10件,调解成功率为90%,共挽回经济损失14.971万元。

【农业机械化工作新格局日益形成】 2011年,重庆市绝大部分区县农机推广量,与2010年同期相比,都有一定程度地增长,其中荣昌县、梁平县微耕机推广量分别增长205%和190%,增幅较快。从农机作业看,部分区县结合万亩高产示范创建,开始实施整村推进全程机械化工程,个别区县的水稻机收水平达到了91.5%;部分区县通过农田综合整治,打破界线、田坎放平,“口粮”田建设引道下田等方法,为机械化作业建立适应的客观条件;有的区县提出了“购置一台农机,实现万元增收”的号召,总结出了“三机促三增,种田有钱存”(机耕机播机收,增产增收增效)的经验,积极向农户推广。从推进程度看,各地对农业机械化工作更加重视,例如,涪陵、巫山、忠县、丰都等区县认真贯彻落实国务院和市政府有关文件精神,分别以政府名义出台《关于进一步促进农业机械化和农机工业发展的实施意见》。全市农业机械化工作“总体向好,好中有优,你追我赶,多点争先,共同进步”的新格局已经逐步显现。

【加强督导,狠抓各地农业机械化工作的有序推进】 2011年7月26日,重庆市农业委员会印发《关于切实做好2011年全市水稻机收工作的通知》,成立三个指导组,通过领导分别牵头、责任分片包干的方式,分别深入到基层,重点对各地农机推广、水稻机收、补贴政策落实、补贴资金和机具监管、农机安全生产、农机社会化服务组织发展、农机机构及队伍建设等工作情况开展调查研究和督导检查,并就近期以来部、司领导对重庆农业机械化工作提出的新指示新要求,以及重庆市当前农业机械化运行状态、面临的形式,分别与有关区县的分管领导交换意见,取得支持,确保当地农业机械化工作的正常开展。

【严格要求,切实保障购机补贴政策的贯彻落实】 一是落实全国农机购置补贴工作座谈会精神,与全市各涉农区县签订了农机购置补贴工作责任书,印发《关于做好2011年度农机购置补贴实施工作的通知》,进一步明确了购机补贴标准、购机程序、申报程序、审批程序、结算方式等。二是统一设计"补贴产品公示签"和"补贴产品告示签",要求经销商在经营场所分类张贴"两签",做到让购机者明白机具信息、清楚补贴标准。三是2011年10月24日,重庆市农业委员会印发《关于加快推进农机购置补贴审批及申报工作的通知》,进一步规范购机流程,所有补贴机具从发货、收货、购机申请、公示、销售、审批、申报补贴等,全部实现系统化、网络化操作和管理,让购机全程信息置于互联网上,切实做到阳光、透明。四是强化购机补贴工作纪律,制定《农机系统廉政风险防控管理工作实施方案》、印发《关于进一步加强购机补贴监管工作的通知》,以购机补贴政策落实为关键,着重强调补贴工作纪律和要求等。五是严格按照农财两部的有关规定,2011年9月5日至9月7日,组织了《2011—2013年重庆市支持推广的农业机械产品目录》调整工作,邀请纪检监察、市发展和改革委员会、市财政等相关部门全程参加监督检查,并及时向社会公示评审结果,保证了《目录》具体调整工作程序公正、操作透明。六是市财政、市农业委员会开展了农机购置补贴资金专项检查工作,将购机补贴作为"解决侵占惠农资金突出问题"的重点内容之一,与纪检监察等部门组成联合调查组,走村入户逐台检查机具到位情况,并广泛听取完善补贴实施运行机制的建议。七是加大监管查处力度,2011年11月8日,市农业委员会印发《关于开展全市农机购置补贴产品经销检查考核的通知》,切实加强对经销商的督促检查和规范管理。2011年共受理检举投诉9起,电话抽查核实496户,调查处理3起,移交督办12起,检查区县22个,出动检查车辆51车次、检查人员230人次。

【争取政策,着力优化农业机械化发展的外部环境】 2011年,为深入贯彻落实《国务院关于促进农业机械化和农机工业又好又快发展的意见》(国发[2010]22号)精神,重庆市人民政府印发《关于促进农业机械化和农机工业发展的意见》(渝府发[2011]22号),对加快推进全市农业机械化发展,做大做强农机工业,积极探索具有丘陵山区特色的农业机械化发展机制模式作出明确的决策和部署。《意见》的颁布实施,体现市委市政府对农业机械化工作的高度重视,对当前及今后一个时期加快推进农业机械化发展起了引领作用。《重庆市农业机械化促进条例》已讨论完稿,正上报市政府审核。

【突出重点,认真做好重要农时生产的指导工作】 2011年,春耕备耕期间,重庆市农机部门实行信息周报制度,每星期收集一次全市春耕备耕情况,掌握各地备耕机具数量、农机用油储备、农机安全技术状况、机具检修维护等信息。水稻机收期间,实行了信息日报制度,每天收集各区县的机收动态情况,及时汇总,合理调配。特别是盛夏以来,全市200千公顷农作物受旱,灾情较重,市级农机部门及时下发《关于做好当前农机生产抗高温伏旱天气应对工作的紧急通知》,要求各地抓紧做好抗旱所需油料、机具设备、零配件等物资储备和组织协调工作,全力抗旱保生产。抗旱期间,全市共投入抗旱机具58万台(套),抗旱浇地面积128.67千公顷,保障了200余万人的人畜饮水。

【抓好培训,提高农机从业人员的技能水平】 一是抓好农机补贴政策落实工作培训,举办六期农机购置补贴专题培训班,对区县农机推广负责人、购置补贴经办人、总经销商分别进行政策法规培训和补贴信息管理系统操作培训;二是抓好技术操作培训,为了让农民"买得起、用得来、用得好",各级农机主管部门积极组织技术人员加强对机和乡镇农机人员的技术培训,确保操作熟练,做到一般性的故障维修能在本乡镇内解决;三是抓好业务技能培训,对各级农机干部开展电子政务培训、补贴信息系统操作使用培训、拖拉机考试员检验员理论培训等,共九期,培训400多人次。

【强化监管,实现农机安全形势的持续向好】 2011年8月26日、10月14日,重庆市农业委员会分别印发《关于进一步加强农机安全生产工作有效防范和坚决遏制农机重特大事故的通知》、《关于进一步加强全市拖拉机联合收割机有关管理工作的通知》,对全市开展农机安全生产工作做出统一部署。各级农机监理人员深入到130多个乡镇和400多个村(居),严厉打击拖拉机无牌行驶、无证驾驶、超速超载、酒后驾驶、违法载人等违法行为。全市共排查治理隐患单位6 191个,排查一般隐患3 009项,已整改3 009项,整改率达100%;共查处无牌证或证照不全从事农机生产作业经营活动1 824起。新备案登记财政补贴各型农业机械57 903台,新增农机操作人员34 775人,拖拉机上牌率达到97.2%,拖拉机检验率达到78%,拖拉机驾驶人持证率达到96.2%。

【重视宣传,促进社会各界对农业机械化的关注支持】 一是宣传手段群众化。通过村民会、小组会、院坝会和村级事务公示栏(墙)公告(示)等手段,深入宣传购机补贴政策和农机新机具新技术,2011年,重庆市统一印发"农业机械购置补贴产品目录"宣传画(册)10多万份,力争将强农惠农政策宣传到村到户到人。二是形式多样化。通过"农机赶场"、"农机下乡"和"农机医生巡诊"等丰富多彩的形式,广泛开展农机推广、技术咨询培训等农机科技服务,让广大农民群众了解农机、认识农机和欢迎农机。三是影响扩大化。通过广播、电视、报纸、网络等媒体,推广农业机械化宣传专刊五期、新闻报道76篇,发表重庆市农机推广政策、技术、信息4 500多条(次),广泛宣传农业机械化的效果效益,展示农机工作成绩,树立农机行业形象,提高农机工作地位。

【存在问题】 一是重庆市农机整体水平较低,与全国平均水平差距较大。二是个别区县对农业机械化的重要作用和地位认识不到位,基层农机管理、推广机构设置不规范、工作力量薄弱。三是由于油料供应比较紧张,且价格较高,农机作业成本上涨。四是农机装备结构性矛盾突出,农机社会化服务程度较低。五是农机安全监管装备严重滞后,安全生产隐患不容忽视。六是农业机械化投入长期不足,机耕道、农机停放场(库、棚)建设问题逐步突显。七是少数农机干部在执行购机补贴政策过程中违法违规操作,受到了严肃查处,给重庆市农业机械化发展带来了负面影响。

四 川 省

【概况】 2011年,四川省各级农机部门按照农业部和省委、省人民政府工作部署,贯彻落实国务院、省人民政府关于促进农业机械化又好又快发展的文件精神,围绕年初提出的全省农机总动力增加7%和主要农作物耕种收综合机械化水平提高5个百分点的目标,团结一致,开拓创新,大力推进农业机械化。

【农机装备水平不断提高,结构不断优化】 2011年,四川省农机总动力达到3 370万千瓦,比2010年增长7%。全省新增大中型拖拉机9 304台,新增插秧机1 305台,新增收获机械3 408台,新增耕整地机械16.3万多台(套),各种高效植保、畜牧(水产)养殖、粮食产后处理等机械不断增长,农机装备增量调整带动了存量优化,促进了结构升级。

【农业机械化水平加快提升,薄弱环节突破明显】 2011年,四川省耕种收综合机械化水平达到35.5%,比2010年提高近5个百分点。2011年水稻机收面积首次突破千万亩大关,完成743.8千公顷,比2010年增加23%,机收率达到38%。完成水稻机械栽植面积102.67千公顷、小麦机播面积194.67千公顷,分别比2010年增长185%和4.3%。油菜、马铃薯生产机械化也取得明显突破,间套作、设施农业机械化推进顺利。

【农机服务方式加快转变,服务能力增强】 四川省有农机专业合作社480个,比2010年增加15%,入社成员2.6万人,机具总数3.7万多台(套),固定资产近3.9亿元。农机大户进一步发展,达到0.8万个。农机专业合作社和农机大户完成农机田间作业766.67千公顷,占全省农机田间作业量20%,成为四川省农机社会化服务的主要力量。同时农机质量鉴定、技术推广、教育培训、安全监理等公共服务能力明显提高。

【农机基础设施加快建设,社会效益较为明显】 2011年,四川省修复提灌机械8.7万台次92万千瓦,超年度计划30%;改造电灌站2 320处,新建提灌站621处;在现代农业万亩基地建设5个机电灌溉示范区。按照"进组、入院、到田、联网"的要求,建设机耕便民道2.8万多千米,比2010年增加142%,为发展现代农业推进新农村建设,建设农民幸福生活美好家园奠定了基础。

【认真贯彻落实国务院22号文件精神】 2011年,为贯彻落实国务院22号文件精神,年初四川省人民政府出台《四川省关于推进农业机械化和农机工业又好又快发展的实施意见》,提出"十二五"全省农业机械化发展的目标、任务及政策设施。7月中旬,省农业厅组织7个工作组对各地贯彻落实国务院、省人民政府文件情况进行了专项督查。全省多数市(州)政府出台了贯彻意见,并结合当地实际对"十二五"农业机械化目标任务进一步细化落实。

【认真抓好农机购置补贴项目】 2011年,中央财政分两批安排四川省农机购置补贴资金7.1亿元,比2010年增加1 000万元;省、市、县财政配套3 428.6万元,共计7.45亿元,补贴农机具34.6万台,受益农户30.6万户。一是宣传到位。各地农业农机部门通过报纸、网络、电视等开设购机补贴政策专版、专栏,编印发放购机补贴政策宣传资料、挂图等10多万份,广泛深入地宣传购机补贴政策,确保补贴政策进村入户。二是政策到位。成都、眉山、德阳等市州,以及60个现代农业产业基地强县,继续对插秧机等实施累加补贴,补贴比例高达70%。乐山、德阳等多数市县落实农机购置补贴项目购置经费,达州市明确由市、县财政分别按农机购置补贴资金1%和5%的比例配套工作经费。三是措施到位。省厅及早落实了资金分配方案,制定《四川省2011年度农机购置补贴实施方案》。苍溪县、岳池县等许多县级农业农机部门还在主要场镇设立办理点,方便群众办理购机补贴手续。省厅加强政策执行情况监督检查,先后组织5个督查组对22个县开展了重点督查。通过项目实施,实现了"三个带动"的补贴效应:一是带动了农民购机投资增加。2011年农民(专合组织)购机投入达9.1亿多元,新购机农户比2010年增加9万户增长41%。二是带动了农机工业发展。农民通过购机补贴大量购买"四川造"农机产品,促进了省内农机企业加强对适宜丘陵山区的机具研制。在第九届中国国际农产品交易会上,省厅组织的现代农机装备展馆展出的适合四川及西部丘陵山区的中小型农机和茶叶机械、设施农业机械等特色农机广受关注。三是带动现代农业发展。新增的30多万台(套)农机具及时投入到农业生产中成为农民"好帮手",加快传统人畜力劳动向机械化生产方式转变,现代农业气息进一步显现。

【精心组织农业机械化生产作业】 2011年,四川省开展农机助春耕备耕行动、农机"双抢"作业行动和秋冬农机作业行动"三大行动",有力推动农业机械化生产作业的开展。全省共投入耕整地机械100余万台次,完成机耕2 612千公顷;投入机播(机插秧)机具2.1万台次,完成小麦机播194.67千公顷、水稻机械栽植102.67千公顷;投入收获机具3.5万多台次,完成稻麦机收1 035.13公顷。为保证农业机械化生产有效推进,年初省农业厅下发《关于切实抓好2011年农业机械化生产作业的通知》,建立35个农业机械化信息监测点掌握农业机械化发展动态;春耕备耕期,与石油部门联合召开"四川省农业用油保障供应工作会",编印、发放《2011年农机跨区作业指南》6 000册;农业"双抢"期间,举行"2011年四川省小麦跨区机收开机仪式",召开"四川省2011年农机作业行动暨水稻机插秧现场推进会";进入秋冬农机作业期,组织了小麦、油菜机械直播现场观摩会。各地也加强了组织协调,并通过召开现场会,抢抓各季农事期间连续晴好的有利天气,大力推进农业机械化生产作业。同时,积极组织油料、维修配件供应,认真开展"农业机械化教育培训大行动",全省共培训了17万多人次农机操作、维修机手。广安市开展"小平故里农机先锋工程",德阳市举办首届农机收割比武大赛。

【积极推进薄弱环节机械化发展】 2011年,四川省厅下发《关于加强农机农艺融合加快推进农业机械化发展的意见》，提出水稻、油菜和间作套种生产方面的农机农艺融合措施。为推进薄弱环节机械化发展，一是省厅制定《2011年水稻育插秧机械化技术示范推广实施方案》，在广汉、江油等11个县建立了水稻机械化育插秧示范区，组织实施水稻育插秧机械化示范部级项目7个、省级项目18个。各地开展集中培训、现场会等150多场次，共完成水稻机械栽植102.67千公顷，比2010年增加66.67千公顷。二是各地围绕粮油高产创建项目实施，积极推广小麦精量播种、免耕机播和套作小麦机播技术。资阳市开展《南方丘陵套作小麦带式机播技术》专题培训，眉山市举办多场小麦机械化播种现场示范培训会，岳池县、三台县等还建立了小麦机播示范片。三是大力推进油菜、马铃薯生产机械化。全省组织实施油菜生产机械化示范项目4个、马铃薯机械化示范项目2个，完成油菜机播、机收10千公顷，马铃薯机械化示范面积1.33千公顷。围绕"小麦/玉米/大豆"套作模式，召开全省套作大豆机播现场会。围绕现代农业产业基地建设加快了设施农业发展，眉山市彭山县香山果业专业合作社等4个单位被评为"全国设施农业装备与技术示范单位"。

【大力发展农机专业合作社】 一是加强政策扶持。2011年，四川省厅下达250万元专项资金支持农机专业合作社发展。各地将购机补贴资金重点向农机专业合作社倾斜。资阳市采取财政贴息方式支持农机专业合作社购买机具，成都市落实合作社机库棚建设用地按农业用地对待的政策。二是抓好示范创建。省厅下发《关于加强农机专业合作社规范化建设的意见》，组织召开全省农机专项合作社推进现场会。组织开展省级示范社评选活动，命名首批20个省级示范农机专业合作社。三是开展"企社共建"。省厅组织四川川龙拖拉机制造有限公司等10家农机企业与泸县腾飞农机专项合作社等10家农机专业合作社，开展"企社共建"活动。

【加快推进农村机电提灌和机耕便民道建设】 2011年，为加强农村机电提灌建设，四川省在政策、投入和规划等方面加大工作力度，省委1号文件提出"加快农村机电提灌设施建设、维修和更新改造步伐"，四川省农业"十二五"总体规划提出机电提灌建设等内容。各地加强建设管理和技术创新，启动机电提灌信息化系统建设项目，采用"泵管（渠）一体化"技术，运行提灌站远程监控系统，开展太阳能提灌站建设的试点示范。四川省财政对农村机耕便民道的建设投入比2010年增加1 000万元，达到1 350万元，围绕现代农业产业基地建设、高标准农田建设和新农村示范片建设，建设完成机耕便民道2.8万千米。同时，修订《农村机耕便民道技术规范》。

【全面加强农机安全和质量监管】 深入开展"平安农机"创建活动、"安全生产年"活动，四川省印发《关于2011年农业安全生产工作的意见》、《2011年四川省农业行业"安全生产年"活动实施方案》、《关于全面规范拖拉机注册登记管理工作的通知》等，突出抓好农机安全源头管理。各地层层签订农机安全责任书，推行"一岗双责"，加强农机"三率"整治，相继开展"百日安全生产"、"设施农业装备安全监管专项整治"等5项安全生产活动，遏制重特大农机事故发生。全省推荐4个国家级"平安农机"示范县，评定一批省级"平安农机"示范乡镇，培训农机安全监理检验员等852名。全省农机事故死亡统计数等主要指标均控制在省人民政府考核目标范围内。加强对补贴机具进行质量督导，开展春、秋季"放心农机下乡进村宣传周"活动，全省出动执法和科技人员6 276次，印发宣传资料45.1万份，接待咨询群众161.5万人次，受理投诉举报276人次，进一步规范了农机市场秩序；对57家企业的227个产品进行了推广鉴定；全省新增考评员200人，完成农机职业技能鉴定3 000人；参加全国农机技能竞赛，四川代表队获得了一个二等奖和一个三等奖，省厅获优秀组织奖。

贵州省

【概况】 2011年，贵州省农机工作围绕省委省人民政府"两推一加"的主基调和"三化同步"推进统筹城乡发展的目标，探索丘陵山地农业机械化发展机制和模式，贯彻落实全国农业工作会议和省委农村工作会议精神以及省领导对农机工作的重要指示精神，立足农机，服务三农，农机工作有亮点，有特点，呈现出快速健康，整体推进的良好态势。

2010年和2011年，贵州省连续两年发生特大旱灾，对粮食生产造成重大损失，全省农机工作在省农业委员会的统一部署下，围绕年初制定的《全省农机化工作要点》，以实施农机购置补贴为重点，以抓好重点农时重点区域，主要作物和主要环节机械化生产为突破，充分发挥农业机械在抗灾救灾中的重要作用，努力提高农机装备水平和作业水平，全面完成各项目标任务，新增各类农机具16万台（套），农机总动力达到1 850万千瓦，机耕面积733.33千公顷，机收面积200千公顷，机械化插秧27.65千公顷，扶持农机专业合作社45个。

【农业部主管司支持力度逐渐加大】 2011年，贵州省农业机械化管理办公室及时向农业机械化管理司汇报工作，并邀请农业机械化管理司相关领导多次到贵州视察农机工作。农业机械化项目资金比2010年增加4 000万元，增加农业机械化部级示范项目9个。在安顺市召开的"全国丘陵山地农业机械化技术交流与演示会暨现代农业产业技术体系农机岗位专家座谈会"上，来自全国农机界的领导、专家、学者在大会上共商丘陵山地农业机械化发展大计。副司长刘恒新、刘宪为安顺市获得农业部授予的"全国农业机械化示范区"揭牌。农业部农机试验鉴定总站、农业机械化技术开发推广总站、南京农业机械化研究所与安顺市人民政府签订共同推进安顺市建设全国农业机械化示范区框架协议。

【购机补贴资金逐年加大，监管制度逐渐完善】 2011年，农业部、财政部分两批安排贵州省中央农机购置补贴资金共2.2亿元，省级累加资金4 180万元。在实施过程中，按照农业部、财政部联合印发的《2011年农业机械购置补贴实施指导意见》和全国农机购置补贴会议精神，迅速将资金拨付各县，确保在春耕、"三秋"等重要农时生产中发挥重要作用。主要采取以下措施：一是购机补贴向优势农产品主产区、关键薄弱环节、农机专业合作组织倾斜，大力支持购置先进适用、技术成熟、安全可靠、节能环保、服务到位的农机具；二是调整补贴比例，促进农机拥有量不断增加。在确保省级购机补贴资金力度不减的前提下，根据农业生产实际及农业产业结构调整需要，制定补贴标准，对主要粮食作物和经济作物生产关键环节的作业机具及农业特色产业作业机具提高补贴比例；三是省级财政为各实施县安排了550万元的工作经费，大大缓解了县级实施补贴工作的经费压力，加强了宣传、推广、核实等需要经费支持的环节工作；四是从省级购机补贴资金中拿出一定比例，作为农机专业合作社建设及水稻、马铃薯、茶叶等重要要农作物和特色经济作物机械化的示范经费；五是按照农业部和贵州省政府签订的合作备忘录，安排了50万元经费重点培训农机操作手和维修高手。六是进一步加强对补贴资金的监督管理。贵州省农业委员会召开农机购机补贴会议，下发《关于做好2011年贵州省农机购置补贴工作的通知》、《贵州省农机购置补贴产品经销商管理暂行办法》，并与各地区农机主管部门签订贵州省农机购置补贴工作责任书，明确省、地在农机购置补贴政策实施过程中的具体职责，细化政策落实的奖惩制度，农业机械化管理办公室成立四个小组对农机购置补贴工作进行专项检查，把农机购置补贴政策全面实施到位，最大限度发挥其政策效应。2011年10月底，共完成中央补贴资金2.2亿元、省级4 180万元、地县级补贴资金1 655万元，引导农民和农业专项合作社投入购机资金4.18亿元，购置补贴机具12.89万台(套)、温室大棚68万平方米，受益农户10.69万户。

【农机与重点产业、重点区域结合的工作思路逐渐清晰】 2011年，贵州省农机工作围绕粮、畜、果、蔬、茶、烤烟六大主导产业，积极引进、改进、推广和鼓励广大农民购买技术成熟、性能稳定的新型农机具，加快农业生产产前、产后机械化发展，形成了与重点产业、重点区域相结合的工作思路。一是继续组织做好农业部下达贵州省主要农作物生产机械化示范推广项目工作，组织对农业部2008—2009年度下达贵州省湄潭等五个县(区)实施的机插秧、油菜和马铃薯生产机械化示范项目进行了省级验收，并报农业部通过部级验收，同时组织做好农业部下达的2011年项目申报工作，组织3个县向农业部申报水稻机插秧、马铃薯生产机械化、油菜生产机械化等项目。二是结合农业生产实际，做好省级示范项目。2011年投入1 280万元农机专项资金，安排了78个县实施水稻机插秧示范推广项目，9个县实施马铃薯生产机械化项目，10个县实施茶叶生产机械化项目，45个县实施农机专业合作社建设项目，22个县实施农机维修网点建设项目，13个县实施农机平安示范县建设项目。通过农业机械化示范项目的实施，加快了新机具、新技术的推广力度。

【农机专业合作社发展逐渐壮大】 2011年，按照贵州省领导关于加大扶持农机专业合作社的要求，投入450万元在全省新建45个农机专业合作社。继续加大工作力度与扶持措施，指导县级农机部门整合农机大户、农机专业户和农机具资源等农机力量，完善农机专业合作社建设，使农机专业合作社不断规范壮大，发展模式百花齐放，有以水稻生产全程机械化、小麦生产全程机械化、马铃薯生产全程机械化、烤烟生产全程机械化等作业服务为主的农机专业合作社，有以机耕作业或机收作业为主的农机专业合作社。以市场需求为出发点，以经济效益为中心，在自愿、互利、平等的基础上，合作社积极开展订单服务、租赁服务、承包服务、跨区作业、一条龙服务、代耕代种等多种服务形式，通过合理配置机具，增加作业量，科学组织调度，较好地满足农机户和广大农民生产需要，促进农机专业合作社快速发展。全省农机专业合作社已达252个，有合作社社员6 360个(户)，服务农户134 800户，作业服务面积231.33千公顷，服务总收入25 530万元，机具数量11 769台(套)，资产总额9 300万元。此外，还有各类农机服务组织(包括各类以机械化作业为主要方式的协会、联合会，作业服务队等)1 331个，农机专业合作社的发展呈现出良好的势头。尤其是在如都匀市、惠水县、西秀区、遵义县等农业机械化基础较好的县(区)，农机专业合作社显示出强大的生命力，普遍涌现出由农机专业合作社向广大农户提供全程作业服务的生产经营模式，合作社经营取得了显著的经济效益和社会效益，实现合作社和农户双赢的局面。农机专业合作社已成为推动农村土地合理流转，促进农业生产规模化、集约化发展的有力助推器。

【农机在抗灾救灾和灾后重建中的作用逐渐突出】 针对2011年持续的严重干暑，贵州省农机部门组织农机力量投入抗旱救灾和灾后重建。启动农机救灾应急预案，开通24小时值班电话，收集灾情信息，及时研究应对措施。根据《贵州省人民政府办公厅关于印发全省2011年应急演练工作计划的通知》要求，农业机械化管理办公室4月、5月分别在黔西南州和毕节地区组织两次全省农机抗旱救灾应急演练，600余人参加，演示了抽水灌溉、节水浇灌、移动式喷灌、经果林灌溉、解决人畜饮水等内容。农机部门向各级财政多渠道筹集抗旱专项资金1 950万元，新购置抗旱机具12 311台(套)，省级农机部门及时分配中央购机补贴资金向重特旱地区倾斜，大力开展抗旱机具购置补贴，充分发挥农机在农业生产和抗旱救灾中的主力军作用。在做好灾后重建和全省秋冬种生产中，全省各级农机部门干部职工和技术人员积极行动，到田间地头组织指导农机生产作业，为农民提供技术指导、政策咨询、机具协调等服务，取得了显著成效。省"三秋"机械化生产紧紧围绕贵州省主要作物、关键生产环节的机械化生产，以农机专业合作社和各类农机专业服务组织为依托，组织收获、耕作、播种、秸秆处理、灌溉、运输等机械近90万台(套)农业机械投入秋冬种生产和农机抗灾减灾作业，确保秋粮颗粒归仓，最大限度减轻灾害损失。2011年，贵州省共组织各级农机技术人员2.86万人次深入春耕、"三秋"、抗旱、抢种抢收生产第一线，检修各类农机具18万台(套)，组织各类农机专业服务队1 590个，举办各类机具演示会500余次，完成机插秧27.65千公顷，完成机耕733.33千公顷，机械灌溉548.67千公顷，机收水稻、小麦、玉米、油菜、马铃薯等农作物面积共计200千公顷。

【农机安全生产形式基本平稳】 2011年，贵州省拥有拖拉机143 972台，拖拉机驾驶员129 298人，联合收割机80台，联合收割机驾驶员65人。其中新增拖拉机14 075台、联合收割机12台，新训拖拉机驾驶员22 587人。在春耕、"三秋"等农机事故易发高发时期，按照"安全第一、预防为主、综合治理"的方针，全省农机安全监理部门切实做好拖拉机、联合收割机的登记、牌证核发和安全技术检验等工作，开展了"安全生产月"活动、全省农机抗旱救灾应急演练、打击非法违法生产经营建设行为专项行动、安全生产大检查、平安农机创建等活动。进一步抓好农机质量监督管理，对农业机械产品进行试验鉴定，严格农机安全技术监督，加强对全省的农机监理事故处理员、考试员、检验员的培训力度。到2011年11月，全省共发生农机事故1起，死亡1人，直接经济损失1万元。没发生较大以上农机安全生产事故。

【农机培训工作效果明显】 2011年，按照贵州省人民政府和农业部签署的合作备忘录，加大对农机操作手和农机维修能手的培训力度，同时对农机管理人员、维修人员、操作人员、农机安全生产人员和农机合作社理事长进行了培训。一是为推进农机专业合作社规范化建设，举办农机专业合作社理事长暨管理人员培训班，共培训人员256人。二是培训农机监理事故处理人员、考试员、检验员747人，提高农业安全生产和管理水平。三是培训农机推广人员100人。四是培训购机补贴系统操作人员和购机补贴经销商250余人。

云 南 省

【概况】 2011年，云南省全力推进实施农机购置补贴政策，重点推广水稻机械化示范项目，深入开展平安农机创建活动，扎实教育培训服务，狠抓农机鉴定和质量投诉等工作，农机装备水平稳步提升。云南各项农业机械化目标任务圆满完成，呈现出云南省农业机械化事业"十二五"开局良好的发展态势。全省农业机械总值达158亿元，与2010年相比增长6.8%；农机总动力达2 508万千瓦，增长4%；拖拉机保有量57.7万台，增长2.3%。其中，大中型拖拉23.3万台，增长3.6%，小型拖拉机34.8万台，增长2.7%；联合收割机3 821台，增长9.3%，水稻插秧机227台，增长208%；配套农具31.8万台(套)，增长3.2%。其中，大中型拖拉机配套农具3.3万台(套)，增长3.1%，小型拖拉机配套农具29万台(套)，增长4.7%；农用排灌、植保、收获、农产品加工机械和设施农业保持4%的增幅。上半年完成机耕面积1 533.33千公顷，机播16.67千公顷，比2010年同期增长61.6%、42%，完成跨区作业面积57.33千公顷。全省耕种收综合机械化水平比2010年同期提高了4个百分点，达36%。

【及时研究，草拟两个重要文稿】 一是贯彻落实《国务院关于促进农业机械化和农机工业又好又快发展的意见》(国发[2010]22号)精神，云南省农机部门代省政府草拟《云南省人民政府关于促进农业机械化和农机工业又好又快发展的实施意见》，及时呈报省人民政府。根据省人民政府拟办意见，积极向17家省级相关部门征求书面意见，组织对代拟稿进行修改完善，10月份呈报省人民政府审定。《意见》重点在"机构、队伍、投入"等几个方面力求有所突破，提出增加省级财政农业机械化投入，解决机构、人员编制问题，提升全省农业机械化公共服务能力。二是根据《云南省农业和农村经济发展第十二个五年规划》要求，结合云南农业机械化发展实际，在积极开展重大问题研究及分析总结经验的基础上，集中力量起草《云南省农业机械化发展第十二个五年规划》(草案)，向有关部门广泛征求了意见，进一步修改完善，明确提出了"十二五"期间全省农业机械化发展的思路、目标任务、工作重点及工作措施，为"十二五"期间云南农业机械化的科学发展指明确方向。

【规范操作，抓好农机购置补贴政策落实】 2011年，中央财政两批安排云南省农机购置补贴资金3.8亿元，比2010年增加4 000万元；省级配套专项资金3 000万元，比2010年增加2 600万元，增幅达6倍。截至10月14日，全面完成农机购置补贴资金使用任务，补贴机具16.54万台(套)，大棚结构170.04万平方米，连栋温室结构6.83万平方米，微灌970公顷，受益农户16.38万户，带动农民和农业生产经营组织投入资金近6亿元。农机直补超市补贴试点工作成效明显，共完成补贴资金7 999.85万元，补贴机具14 466台(套)，受益农户13 276户。一是加强组织领导。根据农业部、财政部《2011年农业机械购置补贴实施指导意见》，及时出台《云南省2011年农业机械购置补贴资金使用方案》，召开"购机补贴"工作会，提出目标要求及工作措施。二是强化责任落实。全面落实"主要领导负总责、分管领导负全责、工作人员直接负责"的责任机制，实行分片挂钩联系制度，分解细化任务，层层签订购机补贴责任书，做到目标到岗、责任到人。三是加大监管措施落实。严格执行中央、农业部及云南省农财两厅所制定出台的政策和相关规定要求，严肃工作程序和纪律，及时编制印发《云南省农业机械购置补贴操作手册》和《云南省农业厅关于推进农机购置补贴廉政风险防控工作的通知》，强化廉政责任制和约谈制，推进廉政风险防控机制建设。组织开展警示教育、回头看及专项整治工作，全省5 000多名农机干部职工和经销商参加。进一步完善农业机械购置补贴监督管理机制，强化执行落实力度，构建购机补贴风险预警、纠错整改、内外监督、考核评价和责任追究机制。四是强化信息公开。建立购机补贴短信平台和QQ超级群，利用短信平台和QQ群、电话、信息管理系统等形式，公开发布补贴产品目录、实施方案、经销商及各级购机办电话、补贴进度情况等信息。五是完善制度，加快结算进度。制定《2011年审核经销商兑付补贴资金申报材料注意事项》，对"资金准确、材料完整、材料规范、申报材料具体填写"等内容审核作了具体说明和要求，使审核工作既符合要求，又加快结算进度。

【积极引导，开展新技术新机具示范】 一是举办购机补贴机具专项现场演示会。云南省农机部门配合购机补贴政策落实，召开农机具现场展示，进行现场作业演示，举办水稻和小麦机收、烤烟起垄、烤烟移栽、机械化节水灌溉、小型耕作机械等现场演示会35场。二是突出重点技术推广召开现场会，加快新技术的宣传、示范。召开水稻机插育秧现场会26次，水稻机插秧现场会60多次，设施农业工程建设现场会8次，加快新技术的推广步伐。三是引进新技术新机具，召开现场会。召开水稻机械烘干、甘蔗机械化种植、辣椒机械化移栽等新机具现场会5次。新增插秧机321台。全省机插秧示范县由2010年的36个增加到48个，完成机插秧近3.4千公顷，为全年目标任务的127.5%。全年举办培训班12期，培训农机技术推广人员200人，技术人员1 000余人。提升推广队伍人员素质，强化农机推广技术支撑。

【深入细致，抓实安全生产监管】 一是认真落实安全责任。按照政府统一领导、农机管理部门具体负责、有关部门积极配合的方针,层层签订农机安全责任书,细化和明确各环节和岗位的安全职责,把安全生产责任落实到基层和每一个具体责任人员。云南省共签订责任书286 813 份。二是深入推进平安农机。在深入总结全省"十一五"、"平安农机创建活动"成功经验的基础上,按照农业部和国家安监总局的统一部署,把乡村作为创建重点,积极开展"平安农机"创建活动,2011 年,全省共创建 7 个"平安农机"示范县、75 个"平安农机"示范乡镇、784 个"平安农机"示范村、7 986个"平安农机"示范户。三是严格规范业务管理。根据农业部三个部长令和四个"规范"的要求,规范岗位设置,严格考试程序纪律,严把安全技术检验,实行"谁主办、谁签字、谁负责"责任制,全年没有出现一例违规办理牌证事件。2011年共新注册登记拖拉机 24 876 台,联合收割机 162 台,新训考试合格农业机械驾驶操作人员 20 799 人,期审验换证11 041人,共检验拖拉机、联合收割机210 987 台。四是严密开展安全整治。组织开展为期 1 年的违规发放牌证专项整治,围绕清查是否存在伪造、变造或使用伪造、变造登记证书、号牌、行驶证、检验合格标志、驾驶证等行为,全面清理和遏制牌证使用管理中存在的违规、违法行为,维护安全监管秩序,促进农机安全生产。促进农机监理"三率"提高,全省共发生路外农机事故 19 起,死亡 4 人、受伤 18 人,直接经济损失 17.05 万元。农机事故起数、受伤人数、直接经济损失分别比 2010 年同期上升 171. 4%、466.7%、317.9%,死亡人数持平,共发生拖拉机道路交通事故 34 起,死亡 27人、受伤 54 人,直接经济损失 32.16 万元。拖拉机道路交通事故起数、直接经济损失分别比 2010 年同期下降56.96%、5%,但死亡人数、受伤人数分别比 2010 年同期上升 28. 6%、5. 9%。农机供油站(点)、修理站(点)、加工站(点)无重大伤亡事故发生。农机安全生产严格控制在国家、省下达的目标范围之内。五是加强深化队伍建设。围绕农机监理工作的性质、职能职责、监理人员职业道德、农机监理人员的素质要求、农机监理业务知识、农机行政执法、农机监理信息化网络系统知识等方面组织业务培训;打造一支业务熟练、技术过硬、执法规范的监理队伍。为全面提升农机监理人员业务知识和执法水平打下良好基础。

【丰富内容,扎实教育培训服务】 2011年,云南省农机部门围绕建设现代农业、培养新型职业农民的总体要求,坚持育人为本,认真实施"科教兴机"战略,以农业机械化教育培训大行动为抓手,积极开展各类农机教育培训工作,加强农机管理人才、科技人才、实用技术人才三支队伍建设。一是组织开展各类培训班。全年共开展农业管理干部、新型农民科技师资培训、农民创业师资培训、拖拉机理论教员复训、农民创业培训等各类培训班 8 期,培训学员 507 人。呈现出培训类型多、层次高、项目带动作用明显等新特点。全省共培训农业机械化管理人员 1 000 人,培训农业机械化科技人员 1.7 万人,培训农机操作、维修等人员 8.2 万人,其中培训新购机农民 3.2万人次以上。二是开展县级农机培训机构办学水平评估验收。根据《云南省农业厅关于开展全省县级农机培训机构办学水平评估工作的通知》(云农机[2010]10 号)要求,在县级自评、州市复评阶段性工作完成的基础上,采取交叉验收的方式,组织对全省县级农机培训机构办学水平进行评估验收。全省共有126 所县级农机培训机构参与办学水平评估,其中 A 类培训机构 46 所,占37%,B 类培训机构 48 所,占 38%,C 类培训机构 32 所,占 25%,没有 D 类培训机构。三是积极开展教学课件制作推广。与云南农业大学工程技术学院合作开发的全省拖拉机驾驶培训教学软件已通过省技术厅课题验收。在拖拉机驾驶培训理论教员复训班上进行了内容讲解及操作培训,制作教学光盘 150 多份免费下发各拖拉机驾驶培训机构使用,推进了全省农机培训应用现代教学手段进行教学,为进一步分类指导及规范管理打下基础。

【严格程序,狠抓农机产品鉴定和质量投诉】 一是认真做好农机试验鉴定。严格按照《农业机械试验鉴定办法》和《农业机械推广鉴定实施办法》的规定,根据企业申请,组织专家和专业技术人员对 17 个企业生产的 40 个产品进行推广鉴定,3 个企业生产的 4 种产品进行定型鉴定。完成 9 个企业的 24 个产品《2012—2014 年国家支持推广的农业机械产品目录》申报工作。编写 YNDG/T05—2011《茶叶揉捻机》、YNDG/T06—2011《茶叶烘干机》、YNDG/T07—2011《茶叶滚筒杀青机》、YNDG/T08—2011《茶叶炒干机》推广鉴定大纲。二是认真开展农机产品质量投诉监督。按照农业部和省农业厅的统一部署,认真开展2010 年"放心农资下乡进村宣传周"活动和"3 · 15"农机质量宣传咨询服务活动,做好补贴购置农机具质量监管工作,做好农机产品质量投诉受理日常工作。在 2011 年"放心农资下乡进村宣传周"和"3 · 15"农机质量宣传咨询活动期间,全省共出动执法人员和专业技术人员 2 893 人次,印发宣传材料 14.6 万多份,标语横幅 342 条,举办现场咨询培训305 场次,接待咨询群众 71 733 人次,组织收看"3 · 15"电视专题人数 17 万多人次,展销农机产品 1 521 台件,检查企业 557 个,整顿市场 256 个。三是认真开展农机职业技能鉴定。组织完成蒙自县 204 人、香格里拉县 66 人农机修理工职业技能鉴定,临翔区 100 人拖拉机驾驶员职业技能鉴定、双江县 74 人、沧源县 88 人农机修理工职业技能鉴定。组织参加农业部举办的 2011 年全国农机技能竞赛。云南省代表队的两位选手获"2011 年全国拖拉机作业技能竞赛优秀选手"称号。

【存在的问题】 2011 年,云南省农业机械化发展基础薄弱,装备水平仍然较低,耕种收机械化综合水平低于全国 10 多个百分点,仍处于全国落后水平,农机专业合作组织、农机大户发展滞后,新机具应用能力、新技术推广水平偏低。具体表现在:一是投入与发展不平衡。中央财政农机购置补贴资金及省级财政配套补贴资金投入与需求差距大,供需矛盾突出,农机购置补贴工作经费投入尚不能满足农机购置补贴工作需要。省级财政农业机械化发展专项资金投入与云南省快速发展的农业机械化不相适应。农机新技术推广示范经费投入不足,影响新技术、新机具的推广运用,特色农业生产机械及丘陵山区农业机械化缺乏核心技术的支撑。二是农机社会化服务能力不强、专业技术人才缺失。农机专业合作社、专业协会、农机大户、农机经纪人比例偏低,引领作用不强,农机资源闲置现象比较突出,服务创收渠道不多;基层体系建设不全,农机服务体系功能缺失。

人员年龄结构偏高，专业知识更新滞后，专属技术人才少，与农业机械化快速发展需求不相适应。

西藏自治区

【概况】 2011 年，西藏自治区各级农业机械化主管部门以科学发展观为指导，贯彻落实《国务院关于促进农业机械化和农机工业又好又快发展的意见》，农业机械化各项工作取得显著成效，农业机械化发展总体呈现可喜局面。

【狠抓政策落实，农业机械化惠农投入力度进一步加大】 2011 年，西藏自治区农机购置补贴资金规模达到 1.125 亿元（其中：中央财政投资 7 000 万元；自治区财政配套 4 000 万元；地、县级财政配套 249 万元），比 2010 年增加 1 249 万元；补贴范围覆盖西藏自治区 65 个县（市、区、农场）的 220 多个乡镇（街道、居委会）。截至 2011 年 11 月 15 日，已落实到户的补贴资金为 1.088 亿元，占资金总额的 97%，补贴购置各类农业机械 4.55 万台，拉动农民和农业生产经营组织投入 1.96 亿元，受益农户 3.7 万多户。2011 年，西藏自治区新购置补贴机具达 4.7 万台。

为加快 2011 年农机购置补贴政策实施进度，确保实施效果，提升和发挥政策效益，主要采取以下几个方面的措施：一是提前部署、及早行动，确保政策执行进度。西藏自治区非通用类补贴产品的申报筛选、补贴目录的确定、实施方案的编写在 3 月份完成，春季生产前就开始补贴机具的申报、审批和协议签订工作，确保部分新补贴机具“春耕”前落实到位，7 月底前完成第一批补贴资金落实任务，为“三秋”生产提供了坚实保障，并在 11 月底前完成中央全年补贴资金的落实任务。二是增加补贴机具品种，拓宽群众选择范围。2011 年西藏自治区农机购置补贴目录范围进一步扩大，补贴涵盖 9 小类 1 654 个型号的农业机械，特别在非通用类机械选型方面，对马铃薯生产机械、小型畜牧业机械、茶叶生产机械和农产品加工机械进行了适当补充，进一步拓宽了选择范围。三是调整累加补贴比例，加快结构调整步伐。按照农业部关于农机补贴要立足“提升总量与优化结构相结合”的总体要求，西藏自治区 2011 年首次采用对不同种类农业机械实行差别补贴的操作方式，将生产急需的耕、播、施肥、植保、排灌动力和牧业类机具的累加补贴比例进一步提高，一些类别农业机械补贴比例最高提至 45%，减轻群众购机负担，提升群众的购机热情，加大配套机具推广力度。四是加大政策宣传力度，扩大宣传范围。根据农业部关于“深入推进农机购置补贴政策信息公开工作”的有关要求，2011 年进一步增加了宣传公示内容，丰富宣传公示手段，充分利用广播、电视、报纸、网络以及基层宣传公示栏等多种手段，对年度补贴政策内容进行解读；对购机补贴目录、补贴实施方案、补贴投诉及政策咨询联系方式进行公开；对政策操作方式、受益人信息、资金使用信息进行公示，指定专业人员及时报送补贴实施进度和补贴简报，切实做到了政策家喻户晓、项目设施透明、信息渠道畅通。五是加强政策监督，确保落实到到位、根据《农业部办公厅深入开展农机购置补贴政策实施专项整治工作的通知》（农办机[2011]34 号）相关安排部署，2011 年 6 月—9 月开展农机购置补贴政策落实专项整治活动，对拉萨、日喀则、山南、林芝四个地（市）进行专项督导，昌都、阿里、那曲三个地区进行了自查，专项行动期间，共发现和解决农机购置补贴问题 23 个，提出政策建议 20 条，帮助地方解决困难、及时纠正违规行为 11 次，开展农机技术培训 3 次，开展宣传活动 2 次，并就近年来农机购置补贴政策实施情况、政策经验、取得的成效、存在的问题和整改建议等向地、县有关部门进行反馈，督促整改，确保了补贴政策落实到位。

【狠抓关键环节，农业机械化发展水平显著提升】 根据 2011 年西藏自治区第四季度农业机械化统计报，西藏自治区农机具保有量较 2010 年有较大幅度增长，农业机械化作业水平显著提升。到 2011 年 11 月初，农业机械总动力达到 415 万千瓦，较 2010 年底增长 9.8%；拖拉机拥有最 16.9 万台（其中：14.7 千瓦及以上拖拉机 3.5 万台），较 2010 年底增长 9.7%；各类拖拉机配套农具 9.6 万台（套），较 2010 年底增长 31.5%；联合收割机 5 168 台，较 2010 年底增长 5.5%，2011 年底前西藏自治区农机保有量还将有一定幅度提升。2011 年，西藏自治区完成机械化耕、播、收面积共 384.5 千公顷，其中完成机耕面积 137 千公顷，机播面积 134.5 千公顷，机收面积 113 千公顷，三项作业综合机械化水平 56.2%。

从 2011 年农业机械化发展趋势看，西藏自治区农业机械化发展水平的提升主要体现在以下几个方面：一是农机总量不断增长，机具更新换代速度不断加快，结构不断优化。二是农业机械化作业水平和社会化服务水平不断提升。三是传统的半机械化作业、机畜混合作业正逐步向全程机械化作业转变。为确保农业机械化发展水平的提升，主要采取以下措施：一是着力抓好农机科技产品的推广和应用。更加注重引进性能好、效率高、功能复合、配套性好、科技含量高的农机产品，更加注重推广先进适用、安全可靠、节能环保的农业机械，逐步淘汰老旧、高耗能、功能单一的作业机具，加快结构优化升级。二是积极推行农机科技创新与技术集成服务。加强技术集成、配套和组装，完善农机服务技术路线，创新服务模式，实行轻简化技术，方便农牧民生产和应用。三是创新生产模式。推行农机农艺相结合的生产管理手段，大力推广精细整地、种子处理、机械化播种、科学施肥、机械化收割等技术手段，逐步淘汰以“二牛抬杠”为代表的旧的作业模式，充分体现农业机械化作业“见效率、见产量、见效益”的突出作用，使群众逐步从旧观念、旧模式中解放出来，加快作业模式转变。

【狠抓示范建设，农机社会化服务蓬勃发展】 2011 年，在西藏自治区原有 19 个农业机械化示范区、点的基础上，利用农业部主要农作物生产机械化示范项目资金，在南木林县艾玛乡扶持建立 200 公顷马铃薯生产机械化示范区，示范区内实现统一农艺要求的联户作业；利用农机购置补贴资金，在南木林县湘雄乡和聂拉木县聂拉木镇各扶持建设一个青稞产后初加工示范点，建立合作组织；在林芝地区工布江达县吉地岗乡建设一个农机维修专业合作社，已经投入运营。2011 年底，西藏自治区各类农业机械化专业合作组织将达到 30 个，经营范围涉及农田机械化作业，农产品产后加工，农机、沼气维修，小农具销售，基础设施建设以及运输服务等，年作业服务面积可达 10 千公顷，为群众增收 170 多万元。为进一步扩大示范区辐射带动范围，加快推进西藏自治区农机社会化服务发展，主要采取以下措施：一是努力整合政策优势。将农机购置补贴政策向示范区倾斜，加大示范区农业机械新品种引进和展示，加快调整农业机械品种结构、品质结构和功能结构，提升装备水平。二是加大扶持力度。加大对农业机械化合作组织和农机大户的扶持、引导、培训力度，提升服务能力和服务水平，加快培育农机社会化服务市场，充分发挥他们的示范带头作用，扩大辐射范围，推动农业机械化作业水平不断提升。三是加快农机社会化服务进程。按照投资多元化、运作市场化、经营专业化、形式多样化、服务社会化的要求，鼓励开展多种经营，多途径、多渠道、多形式的实现农机社会化服务。

【狠抓技术服务，农业机械化推广服务能力得到提升】 为切实加快农业机械化新机具、新技术推广应用速度，进一步提升农牧民群众使用、维护农业机械的技术水平，提高他们的安全操作意识，2011 年将农业机械化实用技术培训纳入到农机重点工作中来，丰富培训内容，创新培训手段，取得了良好的效果。截至 2011 年 11 月，由农机购置补贴供货企业组织的新机具使用前培训人数达到 1.2 万多人次，农业厅组织的实用技术和安全知识培训人数达到 2 450 人次。为切实提升农业机械化技术服务能力，建设与现代农业机械化发展相适应的技术服务体系，主要采取以下措施：一是努力争取培训资金。充分利用近年来中央和西藏自治区各类技术培训资金不断增加的有利时机，为农机手和农机维修技术人员创造培训机会，2011 年共争取到用于农业机械化实用技术培训的资金 20 万元。二是努力整合培训资源。针对西藏自治区农业机械化推广服务与培训技术力量较弱、覆盖面不足的问题，将农机购置补贴供货企业纳入到西藏自治区农业机械化技术服务体系，充分发挥企业销售网络优势，要求他们建立农机具售后回访制度，并在主要农区设立服务点或维修站，开展多种形式的农机技术推广和培训活动，实行供货、培训、保养、维修一条龙服务，一定程度上缓解了县、乡农业机械化公共服务能力不足的问题。三是努力创新培训手段。将培训场地设置到田间地头、维修现场，改变以往课堂授课的培训方式，技术人员边修理、边讲解，农民群众边作业、边学习，将理论知识融入到实际操作中去，不但让群众全面掌握农机使用、保养、维修知识，还解决了部分群众家中年久失修农机具的使用问题，做到一举多得；日喀则、林芝等地还将农机维修专业合作组织纳入到实用技术培训队伍中，让农牧民群众到专业合作组织进行学习和培训，取得了良好的效果。

【狠抓安全生产，农业机械化安全形势总体平稳】 农机安全生产工作是关系农业机械化持续健康发展和农牧民群众生命财产安全的大事，2011 年，西藏自治区各级农业机械化主管部门始终将农业机械化安全生产工作作为农机工作的头等大事来抓，截至 11 月初，西藏自治区农机没有发生道路外安全生产事故，农机安全生产基本保持了总体平稳、趋向好转的态势。为确保农机安全生产工作不出差漏，主要采取以下措施：一是统一思想，明确任务。2011 年，结合农业部开展的"农机安全生产年"活动，在厅机关及下属单位广泛开展农牧业安全生产隐患排查工作和教育活动，使系统干部职工深刻认识安全生产工作的重要性和紧迫性，进一步统一思想。在年初召开的农牧业工作会议上，农业厅专门就西藏自治区人民政府办公厅印发的《西藏自治区安全生产考核奖罚办法（暂行）》（藏政办发［2010］121 号）组织了学习和讨论，对涉及的安全生产考核奖罚评分细则进行了逐条分解，并就全年安全生产工作进行了专题部署，确定以部门主要领导为第一责任人的安全生产责任制，以及重大安全责任事故一票否决制。二是加强领导，落实责任。为认真履行农机安全监管职责，贯彻落实农机安全生产责任制，2011 年 5 月，根据西藏自治区召开的全区安全生产工作会议精神及自治区安全监管局 2011 年度全区安全生产工作总体部署，组织成立以厅长为组长，分管领导为副组长，各地农牧局、西农集团、厅农机处等相关部门为成员的西藏自治区农机安全生产工作领导小组，并以藏农厅发［2011］71 号文件下发各地（市），各地（市）也相继成立了农机安全生产工作领导小组，并按要求开展工作；2011 年 6 月—8 月，根据农业部办公厅《关于开展严厉打击农机安全生产违法行为专项行动的通知》精神，为加大对各地（市）农业机械化安全生产工作的指导力度，印发《关于切实作好 2011 年农机安全生产工作的通知》和《关于切实加强"三秋"工作的紧急通知》，两个《通知》明确 2011 年农机安全生产工作基本思路，对各地安全生产工作的组织领导、措施落实、督导检查、信息报送等各项工作进行了部署，确保安全生产工作取得实效。三是开展培训，加大宣传。利用西藏自治区"6 · 14 安全生产月宣传咨询日"、"9 · 16 平安西藏宣传日"等多个专题活动，西藏自治区农牧厅采取发放宣传资料、播放宣传视频、放置宣传展板等形式，向社会宣传农机安全生产知识，并向群众发放《中华人民共和国道路交通安全法》、《西藏自治区道路交通安全条例》、《农业机械安全监督管理条例》等法律法规，以及西藏自治区安全生产监督管理局印制的《安全生产问题解答》、《安全生产宣传手册》等宣传文本，营造全社会关注农机安全生产，参与农机安全生产监督的良好氛围；同时，充分利用农业机械化实用技术培训活动，开展农机安全操作规程、道路交通安全知识等理论培训，切实增强群众安全生产意识。四是鉴于当前西藏自治区农机安全生产总体状况，向西藏自治区人民政府提交《关于农用拖拉机监管工作的请示》（藏农厅发［2011］104 号），请示对西藏自治区当前农业机械化发展现状和面临的困难做了全面汇报，就拖拉机监管工作提出建议。

【存在问题】 一是西藏自治区农业机械化机构队伍建设不能满足当前农业机械化发展需要。目前西藏自治区农业机械化监管体系建设仍处于初级阶段，工作能力弱、服务水平低，农机行政管理体制机制不够健全，农机推广技术力量严重缺乏，农机安全生产形势十分严峻。针对这一问题，西藏自治区农机部门近期向自治区人民政府提交《关于进一步加强我区农机管理体系建设的请示》，争取尽快完善自治区农业机械化监管体系。二是农业机械化惠农政策体系急需进一步扩充和完善。虽然近年来西藏自治区农机购置补贴政策投入力度不断加大，补贴范围不断扩展，但惠农政策体系仍比较单一，没有建立与农机购置补贴政策相适应的配套优惠政策，机械深松、镇压、免耕播种等新机具、新技术推广，农业机械化教育培训、示范区基础设施建设等没有资金渠道，农机作业生产成本较高。针对这一问题，尽快与财政部门协调建设成规模、成系统的农业机械化惠农政策体系，加快燃油补贴、机耕补贴、深松补贴、种子加工补贴等农业机械化惠农政策的落实，加快推进农业机械化发展。三是作物、区域、各环节间农业机械化发展水平极不平衡，农机农艺结合度差。在西藏自治区麦类作物机耕、机播生产取得重大突破的背景下，一些关键环节和重点作物机械化生产水平没有取得显著提升，全自治区农业机械化呈现极不平衡的发展特点。针对这一问题，重点针对麦类作物、马铃薯、饲草料机械化收获，油菜机械化播种等作业环节，加快机具的引进和推广，强化相关技术的实验示范，尽快突破这些作物的机械化生产关键环节。

陕 西 省

【概况】 2011 年，陕西省农机部门贯彻落实《国务院关于促进农业机械化和农机工业又好又快发展的意见》(国发[2010]20 号)和《陕西省政府实施意见》(陕政发[2011]21 号)，围绕陕西省确定的粮、果、畜、菜等主导产业和优势特色产品发展目标，以农机购置补贴政策为抓手，调整农机装备结构，提升农业装备水平；依托农机社会化服务组织，开展“三夏”、“三秋”农机跨区作业，提升作业水平；建设农业机械化示范区，推广集成配套农业机械化技术，创新发展模式；开展“平安农机”创建活动，提高农机“三率”，夯实农机安全基础；强化教育培训和科技推广，加强农机质量监督和维修网点建设，提升农机公共服务能力。实现农机装备总量的快速增长，农业机械化水平提升，农机经营收益的不断增加。

【农业机械化投入大幅度增长，农机发展后劲明显增强】 2011 年，中央安排陕西省农机购置补贴资金 7 亿元，省级财政投入 2 500 万元，市县级财政配套 4 500万元；保护性耕作工程项目中央投入 2 500 万元，地方投入 996 万元(省财政 498 万元)，群众自筹 1 066 万元；秸秆综合利用项目省财政投入 2 000 万元，市县级财政配套 850 万元；农民专业合作社果品贮藏百库建设工程省财政安排 8 000 万元，农机补贴资金配套安排 8 000万元；新增 1 000 亿斤粮食生产能力规划项目中央投资 722 万元，省财政配套 200 万元；基层农技推广服务体系建设项目中央财政安排陕西省农机基层推广体系建设资金 600 万元，省财政配套 120 万元。2011 年中央、省人民财政对全省农业机械化投入达到 8.9 亿多元，带动农民投入 20 亿元以上。

【农机装备总量快速增长，结构进一步优化】 2011 年，陕西省农机销售总额达到 30 多亿元，农机总动力达到 2 200 万千瓦，分别比 2010 年增长 20% 和 10%；拥有拖拉机 28 万多台，其中大中型拖拉机 8.88 万台，分别比 2010 年增长 6.3% 和 9.9%；拖拉机配套农具达到 43 万台，比 2010 年增长 6.2%；拥有联合收割机达到 2.9 万台，比 2010 年增长 11.5%；通过补贴政策引导拉动，大功率、复式作业机械增速明显加快，果业、畜牧业、设施农业机械和玉米联合收获、保护性耕作、秸秆综合利用、茶叶生产加工等机械得到较快发展，农业机械化水平较快提高，实现农机发展数量、质量和效益的同步提升。

【农机作业水平持续提高，农业生产方式发生根本转变】 2011 年，陕西省完成机耕(深松)作业面积 2 566.67 千公顷，机播面积 1 933.33 千公顷，机收面积 1 600 千公顷，其中玉米机收面积达到 435.33 千公顷；主要农作物耕种收综合机械化水平达到 54.5% 左右，其中玉米机收水平达到 37% 以上，比 2010 年增长 8 个百分点、小麦生产全过程基本实现机械化；玉米收获、水稻收获和果业、蔬菜、畜牧养殖业以及茶叶机械化正在快速推进；水稻插秧、马铃薯种植与收获、油菜种植与收获机械化技术取得突破。通过机械化手段年利用秸秆面积达到 1 400 千公顷，占三大粮食作物种植面积的 57%。

【农机服务组织发展壮大，服务能力与经营收入显著提高】 农机大户、农机合作社、农机专业协会、农机作业公司和农机维修中心等新型农机社会化服务组织发展壮大。2011 年，陕西省新增农机专业合作社 120 个，总数达到 360 多个，创建示范性农机专业合作社 15 个；新增农机原值 20 万元以上农机大户 800 多个，总数发展到 3 450 个。陕西省农机服务组织及农机户超过 100 万户。全年农机经营总收入 85 亿元，比 2010 年增长 10%。农机户收入 80 亿元，农机户户均收入 8 000 元。农机经销、维修以及中介组织不断发展。

【农机重大项目实施顺利，农机装备水平进一步提升】 2011 年，陕西省农机购置补贴项目，共补贴购置各类农业机械 37.8 万台(件)，其中：小麦和玉米联合收割机 4 636 台，拖拉机 2.5 万多台(其中大中型 9 100 多台)，粮食生产机械 12 万台，畜牧养殖机械设备 5 万台，设施农业机械设备 1 万台，果业生产机械 9 万台，受益农户(合作社)达到 27 万多户；保护性耕作工程项目，农业部和国家发展和改革委员会安排陕西省 7 个项目县，共建设保护性工程项目区 16 千公顷，购置各种专用机具、仪器设备 1 230台(套、件)，平整土地 105.84 万方，修建机耕道路 215 千米，新建、改造机库、机棚、培训教室等土建工程 15 565 平方米，全省完成保护性耕作面积 260 千公顷；秸秆综合利用项目，建立万亩示范田 37 个和千亩示范田 15 个，建立以小麦秸秆饲草加工、小麦秸秆捡拾打捆或田间作业利用为主要内容的秸秆机械化利用专业合作社 52 个，农作物秸秆综合利用机械拥有量达到 20 多万台(件)，完成农作物秸秆利用面积 1 400 千公顷，加工秸秆饲草 800 万吨，重点区利用率达到 92%，全省达到 57%。农民专业合作社果蔬百库建设工程，共建成 1 000 吨以上果(蔬)冷藏库 121 座；农机高效维修中心建设项目，已新建扩建 7 个果业、畜牧业、设施农业、茶叶等优势特色产业机械化示范园区项目，实施面积和范围不断扩大，水稻育插秧、果业、设施农业等机械推广实现跳跃式发展。

【农机安全监管力度加大，农机安全形势平稳】 2011 年，陕西省农机安全生产责任制不断完善，“平安农机”示范县、乡镇、村和户创建活动全面展开，对微耕机、卷帘机等危及人身安全的农业机械安全监理工作逐步展开，农机安全专项治理进一步加强，农机监理规范化建设得到强化，农机“三率”逐步提升，农机安全形势继续保持平稳。截至到 2011 年 10 月底，陕西省共发生道路外农机安全事故 232 起，受伤 61 人，直接经济损失 48 万多元。陕西省培训各类农机人员13万人次以上,其中阳光工程培训12 000人;对2 000多名拖拉机驾驶员、联合收割机驾驶员和农机维修工进行了职业技能鉴定。全年委托鉴定农机产品265个,对全省16家生产企业、7个品种的小麦脱粒机进行了检查,开展了专用玉米联合收获机、铡草机、太阳能杀虫灯质量跟踪调查。全年省农机产品质量投诉监督机构共受理农民投诉18起,为农民挽回经济损失10万余元。

甘肃省

【概况】 2011年,甘肃省各级农机部门贯彻落实国家和甘肃省农业机械化发展有关政策,围绕“扩总量拓领域、抓推广调结构、提水平增效益、保安全促发展”的思路,以贯彻落实农机购置补贴政策为重点,以实施农业机械化推进工程为主线,积极推进农机服务市场化、社会化、产业化,求真务实,真抓实干,确保农业机械化各项工作进展顺利。在国务院意见和省人民政府实施意见相继出台的有力支持下,在农机购置补贴惠民政策等多重因素综合作用下,全省农业机械化发展形势向好,发展势头强劲。

【农业机械化继续保持良好发展态势】 2011年,甘肃省农机装备总量快速增长,农机总动力达到2 150万千瓦,比2010年增长8.7%;农业机械拥有量达到138万台件,增长8%;配套农机具达到116.6万台件,增长2.4%。全省农业机械化作业水平持续提高,机耕、机播、机收面积分别达到1 850千公顷、1 300千公顷、660千公顷,分别增长3.9%、8.1%、7.1%;机耕、机播、机收水平分别达到54%、34%、17%,分别增长2.7、2.9、2个百分点;耕种收综合机械化水平达到37%,提高2.3个百分点。小麦生产基本实现机械化,玉米、马铃薯、油菜等特色产业机械化水平稳步提升,作业面积继续扩大。

【农业机械化发展方式加快转变】 2011年,甘肃省拖拉机拥有量达到57万台,其中:大中型拖拉机保有量达到8万台,增长12%;小型拖拉机达到48.8万台,增长2.2%;联合收割机达到4 100台,增长13.9%。大中型拖拉机新增0.88万台,增长速度首次超过小型拖拉机增长速度6.1个百分点,其中大型拖拉机新增0.8万台,是2010年增量的1.2倍,配套农机具新增4.4万台(套),增长3.8%,机具配套比达到1: 2.05,高于全国配套比。大型拖拉机增速加快,小型拖拉机增速放缓,在改革开放后是甘肃农业机械化发展历史上首次出现的新情况。甘肃省中南部和少数民族地区扎实推进“以机代牛”计划,国家扶持政策效果明显,新增微耕机近2万台,微耕机拥有量达到11万台,耕种收综合机械化水平达到20%,农业机械化发展迈上新台阶。全省旱作农业、草食畜牧业、设施农业等农业机械保有量持续增长,表现出快速发展的可喜局面。农业机械化发展方式正在加快转变,农机装备结构持续优化,推进了农业机械化跨越式发展。

【农业机械化发展环境明显改善】 2011年,甘肃省各级财政持续加大农业机械化投入。中央财政安排农机购置补贴资金3亿元,比2010年增长15.4%;省财政安排农机购置补贴资金2 000万元,比2010年翻一番;市州地方财政累计投入超过1 988万元,比2010年增长近1倍。各级政府普遍重视农业机械化工作,深入贯彻落实《国务院关于促进农业机械化和农机工业又好又快发展的意见》,省人民政府出台《关于促进农业机械化和农机工业又快又好发展的实施意见》,平凉、兰州、酒泉、天水、庆阳、张掖、武威7市人民政府相继出台贯彻实施意见,协调落实扶持政策措施。省人民政府领导关心和重视农业机械化工作,省长刘伟平就农业机械化工作有关请示报告作批示;副省长李建华在增加农机购置补贴资金的报告上批示:甘肃省农村劳动力输转已近适龄劳动力的50%,提高农作物耕种收综合机械化水平是确保省委省政府提出的“四个一千万亩”持续实施的关键措施之一,财政要大力支持,切实惠及农民,促农增收。充分肯定了农业机械化发展的重要地位与作用。

【特色产业机械化加速发展】 甘肃省农机部门围绕省委省政府“四个一千万亩”农业增产增效工程,加快推进特色产业机械化发展,继续实施省级财政配套资金累加补贴,重点支持发展玉米、马铃薯机械化发展。全省新增玉米联合收割机280多台,拥有量达到500多台,比2010年增长127%;玉米机收面积达到66.67千公顷,增长近50%。马铃薯作业机械达到3 000多套,机械化播种收面积191.33千公顷,占全省播种面积的28%,提高3个百分点。玉米、马铃薯机械化作业示范面积持续扩大,农业机械化的贡献份额逐步提高。设施农业机械需求旺盛,累计补贴投放卷帘机1.2万台,是2010年购置量的1.3倍。各地政府大力扶持草食畜牧业发展,累计补贴投放各类饲草加工机械1.6万台,是2010年投放量的1.3倍。特色产业机械化加速发展,呈现越来越快的增长态势。

【保护性耕作示范推广实现突破】 2011年,甘肃省农机部门组织实施保护性耕作项目工程建设,开展保护性耕作示范推广,机具拥有量达到1.6万台,比2010年增加37%。实施面积达到101.33千公顷,增加38%。承担国家发展和改革委员会与农业部项目10个,其中新增加5个,新增中央资金投入1 800万元,已完成投资2 214.8万元,招标采购保护性耕作农机具和仪器1 015台,新建机具库棚6 551.8平方米、机具停放场1.2万平方米,改造农机培训教室838平方米,修缮机耕道188.6千米,平整土地310.97公顷,建立示范区10.27千公顷。承担农业部项目12个,投入资金180万元,新增机具2 418台,完成示范面积17.73千公顷。在保护性耕作实施区,麦田年增加有机质0.01%—0.06%,土壤流失减少60%—80%,风蚀减少60%以上,农田灌区亩节水80—110立方米、增产5%以上,节约作业成本55元,亩节本增效综合经济效益达到75元以上,年节本增效1.14亿元。保护性耕作技术体系趋于完善,配套机具日趋成熟,成为农业生产中一项重要的节本增效技术。

【农机社会化服务能力持续增强】 2011年,甘肃省农机部门在农机购置、教育培训和生产作业等方面加大政策和资金倾斜力度,培育和鼓励农机专业户、农机合作社等农机社会化服务组织发展,推动农机社会化服务覆盖农业生产全过程,农机社会化服务能力增强,经营效益持续提高。全省农机专业户达到16万个,新增6.2%;农机合作社达到191个,新增30.8%。从业人员达到

19.8万人，拥有农业机械3.2万台(套)。全省农机经营服务总收入、纯收入分别达到81亿元、29.5亿元，分别增长6.8%、9.5%。甘肃省跨区机收经济收入创历史新高，全省共组织7 200多台次联合收割机在省内外跨区机收小麦近633.33千公顷，直接经济收入1.82亿元，单机平均作业面积86.67公顷以上、纯收入超过2万元，农民人均纯收入中有110元来自农机经营服务收入，比2010年增加9元，跨区机械化收获化成为农民一项新兴增收致富的产业。农机服务经营的社会化、市场化、产业化，加快了农村剩余劳动力转移，转变农业生产方式，提高农业生产力，为粮食增产和农民增收做出重要贡献。

【全面抓好关键农时季节机械化生产】

2011年，为全面完成农业机械化作业任务，甘肃省组织197.6万台次的拖拉机、播种机、铺膜机等农业机械投入农业机械化生产。一是根据农时分别对抗旱、春耕、伏耕、夏收、秋翻和秋冬种等农业机械化生产进行安排部署，制定工作方案，提出任务目标和工作要求。二是组织农机管理、技术等人员0.42万人次，帮助农民机手维修拖拉机36.3万台，检修农机具125万台(件)。三是及时补贴投放抗旱农业机械1.8万台(件)，协调落实农机救灾柴油补贴175万元，组织8.6万台抗旱机具完成机械灌溉212千公顷、拉运饮水338.4万吨。四是春耕生产期间，组织133万台(件)拖拉机、播种机、铺膜机等农业机械，完成机耕690.6千公顷、机播800千公顷、机械镇压641.73千公顷、机械深施化肥841.33千公顷。五是秋冬季农业机械化生产期间，投入各类农业机械64.6万台，完成机耕993.67千公顷、机械深松整地364.47千公顷、机收玉米62.93千公顷、机收马铃薯68.93千公顷、机播小麦256.87千公顷。

【组织联合收割机跨区机收小麦】

2011年“三夏”期间，甘肃省组织省内外4 500台(次)的联合收割机，省内跨区机收小麦443.2千公顷；组织2 702台省内联合收割机，出省跨区机收小麦186.67千公顷。小麦机收水平达到49.8%，比2010年提高3.5个百分点。河西走廊、陇东川塬及沿黄灌区等小麦主产区机收水平超过80%。其中，庆阳超过84%，酒泉、金昌、张掖超过95%。一是农机部门协同配合，培训联合收割机手和修理工2.4万人、检修农机12.4万台。二是以设立跨区机收接待站211个、协调石油部门开设“加油绿色通道”等方式，为机手提供信息、技术、维修、加油及作业价格协调、费用结算等服务。三是印发“机收路线图”、“跨区机收服务指南”等宣传资料，联合各级广电台、气象局开办跨区机收小麦专栏，丰富信息内容、创新服务形式，做好信息宣传和服务。四是对农机维修和作业服务组织免征所得税，对跨区作业免收通行费，发放联合收割机跨区机收作业证2 702个，补贴投放联合收割机351台、配套机具2.7万台。五是要求必须组建跨区作业服务队，统一签定合同作业，加强与公安、交通等部门协作，引导机具合理流动和积极应对突发事件。六是认真策划新闻线索，重点报道农机跨区作业成效、各级政府及部门支持农业机械化等内容，营造良好舆论环境。

【全面落实农机购置补贴惠农政策】

2011年，中央和省人民政府安排甘肃省农机购置补贴资金3.2亿元，补贴投放机具13万台(套)，受益农户11万户，拉动农民和服务组织投入7亿元，带动市县财政累加补贴1 250万元。一是深入推行信息公开，印发农机购置补贴产品目录、工作手册、工作指南、操作流程图、警示教育等宣传材料，利用媒体、公示栏、宣传车等形式让补贴政策家喻户晓。二是在全省农机工作会议上安排部署补贴工作。加强与财政部门衔接，积极争取经费保障工作顺利开展。三是省农业机械管理局协调50万元用于省级农机购置补贴信息系统平台升级改造，对958家生产企业的6 602种补贴产品材料和275家经销商的资格进行了审查确认，印发2011年甘肃省农机购置补贴产品目录，培训农机部门、农垦农场和供货企业的操作人员1 200多名。四是省农牧厅、省财政厅、省农业机械管理局分别印发《2011年农机购置补贴政策落实监督检查方案》、《关于进一步加强农机购置补贴政策实施监管工作的通知》、《农机购置补贴政策实施情况专项检查工作方案》，建立健全了制度。五是农机部门层层签订农机购置补贴工作责任书，加强纪律，推行阳光操作和一站式服务，切实做到农民与农机经销商自行议价、补贴手续实施张榜公示。六是要求购机农民亲自办理手续，一机一档，按机具类型分类管理，供货企业申请结算必须留存机具铭牌、人机合影、发票扫描件等完整信息，规范了档案管理。七是多次开展专项督导检查和整治活动，认真核查补贴种类、对象和标准等内容。全省落实农机购置补贴政策工作总体上实现了贯彻落实有力，让政府放心、让农民及企业满意的良好效果。

【大力推广农业机械化新技术新机具】

2011年，甘肃省投入各类农业机械化科技项目资金3 070万元，完成农业机械化技术推广面积1 847.33千公顷。一是全省农机推广部门通过现场演示、以会代训、发放资料、电视讲座等方式，举办各类培训班及现场会3 896场次，发放资料83.9万份，培训人员187.8万人次。二是组织2 860名农机技术人员深入田间地头大力推广保护性耕作、节水播种、垄沟播种、精量播种、机械深松等农业机械化技术和机具。三是进行农机培训机构复评审，争取农村劳动力转移培训阳光工程农机培训专项资金570万元，培训农机人员1.25万人。四是围绕省委省人民政府1000万亩全膜双垄沟播技术示范工程，投入起垄机、覆膜机及联合作业机等机具5万台，完成机械化起垄覆膜284.67千公顷。五是围绕省委省人民政府1000万亩河西灌区高效节水机械化技术示范工程，在凉州、山丹和永昌建立垄作沟灌机械化示范区，推广垄作机具485台，完成示范7.27千公顷。六是完成玉米收获机械选型，建立13个玉米联合收获示范县，在武威市召开玉米机械化收获现场会，累加补贴玉米收获机械近200台，玉米联合收割机达到500多台，完成精少量机械化播种212.67千公顷、玉米机收面积66.67千公顷。七是累加补贴马铃薯种植、收获机械，机械总量3 000多台(套)，完成机械化作业面积191.33千公顷。八是研发推广小麦(大麦)垄作沟灌播种机、小型(两行)玉米联合收割机、马铃薯起垄覆膜播种联合作业机、移动式秸秆青贮切草打捆机等机具。九是推进农机农艺融合，成立领导小组和专家组，分区域安排开展农机农艺融合试点建设。十是完成《甘肃省支持推广的农业机械产品目录》的调整和制定工作。

【扎实推进农机安全生产监督管理】 截至2011年10月底，甘肃省发生农机事故1起，农机安全生产形势稳定。一是召开了全省农机监理工作会议，层层签订农机安全监理目标管理责任书，农机安全管理纳入各级政府考核目标。二是印发农机安全监理宣传工作要点，开展农机安全生产宣传教育，印发资料45.3万份、张贴标语5 900多条、悬挂条幅480多幅、新闻报道2 070多次。三是扎实开展“平安农机”创建活动，对18个“平安农机”县和211个“平安农机”乡进行复评检查，对达标的13个县市区和138个乡镇进行了授牌和表彰。四是深入开展“打非治违”为主的农机安全隐患专项治理行动和“安全生产年”活动，共检查农业机械29.3万台(次)，查处农机违章作业2.9万台(次)，下发整改通知书5 722份。五是狠抓检审验工作，检验农业机械17.1万台，检验率82.7%；驾驶人到期换证审验0.9万人，换证审验率52.4%。六是抓农业机械及其驾驶人牌证管理工作，新增报户业机械3万台，比2010年增加14.4%；新增农机驾驶人2.6万人，比2010年增加15.5%。七是印发设施农业装备安全管理办法和卷帘机安全使用操作培训教材，加强在用卷帘机等设施农业装备安全管理。八是加强农机监理队伍建设，举办5期农机监理工作业务培训班。

【切实加强农机质量监督检验】 一是开展农机质量监督检测，共抽检农机零配件164组，合格率89%，较2010年提高2.3个百分点；检查25家企业的70批次网围栏，合格率为95%。二是开展农机推广鉴定，共受理289个农机产品的推广鉴定申请，对253个产品颁发农机推广鉴定证书，推广鉴定通过率87%。三是开展农业机械质量投诉，2011年6月在天水市举办农机产品质量投诉、业务培训班，对13个市州的47个农机质量投诉机构共70名农机投诉工作者进行培训。受理投诉案件14起，结案率100%，为农民挽回直接经济损失30万元。四是组织开展质量调查活动，制定工作方案，开展微耕机和卷帘机质量调查活动。五是农机职业技能鉴定质量管理能力通过农业部的评估。共举办农机职业鉴定20期，发放职业技能鉴定证1 320人次。

【存在问题】 一是农机购置补贴资金需求缺口很大，难以满足农民购机需要和甘肃农业机械化跨越式发展。二是农用柴油价格持续上涨，农机作业成本提升。三是农机服务组织发展缓慢，缺少引导扶持资金。

青海省

【概况】 2011年，青海省农机部门贯彻落实国家和省委、省人民政府的部署，围绕全省农业和农村经济工作的中心，科学谋划发展思路和工作布局，每个环节、每个措施认真抓好落实，全省农业机械化事业保持又好又快发展的良好态势，为全省农业和农村经济较快增长做出了积极贡献。全省围绕“十二五”农业机械化发展规划和年初制定的各项目标任务，积极进取，真抓实干，共同努力，各项工作紧张而有序地推进，取得较好的成绩，达到预期要求，全面完成年初制订的各项目标任务。

【农机装备水平持续提高，结构进一步改善，机械化水平稳步提高】 2011年，青海省农机总动力达到430万千瓦，较2010年增长2.3%，各型拖拉机超过5 000台，配套机具1.5万台，动力机械与机具的配套比到达1： 0.9。农机节本增效技术推广成效明显好于2010年，节本增效、机械化蚕豆点播、马铃薯机械化种植和机械化全膜覆盖双垄栽培等适应当地先进农机新技术得到发展。全省已完成机耕266.67千公顷、机播260千公顷，其中小麦(含青稞)124.67千公顷，油菜130千公顷，马铃薯2千公顷，综合机械水平提高0.8个百分点，达到47.5%。

【全面落实农业机械购置补贴政策，创新工作方式】 2011年，青海省落实农业机械购置补贴政策，把好农机具选型的质量关，将先进适用、技术成熟、安全可靠，节能环保的农机具纳入补贴政策。进一步完善补贴监管制度，认真履行职责，优化程序，提高效率。严格按照《青海省农业机械购置补贴经销商管理办法》选择有资质的经销商，坚决剔除违规的经销商。中央下达全省农业机械购置补贴资金9 500万元，比2010年增加1 500万元，省财政配套700万元，省级工作经费30万元，各县(市)落实工作经费180万元，目前中央资金和省级资金都完成了99%以上，购置各类农机具3.52万台，受益农户2.63万户，拉动农民投入资金近2亿元。

【继续推广保护性耕作技术，示范推广取得突破】 2011年，甘肃省完成保护性耕作面积近18千公顷，较2010年增加5.87千公顷。省财政投入资金44万元。在贵南、乐都、循化、西宁实施。农业部投入资金60万元。在化隆、同仁县、乐都县和德令哈市四个县(市)实施。农业部、国家发展和改革委员会保护性耕地工程项目。该项目国家投入资金1 500万元。在湟中、大通县、互助县、民和县和门源县5个县实施。工程建设基本顺利完成。

【加强政策扶持力度，坚持依法促进】 为了更好地宣传贯彻国务院22号文件精神，青海省人民政府于6月27日出台《关于促进农业机械化和农业工业又好又快发展的实施意见》，提出2010年全省农业机械化发展目标，强化农机科技推广、平安农机创建、农机购置补贴专项投入、农机公共服务能力建设等方面的扶持力度。

【明确农机专业合作社发展重点，加快农机专业合作社扶持建设】 2011年，农机购置补贴政策向农机专业合作社倾斜，在有条件的地区，还将保护性耕作、机械化深松等项目依托农机专业合作社完成，不断壮大专业合作社。青海省现有农机专业合作社56个，比2010年新增加8个。通过农业机械购置补贴政策，重点扶持建设5个规模化农机专业合作社。全省农机专业合作社服务能力达到40千公顷。

【加强农机监理工作，农机安全生产明显好转】 2011年，青海省创建“平安农机”示范县3个(33个示范乡镇、100示范村、3 500户示范户)，各创建县、乡、村、户严格按有关标准和要求落实安全责任，建立管理网络，设立安全员，层层签订安全生产责任书，形成县、乡(镇)、村三级农机安全管理的长效机制，达到“三提高一降低”的总体目标。项目实施地区未发生一起死亡事故或伤亡3人以上的农机事故，起到带头示范作用。截至2011年11月20日，全省共发生农机事故20起,死亡8人,受伤25人。死亡人数控制在指标范围内。

【农业机械化工作的新亮点】 一是以点带面,加大饲草加工机械化技术推广力度。2011年将刚察县列为实操加工机械化示范县,为牧区发展草产业提供示范模式。青海省财政投入资金10万元,所购饲草机械用省级购机补贴资金累加20%,补贴比例达到50%,项目实施后人工饲草收贮、加工的机械化可逐步覆盖全县。青海省刚察县草产业基地种植牧草7.31千公顷,共收获饲草2.45万吨。组建9个饲草种植、收获队和3个饲料加工厂,配备粉碎机、食疗压块机、混合机、割草机、打捆机等38台(套)机具,投入资金208.78万元。加工生产颗粒饲料271吨,压块饲料300吨,共计加工饲草料571吨。二是努力推广机械化深松作业。在项目资金未落实的情况下,西宁、海东农业区,海南、海北农牧交错区等县主动实施机械化深松工作,年初下达的6.67千公顷深松任务全部完成。三是加快油菜机械化技术推广。国家和省上分别将湟中和互助列为油菜机械化示范县,各投入资金10万元,加快油菜机械化技术推广。项目实施后亩减少损失13%,单位面积增加收入1 170元/公顷。四是组织人员编制《青海省农业机械化"十二五"发展规划》。

【存在的问题】 一是东部农业区和半农半牧常规机械化作业经过青海省多年的努力,机械化水平有较大幅度的提高。但马铃薯种植与收获,杂交油菜的收获等机械化水平仍然不高。蚕豆,枸杞等特色农产品收获机有待突破。二是各级财政用于农机推广、管理服务、安全生产、教育培训、信息宣传等农业机械化发展支撑体系建设的费用不足,缺乏应用的服务设施设备及交通工具。服务手段落后,服务效率低下和服务质量难以保证,严重制约工作正常展开。农机社会化服务功能不全,农机服务组织缺乏资金扶持,信贷支持,依靠自身积累发展壮大比较缓慢,无论是公共服务能力,还是社会化生产服务能力,与现代农业服务体系的要求相比,也有很大的差距。三是农业机械化发展的扶持政策还需要积极争取。

宁夏回族自治区

【概况】 2011年,宁夏回族自治区农机部门贯彻落实科学发展观,积极调整工作思路,求真务实,真抓实干,团结奋进,全面推进了农业机械化的发展,为实现农业增效、农民增收、农村繁荣和农业现代化打下了良好基础。

【农机装备水平持续增加】 宁夏回族自治区农机总动力达到730万千瓦,比2010年增加4%;农用拖拉机拥有量达21.4万台,比2010年增加了2.8%;联合收割机6 500多台,比2010年增加12%;各种配套农机具达到31.4万台(套),马铃薯种植、收获和玉米收获机械、覆膜机械、设施农业机械大幅增加,大功率、高性能、复式作业机械大量应用于农业生产中,农业机械已成为支撑农业生产的重要物质基础。

【农业机械化作业水平显著提高】 宁夏回族自治区主要粮食作物耕种收综合机械化水平达到58%,比2010年提高4个百分点。灌区小麦、水稻生产基本实现机械化,水稻机械化种植水平超过70%,其中机械插秧水平达到34%,机械收获水平达到95%;马铃薯机械化种植、收获水平达到33%以上,玉米机械化收获水平达到35%,设施农业机械化快速推进。

【农业机械化示范区建设成效显著】 宁夏回族自治区建设农业机械化示范县7个,农业机械化示范园区达67个,示范面积达到120千公顷,对提高自治区农业机械化作业水平具有很好的示范促进作用。

【农机社会化服务组织进一步发展壮大】 2011年,宁夏回族自治区农机专业服务组织数量达到180家,比2010年末增加10家,其中新建农机作业服务公司14个,全回族自治区农机作业公司总数达到33个。各类农机作业服务组织年可作业服务面积266.67千公顷。

【农机安全生产形势稳中趋好】 2011年,宁夏回族自治区国家级平安农机示范县数量达到4个,农机事故死亡人数控制在国家下达的控制指标内。创新农机监管模式,延伸党和国家的惠农政策,在自治区开展农机免费管理工作,实行"五免一救助",受到农民的欢迎。

【落实农机购置补贴政策,推动各项工作上台阶】 2011年,宁夏回族自治区抓住国家加大农机购置补贴政策投入力度的契机,以落实农机购置补贴政策为抓手,推动各项农业机械化工作上台阶的总体思路。在政策实施过程中,始终坚持向农业主导产业、中部干旱带、南部山区以及玉米收获机械、马铃薯种植及收获机械倾斜的原则,完善、加强农机购置补贴政策监管措施,严格实行补贴机具目录招标选型制、补贴政策公示制、补贴资金集中支付制、项目管理监督制和工作成效考核制五项制度,确保厂购机补贴政策落实。中央和自治区安排回族自治区购机补贴资金1.962亿元,其中:中央财政1.8亿元,自治区财政1 620万元,自治区共补贴各类农业机械5万多台(套),购机总额达6亿多元,带动农民直接投资4.2亿元,资金拉动比1: 2.8,实施范围覆盖全区22个县(市、区)和14个国营农场,受惠农户5万多户,激发农民的购机热情,提升自治区农业机械化装备水平和农机作业能力。

【建设农业机械化示范园区,提升农业机械化应用水平】 2011年,建设农业机械化示范区,是全面推进回族自治区农业机械化工作上台阶、上水平,加快推进现代农业建设的重要举措。围绕特色产业发展,依托农机专业合作组织,按照区、县共建的原则,在巩固2010年农业机械化示范园区建设成果的基础上,新建1个农业机械化示范县和51个农业机械化示范园区,自治区农业机械化示范县达到7个,农业机械化示范园区达到67个,园区内玉米、马铃薯机械化作业水平达到100%,对提高农业机械化作业水平具有很好的示范促进作用。

【组建农机作业服务公司,着力提升农机社会化服务能力】 按照"以农业机械化促进产业化、以农机合作组织推进规模经营"的农业机械化发展思路,积极培育、扶持农机专业合作组织建设。在购机补贴政策的带动下,宁夏回族自治区农机专业合作组织达到180家。在此基础上,从提升农机服务组织服务层次,完善运行机制,强化服务功能,延伸服务领域方面入手，在自治区组建14个农机作业服务公司，农机作业公司数量达到33家，增强农机社会化服务的能力，扩大服务覆盖范围，提升农机专业合作组织的档次和服务水平。

【开展农机免费管理，确保农机安全生产】 一是全面推进农机免费管理工作，2011年在宁夏回族自治区财政经费支持下，所有市、县（区）全部推行农机免费管理。2011年，自治区免费挂牌入户农业机械达到5万台，审验农机驾驶员5.02万人，培训驾驶员4.6万人，检验机动车8.2万台。二是狠抓农机安全生产责任制的落实，贯彻"安全第一、预防为主、综合治理"的方针。严把农机的登记关、检验关和农机手的培考关、审核关，纳入购机补贴的拖拉机、联合收割机及驾驶人100%纳入牌证管理，农机合作组织用机、操作人员100%纳入牌证管理。三是继续深入开展"平安农机"创建和规范化建设，遏制重特大事故发生，降低事故总量和死亡人数，确保安全生产控制指标不突破，努力构建农机安全管理的长效机制。四是继续强化农机安全专项整治，加大排查治理和监管力度，切实消除安全隐患，确保农机安全生产。五是抓好自治区农机系统装备体系建设工作，提高农机安全监管和农机公共服务水平。自治区没有发生重特大农机事故。六是抓好《宁夏农业机械安全监督管理条例》学习、宣传、贯彻工作，为农机安全监理创造良好的法制工作环境。

【狠抓机械化农业生产，组织农机跨区作业】 全力抓好春耕、"三夏"、"三秋"等重点农时季节机械化农业生产。"三夏"、"三秋"期间，共有3 000多台联合收割机参加跨区作业，不但提高机械利用效率，而且增加农机手的经济收入。组织近千台联合收割机远赴河南、河北、陕西、内蒙古等地参加一年一度的小麦、玉米机收大会战，平均单机年创收可达2万元以上。加大农业机械化宣传工作，举行春播、水稻机械化育插秧、玉米适时机收、马铃薯机收等5次机械化生产启动仪式和现场会，举办玉米机械化收获和马铃薯机械化收获技能大赛，在宁洽会和设施园艺节组织企业进行机械展示，宣传农机，取得良好示范效果。

【开展农机产品质量监管，维护农民合法权益】 一是加大对农机购置补贴机具的质量跟踪调查和售后服务质量的督查力度，开展农机产品打假活动。二是严格推广鉴定受理、审查和监督检查制度，切实维护获证企业的合法权益。三是加强农机维修业管理工作，理顺农机维修业管理体制，将农机维修业管理工作交由各级农机监理部门承办，将农机行业职业技能鉴定工作委托自治区农机监理站承办，开展农机维修人员技术培训和技能等级鉴定工作，继续在自治区实行农机维修网点审核和修理工就业准入制度，积极开展农机维修经营网点等级评审工作，提高自治区农机维修质量。

【创新农业机械化技术培训模式，积极开展阳光工程培训】 一是结合农机购置补贴力度大、购置机具数量多、机具驾驶操作要求高等特点，采取农机部门搭台，农机生产经销企业唱戏，基层推广人员、农机户、购机户参与，现场操作的培训模式，取得了良好的效果。宁夏回族自治区农机部门共举办农业机械化实用技术集中培训班4期，培训农民和基层农业机械化技术推广人员300余人次。二是结合阳光工程，加强农机驾驶操作人员和维修工培训，2011年共完成3 680名农机驾驶员、3 870修理工的培训任务。

【存在问题】 一是发展总体水平比较低。宁夏回族自治区主要粮食作物耕、播、收机械化水平达到58%，但与发达省区相比还有很大差距，特别是玉米机械化收获和马铃薯种植、收获水平较低。二是受经济发展水平和自然条件制约，南部山区农业机械化推进工作较川区缓慢，而且山川农业机械化发展也不平衡。三是农业机械化新技术推广投入不足，许多特色优势产业所需机具的引进、示范、推广不够，如玉米秸秆回收机械。

新疆维吾尔自治区

【概况】 2011年，新疆维吾尔自治区农机部门贯彻落实国家和自治区的强农惠农政策，以服务"三农"为中心，以增强农业综合生产能力和促进粮食增产、农业增效、农民增收为目标，围绕社会主义新农村和现代农业建设，扎实开展工作，农业机械化各项事业均取得较好成绩。全自治区农机总动力达到1 385万千瓦，较2010年同期增长11%。拖拉机57.04万台，增加2.4万台。其中，大中型拖拉机数量达到25.27万台，较2010年同期增长20.2%；小型拖拉机出现负增长，动力机械结构明显改善，正朝着大型综合方向发展。大中型配套农具数45.69台（套），增幅接近20%。水稻插秧机数量大幅增加，较2010年同期增加515台，增幅达到75.18%；联合收割机5 500台，增加733台；林果业、畜牧业、设施农业、种植业机械化实现重大突破。棉花、玉米机械化水平显著提升。

【做好农业机械化生产工作】 2011年，春耕生产期间，新疆维吾尔自治区实际春耕面积2 114.36千公顷，其中机耕面积2 097.85千公顷；实际春播面积2 388.96千公顷、机播面积2 260.56千公顷，其中机插（播）水稻7.32千公顷，机播小麦364.70千公顷，机播玉米322.57千公顷，机播棉花912.89千公顷，机播其他作物653.07千公顷；投入各种农机具65.45万台（套）；投入技术人员17.1059万人。"三夏"生产期间，维吾尔自治区收割小麦968.27千公顷，机收面积868.31千公顷，机收比例89.67%；夏玉米播种面积226.25千公顷，其中机播面积222.93千公顷，机播比例98.53%；共组建跨区机收服务队128个，成立跨区机收接待服务站214个。"三秋"生产期间，维吾尔自治区完成冬小麦播种面积744.19千公顷，其中机播面积735.38千公顷，机播机械化水平达到98.80%；机耕面积952.09千公顷，其中深耕面积386.26千公顷，深耕比例为40.56%；玉米收获面积560.65千公顷，玉米机收面积261.27千公顷，机收水平达46.6%："三秋"期间，共投入各类农业机械38.26万台（套），其中拖拉机33.87万台，播种机械5.89万台。各地农机部门积极响应号召，加强对农机抗灾救灾工作的领导，积极组织机具及时投入到抗灾救灾工作中，把灾害损失降到最低程度，确保粮食安全。

【进一步健全机制，加强监督，落实好补贴政策】 2011年，中央安排新疆维吾尔自治区农机购置补贴资金9亿元。补贴资金已执行93.5%。共购置机具131 200台，受益农户71 214户。带动农民投入资金19.88亿元，各级地方财政投入资金达到4 192.6万元。为确保资金落实，农机部门多措并举。一是扎实准备，确保早谋划、早布局，做好2011年购置补贴机具需求量、机具种类、价格、质量等情况的调查摸底。二是科学合理确定补贴目录和补贴标准。2011年全自治区补贴产品数量将达到6 600余个，较2010年增长近一倍。三是突出补贴重点，确保资金使用成效。重点加大对设施农业、畜牧、林果、特色农业机械，特别是棉花收获机械的补贴。四是建立健全各项工作制度。五是加大监督检查力度。维吾尔自治区农牧业机械管理局多次派出购置补贴专项督查组，深入各地开展农机购置补贴专项督导。六是加强农机购置补贴经销和资金结算管理。

【实施农机“311”行动，重点解决薄弱环节机械化问题】 为解决薄弱领域机械化滞后问题，维吾尔自治区农牧业机械管理局根据自治区党委、自治区人民政府将2011年定为自治区“民生建设年”的重大安排部署，提出在自治区实施农机“311”行动，自治区新增棉花机械化收获面积30万亩(20千公顷)，玉米机械化收获面积100万亩(66.67千公顷)，番茄、辣椒、打瓜等特色经济作物机械化收获面积100万亩(66.67千公顷)，切实通过这项行动，以点带面，全面推进。通过实施“311”行动就可为农民节约成本3.45亿元，为农机户增加作业纯收入1.4亿元，为自治区农民人均增收34.5元，农机户人均增收280元。为切实推进此项工程，2011年10月8日，维吾尔自治区人民政府专门召开全自治区棉花机械化收获现场会议，自治区棉花机械化采收即将进入全新阶段。2011年地方采棉机将新增100台，拥有量达到130台，棉花机械化收获面积超过33.33千公顷，是2010年的10倍以上，机收水平将达到3%左右，发展势头非常好。玉米及番茄、辣椒、打瓜等特色经济作物机械在购置补贴政策的重点扶持下，机具增幅明显，全年超额完成“311”行动目标任务。通过实施“311”行动，为自治区逐步突破薄弱领域、薄弱环节的机械化奠定了基础，积累了经验。

【加强科技项目管理，健全科技培训机制，全面加强推广体系建设】 2011年，维吾尔自治区农牧业机械管理局加大与自治区各有关厅局及相关部门的横向联系，组织申报科技兴农项目、科技兴新项目、科技成果转化项目等，目前已实施各类农机科研、推广项目27项，自治区财政投入资金330万元。农业机械化科技创新与农机行业人才培训建设、农机标准化建设等项目方案上报财政审核，计划投入资金620万元。并组织对2010年度执行完成的6项农业机械化新技术新机具研制开发项目进行验收，做到项目实施有始有终，全程监督管理。在科技培训方面，着力提高农机管理人员、农机专业技术人员、农机作业服务人员为主力群体的科技文化素质、创新能力和技能水平，辐射和带动更大范围的农牧民提高自身素养，为早日实现自治区农业现代化和小康社会提供人才保障。2011年完成各类培训75万人次。自治区承担实施的农业部保护性耕作项目县达到13个。在保护性耕作示范县的带动下，自治区共引进推广免耕播种机具近5 000台，保护性耕作示范推广面积达到86.67千公顷。通过保护性耕作项目的实施减少作业工序2—3道，降低作业成本300—450元/公顷，单位面积提高作物产量5%左右，取得较好的节本增效效果。自治区承担国家保护性耕作工程建设的8个县完成项目设计和投资概算，全部开工建设。截至2011年第三季度，4 115万元年度计划投资到位3 687万元。到位保护性耕作专用机具536台(套)。累计完成改扩建项目1 106平方米，新建机库1 369平方米，机棚3 477平方米。此项目拉动内需将达到4 000余万元。

【认真做好农机安全监理工作，确保农机安全生产】 为保障农机安全生产，新疆维吾尔自治区农机部门加大农机安全监理工作力度，建立有效的农机安全生产突发事件应急预案，集中力量狠抓农机年度检审验工作，开展以田间路查为主要内容的农机安全大检查，打击黑车非驾，宣传农机法规条例及安全生产知识，提高广大农机户的安全生产意识，从源头上消除各类农机事故隐患。截至2011年10月，自治区共发生农机事故89起，死亡23人，重伤84人，直接经济损失16.2万元。较2010年同期相比，农机事故减少8起，死亡人数减少10人，重伤人数减少27人。自治区未发生三人以上特大农机事故。当前农机装备的快速增长和农机监理系统人员少、装备差之间的矛盾凸显。各地克服消极影响，迎难而上，为保障农业生产和社会稳定、和谐作出贡献。

【加强农机市场监管，深入推进依法行政，依托展销平台，极力拓展农机流通领域】 2011年，新疆维吾尔自治区农机市场监管工作围绕自治区农机系统“民生建设年活动”，贯彻落实《农业机械化促进法》等法规规章加大农机市场监管工作力度，营造统一开放、竞争有序、服务高效的农机市场经济秩序，确保农机购置补贴政策实施好、落实好，依法维护广大农民和农机企业的合法权益。2011年，经当地编委同意成立的地、州级农机市场监管机构达8个，县(市)级农机市场监管机构由2010年年底的18个增加到36个。区、地、县三级农机市场监管网络体系不断完善。为提高农机部门依法行政能力和水平，规范农机市场经济秩序，维吾尔自治区农牧业机械管理局于2011年5月27日至6月28日，组织开展了2011年维吾尔自治区农机市场监管互查活动。互查活动中查处经销企业贴牌销售拖拉机案件1起，未取得农机推广许可证销售农机产品的案件5起，对不配合农机部门投诉调解的5起投诉案件，现场了解情况，提出处理意见。同时查处78家农机经销企业销售的部分没有合法授权的购置补贴产品。在市场在准入方面，依法换发“农业机械经营服务技术合格证”261家，自治区已取得一级和二级“农业机械经营服务技术合格证”的农机营销企业达672家。2011年，第十二届新疆国际农业机械博览会在乌鲁木齐市成功举办。自治区5个地州、47个县、市以及新疆兵团所有团场主管农机的党政领导共计4 000余人出席开幕式，参观展会人数达到5万余人次，展会展区面积5万多平方米，参展企业521家，其中德国、意大利、美国、法国、芬兰、日本、俄罗斯、西班牙等十几个国家的40家国外企业参展，内地参展企业410家，自治区内参展企业70家。本届展会现场销售额达到了2.8亿余元，意向销售额达3.6亿元，销售总额较2010年增加了约1亿元。6月22日，第二届(中一哈)霍尔果斯国际出口商品交易会暨中亚农业机械设备展览会在新疆霍尔果斯口岸国际会展中心开幕。交易会室内展出面积1 000多平方米，室外展出面积2 000多平方米，共有300多家企业参展。

【进一步扩大宣传范围，营造良好舆论氛围】 为做好宣传和信息服务工作，对“新疆农机网”进行改版，网站增加农机企业信息、先进技术交流、资料查询、网上办公、网上咨询等功能，并增加疆外新闻、公众互动、天气预报、企业广告、领导信箱、农机产品、供求信息等专题栏目。2011 年，编发《新疆农业机械化信息》15 期，刊发信息 98 条；新疆农机网发布信息 9 200 条，被中国农业机械化信息网录用 4 811 条。

【认真学习宣传贯彻落实《意见》】 2011 年 8 月 5 日，新疆维吾尔自治区人民政府《关于加快农业机械化发展的意见》（以下简称《意见》）正式印发。该《意见》是在长期调研、研究和专题讨论基础上出台的，是指导今后一个时期自治区农业机械化健康、顺利发展的纲领性文件。为使《意见》精神切实得到贯彻落实，维吾尔自治区农牧业机械管理局印发《关于学习宣传贯彻落实〈意见〉的通知》（新农机办［2011］34 号），各级农机管理部门也把学习宣传贯彻落实《意见》作为一项重要任务和中心工作长期抓紧抓好。制定学习宣传方案，组织，加强领导。通过召开座谈会、政策解读等多种形式，利用报刊、电视、广播、信息网站、公开栏等多种渠道，深入地开展《意见》的学习宣传活动，营造全社会关心和支持农业机械化发展的良好环境。维吾尔自治区农牧业机械管理局已与新疆日报社联合加大对《意见》的宣传力度，在《新疆日报》上刊登 4 篇专刊。各地农机部门也迅速掀起一个学习宣传贯彻落实《意见》的热潮。

【深入学习自治区第八次党代会精神，开创农机工作新局面】 2011 年 10 月 26 日，维吾尔自治区第八次党代会隆重开幕。会议结束后，维吾尔自治区农牧业机械管理局组织对大会精神进行学习讨论，学习维吾尔自治区第八次党代会上《变化变革，敢于担当，务求实效，为实现新疆跨越式发展和长治久安而奋斗》的报告。要求全局干部职工学习领会党代会精神，联系农机自身实际贯彻落实会议精神，增强广大干部职工勇于创新和敢于担当的意识，充分发挥农机部门职能作用，为实现新疆维吾尔自治区跨越式发展和长治久安提供强有力的思想保障。

【存在问题】 一是农机科技创新能力不足。农业机械化技术储备和技术创新能力远远不能满足当前农业结构调整的要求，与发展现代农业、建设新农村的需要差距很大。二是农机推广的力度不够，政策引导资金有限，一些适用新技术、新机具难以在短期内被广大农民接受。三是农机管理服务水平还有待提高，农机为农民增收的渠道有待拓宽。四是农机行政执法的能力没有得到更好的发挥，监管工作水平有待提高。五是农机服务组织化程度低，农业机械总量虽快速增长，但利用率和经济效益、服务水平仍待提高。

大 连 市

【概况】 2011 年，大连市农机系统干部职工贯彻中央、省、市有关会议精神，以农业增效、农民增收和农机增实力为根本出发点，围绕市人民政府确定的全域城市化和都市型农业发展规划，切实加强领导、明确责任、强化措施、狠抓落实，在农业部农业机械化管理司的支持下，完成各项任务，推动农业机械化又好又快发展。

【农业机械保有量快速增长】 2011 年，大连市总动力达到 342 万千瓦，比 2010 年增长 1%；新增农业机械 6 100 台（套），比计划增加 1 100 台（套）。农机总值达到 21.1 亿元，比 2010 年增长 6.5%。

【农机作业目标任务圆满完成】 2011 年，大连市完成机械耕整地 264 千公顷、机播种 182 千公顷、机械收获 94.67 千公顷。主要粮食作物耕种收综合机械化水平提高 10 个百分点，达到 67%；水田机耕达到 95%，机插秧达到 57%、机收获达到 55%，为 2012 年实现水稻全程机械化打下坚实基础；玉米机耕达到 90%，机播达到 85.5%、机收获达到 16%，实现大幅度发展；实施保护性耕作 13.33 千公顷，完成全年计划。

【组织化程度及服务能力显著提高】 2011 年，大连市新发展农机合作社 22 个，新发展固定资产 20 万元以上的农机大户 1 080 个；培训农机人员 13 800 多人，比 2010 年增长 8%；年检修农机具 21 400 台，比 2010 年增长 9%。

【农机安全生产扎实推进】 积极开展“农机安全三项行动”、“平安农机进校园”和“平安农机”创建等活动。发放农村中小学生农机安全教育手册 20 000 册、警示教育系列宣传单 57 500 多张、农机安全生产“小黄帽”500 顶。抽检农机 11 000 台次，完成拖拉机和联合收割机检验 17 380 台，增加驾驶员 1 510 人。

【加大科技推广力度，优化农机装备结构】 2011 年，大连市农机部门结合市现代农业及农业机械化发展特点，以国家购机补贴政策为杠杆，因势利导，推广新型、高科技、复式多功能、先进适用、节能环保和农业机械化新机具和新技术。水稻、玉米收获机和水稻插秧机等先进适用的机械保有量显著增长，其中，新增水稻插秧机 414 台，是 2010 年的 2.7 倍；新增水稻收获机 138 台，是 2010 年的 2.5 倍；新增玉米联合收割机 306 台，是 2010 年的 9.3 倍。先进适用机具的增加，优化农机装备结构，助推农业机械化又好又快发展。

【加大补贴力度，提高重点环节机械化】 2011 年，大连市年争取国家购机补贴资金 4 000 万元、市本级财政补贴资金 1 920万元。为促进都市型农业机械化发展，大连市采取在国家补贴 30% 的基础上实施 20% 的累加补贴政策，对购置水稻插秧、收获机和玉米收获机械给予优先、足额补贴。为用好国家和市政府农业机械化资金，大连市制订《大连市 2011 年农机购置补贴实施方案》、《大连市农机购置补贴实施管理办法》和《大连市农机购置实施流程》等规范性文件。为让农民在买得起机械的基础上用得起机械，促进农民增收，出台了玉米秸秆还田作业补贴政策，制定《玉米机收秸秆还田实施方案》，对实施玉米秸秆还田每公顷补贴 300 元，这一政策的实施行促进玉米收获机械化发展和保护性耕作技术的推广。

【加强组织领导，科学组织实施】 2011 年，大连市人民政府把发展水稻、玉米收获机械化作为加快农业机械化发展的重点，列入《2011 年新农村建设要点》和农业发展“十大工程”。第一强力推进《水稻生产全程机械化发展规划》和《水稻生产全程机械化方案》的实施。第二政府组织召开“春耕生产农机服务大集”、

"大连市2011年农机春播暨补贴机具展示现场会"和"大连市玉米机械收获现场会"。第三落实责任制，将水稻机械化和玉米收获机械发展纳入市对县、县对乡镇、乡对村干部工作的考评体系中，落实责任整体推进。

【加强服务指导，为农业机械化发展保驾护航】 编印农机购置补贴《农家富》杂志专辑。将国家和省市多年来农机购置补贴的有关文件汇编成册，印发到各区市县。在大连电台"城市直通车"栏目和电视台宣传解读农机补贴政策。发放"生活奔小康，安全不能忘"农村中小学生农机安全宣传画册和卷帘机使用安全规程等警示教育材料50 000多份。召开各种培训会、展示会、演示会、现场会等30多场，其中，在庄河市、普兰店市和瓦房店市举办三期"自走式玉米收获机械化技术培训会"，邀请厂家技术人员对机手进行操作培训，并现场解答产品质量和售后服务等农民关心的问题。

【加大科技创新力度，提高物理农业装备科技水平】 2011年，大连市承担的国家星火计划重点支持项目《土壤连作障碍电处理技术装备示范与推广》通过验收。等离子体除臭灭菌系统开发研究项目获辽宁省农业科技贡献奖一等奖。多功能静电灭虫灯和养殖水体电处理装置取得实用新型专利，并申报国家发明专利。进行污水处理厂污泥资源化处理试验，污泥经电处理后大肠杆菌和蠕虫的灭杀率达到100%，处理后的污泥可为生产有机肥提供原料。在庄河市大郑镇、普湾新区炮台镇和旅顺口区长城街道建立3个物理农业示范园区。

【切实采取有效措施，扎实抓好农机安全监管工作】 2011年，大连市按照"创建平安农机，促进新农村建设"要求，积极开展"农机安全三项行动"、"农机安全月"、"法律宣传周"、"平安农机进校园"等活动。第一狠抓执法检查。加强对重点地段、重点时段和重要农时季节的农机生产进行监控，对拖拉机和玉米收获机无牌无证等违法行为进行查处，保障了农机生产安全。第二加强宣传教育。通过广泛开展农机安全宣传教育活动，增强农机驾驶、操作人员的安全责任感，全面提高广大农机手和农民群众的农机安全生产意识，营造良好的农机安全生产氛围。第三强化源头管理。与驾驶人签订安全责任书，严把受理审核关。第四提高服务水平。扎实开展"文明监理、优质服务"活动，携带办公设备，到乡(镇)现场集中办理。

【强化农机质量监管，维护农机市场秩序】 2011年，大连市完成农业部农业机械化管理司、省农机质量监督管理站和大连市农村经济委员会部署的重点工作。按照《开展农机化标准工作总结和调查》、《报送查处取缔农机维修网点无证照经营行为工作信息》、《2011年辽宁省农业机械推广鉴定证书和标志清理整顿工作实施方案》、《2011年辽宁省农机冬季检修工作督导检查农机零配件和农机维修质量整治工作实施方案》、《2011年辽宁省卷帘机作业质量重点检查实施方案》、《2011年辽宁省补贴农机具质量保障督导工作实施方案》、《做好夏秋季农机维修质量监管工作确保农机正常使用及质量安全》、《大连市开展关于农机安全生产严厉打击非法违法生产行为专项行动方案》等文件要求，逐一开展各项工作，保障农机具性能质量的稳定，减少故障发生，维护农机使用者的合法权益。

【存在问题】 一是农机技术推广工作经费不足，且人员少，致使指导服务不到位。二是农机服务组织发展滞后，组织化程度不高，服务功能不强。三是机手操作水平普遍较低，机具应有效率难以发挥，农机经营效益不高。

宁 波 市

【概况】 2011年，宁波市农机部门贯彻落实党的十七届五中、六中全会和《国务院关于促进农业机械化和农机工业又好又快发展的意见》精神，以农机"七大行动"为抓手。大力实施农业机械化推进工程，为保障全市粮食安全和农产品有效供给，加快发展现代农业作出了应有贡献。

【狠抓水稻机插和粮食烘干技术推广应用，水稻生产机械化程度提高】 2011年，宁波市实施粮食生产全程机械化推进行动，新增插秧机646台，插秧机总数达到2 344台，比2010年增加38%。完成水稻机插面积43.79千公顷，比2010年增长25.4%，约占浙江省面积三分之一，居全省第一；水稻机插率达到51%，在全省率先进入水稻栽植以机插为主的新阶段。新增粮食烘干机116台，比2010年增长37%，批次烘干能力达到5 200多吨位。

【规模化育秧、基质育秧成效显著】 2011年，宁波市建立季供秧能力33.33公顷以上规模化育秧中心422个，规模化育秧面积272.67公顷，规模化育秧率达50%以上。推广基质育秧102.5万盘。新建工厂化育秧中心38家，总数达到52家，育秧中心大棚面积近27万平方米。新增育秧流水线73条，总数达132条，水稻育秧装备得到优化。

【水稻机插整体推进步伐加快】 2011年，宁波市开展以机插为重点的水稻生产全程机械化区域性整体推进创建活动，有19个镇(乡、街道)申报水稻生产全程机械化区域性整体推进示范镇(乡、街道)，1个市申报整体推进示范市，水稻机插区域性整体推进面积达到23.81千公顷，占宁波市机插面积的55%。区域性整体推进创建活动成为宁波市推进水稻生产全程机械化新的增长点。

【粮食烘干机械化快速发展】 2011年，宁波市继续把粮食烘干机械推广作为保障粮食安全的重要举措，实施粮食烘干机械化发展规划，狠抓扶持烘干机械发展政策落实和技术培训服务工作，粮食烘干能力快速提升，烘干机总量达到426台(套)，比2010年增长37%，批次烘干能力达到5 200吨位，列全省第一。认定市级粮食烘干中心33家。在大小麦、中晚稻收割遭遇连续阴雨天气的情况下，烘干机械发挥了重要作用。

【大力推进特色优势产业机械化和设施农业发展，加快了农业机械化转型升级】 以现代农业园区建设为重点，通过项目带动、基地示范、农机农艺结合等手段，推进特色产业机械化和设施农业发展，提高农业机械化综合生产水平和现代农业发展水平。

【经济作物等关键环节机械化推广取得突破】 2011年，宁波市推广各类特色农业机械1万余台(套),水产养殖和茶叶生产主要环节基本实现机械化。油菜精量免耕机直播技术取得成效,对油菜机械收割破损率较高问题的研究也取得良好发展。此外果蔬、林特生产和畜禽养殖机械化发展也呈现出良好发展势头。

【设施农业发展取得新进展】 2011年,宁波市将设施农业纳入财政补贴范围,加大政策扶持力度,对全市推广的单栋大棚和连栋大棚进行政策补贴。全市40个设施农业补贴项目新搭建钢管大棚面积87万平方米。玻璃温室1万平方米。积极推进设施农业标准化建设,研究制定大连市连栋和单体钢管大棚建设标准,完成农用钢管大棚建设规范征求意见稿。狠抓项目监管,制定设施农业建设项目实施方案和管理办法,并以竞争性谈判的采购方式选择宁波市2011年度享受财政补贴的设施农业钢架大棚及玻璃温室项目的生产企业。

【强化项目带动和农机科技示范基地建设】 2011年,宁波市重点开展粮油、蔬果、畜禽、水产、林特、农产品加工等多个产业农机项目的开发和科技示范。建立项目储备库,做好项目的申报、验收和监督检查工作。目前全市正组织实施40个农机项目,其中2011年新增全国水稻机插示范县项目2个,农机科技推广项目13个,智慧农机项目5个,农科教项目4个。通过项目带动,促进农机新装备、新技术的示范和运用,加快农业机械化转型升级。

【积极推进智慧农机建设】 宁波市农业机械化管理局与中国移动宁波分公司合作开展智慧农机综合信息建设,提出数字农业机械化综合管理信息系统方案和宁波农机“千里眼”网络视频监控方案。宁波市农机部门还开展智慧农业机械化示范基地建设项目。

【创新农机服务模式,培育新型服务主体,农机社会化服务领域不断拓展】 宁波市深入实施农机服务组织提质工程,着力培育特色产业农机合作社,建设区域性农机社会化服务中心,拓展农机社会化服务领域。新建特色农机专业合作社30家,农机专业合作社达到250家。合作社的数量、服务能力和服务效益列全省第一。

【农机对农业特色产业的服务带动能力快速提升】 在继续稳定发展粮食功能区农机服务组织的同时,大力培育特色产业农机专业服务组织,引导农户、基层组织、龙头企业创办符合区域机械化发展要求的特色农机专业合作社,同时鼓励现有农机专业合作社向特色产业领域拓展。全市特色农机专业合作社达到62家,占农机合作社总数的24.8%。

【区域性农机社会化服务中心建设积极推进】 2011年,宁波市启动区域性农业机械化服务中心建设,出台建设规划,整合现有资源,引导服务组织通过联合、合作、合并或改善装备设施、扩大服务规模、完善经营服务机制等手段,建立区域性农机服务中心。已新建2家区域性农业机械化综合服务中心,另有11家正在组建中。

【继续开展农机服务组织提质工程建设】 2011年,宁波市农机部门指导农机合作组织完善规章制度、明晰股权、规范民主管理、健全财务分配机制、完善基础设施,增强服务功能。连续第二年举办全市农机专业合作社理事长培训班。新增市级和系统示范农机专业合作社10家,国家级、省市级等示范性农机合作社达到41家。继续抓好农机维修网点规范化建设,市级农机维修示范点达到25家,其中新增5家,创建区域性“4S”农机维修中心3家。举办宁波市首届农机维修技能竞赛,激发农机维修人员学技能的积极性,增强维修服务能力。

【农机扶持力度不断加大,政策监管机制不断创新完善】 2011年,宁波市大力实施农业机械化政策保障行动,提升农机政策保障水平。全市共使用农机购置补贴资金8 992.5万元,其中中央资金6 000万元,市级资金1 421.67万元,县级资金1 570.9万元。使用农机作业补贴资金4 617万元。

【创新监管机制,推进责任落实,确保农机购置补贴政策有效实施】 2011年,宁波市农机部门构建购机补贴防腐预警网络,为农机购置补贴工作提供强有力的组织和制度保障。建立农机购置补贴廉政责任制度,构建主要领导负总责,分管领导负主责,一级抓一级、层层抓落实的监管责任体系。推进农机购置补贴防腐预警机制建设,建立从农机自我监管到联合纪检、监察机关共同防范的防腐新机制。余姚、慈溪、鄞州等地都与纪检、监察部门联合建诊了防腐预警机制。

【创新投入机制,完善政策措施】 2011年,宁波市继续加大农机购置补贴配套力度,扩大补贴规模和种类。进一步完善作业补贴政策,加强对作业补贴重点环节的监管和作业补贴面积的核查。继续加大对农机服务组织和粮食生产全程机械化发展的扶持力度,制定出台加快发展特色产业农机专业服务组织、推进区域性农业机械化服务中心建设、开展水稻生产全程机械化区域性整体创建等政策文件,进一步完善扶持政策和措施,增加农业机械化的投入。

【抓好重要农时季节的机械化生产,保障了农业生产的顺利进行】 根据宁波市农业生产特点,扎实做好重要农时季节各项农业机械化管理服务工作,农机在农业生产和抗灾救灾中主力军作用进一步凸显。

【切实抓好春备耕、“双夏”、秋收冬种农业机械化服务工作】 春备耕、“双夏”和秋收冬种期间,农机部门组织开展农机“六下乡”活动,开通“农机110”服务热线,做好新机具新技术培训、农机物资供应、农机作业协调、机具维修保养等服务工作,组织调度各类机具投入机械化生产和农业抗灾救灾,发挥农业机械的主力军作用,为保障粮食增产增收做出贡献。各地还及时做好阴雨或台风天气预警工作,通过手机和农民信箱向农机服务组织、种粮大户等发布天气预警,指导生产。针对春耕、秋收前期农用柴油供应紧张等情况,分别落实专项农用柴油2 300吨和1 500吨。

【全力抓好稻麦抢收抢种抢烘等农业机械化作业服务】 受异常气候因素影响,2011年宁波市小麦、早稻和单季稻收获期都较常年推迟7天以上,熟期集中,收割期间又连续遭遇阴雨或台风气候,农机部门狠抓信息引导、搞好供需对接、开辟“绿色通道”、加强机具调度、督导落实服务措施,全力组织农机抢收、抢耕、抢种、抢烘、排涝,最大限度地减轻灾害带来的损失,确保宁波市粮食增产丰收。

【继续抓好农机跨区作业工作】 2011年,宁波市共免费发放跨区作业证570本,组织78个作业服务队、476台联合收割机、400多位农机手参加跨区作业,完成跨区作业面积近32千公顷,作业总收入2 700多万元。

【农机安全监管机制不断完善,农机安全生产水平提高】 2011年,宁波市农机部门落实农机安全生产责任制,在继续抓好各县(市)区农机部门责任书签订工作的同时,强化县级政府对乡镇政府的农机安全生产考核。深入开展"安全生产年"、"平安农机"创建活动,实施"365"安全生产行动计划,推进农机监理规范化和安全生产长效机制建设。1—10月,宁波市共发生涉及本地拖拉机有责死亡事故18起,死亡19人,死亡人数占市人民政府下达的全年控制指标的50%;发生辖区内拖拉机道路交通事故死亡23人,占农业厅下达的控制指标的54.8%。农机安全生产继续保持各类事故明显下降,安全形势不断趋稳的势头。

【加强专项整治和日常监管,确保重要时期农机作业安全】 2011年,宁波市农机部门联合公安、安全生产监督管理部门开展拖拉机交通安全集中整治行动,联合市公安交通警察支队开展整治酒后驾机、违法载人等严重违法专项行动。加强日常监管,发挥公安驻农机警务室作用,深入乡村道路、建筑工地等重点农机作用场所,开展联合执法检查,依法查处拖拉机交通各类违法行为。加强对春运、春节、"两会"、蔺草、国庆等重要时期农机安全检查工作。

【深入开展安全生产年和安全生产月活动】 2011年,宁波市农机行业部署开展"安全生产年"活动,制定《宁波市农业机械化管理局行政处罚自由裁量权指导标准(试行)》;组织指导农机行业开展安全生产月活动,市县农机部门按照统一部署,开展农机安全生产宣传咨询日和农机事故应急处置预案演练活动,强化安全生产宣传教育。

【加强平安农机创建指导】 及早部署,确定2011年全国、全省平安农机示范县区、省级平安农机示范乡镇、平安农机示范合作社创建任务;继续组织开展创建工作"回头看",推进"五星级"平安农机创建模式发展,抓好平安农机示范路、平安农机宣教中心的建设。新创建的1个全国平安农机示范县、2个省级平安农机示范县、9个省级平安农机示范乡(镇)、9个省级平安农机示范村以及24个平安农机示范合作社,基本通过验收认定。

【加强源头管理,推进农机监理规范化建设】 做好规范宁波市纯农田作业拖拉机的上牌发证源头管理工作,加强对外省籍拖拉机及驾驶人的信息化管理,完善销分考试,启动电子档案管理。完善拖拉机报废回收管理,在各地规范拖拉机报废回收管理的基础上,北仑、慈溪积极协调财政部门,出台本地拖拉机强制报废补助政策。

【农机队伍建设不断加强,公共服务水平不断提高】 以深入开展创先争优为契机,大力开展高素质农机队伍建设行动,加强农机队伍的自身建设和农机教育培训工作,农机人才队伍素质明显提升。

【扎实开展农业机械化教育培训大行动】 围绕农业机械化管理、技术和作业服务三支人才队伍建设,深入开展农业机械化教育培训大行动,共培训各类农业机械化管理、技术、服务人员27 582人次,完成了农业部下达的年度培训指标的230%,同比增长19%,其中农机管理人员培训1 206人次,农机技术人员培训1 117人次,农机作业服务人员25 259人次。开展农机远程教育培训1 765人次。

【不断推进"六型"机关和文明机关建设】 继续开展农机队伍提质行动、"六型"机关和文明机关创建活动。加强制度建设,修订完善各类规范和制度。加强系统的政风、行风和党风廉政建设,农机干部队伍的自身素质进一步提高,农机公共服务能力不断增强。

【存在问题】 一是由于农村土地资源紧张,库房用地受到控制,对推广粮食烘干机械等设施装备带来较大的不利影响。二是农机公共服务基础仍然比较薄弱。农机组织化、规模化程度需进一步提高,基层农机管理推广与技术人员队伍知识年龄结构老化。三是农业机械化发展的不平衡性仍然比较突出。四是科技自主创新能力不强、新型农机有效供给不足问题比较突出。五是现有农机投入不能满足农业生产和农民购机需求。

青岛市

【概况】 2011年,青岛市坚持以科学发展为主题,贯彻落实国务院、省人民政府和市人民政府关于促进农业机械化和农机工业又好又快发展的意见精神,本着"统筹兼顾,突出重点,协调推进"的原则,抓好工作落实,全市"十二五"农业机械化工作实现良好开局。农机总动力达到793万千瓦,比2010年增长30万千瓦;主要农作物生产机械化综合水平达到81%,有效缓解青壮年劳力短缺对农业生产的不利影响,为确保全市农业丰产丰收发挥了重要作用。

【切实加大扶持力度,优化农机发展环境】 2011年,青岛市市委、市人民政府高度重视农业机械化发展。市人民政府出台《关于促进农业机械化又好又快发展的意见》,从财政补贴、税费减免、金融支持、土地使用和基础设施等方面,对农机工作加大政策扶持力度。青岛市农业机械管理局出台《"十二五"农业机械化发展规划》,计划实施农机装备、创新示范、保护性耕作、作业补贴、公共服务、社会化服务六项工程,基本实现优势经济作物机械化;统筹推动设施农业、畜牧业、海洋渔业、林果业和农产品初加工业机械化。这是两个指导全市农业机械化发展的纲领性文件,具有较强的前瞻性、指导性和政策性,营造了良好的农业机械化发展环境。2011年6月份农业部农业机械化管理司司长宗锦耀到胶南、莱西两市考察时,肯定青岛市农业机械化工作,希望继续走在全国同类城市前列。市委副书记王文华、市政府副市长张元福多次听汇报、视察、调研并作批示,对农业机械化工作给予积极评价,要求农业机械化工作在现代农业发展中更好地发挥作用。6个全国、全省性会议在青岛市召开,推广全市保护性耕作、农机质量投诉、花生机收、试验鉴定和网格化管理等工作经验，受到领导和专家们的好评。在省人民政府召开的农业机械化工作会议上，青岛市农业机械管理局和胶州、胶南被评为全省农业机械化系统先进单位，平度、即墨被评为全省农业机械化先进县；5 人获得二、三等功奖励。

【认真落实购机补贴政策，优化农机装备结构】 一是突出重点。青岛市补贴资金达到 7 900 万元，比 2010 年增加 1 000万元，重点补贴玉米收获机、小麦免耕播种机、深松机和花生收获机。2011 年共补贴各类机具 1.9 万台（套），受益农户 1.1 万多户，取得农民得实惠、政府得民心的较好效果。农机装备水平显著提升，装备结构持续优化，大功率、多功能、高性能农业机械增长迅速，大中型拖拉机、联合收获机分别达到 4 万多台、1.3 万台，约占拖拉机和收获机总量的 21%、48%。二是规范执行。青岛市农机部门与市财政局通过“1 + 5”的形式召开一揽子会议，从实施方案、工作程序、监管办法等方面全面部署工作，参加人员由农机系统扩大到农、财两部门及经销商、生产企业。推广应用补贴指标确认通知书和身份证识别器，完善购机补贴信息平台，在审核、结算和监管等方面发挥较好作用。严格按照程序加强政策。宣传、补贴对象及经销商确定、机具选购、供货监管、资金拨付等各个补贴环节的管理，实现补贴操作信息化、补贴监督公开化、日常管理动态化。三是优质服务、按照“公开、公正、便民”的原则，改进服务方式：胶南市建立购机申报入厅和农机展销市场，所有经销商和有关厂家入驻，实行农民选机、申请、购机、挂牌、办证、“三包”和维修服务等“一站式”办公、“一条龙”服务，并邀请财政、纪检部门参与，大大简化购机手续，既方便农民购机，又实现有效监管，初步探索出一条阳光补贴的新模式。其他市、区也切实加强经销商管理，方便农民购机。四是强化监管。由农业机械管理局领导带队，成立 5 个督查组，从报名环节开始，全程监督购机补贴工作。2011 年 7 月份、12 月份又开展两次专项检查。重点检查经销商、购机户、机具到位和补贴程序等情况，对发现的问题及时整改，促进补贴工作的规范化。以“廉洁从政、遵纪守法、规范操作”为主题开展购机补贴反腐倡廉警示教育活动，做到了警钟长鸣。

【广泛应用新机具新技术，玉米生产实现机械化】 一是农机引领三夏农业生产。面对 2011 春天以来连续 141 天无有效降雨的严重旱情，青岛市农机部门实行抗旱机具急用先补，组织机械26.68 万台（套）开展抗旱作业，其中排灌机械 12.25 万台（套），为夏粮丰收奠定了基础。三夏期间，立足一个“抢”字，充分发挥农业机械的主力军作用，组织 1.2 万台小麦收割机抢收，确保 280 千公顷小麦的丰产丰收。利用雨后较好的墒情，组织 1.6 万台玉米播种机抢种，完成 238 千公顷夏玉米的播种任务。

二是玉米生产实现机械化。把玉米联合收获机作为购机补贴的重点机具，实行 40% 的累加补贴，比一般机具提高 10 个百分点，所用补贴资金约占青岛市总量的 30%。广泛应用摘穗剥皮型、玉米青贮型、茎穗兼收型、秸秆还田型及 2 行小型收获机等先进实用的玉米联合收获机，新增玉米收获机 427 台，总量接近 5 000 台，基本上达到农业村一村一台。召开全市三秋玉米机收观摩会，以玉米主产区为重点，带动全市玉米机收水平的提高。针对“三秋”降雨较多、玉米收获期延迟 10 天左右的实际，各级农机部门积极应对，充分发挥农机合作社和农机大户的主力军作用，提高玉米联合收获机的利用率和作业效益，完成 259.53 千公顷玉米的收获任务，机收率达到 82.6%。

三是联合复式作业推动“三秋”生产。围绕复式作业、经济作物机收等特色，组织 30 多万台（套）农业机械上阵作业，全面推进“三秋”生产机械化。其中，组织小麦播种机械 2.7 万多台，完成 261.23 千公顷小麦的机播任务。推行“玉米机收、秸秆还田、深松作业、小麦免耕播种、播后镇压”农机复式作业模式，增强技术的集成优势，提高农机生产效率和作业水平。通过召开花生、马铃薯和大姜机收现场会，推广应用新型收获机械，促进经济作物生产机械化。大型花生联合收获机能一次性完成花生的挖掘、输送、去土、摘果、清选、装袋，是人工收获效率（1 个男劳力 1 天能收 0.5—1 亩）的 50 倍，机械作业的比较优势进一步放大。新增花生联合收获机 21 台，总量达到 9 900 台，完成花生机收面积 58 千公顷，机收率达到 60.3%；机械收获薯类 4.6 千公顷，机收率达到45.2%，分别比 2010 年提高 5 个百分点。全省花生机收现场会在平度市召开，推广青岛市的经验做法。

四是保护性耕作持续增产。青岛市连续第二轮全部成为农业部重点扶持的保护性耕作示范市，成为全国同类城市第一家。实施农业部保护性耕作创新试验研究项目，在全国率先探索持续高产高效技术。围绕农机和农艺的融合，从品种选择、机具配套、作业模式、病虫草害防治等方面，不断完善作业模式和技术规范，增强示范效果和辐射作用。依托农机专业合作社、农机大户，实施成方连片、整村整镇推进，建成 15 个市级示范区和 27 个示范方，青岛市保护性耕作面积达到 290 千公顷，其中小麦保护性耕作面积 30 千公顷，比 2010 年增加 6.67千公顷。在经历低温和持续干旱后，经青岛农业大学测产，2011 年保护性耕作小麦连续第 4 年增产，每公顷均达到 6 955.5 千克，比传统耕作增产5.2%，呈现出抗冻害和耐干旱的特点。承办全国春耕生产农机手培训示范班暨保护性耕作培训班，并做经验介绍，与会人员进行实地观摩，获得广泛好评。

五是深松作业进展顺利。2011 年，青岛市实施深松作业的第一年。会同市财政局出台了《实施方案》，明确作业标准、补贴标准和验收程序；争取中央财政 1 520 万元，实行 40% 的机具补贴政策和每公顷 600 元的作业补贴标准，调动农民购机、用机的积极性。新增深松机 332 台，配套大功率拖拉机 684 台。以深松作业示范镇、示范村为重点，对连续旋耕 2 年以上的地块开展深松作业。组织农机合作社与村两委或农户签订作业合同，完善作业模式和技术规范，高产田耕深达到 25 厘米以上，有效地疏松土壤，打破犁底层，增强土壤蓄水保墒和抗旱排涝能力。胶州市利用卫星定位测量仪核实地块方位和作业面积，把深松作业补贴政策落到实处。即墨市通过机械租赁等方式，科学调配作业机械，抓好重点区域的深松作业。全市完成深松作业面积 45.33 千公顷，超额完成全年任务的 1 倍。

六是积极参与设施农业发展。结合大沽河综合治理，参与沿河两岸的现代农业示范区、设施农业示范基地建设，积极推广应用设施农业新装备、新技术，新上大棚王中型拖拉机 175 台，田园管理机1 101台，电动卷帘机 591 台，促进设施农业机械化。

【着力完善公共服务体系，增强农业机械化公共服务能力】 一是强化农机安全网格化管理。会同安全监理部门开展农机安全网格化管理试点，以现有的监管体系为支撑，以信息化为手段，将监理、推广、作业服务、销售、维修和零配件供应等服务环节有机联网，探索建立纵到底、横到边、职能到位、责任到人、部门联动、高效灵活的网格化管理体系。莱西市优化综合性农机服务站布局，平度市注重发挥乡镇农机站的作用，即墨市依托区域化监理中队，胶州市在里岔、铺集镇设立农机工作站，开展农机监管工作。全市已设立乡镇综合性或区域化农机服务站55个，村庄农机监管员2 000多人，并依托农机专业合作社承担部分公共服务职能，初步实现“有人管事、有钱办事”的工作目标。

二是强化农机维修网点管理。适应大中型农机具快速发展的需要，本着“扶持不包办”的原则，以企业为主体，统筹推进农机维修工作。莱西市通过资源整合，依托现有的维修企业，结合农机“三包”服务和农机部门的设备扶持，探索建设区域化农机维修中心。平度市探索建设农机6S店，引领农机销售、维修工作向高端发展。还有一些农机专业合作社依托“农机大院”，面向社会开展农机存放、维修、培训等服务，受到机手的欢迎。严把农机维修技术资格准入关，深入开展“星级文明农机维修网点”创建活动，全市农机维修网点达到489个，其中星级文明网点133个、区域化农机维修中心7个。

三是强化农机培训机构管理。主动适应取消农机培训费的实际，一方面争取财政加大投入，稳定办学队伍；另一方面积极开展农机社会化培训，青岛市拖拉机驾驶培训机构达到8个，其中民办培训机构2个。加强农机培训机构规范化建设，选拔组建12人的教研组，组织编写培训教材，提高了师资建设水平。9月中旬，在莱西市举办农机教师观摩教学竞赛，评出一等奖1个、二等奖3个、三等奖2个。切实加强农机作业、维修、经营等实用技术人才队伍建设，全年培训各类农机人员5 000多人次；完成职业技能鉴定2 500多人。在全省农机技能竞赛中，市农业机械管理局荣获组织奖，胶州市2名农机合作社成员获得“优秀选手”称号。

四是加强农机质量管理。青岛市农机部门联合工商局、质量监督局组织开展农机护农“金盾行动”，及时调查处理农机投诉案件。严厉打击制售假冒伪劣农机及其零配件违法犯罪活动，维护农民的合法利益。组织开展放心农机下乡和“星级文明农机销售企业(市场)”创建活动，扶持诚信农机销售企业建成“星级文明农机销售企业和市场”39个。承办全省农机投诉了作座谈会，青岛市做了经验介绍，受到广泛好评。

五是建设公共服务设施。通过新增千亿斤粮食生产能力建设项目安排一定资金，加强基层农机服务体系建设。首批在胶州、莱西两市配备相关的仪器、设备，加快农机监理、推广等公益性服务机构的基础设施建设。

【加快发展农机合作社，新型职业农民担当主力军】 一是完善农机服务体系。青岛市农机部门把农机专业合作社作为农业机械化发展的重要主体，加大政策扶持力度，实行“五优先”(优先安排购机补贴资金、安居工程、保护性耕作、深松整地、跨区作业证)，发展起2 000多个农机合作服务组织，重点发展社户型、社企型、社站型三类农机专业合作社，总数达到286个，入社人数达到1万多人，平均每个乡镇4个，提高社会化服务能力。开展农机合作社示范社创建活动，建成全国示范点6个、省级明星社2个。推行订单作业、承包服务、代耕代种代收和土地规模经营等农机服务新模式，作业环节由产前向产中、产后延伸，带动先进农业技术的集成应用、规模化推广，承担全市50%以上的农机作业量。以农机专业合作社为主体，组织6 600多台农业机械参加三夏、三秋跨区作业，由机耕、机播、机收扩大到机械深松、秸秆还田、免耕播种等服务领域，作业面积350千公顷，为机手增收2.7亿元。以农机专业合作社成员为主的43.9万农机手，懂技术、会操作、善经营，逐步成长为新型职业农民的代表，正成为建设现代农业的中坚力量。

二是建设试验示范基地。充分发挥全国农业机械化示范区和全国花生机械化示范市的示范作用，加快新机具、新技术的推广应用，促进青岛市农业机械化水平的提高。扶持农机专业合作社试验引进一批农业机械化新装备、新技术，建成粮食、花生、花卉苗木、茶叶生产、水产养殖、果品加工和设施栽培等10处市级试验示范基地，探索适合不同区域特点的农业机械化技术路线和模式，推动现代农业重点领域的生产机械化。围绕优势农产品区域布局，以机械化收获为主攻方向，通过建设花生、薯类、大蒜、生姜等经济作物示范基地，组织召开现场会、演示会、举办培训班，推动经济作物生产机械化。以人工收获一公顷大姜为例，需要750个人，每人每天作业费150元，而用机械收获大姜，每小时收获0.13公顷，每公顷作业费仅3 000元，相当于40个人工的作业量。

三是建设“农机安居”工程。针对大中型农业机械快速增长、农机合作社缺少农机存放场所、影响农机使用性能的实际，充分用好农机场库属农业用地的政策，连续第三年扶持10处农机专业合作社高标准建设农机库房、维修间、培训教室和储油设施，累计达到25处，占地总面积6.6万平方米，提高农机合作社的综合服务能力。解决大批农机的存放难、维修难和保养难等问题。

四是设施累加补贴政策。把购机补贴资金重点向农机专业合作社倾斜，对购买玉米联合收获机、小麦免耕播种机、深松机和花生联合收获机等重点机具及配套的拖拉机，补贴比例达到40%，比其他的购机户提高10个百分点。全年扶持农机专业合作社175个，补贴机具206台(套)，补贴资金达到1 225万元，约占全市补贴资金总量的16%，提高了农机合作社的装备水平和服务能力。

【依法加强农机监管，推动农机安全生产】 一是改善农机监管装备。加强农机监理的基础设施和装备建设，在2010年围绕“人”的考试配备农机监理专用车和红外线桩考仪、无纸化考试设备的基础上，2011年重点加强对“机”的检测，配备了7条移动式农机检测线，在5市建设现代化拖拉机驾驶员安全检测考试中心，逐步摆脱“眼看、手摸、脚蹬”的人工检验方式，提高了安全监管服务能力，增强了监管的科学性、权威性。

二是依法加强农机监管。全面贯彻实施《农业机械安全监督管理条例》，以提高拖拉机和联合收割机上牌率、年检率和持证率为重点，组织开展严厉打击农机安全生产违法行为专项整治行动，加大农机安全隐患排查治理力度，预防和减少农机安全事故发生，保障人身财产安全，全市农机“三率”水平均达到

70%以上。探索实行对从事道路运输的拖拉机证件特别管理制度,有效解决农田作业机械挂牌与交强险强制实施之间的矛盾。加快转变工作作风,主动进村入户、服务上门办理挂牌、审验等手续,规范执法自由裁量权制度,提高农机执法服务水平。

三是推进"平安农机"建设。青岛市在全国率先开展"平安农机"专业合作社创建活动,新增专业合作社12个,总数达到24个。已建成国家级示范县2个、省级示范县1个和省级示范镇24个。农机安全生产形势继续保持稳定,总体控制指标在全市13个重点行业和全省农机系统领先。

【存在问题】 与现代农业和社会主义新农村建设的需求相比,农业机械化水平需要进一步提高;对购机补贴和农业机械化项目资金的监管压力比较大;需要进一步加强农机监管推广等公共服务体系和社会化服务体系建设等问题。

新疆生产建设兵团

【概况】 2011年,新疆生产建设兵团(以下简称"兵团")农机部门以科学发展观为统领,以农机购置补贴为契机,以收获、加工、林果、园艺、畜牧等机械为突破,以突出农业机械化工作全面质量管理为重点,着重提高农业生产机械化水平和能力,充分发挥农机在农业生产过程中的支撑作用,较好地完成了年初制定的工作目标和任务。

【农机装备数量进一步增加】 2011年,新疆生产兵团农机总动力达到390万千瓦,比2010年增长3.37%,大中型拖拉机3.75万台,大中型配套农具7.8万台(架),分别比2010年增长6.2%、8.3%,更新大中型拖拉机5 990台,当前兵团73.5千瓦以上的拖拉机已达到5 900余台,采棉机1 000余台,联合收割机1 420台,农用飞机32架,畜牧、园艺机械数量比2010年增长了15%以上。大型装备能力强,效率成倍提升,工作质量有保证,经营效果良好。

【农业机械化作业水平进一步提升】 2011年,新疆生产兵团机耕面积1 070千公顷,机播面积1 100千公顷,机收面积770千公顷,机耕、机播、机收水平分别达到100%、99.4%、69%,种植业综合机械化水平已达到90.2%,比2010年增加了1个百分点。飞机作业面积26.1万千公顷。机械作业达到2.93万千公顷。2011年比较突出的特点是机收水平比2010年提高4个百分点,主要是机收番茄、机收甜菜和机收棉花面积均有大幅度提高。

【农机购置补贴政策进一步落实】 2011年,新疆生产兵团享受国家农机购置补贴资金3亿元,在全兵团范围内实施购置农业机械21 821台(架),比2010年增加2 001台(架/套),其中大中型拖拉机5 990台,比2010年增加2 039台,占补贴总额的62.86%,比2010年增加7.16个百分点;收获机械954台,比2010年增加49台。占补贴总额的12.13%,比2010年减少3.39个百分点;配套农具和其他机械14 877台(架/套),比2010年减少87台(架/套),占补贴总额的25.01%,比2010年降低3.77个百分点。有15 117户职工和农机服务组织直接受益,比2010年减少1 002户,直接带动购机资金9.27亿元,比2010年增加0.79亿元。通过积极筹划、组织,按程序和步骤环环相扣实施购机补贴政策,促进兵团农业机械装备的更新换代,提高大农业生产能力和效率,为农业丰收打下良好的机械化生产基础。

【机收工程取得新突破,超额完成年度计划】 2011年,种植机采棉模式面积320千公顷,采棉机保有和使用量已达1 000余台,比2010年增加300台,完成机采面积256.67千公顷(不含复采面积),比2010年增加近86.67千公顷。一师、五师、八师机采面积较大,分别机采53.33千公顷、26.67千公顷和114.67千公顷,五师、八师机采面积已占植棉面积的85%,六师和七师机采棉面积取得突破,分别采收23.87千公顷、13.33千公顷,比2010年增长70%和50%。为充分发挥采棉机功能,兵团还协调组织了部分采棉机进行跨区机械采收棉花作业面积达53.33千公顷。机械化采棉所需要的清杂设备已配套159条生产线,可满足333.33千公顷棉花清杂任务。机械化采棉技术及工艺已经成熟,硬件配套趋于合理,已具备了大规模推广的基础条件,快速推进机采棉工程的基础条件充分具备,并有信心在今后两年内完成80%机采面积的目标。

【农机新技术推广应用领域拓展、示范效果明显】 2011年,新疆生产兵团大面积推广秸秆还田637.33千公顷、残膜回收422千公顷、土壤深松188千公顷和机械植保608千公顷。机械移栽、高架精量喷雾、土壤深翻、葡萄埋藤、保护性耕作和节能降耗等农业机械化新技术得到进一步示范应用。各种经济作物的机械化收获也有了突破性进展,马铃薯、甜菜、打瓜、油菜、辣椒、番茄等作物联合收获机械800余台,全面实现了机械化作业。畜牧园艺业机械化生产进展较快,推广牧草收割机、饲草料打捆机、储奶罐、挤奶器等畜牧机械2011年新增了376台(套),有利推进畜牧业规模化生产。新增葡萄埋藤机、挖坑机、修剪机、弥雾机等园艺机械1 150台,这类小型机械的使用,为初步改变园艺业生产方式亦有正面积极的意义。

【农业机械化服务基地建设有了新进展】 农机公共服务基地建设离不开人财物的支撑保障。2011年,新疆兵团通过加强农业机械化推广基地建设,加大资金投入等措施,努力使农机公共服务水平与农业机械化发展水平同步提升。兵团各级财务用于农机推广,安全监理,信息服务,基地及棚库建设投入约4 000余万元,已经陆续开工建设8个团场级"四位一体"的农业机械化棚库基地。并积极与农机企业加强了联系沟通,组织农机企业、科研院校联合攻关研发急需产品,在增强各农机企业技术创新能力和市场竞争力的同时,也不断为农业机械化发展提供新产品新技术,满足现代农业生产发展需求。

【安全生产管理水平进一步提升】 以深化"平安农机"创建为抓手,以落实农机安全生产责任为主线,切实强化农机动态监管和源头管理。严格拖拉机驾驶培训资格准入、规范注册发证、检审验等业务流程。开展了"文明监理、优质服务"示范窗口和提高"三率"创建活动,并进行多次巡回检查督导。2011年,兵团共发生农机事故7起,比2010年减少6起,死亡4人,比2010年减少2人,重伤3人,与2010年持平。其中:万台事故起数106,万台死亡人数0.061,万台重伤人数0.45,与计划目标相比万台事故起数低0.45,万台死亡人数低2.94,万台重伤人数低0.16。农业机械化效益水平稳步提升。全兵团农机服务总产值达到48亿元,比2010年增加了10亿元,主要是作业服务收益,其中机械化收获棉花收入达到7亿元之多,农机服务在农业职工纯收入中的贡献率达到了30%以上,促进农机工作的快速发展,采棉机的产销量翻了一番多。

【认真履行职能职责,制定"十二五"行业建设规划和年度推进措施以及全年工作任务】 2011年,新疆生产兵团通过召开农业机械化工作会议,明确工作方向、重点及主要内容,统一发展思路,明确重点工作,激发工作热情。3月举办农业机械化高新科技培训研讨会,邀请国内专家学者进行农机高新技术等演讲,兵团农机全系统110余位农机行业骨干参加了研讨会,接受了高水准的教育或培训,受到了良好的效果;五月份又举办兵团农机高新技术产品博览会及购置补贴政策宣讲培训会,约150人参加了培训,增长见识,反映是积极正面的。

【全面扎实地实施了农机购置补贴政策】 2011年,新疆生产兵团农机部门把购机补贴政策实施做为一项重要的政治任务来对待,健全完善工作制度和规定,突出重点,阳光操作,规范程序,提高效能,实现农场职工得实惠,农机企业大发展的目标。2011年落实中央财政农机购置补贴资金3亿元,拉动团场职工和农机服务组织投入资金9.27亿元,带动社会和个人对农业机械化的投入。农机装备新度大为提高,特别是棉花收获机、玉米收获机、大功率拖拉机、节水灌溉机具、园艺业和畜牧业机具和设施农业设备等。通过各种宣传媒体和形式让购机户了解购置补贴政策,发放宣传挂图2 000余张、补贴政策问答读本几千册到团场职工手中。在导向上做到准确无误,注重机具的作业效率和使用可靠性,有效地改变先进适用的大中型机械数量不足,机型陈旧,技术状况老化的局面。在整个过程中,各单位都能落实规定和要求,执行"三个禁止",认真落实"五制",切实做到了"八个不得"。兵团还组织人员赴基层单位进行了多次监管检查,发现问题及时纠正。

【按照现代化农业理念来组织各农时阶段机械化生产活动】 农业机械化在大农业生产过程中的主要作用,一是提高效率,二是确保农时,三是降低成本,四是增加收益。2011年,新疆生产兵团农业生产机耕水平100%、机播水平99.4%,机收水平达到69%左右。从事农机操作人员约6.2万人。在春耕、"三夏"、"三秋"主要农时,克服天气恶劣,柴油供应紧张等多重困难,早部署,早筹划,精心组织,科学调度,保证农业机械化生产的顺利进行,为全年粮棉等作物丰产丰收做出突出贡献。小麦水稻、玉米、甜菜、番茄、棉花等作物跨区机收的规模不断扩大,已达到133.33千公顷,作业市场有序稳定,运行机制趋于合理,农机订单作业的生产服务形式不断拓展,特别是机械化采收棉花和番茄作业,各级相继组织成立几个机收服务公司,进行及时的机收作业服务,引入竞争机制,实现进度快,质量好,问题少,效果好的工作状态。

【根据实际需要和农时机械作业特点,积极开展行业技术服务及培训工作】 为提高全行业整体素质好技能水平,2011年三月份兵团举办农机高新技术及农机合作组织学习班,专门培训管理人员及技术骨干,五月份又举办现代化农业农机装备模式及保护性耕作技术培训班,九月份组织农机知识竞赛活动,参加人员累计850人次。结合国家阳光工程农机培训工作全面展开,兵团在各师都建立了相应的培训学校,组织了教学队伍,开展丰富的农机培训工作,累计5 000余人次接受阳光工程的农机培训。2011年,针对农机驾驶操作人员流动性大、新手多的实际情况,兵团通过举办不同层次农机专项技术培训班,共培训农机管理干部、农机技术人员、驾驶操作和维修服务人员5万余人次,对推广应用农机新技术和落实田间作业质量标准及安全生产起到良好的效果。

【利用农业机械化项目,带动农作物收获机械化有突破】 2011年初,新疆生产兵团下发了《关于加快机采棉工作的意见》(兵发[2011]3号)文件,明确提出"十二五"全面实现棉花机械化收获的目标。突破总面积的50%,实现机采面积比2010年增长了17%,主要做法是:一是利用贷款购买200多台采棉机、15台甜菜收获机和10多台番茄收获机等大型先进的农机设备。二是完成农业部支持保护性耕作项目资金2 070万,在10个团场实施,完成保护性作业面积27.82千公顷。三是申请玉米机械收获项目资金10万元。四是申请棉花机械收获项目资金70万元,农五师、农八师全年基本实现机械化采棉,大多数团场综合机械化水平达到94%。五是申请农机标准化项目资金60万元,在2个团场实施。通过上述项目的实施,提升兵团农机整体装备水平,生产和抗灾能力进一步增强,生产效率进一步提升,使种植业劳动力大量转移成为现实,全兵团减少采拾棉花劳力30万人,为团场农业结构调和改变传统生产方式整奠定了基础。

【全面部署,加强指导,组织检查,搞好服务,开展了全方位农业机械化监管活动】 为确保农机在农时活动中健康平稳较快地发展,兵团通过推广新机具、新技术在完成农业生产任务中提高应用水平、作业质量和经济性指标。根据农时特点,农业机械化管理局组成检查督导组,分3批5次对部分团场进行调研、咨询、检查、督导等,主要内容:一是标准化管理情况,二是落实购置补贴政策情况,三是机械化生产和作业任务完成情况,四是机具棚库基地建设情况,五是安全生产监管以及各类农机人员培训等。通过检查督查发现,各师工作进展情况良好,各项任务指标达到要求,并及时上报有关资料和信息。

【存在问题】 行政管理和服务体系依然薄弱,集约化管理的优势没有充分发挥;农机装备结构还有待于进一步调整,配套基础设施建设特别是公共服务体系建设还需加大工作力度;农机企业缺乏宏观调控管理机制,不利于可持续发展;农业机械化维修及服务体系发展滞后;各级农机管理人员不足,管理服务水平有待于进一步提高等。

黑龙江省农垦总局

【概况】 2011年,黑龙江垦区农业机械化工作贯彻落实全国农业工作会议农业机械化工作会议,黑龙江省农垦总局党委(扩大)会议和总局农业工作会议及农机专业会议精神,贯彻落实科学发展观，围绕冲刺粮食总产200亿千克，建设现代化大农业，发展现代化大农机，积极推进垦区农业机械化发展"一个转变"、"六个延伸"，开拓进取、扎实工作，完成了农业机械化发展各项工作任务和目标，有利地促进垦区现代化大农业建设，为实施垦区"十二五"农机发展规划开个好局。2011年是实施垦区"十二五"农机发展规划的起步年，在总局党委的正确领导下，在国家农机购机补贴政策的继续实施下，垦区农业机械化发展势头持续高涨，农业机械化发展步伐进一步加快，农机装备结构水平进一步优化和提升，农机标准化管理和田间标准化作业水平提高。促进垦区现代化大农业建设登上新台阶。

【大力推进农机更新，农机装备水平进一步提高】 2011年，黑龙江省农垦总局围绕建设现代化大农业，积极争取和认真落实国家农机购置补贴政策，引进和购买国内外最先进的大农机，武装垦区现代化大农业。到2011年末，农机更新总投入达到26亿元以上，更新购买国内外各类农业机械总计5.1万台(件)，进一步突破历史。先后两批争取到和落实国家农机购置补贴总计达3.6亿元。新建旱田装备示范区20个，总数达到了351个，提高垦区现代化农机装备水平。到2011年末，农机总动力695万千瓦，比2010年的671万千瓦提高3.6%。农机原值135亿元，净值105亿元，分别比2010年提高了8%和10.5%，田间综合机械化率达到97%比2010年提高0.5个百分点，其中旱田达到97.5%，水田达到96.5%。实现航化作业面积1 000千公顷，农业机械化发展空间不断扩大。

【大力推广农业机械化新技术、新机械，经济效益显著】 2011年，垦区农机部门围绕种植业结构调整，大幅度增加玉米和水稻面积的要求，坚持农机与农艺相融合，推广保护性耕作技术、玉米大豆精密播种技术及机具、卫星定位和自动导航设备、水稻智能化集中浸种催芽技术和程控设备、水稻高性能插秧机，水稻、玉米收获机械、马铃薯、芸豆、甜菜等经济作物种植和收获机械等十多项农机新技术、新机具，成效显著。以引进推广的大豆、玉米精密播种机510台为例，该机播种质量高，播种均匀、深浅一致。以播玉米为例，节省种子3.75千克/公顷，人工间苗费300元/公顷，可增产8%—10%，每公顷节本增收达1 200—1 500元，深受职工欢迎。按每台平均担负333.33公顷播种面积计算，每台可实现节本增收40万—50万元，510台播种机可实现节本增收2亿—2.5亿元；再以2011年新增高性能插秧机5 500余台为例，也是突破历史，用高性能插秧机插秧，增产5%—8%，每公顷增收900—1200元，每台平均负担插秧面积按33.33公顷计算，每台可增收3万—4万元，5 500台可增收1.65亿—2.2亿元；推广拖拉机卫星定位自动导航设备400余台，大幅提高拖拉机功效和利用率，是每台拖拉机能增收30%—50%。总之，农业机械化新技术和新机具的大量推广应用，增产增收、节本增效显著。2011年农业机械化新技术、新机具推广应用新增经济效益超过10亿元。

【坚持农机管理创新和农机管理服务中心建设，农机标准化管理和作业水平进一步提高】 2011年，启动了新一轮("十二五"期间)的"农机标准化管理达标与创新活动"，进一步完善了农机管理目标考核1 000分评比办法。将农机跨区作业纳入重点考核内容之一，同时，提高了标准化农场农机综合机械化程度和农机安全的要求。实行优机、优质、优价制度，全面实现农机标准化作业。狠抓农机队伍建设，开展农机大培训，使驾驶操作人员和各级管理人员整体素质有了很大提高。2011年垦区共投资4.5亿元用于现代农机管理服务中心建设，新建、扩建53个农机管理服务中心，建设面积达166万平方米。涌现出像七星、创业、红星、宝山、友谊五分场二队，龙门、鹤山等一大批，具有建设标准高，管理水平高，多功能现代化农机管理服务中心。按照达标规划，年内将择优评选出30个农场为"农机管理标准化农场"。

【积极开展农机"场县共建"，实现"三代"新突破】 2011年年初以来，垦区各管理局、农场认真落实2011年度跨区作业实现"三代"2 666.67千公顷的工作目标。各级农机部门积极与周围市县搞好对接，加大整村代耕、全程代耕和承租农村土地的力度，开展跨区作业指导与服务。到2011年底，确保完成年初制定的农机跨区作业"三代"面积2 666.67千公顷的目标，比2010年增加600千公顷，实现农垦农机创收4.5亿多元，农村农民节本增收8.5亿元。同时绥化、北安、九三等管理局，还抓住全省建设投入1 000万元机械设备标准的现代农机合作社的机遇，积极沟通、协调、推进场县共建农机合作社建设。截至目前，垦区累计场县共建大型现代农机合作社29个，其中2011年新增共建农机合作社8个，已按照规划实施，有力地促进了场县区域经济协调发展，充分发挥了农垦在全省农业现代化和新农村建设示范带动作用。

【加强职工队伍培训，提升北大荒农机文化建设】 2011年，垦区继续开展农机大培训。举办各类农机培训班受训人数达到7.5万多人次，先后开展阳光工程培训，驾驶、操作人员岗位培训，各类新机械、新技术培训以及农机管理干部、监理员培训班等，进一步提高了垦区农机队伍人才素质。2011年5月份，与总局团委共同开展了"垦区青工机械插秧机手技能大赛"取得圆满成功。与总局文化委共同制作的反映垦区发展现代化大农机，建设现代化大农业的《铁流Ⅱ》电视专题片以及《铁流Ⅰ、Ⅱ》光盘现已面向垦区和对外发行。"北大荒农机工人标志服"和北大荒集团标识进一步普及和推广，2万多台大型农业机械粘贴了"北大荒集团"标识。友谊农场、七星农场投巨资，新建了"农机博览园"，已对外开放。"北大荒农机"已是垦区现代化大农业的代表和靓丽名片。

【加强农机安全监督管理，实现了农机安全生产】 垦区农机部门认真落实农机安全生产责任制，同安全生产监督管理部门共同开展了新一轮的"平安农机"创建活动。深入开展"农机安全年"、"农机安全专项整治月"等活动。加大农机法规培训、宣传教育和安全检查力度。全年检验各类农机具29万台(件)，排查农机安全隐患2 346项，整改率达99.5%以上，清理"黑车"7 550台，清理非驾4 560人。农用拖拉机和自走式联合收获机挂牌率达96%以上，农机驾驶人员持证率达96%以上。各级农机监理部门与交警部门积极配合，联合开展农机道路交通安全检查，整治农用年辆道路违法行为，确保农机安全生产，力争年内无农机重特大事故、无死亡事故发生，实现“五连冠”。

【存在问题】 一是农业机械化发展还不够平衡，分局与分局、农场与农场之间在机械化程度和管理水平上差距较大，不同作物机械化也有差异，经特作物，畜牧生产机械化程度偏低；二是仍有大批量性能落后、机型陈旧的机械仍在使用，迫切需要淘汰更新；三是农机人才队伍“青黄不接”的问题更加突出，迫切需要采取有力措施；四是农机管理体制和经营机制还不完全适应现代化大农业发展的需求，迫切需要进一步深化改革；五是农机社会化服务体系还不够健全，没有专门的农机推广机构和专职推广人员；六是农机场库棚基础建设亟待加强，资金投入严重不足，需要进一步加强，提高建设水平。

试验鉴定与标准化

农业部农业机械试验鉴定总站（中国农机产品质量认证中心）

【概述】 2011 年，农业部农业机械试验鉴定总站（中国农机产品质量认证中心）（以下简称“总站”）始终坚持以邓小平理论和“三个代表”重要思想为指导，深刻领会十七大和十七届三中、四中、五中、六中全会精神，贯彻落实科学发展观，围绕“两个千方百计、两个努力确保”的农业农村经济发展目标和全国农业机械化中心工作任务，认真开展创先争优活动和绩效管理试点工作，扎实推进廉政风险防控机制建设，履行职能、规范行为、提高能力、扎实工作，切实加强业务建设，不断完善自身建设，充分发挥技术支持和服务保障作用，各项工作取得了显著成效。

【农机试验鉴定工作进一步科学规范】 2011 年，农业部农业机械试验鉴定总站着力加强试验鉴定体系建设，强化试验鉴定工作规范统一，保持和提高实验室检测能力，提升人员队伍专业技术水平，试验鉴定工作科学化水平进一步提升。总站实验室顺利通过“四合一”复评审，共有 15 大类 82 种农机产品的检测能力通过了国家级计量认证和“农业部农业机械质量监督检验测试中心”审查认可（扩项 13 种）；共有 59 种产品的检测能力通过了中国合格评定国家认可委员会实验室认可（扩项 3 种）；共有 17 种产品的检测能力通过了“国家拖拉机质量监督检验中心（北京）”授权（扩项 2 种），拓展总站检验检测能力。配合农业部农业机械化管理司完善《农业机械安全监督管理条例》配套规章制度，调研起草《农业机械安全鉴定办法》，为下一步开展安全鉴定工作奠定了基础。进一步推进推广鉴定工作制度化，拟定《农业机械推广鉴定大纲管理办法》和《农业机械推广鉴定大纲编写规则》等 2 项农业机械推广鉴定通则，组织制修订了《农业轮式和履带拖拉机》等 38 项农业机械推广鉴定大纲和《挤奶机械》等 11 项选型鉴定大纲。修订《推广鉴定项目管理实施细则》，制定《推广鉴定工作人员行业守则》和《部级推广鉴定受理审查》、《部级推广鉴定证书变更》等 6 个作业指导书，绘制部级推广鉴定受理审查、信息变更处理等流程图，编制相应的规范文件和表格。开通运行金农工程一期农产品和生产资料市场监管信息系统——农机鉴定子系统，实现部级推广鉴定申请网上审查。开展第三期部级推广鉴定审查员培训，全年组织 8 个审查员培训班，共培训推广鉴定审查员 500 多名。2011 年，总站共收到部级推广鉴定申请 1 000 项，经审查受理部级推广鉴定申请 744 项，向通过能力认定的各省级鉴定站和专业站安排任务 548 项，总站检验室承担了 196 项。选型鉴定、其他检验和委托技术服务等项目共立项 409 项。

【农机质量认证工作稳步发展】 2011 年，农业部农业机械试验鉴定总站认证中心以提高质量管理体系符合性、有效性、努力控制认证风险为目标，以完成植保机械强制性认证标准转换、提高质量管理体系认证水平为重点，进一步完善、改进质量管理体系，优化体系内部管理，加强人员队伍建设，各项工作稳步推进。加强内部质量管理，对认证审核人员的评价结果进行统计分析，对强制性认证植保机械企业和拖拉机企业进行分类，强化了获证企业的有效管理。优化认证项目管理流程，建立并实施认证项目管理区域负责制，保证了认证项目的有效实施。全年实现认证业务稳步发展，组织完成初次认证、监督认证等各类认证 615 项，新发认证证书 143 张，换发认证证书 103 张，暂停认证证书 67 张，撤销认证证书 40 张，注销认证证书 37 张。

【扎实开展《国家支持推广的农机产品目录》相关工作】 2011 年，农业部农业机械试验鉴定总站配合农业机械化管理司认真拟定申报范围，由原来的 44 小类 240 个品目缩小到 30 个小类 88 个品目，规范《目录》产品种类。组织起草 47 个品目的申报产品基本条件，比 2010 年增加了 27 个品目，使具有申报产品基本条件的产品数量达到了 70% 以上，《目录》申报产品的基本条件更加科学、合理。优化升级《目录》网上申报管理系统，提高目录申报的效率和准确性。积极开展列入 2011 年国家支持推广目录中的企业和产品进行监督检查，通过调查问卷、现场检查和座谈等方式，对 5 个省（区）11 家企业的 118 个产品进行了检查。编印了《2009—2011 年国家支持推广的农业机械产品目录》（2011 年度调整）印刷本，面向全国农业机械化系统、农机企业和农民免费发放，为用户购置农机产品提供参考，受到各省农机管理部门和广大农民的好评。

【大力推进农机质量监督工作】 2011 年，农业部农业机械试验鉴定总站按照农业部农业机械化管理司里要求，贯彻落实全国农业机械化质量工作会议精神，开展质量调查、质量督导、质量投诉、打假等工作。起草《2010 年全国农业机械化质量报告》，并首次向社会公开发布。编制出版拖拉机、半喂入联合收获机等 6 种机具的《农业机械安全警示标识图解》挂图，指导农机手正确操作农业机械。3 · 15 期间，参加农业部举办的现场咨询活动，免费向农民发放 10 余种资料共1.4万册。积极开展补贴机具质量保障督导工作，认真做好微型谷物加工组合机产品重点检查工作和微灌设备产品的2011年质量安全普查工作。组织召开了2010年全国农机质量投诉情况通报会，对企业改进产品质量提出了建议。做好农机质量投诉受理工作，协助各省开展投诉工作人员培训，共对3个省的300多名投诉工作人员进行业务培训。2011年总站共收到农机质量投诉247件，涉案总金额达到1 792万元，目前已成调解处理226件，为农民挽回直接经济损失753余万元，真正为农民解决实际问题。

【认真做好农机标准化基础工作】2011年，农业部农业机械试验鉴定总站组织召开全国农业机械标准化技术委员会农业机械化分技术委员会三届三次年会，确定年度工作任务和目标。举办农业机械化标准项目管理和标准编写培训班，提高农业机械化标准的编写质量。加强农业机械化行业标准项目管理，推进标准制修订工作进度，组织召开标准审定会，《甘蔗机械化深耕深松作业技术规范》等4项国家标准通过专家审定，提高农机标准化水平。配合农业机械化管理司开展主要农机安全运行标准执行情况专项治理工作，参加农机安全生产法律法规知识竞赛有关问题研讨，负责编制标准试题，保障农业机械化安全生产。开展农业机械化标准调查研究，起草了农业机械化标准工作调查报告，为制定农业机械化标准和完善农业机械化标准体系提供了依据。

2011年发布的农业机械化行业标准

序号	标准编号	标准名称	被代替标准编号
1	NY/T 2082－2011	农业机械试验鉴定术语	
2	NY/T 2083－2011	农业机械事故现场图形符号	
3	NY/T 2084－2011	农业机械质量调查技术规范	
4	NY/T 2085－2011	小麦机械化保护性耕作技术规范	
5	NY/T 2086－2011	残地膜回收机操作技术规程	
6	NY/T 2087－2011	小麦免耕施肥播种机修理质量	
7	NY/T 2088－2011	玉米青贮收获机作业质量	
8	NY/T 2089－2011	油菜直播机质量评价技术规范	
9	NY/T 2090－2011	谷物联合收割机质量评价技术规范	
10	NY/T 373－2011	风筛式种子清选机质量评价技术规范	NY/T 373－1999

2011年审定通过的农业机械化行业标准

序号	项目编号	标准名称	项目负责起草单位
1	20083289－T－604	甘蔗机械化深耕深松作业技术规范	广西自治区农机鉴定站
2	201113584	拖拉机安全操作规程	农业部农机监理总站
3		联合收割机安全操作规程	农业部农机监理总站
4	201012022	联合收获机械安全标志	山西省农业机械质量监督管理站
5	200709022	水稻插秧机适用性评价方法	江苏省农业机械试验鉴定站
6	201012060	水稻机插秧作业技术规范	江苏省农业机械试验鉴定站
7	200911055	手扶拖拉机修理质量	江苏省农业机械试验鉴定站
8	201012371	农用柴油发动机修理质量	农业部农业机械试验鉴定总站
9	200911014	活塞式挤奶机质量评价技术规范	内蒙古自治区农牧业机械试验鉴定站
10	200911119	棉花收获机质量评价技术规范	新疆农牧业机械试验鉴定站
11	201012029	碾米成套设备质量评价技术规范	辽宁省农机质量监督管理站
12	201012030	全混合日粮制备机质量评价技术规范	辽宁省农机质量监督管理站
13	200911229	油菜联合收割机作业质量	农业部南京农业机械化研究所
14	201012195	常温烟雾机安全施药技术规范	农业部南京农业机械化研究所
15	200709317	机械化保护性耕作术语	农业部农业机械试验鉴定总站

2011 年批准立项的农业机械化行业标准

序号	项目编号	标准名称	项目类型	项目金额(万元)	项目承担单位
1	201113041	谷物联合收割机可靠性评价方法	制定	6	山西省农业机械质量监督管理站
2	201113047	牧草收获机质量评价技术规范	制定	6	内蒙古自治区农牧业机械试验鉴定站
3	201113049	饲料加工成套设备能耗限值	制定	6	辽宁省农业机械鉴定站(农业部农产品加工机械设备质量监督检验测试中心(沈阳))
4	201113050	液压榨油机质量评价技术规范	制定	6	辽宁省农业机械鉴定站(农业部农产品加工机械设备质量监督检验测试中心(沈阳))
5	201113122	农业机械适用性评价一般方法	制定	6	江苏省农业机械试验鉴定站
6	201113123	旋耕机质量评价技术规范	制定	6	江苏省农业机械试验鉴定站
7	201113190	花生收获机质量评价技术规范	制定	6	山东省农业机械试验鉴定站
8	201113284	甘蔗收获机作业质量	制定	6	广西壮族自治区农业机械鉴定站
9	201113287	微耕机修理质量	制定	6	重庆市农业机械鉴定站
10	201113288	微耕机安全技术要求	制定	7	重庆市农业机械鉴定站
11	201113321	马铃薯收获机作业质量	制定	6	甘肃省农业机械鉴定站
12	201113415	油菜机械化生产技术规范	制定	7	农业部南京农业机械化研究所
13	201113580	水稻插秧机修理质量	制定	7	农业部农业机械试验鉴定总站
14	201113581	拖拉机可靠性评价方法	制定	7	农业部农业机械试验鉴定总站
15	201113583	拖拉机登记证书	制定	4	农业部农业机械化技术开发推广总站
16	201113584	拖拉机安全操作规程	制定	7	农业部农业机械化技术开发推广总站
17	201113665	温室加温系统安装与验收规程	制定	7	农业部规划设计研究院

【扎实做好农机维修管理工作】 2011 年,农业部农业机械试验鉴定总站贯彻落实《农业机械维修管理规定》,起草《农机生产企业维修能力评价准则》,组织 40 家企业参加了维修能力评价,促进企业提升维修服务能力,有效落实农机"三包"规定。深入开展柴油机喷油泵标准油量传递技术推广研究,联合江苏省农业机械管理局、河北省农机修配站等 4 家单位对 495A 柴油机喷油泵进行调修比对试验,获得了很好效果,为下一步喷油泵调试和标准油量传递技术的推广应用奠定了基础。继续开展"政企联动"培训,2011 年共举办 4 期培训班,其中两期为阳光工程农机培训师资班,共有 29 个省(区、市)的 178 名学员参加,88% 的学员取得了高级以上国家职业资格。组织举办了首期"全国农机专业合作社理事长培训班",首次开展了"农机专业合作社经理人"职业技能鉴定,来自全国农机专业合作社示范社的 160 多名负责人参加了培训,140 多人通过鉴定获得"农机专业合作社经理人"职业资格。

【认真做好信息化服务工作】 2011 年,农业部农业机械试验鉴定总站做好农业机械化信息宣传,完成中国农业机械化信息网的改版工作,制定信息网季度宣传要点,加强宣传的计划性、时效性、针对性。围绕农业机械化发展的重点和热点,建立"农机抗旱保春耕"、"全旧农机购置补贴"、"全国农机技能竞赛"等9 个专栏重点报道,营造了农业机械化又好又快发展的舆论氛围。加强信息报送工作,全国近 100 名信息员报送信息 1.8 万条,总站编发信息 1.5 万条。中国农业机械化信息网仍继续保持强势地位,日均点击量达 72.7 万次,较 2010 年提高 24.6%,日点击量峰值达 130.9 万次,月点击量峰值达 2 651 万次,连续 6 年点击量位列农业部 18 个行业网站首位。实现中国农业机械化质量网开通运行,举办了质量网信息宣传工作培训会,建立了 38 家鉴定单位的 56 位信息员队伍,加大了鉴定系统宣传力度。加强《农机质量与监督》杂志发行工作,进一步完善栏目和版式设计,保证月刊准时发行。完成"3·15"专刊——《农机用户购机指南》编发工作。首次举办全国农业机械化生产信息员培训班,配合农业机械化管理司实施农机购置补贴信息公开工作,及时完成农业机械化统计相关工作,编印《农业机械化情况》30 期,较好地完成了农业机械化信息宣传工作。

【积极发挥行业指导与协调作用,推动系统内交流与合作】 2011 年,农业部农业机械试验鉴定总站起草《全国农业机械试验鉴定"十二五"规划》和《关于进一步加强农机试验鉴定工作的意见》,已经农业部办公厅正式发布,推动农机试验鉴定工作,引领试验鉴定系统科学发展。加强试验鉴定制度和技术发展调查研究,成立农机试验鉴定行业发展专家组,提高了鉴定系统发展的科学决策水平。加强总站专业站的管理,起草了专业站管理办法,进一步规范专业站工作行为。2011 年初组织召开了全国农机试验鉴定站长会,认真总结"十一五"和2010 年农机试验鉴定与质量监督工作,研究"十二五"农机试验鉴定与质量监督工作发展思路、目标和重点任务，部署2011年全国农机试验鉴定系统重点工作。年中召开了部分省(区、市)农机试验鉴定站长座谈会，在系统内推进廉政风险防控机制建设工作，督促各站制定行业廉政风险防控手册并严格执行。承担第三批部级鉴定能力认定工作，提出能力认定工作方案，组织制定评审技术文件，举办了第三批部级鉴定能力认定考评员培训班。根据农机试验鉴定体系部级鉴定能力发展需要，成立了“农业部农业机械试验鉴定总站海洋捕捞与养殖机械专业站”。分别组织召开了2011年拖拉机、内燃机行业推广鉴定检测技术研讨会，收获机械、插秧机推广鉴定及质量评价技术研讨会，推动了行业技术水平的提高。

技术推广

农业部农业机械化技术开发推广总站

【概况】 2011年，农业部农机推广总站贯彻科学发展观，开展创先争优活动，围绕保障主要农产品有效供给、促进农民持续较快增收和促进加快转变农业发展方式的战略要求，引领全国各级农业机械化技术推广机构以突破农业机械化薄弱环节关键技术为重点，以农机农艺融合为指导方针，加大技术试验示范推广力度，着力推广增产增效型、资源节约型、环境友好型农业机械化技术，加强体系建设、创新推广机制、提升服务能力，取得了新的阶段性成果。

【农业机械化技术推广机构的公益职能进一步明确】 2011年，国家启动《农业技术推广法》的修订程序，新修订的《农业技术推广法(草案)》明确规定包括农业机械化技术推广机构在内的农业技术推广机构的公益性质，明确了国家公益性农业技术推广机构的五大公益职责。2011年8月31日，副部长张桃林在全国农业机械化技术推广工作会上强调：“要继续坚持国家农业机械化技术推广机构的公益性定位”的农业机械化技术推广工作原则。总站完成了农业部公益一类事业单位的调研和申报工作，编制《农机推广机构建设规范(草案)》。湖北、湖南、广西、浙江等省份农机推广机构和人员已经实现了参公管理；北京、天津、重庆等省份农机推广机构被确定为公益一类事业单位；山西、吉林、广东等省份积极推进乡镇农机推广机构独立设站；内蒙古、辽宁、四川等省份积极争取财政支持，解决基层推广机构经费保障。江苏、山东等地积极推进有完善的管理体制、有规范的运行机制、有精干的人员队伍、有稳定的经费保障、有必要的推广条件手段的“五有”推广机构建设。目前我国农机推广体系覆盖全国30个省市自治区和新疆兵团及黑龙江农垦系统，全国农机推广机构共有22 550个，工作人员总数达98 313人，省级推广机构32个(723人)，地市级推广机构294个(3 764人)，县级推广机构2 228个(17 773人)，乡镇级推广机构19 996个(76 053人)。

【开展技术推广工作的意识明显增强，公益服务水平显著提高】 一是积极投入和组织抗旱保丰收工作，彰显农业生产的主力军作用。2011年，我国夏粮生产遭遇百年不遇的重大旱情，局部地区秋粮生产也遇到了严重旱灾。面对灾害，各级农业机械化推广机构积极响应、配合落实国家抗旱机具补贴政策，投入和组织农机抗旱工作。据不完全统计，仅在华北和黄淮地区2011年2月份就投入和组织农机抗旱救灾工作服务队4 300多个，培训机手近60万人次，投入拖拉机、水泵、移动喷灌机械等抗旱作业机具478万台(套)，完成抗旱灌溉面积3 604.67千公顷，运送救灾物资600万吨。

二是积极投入和服务农机“三夏”和“三秋”作业，公益性服务能力不断提高。2011年，总站印发《重要农时农业机械化技术指导手册》，围绕主要粮油经作物生产机械化，明确了十一项春耕农业机械化作业要点、八项“三夏”农业机械化作业要点和七项“三秋”农业机械化作业要点，规范化作业流程，提高了农业机械化技术推广工作的针对性。“三夏”作业期间，各级推广机构积极组织农机科技下乡宣传培训活动，广泛设立机手服务站，强化“三夏”农机跨区作业信息服务和维修等技术服务，配合柴油等生产物资调度，为夏粮的丰产丰收提供了有力保障。“三秋”期间，总站印发《关于做好2011年“三秋”机械化生产工作的通知》，各级农业机械化推广机构迅速行动，以推广播后镇压技术、深耕深松技术、机械化秋播技术、秸秆还田技术、机械化植保技术为重点，制订技术推广工作方案，强化组织领导，加大培训力度，转变工作方式，为实现秋粮丰产丰收和落实秋冬种工作提供了有力保障。

三是指导农机专业合作组织发展，培育农机社会化服务力量。各级推广机构在承担和组织实施的各类示范推广项目均把培育农机合作组织、提高农机合作组织的社会化服务能力作为重要的工作与考核内容。在江苏、浙江和山西等地出现的农机合作社联社和农机联合作业公司成为我国农业合作社发展的新事物，通过联社形式，实现了当地合作社的强强联合、资源共享，提升了服务水平和能力，增强了市场竞争力和带动力。

四是扎实落实为农民办实事工作，向南方丘陵山区11个省份推广适用农业机械化新技术。目前，总站已经在浙江、福建、江西、湖北、湖南、广东、广西、重庆、四川、贵州、云南等11个省份的农机推广机构确定了22个丘陵山区适用农业机械化新技术推广联系点(县)，69个骨干示范户；向示范户赠送适用农机具11台(套)，总价值5.5万元；发放各种技术资料10万余份，依托骨干示范户开展技术演示30多场次。还将于12月份在福建漳州召开第二届海峡两岸丘陵山区农机展览会，将全国农机推广、农机监理系统人员、有关农机企业和农户代表聚集在一起，集中演示、研讨丘陵山区农业机械化技术。展会期间将组织58个骨干示范户全程免费参观，开阔他们的视野，更好地发挥他们的示范带动作用，促进当地丘陵山区农业机械化发展。

2012 年,将继续扩大活动规模,将骨干示范户扩大到550 户,确定赠送 2012 年全套《农机科技推广》杂志等技术资料。

五是认真做好农机购置补贴专项工作,推动惠农政策落实到位。2011 年,受农业机械化管理司委托,总站组织专家完成了 2011 年度全国通用类补贴机具分类分档和补贴额测算工作,组织审核了各省(区、市)补贴实施方案和补贴目录,确保了中央财政农机购置补贴政策的及时、顺利实施。总站认真做好补贴政策咨询和举报电话接听和抽查工作,一年来共接听回答了 300 多个补贴政策咨询电话、记录上报有线索的投诉 8 个,抽查购机农户 6 000 户,为国家确定资金投入方向、改进补贴操作程序提供了参考。在春耕和三夏生产农忙季节,总站对各地补贴政策实施情况进行了督导检查,对部分企业在补贴政策实施中存在的“以小套大”、“空套补贴资金”等问题进行查处。总站加大购机补贴政策宣传和培训力度,编印了《农机购置补贴申请程序挂图》和《2011 年农机购置补贴政策解读 20 问》小册子 10 万份,免费发送至全国各级农业机械化主管部门、所有补贴机具经销商和所有乡镇,完成了对 100 多家 2011 年通用类机具生产企业的补贴管理软件使用培训工作。

【多方调研、集中众智,基本廓清了农机农艺融合的工作思路】 2011 年,结合编制《全国农业机械化技术推广“十二五”规划(2011—2015 年)》规划工作,农业部农业机械化技术开发推广总站先后参与和组织了三亚市召开的“十二五”农业机械化发展战略研讨会、在重庆市召开的水稻生产机械化专家研讨会、在山东潍坊市召开的“主要农作物农机农艺技术融合研讨会”、在江西上饶召开的华东地区农机推广站长会、在丹东召开的“东三省农机推广交流研讨会”、在山东潍坊召开的“全国玉米生产农机农艺技术融合座谈会”,在河南焦作召开的油菜生产机械化专家研讨会等一系列重要会议,并深入库尔勒考察棉花机械化生产农机农艺融合机制,赴广西考察甘蔗机械化生产农机农艺融合机制,赴大连市考察物理农业、水产健康养殖农机农艺融合工作,初步形成了“围绕生产定方向,产学研推齐攻关,针对问题找对策,根据对策拟方案,试验集成再优化,形成规范搞推广”的农机农艺融合工作思路。

【启动一批农机农艺融合项目,有望突破农业机械化发展薄弱环节的技术瓶颈】 2011 年,农业部农业机械化技术开发推广总站开展“优势农产品重大技术推广项目”、“甘蔗生产全程机械化技术集成示范基地项目”等农机农艺融合项目,建立了农机农艺融合示范点 20 个,初步探索了农机农艺融合工作机制,初步形成了水稻、甘蔗机械化生产技术规范 6 套。配合农业机械化管理司成功推动了“农机农艺融合试验示范区建设”项目立项,将从 2012 年起在全国范围内建立水稻、玉米、棉花、油菜、甘蔗农机农艺融合试验示范县 30 个,力争通过 2—5 年的努力,解决一批制约我国主要粮油经作物机械化生产的主要技术瓶颈,形成一批具有较高推广价值的机械化生产技术规范,加强我国农业机械化发展的技术储备。

【形成了农机农艺融合广泛开展的基本态势】 2011 年,农机农艺融合的技术思路已经成为指导各类农业机械化示范推广项目的共识。农业部近期印发《玉米生产机械化技术指导意见》,明确要求以地域性种植行距统一为重点逐步规范玉米种植,推进玉米生产机械化。在“主要农作物生产机械化示范项目”中,农机农艺融合、农机专家与农艺专家联合推广等指标已作为项目验收和评估的重要依据。各级地方农业机械化技术推广机构也结合当地实际开展了一批农机农艺融合试验示范项目,如山东开展的玉米和花生农机农艺融合试验示范工作,甘肃开展的玉米农机农艺融合试验示范工作,新疆维吾尔自治区开展的棉花机械化收获农机农艺融合试验示范工作,河南开展的胡萝卜机械化生产农机农艺融合试验工作,均取得了较好的阶段性成果。

【主要农作物机械化生产薄弱环节关键技术推广工作扎实推进】 在 2011 年“三夏”工作中,水稻育插秧机械化技术推广面积达到 4 892 千公顷,玉米精量播种技术 13 085 千公顷,油菜机械化播种技术 338 千公顷,棉花机械化播种技术 1 341 千公顷,花生机械化播种技术 1 741千公顷,马铃薯机械化播种技术 561 千公顷。2011 年全国水稻机械化种植水平达到 25% 以上,较 2010 年增长近 2 个百分点。江苏省水稻育插秧机械化技术推广面积 4 893 千公顷,机插率达 48%,全国领先。在 2011 年“三秋”工作中,实现玉米机收 9 000 千公顷,水稻机收 20 000 千公顷,油菜机收 800 千公顷。2011 年全国玉米机收水平将达到 28% 以上,较 2010 年增长 3 个百分点;全国水稻机收水平将达到 64% 以上,较 2010 年增长 4 个百分点。其中中山东省实现玉米机收面积 2 747 千公顷,机收水平达到 80% 以上,全国领先;河北省玉米机收率达到 26%,比 2010 年增长 6 个百分点,增幅最大。

总体来看,目前水稻育插秧和玉米机收技术体系经过多年的示范推广已经基本成熟,水稻和玉米生产机械化呈现加速发展态势;油菜生产机械化技术突破态势日趋明显,适宜机收的油菜品种将成为主要制约因素;棉花机播、机收需求旺盛,在新疆维吾尔自治区棉区初步形成了一些具有地域特色的技术体系,亟待加大试验示范工作力度,探索完善的技术路线和,生产工艺;薯类(包括马铃薯和甘薯)、花生、甘蔗生产机械化技术体系仍需在试验示范中加大农机农艺融合力度,完善技术路线和生产工艺,扩大示范规模。

【增产增效型、资源节约型、环境友好型技术加速推广应用】 经过几年的持续示范推广,以保护性耕作、机械深松、机械化秸秆还田、化肥深施、机械化高效植保等技术为代表的一批农业机械化生产新技术在生产中得到广泛应用,呈加速推进趋势,促进了当地农业生产方式的转变。截至 2011 年 10 月底,全国推广应用保护性耕作技术 6 293 千公顷,同比增加 1 976 千公顷;推广免耕技术 12 678 千公顷,同比增加 1 526 千公顷;机械化秸秆还田技术 12 410 千公顷,同比增加 1 976 千公顷。在 2011 年“三夏”期间,全国推广机械深松技术 1 313 千公顷,化肥深施技术 15 304 千公顷,机械化高效植保技术 21 436 千公顷,高效节水灌溉技术 3 600 千公顷。

【各地各具特色的经济作物机械化生产技术推广全面开花】 随着各地农业和农村经济快速发展,适合当地农业生产需要的特色农业机械化技术成为制约农业现代化的瓶颈和实现农业科技进步的洼地。各级农机推广机构抓重点、破难点,开展了具有区域特点的特色农业机械化新技术示范推广。山东省出台经济作物机械化创新发展考评办法，将花生、“两薯”（马铃薯、甘薯）、“三辣”（大蒜、生姜、大葱）、棉花、黄烟、茶叶及林果等经济作物机械化作为重要考评对象，有效提高了经济作物生产机械化水平。广西壮族自治区“糖罐子”要驾“铁驴子”，力推甘蔗生产耕、种、收机械化。云南、贵州等省重点解决烟叶耕整、田间管理和移栽环节机械化，大力推广烟叶生产机械化。陕西省大面积推广小麦秸秆捡拾打捆技术，有效拓展秸秆资源的利用渠道，增加农民收入。天津、吉林、辽宁等地大力推广等离子体种子处理、生物脉冲干预、电磁防霜冻等物理农业技术，实现增产又提质。北京市大力推广应用先进青贮收获机，对促进饲料生产机械化、缓解饲料供应形势起到了积极作用。重庆市开展生物质移动式烘干机试验示范试点，江苏推广海产品热泵低温干燥加工技术，在农产品烘干技术应用上进行了有益探索。浙江省大力推广春茶机制技术，实现茶叶生产机械化。甘肃省在旱区示范推广全膜双垄沟机械化作业技术、垄作沟灌机械化节水技术，在灌区推广固定道垄作保护性耕作技术，实现玉米增产增效。新疆维吾尔自治区大力推广番茄机械移栽和机采棉技术。

【对农业机械化推广工作的领导进一步加强】 一是全国农业机械化技术推广工作会议成功召开，增强了各级推广机构的凝聚力和战斗力。2011 年 8 月 31 日，农业部在山西太原成功召开全国农业机械化技术推广工作会，这是农机推广系统发展史上划时代的重要事件，来自全国 31 个省（直辖市、自治区）农业机械化行政主管部门和农业机械化技术推广机构的主要领导、专家齐聚一堂，共商推广工作科学发展大计。张桃林在讲话中明确指出坚持国家推广机构的公益性职能定位是当前和今后一个时期做好农业机械化技术推广工作必须坚持的重要原则，为农机推广系统改革指明了方向。副部长张桃林还从建设现代农业、加快促进农业生产方式转变等战略高度，高屋建瓴地谋划了农业机械化推广工作的指导思想和发展重点，统一全国农业机械化技术推广系统的认识。司长宗锦耀用“辉煌载入史册，征程任重道远”来勉励各级推广机构要充满信心、提升能力、提高素质、改变作风、优化服务、塑造形象，为农业机械化事业的全面发展提供更加有力的支撑。会后，各省与会代表及时向当地有关部门汇报、传达会议精神，有力地促进了各地推广机构的条件建设和能力改善，密切了各地、各级推广机构的联系和交流。

二是制订了农业机械化技术推广工作“十二五”发展规划，为统筹全国农业机械化技术推广工作提供了依据。2011 年 9 月，农业部颁布《全国农业机械化技术推广“十二五”规划（2011—2015 年）》，系统分析我国当前农业机械化技术推广工作的形势、“十二五”期间的工作目标、重点任务和保障措施，为当前和今后一个时期农业机械化技术推广工作指明了方向。截至 2011 年 10 月底，全国已有 10 多个省颁布了省级农业机械化技术推广工作“十二五”规划，指导行业科学发展的规划体系基本形成。

三是体系的领导力量得到加强和充实。2011 年，农业部党组从加强部总站领导班子建设的高度，配齐了部总站领导班子。目前，总站领导班子更加年轻化，知识结构更趋合理。此外，内蒙古、黑龙江等省份的推广站的领导班子也得到了更新和充实，一批 70 后乃至 80 后技术骨干走上各级推广机构的中层领导岗位，全国推广系统的领导结构、技术结构得到有效改善，为全面实现“十二五”推广工作目标奠定了良好的组织基础。

安全监理

农业部农机监理总站

【概况】 2011 年，农业部农机监理总站深入贯彻科学发展观，开展创先争优活动，按照“安全第一、预防为主、综合治理”的工作方针，引领全国各级农机安全监理机构以安全发展、预防和减少农机事故为目标，以提高农民安全生产意识为切入点，以关键生产环节、重点机具和重要农时为重点，着力提高农机驾驶操作人员操作水平和改善农业机械安全技术状态，坚持依法办事、优质服务，农机安全监理体系建设稳步推进，工作规范化和装备现代化有效提升，农机安全生产形势总体稳定。

【农机安全监理体系建设得到加强】 2011 年，全国共有县级以上农机安全监理机构 2 904 个，县级以上农机安全监理从业人员近 3.372 万人，共有专兼职农机安全监理人员达 11 万人。基本形成了县以上有机构、县以下有组织、有人员的 6 级农机安全监理监管网络体系，农机安全监理体系建设稳步推进。在 30 个省级农机监理机构中公务员及参公管理 25 个，占 83%；360 个地市级农机监理机构中公务员及参公管理 229 个，占 63.6%；2 478 个县级农机监理机构中公务员及参公管理 790 个，占 31.9%。全国县级以上农机安全监理机构中有 1 044 个机构纳入公务员或参照公务员管理，占总机构数的 36%。农机安全监理体系不断完善，地位明显提高，人员队伍相对稳定，经费保障水平明显提高，从行政体制上确立了农机安全监理机构的执法地位，为农机安全监理人员公正执法、文明监理提供了组织保障。

【农机监理工作规范化建设稳步推进】 随着农机安全监管法规体系的逐步完善和平安农机创建活动的深入开展，农机安全监理规范化建设稳步推进。

【农机安全监管法规体系不断完善】 为贯彻落实好《农业机械安全监督管理条例》，总站先后起草和修订了《拖拉机安全操作规程》、《联合收割机安全操作规程》、《农业机械安全实地检验办法》、《拖拉机联合收割机登记信息库暂行管理办法》、《拖拉机驾驶证申领和使用规定》、《拖拉机登记规定》、《联合收割机及驾驶人安全监理规定》、《农业机械事故处理办法》、《农业机械事故文书制作规范》和《农业机械机身反光标识》、《农机安全监理机构技术装备一般配备要求》、《拖拉机检测装备一般技术条件》等规范性文件和标准，进一步规范农机安全监管行为。各地也相继出台或修订了37部地方农机管理条例和政府规章，进一步明确拖拉机、联合收割机等农业机械的安全监管范围和安全监管措施。

【农机安全检验、考试和牌证核发工作逐步规范】 为规范拖拉机登记注册工作和引导企业生产符合国家标准的产品，农业部农机监理总站举办GB16151—2008《农业机械运行安全技术条件》宣贯会，并组织符合国家标准GB7258—2008《机动车运行安全技术条件》和GB16151—2008《农业机械运行安全技术条件》的手扶变型运输机产品展示和现场演示，引导生产企业生产符合国家标准规定的拖拉机产品，加强农业机械的源头管理。为推进全国农机安全监理人员在职培训，总站编印了《农机安全监理》统一培训教材，向全系统发放1.5万册。2011年，已有近一半的县以上农机安全监理务人员通过使用《农机安全监理》培训教材，提升了业务素质和安全执法监管能力。各地严格执行《农机安全监理人员管理规范》，规范农机安全监理人员管理和培训考核，建立农机安全技术检验员、事故处理员和考试员的岗位培训制度及持证上岗制度。严格执行农业部规章和相关标准，进一步规范了拖拉机、联合收割机的登记注册和检验和拖拉机、联合收割机驾驶考试程序和考核标准，加强牌照发放管理，严把考试发证关。

【拖拉机、联合收割机牌证制发工作扎实有序】 农业部农机监理总站先后举办了"拖拉机联合收割机牌证制发监督管理培训班""拖拉机联合收割机牌证定点生产企业负责人培训班"，进一步明确了拖拉机、联合收割机牌证生产、制作及配发过程的管理要求。各省进一步完善了牌证制发管理制度，明确了牌证管理岗位人员的职责权限，严格执行牌证监督管理办法的各项管理制度和程序；定点生产企业也进一步加深了对牌证监督管理制度和管理办法的理解，主动配合开展日常的牌证制作、供应以及售后服务工作。

【农机事故应急处置能力进一步增强】 农业部农机监理总站在全国启用了'金农工程'"全国农机事故报送分析系统"，规范农机事故统计报送工作，提高农机事故统计工作的及时性、准确性。各地认真贯彻《农业部关于加强农机事故应急管理工作的意见》，制订或修订应急管理预案，组织开展应急演练，提高农机事故防范及应急处理能力。

【农机监理装备水平得到提升】 农业部农机监理总站继续加大移动式拖拉机安全检测装备项目实施力度，争取移动式拖拉机驾驶人考试装备项目立项，积极推进送检下乡、送考下乡，提升了基层农机监理装备水平。开通试运行中国农机安全监理信息网，积极推进"金农工程"农机安全监理监管子系统开发测试工作。各地继续做好"新增千亿公斤粮食生产能力工程"、"金农工程"的实施，进一步加强农机安全监督检查、事故勘察装备、信息系统等能力建设，努力改善执法服务手段。

【深入开展农机安全生产宣传教育活动】 2011年，农业部农机监理总站协助部农业机械化管理司深入开展"平安农机"创建活动，完成了第三批全国"平安农机"示范县的考评工作。组织举办了6期全国设施农业装备安全监管及专项治理培训班，向农民免费发放了20万份卷帘机安全使用挂图，联合北京市农业局联合举办了"三夏"农机安全生产宣传咨询日活动。各地结合"三夏"、"三秋"等重要农事季节，认真开展农机安全生产年、农机安全生产月、送农机安全生产知识进万家和设施农业装备专项治理等活动，举办农机事故警示教育展览，普及农机安全法规和安全生产知识，使安全教育经常化、制度化、增强安全意识，为农民办实事。山东、湖南、云南等省找准宣传教育的重点、盲点，抓住群众关注的热点、焦点，采取立体交叉全方位全覆盖的安全宣传方式，积极开展多层次、多渠道、灵活多样的农机安全宣传教育活动，营造了浓厚的农机安全整治氛围；江苏省市组织开展形式多样、载体不同的群众性农机安全宣传教育活动，发放给农机手一封信、安全知识宣传单及手册等10余万份，通过移动通讯信息平台发送农机安全信息30余万条。

【加大农机安全隐患排查整治力度】 各地围绕"春种"、"三夏"、"三秋"等重点农时季节，将常态检查和专项督查相结合，扎实开展农机安全生产执法检查、治理和宣传教育"三项行动"，切实加强农机安全生产法制体制机制、保障能力和监管队伍"三项建设"，有效预防和减少了农机事故的发生，为农业机械化又好又快发展营造安全稳定的环境。浙江、湖南、广西等省区开展农业机械摸底调查工作，深入乡村逐台登记农业机械详细情况，摸清农业机械实际拥有的数量，掌握农业机械的安全状况，为全面抓好农机安全生产工作打下良好的基础。内蒙古自治区把农机安全生产监管工作措施落到实处，先后对10个盟市、26个旗县进行了安全生产监督检查，查找事故隐患，强化安全措施。总站围绕改善和提高在用拖拉机安全防护性能，提升预防农机事故能力，2011年继续新增6个省份开展拖拉机安全防护性能提升事故预防试验示范试点推广，为拖拉机粘贴农机安全反光贴。广东省通过财政补贴广泛开展为手扶拖拉机安装前照灯、转向灯和刹车灯的"三灯"活动，有效增强安全性，得到了广大机主和驾驶员的好评。

【农机安全生产形势仍然严峻】 2011年，我国正处在工业化、城镇化加速推进的重要时期，处在传统农业向现代农业迈进的关键阶段。农村劳动力结构和农民的劳动观念发生了深刻的变化。广大农民对农机作业的需求越来越迫切，对农业机械性能和质量的要求越来越高，农业生产对机械化的依赖越来越明显，农业机械化在建设现代农业中的支撑引领作用越来越突出。我国农业生产方式实现了由人畜力为主向农机作业为主的历史性跨越。随着农业机械化的快速发展和应用领域的不断拓展，农业机械及驾驶操作人员大幅增长，农机事故处于多发易发期。

2011年农机安全生产形势严峻，事故起数呈上升趋势。至10月底，全国累计发生在国家等级公路以外的农机事故730起，死亡90人，受伤370人，直接经济损失493.83万元。全国农机事故死亡人数占全年控制考核指标的42.45%，在总体控制考核指标进度目标以内。与2010年同期相比，死亡人数和受伤人数分别下降了23.08%，和3.90%，事故起数和直接经济损失分别上升了24.79%，和30.5%。其中：拖拉机事故342起、死亡66人、受伤208人,分别占事故起数、死亡人数和受伤人数的46.8%、73.4%和56.2%。联合收割机事故310起、死亡13人、受伤124人,分别占事故起数、死亡人数和受伤人数的42.5%、14.4%和33.5%。其他农业机械事故78起、死亡11人、受伤38人,分别占事故起数、死亡人数和受伤人数的10.7%、12.2%和10.3%。发生农机事故的主要原因有:一是操作失误,因操作失误引发的事故423起、死亡35人、受伤189人,分别占事故起数、死亡人数和受伤人数的57.9%、38.9%,和51.1%;二是无证驾驶,因无证驾驶引发的事故264起、死58人、受伤167人,分别占事故起数、死亡人数和受伤人数的36.2%、64.4%和45.1%;三是无牌行驶,因无牌行驶引发的事故162起、死亡36人,受伤115人,分别占事故起数、死亡人数和受伤人数的22.2%、40%和31.1%;四是其他原因,因其他原因引发的事故156起、死亡19人、受伤81人,分别占事故起数、死亡人数和受伤人数的21.4%、21.1%和21.9%。

教育培训与职业技能鉴定

农业部农业机械试验鉴定总站

【概述】 2011年,农业部农业机械试验鉴定总站筹备首届全国农机技能竞赛活动,总站作为竞赛活动的承办单位之一,组织拟定《2011年全国农机技能竞赛规则》,编制竞赛理论考试试题、操作技能考核试题和综合知识竞答试题,全面协调竞赛现场的相关事宜。总站还承担竞赛活动总裁判长和副总裁判长任务,完成了竞赛评判工作,得到各省代表队的一致认可。最终,总站获得竞赛活动“特别奉献奖”。参与《国家职业分类大典》修订工作,开展农业机械化行业职业状况调研,共发出调查问卷9 380份,调查了解农机职业分类情况,努力在《国家职业分类大典》中增设农机中类,修订农机职业(工种)24个,为农业机械化行业职业分类奠定法定基础。加强行业质量管理,开展职工技能鉴定站质量管理评估工作,推荐行业内3个鉴定站参加人力资源和社会保障部的“示范鉴定站”评选。加强考评员培训和考评技术研讨,举办了4期全国农机职业技能鉴定考评员培训班,培训考评人员621人,进一步壮大了行业队伍。组织编制了《设施农业机械设备操作工》、《农机轮胎修理工》等2个职业标准和《农机维修电工》、《农机焊工》、《农业机械操作工》、《挖掘机驾驶员》、《农业技术指导员(农机)》、《农机专业合作社经理人》等66个试卷库,进一步完善了农机职业技能开发技术体系。大力培养农机修理、驾驶操作、管理服务等技能人才,全年核发职业资格证书12万个。

农业部农业机械化技术开发推广总站

【概述】 2011年,农业部农业机械化技术开发推广总站加大信息宣传服务力度,依托《农机科技推广》杂志、“中国农机推广网”、“中国农机安全监理信息网”和“农机推广与监理”简报和“农机推广短信通”等信息宣传平台,广泛、深入、全面、及时地宣传报道农机推广系统工作情况与成效,加强系统联系,全面推进农机推广、农机监理两大系统围绕中心、服务大局,共谋农业机械化科学发展。2011年10月,为隆重庆祝建党九十周年,深入推进农机推广系统文化和行风建设,总站举办了首届全国“农机推广杯”乒乓球团体比赛。充分展现出了全国农机推广工作并昂扬向上的精神风貌、扎实过硬的优秀素质和团结奋斗的团队意识。

各级农机推广部门不断创新农机推广工作方法,充分利用电视、网络、手机等现代信息技术手段,打造信息化的技术推广平台,扩大农业机械化技术培训和宣传信息的受众面,着力提高宣传、培训质量和效率。截至2011年10月底,全国共举办各类现场会、培训班4.8万次,发放各种技术、宣传资料近909.3万份,培训各类农业机械化技术人员528.3万人次。目前,所有的省级推广机构都建立自己的网站,发布农业机械化新技术信息、培训信息和作业信息。北京市通过建立农机互联网实现了网站、热线电话、短信平台的集成,全方位向京郊农户提供农业机械化新技术和作业信息。2011年,江苏省“平安农机通信息服务网”入网用户已达31万户,全力提供农业机械化信息服务和燃油供应服务。陕西省西安市启动“西安农机通”及农业机械跨区作业远程服务系统,为千台收割机安装GPS农业信息“一点通”,使实时统计收割机作业信息成为可能,提高了收割机的作业效率和效益。目前,全国已有10多个省份开通了农机跨区作业信息服务平台。

农业机械化科研

农业部南京农业机械化研究所

【概况】 2011年,农业部南京农业机械化研究所科研立项、科技成果、平台建设、学术活动、交流与合作、研究生培养、检测工作取得显著成效,产业与人才工作支撑科研发展需求,圆满完成各项工作任务。

【科研立项】 2011年,农业部南京农业机械化研究所申报各类纵向项目102项,省部级项目立项73项,新增纵向立项经费3 823.1万元,其中留所可支配经费2 676万元。全所共承担各类纵向项目120项,其中主持项目有72项;120个项目中,部委项目68项,省市项目48

项，中国农业科学院项目4项。

【科技成果】 2011年，农业部南京农业机械化研究所获得各类省部级和院级奖项6项，其中"花生机械化收获技术装备研发与示范"获2010—2011年度中华农业科技奖科研成果一等奖；"机械化挖掘收获技术研发与示范"获2010年度教育部高等学校科技进步二等奖，"绿茶加工新技术及其关键设备"获2011年度中国农科院科技进步二等奖，"茶叶生产加工机械化关键技术及产业化开发"获江苏省农业技术推广三等奖，"绿茶机械化加工技术及配套设备"获江苏省科学技术进步三等奖，"花生机械化收获技术装备"获2010—2011年重大农业科技产业化进步奖。

完成科技成果鉴定及项目验收结题26项，其中农业部科技成果鉴定1项。全年申请专利68项，已获专利授权38项，其中发明专利10项，发表论文84篇，SCI、EI等收录22篇。

【平台建设】 2011年，全国农机化教育培训中心获批建设；启动建设农业部现代农业装备重点实验室；江苏省高效植保机械公共技术服务中心挂牌建设。中国农业机械化协会农机科技工作委员会通过中国农业机械化协会批准在农业部南京农业机械化研究所建立，此外，申请加入农业装备产业技术创新战略联盟。

【学术活动】 2011年，农业部南京农业机械化研究所组织各类学术活动16次，承办"主要农作物农机农艺技术融合研讨会"、"国家现代农业产业技术体系机械岗位专家座谈会"、"全国丘陵山地农机化技术发展高层论坛"、"全国丘陵山地小型农机具现场展示会"，第三届现代农业航空国际学术交流会等全国性重要学术会议。

【检测工作】 2011年，"国家植保机械质量监督检验中心"的认可实验室通过"三合一"复评审+扩项评审，检测能力增至62个产品，增加了23个，检验产品已覆盖植保机械、耕作机械、种植机械、收获机械、设施农业装备、农产品初加工机械等。通过"农机鉴定总站植保机械专业站2011年部级推广鉴定能力认定"的扩项工作，检验资质水平不断提高。完成各类监督抽查及检验任务423批次。完成43个型号的植保机械产品部级推广鉴定。完成42个型号的耕作机械产品部级推广鉴定。

【产业管理】 2011年，农业部南京农业机械化研究所先后参加第十五届（锦州）北方农业新技术展会、第六届中国（江苏）国际农业机械展览会、2011中国（丹阳）农业科技洽谈会、南京"农业嘉年华"农业装备展示、第三届中国江苏产学研合作成果展示洽谈会、"第十三届中国国际高新技术成果交易会"、农业部组织的"创新引领现代农业发展"主题展、亚太经合组织（APEC）农业技术转移大会、第二届海峡两岸丘陵山区农业机械展览会等活动，提升了知名度和影响力，展示了科技成果与技术实力。

【人才队伍建设】 2011年，农业部南京农业机械化研究所开展国家"千人计划"、国家"青年人才拔尖计划"、省"双创人才"等海外高层次人才引进计划申报工作，探索编制外用人方式，完成人事制度的修制订，改进应届毕业生招聘面试工作方案，简化结构性面试流程，强化专业技能测试，2011年接收高校应届研究生7人，人员租赁1人。为推进团队建设，遴选出10名所学科带头人，10名所学科带头人培养对象和6名所青年学术骨干。组织召开所"十二五"学科建设研讨会，全面启动8个学科32个方向的建设工作，编写所"十二五"学科建设方案，组织申报中国农科院第二批优秀科技创新团队、江苏省农业委员会创新团队等项目。

【研究生培养】 2011年，农业部南京农业机械化研究所开展研究生培养日常工作，完成中国农科院硕士研究生导师增列工作，共增列20名，研究生导师队伍达36人，完成作物土壤机械工程学、农产品加工装备二级博士点和硕士点增列论证方案，并通过中国农科院学位评定委员会论证。与南京农业大学签订联合招收博士后协议，完成1名博士后的进站等工作。

【科研人员技能培训】 安排年轻科研人员承担院、省市和所自立项目，支持中青年科研人员担任学科方向负责人或科研秘书，吸收年轻科研人员参与学委会各专门委员会工作，支持青年骨干参加国内外业务培训和学历深造，选送1人参加中国农科院海外英语培训班，4人在职攻读博士学位，人才规模不断壮大，结构不断优化，素质不断提升。

国际交流

农业部农业机械试验鉴定总站

【概述】 2011年，农业部农业机械试验鉴定总站组织实施12个出国（境）团组，先后派出19人分别赴马来西亚、美国和中国台湾执行3C认认审查、赴法国参加OCED拖拉机协定年会、赴法国参观SIMA展及举办中法中意农机交流活动等任务。启动了2011年引进国外技术及管理人才项目，通过举办中外农机维修管理与技术研讨班，邀请外国专家进行专题讲座，加强了农机维修行业的国内外交流。积极推动建立亚太农机检测网，两次派员分别赴泰国、马来西亚参加设立亚太农机检测网技术专家组会议，促进亚太农机检测标准统一和检测结果互认。积极邀请美国精准农业专家到总站开展美国精准农业和农业机械化发展现状专题讲座。协助农业机械化管理司先后接待了阿根廷、日本、美国等农机代表团，为拓展农业机械化国际交流与合作打下较好的基础。启动了农业机械化对外宣传画册、农机鉴定总站对外宣传画册编制工作，承担了"十一五"农业机械化国际交流合作资料汇编的后期编制任务。

农业部南京农业机械化研究所

【概述】 2011年，农业部南京农业机械化研究所“中美施药技术联合实验室”挂牌成立，组织实施“东盟国家优质水产饲料机械化加工技术培训”等国际科技合作项目，接待“发展中国家农业管理研修班”、“中喀双边棉纺贸易官员研修班”等来访团组，组织申报农业部国际交流与合作项目 2 项、发展中国家技术培训班项目 1 项、国家外国专家局引智项目 1 项。

农机工业与流通

中国农业机械工业

【**概况**】 2011 年是我国农机工业发展历程中具有重要意义的一年，为贯彻落实《国务院关于促进农业机械化和农机工业又好又快发展的意见》（国办发[2010]22 号）精神，促进农机工业健康有序协调发展，工业和信息化部出台《农机工业发展规划（2011—2015）》、《农机工业发展政策》、《联合收割机和拖拉机行业准入条件》等三个政策性文件，在国家加强农机行业管理，促进我国农机工业可持续发展等方面发挥重要作用。我国农机工业 2011 年继续保持快速发展态势。

主要经济指标完成情况

【**各项总量指标继续保快速增长**】 2011 年，我国农机行业 1 832 家规模以上企业完成工业总产值 2 898 亿元，同比增长 33.74%，完成工业销售产值 2 829 亿元，同比增长 34.39%；完成主营业务收入 2 878.22 亿元，同比增长 33.78%；完成出口交货值 17.9 亿元，同比增长 15%。工业总产值、工业销售产值等指标均保持 30% 以上的增长速度，增幅比全国机械工业分别高 8.68、9.5 个百分点。农机工业的持续稳定增长，促进农业机械化的发展，为国家粮食“八连增”做出贡献。

2011 年农机工业各项总量指标完成情况

序号	指标名称	累计	同期	同比(%)
1	企业数(个)	1 832		
2	工业总产值(现价，千元)	289 817 252	216 697 085	33.74
3	工业销售产值(千元)	282 926 277	210 522 796	34.39
4	主营业务收入(千元)	287 822 183	215 146 169	33.78
5	出口交货值(千元)	21 140 881	18 383 438	15.00

数据来源：国家统计局

【**产品结构调整步伐加快，主要产品产量增速有升有降**】 2011 年，在统计的主要农机产品中，除收获后处理机械产量同比负增长外，其余产品继续保持不同程度增长，但部分产品环比增幅有不同程度下降。其中，大中型拖拉机产量 38 万台，同比增长 22%；小型拖拉机产量 220 万台，增长 6.3%，增幅有所放缓。在收获机械中，由于各地大力推进玉米收获机械化的发展，市场需求旺盛，一度出现供不应求局面，产量达到 5.27 万台，同比增长 38.06%，成为本年度农机市场一大热点。伴随着畜牧业、养殖业的快速发展，饲料专用设备市场需求强劲，产品产量同比增长 72.5%。由于近年来异常气候常态化，年初国家对抗旱设施进行高强度的投入，刺激水泵产品市场，全年产量增长 26.96%。低速载货汽车的产量增幅较小，只有 7.9%，市场平稳，表明该行业继续处于结构调整阶段。

2011 年主要农机产品产量完成情况

序号	产品名称	单位	企业数	累计	同期累计	同比增长(%)
1	大型拖拉机	台	15	37 513	30 195	24.24
2	中型拖拉机	台	34	364 360	305 093	19.43
3	小型拖拉机	台	125	2 375 913	2 258 598	5.19
4	收获机械	台	84	1 062 331	708 329	49.98
	其中:谷物收获机械	台	26	345 925	281 508	22.88
	玉米收获机械	台	16	52 714	38 181	38.06
5	收获后处理机械	台	17	322 298	349 346	-7.74
6	农产品初加工机械	台	22	1 176 641	884 197	33.07
7	饲料生产专用设备	台	20	398 770	223 667	78.29
8	棉花加工机械	台	21	49 542	43 553	13.75
9	泵	台	641	97 390 023	76 708 936	26.96

数据来源:国家统计局

【产品出口继续增长,顺差环比有所降低】 据国家统计局统计,2011 年农机产品出口交货继续增长,全年累计完成出口交货值211.41 亿元,同比增长 15%,12 月增幅环比上升 1.64 个百分点。

据国家海关总署统计,2011 年农机行业进出口总额为 110.11 亿美元,同比增长 27.45%,12 月增幅环比提高 1.63 个百分点。其中,进口 24.93 亿美元,同比增长 20.22%;出口 85.18 亿美元,同比增长 29.73%;贸易差额 60.25 亿美元,顺差继续加大。进出口总额、出口额、贸易顺差等指标均达到 2008 年金融危机以后的最好水平。中国农机生产总量进一步上升,显示了世界农机制造大国的地位。

从出口去向看,前 10 位的国家和地区依次是:美国、伊朗、德国、泰国、印度、日本、俄罗斯联邦、越南、韩国、澳大利亚。其中,韩国、印度、澳大利亚市场增长幅度较大。从进口来源看,前 10 位的国家和地区是:日本、美国、德国、英国、韩国、芬兰、瑞典、荷兰、意大利、台湾省。其中,进口英国增长 98.99%,台湾省增长 33.92%,美国增长 23.2%,其余均为下降。

从产品看,联合收割机出口下降 22.69%,畜产品采集、加工机械下降 21.75%,出口主要产品是拖拉机、运输车辆、配套农具、植保机械、粮食加工机械。

2011 年农机工业进出口完成情况

进出口总额		进口额		出口额		贸易差额
累计金额(万美元)	同比增长	累计金额(万美元)	同比增长	累计金额(万美元)	同比增长	累计差额(万美元)
1 101 145	27.45	249 297.9	20.22	851 847.3	29.73	602 549.4

数据来源:国家海关总署

【行业经济效益同比继续增长】 2011 年,农机工业主要经济指标表现良好,在机械行业中继续处于领先的地位。农机工业利润同比增长 34.5%,增幅环比下降 2.9 个百分点。农机工业实现主营业务收入 2 878.22 亿元,同比增长 33.78%;实现利润总额为 191.97亿元,同比增长 42.14%,在统计的 12 个小行业中,利润总额同比增长保持在 20% 左右,行业总体经济效益良好。但是,各项业务成本、销售成本和管理费用上涨幅度较快,企业在销售环节的负担仍然很大。其中,应收账款同比增长 32.05%,主营业务成本增长 33.97%,财务费用增长 42.36%,利息支出增长 48.84%,均处于较高的增长水平。

另外,尽管行业总体经济状况良好,但仍有亏损企业数 101 个,占规模企业数的 5.52%,同比增长 16.09%,反映出目前农机工业门槛过低,个别新进入行业企业缺乏对农机市场的了解,没有长远打算,农机工业亟待加强准入管理。

2011 年农机工业主要经济指标汇总

指标名称	累计	同期累计	同期比(%)
企业数(个)	1 832		
流动资产合计(千元)	90 492 083	75 855 409	19.30
资产总计(千元)	156 732 169	125 053 177	25.33
负债总计(千元)	83 876 910	68 063 512	23.23
全部从业人员平均人数(人)	350 968	306 008	14.69
亏损企业数(个)	101	87	16.09
亏损面(%)	5.51		
亏损额(千元)	636 981	326 810	94.91

数据来源:国家统计局

【农业机械专利情况】 根据国家知识产权局官方网站专利统计数据显示,2011 年 1 月 1 日至 12 月 31 日,在我国农机行业中,2011 年 1—12 月期间我国公告的发明专利和已授权的实用新型和外观设计专利共 398 项,其中国外企业在我国授权或公告的专利 10 项,占总量的 2.5%;国内职务发明(单位)授权或公告的专利 260 项,占总量的 65.3%;国内非职务发明(个人)授权或公告的专利 128 项,占总量的 32.2%。

2011 年农机行业部分企业专利授权情况

序号	单位	2011 年授权量(含发明专利已公告)				2008—2011 年授权总量(含发明专利已公告)			
		发明	实用新型	外观设计	合计	发明	实用新型	外观设计	合计
1	玉柴机器	36	180	8	224	92	599	95	786
2	潍柴动力	83	88	2	173	115	230	108	453
3	福田雷沃	11	31	51	93	44	161	194	399
4	中国一拖	24	108	22	154	48	270	71	389
5	中国农机院	36	78	0	114	94	177	5	276
6	常发集团	14	24	7	45	24	76	23	123
7	江淮动力	0	5	15	20	12	37	55	104
8	山东五征	5	32	23	60	8	37	44	89
9	常林机械	1	24	3	28	4	46	15	65
10	东风农机	2	10	3	15	6	42	5	55
11	扬动股份	0	0	0	0	17	27	3	47
12	江苏常柴	0	9	0	9	3	42	2	47
13	山东时风	1	9	2	12	5	32	9	46
14	广东农机所	3	8	0	11	11	26	0	37
15	悦达盐拖	0	5	1	6	3	23	7	33
16	常州联发	0	5	4	9	0	5	27	32
17	荣成海山	0	2	0	2	13	14	4	31
18	浙江新柴	2	15	0	17	3	21	7	31
19	天津三佳	3	17	0	20	4	24	0	28
20	上海纽荷兰	1	8	0	1	1	18	4	23

续表

序号	单位	2011 年授权量（含发明专利已公告）				2008—2011 年授权总量（含发明专利已公告）			
		发明	实用新型	外观设计	合计	发明	实用新型	外观设计	合计
21	洛阳中收	1	4	0	5	6	11	6	23
22	河南金葛	0	16	1	17	0	21	1	22
23	潍坊小拖	0	0	0	0	1	20	0	21
24	山东金亿	0	5	0	5	0	17	3	20
25	山东农机所	1	9	0	10	1	17	0	18
26	云南农机所	2	7	0	9	2	12	0	14
27	山东大丰	0	4	2	6	0	11	3	14
28	四方集团	1	2	0	3	1	8	4	13
29	河北农哈哈	0	2	0	2	0	13	0	13
30	海南金鹿	0	0	0	0	0	10	2	12
31	浙江宁野	0	12	0	12	0	12	0	12
32	南宁五菱桂花	0	2	2	4	1	4	6	11
33	山东拖厂	0	1	0	5	0	3	7	10

数据来源：国家知识产权局官方网站，制表人：洛阳拖拉机研究所陈英超

农机工业发展的主要特点

【集中度再提高，区域布局进一步扩展】 2011 年，山东省继续保持农机大省地位。江苏省次之，仍然是日本等外资企业青睐、集中之地。浙江省紧跟其后。河南、河北两省农机工业有比较大的进步，有后来居上之势。山西、陕西新涌现出一批规模以上的农机企业。广东、广西发展甘蔗等经济作物机械，农机工业后劲十足。东北三省近年来重视大型农机的制造，招商引资力度大，形成几个以农机制造为特色的工业园区。四川、重庆、湖南、等省重视发展适合山地丘陵地区的农机制造，满足丘陵山区农业机械化的需要，农机市场也非常活跃。2011 年，全国农机工业布局不断向广度发展，东西部之间的差距缩小。农机工业产业集群、区域品牌得到快速发展。从龙头企业在农机工业中所占比重看，集中优势尤为明显。2011 年，全国农机工业 50 强的企业数量仅占规模企业的 1.8%，但其主营业务收入占到行业的 47.8%，实现利润占行业总额的 40%。同时，市场份额集中趋势也很明显，向大企业和优势品牌集中。

【制造水平和产能进一步提升】 2011 年，农机产品的制造水平整体有较大的提高，由传统制造业向现代制造业过渡的步伐明显加快。以玉米收获机械为例，由于收获机械化的发展，几年来市场供应不足，在短短一年时间内，制造能力就基本满足市场需求。近两年，大型农机企业技术改造热情高涨，加大对制造装备和制造手段投资的力度，对机加工、钣金、喷涂、装配、检测等基本工序进行技术改造，广泛采用数控制造、柔性制造、敏捷制造技术，产品升级换代步伐加快，产品制造工艺明显提高，产品技术水平有较大提高，很好地满足农业机械化的需求，也进一步缩小我国农机工业与国际先进水平之间的差距。

【产品质量显著提升】 2011 年，农机产品质量有大幅度提升，以往，国内农机工业突出的主要问题是产品质量不够稳定，农机产品的可靠性历来是农民投诉的热点，企业解决的难点，政府关注的重点。近年来，随着企业陆续完成技术改造，农机产品尤其是大中型拖拉机、四行玉米收获机械等大型农机产品的整体质量普遍有了比较大的提高。国产农机产品的技术水平和外观设计都有了非常快的提高，市场反馈的结果，连续无故障作业时间有效延长，行业信誉度不断提升，与国际知名品牌的差距逐步缩小。

【拖拉机、收获机械等主要产品继续向大型化、专业化方向发展】 2011 年，大中型拖拉机完成销售 32 万台，其中，75 千瓦以上拖拉机 3 万多台，同比增加 70%。除东北、西北传统市场外，黄淮海等冬麦区对于 75 千瓦以上拖拉机的需求也大幅增加。从玉米收获机械来看，东北地区的主力机型——四行自走式玉米机，黄淮海地区的主力机型——二行、三行自走式玉米机，其销售量增幅同比都超过了 30%。从轮式谷物联合收割机来看，大喂入量的 3 千克、4 千克以上机型已经开始成为市场主流产品，传统的 2 千克机型市场份额大幅萎缩。另外，小麦和玉米两用收割机、背负式玉米机的市场份额有比较大的下降，由此带动玉米收获机械化进入以专用机为主的新阶段。

影响农机工业发展的主要问题

【全球经济走势仍将低迷】 中国已经成为世界农机制造大国，与世界市场的关联度占 25% 强。当前，世界经济仍处于金融危机后的恢复期，延续自 2010 年以来增长乏力的态势，真正复苏还需要一个比较长的过程。同时，国内经济发

展增速趋缓，GDP 增速将进一步下降。2012 年，无论是国际国内增长潜力看，经济增速都将面临较大的增长压力，农机工业处于经济下行和通胀并存的宏观环境中，企业经营压力继续加大。

【生产经营成本全面上涨，农机产品利润空间进一步缩小】 当前，农机企业尤其面临着劳动力、原材料、资金等要素成本上升的压力。2010 年，全国有30 个省上调最低工资标准，平均增幅达到 23%，2011 年又有一半省份再次较大幅度上调最低工资标准，平均涨幅在 20%以上。由于原材料价格、融资成本、劳动力成本等全面上涨，尤其是各项经营费用、财务费用和利息支出的不断上升，农机企业的生产经营成本将进一步上升，压缩利润空间。

从企业运行环境看，2011 年工业生产者采购价格指数同比上涨 10.1%，出厂价格指数同比上涨接近零，甚至下降，企业利润缩水严重，这对农机行业的健康发展尤其不利。农机企业服务于“三农”，对象是农民，企业利润微薄，这就是企业在形势大好的形势下，生存反而受到严重挑战的根本原因。

【同业竞争激烈，企业之间恶性竞争加剧】 近年来，农机工业产销两旺，成为投资的热点领域，国内非农机行业的多种资本进入行业参与博弈，争夺利益。同时，由于国际化进程越来越快，国外农机企业的大量涌入，寻求行业垄断态势逐步凸显。大量资金的涌入，一方面推动行业快速发展，但是也加大企业之间竞争的激烈程度。

农机工业虽然不乏扩大生产的资金来源，但资金投入重点过于倾向传统成熟产品领域，使传统产品产能更加过剩。由于热钱的盲目性，对于新技术的引进、新产品的开发，既缺乏热情也能力不足，造成产品同质化现象非常严重，全行业产能有余，但产品和技术单一，利润不高。

由于农机工业是涉农行业，行业利润一直相对偏低，流动资金、短期借款如果过度投入到不动产，资金链就容易出现断裂，企业的经营风险势必增大。其结果必然是，企业参与低价竞争，产品质量下降，不仅损害的是行业利益，而最终受害的是广大农民群体。

2012 年行业发展预测

【影响 2012 年农机市场有利因素分析】 一是全国粮食连续八年丰收。农民种粮收益好，种粮积极性就高，对农机具的投入热情也就高。在 2012 年全国农业机械化工作会议上提出，全国耕种收综合机械化水平同比要提高 2 个百分点，达到 56%以上，水稻栽植、玉米收获机械化水平分别要超过 28%、38%。综合以上分析，农机工业发展的市场环境继续保持良好状态。

二是国家粮食安全问题日益重要。国内外农产品需求不断增加，粮食作物的价格持续上升。2011 年 1—11 月，粮食价格上涨幅度达到 12.7%。

三是土地规模化经营快速发展。伴随农业发展方式的转变和农业技术集成应用的加快，农机专业合作社已成为农业生产的主力军，得到快速发展。继小麦跨区收获后，玉米跨区收获开始形成，对市场起到推动作用。

四是农村劳动力短缺不可逆转。农村结构性劳动力的短缺，以及劳动力成本的大幅上涨，农业机械化作业的优势越来越明显，在很多地方雇工的作业成本比机械化作业的成本高出许多，加快农业机械化的发展。

五是国家惠农政策力度还将继续并加大力度。在 2011 年中央农村工作会议上，温家宝总理强调，“要适应农村劳动力结构出现的变化，积极发展农机装备业，加大农机具购置补贴力度，加快实现粮食作物全程机械化，稳步推进经济作物和养殖业机械化，全面提高农业机械化水平”。2012 年农机购机补贴工作的力度会进一步提高，补贴资金额会继续增加。

【总的趋势将是稳定增长】 我国正在由传统农业向现代农业转变升级的进程中。国家坚定不移的将粮食生产作为国家安全战略的重中之重，这将是农机工业加快产业升级、稳定、快速发展的良机。未来十年，将是我国农机工业发展的又一个黄金十年。

2012 年是农机工业步入新一轮增长期的开始。总的趋势将是“稳定发展、快速增长”。2012 年农机工业总产值将超过 3 200 亿，行业增加值同比增长 20%左右。主要产品中，大中功率拖拉机突破 40 万台，玉米收获机将有 30%左右的大幅增长，其他联合收割机增幅不大。

（党东民）

中国农业机械流通

【概况】 2011 年，中国农机流通协会配合商务部出台《商务部关于加快农机现代流通体系建设的意见》，召开“2011 全国农业机械展览会”和“2011 中国国际农业机械展览会”，行业研究工作取得新进展，并且协会继续在农机流通行业开展信用等级评价。搭建服务“平台”，提供综合服务，信息服务工作取得新的进展，开展丰富多彩的行业活动，为行业发展献计献策。

【配合商务部出台《商务部关于加快农机现代流通体系建设的意见》】 2011 年，《国务院关于促进农业机械化和农机工业又好又快发展的意见》（国发[2010]22 号）文件颁发后，中国农机流通协会组织学习和宣传，并多次向商务部领导及有关司局汇报，希望尽快出台贯彻国务院 22 号文件精神，具体支持农机流通体系建设的意见和措施。中国农机流通协会在全行业走访 100 多家企业，召开若干次座谈会。由于农机流通协会多次向商务部有关领导和相关人员汇报、沟通，提供大量的行业基础材料和有关数据，并在北京、天津、吉林、河南等地相关农机流通企业、大市场、品牌店以及农机以旧换新企业进行考察、调研，组织周边企业实地召开座谈会，听取意见，4 月份，商务部发出《商务部关于加快农机现代流通体系建设的意见（征求意见稿）》，并由商务部向各省（区、市）商务厅局征求意见，由农机流通协会向全行业征求意见，并汇总到商务部市场建设司。这是农机流通行业的大事情，相关企业也非常重视，纷纷提出意见和建议。协会又在北京、成都、长春、郑州等地召开座谈会，再次提出修改、完善意见。2011年11月14日，商务部“以商建发[2011]431号”文件正式向各省、自治区、直辖市、计划单列市及新疆生产建设兵团商务主管部门和中国农机流通协会下发《商务部关于加快农机现代流通体系建设的意见》。该《意见》分三大部分共十二条，提出加快农机现代流通体系建设的指导思想和发展目标、主要任务、保障措施，以方便农民购买、维修、使用农机，推动我国农业机械化进程。

【召开“2011全国农业机械展览会”和“2011中国国际农业机械展览会”】 2011年，中国农机流通协会坚持携手合作，力求发挥三方优势，充分展现“全国农机会”沟通产需、联系市场、服务用户的功能，利用展会的资源和优势，办好促进行业发展的各种论坛、研讨会、座谈会、技术讲座、信息交流会、新产品新技术发布会等，帮助企业开拓市场，帮助用户选购产品。参照大型国际展会运作模式，不断提升专业化、规范化、国际化程度，力争把“国际农机展”打造成为国际知名的农机大展。本次展会共有来自境内外1 600多家企业参展，展览面积超过了16.6万平方米，其中法国和意大利分别组成展团参展。

【行业研究工作取得新进展】 一是中国农机流通协会初步完成《我国新型农机品牌销售店发展模式与政策研究》的课题。中国农机流通协会召开多次座谈会，广泛搜集大量的数据资料，对国外品牌销售店的投资、建设、运作、效益等情况进行分析。对国内汽车4S店的品牌理念，投资收益、区域布局以及整车销售、售后服务和零配件供应等进行大量的调研。二是申报并起草有关标准初稿。为配合商务部制定《商务部关于加快农机现代流通体系建设的意见》，在具体操作时有章可循、有据可依，农机流通协会向商务部申报了五个标准，代拟一个办法(初稿)。

【在农机流通行业开展信用等级评价】 2011年，中国农机流通协会在全行业组织开展第二批企业信用等级评价工作。在协会网络部的支持下，首次实行网上在线申报。共有60多家企业在网上登记注册，最终确定47家农机流通企业为全国农机流通行业第二批A级以上信用企业。其中：AAA级信用企业18家，AA级信用企业25家，A级信用企业4家。

【搭建服务“平台”，提供综合服务】 一是为解决“农机企业融资渠道窄、融资手段单一”的难题，农机流通协会联合中国农业机械工业协会，共同搭建“农机行业多层次多渠道投融资和金融服务平台”。二是农机流通协会和北京市农业机械公司共同组建的“中农机销售网络”，目前已建成二级网点34个，三、四级网点16个，并在北京建立4S店，在潍坊、保定、内蒙古成立专营店和直营店。

【信息服务工作取得新的进展】 2011年，中国农机流通协会进行日常数据的整理、加工、传递以及数据库的完善等各项工作；每个月定期进行农机市场数据的搜集整理工作，如国家统计局农机月度生产数据、农机进出口数据、主要生产企业的生产与销售数据等；增加购买信息数据的种类(如，进出口数据由过去的15个出口品种，增加到36个出口、36个进口品种)；初步形成《农机市场景气指数》工作方案；农机流通网进行全面改版，新版运行；杂志社编辑发行有所突破。

【开展丰富多彩的行业活动，为行业发展献计献策】 2011年，中国农机流通协会联合中国农业机械工业协会、中国农业机械化协会共同主办“2011年中国农机论坛”。恢复召开中断十年之久的“全国省级协会秘书长工作会”。召开第一届中国农机市场形势分析会。举办“农机企业产需对接和配套服务会”。

【内部治理初见成效】 2011年，中国农机流通协会召开五届三次理事会。内部开始试行各项规章制度和业务管理制度、党建制度等。定期开展业务培训，坚持对年轻人以及新入职员工培训。重视“民生”问题，改善并提高职工的通讯费、降温费等各项福利待遇。提高决策的透明度，重大问题召开全体职工大会决定。党建工作起到保障作用。

(吴军旗)

农业机械化统计资料

全国农业机械化统计分析

全国农业机械化发展情况综合分析表(一)

项　　目	计量单位	2011 年	2010 年	2011 年比 2010 年增减	
				增减量	%
农业机械总动力	万千瓦	97734.66	92780.48	4954.18	5.34
每百亩耕地拥有农机动力	千瓦	53.53	50.82	2.71	5.33
每个农业劳动力拥有农机动力	千瓦	3.53	3.31	0.22	6.75
拖拉机	万台	2255.87	2177.97	77.90	3.58
其中:大中型拖拉机	万台	440.64	392.17	48.47	12.36
小型拖拉机	万台	1815.22	1785.79	29.43	1.64
每百户拥有拖拉机	台	8.55	8.38	0.17	1.97
拖拉机配套农具	万部	3760.96	3605.41	155.55	4.31
其中:大中拖配套农具	万部	698.95	612.86	86.09	14.05
小拖配套农具	万部	3062.01	2992.55	69.46	2.32
每百户拥有拖拉机配套农具	部	14.25	13.88	0.37	2.70
农用排灌动力机械	万台	2284.06	2159.25	124.81	5.78
联合收获机	万台	111.37	99.21	12.16	12.26
每百户拥有联合收获机	台	0.42	0.38	0.04	10.52
水稻插秧机	万台	42.70	33.30	9.40	28.22
农业机械原值	亿元	7116.64	6448.81	667.83	10.36
每个农户拥有农业机械原值	元	2697.27	2482.63	214.64	8.65
占年末农村居民家庭生产性固定资产原值(农业)比例	%	36.23	35.51	0.73	—
农机化作业服务组织	万个	17.06	17.15	-0.09	-0.52
农机户	万户	4111.08	4058.90	52.18	1.29
农机户占农户比例	%	15.58	15.63	-0.04	—
农机化经营总收入	亿元	4509.07	4167.32	341.75	8.20
农机户经营总收入	亿元	3953.09	3706.74	246.35	6.65
农机户户均经营总收入	元	9615.70	9132.38	483.32	5.29

注:拖拉机拥有量与配套农具比 2011 年为 1∶1.67,2010 年为 1∶1.66;
大中型拖拉机拥有量与配套农具比 2011 年为 1∶1.59,2010 年为 1∶1.57;
小型拖拉机拥有量与配套农具比 2011 年为 1∶1.69,2010 年为 1∶1.68;
拖拉机数量中不含变型拖拉机;
农业劳动力(指农林牧渔业劳动力)27694.8 万人,乡村户数 26384.6 万户,数据来源于《中国农业统计资料》(2010);
年末农村居民家庭生产性固定资产原值(农业)为 7444.30 元/户,全国耕地面积为 121715.9 千公顷,数据来源于《中国统计年鉴》(2011)

全国农业机械化发展情况综合分析表(二)

项　　目	计量单位	2011 年	2010 年	2011 年比 2010 年增减	
				增减量	%
农作物耕种收综合机械化水平	%	54.82	52.28	2.54	—
机耕面积	千公顷	106880.87	100603.91	6276.96	6.24
机耕水平	%	72.29	69.61	2.68	—
机播面积	千公顷	72916.97	69160.92	3756.05	5.43
机播水平	%	44.93	43.04	1.89	—
机收面积	千公顷	66006.41	59846.69	6159.72	10.29
机收水平	%	41.41	38.41	3.00	—
小麦:耕种收综合机械化水平	%	92.62	91.26	1.36	—
机耕水平	%	98.79	97.28	1.51	—
机播水平	%	85.95	85.32	0.63	—
机收水平	%	91.05	88.46	2.59	—
水稻:耕种收综合机械化水平	%	65.07	60.51	4.56	—
机耕水平	%	91.00	87.27	3.73	—
机械种植水平	%	26.24	20.86	5.38	—
机收水平	%	69.32	64.49	4.83	—
玉米:耕种收综合机械化水平	%	71.56	65.94	5.62	—
机耕水平	%	93.77	88.11	5.66	—
机播水平	%	79.90	76.52	3.38	—
机收水平	%	33.59	25.80	7.79	—
大豆:耕种收综合机械化水平	%	69.81	73.18	-3.37	—
机耕水平	%	76.44	77.96	-1.52	—
机播水平	%	71.21	75.54	-4.33	—
机收水平	%	59.58	64.45	-4.87	—
油菜:耕种收综合机械化水平	%	29.05	26.08	2.97	—
机耕水平	%	53.44	48.64	4.80	—
机播水平	%	12.28	11.39	0.89	—
机收水平	%	13.32	10.69	2.63	—
马铃薯:耕种收综合机械化水平	%	32.25	26.59	5.66	—
机耕水平	%	52.64	44.42	8.22	—
机播水平	%	19.65	15.52	4.13	—
机收水平	%	17.67	14.17	3.50	—
花生:耕种收综合机械化水平	%	42.96	38.45	4.51	—
机耕水平	%	63.96	56.56	7.40	—
机播水平	%	34.57	32.86	1.71	—
机收水平	%	23.35	19.89	3.46	—
棉花:耕种收综合机械化水平	%	53.88	51.03	2.85	—
机耕水平	%	87.39	83.11	4.28	—
机播水平	%	57.39	55.31	2.08	—
机收水平	%	5.68	3.97	1.71	—

注:农作物耕种收综合机械化水平计算方法:按照机耕、机播、机收水平分别为0.4、0.3、0.3的权重计算

农业机械化发展排序表

项　　目	计量单位	第一名	第二名	第三名	第四名	第五名	第六名	第七名	第八名	第九名	第十名	前十名占全国比例(%)
农业机械总动力	万千瓦	山东省	河南省	河北省	安徽省	湖南省	江西省	江苏省	黑龙江省	湖北省	四川省	—
		12098.25	10515.79	10349.19	5657.08	4935.59	4200.03	4106.11	4097.84	3571.23	3426.10	64.42
每百亩耕地拥有农机动力	千瓦	河北省	山东省	江西省	河南市	天津省	湖南省	浙江省	西藏	北京市	安徽省	—
		109.22	107.32	99.04	88.45	88.24	86.83	85.42	78.89	76.30	65.82	—
农业机械原值	亿元	山东省	河南省	河北省	黑龙江省	安徽省	江苏省	江西省	湖北	内蒙古	湖南省	—
		702.31	697.85	540.30	497.76	449.45	353.01	330.32	291.32	290.57	285.26	62.38
大中型拖拉机	万台	黑龙江省	内蒙古	山东省	吉林省	河南省	新疆	云南省	河北省	辽宁省	安徽省	—
		73.21	54.77	45.43	35.07	31.07	25.60	24.33	19.34	17.42	14.53	77.33
小型拖拉机	万台	河南省	安徽省	山东省	河北省	江苏省	湖北省	黑龙江省	吉林省	甘肃省	内蒙古	—
		355.76	238.06	201.79	149.55	123.41	106.48	68.83	63.77	49.07	47.91	77.38
大中拖配套农具	万部	黑龙江省	山东省	内蒙古	河南省	吉林省	新疆	河北省	安徽省	甘肃省	湖北省	—
		94.66	94.51	87.00	73.20	68.09	44.45	37.96	27.70	26.24	24.01	82.67
小拖配套农具	万部	河南省	安徽省	山东省	湖北省	河北省	吉林省	江苏省	黑龙江省	甘肃省	内蒙古	—
		673.46	537.47	316.97	211.97	199.38	182.83	173.59	122.94	99.70	89.85	85.18
农用排灌动力机械	万台	山东省	河北省	湖南省	河南省	安徽省	江西省	辽宁省	浙江省	重庆市	湖北省	—
		352.86	258.95	227.16	163.63	156.47	122.01	107.51	100.56	92.40	88.41	73.11
联合收获机	万台	山东省	河南省	安徽省	江苏省	河北省	湖南省	黑龙江省	湖北省	江西省	陕西省	—
		20.10	15.78	11.80	10.35	8.59	7.65	5.64	5.54	5.02	2.94	83.87
水稻插秧机	万台	黑龙江省	江苏省	湖北省	辽宁省	吉林省	安徽省	广西省	江西省	重庆市	浙江省	—
		18.63	8.09	2.45	2.16	1.97	1.41	1.39	1.17	1.09	0.76	91.61
农作物耕种收综合机械化水平	%	新疆兵团	黑龙江省	新疆	天津市	山东省	江苏省	河南省	内蒙古	北京市	辽宁省	—
		90.40	87.82	80.50	79.06	77.53	73.01	72.25	70.51	68.30	67.45	—
农机化总投入	万元	山东省	黑龙江省	河南省	安徽省	四川省	吉林省	江苏省	湖南省	湖北省	新疆	—
		609060.43	558890.67	533202.32	479690.62	459073.43	438692.50	423425.98	415323.45	403201.78	386657.61	54.72
农机化经营总收入	万元	山东省	湖南省	安徽省	广西省	河南省	江苏省	四川省	湖北省	河北省	浙江省	—
		4987473.89	3751125.40	3690037.96	2880215.65	2643698.76	2363397.26	2201133.92	2200622.37	2184263.41	1679441.00	63.39

全国农业机械化发展指标

全国农业机械化系统机构及人员表

指标名称	代码	年末机构数(个)		年末人数(人)			
				合计		其中:科技人员(教师)	
		2011年	2010年	2011年	2010年	2011年	2010年
一、农机化管理机构	1	32941	33155	112605	115318	56704	58801
1. 省级	2	32	32	741	730	145	131
2. 地级	3	339	350	4356	4615	1517	1629
3. 县级	4	2852	2777	34208	33920	15101	15585
4. 乡级	5	29718	29996	73300	76053	39941	41456
其中:单设机构	6	5955	6462	21996	23634	12696	13024
二、农机化教育、培训机构	7	1832	1857	20452	20996	13399	13659
1. 农机化大、中专	8	41	39	3538	3589	2431	2341
2. 农机化学校	9	1791	1818	16914	17407	10968	11318
三、农机化科研机构	10	78	77	3112	3123	2028	2071
1. 省级	11	23	22	1906	1860	1246	1192
2. 地级	12	55	55	1206	1263	782	879
四、农机试验鉴定机构	13	53	55	1236	1275	927	933
1. 省级	14	30	30	1048	1050	798	782
2. 地级	15	23	25	188	225	129	151
五、农机化技术推广机构	16	2546	2555	22124	22260	13808	13833
1. 省级	17	33	33	703	723	504	509
2. 地级	18	287	294	3563	3764	2336	2417
3. 县级	19	2226	2228	17858	17773	10968	10907
六、农机安全监理机构	20	2877	2901	33012	33505	16210	16573
1. 省级	21	31	31	470	470	195	206
2. 地级	22	330	342	3388	3545	1693	1801
3. 县级	23	2516	2528	29154	29490	14322	14566

全国农业机械化服务组织及人员表

指标名称	代码	年末机构数(个)		年末人数(人)	
		2011 年	2010 年	2011 年	2010 年
一、农机化作业服务组织及农机户	1	—	—	—	—
1. 农机化作业服务组织	2	170572	171465	1194947	1019040
其中:(1)拥有农机原值 20 万—50 万元(含 20 万元)的	3	44282	45873	260930	241311
拥有农机原值 50 万元(含 50 万元)以上的	4	19635	15843	334192	265862
(2)农机专业合作社	5	27848	21760	582182	433013
2. 农机户	6	41110833	40589009	50883923	49280988
其中:(1)拥有农机原值 20 万—50 万元(含 20 万元)的	7	395950	387211	665993	642290
拥有农机原值 50 万元(含 50 万元)以上的	8	49867	41471	125471	115612
(2)农机化作业服务专业户	9	5117262	4833003	7116974	6594806
二、农机化中介服务组织	10	6913	7096	58499	63817
三、农机维修厂及维修点	11	218916	217018	490813	479461
其中:1. 一级维修点	12	1566	1590	8923	8329
2. 二级维修点	13	8532	8181	30449	28919
3. 三级维修点	14	110342	112163	235801	233660
4. 专项维修点	15	79888	84409	176538	183294
四、农机经销机构	16	—	—	—	—
1. 农机经销企业	17	9501	8969	95596	95319
2. 农机经销点	18	85289	84903	179125	175296
五、农机供油站(点)	19	18380	19122	51671	50563
六、拖拉机驾驶培训机构	20	2175	2149	17509	16938
七、乡村农机从业人员	21	—	—	52055779	50276413
其中:初中(含初中)以上文化程度	22	—	—	41845702	39106026
拖拉机驾驶员	23	—	—	14837098	14347034
联合收获机驾驶员	24	—	—	875498	808227
农用运输车驾驶员	25	—	—	8653191	8646821
农机维修人员	26	—	—	930399	897541
获得农机职业技能鉴定证书人员	27	—	—	872272	799123
其中:修理工	28	—	—	185977	174321

全国农业机械拥有量表

指标名称	代码	计量单位	2011 年	2010 年	2011 年比 2010 年增减	
					增减量	%
一、农业机械总动力	1	万千瓦	97734.66	92780.48	4954.18	5.34
1. 柴油发动机动力	2	万千瓦	78536.31	74597.13	3939.18	5.28
2. 汽油发动机动力	3	万千瓦	2872.37	2596.62	275.75	10.62
3. 电动机动力	4	万千瓦	16259.41	15518.77	740.64	4.77
4. 其他机械动力	5	万千瓦	66.57	67.95	-1.38	-2.03
二、拖拉机及配套机械	6	—	—	—	—	—
(一)拖拉机	7	万台	2255.87	2177.97	77.90	3.58
	8	万千瓦	30305.78	28445.38	1860.40	6.54
1. 大中型(14.7 千瓦及以上)	9	万台	440.64	392.17	48.47	12.36
	10	万千瓦	12850.15	11166.99	1683.16	15.07
(1)其中:14.7—18.4 千瓦(含 14.7 千瓦)	11	万台	208.99	192.19	16.85	8.77
	12	万千瓦	3427.39	3079.60	348.37	11.31
18.4—58.8 千瓦(含 18.4 千瓦)	13	万台	189.34	166.38	22.96	13.80
	14	万千瓦	6517.61	5809.93	719.52	12.38
58.8 千瓦及以上	15	万台	42.31	33.60	8.71	25.94
	16	万千瓦	2905.16	2277.46	627.69	27.56
(2)其中:轮式	17	万台	406.35	365.32	41.02	11.23
	18	万千瓦	11233.17	9984.27	1248.90	12.51
2. 小型(2.2—14.7 千瓦,含 2.2 千瓦)	19	万台	1815.22	1785.79	29.43	1.64
	20	万千瓦	17455.63	17278.39	177.24	1.03
其中:手扶式	21	万台	946.58	916.45	30.13	3.29
	22	万千瓦	7557.86	7340.46	217.40	2.96
(二)拖拉机配套农具	23	万部	3760.96	3605.41	155.56	4.31
1. 大中型	24	万部	698.95	612.86	86.09	14.05
2. 小型	25	万部	3062.01	2992.55	69.46	2.32
三、种植业机械	26	—	—	—	—	—
(一)耕整地机械	27	—	—	—	—	—
1. 耕整机	28	万台(套)	528.90	420.78	108.12	25.70
	29	万千瓦	2535.86	2099.18	436.68	20.80
2. 机耕船	30	万艘	15.47	14.42	1.05	7.29
	31	万千瓦	88.29	83.81	4.48	5.34
3. 机引犁	32	万台	1304.43	1287.60	16.83	1.31
4. 旋耕机	33	万台	502.26	463.34	38.92	8.40
5. 深松机	34	万台	18.53	14.08	4.45	31.61
6. 机引耙	35	万台	755.09	752.49	2.60	0.34
(二)种植施肥机械	36	—	—	—	—	—
1. 播种机	37	万台	553.79	538.14	15.65	2.91
其中:免耕播种机	38	万台	71.79	73.21	-1.42	-1.94
精少量播种机	39	万台	334.57	329.28	5.29	1.61
2. 水稻种植机械	40	—	—	—	—	—
(1)水稻直播机	41	万台	2.99	2.53	0.46	18.26

续表

指标名称	代码	计量单位	2011 年	2010 年	2011 年比 2010 年增减	
					增减量	%
(2)水稻插秧机	42	万台	42.70	33.30	9.40	28.22
	43	万千瓦	183.21	137.55	45.66	33.19
其中:乘坐式	44	万台	17.73	13.35	4.38	32.82
	45	万千瓦	102.31	78.60	23.71	30.16
(3)水稻浅栽机	46	万台	0.91	0.86	0.05	6.13
	47	万千瓦	1.48	1.79	-0.31	-17.45
3.化肥深施机	48	万台	74.02	70.64	3.38	4.78
4.地膜覆盖机	49	万台	44.82	40.98	3.84	9.37
(三)农用排灌机械	50	—	—	—	—	—
1.排灌动力机械	51	万台	2284.06	2159.25	124.80	5.78
	52	万千瓦	14486.49	14026.31	460.18	3.28
其中:柴油机	53	万台	968.39	946.25	22.14	2.34
	54	万千瓦	7104.54	6959.23	145.31	2.09
电动机	55	万台	1213.04	1176.15	36.88	3.14
	56	万千瓦	7012.19	6796.14	216.04	3.18
2.农用水泵	57	万台	2173.79	2108.78	65.00	3.08
3.节水灌溉类机械	58	万套	168.48	154.15	14.33	9.30
(四)田间管理机械	59	—	—	—	—	—
1.机动喷雾(粉)机	60	万台	518.08	461.44	56.64	12.27
	61	万千瓦	893.40	827.33	66.08	7.99
2.茶叶修剪机	62	万台	20.37	15.04	5.33	35.46
	63	万千瓦	29.55	21.49	8.06	37.49
(五)收获机械	64	—	—	—	—	—
1.联合收获机	65	万台	111.37	99.21	12.16	12.26
	66	万千瓦	4730.97	4042.32	688.65	17.04
(1)稻麦联合收割机	67	万台	94.37	86.24	8.13	9.43
	68	万千瓦	3987.91	3501.78	486.13	13.88
其中:自走式	69	万台	80.40	70.80	9.60	13.56
其中:半喂入式	70	万台	8.99	7.99	0.99	12.43
	71	万千瓦	367.69	333.63	34.06	10.21
(2)玉米联合收获机	72	万台	17.00	12.97	4.03	31.09
	73	万千瓦	743.06	540.54	202.53	37.47
其中:自走式	74	万台	9.37	6.96	2.41	34.61
2.割晒机	75	万台	49.43	49.85	-0.42	-0.84
	76	万千瓦	55.38	49.56	5.81	11.73
3.其他收获机械	77	万台	112.50	101.29	11.20	11.06
	78	万千瓦	374.40	325.06	49.34	15.18
其中:大豆收获机	79	万台	1.80	2.60	-0.79	-30.60
	80	万千瓦	133.15	147.16	-14.02	-9.53
油菜籽收获机	81	万台	1.40	0.82	0.58	70.75
	82	万千瓦	62.82	34.90	27.92	79.98
马铃薯收获机	83	万台	3.17	2.22	0.94	42.47
	84	万千瓦	5.55	4.70	0.86	18.24
甜菜收获机	85	万台	0.02	0.03	-0.01	-29.33
	86	万千瓦	1.43	0.65	0.78	118.45

续表

指标名称	代码	计量单位	2011 年	2010 年	2011 年比 2010 年增减	
					增减量	%
花生收获机	87	万台	8.65	7.49	1.16	15.43
	88	万千瓦	2.34	3.33	-0.99	-29.79
棉花收获机	89	万台	0.11	0.12	-0.01	-11.00
	90	万千瓦	23.31	15.01	8.30	55.30
蔬菜收获机	91	万台	0.44	0.22	0.22	99.64
	92	万千瓦	1.26	0.64	0.62	97.99
茶叶采摘机	93	万台	5.46	4.15	1.31	31.54
	94	万千瓦	8.59	8.74	-0.15	-1.67
青饲料收获机	95	万台	2.53	2.30	0.23	10.00
	96	万千瓦	42.38	50.36	-7.97	-15.84
牧草收获机	97	万台	12.88	11.72	1.17	9.95
	98	万千瓦	21.46	14.16	7.30	51.56
秸秆粉碎还田机	99	万台	61.65	55.87	5.78	10.35
秸秆捡拾打捆机	100	万台	1.35	1.43	-0.08	-5.35
	101	万千瓦	6.77	6.22	0.56	8.93
玉米收获专用割台	102	万台	4.40	3.55	0.85	23.84
大豆收获专用割台	103	万台	2.01	2.04	-0.04	-1.75
油菜籽收获专用割台	104	万台	0.88	0.64	0.24	38.18
(六)收获后处理机械	105	—	—	—	—	—
1. 机动脱粒机	106	万台	1001.87	1016.80	-14.93	-1.47
2. 谷物烘干机	107	万台	4.21	3.76	0.44	11.79
3. 种子加工机械	108	万台	3.05	2.61	0.43	16.57
4. 保鲜储藏设备	109	万台(套)	5.23	4.04	1.19	29.45
(七)设施农业设备	110	—	—	—	—	—
1. 水稻工厂化育秧设备	111	万套	0.79	0.55	0.24	43.63
2. 温室	112	万平方米	1266255.91	1133995.59	132260.32	11.66
其中:连栋温室	113	万平方米	20436.26	19835.59	600.67	3.03
日光温室	114	万平方米	409636.06	378928.93	30707.13	8.10
塑料大棚	115	万平方米	801742.13	701693.40	100048.73	14.26
四、农产品初加工机械	116	—	—	—	—	—
(一)农产品初加工动力机械	117	万台	1421.70	1364.28	57.42	4.21
	118	万千瓦	8692.17	8463.48	228.69	2.70
其中:柴油机	119	万台	325.60	321.70	3.90	1.21
	120	万千瓦	2835.44	2811.52	23.91	0.85
电动机	121	万台	1068.76	1025.39	43.36	4.23
	122	万千瓦	5765.80	5589.34	176.46	3.16
(二)农产品初加工作业机械	123	万台(套)	1286.64	1231.17	55.48	4.51
其中:1. 粮食加工机械	124	万台	1008.42	974.88	33.54	3.44
2. 油料加工机械	125	万台	77.38	73.75	3.63	4.92
3. 棉花加工机械	126	万台	25.07	25.93	-0.86	-3.32
4. 果蔬加工机械	127	万台(套)	10.24	9.24	1.00	10.77
5. 茶叶加工机械	128	万台(套)	108.39	97.34	11.04	11.34

续表

指标名称	代码	计量单位	2011 年	2010 年	2011 年比 2010 年增减	
					增减量	%
五、畜牧养殖机械	129	万台(套)	637.70	607.81	29.89	4.92
	130	万千瓦	1959.60	1815.35	144.25	7.95
其中:饲草料加工机械	131	万台(套)	567.63	544.02	23.61	4.34
	132	万千瓦	1685.06	1587.17	97.89	6.17
畜牧饲养机械	133	万台(套)	29.03	25.53	3.50	13.70
	134	万千瓦	114.48	87.33	27.15	31.09
畜产品采集加工机械	135	万台(套)	15.33	11.34	4.00	35.24
	136	万千瓦	53.20	42.86	10.34	24.13
其中:挤奶机	137	万台	11.19	7.92	3.27	41.22
	138	万千瓦	37.20	29.13	8.07	27.68
剪羊毛机	139	万台	0.95	0.51	0.44	86.16
	140	万千瓦	1.32	1.08	0.24	22.02
六、渔业机械	141	万台	301.56	247.56	54.00	21.81
	142	万千瓦	1663.69	1582.92	80.77	5.10
其中:增氧机	143	万台	207.84	170.58	37.26	21.84
	144	万千瓦	436.55	362.93	73.62	20.28
投饵机	145	万台	62.81	44.77	18.04	40.31
	146	万千瓦	73.15	64.84	8.31	12.81
七、林果业机械	147	万台	21.15	17.36	3.79	21.82
	148	万千瓦	100.33	84.22	16.10	19.12
其中:挖坑机	149	万台	3.90	3.16	0.74	23.44
	150	万千瓦	48.97	37.90	11.07	29.20
果树修剪机	151	万台	6.71	4.22	2.49	59.09
	152	万千瓦	19.58	15.09	4.49	29.78
八、运输机械	153	—	—	—	—	—
1. 农用运输车	154	万台	1381.54	1361.40	20.14	1.48
	155	万千瓦	21271.08	20860.05	411.02	1.97
(1)三轮汽车	156	万台	1087.62	1087.09	0.53	0.05
	157	万千瓦	12430.56	12300.77	129.79	1.06
(2)低速载货汽车	158	万台	253.18	248.72	4.46	1.79
	159	万千瓦	8121.19	7869.67	251.51	3.20
2. 手扶变型运输机	160	万台	86.86	83.37	3.48	4.17
	161	万千瓦	1759.87	1859.51	-99.65	-5.36
3. 农用挂车	162	万台	795.52	810.09	-14.57	-1.80
九、农田基本建设机械	163	万台	42.86	39.64	3.22	8.13
	164	万千瓦	2446.75	2205.08	241.67	10.96
十、其他机械	165	—	—	—	—	—
其中:农用飞机	166	架	111	92	19	20.65
十一、农业机械原值和净值	167	—	—	—	—	—
1. 农业机械原值	168	亿元	7114.64	6448.81	665.84	10.32
2. 农业机械净值	169	亿元	5198.65	4718.16	480.48	10.18

全国农业机械化作业情况表

指标名称	代码	计量单位	2011 年	2010 年	2011 年比 2010 年增减	
					增减量	%
一、农机化作业总体情况	1	—	—	—	—	—
(一)机耕面积	2	千公顷	106880.87	100603.91	6276.95	6.24
(二)机播面积	3	千公顷	72916.97	69160.92	3756.05	5.43
(三)机电灌溉面积	4	千公顷	51808.09	49358.13	2449.96	4.96
(四)机械植保面积	5	千公顷	59713.43	57364.21	2349.23	4.10
(五)机收面积	6	千公顷	66006.41	59846.69	6159.72	10.29
二、主要农作物农机化作业情况	7	—	—	—	—	—
(一)小麦	8	—	—	—	—	—
1. 小麦机耕面积	9	千公顷	21799.21	21973.70	-174.49	-0.79
2. 小麦机播面积	10	千公顷	20860.72	20696.00	164.72	0.80
3. 小麦机收面积	11	千公顷	22098.31	21456.04	642.28	2.99
(二)水稻	12	—	—	—	—	—
1. 水稻机耕面积	13	千公顷	27171.95	25880.87	1291.08	4.99
2. 水稻机械种植面积	14	千公顷	7887.99	6230.72	1657.27	26.60
其中:水稻机播面积	15	千公顷	570.68	447.08	123.59	27.64
水稻机插面积	16	千公顷	7166.71	5427.60	1739.11	32.04
水稻机浅栽面积	17	千公顷	124.31	210.44	-86.13	-40.93
3. 水稻机收面积	18	千公顷	20834.82	19266.76	1568.06	8.14
(三)玉米	19	—	—	—	—	—
1. 玉米机耕面积	20	千公顷	21826.59	20121.01	1705.58	8.48
2. 玉米机播面积	21	千公顷	26800.53	24855.83	1944.70	7.82
3. 玉米机收面积	22	千公顷	11267.62	8379.53	2888.09	34.47
(四)大豆	23	—	—	—	—	—
1. 大豆机耕面积	24	千公顷	5494.20	6459.90	-965.70	-14.95
2. 大豆机播面积	25	千公顷	5617.15	6440.06	-822.90	-12.78
3. 大豆机收面积	26	千公顷	4700.30	5328.51	-628.20	-11.79
(五)油菜	27	—	—	—	—	—
1. 油菜机耕面积	28	千公顷	3577.56	3483.55	94.01	2.70
2. 油菜机播面积	29	千公顷	902.08	839.48	62.61	7.46
3. 油菜机收面积	30	千公顷	978.40	764.34	214.06	28.01
(六)马铃薯	31	—	—	—	—	—
1. 马铃薯机耕面积	32	千公顷	2601.61	2246.79	354.82	15.79
2. 马铃薯机播面积	33	千公顷	1065.80	793.82	271.98	34.26
3. 马铃薯机收面积	34	千公顷	958.65	715.11	243.54	34.06
(七)花生	35	—	—	—	—	—
1. 花生机耕面积	36	千公顷	2669.88	2488.94	180.94	7.27
2. 花生机播面积	37	千公顷	1584.00	1487.60	96.39	6.48
3. 花生机收面积	38	千公顷	1069.57	873.41	196.16	22.46
(八)棉花	39	—	—	—	—	—
1. 棉花机耕面积	40	千公顷	4011.39	3919.63	91.76	2.34

续表

指标名称	代码	计量单位	2011年	2010年	2011年比2010年增减	
					增减量	%
2. 棉花机播面积	41	千公顷	2891.32	2683.69	207.63	7.74
3. 棉花机收面积	42	千公顷	286.39	186.63	99.76	53.45
三、单项农机化作业情况	43	—	—	—	—	—
1. 机械深耕面积	44	千公顷	28966.03	27435.29	1530.74	5.58
2. 机械深松面积	45	千公顷	11049.49	9272.73	1776.76	19.16
3. 机械化免耕播种面积	46	千公顷	12572.69	11152.52	1420.17	12.73
其中:机械化免耕覆盖播种面积	47	千公顷	7078.69	5687.47	1391.22	24.46
4. 保护性耕作面积	48	千公顷	5715.53	4316.85	1398.68	32.40
5. 精少量播种面积	49	千公顷	34322.77	33895.14	427.63	1.26
6. 机械深施化肥面积	50	千公顷	32594.42	29961.30	2633.12	8.79
7. 机械铺膜面积	51	千公顷	7397.83	6535.85	861.98	13.19
8. 农田机械节水灌溉面积	52	千公顷	13352.44	11665.53	1686.91	14.46
9. 机械播种牧草面积	53	千公顷	1027.76	638.57	389.19	60.95
10. 机械收获牧草数量	54	万吨	1763.13	1844.26	-81.13	-4.40
11. 机械化秸秆还田面积	55	千公顷	31686.90	28516.95	3169.94	11.12
12. 秸秆捡拾打捆面积	56	千公顷	1435.51	1122.21	313.31	27.92
13. 机械脱粒粮食数量	57	万吨	51992.56	51279.31	713.25	1.39
14. 机械烘干粮食数量	58	万吨	5755.25	2721.18	3034.07	111.50
15. 机械初加工农产品数量	59	万吨	60318.32	61009.56	-691.34	-1.13
其中:加工粮食数量	60	万吨	44915.87	46768.69	-1852.82	-3.96
加工油料数量	61	万吨	5709.43	5312.23	397.20	7.48
加工棉花数量	62	万吨	1690.81	1657.35	33.46	2.02
加工果蔬数量	63	万吨	2448.39	2611.58	-163.19	-6.25
加工茶叶数量	64	万吨	341.85	332.00	9.85	2.97
16. 机械化饲草料加工数量	65	万吨	18909.94	18744.25	165.69	0.88
其中:机械化青贮秸秆数量	66	万吨	7837.32	8036.36	-199.04	-2.48
17. 农机运输作业量	67	亿吨·公里	4206.44	4072.31	134.12	3.29
其中:农业运输作业量	68	亿吨·公里	2514.11	2495.57	18.54	0.74
18. 农田基本建设作业量	69	万立方米	353538.94	395912.55	-42373.61	-10.70
19. 农用飞机作业面积	70	千公顷	1878.33	1830.52	47.81	2.61
20. 农机跨区作业面积	71	千公顷	32924.25	28841.49	4082.76	14.16
其中:跨区机耕面积	72	千公顷	5070.12	4888.84	181.27	3.71
跨区机播面积	73	千公顷	2242.76	1846.70	396.06	21.45
跨区机收面积	74	千公顷	24601.86	21460.96	3140.90	14.64
其中:跨区机收小麦	75	千公顷	14789.68	13556.00	1233.86	9.10
跨区机收水稻	76	千公顷	6418.20	6179.95	238.25	3.86
跨区机收玉米	77	千公顷	2238.48	1374.01	864.47	62.92

全国农业机械化管理服务情况表

指标名称	代码	计量单位	2011 年	2010 年	2011 年比 2010 年增减	
					增减量	%
一、农机化培训	1	人次	6745733	6306395	439338	6.97
其中:培训农机管理人员	2	人次	153356	146094	7262	4.97
培训农机技术人员	3	人次	798131	726646	71485	9.84
培训农机监理人员	4	人次	67509	66064	1445	2.19
培训农机操作人员	5	人次	5492074	5189634	302440	5.83
二、农机维修	6	—	—	—	—	—
1. 维修拖拉机	7	万台次	1863.66	1780.83	82.83	4.65
2. 维修联合收获机	8	万台次	126.88	115.18	11.70	10.15
3. 维修水稻插秧机	9	万台次	17.50	12.59	4.91	38.98
4. 维修运输机械	10	万台次	1261.88	1242.55	19.33	1.56
5. 维修其他农机具	11	万台次	2841.70	2789.96	51.74	1.85
三、农机鉴定	12	—	—	—	—	—
推广鉴定证当年发证数量	13	件	6004	6995	-991	-14.17
四、农机监理装备	14	—	—	—	—	—
1. 监理车辆	15	辆	4421	4356	65	1.49
其中:摩托车	16	辆	680	846	-166	-19.62
2. 安全检测设备	17	套	1700	1468	232	15.80
其中:拖拉机检测设备	18	套	1550	1357	193	14.22

全国农业机械化投入情况表

指标名称	代码	计量单位	2011 年	2010 年	2011 年比 2010 年增减	
					增减量	%
一农机化总投入	1	万元	8601963.01	8066610.59	535352.42	6.64
1. 一般行政事业支出	2	万元	466110.93	412807.09	53303.84	12.91
2. 基本建设	3	万元	273478.63	296801.21	-23322.58	-7.86
3. 科研	4	万元	9122.59	4959.31	4163.28	83.95
4. 推广培训	5	万元	147017.71	75229.65	71788.06	95.43
5. 农业机械购置	6	万元	7447057.88	7062139.73	384918.15	5.45
6. 其他	7	万元	259175.27	200043.10	59132.17	29.56
二、财政投入	8	万元	2869829.98	2600522.85	269307.13	10.36
1. 一般行政事业支出	9	万元	443687.18	406377.18	37310.00	9.18
2. 基本建设	10	万元	139765.08	188347.18	-48582.10	-25.79
3. 科研	11	万元	7483.18	4420.31	3062.89	69.29
4. 推广培训	12	万元	126260.00	58525.55	67734.45	115.73
5. 农业机械购置	13	万元	2019373.25	1870618.44	148754.81	7.95
6. 其他	14	万元	133261.29	72234.20	61027.09	84.49
(一)中央财政	15	万元	1920370.09	1772898.65	147471.44	8.32
1. 一般行政事业支出	16	—	—	—	—	—
2. 基本建设	17	万元	69598.74	144885.64	-75286.90	-51.96
3. 科研	18	万元	564.00	225.00	339.00	150.67
4. 推广培训	19	万元	60806.97	9321.95	51485.02	552.30
5. 农业机械购置	20	万元	1754266.70	1606037.39	148229.31	9.23
6. 其他	21	万元	35133.68	12428.67	22705.01	182.68
(二)地方财政	22	万元	949459.89	827624.20	121835.69	14.72
1. 一般行政事业支出	23	万元	443687.18	406377.18	37310.00	9.18
2. 基本建设	24	万元	70166.34	43461.54	26704.80	61.44
3. 科研	25	万元	6919.18	4195.31	2723.87	64.93
4. 推广培训	26	万元	65453.03	49203.60	16249.43	33.02
5. 农业机械购置	27	万元	265106.55	264581.05	525.50	0.20
6. 其他	28	万元	98127.61	59805.53	38322.08	64.08
三、单位和集体投入	29	万元	193482.29	147822.55	45659.74	30.89
1. 一般行政事业支出	30	万元	22423.75	21060.42	1363.33	6.47
2. 基本建设	31	万元	54011.26	21025.21	32986.05	156.89
3. 科研	32	万元	1285.01	522.30	762.71	146.03
4. 推广培训	33	万元	3219.63	2530.99	688.64	27.21
5. 农业机械购置	34	万元	104347.68	88944.60	15403.08	17.32
6. 其他	35	万元	8194.96	13739.03	-5544.07	-40.35
四、农民个人投入	36	万元	5512254.15	5265165.43	247088.72	4.69
1. 一般行政事业支出	37	—	—	—	—	—
2. 基本建设	38	万元	75635.58	52360.32	23275.26	44.45
3. 科研	39	万元	58.20	—	—	—
4. 推广培训	40	万元	16549.82	13781.92	2767.90	20.08
5. 农业机械购置	41	万元	5314401.86	5093038.62	221363.24	4.35
6. 其他	42	万元	105608.69	105984.57	-375.88	-0.35
五、其他投入	43	万元	26396.58	53099.76	-26703.18	-50.29
1. 一般行政事业支出	44	—	—	—	—	—
2. 基本建设	45	万元	4066.71	35068.53	-31001.82	-88.40
3. 科研	46	万元	296.20	16.70	279.50	1673.65
4. 推广培训	47	万元	988.26	391.19	597.07	152.63
5. 农业机械购置	48	万元	8935.08	9538.07	-602.99	-6.32
6. 其他	49	万元	12110.33	8085.30	4025.03	49.78

全国农业机械化经营效益情况表

指标名称	代码	计量单位	合计		其中:农机户	
			2011 年	2010 年	2011 年	2010 年
一、总收入	1	万元	45090718.02	41673218.08	39530874.10	37067427.78
1. 农机化作业收入	2	万元	39492250.42	36653515.44	36069248.12	33860394.81
其中:(1)田间作业收入	3	万元	16026387.03	14473924.87	14627579.30	13396867.02
其中:跨区作业收入	4	万元	2004383.88	1837777.18	1816830.25	1706884.72
(2)农产品初加工作业收入	5	万元	4825322.66	4845423.03	4361746.45	4182333.42
(3)农机运输收入	6	万元	17333047.59	16455579.60	16137473.42	15475100.05
其中:农业运输收入	7	万元	8833642.16	8260262.81	8213819.84	7763617.07
2. 农机维修收入	8	万元	1869103.78	1637243.75	1502633.30	1364184.53
3. 其他收入	9	万元	3729363.82	3382459.89	1958992.78	1842848.44
其中:农机及油料经销收入	10	万元	2301080.33	1978325.39	883884.51	769901.20
二、成本与费用	11	万元	277809250.89	25558925.83	24111489.63	22432550.43
1. 服务成本与费用	12	万元	23529583.12	21449515.97	20749655.58	19150032.06
其中:(1)农机化作业能耗及维修费	13	万元	17295454.55	15991180.71	15886063.30	14682639.66
其中:农机运输能耗及维修费	14	万元	8634770.51	7958196.11	8034170.50	7507825.35
(2)农机维修耗材、能耗及设备维护费	15	万元	2319984.12	2146318.65	1997493.49	1841547.22
2. 管理与财务费用	16	万元	1734579.73	1694036.45	1340865.03	1335399.14
3. 税金及附加	17	万元	1056509.01	993934.93	838387.31	809644.72
4. 其他费用	18	万元	1488579.03	1421438.48	1182581.71	1137474.51
三、利润总额	19	万元	17281464.13	16168376.76	15419384.47	14567685.78

全国农业生产燃油消耗情况表

指标名称	代码	计量单位	2011 年	2010 年	2011 年比 2010 年增减	
					增减量	%
农业生产燃油消耗	1	万吨	3860.13	3674.91	185.22	5.04
(1)其中:柴油	2	万吨	3612.14	3484.38	127.76	3.67
(2)其中:用于农机抗灾救灾	3	万吨	165.53	197.85	-32.32	-16.34
1. 农田作业	4	万吨	1323.69	1358.76	-35.07	-2.58
(1)机耕	5	万吨	589.51	594.03	-4.52	-0.76
(2)机播	6	万吨	182.09	180.00	2.08	1.16
(3)机收	7	万吨	310.19	310.69	-0.50	-0.16
(4)植保	8	万吨	90.87	114.95	-24.08	-20.95
(5)其他	9	万吨	151.04	159.10	-8.06	-5.06
2. 农田排灌	10	万吨	256.71	255.19	1.51	0.59
3. 农田基本建设	11	万吨	267.43	274.31	-6.88	-2.51
4. 畜牧业生产	12	万吨	72.35	61.10	11.25	18.41
5. 农产品初加工	13	万吨	294.36	318.43	-24.06	-7.56
6. 农业运输	14	万吨	1519.55	1309.90	209.65	16.01
7. 其他	15	万吨	126.04	97.22	28.83	29.65

全国农业机械事故情况表

指标名称	代码	计量单位	2011 年	2010 年	2011 年比 2010 年增减	
					增减量	%
一、事故次数	1	次	933	812	121	14.90
其中:1. 一般事故	2	次	932	812	120	14.78
2. 较大事故	3	次	1	0	1	—
3. 重大事故	4	次	0	0	0	0
4. 特别重大事故	5	次	0	0	0	0
二、事故损失	6	—	—	—	—	—
1. 死亡人数	7	人	171	214	-43	-20.09
2. 受伤人数	8	人	473	517	-44	-8.51
3. 直接经济损失	9	万元	821.38	865.13	-43.75	-5.06
三、事故原因	10	—	—	—	—	—
其中:1. 无证驾驶	11	次	361	273	88	32.23
2. 酒后驾驶	12	次	7	1	6	600.00
3. 违法载人	13	次	19	22	-3	-13.64
4. 超速超载	14	次	48	49	-1	-2.04
5. 无牌行驶	15	次	225	178	47	26.40
6. 未年检	16	次	313	64	249	389.06
7. 操作失误	17	次	516	452	64	14.16
8. 机件失灵、设施不全	18	次	62	64	-2	-3.13
9. 其他	19	次	197	137	60	43.80
四、事故条件	20	次	—	—	—	—
其中:1. 驾龄 3 年以上的	21	次	516	529	-13	-2.46
2. 驾龄 3 年以下的	22	次	417	283	134	47.35
3. 发生在 8:00-20:00 之间的	23	次	709	753	-44	-5.84
4. 发生在 20:00-8:00 之间的	24	次	224	59	165	279.66
5. 晴天发生的	25	次	690	709	-19	-2.68
6. 雨雪雾天发生的	26	次	243	103	140	135.92

各地区农业机械化发展指标

各地区农业机械化系统机构及人员表

地区	一、农机化管理机构			1. 省级			2. 地级		
	年末机构数(个)	年末人数(人)		年末机构数(个)	年末人数(人)		年末机构数(个)	年末人数(人)	
		合计	其中:科技人员(教师)		合计	其中:科技人员(教师)		合计	其中:科技人员(教师)
全国	32941	112605	56704	32	741	145	339	4356	1517
北京	194	467	187	1	7	6	0	0	0
天津	163	837	129	1	37	0	0	0	0
河北	1864	4506	1833	1	9	0	11	99	42
山西	1368	5132	2749	1	45	0	11	419	217
内蒙古	739	2216	1240	1	6	0	12	119	74
辽宁	1145	3128	1561	1	11	0	14	135	24
吉林	703	5847	4372	1	20	16	9	102	79
黑龙江	612	3515	2241	1	22	12	13	214	80
上海	118	297	208	1	6	3	0	0	0
江苏	1229	4860	2234	1	69	0	13	166	40
浙江	1286	2996	2690	1	30	24	11	133	97
安徽	1256	4013	2499	1	48	0	16	146	57
福建	1096	2561	1005	1	13	0	8	78	0
江西	1529	3929	1920	1	7	2	11	115	56
山东	1873	10032	5176	1	35	0	17	379	127
河南	1958	6764	2011	1	43	0	18	412	65
湖北	1058	3660	2002	1	29	0	17	213	117
湖南	2157	8962	2931	1	60	4	12	273	28
广东	1073	3260	843	1	7	0	20	83	27
广西	1225	3972	2692	1	37	25	14	192	81
海南	202	504	173	1	7	7	2	12	6
重庆	940	2335	1270	1	21	6	0	0	0
四川	3046	7199	3459	1	34	2	21	290	73
贵州	1157	3417	1632	1	8	0	9	111	46
云南	1360	3939	2775	1	9	3	16	61	7
西藏	7	54	0	1	4	0	6	12	0
陕西	1005	3141	934	1	32	23	10	154	44
甘肃	1204	3421	800	1	35	0	12	168	37
青海	161	569	391	1	4	4	6	29	25
宁夏	174	596	429	1	5	4	4	28	25
新疆	859	6026	3988	1	37	0	13	183	18
新疆兵团	180	450	330	1	4	4	13	30	25

续表

地区	3. 县级			4. 乡级			其中:单设机构		
	年末机构数(个)	年末人数(人)		年末机构数(个)	年末人数(人)		年末机构数(个)	年末人数(人)	
		合计	其中:科技人员(教师)		合计	其中:科技人员(教师)		合计	其中:科技人员(教师)
全　　国	2852	34208	15101	29718	73300	39941	5955	21996	12696
北　　京	13	159	94	180	301	87	1	10	0
天　　津	12	220	32	150	580	97	47	288	55
河　　北	180	1483	740	1672	2915	1051	190	364	105
山　　西	115	2541	1423	1241	2127	1109	611	916	521
内 蒙 古	99	945	508	627	1146	658	49	121	74
辽　　宁	100	827	272	1030	2155	1265	131	391	307
吉　　林	65	693	512	628	5032	3765	339	2915	2284
黑 龙 江	102	1484	1009	496	1795	1140	122	527	322
上　　海	9	68	47	108	223	158	0	0	0
江　　苏	98	858	320	1117	3767	1874	168	1335	464
浙　　江	75	829	565	1199	2004	2004	325	543	543
安　　徽	98	849	387	1141	2970	2055	213	1020	666
福　　建	77	751	28	1010	1719	977	47	132	108
江　　西	99	1087	440	1418	2720	1422	211	579	338
山　　东	144	3605	1602	1711	6013	3447	746	2940	1697
河　　南	204	3280	1192	1735	3029	754	59	240	29
湖　　北	86	1071	601	954	2347	1284	335	1128	543
湖　　南	131	2390	979	2013	6239	1920	562	1431	648
广　　东	116	924	306	936	2246	510	208	648	95
广　　西	95	1040	416	1115	2703	2170	116	320	258
海　　南	17	203	82	182	282	78	1	14	0
重　　庆	39	291	128	900	2023	1136	50	86	55
四　　川	177	2014	876	2847	4861	2508	228	617	379
贵　　州	94	1013	409	1053	2285	1177	110	257	187
云　　南	124	734	326	1219	3135	2439	265	987	0
西　　藏	0	38	0	0	0	0	0	0	0
陕　　西	98	1369	592	896	1586	275	102	222	23
甘　　肃	92	1372	211	1099	1846	552	106	299	73
青　　海	39	370	243	115	166	119	0	0	0
宁　　夏	17	344	233	152	219	167	0	0	0
新　　疆	95	992	266	750	4814	3704	607	3652	2910
新疆兵团	142	364	262	24	52	39	6	14	12

续表

地区	二、农机化教育、培训机构			1. 农机化大、中专			2. 农机化学校		
	年末机构数（个）	年末人数（人）		年末机构数（个）	年末人数（人）		年末机构数（个）	年末人数（人）	
		合计	其中：科技人员（教师）		合计	其中：科技人员（教师）		合计	其中：科技人员（教师）
全　国	1832	20452	13399	41	3538	2431	1791	16914	10968
北　京	10	337	122	0	0	0	10	337	122
天　津	12	152	77	0	0	0	12	152	77
河　北	124	893	528	3	28	17	121	865	511
山　西	64	703	509	2	258	167	62	445	342
内蒙古	51	336	237	1	5	3	50	331	234
辽　宁	51	1056	682	2	70	195	49	986	487
吉　林	42	1170	896	1	106	85	41	1064	811
黑龙江	61	1077	782	3	630	397	58	447	385
上　海	0	0	0	0	0	0	0	0	0
江　苏	56	376	255	0	0	0	56	376	255
浙　江	46	187	140	0	0	0	46	187	140
安　徽	74	911	688	4	304	202	70	607	486
福　建	19	173	106	1	100	63	18	73	43
江　西	51	314	158	1	11	2	50	303	156
山　东	142	1211	923	1	16	6	141	1195	917
河　南	132	1868	1048	1	15	7	131	1853	1041
湖　北	57	948	603	1	171	131	56	777	472
湖　南	105	868	521	3	38	9	102	830	512
广　东	63	740	350	0	0	0	63	740	350
广　西	94	1636	1139	6	670	460	88	966	679
海　南	19	131	80	0	0	0	19	131	80
重　庆	22	298	197	3	208	138	19	90	59
四　川	104	539	374	0	0	0	104	539	374
贵　州	38	795	468	6	587	338	32	208	130
云　南	126	989	705	1	128	90	125	861	615
西　藏	0	0	0	0	0	0	0	0	0
陕　西	90	1408	827	1	189	117	89	1219	710
甘　肃	79	607	345	0	0	0	79	607	345
青　海	1	26	24	0	0	0	1	26	24
宁　夏	7	63	62	0	4	4	7	59	58
新　疆	82	576	496	0	0	0	82	576	496
新疆兵团	10	64	57	0	0	0	10	64	57

续表

地　区	三、农机化科研机构			1. 省级			2. 地级		
	年　末 机构数 （个）	年末人数(人)		年　末 机构数 （个）	年末人数(人)		年　末 机构数 （个）	年末人数(人)	
		合计	其中： 科技人员 （教师）		合计	其中： 科技人员 （教师）		合计	其中： 科技人员 （教师）
全　国	78	3112	2028	23	1906	1246	55	1206	782
北　京	0	0	0	0	0	0	0	0	0
天　津	1	32	21	1	32	21	0	0	0
河　北	1	20	10	1	20	10	0	0	0
山　西	11	286	217	1	106	74	10	180	143
内蒙古	3	21	15	0	0	0	3	21	15
辽　宁	6	190	126	1	75	51	5	115	75
吉　林	5	306	198	1	75	55	4	231	143
黑龙江	9	862	556	6	784	501	3	78	55
上　海	1	148	36	1	148	36	0	0	0
江　苏	0	0	0	0	0	0	0	0	0
浙　江	1	45	25	1	45	25	0	0	0
安　徽	2	53	46	0	0	0	2	53	46
福　建	0	0	0	0	0	0	0	0	0
江　西	0	0	0	0	0	0	0	0	0
山　东	4	119	68	0	0	0	4	119	68
河　南	0	0	0	0	0	0	0	0	0
湖　北	1	68	58	1	68	58	0	0	0
湖　南	6	114	43	0	0	0	6	114	43
广　东	3	207	157	1	196	151	2	11	6
广　西	1	12	4	0	0	0	1	12	4
海　南	1	4	2	1	4	2	0	0	0
重　庆	3	69	50	2	47	37	1	22	13
四　川	8	278	175	1	136	82	7	142	93
贵　州	3	113	99	1	74	65	2	39	34
云　南	3	89	67	1	58	44	2	31	23
西　藏	0	0	0	0	0	0	0	0	0
陕　西	0	0	0	0	0	0	0	0	0
甘　肃	2	36	19	0	0	0	2	36	19
青　海	0	0	0	0	0	0	0	0	0
宁　夏	1	10	7	1	10	7	0	0	0
新　疆	0	0	0	0	0	0	0	0	0
新疆兵团	2	30	29	1	28	27	1	2	2

续表

地区	四、农机试验鉴定机构			1. 省级			2. 地级		
	年末机构数（个）	年末人数（人）		年末机构数（个）	年末人数（人）		年末机构数（个）	年末人数（人）	
		合计	其中：科技人员（教师）		合计	其中：科技人员（教师）		合计	其中：科技人员（教师）
全　　国	53	1236	927	30	1048	798	23	188	129
北　　京	1	8	8	1	8	8	0	0	0
天　　津	1	37	28	1	37	28	0	0	0
河　　北	1	34	33	1	34	33	0	0	0
山　　西	12	121	82	1	49	31	11	72	51
内 蒙 古	1	61	31	1	61	31	0	0	0
辽　　宁	1	69	57	1	69	57	0	0	0
吉　　林	2	90	70	1	85	67	1	5	3
黑 龙 江	1	90	66	1	90	66	0	0	0
上　　海	1	14	9	1	14	9	0	0	0
江　　苏	5	83	60	1	47	34	4	36	26
浙　　江	1	5	5	1	5	5	0	0	0
安　　徽	1	40	32	1	40	32	0	0	0
福　　建	0	0	0	0	0	0	0	0	0
江　　西	1	20	20	1	20	20	0	0	0
山　　东	1	31	24	1	31	24	0	0	0
河　　南	5	41	29	1	24	18	4	17	11
湖　　北	2	33	25	1	20	15	1	13	10
湖　　南	2	95	71	1	60	46	1	35	25
广　　东	1	31	24	1	31	24	0	0	0
广　　西	1	34	19	1	34	19	0	0	0
海　　南	1	6	2	1	6	2	0	0	0
重　　庆	1	41	36	1	41	36	0	0	0
四　　川	1	64	56	1	64	56	0	0	0
贵　　州	1	22	19	1	22	19	0	0	0
云　　南	1	14	11	1	14	11	0	0	0
西　　藏	0	0	0	0	0	0	0	0	0
陕　　西	2	28	14	1	18	11	1	10	3
甘　　肃	1	44	29	1	44	29	0	0	0
青　　海	1	6	5	1	6	5	0	0	0
宁　　夏	1	39	31	1	39	31	0	0	0
新　　疆	1	34	30	1	34	30	0	0	0
新疆兵团	1	1	1	1	1	1	0	0	0

续表

地区	五、农机化技术推广机构			1. 省级			2. 地级		
	年末机构数（个）	年末人数（人）		年末机构数（个）	年末人数（人）		年末机构数（个）	年末人数（人）	
		合计	其中：科技人员（教师）		合计	其中：科技人员（教师）		合计	其中：科技人员（教师）
全　国	2546	22124	13808	33	703	504	287	3563	2336
北　京	12	293	150	1	50	39	0	0	0
天　津	12	145	105	1	29	18	0	0	0
河　北	164	1216	689	2	24	23	11	226	151
山　西	122	1012	718	1	34	25	11	127	87
内蒙古	87	901	651	1	102	68	11	204	146
辽　宁	76	1100	751	1	15	14	14	267	196
吉　林	60	994	775	1	18	13	6	108	93
黑龙江	83	665	533	1	38	28	13	81	64
上　海	9	76	59	1	11	8	0	0	0
江　苏	92	970	640	2	39	20	13	210	167
浙　江	45	240	206	1	2	2	5	40	29
安　徽	83	757	528	1	21	17	7	58	42
福　建	9	56	39	1	22	18	0	0	0
江　西	94	366	229	1	3	3	11	38	20
山　东	147	972	696	1	26	23	16	101	78
河　南	162	1940	817	1	12	7	18	262	153
湖　北	107	1016	747	0	0	0	16	241	180
湖　南	122	1505	653	1	4	4	10	92	51
广　东	110	594	278	1	18	12	19	135	57
广　西	100	983	650	1	28	17	13	245	153
海　南	18	89	34	1	10	8	1	0	0
重　庆	37	183	117	1	12	11	0	0	0
四　川	156	740	486	1	7	4	16	75	41
贵　州	87	372	225	1	28	15	6	38	18
云　南	141	998	754	1	20	15	15	179	141
西　藏	2	12	6	1	4	4	1	8	2
陕　西	97	1444	616	1	19	10	11	201	77
甘　肃	84	715	317	1	35	22	10	217	139
青　海	33	252	227	1	15	13	3	26	23
宁　夏	23	350	284	1	39	31	4	38	35
新　疆	93	968	661	1	12	7	13	313	164
新疆兵团	79	200	167	1	6	5	13	33	29

续表

地区	3. 县级			六、农机安全监理机构			1. 省级		
	年末机构数（个）	年末人数（人）		年末机构数（个）	年末人数（人）		年末机构数（个）	年末人数（人）	
		合计	其中：科技人员（教师）		合计	其中：科技人员（教师）		合计	其中：科技人员（教师）
全　国	2226	17858	10968	2877	33012	16210	31	470	195
北　京	11	243	111	14	160	72	1	29	16
天　津	11	116	87	12	169	59	1	9	0
河　北	151	966	515	174	2092	913	1	14	13
山　西	110	851	606	123	1236	764	1	8	0
内蒙古	75	595	437	106	1372	805	1	10	0
辽　宁	61	818	541	95	984	587	1	9	0
吉　林	53	868	669	68	1228	981	1	21	16
黑龙江	69	546	441	87	1747	1251	1	17	17
上　海	8	65	51	10	55	45	1	9	7
江　苏	77	721	453	104	990	536	1	24	0
浙　江	39	198	175	75	451	329	1	3	3
安　徽	75	678	469	101	1401	833	1	20	14
福　建	8	34	21	48	193	3	1	12	0
江　西	82	325	206	105	584	285	1	11	8
山　东	130	845	595	151	2173	1393	1	23	22
河　南	143	1666	657	169	4199	1167	1	16	0
湖　北	91	775	567	117	1256	644	1	30	0
湖　南	111	1409	598	134	1506	663	1	6	6
广　东	90	441	209	118	742	250	1	2	0
广　西	86	710	480	104	1185	744	1	14	0
海　南	16	79	26	19	191	92	1	29	20
重　庆	36	171	106	38	241	86	1	15	5
四　川	139	658	441	191	1142	497	1	12	3
贵　州	80	306	192	95	545	288	1	10	6
云　南	125	799	598	147	1276	745	1	15	11
西　藏	0	0	1	1	2	0	0	0	0
陕　西	85	1224	529	116	2274	753	1	19	11
甘　肃	73	463	156	100	1243	308	1	24	0
青　海	29	211	191	44	338	245	1	31	0
宁　夏	18	273	218	24	247	195	1	13	13
新　疆	79	643	490	98	1587	521	1	10	0
新疆兵团	65	161	133	89	203	156	1	5	4

续表

地区	2. 地级			3. 县级		
	年末机构数（个）	年末人数（人）		年末机构数（个）	年末人数（人）	
		合计	其中：科技人员（教师）		合计	其中：科技人员（教师）
全国	330	3388	1693	2516	29154	14322
北京	0	0	0	13	131	56
天津	0	0	0	11	160	59
河北	11	218	132	162	1860	768
山西	11	118	85	111	1110	679
内蒙古	12	345	226	93	1017	579
辽宁	14	132	47	80	843	540
吉林	9	133	121	58	1074	844
黑龙江	13	91	66	73	1639	1168
上海	0	0	0	9	46	38
江苏	14	102	67	89	864	469
浙江	8	49	43	66	399	283
安徽	16	115	76	84	1266	743
福建	6	31	0	41	150	3
江西	11	51	23	93	522	254
山东	17	143	97	133	2007	1274
河南	18	258	82	150	3925	1085
湖北	16	205	128	100	1021	516
湖南	13	103	30	120	1397	627
广东	20	115	35	97	625	215
广西	14	182	101	89	989	643
海南	2	26	13	16	136	59
重庆	0	0	0	37	226	81
四川	21	144	51	169	986	443
贵州	9	57	31	85	478	251
云南	16	178	42	130	1083	692
西藏	1	2	0	0	0	0
陕西	10	102	40	105	2153	702
甘肃	12	146	32	87	1073	276
青海	6	62	38	37	245	207
宁夏	4	25	21	19	209	161
新疆	13	197	20	84	1380	501
新疆兵团	13	58	46	75	140	106

各地区农业机械化服务组织及人员表

地区	一、农机化作业服务组织及农机户 1. 农机化作业服务组织 年末机构数(个)	年末人数(人)	(1)其中:拥有农机原值20万—50万元(含20万元)的 年末机构数(个)	年末人数(人)	拥有农机原值50万元(含50万元)以上的 年末机构数(个)	年末人数(人)	(2)其中:农机专业合作社 年末机构数(个)	年末人数(人)	2. 农机户 年末机构数(个)	年末人数(人)
全　国	170572	1194947	44282	260930	19635	334192	27848	582182	41110833	50883923
北　京	726	4183	227	845	218	1194	138	1461	44793	48679
天　津	660	3379	55	362	83	1546	116	2671	63315	95980
河　北	4918	32559	1812	9392	363	5725	630	11632	3645498	4840962
山　西	4045	17826	994	5594	347	3182	1327	11375	845645	1018159
内蒙古	1567	18805	674	4786	648	10842	785	11320	1177236	1553396
辽　宁	1470	26331	390	2692	921	16291	1247	20988	546356	669943
吉　林	3174	18373	1247	4814	769	4257	1158	9302	1037002	1173162
黑龙江	20426	69116	11826	36178	1887	13730	1756	13721	1028136	1249032
上　海	462	2489	57	163	118	697	118	1426	6017	6867
江　苏	6791	191205	2016	32038	2113	75518	2971	142341	1368395	1577710
浙　江	4891	27962	1046	6400	604	9385	1048	17412	825897	936422
安　徽	6369	54057	1562	10241	882	13211	1283	22818	3352316	3851999
福　建	1849	7174	506	1687	417	2842	364	3874	610398	671175
江　西	11983	55985	877	6699	498	6213	477	9345	970019	1326843
山　东	17330	114175	5483	30336	2755	41169	3456	58049	5073121	6060406
河　南	10897	93948	4551	19965	3444	47132	4182	66072	5326215	6308226
湖　北	7639	71050	2970	22003	757	10456	1128	28885	1580337	2323262
湖　南	23044	89807	2521	15205	617	19478	1019	5413	2217318	3154642
广　东	2827	15393	784	4805	319	3309	411	8332	1012244	1290698
广　西	2756	37662	801	8658	377	4734	1543	15345	2037129	2541584
海　南	192	1435	79	582	22	162	85	806	241301	261611
重　庆	6717	110063	303	12551	139	24341	705	79432	891763	1133914
四　川	18220	52299	1690	8913	302	4265	527	13914	1839622	2173650
贵　州	2461	28459	208	3630	18	360	248	3423	987099	1233875
云　南	612	3575	85	359	67	576	41	1388	1275807	1390263
西　藏	32	1383	28	1213	4	170	8	348	131635	591601
陕　西	1985	15249	577	4562	147	3023	291	9340	948014	1046951
甘　肃	3377	13499	423	2333	221	4190	216	2553	977736	1130936
青　海	1869	2947	44	189	39	436	90	578	236853	245335
宁　夏	288	6501	107	2251	103	1954	247	4583	244395	357643
新　疆	341	4869	112	724	132	1555	228	3995	544633	588011
新疆兵团	654	3189	227	760	304	2249	5	40	24588	30986

续表

地　区	(1)其中:拥有农机原值20万—50万元(含20万元)的		拥有农机原值50万元(含50万元)以上的		(2)其中:农机化作业服务专业户		二、农机化中介服务组织		三、农机维修厂及维修点	
	年末机构数(个)	年末人数(人)	年末机构数(个)	年末人数(人)	年末机构数(个)	年末人数(人)	年末机构数(个)	年末人数(人)	年末机构数(个)	年末人数(人)
全　国	395950	665993	49867	125471	5117262	7116974	6913	58499	218916	490813
北　京	662	1185	147	400	1977	2808	1	70	446	1026
天　津	666	1426	79	395	15070	20730	0	0	820	1848
河　北	50776	49414	4852	4699	356338	532154	413	1496	18695	38018
山　西	8255	15748	556	1800	87141	112947	120	1666	7069	16287
内蒙古	8998	19702	1260	4672	92274	129895	211	1046	7130	14616
辽　宁	12026	27829	3007	8870	66487	95221	149	3947	6714	15279
吉　林	5420	11003	2306	6633	14296	26355	44	207	7793	16989
黑龙江	93864	135098	8304	16342	125137	181784	147	449	6052	17886
上　海	516	770	121	330	3449	3956	0	0	87	159
江　苏	43387	76462	4387	9353	249356	352006	399	8262	4535	11409
浙　江	16692	23535	4399	19727	190949	209606	68	266	3821	6404
安　徽	13091	25835	1304	3012	372467	515211	340	7669	11541	24345
福　建	1316	2570	119	364	128605	149123	88	157	4161	8951
江　西	6366	11544	652	1732	341763	527502	656	1693	10687	30251
山　东	32315	69878	4381	13915	715237	1020482	1195	13961	22225	48042
河　南	21039	42396	1988	4804	254086	403656	1243	3678	22957	43773
湖　北	8371	22506	1212	4445	356634	558332	0	0	7388	21765
湖　南	8784	19498	720	2669	243694	286218	266	1006	6262	15655
广　东	7782	14158	979	3540	137315	190190	20	199	11156	28494
广　西	6085	13801	342	857	100770	174164	147	1107	5663	12071
海　南	1330	2146	161	311	61697	66949	10	33	1108	2951
重　庆	1214	3095	42	140	124111	234280	409	1699	4226	11549
四　川	10285	22166	557	1518	202573	281348	160	974	10752	27104
贵　州	191	450	26	60	189240	246011	35	86	5381	14841
云　南	1801	2310	214	482	90940	104109	126	4298	10867	23274
西　藏	13	58	4	24	4	24	0	0	99	262
陕　西	3243	9962	612	1490	292600	320002	115	528	7273	12876
甘　肃	4294	5885	237	931	156411	188625	81	428	7352	12165
青　海	260	566	9	1627	16263	18713	221	346	1590	2510
宁　夏	973	1610	815	1856	44332	58239	170	449	1864	4212
新　疆	17817	22519	2499	3731	73152	90958	79	2779	2862	4853
新疆兵团	8118	10868	3576	4742	12894	15376	0	0	340	948

续表

地区	其中：1. 一级维修点		2. 二级维修点		3. 三级维修点		4. 专项维修点		四、农机经销机构 1. 农机经销企业	
	年末机构数（个）	年末人数（人）	年末机构数（个）	年末人数（人）	年末机构数（个）	年末人数（人）	年末机构数（个）	年末人数（人）	年末机构数（个）	年末人数（人）
全国	1566	8923	8532	30449	110342	235801	79888	176538	9501	95596
北京	3	21	19	79	345	778	79	148	8	73
天津	0	0	42	101	696	1627	72	120	12	236
河北	12	75	410	1309	13302	26605	4629	9126	372	3866
山西	19	276	410	1329	3243	7221	3177	6876	181	3746
内蒙古	17	62	669	1614	5232	10476	1212	2464	517	2468
辽宁	39	81	154	526	5073	10907	1324	2497	179	1420
吉林	1	11	11	45	5120	10535	2661	6398	278	2592
黑龙江	91	1831	300	1440	2540	6081	2975	8304	308	7519
上海	1	8	8	35	25	50	32	43	6	12
江苏	29	314	210	1189	2609	6623	1175	2171	369	3333
浙江	1	10	36	122	2643	4483	1141	1789	163	652
安徽	14	280	208	947	6071	13116	3603	6858	494	4461
福建	0	0	29	84	936	2028	255	547	267	2072
江西	53	484	310	2018	4739	12729	5166	14487	435	2488
山东	292	1454	1335	4903	11003	24270	3805	7610	912	10573
河南	97	452	477	1424	11003	19727	10453	20078	630	6315
湖北	187	708	369	1372	2725	7575	3472	10080	406	12566
湖南	76	179	638	1976	2694	5950	2854	7550	560	11203
广东	8	49	79	228	1074	2617	8489	21434	446	2673
广西	0	0	110	460	4104	8636	738	1586	126	1042
海南	0	0	4	12	172	402	919	2531	6	201
重庆	16	200	224	1424	2093	5906	1671	3503	283	2397
四川	66	640	598	3141	3377	9093	5869	11422	1085	4218
贵州	26	99	183	653	2894	8392	2278	5697	169	1183
云南	112	391	594	1556	4515	9039	5592	12184	237	2170
西藏	89	224	3	9	7	29	0	0	39	102
陕西	66	245	461	881	5311	9019	1330	2472	244	1975
甘肃	163	451	489	1068	3118	5506	2624	4110	237	1685
青海	37	61	66	122	536	933	632	973	80	127
宁夏	1	2	11	42	725	1582	1021	2361	41	588
新疆	1	6	56	216	2370	3760	415	710	403	1593
新疆兵团	49	309	19	124	47	106	225	409	8	47

续表

地区	2. 农机经销点		五、农机供油站(点)		六、拖拉机驾驶培训机构		七、乡村农机从业人员	1. 其中:初中(含初中)以上文化程度
	年末机构数(个)	年末人数(人)	年末机构数(个)	年末人数(人)	年末机构数(个)	年末人数(人)	年末人数(人)	年末人数(人)
全国	85289	179125	18380	51671	2175	17509	52055779	41845702
北京	97	207	9	29	9	106	61365	54234
天津	158	311	16	114	6	55	108667	84706
河北	6479	15269	959	4884	95	754	4914487	4019974
山西	2028	4522	1003	3300	72	598	913777	834231
内蒙古	4317	7918	251	682	80	550	1573981	1244384
辽宁	2222	4573	268	1070	41	679	888476	729198
吉林	2918	6940	343	1058	21	547	1220235	958427
黑龙江	4527	10569	476	1823	68	488	1491609	1143599
上海	43	111	26	74	3	29	13075	7705
江苏	3221	6337	741	1760	54	416	1802497	1541872
浙江	699	1130	274	619	43	234	799467	556240
安徽	5201	9859	227	671	77	578	3951570	3350326
福建	821	1504	144	365	46	346	701950	547137
江西	1980	5280	15	46	72	560	1177650	881902
山东	6902	15385	4081	10753	178	1140	6743340	5462672
河南	10686	20904	3898	8151	117	1511	6515935	5746216
湖北	3599	9020	748	1577	78	1007	2843625	2701443
湖南	3915	9304	975	2906	94	1208	2328849	1773267
广东	2000	5561	363	1357	39	361	1185477	845273
广西	2189	4404	50	177	88	1034	2696887	2039197
海南	368	916	129	479	8	62	224571	199156
重庆	2576	4761	246	785	23	156	1014212	745730
四川	6966	13760	581	1509	86	519	2365437	1666091
贵州	2253	4056	6	19	47	354	1028508	731664
云南	2281	4536	378	1139	115	786	1500910	1062254
西藏	62	160	61	268	0	0	178855	30405
陕西	2473	5065	987	3352	71	1062	1120162	948930
甘肃	2078	3428	449	1129	425	1516	1210534	848845
青海	176	270	93	176	25	151	364571	256978
宁夏	406	537	258	546	11	74	442618	294111
新疆	1505	2314	121	351	69	494	614876	485909
新疆兵团	143	214	204	502	14	134	57606	53626

续表

地区	2. 其中：拖拉机驾驶员	3. 其中：联合收获机驾驶员	4. 其中：农用运输车驾驶员	5. 其中：农机维修人员	6. 其中：获得农机职业技能鉴定证书人员	其中：修理工
	年末人数（人）	年末人数（人）	年末人数（人）	年末人数（人）	年末人数（人）	年末人数（人）
全国	14837098	875498	8653191	930399	872272	185977
北京	22521	2145	22672	1450	1997	253
天津	39161	3834	67351	4625	12326	2607
河北	969280	85603	1337706	72735	30489	10114
山西	243739	11272	441350	29177	16101	3263
内蒙古	713573	10374	340516	36674	13549	5486
辽宁	297909	4863	354101	18108	22551	9689
吉林	711920	15601	172927	18047	8585	4985
黑龙江	1064201	37524	116334	28094	14395	9564
上海	8666	2630	0	415	726	161
江苏	640545	94982	206924	28206	150080	9637
浙江	242359	17088	90377	8662	18502	4483
安徽	1305955	103977	512460	34232	122595	9493
福建	154814	3022	65647	12044	4225	2837
江西	295711	45129	206863	56383	13417	6420
山东	1069074	51685	1282915	134228	220821	27244
河南	2609554	148991	1343459	83553	26928	7661
湖北	697984	59332	182752	32911	3849	2785
湖南	251467	66835	184310	43090	21854	7293
广东	332215	13880	123111	37608	3950	2142
广西	560720	18628	111549	37906	7588	5471
海南	67890	5618	32987	3736	4619	2056
重庆	39024	3041	69827	25783	9504	6296
四川	230915	12759	139114	44509	52119	11346
贵州	132609	599	82048	25285	1809	1653
云南	480226	3076	118601	28513	14323	5846
西藏	140073	2254	19304	3123	0	0
陕西	240792	31107	387323	30461	12741	4463
甘肃	466173	5716	452806	22802	14068	5620
青海	156690	793	25695	7694	5448	3089
宁夏	117065	5027	126745	6596	5281	4372
新疆	490131	5813	31676	12162	25514	8700
新疆兵团	44106	2300	3741	1587	12318	948

各地区农业机械拥有量表

地　区	一、农业机械总动力	1. 柴油发动机动力	2. 汽油发动机动力	3. 电动机动力	4. 其他机械动力	二、拖拉机及配套机械 (一)拖拉机		1. 大中型(14.7千瓦及以上)		(1)其中：14.7千—18.4千瓦(含14.7千瓦)	
	万千瓦	万千瓦	万千瓦	万千瓦	万千瓦	万台	万千瓦	万台	万千瓦	万台	万千瓦
全　国	97734.66	78536.31	2872.37	16259.41	66.57	2255.87	30305.78	440.65	12850.15	208.99	3427.39
北　京	265.20	168.26	24.11	72.82	0.00	2.05	49.69	0.89	36.74	0.10	1.65
天　津	583.87	382.13	63.43	138.31	0.00	4.21	87.57	1.43	58.47	0.32	5.63
河　北	10349.19	8165.55	121.91	2061.54	0.19	168.89	2427.80	19.34	807.34	5.40	90.21
山　西	2927.30	2469.22	88.82	369.26	0.00	40.50	607.23	8.89	308.95	3.24	53.86
内蒙古	3172.70	2851.25	16.33	301.35	3.77	102.68	1759.43	54.77	1179.32	39.95	647.22
辽　宁	2399.89	1892.16	86.46	423.88	2.99	45.68	750.6	17.42	463.08	9.25	149.53
吉　林	2355.04	2131.94	10.36	212.74	0.00	98.84	1433.61	35.07	819.90	20.05	320.94
黑龙江	4097.84	3837.25	80.46	173.64	0.49	142.04	2642.84	73.21	1897.11	42.46	705.04
上　海	105.68	58.42	8.76	38.50	0.00	1.13	30.28	0.61	25.43	0.04	0.67
江　苏	4106.11	3064.45	155.27	886.39	0.00	134.09	1560.52	10.68	434.04	1.83	32.05
浙　江	2461.25	1701.08	118.41	641.76	0.00	17.77	187.82	0.96	37.29	0.13	2.20
安　徽	5657.08	4878.95	116.11	662.02	0.00	252.59	2468.46	14.53	566.19	3.23	52.64
福　建	1250.81	918.94	73.41	258.46	0.00	11.47	123.14	0.29	12.14	0.02	0.37
江　西	4200.03	3254.07	203.47	742.49	0.00	51.68	580.18	1.80	58.53	0.74	12.82
山　东	12098.25	10322.31	179.56	1596.37	0.01	247.22	3246.90	45.43	1580.36	17.49	295.90
河　南	10515.79	9310.60	58.63	1146.56	0.00	386.83	4850.78	31.07	1129.08	13.55	217.13
湖　北	3571.23	2581.44	79.03	910.76	0.00	119.56	1184.72	13.08	439.00	0.42	6.22
湖　南	4935.59	3750.51	293.59	865.08	26.40	30.40	483.70	8.90	257.82	3.40	56.15
广　东	2414.82	1675.21	179.14	556.67	3.80	36.55	371.33	1.96	79.33	0.57	10.25
广　西	3033.15	2477.70	83.56	468.94	2.95	42.41	471.25	2.69	115.88	0.39	6.38
海　南	444.33	372.94	25.37	43.30	2.72	8.42	130.89	3.46	82.09	2.70	45.79
重　庆	1140.30	620.00	157.00	363.00	0.30	1.13	20.66	0.36	11.46	0.16	2.56
四　川	3426.10	2269.30	204.74	949.53	2.53	23.22	394.50	10.75	246.51	5.61	90.54
贵　州	1851.40	1308.11	60.50	473.46	9.33	9.76	153.53	3.12	72.93	1.75	29.10
云　南	2628.39	1849.36	113.16	664.99	0.88	59.85	912.10	24.33	543.39	12.04	200.81
西　藏	427.90	281.56	128.58	14.82	2.94	17.01	238.26	3.65	77.87	1.40	22.46
陕　西	2182.85	1658.66	62.10	461.97	0.12	26.88	499.60	8.91	298.76	2.67	44.58
甘　肃	2136.48	1725.75	27.03	383.20	0.50	58.36	768.86	9.29	237.64	5.63	100.22
青　海	430.69	371.55	24.02	33.00	2.31	28.49	289.17	0.91	23.86	0.63	11.63
宁　夏	768.73	648.39	7.05	112.75	0.54	21.61	281.31	3.21	85.21	1.87	30.27
新　疆	1399.68	1242.29	15.56	138.79	3.04	56.95	1085.80	25.60	696.75	11.14	170.73
新疆兵团	397.01	297.15	6.04	93.06	0.76	7.61	213.24	4.06	167.67	0.81	11.84

续表

地区	18.4—58.8千瓦（含18.4千瓦）		58.8千瓦（含58.8千瓦以上）		(2)其中:轮式		2. 小型（2.2—14.7千瓦，含2.2千瓦）		其中:手扶式		(二)拖拉机配套农具	1.大中型
	万台	万千瓦	万台	万千瓦	万台	万千瓦	万台	万千瓦	万台	万千瓦	万部	万部
全国	189.35	6517.61	42.31	2905.16	406.35	11233.17	1815.22	17455.63	946.58	7557.86	3760.96	698.95
北京	0.68	27.23	0.11	7.86	0.78	30.64	1.17	12.95	0.32	2.90	2.30	1.46
天津	0.87	36.93	0.24	15.91	1.26	46.98	2.78	29.10	0.81	6.50	5.88	2.06
河北	8.78	371.97	5.16	345.16	17.86	705.17	149.55	1620.46	17.20	136.62	237.34	37.96
山西	4.20	157.88	1.45	97.21	7.43	265.71	31.61	298.28	19.03	149.65	61.82	18.47
内蒙古	12.64	387.97	2.17	144.13	50.62	1045.75	47.91	580.11	1.29	12.45	176.85	87.00
辽宁	6.84	229.05	1.33	84.50	16.22	391.03	28.26	287.52	16.73	151.82	66.88	22.37
吉林	13.22	381.16	1.80	117.80	34.43	776.80	63.77	613.71	16.48	145.35	250.92	68.09
黑龙江	26.54	821.86	4.21	370.21	71.61	1654.12	68.83	745.73	13.55	135.11	217.60	94.66
上海	0.55	22.72	0.02	2.04	0.61	25.41	0.52	4.85	0.00	0.00	2.03	1.58
江苏	7.66	328.22	1.19	73.77	9.72	380.32	123.41	1126.48	115.43	1052.93	192.76	19.17
浙江	0.81	33.46	0.03	1.63	0.89	33.57	16.81	150.53	16.13	144.39	19.94	1.38
安徽	8.84	357.14	2.47	156.41	14.28	548.84	238.06	1902.27	169.00	1157.83	565.17	27.70
福建	0.22	8.58	0.05	3.19	0.28	11.63	11.18	111.00	10.64	105.68	12.65	0.31
江西	0.97	40.08	0.09	5.63	1.59	49.56	49.88	521.65	39.93	423.26	35.47	2.35
山东	21.21	837.84	6.73	446.62	39.22	1277.03	201.79	1666.54	118.96	804.27	411.48	94.51
河南	10.55	453.37	6.97	458.58	29.32	1036.63	355.76	3721.70	119.30	915.10	746.66	73.20
湖北	11.90	384.68	0.76	48.10	12.50	407.51	106.48	745.72	102.51	700.64	235.98	24.01
湖南	5.11	176.09	0.38	25.59	8.61	247.40	21.50	225.88	5.84	52.73	13.77	3.25
广东	0.88	35.38	0.51	33.70	1.66	67.15	34.59	292.00	31.36	258.13	41.15	2.75
广西	1.52	59.48	0.77	50.02	2.14	98.22	39.72	355.37	33.04	282.75	56.34	3.91
海南	0.66	29.41	0.11	6.89	1.91	49.77	4.96	48.80	1.01	7.62	5.59	1.36
重庆	0.17	6.90	0.03	2.00	0.36	10.85	0.77	9.20	0.22	2.70	0.55	0.29
四川	4.93	142.18	0.21	13.79	8.96	205.19	12.47	147.99	4.60	48.83	16.19	3.90
贵州	1.27	36.99	0.10	6.84	3.12	72.93	6.64	80.60	1.21	12.47	3.99	1.38
云南	11.57	297.33	0.72	45.25	19.73	428.27	35.52	368.71	22.16	214.15	34.37	3.86
西藏	2.25	55.41	0.00	0.00	3.65	77.87	13.37	160.39	6.84	70.41	10.02	2.10
陕西	5.15	187.10	1.09	67.08	8.35	277.87	17.97	200.84	6.15	56.42	41.55	14.97
甘肃	3.09	100.22	0.57	37.20	8.94	154.60	49.07	531.22	20.88	176.08	125.94	26.24
青海	0.19	6.84	0.09	5.39	0.58	11.64	27.59	265.32	26.31	243.82	24.95	0.58
宁夏	1.13	41.04	0.21	13.90	2.99	76.11	18.40	196.10	9.53	86.27	29.49	6.14
新疆	12.67	394.34	1.79	131.68	22.93	602.78	31.35	389.05	0.12	0.98	104.45	44.45
新疆兵团	2.29	68.75	0.96	87.08	3.81	165.81	3.55	45.57	0.00	0.00	10.89	7.49

续表

地区	2. 小型	三、种植业机械 (一)耕整地机械 1. 耕整机		2. 机耕船		3. 机引犁	4. 旋耕机	5. 深松机	6. 机引耕	(二)种植施肥机械 1. 播种机	其中：免耕播种机	精少量播种机
	万部	万台(套)	万千瓦	万艘	万千瓦	万台	万台	万台	万台	万台	万台	万台
全　国	3062.01	528.90	2535.86	15.47	88.29	1304.43	502.26	18.53	755.09	553.79	71.79	334.57
北　京	0.84	1.59	7.51	0.00	0.00	0.34	0.54	0.04	0.14	0.89	0.51	0.21
天　津	3.82	1.43	6.20	0.00	0.00	0.73	2.20	0.06	0.16	1.85	0.85	0.39
河　北	199.38	1.77	10.51	0.00	0.00	62.55	24.85	1.70	8.49	52.35	16.70	24.54
山　西	43.35	1.83	8.87	0.00	0.00	21.27	10.15	0.80	4.84	11.31	1.36	4.94
内蒙古	89.85	1.39	3.94	0.00	0.00	56.95	5.43	1.37	12.85	54.13	6.66	33.94
辽　宁	44.51	4.37	17.95	0.00	0.00	8.91	6.94	0.43	2.85	17.68	1.40	13.37
吉　林	182.83	0.53	3.89	0.00	0.00	60.65	18.39	3.09	23.05	42.42	0.25	39.37
黑龙江	122.94	4.24	31.68	0.00	0.00	41.23	16.96	2.85	12.01	55.57	0.17	50.80
上　海	0.45	0.00	0.00	0.00	0.00	0.51	0.68	0.00	0.32	0.06	0.02	0.04
江　苏	173.59	0.82	5.57	0.00	0.01	25.35	90.94	0.10	3.18	24.61	11.03	12.24
浙　江	18.56	2.75	12.78	0.47	4.57	2.98	12.52	0.01	2.17	0.04	0.01	0.03
安　徽	537.47	4.27	19.35	0.00	0.04	211.77	59.05	0.76	172.37	40.99	1.52	31.29
福　建	12.34	7.46	36.45	0.03	0.27	1.34	9.38	0.00	0.54	0.00	0.00	0.00
江　西	33.12	37.17	189.82	0.64	5.11	9.25	30.61	0.03	8.62	0.02	0.01	0.01
山　东	316.97	8.76	53.56	0.08	0.00	145.09	32.68	1.54	77.76	66.28	11.86	29.99
河　南	673.46	0.85	5.04	0.00	0.00	319.57	20.23	0.72	215.63	126.54	13.17	74.04
湖　北	211.97	29.97	158.68	2.47	23.59	91.99	53.14	0.08	67.08	4.08	0.24	2.09
湖　南	10.52	144.78	554.67	11.36	52.28	86.31	11.41	0.19	72.47	0.06	0.02	0.03
广　东	38.40	17.69	109.21	0.26	1.10	7.71	15.61	0.03	6.26	0.00	0.00	0.00
广　西	52.42	69.87	301.27	0.03	0.26	18.13	14.34	0.27	16.45	0.00	0.00	0.00
海　南	4.23	7.47	32.32	0.06	0.50	2.10	1.36	0.07	1.44	0.00	0.00	0.00
重　庆	0.26	36.23	146.33	0.00	0.00	0.04	0.45	0.00	0.03	0.05	0.00	0.04
四　川	12.29	63.98	342.87	0.03	0.10	7.24	14.37	0.02	2.30	2.00	0.11	0.69
贵　州	2.61	25.65	143.48	0.03	0.33	2.17	3.00	0.01	1.65	0.02	0.00	0.01
云　南	30.51	30.32	208.05	0.01	0.11	13.65	14.51	0.86	8.49	0.09	0.01	0.07
西　藏	7.92	0.49	3.29	0.00	0.00	4.12	0.19	0.00	1.21	2.11	0.00	0.00
陕　西	26.58	7.45	48.19	0.00	0.00	13.56	11.50	0.12	0.38	11.26	4.22	3.67
甘　肃	99.70	12.32	60.93	0.00	0.00	36.00	9.00	3.02	19.00	12.50	0.80	4.50
青　海	24.37	0.62	1.99	0.00	0.00	12.93	6.83	0.03	1.49	4.71	0.34	1.27
宁　夏	23.35	1.50	4.56	0.00	0.01	16.20	1.62	0.06	3.81	8.45	0.13	0.56
新　疆	60.00	1.02	5.74	0.00	0.00	23.17	3.11	0.22	7.21	12.28	0.37	5.29
新疆兵团	3.40	0.31	1.15	0.00	0.00	0.63	0.27	0.06	0.83	1.44	0.02	1.14

续表

地区	2. 水稻种植机械 (1)水稻直播机	(2)水稻插秧机		其中:乘坐式		(3)水稻浅栽机		3. 化肥深施机	4. 地膜覆盖机	(三)农用排灌机械 1. 排灌动力机械	
	万台	万台	万千瓦	万台	万千瓦	万台	万千瓦	万台	万台	万台	万千瓦
全　国	2.99	42.70	183.21	17.73	102.31	0.91	1.48	74.02	44.82	2284.06	14486.49
北　京	0.00	0.00	0.00	0.00	0.00	0.00	0.00	0.03	0.02	4.27	48.20
天　津	0.00	0.05	0.29	0.02	0.23	0.00	0.00	0.01	0.35	10.81	117.50
河　北	0.00	0.08	0.45	0.03	0.24	0.00	0.00	6.14	4.11	258.95	2213.17
山　西	0.00	0.00	0.00	0.00	0.00	0.00	0.00	2.15	2.61	16.35	196.25
内蒙古	0.00	0.37	1.48	0.08	0.25	0.00	0.00	2.72	4.55	37.20	362.57
辽　宁	0.01	2.16	9.41	0.71	3.65	0.07	0.30	0.98	0.43	107.51	359.20
吉　林	0.00	1.97	10.35	0.41	3.02	0.01	0.03	22.10	0.65	46.83	310.72
黑龙江	0.27	18.63	91.69	14.23	74.37	0.00	0.00	1.10	0.78	36.50	350.90
上　海	0.11	0.13	1.24	0.13	1.24	0.00	0.00	0.00	0.00	1.34	22.11
江　苏	0.53	8.09	25.12	0.78	8.21	0.00	0.00	0.30	0.03	58.94	642.41
浙　江	0.02	0.76	5.21	0.48	3.95	0.01	0.02	0.61	0.01	100.56	287.18
安　徽	0.19	1.41	4.59	0.15	1.39	0.00	0.00	9.38	0.78	156.47	667.72
福　建	0.00	0.47	1.77	0.06	0.49	0.00	0.00	0.00	0.04	15.86	99.66
江　西	0.04	1.17	4.71	0.07	0.71	0.19	0.23	0.64	0.00	122.01	899.46
山　东	0.00	0.08	0.38	0.01	0.05	0.00	0.00	2.67	11.89	352.86	2357.68
河　南	0.00	0.21	1.26	0.05	0.59	0.00	0.00	10.50	1.45	163.63	1229.28
湖　北	1.21	2.45	7.85	0.14	1.11	0.00	0.00	2.28	0.27	88.41	673.50
湖　南	0.05	0.60	2.24	0.08	0.58	0.00	0.00	2.05	0.19	227.16	987.81
广　东	0.00	0.58	3.77	0.13	1.20	0.00	0.00	0.26	0.00	79.34	446.31
广　西	0.00	1.39	4.38	0.03	0.17	0.02	0.00	0.12	0.11	85.89	376.59
海　南	0.00	0.08	0.26	0.00	0.03	0.00	0.00	0.00	0.00	20.93	100.09
重　庆	0.00	1.09	3.08	0.00	0.01	0.01	0.01	0.00	0.01	92.40	286.48
四　川	0.00	0.38	1.58	0.04	0.36	0.60	0.88	0.53	0.01	64.29	463.20
贵　州	0.00	0.18	0.55	0.01	0.06	0.00	0.00	0.01	0.04	40.59	192.60
云　南	0.00	0.04	0.18	0.00	0.00	0.00	0.01	0.02	0.02	30.74	179.98
西　藏	0.00	0.00	0.00	0.00	0.00	0.00	0.00	0.00	0.01	0.42	3.80
陕　西	0.01	0.01	0.08	0.00	0.01	0.00	0.00	0.79	1.34	36.53	211.03
甘　肃	0.00	0.00	0.00	0.00	0.00	0.00	0.00	2.60	5.00	15.80	160.15
青　海	0.00	0.00	0.00	0.00	0.00	0.00	0.00	1.14	0.18	0.39	9.88
宁　夏	0.54	0.16	0.64	0.06	0.25	0.00	0.00	0.56	0.70	3.10	25.74
新　疆	0.01	0.12	0.45	0.00	0.03	0.00	0.00	3.35	8.85	5.48	117.69
新疆兵团	0.00	0.04	0.20	0.03	0.10	0.00	0.00	0.98	0.39	2.49	87.64

续表

地　区	其中:柴油机		电动机		2. 农用水泵	3. 节水灌溉类机械	(四)田间管理机械		2. 茶叶修剪机		(五)收获机械	
							1. 机动喷雾(粉)机				1. 联合收获机	
	万台	万千瓦	万台	万千瓦	万台	万台(套)	万台	万千瓦	万台	万千瓦	万台	万千瓦
全　国	968.39	7104.54	1213.04	7012.79	2173.79	168.48	518.08	893.40	20.37	29.55	111.37	4730.97
北　京	0.20	1.35	4.07	46.86	3.85	1.11	2.02	1.36	0.00	0.00	0.22	17.00
天　津	3.86	30.44	6.85	86.74	8.97	0.27	0.95	2.48	0.00	0.00	0.47	27.44
河　北	109.36	992.36	148.76	1220.12	172.22	4.50	49.10	81.62	0.00	0.00	8.59	403.33
山　西	2.60	35.29	13.69	160.95	14.69	1.00	3.91	10.34	0.00	0.00	1.75	94.76
内蒙古	20.07	212.83	17.13	149.74	37.64	6.08	5.38	16.24	0.00	0.00	1.10	67.97
辽　宁	21.56	170.06	83.18	180.37	129.71	11.60	9.46	18.68	0.00	0.00	0.79	41.99
吉　林	26.95	208.30	19.89	102.42	47.80	3.04	1.16	2.32	0.00	0.00	2.19	82.74
黑龙江	25.08	250.69	11.42	100.21	45.02	3.33	10.00	28.41	0.00	0.00	5.64	419.51
上　海	0.00	0.02	1.33	22.08	1.33	0.73	2.25	5.14	0.00	0.00	0.24	9.56
江　苏	18.40	178.97	40.04	461.99	63.49	3.83	61.92	86.23	0.54	0.73	10.35	410.57
浙　江	8.73	40.90	88.19	237.58	93.71	2.70	21.18	36.54	3.29	9.88	1.84	62.89
安　徽	39.53	287.27	114.14	372.90	174.20	19.72	36.86	48.72	3.50	3.42	11.80	507.43
福　建	9.69	61.41	5.93	37.59	15.84	1.34	28.42	27.44	5.01	4.93	0.53	19.24
江　西	77.22	537.27	40.76	335.23	79.74	10.28	18.56	46.98	0.31	0.69	5.02	170.68
山　东	181.73	1493.25	121.46	840.35	295.16	49.45	47.43	100.35	0.22	0.52	20.10	667.98
河　南	53.98	527.30	108.61	637.09	223.79	17.98	26.36	49.93	0.81	0.72	15.78	769.96
湖　北	25.62	228.83	62.79	444.67	89.48	2.88	48.73	64.74	3.10	3.32	5.54	232.84
湖　南	127.66	625.20	90.00	336.79	220.86	0.66	32.29	46.99	0.33	0.49	7.65	257.78
广　东	40.45	241.26	33.95	192.47	74.99	11.88	21.84	41.63	0.27	0.58	1.90	51.48
广　西	50.43	253.17	31.81	112.77	84.00	3.67	10.63	24.26	0.24	0.31	1.96	55.94
海　南	17.30	79.83	3.60	14.19	17.94	0.34	6.48	8.24	0.02	0.02	0.37	8.71
重　庆	14.60	74.32	74.50	119.72	95.40	0.11	5.82	7.69	0.25	0.22	0.37	9.26
四　川	47.02	283.34	11.75	167.78	64.13	2.08	26.00	45.06	1.50	1.95	1.41	50.16
贵　州	18.45	106.27	19.06	45.92	40.59	0.92	3.40	5.69	0.16	0.42	0.07	1.98
云　南	18.58	93.78	9.16	74.21	25.62	1.01	8.06	20.23	0.51	0.90	0.43	13.52
西　藏	0.33	2.99	0.09	0.81	0.44	0.00	0.11	0.15	0.00	0.00	0.52	25.31
陕　西	5.18	44.77	29.58	165.28	31.36	1.78	17.26	39.23	0.23	0.31	2.94	140.79
甘　肃	1.89	16.99	12.44	133.08	10.66	1.00	4.01	10.00	0.08	0.14	0.41	23.28
青　海	0.05	1.31	0.26	8.21	0.56	0.20	0.24	1.45	0.00	0.00	0.12	7.91
宁　夏	0.47	3.95	2.14	21.77	3.69	0.53	0.35	1.26	0.00	0.00	0.59	25.60
新　疆	1.06	13.98	4.31	101.53	4.97	3.02	6.93	12.19	0.00	0.00	0.54	40.87
新疆兵团	0.34	6.85	2.14	80.78	1.94	1.44	0.98	1.82	0.00	0.00	0.14	12.48

续表

地区	(1)稻麦联合收割机		其中：自走式	其中：半喂入式		(2)玉米联合收获机		其中：自走式	2. 割晒机		3. 其他收获机械	
	万台	万千瓦	万台	万台	万千瓦	万台	万千瓦	万台	万台	万千瓦	万台	万千瓦
全　国	94.37	3987.91	80.40	8.99	367.69	17.00	743.06	9.37	49.43	55.38	112.50	374.40
北　京	0.13	9.94	0.13	0.00	0.00	0.09	7.06	0.08	0.00	0.00	0.26	2.14
天　津	0.31	16.62	0.30	0.02	1.05	0.16	10.82	0.15	0.04	0.17	0.42	0.40
河　北	7.15	335.06	6.15	0.10	3.51	1.44	68.27	0.95	3.46	0.85	12.24	3.84
山　西	1.10	56.57	0.81	0.00	0.00	0.65	38.19	0.45	0.97	0.00	3.00	2.98
内蒙古	0.62	42.26	0.57	0.01	0.26	0.48	25.71	0.29	3.23	2.86	11.13	22.81
辽　宁	0.38	15.72	0.28	0.23	9.65	0.41	26.27	0.27	0.40	3.69	2.92	5.03
吉　林	1.23	53.81	1.11	0.47	20.43	0.96	28.93	0.42	0.44	1.46	1.18	6.79
黑龙江	4.46	306.28	4.06	0.49	25.71	1.18	113.23	1.01	1.62	9.73	8.86	144.69
上　海	0.24	9.56	0.21	0.14	5.35	0.00	0.00	0.00	0.00	0.00	0.03	0.29
江　苏	9.66	380.14	8.70	2.68	104.06	0.69	30.43	0.54	0.36	0.09	10.80	24.25
浙　江	1.84	62.89	1.66	0.41	15.52	0.00	0.00	0.00	0.01	0.05	1.10	5.98
安　徽	11.37	486.46	10.93	1.07	43.07	0.44	20.97	0.35	9.79	0.18	2.60	14.38
福　建	0.53	19.24	0.52	0.08	2.92	0.00	0.00	0.00	0.03	0.06	2.38	2.63
江　西	5.02	170.68	5.02	0.30	12.50	0.00	0.00	0.00	0.07	0.35	0.61	4.42
山　东	13.46	478.60	7.94	0.22	8.77	6.64	189.38	2.37	6.77	2.59	15.84	15.39
河　南	13.03	646.57	11.09	0.53	25.71	2.75	123.39	1.69	7.76	13.05	17.46	6.66
湖　北	5.46	230.04	4.78	0.68	34.17	0.08	2.80	0.08	1.73	2.90	3.37	15.40
湖　南	7.65	257.73	6.76	0.23	9.33	0.00	0.05	0.00	0.15	0.23	0.98	3.60
广　东	1.90	51.48	1.57	0.34	11.81	0.00	0.00	0.00	0.11	0.20	0.98	4.01
广　西	1.96	55.94	1.71	0.39	11.85	0.00	0.00	0.00	5.01	7.90	0.92	3.31
海　南	0.37	8.71	0.25	0.01	0.32	0.00	0.00	0.00	0.41	0.92	0.00	0.00
重　庆	0.37	9.26	0.37	0.18	5.44	0.00	0.00	0.00	0.39	1.47	0.48	1.07
四　川	1.41	50.10	1.22	0.18	6.79	0.00	0.06	0.00	0.71	1.14	1.22	3.90
贵　州	0.07	1.95	0.05	0.03	0.77	0.00	0.03	0.00	0.15	0.52	1.20	5.53
云　南	0.43	13.46	0.29	0.06	2.18	0.00	0.06	0.00	0.18	0.53	0.04	0.76
西　藏	0.50	25.31	0.41	0.00	0.00	0.02	0.00	0.00	1.04	0.00	0.43	0.00
陕　西	2.22	104.87	2.09	0.04	1.50	0.72	35.92	0.52	0.31	0.44	3.05	2.90
甘　肃	0.37	20.25	0.31	0.06	2.20	0.04	3.03	0.02	1.78	1.87	2.39	12.00
青　海	0.12	7.91	0.12	0.00	0.00	0.00	0.00	0.00	0.20	1.08	0.24	1.63
宁　夏	0.49	19.64	0.45	0.03	2.04	0.10	5.96	0.06	0.15	0.43	0.61	1.75
新　疆	0.41	30.29	0.40	0.01	0.49	0.13	10.58	0.10	2.13	0.23	4.79	33.10
新疆兵团	0.12	10.56	0.12	0.01	0.29	0.02	1.92	0.01	0.01	0.39	0.96	22.77

续表

地区	其中:大豆收获机		油菜籽收获机		马铃薯收获机		甜菜收获机		花生收获机		棉花收获机	
	万台	万千瓦	万台	万千瓦	万台	万千瓦	万台	万千瓦	万台	万千瓦	万台	万千瓦
全国	1.80	133.15	1.41	62.82	3.17	5.55	0.02	1.43	8.65	2.34	0.11	23.31
北京	0.00	0.00	0.00	0.00	0.00	0.01	0.00	0.00	0.00	0.01	0.00	0.00
天津	0.00	0.00	0.00	0.00	0.00	0.00	0.00	0.00	0.00	0.00	0.00	0.00
河北	0.00	0.00	0.00	0.00	0.11	0.08	0.00	0.00	0.24	0.33	0.00	0.00
山西	0.01	0.00	0.00	0.00	0.41	0.00	0.00	0.00	0.00	0.00	0.00	0.00
内蒙古	0.21	15.31	0.05	3.16	0.92	0.14	0.00	0.00	0.00	0.00	0.00	0.00
辽宁	0.04	0.53	0.00	0.00	0.05	0.19	0.00	0.00	2.51	0.19	0.00	0.00
吉林	0.09	3.33	0.00	0.00	0.01	0.03	0.00	0.00	0.14	0.11	0.00	0.00
黑龙江	1.42	112.45	0.00	0.00	0.11	1.60	0.01	0.52	0.00	0.01	0.00	0.00
上海	0.00	0.00	0.00	0.10	0.00	0.00	0.00	0.00	0.00	0.00	0.00	0.00
江苏	0.00	0.00	0.44	20.51	0.00	0.01	0.00	0.00	0.00	0.02	0.00	0.00
浙江	0.00	0.00	0.09	2.16	0.00	0.00	0.00	0.00	0.00	0.00	0.00	0.00
安徽	0.02	0.71	0.23	10.61	0.00	0.00	0.00	0.00	0.04	0.00	0.00	0.00
福建	0.00	0.00	0.00	0.00	0.01	0.09	0.00	0.00	0.00	0.00	0.00	0.00
江西	0.00	0.00	0.09	3.01	0.00	0.00	0.00	0.00	0.13	0.39	0.00	0.00
山东	0.01	0.07	0.00	0.03	0.83	1.02	0.00	0.00	3.02	0.81	0.00	0.00
河南	0.00	0.30	0.08	4.19	0.01	0.03	0.00	0.00	2.56	0.32	0.00	0.00
湖北	0.00	0.05	0.30	13.55	0.01	0.28	0.00	0.00	0.01	0.14	0.00	0.00
湖南	0.00	0.00	0.05	1.84	0.00	0.01	0.00	0.00	0.00	0.00	0.00	0.00
广东	0.00	0.00	0.00	0.00	0.01	0.10	0.00	0.00	0.00	0.01	0.00	0.00
广西	0.00	0.00	0.00	0.00	0.00	0.00	0.00	0.00	0.00	0.00	0.00	0.00
海南	0.00	0.00	0.00	0.00	0.00	0.00	0.00	0.00	0.00	0.00	0.00	0.00
重庆	0.00	0.00	0.00	0.02	0.00	0.00	0.00	0.00	0.00	0.00	0.00	0.00
四川	0.00	0.00	0.03	1.28	0.00	0.02	0.00	0.00	0.00	0.00	0.00	0.00
贵州	0.00	0.00	0.00	0.01	0.04	0.51	0.00	0.00	0.00	0.00	0.00	0.00
云南	0.01	0.34	0.00	0.07	0.00	0.06	0.00	0.00	0.00	0.00	0.00	0.00
西藏	0.00	0.00	0.00	0.00	0.01	0.00	0.00	0.00	0.00	0.00	0.00	0.00
陕西	0.00	0.00	0.01	0.34	0.13	0.44	0.00	0.00	0.00	0.00	0.00	0.00
甘肃	0.00	0.00	0.01	0.43	0.22	0.70	0.00	0.00	0.00	0.00	0.00	0.00
青海	0.00	0.00	0.01	0.77	0.09	0.06	0.00	0.00	0.00	0.00	0.00	0.00
宁夏	0.00	0.00	0.00	0.00	0.14	0.00	0.00	0.00	0.00	0.00	0.00	0.00
新疆	0.00	0.06	0.01	0.49	0.05	0.04	0.00	0.44	0.00	0.01	0.01	3.03
新疆兵团	0.00	0.00	0.01	0.27	0.02	0.13	0.01	0.47	0.00	0.00	0.10	20.28

续表

地区	蔬菜收获机		茶叶采摘机		青饲料收获机		牧草收获机		秸秆粉碎还田机	秸秆捡拾打捆机	
	万台	万千瓦	万台	万千瓦	万台	万千瓦	万台	万千瓦	万台	万台	万千瓦
全国	0.44	1.26	5.46	8.59	2.53	42.38	12.88	21.46	61.56	1.35	6.77
北京	0.00	0.00	0.00	0.00	0.01	2.12	0.02	0.00	0.22	0.01	0.00
天津	0.00	0.00	0.00	0.00	0.02	0.36	0.00	0.02	0.38	0.00	0.01
河北	0.00	0.00	0.00	0.00	0.41	2.38	0.13	0.14	10.70	0.12	0.38
山西	0.00	0.00	0.00	0.00	0.12	1.29	0.27	1.27	1.93	0.02	0.00
内蒙古	0.07	0.00	0.00	0.00	0.38	3.09	7.61	1.06	1.18	0.34	0.06
辽宁	0.01	0.10	0.00	0.00	0.01	0.52	0.10	0.65	0.13	0.04	0.55
吉林	0.00	0.00	0.00	0.00	0.01	0.42	0.11	2.24	0.16	0.05	0.66
黑龙江	0.00	0.01	0.00	0.00	0.25	19.47	0.23	1.10	4.38	0.05	0.27
上海	0.00	0.00	0.00	0.00	0.01	0.20	0.00	0.00	0.02	0.00	0.00
江苏	0.08	0.09	0.06	0.12	0.03	0.29	0.00	0.10	9.72	0.10	1.96
浙江	0.00	0.00	0.65	1.63	0.04	1.34	0.04	0.07	0.25	0.00	0.02
安徽	0.00	0.00	0.17	0.21	0.19	1.73	0.00	0.00	1.27	0.02	0.13
福建	0.00	0.00	2.31	2.28	0.01	0.04	0.01	0.01	0.03	0.00	0.00
江西	0.00	0.00	0.16	0.27	0.01	0.02	0.04	0.18	0.09	0.00	0.06
山东	0.28	1.00	0.05	0.15	0.27	2.63	0.02	0.13	8.89	0.04	0.18
河南	0.00	0.00	0.04	0.08	0.03	0.38	0.01	0.01	12.89	0.15	0.70
湖北	0.00	0.00	0.77	0.90	0.03	0.09	0.00	0.00	1.88	0.02	0.40
湖南	0.00	0.00	0.59	0.97	0.07	0.31	0.00	0.00	0.00	0.00	0.00
广东	0.00	0.00	0.07	0.08	0.03	0.04	0.01	0.01	0.84	0.00	0.00
广西	0.00	0.00	0.07	0.10	0.00	0.00	0.00	0.00	0.39	0.00	0.00
海南	0.00	0.00	0.00	0.00	0.00	0.00	0.00	0.00	0.00	0.00	0.00
重庆	0.00	0.00	0.02	0.04	0.00	0.00	0.00	0.03	0.03	0.00	0.00
四川	0.00	0.00	0.14	0.19	0.06	0.15	0.01	0.07	0.92	0.00	0.01
贵州	0.00	0.00	0.33	1.50	0.37	1.48	0.29	0.52	0.17	0.00	0.01
云南	0.00	0.00	0.01	0.04	0.00	0.04	0.00	0.01	0.01	0.00	0.00
西藏	0.00	0.00	0.00	0.00	0.00	0.00	0.42	0.00	0.00	0.00	0.00
陕西	0.00	0.00	0.02	0.04	0.01	0.55	0.21	0.59	2.35	0.05	0.55
甘肃	0.00	0.00	0.00	0.00	0.07	0.30	1.06	10.00	0.54	0.11	0.22
青海	0.00	0.00	0.00	0.00	0.01	0.17	0.12	0.51	0.00	0.00	0.12
宁夏	0.00	0.00	0.00	0.00	0.00	0.09	0.40	0.84	0.03	0.02	0.21
新疆	0.00	0.16	0.00	0.00	0.05	2.00	1.71	1.16	1.74	0.17	0.27
新疆兵团	0.00	0.00	0.00	0.00	0.01	0.91	0.07	0.11	0.50	0.04	0.00

续表

地区	玉米收获专用割台	大豆收获专用割台	油菜籽收获专用割台	(六)收获后处理机械 1.机动脱粒机	2.谷物烘干机	3.种子加工机械	4.保鲜储藏设备	(七)设施农业设备 1.水稻工厂化育秧设备	2.温室	其中：连栋温室	日光温室
	万台	万台	万台	万台	万台	万台	万台(套)	万套	万平方米	万平方米	万平方米
全　　国	4.40	2.01	0.88	1001.87	4.21	3.05	5.23	0.79	1266255.91	20436.26	409636.06
北　　京	0.00	0.00	0.00	0.44	0.01	0.00	0.03	0.00	19038.21	1011.91	9944.57
天　　津	0.03	0.00	0.00	2.07	0.00	0.00	0.01	0.00	28217.44	1533.66	11262.65
河　　北	0.32	0.00	0.00	20.71	0.01	0.12	0.08	0.00	190747.98	362.13	74313.30
山　　西	0.07	0.01	0.00	7.08	0.02	0.02	0.06	0.00	40538.32	234.77	18658.04
内 蒙 古	0.03	0.23	0.10	10.12	0.03	0.60	0.01	0.00	42620.02	1982.53	24413.01
辽　　宁	0.00	0.01	0.00	13.36	0.05	0.00	0.33	0.03	198658.34	1933.56	95327.19
吉　　林	0.01	0.60	0.00	16.56	0.09	0.20	0.00	0.02	15340.63	47.20	3672.74
黑 龙 江	0.61	1.06	0.00	16.49	0.11	0.76	0.00	0.07	19083.31	1117.55	970.15
上　　海	0.00	0.00	0.00	0.63	0.03	0.00	0.06	0.03	5824.31	193.20	0.00
江　　苏	0.18	0.00	0.10	20.92	0.24	0.06	0.66	0.07	115303.87	2016.60	4089.30
浙　　江	0.00	0.00	0.00	102.64	0.21	0.01	0.43	0.12	40816.90	1397.71	69.22
安　　徽	0.36	0.01	0.20	36.92	0.22	0.03	0.22	0.02	12308.40	55.00	6355.00
福　　建	0.00	0.00	0.00	10.08	0.02	0.01	0.69	0.00	4070.66	110.58	0.04
江　　西	0.00	0.00	0.02	84.34	0.08	0.02	0.07	0.01	6535.08	302.94	26.18
山　　东	0.97	0.01	0.00	39.75	0.05	0.18	0.26	0.00	258211.60	4356.07	96079.24
河　　南	1.41	0.01	0.03	54.23	0.06	0.08	0.39	0.01	48537.07	211.20	10865.44
湖　　北	0.04	0.04	0.26	0.00	0.16	0.08	0.27	0.02	22323.72	151.97	244.56
湖　　南	0.00	0.01	0.00	132.77	0.12	0.00	0.02	0.04	4241.47	32.36	26.05
广　　东	0.00	0.00	0.00	56.59	0.02	0.00	0.60	0.01	7965.02	464.01	795.85
广　　西	0.00	0.00	0.00	84.97	0.07	0.00	0.04	0.00	299.75	0.63	3.47
海　　南	0.00	0.00	0.00	3.32	0.00	0.00	0.00	0.00	24353.86	0.45	0.00
重　　庆	0.00	0.00	0.00	61.60	0.25	0.04	0.18	0.02	3200.00	9.25	0.16
四　　川	0.00	0.00	0.01	115.85	0.02	0.00	0.03	0.00	25282.76	895.58	265.23
贵　　州	0.00	0.00	0.00	19.47	0.56	0.00	0.00	0.00	221.50	8.86	2.88
云　　南	0.00	0.00	0.00	31.85	0.00	0.02	0.12	0.00	21846.27	249.62	206.17
西　　藏	0.00	0.00	0.00	4.67	0.00	0.00	00.00	0.00	763.80	0.00	152.80
陕　　西	0.21	0.00	0.00	30.23	0.12	0.02	0.39	0.00	26895.59	46.50	4878.77
甘　　肃	0.05	0.00	0.15	14.33	0.15	0.61	0.12	0.00	29809.53	40.00	13381.00
青　　海	0.00	0.00	0.00	2.36	1.10	0.02	0.00	0.00	1391.67	14.96	982.48
宁　　夏	0.01	0.00	0.00	1.93	0.16	0.02	0.01	0.31	14868.19	82.60	10596.37
新　　疆	0.07	0.00	0.00	5.45	0.22	0.07	0.14	0.00	33054.97	1560.75	20137.49
新疆兵团	0.02	0.01	0.01	0.13	0.01	0.06	0.01	0.00	3885.68	12.11	1916.70

续表

地区	塑料大棚	四、农产品初加工机械 (一)农产品初加工动力机械		其中：柴油机		电动机		(二)农产品初加工作业机械	其中：1.粮食加工机械	2.油料加工机械	3.棉花加工机械
	万平方米	万台	万千瓦	万台	万千瓦	万台	万千瓦	万台	万台	万台	万台
全国	801742.13	1421.70	8692.17	325.60	2835.44	1068.76	5765.80	1286.64	1008.42	77.38	25.07
北京	8081.73	0.70	6.53	0.00	0.00	0.70	6.53	0.70	0.55	0.03	0.00
天津	15421.12	2.38	8.80	1.13	1.30	1.25	7.50	0.71	0.57	0.06	0.08
河北	114141.58	99.28	890.40	13.19	149.44	86.07	740.64	48.84	36.80	8.14	3.50
山西	19532.55	22.89	185.68	2.15	25.27	20.74	160.32	17.52	14.56	2.07	0.41
内蒙古	16194.56	10.34	91.30	2.87	30.15	7.47	61.16	6.93	6.05	0.60	0.00
辽宁	82296.85	20.83	129.85	1.64	20.74	17.41	103.07	15.11	14.33	0.67	0.02
吉林	11456.59	15.26	143.96	3.62	37.99	11.64	105.97	12.97	11.97	0.95	0.00
黑龙江	16982.55	13.27	140.25	5.87	66.68	7.41	73.57	6.04	4.95	0.90	0.00
上海	5579.28	0.39	3.42	0.01	0.02	0.39	3.23	0.36	0.31	0.01	0.00
江苏	109033.85	25.18	241.30	5.30	53.36	19.75	182.07	23.06	17.86	2.58	1.31
浙江	39349.97	20.32	138.03	4.22	42.11	15.25	95.20	52.78	13.18	0.89	0.45
安徽	5898.40	47.20	338.21	12.74	125.84	33.91	210.61	49.97	23.78	3.83	2.37
福建	3960.04	61.63	208.34	3.79	30.95	57.57	177.22	62.13	11.29	1.29	0.00
江西	6159.34	62.09	635.13	31.15	318.52	30.37	313.21	45.75	33.86	6.42	2.16
山东	149086.27	101.69	892.88	36.74	349.75	63.24	530.73	49.12	36.62	6.33	2.85
河南	36727.00	81.63	582.91	16.29	147.85	63.08	432.79	52.14	35.11	9.03	4.72
湖北	21927.19	88.34	446.97	13.26	121.78	75.08	325.19	99.52	68.35	4.51	1.44
湖南	4114.95	129.46	692.66	49.06	351.54	79.67	340.76	125.87	113.70	6.11	3.10
广东	6349.03	28.22	232.02	7.77	76.11	19.59	152.95	23.93	17.59	2.93	0.01
广西	295.64	86.96	452.85	28.52	220.21	57.10	229.74	79.98	74.67	2.30	0.15
海南	24353.41	2.43	27.35	1.45	15.99	0.77	11.36	2.40	2.15	0.11	0.01
重庆	2947.71	94.87	325.93	15.23	114.21	79.17	204.87	104.64	97.97	1.83	0.08
四川	24121.93	139.30	589.16	34.61	228.98	104.02	352.50	169.26	158.12	6.09	0.51
贵州	209.76	110.84	473.17	18.23	156.33	90.10	283.99	112.17	107.57	3.20	0.77
云南	21390.48	79.99	402.08	9.36	78.01	70.63	324.04	78.19	70.43	0.81	0.01
西藏	611.00	1.27	5.09	0.11	0.44	1.16	4.65	1.27	1.16	0.11	0.00
陕西	21902.91	38.94	190.65	4.72	48.89	32.30	141.01	23.41	19.52	1.52	0.46
甘肃	16388.53	27.00	121.31	2.06	14.99	14.49	106.32	14.32	11.48	2.39	0.23
青海	394.23	1.40	14.06	0.02	0.14	1.39	10.93	2.66	0.81	0.48	0.00
宁夏	4189.21	2.47	25.66	0.02	0.28	2.45	25.36	1.99	1.44	0.53	0.00
新疆	10687.61	3.26	36.98	0.42	5.80	2.78	30.85	2.79	1.64	0.63	0.39
新疆兵团	1956.87	1.85	19.24	0.06	1.77	1.79	17.46	0.11	0.04	0.02	0.03

续表

地　区	4.果蔬加工机械	5.茶叶加工机械	五、畜牧养殖机械		其中：饲草料加工机械		畜牧饲养机械		畜产品采集加工机械		其中：挤奶机	
	万台	万台(套)	万台(套)	万千瓦	万台(套)	万千瓦	万台(套)	万千瓦	万台(套)	万千瓦	万台	万千瓦
全　国	10.24	108.39	637.70	1959.60	567.63	1685.06	29.03	114.48	15.33	53.20	11.19	37.20
北　京	0.03	0.00	1.01	6.15	0.84	5.19	0.05	0.20	0.12	0.75	0.10	0.62
天　津	0.00	0.00	0.64	5.46	0.58	4.91	0.02	0.13	0.04	0.41	0.04	0.40
河　北	0.22	0.00	12.09	74.71	7.20	45.40	2.29	16.30	2.37	12.29	1.54	8.95
山　西	0.37	0.00	7.68	34.13	6.06	27.26	0.59	3.66	0.93	2.74	0.68	2.27
内蒙古	0.01	0.00	23.04	133.34	19.70	114.28	0.59	1.09	1.45	3.89	1.26	3.62
辽　宁	0.06	0.00	18.67	74.34	16.44	64.94	1.89	7.00	0.26	1.58	0.19	1.27
吉　林	0.00	0.00	11.57	79.91	10.51	70.09	0.83	6.63	0.23	3.19	0.10	3.07
黑龙江	0.00	0.00	21.13	42.24	4.56	24.04	0.94	3.40	3.80	4.32	3.78	4.15
上　海	0.05	0.00	0.20	2.25	0.12	1.09	0.03	0.44	0.04	0.54	0.04	0.54
江　苏	0.29	0.82	10.94	69.33	9.88	64.72	0.65	3.16	0.26	1.30	0.19	0.63
浙　江	0.43	32.45	5.71	23.46	3.16	6.32	2.17	3.26	0.07	0.19	0.06	0.16
安　徽	0.11	18.59	7.24	39.21	5.68	33.68	1.49	4.90	0.02	0.06	0.02	0.06
福　建	0.58	38.36	3.43	25.80	2.72	21.97	0.48	2.88	0.02	0.23	0.01	0.13
江　西	0.43	0.80	7.47	60.85	6.31	49.84	0.80	6.59	0.13	1.11	0.01	0.05
山　东	1.85	0.44	18.34	102.10	15.71	81.05	0.95	4.67	0.94	4.09	0.71	2.04
河　南	0.19	2.59	22.22	70.60	18.07	60.71	2.95	4.58	0.66	1.97	0.52	1.72
湖　北	0.58	4.05	37.62	81.48	36.23	76.88	1.38	4.44	0.01	0.16	0.01	0.16
湖　南	0.54	1.61	24.67	98.64	20.61	79.87	1.06	5.09	0.13	1.18	0.04	0.14
广　东	0.98	1.69	10.52	73.73	8.68	57.68	1.50	11.28	0.17	1.86	0.05	0.34
广　西	2.50	0.36	34.74	69.51	34.29	67.92	0.43	1.50	0.02	0.09	0.02	0.02
海　南	0.03	0.00	0.62	6.00	0.54	5.00	0.08	0.99	0.00	0.00	0.00	0.00
重　庆	0.24	0.18	49.48	65.99	46.96	60.27	0.49	0.89	0.09	0.19	0.09	0.19
四　川	0.25	2.23	60.03	125.83	57.76	116.81	1.02	3.71	0.56	1.13	0.36	0.75
贵　州	0.00	0.64	37.93	118.35	33.29	97.69	3.00	5.50	0.07	0.24	0.06	0.23
云　南	0.09	2.26	134.85	196.11	134.12	191.88	0.61	3.48	0.05	0.17	0.05	0.17
西　藏	0.00	0.00	1.11	1.88	0.76	1.51	0.00	0.00	0.18	0.37	0.16	0.35
陕　西	0.26	1.24	31.86	114.74	29.16	106.77	1.23	2.81	0.55	1.77	0.50	1.64
甘　肃	0.06	0.08	18.70	83.01	16.73	77.83	0.65	1.68	1.32	3.50	0.03	0.90
青　海	0.02	0.00	1.78	7.60	0.87	6.32	0	0.05	0.12	0.24	0.01	0.01
宁　夏	0.00	0.00	14.00	58.10	12.99	53.79	0.72	3.06	0.29	1.24	0.26	0.86
新　疆	0.04	0.00	7.90	12.79	6.77	8.43	0.12	0.93	0.30	1.67	0.21	1.43
新疆兵团	0.01	0.00	0.51	1.97	0.34	0.92	0.01	0.20	0.13	0.72	0.08	0.33

续表

地区	剪羊毛机		六、渔业机械		其中:增氧机		投饵机		七、林果业机械		其中:挖坑机	
	万台	万千瓦	万台	万千瓦	万台	万千瓦	万台	万千瓦	万台	万千瓦	万台	万千瓦
全　国	0.95	1.32	301.56	1663.69	207.84	436.55	62.81	73.15	21.15	100.33	3.90	48.97
北　京	0.00	0.00	1.35	4.15	1.04	3.44	0.30	0.63	0.46	1.47	0.00	0.05
天　津	0.00	0.00	5.29	11.10	3.65	10.24	1.63	0.74	0.02	0.53	0.02	0.52
河　北	0.04	0.04	4.35	57.74	2.19	8.66	1.19	3.37	0.20	2.77	0.17	2.46
山　西	0.02	0.03	0.10	0.30	0.09	0.19	0.02	0.11	0.28	1.13	0.17	0.70
内蒙古	0.17	0.21	0.15	0.87	0.08	0.37	0.06	0.33	0.22	1.68	0.18	1.55
辽　宁	0.01	0.02	6.18	17.07	4.47	13.21	1.36	1.74	0.65	2.89	0.07	2.06
吉　林	0.13	0.12	0.57	1.60	0.22	0.80	0.33	0.59	0.04	0.63	0.04	0.62
黑龙江	0.03	0.17	0.38	1.27	0.20	0.79	0.14	0.17	0.21	2.53	0.17	2.13
上　海	0.00	0.00	2.44	24.42	2.12	5.30	0.10	0.11	0.08	0.14	0.00	0.01
江　苏	0.00	0.00	53.01	129.66	28.89	73.02	21.25	13.64	0.67	4.90	0.05	2.21
浙　江	0.00	0.00	20.69	449.53	18.67	38.71	0.69	0.14	2.07	5.87	0.02	0.24
安　徽	0.00	0.00	5.33	23.96	2.46	6.19	1.39	0.49	2.24	5.10	0.04	0.44
福　建	0.00	0.00	14.73	229.46	7.90	17.46	0.91	1.13	1.45	8.28	0.43	4.22
江　西	0.00	0.01	8.25	35.90	3.58	13.95	2.94	6.99	1.32	14.54	0.42	7.75
山　东	0.00	0.03	11.99	235.21	3.28	7.76	1.32	2.09	0.92	6.30	0.66	4.97
河　南	0.00	0.00	2.99	10.29	1.62	5.36	1.08	2.88	0.24	1.97	0.11	1.07
湖　北	0.00	0.00	30.64	59.42	18.25	43.17	12.39	16.25	1.32	5.28	0.10	3.06
湖　南	0.00	0.00	11.32	40.28	6.52	15.46	2.91	2.79	0.95	6.17	0.11	3.41
广　东	0.01	0.03	87.38	255.62	74.28	123.76	8.03	12.19	1.39	9.77	0.36	4.82
广　西	0.00	0.00	6.17	9.35	6.04	9.11	0.13	0.24	1.41	1.22	0.04	0.36
海　南	0.00	0.00	6.45	18.78	5.59	7.36	0.51	0.99	0.05	1.47	0.03	1.44
重　庆	0.00	0.00	5.54	11.65	4.23	6.87	0.86	0.75	0.61	1.80	0.17	0.69
四　川	0.29	0.17	12.92	22.15	10.32	15.56	2.19	2.01	0.39	1.72	0.03	0.34
贵　州	0.00	0.00	0.07	0.18	0.05	0.09	0.01	0.04	0.40	3.10	0.10	1.07
云　南	0.00	0.00	1.26	6.78	0.94	5.57	0.31	1.06	0.09	0.82	0.01	0.32
西　藏	0.01	0.02	0.00	0.00	0.00	0.00	0.00	0.00	0.00	0.00	0.00	0.00
陕　西	0.04	0.06	0.81	2.89	0.50	1.87	0.30	0.76	0.61	3.23	0.12	1.58
甘　肃	0.09	0.09	0.08	0.68	0.06	0.46	0.02	0.22	0.01	0.02	0.01	0.02
青　海	0.00	0.00	0.00	0.00	0.00	0.00	0.00	0.00	0.00	0.00	0.00	0.00
宁　夏	0.00	0.00	0.58	1.09	0.31	0.80	0.27	0.29	2.08	4.01	0.05	0.74
新　疆	0.07	0.10	0.50	2.00	0.27	0.93	0.18	0.43	1.68	0.65	0.18	0.13
新疆兵团	0.03	0.22	0.04	0.29	0.03	0.08	0.00	0.00	0.09	0.34	0.02	0.00

续表

地区	果树修剪机		八、运输机械 1. 农用运输车		(1)三轮汽车		(2)低速载货汽车		2. 手扶变形运输机	
	万台	万千瓦	万台	万千瓦	万台	万千瓦	万台	万千瓦	万台	万千瓦
全　国	6.71	19.58	1381.54	21271.08	1087.63	12430.56	253.18	8121.19	86.86	1759.87
北　京	0.05	0.16	5.89	63.57	4.72	46.30	1.17	17.26	0.07	0.81
天　津	0.00	0.00	13.11	169.73	10.95	106.01	2.12	63.17	0.00	0.00
河　北	0.03	0.28	268.51	3724.88	231.86	2622.99	31.28	1070.90	0.12	1.66
山　西	0.10	0.21	97.95	1627.65	80.49	887.35	15.24	667.54	0.00	0.00
内蒙古	0.00	0.09	40.38	664.01	34.49	512.29	5.89	151.72	0.00	0.00
辽　宁	0.09	0.14	49.19	781.76	40.88	532.44	5.75	187.34	0.54	7.77
吉　林	0.01	0.01	15.47	265.76	8.36	96.46	7.11	169.30	0.29	4.26
黑龙江	0.04	0.40	16.21	242.11	11.63	152.58	3.95	82.35	0.02	0.45
上　海	0.04	0.05	0.00	0.00	0.00	0.00	0.00	0.00	0.00	0.00
江　苏	0.48	1.17	24.37	466.98	13.94	162.92	8.74	208.92	5.47	107.01
浙　江	0.10	0.19	8.76	217.15	3.69	29.16	3.89	157.10	6.45	88.51
安　徽	0.15	0.36	66.46	814.07	57.33	556.83	9.13	257.24	16.65	485.77
福　建	0.22	0.75	4.43	129.51	0.69	8.74	3.32	106.81	8.35	173.53
江　西	0.74	4.44	22.54	573.65	4.69	70.28	16.76	489.35	12.85	265.11
山　东	0.21	0.65	289.88	3546.38	241.92	2581.35	32.81	929.59	0.99	19.44
河　南	0.08	0.45	219.62	2759.83	196.63	2288.81	19.68	456.70	0.12	2.01
湖　北	1.22	2.22	22.20	512.99	11.88	158.28	10.32	354.71	0.00	0.00
湖　南	0.16	0.55	21.88	684.95	5.78	83.81	14.25	514.62	4.23	76.91
广　东	0.60	2.85	9.97	303.45	2.96	36.05	7.01	267.40	2.72	42.53
广　西	0.31	0.63	4.75	129.62	1.13	15.46	3.62	114.16	19.48	316.03
海　南	0.01	0.02	2.54	39.58	1.53	17.19	0.98	21.85	0.10	1.33
重　庆	0.05	0.05	3.76	144.04	0.41	6.91	3.35	137.13	3.09	56.74
四　川	0.21	0.41	11.78	371.08	3.01	44.70	8.45	317.45	3.23	80.74
贵　州	0.13	0.84	12.40	484.55	1.99	30.64	10.41	453.91	1.31	17.11
云　南	0.07	0.43	10.15	452.06	0.83	18.53	6.41	262.48	0.21	2.89
西　藏	0.00	0.00	1.88	127.81	0.00	0.00	1.88	127.81	0.00	0.00
陕　西	0.39	1.30	51.65	719.55	44.62	533.67	6.90	183.02	0.01	0.17
甘　肃	0.00	0.00	60.57	806.56	52.58	589.18	6.26	156.70	0.53	9.09
青　海	0.00	0.00	2.86	51.27	1.40	17.38	1.46	22.89	0.00	0.00
宁　夏	0.49	0.75	18.07	305.22	15.34	198.51	2.62	106.18	0.04	0.00
新　疆	0.73	0.18	3.13	63.16	1.65	21.17	1.48	41.99	0.00	0.00
新疆兵团	0.00	0.00	1.19	28.16	0.24	4.56	0.95	23.60	0.00	0.00

续表

地区	3. 农用挂车	九、农田基本建设机械		十、其他机械 其中:农用飞机	十一、农业机械原值和净值 1. 农业机械原值	2. 农业机械净值
	万台	万台	万千瓦	架	亿元	亿元
全　国	795.52	42.86	2446.75	111	7114.64	5198.65
北　京	0.74	0.09	7.97	0.00	29.21	18.77
天　津	0.29	0.39	32.59	3	36.12	26.03
河　北	86.74	3.38	334.87	2	540.30	382.29
山　西	7.38	1.71	137.76	0.00	193.93	142.02
内蒙古	52.56	0.69	38.68	0.00	290.57	211.54
辽　宁	19.99	1.22	62.68	11	183.15	137.12
吉　林	39.03	0.23	11.69	0.00	209.54	153.05
黑龙江	33.02	0.45	31.25	44	497.76	393.85
上　海	0.01	0.00	0.00	0.00	0.00	0.00
江　苏	17.65	7.14	124.55	4	353.01	252.95
浙　江	0.61	2.46	225.42	0.00	247.79	168.71
安　徽	99.19	1.27	65.90	0.00	449.45	311.87
福　建	2.36	0.92	76.95	0.00	110.17	71.09
江　西	0.54	3.64	216.77	0.00	330.32	225.71
山　东	122.57	4.13	277.03	8	702.31	550.49
河　南	115.62	1.80	104.20	0.00	697.85	521.97
湖　北	81.08	2.55	100.45	9	291.32	219.14
湖　南	0.99	1.59	149.65	1	285.26	209.00
广　东	10.13	1.75	76.72	0.00	175.44	114.78
广　西	0.49	0.84	58.77	0.00	220.98	154.14
海　南	0.47	0.10	5.31	0.00	43.95	32.30
重　庆	0.06	0.38	24.12	0.00	86.36	71.13
四　川	6.78	1.19	76.61	0.00	234.95	164.61
贵　州	3.74	0.61	19.41	0.00	92.67	65.80
云　南	3.56	0.45	31.80	0.00	158.60	118.32
西　藏	9.11	0.01	0.77	0.00	43.48	26.09
陕　西	3.68	1.43	76.51	0.00	175.06	123.61
甘　肃	11.00	0.38	25.00	0.00	141.55	99.14
青　海	19.21	0.08	4.68	0.00	32.62	23.28
宁　夏	7.07	0.38	27.43	0.00	65.66	42.13
新　疆	38.09	0.36	18.24	0.00	155.41	132.21
新疆兵团	1.76	1.24	2.97	29	39.84	35.51

各地区农业机械化作业情况表

地　区	一、农机化作业总体情况	(二)机播面积	(三)机电灌溉面积	(四)机械植保面积	(五)机收面积	二、主要农作物农机化作业情况 (一)小麦	2. 小麦机播面积	3. 小麦机收面积
	(一)机耕面积					1. 小麦机耕面积		
	千公顷	千公顷	千公顷	千公顷	千公顷	千公顷	千公顷	千公顷
全　国	106880.87	72916.97	51808.09	59713.43	66006.41	21799.21	20860.72	22098.31
北　京	89.38	206.16	137.10	186.13	151.56	2.92	60.09	58.71
天　津	375.30	417.82	321.82	206.65	261.75	101.96	113.99	113.94
河　北	5336.05	6455.20	5538.86	3637.12	3718.78	2401.81	2457.59	2528.65
山　西	2525.92	2307.28	880.57	747.90	1306.79	570.96	573.04	605.33
内蒙古	6142.32	6243.66	1788.23	2476.49	3040.74	492.37	655.04	631.05
辽　宁	3733.03	2857.69	805.99	1439.21	1253.93	16.79	11.63	9.07
吉　林	4522.83	4185.03	893.10	2336.30	1568.03	4.00	4.00	2.00
黑龙江	13980.10	13430.81	3423.89	9826.57	9580.77	388.05	388.05	387.78
上　海	399.68	50.06	197.61	319.10	173.26	71.03	12.77	66.41
江　苏	7213.00	3476.19	3434.56	5116.25	4903.66	2277.81	1934.98	2340.69
浙　江	1432.23	185.43	1184.61	999.55	943.57	71.20	3.08	75.07
安　徽	7242.60	3908.81	3770.70	3734.50	5525.81	2332.83	2103.16	2273.41
福　建	937.87	44.83	395.31	648.29	260.02	0.00	0.00	0.00
江　西	3268.73	384.10	1413.23	645.21	2380.07	5.33	0.00	25.95
山　东	6192.12	8167.44	6027.24	4320.68	6727.56	2486.03	3544.37	3503.24
河　南	8591.92	9464.81	5828.25	5442.72	8425.04	5329.06	5470.23	5531.06
湖　北	4708.21	1089.81	3342.14	4220.10	3124.01	981.19	320.14	892.28
湖　南	4927.75	308.01	2532.41	1721.20	2938.85	15.37	0.67	8.70
广　东	3264.63	117.39	1745.08	1264.61	1310.92	0.59	0.00	0.00
广　西	3663.71	268.47	727.22	172.91	1142.22	0.98	0.10	0.17
海　南	494.37	7.14	213.60	205.15	225.54	0.00	0.00	0.00
重　庆	1803.03	113.42	447.36	381.18	238.97	119.08	0.00	5.25
四　川	2754.47	212.95	1563.00	2336.76	1054.46	500.24	112.02	300.50
贵　州	791.33	36.48	450.44	197.34	215.05	54.57	3.15	1.18
云　南	1901.31	22.92	957.95	1336.83	267.14	254.01	10.97	48.88
西　藏	136.00	133.00	8.20	1.30	113.00	119.00	117.60	100.10
陕　西	2606.51	1893.01	970.45	1603.44	1454.72	1067.76	952.80	928.79
甘　肃	1904.46	1291.67	727.71	734.55	687.16	771.80	583.01	436.62
青　海	309.61	271.48	23.50	92.00	159.19	103.91	131.78	66.30
宁　夏	845.35	666.93	123.01	157.69	456.12	153.06	159.98	123.97
新　疆	3709.93	3590.88	1224.56	2298.32	1644.80	988.65	1007.86	904.60
新疆兵团	1077.11	1108.08	710.39	907.39	752.93	116.86	128.62	128.62

续表

地区	（二）水稻 1. 水稻机耕面积	2. 水稻机械种植面积	其中：水稻机播面积	水稻机插面积	水稻机浅栽面积	3. 水稻机收面积	（三）玉米 1. 玉米机耕面积	2. 玉米机播面积	3. 玉米机收面积
	千公顷	千公顷	千公顷	千公顷	千公顷	千公顷	千公顷	千公顷	千公顷
全国	27171.95	7887.99	570.68	7166.71	124.31	20834.82	21826.59	26800.53	11267.62
北京	0.12	0.02	0.02	0.00	0.00	0.08	10.59	139.08	89.48
天津	16.90	9.83	0.00	9.83	0.00	11.96	152.75	213.75	119.22
河北	80.42	31.91	12.06	19.53	0.00	51.19	1024.02	2728.05	932.97
山西	0.80	0.00	0.00	0.00	0.00	0.56	1372.95	1314.74	459.77
内蒙古	86.20	62.60	0.67	60.92	0.01	78.93	2727.93	2946.41	632.57
辽宁	578.60	293.14	3.39	278.98	10.20	399.67	2263.73	2025.82	459.72
吉林	736.20	395.40	1.70	387.96	5.70	503.70	3167.93	3240.03	861.23
黑龙江	3297.65	2911.95	19.30	2892.65	0	2949.93	5719.95	5784.58	2272.20
上海	106.08	36.39	11.33	25.06	0.00	104.67	0.00	0.00	0.00
江苏	2208.22	1392.57	243.49	1144.57	0.10	2196.11	335.34	114.51	126.16
浙江	876.04	161.87	7.43	151.01	1.93	746.64	13.05	0.07	0.05
安徽	2235.57	416.27	64.39	351.36	0.52	2113.05	467.05	590.49	241.58
福建	685.22	44.75	0.00	44.74	0.00	258.76	0.00	0.00	0.00
江西	2890.01	505.51	9.82	452.67	43.02	2298.03	1.89	0.26	0.09
山东	105.04	17.70	1.74	15.51	0.00	74.48	242.67	2845.48	2396.80
河南	548.96	96.14	3.30	90.36	0.00	488.64	808.12	2965.67	1766.29
湖北	1946.00	550.59	89.69	457.35	0.00	1787.00	232.77	43.84	35.44
湖南	3926.77	272.33	37.81	203.83	24.08	2708.75	38.41	0.79	2.50
广东	1775.54	114.62	1.40	110.62	0.00	1254.59	95.64	0.00	0.00
广西	1799.62	210.24	0.34	208.39	0.64	1060.65	275.16	0.00	0.42
海南	242.60	7.14	0.00	7.14	0.00	225.54	3.65	0.00	0.00
重庆	634.06	113.23	0.00	113.00	0.23	233.29	93.08	0.00	0.00
四川	1172.19	95.05	0.00	58.26	36.69	739.72	247.95	1.08	0.41
贵州	447.37	28.53	0.00	28.53	0.00	129.18	110.93	0.90	0.36
云南	543.48	4.80	0.03	4.75	0.01	212.03	400.32	2.66	1.05
西藏	0.00	0.00	0.00	0.00	0.00	0.00	2.00	1.60	0.80
陕西	77.09	9.91	3.64	3.66	1.01	65.08	723.76	754.36	370.18
甘肃	0.50	0.50	0.50	0.00	0.00	0.55	423.35	227.65	70.61
青海	0.00	0.00	0.00	0.00	0.00	0.00	0.00	2.98	2.14
宁夏	83.86	67.64	45.13	22.39	0.06	83.56	220.98	191.32	86.17
新疆	50.13	16.66	0.76	15.69	0.10	37.77	583.07	593.46	269.60
新疆兵团	20.70	20.70	12.75	7.95	0.00	20.70	67.56	70.95	69.81

续表

地区	(四)大豆 1. 大豆机耕面积	2. 大豆机播面积	3. 大豆机收面积	(五)油菜 1. 油菜机耕面积	2. 油菜机播面积	3. 油菜机收面积	(六)马铃薯 1. 马铃薯机耕面积	2. 马铃薯机播面积	3. 马铃薯机收面积
	千公顷	千公顷	千公顷	千公顷	千公顷	千公顷	千公顷	千公顷	千公顷
全　国	5494.20	5617.15	4700.30	3577.56	902.08	978.40	2601.61	1065.80	958.65
北　京	2.59	4.34	1.33	0.10	0.04	0.00	0.11	0.01	0.03
天　津	11.64	11.08	7.06	0.00	0.00	0.00	0.00	0.00	0.00
河　北	76.98	71.83	14.93	29.71	18.41	12.01	147.57	76.19	65.51
山　西	77.64	50.17	20.27	5.07	2.50	0.00	160.26	93.42	89.84
内蒙古	530.63	689.30	562.80	142.52	215.45	198.05	655.34	450.25	366.37
辽　宁	100.68	93.43	33.26	0.00	0.00	0.00	63.73	10.74	37.65
吉　林	301.67	252.00	126.50	0.00	0.00	0.00	31.80	5.70	2.70
黑龙江	3365.57	3368.74	3165.13	0.00	0.00	0.00	217.85	86.35	86.43
上　海	0.00	0.00	0.00	7.41	0.25	0.42	0.00	0.00	0.00
江　苏	125.80	23.20	19.64	251.15	35.42	53.49	15.86	0.01	0.00
浙　江	24.14	0.13	1.11	88.28	3.45	13.63	8.93	0.00	0.07
安　徽	349.84	626.93	494.50	454.50	29.00	55.67	6.37	0.00	0.00
福　建	0.36	0.00	0.00	0.01	0.00	0.00	20.48	0.01	0.12
江　西	8.72	0.04	0.00	119.70	29.45	22.17	1.28	0.70	0.10
山　东	75.67	62.21	33.45	6.46	5.14	2.42	121.55	29.30	49.26
河　南	108.47	243.68	149.15	214.58	48.72	24.20	47.02	0.43	2.76
湖　北	61.20	15.60	19.34	821.34	131.53	266.63	56.32	5.13	4.47
湖　南	11.52	0.00	0.00	399.02	24.34	94.00	3.63	0.00	0.00
广　东	26.53	0.00	0.00	6.54	0.67	0.00	41.11	0.80	1.96
广　西	36.57	0.00	0.00	40.20	0.00	0.00	46.41	0.00	0.00
海　南	0.06	0.00	0.00	0.00	0.00	0.00	0.23	0.00	0.00
重　庆	40.24	0.00	0.00	134.66	0.66	0.36	169.04	0.10	0.07
四　川	12.52	0.00	0.00	291.68	1.16	4.34	76.36	0.37	0.21
贵　州	3.76	0.00	0.00	75.78	2.00	1.55	28.76	1.66	3.10
云　南	24.71	0.02	0.01	83.58	1.02	1.50	95.14	0.64	0.59
西　藏	0.00	0.00	0.00	11.80	10.80	10.20	3.20	3.00	1.90
陕　西	21.39	15.16	4.24	73.98	11.21	5.53	121.93	40.74	50.01
甘　肃	23.76	13.54	1.33	115.87	100.99	36.77	232.67	111.46	69.69
青　海	1.72	1.64	0.00	98.54	110.68	62.09	28.80	7.39	8.14
宁　夏	4.01	2.68	0.49	0.00	0.00	0.00	153.27	107.15	93.53
新　疆	56.56	62.19	36.51	37.40	39.30	33.48	38.81	26.45	17.79
新疆兵团	9.25	9.25	9.25	67.69	79.89	79.89	7.79	7.79	6.37

续表

地　区	(七)花生			(八)棉花			三、单项农机化作业情况		
	1. 花生机耕面积	2. 花生机播面积	3. 花生机收面积	1. 棉花机耕面积	2. 棉花机耕面积	3. 棉花机收面积	1. 机械深耕面积	2. 机械深松面积	3. 机械化免耕播种面积
	千公顷	千公顷	千公顷	千公顷	千公顷	千公顷	千公顷	千公顷	千公顷
全　国	2669.88	1584.00	1069.57	4011.39	2891.32	286.39	28966.03	11049.49	12572.69
北　京	4.25	1.93	0.13	0.18	0.10	0.00	4.34	15.36	190.87
天　津	1.32	1.32	0.04	55.66	54.09	0.00	49.16	25.46	93.41
河　北	284.45	198.19	80.83	647.93	602.39	0.00	980.61	713.52	2165.17
山　西	2.98	0.03	0.73	59.61	44.22	0.00	931.42	349.92	178.94
内蒙古	0.33	0.33	0.00	1.33	1.33	0.00	2732.67	1236.77	1031.81
辽　宁	351.01	312.82	282.10	0.01	0.00	0.00	524.31	337.23	139.15
吉　林	41.20	37.40	16.50	0.00	0.00	0.00	2051.17	673.47	88.20
黑龙江	0.00	0.00	0.00	0.00	0.00	0.00	5126.27	4188.55	207.25
上　海	0.00	0.00	0.00	0.00	0.00	0.00	0.00	0.00	2.38
江　苏	77.01	9.25	1.53	129.17	0.02	0.00	784.89	98.99	680.07
浙　江	4.27	0.00	0.00	10.75	0.00	0.00	147.74	38.97	7.38
安　徽	165.66	43.54	5.80	190.23	0.85	0.00	761.93	316.07	634.53
福　建	14.39	0.00	0.00	0.00	0.00	0.00	124.14	3.41	0.06
江　西	16.54	3.00	6.62	6.57	0.00	0.00	431.71	10.73	15.41
山　东	690.22	531.13	457.98	663.92	485.39	0.00	2053.76	753.61	3406.03
河　南	506.48	424.15	214.34	111.71	8.95	0.00	3509.69	580.86	2702.71
湖　北	77.53	5.39	0.63	356.14	10.77	0.20	643.19	72.19	82.43
湖　南	15.67	0.51	0.00	94.46	1.03	0.00	879.77	42.81	6.73
广　东	161.69	0.00	0.00	0.00	0.00	0.00	507.38	26.34	0.79
广　西	126.37	0.00	0.00	0.00	0.00	0.00	391.99	131.94	35.03
海　南	29.38	0.00	0.00	0.00	0.00	0.00	93.69	11.81	0.00
重　庆	14.70	0.00	0.00	0.10	0.00	0.00	32.42	0.00	0.00
四　川	30.33	0.00	0.00	1.54	0.00	0.00	175.32	20.82	7.89
贵　州	2.22	0.00	0.00	0.00	0.00	0.00	78.54	0.90	4.91
云　南	34.31	0.25	0.00	0.00	0.00	0.00	512.35	65.75	0.27
西　藏	0.00	0.00	0.00	0.00	0.00	0.00	69.00	7.00	0.00
陕　西	9.13	6.86	0.08	33.61	36.99	0.00	832.22	98.78	605.12
甘　肃	5.76	5.43	1.40	57.64	57.71	6.54	999.97	421.69	76.41
青　海	0.00	0.00	0.00	0.00	0.00	0.00	97.43	6.80	18.00
宁　夏	0.00	0.00	0.00	0.00	0.00	0.00	490.55	43.57	25.84
新　疆	2.11	2.07	0.47	1054.93	1051.59	22.18	1871.30	541.18	111.78
新疆兵团	0.39	0.39	0.39	535.89	535.89	257.47	1077.11	214.99	54.13

续表

地　区	其中：机械化免耕覆盖播种面积	4. 保护性耕作面积	5. 精少量播种面积	6. 机械深施化肥面积	7. 机械铺膜面积	8. 农田机械节水灌溉面积	9. 机械播种牧草面积	10. 机械收获牧草数量
	千公顷	千公顷	千公顷	千公顷	千公顷	千公顷	千公顷	万吨
全　国	7078.69	5715.53	34322.77	32594.42	7397.83	13352.44	1027.76	1763.13
北　京	73.29	130.85	3.39	34.87	1.59	73.75	0.11	2.94
天　津	38.19	49.79	82.88	175.10	57.80	22.52	1.50	3.39
河　北	1179.77	155.97	2204.64	2168.89	757.52	751.72	20.00	60.97
山　西	97.16	567.34	1034.58	1953.11	535.96	226.06	55.91	185.48
内蒙古	823.49	1031.81	3281.19	3393.65	775.13	1082.26	306.57	0.14
辽　宁	72.09	298.48	1776.12	2053.50	75.04	164.56	0.00	49.68
吉　林	60.20	181.20	3205.43	3128.93	140.80	893.10	86.30	11.15
黑龙江	103.07	1070.22	8793.11	7273.08	548.77	2197.25	61.48	158.00
上　海	2.38	0.00	11.33	49.36	0.00	150.60	0.00	0.00
江　苏	354.48	94.29	833.94	222.29	4.79	244.56	0.11	39.22
浙　江	7.38	0.00	3.35	232.68	4.29	154.62	0.51	0.11
安　徽	78.90	77.66	1693.51	1232.37	95.86	1282.90	0.00	3.20
福　建	0.06	0.39	0.33	26.12	0.80	49.02	0.00	0.08
江　西	4.20	6.14	1.73	342.12	1.09	118.26	0	25.18
山　东	3006.46	997.60	3136.23	1305.29	845.86	1707.35	4.36	46.89
河　南	697.52	325.36	4755.27	2426.67	142.26	934.46	47.94	171.42
湖　北	80.06	121.00	105.41	234.33	26.05	312.97	0.00	0.00
湖　南	3.18	22.36	0.87	169.52	2.60	390.05	0.00	0.00
广　东	0.79	0.00	0.00	14.62	2.37	265.17	0.00	0.22
广　西	0.00	0.00	0.00	779.76	31.10	124.10	0.00	0.58
海　南	0.00	0.00	0.00	3.37	0.00	22.90	0.00	0.00
重　庆	0.00	24.96	0.90	17.44	0.70	26.86	0.00	0.02
四　川	6.14	20.96	49.69	42.36	0.70	100.79	1.88	0.44
贵　州	0.68	0.12	2.72	105.15	11.49	26.24	0.22	4.54
云　南	0.07	0.37	3.11	122.16	0.31	75.40	0.08	0.07
西　藏	0.00	0.00	0.00	0.00	0.00	1.30	0.00	0.00
陕　西	263.64	225.38	595.15	644.78	118.12	216.32	12.89	21.75
甘　肃	45.10	116.01	330.86	1294.55	760.00	132.14	21.00	86.00
青　海	7.90	21.00	47.73	279.12	8.54	2.00	271.48	3.55
宁　夏	5.18	28.41	83.07	294.50	122.90	34.55	42.64	245.30
新　疆	42.65	94.93	1661.47	1802.31	1660.38	981.76	63.83	462.28
新疆兵团	24.67	52.93	624.75	772.42	665.01	586.91	28.94	180.53

续表

地区	11.机械化秸秆还田面积	12.秸秆捡拾打捆面积	13.机械脱粒粮食数量	14.机械烘干粮食数量	15.机械初加工农产品数量	其中：加工粮食数量	加工油料数量	加工棉花数量	加工果蔬数量
	千公顷	千公顷	万吨	万吨	万吨	万吨	万吨	万吨	万吨
全国	31686.90	1435.51	51992.56	5755.25	60318.22	44915.87	5709.43	1690.81	2448.39
北京	139.47	1.63	118.98	0.18	49.15	47.98	1.04	0.00	0.13
天津	160.50	0.10	195.69	0.05	105.25	99.60	1.40	3.46	0.00
河北	3265.68	29.54	2976.76	7.55	2514.55	2052.60	263.98	128.07	40.57
山西	1091.05	11.74	777.01	1.21	1025.39	853.60	65.94	14.97	48.26
内蒙古	1220.39	252.63	2357.80	323.04	1164.40	998.68	148.14	0.30	17.28
辽宁	307.36	14.46	2070.96	314.63	1362.21	1245.71	112.75	0.13	3.62
吉林	476.88	60.20	3820.90	986.60	1924.38	1807.96	113.94	1.00	1.00
黑龙江	4580.47	37.50	4734.50	2914.53	3423.30	2485.43	926.27	0.00	0.00
上海	131.12	4.16	121.97	7.46	71.18	54.39	0.10	0.00	6.22
江苏	2131.04	74.30	5065.47	172.86	2318.80	2061.11	138.11	19.00	45.73
浙江	386.00	11.41	816.41	108.17	1113.33	907.43	55.60	4.77	85.02
安徽	884.67	15.86	3259.06	139.78	2560.71	2081.67	292.90	72.12	8.13
福建	133.23	1.31	285.02	0.66	1242.24	863.66	76.01	0.00	102.57
江西	1400.10	11.80	1845.14	154.00	2934.71	2312.63	274.24	38.09	86.20
山东	5601.72	52.73	4103.41	41.29	5970.41	3531.46	517.47	164.19	649.26
河南	4880.77	183.36	4502.21	17.36	4672.35	3889.12	445.79	296.62	3.33
湖北	523.52	0.00	2176.23	137.27	3069.75	2043.13	328.91	138.63	291.81
湖南	489.80	19.50	3354.75	91.52	5033.27	3634.99	452.29	115.39	98.67
广东	395.19	56.08	1260.78	107.55	5645.47	3998.66	434.33	0.00	342.27
广西	478.72	2.62	1007.01	2.34	1135.26	1094.22	30.34	0.49	8.57
海南	78.46	0.00	115.66	0.12	161.36	149.16	7.80	0.00	0.00
重庆	84.09	0.00	526.78	5.56	1183.38	897.45	41.16	0.01	109.90
四川	215.83	0.00	2197.74	5.00	4261.49	2693.46	361.27	3.48	80.18
贵州	89.25	0.34	465.00	6.46	1631.22	1499.77	128.10	1.06	1.47
云南	81.19	0.00	469.40	0.05	1645.04	1415.38	77.40	0.06	6.77
西藏	0.00	0.00	41.05	0.01	12.32	8.12	4.20	0.00	0.00
陕西	739.06	44.98	659.21	18.56	1076.19	733.87	62.67	5.31	257.20
甘肃	77.46	50.00	805.00	7.00	678.23	512.37	51.26	46.47	4.50
青海	6.51	51.30	59.54	0.00	64.52	42.09	16.02	0.00	1.56
宁夏	106.78	40.81	287.52	4.99	170.46	127.05	15.53	0.00	0.00
新疆	722.96	342.39	1348.31	72.98	1428.02	585.28	248.44	360.24	9.43
新疆兵团	807.64	64.76	167.29	106.46	669.89	187.85	16.03	276.94	138.74

续表

地　区	加工茶叶数量	16. 机械化饲草料加工数量	其中：机械化青贮秸秆数量	17. 农机运输作业量	其中：农业运输作业量	18. 农田基本建设作业量	19. 农用飞机作业面积	20. 农机跨区作业面积	其中：跨区机耕面积
	万吨	万吨	万吨	亿吨·公里	亿吨·公里	万立方米	千公顷	千公顷	千公顷
全　国	341.85	18909.94	7837.32	4206.44	2514.11	353538.94	1878.33	32924.25	5070.12
北　京	0.00	80.03	67.91	2.88	1.59	790.03	0.00	26.47	4.96
天　津	0.00	117.17	92.86	5.92	3.26	2795.06	0.00	98.04	21.94
河　北	0.00	1531.94	775.53	140.80	87.37	6052.80	14.82	2830.97	203.96
山　西	0.00	771.33	208.10	107.70	48.01	17101.08	0.00	478.97	136.34
内蒙古	0.00	3301.55	1698.72	32.21	22.58	13583.42	64.80	353.47	60.33
辽　宁	0.00	1058.81	94.05	65.64	32.79	5986.83	18.04	259.53	41.86
吉　林	0.00	725.30	141.70	44.36	35.71	15056.84	0.00	524.60	123.90
黑龙江	0.00	1064.57	1026.21	10.69	6.81	12899.27	1172.24	3279.17	895.43
上　海	0.00	12.64	11.80	0.18	0.12	0.00	0.00	16.17	2.76
江　苏	2.39	271.86	53.34	66.85	17.82	19268.96	13.33	5915.34	350.74
浙　江	38.43	80.88	30.40	65.98	34.56	52852.32	0.00	317.05	26.76
安　徽	25.04	262.61	97.22	148.71	44.80	47380.40	0.00	3204.94	495.10
福　建	124.13	179.64	2.74	34.27	17.20	6890.28	0.00	25.10	5.79
江　西	1.73	389.00	375.19	213.48	129.53	22179.44	0.00	272.35	12.74
山　东	2.59	1679.38	927.31	340.12	68.07	30383.32	53.00	5056.95	914.96
河　南	3.51	1210.92	339.41	194.31	107.38	7797.18	0.00	5140.33	747.06
湖　北	31.41	230.05	109.50	51.11	39.63	2764.45	299.00	910.06	193.11
湖　南	35.83	589.12	14.04	145.62	97.36	34300.00	0.26	531.76	95.37
广　东	27.16	341.31	3.38	42.67	22.21	9831.82	0.00	232.22	21.65
广　西	1.64	113.41	0.00	84.06	47.07	672.52	0.00	155.88	31.40
海　南	0.00	2.42	0.00	14.39	6.92	275.03	0.00	134.00	17.82
重　庆	1.43	364.61	2.04	30.07	18.46	4127.33	0.00	79.28	4.89
四　川	18.35	282.39	8.21	105.52	64.47	9306.16	0.00	298.83	45.99
贵　州	0.83	41.05	24.88	33.57	20.63	2476.98	0.00	20.07	8.43
云　南	24.96	973.08	157.21	92.33	54.99	18010.00	0.00	99.12	76.75
西　藏	0.00	0.00	0.00	6.08	2.13	242.00	0.00	0.00	0.00
陕　西	1.78	705.29	340.50	127.64	87.31	1116.83	0.00	1296.09	197.14
甘　肃	0.65	800.00	160.00	75.00	55.00	5.00	0.00	425.59	93.82
青　海	0.00	11.60	0.00	4.93	4.36	272.65	0.00	115.00	31.00
宁　夏	0.00	303.05	37.16	1897.81	1320.57	7153.52	0.00	99.36	20.97
新　疆	0.00	1329.23	966.46	20.06	14.58	345.42	0.00	503.88	119.37
新疆兵团	0.00	85.70	71.45	1.47	0.82	1622.00	242.84	223.65	67.78

续表

地区	跨区机播面积	跨区机收面积	其中：跨区机收小麦	跨区机收水稻	跨区机收玉米
	千公顷	千公顷	千公顷	千公顷	千公顷
全　　国	2242.76	24601.86	14789.68	6418.20	2238.48
北　　京	5.54	15.98	8.66	0.00	7.32
天　　津	11.51	64.41	32.98	10.63	19.90
河　　北	161.43	2465.58	2368.43	4.35	73.17
山　　西	86.70	252.55	203.43	0.00	41.68
内 蒙 古	50.43	238.74	166.56	4.87	16.48
辽　　宁	52.62	152.27	9.07	97.89	41.06
吉　　林	73.60	323.50	2.00	165.57	141.00
黑 龙 江	265.67	2092.34	387.78	708.55	791.58
上　　海	0.00	13.41	4.76	8.65	0.00
江　　苏	94.92	4903.66	2340.69	2196.11	21.29
浙　　江	2.99	257.74	75.07	165.19	0.00
安　　徽	165.78	2497.50	1513.63	927.38	50.05
福　　建	0.60	18.50	0.00	16.23	0.00
江　　西	2.66	254.61	25.95	184.13	0.09
山　　东	539.36	3547.18	2819.08	41.50	662.59
河　　南	345.00	4028.41	3101.68	488.64	204.26
湖　　北	20.16	666.09	281.24	375.86	6.58
湖　　南	12.54	367.18	8.70	307.90	0.00
广　　东	1.92	208.65	0.00	197.43	0.00
广　　西	3.83	120.64	0.17	114.66	0.00
海　　南	0.19	113.77	0.00	110.00	0.00
重　　庆	0.00	74.31	5.25	62.60	0.00
四　　川	1.91	250.73	98.05	152.53	0.00
贵　　州	0.21	11.44	0.39	11.05	0.00
云　　南	0.07	22.22	7.10	14.74	0.00
西　　藏	0.00	0.00	0.00	0.00	0.00
陕　　西	146.93	866.44	767.74	20.13	66.23
甘　　肃	38.72	280.99	231.93	0.55	7.50
青　　海	38.00	44.89	23.70	0.00	0.00
宁　　夏	1.01	76.58	49.96	14.50	7.42
新　　疆	66.13	296.98	207.76	10.25	59.95
新疆兵团	52.32	74.57	47.92	6.31	20.33

各地区农业机械化管理服务情况表

地区	一、农机化培训	其中：培训农机管理人员	培训农机技术人员	培训农机监理人员	培训农机操作人员	二、农机维修 1. 维修拖拉机	2. 维修联合收获机
	人次	人次	人次	人次	人次	万台次	万台次
全国	6745733	153356	798131	67509	5492074	1863.66	126.88
北京	37518	1663	3651	2003	28156	1.70	0.13
天津	13906	858	3248	771	9029	3.90	0.44
河北	532642	9854	69827	4418	447838	151.46	13.29
山西	240323	11132	61199	3071	163503	29.28	2.35
内蒙古	171640	2243	23502	2460	141989	60.52	0.60
辽宁	236535	8591	26087	2952	198905	29.22	0.67
吉林	225406	4665	11966	2636	206139	60.31	1.03
黑龙江	314066	11344	42472	3421	256829	31.34	1.45
上海	19687	1459	844	919	6545	0.41	0.18
江苏	259075	8060	22266	5260	220081	80.58	11.80
浙江	85097	4007	13514	1140	65755	85.97	3.34
安徽	310844	4668	34873	1679	269624	242.46	18.20
福建	26749	1246	4306	417	20780	44.12	0.88
江西	114254	4116	16919	2683	88878	28.64	4.94
山东	691458	15973	117950	4498	517086	194.03	20.74
河南	572239	11386	62188	5572	480713	270.81	16.49
湖北	269510	5003	36027	1227	148724	45.76	3.37
湖南	170813	2989	28736	779	137322	67.09	13.42
广东	56322	3401	13215	1691	37637	41.95	1.90
广西	74360	1359	7295	552	63324	82.79	1.04
海南	32468	785	5665	299	22577	15.79	0.67
重庆	169296	2365	8715	817	117959	3.56	0.34
四川	277524	8574	46440	2532	216968	39.37	2.16
贵州	355699	4563	28165	3729	319242	17.16	0.17
云南	184918	1828	15779	2291	162952	80.64	0.43
西藏	7200	0	0	0	7200	5.44	0.30
陕西	168839	4316	39116	2611	122567	33.82	3.86
甘肃	215093	3756	15339	973	194682	44.92	1.31
青海	52868	131	10763	130	41844	4.46	0.05
宁夏	70332	657	10287	242	58896	13.15	0.70
新疆	727660	9090	15378	4614	663733	50.79	0.50
新疆兵团	61392	3274	2399	1122	54597	2.22	0.14

续表

地 区	3. 维修水稻插秧机	4. 维修运输机械	5. 维修其他农机具	三、农机鉴定 推广鉴定证书当年发证数量	四、农机监理装备 1. 监理车辆	其中:摩托车	2. 安全检测设备	其中:拖拉机检测设备
	万台次	万台次	万台次	件	辆	辆	套	套
全 国	17.50	1261.88	2841.70	6004	4421	680	1700	1550
北 京	0.00	2.59	1.76	6	22	0	17	17
天 津	0.04	7.54	5.87	21	17	0	8	8
河 北	0.07	190.32	233.25	378	119	2	103	88
山 西	0.04	54.10	41.88	52	118	3	102	98
内蒙古	0.15	17.54	79.57	177	274	89	64	52
辽 宁	0.80	32.36	32.84	714	85	0	42	38
吉 林	0.86	14.88	73.64	403	198	28	39	39
黑龙江	1.73	2.89	26.01	243	379	110	41	36
上 海	0.07	0.32	0.46	152	0	0	0	0
江 苏	5.47	28.41	92.41	528	172	19	104	95
浙 江	0.78	66.56	90.81	2	79	2	82	78
安 徽	1.10	96.70	241.50	332	180	3	36	32
福 建	0.24	41.86	104.86	243	49	3	46	45
江 西	0.42	42.32	74.02	275	50	1	14	14
山 东	0.06	142.16	277.38	480	415	19	126	117
河 南	0.09	153.25	296.47	350	293	3	137	128
湖 北	0.73	18.51	82.03	219	207	89	86	79
湖 南	3.02	85.09	233.23	151	214	3	71	63
广 东	0.30	18.93	103.38	148	170	35	103	102
广 西	0.34	37.72	113.25	87	224	31	124	106
海 南	0.03	6.13	14.32	3	25	4	24	21
重 庆	0.41	11.57	73.75	173	23	0	4	4
四 川	0.27	38.31	212.27	253	110	14	82	70
贵 州	0.25	15.07	26.36	43	70	0	42	39
云 南	0.01	30.14	70.29	40	227	44	32	32
西 藏	0.00	0.12	1.20	0	0	0	0	0
陕 西	0.01	49.13	70.35	0	153	8	94	83
甘 肃	0.00	41.72	84.99	254	105	6	22	22
青 海	0.00	0.75	4.98	38	27	0	13	11
宁 夏	0.13	11.69	17.58	44	21	0	3	3
新 疆	0.06	2.58	56.79	195	369	155	33	24
新疆兵团	0.02	0.63	4.20	0	26	9	6	6

各地区农业机械化投入情况表

地　区	一、农机化总投入（万元）						
	合计	1. 一般行政事业支出	2. 基本建设	3. 科研	4. 推广培训	5. 农业机械购置	6. 其他
全　国	8601963.01	466110.93	273478.63	9122.59	147017.71	7447057.88	259175.27
北　京	41177.28	4847.87	1118.30	402.98	1199.19	32319.61	1289.33
天　津	47182.56	8619.06	2547.00	130.00	1086.20	32435.30	2365.00
河　北	339048.74	10716.27	5834.88	23.00	26487.53	295361.68	625.38
山　西	301153.65	25388.31	8971.20	326.00	17978.93	238888.29	9600.92
内蒙古	346651.00	14861.86	13661.25	263.00	889.40	316965.49	10.00
辽　宁	361137.69	12905.09	4341.54	598.00	3193.55	331680.84	8418.67
吉　林	438692.50	17196.50	5764.50	0.00	15955.60	399775.90	0.00
黑龙江	558890.67	11333.85	17548.00	6.00	707.60	524489.94	4805.28
上　海	44082.58	5112.01	407.00	303.60	625.90	31730.21	5903.86
江　苏	423425.98	31099.29	12140.50	2374.00	7430.96	368087.11	2294.12
浙　江	219975.91	17897.74	19795.61	552.41	4856.08	163678.62	13195.45
安　徽	479690.62	23941.76	3226.45	5.50	2730.94	436568.36	13217.61
福　建	143425.15	9660.98	1284.00	2.00	1231.45	131182.72	64.00
江　西	273476.06	6428.03	1037.70	3.00	1064.61	259468.72	5474.00
山　东	609060.43	39269.14	7163.48	243.40	20725.43	535858.98	5800.00
河　南	533202.32	25755.98	8303.70	56.00	2836.96	488990.18	7259.50
湖　北	403201.78	11931.16	6769.90	106.60	2208.91	378757.58	3427.63
湖　南	415323.45	23867.58	3008.97	183.00	2662.84	379585.66	6015.40
广　东	245944.98	13057.90	11329.90	793.00	4002.43	198838.87	17922.88
广　西	295538.47	24706.05	1275.63	93.30	10447.43	255254.57	3761.49
海　南	53284.69	2643.07	299.94	64.00	354.74	49545.32	377.62
重　庆	138207.59	6769.51	4509.70	173.00	2431.97	120216.84	4106.57
四　川	459073.43	28202.32	81724.54	969.80	2345.93	214753.43	131077.41
贵　州	116712.00	3457.00	2040.00	32.00	1501.00	109274.00	408.00
云　南	233943.95	15115.99	3412.29	28.00	2754.93	206850.93	5781.81
西　藏	33305.00	50.00	0.00	0.00	20.00	33235.00	0.00
陕　西	251736.91	17119.57	31057.00	450.00	3492.50	199612.84	5.00
甘　肃	143986.85	10375.74	2616.00	142.00	910.80	128619.31	1323.00
青　海	34373.00	1398.00	1523.00	3.00	838.00	85261.85	0.00
宁　夏	89840.16	1844.28	1352.00	9.00	1022.00	30611.00	351.03
新　疆	386657.61	38289.02	3373.65	120.00	2618.90	337995.73	4260.31
新疆兵团	140560.00	2250.00	6041.00	667.00	405.00	131163.00	34.00

续表

地区	二、财政投入(万元)						
	合计	1. 一般行政事业支出	2. 基本建设	3. 科研	4. 推广培训	5. 农业机械购置	6. 其他
全国	2869829.98	443687.18	139765.08	7483.18	126260.00	2019373.25	133261.29
北京	23959.45	4670.87	584.00	383.98	1164.19	16049.08	1107.33
天津	24040.26	8619.06	1800.00	130.00	1086.20	10350.00	2055.00
河北	106016.64	8949.00	2107.00	23.00	23425.13	71463.13	49.38
山西	119393.13	25347.36	4176.50	216.00	17546.10	64263.70	7843.47
内蒙古	130539.75	14746.03	8408.50	215.00	875.10	106285.12	10.00
辽宁	112542.54	12731.89	3222.00	378.00	3033.55	88875.23	4301.87
吉林	141601.50	17137.00	2832.00	0.00	15955.10	105677.40	0.00
黑龙江	213369.46	11133.85	7760.00	6.00	697.60	190571.51	3200.50
上海	31061.62	4488.11	402.00	303.60	294.40	20291.97	5281.54
江苏	149603.69	25886.99	4852.00	1861.00	6804.73	108616.22	1582.75
浙江	94526.76	17210.01	5706.59	469.00	4255.57	57754.92	9130.67
安徽	121788.30	23304.79	2357.00	5.00	2271.53	81076.85	12773.13
福建	50372.85	9650.62	118.00	2.00	1086.21	39477.02	39.00
江西	69707.75	5545.23	61.10	0.00	623.30	63399.02	79.10
山东	181848.39	34771.31	2643.51	206.40	20513.22	120053.95	3660.00
河南	148565.88	25006.74	2598.70	55.00	2662.17	112749.07	5494.20
湖北	103647.69	11262.96	1760.00	58.00	1714.21	87195.39	1657.13
湖南	114021.70	22685.86	1589.50	95.00	1401.34	87835.00	415.00
广东	68646.25	12056.32	5332.00	623.00	3149.93	44198.65	3286.35
广西	87208.11	23998.27	983.20	64.90	3159.46	55672.00	3330.28
海南	17482.89	2623.07	254.70	64.00	320.34	14012.03	208.75
重庆	55300.78	6664.61	3704.80	173.00	2263.87	41000.00	1494.50
四川	221352.30	27687.92	48247.23	932.80	2000.98	80607.46	61875.91
贵州	35659.00	3421.00	1704.00	32.00	1442.00	28980.00	80.00
云南	62691.84	15115.99	2871.75	8.00	595.62	43820.00	280.48
西藏	11319.00	50.00	0.00	0.00	20.00	11249.00	0.00
陕西	108423.07	17069.07	11743.00	450.00	3270.00	75886.00	5.00
甘肃	46860.92	9779.74	2312.00	142.00	874.80	33600.38	152.00
青海	14837.00	1398.00	1523.00	3.00	830.00	11083.00	0.00
宁夏	24910.03	1704.98	1342.00	9.00	1022.00	20735.05	97.00
新疆	142331.43	37126.53	3222.00	109.50	1648.35	96454.10	3770.95
新疆兵团	36200.00	1844.00	3547.00	465.00	253.00	30091.00	0.00

续表

地　区	1. 中央财政(万元)						
	合计	1. 一般行政事业支出	2. 基本建设	3. 科研	4. 推广培训	5. 农业机械购置	6. 其他
全　国	1920370.09	—	69598.74	564.00	60806.97	1754266.70	35133.68
北　京	8095.00	—	0.00	0.00	95.00	8000.00	0.00
天　津	8650.00	—	600.00	0.00	50.00	8000.00	0.00
河　北	89596.96	—	1800.00	20.00	22818.08	64958.88	0.00
山　西	78879.11	—	2600.00	0.00	12280.00	57999.11	6000.00
内蒙古	83920.79	—	6775.00	10.00	317.10	76818.69	0.00
辽　宁	85809.50	—	2500.00	0.00	538.50	82391.00	380.00
吉　林	98326.40	—	2400.00	0.00	1070.00	94856.40	0.00
黑龙江	161781.40	—	5500.00	6.00	255.40	156000.00	20.00
上　海	6101.08	—	0.00	0.00	10.00	6091.08	0.00
江　苏	81147.82	—	1699.00	425.00	1355.30	76736.22	932.30
浙　江	41850.62	—	1260.00	0.00	140.00	40167.32	283.30
安　徽	90717.66	—	1070.00	0.00	190.00	77557.49	11900.17
福　建	32252.34	—	0.00	0.00	88.38	32148.46	15.50
江　西	61174.00	—	0.00	0.00	120.00	61054.00	0.00
山　东	132264.41	—	2072.49	0.00	17950.60	112241.32	0.00
河　南	109855.70	—	1277.20	0.00	682.00	106000.00	1896.50
湖　北	86810.64	—	405.00	20.00	315.53	85854.11	216.00
湖　南	84120.00	—	0.00	0.00	120.00	84000.00	0.00
广　东	32808.14	—	24.00	0.00	227.99	32466.15	90.00
广　西	52739.39	—	146.00	0.00	593.39	52000.00	0.00
海　南	12298.00	—	48.00	0.00	20.00	12230.00	0.00
重　庆	39142.50	—	95.00	0.00	399.00	38500.00	148.50
四　川	112013.54	—	26375.05	0.00	307.70	72079.38	13251.41
贵　州	22109.00	—	0.00	0.00	120.00	21989.00	0.00
云　南	38030.00	—	0.00	0.00	30.00	38000.00	0.00
西　藏	7010.00	—	0.00	0.00	10.00	7000.00	0.00
陕　西	73320.00	—	3100.00	0.00	220.00	70000.00	0.00
甘　肃	32565.00	—	2242.00	20.00	303.00	30000.00	0.00
青　海	11773.00	—	1500.00	3.00	70.00	10200.00	0.00
宁　夏	20338.09	—	1310.00	0.00	100.00	18928.09	0.00
新　疆	92800.00	—	2800.00	0.00	0.00	90000.00	0.00
新疆兵团	32070.00	—	2000.00	60.00	10.00	30000.00	0.00

续表

地区	2. 地方财政(万元)						
	合计	1. 一般行政事业支出	2. 基本建设	3. 科研	4. 推广培训	5. 农业机械购置	6. 其他
全　国	949459.89	443687.18	70166.34	6919.18	65453.03	265106.55	98127.61
北　京	15864.45	4670.87	584.00	383.98	1069.19	8049.08	1107.33
天　津	15390.26	8619.06	1200.00	130.00	1036.20	2350.00	2055.00
河　北	16419.68	8949.00	307.00	3.00	607.05	6504.25	49.38
山　西	40514.02	25347.36	1576.50	216.00	5266.10	6264.59	1843.47
内蒙古	46618.96	14746.03	1633.50	205.00	558.00	29466.43	10.00
辽　宁	26733.04	12731.89	722.00	378.00	2495.05	6484.23	3921.87
吉　林	43275.10	17137.00	432.00	0.00	14885.10	10821.00	0.00
黑龙江	51588.06	11133.85	2260.00	0.00	442.20	34571.51	3180.50
上　海	24960.54	4488.11	402.00	303.60	284.40	14200.89	5281.54
江　苏	68455.87	25886.99	3153.00	1436.00	5449.43	31880.00	650.45
浙　江	52676.14	17210.01	4446.59	469.00	4115.57	17587.60	8847.37
安　徽	31070.64	23304.79	1287.00	5.00	2081.53	3519.36	872.96
福　建	18120.51	9650.62	118.00	2.00	997.83	7328.56	23.50
江　西	8533.75	5545.23	61.10	0.00	503.30	2345.02	79.10
山　东	49583.98	34771.31	571.02	206.40	2562.62	7812.63	3660.00
河　南	38710.18	25006.74	1321.50	55.00	1980.17	6749.07	3597.70
湖　北	16837.05	11262.96	1355.00	38.00	1398.68	1341.28	1441.13
湖　南	29901.70	22685.86	1589.50	95.00	1281.34	3835.00	415.00
广　东	35838.11	12056.32	5308.00	623.00	2921.94	11732.50	3196.35
广　西	34468.72	23998.27	837.20	64.90	2566.07	3672.00	3330.28
海　南	5184.89	2623.07	206.70	64.00	300.34	1782.03	208.75
重　庆	16158.28	6664.61	3609.80	173.00	1864.87	2500.00	1346.00
四　川	109338.76	27687.92	21872.18	932.80	1693.28	8528.08	48624.50
贵　州	13550.00	3421.00	1704.00	32.00	1322.00	6991.00	80.00
云　南	24661.84	15115.99	2871.75	8.00	565.62	5820.00	280.48
西　藏	4309.00	50.00	0.00	0.00	10.00	4249.00	0.00
陕　西	35103.07	17069.07	8643.00	450.00	3050.00	5886.00	5.00
甘　肃	14295.92	9779.74	70.00	122.00	571.80	3600.38	152.00
青　海	3064.00	1398.00	23.00	0.00	760.00	883.00	0.00
宁　夏	4571.94	1704.98	32.00	9.00	922.00	1806.96	97.00
新　疆	49531.43	37126.53	422.00	109.50	1648.35	6454.10	3770.95
新疆兵团	4130.00	1844.00	1547.00	405.00	243.00	91.00	0.00

续表

地区	三、单位和集体投入(万元)						
	合计	1. 一般行政事业支出	2. 基本建设	3. 科研	4. 推广培训	5. 农业机械购置	6. 其他
全国	193482.29	22423.75	54011.26	1285.01	3219.63	104347.68	8194.96
北京	3211.77	177.00	423.30	9.00	28.00	2489.47	85.00
天津	2099.91	0.00	717.00	0.00	0.00	1382.91	0.00
河北	3634.37	1767.27	369.00	0.00	103.80	1354.30	40.00
山西	2843.63	40.95	588.00	110.00	429.83	617.60	1057.25
内蒙古	1551.83	115.83	1037.00	12.00	4.00	383.00	0.00
辽宁	3865.82	173.20	531.54	0.00	15.00	3146.08	0.00
吉林	685.00	59.50	360.00	0.00	0.50	265.00	0.00
黑龙江	10590.90	200.00	1862.00	0.00	10.00	8488.90	30.00
上海	3382.11	623.90	5.00	0.00	0.50	2752.21	0.50
江苏	20918.80	5212.30	4801.50	463.00	525.23	9611.20	305.57
浙江	30557.07	687.73	9420.50	73.41	68.90	19331.73	974.80
安徽	2903.84	636.97	459.84	0.30	116.71	1598.84	91.18
福建	1289.10	10.36	803.00	0.00	1.00	474.74	0.00
江西	1538.48	882.80	17.60	3.00	116.31	479.87	38.90
山东	16281.57	4497.83	2561.97	37.00	83.00	9101.77	0.00
河南	8452.27	749.24	382.00	1.00	37.90	7199.13	83.00
湖北	6961.88	668.20	1205.80	48.60	390.20	4242.58	406.50
湖南	6414.62	1181.72	968.00	88.00	145.50	3600.40	431.00
广东	15935.30	1001.58	5265.00	170.00	176.50	9107.22	215.00
广西	2085.97	707.78	257.43	20.20	338.30	717.29	44.97
海南	114.32	20.00	0.00	0.00	34.40	49.08	10.84
重庆	2474.10	104.90	325.40	0.00	124.10	1770.70	149.00
四川	8267.94	514.40	1231.55	37.00	49.90	2513.95	3921.14
贵州	1793.00	36.00	240.00	0.00	29.00	1449.00	39.00
云南	1864.51	0.00	500.83	0.00	173.09	1049.28	141.31
西藏	0.00	0.00	0.00	0.00	0.00	0.00	0.00
陕西	17196.50	50.50	17110.00	0.00	5.00	31.00	0.00
甘肃	805.73	596.00	6.00	0.00	35.00	168.73	0.00
青海	1532.00	0.00	0.00	0.00	0.00	1532.00	0.00
宁夏	5958.70	139.30	10.00	0.00	0.00	5809.40	0.00
新疆	1417.25	1162.49	58.00	10.50	35.96	20.30	130.00
新疆兵团	6854.00	406.00	2494.00	202.00	142.00	3610.00	0.00

续表

地区	四、农民个人投入(万元)						
	合计	1. 一般行政事业支出	2. 基本建设	3. 科研	4. 推广培训	5. 农业机械购置	6. 其他
全国	5512254.15	—	75635.58	58.20	16549.82	5314401.86	105608.69
北京	13874.06	—	111.00	0.00	2.00	13696.06	65.00
天津	21042.39	—	30.00	0.00	0.00	20702.39	310.00
河北	229317.73	—	3358.88	0.00	2955.60	222476.25	527.00
山西	178891.89	—	4206.70	0.00	3.00	174006.99	675.20
内蒙古	214421.42	—	4115.75	0.00	8.30	210297.37	0.00
辽宁	243710.53	—	568.00	0.00	38.00	239561.53	3543.00
吉林	296406.00	—	2572.50	0.00	0.00	293833.50	0.00
黑龙江	332999.31	—	7926.00	0.00	0.00	323498.53	1574.78
上海	8711.03	—	0.00	0.00	0.00	8686.03	25.00
江苏	252576.00	—	2437.00	50	39.00	249727.20	322.80
浙江	93875.61	—	4517.52	0.00	531.61	85742.97	3083.51
安徽	354670.54	—	408.80	0.00	278.45	353636.99	346.3
福建	91749.19	—	363.00	0.00	144.24	91230.95	11.00
江西	202229.83	—	959.00	0.00	325.00	195589.83	5356.00
山东	410930.47	—	1958.00	0.00	129.21	406703.26	2140.00
河南	375940.17	—	5223.00	0.00	136.89	368993.98	1586.30
湖北	292187.21	—	3779.10	0.00	99.50	287254.61	1054.00
湖南	292294.26	—	136.00	0.00	1108.00	286474.26	4576.00
广东	161010.43	—	672.90	0.00	676.00	145490.00	14171.53
广西	206128.49	—	0.00	8.20	6934.67	198850.28	335.34
海南	35682.48	—	45.24	0.00	0.00	35484.21	153.03
重庆	78582.46	—	102.82	0.00	35.00	76466.64	1978.00
四川	218071.64	—	29492.72	0.00	288.25	130124.01	58166.66
贵州	78944.00	—	96.00	0.00	30.00	78608.00	210.00
云南	166714.11	—	0.00	0.00	1942.92	161050.25	3720.94
西藏	21986.00	—	0.00	0.00	0.00	21986.00	0.00
陕西	126117.34	—	2204.00	0.00	217.50	123695.84	0.00
甘肃	96286.70	—	298.00	0.00	0.00	94850.20	1138.50
青海	18004.00	—	0.00	0.00	8.00	17996.00	0.00
宁夏	58971.43	—	0.00	0.00	0.00	58717.40	254.03
新疆	242468.43	—	53.65	0.00	608.68	241521.33	284.77
新疆兵团	97459.00	—	0.00	0.00	10.00	97449.00	0.00

续表

地区	五、其他投入(万元)						
	合计	1. 一般行政事业支出	2. 基本建设	3. 科研	4. 推广培训	5. 农业机械购置	6. 其他
全　国	26396.58	—	4066.71	296.20	988.26	8935.08	12110.33
北　京	132.00	—	0.00	10.00	5.00	85.00	32.00
天　津	0.00	—	0.00	0.00	0.00	0.00	0.00
河　北	80.00	—	0.00	0.00	3.00	68.00	9.00
山　西	25.00	—	0.00	0.00	0.00	0.00	25.00
内蒙古	138.00	—	100.00	36.00	2.00	0.00	0.00
辽　宁	1018.80	—	20.00	220.00	107.00	98.00	573.80
吉　林	0.00	—	0.00	0.00	0.00	0.00	0.00
黑龙江	1931.00	—	0.00	0.00	0.00	1931.00	0.00
上　海	927.82	—	0.00	0.00	331.00	0.00	596.82
江　苏	327.49	—	50.00	0.00	62.00	132.49	83.00
浙　江	1016.47	—	151.00	10.00	0.00	849.00	6.47
安　徽	327.94	—	0.81	0.20	64.25	255.68	7.00
福　建	14.00	—	0.00	0.00	0.00	0.00	14.00
江　西	0.00	—	0.00	0.00	0.00	0.00	0.00
山　东	0.00	—	0.00	0.00	0.00	0.00	0.00
河　南	244.00	—	100.00	0.00	0.00	48.00	96.00
湖　北	405.00	—	25.00	0.00	5.00	65.00	310.00
湖　南	2592.87	—	315.47	0.00	8.00	1676.00	593.40
广　东	353.00	—	60.00	0.00	0.00	43.00	250.00
广　西	115.90	—	35.00	0.00	15.00	15.00	50.90
海　南	5.00	—	0.00	0.00	0.00	0.00	5.00
重　庆	1850.25	—	376.68	0.00	9.00	979.50	485.07
四　川	11381.55	—	2753.04	0.00	6.80	1508.01	7113.70
贵　州	316.00	—	0.00	0.00	0.00	237.00	79.00
云　南	2673.49	—	39.71	20.00	43.30	931.4	1639.08
西　藏	0.00	—	0.00	0.00	0.00	0.00	0.00
陕　西	0.00	—	0.00	0.00	0.00	0.00	0.00
甘　肃	33.50	—	0.00	0.00	1.00	0.00	32.50
青　海	0.00	—	0.00	0.00	0.00	0.00	0.00
宁　夏	0.00	—	0.00	0.00	0.00	0.00	0.00
新　疆	440.50	—	40.00	0.00	325.91	0.00	74.59
新疆兵团	47.00	—	0.00	0.00	0.00	13.00	34.00

各地区农业机械化经营效益情况表

地 区	一、总收入(万元)		1. 农机化作业收入(万元)		其中:(1)田间作业收入(万元)		其中:跨区作业收入(万元)		(2)农产品初加工作业收入(万元)	
	合计	其中:农机户	合计	其中:农机户	合计	其中:农机户	合计	其中:农机户	合计	其中:农机户
全 国	45090718.02	39530874.10	39492250.42	36069248.12	16026387.03	14627579.30	2004383.88	1816830.25	4825322.66	4361746.45
北 京	101665.41	86116.10	92744.33	80357.50	34198.13	26205.70	1101.70	585.00	2518.30	2299.10
天 津	165172.66	144373.28	151297.78	137243.88	89197.48	78586.28	6146.25	3817.85	7232.75	2698.65
河 北	2184263.41	1991701.44	1960845.96	1819355.29	851256.07	808101.20	55831.75	52711.15	249846.89	217068.29
山 西	1074266.57	993557.53	911962.99	855741.15	324661.81	302225.81	26977.96	26092.21	87616.70	77534.70
内 蒙 古	1146885.51	1036900.10	962165.11	923713.20	636193.95	618428.90	19733.40	19049.65	75333.00	69570.80
辽 宁	1041073.02	953492.57	867702.94	817052.96	385455.36	364541.49	13530.83	12504.13	87399.26	81490.43
吉 林	1280887.70	1063145.90	1175935.90	976035.20	689128.50	571981.60	22873.70	18985.30	61201.50	50797.70
黑 龙 江	1565143.44	1313201.80	1286239.84	1130579.90	897219.14	766380.60	25941.80	18683.40	72493.50	58432.70
上 海	28020.51	2303.41	26343.31	2072.41	17680.06	1711.41	1158.05	253.00	965.96	10.00
江 苏	2363397.26	2059252.52	2101470.56	1902894.62	1225289.66	1119756.66	463871.50	417922.00	216498.20	170064.56
浙 江	1679441.00	1515981.00	1434960.00	1325335.00	329513.00	286295.00	28179.00	22800.00	180056.00	163862.00
安 徽	3690037.96	3455767.95	3382803.72	3248252.55	1523331.68	1438272.74	279991.15	271655.00	370768.14	342084.72
福 建	930807.17	903808.47	806417.57	791185.37	146597.03	143581.21	4216.40	4109.40	172789.37	170509.83
江 西	1626957.72	1493641.24	1461461.39	1348336.77	503388.42	471137.60	21831.56	20933.72	204856.34	187353.37
山 东	4987473.89	4023882.85	4297553.66	3698871.10	1765897.59	1590749.07	399507.01	358971.23	367449.16	323821.94
河 南	2643698.76	2449023.60	2352065.81	2255764.48	1225532.83	1171070.53	270555.66	259922.98	209097.05	195779.67
湖 北	2200622.37	1979923.41	1898021.60	1746678.45	965159.58	866645.02	76810.44	57692.84	312820.97	284657.09
湖 南	3751125.40	2794314.75	3083704.00	2634143.25	991677.90	832308.24	69974.69	49295.17	554428.45	495526.51
广 东	1321730.28	1230969.85	1134456.98	1070282.73	421912.29	402926.91	23442.57	22205.57	162061.99	144162.86
广 西	2880215.65	2800088.21	2839611.00	2782818.76	587470.00	575720.60	11690.70	11456.89	565711.00	554396.78
海 南	265176.25	239621.08	229541.77	205269.84	76342.93	67153.26	5032.11	4729.31	12335.73	11460.15
重 庆	895484.51	618852.32	755460.39	558554.91	199769.10	174961.69	7120.04	6606.84	109789.66	87056.26
四 川	2201133.92	1819133.81	1852307.78	1656307.12	462669.15	411866.56	35316.33	30294.90	234117.72	207140.24
贵 州	588352.00	472994.00	480710.00	444714.00	54619.00	49809.00	1860.00	1514.00	86763.00	84179.00
云 南	1048051.88	992921.84	908235.76	878073.68	173304.29	166121.34	7535.92	7474.26	114632.82	109320.50
西 藏	14636.00	11992.00	12393.00	11992.00	3377.00	3268.00	0.00	0.00	1351.00	1307.00
陕 西	843783.22	731233.96	731676.07	634008.82	229897.19	211931.68	58192.32	55193.02	96890.76	80509.23
甘 肃	822253.91	803004.73	687293.05	673129.24	230282.93	227711.59	20178.11	19790.54	88667.99	87714.47
青 海	124657.73	90912.01	89704.68	82304.52	2074.48	2074.31	1185.47	1174.48	10414.79	9336.69
宁 夏	286139.92	259839.52	263955.13	239094.73	130548.85	116243.45	5860.02	5448.02	20657.14	19399.44
新 疆	961740.99	902618.85	889695.34	852675.69	529789.63	509159.85	29441.44	25662.39	74640.52	66988.77
新疆兵团	376422.00	296304.00	363513.00	286409.00	322952.00	250652.00	9296.00	9296.00	13917.00	5213.00

续表

地区	(3)农机运输收入（万元）		其中：农业运输收入（万元）		2. 农机维修收入（万元）		3. 其他收入（万元）		其中：农机及油料经销收入（万元）	
	合计	其中:农机户	合计	其中:农机户	合计	其中:农机户	合计	其中:农机户	合计	其中:农机户
全　国	17333047.59	16137473.42	8833642.16	8213819.84	1869103.78	1502633.30	3729363.82	1958992.78	2301080.33	883884.51
北　京	56027.90	51852.70	30068.30	28301.30	4084.98	3441.50	4836.10	2317.10	1543.00	279.00
天　津	52880.55	51527.45	32253.51	31833.01	4144.80	1367.80	9730.08	5761.60	3632.48	540.00
河　北	777061.70	748994.40	407948.64	393571.29	84451.55	77385.75	138965.90	94960.40	101702.40	59593.70
山　西	488860.24	463431.25	220448.82	209115.64	66480.60	59355.40	95822.98	78460.98	35720.67	31536.67
内蒙古	249739.20	234815.50	146680.90	141548.90	78496.70	73644.80	106223.70	39542.10	71005.00	17089.80
辽　宁	383681.36	362106.75	198484.02	188289.28	43577.18	36303.09	129792.90	100136.52	64164.70	46850.09
吉　林	425603.70	353254.10	292218.10	242543.10	65967.10	54753.20	38984.70	32357.60	20735.40	17210.50
黑龙江	316527.20	299885.10	264619.00	240436.50	75245.50	58264.20	203658.10	124357.70	78767.60	52436.10
上　海	7697.29	351.00	4939.95	146.00	268.60	26.00	1408.60	205.00	294.60	205.00
江　苏	626074.70	573847.40	254697.40	236136.40	60233.10	45506.30	201693.60	110851.60	130056.10	49972.70
浙　江	897625.00	842190.00	459711.00	410109.00	42935.00	33263.00	201546.00	157383.00	70199.00	46517.00
安　徽	1460990.80	1428599.31	507405.13	484854.60	117417.02	99676.20	189817.22	107839.20	106180.51	38567.48
福　建	466668.89	458496.56	207730.74	203853.70	29978.30	27160.26	94411.30	85462.84	18998.00	8943.00
江　西	698103.39	652169.30	357931.97	342379.74	87756.87	77397.65	77739.46	67906.82	30370.09	23342.39
山　东	1788683.36	1626040.72	734194.77	687161.97	299685.92	157577.65	390234.31	167434.10	300308.15	112233.32
河　南	881821.53	852889.27	424557.80	404259.26	109571.80	99024.46	182061.15	94234.66	146706.31	59582.77
湖　北	620041.05	595376.33	441140.55	425549.09	76905.08	68878.08	225695.69	164366.88	167223.68	108622.82
湖　南	1522122.15	1306308.50	875148.89	763563.73	103564.78	80365.40	563856.62	79806.10	466061.64	1676.00
广　东	535816.76	500895.23	314207.61	302460.00	118846.10	110788.84	68427.20	49898.28	37934.66	25998.80
广　西	1371534.00	1344103.32	762211.00	746966.78	19948.11	17269.45	20656.54	0.00	17755.96	0.00
海　南	139813.11	125606.43	63106.21	57278.25	11378.35	10672.35	24256.13	23678.89	10942.20	10867.20
重　庆	331705.64	282131.97	233610.95	190781.55	28990.35	18400.15	111033.77	41897.26	89973.24	27524.97
四　川	1142535.54	1025047.45	607241.20	547857.29	89252.96	68866.78	259573.18	93959.91	139837.37	57746.68
贵　州	339328.00	310726.00	143732.00	131160.00	30235.00	22656.00	77407.00	5624.00	75977.00	5600.00
云　南	604360.33	582819.77	286792.47	279929.42	58936.65	51801.67	80879.47	63046.49	21091.85	13077.22
西　藏	7664.00	7417.00	5257.00	5088.00	501.00	0.00	1742.00	0.00	1742.00	0.00
陕　西	370792.96	320670.50	142197.36	124579.00	54760.64	49463.92	57346.51	47761.22	35581.43	29772.64
甘　肃	293671.76	284162.11	138057.24	133099.38	53593.67	52379.11	81367.19	77496.38	22189.47	20773.27
青　海	77215.41	70893.52	46826.65	40489.49	4842.16	3936.06	30110.89	4671.43	2213.20	2147.40
宁　夏	112333.64	103036.34	66126.49	59357.19	11138.16	10157.66	11046.63	10587.13	3406.50	3052.00
新　疆	259422.43	251184.14	140820.49	137844.98	27427.75	24462.57	44617.90	25480.59	25877.12	12125.99
新疆兵团	26644.00	26644.00	23276.00	23276.00	8488.00	8388.00	4421.00	1507.00	2892.00	0.00

续表

地　区	二、成本与费用(万元)		1. 服务成本与费用(万元)		其中:(1)农机化作业能耗及维修费(万元)		其中:农机运输能耗及维修费(万元)		(2)农机维修耗材、能耗及设备维护费(万元)	
	合计	其中:农机户	合计	其中:农机户	合计	其中:农机户	合计	其中:农机户	合计	其中:农机户
全　国	27809250.89	24111489.63	23529583.12	20749655.58	17295454.55	15886063.30	8634770.51	8034170.50	2319984.12	1997493.49
北　京	63095.70	53065.40	55125.00	47836.70	51539.30	44818.40	30813.70	28871.10	3545.70	2978.30
天　津	91458.94	76824.56	75214.78	64401.46	62779.73	55526.57	25606.66	21008.51	7732.19	6614.43
河　北	1207464.20	1136264.70	1058325.50	1005925.10	870457.94	830410.41	449473.21	432224.56	118962.20	110479.30
山　西	499017.56	463555.98	361784.36	336402.28	276039.36	254905.97	152711.82	137798.06	62075.00	56669.00
内蒙古	731914.74	670799.45	627106.99	604654.91	558316.33	540110.57	186818.30	176523.60	62104.10	55337.60
辽　宁	613646.98	575283.00	496728.50	470071.81	408167.59	390943.77	201994.73	195312.35	62781.00	56289.07
吉　林	791383.00	666853.60	690126.20	582809.70	626959.20	530380.60	258706.90	214728.60	63167.00	52429.10
黑龙江	1019709.48	856148.08	869004.21	732404.36	574899.04	481933.90	180991.18	136751.40	91921.00	74554.06
上　海	15947.05	1287.99	13726.08	974.66	9796.76	709.96	2456.69	145.45	2684.38	140.20
江　苏	1403816.70	1197865.00	1222209.30	1071499.70	947652.70	844765.50	392725.70	344676.50	125400.80	109189.40
浙　江	902539.00	806373.00	753339.00	685037.00	603369.00	553483.00	368375.00	340602.00	86904.00	77018.00
安　徽	1768016.56	1618613.56	1573867.01	1471529.28	1299373.24	1232322.22	616431.38	593161.26	94532.29	81930.49
福　建	492962.98	479738.25	431380.17	420981.85	322209.66	318697.74	186398.08	184712.61	65945.88	63388.58
江　西	959748.48	864925.52	774002.11	702764.08	588231.55	548647.07	299091.39	286310.68	121751.55	111398.82
山　东	3271555.20	2607725.73	2789984.99	2290264.64	1840743.69	1665736.94	965390.16	879275.12	219271.81	177787.43
河　南	1583732.73	1465271.42	1346303.42	1246656.64	1076483.69	1043918.65	389111.04	380563.19	90790.77	83796.97
湖　北	1458698.42	1304196.68	1153220.27	1047742.11	964386.43	884062.84	429444.64	404872.45	188833.84	163679.27
湖　南	2193076.62	1491931.14	1838513.57	1252940.93	1080015.02	901152.54	652165.05	580689.31	201161.32	140398.53
广　东	802180.11	754769.30	560716.21	524755.85	433601.03	409704.81	223832.11	215498.18	95395.25	83845.79
广　西	2133808.97	2069379.15	2038154.00	1978907.05	1263793.03	1238517.17	840474.37	823664.88	4646.55	4061.11
海　南	119161.75	109515.76	98042.02	89817.55	79967.18	72087.73	46106.76	43134.12	17772.54	17402.82
重　庆	722957.42	505163.50	588713.05	418603.75	302655.58	258993.05	150443.95	135727.78	57233.17	41576.80
四　川	1784305.17	1480253.27	1491864.34	1270720.11	1125894.07	1002767.96	722009.93	657724.98	145153.38	121754.00
贵　州	423575.00	319860.00	324032.00	310988.00	230317.00	221144.00	169664.00	155363.00	19653.00	14727.00
云　南	626708.86	600344.95	501942.08	483713.60	352978.78	341123.81	210161.78	204596.04	86148.98	83103.49
西　藏	9534.00	8052.25	7887.00	7493.00	7506.00	7131.00	5105.00	4850.00	381.00	362.00
陕　西	477604.14	419698.34	393348.23	348258.43	276939.12	238766.94	137752.95	122898.47	60725.73	54711.94
甘　肃	523174.01	511101.60	408296.23	400882.13	294210.55	289975.32	128149.86	125791.83	28322.79	26561.23
青　海	34447.52	30419.83	31305.23	28056.81	19366.26	18206.26	10035.55	9621.60	5014.28	4629.15
宁　夏	157350.92	146544.92	131279.15	123338.05	106785.07	100654.27	46874.42	45694.02	23650.08	21839.78
新　疆	613736.68	579738.70	529079.09	507261.04	396141.65	381585.33	135215.20	131140.05	80700.54	75217.83
新疆兵团	312922.00	239922.00	294963.00	221963.00	243879.00	182879.00	20239.00	20239.00	25622.00	23622.00

续表

地区	2. 管理与财务费用(万元)		3. 税金及附加(万元)		4. 其他费用(万元)		三、利润总额(万元)	
	合计	其中:农机户	合计	其中:农机户	合计	其中:农机户	合计	其中:农机户
全国	1734579.73	1340865.03	1056509.01	838387.31	1488579.03	1182581.71	17281464.13	15419384.47
北京	3433.20	2507.80	1025.00	662.00	3512.50	2058.90	38569.71	33050.70
天津	8304.64	5538.57	4013.92	3376.16	3925.60	3508.37	73713.72	67548.72
河北	43512.90	38421.50	58084.40	50625.60	47541.40	41292.50	9176799.21	833186.54
山西	48532.78	45435.28	37937.71	33830.71	50762.71	47887.71	575249.01	530001.55
内蒙古	41222.55	26783.14	27614.30	24238.90	35970.90	15122.50	414970.77	366100.65
辽宁	42103.87	38343.40	29970.21	25472.30	44844.40	41395.49	427426.04	378209.57
吉林	18670.00	15496.20	20757.00	17228.50	61829.80	51319.20	489504.70	396292.30
黑龙江	58791.12	50520.10	10820.60	7328.60	81093.52	65895.02	545433.96	457053.72
上海	958.38	74.25	88.70	12.00	1173.89	227.08	12073.46	1015.42
江苏	66726.50	52188.10	28564.70	18646.00	86316.20	55531.20	959580.56	861387.52
浙江	36563.00	31690.00	40445.00	36322.00	72192.00	53324.00	776902.00	709608.00
安徽	60107.67	44559.02	68376.26	54345.85	65665.62	48179.41	1922021.40	1837154.39
福建	19445.90	17982.69	21809.69	21299.86	20327.22	19473.85	437844.19	424070.22
江西	57965.91	49136.37	74596.39	66502.15	53184.07	46522.92	667209.24	628715.72
山东	293277.47	181915.03	89549.97	59649.44	98742.77	75896.62	1715918.69	1416157.12
河南	99453.25	91803.33	52151.06	47948.49	85825.00	78862.96	1059966.03	983752.18
湖北	149938.01	115350.19	48329.61	43451.87	107210.53	97652.51	741923.95	675726.73
湖南	149470.33	96073.20	127535.59	87982.44	77557.13	54934.57	1558048.78	1302383.61
广东	154330.00	149461.66	27697.35	25892.78	59436.55	54659.01	519550.17	476200.55
广西	1948.09	557.23	16259.93	15401.34	77446.95	74513.53	746406.68	730709.06
海南	7211.85	6589.54	6575.74	6009.56	7332.14	7099.11	146014.50	130105.32
重庆	67218.82	46895.33	30311.43	19371.17	36714.12	20293.25	172527.09	113688.82
四川	110624.00	77295.19	91410.22	68116.14	90406.61	64121.83	416828.75	338880.54
贵州	26911.00	1980.00	30058.00	3532.00	42574.00	3360.00	164777.00	153134.00
云南	46834.16	44643.20	30879.36	28859.61	47053.26	43128.54	421343.02	392576.89
西藏	1049.00	0.00	33.00	0.00	565.00	559.25	5102.00	3939.75
陕西	33287.66	28810.26	26781.18	21944.62	24187.07	20685.03	366176.08	311535.62
甘肃	35068.90	33524.18	27923.83	27080.23	51885.05	49618.06	299079.90	291900.13
青海	249.83	230.60	1020.54	995.60	1871.92	1136.82	90210.21	60492.18
宁夏	4476.19	4220.19	9033.45	8202.65	12562.13	10784.03	128789.00	113294.60
新疆	40191.75	36138.48	14254.87	11458.74	30210.97	24880.44	348004.31	322880.15
新疆兵团	6701.00	6701.00	2600.00	2600.00	8658.00	8658.00	63500.00	56382.00

各地区农业生产燃油消耗情况表

地区	农业生产燃油消耗	其中:(1)柴油	(2)用于农机抗灾救灾	1. 农田作业	(1)机耕	(2)机播	(3)机收
	万吨	万吨	万吨	万吨	万吨	万吨	万吨
全国	3860.13	3612.14	165.53	1323.69	589.51	182.09	310.19
北京	6.58	5.93	0.02	2.58	0.81	0.54	0.64
天津	17.13	15.93	0.19	6.92	2.36	1.32	1.44
河北	305.10	285.59	1.80	74.79	24.44	17.18	18.17
山西	83.74	79.43	0.68	22.38	6.70	4.28	5.46
内蒙古	124.95	121.88	5.40	51.20	17.68	11.45	10.13
辽宁	92.28	83.99	3.12	36.65	18.51	6.02	4.35
吉林	134.39	133.01	0.01	30.65	12.24	7.51	0.32
黑龙江	213.60	213.00	0.63	165.90	87.06	21.52	41.36
上海	3.23	2.71	0.00	1.89	0.98	0.08	0.58
江苏	195.19	188.85	11.46	87.46	43.11	7.29	22.47
浙江	120.85	109.23	3.71	26.47	13.75	0.85	6.65
安徽	149.04	136.02	13.02	73.16	38.01	10.42	16.08
福建	46.77	42.04	2.67	5.89	3.16	0.10	1.05
江西	136.27	121.70	3.38	28.75	14.66	0.55	10.84
山东	586.75	575.02	18.48	184.70	45.50	28.60	46.80
河南	365.00	337.90	18.12	122.95	45.02	18.74	34.77
湖北	169.00	164.36	11.35	44.99	26.60	1.81	13.11
湖南	166.46	147.25	27.06	67.64	29.98	5.94	21.68
广东	131.76	115.61	6.41	35.52	22.19	0.47	6.50
广西	120.04	116.80	2.50	25.63	17.87	0.60	6.44
海南	23.54	22.52	0.97	6.95	4.93	0.02	1.56
重庆	55.65	39.06	12.27	19.92	13.65	0.45	3.93
四川	128.06	117.22	5.64	26.26	14.91	0.79	5.56
贵州	38.69	33.28	1.52	4.47	2.17	0.36	1.13
云南	72.57	63.79	3.25	12.60	9.37	0.11	1.27
西藏	19.07	15.80	0.08	1.60	0.59	0.52	0.42
陕西	89.07	79.52	3.09	29.21	13.28	6.02	5.37
甘肃	141.35	130.57	6.69	50.24	24.50	12.30	8.60
青海	11.50	9.01	0.03	8.16	3.01	2.35	2.70
宁夏	25.00	24.96	0.04	10.16	5.38	1.81	2.06
新疆	62.76	56.65	1.46	38.84	17.79	8.85	5.82
新疆兵团	24.74	23.54	0.48	19.16	9.32	3.25	2.93

续表

地　区	(4)植保	(5)其他	2. 农田排灌	3. 农田基本建设	4. 畜牧业生产	5. 农产品初加工	6. 农业运输	7. 其他
	万吨	万吨	万吨	万吨	万吨	万吨	万吨	万吨
全　国	90.87	151.04	256.71	267.43	72.35	294.36	1519.55	126.04
北　京	0.24	0.36	0.07	0.32	0.04	0	3.07	0.49
天　津	0.47	1.33	1.13	3.46	0.38	0.68	4.06	0.50
河　北	3.85	11.15	14.22	17.70	6.05	11.26	176.34	4.74
山　西	2.80	3.15	1.62	5.90	0.90	2.56	42.98	7.39
内蒙古	2.25	9.68	7.44	7.81	8.56	4.05	41.70	4.19
辽　宁	1.81	5.96	5.67	7.99	2.35	3.40	28.75	7.47
吉　林	2.09	8.49	13.28	2.03	5.00	4.86	78.56	0.01
黑龙江	12.82	3.14	15.30	13.78	3.04	6.29	7.59	1.69
上　海	0.14	0.11	0.06	0.22	0.05	0.05	0.50	0.46
江　苏	10.43	4.16	28.06	13.04	5.03	17.42	40.19	3.99
浙　江	1.96	3.27	3.98	12.67	2.39	6.98	59.36	8.98
安　徽	3.87	4.77	18.45	7.53	1.40	9.68	37.31	1.51
福　建	1.21	0.38	1.87	2.48	0.23	2.68	31.47	2.15
江　西	0.75	1.95	6.67	5.01	0.81	9.83	82.32	2.88
山　东	14.40	49.40	63.00	78.75	10.40	65.10	184.80	0.00
河　南	7.65	16.78	10.42	32.34	5.55	18.88	161.37	13.49
湖　北	2.09	1.39	15.34	1.85	0.74	17.86	87.45	0.77
湖　南	5.23	4.81	14.63	10.67	4.08	20.03	45.34	4.07
广　东	2.16	4.20	5.60	6.29	2.50	29.66	46.68	5.51
广　西	0.52	0.20	1.38	3.04	3.10	27.14	36.58	23.17
海　南	0.28	0.16	1.74	0.43	0.12	1.13	12.53	0.64
重　庆	0.69	1.20	4.04	2.48	1.01	4.50	22.91	0.79
四　川	3.59	1.41	9.86	6.41	0.97	12.09	70.23	2.24
贵　州	0.41	0.41	1.62	2.82	1.01	3.17	24.57	1.03
云　南	0.94	0.91	2.08	2.40	0.51	3.54	48.21	3.23
西　藏	0.00	0.08	0.00	0.01	0.00	0.60	13.45	3.41
陕　西	1.65	2.89	2.01	4.31	1.20	3.76	46.35	2.23
甘　肃	2.29	2.55	4.32	8.19	2.26	4.53	54.57	17.24
青　海	0.04	0.06	0.06	0.07	0.07	0.03	3.10	0.01
宁　夏	0.32	0.59	0.23	3.35	0.26	0.19	10.35	0.46
新　疆	2.61	3.77	1.54	2.90	1.57	1.95	15.15	0.81
新疆兵团	1.32	2.34	1.01	1.16	0.76	0.45	1.71	0.49

各地区农业机械事故情况表

地区	一、事故次数					二、事故损失		
	事故合计	其中：1. 一般事故	2. 较大事故	3. 重大事故	4. 特别重大事故	1. 死亡人数	2. 受伤人数	3. 直接经济损失
	次	次	次	次	次	人	人	万元
全国	933	932	1	0	0	171	473	821.38
北京	12	12	0	0	0	1	2	45.50
天津	11	11	0	0	0	1	11	31.19
河北	12	12	0	0	0	4	5	37.20
山西	2	2	0	0	0	1	1	1.50
内蒙古	16	16	0	0	0	6	15	16.80
辽宁	26	26	0	0	0	20	6	95.90
吉林	5	5	0	0	0	0	3	0.49
黑龙江	2	2	0	0	0	2	1	25.00
上海	20	20	0	0	0	1	3	4.72
江苏	124	124	0	0	0	30	84	64.79
浙江	10	10	0	0	0	6	5	1.40
安徽	32	32	0	0	0	3	17	29.10
福建	29	29	0	0	0	13	11	13.26
江西	7	7	0	0	0	0	5	4.11
山东	10	10	0	0	0	1	6	3.38
河南	8	8	0	0	0	3	5	36.90
湖北	160	161	1	0	0	14	58	177.56
湖南	29	29	0	0	0	3	24	63.24
广东	2	2	0	0	0	2	1	5.05
广西	1	1	0	0	0	1	0	0.00
海南	1	1	0	0	0	1	0	0.00
重庆	1	1	0	0	0	0	1	2.00
四川	9	9	0	0	0	2	7	57.94
贵州	1	1	0	0	0	1	0	0.50
云南	21	21	0	0	0	4	19	17.60
西藏	0	0	0	0	0	0	0	0.00
陕西	236	236	0	0	0	0	61	48.73
甘肃	4	4	0	0	0	1	3	1.50
青海	26	26	0	0	0	11	23	18.02
宁夏	3	3	0	0	0	0	3	1.30
新疆	112	112	0	0	0	39	93	16.70

续表

地　区	三、事故原因								
	其中：1. 无证驾驶	2. 酒后驾驶	3. 违法载人	4. 超速超载	5. 无牌行驶	6. 未年检	7. 操作失误	8. 机件失灵、设施不全	9. 其他
	次	次	次	次	次	次	次	次	次
全　国	361	7	19	48	225	313	516	62	197
北　京	2	0	0	0	2	2	7	1	6
天　津	7	0	0	0	2	4	3	0	4
河　北	7	0	0	0	6	9	6	0	1
山　西	1	0	0	0	0	1	0	0	1
内蒙古	7	1	0	1	5	7	7	1	2
辽　宁	23	3	0	1	16	22	8	2	2
吉　林	1	0	0	0	1	2	4	0	0
黑龙江	2	0	1	0	1	1	2	0	0
上　海	0	0	0	0	0	0	11	0	9
江　苏	69	1	1	6	58	69	50	9	22
浙　江	4	0	0	1	3	3	4	1	5
安　徽	17	0	0	3	8	14	14	3	7
福　建	16	0	0	3	6	10	11	0	6
江　西	7	0	0	0	7	6	1	1	0
山　东	8	0	0	0	5	6	1	0	2
河　南	7	0	0	0	7	7	2	0	4
湖　北	44	0	1	10	26	32	106	8	23
湖　南	22	0	0	0	12	16	19	4	6
广　东	2	0	0	0	1	1	0	0	1
广　西	1	0	0	1	0	0	0	0	0
海　南	1	0	0	0	0	1	0	0	0
重　庆	1	0	0	0	1	1	0	0	0
四　川	3	0	0	0	3	3	4	1	2
贵　州	1	0	0	0	1	1	0	0	0
云　南	11	1	1	0	9	11	10	2	5
西　藏	0	0	0	0	0	0	0	0	0
陕　西	33	0	1	2	7	37	177	11	55
甘　肃	2	0	0	0	2	2	2	0	0
青　海	25	0	0	1	21	26	0	0	3
宁　夏	3	0	0	0	3	3	3	0	0
新　疆	34	1	14	19	12	16	64	18	31

续表

地区	四、事故条件					
	其中： 1. 驾龄3年以下的	2. 驾龄3年以上的	3. 发生在8:00－20:00之间的	4. 发生在20:00－8:00之间的	5. 晴天发生的	6. 雨雪雾天发生的
	次	次	次	次	次	次
全　国	516	417	709	224	690	243
北　京	7	5	8	4	11	1
天　津	9	2	6	5	9	2
河　北	5	7	12	0	8	4
山　西	2	0	1	1	2	0
内蒙古	11	5	10	6	13	3
辽　宁	18	8	22	4	20	6
吉　林	3	2	4	1	4	1
黑龙江	2	0	2	0	2	0
上　海	4	16	18	2	15	5
江　苏	47	77	90	34	91	33
浙　江	6	4	6	4	9	1
安　徽	20	12	23	9	26	6
福　建	18	11	24	5	17	12
江　西	7	0	7	0	4	3
山　东	4	6	6	4	7	3
河　南	7	1	6	2	7	1
湖　北	72	88	122	38	102	58
湖　南	10	19	16	13	20	9
广　东	2	0	2	0	2	0
广　西	1	0	1	0	1	0
海　南	1	0	1	0	1	0
重　庆	1	0	1	0	1	0
四　川	6	3	8	1	7	2
贵　州	1	0	1	0	1	0
云　南	15	6	18	3	14	7
西　藏	0	0	0	0	0	0
陕　西	150	87	186	51	169	68
甘　肃	2	2	4	0	3	1
青　海	20	6	19	7	21	5
宁　夏	2	1	3	0	3	0
新　疆	63	49	82	30	100	12

其他统计资料

各地区农业机械化作业水平情况表

地　区	农作物耕种收综合机械化水平	机耕水平	机播水平	机收水平
	%	%	%	%
全　国	54.82	72.29	44.93	41.41
北　京	68.30	81.52	68.60	50.36
天　津	79.06	94.22	84.97	53.23
河　北	67.09	80.76	73.57	42.39
山　西	55.24	68.32	59.40	33.65
内蒙古	70.51	88.00	78.00	39.70
辽　宁	67.45	92.35	70.69	31.02
吉　林	65.01	83.79	76.36	28.62
黑龙江	87.82	99.03	94.13	66.58
上　海	56.68	99.86	12.51	43.29
江　苏	73.01	97.80	46.00	64.00
浙　江	57.07	86.14	12.70	62.69
安　徽	62.60	79.12	42.70	60.48
福　建	24.29	50.65	1.97	11.45
江　西	46.62	68.90	10.98	52.57
山　东	77.53	90.57	75.50	62.19
河　南	72.19	86.20	66.26	59.45
湖　北	42.71	66.47	13.60	40.13
湖　南	35.41	59.55	3.67	34.98
广　东	38.16	71.96	2.57	28.67
广　西	33.60	66.30	4.48	19.00
海　南	32.00	59.00	1.00	27.00
重　庆	30.06	67.27	3.35	7.16
四　川	35.84	68.72	9.02	18.80
贵　州	13.00	26.06	1.19	7.38
云　南	36.93	82.85	1.00	11.64
西　藏	55.98	59.39	58.08	49.34
陕　西	55.51	75.86	46.51	37.39
甘　肃	37.03	54.92	32.79	17.44
青　海	47.90	59.39	49.51	30.97
宁　夏	57.94	77.99	52.94	36.12
新　疆	80.50	98.88	92.80	43.68
新疆兵团	90.40	100.00	100.00	68.00

续表

地区	小麦				水稻			
	耕种收综合机械化水平(%)	机耕水平(%)	机播水平(%)	机收水平(%)	耕种收综合机械化水平(%)	机耕水平(%)	机械种植水平(%)	机收水平(%)
全　国	92.62	98.79	85.95	91.05	65.07	91.00	26.24	69.32
北　京	99.97	100.00	100.00	99.90	47.44	73.60	10.00	50.00
天　津	97.00	99.48	95.00	95.00	77.60	98.80	58.00	69.00
河　北	98.39	99.35	99.67	95.82	61.60	96.87	14.53	61.66
山　西	82.24	84.28	78.66	83.10	30.77	76.92	0.00	0.00
内蒙古	89.77	90.96	90.63	87.31	84.27	94.33	68.61	86.51
辽　宁	78.13	90.13	75.26	65.00	66.60	87.72	44.44	60.59
吉　林	100.00	100.00	100.00	100.00	72.99	95.24	51.15	65.16
黑龙江	100.00	100.00	100.00	100.00	91.70	98.25	86.76	87.89
上　海	74.39	100.00	17.98	96.64	79.89	100.00	34.31	98.67
江　苏	92.40	96.00	82.00	98.00	86.30	98.00	60.00	97.00
浙　江	70.91	99.13	4.24	99.96	69.97	98.77	18.09	83.44
安　徽	94.91	98.61	88.79	96.10	73.17	98.67	18.54	93.78
福　建	—	—	—	—	42.72	80.16	5.24	30.27
江　西	19.56	48.90	0.00	0.00	56.90	83.00	13.00	66.00
山　东	97.84	97.49	98.64	97.50	55.92	84.68	13.65	59.84
河　南	100.00	100.00	100.00	100.00	57.58	86.11	0.52	76.59
湖　北	70.95	87.68	31.58	88.03	73.41	97.74	26.59	87.76
湖　南	62.05	86.24	6.57	85.26	57.09	91.19	6.28	62.44
广　东	25.64	64.11	0.00	0.00	58.00	92.10	5.91	64.64
广　西	—	—	—	—	53.20	86.90	10.10	51.20
海　南	—	—	—	—	53.16	77.00	3.00	71.52
重　庆	35.86	87.00	0.00	3.54	50.96	89.45	16.32	34.28
四　川	29.13	50.22	8.18	21.95	36.90	60.61	4.81	37.40
贵　州	9.76	23.14	1.22	0.47	33.77	65.64	4.19	20.86
云　南	28.93	61.45	2.65	11.83	41.37	79.61	0.70	31.60
西　藏	68.85	72.56	71.71	61.04	—	—	—	—
陕　西	89.11	99.95	82.93	80.84	43.93	63.57	8.15	53.52
甘　肃	73.39	96.48	66.32	49.67	8.86	8.86	8.86	8.86
青　海	82.35	93.75	94.21	55.28	—	—	—	—
宁　夏	74.67	81.30	79.16	61.34	94.00	99.90	80.58	99.55
新　疆	98.57	100.00	100.00	95.23	72.71	99.98	33.38	75.68
新疆兵团	100.00	100.00	100.00	100.00	100.00	100.00	100.00	100.00

续表

地区	玉米				大豆			
	耕种收综合机械化水平(%)	机耕水平(%)	机播水平(%)	机收水平(%)	耕种收综合机械化水平(%)	机耕水平(%)	机播水平(%)	机收水平(%)
全国	71.56	93.77	79.90	33.59	69.81	76.44	71.21	59.58
北京	86.76	98.14	96.35	62.00	62.15	85.47	71.28	21.91
天津	83.80	99.70	94.00	52.30	81.00	94.10	89.60	57.10
河北	76.00	99.55	89.88	30.74	41.75	56.57	52.78	10.97
山西	65.03	85.82	75.82	26.51	26.75	39.80	25.72	10.39
内蒙古	66.13	88.86	83.94	18.02	72.94	65.84	85.52	69.83
辽宁	68.29	93.62	83.78	19.01	65.12	83.76	77.73	27.67
吉林	69.83	89.59	89.52	23.81	61.59	79.37	66.32	33.16
黑龙江	81.02	98.93	99.19	38.96	96.54	99.83	97.29	91.41
上海	40.00	100.00	0.00	0.00	40.00	100.00	0.00	0.00
江苏	49.80	81.00	28.00	30.00	28.80	57.00	10.00	9.00
浙江	21.51	50.86	2.36	1.52	23.48	56.89	0.25	2.17
安徽	59.69	61.36	77.58	39.57	50.80	37.26	66.77	52.67
福建	—	—	—	—	—	—	—	—
江西	3.38	7.40	1.00	0.39	3.66	9.16	0.00	0.00
山东	91.63	97.85	94.96	80.01	37.76	48.46	39.84	21.42
河南	86.75	100.00	97.48	58.37	36.18	24.34	54.67	33.46
湖北	39.48	82.23	15.49	6.48	50.03	99.29	15.35	19.03
湖南	5.10	11.99	0.24	0.76	4.99	12.48	0.00	0.00
广东	23.18	57.96	0.00	0.00	16.66	41.64	0.00	0.00
广西	—	—	—	—	—	—	—	—
海南	6.19	15.47	0.00	0.00	0.69	1.72	0.00	0.00
重庆	32.67	81.68	0.00	0.00	26.69	66.73	0.00	0.00
四川	7.84	19.51	0.08	0.03	1.77	4.41	0.00	0.00
贵州	5.68	14.08	0.11	0.05	1.13	2.83	0.00	0.00
云南	14.66	36.39	0.24	0.10	0.01	0.03	0.00	0.00
西藏	7.91	10.41	8.33	4.16	—	—	—	—
陕西	70.05	99.52	63.80	37.02	8.05	11.98	8.49	2.37
甘肃	34.71	60.00	27.26	8.45	15.56	26.40	15.04	1.48
青海	12.80	0.00	24.83	17.83	—	—	—	—
宁夏	74.40	98.25	82.54	35.00	—	—	—	—
新疆	80.79	100.00	91.47	44.50	75.69	81.96	90.12	52.91
新疆兵团	99.40	100.00	100.00	98.00	100.00	100.00	100.00	100.00

续表

地区	油菜				马铃薯			
	耕种收综合机械化水平(%)	机耕水平(%)	机播水平(%)	机收水平(%)	耕种收综合机械化水平(%)	机耕水平(%)	机播水平(%)	机收水平(%)
全　国	29.05	53.44	12.28	13.32	32.25	52.64	19.65	17.67
北　京	41.07	77.60	33.44	0.00	26.97	52.92	6.45	12.89
天　津	—	—	—	—	—	—	—	—
河　北	68.65	97.08	60.16	39.24	59.52	86.51	44.66	38.40
山　西	45.72	83.53	41.02	0.00	66.85	89.97	52.44	50.43
内蒙古	77.81	61.25	92.59	85.12	69.52	86.15	68.71	48.16
辽　宁	—	—	—	—	58.77	85.93	18.05	63.28
吉　林	—	—	—	—	16.25	34.00	6.00	2.84
黑龙江	—	—	—	—	57.98	99.47	30.30	30.33
上　海	40.00	100.00	0.00	0.00	—	—	—	—
江　苏	22.80	45.00	6.00	10.00	11.00	27.00	0.00	0.00
浙　江	25.26	55.84	1.80	7.95	7.79	19.38	0.00	0.12
安　徽	29.99	65.77	4.20	8.06	28.92	72.30	0.00	0.00
福　建	—	—	—	—	11.18	27.82	0.00	0.16
江　西	11.65	22.00	5.40	4.10	2.31	3.93	2.15	0.30
山　东	17.88	23.81	18.95	8.92	55.12	86.17	25.68	43.17
河　南	28.09	55.96	12.71	6.31	44.19	99.99	1.87	12.03
湖　北	50.02	98.87	11.52	23.36	12.19	27.20	2.33	2.03
湖　南	16.72	34.19	2.09	8.05	1.56	3.90	0.00	0.00
广　东	41.91	97.30	9.97	0.00	37.84	90.07	1.75	4.29
广　西	—	—	—	—	—	—	—	—
海　南	—	—	—	—	—	—	—	—
重　庆	28.04	69.70	0.34	0.19	21.81	54.49	0.03	0.02
四　川	12.26	30.22	0.12	0.45	8.19	20.37	0.10	0.06
贵　州	6.42	15.50	0.41	0.32	1.94	4.31	0.25	0.47
云　南	12.21	29.85	0.36	0.53	8.87	21.95	0.15	0.14
西　藏	47.64	51.02	46.69	44.10	17.94	20.87	19.57	12.39
陕　西	32.16	36.66	55.56	2.74	—	—	—	—
甘　肃	30.20	47.29	29.27	10.66	27.61	48.03	17.28	10.80
青　海	42.35	33.00	60.39	36.78	17.07	30.38	7.80	8.59
宁　夏	—	—	—	—	47.35	68.27	33.47	33.34
新　疆	85.51	86.92	91.33	77.81	74.85	100.00	69.46	46.72
新疆兵团	100.00	100.00	100.00	100.00	94.60	100.00	100.00	82.00

续表

地区	花生				棉花			
	耕种收综合机械化水平(%)	机耕水平(%)	机播水平(%)	机收水平(%)	耕种收综合机械化水平(%)	机耕水平(%)	机播水平(%)	机收水平(%)
全　国	42.96	63.96	34.57	23.35	53.88	87.39	57.39	5.68
北　京	48.17	88.34	40.17	2.60	55.92	100.00	53.06	0.00
天　津	64.00	90.40	90.40	2.80	64.10	92.70	90.10	0.00
河　北	54.83	78.97	55.02	22.44	67.32	99.16	92.19	0.00
山　西	15.17	32.96	0.33	8.08	59.54	95.65	70.94	0.00
内蒙古	—	—	—	—	—	—	—	—
辽　宁	84.57	93.09	82.96	74.81	1.00	2.50	0	0.00
吉　林	27.50	34.75	31.36	13.98	—	—	—	—
黑龙江	—	—	—	—	—	—	—	—
上　海	—	—	—	—	—	—	—	—
江　苏	34.10	77.00	9.00	2.00	21.60	54.00	0.00	0.00
浙　江	8.85	22.12	0.00	0.00	19.83	49.58	0.00	0.00
安　徽	41.66	85.12	22.37	2.98	22.17	55.24	0.25	0.00
福　建	5.81	14.53	0.00	0.00	—	—	—	—
江　西	6.03	10.50	1.90	4.20	3.20	8.00	0	0.00
山　东	71.86	86.59	66.63	57.46	54.64	88.22	64.50	0.00
河　南	39.00	50.12	41.97	21.21	11.94	28.16	2.26	0.00
湖　北	17.08	40.35	2.81	0.33	32.90	80.58	2.21	0.04
湖　南	5.40	13.18	0.43	0.00	19.80	49.10	0.54	0.00
广　东	19.34	48.35	0.00	0.01	—	—	—	—
广　西	—	—	—	—	—	—	—	—
海　南	30.46	76.14	0.00	0.00	—	—	—	—
重　庆	11.72	29.30	0.00	0.00	28.57	71.43	0.00	0.00
四　川	4.69	11.73	0.00	0.00	3.85	9.63	0.00	0.00
贵　州	2.29	5.71	0.00	0.00	—	—	—	—
云　南	0.19	0.47	0.00	0.00	—	—	—	—
西　藏	—	—	—	—	—	—	—	—
陕　西	18.64	29.89	22.02	0.26	48.23	66.06	72.70	0.00
甘　肃	—	—	—	—	59.62	81.18	81.28	9.21
青　海	—	—	—	—	—	—	—	—
宁　夏	—	—	—	—	—	—	—	—
新　疆	50.19	65.94	64.69	14.69	67.43	95.60	95.30	2.01
新疆兵团	100.00	100.00	100.00	100.00	84.40	100.00	100.00	48.00

全国农机工业统计资料摘要

项目	计量单位	2011 年	2010 年	2011 年比 2010 年增减	
				增减量	%
工业总产值(现价)	千元	289817252	216697085	73120167	33.74
工业销售产值	千元	282926277	210522796	72403481	34.39
出口交货值	千元	21140881	18383438	2757443	15.00
大中型拖拉机(25 马力以上)	台	460539	384135	76404	19.89
小型拖拉机	台	2375913	2258598	117316	5.19
发动机	千瓦	1369664851	1393733479	-24068628	-1.73
收获机械	台	1062331	708329	354002	49.98
其中:谷物收获机械	台	345925	281508	64417	22.88
玉米收获机械	台	52714	38181	14533	38.06
收获后处理机械	台	322298	349346	-27048	-7.74
农产品初加工机械	台	1176641	884197	292444	33.07
饲料生产专用设备	台	398770	223667	175104	78.29
棉花加工机械	台	49542	43553	5989	13.75
泵	台	97390023	76708936	20681087	26.96

说明:1. 此表数据是国家统计局采集的部分农机制造企业的统计数,统计口径与 2010 年有变化。

2. 此表由中国农机流通协会提供。

农机社团组织

中国农业机械化协会

【概况】 2011 年,中国农业机械化协会贯彻执行党的路线、方针、政策,积极开拓创新、稳步发展,完成全年工作任务。

【打基础、强自身,不断加强协会建设】 2011 年,中国农业机械化协会在北京召开一届二次常务理事会暨一届二次理事会,对协会财务收支情况、工作情况、设立中国农业机械化农机科技分会、农业航空分会、农机专业服务组织分会、鉴定检测分会等进行审议。农业部副部长张桃林在会上指出:协会工作实现了扎实起步,多项活动的开展,扩大了协会在行业的影响力,协会在我国农业机械化进程中将大有可为。同时对协会提出六点要求:一要壮大协会会员队伍;二要发挥理事单位的建设性作用;三要加强协会制度建设;四要更好地融入农业机械化中心工作;五要努力做好服务会员工作;六要切实强化行业自律。

中国农业机械化协会召开农业机械化"十二五"发展规划报告会,农业部农业机械化管理司司长宗锦耀和中国农机工业协会理事长高元恩分别作专题报告,会议内容切合实际,有很强的指导和帮助作用。

中国农业机械化协会开展"小金库"自查工作。成立"小金库"专项治理领导小组,由秘书长担任领导小组组长,并多次召开全体工作人员会议,传达党中央、国务院及农业部治理"小金库"的文件精神。协会制定"专项治理'小金库'实施方案",结合协会实际情况进行全面复查,并报送公示、承诺书、《"小金库"全面复查报告表》等 10 余份报告、表格。自查面达到 100%,未发现任何形式的"小金库"行为。

中国农业机械化协会接受农业部财会中心对协会财务专项检查。检查组通过对协会账务、制度、程序等全面细致的检查,肯定协会财务工作,对健全财务手续和规范财务管理等方面,有针对性地提出宝贵的意见和建议。协会对检查组提出的问题,认真研究,积极整改,完成并报送整改报告。

中国农业机械化协会注重对工作人员能力和素质的培养。派员参加农业部财务工作会议暨部属单位领导干部财务管理能力建设培训班;参加民政部组织的防治社会组织"小金库"长效机制建设工作会;积极参加农业部管理干部学院组织的财会人员继续教育培训班;通过学习,协会工作人员加深对各项规章制度的理解,有效地促进协会工作效率、准确性和实践操作能力。

【创品牌、求突破,积极扩大协会影响】 2011 年,中国农业机械化协会与其他行业协会积极合作,携手共进。中国农业机械化协会在 4 月份和 10 月份与中国农机工业协会和中国农机流通协会,分别在山东省潍坊市、河南省郑州市共同举办"2011 年全国农业机械展览会"、"2011 年中国国际农业机械展览会"。两届展会共吸引来自国内及全球多个国家和地区的 1 000 多家企业参展,10 万观众前来参观。中国农业机械化协会在展前与合作协会多次商议、研讨、明确分工,发挥协会的优势和影响力,通过邮寄和传真的方式发放展会招展函和参展函;参与展会的前期布展和后期的撤展工作;接待行业内来参加展会的相关领导、专家、学者等。展会及各项配套活动成功举办,有效地提升协会的知名度,扩大协会的影响力。

【树理念、展风貌,推进行业文化建设】 2011 年,由中国农业机械化协会和山西省农机局共同主办的第一届全国农机摄影大赛作品展在平遥举行。中国农业机械化协会经过三个月的策划沟通协调和组织,在全国征集参赛作品 700 余幅,其中精选出 90 余幅作品分别在平遥国际摄影大赛、农业部和农业部农业机械试验鉴定总站进行展出。从"春潮"、"夏语"、"秋色"、"冬韵"和"老歌"五个方面融农业机械化发展理念、专业知识、历史传承、农机文化于一体,以不同季节机械化作业为特征,展示农业机械化发展成就,捕捉农机人工作瞬间,彰显农机行业的精神风貌。

中国农业机械化协会在河南郑州国际展览中心举办全国农机摄影大赛颁奖仪式,评选出第一届全国农机摄影大赛获奖作品。颁奖仪式的举办,对宣传农业机械化协会、扩大农业机械化行业在社会上的认知度和关注度，激发广大农机人热爱农机行业，献身农业机械化事业都起到积极的推动作用。

【搭平台、强合作，推进农机技术提升】 2011年，中国农业机械化协会共组织三次出国交流考察。在国际农机展会上积极宣传我国农机市场政策和形势，推动中国农机与国际农机进行互动交流。受法国SIMA展主办方邀请，在法国巴黎举办的“第74届法国国际农牧业设备及技术展览会”上，中国农业机械化协会主办“中国农业机械化发展前景展望”主题论坛。由国内部分农机管理机构、科研机构、生产企业的代表和外国企业代表，从不同层面、不同角度分别就中国农机政策、环境、发展现状、合作、市场需求等方面内容进行演讲与交流。中国驻法国大使馆十分重视此次活动，特派商务处等秘书代表中国使馆全程参加论坛。常务副会长马世青还受邀参加“第三届世界农机峰会”。

中国农业机械化协会赴法国、意大利、日本的农机交流活动团组，参观法国SIMA展、东京农业机械暨资材展、SITEVI展和农机生产企业。通过参观展会、实地考察以及技术交流，大家了解国际农机产品的发展现状和发展趋势，开拓视野，达到增进交流和扩大我国农机行业影响的目的。

中国农业机械化协会还接待来自法国、德国、英国、意大利、智利、加拿大等国家相关协会、机构组织或农机生产、经销企业来访，建立我国农业机械化行业与国外农机领域的联系和渠道，加强相互间的沟通与了解。

【抓项目、搞调研，发挥决策辅助作用】 2011年，农业部以及农业部农业机械化管理司给中国农业机械化协会下达《各地农机专业合作组织对补贴政策需求的研究》、《收集、整理、汇编各地农机购置补贴管理制度办法》、《开展农机购置补贴制度创新试点经验总结》三个项目。中国农业机械化协会组织召开项目工作会，明确分工，拟订方案，研讨进度。按照项目任务书中计划的各项内容实施，收集相关材料，制定调研路线、调研问卷，发放问卷近300份，并形成报告。采用走访方式，调查山西、青海的部分农机专业合作组织。收集、整理当地正在实施的农机购置补贴制度和办法，将已收集到的管理制度和办法进行汇编整理。为政府不断完善农机购置补贴政策，增强政府引导作用，推动农业机械化事业的前进与发展，提供翔实的基础数据和情况。

【重交流、促服务，发挥协会职能作用】 2011年，中国农业机械化协会每月给每位会员(单位)免费寄送一份《农机质量与监督》杂志和年度《全国农机化统计资料简明手册》，为会员提供了解农机政策、产品质量、科研开发等方面信息。详细答复会员，通过协会了解的一些信息和情况，或帮助他们联系相关部门。走访部分会员单位，了解会员诉求和对中国农业机械化协会发展建设意见等。与农业部南京农业机械化研究所、国际农业工程学会精准农业航空分会和农业部农业机械重点开发实验室共同主办“第三届现代农业航空国际学术交流会”。与中国农机化导报共同主办“‘奇瑞重工杯’2011年全国农业机械化十大新闻评选活动”，提高协会在行业中的影响力。 (陈海燕)

中国农业机械学会

【概况】 2011年，中国农业机械学会以贯彻落实科学发展观作为工作的指导思想，以认真做好学会自身建设、加强信息化建设、搭建好国际科技合作平台、开展多层次的学术交流活动作为工作的主要思路来开展工作的。学会开展的活动较多，内容和形式较丰富，注重加强组织建设、大力推进国际科技合作交流、紧密配合形势和行业特点开展多层次学术交流的工作特色，取得较大的工作成绩。

【做好学会组织建设工作】 2011年，中国农业机械学会按照学会章程规定，分支机构委员任期与学会理事相同，学会相关分支机构延续届满按时换届。按照民主推荐分支机构新任委员和负责人、学会理事会或常务理事会审议批复、召开换届会议的规范程序，截至2011年12月10日，学会有青年工作委员会、农业机械化分会、农机监理分会、拖拉机分会、普及工作委员会、地面机器系统分会和耕作机械分会等7个分支机构召开会议顺利完成换届工作。这在分支机构的层面上，保证了学会组织基础的进一步夯实。

为了加强对学会分支机构的规范管理，中国农业机械学会秘书处在2011年一季度末拟订《中国农机学会分支机构管理办法(征求意见稿)》。随后秘书处在4月召开的学会秘书长工作会议及9月召开的九届二次理事会上，分别征求农业机械学会分支机构负责人和参会理事的意见，并在10月底以书面形式征求全体理事的意见。为慎重起见，2011年11月24日，再次召开分支机构秘书长座谈会，对该管理办法进行讨论和商议，形成第三次修订稿。该管理办法的制定和实施，进一步促进中国农业机械学会分支机构的规范运作。

2011年，中国农业机械学会召开九届一次、二次(通讯征求分支机构换届事项)常务理事会议和九届二次理事会议，对涉及农业机械学会工作总结和计划、分会换届方案、学术年会方案等学会重大事项进行民主协商、集体决策。

秘书处完成中国农业机械学会换届后有关材料上报、章程和准备案、法人变更备案等一系列工作；完成学会社团证书、部分分支机构社团证书及学会组织机构代码证书的变更、换证，办理4个分支机构负责人变更的相关手续。完成中国农业机械学会机械化养猪工程分会成立的申请材料上报工作；积极运作，努力申请机械化养猪学组的升级，并督促其规范其管理。

【开展多层次的学术交流】 2011年，国家越来越强调“转变经济发展方式”。为进一步宣传贯彻《全国农业机械化发展第十二个五年规划(2011—2015年)》，以及为推动我国农业机械化发展方式的转变，中国农业机械学会于2011年9月底在吉林长春市召开以“转变农业机械化发展方式”为主题的学术研讨会,农业机械学会理事或代表、特邀嘉宾、农业机械学会分科学会及地方农机学会代表共120多人出席会议。会上,农业部农业机械化管理司副司长刘恒新针对《我国“十二五”农业机械化发展战略》、院士任露泉就《加快发展节约型农业机械化,转变农业机械化发展方式》、院士罗锡文就《对加速我国农业机械化发展的思考》、中国机械工业集团有限公司副总裁陈志就《玉米收获机械化技术现状与发展研究》、中国农业机械研究院副院长方宪法就《转变发展方式,加快现代农业装备技术发展》、吉林省农业机械化管理局局长成洪就《吉林省农业机械化发展与展望》、中国农业大学教授杨敏丽就《转变农业机械化发展方式与科学协调发展》等内容,分别作了内容丰富、观点新颖的学术报告,受到与会者的热烈欢迎。

2011年7月,中国农业机械学会农业机械化分会联合江苏省农业机械管理局、中国农业机械化导报、中国农业大学中国农业机械化发展研究中心等主办的“2011中国农业机械化论坛”在江苏无锡召开,论坛主题为“‘十二五’农业机械化发展方略建议”,全国农机行业的近170名代表参加本次论坛。全国人大常委、全国人大农业与农村委员会副主任委员、农业部原常务副部长尹成杰作题为“关于农业农村经济形势及农业机械化”的主旨报告。国务院研究室农村司巡视员叶兴庆,农业部农业机械化管理司副司长刘恒新,中国农业机械学会名誉理事长陈志、中国农业大学中国农业机械化发展研究中心咨询委员会主任白人朴,江苏省、山东省农机管理部门的领导、专家等分别针对“三化”同步中推进农业机械化、“十二五”农业机械化发展及农业设施装备科技创新、区域农业机械化发展的有关问题作主题演讲。

上述活动的开展,对于推动我国农业机械化发展方式的转变,对于“十二五”我国农业机械化发展规划的全面落实与实施起到积极的促进作用,得到业内的广泛好评。

分支机构开展多种形式的学术交流活动。截至2011年12月中旬,中国农业机械学会多个分支机构都结合各自专业特点和行业普遍关注问题,开展学术研讨会、国际论坛、专题培训、现场宣传示范等多种形式的学术交流活动。如:耕作机械分会于12月上旬在江西举办的“甘蔗机械化国际学术研讨会”、“植保与清洗机械标准审查会”和“耕种和施肥机械标准审查会”;收获机械分会联合亚洲农业工程学会和江苏大学于12月初在镇江举办的“收获机械技术及装备国际高层论坛”;农副产品加工分会于10月在西安举办“2011年中国机械工程学会包装与食品工程分会暨中国农机学会农副产品加工机械分会学术年会”;地面机器系统分会于11月中旬在湖北黄石举办“中国农机学会地面机器系统分会2011年会”;畜牧机械分会于9月下旬在济南举办“畜牧机械分会2011年学术年会”;拖拉机分会于10月中旬在天津举办“2011年拖拉机、农用运输车、农用发动机行业发展研讨会”;农业机械化分会于7月在无锡举办“2011年中国农业机械化论坛”;教育工作委员会11月初在长春举办“2011年农业工程国际研讨会”;青年工作委员会于4月在洛阳举办“中国农机学会第六届青年学术年会暨青年工作委员会四次会议”;标准化分会于10月下旬在湖北宜昌举办“中国农机学会标准化分会五届四次会议暨全国农机具标准情报网2011年标准研讨会”;农机监理分会于9月初在呼和浩特举办“农机安全监理信息化”工作研讨会;农垦农业机械化分会于5月中旬在广东湛江举办的农垦系统农业机械化技术培训班和研讨活动和6月在黑龙江举办的水稻生产新技术论坛;以及普及分会于11月初在贵阳举办相关交流活动等。

中国农业机械学会分支机构开展的多项学术交流活动,促进各自专业领域的科技进步和创新,同时保证农业机械学会各分支机构的活力和行业影响力。

【国际合作再上新台阶】 2011年,国际合作工作是中国农业机械学会对外交流工作的窗口和重点领域,国际合作部作为学会主管技术合作、学术交流的部门,履行职能,为中国农业机械学会及各分会开拓国内外市场、引进技术设备、开展和组织国际合作项目、实施走出去战略,认真做好管理和服务工作。中国农业机械学会共接待来访外宾12个团组,包括来自9个国家共72人次;共派出研究员、工程师约177多人赴巴西、美国、德国、荷兰等24个国家进行学术交流、合作洽谈、参加国际会议等,共计28个出访团组;共承办援外技术培训项目5次,共有来自42个国家的122名学员参加培训。

2011年中国农业机械学会主要承办和参加的较有影响的国际学术会议共有4个。

一是2011年收获机械技术及装备国际高层论坛。2011年12月2—4日,由亚洲农业工程学会、中国农业机械学会收获分会、江苏大学联合主办的2011年收获机械技术及装备国际高层论坛在江苏镇江召开。来自美国、日本、德国、印度以及国内收获机械及装备领域的专家学者、企业家和工程技术人员近200人参加,其中外宾共12人。亚洲农业工程学会主席、中国农业机械学会秘书长李树君博士出席论坛开幕式并致辞。本次高层论坛征集论文并出版《农业机械学报》2011年增刊和《收获机械技术及装备国际高层论坛论文集》共征集论文91篇,其中增刊收录43篇,论文集收录23篇。

二是“2011年亚洲食品装备论坛”。2011年12月8—11日,由亚洲农业工程学会、中国食品学会食品机械分会主办,《食品与机械》杂志社、《中国食品学报》杂志社、天津科技大学共同承办、中国农业机械学会农副产品分会协办的首届亚洲食品装备论坛在长沙召开。亚洲农业工程学会主席、中国农业机械学会秘书长李树君博士出席此次食品装备论坛并致辞。

三是“2011年第11届国际食品工程世界大会”。2011年5月22—26日,秘书长李树君率中国农业机械学会代表团一行8人出席在希腊雅典举办的第11届国际食品工程世界大会,除外,农业机械学会的其他代表约10人也参加大会。秘书长李树君作为中国的国家代表参加国际食品工程学会的执委会会议,担任第11届国际食品工程世界大会分会主席,中国农业机械学会会员在大会上发表口头学术报告和张贴学术论文。

四是2011国际农业工程大会。2011年9月19—24日,应2011国际农业工程大会秘书处邀请,秘书长李树君率中国农业机械学会一行6人代表团前往日本东京,出席2011国际农业工程大会,并作大会学术发言。同期秘书长李树君参加国际农业与生物系统工程学会常务理事会会议、国际农业工程技术委员会会议。在常务理事会议上，秘书长李树君做了 CIGR 期刊工作汇报和由 CIGR、中国农工学会和中国农业机械学会联合主办的 2014 年国际农业工程大会的筹备工作进展。

2011 年共出版《国际农业与生物系统工程学会期刊》（CIGRJournal）三期，发表学术论文 42 篇；出版《国际农业工程学报》（IAEJ）四期，发表学术论文 57 篇。

【编辑出版工作稳步提升】 中国农业机械学会主办的学术期刊——《农业机械学报》月刊的编辑出版工作按部就班，完成 2011 年的出版任务。2011 年，农业机械学报按时出版正刊 12 期，配合“收获机械技术及装备国际高层论坛”出版增刊 1 期，共刊出论文 579 篇，刊发基金项目论文占 95%，出版时滞缩短至 10 个月，20% 的稿件能够在半年内刊出。所刊出的论文全部被 EI 检索。

据中信所《2011 年中国科技期刊引证报告》，《农业机械学报》影响因子 0.793，比 2010 年提高 16.96%，被引频次 2 561，比 2010 年提高 9.88%，在农业工程类 14 种期刊中综合排名居第 4 位。中国学术期刊（光盘版）电子杂志社发布的《2010 中国学术期刊影响因子年报》数据显示：《农业机械学报》复合总被引频次 6 746，复合影响因子 1.418；期刊综合总被引频次 3 490，期刊综合影响因子 0.977，在农业工程类 17 种期刊中排名居第 2 位。2011 年 6 月，被中国科学评价研究中心（RCCSE）评为 RCCSE 权威期刊（2011 年为核心期刊）。

《农业机械学报》按照办刊宗旨和所界定的刊登范围，通过初审严格控制稿件数量和质量，初审兼顾考虑论文的专业范围、学术创新性、论文完整性和其他因素等；严格执行双盲审制度，依靠审稿专家学术把关；编辑部对每篇投稿进行多次网上查重，一旦发现重复发表现象，坚决退稿，维护期刊良好的学术声誉；对于收到各种方式的匿名举报，认真对待并仔细核查，依靠编委和同行专家评阅后妥善处理。通过各种手段，已将学术不端行为发生的机率降至最低。

充分发挥信息化的最大作用，《农业机械学报》利用院内网络的硬件基础，由国内权威的采编平台设计公司——勤云科技发展有限公司，按照本刊工作流程和要求定制“农业机械学报采编平台”，自 2011 年年初正式启用，且注册了一级期刊域名，启用了新的期刊网页。作者通过平台即可了解编辑部整个投稿要求和刊出流程，实现了投稿的自动化；专家通过网络可以随时随地进行审稿，实现了审稿的自动化；作者与编辑部均实现了财务管理的自动化。所有来稿均在当天告知初审结果，30% 稿件能够在投稿当天送同行专家审阅，80% 稿件能够在 1 个月内审回，告知作者录用结果，审稿周期平均为 36 天。新期刊采编平台的投入使用，方便了作者投稿、专家审稿、读者获得相关信息，提升了服务能力，也提高了审稿效率和编辑部工作效率，使得编辑出版工作更为先进和规范，使农业机械学会的编辑出版工作提高到一个新的水平。

【其他工作】 2011 年，农业机械学会网站在两次征求农业机械学会分支机构和省级农机学会负责人意见的基础上，已提出《中国农机学会网站内容征求意见稿》（即改版内容），在力争 2012 年得到中国科协的资助下正式实施改版。

在会员数据库建设方面，已建立了针对学会理事、常务理事的群发电子邮件通讯系统，实现学会理事系统信息传播的即时性。由于中国科协个人会员系统 2011 年改版，故将继续完成针对换届后分会委员等会员的数据录入和群发电子邮件通讯系统完善工作。

2011 年农业机械学会不仅申请到中国科协的学术交流和国际交流资助项目两类资助项目，而且成功申请两项科普类项目。中国科协资助项目的获准执行，对于中国农业机械学会的各项工作起到了有益的促进作用。

按照中国科协的部署，中国农业机械学会分别完成向中国工程院推荐 1 名院士候选人选、向中国科协推荐 2 名中国青年科技奖候选人选、推荐 1 名科协系统先进个人、推荐农业机械学会出席中国科协八大的代表和中国科协全委会委员等工作，这些工作对于我国农机行业的科技人才选拔起到了十分有益的作用。

（袁爱洁）

中国农业工程学会

【概况】 2011 年，中国农业工程学会以农业工程学科发展为主线，搭建学术交流平台，开展农业工程学科发展研究，组织各类学术会议 12 次，参与协办由中国科协主办的农产品质量安全与现代农业发展专家论坛。全年参加会议的人数约 2 157 人次，会议交流论文约 1 186 篇。编辑出版论文集 7 本（册），光盘版 4 本（册）。出版《农业工程学报》正刊 12 期，增刊 3 期。

【组织多种学术会议，促进交流与科技创新】 2011 年 10 月 22 日—10 月 24 日，中国农业工程学会学术年会在重庆西南大学召开。年会主题为“创新农业工程科技推进现代农业发展”，并根据我国“十二五”规划及今后一个时期我国现代农业发展的实际，设置七个分会场，共有 193 人在分会场发言。与会代表通过大会主题报告、分会场专题研讨、墙报展示、参观考察等多种方式进行学术交流。作为有史以来参加人数最多的年会，本次年会是以青年专家为主体的农业工程科技、教育与相关产业界的科技创新交流盛会。通过会议交流，进一步聚集农业工程科技的市场需求和研究重点，进一步创新农业工程科研的思路与方法，进一步扩大学术界内部、农业界与企业界的交流与合作，促进农业工程科技领域的发展。

2011 年 4 月 22 日—24 日，由中国农业工程学会主办，河南农业大学、中国农业工程学会农村能源工程专业委员会、《农业工程学报》编辑部、河南省农业工程学会承办的“全国农村清洁能源与低碳技术学术研讨会”在中国郑州隆重召开。会议收到论文 150 余篇，经论文集编辑委员会审定，收录论文 97 篇，其中包括生物质气体燃料、生物质液体燃料、生物质固体燃料、太阳能利用技术、清洁能源及低碳技术综合应用等方面的研究，反映全国生物质能源研究方面的最新成果。国内十多位行业知名专家,进行主题发言,分别介绍我国农村能源发展的规划和政策,分析中国农村能源的现状和发展前景,并介绍中国农村能源发展战略研究的初步成果。23 日上午大会分生物质气化、太阳能及生物质热裂解、生物液化及固体成型燃料三个分会场进行学术交流,来自我国不同地区、不同研究领域的 30 余名专家学者分别作学术报告,相互交流研究经验。

2011 年 5 月 11 日—13 日,中国农业工程学会联合中国科协农口学(协)会农业产业联盟其他所属学会——中国农业机械学会、中国作物学会、中国园艺学会、中国农村能源行业协会及中国沼气学会在北京召开了"多学科在现代农业建设中交叉运用技术研讨会"。全国涉农行业的有关专家学者、政府官员、行业组织、企事业单位代表约 300 多人参加研讨会。研讨会按照现代节水灌溉新产品新技术应用、现代都市农业、现代农业投融资、农村信息化建设及物联网技术应用四个专题设立了四个分会场,进行了交流。各分会场按照专题内容,均邀请了国内该领域的专家学者详细解读了相关问题,会场交流气氛热烈。会议就大会交流内容和上述四个专题主题发言编辑出版了《多学科在现代农业建设中交叉运用技术研讨会论文集》。

2011 年 5 月 17 日—18 日,中国农业工程学会畜牧工程专业委员会、农业部设施农业工程重点开放实验室主办的"2011 畜牧工程技术与装备产业发展研讨会"在青岛召开。来自全国 17 个省、市、自治区的 60 余位理事和畜牧工程界同行参加会议。与会代表一致认为,随着我国现代农业产业技术体系和工程体系的建立与运行,主要畜禽产业的健康安全生产模式与成套工程支撑技术的发展问题已越来越突出,畜牧工程装备已成为现代畜牧产业发展的重要技术支撑,应努力把握我国畜牧装备科技发展方向、产业政策,推动畜禽养殖技术与装备标准化、努力争取畜禽养殖设施与装备的国家相关政策支持,促进我国畜牧业整体水平提高。

2011 年 5 月 27 日—29 日,"2011 年农业工程新技术国际学术会议暨泰山学者学术论坛"在淄博山东理工大学召开。本次会议由中国农业工程学会、山东省教育厅主办,山东理工大学承办,福田雷沃国际重工股份有限公司、山东金亿机械制造有限公司、山东巨明机械有限公司、山东省农业工程学会、山东省农业机械学会、海外华人农业、生物与食品工程师协会(AOCABFE)、《国际农业与生物工程学报》(IJABE)、美国科研出版社等单位协办。来自美国、德国、澳大利亚、爱尔兰、伊朗、巴基斯坦、尼泊尔、孟加拉国及国内的 180 余名专家学者欢聚一堂交流学术思想、分享学术成果。会议收到论文 350 余篇,大会精选近 40 篇论文发表在亚洲农业工程学会会刊《国际农业工程学报》(EI 源刊)上,其余论文由美国科研出版社出版三册论文集(同时出版论文集光盘版)供大会交流。与会专家学者围绕农业机械化新技术和新进展,支撑低碳农业、设施农业及旱作农业的新技术,太阳能、风能、生物质能利用新技术,农产品加工新技术及食品、农产品品质分析和安全检测新技术等领域,分别在 4 个分会场作高水平的学术报告和交流发言。

2011 年 7 月 13 日,由中国科学技术协会主办、中国农学会承办、中国农业工程学会、中国园艺学会、中国作物学会等 14 家全国学会协办的"农产品质量安全与现代农业发展专家论坛"在京举行。论坛期间,近 30 位专家分别就现代农业发展与农产品生产、环境、贮藏、加工、监测、过程控制的关键技术难点以及构建国家农产品质量安全控制战略、提升农产品安全生产技术支撑与服务能力、强化农产品产业链安全监管体系等议题进行研讨。

2011 年 8 月 14 日—16 日,中国农业工程学会蓖麻经济技术分会第四届第三次年会暨学术研讨会在内蒙古通辽市召开。会议主题是"抓住发展机遇,发展蓖麻产业"。来自科研和企业界的专家分别就蓖麻品种的选育、蓖麻产业发展动力及未来、2011 年全球蓖麻产量与价格分析预测等方面阐述了自己的观点。8 月 15 日,与会代表结合本次会议议题,以加工贸易和种植为主题进行分组报告与讨论,着重研讨 2011 年蓖麻籽、蓖麻油市场发展趋势,下个时期蓖麻籽、蓖麻油的市场预期与分析,蓖麻下游产品如癸二酸、十二羟基硬脂酸等相关产品市场、开工情况,蓖麻新品种研究、推广及抗病性、适应性、机械化种植等方面。

2011 年 8 月 25 日—28 日,中国农业工程学会农业遥感专业委员和中国农业资源与农业区划学会农业遥感专业委员会于在青海省西宁市联合举办"2011 年度农业遥感专业委员会学术研讨会"。研讨会分为主题讲座和学术交流两个议程,与会人员围绕当前农业遥感监测技术的前沿发展和热点问题展开交流和讨论。本次研讨会的内容,既有农业遥感研究的前沿动态与热点问题讨论,又有农业遥感应用基本方法、技术探讨和应用案例说明。通过这次研讨会,使广大与会人员了解农业遥感研究的前沿热点,学习到农业遥感应用的新技术、新方法,提高农业遥感监测业务化工作能力,为遥感技术服务于农业奠定良好的基础。

2011 年 9 月 17 日,由中国科学技术协会指导,水利部农村水利司、农业部农业机械化管理司、中国灌溉排水发展中心支持,中国农业节水和农村供水技术协会、中国农业工程学会联合主办的现代灌溉技术普及暨设备展示交流会在中国农业大学召开。交流会上,与会领导、专家、企业及相关媒体共聚一堂,研讨国内外先进的节水灌溉技术、经验、标准等相关问题,同时通过 100 块展板展示我国节水灌溉现状及各省、市、自治区节水灌溉园区的基本境况,展示最新的节水灌溉企业的新产品新技术。设备厂家现场展示最新的节水灌溉新产品及新技术。本次活动加强了政府部门、科研院所、灌溉企业等广大用户之间的交流与合作,展望了节水灌溉市场机会和发展前景,普及了现代灌溉、科学灌溉、节水灌溉的理念和技术。

2011 年 10 月 19 日—22 日,由国际农业工程学会建筑/环境分会和中国农业工程学会畜牧工程专委会主办的"畜禽健康环境和福利化养殖国际研讨会"(International Symposium on Health Environment and Animal Welfare)在重庆市畜牧科学院举行。本次国际研讨会围绕如何从生态平衡、科学饲养、人与自然和谐共处的角度,研讨改善畜禽养殖方式、生存环境和福利状况的措施,以提高动物自身的免疫力和抗病力,减少疾病发生,提高动物生产性能。研讨畜禽健康养殖的空气质量与控制技术、合理光照制度与行为选择、通风与环境净化技术、精准饲养技术,以及动物福利的评价方法与体系、改善动物福利的工程技术措施等重点内容。本次会议还特别安排"动物健康养殖替代系统的合作开发与研究"的专题研讨,与会者踊跃发言、集思广益,针对如何加强国际/国内科研合作以及改善养殖环境与动物福利的技术措施,纷纷提出自己的观点。此次学术研讨会,较全面展示国际动物福利及畜禽养殖环境的最新进展与发展趋势,进一步加深国外畜禽环境工程领域专家对我国畜禽养殖业的了解和认识,得到国际著名专家的认可与赞赏,促进国内外专家的交流和合作。

【组织撰写《2010—2011 年农业工程学科发展报告》】 2011 年,农业工程学会撰写《2010—2011 年农业工程学科发展报告》(以下简称"报告")。报告以农业机械化工程、农业水土工程、农业生物环境工程、农村能源工程、农业电气化与自动化工程、农产品加工工程和土地利用工程 7 个最具特色的农业工程学科分支领域发展为对象,回顾总结和科学客观地评价农业工程学科 2009—2010 年在队伍建设、科技创新、人才培养、平台建设、学术交流与出版等方面取得重要进展;与国际上同类学科的发展现状进行比较,分析我国农业工程学科的特点、问题和发展趋势,并提出促进我国农业工程学科发展的措施与建议。报告于 4 月由中国科学技术出版社正式出版,相关重大成果在"2011 中国科协学术建设发布会"上进行发布。

【继续打造农业工程学术精品期刊】 2011 年,全年出版 12 期,增刊 3 期。《农业工程学报》总被引频次 6 958,在 1998 种核心期刊中排名第 10;影响因子 1.347,排名 54;综合评价总分 90.8,排名 16。所有指标在农业工程类核心期刊中排名第 1。学报论文 2009 年起被 EI 核心收录,收录率 100%。学报刊稿率不断降低,目前刊稿率约为 20%。2011 年又被评为"百种中国杰出学术期刊"。

编辑出版《国际农业与生物工程》学报(IJABE),全年出刊四期,刊载学术论文 40 篇。

2011 年,《农业工程技术》杂志全年出版 36 期,内容涉及温室园艺、农产品加工、新能源产业,为普及农业工程技术、服务政府、企业、基层农技人员和农民做出了贡献。

【承担中国科协"党建强会"特色活动,探索"工作党建相结合"的党组织工作新形式】 2011 年,中国农业工程学会承担中国科协"党建强会"特色活动——"走进西柏坡,节水知识农村行"项目。学会党支部组织党员、入党积极分子参观西柏坡纪念馆及中共中央旧址,深刻理解西柏坡精神,深切领会如何将西柏坡精神贯彻运用到实际工作中去,指导工作的开展。同时,学会党支部结合当地情况,与当地村民进行座谈,了解当地的用水节水情况。并赠送除氟机一台,发放科普资料近千套。本次活动充分发挥党员先锋模范及带头服务群众的作风,面向农民开展节水知识普及活动,推广农业生产节水技术及农村生活节水模式,让农民系统、迅速、有效地了解最新的节水知识、普及节水灌溉技术,提高其节水意识。中国农业工程学会党支部也通过此次活动,探索"工作党建相结合"的党组织工作新形式,并在全国学会党建工作座谈会上做典型发言。

【持续推进办事机构改革创新】 2011 年,农业工程学会以承担"中国科协创新发展推广工程——组织体制与机构建设类"项目为契机,将绩效考核及薪酬管理纳入办事机构管理中,继续推进办事机构人员聘用制和岗位技术经济责任制,重新评估办事机构岗位设置,以期建立梯次管理的人才创新团队;探索实行"绩效薪酬双挂钩"制度,在财务分析及岗位设置调整基础上,在积极争取上级和挂靠单位支持以保障科技社团公益性工作正常开展的同时,拓展学会业务触角,增强学会自筹经费能力。

【社团年检及登记】 完成社团年检、组织机构代码登记及分支机构登记等有关事项。协助所属期刊完成各种年检手续。

【会讯出版及网站管理】 2011 年,中国农业工程学会出版《中国农业工程学会会讯》4 期,翻译出版《国际农业工程学会会讯(中文版)》3 期。加强学会信息化建设及新闻报道工作,自筹资金保证学会网站的正常运转,浏览量接近 280 万人次,成为学会开展工作的平台之一。2011 年中国科协网站和相关刊物刊载学会稿件 10 余篇。

【坚持民主办会制度召开理事会及常务理事会】 按时组织召开理事会、常务理事会和学会工作会议,及时通报和决策学会工作。中国农业工程学会八届四次常务理事会、各专业(工作)委员会主任会议于 2011 年 1 月 8 日在北京召开。会议总结 2010 年学会工作,并通报 2011 年工作计划,传达中国科协 2011 年度全国学会秘书长工作会议有关精神;介绍目前 2011 年中国农业工程学会学术年会筹办等相关事宜。中国农业工程学会八届四次理事会暨全国理事长、秘书长工作会议于 2011 年 10 月 21 日在重庆召开。会议汇报学会 2011 年 1 月—10 月的主要工作,并讨论学会 2012 年的重点工作,传达中国科协八大会议精神,通报"关于同意中国农业工程学会增补第八届理事会副理事长人选的批复",中国科协批复同意,郧文聚研究员任中国农业工程学会第八届理事会副理事长等相关事宜。

【会员发展及服务】 2011 年,中国农业工程学会新发展会员 265 名。承担中国科协会员日活动,联合中国铁道学会承办由中国科协调宣部、学会学术部主办的 2011 年中国科协会员日暨"三鑫"杯乒乓球比赛。中国农业工程学会中国科协书记处书记、机关党委书记兼调宣部长王春法等领导出席活动开幕式,来自中国科协机关、科技导报社、省市科协及全国学会的共 200 多人,30 多个单位参加了此次活动。活动共设团体赛、45 岁以下和 45 岁以上组别的男女单打,农业工程学会秘书长秦京光获得 45 岁以上组男子单打第三名。为表彰各省科协和各学会在此次比赛组织筹备工作中的贡献,组委会特向 30 个参赛单位颁发优秀组织奖。本次活动增了强中国科协和全国学会的凝聚力和学会会员的归属感,增进了各全国学会、各省科协间的交流,向全社会展示了中国科技工作者的"创新、积极向上,健康、努力奋进"新形象。

【评审与推荐】 2011 年,中国农业工程学会完成中国科协第八次全国代表大会代表推荐、第九届光华工程奖、第十二届中国青年科技奖推荐评选工作。经学会推荐,学会副理事长应义斌获"全国优秀科技工作者"称号,学会理事李道亮获"第十二届中国青年科技奖"。学会常务理事、农业水土工程专委会主任委员康绍忠当选中国工程院院士。学会理事长朱明、常务理事赵春江当选中国科协第八届全委会委员。

【第二届北京国际现代农业展览会】 2011 年 5 月 11 日—13 日，经国家科技部批准，由中国农业工程学会、中国农业机械学会、中国农村能源行业协会、北京国际科技服务中心联合主办的“2011 年第二届北京国际现代农业展览会”于在北京全国农业展览馆隆重召开。展览会展出面积 1 万多平方米，国内外的 200 余家企业参展，涉及农业高新技术及工艺、农业机械设备、设施农业、农村新能源、农副产品深加工、植保机械、肥料、种子、农药、绿色食品等各个方面，集中展示我国农业现代化发展的突出成就，展现我国农业现代化发展的美好前景。

【制作节能灌溉智能控制技术科普动漫片】 2011 年，农业工程学会承担中国科协繁荣科普创作资助计划，与北京农业信息技术研究中心合作，制作时长 23 分钟，介绍节能灌溉智能控制技术的科普动漫片一部，首次尝试了运用新型科普形式开展科普工作。

【积极参与国际交流】 2011 年 10 月 23 日，中美农工学会国际交流与合作论坛在重庆召开。美国农业与生物系统工程学会主席 Jacobsen Sonia Marie Maassel 女士，执行主席 Darrin Drollinger 先生，中国农业工程学会名誉理事长汪懋华院士、中国农业工程学会理事长朱明研究员、中国农业工程学会常务副理事长罗锡文院士、中国农业工程学会秘书长秦京光以及学会专家参加此次论坛。中美双方农业工程学会就如何进一步扩大、深化两会的学术交流，如何引进、转化和采用美国农业工程相关标准、如何开展有效的技术合作以及如何推进共同信息平台建设等问题展开探讨。并就如何进一步拓展合作领域交换意见。会议决定，会后双方学会广泛向各自所属机构征求有关合作的建议和意见，形成文稿，在可能的情况下形成中美农业工程领域战略性合作框架协议，共同促进两国农业工程科技、教育、产业界的发展。10 月 27 日，美国农业与生物工程学会（ASABE）主席 Sonia Jacobsen 女士和执行总监 Darrin Drollinger 先生到访学会并就 ASABE 的标准体系内容以及美国注册农业工程师的制度和实施办法等议题展开了热烈充分的交流和讨论。

2011 年 8 月 5 日—10 日，由中国农业工程学会理事长、农业部规划设计研究院院长朱明研究员率团，共 34 位中国农业工程领域专家赴美参加了美国农业与生物工程师学会 2011 国际学术年会暨海外华人农业、生物与食品工程师协会（AOCABFE）成立十周年学术庆典。受 ASABE 邀请，朱明理事长担任大会主题报告嘉宾并作了题为“Strategic Thinking on International Cooperation to Promote Agricultural Engineering Technology & Industry Development In China（推进中国农业工程科技与产业发展国际合作的战略思考）”的主旨报告。会议期间，还进行 CSAE 与 ASABE 之间关于学术交流与科技合作的对接洽谈。与会人员分别赴德克萨斯农工大学和美国农业部南方平原研究中心、伊利诺伊大学—香槟—厄巴纳分校、世界机器制造商的领头羊企业卡特皮拉、加拿大曼尼托巴大学、加拿大谷物委员会、加拿大国际谷物研究院、加拿大畜禽与环境中心及加拿大麦协会粮食贮藏研究中心进行访问交流。

【学会成绩显著】 中国农业工程学会获“全国科协系统先进集体”荣誉称号，中国农业工程学会常务副秘书长管小冬同志获“全国科协系统先进工作者”荣誉称号。该评选每五年举行一次，中国科协所属的 198 个学会、协会、研究会中共有 25 家获得先进集体荣誉称号，30 人获得先进工作者荣誉称号。

（管小冬）

机构与负责人

农业部农业机械化主管部门

【农业部农业机械化管理司】
司长：宗锦耀
副司长：刘恒新　胡乐鸣
巡视员：丁翔文
综合处
处长：姚春生
调研员：刘小伟
副处长：路玉彬
产业发展处
处长：王家忠
调研员：宋建武
调研员、副处长：郑宏
副调研员：李伟
生产管理处
处长：李斯华
副处长：李庆东
科技教育处
处长：刘云泽
调研员：王国占
副处长：丁仕华
安全监理处
处长：范学民

农业机械化业务部门

【农业部农业机械试验鉴定总站（中国农机产品质量认证中心）】
站长、书记（主任）：刘敏
副书记：国彩同
副站长（副主任）：杨林　朱良　刘旭

【农业部农业机械化技术开发推广总站（农业部农机监理总站）】
站长：刘宪
副站长：郭建辉　涂志强　李安宁

【中国农机安全报社】
社长、总编辑：宋毅
副社长：王建鹏　刘卓　陆海曙

【农业部南京农业机械化研究所】
书记（主持工作）：曹曙明
副所长：陈巧敏　梁建　胡志超

协　会

【中国农业机械化协会】
会长：张桃林
常务副会长：马世青
副会长、秘书长：刘敏
副秘书长：杨林　陈海燕　沈瀚

【中国农业机械工业协会】
名誉会长：高元恩
会长：陈志
执行副会长：范景龙　洪暹国　侯庆忠
秘书长：洪暹国
副秘书长：刘伟华　宁学贵

【中国农业机械流通协会】
会长：毛洪
副会长：陈涛
常务副会长：王玉狮
党委副书记：陈阳
副会长、秘书长：吴军旗

地方农业机械化主管部门

【北京市农业局农业机械化管理处（北京市农业机械化管理办公室）】
处长：翟金津
副处长：罗福勤
副调研员：王雅红　梁井林

【天津市农业机械局】
局长、书记：刘宝忠
副书记：陶旭
副局长：胡伟　刘志伟
纪委书记：张顺义

【河北省农业机械化管理局】
局长：张连才
副局长：田继来　郭恒
正处级：刘书辰
调研员：王立华
副处级：孙万军
副调研员：王行楹
副处级：张彦军

【山西省农机局】
局长：王立伟
副局长：姚建忠　许继光
副巡视员：郭廷荣
副局长：张培增
总工程师：张乃晨

【内蒙古自治区农牧业厅农牧业机械化管理局】
局长：王建江
调研员：赵淑华
副局长：郭跃　白巨财

【辽宁省农业机械化管理局】
局长：张景山
副局长：曲平
副巡视员：李枫

【吉林省农业机械化管理局】
局长：成洪

副局长:翟延华　郑铁志
调研员:王延森
副调研员:孔祥秋　闫成林

【黑龙江省农业委员会农业机械化管理局】
局长:郑联邦
副局长:谢庆华　罗士刚

【上海市农业机械化管理办公室】
主任:施忠
副主任:彭友

【江苏省农业机械管理局】
局长、党组书记:徐顺年
副局长:王峰　王勇　王翠章
纪检组长:景启坚
副局长:范伯仁

【浙江省农业机械管理局】
局长:杨大海
调研员:蔡潮永
副局长:舒伟军　骆健民

【安徽省农业机械管理局】
局长:刘绍太
副局长:余世铸　纵风云
纪检组长:江洪银
调研员:方军辉

【福建省农业机械管理局】
局长:高咸周
副局长:翁秋月　杨斌
助理调研员:兰亨庭

【江西省农业机械化管理局】
局长:王绍萍
副局长:孙员　万江华
总队长:陶其辉
副总队长:王乐青
调研员:郭晓巩
副调研员:王立　颜浩

【山东省农业机械管理局】
局长:高明飞
副局长:侯英忠　韩永平

【河南省农业机械管理局】
局长:张开伦
副局长:刘清民
副巡视员:李明枝
副局长:程双进　向天成　王春贵
专职纪检监察员:丁向阳

副调研员:赵金钟

【湖北省农机局】
局长:吴庆峰
副局长:周立明　皮少成
纪委书记:傅先明
副巡视员:李庆仁　李传友

【湖南省农业机械管理局】
局长:王罗方
副局长:文海波　王元宝
总工程师:汤绍武
纪检组长:涂文波

【广东省农业厅农业机械化管理办公室】
主任:郑宏宣
调研员:黄汉藩
副主任:黎映驰　刘亚平

【广西壮族自治区农业机械化管理局】
局长:黄铭福
副局长:李一洪　黄汉全　江垣德

【海南省农业机械化管理局】
分管副厅长:王晓桥
局长:石礼滨
副局长:肖峭
调研员:林道泽
副调研员:王槐蓬

【重庆市农业机械管理办公室】
市农委副主任、市农机办主任:秦大春
市农委副巡视员:邓光友
市农机办副主任:赵培江　杨昌华

【四川省农业厅(四川省农业机械管理局)】
厅长、局长:任永昌
厅党组副书记、副厅长:傅志康
厅党组成员、副厅长:刁学峰　牟锦毅

【贵州省农业委员会农业机械化管理办公室】
省农委副主任:肖荣军
省农机办副主任:石瑜

【云南省农业厅农业机械化管理处】
副厅长:王常明
处长:王兴原
副处长:杨耀云　段晓辉
副调研员:李飒　邱智银

【西藏自治区农牧厅】
厅长:坚参

总农艺师:高玲
厅办公室主任:林木

【陕西省农业机械管理局】
局长:胡玺贤
副局长:段保群　郝建荣　上官永

【甘肃省农业机械管理局】
局长:刘聚才
副局长:贾怀德　曹新惠

【青海省农牧机械管理局】
局长:孙长保
副局长:何彦武

【宁夏回族自治区农牧厅农业机械化管理局】
局长:王林
副局长:杨少军
调研员:朱晓江　郭广生
副调研员:马琦

【新疆维吾尔自治区农牧业机械管理局】
党组书记、副局长:贾立新
局长、副书记:巴拉提·阿斯木
副局长:欧兴江
纪检组长:胡顺林
总工程师:裴新民
副局长:依米提·肉孜

【大连市农业机械化办公室】
市农委副主任:谷源蒂
市农机办处长(主任):唐瑞超
市农机办副处长:张蓉
市农机办副调研员:郭伟

【宁波市农业机械化管理局】
局长:李强
副局长:汪春阳　胡国常　张凤谦　葛建平
副巡视员:包菊美　毛荣华

【青岛市农业机械管理局】
局长:陈志颖
副局长:闫文圣　徐伟　政佃祥
副巡视员:朱经凡

【新疆生产建设兵团农业机械化管理局】
局长:李生军
调研员:胡滨

【黑龙江省农垦总局农业机械化管理局】
局长:李俊
副局长:李明

大事记

中央篇

农业部农业机械化管理司

2010年12月1日—22日

为切实加强设施农业装备安全监管，农业部农业机械化管理司连续举办6期设施农业装备安全监管及专项治理培训班，培训省、地、县三级农机安全监理人员和技术人员600余人。

12月2日

农业部农业机械化管理司采用公开招标方式，为全国农业工作会议奖励全国“粮食生产大户标兵”选购30个拖拉机机组（配免耕播种机或秸秆还田机）奖品，中国一拖集团的东方红—LX804型拖拉机配套免耕播种机机组和福田雷沃国际重工股份有限公司的雷沃欧豹TD804型拖拉机配套秸秆还田机机组中标。

12月3日

财政部将2011年中央财政第一批农机购置补贴资金110亿元指标提前通知各省级财政部门。为确保2011年伊始即可启动实施补贴工作，农业部农业机械化管理司印发《关于做好2011年农机购置补贴产品补贴额确定等工作的通知》，要求各省级农业机械化主管部门尽快启动农业机械补贴额调整确定等工作。

12月8日

农业部农业机械化管理司在北京召开全国农机深松作业补贴工作座谈会，总结交流各地农机深松作业补贴工作，研讨修改全国农机深松作业实施规划，部署下一步推进农机深松作业的工作措施。

12月10日

农业部农业机械化管理司印发《关于落实补贴资金推进农机深松整地作业的通知》。根据财政部印发的《关于拨付2010年农资综合补贴集中使用资金的通知》，2010年中央财政预留的部分农资综合补贴资金继续集中用于粮食基础能力建设，优先支持东北、黄淮海及其他有条件的地区开展深松整地作业。

12月13日

为贯彻落实《国务院关于稳定消费价格总水平保障群众基本生活的通知》有关要求，加快发展设施农业，保证“菜篮子”产品生产，农业部农业机械化管理司决定在全国开展设施农业装备与技术示范单位建设活动。2011年在全国共建设100个设施农业装备与技术示范单位。经过3年示范建设，示范单位的设施标准化水平达到90%，先进技术装备应用率达到80%，产量提高10%，生产成本降低10%，综合经济效益提高15%以上，示范带动能力明显增强。

12月16日

农业部、国家安全监管总局联合公布第二批全国“平安农机”示范县名单，北京市大兴区等119个县（区、市）被评为第二批全国“平安农机”示范县（区、市）。

12月23日

全国农业机械化工作会议在北京市召开。会议总结交流2010年农业机械化工作取得的新成绩和新经验，分析面临的新形势和新任务，部署2011年重点工作。农业部副部长张桃林出席会议并讲话，农业部农业机械化管理司司长宗锦耀作大会总结，各省、自治区、直辖市和计划单列市、新疆生产建设兵团、黑龙江省农垦总局农机管理部门的主要负责同志出席会议。

12月29日

由中国农业机械化协会、中国农机化导报、中国一拖集团有限公司联合举办的2010年农业机械化十大新闻评选活动结果揭晓，国务院发布《关于促进农业机械化和农机工业又好又快发展的意见》、2010年全国农作物耕种收综合机械化水平达到52%、农业生产进入机械作业为主的新时代等新闻列入榜单。

12月30日

农业部第12次常务会议审议通过《农业机械事故处理办法（草案）》，自2011年3月1日起施行。《办法》的出台将有利于在全国范围内规范农机事故处理工作，维护农机安全生产秩序，保护农机事故当事人合法权益，促进农业机械化安全发展。

12月

2010年累计发生在国家等级公路以外的农机事故812起，死亡214人，受伤517人，直接经济损失865.13万元。与上一年相比，同期发生事故数、死亡人数和受伤人数分别下降了2.87%、18.32%和14.26%。全国农机事故死亡人数占全年控制考核指标的81.68%，在总体控制考核指标进度目标以内。全国有16个省(区、市)在地区月控制考核指标进度以内，占51.6%。国家等级公路以外未发生较大以上农机事故。

2011年1月6日

农业部印发《全国农机深松整地作业实施规划(2011—2015年)》。明确农机深松整地的技术路线、发展目标和实施进度，要求到2015年，将全国适宜地区的46 666.67千公顷耕地全部深松一遍，并进入"同一地块3年深松一次"的耕作周期。

1月7日

农业部农业机械化管理司制定并印发《农业部农业机械化管理司2011年工作要点》，确定工作思路、目标，明确6个方面22项重点工作及6条保障措施，提出2011年耕种收综合机械化水平提高2个百分点的目标。

1月10日

农业部农业机械化管理司印发《关于进一步严格农机购置补贴工作纪律要求加强政策执行情况监督检查的通知》，要求各地普遍开展一次以"廉洁从政、遵纪守法、规范操作"为主题的反腐倡廉警示教育活动，认真组织开展农机购置补贴政策执行情况自查自纠，着力强化监督制约，确保农机购置补贴政策取得更大更好地成效。

1月14日

2010年度国家科学技术奖励大会在北京市召开。内蒙古、宁夏、新疆等省区农机推广站和中国农业大学等7个单位共同完成的"干旱半干旱农牧交错区保护性耕作关键技术与装备的开发和应用"等3项农机科研项目被授予国家科技进步二等奖。

1月16日—20日

由全国人大法制工作委员会和农业部组成的《中华人民共和国农业机械化促进法》立法后评估调研组赴山西、江苏两省，重点对《中华人民共和国农业机械化促进法》确立的购机补贴、跨区作业和燃油补贴三项制度进行调研。调研组对两省贯彻执行三项制度的具体做法、取得成效给予肯定，对基层有关意见和建议表示将高度重视并研究吸收，并将通过后评估工作进一步完善促进农业机械化科学发展的法律制度。

1月18日

农业部农业机械化管理司制定印发《全国农业机械化教育培训大行动2011年工作方案》，明确2011年培训农业机械化管理、科技和实用人才550万人次以上。其中培训农业机械化管理人员20万人次以上，农业机械化科技人员80万人次以上，农机操作、维修等人员450万人次以上(其中新购机农民100万人次以上)，通过职业技能鉴定的人员达15万人以上。

1月20日

农业部农业机械化管理司与种植业司、农垦局、科教司在北京市联合召开甘蔗生产机械化研讨会，就加强农机农艺融合、推进甘蔗生产机械化和建立示范基地等问题进行研讨。

1月20日—21日

农业部农业机械化管理司在重庆市召开2011年全国水稻生产机械化工作会暨育插秧技术培训班，研究推进水稻生产机械化的思路措施，部署实施2011年水稻育插秧机械化示范项目。会议提出：在2010年基础上，水稻机收水平年持续提高3—4个百分点，力争到2015年达到80%；水稻机械栽植水平年提高4—5个百分点，力争到2015年达到45%，部分地区率先实现水稻生产全程机械化。

1月24日

农业部印发《关于加强农机事故应急管理工作的意见》，要求各地进一步规范农机事故的应急管理，建立健全农机事故应急预案，完善应急响应程序，强化农机事故预测预警，提高农机事故的预防和应急处置能力，最大限度地减少事故及其造成的人员伤亡和财产损失。

1月24日

农业部对《2009—2011年国家支持推广的农业机械产品目录》2011年度新调整产品予以公布。本次调整共收到1 048家企业的4 832个产品增补申请，经评选确定增补954家企业的4 100个产品，通过率达84.8%。

1月27日

为进一步加强农业机械化统计工作，农业部农业机械化管理司印发《关于切实做好全国农业机械化统计工作的通知》，要求各地高度重视农业机械化统计工作，全面落实新修订的《农业机械化管理统计报表制度》，努力提高统计数据质量，不断强化统计数据的分析运用，深入研究农业机械化统计指标体系，切实加强农业机械化统计队伍建设。

1月27日

农业部农业机械化管理司印发《关于做好2011年农机安全监理工作的通知》，明确2011年农机安全监理工作思路、任务和措施，要求以提高"上牌率、检验率、持证率"为重点，推进农机安全监理工作的新发展；积极争取农机安全监理工作的财政投入，增强安全监理公共服务能力；不断强化农机事故处理工作；深入开展"平安农机"创建活动。

1月30日

农业部农业机械化管理司印发《关于切实做好农机抗旱工作的紧急通知》，贯彻落实国务院常务会议关于冬麦区抗旱减灾和农业生产的部署，要求各地加强组织领导，落实扶持政策，开展技术服务，推进科学抗旱，充分发挥农机抗旱救灾的主力军作用。

1月—2月

农机系统全力投入抗旱保春管工作。截至2月20日，全国农机系统共组织农机抗旱救灾工作服务队5 800多个，累计投入抗旱保春管机具853万台(套)，完成抗旱灌溉面积超过4 666.67千公顷，运送救灾物资170万吨。截至2月28日，旱区八省已补贴购置各类抗旱机具8.66万台(套)。

2月11日—3月11日

按照农业部党组统一部署，农业部农业机械化管理司司长宗锦耀一行6人赴江苏省开展抗旱促春管督查和"百乡万户调查"活动。通过召开座谈会、实地考察、走村入户等方式，调查组先后前往13县(区、市)开展抗旱促春管督查和"百乡万户调查"活动，调查组共深入27个乡(镇)34个村，召开29次座谈会，走访农户107户，深入了解"三农"情况、推动政策落实、倾听群众意见，共发放400份《农户调查问卷》，发送50期信息简报，形成关于江苏省推进农业现代化情况的调查报告，完成"了解三农、推动落实、锻炼干部"和抗旱保苗促春管的任务。

2月12日

农业部农业机械化管理司印发《关于做好2011年农机春耕备耕工作的通知》，要求迅速落实抗旱保苗机械设备补贴等各项扶持政策，抓紧做好机具检修和物资准备，加强机手培训和技术推广，努力提高农机作业水平和组织化程度，切实加强农机安全监理，充分发挥农机在农业生产和抗旱救灾中的主力军作用。

2 月 14 日

农业部农业机械化管理司印发《关于抓紧开展抗旱农业机械购置补贴工作的通知》，针对华北、黄淮和西北地区严重旱情，要求各地抓紧启动抗旱农业机械购置补贴工作；根据抗旱保苗农业生产需要，特事特办，急事急办，重点补贴抗旱急需的水泵、喷灌机械设备以及其他抗旱节水机具；加大政策宣传力度，充分调动旱区农民购置抗旱机具的积极性，增加旱区机具数量，提高旱区农机装备水平。

2 月 15 日

在农业部农业机械化管理司协调下，中国农业机械流通协会、中国农业机械工业协会、中国农业机械化协会在北京市共同举办“联合主办全国农机展会暨 2011 年全国农业机械展览会”新闻发布会。三家协会决定从 2011 年起联合举办全国农机展会，每年举办 2 次，即春季“全国农业机械展览会”和秋季“中国国际农业机械展览会”，各协会不再单独办展，切实减轻农机企业负担。

2 月 18 日

农业部办公厅、农业部农业机械化管理司在北京市召开 2011 年农业机械化新闻宣传通气会，邀请人民日报、新华社、中央人民广播电台、中央电视台等 10 家新闻单位，通报 2011 年农业机械化新闻宣传十大重点和农机购置补贴专项宣传计划，交流研讨农业机械化新闻宣传工作。十大宣传重点包括国务院关于促进农业机械化又好又快发展的意见贯彻落实情况、农机购置补贴等扶持政策落实情况、农业机械化先进技术应用和薄弱环节机械化发展情况等。

2 月 25 日

财政部发出《关于切实加强农机购置补贴政策实施监管工作的通知》，要求各级财政部门切实加强农机购置补贴政策实施监管工作，主动参与农机购置补贴政策具体实施工作，乡级财政部门应对农民购机情况进行核实，县级财政部门对经销商的销售台账进行核查，省级财政部门应安排必要的管理工作经费，对开展政策宣传、公示、建立信息档案等方面支出给予保证。

2 月 25 日

农业部农业机械化管理司副司长刘恒新接受人民网在线访谈，重点解读农机购置补贴政策，现场回答网友普遍关心的补贴对象、补贴标准、操作程序、实施监管等方面问题。河南省鹤壁市淇县利民农机专业合作社董事长董利民一同接受访谈，以亲身体会对农机购置补贴政策多年来的实施成效和操作办法给予高度评价。

3 月 1 日—2 日

农业部农业机械化管理司在广西自治区召开农机安全监理专家会议，研讨拖拉机牌证管理、交强险、上道路行驶的拖拉机与机动车的法律关系等当前热点难点问题，促进对拖拉机进行依法有效监管，提高农业机械化安全发展水平。

3 月 3 日

农业部和国家安监总局共同举行全国“平安农机”示范县发牌仪式，为 2010 年全国考评通过的 119 个示范县代表颁发牌匾。

3 月 3 日

农业部农业机械化管理司努力为农民群众和基层办实事办好事，2011 年承诺为农民办理实施新购机农民专项技术培训行动、帮助农民提高玉米机械化水平、免费发放 20 万册卷帘机安全操作挂图等 3 件实事。

3 月 8 日

农业部农业机械化管理司发布 2010 年农业机械质量调查结果：我国 73.5—147 千瓦大型拖拉机和中小型马铃薯种植机械质量和性能基本能够满足农业生产需要，但也存在安全防护不到位等问题。农业部农业机械化管理司要求各级农业机械化主管部门进一步加大农业机械质量工作力度，有关企业做好有关问题的整改。

3 月 8 日

农业部农业机械化管理司提出 2011 年各省区市农业机械化发展重大目标任务建议，对提高耕种收综合机械化水平、水稻栽植机械化水平、玉米机收水平、完成深松整地面积等农业机械化发展重大目标任务进行细化和分解，要求各省（区、市）认真抓好落实。

3 月 8 日

农业部农业机械化管理司向各省农业机械化主管部门印发《2011 年农业机械化新闻宣传工作要点》，包括农机购置补贴等有关扶持政策落实情况、农机服务组织发展情况、农业机械化先进技术应用和薄弱环节机械化发展情况等 10 个方面，要求各地结合实际贯彻落实，为“十二五”农业机械化工作开好局、起好步提供强大的舆论支持、精神动力和良好氛围。

3 月 8 日

农业部农业机械化管理司制定《农机购置补贴政策实施工作突发事件应急预案》，成立应急处置领导小组，领导小组成员单位由农业部农业机械化管理司、农业部农机试验鉴定总站、农业部农机推广总站、中国农机安全报社相关人员组成，明确各成员单位具体职责以及突发事件处置办法。

3 月 14 日

农业部印发《关于加快推进水稻生产机械化的意见》，要求以水稻优势产区为重点，以种植和收获两个关键环节为着力点，强化农机与农艺融合，全力主攻机插，加速推进机收。力争到 2015 年种植机械化水平达到 45%，收获机械化水平达到 80%。东北地区、长江中下游单季稻区率先实现水稻生产全程机械化。

3 月 15 日

农业部农业机械化管理司和农业机械化技术开发推广总站在山东省青岛市举办 2011 年保护性耕作项目培训班暨春耕生产农机手培训示范班，副司长刘宪主持培训班并讲话，对春季农机培训工作进行部署，标志着 2011 年全国春耕生产农机手专项培训活动全面启动。培训班还讨论修订《保护性耕作技术要点》，提出 2011 年全国新增保护性耕作实施面积 1 000 千公顷以上，并研究具体落实措施。

3 月 18 日

农业部农业机械化管理司发布 2011 年小麦、水稻、玉米跨区机收作业市场信息，共包括全国 19 个小麦生产省、21 个水稻生产省和 13 个玉米生产省的跨区机收作业市场供求、价格等信息。

3 月 21 日

农业部、财政部办公厅联合印发《2011 年农业机械购置补贴实施指导意见》，明确总体要求、实施范围、补贴对象、补贴机具种类、补贴标准、经销商确定、申报程序及相关工作要求。与 2010 年相比，2011 年在适当调整补贴种类范围、开展创新试点等方面提出新要求。

3 月 21 日

农业部农业机械化管理司印发

《2011 年农机购置补贴政策落实监督检查方案》，重点加强对各地落实中央有关政策要求情况和补贴政策实施工作的监督检查，主要包括对年度指导意见执行、补贴产品目录制定、农民购机自主权落实、补贴资金使用、补贴机具价格、补贴机具质量、纪律要求落实、投诉处理等情况的监督检查。

3 月 28 日

农业部农业机械化管理司印发《2011 年农机"安全生产年"活动工作方案》，贯彻落实《国务院办公厅关于继续深化"安全生产年"活动的通知》精神，要求各地扎实开展农机安全生产执法、治理和宣教"三项活动"，切实加强农机安全生产法制体制机制、保障能力和监管队伍"三项建设"，继续开展"平安农机"创建活动，加强设施农业装备安全监管工作，着力提高拖拉机联合收割机"三率"水平，以安全发展促进农业机械化科学发展。

3 月 30 日

农业部、财政部以答记者问的形式对 2011 年农机购置补贴政策进行解读，包括农机购置补贴政策总体要求、完善和强化措施、加强监管等 11 个热点问题。人民日报、农民日报等主流媒体刊登答记者问。

3 月—4 月

为加强农机高技术人才队伍建设，农业部农业机械化管理司组织开展"政企联动"农机维修高技能人才及师资培训工作，重点培训农机专业合作社、农机大户、农机维修和农机教育培训机构的维修和师资人员，共举办 4 期培训班，全国 29 个省区市 178 名学员参加培训，有 156 人参加职业技能鉴定并获得高级工以上职业资格。这是自 2008 年以来农业部连续 4 年组织举办农机维修高技能人才和"阳光工程"师资培训活动。

4 月 1 日

农业部农业机械化管理司部署全年重大课题调查研究工作，开展农业机械化与信息化、养殖业农业机械化评价指标体系、农机用油保障机制建立、农机农艺融合、提高安全管理"三率"等五个重大问题专题调研，以调研推动农业机械化工作。

4 月 1 日

农业部农业机械化管理司召开专题会议，研究建立领导干部联系点制度。确定司领导和各处处长每人分别定点联系一个农机专业合作社、一个平安农机示范村、一个农业机械化示范点或一名乡镇农机站干部等，联系时间为两年。

4 月 1 日

农业部农业机械化管理司启用《全国农业事故报送分析系统》。该系统是"金农工程"启用的首个子信息系统，有利于进一步规范农机事故统计和报送工作。

4 月 2 日

农业部农业机械化管理司制定印发《2011 年补助机具质量监督工作方案》，加强补贴机具质量监督管理，促进农机购置补贴政策顺利实施。农业部农业机械化管理司要求各地认真履行农机投诉监督管理职责，协调处理重大农机质量投诉案件；在主要农时季节、产品旺季季节，组织开展补贴机具质量保障督导；以补贴机具为重点，组织开展农机产品质量调查和重点检查，2011 年重点检查湖南、四川等省的家用碾米组合机。

4 月 7 日

农业部农业机械化管理司在湖北省武汉市召开全国农机购置补贴工作座谈会，总结交流近几年农机购置补贴政策实施工作的成效经验，深入分析面临的形势，研究部署当前和今后一段时间农机购置补贴工作。农业部副部长张桃林出席会议并讲话。会上，农业部农业机械化管理司与各省级农业机械化主管部门签订全国农机购置补贴实施工作责任书，明确各自的职责，要求各省级农业机械化主管部门把农机购置补贴工作重点放在"强监管、抓服务"上来。

4 月 8 日—13 日

2011 年全国农业机械展览会在山东省潍坊市举办，这是中国农业机械流通协会、中国农业机械工作协会、中国农业机械化协会决定联合主办全国农机展会后办的第一届展会。展会主题是"展示成果、扩大交流、推动合作、促进发展"，共有 100 多家农机企业参展，展览面积达 4 万平方米，展览面积和品种规模突破历年春季农机产品订货交易会。

4 月 11 日

农业部农业机械化管理司和科技教育司在山东省潍坊市联合召开主要农作物农机农艺技术融合研讨会，研讨如何建立农机和农艺技术融合发展、协调推进的长效机制，加快现代农业建设，同时研究玉米、油菜、棉花、马铃薯等作物机械化生产技术问题，提高主要粮棉油作物机械化生产技术研发、集成和应用水平。

4 月 11 日

农业部农业机械化管理司组织有关专家研究编印《2011 年重要农时农机作业技术要点》，包括春耕、"三夏"、"三秋"农时季节的农机作业技术要点，加快先进适用农业机械化技术的普及应用，提高重要农时机械化生产质量。

4 月 19 日

农业部农业机械化管理司在北京市举办农机购置补贴管理系统培训班，对农机生产企业人员进行软件操作培训，解答农机购置补贴政策相关问题，切实发挥购置补贴计算机管理网络系统的作用，推进补贴工作阳光操作，加快实施进度，加强实施过程的监管。

4 月 21 日—22 日

农业部农业机械化管理司在云南省召开全国农机安全监理工作座谈会，总结"十一五"安全监理工作，研究部署"十二五"农机安全发展思路和措施，交流各地实施免费管理、实地安全检查、农机安全保险、农机牌证管理等方面的经验做法，提出"十二五"期末农机安全监理"三率"（上牌率、检验率、持证率）水平达到 70% 以上、创建全国"平安农机"示范县 500 个以上。

4 月 22 日—5 月 31 日

按照《农机购置补贴政策实施暨春季农业机械化生产督导检查方案》，农业部农业机械化管理司和农业部有关司局、事业单位联合组成的 10 个督导组陆续深入基层开展工作，督导检查国务院 22 号文件贯彻落实、农机购置补贴政策实施和春季农业机械化生产等情况，督促各地不折不扣地落实农业机械化扶持政策，充分发挥农机在农业生产中的主力军作用。

4 月

农业部农业机械化管理司编印发布《2010 年全国农业机械化质量报告》，全面分析我国农业机械化质量的总体情况，汇总各地农业机械化质量工作开展的基本情况，收录 2010 年农业部农业机械试验鉴定总站和各省开展农机产品质量调查等工作的专题报告。

4 月—7 月

农业部农业机械化管理司开展严厉打击农机安全生产违法行为专项行动，主要针对无证驾驶操作农业机械、未按规定办理农机登记手续、违规载人等农机安全生产违法行为进行严厉打击。

5月5日

农业部农业机械化管理司在安徽省召开全国小麦跨区机收工作座谈会，总结2010年全国小麦跨区机收工作成效经验，研究部署2011年小麦跨区机收工作。

5月6日

农业部农业机械化管理司和福田雷沃重工股份有限公司签署合作协议，正式启动2011年"三夏"跨区作业信息服务中心工作，通过手机短信息服务，为机手免费提供小麦机收市场供求信息、麦收天气变化、机具操作维护知识等各类信息，促进农业机械有序流动，提高作业效率和机手效益。

5月12日

农业部农业机械化管理司印发《关于做好2011年三夏农机跨区作业工作的通知》，明确"投入机具总量进一步增加、机械化作业水平进一步提高、跨区作业秩序进一步优化"的三个工作目标，要求各地制订周密的工作方案，切实加强组织领导，努力夺取夏粮丰产丰收和全年农业有个好收成。

5月15日

农业部农业机械化管理司在安徽省滁州市举办全国"三夏"农业机械化生产技术培训示范班，南方10个水稻、油菜主产省的农机局、推广站负责培训工作的人员和安徽省农机专业合作社代表参加培训，培训班上对全国"三夏"农机培训工作进行部署。

5月20日—22日

农业部农业机械化管理司邀请全国人大常委、致公党中央副主席杨邦杰，中国农业大学校长柯炳生，中国工程院院士蒋亦元、罗锡文、山仑等专家，赴山西、陕西两省考察保护性耕作，专家们充分肯定保护性耕作实施以来取得的成效，提出进一步加大推广力度的建议。

5月25日

为了高效、顺畅、安全地开展"三夏"跨区作业，农业部致信"三夏"跨区作业农机手，提醒他们注意随机携带跨区作业证、提前确定作业计划、随时关注天气预报、按作业标准进行收割、注意作业安全等事项，发挥农业机械在农业生产中的主力军作用。

5月25日

农业部农业机械化管理司印发《关于深入开展农机购置补贴政策实施专项整治工作的通知》，要求各地农业机械化主管部门进一步严肃农机购置补贴政策实施纪律，全面开展专项整治工作。此次专项整治为期三个月，重点核查2010年以来补贴购置的机具是否全部到位并投入使用、机具型号是否与协议型号相符、是否存在违规收费问题、是否全面开展廉政风险警示教育等四个方面情况。

5月25日

农业部农业机械化管理司在全国启动农机购置补贴实施情况定期报送制度，要求各地农业机械化主管部门高度重视，及时报送农机购置补贴实施进度统计表和结算进度统计表，积极提供农机购置补贴简报，为准确掌握全国实施情况、总结推广好做法、好经验提供基础数据和资料。

5月26日

农业部和国家安全监督总局联合印发《"十二五"创建"平安农机"活动方案》，决定在"十二五"期间继续开展"创建平安农机，促进新农村建设"活动，每年创建100个全国"平安农机"示范县（区、市）。

5月27日

为宣传党的强农惠农政策，构建农机购置补贴实施监管长效机制，农业部农业机械化管理司印发《关于深入推进农机购置补贴政策信息公开工作的通知》，要求各地不断充实公开内容，积极拓展公开渠道，及时公开补贴资金使用进度、补贴受益对象等有关信息，主动接受社会监督。

5月30日

全国春季农业机械化生产基本结束。全国累计投入2 281多万台（套）农机具进行机耕地、浇麦、机播、机插秧等春季机械化生产作业，共完成机耕面积42 733.33千公顷、机播34 400千公顷。

5月30日

农业部在河南省南阳市举行2011年全国"三夏"小麦跨区机收启动仪式，部长韩长赋出席仪式并宣布"三夏"小麦跨区机收开机启动，标志着全国小麦大规模跨区机收从此全面展开。

6月10日

农业部农业机械化管理司、农业部农机监理总站、北京市农业局在北京市顺义区联合举办以"营造平安农机氛围、确保三夏安全生产"和"安全责任，重在落实"为主题的"三夏"农机安全生产宣传日活动，向广大农民群众宣传普及安全法规和知识，增强广大农民机手的守法观念和安全意识。

6月10日—11日

农业部农业机械化管理司在江苏省盐城市举办2011年全国农机技能竞赛总决赛。本次竞赛项目是拖拉机作业，分为各省区市选拔赛和全国总决赛两个阶段，4月—5月进行选拔赛，6月上旬进行总决赛。全国共有29支代表队150余人参加总决赛，江苏、山东、北京等9省市代表队获得竞赛团体优胜奖，20名机手获得全国拖拉机作业技能竞赛技术状元、技术能手称号。

6月14日

农业部农业机械化管理司印发《保护性耕作项目实施规范》和《保护性耕作关键技术要点》，要求进一步做好保护性耕作项目管理，加快保护性耕作技术推广应用，促进项目执行的规范化、制度化和科学化。

6月21日

农业部农业机械化管理司印发《关于开展主要农作物农机农艺技术融合示范区建设活动的通知》，决定在全国开展主要农作物农机农艺技术融合示范区建设活动，加强农机农艺融合，促进农机农艺协调发展，实现粮棉油糖等大宗农作物生产机械化水平明显提高。首批示范区建设主要围绕水稻、玉米、油菜、棉花、甘蔗、薯类6大作物开展。

6月21日

农业部农业机械化管理司印发《关于印发甘蔗生产机械化技术指导意见的通知》，指导意见由农业部农业机械化管理司和种植业司共同研究制定，规定适宜不同类型区域条件下的甘蔗生产模式和技术路线。

6月23日

全国已收获小麦21 933.33千公顷，其中机收面积19 200千公顷，机收比例87.7%。至此，全国大规模跨区机收基本结束，历时25天，累计投入稻麦联合收割机50多万台，比2010年增加3万台，其中跨区作业的32万台，增加2万台。2011年"三夏"小麦跨区机收呈现出"三平两提高"的特点，即机具供需平衡、柴油供应平稳、麦收进度平顺，作业水平提高、作业质量提高。

6月30日

十一届全国人大常委会第二十一次会议分组审议《关了农业机械化促进法

有关制度立法后评估主要情况的报告》。报告建议,研究探索更适应形势发展需要的农机用油补贴机制,增强补贴的针对性;完善跨区作业农机免费通行制度;健全农机购置补贴政策配套工作经费和保障机制。

6 月

农业部会同保监会、财政部、工信部等单位.赴陕西、湖北等省开展农机具保险调研活动,落实国办 2011 年中央“三农”政策措施分工工作要求,提出农机具保险的政策建议。

7 月 1 日

根据中央 1 号文件要求,农业部、财政部 2011 年将水井钻机、抗旱机泵、风力扬水机等抗旱节水专用机械纳入全国补贴范围,抗旱、节水机械补贴种类已达 7 类 14 个品目。据统计,上半年共投入补贴资金 10.5 亿元,补贴抗旱、节水机械设备 50.7 万台,在农业抗旱救灾中发挥主力军作用。

7 月 1 日

全国共举办各类农机培训班 5.5 万次,培训各类农业机械化人才 320 万余人次,其中培训农机操作人员 262 万次,培训新购机农民 58 万人次,提高保护性耕作、春季田间管理机械化技术等新技术应用水平。

7 月 5 日

农业部农业机械化管理司印发《关于确定全国设施农业装备与技术示范单位的通知》,确定 103 个单位成为首批全国设施农业装备与技术示范单位,示范建设期限为 2011—2013 年。农业部农业机械化管理司要求各地积极争取投入,加强示范指导,努力推动设施农业持续健康发展。农业部将向各示范单位授牌。

7 月 11 日

农业部农业机械化管理司发出通知,在全国范围内取消保定双赢机械公司生产的所有型号的玉米收获机产品补贴资格。据调查取证,该公司在河北省存在套取补贴资金行为。

7 月 14 日

为规范农业机械事故处理行为,提高农业机械事故处理文书制作水平,农业部农业机械化管理司制定《农业机械事故处理文书规范》,对文书制作要求、文书归档及管理等进行明确规定。

7 月 15 日

农业部印发《关于进一步加强农机安全监理工作的意见》,进一步明确今后一段时期农机安全监理工作的指导思想和目标任务。

7 月 18 日

农业部印发《关于加快推进农机购置补贴廉政风险防控机制建设的意见》,要求各级农业机械化主管部门及其所属事业单位认真组织开展学习,深入排查廉政风险,着力实现权力制约,切实加强制度建设,努力构建农机购置补贴廉政风险防控长效机制。

7 月 25 日

农业部农业机械化管理司印发《2012—2014 年国家支持推广的农业机械产品目录》申报指南,申报范围包括耕整地机械、种植施肥机械等 10 大类 30 小类 88 个品目,要求生产企业于 9 月 30 日前向省级农业机械化主管部门进行申报。

8 月 15 日

2011 年中央财政共安排农机购置补贴资金 175 亿元,其中第一批 115.9 亿元,第二批 59.1 亿元。全国已实施中央财政农机购置补贴资金 116.4 亿元,占全年中央补贴资金总量的 66.5%,补贴农机具 394.3 万台(套),受益农户 296.5 万户;31 个省(区、市)及计划单列市、兵团、农垦的第一批中央补贴资金已全部落实到位,各地正在积极启动实施第二批中央补贴资金。

8 月 15 日

农业部农业机械化管理司制定《完善农机购置补贴运行机制工作方案》,提出推进农机购置补贴廉政风险防控机制建设措施,完善出台农机购置补贴工作考评办法、补贴产品经销商管理办法等。

8 月 19 日

农业部农业机械化管理司研究决定立即在全国范围内取消浙江艾格莱机械有限公司所有涉案的联合收割机补贴资格,责成各地农业机械化主管部门追回被骗取的补贴资金,责成企业继续做好已售产品的“三包”服务,切实维护农民合法权益。经调查核实,2010—2011 年浙江艾格莱机械有限公司公司存在利用农民身份证办理虚假补贴协议、再将补贴机具销售到异地,以及“以小充大”骗取国家补贴资金等违法违规问题。

8 月 26 日

针对前期群众来信反映个别地区存在违规办理拖拉机牌证的问题,农业部农业机械化管理司发出《关于严格禁止违规发放拖拉机牌证的通知》,要求各地严格执行《农业机械安全监督管理条例》和国家安全标准,依法规范拖拉机牌证核发业务,对违法违规发放牌证的要进行专项治理并追究相关责任。

8 月 30 日

农业部农业机械化管理司在山西省召开全国农业机械化技术推广工作会议,总结交流“十一五”工作成效和经验,分析“十二五”面临的形势和任务,研究提出今后一个时期工作思路和措施。农业部副部长张桃林出席会议并讲话。

8 月

农业部农业机械化管理司会同部财务司、驻部纪检组监察局、农垦局、农机试验鉴定总站、农业机械化技术开发推广总站、财会服务中心等单位组成 6 个调研组,赴黑龙江、安徽等 6 个省的部分县对农机购置补贴政策执行情况进行专项核查,就完善农机购置补贴运行机制开展专题调研。

8 月

农业部农业机械化管理司启动林果业、渔业、设施农业、农产品初加工机械评价指标体系和综合农业机械化指标体系研究工作,力争通过 2 年时间,初步建立具有科学性、统一性和可操作性的农业机械化全面评价指标体系。

8 月—11 月

农业部农业机械化管理司组织在全国举办农机安全监管知识竞赛,深入学习贯彻《农业机械安全监督管理条例》及相关法规和标准,提高农业机械化系统干部职工的安全监管知识水平和能力,要求全国农机安全监理工作人员必须参加。

9 月 5 日

为提高拖拉机上牌率、持证率和检验率,完成“十二五”安全发展目标任务,农业部农业机械化管理司印发《关于切实提高拖拉机“三率”的通知》,细化目标任务,提出工作要求,争取到 2015 年年底,北京、上海、浙江、湖南、重庆、贵州、新疆、大连等地“三率”水平将达到 85%以上,其他省(区、市)将达到 70%以上。

9 月 8 日

农业部印发《全国农业机械化发展第十二个五年规划(2011—2015 年)》,明确“十二五”时期农业机械化发展指导思想、基本原则、主要任务、区域发展重点等，是指导“十二五”时期我国农业机械化发展的纲领性文件。

9月15日

农业部农业机械化管理司印发《关于做好2011年“三秋”机械化生产工作的通知》，贯彻落实全国秋冬种工作视频会议精神，部署2011年秋收、秋种、秋整地机械化生产的组织、管理、服务工作，要求各地着力提高玉米、水稻机收水平，扩大农机深松整地面积。

9月20日

农业部农业机械化管理司在湖北省孝感市举办全国“三秋”农业机械化生产技术培训示范班，培训以南方地区水稻和油菜生产农机农艺融合技术为主要内容，来自湖北、江苏、安徽等9个省的175名基层农业机械化技术推广骨干参加培训。培训班上对全国“三秋”农机培训工作进行部署。

9月23日

农业部农业机械化管理司在河南省焦作市召开2011年全国“三秋”机械化生产现场会，研究部署今年“三秋”机械化生产的目标任务和工作重点，总结交流各地准备工作情况，组织观摩玉米机收、小麦机播、农机深松等“三秋”作业现场演示。会上要求各地做好今年“三秋”机械化生产工作，努力推动全年粮食稳定增产、农民持续增收。

9月24日

农业部农业机械化管理司在河南省焦作市召开油菜生产机械化座谈会，研究部署2011年秋冬种和今后一个时期油菜生产机械化工作。

9月26日

农业部农业机械化管理司与国家安全监管总局二司联合组织6个检查组，先后前往北京、天津、山西等15个省（市、区），对申报的全国“平安农机”示范县进行抽查考评，并督促各地加强第四季度农机安全生产工作。

9月28日

农业部农业机械化管理司印发农业机械化科技发展、教育培训、技术推广、试验鉴定及设施农业等5个“十二五”专项规划，明确指导思想、主要目标、基本原则、重点任务和措施。

10月14日

农业部农业机械化管理司印发《关于开展农机安全监理“为民服务创先争优”示范窗口创建活动的通知》，部署在全国农机安全监理系统开展以“争创群众满意窗口、争创优质服务品牌、争创优秀服务标兵”为主题的“为民服务创先争优”示范窗口创建活动。

10月19日

农业部农业机械化管理司印发《全国农业机械安全监理“十二五”规划》，明确“十二五”期间农业机械安全监理工作指导思想、主要目标、主要任务、重点工程和保障措施。

10月24日

为贯彻落实中央领导批示精神，农业部副部长张桃林召集农业部农业机械化管理司、财务司和监察局的主要负责同志，专题研究农机购置补贴运行机制完善事宜。会议充分肯定农机购置补贴实施以来取得的显著成效，全面总结补贴工作的制度体系和监管措施，深入分析存在的问题和产生的原因，按照“减少行政权力、加强社会监督”的总体思路，研究提出进一步完善农机购置补贴运行机制和强化监管的措施。

10月24日

农业部农业机械化管理司发布2011年补贴机具质量保障督导结果。从四川、内蒙古、辽宁、新疆四省（区）督导结果看，各地对农机质量监管工作越来越重视，农机生产、经销企业不断加强农机质量保障和服务水平，补贴机具整体质量水平较高，受访的八成农机用户对补贴机具质量表示满意或很满意。

10月28日

自2010年7月国务院《关于促进农业机械化和农机工业又好又快发展的意见》发布以来，各地采取措施，不断把贯彻落实工作推向深入。农业部农业机械化管理司印发文件，通报各地制定实施意见进展和落实农业机械化扶持政策等有关情况。截至2011年9月，吉林、北京、河北、安徽、江苏、甘肃、四川、山东、陕西、重庆、青海和新疆等12个省（区、市）政府制定出台实施意见，其中北京市制定《北京市农业机械化促进条例》；山西、浙江、内蒙古、福建、河南、湖北、贵州、云南、海南等9省（区）完成制定实施意见的前期工作，已报请省（自治区）政府审议，在2011年年底前后陆续发布；其余省份大都完成实施意见调研起草工作，正处于征求部门意见阶段。

10月28日

由农业部农业机械化管理司、农业部农机试验鉴定总站、农业部农业机械化技术开发推广总站等单位支持，中国农业机械化协会和山西省农机局共同主办的第一届全国农机摄影大赛结果在河南省郑州市揭晓，同时举行颁奖仪式。本次大赛以“耕耘在变迁中升华”为主题，共征集参赛作品700余幅。

10月29日

中国国际农业机械展览会在河南省郑州市举办，共有境内外1 600多家企业参展，展览面积达到17万平方米。农业部副部长张桃林出席展会，提出要将中国国际农机展打造成特色明显、质量水平高、成效作用显著、世界知名的展会。

11月4日

为进一步加强农机试验鉴定工作，提高公共服务能力和水平，保障农机购置补贴政策有效实施，农业部印发《关于进一步加强农机试验鉴定工作的意见》，提出进一步明确农机试验鉴定工作基本原则，不断提升农机试验鉴定能力，大力推动农机试验鉴定科技进步，继续推进农机试验鉴定工作规范化管理，认真开展获证产品使用过程中的质量监督，高度重视廉政风险防控机制建设。

11月4日

农业部农业机械化管理司在北京市召开保护性耕作专家座谈会，座谈保护性耕作技术推广情况、实施效果、存在问题，研究进一步推进保护性耕作的建议。

11月7日

农业部农业机械化管理司制定《农业部农业机械试验鉴定大纲管理办法》，将其作为开展农机试验鉴定工作的技术标准和重要依据，规定农业机械试验鉴定的内容、试验条件、试验方法和判定规则等。

11月10日

中国温室行业2011年年会暨全国设施农业技术研讨培训班在北京市召开，会议要求认真贯彻党中央、国务院关于加快发展设施农业的决策部署，落实《全国设施农业发展“十二五”规划》提出的目标任务，促进设施农业又好又快发展。

11月14日

农业部农业机械化管理司会同部种植业司、农垦局组织专家制定印发《玉米生产机械化技术指导意见》，突出农机农艺技术协调发展，从播前准备、播种、田间管理、收获4大环节提出具体技术规范。要求各地以地域性种植行距统一为重点，探索利于全程机械化的生产模式。

11 月 15 日

农业部农业机械化管理司在天津市召开 2011 年农机深松整地工作经验座谈会，对全年农机深松工作进行总结并研究部署下一步工作重点。2011 年，全国完成农机深松整地 10 666.66 千公顷，超额完成全年任务。河北等 12 个省（市）从中央财政新增农资直补资金中落实 10.5 亿元，专项用于农机深松整地作业补贴。

11 月 18 日

为进一步做好农机安全监理工作，保障农机安全财政投入，农业部农业机械化管理司印发通知，要求对小型，微型企业免征农机监理行政事业性收费，包含牌证工本费、安全技术检验费、驾驶许可考试费等。

11 月下旬

农业部农业机械化管理司组织 3 个检查组，赴黑龙江、陕西等 6 省（区）开展保护性耕作工程建设等项目专项检查。

11 月 21 日—25 日

农业部农业机械化管理司组织对《2012—2014 年国家支持推广的农机产品目录》进行评审，来自全国农机行业的 53 名专家，就 1 606 家企业申报的 9 964个产品的先进性、适用性、安全性和可靠性等重要性能指标进行审议。

11 月 22 日

农业部农业机械化管理司在北京市召开 2011 年全国农业机械化发展形势分析会，交流农机科研、生产、销售和使用等方面的情况，深入分析当前面临的新形势新任务，科学预测 2012 年发展趋势，并就明年发展思路、重点工作提出政策建议。

11 月 23 日

农业部农业机械化管理司、农业部农机监理总站在北京市召开设施农业安全监管专项治理总结交流会。

11 月 27 日

农业部农业机械化管理司在福建省福州市举办 2011 年中国农业机械化信息网年会暨信息员培训班，总结 2011 年工作成效，部署 2012 年工作重点，通报各省（区、市）农业机械化信息报送情况。会上邀请部办公厅、农民日报专家就涉农突发事件的舆论引导等内容进行专题讲座。

11 月 28 日

全国玉米机收结束，各地共投入玉米收割机 18.9 万台，完成玉米机收面积 11 200 千公顷，比 2010 年增加 2 666.67 千公顷；机收水平达到 33%，比 2010 年增加 7 个百分点。全国玉米机收已连续两年实现高速增长。

11 月 30 日

2011 年中央财政农机购置补贴资金 175 亿元已全部落实到户，补贴购置农机具 564 万台（套），受益农户 439 万户，直接带动农民和农业生产经营组织投入 409.7 亿元。在农机购置补贴政策的推动下，农民购机用机积极性高涨，农机工业产销两旺，农机装备水平和农机作业水平加快提高，为实现粮食产量“八连增”提供有力的物质装备支撑。

11 月 30 日

全国晚稻收获基本结束。共完成水稻机插秧超过 6 666.67 千公顷，比 2010 年新增 1 333.33 千公顷，机械化栽植水平达到 25%；完成水稻机械化收获超过 20 000 千公顷，比上年新增 800 千公顷，机收水平达到 67%。

全年农业部农业机械化管理司人事变通情况如下：刘宪任农业机械化技术开发推广总站站长，免去其农业机械化管理司副司长职务；丁翔文任农业部农业机械化管理司巡视员，免去其农业机械化技术开发推广总站站长职务；李安宁任农业机械化技术开发推广总站副站长，免去其农业部农业机械化管理司综合处处长职务；李斯华任农业部农业机械化管理司生产管理处处长；宋建武任农业部农业机械化管理司产业发展处调研员；李伟任农业部农业机械化管理司产业发展处副调研员；刘俊任农业部农业机械化管理司生产管理处副主任科员。

农业部农业机械试验鉴定总站（中国农机产品质量认证中心）

2010 年 12 月 2 日—22 日

农业部农业机械试验鉴定总站副站长刘旭带队赴德国进行农业机械检测技术培训。

12 月 6 日—8 日

全国农业机械标准化技术委员会农业机械化分技术委员会组织专家审核通过《农业机械试验鉴定术语》等 10 项农业行业标准。

12 月 9 日—10 日

农业部农业机械试验鉴定总站执行国家外国专家局下达的引智项目，在北京组织召开农机产品安全及节能减排技术交流研讨会。美国约翰·迪尔产品工程中心项目经理 ROBERT 先生作专题讲座，农业部农业机械试验鉴定总站和 10 个省（区、市）农机试验鉴定站近 50 位检测技术人员参加会议。

12 月 11 日—12 日

农业部农业机械试验鉴定总站在北京召开《农业机械化节油降耗途径与对策》项目总结会，农业部科技教育司副巡视员王衍亮和农业部农业机械化管理司副司长刘宪出席会议并讲话。

12 月 16 日—17 日

农业部农业机械试验鉴定总站在北京召开农业机械安全鉴定工作专家研讨会。会议就农业机械安全鉴定工作的开展、制度的建立等进行研讨，为下一步起草《农业机械安全鉴定管理办法》提出建议。

2011 年 1 月 19 日—20 日

农业部农业机械试验鉴定总站在北京召开全国农业机械试验鉴定站长会议。农业部农业机械化管理司司长宗锦耀出席会议并作讲话。各省、自治区、直辖市农机试验鉴定站、农业部农机试验鉴定总站各专业站、黑龙江农垦农机试验鉴定站、新疆生产建设兵团农机鉴定推广站的主要负责人，农业部农业机械试验鉴定总站领导班子成员及各处室负责人出席会议。会议传达学习全国农业工作会议和农业机械化工作会议精神以及《国务院关于促进农业机械化和农机工业又好又快发展的意见》，总结“十一五”和 2010 年农机试验鉴定与质量监督工作，分析当前面临的形势和任务，研究“十二五”农机试验鉴定与质量监督工作发展思路、目标和重点任务，部署 2011 年全国农机试验鉴定系统重点工作。

1 月 19 日—20 日

农业部农业机械试验鉴定总站召开农机“走出去”基础研究项目总结会。

1 月 20 日

农业部农业机械试验鉴定总站主办的中国农业机械化质量网（www.nj.agri.gov.cn）开通上线，进入测试运行阶段。

2 月 17 日—28 日

农业部农业机械试验鉴定总站副站长杨林带队赴法国参加 SIMA 展，并赴意大利开展农机交流考察。

3 月 17 日—4 月 14 日

农业部农业机械试验鉴定总站与中国一拖集团有限公司、江苏常发集团有限公司、久保田(苏州)农业装备有限公司、福田雷沃国际重工股份有限公司等企业连续第 4 年共举办 4 期“政企联动”农机维修高技能人才及师资培训班,来自 29 个省(区、市)的 178 名学员参加培训和职业技能鉴定,其中 156 人获得高级以上职业资格。

3 月 22 日

农业部农业机械试验鉴定总站在江西省南昌市召开 2010 年全国农机质量投诉情况通报会,来自全国 70 余家农机生产企业近 80 名代表参加会议。

3 月 28 日—31 日

全国农业机械标准化技术委员会农业机械化分技术委员会三届三次会议暨国家标准审查会在海南省海口市召开。会议审查《甘蔗机械化深耕深松作业技术规范》等 4 项国家标准送审材料。

3 月 29 日

农业部农业机械试验鉴定总站在北京市组织召开“2011 年微滴灌设备选型鉴定工作研讨会”。农业部农业机械化管理司、水利部灌排协会、农业部农业机械化技术开发推广总站、中国农业机械化科学研究院等单位有关专家参加会议。

3 月 29 日—30 日

农业部农业机械试验鉴定总站在海南省海口市组织召开拖拉机部级推广鉴定检测技术座谈会。来自全国 13 个省(区、市)农机鉴定站的 46 名代表参加座谈会。

3 月 31 日—4 月 1 日

农业部农业机械试验鉴定总站在海南省海口市召开 2011 年农用拖拉机、内燃机推广鉴定技术研讨会。105 家拖拉机、内燃机生产企业的代表和 16 个省(区、市)的农业机械试验鉴定(推广)站的代表共 183 人参加会议。

4 月 8 日—9 日

农业部农业机械试验鉴定总站在云南省昆明市组织召开“2011 年收获机械推广鉴定与质量评价技术研讨会”。来自 21 个省(区)农机鉴定站和 72 家收获机械企业的 124 名代表参加会议。

4 月 18 日

农业部农业机械试验鉴定总站组织召开农机产品测试检验收费标准执行情况研讨会。会议通报收费许可证年审的情况和存在的问题,进一步明确部级推广鉴定收费依据和标准。

5 月 4 日—9 日

农业部农业机械试验鉴定总站在北京市召开农业机械试验鉴定大纲审查研讨会。会议讨论修改《农业部农业机械试验鉴定大纲管理办法(试行)》,审定通过《农业机械推广鉴定大纲编写规则》等 2 项农业机械推广鉴定通则、《农业轮式和履带拖拉机》等 25 项修订的农业机械推广鉴定大纲、《增氧机》等 13 项制定的农业机械推广鉴定大纲和《挤奶机械》等 11 项选型鉴定大纲。

5 月 6 日

农业部农业机械试验鉴定总站在安徽省合肥市首次举办全国农业机械化生产信息员培训班,来自全国各地农业机械化生产系统信息员近 50 人参加培训。

5 月 20 日

农业部农业机械试验鉴定总站印发《关于开展大中型拖拉机生产企业维修服务能力评价工作的通知》,组织行业内专家对 40 家自愿申报评定的大中型拖拉机生产企业维修服务能力进行等级评定。

6 月 10 日

农业部农业机械试验鉴定总站批准成立海洋捕捞与养殖机械专业站,挂靠在中国水产科学研究院渔业机械研究所。

6 月 10 日—11 日

由农业部主办、农业部农业机械试验鉴定总站参与承办的“2011 年全国农机技能竞赛”在江苏省盐城市举行。农业部农业机械试验鉴定总站在此活动中获特别奉献奖,组织制定《2011 年全国农机技能竞赛规则》,编制竞赛理论知识考试试题、操作技能考核试题和综合知识竞答试题,承担竞赛活动总裁判长和副总裁判长,带领 50 多名裁判出色完成竞赛裁判工作。

6 月 11 日

挂靠农业部农业机械试验鉴定总站的中国奶业协会养殖工程与机械专业委员会在江苏省南京市召开二届二次会议暨新技术、新产品生产与应用论坛会。会议通报 2010 年挤奶机械选型鉴定情况,就牧场建设、挤奶机械、全混合日粮饲料制备机、贮奶(冷藏)罐、污粪处理设备等新产品新技术进行交流。

6 月 14 日—15 日

农业部农业机械试验鉴定总站在青岛举办第三批部级鉴定能力认定现场考评员培训班,有关农机试验鉴定机构的 24 名考评员参加培训。

7 月 22 日

《农业机械推广鉴定大纲编写规则》等 2 个通则和《农业轮式和履带拖拉机》等 38 项农业机械推广鉴定大纲由农业部发布实施(中华人民共和国农业部公告第 1611 号)。

7 月 24 日—27 日

由农业部农业机械化管理司主办、农业部农业机械试验鉴定总站参与承办的全国农机专业合作社示范社理事长培训班在山东省潍坊市举行,来自全国 30 个省(区、市)的 177 名农机专业合作社示范社的理事长参加培训。

7 月

按照农业部科技教育司要求,农业部农业机械试验鉴定总站组织上报公益性行业科技项目——《农业机械化节能降耗技术体系研究与试验示范》项目。

8 月 9 日

农业部农业机械试验鉴定总站顺利通过部级鉴定能力第三批认定现场考评。9 月 28 日,农业部发布第 1654 号公告,确定农业部农业机械试验鉴定总站及其海洋捕捞与养殖机械专业站通过部级农机鉴定能力第三批认定,农业部农业机械试验鉴定总站新扩项 9 种,包括:挤奶机械、贮奶(冷藏)罐、全日粮饲料制备机、清粪机、卷帘(膜)机、种子包衣机、大型喷灌机、轻小型喷灌机、油菜联合收获机,可承担部级鉴定的农机产品种类达到 41 种;农业部农业机械试验鉴定总站海洋捕捞与养殖机械专业站为首次申请认定,经认定的鉴定范围包括渔业船舶舱底油污水分离设备、渔业船舶绞钢机、投饲(饵)机、水下清淤机械、增氧机等 5 种。

8 月 17 日—19 日、8 月 28 日—30 日

农业部农业机械试验鉴定总站分别在甘肃省兰州市和山东省烟台市组织举办申报《2012—2014 年国家支持推广的农业机械产品目录》培训班,共有来自全国 300 多家企业的 400 多名企业代表参加培训。

8 月 23 日—24 日

农业部农业机械试验鉴定总站在新疆石河子市召开部分省(区、市)农机试验鉴定站长座谈会。会议深入学习全国农业厅局长座谈会精神和《农业部关于加快推进农机购置补贴廉政风险防控机制建设的意见》，研讨进一步加强农机试验鉴定系统廉政风险防控机制和措施，总结交流各地农机试验鉴定和质量监督工作，安排部署下半年的重点工作。

9 月 21 日

农业部农业机械试验鉴定总站邀请美国爱荷华州立大学农业与生物系统工程系副教授、美国农业与生物工程师学会委员、美国工程教育学会委员 BrianL. Steward 博士到站内开展学术交流，对美国精准农业和自动化控制系统及农业机械化发展现状作了专题讲座，双方就农机试验鉴定等领域的技术合作进行探讨。

9 月 25 日—26 日

农业部农业机械试验鉴定总站认证中心 TC18 组在北京市召开《〈农机产品强制性认证实施规则植物保护机械〉的说明》审定会。

9 月 26 日—29 日

全国农业机械标准化技术委员会农业机械化分技术委员会在湖南省长沙市举办农业机械化标准项目管理和标准编写培训研讨班。有关农业机械化标准制修订项目主要起草人、全国农机标委会农业机械化分会委员等共 40 多名代表参加会议。

9 月 28 日

农业部颁布《全国农业机械试验鉴定"十二五"规划》。《规划》对"十一五"期间农业机械实验鉴定发展成就进行全面总结，分析"十二五"农业机械试验鉴定面临的形势和要求，明确未来五年发展的指导思想、基本原则和主要目标，提出"十二五"期间农业机械试验鉴定的主要任务和保障措施。

9 月 29 日

农业部农业机械试验鉴定总站组织开发的"农机质量投诉工作信息管理系统"通过农业部农业机械化管理司的评审验收。

8 月至 9 月

农业部农业机械试验鉴定总站组成督导工作组，对新疆、四川、内蒙古和辽宁等 4 省区开展补贴机具质量保障督导工作。督导组与 4 个省区农机管理部门和 11 个区县农机管理部门进行座谈，现场检查 11 家农机生产企业、22 家农机经销企业，对 123 位农机用户进行走访座谈并进行满意度调查。

8 月 10 日—10 月 13 日

农业部农业机械试验鉴定总站分别在辽宁省锦州市、甘肃省兰州市、福建省厦门市和广西壮族自治区北海市等地举办 4 期全国农机职业技能鉴定考评员培训班，共有来自全国 19 个省区市的 621 名学员参加培训，并通过考试获得考评员或高级考评员资格。

10 月 8 日

农业部农业机械试验鉴定总站组织 50 多名离退休同志赴河北省廊坊市开展走进科技示范园区、领略现代农业魅力的参观考察活动。

10 月 15 日

全国农业机械标准化技术委员会农业机械化分技术委员会在北京市召开 2012 年农业行业标准农业机械化标准制修订项目立项评审会议，对 25 个单位提交的 39 个标准制修订项目的 63 份项目实施方案进行审定，确定推荐立项的标准项目和承担单位。

10 月 20 日—21 日

农业部农业机械试验鉴定总站在北京市举办 2011 年全国农业机械化质量网信息宣传工作培训研讨会，来自全国农机鉴定系统的代表近 70 人参加会议。

10 月 22 日—24 日

农业部农业机械试验鉴定总站在云南省昆明市举办农业行业科研项目管理培训班，各项目承担单位主管领导、项目组成员及财务人员等共 40 多人参加培训。

10 月 29 日—30 日

农业部农业机械试验鉴定总站在四川省成都市召开"2011 年微型谷物加工组合机安全重点检查"项目总结会。

11 月 3 日—4 日

农业部农业机械试验鉴定总站在陕西省西安市举办 2011 年插秧机推广与质量评价技术培训班，来自 15 个省（区）农机鉴定站、26 家插秧机企业的 63 名代表参加会议。会议分析插秧机行业及产品质量状况，宣贯 2011 版生产条件审查鉴定通则和插秧机部级推广鉴定大纲。

11 月 8 日—12 日

农业部农业机械试验鉴定总站承办的《2012—2014 年国家支持推广的农业机械产品目录》初审评审会议在北京召开。农机鉴定、推广系统的 52 名行业专家参加初审评审。会议共对各省（区、市）推荐的 1 606 家企业的 9 964 个产品进行评审。

11 月 10 日

农业部农业机械试验鉴定总站组织开发的部级推广鉴定监管系统正式开通运行，标志着农业机械部级推广鉴定实现网上管理。从 2012 年起，部级推广鉴定项目全部转为网上申报。

11 月 21 日—25 日

由农业部农业机械化管理司主办、农业部农业机械试验鉴定总站承办的《2012—2014 年国家支持推广的农业机械产品目录》综合审议会议在京召开。

11 月 29 日

农业部农业机械试验鉴定总站在北京市组织召开微耕机推广鉴定技术规范论证会，交流微耕机产品质量安全状况，分析容易发生安全事故的原因。

2011 年

农业部农业机械试验鉴定总站共受理部级推广鉴定申请 744 项，不受理 256 项，向通过能力认定的各省级鉴定站安排任务 548 项，农业部农业机械试验鉴定总站检验室承担 196 项；选型鉴定、其他检验和委托技术服务等项目共立项 409 项。

2011 年

农业部农业机械试验鉴定总站认证中心发放农机产品强制性认证证书 143 张，换发证书 112 张，暂停证书 67 张，撤销、注销证书 40 张。农机产品有效认证证书数量达到 741 张，其中拖拉机强制性认证证书 195 张，植保机械强制性认证证书 504 张，质量管理体系证书 29 张，自愿性产品认证 13 张。获证企业总数量达到 445 家。

2011 年

农业部农业机械试验鉴定总站核发职业资格证书 12.8 万个。其中，初级工占 75.4%，中级工占 21.4%。高级工及以上级别占 3.2%。农机行业核发职业资格证书数量已连续 9 年位居农业部各行业之首，约占农机行业颁证总量的 1/3。

2011 年

中国农业机械化信息网日均点击量 72.7 万次，日点击峰值 130.9 万次；月均点击量突破 1 862 万次，最高达 2 651 万次，连续 6 年稳居农业部 18 个行业网站首位。

农业部农业机械化技术开发推广总站

1 月

农业部农业机械化技术开发推广总站在重庆市组织召开水稻育插秧专家座

谈会,探讨水稻生产机械化发展形势,分析存在的主要问题,提出下一步工作设想。

3 月 13 日—17 日

按照《全国农业机械化教育培训大行动 2011 年工作方案》和农业部抗旱保苗春季大培训活动要求,农业部农业机械化技术开发推广总站配合农业部农业机械化管理司在山东省青岛市举办农业部春耕生产农机手培训示范班暨 2011 年保护性耕作项目培训班,对保护性耕作新上项目县管理人员、技术人员以及农机手进行全面的培训,同时开展免耕播种、机械深松等机具作业现场演示。

3 月

为深入了解全国农机专业合作组织的规模、水平、能力、需求等基本信息,促进农机装备结构合理调整,提升农机社会化服务能力,农业部农业机械化技术开发推广总站组织开展了"全国农机服务组织调研",组织全国农机推广系统开展资产在 50 万元以上规模农机专业合作组织的资料摸底调查,全面掌握全国农机专业合作组织的发展趋势、存在问题和需求。

3 月 22 日—6 月 27 日

农业部农业机械化技术开发推广总站组织开展农业机械化科技人才资源统计工作,全面了解掌握全国农机推广系统科技人才素质和结构等情况。

5 月 18 日—8 月 15 日

农业部农业机械化技术开发推广总站组织完成 2011 年度神内基金农技推广奖农机专业评审,对上海、江苏、浙江等南方 15 个省(区、市)农机系统农技推广奖的组织推荐和初评工作,经基金会专家委员会终评,农机系统共有 34 人获得农技推广奖,其中 16 人获优秀推广人员奖,18 人获优秀农户奖。

6 月 30 日

农业部印发《关于刘宪、丁翔文职务任免的通知》(农任字[2011]37 号文)。经部党组 2011 年 6 月 17 日会议研究,决定刘宪任农业部农业机械化技术开发推广总站(农业部农机监理总站)站长,丁翔文调任农业部农业机械化管理司巡视员。

7 月 10 日

为贯彻落实农业部 2011 年为农民办实事工作方案,农业部农业机械化技术开发推广总站组织南方 11 个省份农机推广部门,开展南方丘陵山区适用农机新技术示范推广工作活动。

8 月 10 日

农业部农业机械化技术开发推广总站创办内部刊物《推广与监理》,其宗旨在于及时向农业部机关和全国省级农机推广和监理机构宣传总站的大事、要事、新事和行业重点、热点工作。

8 月 24 日—29 日

由农业部农业机械化技术开发推广总站站长刘宪带队一行 5 人赴安徽省庐江县,以"解剖麻雀"的方式,随机抽取 8 个乡镇 17 个村 178 个农户入户核实机具,开展完善农机购置补贴运行机制调查研究工作。调研分析农机购置补贴政策执行时易出现的问题与根源,认真查找农机购置补贴操作链条上的薄弱环节,广泛听取各方面的意见和建议,提出有针对性的改进措施和办法。

9 月 16 日

农业部农业机械化技术开发推广总站在北京组织召开"2009—2010 年主要农作物生产机械化示范推广项目"的验收会并同期完成该项目的验收报告。

9 月 17 日

农业部农业机械化技术开发推广总站站长刘宪作为中国农技推广协会副会长应邀参加在北京召开的中国农技推广协会会长办公扩大会议并作交流发言,简要介绍 2011 年上半年开展农业机械化技术推广工作的主要做法、取得的初步成效以及下半年的重点工作。同时,与会代表对加快农机农艺技术融合的重要性和紧迫性达成共识,并就推进措施制定初步方案。

9 月 18 日—22 日

农业部农业机械化技术开发推广总站配合农业部农业机械化管理司在湖北省孝感市举办全国"三秋"农业机械化生产技术培训示范班。示范班培训水稻和油菜机械化收获、播种等技术,同时要求各地要全面落实农机安全生产责任。

9 月 22 日

农业部农业机械化技术开发推广总站印发《关于大力推广"三秋"农业机械化先进适用技术的工作方案》,明确提出"三秋"农机推广工作重点、推广内容和工作措施等。

10 月 14 日—16 日

农业部农业机械化技术开发推广总站在河北正定国家乒乓球训练基地组织开展全国"农机推广杯"乒乓球团体比赛。通过公平竞争和激励角逐,福建代表队获团体冠军,湖南、广东、北京、新疆兵团、山东、浙江、辽宁代表队分获第 2 至第 8 名。

11 月 11 日

农业部印发《关于李安宁任职的通知》(农任字[2011]75 号文)。经部党组 2011 年 11 月 4 日会议研究,决定李安宁任农业部农业机械化技术开发推广总站(农业部农机监理总站)副站长。

11 月 13 日—15 日

农业部农业机械化技术开发推广总站在北京组织召开"全国农业机械化示范区建设研讨会",会议邀请 9 个省份的示范区建设人员和 8 位专家讨论《农业机械化示范区建设指导规范(讨论稿)》。

11 月 17 日

农业部农业机械化技术开发推广总站在天津组织开展优势农产品重大技术推广项目验收,总结交流 7 个省(市)项目实施取得的成效经验和研究成果,农业部农业机械化技术开发推广总站站长刘宪到会并讲话。

农业部农机监理总站

2011 年 1 月 12 日

农业部农机监理总站承担并组织起草的《农业机械事故处理办法》,经农业部农业机械化管理司修改完善,农业部第 12 次常务会议审议通过,以农业部令 2011 年第 2 号公布,自 2011 年 3 月 1 日起施行。

4 月 1 日—2 日

农业部发展计划司组织专家对农业部农机监理总站承担的移动式拖拉机安全检测项目进行竣工验收。验收组抽查两个项目建设点,并认真审查项目材料,经验收组研究讨论,同意该项目通过竣工验收。

4 月

农业部农机监理总站组织编写全国农机安全监理人员统编教材《农机安全监理》,并由中国农业科学技术出版社出版。教材分 10 章,对农机安全生产法律、行政法规、规章、标准及农机安全监理进行阐述。

5 月 6 日

农业部发展计划司向农业部农机监理总站颁发《农业建设项目竣工验收合格证书》(证书编号:2008B—110113—E0301—846)。

5 月 9 日—11 日

农业部农机监理总站在浙江省永康市组织召开《农业机械机身反光标识》农业行业标准起草人员会议，研究确定标准构架和具体内容。

5 月 20 日

农业部农机监理总站印发《关于申报移动式农机驾驶人考试装备项目的函》（农机推（计财）函［2011］22 号），向农业部申报移动式农机驾驶人考试装备项目，积极做好农机安全监理项目储备和建设工作。

5 月 23 日—24 日

农业部农机监理总站在江西省南昌市举办《农业机械事故处理办法》宣贯培训班，对全国省级负责农机事故处理工作的师资进行业务培训。各省（区、市）及计划单列市，新疆生产建设兵团农机安全监理站分管领导及农机事故处理岗位人员共 80 余人参加培训。

5 月 27 日

农业部农机监理总站在山东省威海市举办拖拉机联合收割机牌证制发监督管理培训班，向参加培训的各省（市、区）农机监理站（所、队）牌证制发分管站领导和牌证报表填报工作人员，解读《拖拉机联合收割机牌证制发监督管理办法》，讲解拖拉机联合收割机牌证相关报表填报要求和拖拉机联合收割机牌证相关标准。

6 月 11 日

农业部农机监理总站与农业部农业机械化管理司、北京市农业局联合举办主题为“营造平安农机氛围、确保三夏生产安全”的“三夏”农机安全生产宣传咨询日活动，现场为农民发放安全生产宣传资料，粘贴拖拉机安全反光贴，解答农民群众提出的问题，营造浓郁的安全生产氛围。

6 月 11 日—12 日

农业部农机监理总站派员参加农业部农业机械化管理司组织的调研活动，实地考察江苏盐城农机安全监理行政服务中心及考试装备、档案室和报废回收点等，查阅相关材料，听取工作汇报，并就有关问题进行深入的讨论。

6 月 18 日

农业部农机监理总站对陕西西安的农机安全互助保险工作进行调研。通过与省互助保险协会座谈，了解陕西省互助保险开展的组织机构、制度建设、互助项目及金额、资金管理、赔付方法等方面的情况。

6 月 26 日

为加强全国农机安全监理工作交流，宣传普及农机安全监督管理政策法规及安全生产知识，进一步提升农机安全监理系统公共服务能力，农业部农机监理总站与各省级农机安全监理机构共建的中国农机监理信息网（网站域名 www.cams.agri.gov.cn）上网试运行。

6 月 27 日

农业部农机监理总站在湖南省长沙市举办 GB 16151.1《农业机械运行安全技术条件》宣贯暨手扶变型运输机现场展示会，引导生产企业生产符合国家标准规定的拖拉机产品，加强农业机械的源头管理。

7 月 5 日

农业部农机监理总站在北京举办拖拉机联合收割牌证定点生产企业培训班，向各拖拉机联合收割机牌证定点生产企业负责人解读《拖拉机联合收割牌证制发监督管理办法》，讲解拖拉机联合收割牌证相关报表填报要求和拖拉机联合收割机牌证相关标准。

7 月 14 日

为规范农业机械事故处理行为，提高农业机械事故处理文书制作水平，根据农业部农业机械化管理司的要求，农业部农机监理总站承担并组织起草的《农业机械事故处理文书规范（试行）》，经农业部农业机械化管理司修改完善后由农业部办公厅印发。

7 月 19 日

农业部农机监理总站组织开展移动式拖拉机安全检测装备项目固定资产移交工作，将移动式拖拉机安全检测装备项目固定资产移交至项目实施县（市、区、旗）。

9 月 1 日

由农业部农业机械化管理司提出，农业部农机监理总站组织起草的《农机事故现场图形符号》通过审查，农业部公告第 1642 号发布中华人民共和国农业行业标准《农业机械事故现场图形符号》（NY/T2083—2011）。

9 月 6 日—7 日

农业部农机监理总站在内蒙古呼和浩特市召开 2011 年全国省级农机监理站长会议，会议总结 2011 年农机安全监理工作取得的成效，分析农机安全监理工作面临的新形势和新任务，研究部署下一步的农机安全监理工作。农业部农业机械化管理司副司长刘恒新到会并作讲话。各省、自治区、直辖市、计划单列市及新疆兵团农机监理站（所）长等 100 余人参加会议。

10 月—11 月

按照农业部农业机械化管理司的安排，农业部农机监理总站对山西、陕西、江西、安徽等省申报的“平安农机”示范县创建情况进行检查。通过听汇报、查文件、深入乡村实地检查等方式，对申报单位的农机安全管理组织领导、农机安全宣传教育、农业机械安全管理、农机驾驶操作人员管理、农机安全执法和农机安全生产状况等情况进行检查。

11 月 10 日

农业部农机监理总站印发《关于报送（2012 年移动式拖拉机安全检测装备项目可行性研究报告）的函》（农机推（计财）函［2011］46 号），申报 2012 年移动式拖拉机安全检测装备项目。

11 月 21 日—23 日

农业部农机监理总站协助农业部农业机械化管理司在北京召开设施农业装备安全监管工作座谈会，总结交流设施农业装备安全监管专项治理工作开展情况，讨论报废淘汰农业机械的回收办法、农机监理“三率”调研报告和“为民服务创先争优”示范窗口考评办法等。

中国农机安全报社

2010 年 12 月 29 日

“东方红杯”2010 年全国农业机械化十大新闻评选活动在北京举办，经过农机界、新闻界专家的共同评选，选出《国务院关于促进农业机械化和农机工业又好又快发展的意见》等 2010 年全国农业机械化十大新闻。

2011 年 1 月 7 日

中国农机安全报社召开年终总结大会，农业部农业机械化管理司司长宗锦耀到会指导并作指示。

1 月 11 日

中国农机安全报社搬入农丰大厦新办公楼，办公条件大为改善。

2 月 17 日

农业部副部长牛盾、总经济师杨昭品到中国农机安全报社新办公室场所视察，对报社工作作出指示。

2 月

中国农机安全报社副社长刘卓前往法国巴黎采访 SIMA 农机展览会。

3月6日—7日

中国农机安全报社全体人员赴河北省开展“河北农业机械化又好又快发展”主题采访活动”，瞻仰西柏坡革命纪念馆。

3月

因平安建设工作扎实有效、成绩突出，中国农机安全报社被评为2010年度中央国家机关“平安单位”。

6月20日—7月1日

按照农业部巡视工作总体部署，部巡视组进驻中国农机安全报社进行工作巡视，巡视范围包括中国农机安全报社本部和广西北海农业部农机培训中心。

6月28日—29日

结合纪念建党90周年，中国农机安全报社党支部组织“主题党日”活动，参观北京密云县的农机专业合作社，参观焦庄户地道战遗址纪念馆和顺义区农机博物馆。

7月8日

中国经济报刊协会在海南省澄迈县召开澄迈杯中国经济新闻大赛颁奖大会，中国农机安全报社提交的作品获一等奖1篇、二等奖2篇、三等奖3篇。

7月28日

农业部副部长危朝安，总经济师、办公厅主任陈萌山到中国农机安全报社检查安全工作并进行座谈。

8月9日

农业部总经济师、办公厅主任陈萌山到中国农机安全报社座谈，部署非时政类报刊转企改制工作，中国农机安全报社被国家新闻出版总署列为第一批非时政类报刊转企改革单位。

9月13日

农业部第9次常务会研究部署非时政类报刊转企改制工作，提出要把中国农机安全报社作为改革的“重中之重”。

9月15日

农业部召开非时政类报刊改革领导小组会议，副部长危朝安听取中国农机安全报社的前期工作汇报。

10月20日

农业部农业机械化管理司司长宗锦耀到中国农机安全报社就非时政类报刊改革工作进行专题调研，与职工代表进行座谈，并就改革工作作出指示。

地 方 篇

北 京 市

2010年12月23日

北京市人大第十三届第二十二次会议表决通过《北京市农业机械化促进条例》，自2011年3月1日起施行。

12月28日

北京市农业局召开北京市农机安全生产联席会议，总结农机安全生产联合行动开展情况，分析农机安全监管工作存在的问题，确定2011年联合行动工作总体思路、工作目标和重点任务。

2011年1月6日

北京市组织各区县农业局、农机服务中心和农机监理机构负责人召开全市农机安全生产工作紧急会议，通报两起农机生产事故，分析春季设施农业安全生产形势，提出设施农业生产安全操作规程。市农业局副局长王振邦出席会议并就春季设施农业生产安全工作提出具体要求。

1月21日—22日

北京市农业局组织召开北京市农业机械推广鉴定大纲审定会，对北京市农机推广鉴定大纲进行正式出版前的技术内容再次审定。农业部农机鉴定总站、农业部农业机械产品质量监督检验测试中心、天津市农机鉴定站等单位的专家参加审定会。与会专家对46个北京市农机产品推广鉴定大纲进行认真、严格的审定，提出具体的修改意见。

1月26日

北京市农业机械试验鉴定推广站组织召开全市2010年农机鉴定推广工作总结表彰暨2011年工作部署会，京郊13个区(县)农机服务中心、农机推广站(研究所)、农业机械化学校、典型农机合作社代表参加此次大会。

2月1日

北京市农业局组织申报的“京郊保护性耕作技术的研究与应用”、市农机试验鉴定站组织申报的“设施农业深耕机械化技术示范与推广”获得2010年度北京市农业技术推广奖二等奖。

2月9日

北京市农村工作委员会、市农业局组织召开全市抗旱促春管紧急会议，研究分析春季小麦长势和气候条件，提出抗旱促春管工作的技术措施。市级农机、农艺各部门负责人和中国农业大学、推广单位有关专家等参加会议。

2月10日—13日

北京市组织全市抗旱促春管专项督导检查，市农村工作委员会、农业局的有关领导和部门负责人与技术专家分组对各区县春季生产进行监督检查，督促各区县全力以赴做好春季农业生产。

2月15日

北京市农业局组织召开全市农机抗旱工作会，分析前期监督检查中发现的问题，强调需要采取的紧急措施和技术标准。

2月28日

北京市人民代表大会常务委员会、市人民政府联合召开宣传贯彻落实《北京市农业机械化促进条例》座谈会，市人大常委会副主任赵凤山、副市长夏占义出席会议并就宣传贯彻落实好条例提出明确要求，市农业局局长赵根武在会上就宣传贯彻好条例部署工作方案。北京市农村工作委员会、农业局、发展改革委、财政局等15个部门的负责人，各区县人民代表大会常务委员会、人民政府主管领导和相关部门负责人，北京市汽车集团等有关企业负责人共200多人参加会议。

3月4日

北京市农业局召开全市农业机械化工作会议，全面总结2010年和“十一五”时期北京市农业机械化工作取得的成就，深入分析“十二五”农业机械化发展面临的形势和任务，提出“十二五”时期北京市农业机械化发展的主要目标和任务，部署2011年农业机械化重点工作。市农业局副局长王振邦出席会议并作工作报告，市级各农机部门、各区县农业局、农机(农业)服务和农机研究、推广、监理等部门负责人参加会议。

3月4日—6日

北京市农业局委托市农业机械试验

鉴定推广站组织专家对申报北京市农机推广目录和补贴目录的产品进行评审。市农业局副局长王振邦到会听取评审专家的情况汇报。参加此次推广目录申报评审的参选企业共20家，8大类13个品目54个产品，参加补贴目录申报评审的参选企业共87家，8大类13个品目343个产品。

3月8日

北京市农业机械监理总站召开全市农机安全监理工作会议，部署2011年全市农机监理重点工作，市农机监理总站与区县农机监理机构签订《2010年北京市农机安全生产责任书》。

3月9日

北京市农业机械试验鉴定推广站和北京标准化研究所联合起草的北京市地方标准《生物质燃料成型设备通用技术条件》通过专家审定。

3月15日

北京市农业局组织召开全市农机春季生产工作会议，各区县汇报农机生产春耕备耕情况，部署当前需着力加强的几项重点工作，市农业局副局长王振邦出席会议。

4月2日

北京市农业局组织召开保护性耕作建设项目讨论会，汇总项目建设进展总体情况，讨论项目建设中遇到的问题，提出下一步工作重点。

4月7日

北京市农业机械监理总站对全市农机事故统计人员进行业务培训，系统讲解农机事故统计、分析与报送工作的程序和基本要求，学习并演练在全国推广使用的《金农工程农机事故采集系统》的应用操作。

4月19日

北京市农业局组织召开2011年农机购置补贴工作座谈会，会议传达全国农机购置补贴工作座谈会精神，并对2011年农机购置补贴工作进行部署。市农业局副局长王振邦代表市农业局与各区县农业局长、农机服务中心主任签订《北京市农机购置补贴工作责任书》。各区县农村工作委员会主任、农业局局长、农机（农业）服务中心主任等参加会议。

4月19日

北京市农业局和市安全监督管理局在大兴区魏善庄镇召开了“平安农机”创建工作现场会，各区县农村工作委员会、农业局及农机服务中心负责同志参加此次会议。与会人员参观了大兴区“平安农机”示范点，查看大兴区、魏善庄镇、留民营村三级示范单位创建工作材料，交流“平安农机”创建中积累的工作经验。

4月26日

北京市市农业局组织2011年度全市农机维修企业法制培训班，市农业局副局长任宗刚出席培训活动并做培训动员，来自全市各区县的120余名农机维修企业负责人参加培训。

5月24日

北京市农业局组织召开2011年农机安全生产联合行动动员大会，市农村工作委员会、市工商行政管理局、市质量技术监督局、市安全生产监督管理局、市公安局公安交通管理局等北京市农机安全生产联席会议成员单位主管领导，各区县农业、工商行政、质量技术监督、安监、公安交管等部门的负责人参加会议。会议总结2010年全市联合行动开展情况，分析当前农机安全生产形势，明确各级联席会议成员单位的农机安全生产监管职责。

5月24日

为贯彻执行《农机安全监理证件》（NY1918—2010）标准，北京市农机监理人员统一换发了“农机安全监理证”、“农机监理检验员证”、“农机监理考试员证”等农机安全监理相关证件。

6月1日

北京市农业局、市安全生产监督管理局对顺义区“创建平安农机、促进安全生产”工作联合进行考核评比。考评组对顺义区创建平安农机的农业机械及人员管理、农机年检工作、农机执法检查的常规工作、联合行动工作、跨区作业工作、专项行动工作、农机安全宣传教育、农机安全生产责任制、“平安农机”一般工作、农机维修企业管理、农机事故统计处理、各类调研工作等进行考评，对顺义区创建的各项工作逐项考评打分。通过考评，两局领导对顺义区创建“平安农机”工作给予充分肯定与表扬。

6月10日

农业部“2011年三夏农机安全生产宣传咨询日”活动在顺义区举行。农业部农业机械化管理司副司长刘宪、农业部农机监理总站副站长涂志强、北京市农业局副局长王振邦、顺义区农村工作委员会及农机服务中心的领导向前来咨询的群众解答了“三夏”农机安全生产有关内容知识，发放宣传用的T恤衫、毛巾、水杯、手提袋等用品，发放宣传图片、《农业机械安全监督管理规定》、《北京市农业机械化促进条例》及拖拉机、联合收割机安全操作规程等宣传材料，并为参加流动检测的拖拉机粘贴反光贴。

6月10日

北京市组织召开全市农机“三夏”工作会，分析了“三夏”农机生产形势，部署了“三夏”农机生产。市级相关部门和各区县农业局、农机中心、农机技术推广和监理部门负责人参加会议。

6月10日—11日

农业部在江苏盐城举办“2011年全国农机技能竞赛”，北京代表队获得本次大赛的二等奖，密云河南寨陈向阳农机合作社机手刘宝柱、顺义兴天力农机合作服务社的机手司庆振获“农机能手”称号。

6月17日

为加强国家补贴购置农业机械的监督管理，北京市农业机械监理总站在房山区举行国补农机专用号段管理启动仪式。房山区农机监理工作人员为本区新发放的30多台国补拖拉机和联合收割机悬挂“京02”号段农机牌照，并进行现场注册登记。“京02”号段国补农机专用号牌将在全市13个郊区县全面实施。

6月20日

北京市农业局局长赵根武、副局长王振邦率相关处室负责人深入大兴区青云店镇、通州区永乐店乡等地田间地头查看“三夏”农业生产情况，大兴区、通州区农村工作委员会、农业局及农机服务中心负责人现场汇报小麦长势、小麦收获和玉米播种机具准备和作业情况。

6月23日

北京市农业机械试验鉴定推广站起草的北京市地方标准《农用保温被技术条件》通过专家审定。

7月1日

北京市“三夏”农业机械化生产基本结束。全市机收小麦58.8千公顷，机收水平100%；夏玉米保护性耕作71.13千公顷，占播种面积的98%。

7月13日

北京市农业机械监理总站组织中国农业机械化科学研究院等单位的专家对《北京市拖拉机安全操作规程》和《北京市联合收割机安全操作规程》中的有关条款和技术术语进行初步审定。

7 月 15 日

北京市农业政策性保险工作协调小组办公室召开农机政策性保险工作座谈会,市农村工作委员会、市农业局、保监局、相关保险公司的有关人员讨论并提出加快组织实施农机政策性保险工作的具体措施。当日,华农财产保险股份有限公司北京分公司完成首个农机政策性保险保单的审核和承保工作,结束北京市农机具没有政策性保险的历史。

7 月 25 日

北京市农村工作委员会组织召开防汛工作会,传达市政府防汛工作会议精神,明确全市农机各部门在防汛工作中的具体任务。

7 月 27 日—29 日

北京市农机安全监理总站组织牌证业务培训班,全市牌证业务人员以及总站牌证科全体人员参加。培训班就农业部2010 年新修订的 42、43、72 号令以及两个规范的要求进行详细讲解,对全市业务人员的计算机基础知识进行系统培训。

8 月 2 日

北京市农业机械监理总站组织全市农机监理机构召开全市农机监理工作会议,汇报总结全市农机监理上半年主要工作和重点任务,包括牌证管理、执法监督、宣传培训、国补机具专用号牌的使用、农机免费管理及农机政策性保险等工作的进展和完成情况,部署下半年的重点工作。

8 月 3 日

北京市农业局组织召开全市农业机械化工作半年总结会,总结全市上半年工作情况,分析了工作中存在的问题,提出下半年工作重点。市级各农机部门、区县农业局、农机服务中心、农机技术推广和监理机构的负责人参加会议。

8 月 10 日

北京市财政局、中国保险监督管理委员会北京监管局、北京市公安局、北京市卫生局、北京市农业局联合印发《北京市道路交通事故社会救助基金管理试行办法》。按照职责分工,北京市农业局负责制定农业机械发生交通事故的救助基金工作流程;负责通知救助基金管理办公室垫付农业机械在道路以外交通事故中受害人的抢救费用,协助救助基金管理办公室向涉及农业机械交通事故责任人追偿。

8 月 11 日

北京市农业局组织召开“北京市2011 年补贴机具质量调查工作会议”,京郊 11 个区县的农村工作委员会、农业局、农机服务中心、农机研究所的有关负责人参加会议。会议安排小麦收割机、55.13 千瓦以上功率拖拉机、玉米收获机等享受补贴的农业机械质量和效益情况的调查工作。

8 月 17 日

北京市农机监理总站举办“北京市农机政策性保险业务培训班”,各区县农机监理机构及相关保险公司专职人员参加会议。会议讲解农机政策性保险条款、政府补贴比例、投保流程、理赔流程、投保注意事项等内容。

8 月 30 日

北京市农业局组织召开“北京市农机专业合作社经理人培训班”,农业部农机鉴定总站、北京市农业局及各区县农业局、农机服务中心的领导参加开幕式,会议邀请中国农业大学、农业部农机鉴定总站、江苏省农业机械管理局等单位的专家从农机专业合作社规范化和品牌建设、农机专业合作社经营运行战略、国内外农机专业合作社发展等方面进行培训。

9 月 8 日—9 日

北京市农业机械监理总站举办北京市 2011 年农机行政执法业务培训班,讲解《北京市安全生产条例》、行政执法程序和行政处罚案卷的制作、行政执法心理学、《北京市农业机械化促进条例》中有关安全监督管理的重要规定等内容和知识,来自市和区县农机监理机构的 40 余名执法人员参加。

9 月 15 日

北京市财政局组织专家对全市2008—2010 年农机购置补贴工作进行绩效考评,通过查阅资料、走访区县用户、召开专家评审会等方式,对购机补贴工作执行政策的规范性、合理性,经济、社会效益情况,农民受益情况等方面进行综合评定,考评等级为优秀。

10 月 11 日

北京市农业机械监理总站组织举办2011 年农机事故应急处理演练活动,市安全监管局、市公安交管局、3 家承保农机政策性保险的保险公司业务人员和市、区两级农机事故处理人员参加演练活动。

10 月 14 日

北京市农业局组织召开设施农业装备需求座谈会,农机、蔬菜、土肥等部门的负责人和技术专家参加会议,分析京郊设施生产中的装备和技术需求,提出下一步应着力加强的重点工作。

10 月 18 日

北京市农业机械试验鉴定推广站通过了农业部农业机械化管理司组织的农业部农机推广总站、农业部质量信息司、农业部规划设计院等单位的专家现场考评,具备了微型耕耘机、免耕播种机、精量播种机三种农业机械产品的部级推广鉴定能力。

10 月 18 日

北京市农业局组织召开设施农业新型机具现场演示会,会上演示了电动卷膜器、温度监控设备等新型设施农业机具,各区县提出本地区设施农业机械化发展的问题和建议,市农业局对区县设施农业农业机械化发展提出指导意见。市农业局、市农业技术推广站、市农机试验鉴定站、各区县农机管理部门负责人参加会议。

10 月 20 日

北京市“三秋”农业机械化生产基本结束,北京市玉米机收面积达到87.33千公顷,比 2010 年增加了 21.33 千公顷;机收占可机收面积的 75%,同比提高了 18 个百分点,顺义等平原大区县玉米机收水平突破了 85%,基本实现机械化。

10 月 20 日

北京市农业局组织召开保护性耕作项目讨论会,各区县农机部门主管领导和技术专家参加了会议。总结 2011 年保护性耕作项目的主要进展,分析工作中遇到的问题,提出 2012 年保护性耕作的重点任务。

11 月 2 日

北京市农业局组织区县农业、农机部门管理和技术人员召开玉米脱粒机收现场会,展示玉米机械摘穗、脱粒和秸秆粉碎多功能收获机械作业效果,为提高玉米机收水平做好储备。

11 月 4 日

北京市农业局组织召开全市农业机械化座谈会,各区县汇报玉米机收、以旧换新、农机政策性保险和“三秋”农业机械化生产等重点工作,提出下一步的工作方向。

11 月 15 日

2011 年北京市贷款贴息购置大型农业机械工作全面完成,共贷款贴息购置 8 台青贮收获机,总价值 1 742 万元,贷款 1 045.2 万元,补贴利息约 153 万元。

11 月 20 日

北京市 2011 年农机购置补贴工作全面完成,共落实补贴资金 1.34 亿元,完成购机总额 2.68 亿元,其中中央补贴资金 8 000 万元,市级配套补贴资金 5 400 万元。共购置农业机械 7 700 余台(套),受益农户达到 18 000 余户,补贴种类涉及大田、设施农业、畜牧水产养殖、农产品加工等农业生产领域。

天 津 市

2010 年 12 月 30 日

天津市农业机械局印发《关于开展 2011 年天津市农业机械购置补贴产品补贴额确定等作的通知》。

2011 年 1 月 10 日—11 日

天津市农业机械局召开全市 2011 年度农机购置补贴工作座谈会,农机生产有关企业、农机补贴产品经销商及涉农区县农机管理部门主管业务领导、管理科长 150 余人参加座谈。市农业机械局副局长胡伟出席会议。

1 月 14 日

天津市农机安全监理行政许可网络远程审批系统正式上线启用。局领导班子成员、各处处长及新闻媒体参加启动仪式。

1 月 18 日

2010 年度天津市农业机械化科技进步奖评审揭晓,评审出一等奖 3 项,二等奖 7 项,三等奖 5 项。

1 月 20 日

天津市农业机械局召开全市农业机械化工作会议。市农业机械局副局长刘志伟主持,局长刘宝忠传达全国农业机械化工作会议精神,副局长胡伟总结 2010 年全市农业机械化工作,提出 2011 年工作意见。涉农区县农机管理部门的领导、市局机关处级以上领导干部及直属各单位领导参加会议。

1 月 26 日

中央纪律检查委员会驻农业部纪检组组长朱保成、农业部农业机械化管理司司长宗锦耀、副司长刘恒新到蓟县调研国家强农惠农政策落实情况,慰问基层农机职工。市纪律检查委员会驻市农业委员会纪检组组长张懿、蓟县人民政府副县长郭春富、市农业机械局副局长胡伟等有关领导陪同。

2 月 10 日

天津市公务员局印发《关于天津市汉沽区农业机械服务中心参照公务员法管理的批复》,同意该中心为参照《中华人民共和国公务员法》管理的单位。

2 月 17 日

中共天津市委农村工作委员会任命陶旭为市农机发展服务中心(天津市农村工作委员会农机管理办公室)党委委员、副书记;胡伟、刘志伟为市农村工作委员会农机管理办公室(市农机发展服务中心)副主任、市农机发展服务中心(市农村工作委员会农机管理办公室)党委委员;张顺义为市农机发展服务中心(市农村工作委员会农机管理办公室)党委委员、纪律检查委员会书记。

2 月 24 日

天津市农业机械局召开农业机械化信息宣传工作座谈会,副局长胡伟到会讲话。直属各单位、各区县主管信息工作领导、办公室主任及信息员参加会议。

2 月 25 日

天津市农业机械局召开 2011 年农机年度检审工作会议。各区县农机管理部门主管领导及监理站站长参加会议。局长刘宝忠和副局长胡伟出席会议并讲话。

3 月 3 日

天津市农业机械局举办稻麦连作机械化技术现场演示展示会。局长刘宝忠、副局长刘志伟、纪律检查委员会书记张顺义以及农机合作社、农机大户和农机生产企业代表近百人参加会议。

3 月 17 日

天津市农业机械局与市财政局联合印发《关于切实加强农机购置补贴政策实施监管工作的通知》,组织各区县开展农机购置补贴自查自纠工作。

3 月 21 日

天津市农业机械局举办市水稻生产机械化作业技术暨蔬菜机械化育苗技术现场会。全市水稻主产区的农机管理部门、水稻种植农户、农机合作社代表共 200 余人参加会议。

3 月 24 日

天津市农业机械局举办天津市农机考试员、教练员业务培训班,对全市 13 名考试员、39 名教练员进行培训。

4 月 12 日

天津市农业机械局召开全市农机购置补贴工作会,传达全国农机购置补贴工作座谈会精神,部署农机购置补贴工作。各涉农区县农机主管部门领导、管理科长等 40 余人参加会议。市农业机械局副局长胡伟主持会议,局长刘宝忠、副局长刘志伟、纪检书记张顺义出席会议。

4 月 20 日

由天津市农机推广总站完成的市农业委员会棉花秸秆收获加工及循环利用技术推广项目获农业部农牧渔业丰收奖三等奖。

4 月 28 日

天津市农业机械局举办中高级技术人员培训班及健康养殖机械化技术现场演示会。市农机研究所、市农机推广总站、市农业机械化示范推广中心、宝坻区农业机械局及武清区农机推广站、农机大户参加培训。市农业机械局局长刘宝忠出席会议。

5 月 6 日

天津市农机推广总站召开市设施农业精量高效育苗机械化技术交流暨现场演示会。市农业机械局局长刘宝忠,副局长胡伟,滨海新区农业局局长王宜民等有关领导出席会议。市农科院、各区县农机技术推广人员、20 余个蔬菜花卉设施种植园区的代表共 100 余人到会。

5 月 18 日

天津市农业机械局召开全市“三夏”农机管理工作会,对 2011 年“三夏”农业机械化生产工作进行全面部署。各涉农区县农机管理部门的主管领导参加。市农业机械局副局长胡伟主持会议。

5 月 30 日

天津市农业机械局召开系统安全生产工作会。部署开展安全生产重大隐患排查专项治理行动。局属企事业单位领导和负责安全生产的负责人参加。市农业机械局刘志伟副局长主持会议,局长刘宝忠出席会议并讲话。

5 月

天津农机科技人员撰写的《现代物理农业工程技术概论》由天津科技出版社出版发行。

6 月 13 日

天津市农业机械局在静海县举办小麦机械化收获开机仪式。市农业机械局局长刘宝忠、副局长胡伟现场查看小麦机械化收获情况。

7 月 1 日

天津市农业委员会副主任李森阳到

市农业机械局调研农机安全监理工作。听取全市农机安全监理工作和“十二五”目标规划汇报，局领导班子成员参加调研。

7 月 5 日

东淀都市型现代化农业核心区公司、滨海华明农业公司、神驰农牧发展公司被批准列入农业部全国首批设施农业装备与技术示范单位。

7 月 12 日—14 日

天津市农业机械局举办全市农机购置补贴警示教育学习培训班。涉农区县农机主管部门领导、农机购置补贴产品经销商负责人参加培训。

7 月 20 日

天津市农业机械局印发《关于开展农机购置补贴产品入户核查工作的通知》，指导各区县农机部门开展入户核查，监督 2011 年重点补贴机具到位和使用情况。

7 月 20 日

天津市农机推广总站团支部书记、技术开发室主任马超获得由共青团天津市委员会授予的天津市 2011 年度“新长征突击手”荣誉称号。

8 月 2 日

天津市农业委员会组织全市农业系统各局、院、中心 20 余名纪检察干部到武清区，观摩市农机系统运用信息化手段规范农机购置补贴的经验做法。市纪律检查委员会纪审处主任柴旭泰、市直机关纪工委书记赵卫平、市农业机械局局长刘宝忠参加观摩活动。

8 月 3 日—4 日

天津市农业机械局召开全市农业机械化工作座谈会，传达全国农业厅局长会议精神，总结上半年农业机械化工作，部署下半年工作。市局机关与各县农机管理部门领导参加会议。

8 月 9 日

天津市农机试验鉴定站获由中共天津市委宣传部、天津市依法治市领导小组办公室、天津市司法局联合评选表彰的“2006—2010 年天津市普法依法治理工作先进单位”称号。

8 月 18 日

天津市纪律检查委员会组队到市农业机械局考察购置补贴信息管理系统使用情况。市委农业工作委员会纪检组组长张懿、副组长杨健、市农业委员会监察室主任郑若冰，市农业机械局党委书记、局长刘宝忠、纪律检查委员会书记张顺义陪同。

9 月 5 日—6 日

天津市农机试验鉴定站通过部级鉴定能力认定现场考评。

9 月 15 日

天津市纪律检查委员会廉洁自律办公室副主任张楠，市纪律检查委员会驻市农业工作委员会纪检组长张懿、副组长杨建到市农业机械化示范推广中心检查工作。市农业机械局纪检书记张顺义陪同。

9 月 21 日

天津市农业机械局在武清区举行“三秋”玉米机械化收获启动仪式。

10 月 13 日

由天津市农业机械局主办的市设施农业现代化技术装备现场会，示范和推广现代设施农业生产中育苗、灌溉、植保等环节的农业机械化设备。现代物理农业技术现场会同时召开。

11 月 16 日

农业部农业机械化管理司副司长刘恒新一行深入武清区，检查指导“平安农机”创建工作。市农业机械局副局长胡伟、市安全生产监督管理局、武清区农业委员会、安监、公安、农机等部门负责人陪同检查。

11 月 17 日

农业部农机监理总站站长刘宪一行到市农业机械局安全监理处检查指导工作，市农业机械局副局长胡伟陪同。

河 北 省

2010 年 12 月 27 日

河北省政府第七十八次常务会议审议通过《河北省人民政府关于推进农业机械化和农机工业又好又快发展的意见》。意见明确促进河北省农业机械化和农机工业发展的主要任务；对加大财政支持力度、落实好购置补贴政策，重点扶持等做了具体规定；对强化部门分工、政府责任等，提出明确要求。

2011 年 1 月 13 日

河北省召开全省农机购置补贴工作警示教育暨专项整治视频会议，农业厅厅长赵围岭就落实好农机购置补贴工作发表讲话。会议决定，利用半年时间开展农机购置补贴专项整治活动。

2 月 11 日

以农业部农机鉴定总站站长刘敏为组长的农业部“百乡万户调查”组抵达河北，听取省农业厅、省农业机械化管理局的情况汇报后，分别深入清苑县和徐水县，就中央强农惠农政策落实、备耕春管、农民收入等情况进行调查。

3 月 29 日

河北省农业机械化工作会议在石家庄召开。农业厅厅长赵国岭、副厅长李永山出席会议并讲话。会议传达全国农业工作会议、农机专业会议精神，总结“十一五”以及 2010 年的工作，安排部署了 2011 年农业机械化工作。

5 月 6 日

河北省农机购置补贴工作视频会议召开，驻农业厅纪检组长、监察专员孙进群，农业厅副厅长李永山出席会议并讲话。由此，全省 2011 年农机购置补贴工作全面启动。

5 月 13 日

河北省农业机械化管理局在石家庄市召开农机购置补贴政策培训会。会议针对出现的问题提出严格要求，与各农机企业签订《农机购置补贴廉洁自律承诺书》，《承诺书》包括廉政承诺、机具质量承诺、销售价格承诺和售后服务等内容。

5 月 23 日

河北省跨区机收作业指挥部正式成立，指挥部实行 24 小时值班制度，负责协调跨区作业、小麦机收工作，直至全省小麦收获结束。

6 月 3 日

河北省委副书记、省长陈全国带领农业厅等相关部门负责同志，到藁城市调研小麦生产及“三夏”生产准备工作情况。强调要抓好小麦后期管理，组织好小麦机收会战，努力实现夏粮丰产丰收。

6 月 10 日

河北省农业厅在临漳县狄邱乡双庙村举行小麦机收开机仪式。农业厅厅长赵国岭、副厅长李永山，省农业机械化管理局局长张连才，邯郸市市长郑雪碧，邯郸市农业局局长暴常青，临漳县委、县政府领导以及省气象局、中石化河北分公司等部门负责人出席仪式。李永山主持仪式，赵国岭讲话并宣布小麦机收会战启动。

6 月 13 日

河北省副省长沈小平带领农业厅厅长赵国岭、副厅长张文军，省农业机械化管理局局长张连才等到邯郸市肥乡县和馆陶县就“三夏”生产进行调研。沈小平深入田间查看小麦机收和夏玉米机播情况,同机手和农民交谈,叮嘱机手注意身体,保证安全,提高作业效率,抓住晴好天气抢收,确保丰收的小麦颗粒归仓,加快夏种进度,为全年粮食丰收打下好基础。

6 月 24 日

河北省 2 442.67 千公顷小麦收获全部结束,机收面积 2 159.64 千公顷,机收率 98%。全省小麦机收自 6 月 10 日开始,历时 15 天。期间,全省投入联合收割机 8 万台,其中引进外省 1 万多台。

6 月 27 日

河北省秋粮播种结束,机播面积 2 056.19千公顷,机播率 95%。期间,全省每天投入播种机 7 万多台。

7 月 12 日

河北省农机深松工作会议在定州市召开,各设区市农业局长、主管副局长、82 个农机深松项目县的局长参加会议。省农业厅副厅长张文军、李永山,农业部农业机械化管理司、省财政厅、厅属相关单位负责人、省农业机械化管理局及四站负责人出席会议。

10 月 8 日

河北省有关部门集中人力对全年农机购置补贴统一结算,至 31 日结束。2011 年,全省补贴各类农机具 12.7 万多台,惠及 80 702 个农户或农机服务组织。

11 月 20 日

河北省 82 个深松项目县已完成 600 千公顷。2011 年,通过农机购置补贴新增深松机具 1.1 万台,深松深度达到25 厘米以上标准的,每公顷按 375 元给予作业补贴。

山 西 省

2010 年 12 月 16 日

农业部、国家安全生产监督管理总局联合发布《关于公布全国"平安农机"示范县(第二批)的通报》,山西省平遥县、原平市、平定县、大同县被评为全国"平安农机"示范县。

2011 年 1 月 11 日

山西省农机购置补贴监督管理工作会议在太原召开。会议传达农业部办公厅《关于进一步严格农机购置补贴工作纪律要求加强政策执行情况监督检查的通知》精神,通报全省 2010 年农机购置补贴工作情况。

1 月 14 日

山西省副省长刘维佳、省政府副秘书长王纯一行在省农机局调研农业机械化工作。副省长刘维佳对 2010 年全省农机系统工作和农业机械化事业的发展给予"充分肯定,非常满意"评价,并就推进农机装备制造业发展和用好政策杠杆,用好扶持资金和项目,完善操作措施提出具体要求。

1 月 17 日

农业部农业机械化管理司副司长刘宪、全国人大法制工作委员会处长宋芳等一行 7 人来晋调研《农业机械化促进法》后立法评估并召开座谈会。山西省农机局局长王证伟主持会议。

2 月

山西省农机局获得 2010 年"全省安全生产先进单位"。

2 月 23 日

山西省农机局联合省安全生产监督管理局对 2010 年 10 个省级平安农机示范县、128 个平安农机乡(镇)进行表彰。

3 月 3 日

由山西省农机局主办的"第六届北方现代农业装备推广展示交易会"在山西现代农机推广展示服务中心开幕。副省长刘维佳等有关领导出席开幕式,全省各级农机部门、经销商代表以及近万名农机大户到会参观。

3 月 3 日—4 日

山西省农业机械化工作会议在太原召开。省农机局党组全体成员,各市农机局局长、办公室主任,省局各处室主要负责人、直属单位党政主要负责人参加会议。

3 月 13 日

山西省农机研究院承担的省科技攻关项目"山西特色小杂果智能分级技术装备的研究"和"党参揉整关键技术装备的研究"通过省科技厅组织的科技成果鉴定,鉴定结论均为国际先进水平。

3 月 15 日

山西省"维权与打假"农业机械化质量宣传活动启动仪式在闻喜县举行,农业部农机鉴定总站副站长朱良、省农机局副局长张培增、省农机局农机质量监督管理站站长李武代出席仪式。副局长张培增分析全省农机工作形势,就农机"维权与打假"作安排部署。会场设立咨询台,就有关农机问题接受群众现场咨询。

3 月 22 日

山西省农机推广工作会在太原召开。全省 11 个市推广站长、16 个农机推广旗帜建设县局长以及山西省农机推广总站副科以上干部共 50 多人参加会议。省农机局局长王立伟、副局长张培增出席会议并讲话。

3 月 25 日

2011 年山西省农机局党风廉政建设干部大会在太原召开,局直系统副处以上领导干部,局纪律检查委员会委员共计 80 余人参加会议,省农机局局长王立伟主持会议并作讲话。

3 月 31 日

金桥农机专业合作联合社在运城市空港南区挂牌成立。该社是山西省成立的第一家农机专业合作联合社。

3 月 31 日—4 月 1 日

山西省农机深松作业暨春季农业机械化生产现场会在汾阳市召开。省农机局局长王立伟、副局长许继光出席会议。

4 月 21 日

山西省农机局、省财政厅在太原召开全省农机购置补贴工作会议。副省长刘维佳、省政府办公厅副秘书长王纯、省财政厅副厅长张韬、省纪律检查委员会农廉办主任高海燕等出席会议。

4 月 25 日

山西省农机局与省农林水气劳动竞赛委员会联合下文,在全省农机系统开展以"优质高效、诚信守法、服务三农、互利双赢"为主题的农机生产作业社会化服务劳动竞赛活动。

4 月 26 日

山西省政府召集交通、公安、纠风、物价、通管、气象、石油、石化、农机等部门,召开农机跨区作业领导小组会议。省政府副秘书长王纯主持会议,省农机局局长王立伟汇报 2010 年农机跨区作业情况和 2011 年农机跨区作业准备工作情况。

4 月 27 日

山西省设施农业机械化工程技术集成与示范项目通过省科技厅鉴定。该项目在全省 11 个市,235 个乡镇示范推广,累计实施面积 23.33 千公顷,推广各类设施农业机械装备 42 000 多台(件),累计产值 65.3 亿元。

5 月 12 日—7 月 10 日

开展山西省严厉打击农机安全生产

非法违法行为专项行动。促使3 600多台无牌无证拖拉机、联合收割机注册登记,3万多台拖拉机、联合收割机参加年度安全技术检验,1 700多个农机驾驶人考取驾驶证。

5月14日

山西省小麦跨区机收工作会议在太原召开,会议部署今年的小麦跨区机收工作。太原、吕梁、运城等7个市农机局分管局长和生产科长参加会议。

5月21日

全国人大常委、致公党中央副主席杨邦杰,中国农业大学校长柯炳生,中国工程院院士、东北农业大学教授蒋亦元,中国工程院院士、华南农业大学教授罗锡文等一行11人组成的农业部保护性耕作考察团到临汾尧都考察机械化保护性耕作技术及推广工作。省政府副秘书长王纯、省农机局局长王立伟等陪同考察。

5月26日

山西省"三夏"农机跨区作业出征仪式在运城市临猗县举行。副省长刘维佳、运城市市长王安庞、省农机局局长王立伟以及省、市、县有关部门领导出席仪式。

6月5日

启动"山西省平安农机手机短信平台"。该平台可使入网用户免费接收农机部门发布的各类农机实用信息。

6月15日

山西省投入小麦联合收割机8 205台,机收面积53.27千公顷,累计完成机收面积360千公顷,小麦机收任务过半。

6月26日—27日

山西省人大在介休市召开农村工作农机专题座谈会。省人大副主任郭海亮出席会议并作讲话。省人大农村工作委员会主任吕德功、副主任耿怀英、副主任曹晋芳、副主任祁玉林,省农机局局长王立伟以及省人大、省农机局相关处室负责人参加会议,座谈会由耿怀英主持。

6月30日

山西省"三夏"农机抢收抢种工作完成,机械收获656.67千公顷,机收率达92%;机械复播玉米、豆类363.33千公顷,机播率达到90%。

7月24日

首期山西省农机购置补贴机具定点经销商培训班在运城市举办。全市32家农机经销商和市农机管理人员共60余人参加培训。

8月1日—10月31日

山西省农机局开展百日大检查专项行动,共促使全省3 881台无牌无证拖拉机、联合收割机注册登记,6 915台拖拉机、联合收割机参加年度安全技术检验,3 308名农机驾驶操作人员办理驾驶证。

8月23日

山西省柠条机械化平茬及加工利用现场会在五寨县召开。省农机局局长王立伟、省农业厅畜牧兽医局局长李广、省农机局副局长张培增、省财政厅农财处处长李世山,以及省畜牧、林业等相关单位和柠条平茬机械生产经销企业负责人共120余人参加会议。

8月26日

山西省委书记袁纯清就省农机局贯彻落实全省领导干部大会精神活动情况作出批示:"贯彻落实的措施具体也有力度。"

9月1日

山西省玉米机收秸秆还田工作暨跨区机收对接会在太原召开。会议就全省秋季农业机械化生产各项工作提出具体要求,强调玉米机收秸秆还田、跨区机收、马铃薯机收、保护性耕作和深松整地等方面的工作重点。参加玉米跨区机收的试点县签订跨区机收协议书。

9月9日

山西省委书记袁纯清就全国农业机械化技术推广会在山西召开的情况作批示:"会议很有意义。农业要抓机械化,同时,山西也要在农机制造上发挥现有产能,有所作为。"

9月15日—16日

山西省农机局举办全省农机专业合作社社长培训班,省农机局局长王立伟、中国农机安全报社长宋毅出席开班仪式并讲话,来自全省11个市的农机管理科长和100余名农机专业合作社社长参加培训。

9月19日

以"耕耘在变迁中升华"为主题的第一届全国农机摄影大赛作品展在第十一届平遥国际摄影大展上开展。此次大赛由中国农业机械化协会、山西省农机局主办。中国农业机械化协会常务副会长马世青,农业部农机试验鉴定总站副站长杨林,中国农业机械化协会副秘书长陈海燕,省农机局局长王立伟等参加开幕式,此次大赛作品经过两年多的筹备,向全国征集了700余幅作品,选出百余幅优秀作品进行展出。

9月20日

山西省马铃薯机械化生产暨示范区建设现场会在吕梁市召开,省级农机部门,11个市农机推广站站长,27个马铃薯机械化生产县农机局局长、推广站站长,岚县各乡镇书记、乡镇长、农机管理员、农机操作手、农机大户,周边农民群众近300余人参加会议并观摩了机具演示。

9月25日

山西省玉米跨区机收暨"三秋"农业机械化生产启动仪式在忻州市举行。

9月30日

山西省秋季农业机械化生产手机电话会议在太原召开。省农机局局长王立伟讲话。会议重点部署今秋全省农业机械化生产、农机购置补贴工作、全年目标责任等工作。

10月13日

《山西农机手机报》正式开通。该手机报是省农机局为农机系统干部量身定制的电子报纸,内容涵盖惠农政策、政务信息、农机技术信息、市场信息等。

10月19日

山西省首家农机专业技术视频网站——晋城市农机技术培训网(www.jc-njpx.com)开通,为农机手和农民朋友获取知识、接受培训搭建方便、快捷的平台。

10月20日—27日

以"机械化装备现代化农业"为主题的第二届中国(山西)农博会农机展在太原煤炭交易中心举办。共有90多个单位参展,展出450多种产品,总贸易额22亿元。省长王君、驻农业部纪检组组长朱保成、省委副书记金道铭、省委组织部长汤涛、副省长郭迎光、省人大农工委主任吕德功以及美驻华大使馆官员、省发展和改革委员会、科技厅等领导视察展区。

10月24日

山西省高粱机械收获现场观摩会在吕梁市举办。省农机局局长王立伟、副局长张培增莅临现场。

11月3日

山西省农机局投入1 000万元省级农机补贴资金对注册登记的拖拉机实行后累加补贴。其中大中型拖拉机、联合收割机每台1 000元,小型拖拉机每台500元。

11月10日

山西省"三秋"农业机械化生产基

本结束。三秋期间共完成玉米机收406.67千公顷，玉米机收水平达到26%，比2010年增加9个百分点；薯类机收74.67千公顷，薯类机收水平达到32%，比2010年增加8.5百分点；小麦机播696千公顷，机播率达到98%；玉米秸秆还田803.33千公顷；农机深松作业213.33千公顷，完成计划任的93.3%。全省秋季生产共投入农机具29.5万台，其中玉米收获机6 320台，薯类收获机3 285台，深松机5 824台，秸秆还田机14 500台。

11月15日

山西省委书记袁纯清就山西省农业机械化工作作重要批示："农业机械化推进速度加快，服务三农效果明显，对环保、农业效益、农民增收都起到积极作用，赞同你们2012年的规划，继续加大力度，扩大农业机械化的覆盖面。"

1月—11月

开展山西省卷帘机等设施农业装备安全专项治理。省局增加投入1 000余万元对2 300余台老旧和存在安全隐患的后置式卷帘机进行了补贴更新，向8 000多户设施农业经营户免费发放《卷帘机安全操作挂图》。

2011年

山西省共创建10个省级"平安农机"示范县，110个省级"平安农机"示范乡、1 300多个省级"平安农机"示范村、1万个省级"平安农机"示范农机户。

内蒙古自治区

2011年2月25日

内蒙古自治区农牧业工作会议农业机械化专业会议在呼和浩特市召开。自治区农牧业厅副厅长翟瑗作题为《转变农机化发展方式引领现代农牧业发展》的报告。

3月26日

内蒙古自治区农牧业厅在呼和浩特市召开全自治区落实农机购置补贴政策会议，总结交流购机补贴工作经验，查找管理工作不足，强调要加强监管、防范风险。会上，农牧业厅副厅长翟瑗作《严肃纪律强化管理扎实有效落实好农机购置补贴政策》专题报告，自治区纠风办副主任鲍玉国、自治区财政厅调研员杨牧到会讲话，参加会议的农机主管部门、供货商、生产企业代表近500人，规模空前。

4月

内蒙古自治区政府印发《内蒙古自治区农机深松整地作业实施规划(2011—2015年)》，进一步明确不同区域机械深松整地技术模式和标准要求，分解下达年度目标任务，提出具体工作要求。

7月14日

内蒙古自治区农牧业厅农牧业机械化管理局印发《内蒙古自治区农牧业机械化发展第十二个五年规划》，进一步明确农业机械化发展的指导思想、目标、任务和措施。

9月5—7日

农业部农业机械化管理司副司长刘恒新一行深入乌兰察布市，调研节水灌溉、保护性耕作实施情况。自治区农牧业副厅长翟绣、农牧业机械化管理局局王建江陪同调研。

9月16日、9月25日

内蒙古自治区农牧业厅分别在巴彦淖尔市和通辽市召开西部和东部玉米机收现场会，国内十余家知名企业的20多个玉米收获机械进行现场演示，全市1 000多个农机大户和农机专业合作社负责人代表观看现场演示，会议的召开为实现自治区玉米机收工作的快速推进，发挥很好的宣传、培训、示范带动效果。

10月30日

内蒙古自治区农牧业厅在成都市召开全自治区区农机专业合作社建设及保护性耕作技术推广研讨会。会议总结交流各盟市近年农机专业合作社建设及保护性耕作技术推广工作开展情况、典型做法、成功经验等，进一步统一思想认识，提升信心，明确深化农机专业合作社建设及保护性耕作技术应用的基本思路、措施。

11月

内蒙古呼伦贝尔市阿荣旗农牧业机械化培训推广服务中心王德秀同志被评为2011年全国粮食生产先进个人，这是内蒙古自治区农机系统获此殊荣第一人。

辽 宁 省

2010年12月7日—8日

辽宁省农业委员会副巡视员曲平陪同农业部农业机械化管理司副司长刘恒新、农业部农机安全监理总站站长丁翔文在沈阳、辽阳两市考察农业机械化工作。

12月8日

辽宁省农业机械化管理局在全国农机深松作业补贴工作座谈会上介绍了2010年农机深松作业补贴工作经验。

2011年1月18日

辽宁省农业机械化管理局长暨农机补贴警示教育会议在沈阳市召开。省农业委员会主任刘长江到会讲话，副巡视员员曲平作年度工作报告，省农业机械化管理局局长张景山作农机购置补贴警示教育和总结讲话。会议表彰2010年度农机管理先进集体和个人。各市、县农业机械化管理局长参加。

3月15日

辽宁省粮食生产机械化示范区建设项目部署会议在沈阳市召开。会议传达有关文件，张景山、曲平分别讲话。各市农业机械化管理局长、项目县(市、区)农业机械化管理局长参加会议。

3月22日

2011辽宁省暨铁岭市现代农机装备展示会开幕。省农业机械化管理局局长张景山主持，省政府副秘书长何焕秋出席并致辞，省财政厅、省发展和改革委员会负责人及铁岭市委、市政府、市人大、市政协主要领导到会并参观农业机械装备。国内外194家农机生产企业参展，展出农机产品12大类，农机产品1 100多种，参观人数达6万余人次。此次展会是东北地区规模最大的农机展会。

4月13日

辽宁省水稻大棚育秧暨农机农艺融合现场会在盘锦市召开。省农业机械化管理局局长张景山出席会议，各市农业机械化管理局长参加会议。至此，由农机农艺方面的专家和领导组成的全省农机农艺融合领导小组正式成立。

4月15日

辽宁省召开2011年全省农机购置补贴工作会。省农业机械化管理局局长张景山、副局长曲平出席会议。

4月25日

辽宁省农业机械化信息宣传工作会议在锦州北镇市召开。农业部农机试验鉴定总站副站长杨林到会讲话，省农机质量监督管理总站站长滕平作工作总结，锦州市、鞍山市、营口市、阜新市代表做典型经验介绍，省农业机械化管理局局长张景山作总结讲话，会议对信息宣传先进单位进行表彰。

8 月 18 日

辽宁省农业机械化管理局与新疆生产建设兵团农八师赴辽滴灌项目专家顾问团在辽宁工会大厦召开座谈会。双方就辽宁省“1 000 万亩农业节水滴灌工程”农机配套相关工作进行深入探讨。省农业机械化管理局局长张景山、副局长曲平、副巡视员李机出席座谈会。

8 月 24 日

辽宁省农业机械化管理局长暨农机购置补贴警示教育会议在沈阳市召开。副巡视员李机传达全国农业厅局长座谈会（农业机械化行业分组会）精神，副局长曲平作“上半年工作总结和安排下半年工作”，省农业机械化管理局局长张景山作警示教育总结讲话。

8 月 25 日

辽宁省农机购置补贴产品经销商座谈会暨警示教育会在沈阳市召开。

9 月 6 日

辽宁省“1 000 万亩滴灌节水农业工程”农机具选型演示会在阜新市召开。

9 月 17 日

辽宁省农业机械化管理局在沈阳市召开全省各市农业机械化管理局局长会议，下达 2011 年农机购置补贴第二批计划、“200 万亩深松补贴计划”和“1 000 万亩节水滴灌工程”农机配套方案。省农业机械化管理局局长张景山、副局长曲平、副巡视员李机和有关处、直属单位负责同志参加会议。

9 月 26 日

辽宁省“1 000 万亩滴灌节水农业工程”启动大会在彰武县举行。省委书记、省人大常委会主任王珉出席会议并宣布“1 000 万亩滴灌节水农业工程”全面启动。省长陈政高作讲话。会上，来自省和各市的领导观看节水滴灌工程农机具现场演示。全省各市分管副市长，各县区及有关部门主要负责人，辽西北五市和沈阳项目区负责人以及滴灌节水农业六个技术组长参加。新疆生产建设兵团专家顾问团和天业集团负责人参加会议。

10 月 24 日

2011 年辽宁省主要农作物生产示范项目验收和农机专业合作社购机奖励项目申报说明会在沈阳召开。省农业机械化管理局局长张景山作总结讲话，副巡视员李机和 13 个市、有关项目县农业机械化项目负责人出席会议。

11 月 10 日—11 日

辽宁省农业机械化统计工作培训班在沈阳举办。培训班由省农机质量监督管理站站长滕平主持，省农业机械化管理局副局长曲平作总结讲话并就新形势下农业机械化统计工作作部署。各市、县区农机行政主管部门负责农业机械化统计工作的人员共 110 多人参加培训。

吉 林 省

2011 年 1 月 13 日

吉林省农业机械化工作会议在长春市召开，会议总结全省“十一五”及 2010 年农业机械化工作的成效和经验，分析农业机械化的形势和任务，明确“十二五”农业机械化发展思路、目标任务和重大措施，安排部署 2011 年农业机械化重点工作。省农业委员会副主任于文波到会并讲话，省农业机械化管理局局长成洪作会议总结。

3 月 7 日

吉林省农机购置补贴工作布置会议在长春召开。会议传达农业部、财政部有关农机购置补贴工作的纪律要求，总结农机购置补贴工作取得成效和经验，分析面临的形势和存在的问题，研究部署当前的农机购置补贴工作。会议由农业机械化管理局局长成洪主持，省农业委员会副主任于文波出席会议并讲话。

3 月 8 日

吉林省农机购置补贴产品生产企业培训班在长春举办。省内外进入吉林省农机购置补贴产品目录的生产企业代表 200 多人参加培训。培训班上讲解 2011 年吉林省农机购置补贴操作办法及信息管理系统（新版）的操作应用，农业机械产品推广目录申报程序和如何提高农机产品质量等。省农业机械化管理局副局长翟延华作总结讲话。

3 月 9 日

吉林省农机购置补贴产品经销企业培训班在长春市举办。农机购置补贴经销企业代表 300 多人参加培训。培训班讲解农机购置补贴政策、农机购置补贴操作程序和农机购置补贴信息管理系统的操作应用等方面的知识，省农业机械化管理局副局长翟延华出席培训班。

3 月 18 日—20 日

2011 年中国 · 吉林现代农业装备暨农机购置补贴产品交易会在长春举办。省委常委、省委秘书长房俐宣布展会开幕并为展会剪彩。展会设室内、室外 10 个展区，面积达 2.3 万平方米，参展农机生产企业达 150 多家，参展机具包括 12 大类，上千个品种。展会组织农民现场购机，全省 34 个县（市、区）农机主管部门和近 34 家农机补贴产品经销商在展会现场设置工作区，方便农民选择机具、选择供应商、办理购机手续。

3 月 31 日

吉林省政府转发省农业委员会、省财政厅《2011 年全省农机深松整地作业补贴工作实施方案》，明确 2011 年在全省实施旱田农机深松（深翻）整地作业面积为 933.33 千公顷，省级财政补贴资金为 1.4 亿元，补贴标准为每公顷农机深松整地作业补贴 225 元，其中省补贴 150 元，地方配套补贴 75 元。

4 月 15 日

吉林省农业委员会、省财政厅联合印发《2011 年吉林省农业机械购置补贴及全程农业机械化示范区建设实施方案》，确定发放第一批中央财政补贴资金 6.4 亿元，省级配套财政资金 0.7 亿元。对主要粮食作物关键薄弱生产环节的机具实施累加补贴。

4 月 27 日

吉林省农业机械化管理局召开农机购置补贴工作座谈会。会议传达全国农机购置补贴工作座谈会议精神，对当前农机购置补贴实施中的重点环节提出明确要求，要求各地加快实施进度，同步实施好全程农业机械化示范区建设，严格规范操作，执行农机与财政联合审批制度，加大政策宣传。省农业委员会副主任于文波与各市（州）农业委员会主管农业机械化工作的主任签订责任状。

5 月 16 日

吉林省首家农机 4S 店在榆树市落成。原吉林省副省长、省人大副主任杨庆才参加开业庆典并赠送亲笔题词，省政府副省长王守臣发贺信。该店的建立，将为农民提供农机质量、作业、维修、保养一体化服务。

6 月 10 日—11 日

在“2011 年全国农机技能竞赛”上，省代表队 2 名选手进入决赛总成绩的前 20 名，获农业部“2011 年全国拖拉机作业技能竞赛能手”称号。

6 月 28 日

吉林省召开全省部分市、县农机购置补贴实施工作调度会。25 个农机购置补贴实施县（市、区）汇报补贴工作进度情况和下一步农机购置补贴政策实施工作思路。省农业委员会副主任于文波到会并讲话，省农业机械化管理局局长成洪作会议总结，省农业机械化管理局副局长翟延华主持会议。

7月28日

农业部农业机械化管理司司长宗锦耀到延边朝鲜族自治州农业机械化管理局调研，省农业机械化管理局局长成洪和延边朝鲜族自治州农业委员会副主任王凤新陪同。

8月3日—4日

吉林省农业机械化管理统计报表制度培训班在通榆县举办。培训班对农业部《农业机械化管理统计报表制度》进行讲解；对全国农业机械化的统计系统县级操作进行培训；表彰2009年及2010年农业机械化管理统计先进工作者。省农业机械化管理局副局长翟延华作总结讲话。各市（州）农业委员会、县（市、区）农机（农业）局负责统计的70多人参加培训班。

8月12日

吉林省加快推进玉米收获机械化工作座谈会在长春召开。有关市（州）及32个玉米主产区产粮大县的农业机械化管理局长、科长80多人参加会议。省农业机械化管理局副局长翟延华主持会议，局长成洪作会议总结，明确全省2015年玉米机收水平达到50%的发展目标。

8月30日

农业部农业机械化管理司副司长刘恒新考察中机（长春）物流科技园和九台市的农机购置补贴工作，副局长翟延华陪同。

9月6日

吉林省加快推进水稻生产机械化工作座谈会在延吉市召开。水稻主产区市、县（市、区）农机（农业）局长、科长及有关人员80多人参加。省农业机械化管理局副局长翟延华主持会议并作总结。

9月14日—23日

吉林省省委组织部带领3名高级农机专家、研究员组成的授课专家组赴日喀则地区进行农机技术授课指导。向日喀则地区18个县（市）区的农机户、农机维修网点和部分县级农业站人员集中讲授“农业机械的发展与农业机械化新技术”等知识，赠送为其专门编写的《农业机械培训教材》700本。

9月27日

吉林省秋季农业机械化生产工作布置会在长春召开。各市、州农机（农业）主管主任、处（科）长，县（市、区）农机（农业）局长，委直农机事业单位领导90多人参加会议。省农业机械化管理局局长成洪主持，省农业委员会副主任于文波对今年秋季农业机械化生产目标任务和工作重点作了布置。

10月12日—25日

吉林省5个督导检查组对全省9个市、州，50多个县（市、区）的秋季农业机械化生产情况、机械深松整地工作、农机购置补贴政策实施情况进行重点督导和检查。

10月20日

2011年度省财政农机推广补助专项资金项目立项评审会在省农机鉴定站召开。经省农业委员会、省财政厅组织专家评审、论证，最终24个单位通过评审，分别承担机械化保护耕作技术（15个单位）、高水平水稻育插秧机械化技术（6个单位）、玉米秸秆综合利用技术（3个单位）和保护性耕作技术效果监测（1个单位）四大项目。全省29个市、县两级农机单位参加评审会。

黑龙江省

2011年2月19日

黑龙江省农机工作会议在哈尔滨召开。省纪律检查委员会法规室主任黄树杰作警示教育报告；七市县作典型经验介绍；会议传达全国农业机械化专业会议和省委农村工作会议精神；省农机推广总站站长任晓东、省农机安全监理总站站长吴忠达作情况通报；副局长张侃作工作报告，总结2010年全省农业机械化工作，部署2011年重点工作。省农业委员会副巡视员李圈军在讲话中肯定全省农业机械化发展取得的成就。

2月23日

黑龙江省印发《黑龙江省2011年农业机械化教育培训大行动活动工作方案》。全省共培训各类农机人员36.74万人，其中，农业机械化管理人员1.34万人以上，农业机械化技术人员2.4万人以上，农机操作人员33万人以上。

2月24日—27日

黑龙江省政府召开全省2011年产业项目建设推进工作会议。19个新型农机装备制造产业项目被确定为省重点推进产业项目。

3月30日—4月1日

由中国机电产品进出口商会、黑龙江省人民政府等单位主办的2011中俄（佳木斯）农机产品展销洽谈会在佳木斯市召开，共有312家企业参展。

4月11日

黑龙江省印发《关于开展全省农机市场专项治理活动的通知》。

4月19日

黑龙江省农业委员会、省财政厅联合印发2011年黑龙江农业机械购置补贴工作实施方案》。

5月3日

黑龙江省农业委员会《2011年黑龙江省补贴机具质量监督工作方案》，并委托省农机试验鉴定站组织农机质量调查组，分别对哈尔滨、齐齐哈尔、牡丹江、佳木斯、绥化、大庆、黑河、双鸭山、七台河、鹤岗、大兴安岭等11个市（地）48个县（市、区）的241个现代农机专业合作社机具存在的质量和售后服务等方面问题进行调查。

5月初—6月上旬

黑龙江省人大副主任申立国带领调研组，赴哈尔滨、齐齐哈尔、佳木斯、大庆、双鸭山、绥化及其所属的五常、尚志、克山、富裕、桦川、富锦、同汀、饶河、宝清、兰西、海伦等县（市）和农垦建三江管局、红兴隆管局等地调研。

6月13日

黑龙江省印发《黑龙江省新型农机装备制造产业推进实施方案暨2011年工作安排意见》。方案明确全省发展新型农机装备制造产业的指导思想、发展原则、发展目标、产业布局和发展重点、重点项目和园区、实施步骤和推进措施。

6月25日

黑龙江省市（地）人大农林工作座谈会在黑河市召开，就农业机械化发展情况与各市（地）进行专题座谈。

6月30日

黑龙江省农业委员会、省财政厅联合印发《黑龙江省2011年现代农机专业合作社建设方案》，在旱田区组建100个现代农机专业合作社，组建规模为每个1 000万元；在水山区组建18个水田现代农机专业合作社，组建规模为每个800万元。

7月1日

美国约翰·迪尔哈尔滨公司举行落户哈南工业新城奠基典礼，正式在黑龙江省开始建厂。

7 月 21 日—22 日

省新型农机装备制造产业推进组办公室在哈尔滨市举办黑龙江省农机产品展，集中展示全省各类农机产品，共有43家企业的180余产品参展。

9 月 27 日

黑龙江省政府在海伦市召开全省秋整地现场会。会议听取农垦九三管局、北安管局、海伦市典型发言，副省长吕维峰作讲话并全面部署今年全省秋整地工作。

10 月 11 日

黑龙江省农业委员会农业机械化管理局与劳动力转移办公室在肇东市农机校举办全省农机合作社发展相关职业技能师资培训班。省农业委员会劳转办、农业机械化管理局负责人，13个市（地）劳转办和农业机械化管理局负责人以及全省42个农机校的骨干教师参加培训班开班仪式，42个农机校的骨干教师参加5天的培训。

10 月 21 日

黑龙江省印发《关于开展秋季全省农机市场专项治理活动的通知》。经专项治理，全省共检验农机维修厂点2 190个，检验销售网点1 970家，出动执法人员8 500人次，整顿农机市场86个次，查获伪劣农机零配件1 320件，价值19万元。为农民挽回经济损失71万元。农机市场秩序明显好转。

11 月 16 日

黑龙江省委书记吉炳轩在省农业委员会《关于今年全省秋整地工作情况的报告》上批示："今年的秋整地动手早，组织得力，取得好的效果，为明年夺取粮食丰收奠定了基础。秋整地是夺取粮食丰收的一个得力措施，主要是有利于防旱除涝，增加地温，抢住农时。对这一好的做法一定要坚持，对存在的问题要着力解决。明年要下决心解决玉米收获机械的问题和加强秋整地补贴。"

上 海 市

2010 年 12 月 25 日

上海市农业委员会任命彭友为上海市农业委员会农业机械化管理办公室副主任。

2011 年 1 月 14 日

上海市农业机械化工作会议召开。会议总结2010年及"十一五"农业机械化成绩与经验，分析农业机械化发展形势，部署2011年工作。市委农村工作办公室、市农业委员会副主任殷欧肯定农业机械化发展取得的成就，要求2011年抓好秸秆综合利用、农机农艺融合、蔬菜生产机械化、补贴资金监管、"三库一间"建设、农机合作组织建设、农机教育培训和安全监理等八项重点工作。

2 月 22 日—23 日

上海市农机安全监理、保险工作会议召开。会议总结2010年度全市农机安全监理和保险工作，部署2011年工作。市农业机械化办主任施忠肯定2010年农机监理和保险工作成绩，对2011年重点工作做了强调。市委农村工作办公室、市农业委员会副主任殷欧提出三个要求：一是提高自身业务水平；二是突出工作重点，三是转变工作作风。

3 月 2 日

上海市春耕备耕专题会议召开。部署重点工作；一是抓紧做好农机购置补贴工作。二是抓好春耕备耕各项工作。三是做好安全生产大检查。四是做好秸秆机械化还田。五是抓紧申报农机合作社"三库一间"建设项目。六是配合好相关调研工作。会后组织观看秸秆还田复式作业机现场演示。

3 月 11 日

上海市农业机械化培训工作会议召开。会议总结2010年农业机械化教育培训工作，提出2011年工作目标。

3 月 12 日

上海市农业委员会和奉贤区政府联合举办上海市"3·15"农民维权暨放心农资农机下乡现场会。共有40余家农资、农机生产厂家现场展示60多种新型农机具和农资。集中演示10种蔬菜专用机械。会议要求全市强化宣传指导，执法检查和协调协作，推进农资（农机）打假深入开展。

3 月 27 日

罗锡文院士来沪指导水田激光整地机、水稻精量穴播机演示，并就我国水稻生产机械化现状与发展趋势进行专题讲座。市委农村工作办公室、市农业委员会副主任陪同。

4 月 11 日

上海市农业委员会发布关于印发上海市农业机械推广鉴定实施细则，规范农业机械推广鉴定工作，提高推广鉴定工作质量。

4 月 12 日

上海市农机购置补贴工作会议召开。会议传达全国农业购置补贴工作座谈会精神，部署下阶段农机补贴工作。市农业机械化办主任施忠要求加紧实施购机补贴，提高购机补贴质量，严肃购机补贴纪律，确保扶持政策落到实处。

4 月 29 日

上海市农机购置补贴启动暨农机购置补贴工作责任书签约仪式举行。会上举办购机补贴启动和送机到户活动，正式启动2011年农业机械购置补贴工作。

5 月 10 日—11 日

上海市举办购机补贴管理软件系统培训班，讲解"上海市农机购置补贴信息管理系统"软件功能和具体化操作要求、上机操作、解答相关问题。该信息管理系统有效推动农机购置补贴工作电子化、快捷化管理，实现资源共享，保障农机购置补贴政策顺利实施。

5 月 12 日

上海市第一届"纽荷兰杯"农机技能竞赛暨2011年全国农机技能竞赛上海选拔赛举行。此次活动检验并展开农业机械化教育培训大行动成果，提高农机从业人员职业素质和技能水平。

5 月 13 日

上海市农业委员会、市发展和改革委员会、市环保局和市财政局联合召开全市作物秸秆综合利用工作推进会。会议肯定2010年世博会期间秸秆焚烧和综合利用取得的成绩，部署2011年秸秆综合利用和禁烧的工作任务：一是加强组织领导，二是加大宣传活动，三是加快政策落实，四是推进机械还田，五是加深巡查督察，六是加强监督举报。

6 月 13 日

"三夏"小麦抢收和秸秆还田紧急会议召开。会议传达上海市委农村工作办公室、市农业委员会主任孙磊关于当前"三夏"抢收抢种工作的有关要求，现场参观受灾小麦的几种秸秆还田方法，交流和讨论当前抢收抢种和秸秆还田情况。会议要求各区县千方百计抓抢收、不失时机抓抢种、合理调机抓还田和深入基层抓指导。

7 月 20 日

农机事故防范专题会召开。会议首先传达农业部有关会议精神和市委农村工作办公室、市农业委员会分管领导工作要求，剖析今年上半年发生的5起农业机械生产安全事故案例并提出事故防范措施。市农机办公室主任施忠从"成绩来之不易、隐患依然存在、工作松懈不得”三个方面总结和部署农机安全生产工作。

7 月 21 日

上海市农机购置补贴工作会议召开。会议传达《农业部关于加快推进农机购置补贴廉政风险防控机制建设的意见》等文件精神，通报农机购置补贴过程中发生的案例，部署 2011 年第二批农机购置补贴申报要求。市纪律检查委员会驻市委农村工作办公室纪检组组长房忠桥到会并提出三点要求：一是加强思想教育，进一步提高“四个意识”。二是加强制度建设，进一步规范操作流程。三是加强监督管理，进一步打击违法违纪行为。

8 月 1 日—4 日

上海市第一期农机合作社社长培训班举行。本次培训旨在规范农机合作社的经营服务，提高合作社管理水平，增强合作社间的交流。市农业机械化办副主任彭友在培训班上作动员讲话，有关专家就《农机管理制度》、《农民专业合作社财务管理》等内容进行讲座。

9 月 8 日

上海农林职业技术学院首届园艺技术专业“农业机械化应用技术与管理”方向班正式开班，27 名学生成为“农机”班成员。市委农村工作办公室、市农业委员会副主任殷欧出席开班仪式并讲话，肯定学院开设农业机械化应用技术与管理方向班，强调培养农艺农业机械化复合型高职人才的必要性。

9 月 26 日—28 日

2011 年华东六省一市农业机械化管理局长座谈会在沪召开。六省一市农业机械化管理局长分别就本省（市）农业机械化发展现状情况、农业机械化发展趋势方向和农业机械化政策法规建设等方面进行交流讨论。农业部农业机械化管理司巡视员丁翔文到会并讲话。

10 月 16 日—18 日

上海市农业机械学会、江苏省农业机械学会和浙江省农业机械学联合举办“第八届长三角科技论坛——农业机械化分论坛”。论坛主题是“深化农机社会化服务改革，推进农业机械化转型发展”。论坛邀请专家作主题报告，与会代表进行交流研讨。

10 月 20 日

上海市农业委员会、市安全生产监督管理局检查松江区平安农机示范区创建情况。根据《关于开展全国“平安农机”示范县（区、市）抽查考评工作的通知》要求，检查组认真观看了创建宣传片、听取工作汇报，查阅创建资料、实地查看创建点。

11 月 2 日

上海召开农机安全生产紧急会议，通报 10 月 31 日发生的一起农机事故情况，分析事故的原因。市农机安全监理所所长朱增有就预防和处理农机事故提出建议。市农业机械化办主任施忠提出加强安全生产意识、加强隐患排查治理、加强机手安全教育、加强安全检查督查和加强事故信息报送。

11 月 18 日

水产养殖机械现场演示会召开。11 家企业 30 余种机械参加了演示，上海市 27 家水产养殖合作社负责人和农机、水产管理部门代表共 80 余人进行座谈。

江 苏 省

2010 年 12 月 16 日

江苏省高效设施农业装备技术推广工作座谈会在南京召开。省、市及部分县农机推广站站长、20 多家高效设施农机装备生产企业代表 100 余人参加会议。

12 月 17 日

江苏省农机信息化工作会议在南京召开。会议总结交流“十一五”农机信息化建设成效，研究部署“十二五”农机信息化工作。来自省局机关、各直属单位、各市县农机部门及列名企业的 180 余人参加会议。

12 月 30 日

江苏省政府印发《关于促进农业机械化和农机工业又好又快发展的实施意见》，明确到 2015 年，全省农业综合机械化水平达到 78%；到 2020 年，全省农业综合机械化水平达到 85%。

12 月

昆山市、沛县、金坛市、南通市通州区、东台市、扬中市、太仓市、常州市武进区 8 个县（市、区）在农业部公布的全国第二批“平安农机示范县”中榜上有名，表彰总数名列全国之首。至此全省创建平安农机示范县、示范乡镇分别达到 37 个、532 个，其中受到国家表彰的“全国平安农机示范县”15 个。

2011 年 1 月 4 日

江苏省农业机械管理局、省安全监督管理局联合表彰 8 个省级平安农机示范县（市、区）和 65 个平安农机示范乡镇。至此，全省受到省级以上表彰的示范县、示范乡镇分别达到 35 个和 527 个，其中 15 个示范县受到国家级表彰。

1 月 11 日

江苏省农业机械化工作会议在南京召开，总结交流 2010 年和“十一五”全省农业机械化发展取得的成效，科学分析农业机械化发展面临的新形势新情况，研究部署“十二五”及 2011 年农业机械化工作。副省长黄莉新、农业部农业机械化管理司副司长刘恒新出席会议并讲话。来自省市县（区）农业机械管理局局长、监理所有关企业等的 400 余人参加会议。

1 月 12 日

江苏省农业机械化科技推广工作会议在南京召开，全省各市农机主管部门负责人、科技处长、推广站长及各县农机主管部门负责人、推广站长等约 400 人参加会议。

2 月 13 日

农业部农业机械化管理司司长宗锦耀为组长的农业部抗旱督查组到徐州市指导抗旱促春管工作。

2 月 16 日—19 日

农业部农业机械化管理司司长宗锦耀一行视察连云港市农机抗旱救灾工作及农业机械化发展情况。

2 月 19 日—20 日

农业部副部长牛盾一行来江苏省调研指导抗旱和农业生产工作，并深入东海县双店、桃林，兴化县钓鱼、安丰等乡镇，详细了解作物受旱、抗旱浇灌、水源调度、田间管理等情况。

2 月 24 日

江苏省农机深松整地技术培训与作业演示会在盱眙举行。副省长黄莉新、农业部农业机械化管理司司长宗锦耀等领导观看二种作业类型的深松机具和抗旱机具的现场作业演示。黄莉新要求农机部门加强农机农艺结合，探索总结适宜江苏地区的农机深松整地作业技术模式，积极推进农机深松整地作业。

2 月 24 日

江苏省“送农机下乡，促农民增收”活动启动仪式在盱眙举行。副省长黄莉新和农业部农业机械化管理司司长宗锦耀出席启动仪式并讲话。

2 月 27 日—28 日

农业部农业机械化管理司司长宗锦

耀一行到溧阳调研。

2 月

江苏省农机具开发应用中心承担的《果蔬保鲜技术及设备示范推广》项目获全国农牧渔业丰收奖农业技术推广成果奖二等奖；李海军、钱信浩、雷恒群3人获全国农牧渔业丰收奖农业技术推广贡献奖。

3 月 5 日—7 日

农业部农业机械化管理司司长宗锦耀一行赴武进区、锡山区和江阴市进行专题调研。

3 月 15 日

以“放心消费，兴机富民”为主题的江苏省农机质量“3 · 15”活动在如皋市举办，农机主管部门、农机企业代表、农机用户和当地群众600多人参加活动。

3 月 28 日

江苏省政府办公厅印发《关于进一步加大力度推进2011年全省农业保险工作发的通知》。《通知》要求2011年全省要大力推进农机具保险。

3 月 29 日

江苏省委常委、副省长黄莉新视察大丰市农机服务专业合作社工作，要求农机合作社不断探索服务机制和运行模式，加强内部管理，拓宽服务范围，提高农机服务社会化水平。

4 月 7 日—9 日

2011第六届中国(江苏)国际农业机械展览会在南京举办。展会由农业部支持，江苏省政府主办，江苏省农业机械管理局和中国国际贸易促进委员会江苏省分会承办，共有来自美国、德国、法国、意大利、以色列、日本、韩国、中国台湾等21个国家和地区的360家企业参展，参展机型2 000余种，参观近9.7万人次，现场签约销售合同金额超过4亿元人民币。

4 月 18 日

江苏省农机购置补贴工作暨农机购置补贴信息管理系统业务培训会议在南京召开。各市、县农机主管部门负责同志及分管领导、从事农机购置补贴工作的处(科)室负责同志及具体操作人员等460人参加会议。

4 月 26 日

江苏省政府召开全省农业科技创新与推广工作会议，对在发展现代农业、加快农业产业升级和促进农业增效、农民增收中发挥重要作用的科技项目和个人给予表彰奖励，有6项农业机械化科技项目、2位同志受到表彰。

5 月 24 日

江苏省秸秆机械化还田推进工作会在南京召开。各省辖市农机主管部门负责人，科技处长和推广站长，77个秸秆机械化还田示范、推进县农机主管部门主要负责人，项目负责人以及省秸秆机械化还田专家组成员240余人参加会议。

5 月 31 日

江苏省油菜生产机械化现场会在通州召开。全省10个油菜主产市的农机主管部门分管局长、科技处长、推广站长，11个油菜主产县的分管局长和油菜生产机械化工作负责人及省油菜生产机械化技术专家组成员100余人参加会议。

6 月 10 日—11 日

农业部在盐城市举办2011年全国农机技能竞赛。江苏省代表队选手张亚锋、梁双翔夺得团体第1名和个人第1、2名。省代表队被竞赛组委会授予“2011年全国农机技能竞赛团体优胜一等奖”，张亚锋、梁双翔分别被竞赛组委会授予“2011年全国拖拉机作业技能竞赛技术状元”、“2011年全国拖拉机作业技能竞赛技术能手”称号。

7 月 28 日—29 日

江苏省农业机械化工作座谈会暨水稻生产机械化表彰会在泗阳召开。会议对2011年基本实现水稻生产机械化的南通市和泗阳县等6个县(市、区)以及扶持农机合作社发展的农机管理部门、企业进行表彰。

8 月 3 日

江苏省农机安全与管理服务工作会议在南京召开，传达国务院安全生产委员会关于防范和坚决遏制重特大事故的通知精神，总结上半年农机安全和管理服务工作，部署下半年工作。

8 月 30 日

江苏省阳光工程农机培训工作会议在南京召开。各市农机主管部门主管处长、各阳光工程农机培训机构负责人、省局有关处室及直属单位负责人等共90余人参加会议。

9 月 24 日

江苏省农业机械技术推广协会成立大会暨第一次会员代表大会在南京召开。该协会是由省农机推广站等五家单位联合发起的全国第一家省级农业机械技术推广协会。

10 月 9 日

江苏省玉米生产机械化现场会在盱眙召开。玉米主产区的市县农机分管局长、推广站长和省玉米生产机械化技术专家组120余人参加会议。

10 月 20 日

江苏省“三秋”机械化生产现场会在常熟市召开。各省辖市农业机械管理局长、科技处长、推广站长及各县(市、区)农机部门负责人，省设施农业机械化技术专家组、秸秆还田及配套综合利用机械化技术专家组300余人参加会议。

10 月 20 日—21 日

江苏省高效设施农业机械化流动现场会在常熟市、海门市召开，展示设施农业、设施畜牧、设施水产、设施园艺等农机具130多台(套)，80多个生产企业参加会议。

11 月 18 日

农业部副部长张桃林赴金坛市进村入户调研“三农”及农业机械化工作。

11 月 19 日—20 日

农业部农业机械化管理司司长宗锦耀一行赴溧阳、丹阳市对农机专业合作社发展情况展开专题调研。

浙 江 省

2010 年 12 月 3 日

由浙江省农业机械学会、上海市农业机械学会、江苏省农业机械学会联合举办的第七届长三角科技论坛“推广低碳农机建设低碳农业”分论坛在杭州召开。浙江省农业厅副厅长赵兴泉出席论坛并致辞。

12 月 23 日

浙江省委常委、副省长葛慧君对慈溪市积极实施“五大工程”大力推进农业机械化的主要做法作出批示。批示指出，慈溪市把农业机械化作为加快发展现代设施农业的重要内容，加大投入，创新服务，成效明显，值得肯定。

12 月 27 日

浙江省领导对诸暨市单季晚稻百亩示范方亩产创新高作出批示。省长吕祖善批示：“要推广诸暨的经验！”副省长葛慧君批示：“这是一个令人振奋的数字，说明种子工程建设的重要，农业精耕细作潜力很大！”

2011 年 1 月 25 日

浙江省余姚市农业机械化信息服务

平台——农机"E"路通正式开通。农机"E"路通作为全省首个综合性农业机械化信息服务平台，是提高农机公共服务能力的重要举措。

3 月 3 日

浙江省在杭州召开危及人身安全农业机械免费实地安全检验试点工作座谈会。海宁、萧山、余姚、东阳、常山等五个试点县(市、区)总结交流一年来试点工作的开展情况。

3 月 9 日—10 日

浙江省农业机械化促进工程项目总结交流暨验收会议在杭州召开，对全省2009 年度 22 个农业机械化促进工程实施项目进行评审验收。

3 月 22 日

浙江省农业机械化工作座谈会在路桥召开。会议回顾总结"十一五"农业机械化发展成效，重点对"十二五"农业机械化工作进行部署。省农业厅副厅长赵兴泉出席会议并讲话。

3 月 22 日

由浙江省农业厅、浙江日报社、台州市政府联合主办的全省"农业机械化服务提升年"暨台州市春耕生产"五送十行动"启动仪式在路桥举行。省农业厅副厅长赵兴泉、浙江日报社副总编徐峻、台州市政府副市长李跃程等领导出席活动。

3 月 27 日—28 日

浙江省水稻生产机械化育秧插秧现场会在金华举行。会议总结交流近年来农业机械化推广工作成效，部署 2011 年水稻生产机械化育插秧推广任务，并邀请有关专家进行现场培训指导。省农业厅副厅长赵兴泉到会讲话。

4 月 11 日—12 日

浙江省设施农业装备安全监管培训班在杭州市举办。培训班安排专家对设施农业监理基础知识、安全操作及事故预防等内容进行讲授，现场考察浙江大学现代农业示范中心。

4 月上旬

浙江省财政厅、农业厅检查小组赴桐乡、湖州、长兴等地开展购机补贴督查。检查小组听取关于农机购置补贴政策实施、补贴资金落实情况的汇报，检查补贴机具在用状况，核实补贴资金到位情况。

4 月 28 日—29 日

浙江省农机购置补贴工作会议在杭州召开，回顾总结农机购置补贴政策实施工作的成效经验，强调农机系统党风廉政建设重点和要求，部署 2011 年度购机补贴实施工作，省农业厅副厅长赵兴泉、省纪律检查委员会驻农业厅纪检组长马万里出席会议并讲话。

5 月 3 日

浙江省农业厅、财政厅联合印发《2011 年农业机械购置补贴的实施意见》，明确全省农机购置补贴政策的实施原则及资金分配、补贴对象、补贴机具种类、补贴标准、操作程序及管理与监督相关工作要求。

5 月 9 日

浙江省农业厅、财政厅联合印发《2011 年浙江省设施农业设备补贴项目管理办法(试行)》，明确设施农业设备补贴的对象、范围、标准，规定申报和立项的程序、项目实施的要求，强调补贴资金使用和监管重点。

5 月 12 日—13 日

浙江省农机购置补贴产品经销商会议在杭州召开。会议回顾总结农机购置补贴政策实施成效并解读 2011 年补贴政策。

5 月 16 日—19 日

农机成人教育教师岗位培训班在杭州举办，全省 65 名农机教师参加培训。

5 月 17 日

浙江省农业机械化信息宣传工作会议在杭州召开。会议部署落实 2011 年度农业机械化信息宣传工作，表彰2010 年度全省农业机械化信息宣传工作先进单位和个人。

5 月 19 日

浙江省人大农业与农村委员会主任委员王良仟、副主任委员徐柏兴一行到省农业厅，重点就开展《农业机械化促进法》执法检查相关工作调研。省农业厅赵兴泉副厅长参加座谈。

5 月 27 日

浙江省农业机械研究院挂牌仪式在金华举行。省农业厅赵兴泉副厅长在挂牌仪式上致辞。

5 月 31 日

浙江省油菜生产机械化收获现场会在杭州余杭召开。省农业厅副厅长赵兴泉出席会议并讲话。

6 月 3 日—7 月 3 日

浙江省农业机械管理局在杭州市连续举办 5 期购机补贴经销商营销员培训班，累计培训 531 名农机营销人员。

6 月 10 日

浙江省人大常委会副主任程渭山率队开展《农业机械化促进法》执法检查。

6 月 14 日

农机购置补贴工作座谈会在杭州召开。会议总结交流上半年农机购置补贴政策实施情况，剖析存在的问题，提出意见建议。

6 月 15 日—16 日

浙江省农民信箱农机综合信息服务平台建设与管理培训班在杭州举办。培训班对平台建设要求、整体框架和操作技术，系统平台管理及应刚规范等内容作讲解。

截至 6 月 20 日

浙江省农机部门组建农机防汛救灾服务队 369 个；组织投入防汛救灾机具 6.56 万台，其中联合收割机 6 893 台、烘干机 748 台、拖拉机 11 884 台、排灌机械 45 783 台，抢收小麦 17.27 千公顷，抢烘小麦 7.8 万吨，补育秧 0.73 千公顷，补种晚稻 5.27 千公顷，抢运物资15.6万吨，抢修农业机械 1.5 万台(次)，安全转移农业机械 5 776 台。

截至 6 月 25 日

浙江省共完成水稻机插面积 90.27 千公顷，(其中早稻机插面积 38 291.87 公顷、单季稻机插面积为 51 956.2 公顷)，较 2010 年同期增加 10.68千公顷，增长 13.4%。

7 月—9 月

浙江省市县三级联动开展农机购置补贴政策实施专项整治活动，重点对政策实施、资金落实、产品经销、纪律执行等进行督查。

9 月 6 日—7 日

浙江省农业机械化服务中心建设现场会暨农机专业合作社理事长(技术负责人)培训班在杭州举办。省农业厅副厅长赵兴泉、省农业机械管理局局长杨大海出席开班仪式。

9 月 14 日

浙江省委常委、副省长葛慧君专题听取全省农业机械化发展情况汇报。省农业厅厅长史济锡、副厅长赵兴泉就当前农业机械化发展取得的成效和作用、存在的问题以及促进措施作汇报。

9 月 27 日

浙江省农机农艺融合工作座谈会在杭州召开。来自中国水稻所、农科院、浙江大学、浙江农林大学、省林业厅、海洋渔业局等单位的农艺、农机专家和农业相关产业首席专家共同探讨当前农机农艺技术融合问题。省农业厅副厅长赵兴泉出席座谈会。

9月29日

浙江省茶产业全程机械化现场推进会在松阳召开。省农业厅副厅长赵兴泉初席会议并讲话。

10月25日—26日

浙江省农机购置补贴政策实施专项整治工作交流会在杭州召开会议。会议交流各市农机购置补贴政策专项整治行动开展情况,专题讨论如何完善政策实施。省农业机械管理局局长杨大海出席会议并讲话。

10月25日—27日

华东地区农机试验鉴定工作座谈会在杭州召开。华东六省一市农机鉴定站领导及代表参加会议。

10月28日

华东地区农机监理工作座谈会在义乌召开。华东六省一市及部分市县农机监理负责人参加。农业部农机监理总站副站长涂志强、省农业厅副厅长赵兴泉到会并讲话。

11月28日

浙江省农机培训工作座谈会在富阳召开。会议总结农机培训工作成效和存在问题以及农机教育培训大行动成果,探讨农机培训机构等方面问题。

11月29日

浙江省平安农机创建工作交流会在富阳召开。会上,各地汇报"平安农机"创建情况,总结创建经验,剖析存在问题。

安徽省

2010年12月3日

安徽省农业机械管理局组织召开农机维修工作研讨会议。

12月18日—19日

2010年安徽省农机系统项目管理培训班在池州市举办。农业部农业机械化管理司产业发展处副处长宋建武,省农村工作委员会发展计划处处长汤高平等作专题讲座。

12月24日

在安徽省经济工作会议上,省长王三运部署2011年经济工作,提出2011年在全省实施农业机械化推进工程。

12月28日

安徽省政府出台《关于促进农业机械化和农机工业又好又快发展的实施意见》。

12月28日—29日

安徽省水稻油菜保护性耕作部级项目县座谈会在合肥召开。

2011年1月12日

安徽省农业标准化技术委员会召开专家评审会,对省农业机械管理局2010年组织起草的《大米色选机》、《茶叶色选机》和《杂粮色选机》地方标准进行审定。

1月14日

安徽省农村工作会议表彰10名"全省粮食生产大户标兵"、10名"全省农机大户标兵",分别奖励每人1台大型拖拉机。省委书记张宝顺、省长王三运为标兵颁奖。

2月16日

安徽省农业机械化工作会议在合肥市召开。

3月8日

安徽省农机安全监理工作会议在合肥市召开。农业部农机监理总站副站长涂志强、中国农机安全报社社长宋毅等出席。

3月8日—10日

农业部农机监理总站副站长涂志强到泾县、广德县调研"平安农机创建"和农机服务组织建设工作。

3月11日

安徽省农业机械管理局命名40个农机专业合作社为2011年省级农机专业合作社示范社(第一批)并授牌。

4月21日

安徽省农业机械管理局、省财政厅联合在合肥召开全省农机购置补贴工作会议。

4月28日

农业部副部长张桃林在庐江县郭河现代农业综合示范区调研时强调,高度重视转变农业机械化发展方式,改善农机装备结构和优化布局,通过大力发展农机服务组织,推进农机社会化服务,推动农业适度规模经营,提高农业生产组织化程度。

5月1日

省农业机械管理局劳动竞赛委员会办公室、濉溪县农业机械管理局、金寨县农业机械管理局农机监理站和省农业机械管理局购机补贴办公室秦军卫分别被授予"组织劳动竞赛先进单位"、"劳动竞赛先进集体"、"工人先锋号"和"劳动竞赛先进个人"(省五一劳动奖章)。

5月6日

农业部农业机械化管理司副司长刘恒新到庐江县督查农机购置补贴工作,指导春耕农业机械化生产。

5月16日

安徽省第二届农民水稻机插秧技能大赛在滁州市举行,滁州市代表对获一等奖,淮南市、宣城市代表队获二等奖,马鞍山、池州、芜湖代表队获三等奖。

5月19日

安徽省农业机械管理局于中石化安徽石油分公司在濉溪县联合举行"安徽农机专用加油卡"启动仪式。

5月20日

安徽省政府办公厅发出《关于切实做好小麦跨区机收工作的通知》,要求各地加强组织领导,强化保障服务,优化机收环境,确保小麦及时收状,颗粒归仓。

5月20日

省财政府办公厅发出《安徽省新增农资综合补贴用于农机深松整地作业实施方案》,给予29个粮食主产县、区和部分农垦农场农机深松整地作业补贴,补贴标准375元/公顷。

5月23日

安徽省长王三运作出指示,要求各地有关部门千方百计把丰收的成果抢收上来。采取激励措施,鼓励本地农机留下来抢收,吸引外地农机来安徽省参加跨区抢收。想方设法压缩收获时间,努力减少自然灾害带来的风险,确保夏粮丰产丰收。

5月27日

安徽省农业机械管理局与安徽农网、安徽移动合作创建的"三夏"农机服务于机免费信息服务正式开通,全省已经领取跨区作业证的1.6万名联合收割机手或农机合作组织负责人通过农网短信平台获取气象信息、农机调度等短信服务。

5月28日

安徽省农村工作委员会、阜阳市政府、省农业机械管理局在颍上县举行小麦抢收开机仪式,拉开全省"三夏"小麦抢收工作序幕。

6月2日—3日

安徽省委书记张宝顺深入滁州市定远、明光、来安、天长等地,检查指导小麦抢收和夏种工作。他强调,要把小麦抢收作为当前农村工作的中心任务,趁着晴好天气,迅速组织人力和机械,全力投入小麦抢收工作,确保夏粮丰产丰收。

6月13日

小麦抢收全面结束。5月下旬以来,安徽省共投入联合收割机12.39万台,机收小麦2 640千公顷,机收率96.1%。

6月21日—22日

保监会、农业部、工信部农机具保险情况调研组到庐江县调研。

7月6日

安徽省农村工作委员会印发《安徽省"十二五"农业机械化发展规划》。

7月26日

安徽省农业机械管理局印发通知确定,合肥市田野蔚业有限公司等21家单位为省设施农业装备与技术示范单位,建设期限2年。

7月28日

安徽省市级农业机械管理局长暨农业机械化推进工程座谈会在霍山县召开。

8月25日—29日

农业部农机推广总站站长刘宪到皖调研农机购置补贴工作。

8月26日

安徽省农业机械管理局印发《安徽省"十二五"农业机械化行业专项发展规划》,含"农业机械化安全监理发展规划"等8个行业专项发展规划。

9月8日—9日

由农业部农机试验鉴定总站副站长杨林担任组长的农业部第三批部级能力认定考评组,对省农机试验鉴定站申报的手扶拖拉机等5个产品部级鉴定能力进行现场考评。

9月25日

罗马尼亚农业和农村发展部国务秘书(副部长级)BARNATANCZOS一行到合肥美亚光电技术股份有限公司、合肥裕隆农机大市场参观考察,洽谈农机合作意向。

9月29日

安徽省农业机械管理局、奇瑞重工联合在芜湖市举行全省水稻生产全程机械化研讨暨水稻机收演示会。

10月10日

2011年农机购置补贴资金7.8亿元实施完毕,补贴金额比上年增加1.2亿元。补贴机具17万台(套),12.5万个产品农户受益,拖拉农民和农业生产经营组织投入约35亿元。

10月17日

安徽省农业机械管理局命名31个农机专业合作社为2011年省级农机专业合作社示范社(第二批)。

10月22日

第三届中国(滁州)国际农业机械展览会在滁州市瑶海农机大市场开幕。省委常委、副省长余欣荣,省委常委、宣传部长臧世凯,农业部农机试验鉴定总站站长刘敏,农业部农机推广总站站长刘宪等出席开幕式。

10月22日

省委常委、副省长余欣荣,省政府副秘书长程中才一行莅临滁州市南谯区视察机械化秋种工作,并就农村土地综合整治和机械化秋种工作提出要求。

10月22日

安徽电气工程学校举行2011级新疆班开学典礼。这是该校首次承办内地新疆中职班,专业为农业机械使用与维护,学制三年,招生人数40名。

11月1日—3日

全国"平安农机"示范县考评组到肥西县、阜阳市颍泉区等地检查验收全国"平安农机"示范县创建工作。

11月7日

经安徽省农村工作委员会党组会议研究决定,江洪银同志任省农业机械管理局纪检组组长(正处级),试用期一年。免去其省农机技术推广总站站长职务。

11月18日—25日

安徽省农业机械管理局和省法制办联合在合肥市连续举办两期全省农机行政执法人员资格认证培训班,323人参加培训和考试。

2011年

继续加大对农机专业合作社的扶持和服务力度,评选命名农机专业合作社示范社,开展帮扶联系活动,培训农机专业合作社理事长和辅导员,农机专业合作社继续保持快速健康发展的良好势头,全年新增农机专业合作社406个,总数达到1 283个。

2011年

水稻栽植机械化呈专业化、规模化和整村推进发展态势。安徽省新增插秧机2 914台(其中高速插秧机388台),比2010年增长25.8%(高速插秧机增长35%)。总量达到14 202台(其中高速插秧机1 496台)。水稻机械化栽植面积420.25千公顷(其中机插秧334.67千公顷),占水稻面积的18.5%。196个村实现整村推进,81个乡镇机栽水平突破30%。

福建省

2010年12月8日

福建省在莆田市召开农机购置补贴工作座谈会。各设区市农业机械管理局(总站)长、部分农机企业负责人参加会议。省农业厅副厅长刘亚圣出席会议并讲话。

12月9日

福建省农机专业合作社建设经验交流会在莆田市召开。各设区市农业机械管理局(总站)和典型县农机站的管理干部、典型县农机专业合作社社长70余人参加会议。省农业机械管理局局长高咸周做工作部署。

2011年2月24日

福建省农业机械化工作会议在三明市召开。各市(县、市)农业机械管理局(站)长、设区市农机监理所长等近190人参加会议。省农业厅副厅长刘亚圣出席会议并做出题为"科学谋划、转变方式、努力推进我省农业机械化事业跨越发展"的讲话。会上,表彰31个"十一五"农业机械化先进单位和58位农机先进工作者。

3月13日

福建省"农机3·15质量与服务"活动在长乐市举办。省农业厅厅长陈绍军、副厅长刘亚圣、福州市辖区县(市、区)农机管理站长、农机生产企业和经销商代表,以及当地群众400多人参加活动。活动由省农业机械管理局局长高咸周主持。

3月18日

福建省召开2011年全省水稻机械化育插秧视频工作会议。会议由省农业机械管理局局长高咸周主持,省农机鉴定推广总站、厅计财处等有关领导,省水稻机械化育插秧技术专家组成员及有关农业农机技术人员参加主会场会议,各市、县(区)农业、农机部门干部、技术人员在当地分会场参加会议。省农业厅副厅长刘亚圣出席会议并讲话。

4月9日

福建省副省长倪岳峰在龙岩市市委常委、常务副市长黄福清陪同下,到长汀县调研"三农"工作,视察长汀县河田镇现代农机服务中心,详细了解春耕生产进展情况后,肯定长汀县发展现代农业所取得的成效,强调要加快土地流转,努力促进土地适度规模经营，稳定粮食生产，提升全县的农业机械化水平。

4月9日

全国人大常委、福建省人大常委会副主任庄先一行到龙海市的创新农机超市进行考察，并就农机购置补贴工作的情况开展调研。

4月11日

福建省农业厅党组书记檀云坤到长汀县检查农业机械化工作。檀云坤一行专程到河田镇现代农机服务中心详细了解农业机械化发展和水稻机械化育秧情况，对长汀县农业机械化工作所取得的成果感到满意。

4月12日

根据《省农业厅关于印发2011年“五新服务促春耕”活动方案的通知》要求，福建省农业机械管理局联合永安市农机管理中心在永安市大湖镇开展“五新服务促春耕”咨询活动。省农业机械管理局副局长杨斌一行与永安市农机管理中心农机管理、技术人员一同参加现场咨询。

4月19日

福建省水稻机械化插秧现场会在建阳市召开。省农业厅副厅长刘亚圣、林源铭副巡视员、中国水稻研究所金千瑜研究员等出席现场会，设区市和8个项目示范县的农机部门领导以及技术人员、种粮大户、农机服务组织、农机大户和有关农机企业的代表200余人参加会议。

4月21日

福建省召开2011年农机购置补贴工作视频会议。省农业厅副厅长刘亚圣出席会议并讲话。省农业机械管理局局长高咸周主持会议。

4月22日

福建省副省长倪岳峰到连江县水稻机械化插秧现场会参观指导，肯定福州市农业机械化工作，要求福州市进一步扩大水稻插秧机的应用推广，全面提高水稻机械化生产水平。

5月19日

福建省农业机械管理局副局长杨斌一行到尤溪县西城镇开展“五新服务促春耕”现场咨询活动。现场讲解农业新品种、新农药、新化肥、新技术、新机具技术，宣传中央和省的强农惠农政策。

6月10日—11日

福建省代表队在2011年全国农机技能竞赛上获全国农机技能竞赛团体优胜三等奖。参赛的二位选手获“全国拖拉机作业技能竞赛技术能手”称号。

7月12日

2011年上半年福建省农机安全生产形势分析会在武夷山市召开。省农业机械管理局、省农机监理所等农机安全生产领导小组成员，各设区市农业机械管理局（站长）、农机监理所所长，平潭综合实验区经济发展局局长等50多人参加会议。省农业厅副厅刘亚圣到会并讲话。

8月9日—10日

福建省农业机械管理局局长高咸周一行在福州市农业局党组成员钱友华陪同下先后到福清市、长乐市开展农业机械化购置补贴工作专项资金督查。

8月17日

福建省农业机械化协会成立暨第一次会员代表大会在福州召开。

9月14日

福建省农业厅副厅长郭跃进到长乐市调研省水稻机械化育插秧示范基地建设和设施农业发展情况。

10月17日

福建省以“绿色·农资·生态·农业”为主题的第四届海峡两岸（福建平和）农资产品展销会开幕。来自海峡两岸200多个厂家、500多个品牌的农资农机具参展。

10月17日—19日

福建省农机安全监理人员培训班在厦门市举办。来自全省各市、县（区）的175名农机安全监理人员参加培训。

10月25日

福建省农业机械化统计软件培训会议在邵武市召开，市（县、区）97名农业机械化统计人员参加会议。省农业机械管理局局长高咸周出席会议并讲话。

11月4日

福建省农业机械管理局局长高咸周走进福建电视经济生活频道“政风行风热线”直播间，接受“政风行风热线”节目现场访谈。在线听取群众对部门政风行风建设的意见和建议，现场解答群众关心的农机购置补贴政策等热点问题。

11月7日—8日

福建省农业机械购置补贴政策实施工作座谈会在宁德市召开。

江西省

2011年1月11日

江西省农业机械化工作会在南昌市召开。会议主要任务是贯彻全国农业机械化工作会议和全省农业工作会议精神，总结2010年及“十一五”农业机械化发展成绩，分析农业机械化发展形势，研究“十二五”农业机械化发展思路、目标、任务和主要措施，部署2011年农业机械化工作，表彰2010年全省农业机械化工作的先进单位和个人。省农业厅党委书记、厅长毛惠忠到会讲话，农业厅巡视员彭济民作题为《加快转变发展方式，努力推进“十二五”期间农业机械化又好又快发展》的报告。

2月21日

江西省农业机械化管理统计年报汇总会在上饶市召开，来自全省11个设区市农机部门的统计负责人参加会议。会议对2010年全省农业机械化管理统计年报进行汇总和分析。

3月16日

江西省农业机械化管理局印发紧急启动春耕生产机具购置补贴工作的通知。

3月29日

江西省农业厅在南昌县举行全省百万农机闹春耕现场会暨农机购置补贴启动仪式，掀起百万农机闹春耕活动的高潮。省农业厅厅长毛惠忠出席并宣布全省百万农机闹春耕暨农机购置补贴工作正式启动。南昌市委常委、副市长刘建洋出席启动仪式，省农业厅巡视员彭济民在仪式上讲话。

3月29日

江西省农机购置补贴工作会暨水稻工厂化育秧技术培训班在南昌市召开。省农业厅副厅长张忠平、厅巡视员彭济民出席会议并讲话。省农业机械化管理局局长王绍萍主持会议并作总结讲话。

4月8日

江西省长吴新雄在省政府党组成员、省政协副主席胡幼桃，省政府秘书长谭晓林，省农业厅党委书记毛惠忠，副厅长张忠平等陪同下，前往进贤县三里乡、南昌县泾口乡考察春耕生产工作。

4月20日—22日

江西省农业机械化管理局局长王绍萍一行先后到萍乡市安源区、上栗县，宜春市袁州区、上高县等地，就农机安全生产、购置补贴、拖拉机牌证管理、机插秧等工作进行检查调研，并走访部分农机销售企业。

4月22日—25日

江西省农业机械化管理局副局长孙

员到万年、鄱阳和余干县督导农机购置补贴和早稻机插秧工作。

4 月 26 日—28 日

2011 年华东地区农机推广站长会在上饶市召开。上海、江苏等 9 省、市农机推广站站长和办公室主任(推广科长)参加会议。江西省农业厅巡视员彭济民出席会议并讲话。

6 月 8 日—9 日

江西省农业机械化管理局局长王绍萍到抚州市调研农业生产受灾情况。

6 月 27 日—28 日

江西省农业机械化管理局局长王绍萍一行到吉安县、永丰县调研农业机械化工作。

6 月 29 日—7 月 1 日

江西省农业厅巡视员彭济民、省农业机械化管理局局长王绍萍一行先后到九江市武宁县、修水县和宜春市宜丰县、高安市调研农业机械化工作。调研期间,彭济民通过听取工作汇报.走访补贴机具供货点、水稻工厂化育秧示范点、农机专业合作社等方式,重点了解各地农机购置政策实施和开展督导检查、专项整治工作情况,了解机械化育插秧技术推广和农机专业合作社发展等情况。

6 月 29 日—7 月 2 日

江西省农业厅巡视员彭济民、省农业机械化管理局局长王绍萍一行到九江市武宁县、修水县和宜春市宜丰县、高安市调研农业机械化工作。

7 月 20 日—7 月 22 日

江西省农业厅巡视员彭济民、省农业机械化管理局局长王绍萍一行先后到抚州市广昌县、南丰县、金溪县和鹰潭市余江县以及邓家埠水稻原种场调研农机"双抢"及农机购置补贴实施工作。

7 月 29 日

江西省农业厅巡视员彭济民、省农业机械化管理局局长王绍萍、省财政厅农业处调研员郭石英、省农垦办副主任陈志宏等一行到恒湖农场恒伟农机专业合作社调研。

8 月 10 日

江西省设区市农业机械化管理局(站)长座谈会在南昌市召开。省农业厅巡视员彭济民出席会议并讲话。省农业机械化管理局局长王绍萍总结上半年工作,分析农业机械化工作中存在的困难和问题,并部署下半年工作。

8 月 22 日—24 日

由农业部财务司司长李建华、农业机械化管理司副司长刘恒新等组成的农业部调研组,在江西省农业厅副厅长张忠平、厅巡视员彭济民,厅计财处处长刘建堂和省农业机械化管理局局长王绍萍陪同下,深入新建县联圩乡、国营恒湖农场基层,核查农机购置补贴政策执行情况,调查核实购机农户信息,征求基层对农机购置补贴政策实施的意见建议。

9 月 1 日

江西省农业机械化管理局局长王绍萍一行到九江市直补农机超市调研购机补贴运行情况。九江市农业局纪委书记金国强、九江市农业机械化管理局长吴小安、庐山区农业局书记方成及省直补农机超市负责人等陪同调研。

9 月 27 日—28 日

江西省农机安全监督管理总队总队长陶其辉一行深入宜春市的靖安县、奉新县督导农机安全生产工作。

10 月 11 日—13 日

江西省农业厅巡视员彭济民在省农业机械化管理局局长王绍萍等陪同下到九江市调研农机购置补贴工作和秋冬季农业机械化生产。

10 月 19 日

江西省政协副主席、九江市委书记钟利贵一行到瑞昌视察碧野农机专业合作社发展情况。九江市农业局局长魏立平和瑞昌市委书记古小平、市长罗文江等陪同调研。

11 月 10 日

江西省共补贴各类机具 48.25 万台(套),直接受益农户 32.35 万户,共拉动市、县财政投入 1 820 万元,拉动农民直接投入 12.12 亿元。

11 月 18 日

江西省副省长谢茹、省政府副秘书长晏驹腾等领导,省卫生厅副厅长万筱明等分两批到鄱阳湖南岸片血防示范区建设现场会及全省血防工作会三里血防农机专业合作社观摩点进行观摩指导。

11 月

江西省农机购置补贴资金总量 6.4 亿元,其中中央财政 6.1 亿元、省财政 0.3 亿元,实施范围覆盖全省所有农业县,补贴机具范围达 12 大类 39 小类 125 个品目、669 个企业 4 071 个产品。截至 2011 年 11 月 10 日,全省共补贴各类机具 48.25 万台(套),直接受益农户 32.35 万户,共拉动市、县财政投入 1 820 万元,拉动农民直接投入 12.12 亿元。

山 东 省

2010 年 12 月 3 日

山东省农业机械办公室印发《山东省农机推广机构设施装备建设规范》和《山东省农机监理机构设施装备建设规范》。

12 月 11 日

山东省农机专家顾问团工作会议在济南召开,省农业机械办公室纪检组长韩永平讲话。

12 月 30 日

山东省农机深松整地作业工作会议在济南召开。各市农业机械管理局分管局长、管理科长,35 个农机深松作业项目县农业机械管理局长,有关农机生产企业负责人参加。山东省农业机械办公室副主任侯英忠讲话。

2011 年 1 月 15 日

山东省农业机械办公室受省科技厅委托,组织专家对省农机推广站承担的"固定道深松分层施肥免耕播种技术与机具研究"项目进行科技成果鉴定。鉴定委员会认为:项目在固定道深松分层施肥免耕播种机具研制方面达到国际领先水平。

1 月 19 日

山东省农业机械管理局长工作会议在济南召开。各市农业机械管理局局长、省农机专家顾问团成员、省农业机械办公室各单位负责人参加。省农业机械办公室主任林建华做题为《认真总结"十一五",科学把握"十二五",为新时期农业机械化全面发展奠定基础》的讲话。

2 月 23 日

山东省农业机械办公室主任林建华在法国巴黎中法农业机械化发展前景展望论坛上作《山东省农业机械化及未来发展和对外合作》主题演讲。

2 月 24 日

山东省农业机械办公室印发《山东省农业机械化教育培训大行动 2011 年实施意见》,计划培训 61 万人次。

2 月 25 日

山东省农机监理站长工作会议在济南召开。各市农机监理站站长参加。省农业机械办公室副主任侯英忠讲话。

3 月 3 日

山东省农业机械办公室印发《山东省农业机械试验鉴定管理办法》。

3月4日

山东省农业机械办公室印发《山东省农业机械化发展第十二个五年规划》。

3月9日

山东省农业机械办公室在济南举行第四届农民满意农机产品调查评选结果通报会。福田雷沃等23家农机企业生产的34个产品被评为农民满意农机产品。省农业机械办公室主任林建华出席，纪检组长韩永平讲话。

3月10日

山东省农机土地深松作现场会在平邑县召开。各市农业机械管理局负责人和管理科长、35个项目县农业机械管理局长、深松机生产企业代表以及当地农民群众参加。省农业机械办公室主任林建华讲话，副主任侯英忠主持会议。

3月16日

由山东省政府等主办、省农业机械办公室等单位承办的第六届中国(山东)国际装备制造业博览会在济南开幕。省农业机械办公室主任林建华出席开幕式。

3月25日

山东省农机维修管理工作会议在菏泽召开。各市农机部门负责维修管理工作的站(科)长、农机职业技能鉴定工作站站长参加会议。省农业机械办公室副主任侯英忠讲话。

3月29日

山东省农业机械办公室、省财政厅联合召开农机购置补贴座谈会，研究制定2011年农机购置补贴实施方案。

3月31日

山东省委副书记、省长姜大明主持召开省政府常务会议，研究贯彻落实国务院[2010]22号文件，促进山东农业机械化又好又快发展的政策措施。

4月9日

山东省政府出台《关于促进农业机械化和农机工业又好又快发展的意见》。《意见》明确到2015、2020年全省农业机械化发展目标，要求实施农机装备结构优化、创新示范、新型服务组织推进、实用人才培养、公共服务能力提升等五项工程，完善农机社会化服务、教育培训、技术推广、质量监督、安全监管和现代农机流通等六个体系，提出促进农业机械化发展的财政、税费、金融、保险、基础设施建设等扶持措施。

4月11日—13日

农业部农业机械化管理司司长宗锦耀到潍坊、日照和部分农机生产企业考察指导农业机械化工作和农机生产。省农业机械办公室主任林建华陪同。

4月12日

山东省政府在潍坊召开全省农业机械化工作会议。副省长贾万志、农业部农业机械化管理司司长宗锦耀分别讲话，省农业机械办公室主任林建华作题为《立足新起点，推进新跨越，奋力开创“十二五”全省农业机械化工作新局面》的工作报告。会上，省政府表彰章丘市、即墨市、平度市、淄博市临淄区、桓台县、滕州市、广饶县、龙口市、莱州市、寿光市、临朐县、兖州市、肥城市、乳山市、莒县、沂水县、齐河县、聊城市东昌府区、博兴县、东明县等全省20个农业机械化先进县，省农业机械办公室、人社厅联合表彰全省农业机械化工作先进单位和个人，省农业机械办公室、财政厅联合表彰22个全省明星农机合作社。

4月18日

法国驻华大使馆商务处娄兰女士到山东省农业机械办公室考察访问。省农业机械办公室纪检组长韩永平出席座谈会。

4月29日

省农业机械办公室印发《关于规范机械化保护性耕作技术推广的意见》。

5月12日

省农业机械办公室印发通知，决定对从事道路运输作业的拖拉机实行证件特别管理。

5月16日—19日

农业部农机购置补贴及春季农业机械化生产督导组到济南聊城督导检查，山东省农业机械办公室副主任韩山盛陪同检查。

5月19日

农业部农机鉴定总站副站长朱良一行到山东省农机鉴定站检查指导工作。省农业机械办公室纪检组长韩永平陪同。

5月20日

举行山东省暨潍坊市“三夏”农机跨区作业出征仪式。省政府办公厅副主任高洪波宣布出征令，省农业机械办公室主任林建华讲话，领导为农机跨区明星作业队、“三夏”跨区作业服务队授旗。

5月24日—26日

中澳保护性耕作技术培训与研讨会在郓城县举办。澳大利亚、尼泊尔、孟加拉国保护性耕作技术专家，中国农业部保护性耕作研究中心技术人员，山东省农机管理、推广、农机合作社等参加培训与研讨。省农业机械办公室主任林建华出席会议并讲话。

5月28日—30日

农业部农机监理总站副站长涂志强到烟台市牟平、蓬莱检查指导农机监理工作。山东省农业机械办公室副主任侯英忠陪同。

5月31日

山东省首批农机购置补贴资金7亿元落实到位，共补贴各类机具18.7万台，14.5万户农民受益，拉动农民投入近17亿元。

6月9日

山东省委副书记、省政协主席刘伟到兖州，副省长贾万志到菏泽视察“三夏”小麦机收工作。省农业机械办公室主任林建华陪同。

6月10日—11日

山东省代表队在全国农机技能竞赛中获得团体总分第二名。徐杰、杨金栋名列全国个人前十，获“2011年全国拖拉机作业技能竞赛技术能手”称号。

6月11日

山东省委副书记、省长姜大明到东平县视察“三夏”小麦机收工作。

6月14日

山东省委书记姜异康在陵县检查麦收工作时强调：要充分发挥农机在麦收中的重要作用，确保夏粮丰产丰收。

6月17日

农业部农业机械化管理司副司长刘恒新到德州、聊城检查指导“三夏”农业机械化工作。省农业机械办公室主任林建华、副主任侯英忠陪同。

6月22日

山东省“三夏”农业机械化生产基本结束。小麦机收面积3 486.67千公顷，机收率超过97%。全省玉米直播2 660千公顷，接近2010年玉米种植面积的90%。

6月23日

山东省委副书记刘伟对全省农业机械化工作批示：“省农业机械办公室工作做得很好。2011年在遭遇大旱的情况下取得丰收不易。省农业机械办公室高度重视、精心组织，搞好服务、抓好落实，机收获进一步提高，小麦收割进度进一步加快，做到了颗粒归仓、丰产丰收。”

6 月 30 日

山东省农业机械办公室印发《山东省经济作物机械化创新发展考评办法(试行)》、《机械化深松技术指导意见》。

7 月 16 日

山东省农业机械化信息宣传座谈会暨培训班在蓬莱举办,各市农业机械管理局信息宣传负责人及信息员参加,省农业机械办公室纪检组长韩永平讲话。

8 月 4 日

山东省农机系统政风建设工作会议在泰安召开。省农业机械办公室领导,各市农业机械管理局局长,主管科室主要负责人、省农业机械办公室机关各单位主要负责人参加。省农业机械办公室主任林建华作题为《努力建设优良政风行风,保障农业机械化又好又快发展》的讲话。

8 月 5 日

山东省公务员局鲁公局发[2011]11 号文件规定,省农机“安全监理站列入参照”《中华人民共和国公务员法》管理范围。

8 月 17 日

山东省农机推广站承担的农业部“948”项目“引进国外折叠式玉米割台技术与装备”、省农业科技成果转化项目“自走式玉米联合收获机技术成果转化”分别通过农业部、省科技厅验收。

8 月 25 日

农业部增设兖州市、荣成市、齐河县、肥城市为全国农业机械化示范区。

9 月 21 日—28 日

贝宁、布隆迪、几内亚、科特迪瓦、卢旺达、马达加斯加、马里、尼日尔、中非等 9 个非洲发展中国家的农业官员一行 20 人来鲁考察。

9 月 27 日

山东省政府副省长贾万志会见约翰迪尔全球公司副总裁马克思·奎恩一行 9 人。省政府办公厅副主任高洪波,省农业机械办公室主任林建华、副主任韩山盛参加会见。

9 月 27 日

山东省“三秋”农业机械化生产暨玉米收获保护性耕作机械化现场会在齐河县召开。省农业机械办公室主任林建华讲话,副主任侯英忠主持会议。

9 月 28 日

山东省农业机械办公室与美国约翰迪尔公司举行座谈会,就合作推进棉花生产特别是棉花收获机械化进行洽谈。

9 月 30 日

山东省 11.2 亿元农机购置补贴资金全部落实到位,共补贴各类机具 29.6 万台,22.5 万农户受益。

10 月 8 日

山东省机构编制委员会办公室印发鲁编办[2011]74 号文件,同意省农业机械管理办公室更名为省农业机械管理局。

10 月 23 日

山东省“三秋”农业机械化生产基本结束。全省投入各类农业机械 290 万台(套),其中玉米联合收获机 6.5 万台,小麦播种机 33 万台,深松机 1.3 万台。完成玉米机收面积 2 247.33 千公顷,机收率突破 80%;机播小麦3 473.33 千公顷,机播率超过 97%;完成土地深松作业面积 551.33 千公顷,累计深松土地 664.67 千公顷。

11 月 4 日

山东省农业机械管理局在济南召开清理违法挂发农机牌证工作座谈会。省农业机械管理局局长林建华讲话,副局长侯英忠作总结讲话。

河 南 省

2010 年 12 月 23 日—24 日

河南省农业机械化科教工作座谈会在安阳市举行。会议学习贯彻全国农机科教工作会议和全国农业机械化公共服务体系建设工作会议精神,总结交流农机科教工作成绩经验,提出今后一个时期全省农机科教工作的总体思路、主要措施。

2011 年 1 月 18 日

河南省农机管理工作会议在郑州市召开。会议贯彻落实中央和省委农村工作会议、全国农业机械化工作会议精神,总结“十一五”农业机械化工作,谋划“十二五”时期农业机械化发展,部署 2011 年工作。省政府副秘书长何平出席会议并讲话,省农业机械管理局局长张开伦作工作报告。

2 月 14 日—17 日

农业部副部长张桃林带领抗旱工作组深入河南农村,实地考察旱情,指导抗旱工作。

4 月 18 日

河南省农业机械管理局、省财政厅联合在郑州市召开全省农机购置补贴工作会议,部署 2011 年农机购置补贴工作。各省辖市农业机械管理局及直管县农业机械管理局局长、农机补贴主管科(股)长,各省辖市财政局及直管县财政局农业科(股)长参加会议。

4 月 20 日—23 日

2011 年河南省保护性耕作技术培训班在许昌市举办。来自 18 个省辖市、26 个项目实施县的有关人员共 170 余人参加培训。

4 月 26 日—29 日

河南省农机管理干部培训班在郑州市举办。18 个省辖市农业机械管理局和 6 个扩权县农业机械管理局的相关负责人、76 个县(市、区)农业机械管理局领导参加培训。

5 月 11 日

河南省副省长刘满仓在《农业机械化情况》第 4 期《郑州市农机局在全市政风行风民主评议中荣膺第一名》上批示:向郑州市农业机械管理局表示祝贺!

5 月 12 日

河南省副省长刘满仓在省农业机械管理局局长张开伦、信阳市市长郭瑞民、市委副书记王道云等陪同下,深入固始县进行农机专业合作社调研。刘满仓要求,各级政府及相关职能部门要在现有基础上把农机专业合作社、农业机械化发展得更好。

5 月 17 日

河南省副省长刘满仓主持召开省长办公会议,专题研究部署全省“三夏”小麦机收会战工作。会议听取省农业机械管理局局长张开伦的汇报。

5 月 25 日

河南省在郑州市召开沿黄水稻育插秧机械化技术示范推广工作会。会议总结交流沿黄稻区水稻育插秧机械化技术示范推广工作情况,布置 2011 年项目实施工作。沿黄稻区县(市、区)农业机械管理局局长及相关人员参加会议。

6 月 2 日

河南省副省长刘满仓带领省公安厅交警总队政委尚俊志、省农业机械管理局副局长李明枝等到驻马店沿途查访跨区机收接待服务站、农机维修网点、“三夏”油品供应、道路通行、生产服务保障等情况,处理现场发现的问题。

6 月 3 日

由南阳市人民政府,河南省农业机械管理局,中国石化河南分公司联合举办的2011年“中国石化杯”农机收割竞赛在方城县举行，来自全省14个机组参加竞赛。新乡市代表队农机手被授予“收割标兵”称号。

6月13日

农业部副部长危朝安深入延津县麦收现场，实地查看小麦机收，玉米机播农机作业，检查督导“三夏”农业机械化生产。

6月18日

河南省水稻机械化育插秧现场演示会在濮阳市举办。现场演示水稻育秧机育秧、秸秆还田机还田、旋耕机耕地等20余台新型机械作业，全省各界600余人到场参观。

6月20日

河南省副省长刘满仓在《农业机械化情况》第10期《我省收割基本结束夏粮实现连续八年丰收》上批示：“今年夏粮喜获丰收，农机工作功不可没；诚望你们再接再厉，务必再夺秋粮丰收。农机事业正逢春潮，机遇难得紧紧抓住。”

7月2日

河南省副省长刘满仓在省政府《政务要闻》——《改善土壤结构，提高土壤肥力，民权县大力推广机械化深松整地作业成效明显》上批示：“民权的做法值得总结推广。”

7月5日

河南省副省长刘满仓在《民权县保护性耕作与机械化深松情况汇报》上批示：“民权的做法很好，值得总结。深松深耕要积极推动。要与财政衔接好，适当支持，要作调研，必要时开个会促进一下。”

8月2日

河南省农机深耕深松整地作业工作座谈会在郑州市召开。会议交流各地深耕深松工作开展情况，部署下一步工作。

9月2日

河南省“三秋”农机生产暨农机购置补贴工作会议在郑州市召开。会议全面部署“三秋”农机生产，研究实施农机深松整地作业补贴政策，安排落实第二批农机补贴工作。

9月17日

河南省副省长刘满仓在省农业机械管理局局长张开伦、信阳市市长郭瑞民等陪同下，到潢川县检查水稻机收工作。刘满仓要求，各级政府和农机、农业等职能部门要做好水稻机收的组织工作，加快机收进度，提高收割质量，最大限度地减少收割损失，确保颗粒归仓。

10月14日

河南省副省长刘满仓在《农业机械化情况》第17期《信阳市水稻收获结束机收率再创历史新高》上批示：“对今秋机收水稻取得的成绩表示祝贺！诚望同志们乘势而上，再上台阶。”

11月9日—10日

河南省农业机械化技术推广工作会议在济源市召开。会议贯彻全国农业机械化技术推广工作会议精神，总结交流“十一五”期间全省农业机械化技术推广工作取得的成效和经验，研究部署全省农业机械化技术推广工作，并对济源市玉泉设施农业示范区等6个全国设施农业装备与技术示范单位进行了授牌。

湖 北 省

2011年1月13日

湖北省省委、省政府印发《关于做好2011年“三农”工作的意见》。该意见对提高农业机械化水平提出明确要求：加快推广先进适用、节能环保、区域适应性强的农机具，扩大农机作业范围和领域，促进薄弱环节机械化运用技术的突破和发展，提高农机综合使用率。鼓励农业生产经营者共同使用、合作经营农业机械，培育发展农机大户和农机专业服务组织，推进农机公共服务体系建设。支持农机工业发展。加强农机安全生产监管，预防和减少农机事故发生。

1月13日

湖北省农业机械化工作会议在武汉召开，省农业厅副厅长王红玲出席会议并讲话。省农业厅党组成员、省农机局局长吴庆峰作主题为《加快农业机械化发展方式转变全面推进我省农业机械化和农机工业又好又快发展》的工作报告。

1月26日

湖北省农机局举办全省农机购置补贴管理系统软件培训班。

3月9日

湖北省农机安全检测设备发放仪式在省农业厅举行。省农业厅党组副书记、副厅长余胜伟，党组成员、副厅长焦泰文，党组成员、总农艺师邓干生，省农业厅副巡视员李庆仁等领导出席发放仪式，局长吴庆峰主持发放仪式。

3月31日

湖北省春季农业生产工作会议在云梦县召开。省农机局局长吴庆峰陪同副省长赵斌等领导视察马铃薯万亩高产创建示范片。

3月29日—4月1日

2011年农机购置补贴专项供货协调工作会暨信息系统培训会在武汉召开。省农业厅副巡视员李庆仁出席会议。

4月7日

湖北省农机局揭牌仪式举行，农业部副部长张桃林与副省长赵斌共同为湖北省农机局揭牌。省农业厅党组书记、厅长祝金水出席揭牌仪式并讲话，省农业厅党组成员、局长吴庆峰主持揭牌仪式。

4月13日

湖北省农机局召开2011年农机购置补贴实施工作会议，省农机局局长吴庆峰出席会议并讲话。

4月15日—16日

湖北省农机局局长吴庆峰赴荆州、监利、仙桃等地督导早稻机插秧推广进度，并出席全省早稻机插秧启动仪式。

4月16日

“百万农机闹春耕”系列活动之全省机械化插秧启动仪式举行，湖北省农机局局长吴庆峰、副局长周立明出席启动仪式。

5月12日

湖北省农机局召开紧急会议研究部署农机抗旱工作，局长吴庆峰出席会议，并就当前农机抗旱工作作具体部署。

5月16日

湖北省副省长赵斌在省农业厅《农情要事》第30期报道(《省农机局紧急部署农机抗旱工作》)上作批示：当前农机抗旱发挥重要作用。未来十日有较强降雨过程，组织机械在襄阳、荆门、随州等夏粮主产区抢收已刻不容缓，望作好安排。

5月19日—20日

湖北省油菜机械化收获现场会暨油菜生产全程机械化研讨会在荆州召开。省农机局局长吴庆峰、副局长周立明出席会议。

5月30日

湖北省农机安全监理总站、省农业机械化技术推广总站、省农机安全协会在武汉召开倡议“购农机送互助保险”座谈会，全省近三十家重点农业机械生产和销售企业参加。

6月30日

农业部产业政策与法规司副司长黄

延信、中国保监会财产保险监管部副处长王祺等对洪湖农机互助保险工作的开展运行情况进行调研。

8 月 18 日—19 日

湖北省农机局在武汉召开全省农机质量管理工作会议。

8 月 22 日

湖北省农机系统办公室主任暨信息员培训班在襄阳市召开,副局长皮少成出席会议并作专题讲座。

9 月 1 日

由民盟中央农业委员会联合湖北省农机局、洪湖市人民政府、湖北省农机安全监理总站、湖北省农机安全协会、中国农机安全报社、江泰保险经纪有限公司等单位举办的"第二届农机安全互助保险研讨会"在洪湖召开。

9 月 2 日

农业部农业机械化管理司副司长刘恒新到洪湖市碧野农机专业合作社考察指导,湖北省农机局局长吴庆峰陪同考察。

9 月 2 日

农业部农机安全监理总站副站长涂志强到孝感市孝南区三汊镇的湖北春晖农机专业合作社调研,湖北省农机局纪委书记傅先明陪同。

9 月 5 日

湖北省农业厅召开全省农机购置补贴电视电话会议。省农业厅厅长祝金水出席会议并讲话,省农业厅副厅长王红玲主持会议。

9 月 13 日

湖北省省委常委、襄阳市委书记范锐平考察襄阳市襄州区双丰收农机专业合作社。

9 月 17 日

国泰农机产业园在汉口北奠基,湖北省农机局局长吴庆峰出席奠基仪式并致辞。

9 月 21 日

农业部农业机械推广总站站长刘宪在湖北省农业厅副巡视员徐泽清、李庆仁的陪同下到十堰调研农机推广工作。

10 月 11 日

湖北省建设农业强省工作会议在武汉召开。天门市华丰农机专业合作社被授予"2011 年度湖北省五强农民争业合作社"称号。

10 月 22 日

湖北金瑞丰农业装备科技示范园项目在枣阳市举行奠基仪式,省农机局局长吴庆峰出席并致辞。

10 月 26 日

卫生部血防司副司长霄正龙到仙桃市张沟镇庆丰村调研血防"以机代牛"工作。

11 月 5 日

由农业部、湖北省人民政府主办,武汉市人民政府、湖北省农业厅承办的第十一届中国(武汉)国际农业机械展览会在武汉国际会展中心开幕。

11 月 7 日

油菜直播机使用情况座谈会在武汉召开。省农机局局长吴庆峰、省油菜办甘玉华主任出席会议并讲话,副局长周立明主持会议。

11 月 7 日

加快推进湖北省农机工业发展座谈会在武汉召开。省农机局局长吴庆峰出席会议并讲话。

湖 南 省

2010 年 12 月 16 日

湖南省农业机械管理局副局长周洪武、武冈市农业机械管理局局长张永华、常德市鼎城区农业机械管理局局长沈建祥,宜章县农业机械管理局局长邓瑞仁获 2010 年全国粮食生产先进工作者称号。

12 月 16 日

武冈市、石门县、平江县、衡阳县、浏阳市五个县市获得农业部、国家安全监管总局授予的全国平安农机示范县称号(第二批)。

2011 年 1 月 7 日

湖南省农业机械化工作会议在长沙召开。省农业机械管理局局长谢国华作主题报告,总结 2010 年及"十一五"期间全省农业机械化工作取得的成效,分析当前农业机械化发展形势,部署"十二五"全省农业机械化工作任务及 2011 年工作重点。省委政策研究室副主任张伟达、省人大副主任蔡力峰、省人大农业委员会主任胡正扬到会并讲话。各市州、县市区农业机械管理局局长、10 位先进乡镇农机站站长及十佳乡镇农机站长和有关院校、企业代表、省局及直属单位负责人参加会议。

1 月 8 日

全省水稻育插秧机械化技术推广工作会议在长沙召开。会议总结了 2010 年水稻育插秧机械化技术示范推广工作成绩,提出了 2011 年目标任务。省农业机械管理局与各示范县签订了水稻育插秧机械化技术推广责任状。40 位部级和省级水稻育插秧机械化技术示范推广县市区长农业机械管理局局长参加。

1 月 21 日—22 日

全省农机安全监理工作会议在长沙召开。会议总结交流了 2010 年全省农机安全监理工作,表彰了农机安全生产先进单位,对 2011 年和"十二五"期间全省农机安全监理工作进行全面部署。省农业机械管理局局长谢国华讲话,各市州农业机械管理局分管领导和监理所(处)长参加。

2 月 1 日

新的拖拉机上户目录系统正式启用,原上户目录同时停止使用。新的拖拉机上户目录实行动态更新。

3 月 29 日

副省长徐明华主持召开会议,专题研究完善农机购置补贴政策有关问题。会议听取省农业机械管理局局长谢国华关于农机购置补贴实施工作汇报,明确进一步完善农机购置补贴政策的措施,决定选择赫山区、醴陵市、宁远县开展农机购置补贴制度完善试点,同意开展补贴机具超市试点。省政府副秘书长陈吉芳和省农办、省财政厅、省农业厅、省监察厅、省农业机械管理局负责人参加会议。

4 月 8 日— 10 日

举办全省农机购置补贴管理软件系统培训班,重点讲解购机补贴相关政策、实施程序和农机购置补贴管理系统软件(升级版)的实际操作。各市州、县市区农业机械管理局及相关农机生产企业、代理商具体负责农机购置补贴政策实施工作的业务骨干共 500 多人参加培训。

4 月 11 日

发布 2011 年全省农业机械购置补贴产品经销商公告,确定 105 家补贴产品代理商,774 家补贴产品一般经销商。

4 月 13 日

省政府召开全省农机购置补贴工作电视电话会议。省政府副秘书长陈吉芳主持会议,省农业机械管理局局长谢国华作主题报告,省监察厅副厅长李政科、省财政厅副厅长郭秀宏讲话。

4 月中旬—6 月中旬

省局与省农业厅纪检组联合开展农机购置补贴政策执行情况监督检查。

6 月 9 日

省农业机械管理局印发《关于切实抓好当前农机抗旱防汛工作的紧急通知》,并决定组建工作组,由局领导带队,分赴各市州进行专项督促检查,以确保农机防汛抗旱工作扎实有效开展。

6 月 13 日

湖南农机产业园项目签约仪式暨推介会在湘潭市举行。省委副书记梅克保、省人大副主任陈叔红、农业部农业机械化管理司副司长刘恒新等领导出席会议。湘潭市政府与省农业机械管理局签订《湖南农业工程机械产业园战略合作框架协议》,首批入园企业的法人代表与湘潭九华示范区管委会签订《投资意向协议》。

6 月 13 日

全省农机购置补贴工作座谈会在湘潭市召开。会议通报全省农机购置补贴有关情况,研究进一步加强和完善农机购置补贴实施监督管理措施。省财政厅、省纠风办、省减负办相关负责人到会指导。

7 月 7 日—12 日

省农办、省财政厅、省农业机械管理局联合调研组就完善农机购置补贴政策开展综合调研。

7 月 29 日

全省农业机械管理局长会议在长沙召开。省农业机械管理局局长谢国华全面总结上半年农业机械化工作进展与成效和农机购置补贴工作情况,分析农攫昫置补贴实施中存在的问题,部署下半年工作特别是购机补贴工作。会议邀请省检察院负责人到会指导,并剖析个别地方在农机购置补贴实施中出现的违规违法问题。省农业厅厅长田家贵到会并讲话。各市州、县市区农业机械管理局局长、省局各处室负责人、省农机鉴定站、省农机安全监理总站班子成员参加会议。

8 月 1 日

省发改委下达 2011 年农机抗旱体系建设项目基建投资计划。安排基建投资 400 万元,27 个县市区的 31 个农村机埠列入维修改造或扩建计划。

8 月 3 日

农业部农机补贴运行机制调研组到益阳市赫山区调研。

8 月 25 日

农业部办公厅批复同意湘潭市为全国农业机械化示范区。

9 月 3 日

省政府召开会议部署全省农机购置补贴专项清查工作。各市州农业机械管理局局长、市州财政局、审计局、纠风办、减负办分管负责人、各县市区农业机械管理局局长、省局及直属单位负责人参加会议。

9 月 20 日

2011 年中南农机机电产品展示交易会在湘潭市举办。国内外 200 多家农机生产、流通企业参加展示交易。

10 月 18 日—19 日

全省农业机械化技术推广工作会议在长沙县召开。期间举办了高性能水稻联合收割机现场演示会。省农业机械管理局局长谢国华出席会议并讲话。

10 月 25 日

省财政厅下达 2011 年农村机耕道建设资金 100 万元,在醴陵市、湘潭市雨湖区、衡南县、津市市、益阳市赫山区开展农村机耕道建设试点。

10 月 28 日—30 日

省农业机械管理局举办拖拉机驾驶培训教学人员培训班,52 人获得驾驶教练员证或理论教员资格证。

11 月 3 日

全省农机检测、考试、事故处理设备培训班在长沙县农机培训考试中心举办。70 多位监理机构相关人员参加培训。

11 月 14 日— 18 日

举办全省新任农业机械管理局局长培训班。

11 月 20 日

全省 8.4 亿元补贴资金全部完成,共补贴各类农机具 62.18 万台,受益农户 51.67 万。

广 东 省

2010 年 12 月 23 日

广东省人民政府在佛山市召开全省提升现代农业物质技术装备水平工作会议。省长黄华华、副省长李容根出席会议并讲话。

12 月 23 日—26 日

农业部、广东省人民政府首次联合主办的"第三届广东现代农业博览会"在佛山市举办。现代农业装备展区是本届现代农业博览会六大展区之一。

2011 年 1 月 10 日

广东省农业厅办公室发文明确省农业机械鉴定站为广东省农业机械化信息网网络中心管理单位,省农机研究所下属健坤网络科技发展有限公司为广东省农业机械化信息网技术支持单位,省农机推广站、省农机研究所、现代农业装备杂志社为信息支持单位。

1 月 11 日

广东省农业厅召开厅党组会议,决定厅领导工作分工调整:从 2 月 1 日起,副厅长郑惠典分管农业机械化管理办公室(农机安全监管办)、省农机鉴定站、省农机推广站、省农机研究所,在分管业务范围内指导厅属社团组织的工作。副巡视员陈华富协助郑惠典工作。

1 月 12 日—13 日

广东省农业厅在惠州市召开全省水稻育插秧机械化推广示范县工作会议。农业厅副巡视员潘雪芬到会讲话。

1 月 13 日—14 日

广东省农业厅会同省财政厅、省发展改革委在广州首次共同组织召开《2011—2013 年广东省支持推广的农业机械产品目录》评审会。

1 月 17 日

广宁、佛冈、惠来 3 县被农业部、国家安全监管总局评为全国第二批"平安农机"示范县。

1 月 18 日

广东省农机推广站会同省农机学会推广与流通委员会在广州举办广东农机推广与流通工作交流会。全省 73 个农机经销、流通企业近 100 名代表参加。

1 月 19 日

广东省农业厅在广州召开现场办公会议。农业厅厅长谢悦新提出要把南方农业装备产业技术创新中心建设成全国一流的中心。

1 月 20 日—21 日

广东省农业厅在广州组织召开《广东省 2011 年农业机械购置补贴产品目录》评审会。对 522 家农机生产企业 3 806种产品进行综合评审。

3 月 15 日

广东省农业机械化工作会议暨农机促春耕现场会在海丰县召开。会上,省农业厅副厅长郑慧典与各地级以上市农业局主管领导签订《广东省农业机械购置补贴管理责任书》及《广东省农业厅农业机械安全生产责任书》。

4 月 1 日

广东省 2011 年农业机械购置补贴政策解读培训班在广州市举办培训。省农业厅副厅长郑惠典致辞，省内外农机生产企业和经销商主要负责人近500人参加培训。

4月25日—29日

广东省政府组织有关部门赴梅州、惠州、江门、阳江、湛江开展扶持农业机械化发展议案结案检查。

6月7日

广东省农业厅印发《关于加快推进我省水稻生产机械化的意见》，全面部署加快推进全省水稻生产全程机械化进程工作。

6月10日—11日

广东省农业厅副巡视员陈华富带队赴江苏盐城参加2011年全国农机技能竞赛。省农业厅获团体获三等奖，两名参赛选手双获个人第2名。

6月14日

广东省农机推广站组织召开全省水稻育插秧机械化推广示范县工作座谈会。

6月15日

广东省农业厅在新兴县举办"全省农机安全生产暨农机购机补贴政策宣传咨询月"启动活动。

7月14日—15日

广东省农业厅在珠海市举办省农业厅农机系统学习胡锦涛总书记"七一"重要讲话研讨班。

7月28日

广东省农机鉴定站通过国家认可实验室定期监督现场评审。

9月8日—9日

广东省农业厅在广州市举办以"规范操作、守法经营"为主题的广东省农机购置补贴产品经营企业培训班，对2011年度268家农机购置补贴产品一级经销商主要负责人进行培训，一级经销商代表签订"规范操作、守法经营"的承诺书。省农业厅副厅长郑惠典出席培训班并作总结讲话。

9月20日—22日

广东省人大调研组一行9人赴江门、广州市开展扶持农业机械化发展议案办理调研。

9月—10月

广东省省长黄华华率"推进水稻生产全程机械化，增加农民种植收入"民生问题专题调研组深入基层调研，撰写《关于推进水稻生产全程机械化增加农民种植收入的调研报告》。

9月23日

广东省农业厅、省海洋与渔业局和省财政厅联合印发《2011年扶持农业机械化发展专项资金项目申报指南》。2011年省级财政安排扶持农业机械化发展专项资金9 800万元，用于推进农业机械化的发展。

10月20日

广东省农业厅印发《关于做好拖拉机、联合收割机牌证制作权与核发权下放工作的通知》。

11月11日

广东省农业厅印发《关于广东省农业机械鉴定站通过鉴定能力认定的通知》，确定省农业机械鉴定站具备承担对手扶拖拉机等103种农业机械产品的推广鉴定、选型鉴定和专项鉴定的省级鉴定能力。有效期至2016年11月15日。

11月17日

广东省农业厅印发《关于增加水稻育插秧机械化推广示范县的通知》。自2011年度起，全省水稻育插秧机械化推广示范县由原来的30个增加到37个。

广西壮族自治区

2010年12月16日

象州县、博白县、钟山县、东兰县、扶绥县、那坡县、武鸣县等7个县获全国"平安农机"示范县称号。

12月28日

广西壮族自治区农业机械化管理局在区直机关和中央驻桂单位2010年度档案工作检查中获评优秀等级。

12月30日

广西壮族自治区党委副书记陈际瓦在自治区党委办公厅《每日要情》第249期信息上批示自治区农业机械化管理局研究本榨季推进甘蔗收获机械化问题。

2011年1月13日—14日

广西壮族自治区农业机械化工作会议在南宁召开。自治区副主席陈章良、自治区政府副秘书长曾东、自治区农业厅厅长张明沛出席会议并讲话。会议总结"十一五"农业机械化成就和经验，特别是2010年农业机械化工作，分析当前农业机械化发展形势，部署2011年及"十二五"工作。各市县农业机械化管理局主要负责人、明星农机合作社代表和机械化种植大户共220多人参加会议。

2月14日—16日

广西壮族自治区农业机械化管理局组团到广东湛江徐闻县华海农场、广垦丰收农机分公司考察甘蔗生产全程机械化。

2月25日

广西壮族自治区甘蔗生产全程机械化现场会在武鸣县召开。自治区党委副书记陈际瓦宣布现场会开幕，自治区副主席陈章良发表讲话，自治区农业厅厅长张明沛就做强做大做优做好广西糖业提出明确要求，自治区农业机械化管理局局长黄铭福部署全自治区甘蔗生产全程机械化工作。

2月28日

广西壮族自治区人民政府印发《关于同意广西壮族自治区林业、种苗管理总站等5个单位参照公务员法管理的批复》，同意自治区农业机械化技术推广总站参照公务员法管理。

3月3日—4日

广西壮族自治区农机安全生产工作会议暨自治区"百万农民"文明交通宣传员行动现场推进会在桂林市召开。会议由自治区政府副秘书长郭文强主持，自治区农业机械化管理局局长黄铭福作工作报告，自治区副主席梁胜利、农业部农业机械化管理司副司长刘宪讲话。会议总结近年全自治区农机安全生产工作，重点交流"平安农机"创建、"百万农民"文明交通宣传员行动等工作，表彰先进，布置下一阶段重点工作。

3月17日

广西壮族自治区水稻生产机械化现场会在柳江县召开。自治区农业机械化管理局局长黄铭福、柳州市副市长张永刚讲话。各市县相关领导和代表共300多人参加会议。

4月1日

广西壮族自治区春耕生产暨农民增收现场会在贵港市召开。自治区副主席陈章良到会视察，自治区农业机械化管理局局长黄铭福，贵港市委书记赖德荣、副书记李鸣、副市长邓建华陪同。

4月15日

广西壮族自治区农机购置补贴工作会议在南宁市召开。会议传达全国农机购置补贴工作座谈会精神，部署2011年全自治区农机购置补贴工作，签订2011年农机购置补贴责任书并开展农机购置补贴政策、业务和管理软件培训。

5月23日—24日

广西壮族自治区农机系统干部廉政教育培训班在南宁举办。自治区纪律检查委员会常委、秘书长韦翼群、自治区检察院主任梁毅授课。全市县相关负责人以及自治区农业机械化管理局、直属单位400多人参加培训。

5月27日

广西壮族自治区农业机械化管理局和公安厅交管局联合印发《2011年推进实施百万农民文明交通宣传员行动实施方案》。

6月2日

广西壮族自治区副主席陈章良在南宁会见美国凯斯纽荷兰国际公司商务总监邓蓝山先生，双方就开办甘蔗联合收获机生产企业进行深入探讨和交流。

6月7日

广西壮族自治区广电局、农业机械化管理局、公安厅交管局联合印发《关爱生命文明出行2011年广西“文明交通行动”文化下乡宣传活动实施方案》。

6月17日—20日

广西壮族自治区农业机械化管理局在南宁举办广西农机系统第二届体育运动会（汽牛杯）。全自治区16个代表团参加比赛。自治区副主席陈章良、自治区党委副秘书长蒋洪和自治区政府副秘书长曾东出席开幕式。

6月21日

广西壮族自治区农业机械化管理局在南宁召开加快推进甘蔗种植及切段式联合收获机械化工作会议。分析全自治区甘蔗生产机械化形势，部署推进甘蔗种植及阶段式联合收获机械化工作。

7月17日

广西壮族自治区农业机械化管理局印发《关于成立甘蔗生产全程机械化推进办公室的通知》。

7月28日

广西壮族自治区农业机械化年中工作会议在南宁召开。相关部门领导和代表30多人参加会议。

8月31日

广西壮族自治区政协在武鸣县召开针对《关于促进广西农业机械化跨越发展的建议》这一重点提案的协商办理座谈会。

9月8日

广西壮族自治区甘蔗生产机械化工作汇报暨农机购置补贴工作会议在南宁区召开。各市农业机械化管理局相关领导和全自治区10个甘蔗主产市农机推广站站长参加会议。

9月15日—16日

广西壮族自治区农业机械化管理局在南宁举办干部全员学习培训研讨班。自治区副主席陈章良出席研讨班并讲话。自治区市相关代表130多人参加培训。

9月22日

广西壮族自治区副书记陈际瓦对农机工作作批示，肯定农机工作的重要性，并对农机部门提出殷切希望，就组织领导、落实农机购置补贴政策、加强廉政建设和监督管理等几个方面提出具体的要求。

9月30日

广西壮族自治区副主席陈章良会见美国约翰迪尔公司收获机械平台高级副总裁马克斯·奎恩先生一行14人，双方就加强农业机械的合作进行深入探讨和交流。

10月12日

中国农机学会授予广西壮族自治区农机推广总站、广西机电工程学校“2011年度全国农机科普先进集体”荣誉称号，授予自治区农机鉴定站“2011年全国农机科普先进集体标兵”称号，陆石海“2011年全国农机科普先进工作者标兵”称号，廖树锋、吴英满被评为“2011年全国农机科普工作先进个人”。

10月18日

广西壮族自治区农业机械化管理局在南宁召开全自治区加快农机购置补贴工作座谈会。会议研究加快推进全自治区2011年农机购置补贴实施和结算工作措施，以及2012年农机购置补贴资金结算方式。各市农业机械化管理局局长及相关处室负责人参加会议。

10月20日

广西机电工程学校被批准为“国家中等职业教育改革发展示范学校建设计划第二批立项建设学校”，并获立项建设经费1 040万元。

10月24日

广西壮族自治区党委常委、纪委书记石生龙对农机工作作批示，充分肯定自治区农业机械化管理局做了大量卓有成效的工作，同时希望继续加强监督和管理，教育干部廉洁奉公防范问题发生。

11月4日

广西壮族自治区副主席陈章良对农机工作作批示，充分肯定自治区农业机械化管理局近些年工作取得的成效，鼓励农机干部继续奋斗，努力提高甘蔗等作物的机械化水平，希望认真分析工作中存在的问题和不足，加强管理，堵住漏洞，确保依法行政。

11月17日

广西壮族自治区农业机械化管理局在南宁召开甘蔗联合收割机试验推广工作会议。会议听取有关企业本榨季开展甘蔗联合收割机试验推广工作方案，部署甘蔗联合收割机试验推广工作。6个甘蔗生产市农业机械化管理局及相关部门的60多人参加会议。

11月23日

广西壮族自治区落实购机补贴资金53 645万元。其中：中央资金50 000万元，自治区资金2 100万元，市县资金1 545万元。

海南省

2010年12月12日—14日

中国（海南）国际热带农产品冬季交易会在海口举办。交易会特设1 500平方米的农机展区，展示先进适用农业机械。展示机具除传统耕作类农业机械外，还增加沼气类机械、设施农业设备、农产品加工机械、畜牧养殖机械和水产养殖机械。交易会签订合同订单31宗，订单机具数量达2.1万台，金额5.6亿元。

12月20日

海南省农业机械化管理局在海口市举行海南省农机安全检测流动服务车发放仪式。8辆崭新的配备先进农机安全检测设备的威麟越野车发放至海口、三亚、文昌、定安、万宁、白沙、儋州、屯昌等8个市县农机管理（监理）部门，这是省农业机械化管理局利用农机促进工程资金建设8个流动式农机安全检测监管服务站，全省农机安全检测监管体系初步建立。农业部农业机械化管理司安全监理处处长范学民、农业部农机监理总站副站长涂志强、省农业机械化管理局局长石礼滨等参加发放仪式。

2011年4月22日

海南省农业厅在海口市召开2011年全省农机购置补贴工作会议。传达全国农机购置补贴工作座谈会精神，总结交流2010年农机购置补贴工作经验，部署2011年农机购置补贴各项工作任务，开展农机购置补贴反腐倡廉警示教育。省农业机械化管理局和各市县签订农机购置补贴工作责任书，并开展农机购置补贴政策业务培训。省农业厅副厅长王晓桥出席会议，各市县农机管理主要负责人、分管农机购置补贴工作人员，省农垦总局农机管理部门负责人，省农业厅直属农机口主要负责人，海南省2011年农机购置补贴产品指定经销商等150人参加会议。

5月25日

海南省农机在海口市举办2011年全国农机技能竞赛参赛选手培训班。6月上旬组队参加2011年全国农机技能总决赛，林方典、叶春福2名选手分别获得"2011年全国拖拉机作业技能竞赛优秀选手"称号。

5月27日

海南省农业厅在琼海市召开全省农机与农艺融合现场会，总结交流海南粮油糖高产创建经验，推进农艺与农机结合，加快现代农业发展进程。省农业厅副厅长王宏良出席会议，省农业机械化管理局局长石礼滨发表讲话——与会代表参观琼海市博整镇整乡推进水稻高产创建基地、机械插秧作业现场和海亚种业工厂化育秧现场。

7月

海南省在琼海市建立农机农艺融合示范基地，集成和融合品种、栽培和机械化技术，开展机械化、轻简化、集成化、标准化、规模化生产试验示范，带动区域农业生产方式转变和机械化水平提高。琼海市共投入50万元购置一批水稻、瓜菜育苗机械，免费提供150万株瓜菜苗、66.67公顷水稻育秧和插秧服务。

8月10日—17日

海南省农业机械化管理局局长石礼滨带领考察团赴广东省考察学习农业机械化发展。与广东省农机办、中国热带农业科学院农业机械研究所、广东省农业机械研究所等单位领导、同仁共商农机系统合作大计，探讨农机科研、鉴定、推广等有关合作意向，并就联合收割机、畜牧机械在海南的示范推广做进一步沟通协商。

9月2日

第九届海南（永发）冬季优质农资展销会在澄迈县举办。中国一拖集团、徐工集团、福田雷沃、久保田、海南金鹿及省内著名企业参展。参展的产品有大中型拖拉机、农用运输机、小型耕作机械、联合收割机、高速插秧机、植保机械等八大类共100多台。

9月22日

海南省农业机械化管理局在儋州市召开2011年农机购置补贴项目实施推进会，听取各市县农机管理部门的工作汇报，对下一阶段的农机购置补贴工作进行部署。

9月22日

海南省农业厅在儋州市召开全省农机安全生产专项整治现场会，分析全省农机安全生产专项整治工作情况，研究部署下阶段专项整治及安全生产工作。省农业机械化管理局局长石礼滨做工作部署。

9月底—10月

海南各级农机主管部门积极投入抗洪救灾活动，开展万台大型农机支援抢收抢耕行动，并在海口、儋州、澄迈、临高等市县举行观摩会和现场会。共组织12万台农业机械，其中组织3.5万台抽水机、500台挖掘机，排涝20千公顷；组织收割机3 100台，抢收晚稻70千公顷；活动组织大中型拖拉机、耕整机4.1万台，备耕冬季瓜菜72千公顷；组织运输拖拉机4.1万台，运输物资125万吨千米，确保晚造水稻收获和冬种瓜菜生产顺利进行。

10月19日—21日

由农业部、国家安全生产监督管理总局组成的全国创建"平安农机"活动检查组对海南申报的儋州市"十二五"第一批全国"平安农机"示范市的创建活动进行抽查考评。

11月30日

海南省2011年农业机械购置补贴项目全面完成。2011年，中央财政分两批安排农机购置补贴资金1.2亿元（第一批1亿元，第二批2 000万元），省级财政安排的农机购置补贴项目资金650万元。10月底，中央和省级农机购置补贴资金12 650万元（含安排农垦系统中央农机购置补贴资金3 000万元）已使用完毕，实施进度为100%，共补贴各类农机具5.6万台（套）、设施农业节水灌溉面积9.67千公顷、田头简易冷库2万立方米，受益农户4万户，直接拉动农民投入购买农机资金进3.74亿元。

重庆市

2011年1月20日—22日

2011年重庆市农业机械化工作会议召开。农业部农业机械化管理司司长宗锦耀、市人大农业委员会副主任委员任大军、市政府督查室主任何力等领导出席会议并讲话。会后，宗锦耀一行到市农机安全监理所、市农机推广总站、市农机鉴定站视察。

2月21日

重庆市政府目标办、市农机办印发《关于分解2011年度农业机械化工作目标任务的通知》。

2月15日

重庆市农业委员会、市安全生产监督管理局首次联合印发《重庆市平安农机创建工作考评办法》。

3月3日

重庆市农机安全监理工作会议在重庆市召开。

3月21日

重庆市机构编制委员会办公室同意重庆市农业机械化技术推广服务站更名为重庆市农业机械化技术推广总站，增加全额拨款事业编制17名，其中单位领导职数1名。重庆市农业机械化技术推广总站事业编制由15名增至32名，其中领导职数由2名增至3名（站长1名、副站长2名）。其主要职责任务调整为：承担农业机械化技术推广与技术服务，农业机械技术成果开发、引进、试验示范、推广应用与购置补贴，农业机械化推广体系建设，农业机械科技信息与社会化服务、政策咨询和技术培训等工作。

3月27日

《重庆市建设全国农业机械化综合示范基地规划》专家评审会在京召开。中央财经领导小组办公室副主任唐仁健，中国农业大学校长柯炳生，中国工程院院士汪懋华，国务院发展研究中心农村部副部长谢扬，农业部农业机械化管理司司长宗锦耀，国家发展和改革委员会农经司副司长方青，国家财政部农业司副司长张岩松，中国机械工业集团副总裁陈志，市农业委员会主任夏祖相等出席会议。

3月28日

重庆市委农业工作委员会决定，市农业委员会副主任高兴明代管市农业机械化工作。

4月15日

2011年第一季度重庆市农业机械化发展形势分析会召开。市农业委员会主任夏祖相、副主任高兴明出席会议并讲话。市农村纪工委书记、监察专员曾维露莅临会议指导。

4月25日

中共重庆市委农村工作委员会任命袁忠同志为重庆市农业机械化技术推广

总站站长，任命李继德同志为中共重庆市农业机械化技术推广总站支部委员会书记、重庆市农业机械化技术推广总站副站长（兼），赵成钢（正处级）、敬泽元（正处级）、胡昌礼等三位同志为重庆市农业机械化技术推广总站副站长。

5 月 3 日

重庆市农业委员会、中石油重庆销售公司联合印发《关于发放使用中国石油农机加油卡自通知》，决定向全市农机机主发放中国石油农机加油卡，开展农机加油优先优惠的“双优”活动。这是农业委员会首次与中石油开展政企合作，积极应对可能出现的“油荒”，保障农业生产用油，切实服务“三农”。

5 月 31 日

重庆市政府印发《关于促进农业机械化和农机工业发展的意见》。对加快推进全市农业机械化发展，做大做强农机工业，积极探索具有丘陵山区特色的农业机械化发展机制、模式和新路子作出部署。

7 月 13 日

重庆市政府决定王建秀任市农业委员会副主任、市农机办主任，赵培江任市农机办副主任。市委决定王建秀任市委农业工作委员会委员。免去罗泽宽市委农业工作委员会委员、市农业委员会副主任、市农机办主任职务。

7 月 22 日

重庆市农业委员会副主任、市农机办主任王建秀主持召开市农机办全体干部职工及市委直属农机单位领导班子成员会议。会议传达学习主任夏祖相对农业机械化工作的新指示，提出了“一树三抓”的工作思路，即重树形象，抓体系建设、抓制度建设、抓农机监管。会议明确市农机办领导成员分工。

8 月 5 日

中共重庆市委农村工作委员会免去孙友阶重庆市农业委员会农机装备处处长职务；免去罗宏重庆市农机鉴定站站长和重庆市农机鉴定站党支部委员职务；免去袁忠重庆市农业机械化技术推广总站站长职务。

8 月 19 日

重庆市政府决定免去关力市农机办副主任职务，另有任用。

8 月 23 日

重庆市农业委员会发布《（2011—2013 年重庆市支持推广的农业机械产品目录）年度调整申报指南》和关于申报《（2011—2013 年重庆市支持推广的农业机械产品目录）年度调整》公告。

8 月 26 日

重庆市农业委员会印发《关于进一步加强农机安全生产工作有效防范和坚决遏制农机重特大事故的通知》。

9 月 2 日

水稻机收形势喜人。重庆市水稻收获面积 400.87 千公顷，其中机收面积达 216.2 千公顷，占全市总面积的一半以上，同比增长 30.8%，为农民节本增收 7.9 亿元。

9 月 5 日—7 日

《2011—2013 年重庆市支持推广农业机械产品目录》年度调整评审会召开，各专家组按照有关规定和程序，对支持推广的农机产品进行了严格评审。市委第二巡视组视察评审会工作现场。

9 月 9 日

重庆市农机办发布 2011 年第 4 号公告，根据《农业机械试验鉴定办法》的规定，重庆豪野机械制造有限公司等 13 家企业生产的 24 种产品通过重庆市农业机械推广鉴定，核发农业机械推广鉴定证书。

9 月 22 日

重庆市农业委员会发布《2011—2013 年重庆市支持推广的农业机械产品目录》（2012 年度调整公示稿）的公告。

9 月 28 日

重庆市农业委员会印发《重庆市农机购置补贴廉政风险防控机制建设实施方案》，规范行政权力运作，提高行政效率，加大从源头上防治腐败的工作力度，探索建立农业机械化工作廉政风险防控机制建设的长效机制。

9 月 30 日

重庆市农业委员会发布《2011—2013 年重庆市支持推广的农业机械产品目录（2012 年度调整补充公示稿）的公告》。

10 月 14 日

重庆市农业委员会印发《关于进一步加强全市拖拉机联合收割机有关管理工作的通知》。

10 月 19 日

重庆市农业委员会印发《关于抓好秋冬农机安全工作的紧急通知》。

11 月 24 日

重庆市农业委员会印发《关于加快推进农机购置补贴审批及申报工作的通知》。

11 月 3 日

重庆市农业委员会副主任、市农机办主任主持召开全市机插秧工作座谈会，讨论《水稻机插秧机作业补贴试点建议办案》，研究 2012 年水稻机插秧作业补贴试点工作。

11 月 15 日

重庆市农业委员会副主任、市农机办主任王建秀会见日本久保田株式会社专务坂本悟，久保田（中国）投资公司总经理上井杰、常务副总经理饭岛宣昭、副总经理张中一行。

四 川 省

2010 年 12 月 16 日

四川省农机系统廖明、王凌燕、袁勋、徐文金、杨小萍、周杉获农业部“全国粮食生产先进工作者”荣誉称号。

12 月 24 日

四川省农业厅农业机械化发展处杨琳玲获中共四川省直机关工委“四川省直机关灾后重建先进个人”称号。

12 月 27 日

四川省 2011 年农机工作会议在成都召开。会议传达贯彻全国农业农机工作会议精神，总结回顾 2010 年及“十一五”农机工作，研究分析农业机械化发展面临的新形势、新任务，部署 2011 年及“十二五”农业机械化工作。省农业厅厅长、省农业机械管理局局长任永昌作《统一思想明确目标扎实推进我省农机化又好又快发展》主题报告。会议提出，2011 年全省农机工作总任务是：农机总动力达到 3 370 万千瓦，比 2010 年增长 7%；主要农作物耕种收综合机械化水平达到35%，比 2010 年提高 5 个百分点。

2011 年 1 月 5 日

四川省人民政府安全生产委员会发出《关于进一步加强农村道路交通安全工作的通知》（川安委［2011］1 号），明确农业（农机）部门管理范围和权限，提出要加大财政补贴力度，对拖拉机实施政策性保险等措施，加强农机安全监督管理。

1 月 24 日

四川省第十一届人民代表大会第四次会议通过《四川省国民经济和社会发展第十二个五年规划纲要（2011—2015 年）》，提出“加快推进农机与农艺有机融合,加大关键环节农业机械化技术和装备的研发与推广,加强机电提灌设施改造,提高农业机械化水平”。把农村机耕便民道建设列为农业农村基础设施重点项目五大工程之一,提出“十二五”期间要完成机耕便民道建设20万千米。

2月17日

《中共四川省委四川省人民政府关于贯彻(中共中央、国务院关于加快水利改革发展的决定)的实施意见》提出,“统筹五小水利工程建设,加快农村机电提灌设施建设、维修和更新改造步伐,保障机电灌溉面积和常年提水能力的稳定,构建蓄、引、提结合的农业生产用水保障体系”。

2月18日

四川省委书记刘奇葆在全省农村工作会议上指出:“要加大农机小型机电滴灌设施的监视力度,构建蓄、引、提结合的农业生产水利保障体系。工程蓄、引、提这三个环节、三种类别,不要简单的排斥或不重视提水灌溉”;“要通过提水灌溉,把土地的作用充分发挥出来。大家懂这个道理,但在实际工作中,对提灌重视是不够的”。

2月24日

四川省农业厅在成都召开首次全省农业安全生产工作会议,明确全省农业行业安全生产的工作思路,重点部署安全生产工作,并对51个2010年度省级“平安农机”示范乡镇授牌。

3月15日

四川省政府印发《关于推进农业机械化和农机工业又好又快发展的实施意见》。提出到2015年,全省农机总动力达到4 400万千瓦,每年递增7%,要农作物耕种收综合机械化水平达到50%,年均提高4个百分点。农机工业总产值达到300亿元,较2010年增长200%。从不断加大财政支持力度、加强和改进金融服务、切实落实和完善税收优惠政策、不断加强农机基础设施建设等四个方面,提出推进农业机械化和农机工业发展的政策措施。

3月16日

四川省农业用油保障供应工作会召开。21个市州农业(农机)局与中石油21个二级分公司签订《农业用油保障供给协议》。

4月29日

四川省农业厅印发《关于加快推进水稻生产机械化的意见》,提出到2015年,全省水稻耕种收综合机械化水平达到54%,其中耕整地机械化水平达到75%,种植机械化水平达到25%,收获机械化水平达到75%。

5月5日

2011年四川省小麦跨区机收开机仪式在凉山州西昌市举行。

5月19日

四川省2011年农机作业行动暨水稻机插秧现场推进会在广汉市召开。会议集中演示小麦机收、秸秆机械化还田、机耕、水稻机插秧和粮食烘干等作业项目。以人力资源和社会保障部副部长杨士秋为组长的全国粮食稳定增产行动督导组到场观摩。

5月26日

四川省农业厅举行向甘孜州赠送100台铺膜机交接仪式。

5月27日

四川省大豆机播现场暨高产创建培训会在眉山市仁寿县召开。

6月11日

在全国农机技能大赛,四川代表队选手杨华林获二等奖,史轩洪获一等奖,省农业厅获优秀组织奖。

7月5日—17日

由四川省农业厅领导带队的7个工作组,对各地贯彻落实《省政府关于推进农业机械化和农机工业又好又快发展的实施意见》情况开展专项督查。

7月6日—9日

2011年四川省分管农机工作(副)局长培训班在蓉举办。培训班邀请中国农大、西南大学教授和农机系统专家专题辅导。来自全省21个市(州)扩权县农业(农机)局分管农机上工作的80名局领导参加培训。

8月2日

四川省农业厅印发《农村机耕便民道通用技术条件(试行)》。

10月14日

四川副省长钟勉在《关于农村机电提灌抗旱救灾情况的汇报》上批示:“今年发挥了积极作用,要认真总结,提前为明年旱区春灌做好准备。”

10月24日

四川省农机专业合作社推进工作现场会在广安市岳池县召开。会上为首批20个农机专业合作社省级示范社授牌并举行“企社共建”活动签字仪式。

10月30日

四川省农业厅在第九届中国国际农产品交易会上组织现代农机装备展馆。农产品加工机械、茶叶机械、设施农业机械等新兴机械广受关注。

10月31日

国务院副总理回良玉视察四川现代粮食产业示范基地,接见广汉市惠民农机专业合作社代表缪兴华。农业部部长韩长斌,副省长钟勉,省委常委李昌平,农业厅厅长任永昌陪同。

11月21日

四川省农业厅印发《四川省农机安全监理“为民服务创先争优”示范窗口创建活动的实施方案》。在“十二五”期间,该活动以“争创群众满意窗口、争创优质服务品牌、争创优秀服务标兵”为主题,每年推出一批示范窗口和岗位标兵。

11月23日

省农委书记刘奇葆视察四川现代粮食产业(广汉)示范基地,实施了解机械化播收方面情况;与全国种粮大户、农机专业合作社负责人和农业专家亲切交流并肯定示范基地创新机制,建立农机、植保等专业合作社,培育种粮大户,实施高产创建的做法。

贵州省

1月

截至2010年底,贵州省农机总动力达到1 730万千瓦,拥有各类拖拉机13.26万台,农副产品加工机械108.3万台,农用灌排机械29.87万台,高性能水稻插秧机1 746台,联合收割机642台;全省耕种收综合机械化水平为9.6%,其中,机械耕整地水平20.77%,机械栽植水平为1.05%,机械收获水平3.25%。

2月25日

贵州省委农村工作会议在贵阳召开。省委书记、省人大主任栗战书在讲话中指出:“要积极探索适合我省特点的农业现代化之路,要以中小型农机为主推进农业机械化。在发展农机组织上,既要扶持一些农机专业合作利,也要更多地发展农机专业户特别是农机专业大户。”省委副书记王富玉指出:“要把农业机械化作为三农工作的重中之重,农业生产方式要从传统的人畜力转向农业机械化。”

3月3日—5日

贵州省烟草农机选型暨演示现场会

在黔南州都匀市坝固镇召开。演示会上，农机部门组织30多家农机企业，展示80多种机型。

3月15日

贵州省农业委员会农机办组成3个小组，对2010年度实施的省级农业机械化示范推广项目以及部级实施的主要农作物生产机械化示范推广项目实施情况进行专项督促检查。在项目实施县，检查组重点检查部级、省级项目资金使用情况，农机专业合作社、农机维修网点、平安农机示范县建设情况，同时还就春耕备耕时节农机购机补贴工作、农机安全生产工作进行安排和部署，确保2011年各项农机工作顺利进行。

3月31日

在六枝特区郎岱镇举行的全省春耕生产现场会上，农机部门组织60多种新型农业机械在现场展示，10多种不同类型的田间作业机具和加工机具在现场作业演示。

4月15日

贵州省农机工作座谈会在贵阳召开。会议传达全国农机购置补贴会议精神，安排布置全省2011年农业机械化工作。省农机部门与各市州地农机部门负责人签订农机购置补贴实施工作责任书。为扶持水稻生产机械化作业大户、专业合作社等服务组织，省农业委员会农机办协调贵州吉峰农机有限公司，提供50台插秧机赠送给25家农机专业合作社，会后举行水稻插秧机发放仪式。

4月27日—29日

农业部农业机械化管理司司长宗锦耀一行到贵州调研农业机械化工作，省农业委员会副主任肖荣军陪同，调研组先后深入到贵阳市遵义市安顺市的基层农机管理部门、专业合作社、农业示范园区、农机作业现场，调研农机购置补贴、农机春耕备耕等情况，并听取贵州省农业委员会、安顺市人民政府、贵阳市农业委员会、遵义市农业委员会的农业机械化工作汇报。

5月19日

农业部与贵州省人民政府签署《农业部贵州省人民政府共同推进贵州特色农业发展的合作备忘录》，其中对农业机械化工作提出：贵州省要认真组织落实好农机购置补贴政策，大力推进水稻、玉米生产机械化。加快改善机电排灌设施设备，推动研制推广中小型、先进适用和多功能机具，促进农机农艺融合。扶持发展农机专业合作社和农机大户，建立和完善新型农机社会化服务体系。重视培训农机操作能手和维修高手。以中小型农机为主，努力实现主要农作物耕整地、播种施肥、质保、收获以及初加工等各个环节的机械化，积极探索走出一条符合全区特点的农业机械化发展道路。农业部积极指导和帮助引进、研发适合山区特点的农业机械，并在相关规划编制、补贴政策落实和建设项目安排方面给予大力支持。

6月10日—11日

贵州省农机办组团参加农业部在江苏省盐城市举办的2011年全国农机技能竞赛，在总决赛中取得团体优胜一等奖，总分第五名的成绩。刘黔生获得"2011年全国拖拉机作业技能竞赛技术能手"称号。

6月15日

贵州省农业委员会农机办成立网个组分两个阶段对全省购机补贴工作进行专项整治和监督检查。

6月27日—29日

贵州省农业委员会在贵阳召开2010年度农机项目验收会。对2009—2010年度实施的农业部水稻育插秧生产机械化、油菜生产机械化；马铃薯生产机械化示范项目和2010年度省级农机专业合作社建设、农机维修网点建设、农机平安示范县建设三类项目进行评审和验收。

8月4日

贵州省农机办印发《关于认真做好当前农机抗旱救灾工作的紧急通知》，要求各级农机部门高度重视，落实抗旱工作责任制，积极组织农机抗旱救灾服务队、农机专业合作社、农机大户、农机专业户，协调抗旱机具，调运物资投入抗旱队伍，尽可能减轻干旱造成的损失，打赢抗旱保民生保秋收这场硬仗。

8月17日

贵州省农机购置补贴工作进展顺利，第一批1.7亿中央资金已全部使用完毕，第二批资金5 000万已下拨各县，每县资金规模在20万—200万元。

8月18日

贵州省农机办印发《关于加强农机购置补贴流程规范操作的通知》要求各市州地农机部门和补贴机具经销商必须严格遵守操作流程，确保购置补贴政策落实到位。

9月1日—15日

贵州省农机办组成4个小组，到全省9个市、州、地对2010年以来实施的农机购置补贴政策情况进行专项督查整治，确保购置补贴政策落实到位。

9月5日

贵州省农机办印发《2011年农机购置补贴廉政风险防控机制建设实施方案》。

9月19日—21日

农业部副部长张桃林在农业机械化管理司司长宗锦耀的陪同下，到六盘水市水城县、毕节地区威宁县调研农业机械化工作。

10月5日—7日

全国丘陵山地农业机械化技术交流与演示会暨现代农业产业技术体系农机岗位专家座谈会在安顺市召开。会上，农业部农业机械化管理司副司长刘恒新和安顺市代市长周建琨共同为安顺市"全国农业机械化示范区"揭牌。农业部农机试验鉴定总站、农业机械化技术开发推广总站、南京农业机械化研究所与安顺市人民政府签订共同推进安顺市建设全国农业机械化示范区框架协议，会议期间，26家农机生产企业在现场演示多种为丘陵山地"量身定做"的各种中小型农机具。农业部农机试验鉴定总站站长刘敏，农业部农机推广总站站长刘宪，农业部南京农业机械化研究所所长易中懿，安顺市市委常委、副市长刘旭，省农业委员会副主任肖荣军和农机办负责同志参加会议。

10月24日—26日

贵州省农业委员会农机办在都匀市举办农机专业合作社理事长暨管理人员培训班。

11月10日

贵州省农机购置补贴工作已近尾声，共完成中央补贴资金2.2亿元、省级补贴奖金4 180万元、地县级补贴资金1 655万元，引导农民和农业专业合作社投入购机资金4.18亿元，购置补贴机具12.89万台（套）、温室大棚68万平方米，受益农户10.69万户。

云南省

2011年1月13日

云南省农业厅印发《举办2011年农业机械购置补贴管理系统软件（升级版）培训班的通知》，对全省购机补贴负责人、业务人员进行新版农机购置补贴管理信息系统业务培训。

1月14日

云南省印发《关于开展2011年云南省农业机械购置补贴经销商审核工作的通知》，明确了2011年云南省农业机械购置补贴经销商审核原则、审核程序、申报要求以及对2012年经销商审核工作提出原则和要求。

1月18日

云南省印发《关于进一步加大购机补贴政策执行力度严肃工作纪律的通知》。

1月19日

云南省召开农机购置补贴经销商警示教育工作会议。省农业厅副厅长常明出席会议并讲话。全省89家购机补贴经销商代表在会上作出2011年参与购机补贴供货承诺。

1月24日

云南省农机购置补贴专题办公会议召开，农业厅副厅长王常明主持。会议提出对2008—2010年全省购机补贴设施农业实施情况开展自查核实，抽查督查工作。

1月24日

云南省印发《关于对购机补贴经销商昆明欧大方农机有限公司的处理决定》。决定取消昆明欧大方农机公司购机补贴经销商资格，责令其上缴套取的国家购机补贴资金。

1月26日

云南省召开农机安全生产专题工作会议，省农业厅副厅长王常明主持会议。

1月28日

云南省印发《关于切实加强当前农机安全生产工作的通知》，就"春节"及春耕备耕生产农机安全工作作出明确要求。

2月21日

云南省农业厅召开农机安全生产暨安全监理专题工作会议，省农业厅副厅长王常明主持会议。

2月23日

云南省印发《关于对纳入购机补贴实施的设施农业项目进行核查的通知》，核查自2008年以来纳入购机补贴的设施农业项目。

3月2日

云南省农业厅表彰2010年度20个农机工作先进单位和100名农机优秀个人。

3月11日

云南省农业厅副厅长王长明主持召开农机直补贴超市座谈会，并就下一步省农机直补超市开办事宜进行问卷调查。入驻超市经销商负责人、云南省农业厅农机处、驻厅监察室、购机办负责人参加会议。

3月25日

云南省水稻机械化育插秧现场培训会在玉溪市召开。

4月4日

云南省印发《关于印发云南省农业厅2011年农业机械化教育培训工作实施方案的通知》，要求推进教育培训大行动深入开展，以农机手为重点，加强对农业机械化管理人才科技人才和实用人才三支队伍培训。

4月6日

云南省农业厅、省安全生产监督管理局联合通报表彰在2009—2011年"平安农机"创建活动中成绩突出的8个示范县和84个示范乡。

4月7日

云南省财政厅、省农业厅联合印发《2011年云南省农业机械购置补贴资金使用方案的通知》，对2011年度农机购置补贴工作提出要求和规范。

4月10日

2011年农机购置补贴工作会议在昆明召开，云南省农业部副厅长王昌明出席会议并讲话。

4月18日

云南省印发《关于开展全省农机培训机构办学水平评估工作验收的通知》。

4月19日

云南省印发《关于切实加强微型耕整机械安全监管工作的通知》。

4月20日—21日

农业部农业机械化管理司司长宗锦耀一行到云南考察农业机械化工作，省农业厅副厅长王常明陪同考察。

4月26日

云南省农业厅副厅长毛常明主持召开农机购置补贴监管工作专题会议。16个州市农业局分管领导参加会议，会议就制约购机补贴工作推进的因素进行研讨，提出下一步工作措施。

5月5日

云南省印发《关于印发农机购置补贴直补超市管理意见的通知》，对直补超市各项工作作出明确规定。

5月6日

云南省印发《关于印发云南省2011年农机安全生产年活动工作方案的通知》，对开展"农机安全生产年"活动提出了具体工作目标和工作重点，要求全省各级农机安全监理部门扎实开展农机安全，生产执法、治理和宣传教育"三项行动"，努力构建农机安全生产长效机制。

5月6日

云南省印发《关于2011年农机购置补贴设施农业和节水灌溉工程建设项目有关要求的通知》，明确提出2011年农机购置补贴设施农业项目采取"申报立项、评审通过实施、实施过程监理"的方式进行。

5月13日

云南省农业厅召开农机工作专题会议。会议强调，各单位各项工作按年初制定的工作计划稳步推进，特别是加大农机购置补贴和农机安全生产的监管力度，确保"购机补贴不出事、安全生产不死人"。

5月19日

云南省农业厅召开农机购置补贴专题工作会议。会议决定，对杀虫灯产品不进行省级累加补贴；暂停第一批中央补贴资金对杀虫灯产品的结算。

5月26日

云南省印发《关于开展2011年农机"安全生产宣传月"活动的通知》。

6月10日

云南省印发《关于开展农机安全生产督导检查的通知》，决定于2011年6月25日—7月10日开展一次农机安全督导检查。

6月22日

云南省印发《关于下达2011年农机购置补贴专项工作经费和计划的通知》，将省级配置的3 000万元农机购置补贴专项工作经费下达各县。

6月27日

云南省印发《云南省2011年补贴机具质量监督工作方案的通知》，对2011年农机购置补贴机具质量监督工作重点工作要求、工作措施提出具体要求。

6月30日

云南省印发《关于深入开展农机购置补贴政策实施专项整治工作文件的通知》，要求全面检查2010年农机购置补贴政策执行情况。

7月3日

云南省印发《关于开展农机购置补

贴政策实施情况检查的紧急通知》，提出全面检查2011年全省农机购置补贴政策实施情况。

7月8日

云南省农业厅与省文明办、省公安厅、省交通运输厅联合印发《关于在全省机动车驾驶培训学校开展文明交通“五个一”活动的通知》，要求加强源头管理，使道路交通事故明显下降。

7月8日

云南省印发《关于全省县级农机培训机构办学水平评估结果的通报》，对县级农机培训机械办学水平评估结果进行通报，达到A级办学水平的农机培训机构有46所，达到B级办学水平的农机培训机构有48所，达到C级办学水平的农机培训机构有32所。

7月12日—14日

云南省农业机械化教育培训工作会议在丽江召开，省农业厅副厅长王常明出席会议并讲话。

7月15日

云南省农业厅副厅长王常明主持召开农业机械化半年工作总结专题会议，总结半年来农业机械化工作取得的成效，对下半年工作谋划思路，提出目标任务，明确工作重点。

8月16日

召开云南省农业机械购置补贴专题工作会议。专题研究中央财政第一批补贴资金。

8月23日

云南省印发《关于开展农机部门参与或变相参与农机购置补贴经营活动复查的通知》，要求全省开展农机部门参与或变相参与农机购置补贴经营活动复查专项行动。

8月29日

云南省2011年农机购置补贴经销商座谈会在昆明举行。省农业厅副厅长王常明对经销商提出“三个支持”、“四个不要”新要求。

9月3日

云南省印发《关于做好秋冬季农机安全生产工作的通知》，针对秋冬季节易发事故情况提出针对性措施。

9月27日

云南省印发《云南省农业关于推进农机购置补贴廉政风险防控工作的通知》，就做好全省农机购置补贴廉政风险防控工作提出建设任务和防控措施。

10月9日

云南省印发《云南省农业机械购置补贴操作手册》，进一步细化农机购置补贴工作程序，明确工作职责和责任主体。

10月25日

云南省印发《关于印发〈云南省违规发放拖拉机牌证专项治理工作方案〉的通知》，就全省开展违规发放拖拉机牌证专项治理工作目标、重点、进度、措施提出具体要求。

11月1日

云南省印发《关于开展2011年度农机安全生产工作督导检查的通知》，决定对2011年各州市农机安全生产作进行督导检查。

西藏自治区

2011年4月7日

西藏自治区第一个主要农作物机械化示范基地在南木林县艾玛岗乡建成，示范基地内建成了200公顷马铃薯机械化生产示范区。

5月13日

西藏自治区农机安全生产工作领导小组成立，下发《关于成立农机安全生产工作领导小组的通知》。

5月18日

西藏自治区农牧厅、财政厅联合下发《关于印发〈西藏自治区2011年农业机械购置补贴实施方案〉的通知》，标志着全自治区农机购置补贴工作全面展开。

7月4日

根据西藏自治区农牧厅向自治区人民政府提交的《关于农业拖拉机监管工作的请示》，自治区常务副主席郝鹏，副主席格桑次仁、副主席李昭作出批示：“由于目前我区农牧部门机构编制、管理人员等方面限制，暂不具备监管的条件。因此，建议我区农业拖拉机监管工作仍由公安交警部门负责管理，待条件成熟后，再移交农牧部门管理”。

7月4日—20日

西藏自治区农牧厅组织开展2011年度农机购置补贴专项整治行动。

8月21日—14日

农业部农业机械化管理司司长宗锦耀一行到自治区考察指导农业机械化工作。

11月14日

《西藏自治区人民政府关于加快农业机械化发展的意见》（征求意见稿）。完成意见征求工作，并报送自治区人民政府审定。

陕 西 省

2011年1月25日

陕西省第二届保护性耕作专家组成立。省农业机械管理局向专家颁发聘书。

2月14日

农业部党组成员、中纪委驻部纪检组长朱保成、农业机械化管理司副司长刘恒新赴杨凌农机补贴超市调研农机购置补贴工作。省农业厅党组成员、纪检组长戴福成，省农业机械管理局局长胡玺贤、副局长王爱军，杨凌示范区党工委书记梁桂、管委会主任助理孙华陪同调研。

2月25日—28日

农业部部长韩长赋率队在西安、宝鸡、咸阳、延安、杨凌等地调研农业农村工作。韩长赋来到杨凌农机购置补贴超市，详细了解农机购置和补贴程序，并对购机补贴模式给予高度评价。他要求深入研究补贴机制，简化工作程序，增加销售网点，方便农民购机，推进农业现代化。

3月1日—5月31日

陕西省纪律检查委员会驻农业厅纪检组、省农业机械管理局决定，围绕农机购置补贴政策落实工作，在全省农机系统集中开展为期三个月的警示教育活动，该活动以“廉洁从政、遵纪守法、规范操作”为主题，分为学习教育、自查自纠、完善制度整改等三个阶段。

3月8日

陕西省农机工作会议和西安召开，会议总结了“十一五”工作，提出了“十二五”农业机械化发展的总体思路和发展目标，对2011年全省农业机械化工作和农机购置补贴工作进行了安排部署。省农业厅党组成员、省农业机械管理局局长胡玺贤作题为《站在新的历史起点上推进陕西农业机械化迈向新台阶》的工作报告。省农业机械管理局副局长王爱军主持会议。

3月15日

举办全省“3·15”农机维权宣传活动。活动现场设立质量投诉、技术咨询、法律法规宣传等服务台，向现场群众发放有关资料，解答群众咨询。

3 月 23 日

“西安农机通”及农业机械跨区作业远程服务系统启动仪式在西安举行。西安市农机部门与中国移动合作，为跨区作业联合收割机安装卫星导航，为驾驶员提供短信服务、通话服务。

4 月 19 日

陕西省农业机械管理局召开全省“三夏”机械化农业生产动员会。会议明确了“三夏”机械化农业生产的总体思路、目标任务和应突出抓好的四项重点工作。

4 月 19 日

陕西省农业机械管理局对全省农机购置补贴督察员进行培训，建立农机购置补贴督察员制度，在全省所有农机购置补贴实施市、县（市、区）聘请了152 名农机购置补贴督察员，对农机购置补贴工作进行经常性全程检查。

4 月 22 日

陕西省政府印发《关于促进农业机械化和农机工业又好又快发展的实施意见》。

4 月

渭北农机补贴超市与东亚银行合作在富平县启动农机按揭贷款业务。

5 月 6 日

陕西省农机安全监理工作现场会在武功县召开。以“平安农机”建设为目标，努力提高农机“三率”，确保农机安全生产。

5 月 21 日—22 日

全国人大常委、致公党中央副主席杨邦杰，中国工程院院士蒋亦元、山仑、罗锡文等专家来陕西进行保护性耕作考察活动。

5 月 27 日

陕西省农机推广站在汉阴县召开陕南片“三夏”秸秆机械化综合利用现场演示会，推动陕南秸秆机械化综合利用工作。

5 月 31 日

团省委、省农业机械管理局共同启动实施“碧水蓝天——农作物秸秆综合利用与开发暨我是小小秸秆禁烧员”项目。该项目通过秸秆收贮加工利用及龙头企业的示范带动，激发青少年环境保护意识，倡导全社会发展循环经济，发展环保低碳产业。

6 月 3 日

陕西省农业机械管理局在西安市召开2011 年夏季秸秆机械化综合利用现场演示会，着重推广秸秆拎拾打捆、秸秆还田、带状旋耕播种、硬茬播种和小麦联合收获机加挂秸秆打捆装置等机械及技术。

6 月 7 日

陕西省长赵正永、副省长祝列克亲临兴平市“三夏”第一线，检查指导“三夏”小麦机械化收获和玉米机播工作，肯定农机补贴政策的良好效果和机械化在解放农业生产力方面所发挥的最要作用。

6 月 10 日

陕西省委书记赵乐际深入富平县王寮镇双杨村小麦示范基地，视察“三夏”农机工作。对基地统一供种、统防统治、机械化作业等做法给予肯定，要求发挥农机作用，确保颗粒归仓，抓紧夏播，力争全年农业丰收。

6 月 13 日

陕西省委副书记王侠在华阴市华西镇庆华村视察“三夏”农机工作，要求科学调配收割机械和人力，保障农机油料等物资应收尽收，应收快收。

6 月 17 日

陕西省监察厅副厅长负军、省纪律检查委员会纠风室主任王瑞峰到杨凌农机超市，检查农机补贴落实情况。

6 月

陕西省烟草局与省农业机械管理局联合发文，加快推进烟叶生产机械化。“十二五”期间，烟草行业计划每年投入补贴资金 1 600 万元，与农机补贴叠加，用于烟叶机械的补贴，并联合在宝鸡陇县、延安宝塔区开展烟叶生产机械化示范县建设工作。

8 月

陕西省农业机械管理局决定依托中国农业大学现代远程教育陕西省机电工程学校学习中心，举办农机系统职工岗位进修、学历教育班，力争在五年内使全系统从业人员专业学历达到大专以上水平。

8 月

陕西省农业机械管理局发布《陕西省农业机械化技术推广成果奖励实施细则（试行）》。省农业机械化推广奖主要授予在农业机械化技术推广、成果引进转化等方面做出突出贡献的单位和个人，重点奖励技术覆盖面大，经济效益、社会效益和生态效益显著，农业机械化技术进步作用明显的应用成果。

8 月

陕西省政府印发《关于切实加强道路交通安全工作的若干意见》，对农机安全监管工作提出明确要求。

8 月 2 日

我国西北地区首个农业机械产业园在杨凌正式建立。陕西副省长吴登昌出席会议并为杨凌农业机械产业园和杨凌农业机械产业园管理办公室揭牌。该产业园的建立，将提升我国干旱半干旱地区农业装备现代化水平，为推进现代农业发展提供重要的带动和支撑。

8 月 23 日

陕西省农机部门在陕北沙漠地区建成万亩马铃薯示范基地。省长赵正永、副省长祝列克到榆林市靖边县阳光村两千亩马铃薯生产机械化示范基地检查指导工作，肯定农机部门三年来实施马铃薯生产机械化示范工作的成就。

9 月 5 日—7 日

陕西省农机质量投诉监督培训会在商洛市举办。

9 月

陕西省农机部门承担农民专业合作社果品贮藏保鲜“百库”建设工程。省财政投入 8 000 万元用于工程建设补助，农机补贴资金配套安排 8 000 万元用于购置设备补贴。

10 月 8 日

陕西省农机牌、证实行免费管理。牌、证由省农机监理总站负责制作，按照相关法规规定的程序免费发放。各级农机监理机构不得向农机户（手）收取牌、证工本费和任何手续费（补办除外）。

10 月 11 日—12 日

农业部副部长张桃林、部党组成员张玉香、部农业机械化管理司司长宗锦耀一行到洛川县考察调研果业机械化示范区建设，并在三原县检查“三秋”农业机械化工作。

10 月 18 日

西部农业生产资料、农业机械暨配件交易市场在富平县举行启动奠基仪式。全国供销合作总社理事会副主任顾国新、省人大常委会副主任白阿荣、省政协副主席李冬玉、省农业机械管理局局长胡玺贤等出席奠基仪式。

甘 肃 省

2011 年 1 月 6 日

甘肃省农牧厅表彰 2010 年全省农业重点工作责任制考评先进单位。庆阳市等4市农业机械管理局被评为农机类一等奖，临夏州等4市州农业机械管理局被评为农机二等奖。

2月16日

为贯彻落实中央和省做好春耕抗旱工作的有关精神，甘肃省农业机械管理局印发《关于切实做好2011年农机抗旱春耕生产工作的紧急通知》，要求各级农机部门全力做好农机抗旱和春耕备耕工作。

2月21日

《2009—2011年甘肃省支持推广的农业机械产品目录》(2011年调整)通告公布，新增补2 823个产品。

2月21日—26日

甘肃省农业机械管理局保护性耕作项目检查组对榆中县、泾川县、西峰区和镇原县的保护性耕作示范基地建设项目进行全面抽查和指导。

2月23日—25日

甘肃省农机监理总站在兰州召开全省农机安全监理工作会议。会议安排部署2011年农机监理工作，与14个市州签订农机安全监理目标管理责任书。

2月28日

为做好2011年农机教育培训工作，省农业机械管理局印发《2011年甘肃省农业机械化教育培训大行动工作方案》。

3月5日

甘肃省政府出台《甘肃省人民政府关于促进农业机械化和农机工业又好又快发展的实施意见》。

3月5日

甘肃省农业机械管理局在兰州举行2010年保护性耕作示范基地建设项目接车仪式。

3月9日

甘肃省农业机械管理局表彰"十一五"期间农业机械化工作先进单位50个，先进个人122名，并对"全省农业机械化十强县"、"全省十强农机专业合作社"表彰授牌。

3月11日

甘肃省农业机械管理局在兰州召开全省农业机械化工作会议。会议传达全国农业机械化工作会议和全省农业工作会议精神，总结2010年和"十一五"工作，部署"十二五"和2011年工作。

3月14日

甘肃省农业机械管理局发布《甘肃省2011年新增农业机械购置补贴产品经销企业名录》，共公布275家供货企业，比2010年增加116家。

3月15日

为切实加强农机行政执法工作，甘肃省农业机械管理局印发《2011年全省农机化行政执法活动工作方案》，成立全省农业机械化行政执法活动领导小组。

3月23日

为加强卷帘机、微耕机等设施农业装备安全监管工作，甘肃省农业机械管理局印发《2011年卷帘机和微耕机质量调查工作方案》。调查由省农机鉴定站负责，在全省10个市州开展。

3月24日

为加强农机行业职业技能鉴定质量管理，甘肃省农业机械管理局决定在全省开展农机行业特有工种职业技能鉴定工作站质量管理评估工作。

3月25日

甘肃省农业机械管理局分解部署2011年全省保护性耕作发展目标任务。

3月29日

甘肃省农业机械管理局印发《甘肃省贯彻落实(农业部关于加强农机农艺融合加快推进薄弱化解机械化发展的意见)工作方案》。

4月1日

为保障2011年全省26.67千公顷保护性耕作计划任务的完成，甘肃省农业机械管理局分解下达保护性耕作发展目标任务。

4月2日

为做好农业机械化新闻宣传工作，甘肃省农业机械管理局印发《关于做好2011年全省农业机械化宣传工作的通知》，明确新闻宣传工作要点。

4月8日—9日

甘肃省农业机械管理局在兰州举办2011年度甘肃省农机购置补贴信息管理系统软件（升级版）培训班，各市县农机部门、农垦部门和农机生产、经销企业的补贴工作操作人员参加培训。

4月9日

《甘肃省2011年度农业机械购置补贴产品目录》公告发布，2011年全省农机购置补贴工作正式启动。

4月13日

甘肃省财政厅和省农牧厅联合发布《2011年甘肃省农业机械购置补贴资金使用方案》，确定省财政补贴资金向重点移民县、玉米机械化收获试点县、马铃薯种植大县、保护性耕作县、中南部山区和少数民族地区适当倾斜，向主导产业关键环节倾斜。

4月15日

为落实好农机购置补贴政策，加强监督检查工作，甘肃省农牧厅制定并印发《甘肃省2011年农机购置补贴政策落实监督检查方案》。

4月18日

甘肃省财政厅和省农牧厅联合下达2011年省级农业机械购置补贴专项资金2 000万元，明确省级农机购置补贴工作经费130万元。

4月18日

甘肃省农业机械管理局研究制定2011年全省农机购置补贴工作责任书，全省农机部门层层签订责任书。

4月26日

甘肃省农业机械管理局下发《关于开展拖拉机驾驶培训机构复审工作的通知》，对2005年以来全省83所取得拖拉机驾驶培训机构认证的单位进行复审登记。

5月19日

为落实全国农机购置补贴工作座谈会精神，甘肃省农业机械管理局印发《关于进一步做好2011年农机购置补贴工作的通知》。

5月30日

甘肃省农牧厅印发《关于开展农机购置补贴政策落实情况监督检查的通知》，成立由厅党组成员、纪检组长尹昌城任组长的农机购置补贴工作领导小组，并对全市农机购置补贴工作情况进行全面督导检查。

5月30日

甘肃省农业机械管理局印发《关于做好2011年全省"三夏"农机跨区作业工作的通知》，对农机跨区机收小麦作安排部署。

6月10日—11日

在农业部举办的2011年全国农机技能竞赛中，甘肃省农业机械管理局获得优秀组织奖称号，2位农民选手获得优秀选手称号。

6月14日

针对少数农机产品补贴额偏高问题，甘肃省农业机械管理局发出《关于深入开展补贴农机产品市场价格调研工作的通知》，了解各地农机市场产品价格，征求各地对农机产品分档及补贴额测算的意见。

6 月 14 日

甘肃省农业机械管理局转发《农业部办公厅关于深入推进农机购置补贴政策信息公开工作的通知》,要求各地进一步加大信息公开力度、拓展信息公开渠道、加强组织领导,全面接受社会各界对农机购置补贴工作的监督。

6 月 14 日

甘肃省农业机械管理局在兰州召开2011 年甘肃省保护性耕作项目工作会议,下达项目资金,签订项目合同。12 个项目县的农机管理、技术推广人员参加会议。

6 月 8 日—19 日

甘肃省农业机械管理局在天水市举办农机产品质量投诉业务培训班。13 个市州的 47 个个国际质量投诉机构共70 余工作人员参加培训。

7 月 4 日

甘肃省农业机械管理局通知要求和全省范围暂停杀虫灯、果树修剪机的农机购置补贴申请和资金结算。随后,相继暂停沼液沼渣抽排设备、车载机动喷雾器等机具的补贴申请和资金结算。

7 月 12 日

甘肃省农机鉴定站《轮胎强度试验机研制》项目获省农牧渔业丰收奖三等奖。

7 月 22 日

甘肃省农业机械管理局在兰州召开全省农机购置政策落实督导检查工作汇报会,七个督导组进行情况汇报,厅党组成员、纪检组长尹昌城和省农业机械管理局局长刘聚才作讲话。

8 月 16 日

为做好全省保护性耕作技术示范推广,甘肃省农业机械管理局编制并印发《甘肃省保护性耕作技术实施要点》。

8 月 23 日

甘肃省财政厅和省农牧厅联合拨发中央财政安排的第二批农机购置补贴资金 8 000 万元。

8 月 23 日

甘肃省财政厅和省农业机械管理局联合下达 2011 年农业机械化科技推广项目经费 200 万元,重点实施农机节能减排节水增效工程、农业机械化科技示范工程、特色农机装备制造业振兴工程三大工程。

8 月 29 日

甘肃省农牧厅召开全省农资打假工作表彰大会。省农机鉴定站被评为先进单位。

9 月 13 日

甘肃省农业机械管理局通知要求做好 2011 年农村劳动力阳光工程农机培训实施工作。全省农机系统 62 个培训单位共承担农机项目任务 1.4 万人、资金 570 万元。

9 月 19 日

为进一步加强对农机购置补贴落实。工作的监管和规范操作程序,甘肃省农业机械管理局印发《关于切实加强农机购置补贴工作监管的紧急通知》。

9 月 19 日

根据农业部加快推进农机购置补贴廉政风险防控机制建设的意见精神,甘肃省农业机械管理局制定《进一步推进农机购置补贴廉政风险防控机制建设实施方案》。

9 月 20 日

甘肃省农业机械管理局印发通知开展《2012—2014 甘肃省支持推广的农业机械产品目录》制定申报工作。申报采取网上申报和书面申报同时进行的方式,范围包括 11 大类 30 小类 105 个品目。

9 月 26 日

甘肃省农业机械管理局在武威市凉州区召开全省玉米机械化收获现场会。

9 月 28 日

为总结分析省农机产品质量状况和投诉情况,甘肃省农机鉴定站在兰州召开 2011 年全省农机质量分析会。省内外 87 家农机制造、销售企业的 120 名代表参加会议。

9 月 30 日

为做好秋收、秋播和秋冬季深松整地等秋冬季农业机械化生产工作,甘肃省农业机械管理局发出《关于做好 2011 年秋冬季农机化生产工作的通知》。

9 月—10 月

甘肃省农机监理总站分别在平凉市、定西市和天水市举办全省农机监理检验员培训班、农机事故处理员培训班、农机监理所长(站长)培训班。

10 月 12 日

为做好 2012 年农业部农机财政项目申报工作,甘肃省农业机械管理局在兰州召开 2012 年农技推广体系专项经费(农机)项目评审会。

10 月 13 日

甘肃省省长刘伟平在《关于增加省级农机具购置补贴专项资金请示的报告》上作批示。

10 月 14 日

甘肃省农牧厅召开 2011 年保护性耕作工程建设项目实施方案(初步设计)评审会。

10 月 28 日

甘肃省农业机械管理局获第十一届平遥国际摄影大展暨第一届全国农机摄影大赛最佳组织奖。

11 月 10 日

甘肃省农牧厅在兰州召开《甘肃省志 · 农业志》农业机械化部分志稿评审会,组织 12 位农业机械化专家对志稿进行评审,省农牧厅副厅长刘志民主持会议并讲话。

11 月 12 日

甘肃省副省长李建华在《关于增加省级农机具购置补贴二号项资金的请示》工作批示:甘肃省农村劳动力输转已近适龄劳动力的 50%,提高农作物耕种收综合机械化水平是确保省上提出的"四个一千万亩"持续实施的关键措施之一。省财政给大力支持,农牧厅完善资金管理机制,切实惠及农民,促农增收。

11 月 17 日

为确保 2012 年全省农机购置补贴工作顺利启动和实施,甘肃省农业机械管理局印发《关于开展 2012 年农机购置补贴资金需求调查的通知》。

11 月 21 日

为做好冬季农机安全生产工作,省农业机械管理局紧急通知,在全省开展严厉打击拖拉机违法载客等严重违法违章作业行为的活动。

11 月 28 日

甘肃省农业机械化标准化技术委员会在兰州召开 2011 年甘肃省农业机械化地方标准审定会,审定《背负式动力喷雾机作业质量》等九项地方标准。

青 海 省

2010 年 12 月 6 日

青海省农牧厅印发《在全省农机行业集中开展严厉打击非法违法生产经营行为专项行动的工作实施方案》。

2011 年 1 月 11 日—14 日

青海省购机补贴领导小组办公室考评验收 2010 年全省农机购置补贴实施县工作。

1 月 18 日—19 日

青海省农机监理站在互助县召开

2010年度农机安全生产目标管理考核先进集体表彰和2011年农机安全生产目标责任书签订会议。会议传达全国农机工作会议精神；对推进农机监理和农机安全生产工作进行布置。并召开上道路执法试点地区座谈会。省农牧厅副巡视员丁宝洪和省农牧机械管理局局长孙长保参加。

2月14日—15日

2011年抗旱春播生产工作组赴西宁地区、海西蒙古族藏族自治州、黄南藏族自治州调查抗旱春播生产工作。

3月1日—15日

青海省财政厅、省农牧厅、省农机推广站赴互助、湟中、大通、民和、尖扎、门源、共和等地检查购机补贴政策落实情况。

3月14日

青海省农机推广站专业技术人员参加省质量技术监督局在大同县关镇举办的"质量提升科学发展"为主题的3·15宣传活动。

3月14日

青海省农牧厅印发《关于实施2011年农机深松整地作业的通知》，在全省13个县实施，面积6.67千公顷。

3月18日

等离子体种子加工技术项目在青海省互助、湟中、民和三县启动。

3月21日

青海省农牧厅在互助县举办以"放心农资下乡、保障春耕省产"为主题的"全省农资打假及放心农资下乡进村"宣传周活动启动仪式，省农牧机械管理局和省农机推广站负责人参加启动仪式。

4月21日—23日

青海省农牧机械管理局举办两期农业机械购置补贴管理系统培训班，对农机经销企业和县（市）农机管理部门的计算机操作人员进行培训。

4月24日

青海省农机监理站在省统计局举办全省农机监理事故分析系统报送培训班，共培训事故分析报送人员96名。

4月25日

2011年农业机械购置补贴工作在青海省展开。

5月3日

青海省财政厅拨发2011年重点农机技术推广项目资金100万元，推广保护性耕作、油菜机械化生产、饲草加工机械化和等离子种子处理技术等。

5月12日

青海省农业机械购置补贴工作领导小组组长变更为青海省农牧厅厅长张黄元。

5月20日

青海省农业机械购置补贴工作会议在西宁召开。来自全省各州（地、市）主管农机的农牧局长和各县（市）主管农机的县长、农牧局长、财政局长、农机站站长和农机经销商约200人参加会议。会议由省农牧厅副巡视员丁宝洪主持，省农牧机械管理局局长孙长保传达全国农机工作会议精神，厅长张黄元作报告。

5月23日

青海省农牧厅公布37家获得2011年青海省农机购置补贴产品经销商资格名单。

5月24日—25日

青海省局组队检查督导海东地区化隆、循化、平安等地的购机补贴、保护性耕作和农机安全生产工作。

6月7日

青海省农机监理站启动省农机监督管理系统功能。该系统办公模块功能8月1日在全省使用。

6月10日—11日

青海省农牧机械管理局在农业部举办的2011年全国农机技能竞赛中荣获优秀组织奖，湟中、贵南县的两位同志分别荣获"全国拖拉机技能竞赛优秀选手"称号。

6月27日

青海省政府出台《关于促进农业机械化和农机工业又好又快发展的实施意见》。

7月18日

财政部拨付青海省第二批农机购置补贴资金2 500万元。

7月20日—25日

青海省农牧机械管理局局长孙长保、副局长何彦武带队在海西考察督导农业机械化工作。

9月16日

青海省农机推广站举办全省马铃薯机械化种植及收获现场观摩会。

10月18日

青海省农机监理站派调研组对海东地区、黄南藏族自治州、海西蒙古族藏族自治州部分县调研并上报《关于开展农业机械安全监理"三率"问题的专题调研报告》。

11月6日—7日

青海省农牧机械管理局局长孙长保和省农机监理站站长王建元检查湟中县、民和县"平安农机示范县"落实情况。

11月21日

为提高全省农机监理站长的业务素质和依法监管水平，青海省农机监理站在互助县举办全省农机监理站长培训班。

11月23日

青海省农牧厅印发《青海省农业机械化"十二五"发展规划》。

宁夏回族自治区

2010年12月6日

宁夏回族自治区农牧厅农业机械化管理局召开2010—2012宁夏支持推广农机产品目录评审会议，对65家企业申报的739件农机产品进行评审，确定370件农机产品作为2011年增补推广的农机产品。宁夏大学、县区农机部门农机推广研究员等专家、领导参加。

2011年1月7日

宁夏回族自治区人大通过新修订的《宁夏回族自治区农业机械安全监督管理条例》，并从2011年3月1日起施行。《条例》规定，县级以上人民政府应对农民购买农业机械给予补贴，对农业机械登记、检验以及使用操作的培训、考试、审验等实行免费管理。

1月29日

宁夏农机学会第六届理事会在银川召开，会议选举理事长、副理事长、秘书长、副秘书长。马明当选学会理事长，朱晓江当选常务副理事长兼任秘书长。原任学会理事长赵晓俊同志因年龄原因，不再担任学会理事长职务。

1月29日

宁夏回族自治区农牧厅农业机械化管理局召开农机管理部门与农机购置补贴供货企业座谈会，通报2011年农机购置补贴工作中的违纪问题，要求加强监督检查农机购置补贴工作，防止出现违规违纪行为。

2月23日

宁夏回族自治区农牧厅召开全自治区引黄灌区春播现场会。党委副书记于革胜参加并观看农机现场演示。他在讲话中强调，全自治区各级农机部门要积极组织广大农民投入春耕生产，确保抗旱春耕顺利进行。

2月25日

宁夏回族自治区农牧厅农业机械化

管理局在自治区政府采购中心组织2011年宁夏农业机械购置补贴竞争性谈判招标工作，包括通用类和非通用类机具的招标。农牧厅纪检组组长孙瑛、纪检监察室马瑞田、厅计财处处长宿文军等出席招标会议。

3月11日

宁夏回族自治区“放心农资下乡进村”活动在平岁县举行。农牧厅副厅长马明、农牧厅农业机械化管理局局长王林及农牧厅有关处、局、站负责人参加活动，并对全自治区农资供销工作及农资监督检查工作进行安排部署。

3月22日

宁夏回族自治区农业机械化暨农机购置补贴工作会议在银川召开。会议回顾“十一五”及2010年农业机械化工作取得的成效，提出“十二五”农业机械化发展思路和目标任务，部署2011年农业机械化重点工作，还召开农机学会常务理事会议、农业机械化技术推广工作会议、农机安全监理工作会议、农机供货企业和农机合作组织座谈会。农牧厅党组副书记、副厅长张柱参加会议。

4月12日

宁夏回族自治区玉米机械化种植现场会在同心县召开。农牧厅农业机械化管理局局长王林、农业机械化技术推广站站长田建民、全自治区各市县农机部门负责人、农机合作组织和农机供贷企业代表100余人参加会议。

4月18日

宁夏回族自治区马铃薯机械化种植现场会在固原市原州区召开、农牧厅副厅长马明、农牧厅农业机械化管理局局长王林等参加会议。会议就小型马铃薯机械化种收机具推广工作中存在的问题进行研究。

5月8日—11日

农业部农业机械化管理司司长宗锦耀、农业机械化管理司监督管理处处长范学民、综合处副处长刘晓伟一行，到宁夏检查落实国务院意见、购机补贴、春耕生产等情况。

5月11日

宁夏回族自治区水稻机械化插秧现场会在青铜峡市召开。全自治区水稻生产县农机部门负责人参加。会议代表观摩工厂化育秧生产和机械化插秧现场作业。

5月15日—17日

全国（宁夏）第三届园艺博览会在贺兰县召开。全自治区22家农机制造、经销企业组织118台大型、先进农机具参加了展览联示。农业部副部长陈晓华在自治区党委书记张毅、政府主席王正伟的陪同下，参观农机展区，观摩蔬菜移栽作业演示。

6月3日

宁夏回族自治区农牧厅召开全自治区农机购置补贴管理工作会议。各市、县（区）农牧（业）局、农牧厅农业机械化管理局（中心）主要负责人、分管购机补贴工作负责人和具体承办人员、农机监理机构负责人，农机购置补贴供货企业及区内农机生产企业负责人共200人参加会议。自治区农牧厅党组书记、厅长赵永彪，党组成员、副厅长马明、马新民，副巡视员韩学仁等领导出席会议。

6月14日

杨少军同志任宁夏回族自治区农牧厅农业机械化管理局副局长。

7月6日

宁夏回族自治区麦后复种现场会在吴忠市利通区召开，自治区农牧厅农业机械化管理局协调组织机具进行小麦收获、秸秆打捆作业，保护性耕作、免耕播种，蔬菜、玉米机械化移栽作业演示。

7月11日

宁夏回族自治区农牧厅农业机械化管理局主持召开全自治区农机专业服务组织观摩交流会，并印发加快作业公司建设的意见、作业公司建设规范、作业公司验收标准、作业公司考核管理办法等。

7月13日

宁夏回族自治区政府主席王正伟实地调研吴忠市利通区麦后复种工作。农牧厅农业机械化管理局、农业机械化技术推广站组织相关机具开展机械收获、灭茬浅旋、起垄覆膜、免耕播种、玉米移栽、蔬菜移栽等机械作业演示，受到调研领导的关注和赞扬。

7月21日

中国马铃薯大会在宁夏召开，美国、德国美最时农机公司等在宁夏农机展区展示马铃薯生产机械。农业部纪检组组长朱保成、宁夏区党委副书记于革胜等领导参观农机展区。

8月8日

宁夏回族自治区农牧厅召开安全生产工作会议，安排部署农业安全生产工作。农牧厅农业机械化管理局汇报农机安全生产情况。

9月28日

宁夏回族自治区农牧厅在同心县召开全自治区玉米机械化收获现场会。厅党组书记厅长赵永彪、副厅长马明等领导参加会议。

9月28日

宁夏回族自治区农牧厅在同心县召开全自治区首届玉米机械化收获技能大赛，全自治区十二个县区组队参加了比赛。

9月29日

宁夏回族自治区农牧厅在固原市原州区召开全自治区马铃薯机械化收获现场会暨第二届马铃薯机械化收获技能大赛。

10月29日—11月1日

农业部农机推广总站站长刘宪深入隆德县、西吉县、石嘴山市调研宁夏农机免费管理、平安农机创建。农机维修等工作。农牧厅农业机械化管理局局长王林等陪同。

11月16日

宁夏回族自治区农业机械化技术推广站支部书记袁志敏任农牧厅信息中心主任，自治区农牧厅信息中心副主任王争鸣任自治区农业机械化技术推广站支部书记。

新疆维吾尔自治区

2011年1月24日

新疆维吾尔自治区农机工作会议在乌鲁木齐市召开。会议全面总结2010年和“十一五”农机工作，部署“十二五”农业机械化发展规划，安排2011年重点工作。自治区政府副秘书长王绍宁讲话。

2月24日

新疆维吾尔自治区农牧业机械管理局举办农机购置补贴政策实施企业座谈会，进一步规范全自治区购置补贴政策的实施。

2月24日

新疆维吾尔自治区农机流通协会常务理事扩大会议在乌鲁木齐市召开。

3月16日

新疆维吾尔自治区“送知识、送技能、送服务”下乡活动启动。农牧业机械管理局局长巴拉提·阿斯木通报2010年农机产品质量投诉及质量调查情况，党组书记王晓文明确“三送下乡活动”目标。

3月18日

新疆维吾尔自治区农牧业机械管理

局召开全自治区棉花收获机械化技术研讨会。

5 月 4 日

农业部调研组来新疆维吾尔自治区督导检查 2011 年农机购置补贴政策实施暨春季农业机械化生产情况。

5 月 8 日—18 日

新疆维吾尔自治区农牧业机械管理局举办全自治区农机行业专业技术人员继续教育高研班。

5 月 12 日

由中国农业机械工业协会、新疆维吾尔自治区农牧业机械管理局、新疆生产建设兵团农业局、新疆生产建设兵团农业机械化管理局、新疆维吾尔自治区畜牧厅、中国国际贸易促进委员会新疆分会共同主办的 2011 年第十二届新疆国际农业机械博览会，在乌鲁木齐市新疆体育中心隆重开幕。

5 月 14 日

新疆维吾尔自治区农机购置补贴工作会议在乌鲁木齐市召开。各地（州）、县（市）农机管理部门主管领导近百人参加。

5 月 14 日

新疆维吾尔自治区农业机械化科教工作会议在乌鲁木齐市召开。自治区农牧业机械管理局领导，各地（州）市农牧业机械管理局分管领导、科教科长、农机推广站站长及部分县市农牧业机械管理局代表，有关企业、科研院所、农民农机户代表及自治区农牧业机械管理局相关部门领导 120 余人参加会议。

5 月 27 日—6 月底

新疆维吾尔自治区农牧业机械管理局开展新疆维吾尔自治区农机市场监管互查活动。活动采取听取汇报、查看相关档案资料、农机市场执法抽查、与经销企业及农民座谈、走访、问卷调查等形式，分南北疆分批进行。

5 月 29 日

由新疆维吾尔自治区农牧业机械管理局主办的全国农机技能竞赛新疆区选拔赛活动在昌吉市举行。

6 月 22 日

第二届（中一哈）霍尔果斯国际出口商品交易会暨中亚农业机械设备展览会开幕，300 多家企业参展。

6 月 27 日

新疆维吾尔自治区农牧业机械管理局在库尔勒市召开创建“平安农机”经验交流会议暨农机监理工作会议。

6 月

新疆维吾尔自治区农牧业机械管理局，区财政厅开展中央农机购置补贴资会专项检查，制定《新疆维吾尔自治区农机购置补贴专项检查实施方案》。

6 月

新疆维吾尔自治区农牧业机械管理局副局长欧兴江、总工裴新民带队考察内蒙古、山西、辽宁、黑龙江、山东、江苏等省、区的农业机械化政策扶持以及合作社建设情况。

7 月 2 日

新疆维吾尔自治区党委任命贾立新为新疆农业厅党组成员、自治区农牧业机械管理局党组书记。

7 月 5 日

新疆维吾尔自治区农业机械化统计工作座谈会暨农业机械化生产信息员培训班在乌鲁木齐市召开。新疆维吾尔自治区各地负责农业机械化统计和生产信息工作的 119 名代表参加会议。

7 月 25 日

新疆维吾尔自治区农牧业机械管理局在乌鲁木齐市举办新疆维吾尔自治区保护性耕作工程建设项目培训班。

7 月 26 日

新疆维吾尔自治区采棉机驾驶操作培训中心（沙湾）挂牌成立。区农牧业机械管理局局长巴拉提·阿斯木和沙湾县委书记谢强为中心揭牌。

8 月 3 日

新疆维吾尔自治区农机信息工作会议暨信息员培训班在察布查尔县召开。新疆维吾尔自治区州、县（市）80 名信息员参加会议。

8 月 5 日

新疆维吾尔自治区政府《关于加快农业机械化发展的意见》出台，明确当前和今后一个时期新疆农业机械化发展的指导思想、目标任务、基本原则及主要措施。

8 月 12 日

新疆维吾尔自治区农业局任乌鲁木齐市召开全自治区座谈会，各地、州、市农牧业机械管理局和区农牧业机械管理局领导参加会议。

8 月 13 日

新疆维吾尔自治区农机市场监管工作座谈会在昌吉市召开。各地州农牧业机械管理局、市场监管科、部分县市局及区农牧业机械管理局领导参加会议。

10 月 8 日

由自治区政府主办的全自治区棉花机械化采收现场会在昌吉市召开，新疆维吾尔自治区政府副主席钱智到会讲话，农业部农业机械化推广总站站长刘宪到会致辞。

10 月 13 日

农业机械化发展研究中心挂牌成立。该中心由新疆农业大学和新疆维吾尔自治区农牧业机械管理局联合成立，由新疆农业大学管理，挂靠新疆农业大学机械交通学院。

10 月 23 日

由自治区人民政府、农业部主办，自治区农牧业机械管理局等单位承办的首届中国新疆畜牧水产博览会在乌鲁木齐市开幕。农业部副部长高鸿宾、新疆维吾尔自治区人大副主任马明成、自治区区别主席钱智、自治区区政协副主席柯赛江·赛力禾加和福建、河南等 17 个对口援疆单位领导出席开幕式。

11 月 16 日

新疆维吾尔自治区农牧业机械管理局在塔城地区沙湾县召开农机专业合作社发展座谈会，分析农业机械化及农机专业合作社发展面临的形式任务，部署当前和今后一个时期农机专业合作社发展工作的思路和措施。

大 连 市

2011 年 3 月 8 日

2011 年大连市农业机械化工作会议在瓦房店市召开。会议的主要任务是贯彻落实全国和省农业械化工作会议以及全市农村工作会议精神，总结 2010 年和部署 2011 年农业机械化工作。市农村工作委员会副主任谷源蒂参加会议。会上，市农业机械化办公室主任唐瑞超作题为《抢抓机遇应对挑战努力实现农业机械化跨越式发展》的报告。谷源蒂对全年农业机械化工作提出具体要求。

3 月 20 日

大连市政府在普兰店市举办全市春耕生产农机服务大集活动。市人大副主任钱忠杰、市政府副市长孙广田、市政协副主席张荣杰，市人大农村经济委员会、市政府办公厅、市政协经委、市农村工作委员会等 22 个部门和单位负责人，各涉农区市、先导区主管农业的区市长（主任）、农发局（社管局）局长，普兰店市及周边区市农民，总计 1 万余人参加这次活动。农机展区在5 000多平方米的场地上展示了120余台(套)农机具。

4月27日

大连市政府在普兰店市召开2011年大连市春播生产农机现场会。来自全国各地的20多个厂家参展,展示玉米联合收获机、水稻育秧机、插秧机、精量播种机、旋耕机、打药机、施肥机等先进机具120余台,其中30余台机具进行了现场作业演示。市政府副市长孙广田、市农村工作委员会主任汤方栋、市农村工作委员会副主任谷源蒂等观看农机具的现场作业演示。

4月28日—29日

大连市召开2011年农机购置补贴会议。市农村工作委员会副主任谷源蒂参加会议。谷源蒂传达全国农机购置补贴工作会议精神,部署2011年农机购置补贴工作。会上还就农机补贴政策、管理办法、工作流程、补贴网络系统操作规程等内容对各区、市、县农机系统工作人员及40多家经销商进行培训。

5月13日

大连市政府在庄河市举行移动式农机检测车发放仪式。市农村工作委员会主任汤方栋、副主任谷源蒂、市安全生产监督管理局、市交警支队、庄河市政府等相关部门领导出席发放仪式。仪式上,6套配备先进检测设备的移动式农机检测车将分别发放到大连市、瓦房店市、庄河市、金州区、旅顺口区、长海县等6个区、市、县农机监理部门。

6月13日

根据《国务院办公厅关于加快推进农作物秸秆综合利用的意见》,大连市制定《推进玉米秸秆还田工作实施方案》,按照坚持因地制宜、分类指导、示范带动、梯度推进,充分调动农户和农机户积极性的原则,市政府筹集资金300万元,实施玉米机械化收获秸秆还田作业补贴项目,秸秆还田每公顷给予补贴300元。

9月26日

大连市2011年秋季农业生产农机现场会在普湾新区召开。副市长孙广田,市农村工作委员会、市财政局负责人参加会议。会议现场展示玉米收获机、玉米剥皮机、拖拉机、水稻收获机、耕整地机等机械,9台玉米收获机和2台耕整地机进行现场作业演示。

10月24日

大连市召开全市农机项目检查验收工作会议。市农村工作委员会副主任谷源蒂参加会议。会议传达农业部和财政部检查组对大连市农机购置补贴工作给予的肯定,同时对下一步农机购置补贴和秸秆还田实施提出要求。

青 岛 市

2011年1月14日

青岛市农机工作会议召开。会议的主要任务是,认真贯彻中央农村工作会议、全国农机工作会议和青岛市委全体(扩大)会议精神,全面总结2010年及“十一五”农机工作,深入分析当前农业机械化发展形势,研究部署“十二五”和2011年工作,推动全市农机工作科学发展。各市(区)农业机械管理局局长、科室负责人,受表彰镇、农机站、农机专业合作社负责人及新闻单位的同志,市农业机械管理局机关全体工作人员参加。

3月上旬

青岛市农机监理工作会议召开,各市(区)农业机械管理局分管局长、监理站站长和维修站站长参加会议。会议对2010年全市农机监理工作进行全面总结,对2011年全市农机监理工作进行部署。

3月中旬

青岛市农机购置补贴管理系统软件培训班在青岛农业大学举办。各市(区)农机三管部门负责农机购置补贴管理软件具体操作的业务骨干、15家青岛本地的农机补贴产品生产企业和40家农机补贴产品经销商参加培训。

4月2日

青岛市制定出台《青岛市2011年农业机械购置补贴项目实施方案》。

4月28日

为加快实现农村各业机械化,推进全市现代化农业建设,青岛市农业机械管理局研究制定《青岛市农业机械化发展第十二个五年规划》(2011—2015年)。

5月初

青岛市农机培训站召开全市农机教育培训工作会议。市农业机械管理局副局长政佃祥出席会议并讲话。青岛市农机培训站站长周围主持会议。

5月26日—27日

青岛市农业机械管理局召开全市农机工作现场观摩会暨“三夏”农机生产工作会议。市农业机械管理局局长陈志颖在观摩结束后作讲话,总结观摩情况,部署下一步工作。市农业机械管理局机关副处级以上干部和各市(区)农机主管部门主要负责人参加会议。

9月中旬

青岛市农机监理站召开全市农机监理工作会议。市农机监理站站长周义召传达全国、全省农机监理站站长会议精神并部署下一步工作。

9月21日

青岛市“三秋”机械化现场会在莱西市召开。会议的主要任务是深入贯彻落实全国、省和青岛市秋种工作会议精神和市委、市政府有关部署要求,总结交流农业机械化重点工作进展及“三秋”农机工作安排,部署“三秋”农业机械化生产工作。市农业机械管理局局长陈志颖到会讲话。

9月25日

青岛市保护性耕作技术研讨会在平度市召开。

11月15日

青岛市政府出台《关于促进农业机械化又好又快发展的意见》。《意见》从财政补贴、税费减免、金融支持、土地使用和基础设施等方面对农业机械化工作加大政策扶持力度。

宁 波 市

2010年12月16日

余姚市农业机械化管理局局长李兰珍被评为全国粮食生产先进工作者并获农业部表彰。这是浙江省唯一获此殊荣的农机人。

2011年1月10日

宁波市区农业机械化管理局长会议在鄞州召开。会议总结2010年和“十一五”农业机械化工作,分析了农业机械化发展形势,部署2011年和“十二五”重点工作。市农业机械化管理局局长李强作题为《加快转变发展方式,提升公共服务能力,努力推进农业机械化工作再上新台阶》的讲话。

1月25日

宁波市农业机械化管理局印发《关于开展水稻生产全程机械化区域性整体推进创建活动的通知》。计划到2015年,全市建成水稻生产全程机械化整体推进示范县(市)区5个,整体推进示范镇乡(街道)60个,粮食功能区内全面实现水稻生产全程机械化。

2 月 14 日

副省长葛慧君赴宁波余姚考察调研"三农"工作。副省长葛慧君实地考察余姚市农机服务专业合作社、粮食生产功能区、稻麦示范基地及蔬菜生产全程机械化示范园区等，肯定余姚在农业农村工作取得的成效。副市长陈炳水，余姚市委书记陈伟俊、市长毛溪浩、市委副书记李浙闽、副市长郑桂春、余姚农业机械化管理局局长李兰珍等陪同考察。

2 月 16 日

浙江省农业机械化管理局对2010年度全省农业机械化信息工作考核优秀单位和优秀信息员进行通报表彰。宁波市农业机械化管理局被评为农业机械化信息工作考核优秀单位。

3 月 21 日

宁波市农业机械化管理局印发《关于加快发展特色产业农机专业服务组织的通知》。计划用5年时间组建200家特色主导产业农业机械化专业服务组织，实现农业科技示范园区内特色农机社会化服务全覆盖，特色主导产业综合机械化水平达到60%。

3 月 23 日

宁波市政府出台《关于切实抓好2011年粮食生产的通知》，鼓励大力推进粮食生产全程机械化和农机社会化服务，加大对插秧机购置、基质育秧、水稻工厂化育秧、水稻生产全程机械化区域性推进和谷物烘干机械购置的补贴力度。

3 月 24 日

宁波市农业机械化管理局被省农业厅评为全省农业"五五"普法工作先进集体被表彰。

3 月 28 日

宁波副市长徐明夫到市农业机械化管理局调研农业机械化工作。

4 月 8 日

宁波市农业机械化管理局、公安局交警支队联合出台《关于印发全市开展拖拉机酒后驾驶、违法载人等严重违法行为专项整治行动实施方案的通知》，决定自4月20日起至7月31日，对拖拉机酒后驾驶、违法载人、无牌行驶、无证驾驶，人货混载、超限超载、拼改装报废车辆上路等违法行为进行重点整治。

4 月 11 日

宁波市农业机械化管理局印发《关于推进区域性农业机械化服务中心建设的通知》。争取到2015年全市建立20家以上具有"一化三中心"功能的区域性农业机械化服务中心，区域内粮食生产综合机械化水平达到90%以上，特色主导产业综合机械化水平达到60%以上。

5 月 9 日

宁波市早稻机械化春插结束。全市共投入52个水稻工厂化育秧中心，91条育秧播种机械化流水线，出动2 090台插秧机、2 241台大中型拖拉机，累计完成机械耕整地30.2千公顷、机械化育插秧近12.67千公顷，机插率达69%，率先在全省进入早稻栽植以机插为主的新阶段。

5 月 18 日

省委常委、市委书记王辉忠在市委常委、市委秘书长王剑波等领导陪同下，到宁波市农业机械化管理局调研、指导农业机械化工作，并走访看望机关全体干部职工。市农业机械化管理局局长李强汇报"十一五"期间全市农业机械化发展主要成就、"十二五"农业机械化重点工作和"三思三创"主题教育实践活动开展情况。王辉忠对近几年来农业机械化工作所取得的成效给予肯定。

6 月 17 日—18 日

农业部农机推广总站站长丁翔文、副站长郭建辉，中国农银金融租赁有限公司监事长王志峰等一行赴余姚、慈溪市调研农机装备金融租赁工作。市农业机械化管理局局长李强陪同调研。

6 月 27 日

宁波市政府印发《关于姚蓓军等职务任免的通知》，任命葛建平为宁波市农业机械化服务总站副站长。

7 月 20 日—21 日

省人大农业委员会主任王良仟，省人大农业委员会副主任吴鼎钧率省人大执法检查组到甬检查《农业机械化促进法》贯彻实施情况。检查组对宁波市农业机械化发展成绩给予肯定。

7 月 27 日

宁波市农业机械化管理局组织对鄞州、宁海、余姚、奉化、慈溪等地机插早稻千亩高产示范方进行实割测产。实割13块田块，面积1.41公顷，平均湿谷产量10 470千克/公顷，干谷产量8 160千克/公顷，比2010年水稻机插示范方平均产量增加945千克/公顷，增幅达13.1%。其中，鄞州区洞桥南瑞粮机合作社20机插早稻高产示范方实割湿谷产量11 775千克/公顷，干谷产量9 180千克/公顷，平均单位面积产量都超过农业部粮食高产创建目标，创该市机插早稻单位面积产量历史记录。

8 月 9 日—10 日

宁波市农业机械化管理局长会议在余姚召开，总结交流上半年工作，分析当前农业机械化发展形势，部署下半年重点工作。会议由省农业机械化管理局副局长汪春阳主持，局长李强讲话。

8 月 16 日

宁波市晚稻机插顺利结束。全市完成水稻机插面积43.76千公顷，比2010年增加8.75千公顷，增幅为25%，机插率达50%以上。

10 月 21 日

宁波市政府印发《关于王仁元等职务任免的通知》，任命毛荣华为宁波市农业机械化服务总站副巡视员。

新疆生产建设兵团

2010 年 12 月 14 日—15 日

新疆生产建设兵团机采棉领导小组在乌鲁木齐市召开棉花机械化收获工作研讨座谈会。新疆生产建设兵团党委常委、副司令员孔星隆出席会议并讲话。会议提出"十二五"时期新疆生产建设兵团全面实现机采棉的目标。来自兵团机采棉办公室、各师机采棉办公室及部分团场的负责人50余人参加会议。

2011 年 1 月 30 日

新疆生产建设兵团出台《关于加快推进机械化采棉的意见》，提出要充分认识加快推进机械化采棉的重要意义和目标，到"十二五"末，形成533.3千公顷的机采、加工能力，80%以上的棉花实现机械化采收，并提出加快推进机械化采棉的主要措施和切实加强对机械化采棉工作组织领导的要求。

2 月 12 日—13 日

新疆生产建设兵团农业机械化专业工作会议在乌鲁木齐市召开。兵团副司令员孔星隆、农业局副局长何建明到会并讲话。各师主管领导、农业机械化管理局局长、部分团场和有关单位领导共40多人参加。主要内容是贯彻全国农业工作会议、农机专业会议精神；总结2010年农业机械化工作情况，部署2011年农业机械化工作，研究确定2011年农业机械化工作目标和任务。

2 月 13 日—14 日

2011年度农业机械购置补贴目录非通用类产品选型会议在乌鲁木齐市召

开。各师农业机械化管理局领导及科研院所的专家教授 30 余人参加了会议。会议通过议标、答辩、评标等形式评审各企业申报的产品，初步确定了兵团 2011 年农机购置补贴产品（非通用类）补贴目录。

2 月 18 日—19 日

新疆生产建设兵团机采棉办公室在石河子市召开国产采棉机发展座谈会。会议听取了采棉机生产制造企业发展和提高产品质量情况的汇报，各团场及用户单位就采棉机使用中的质量服务等问题提出改进意见。兵团副司令员孔星隆出席会议并讲话。六师、七师、八师的领导和部分团场部门的领导 40 余人参加会议。

2 月 22 日—23 日

新疆生产建设兵团农机安全监理所所长会在乌鲁木齐召开，兵团农业局副局长何建明到会讲话。

3 月 9 日—11 日

新疆生产建设兵团农业机械化管理局在乌鲁木齐市举办兵团学习《国务院关于加快农业机械化和农机工业又快又好发展的意见》文件精神及农机新技术新产品研讨培训班。兵团农业机械化管理局局长李生军就国务院文件精神进行详细解读；培训班邀请国内外有关专家、学者、教授和迪尔、CNH、福田、一拖等国内外农机厂商技术专家进行授课。来自各师、团及科研院所的 150 余名学员参加培训。

5 月 11 日—13 日

新疆生产建设兵团农业机械化管理局与自治区农业机械化管理局在乌鲁木齐共同举办新疆国际农机博览会。兵团组织 400 余人参加。

5 月 12 日

新疆生产建设兵团现代农业装备建设和农机购置补贴培训班在乌鲁木齐举办。来自各师和团场项目点农机部门的负责人和业务人员 150 余人参加培训。兵团农业局副局长何建明致辞并与各师农业机械化管理局局长签订《农机购置补贴廉政责任书》。

5 月 25 日—29 日

农机安全技术检验员培训班在乌鲁木齐市举办。共有 160 多名农机安全监理人员参加培训，经考试合格，取得《农业机械安全技术检验员证》。

6 月 2 日

新疆质量技术监督局向新疆生产建设兵团农业机械检验测试中心颁发资质认定（计量认证）证书。证书的颁发，标志着兵团农业机械检验测试中心可在核准的检测能力范围内向社会出具具有证明作用的数据和结果，启用“CMA”国家计量认证标志。

8 月 4 日—6 日

新疆生产建设兵团机采棉办公室在乌鲁木齐市举办棉花机械收获工程培训研讨会。

8 月 13 日—14 日

全国棉花产业体系建设机采棉现场会在石河子市召开。会议由新疆生产建设兵团农科院国家棉花产业体系机械研究室首席专家周亚立研究员主持，国家棉花产业体系首席科学家、中国棉花研究所所长喻树迅以及来自全国植棉省区的代表 120 余人参加会议。兵团农业机械化管理局局长李生军出席会议。

9 月 16 日

由新疆生产建设兵团农业机械化管理局主办的首届“福田雷沃杯”农机知识竞赛在石河子市举办。经过激烈角逐，农八师代表队获本次知识竞赛一等奖，农六师代表队、农十三师代表队获二等奖，农一师代表队、农二师代表队、农九师代表队获三等奖。

10 月 13 日—14 日

新疆生产建设兵团农业机械化管理局在乌鲁木齐市举办兵团农机购置补贴管理系统培训班。

10 月 15 日

新疆生产建设兵团机采棉办公室在农八师一四九团召开兵团机采棉现场观摩会。与会代表观摩一四九团机采棉从采收、打垛、运输、开垛及加工等生产全程机械化现场。

10 月 24 日—26 日

农业部农业机械化管理司对新疆生产建设兵团创建“平安农机”示范县（区、市）活动进行抽查考评，农六师一〇五团、农八师一四九团通过国家“平安农机”示范县验收。

黑龙江省农垦总局

2010 年 12 月 29 日

“北大荒激情奋斗六十余载，成为中国农业机械化的领跑者，到 2010 年底，黑龙江垦区农业机械化率高达 96.5%，率先达到世界发达国家的先进水平，在全国发挥重要的示范和引带作用”名列 2010 年全国农业机械化十大新闻第六条。

2011 年 1 月 19 日—21 日

农垦总局举办垦区农机管理干部培训班。黑龙江省农垦总局副局长徐学阳出席开班仪式并讲话，黑龙江省农垦总局农业机械化管理局局长李俊作题为“紧紧围绕建设现代化大农业和绿色农业进一步推进垦区农机现代化”的工作报告，对垦区“十一五”农业机械化工作进行了回顾和总结，部署农业机械化“十二五”规划和 2011 年农业机械化工作。培训班上表彰 2010 年农业机械化工作先进单位和先进个人。

1 月 19 日

《黑龙江日报》在精彩跨越——辉煌“十一五”专版上整版刊登的《北大荒：大农机推动现代化大农业》一文引起反响。2 月 17 日，中共中央宣传部新闻局《新闻阅评》2011 年第 106 期刊发此文阅评，送黑龙江省委领导参阅。

5 月 17 日

黑龙江垦区青年水稻机械插秧技能大赛落幕。经过分区赛，来自各农场的 12 名选手参加总决赛，前三名分别由二道河、友谊、七星农场的选手获得。建三江管理局局长陶喜军出席总决赛开幕式。

6 月 20 日

黑龙江垦区承担的“大功率拖拉机复式作业装备研究与开发”项目获科技部表彰。

9 月 6 日

黑龙江农垦总局召开垦区农业机械化重点工作推进会议，各管理局农机部门负责人以及黑龙江省农垦农业机械试验鉴定站、北大荒农机有限公司负责人应邀参加会议。会议交流农机更新和跨区作业进展情况，修订购机补贴专项资金使用管理办法，讨论确定了 2011—2012 年度农机跨区作业指导价格。总局农业机械化管理局局长李俊主持会议，并对下一步农业机械化工作提出要求。

10 月 11 日

2011 年格兰集团农业机械产品演示会在九三管理局尖山农场召开。保护性耕作整地机械等 20 余类先进农机参展。黑龙江省政府副秘书长金济滨、省农业委员会副巡视员李国军，管理局党委副书记周聚文出席，总局农业机械化管理局局长李俊、各管理局农业机械化管理局局长、全省各市县农机部门负责人以及吉林、辽宁、内蒙古等地代表参加会议。

10 月 12 日

总局党委书记隋凤富会见挪威格兰集团总裁兼首席执行官罗宁一行等 7 人,双方就大型农机具引进合作等事宜进行洽谈。总局农业机械化管理局、外事办公室等部门有关负责人参加会见。

10 月 28 日

黑龙江垦区向第十一届平遥国际摄影大展第一届全国农机摄影大赛选送 30 幅作品,其中垦区冯力等 3 名作者的作品分别获一、二、三等奖,总局农业机械化管理局获最佳组织奖,张才民等 6 人的 10 幅作品获优秀奖。

11 月 4 日

《黑龙江日报》刊登 2011 年“垦区大农机跨区耕作突破四千万亩”一文,报道垦区开展“场县共建、跨区作业”十年来所取得的成绩,反映了垦区发挥先进大机械优势,不断扩大跨区作业项同和范围,创新合作共建模式,提升场县共建水平,示范带动周边农村现代农业发展,促进了场县区域经济协调快速发展。

11 月 5 日

黑龙江农垦总局召开总局农业工作电视电话会议。总局副局长徐学阳作题为《坚定信心勇担使命,开创现代化大农业跨越发展新局面》的报告,总结 2011 年垦区农业发展取得的成绩,按照总局党委确定的总体目标,确定 2012 年农业发展总体思路,并就全面抓好农业(农业机械化)工作和实现主要工作任务作部署。

附 录

农业部部门规章及文件

中华人民共和国农业部令

2011 年第 2 号

《农业机械事故处理办法》已于 2010 年 12 月 30 日经农业部第 12 次常务会议审议通过，现予公布，自 2011 年 3 月 1 日起施行。

部长：韩长赋

二〇一一年一月十二日

农业机械事故处理办法

第一章 总 则

第一条 为规范农业机械事故处理工作，维护农业机械安全生产秩序，保护农业机械事故当事人的合法权益，根据《农业机械安全监督管理条例》等法律、法规，制定本办法。

第二条 本办法所称农业机械事故（以下简称农机事故），是指农业机械在作业或转移等过程中造成人身伤亡、财产损失的事件。

农机事故分为特别重大农机事故、重大农机事故、较大农机事故和一般农机事故：

（一）特别重大农机事故，是指造成 30 人以上死亡，或者 100 人以上重伤的事故，或者 1 亿元以上直接经济损失的事故；

（二）重大农机事故，是指造成 10 人以上 30 人以下死亡，或者 50 人以上 100 人以下重伤的事故，或者 5 000 万元以上 1 亿元以下直接经济损失的事故；

（三）较大农机事故，是指造成 3 人以上 10 人以下死亡，或者 10 人以上 50 人以下重伤的事故，或者 1 000 万元以上 5 000万元以下直接经济损失的事故；

（四）一般农机事故，是指造成 3 人以下死亡，或者 10 人以下重伤，或者 1 000 万元以下直接经济损失的事故。

第三条 县级以上地方人民政府农业机械化主管部门负责农业机械事故责任的认定和调解处理。

县级以上地方人民政府农业机械化主管部门所属的农业机械安全监督管理机构（以下简称农机安全监理机构）承担本辖区农机事故处理的具体工作。

法律、行政法规对农机事故的处理部门另有规定的，从其规定。

第四条　对特别重大、重大、较大农机事故，农业部、省级人民政府农业机械化主管部门和地（市）级人民政府农业机械化主管部门应当分别派员参与调查处理。

第五条　农机事故处理应当遵循公正、公开、便民、效率的原则。

第六条　农机安全监理机构应当按照农机事故处理规范化建设要求，配备必需的人员和事故勘查车辆、现场勘查设备、警示标志、取像设备、现场标划用具等装备。

县级以上地方人民政府农业机械化主管部门应当将农机事故处理装备建设和工作经费纳入本部门财政预算。

第七条　农机安全监理机构应当建立24小时值班制度，向社会公布值班电话，保持通讯畅通。

第八条　农机安全监理机构应当做好本辖区农机事故的报告工作，将农机事故情况及时、准确、完整地报送同级农业机械化主管部门和上级农机安全监理机构。

农业机械化主管部门应当定期将农业机械事故统计情况及说明材料报送上级农业机械化主管部门，并抄送同级安全生产监督管理部门。

任何单位和个人不得迟报、漏报、谎报或者瞒报农机事故。

第九条　农机安全监理机构应当建立健全农机事故档案管理制度，指定专人负责农机事故档案管理。

第二章　报案和受理

第十条　发生农机事故后，农机操作人员和现场其他人员应当立即停止农业机械作业或转移，保护现场，并向事故发生地县级农机安全监理机构报案；造成人身伤害的，还应当立即采取措施，抢救受伤人员；造成人员死亡的，还应当向事故发生地公安机关报案。因抢救受伤人员变动现场的，应当标明事故发生时机具和人员的位置。

发生农机事故，未造成人身伤亡，当事人对事实及成因无争议的，可以在就有关事项达成协议后即行撤离现场。

第十一条　发生农机事故后当事人逃逸的，农机事故现场目击者和其他知情人应当向事故发生地县级农机安全监理机构或公安机关举报。接到举报的农机安全监理机构应当协助公安机关开展追查工作。

第十二条　农机安全监理机构接到事故报案，应当记录下列内容：

（一）报案方式、报案时间、报案人姓名、联系方式，电话报案的还应当记录报案电话；

（二）农机事故发生的时间、地点；

（三）人员伤亡和财产损失情况；

（四）农业机械类型、号牌号码、装载物品等情况；

（五）是否存在肇事者嫌疑人逃逸等情况。

第十三条　接到事故现场报案的，县级农机安全监理机构应当立即派人勘查现场，并自勘查现场之时起24小时内决定是否立案。

当事人未在事故现场报案，事故发生后请求农机安全监理机构处理的，农机安全监理机构应当按照本办法第十二条的规定严以记录，并在3日内作出是否立案的决定。

第十四条　经核查农机事故事实存在且在管辖范围内的，农机安全监理机构应当立案，并告知当事人。经核查无法证明农机事故事实存在，或不在管辖范围内的，不予立案，书面告知当事人并说明理由。

第十五条　农机安全监理机构对农机事故管辖权有争议的，应当报请共同的上级农机安全监理机构指定管辖。上级农机安全监理机构应当在24小时内作出决定，并通知争议各方。

第三章　勘查处理

第十六条　农机事故应当由2名以上农机事故处理员共同处理。农机事故处理员处理农机事故，应当佩戴统一标志，出示行政执法证件。

第十七条　农机事故处理员与事故当事人有利害关系、可能影响案件公正处理的，应当回避。

第十八条　农机事故处理员到达现场后，应当立即开展下列工作：

（一）组织抢救受伤人员；

（二）保护、勘查事故现场，拍摄现场照片，绘制现场图，采集、提取痕迹、物证，并制作现场勘查笔录；

（三）对涉及易燃、易爆、剧毒、易腐蚀等危险物品的农机事故，应当立即报告当地人民政府，并协助做好相关工作；

（四）对造成供电、通讯等设施损毁的农机事故，应当立即通知有关部门处理；

（五）确定农机事故当事人、肇事嫌疑人，查找证人，并制作询问笔录；

（六）登记和保护遗留物品。

第十九条　参加勘查的农机事故处理员、当事人或者见证人应当在现场图、勘查笔录和询问笔录上签名或捺印。当事人拒绝或者无法签名、捺印以及无见证人的，应当记录在案。

当事人应当如实陈述事故发生的经过，不得隐瞒。

第二十条　调查事故过程中，农机安全监理机构发现当事人涉嫌犯罪的，应当依法移送公安机关处理；对事故农业机械可以依照《中华人民共和国行政处罚法》的规定，先行登记保存。

发生农机事故后企图逃逸、拒不停止存在重大事故隐患农业机械的作业或者转移的，县级以上地方人民政府农业机械化主管部门可以依法扣押有关农业机械及证书、牌照、操作证件。

第二十一条　农机安全监理机构可以对事故农业机械进行检验，需要对事故当事人的生理、精神状况、人体损伤和事故农业机械行驶速度、痕迹等进行鉴定的，农机安全监理机构应当自现场勘查结束之日起3日内委托具有资质的鉴定机构进行鉴定。

当事人要求自行检验、鉴定的，农机安全监理机构应当向当事人介绍具有资质的检验、鉴定机构，由当事人自行选择。

第二十二条　农机事故处理员在现场勘查过程中，可以使用呼气式酒精测试仪或者唾液试纸，对农业机械操作人员进行酒精含量检测，检测结果应当在现场勘查笔录中载明。

发现当事人有饮酒或者服用国家管制的精神药品、麻醉药品嫌疑的，应当委托有资质的专门机构对当事人提取血样或者尿样，进行相关检测鉴定。检测鉴定结果应当书面告知当事人。

第二十三条　农机安全监理机构应当与检验、鉴定机构约定检验、鉴定的项目和完成的期限，约定的期限不得超过20日。超过20日的，应当报上一级农机安全监理机构批准，但最长不得超过60日。

第二十四条 农机安全监理机构应当自收到书面鉴定报告之日起2日内，将检验、鉴定报告复印件送达当事人。当事人对检验、鉴定报告有异议的，可以在收到检验、鉴定报告之日起3日内申请重新检验、鉴定。县级农机安全监理机构批准重新检验、鉴定的，应当另行委托检验、鉴定机构或者由原检验、鉴定机构另行指派鉴定人。重新检验、鉴定以一次为限。

第二十五条 发生农机事故，需要抢救治疗受伤人员的，抢救治疗费用由肇事嫌疑人和肇事农业机械所有人先行预付。

投保机动车交通事故责任强制保险的拖拉机发生事故，因抢救受伤人员需要保险公司依法支付抢救费用的，事故发生地农业机械化主管部门应当书面通知保险公司。抢救受伤人员需要道路交通事故社会救助基金垫付费用的，事故发生地农业机械化主管部门应当通知道路交通事故社会救助基金管理机构，并协助救助基金管理机构向事故责任人追偿。

第二十六条 农机事故造成人员死亡的，由急救、医疗机构或者法医出具死亡证明。尸体应当存放在殡葬服务单位或者有停尸条件的医疗机构。

对农机事故死者尸体进行检验的，应当通知死者家属或代理人到场。需解剖鉴定的，应当征得死者家属或所在单位的同意。无法确定死亡人身份的，移交公安机关处理。

第四章 事故认定及复核

第二十七条 农机安全监理机构应当依据以下情况确定当事人的责任：

（一）因一方当事人的过错导致农机事故的，该方当事人承担全部责任；

（二）因两方或者两方以上当事人的过错发生农机事故的，根据其行为对事故发生的作用以及过错的严重程度，分别承担主要责任、同等责任和次要责任；

（三）各方均无导致农机事故的过错，属于意外事故的，各方均无责任；

（四）一方当事人故意造成事故的，他方无责任。

第二十八条 农机安全监理机构在进行事故认定前，应当对证据进行审查：

（一）证据是否是原件、原物，复印件、复制品与原件、原物是否相符；

（二）证据的形式、取证程序是否符合法律规定；

（三）证据的内容是否真实；

（四）证人或者提供证据的人与当事人有无利害关系。

符合规定的证据，可以作为农机事故认定的证据，不符合规定的，不予采信。

第二十九条 农机安全监理机构应当自现场勘查之日起10日内，作出农机事故认定，并制作农机事故认定书。对肇事逃逸案件，应当自查获肇事机械和操作人后10日内制作农机事故认定书，对需要进行鉴定的，应当自收到鉴定结论之日起5日内，制作农机事故认定书。

第三十条 农机事故认定书面当载明以下内容：

（一）事故当事人、农业机械、作业场所的基本情况；

（二）事故发生的基本事实；

（三）事故证据及事故成因分析；

（四）当事人的过错及责任或意外原因；

（五）当事人向农机安全监理机构申请复核、调解和直接向人民法院提起民事诉讼的权利、期限；

（六）作出农机事故认定的农机安全监理机构名称和农机事故认定日期。

农机事故认定书应当由事故处理员签名或盖章，加盖农机事故处理专门用章，并在制作完成之日起3日内送达当事人。

第三十一条 逃逸农机事故肇事者未查获，农机事故受害一方当事人要求出具农机事故认定书的，农机安全监理机构应当在接到当事人的书面申请后10日内制作农机事故认定书，并送达当事人。农机事故认定书应当载明农机事故发生的时间、地点、受害人情况及调查得到的事实，有证据证明受害人有过错的，确定受害人的责任；无证据证明受害人有过错的，确定受害人无责任。

第三十二条 农机事故成因无法查清的，农机安全监理机构应当出具农机事故证明，载明农机事故发生的时间、地点、当事人情况及调查得到的事实，分别送达当事人。

第三十三条 当事人对农机事故认定有异议的，可以自农机事故认定书送达之日起3日内，向上一级农机安全监理机构提出书面复核申请。

复核申请应当载明复核请求及其理由和主要证据。

第三十四条 上一级农机安全监理机构应当自收到当事人书面复核申请后5日内，作出是否受理决定。任何一方当事人向人民法院提起诉讼并经法院受理的或案件已进入刑事诉讼程序的，复核申请不予受理，并书面通知当事人。

上一级农机安全监理机构受理复核申请的，应当书面通知各方当事人，并通知原办案单位5日内提交案件材料。

第三十五条 上一级农机安全监理机构自受理复核申请之日起30日内，对下列内容进行审查，并做出复核结论：

（一）农机事故事实是否清楚，证据是否确实充分，适用法律是否正确；

（二）农机事故责任划分是否公正；

（三）农机事故调查及认定程序是否合法。

复核原则采取书面审查的办法，但是当事人提出要求或者农机安全监理机构认为有必要时，可以召集各方当事人到场听取意见。

复核期间，任何一方当事人就该事故向人民法院提起诉讼并经法院受理或案件已进入刑事诉讼程序。农机安全监理机构应当终止复核。

第三十六条 上一级农机安全监理机构经复核认为农机事故认定符合规定的，应当作出维持农机事故认定的复核结论；经复核认为不符合规定的，应当作出撤销农机事故认定的复核结论，责令原办案单位重新调查、认定。

复核结论应当自作出之日起3日内送达当事人。

上一级农机安全监理机构复核以1次为限。

第三十七条 上一级农机安全监理机构作出责令重新认定的复核结论后，原办案单位应当在10日内依照本办法重新调查，重新制作编号不同的农机事故认定书，送达各方当事人，并报上级农机安全监理机构备案。

第五章 赔偿调解

第三十八条 当事人对农机事故损害赔偿有争议的，可以在收到农机事故认定书或者上一级农机安全监理机构维持原农机事故认定的复核结论之日起10日内，共同向农机安全监理机构提出书面调解申请。

第三十九条 农机安全监理机构应当按照合法、公正、自愿、及时的原则，采取公开方式进行农机事故损害赔偿调解，但当事人一方要求不予公开的除外。

农机安全监理机构调解农机事故损害赔偿的期限为 10 日。对农机事故致死的，调解自办理丧葬事宜结束之日起开始；对农机事故致伤、致残的，调解自治疗终结或者定残之日起开始；对农机事故造成财产损失的，调解从确定损失之日起开始。

调解涉及保险赔偿的，农机安全监理机构应当提前 3 日将调解的时间、地点通报相关保险机构，保险机构可以派员以第三人的身份参加调解。经农机安全监理机构主持达成的调解协议，可以作为保险理赔的依据，被保险人据此申请赔偿保险金的，保险人应当按照法律规定和合同约定进行赔偿。

第四十条 事故调解参加人员包括：

（一）事故当事人及其代理人或损害赔偿的权利人、义务人；

（二）农业机械所有人或者管理人；

（三）农机安全监理机构认为有必要参加的其他人员。

委托代理人应当出具由委托人签名或者盖章的授权委托书。授权委托书应当载明委托事项和权限。

参加调解的当事人一方不得超过 3 人。

第四十一条 调解农机事故损害赔偿争议，按下列程序进行：

（一）告知各方当事人的权利、义务；

（二）听取各方当事人的请求；

（三）根据农机事故认定书的事实以及相关规定，调解达成损害赔偿协议。

第四十二条 调解达成协议的，农机安全监理机构应当制作农机事故损害赔偿调解书送达各方当事人，农机事故损害赔偿调解书经各方当事人共同签字后生效。调解达成协议后当事人后悔的，可以依法向人民法院提起民事诉讼。

农机事故损害赔偿调解书应当载明以下内容：

（一）调解的依据；

（二）农机事故简况和损失情况；

（三）各方的损害赔偿责任及比例；

（四）损害赔偿的项目和数额；

（五）当事人自愿协商达成一致的意见；

（六）赔偿方式和期限；

（七）调解终结日期。

赔付款由当事人自行交接，当事人要求农机安全监理机构转交的，农机安全监理机构可以转交，并在农机事故损害赔偿调解书上附记。

第四十三条 调解不能达成协议的，农机安全监理机构应当终止调解，并制作农机事故损害赔偿调解终结书送达各方当事人。农机事故损害赔偿调解终结书应当载明未达成协议的原因。

第四十四条 调解期间，当事人向人民法院提起民事诉讼、无正当理由不参加调解或者放弃调解的，农机安全监理机构应当终结调解。

第四十五条 农机事故损害赔偿费原则上应当一次性结算付清。对不明身份死者的人身损害赔偿，农机安全监理机构应当将赔偿费交付有关部门保存，待损害赔偿权利人确认后，通知有关部门交付损害赔偿权利人。

第六章 事故报告

第四十六条 省级农机安全监理机构应当按照农业机械化管理统计报表制度按月报送农机事故。农机事故月报的内容包括农机事故起数、伤亡情况、直接经济损失和事故发生的原因等情况。

第四十七条 发生较大以上的农机事故，事故发生地农机安全监理机构应当立即向农业机械化主管部门报告，并逐级上报至农业部农机监理总站。每级上报时间不得超过 2 小时。必要时，农机安全监理机构可以越级上报事故情况。

农机事故快报应当包括下列内容：

（一）事故发生的时间、地点、天气以及事故现场情况；

（二）操作人姓名、住址、持证等情况；

（三）事故造成的伤亡人数（包括下落不明的人数）及伤亡人员的基本情况、初步估计的直接经济损失；

（四）发生事故的农业机械机型、牌证号、是否载有危险物及危险物品的种类等；

（五）事故发生的简要经过；

（六）已经采取的措施；

（七）其他应当报告的情况。

农机事故发生当日起 7 日内，事故造成的伤亡人数发生变化的，应当及时补报。

第四十八条 农机安全监理机构应当每月对农机事故情况进行分析评估，向农业机械化主管部门提交事故情况和分析评估报告。

农业部每年发布一次相关信息，通报典型的较大以上农机事故。省级农业机械化主管部门每季度发布一次相关信息，通报典型农机事故。

第七章 罚 则

第四十九条 农业机械化主管部门及其农机安全监理机构有下列行为之一的，对直接负责的主管人员和其他直接责任人员依法给予行政处分；构成犯罪的，依法移送司法机关追究刑事责任：

（一）不依法处理农机事故或者不依法出具农机事故认定书等有关材料的；

（二）迟报、漏报、谎报或者瞒报事故的；

（三）阻碍、干涉事故调查工作的；

（四）其他依法应当追究责任的行为。

第五十条 农机事故处理员有下列行为之一的，依法给予行政处分；构成犯罪的，依法移送司法机关追究刑事责任：

（一）不立即实施事故抢救的；

（二）在事故调查处理期间擅离职守的；

（三）利用职务之便，非法占有他人财产的；

（四）索取、收受贿赂的；

（五）故意或者过失造成认定事实错误、违反法定程序的；

（六）应当回避而未回避影响事故公正处理的；

（七）其他影响公正处理事故的。

第五十一条 当事人有农机安全违法行为的，农机安全监理机构应当在作出农机事故认定之日起 5 日内，依照《农业机械安全监督管理条例》作出处罚。

农机事故肇事人构成犯罪的，农机安全监理机构应当在人

民法院作出的有罪判决生效后，

依法吊销其操作证件；拖拉机驾驶人有逃逸情形的，应当同时依法作出终生不得重新取得拖拉机驾驶证的决定。

第八章 附 则

第五十二条 农机事故处理文书表格格式、农机事故处理专用印章式样由农业部统一制定。

第五十三条 涉外农机事故应当按照本办法处理，并通知外事部门派员协助。国家另有规定的，从其规定。

第五十四条 本办法规定的“日”是指工作日，不含法定节假日。

第五十五条 本办法自2011年3月1日起施行。

中华人民共和国农业部公告

第1689号

为规范农机安全检验工作，减少农业机械事故隐患，提高农业机械安全技术状态，预防和减少农业机械事故，保障人民生命财产安全，根据《农业机械安全监督管理条例》，我部制定了《农业机械实地安全检验办法》，现予公布。

特此公告。

附件：农业机械实地安全检验办法

二〇一一年十二月十五日

附件：

农业机械实地安全检验办法

第一章 总 则

第一条 为了规范农机安全检验工作，减少农业机械事故隐患，提高农业机械安全技术状态，预防和减少农业机械事故，保障人民生命财产安全，根据《农业机械安全监督管理条例》，制定本办法。

第二条 本办法所称农业机械，是指拖拉机、联合收割机、机动植保机械、机动脱粒机、饲料粉碎机、插秧机、铡草机以及省级农业机械化主管部门确定的对人身财产安全可能造成危害的其他农业机械。

本办法所称实地安全检验，是按照有关安全技术标准或检验技术规范，在设立的检验点或农业机械作业现场、停放场所等按规定期限对农业机械进行安全检验的活动。

第三条 农业机械实地安全检验应当遵循公开、公正、科学、便民的原则。

第四条 县级以上地方人民政府农业机械化主管部门主管本行政区域内农业机械实地安全检验工作。

农业机械化主管部门所属的农业机械安全监督管理机构（以上简称农机安全监理机构）负责本行政区域内农业机械实地安全检验的实施工作。

第五条 县级以上地方人民政府农业机械化主管部门应当加强对农业机械实地安全检验工作的领导和检查，完善农机安全监理机构体系，落实将安全检验所需经费纳入财政预算的规定，保障农业机械免费实地安全检验活动正常开展。

第六条 县级以上地方人民政府农业机械化主管部门应当支持和指导农业机械所有人对农业机械加强安全维护。对依法按时参加安全检验并持续保持安全状态的，在实施国家优惠政策时应当给予优先安排。

第二章 检 验

第七条 农业机械所有人应当适时维护和保养农业机械，确保其安全技术状况良好，并定期向住所地的农机安全监理机构申请安全技术检验。

第八条 农业机械所有人应当确保农业机械的安全警示标志、防护装置等安全设施齐全有效。

第九条 初次申领拖拉机、联合收割机号牌及行驶证的，应当按规定进行安全检验，取得农机安全监理机构核发的安全技术检验合格证明。

自注册登记之日起，拖拉机、联合收割机每年检验1次。

第十条 对检验合格的拖拉机按规定核发检验合格标志，对检验合格的联合收割机签注行驶证。检验合格证明存入拖拉机、联合收割机档案。

第十一条 机动植保机械、机动脱粒机、饲料粉碎机。插秧机、铡草机等农业机械在进行第一次安全检验时，其所有人应当提供来历证明、农业机械和个人基本信息。具体定期检验间隔由省级人民政府农业机械化主管部门根据当地机械操作使用的实际需要确定。

第十二条 农业机械化主管部门在安全检验中发现农业机械存在事故隐患的，应当告知其所有人停止使用并及时排除隐患。

农业机械所有人应当在规定期限内排出隐患，并及时再次申请检验。

第十三条 有下列情形之一的农业机械，原检验合格结果失效：

（一）按照国家有关规定应当报废的；

（二）擅自改装的；

（三）更换涉及安全性能主要零部件的。

第十四条 农业部负责制定拖拉机、联合收割机等全国通用性强的农业机械安全检验技术规范。没有全国统一的安全检验技术规范的，省级人民政府农业机械化主管部门应当根据当地农业机械安全操作使用实际制定相应的地方安全检验技术规范。

第三章 管 理

第十五条 农机安全检验人员应当经培训考试合格取得相关证件后，方可从事安全检验工作。

第十六条 农机安全监理机构应当配备满足农业机械实地安全检验要求的设备、仪器和车辆。

第十七条 农机安全监理机构应当加强农机安全检验人员培训和内部管理，不断提高安全检验服务水平，充分发挥乡镇、村在农机安全检验工作中的作用。

农机安全监理机构可以聘请符合前款规定条件的在职乡村农机技术人员参与检验工作。

第十八条 农机安全监理机构组织安全检验，应当制定并公告检验方案，明确参加检验农业机械的类型、时间和地点，公告期不少于10日。

第十九条 安全检验场地应当符合安全、便民、高效的要求。

第二十条 农机安全监理机构及其安全检验人员应当严格按照相关的安全检验技术规范进行农业机械实地安全检验，并对检验结果负责。

第二十一条 实施实地安全检验的农机安全监理机构应当建立健全农业机械实地安全检验档案，按照国家有关规定对检验结果和有关技术资料进行保存。

第二十二条 农业机械未经检验或者检验不合格投入使用的，由县级以上地方人民政府农业机械化主管部门根据《农业机械安全监督管理条例》等法规的规定处理。

第四章 附 则

第二十三条 本办法自2012年2月1日起施行。

农业部关于加强农机事故应急管理工作的意见

农机发[2011]1号

各省、自治区、直辖市农机管理局（办公室）：

为贯彻落实《中华人民共和国突发事件应对法》、《农机安全监督管理条例》、《生产安全事故报告和调查处理条例》、《国家突发公共事件总体应急预案》和《国家生产安全事故灾难应急预案》等法律法规及有关规定，规范农机事故的应急管理和应急响应程序，提高事故预防和应急处置能力，科学有效地做好农机事故应急救援工作，最大限度地预防和减少农机事故及其造成的人员伤亡和财产损失，提出如下意见。

一、充分认识做好农机事故应急管理工作的重要意义

随着农机拥有量快速增长，作业领域不断拓宽，操作人员持续增多，农机安全隐患也日渐突出，农机事故时有发生，给人民生命财产造成了巨大损失。积极预防和妥善处置突发农机事故，是深入贯彻落实科学发展观、推进社会主义和谐社会建设的重要举措。加强农机事故应急管理和处置工作，对于建立健全事故应急体系、促进农村社会的和稳定具有重要意义。各级农机化主管部门和安全监理机构要充分认识做好农机事故应急管理和应急处置工作的极端重要性，进一步增强紧迫感、责任感，将农机事故应急管理和处置工作放在更加突出的位置，认真抓紧抓好。

二、进一步明确应急管理工作的原则

各地要坚持"以人为本、属地管理、预防为主"的原则，认真做好农机事故应急管理和处置工作。要坚持以人为本原则，把保障人民群众生命财产安全作为出发点和着力点，提早预警、及时响应、科学应对、有效处置，最大限度地预防和减少农机事故造成的人员伤亡。要坚持属地管理原则，在地方人民政府领导下，与其他相关部门通力合作，按照各自职责和权限，做好应急管理和应急处置工作。要坚持预防为主原则，切实贯彻落实"安全第一、预防为主、综合治理"的方针，强化事故预防与做好应急处置工作相结合，加强安全宣传与教育培训，做好农机事故的预防、预测、预警和预报工作。

三、建立健全农机事故应急预案和组织体系

各地要深入贯彻《中华人民共和国突发事件应对法》，以《国家生产安全事故灾难应急预案》为指导，制定相应的农机事故应急预案，明确农机化主管部门以及农机安全监理机构的职责，建立协作、高效的应急指挥体系和现场处置程序。要结合实际情况，及时修订、完善相应的农机事故应急预案，不断增强应急预案的实效性、科学性和可操作性。各级农机化主管部门制定、修订预案后，要及时送报上一级农机化主管部门备案。要建立应急预案演练和评估制度，根据国务院应急办编制的《突发事件应急演练指南》，有计划、有组织、有针对性地开展应急演练，不断提升应急队伍实战水平。

各级农机化主管部门要进一步完善农机事故应急救援组织体系，成立相应的农机事故应急领导机构、现场应急救援指挥机构和日常管理机构。应急领导机构由主管农机化工作的负责人兼任组长，农机化行政管理机构、农机监理机构负责人兼任副组长，成员由相关负责人兼任。现场应急救援指挥部由事发地人民政府农机化主管部门和先期抵达现场的救援力量构成。指挥部总指挥原则上由农机安全监理机构负责同志担任。现场应急救援指挥部负责现场处置农机事故，协调事故处置过程中的各种关系，及时向应急领导机构指挥部报告事故发展及救援情况。农机事故应急处置的日常管理机构原则上设在相应的农机监理机构，负责24小时农机事故接报工作，接收、处理农机事故信息，跟踪了解与农机事故相关的突发事件。

四、切实强化农机事故预测预警工作

各级农机化主管部门应当加强对农机事故隐患的排查，对可能引发农机事故的隐患和苗头，进行全面评估和预测，做到早发现、早报告、早解决。有条件地区要建立农机事故的预测评估系统，对事故隐患发展态势及其影响进行综合分析预测。农机安全监理机构应及时将可能引发农机事故的险情或者其他灾害、灾难可能引发事故的重要信息，报送上级农机安全监理机构和同级农机化主管部门，提出预警建议。各级农机化主管部门在接到可能导致农机事故的信息后，要组织农机监理机构按照应急预案及时研究确定应对方案，采取相应行动预防事故发生。

五、认真做好分级响应和应急处置

根据农机事故等级标准，农机化主管部门的应急响应级别分为部、省、地(市)、县四级。发生特别重大农机事故，由农业部启动应急响应(Ⅰ级)，并立即报请国务院指导、协调事故的处置工作，派人员赶赴现场指挥农机事故的应急处置工作。发生重大农机事故，由省级农机化主管部门启动应急响应(Ⅱ级)，并派人员赶赴现场指挥农机事故的应急处置工作。发生较大农机事故，由地(市)级农机化主管部门启动应急响应(Ⅲ级)，并派人员赶赴现场指挥农机事故的应急处置工作。发生一般农机事故，由县级农机化主管部门启动应急响应(Ⅳ级)，并现场指挥农机事故的应急处置工作。各地要结合本地区实际，进一步确定Ⅱ、Ⅲ、Ⅳ级农机事故应急响应程序。需要有关应急力量支援时，及时向上一级农机主管部门提出请求。

农机安全事故发生后，事发地农机化主管部门和农机监理机构要按职责分工立即启动应急预案，派人赶赴现场，抢救受伤人员，保护好现场，控制事故机具和驾驶人员，防止事态扩大；造成人员死亡的，要向事故发生地的公安机关报告。农机化主管部门要按属地管理原则，在本级人民地方政府的领导下，加强与相关部门的协调配合，及时向有关部门(单位)通报事故基本情况和救援进展情况，全力做好应急处置工作。

六、及时报送农机事故应急信息

事故发生地农机安全监理机构要严格执行农机事故应急值班制度，确保通信网络畅通，及时接收农机事故信息，并经迅速核实事故有关情况后，立即按规定进行上报。

特别重大或者重大农机事故发生后，事发地农机安全监理机构应通过电话、传真等形式立即报告本机农机化主管部门，确保在事故发生2小时内报告至农业部农机监理总站。农业部农机监理总站接到报告后，在一小时内报告农业部安全生产委员会办公室和农业部农机化管理司。

发生较大农机事故后，接到报告的各级农机安全监理机构应通过电话、传真等形式立即报告本级农机化主管部门，并逐级报告至农业部农机监理总站，每级间隔时间不得超过2小时。农业部农机监理总站接到报告后，在1小时内报告农业部安全生产委员会办公室和农业部农机化管理司。

特殊情况下，事发地农机安全监理机构可以通过电话、传真等形式直接将较大、重大、特别重大农机事故向上级农机化主管部门和农业部农机监理总站报告。

七、全面落实应急工作的保障措施

各级农机化主管部门要将农机事故应急管理作为一项重要工作，加强领导，落实责任。要建立健全农机事故应急管理工作责任制，并将落实情况纳入农机化工作目标考核的内容，对有失职、渎职、玩忽职守等行为延误事故处理工作的，要依法依纪追究责任。要加强农机事故救援处置装备建设，配备必要的应急救援装备，确保通讯畅通，确保应急救援工作的顺利实施。要建立健全以农机安全监理人员为基础的应急队伍，形成规模适度、管理规范的应急队伍体系。要加强相关宣传教育，广泛宣传农机安全生产应急处置的相关知识，提高农机驾驶(操作)人员预防、避险、避灾、自救、互救等技能；定期开展应急培训工作，加强对应急处置相关人员的培训，提高其业务素质和专业技能。基层农机化主管部门每年至少要组织一次本系统、本单位农机事故应急演练。要加强对上一级农机事故应急预案制定、培训、演练和预案的执行情况等进行指导、督促和检查，切实高农机事故应急处置水平。

二〇一一年一月二十一日

农业部关于加快推进水稻生产机械化的意见

农机发[2011]2号

各省、自治区、直辖市和计划单列市农业厅(委)、农机管理局(办公室)，新疆生产建设兵团、黑龙江省农垦总局：

水稻是我国第一大粮食作物。发展水稻生产机械化，对于增强我国农业综合生产能力、保障粮食安全、增加农民收入、推进农业现代化具有十分重要的意义。“十一五”以来，各地认真执行《全国水稻生产机械化十年发展规划(2006—2015年)》，不断加大行政推动和示范推广力度，取得了阶段性成效。据初步统计，2010年全国水稻耕种收综合机械化水平达到58%，其中机耕水平达到85%、机械化种植水平达到20%、机收水平超过60%。但与小麦、玉米等主要粮食作物相比，我国水稻生产机械化的综合水平依然较低，各个稻区发展水平很不平衡，难以适应现代农业发展的迫切需要，特别是水稻栽插机械化严重滞后，是粮食生产机械化中最薄弱环节，已成为当前影响粮食生产的重要因素。为贯彻落实《国务院关于促进农业机械化和农机工业又好又快发展的意见》和中央农村工作会议、全国农业工作会议的要求，进一步加快推进水稻生产机械化，现提出以下意见。

一、发展思路、原则、目标和重点

(一)基本思路

以邓小平理论和“三个代表”重要思想为指导，深入贯彻落实科学发展观，坚持因地制宜、分类指导、突出重点、经济有效的方针，以提高劳动生产率、土地产出率和资源利用率为目标，以水稻优势产区为重点，以种植和收获两个关键环节为着力点，强化农机与农艺融合，全力主攻机插，加速推进机收，大力提升水稻生产全程机械化水平，不断增强粮食综合生产能力。

（二）发展原则

坚持行政推动，加大扶持力度。水稻生产事关粮食安全大局。要推动水稻生产机械化工作从部门行为上升为政府行为，加强组织领导，落实工作责任，不断加大政策扶持和资金投入力度。

——坚持市场拉动，提高经营效益。以市场为导向、以效益为中心，鼓励开展水稻跨区机耕、机插、机收作业，培育和规范农机作业市场，建立起推动水稻生产机械化的长效机制。

——坚持示范带动，拓展辐射范围。建立多层次的水稻生产机械化示范区、示范点，大力推广先进适用的水稻生产机械化新技术、新机具，以点带面，梯度推进，不断加快水稻生产机械化进程。

——坚持农机农艺联动，完善技术路线。加强农机与农艺的协同配套，从水稻的品种、耕作、栽培、植保等方面，建立适合本地区水稻生产机械化的技术路线和规程。以农机为载体，推动先进水稻种植技术的规模化应用。

——坚持宣传促动，营造良好氛围。把加强新闻宣传作为推进水稻生产机械化的重要手段，提高农民群众对机械化作业的认知程度，争取各相关部门的支持和配合，为水稻生产机械化创造良好地发展环境。

（三）发展目标

"十二五"期间，水稻耕整地机械化水平稳定提高，收获机械化水平每年持续提高3～4个百分点，种植机械化水平每年持续提高4～5个百分点。水稻植保、烘干机械化取得明显进展。力争到2015年全国水稻耕种收综合机械化水平超过70%，其中耕整地机械化水平超过85%，种植机械化水平达到45%，收获机械化水平达到80%。东北地区、长江中下游单季稻区率先实现水稻生产全程机械化。

（四）区域发展重点

——长江中下游单季稻区，要进一步巩固水稻机插秧的发展成效，加大高速插秧机、水稻育秧成套设备的示范应用力度，快速提升水稻机械化育插秧的装备水平和作业水平。鼓励发展集约化育秧、规模化供秧，逐步发展机械化烘干，积极探索水稻生产全程机械化的技术模式和发展经验。

——双季稻区，要加快确立水稻机械化育插秧技术的主导地位，因地制宜探索拌浆育秧、泥浆育秧等育秧方法，推动机械化育插秧技术本地化。要加大技术培训和示范推广力度，通过典型引路和宣传发动，推动水稻育插秧机械化加快发展。逐步发展机械化烘干。积极组织开展水稻跨区机收，引导水稻收获机械的升级换代，不断提高丘陵山区和深泥脚田水稻机收水平。

——西南稻区，要加大水稻机械化育插秧技术的宣传和培训力度，努力扩大机械插秧的试点示范面积。积极推进联合收割机进行跨区作业，提高水稻收获机械化水平。积极发展适合山陵山地包括冬水旧地区的田间耕整机、步进式插秧机、中小型联合收割机等，重点解决山地和小山块机械化技术与装备问题。

——北方稻区，要推广激光平地技术，提高机械平整耕地水平。积极推广育秧大棚和软盘育秧技术，推动人工育秧向机械育秧转变，由分散育秧向集中育秧和统一供秧转变。发挥农垦国有农场示范带动作用，提升农村地区的水稻机插、机收水平。积极发展种子加工、高效精密施药、产地烘干等机械化技术，推动水稻生产机械化由产中向产前、产后延伸。东北三省要率先实现水稻生产全程机械化。

二、主要任务

（五）推进技术装备创新。促进农机企业、高等院校、科研院所、推广机构相结合，组织开展水稻生产机械化基础技术研究和关键装备的科研攻关。在进一步加快推广现有成熟水稻插秧机的基础上，重点研发基质育秧技术、水田高效植保机械、杂交稻超级稻机械化育插和收获的技术与装备等。积极探索信息技术、计算机专家决策系统等现代科技在水稻生产机械化中的应用，进一步完善各个类型稻区的水稻生产机械化技术体系。推动农机企业进行技术改造和产业升级，着力提高水稻栽插、收获机械的产品质量和性价比。

（六）改善基础设施条件。将农村机耕道路、农机场库棚、中小型农村机电提排灌设施纳入相关农业和农村基础设施建设规划，利用高标准农田建设、土地整理等项目，积极推进水稻种植区的农田整治，为水稻生产机械化创造条件。充分发挥基层农机化技术推广部门、农机服务组织和骨干农机企业的作用，引导建立高性能水稻机械维修服务网络，保障机具正常作业。

（七）扩大示范推广区域。加大扶持力度，继续在全国水稻主产区建设水稻育插秧机械化示范县，推出一批全国水稻生产全程机械化先进县，各水稻生产省份要积极争取投入，因地制宜建立省级、市级和县级水稻生产机械化示范区，通过对口帮扶、结对发展、扶持"两户"（种粮大户，农机大户）等多种形式，示范带动广大农民发展水稻生产机械化。有条件的地区要巩固推广成效，实行整村、整乡、整县推进。

（八）提升机手技能水平。要结合"阳光工程"等培训项目，整合农机教育培训资源，面向广大农机手开展多层级、多形式的水稻生产机械化技术培训，指导到户，培训到人，服务到田，造就一批既懂农艺技术、又懂机械操作的农机作业能手。有条件的地方，要建立水稻生产机械化的培训实践中心和基地，开展专业化的技术培训，开展技能竞赛和劳动竞赛，重点提高水稻育插秧机械化技术的到位率。

（九）培育农机作业市场。大力培育发展水稻机插秧合作社、机收作业公司等各类农机服务组织，鼓励开展跨区作业、订单作业、承包作业，不断提高水稻机械的使用效率和经营效益。各地农机化主管部门要加强信息服务和组织协调，引导水稻机械有序流动作业，实现专业化分工和区域间优势互补。水稻产区要积极开展水稻机耕、机插、植保、机收、烘干、精米加工等农机"一条龙"服务，大力推进农机服务社会化、专业化、规模化，以农机服务产业化推进水稻生产机械化。

三、保障措施

（十）进一步加强组织领导。各级农业（农机化）行政主管部门要将水稻生产机械化摆上重要议事日程，积极争取将发展水稻育插秧机械化纳入当地政府工作考核目标，进一步提高责任感和紧迫感，加大工作力度，落实工作责任。要根据"十二五"发展目标，研究制定本地区的水稻生产机械化发展规划，并将水稻机插秧和机械化收获的目标任务，分解到年度，落实到各地，同时要建立激励机制，确保完成任务。

（十一）进一步落实扶持政策。各地要认真实施农机购置补贴政策，补贴资金重点向薄弱环节倾斜，加大对收割机、插秧机、育秧播种机、秧盘、烘干设备等的补贴力度，调动农民购机用机的积极性。积极争取地方政府和有关部门支持，争取实施水稻机插秧作业补贴、机械化统防统治补贴、秸秆还田补贴，降低水稻生产机械化作业成本。要协调落实联合收割机、插秧机及运输车辆免交道路通行费的政策，进一步推动水稻跨区机收、机插秧发展。

（十二）进一步推动农机农艺融合。水稻主产省（区）农机化系统、种植业系统要发挥各自优势，密切合作，成立水稻生产机械化专家组，加强技术咨询、培训和指导。农业部水稻生产机械化专家组要开展巡回检查，加强技术指导。要发挥有关扶持水稻生产的资金项目带动作用，将提高水稻机插秧水平作为水稻高产创建的重要措施，将发展高效植保机械作为水稻病虫害统防统治的重要手段，将培育适宜机插的秧苗作为实施育秧大棚补助的重要内容，形成推进水稻生产机械化的工作合力。

（十三）进一步加强协调配合。各地要统筹农业和工业、流通业等行业的力量，协调推进水稻生产机械化。引导农机生产企业加强对新机手的培训和新机具的维修服务，农机流通企业搞好机具和零配件供应。农机鉴定、推广、培训、建立部门要履行职能，认真开展水稻机具选型推荐、质量监督、技术推广、人员培训和安全监理等工作，构建保障有力的技术支持体系，不断提高加快我国水稻生产机械化进程。

二〇一一年三月十四日

农业部关于加快推进农机购置补贴廉政风险防控机制建设的意见

农机发[2011]4号

各省、自治区、直辖市及计划单列市农机管理局（办公室），新疆生产建设兵团农机局，黑龙江省农垦总局农机局，广东省农垦总局：

农机购置补贴政策是中央强农惠农政策的重要内容。这项政策实施以来取得了利农利工、提升产业、助民增收等一举多得的好效果，但也出现了一些违纪违法现象。为了深入落实十七届中央纪委第五次、六次全会精神，认真贯彻农业部关于推进廉政风险防控机制建设的部署要求，规范行政权力运作，提高行政效能，加大从源头上防治腐败的工作力度，加快推进全国农机化系统农机购置补贴廉政风险防控机制建设，把强农惠农政策真正落到实处，现提出以下意见。

一、提高思想认识

各级农机化主管部门在认真组织实施农机购置补贴政策的过程中，始终高度重视反腐倡廉建设，认真落实党风廉政建设责任制，积极同各种消极腐败现象作斗争，一些地区农机化主管部门还探索建立廉政风险防控机制，取得了良好成效。但是，随着农机购置补贴各级财政资金规模的逐年扩大，补贴机具种类范围越来越广，涉及的企业越来越多，开展有效监管的难度越来越大，也滋生了一些消极腐败现象，如果不有效遏制，不仅会影响农机购置补贴政策的实施效果，损害农民群众的利益，败坏农机化主管部门的形象，而且影响农业机械化发展大局。落实好农机购置补贴政策，关系到农业机械化科学发展，关系到农业稳定发展和农民持续增收，关系到社会主义新农村建设，关系到工业化、城镇化和农业现代化的同步推进与国家现代化进程。各级农机化主管部门要进一步提高对实施好农机购置补贴政策极端重要性的认识，充分认识反腐败斗争的长期性、复杂性和艰难性，切实增强政治意识、大局意识和忧患意识，以高度的责任感和使命感，扎实推进农机购置补贴廉政风险防控机制建设，确保补贴政策不折不扣落实到位。

二、明确指导思想

以邓小平理论和“三个代表”重要思想为指导，深入贯彻落实科学发展观，坚持标本兼治、综合治理、惩防并举、注重预防的方针，建立履职有标准、教育有载体、预警有措施、监督有责任、问责有依据的廉政风险防控制度规范，不断完善“教育、制度、监督、改革、纠风、惩治”并重的“六位一体”的惩治和预防腐败体系；以制约权力、严守法纪、规范操作为重点，以推进农机购置补贴政策信息公开为着力点，以加强补贴政策执行情况监督管理为切入点，努力构建覆盖权力运行全过程的农机购置补贴廉政风险防控机制，不断提高反腐倡廉建设制度化、科学化、规范化水平。

三、突出重点工作

（一）认真组织开展学习。各级农机化主管部门要组织广大干部职工认真学习《中国共产党党员领导干部廉洁从政若干准则》、胡锦涛总书记在庆祝中国共产党成立90周年大会上的讲话、在十七届中央纪委第五次和第六次全会上的讲话、学习党和国家反腐倡廉法规制度及农业部、财政部等部门关于农机购置补贴工作的制度规定、学习建设廉政风险防控机制的要求和方法等，进一步提高广大党员干部对推进农机购置补贴廉政风险防控机制建设重要性、必要性和紧迫性的认识，提高开展农机购置补贴廉政风险防控机制建设的能力。

（二）深入排查廉政风险。要针对农机购置补贴政策实施工作全过程，这该项工作涉及的每个单位、每个岗位、每个人员的职责定位、法定权限和工作流程进行认真梳理排查，分析可能发生的廉政风险，通过自己找、领导提、大家评、集体定等多种形式，全员参与，全面排查，深入查找权力行使风险、岗位管理风险和人员素质风险，做到查找风险不漏项、参与排查不漏人。要把握廉政风险分析的方法，要以农机购置补贴权力运行流程或业务流程为主线，全面查找廉政风险点，明确权力运行流程和行使依据，必要的要绘制权力运行流程图。对排查出的风险点要进行公示，接受群众监督。要对风险产生的内外因素进行分析判断，按照风险发生机率和危害程度确定相应的风险等级，区分轻重，实施分类防控管理。

（三）着力实现权力制约。要突出对各级农机化主管部门及其所属事业单位参与农机购置补贴关键和重点工作人员的监督管理；省级农机化主管部门要着力规范推广鉴定受理检测发证、支持推广目录评审与推荐、补贴额测算、资金结算、对基层工作监督等行为；地市级农机化主管部门要强化对县级部门实施补贴工作的监督；县级农机化主管部门要规范补贴对象确定、补贴机具监管、经销监管等行为。要保证农民选择权、决定权，给企业创造公平竞争的环境。要通过科学设定权力，公开程序，公开信息，加强部门合作，强化程序监督、部门监督和社会监督。要重点防范借实施农机购置补贴之机收受贿赂、违规收费、以本人或亲属名义直接插手补贴机具经营等严重违法违纪行为；要认真解决有些县级农机化主管部门权力寻租、违规操作、失职渎职等问题。

（四）切实加强制度建设。围绕农机购置补贴重点工作和关键环节针对排查出的廉政风险点，建立健全有效防控廉政风险的制度规范。要逐步健全风险预警、纠错整改、内外监督、考核评价和责任追究机制，形成一整套行之有效的廉政风险防控制度体系，促进农机购置补贴廉政风险防控机制建设的常态化。要充分发挥查办农机购置补贴违法违纪案件的作用，利用案件暴露出的问题逆向分析廉政风险，完善风险防控措施。要不断丰富农机购置补贴廉政风险防控机制建设的制度载体，绘制本单位参与实施农机购置补贴涉及的主要风险工作流程图，编印本单位农机购置补贴廉政风险防控手册，推动制度上墙、手册到手。

（五）构建防控长效机制。廉政风险防控机制建设是一项系统工程，在抓紧抓好制度建设的同时，还要注重同步跟进教育、培训、督查、评估、考核、整改等各项配套措施。要把开展经常性的反腐倡廉警示教育、推进农机购置补贴政策信息公开、加强补贴政策执行情况监督检查等行之有效的措施，列为农机购置补贴廉政风险防控机制建设的重要内容。要注重廉政风险的动态化管理，及时调整廉政风险内容和完善防控措施。各级农机化主管部门要加强对所属农机事业单位及下级农机化主管部门推进农机购置廉政风险防控机制建设情况的指导与监督检查，坚持廉政风险防控机制建设检查与党风廉政建设责任制、惩治和预防腐败体系建设检查相结合，切实增强反腐倡廉的效果。

四、加强组织领导

（一）精心部署。各级农机化主管部门要把农机购置补贴廉政风险防控机制建设作为惩治和预防腐败体系建设的核心内容之一，列入重要议事日程，切实抓紧、抓实、抓出成效。要明确承办部门和机构，具体负责农机购置补贴廉政风险防控机制建设的组织、协调和推进工作。要加强对所属农机事业单位及下级农机化主管部门推进农机购置补贴廉政风险防控机制建设的督促、检查、指导，协调解决工作推进中遇到的困难和问题。要加强信息的收集和上传下达，注意总结好的做法和经验，及时进行宣传推广。

（二）狠抓落实。各级农机化主管部门是推进农机购置补贴廉政风险防控机制建设的重点单位和责任主体，领导班子及其成员要切实履行“一岗双责”，带头抓好自身和管辖范围内的廉政风险防控机制建设，“一把手”要亲自动员、部署。要主动加强与纪检监察机关的沟通和配合，与民主评议政风行风活动相结合，认真组织风险排查、制定防控措施、完善制度等工作，深入扎实地推进农机购置补贴廉政风险防控机制建设。

（三）注重创新。要积极适应社会主义市场经济条件下反腐倡廉制度建设的需要，注重农机购置补贴廉政风险防控机制建设内容和方式方法的创新，高度重视现代科学技术尤其是信息技术在防控机制建设中的作用，把科技手段融入制度设计之中。要大胆探索，准确研判工作形势，提出切实可行、操作性强、紧密结合农机化工作实际、充分体现农机购置补贴工作特点的廉政风险防控措施和制度，有效提高预防腐败的能力和水平。

（四）务求实效。推进农机购置补贴廉政风险防控机制建设，关键是要能有效预防和减少腐败发生机率，形成以积极防范为核心，以强化管理为手段的科学防控机制。要注意提高防控机制的针对性和可操作性，在能用、管用上下工夫。要注意增强制度的执行力，建立健全能够保障制度有效执行的科学工作机制。

各级农机化主管部门要结合工作实际，制定开展农机购置补贴廉政风险防控机制建设的具体实施方案，及时报同级纪检监察机关和上一级农机化主管部门备案。已开展廉政风险防控机制建设的地方，也要结合新情况新要求，及时修订完善开展廉政风险防控机制建设的实施方案，并将方案报同级纪检监察机关和上一级农机化主管部门备案。

各省（区、市）农机化主管部门要分别于2011年8月底前和10月底前，将开展农机购置补贴廉政风险防控机制建设的具体实施方案和本省（区、市）推进农机购置补贴廉政风险防控机制建设的有关情况书面报送我部农业机械化管理司。

二〇一一年七月十五日

农业部关于进一步加强农机安全监理工作的意见

农机发［2011］5号

各省、自治区、直辖市及计划单列市农机管理局（办公室），新疆生产建设兵团农机局，黑龙江省农垦总局农机局：

加强农机安全监理工作是推进农业机械化安全发展、科学发展、和谐发展的必然要求。近年来，我国农机安全法规体系不断完善，安全监理工作逐步规范，安全生产形势持续稳定，但农机事故隐患多、安全监理手段弱等问题依然存在。为深入实施《农业机械安全监督管理条例》，认真贯彻落实《国务院关于促进农业机械化和农机工业又好又快发展的意见》，依法监理，强化措施，落实责任，规范管理，促进农业机械化安全发展，现就进一步加强农机安全监理工作提出如下意见：

一、充分认识加强农机安全监理工作的重大意义

农机安全生产是国家安全生产工作的重要组成部分，直接关系到广大农民群众的生命财产安全。加强农机安全监理工作，认真履行社会管理和公共服务职责，消除农机事故隐患，遏制重大农机事故发生，保障农机安全生产，对于促进农业机械化、农业生产、农村经济又好又快发展和农村社会的和谐稳定具有十分重要的意义。我国农业机械化正处在加快发展、结构改善、质量提升的重要阶段，农业机械及驾驶操作人员大幅增长，农机事故处于多发易发期，保持农机安全生产形势持续稳定好转，任务艰巨，责任重大。各级农业机械化主管部门及其农机安全监理机构必须高度重视农机安全监理工作，始终坚持以人为本、执政为民，牢固树立忧患意识、责任意识，进一步增强使命感、紧迫感，依法履行职责，加强安全监理，为推动农业机械化科学发展，促进农村社会和谐稳定发挥重要作用。

二、进一步明确农机安全监理工作的指导思想和目标任务

指导思想：深入贯彻落实科学发展观，适应农业机械化快速发展的新形势和安全发展的新要求，坚持安全第一、预防为主、综合治理的方针，遵循以人为本、预防事故、保障安全、促进发展的原则，以改革创新为动力，以全面实施《农业机械安全监督管理条例》为主线，以提高品牌率、检验率、持证率为重点，以创建"平安农机"为载体，完善规章制度、严格依法监理，加强体系建设、提高监管能力，强化宣传教育、提高安全意识，大力推进农机安全监理方式转变，加强事故防控，努力促进农业机械化安全发展。

目标任务：进一步完善配套规章制度和扶持政策，推进建立农机免费安全检验、以旧换新、回收报废、保险补贴等制度；进一步完善农机安全标准和操作规程，加快装备和信息系统建设，提高标准化、规范化和信息化水平；进一步加强安全监理能力建设，提高关键生产环节、重点机械和重要农时季节的农机安全监管水平；进一步强化宣传和培训，增强农民安全生产意识、提高安全驾驶操作技能；进一步扩大安全监理覆盖面，"十二五"期末农机安全监理上牌率、检验率、持证率"三率"水平力争达到70%以上；进一步开展"平安农机"创建活动，"十二五"期间创建全国"平安农机"示范县500个以上；进一步规范安全监理执法工作，统一安全监理标志标示，全面提升农机安全监理执法形象和工作水平，保持农机安全生产形势平稳。

三、大力推进农机安全监理方式转变

（一）监管环节由使用操作向农业机械化全过程转变，依照《农业机械安全监督管理条例》规定，积极协调工业、公安、质监、工商等有关部门，加强对农业机械生产、销售、维修、使用报废等全过程安全监管等服务。将安全理念贯穿于农业机械化科研开发、试验鉴定、安全监理、技术推广、教育培训、维修服务和回收报废等各个环节，统筹协调农业机械化系统各方面力量，突出安全，各司其责，综合治理，共同抓好安全监管工作。

（二）监管范围由拖拉机联合收割机向所有农业机械转变。拓展监管范围，延伸监管领域，创新工作方式方法，全面履行安全监管职责，积极开展危及人身财产安全的农业机械的监督管理。在抓好拖拉机、联合收割机牌证管理的同时，加大力度做好卷帘机、微耕机、机动植保机械、机动脱粒机、饲料粉碎机、插秧机、铡草机等农业机械的监督管理工作，因地制宜开展监督检查，排查事故隐患。进一步扩大职业技能鉴定范围，提高安全生产意识和操作技能。

（三）监管方式由重管理向管理与服务并重转变。坚持寓管理于服务之中。农机安全监管工作要与安全宣传和驾驶操作培训等安全服务有机结合起来，主动深入生产一线为农民服务。推进执法依据、办事程序、收费标准、办事人员、办事结果公开，实行承诺服务和首问负责制，推进一站式业务办理模式。创新安全服务方式，积极推进培训服务到乡村、实地检验到村屯、隐患排查到田头、技术咨询到农户、信息发布到机手的安全服务形式。及时做好农机事故认定和调解工作，化解矛盾，维护社会和谐稳定。

（四）监管手段由传统向现代化转变。紧紧依靠科技进步提高安全管理水平，积极推进农机安全监管手段由传统经验方式向应用现代科学仪器方式转变。加强农机安全生产科技创新工作，研发、装备和运用高科技安全检查、检验、驾驶操作人考试、事故处理的技术与仪器设备，充分发挥科学技术对农机安全生产的支撑和保障作用，提高农机安全工作效率和质量。依托现代信息技术，集成行政审批、政务公开、数据采集、宣传教育、信息发布等功能，实现各项业务互通互联、信息数据共享，推进各项安全监管业务信息化建设。

四、进一步加强农机安全法制化建设

进一步完善与《农业机械安全监督管理条例》配套的规章制度、安全标准和操作规程，推进农机安全监理法制化建设。加快制定农业机械实地安全检验办法，推进危及人身财产安全的农业机械免费实地安全检验制度的建立。加快制定农业机械以旧换新和报废回收办法，制定完善农机禁用和报废标准，规范农机回收解体或销毁的程序和方法，促进农机更新换代和节能降耗。加快制定农机安全标准和操作规程，明确技术要求，规范操作行为，提高农机质量安全和操作使用水平，加快制定地方农机安全法规、标准和操作规程，形成较为完备的农机安全法规体系。

进一步加强安全执法，严格依法监管。规范牌证管理，依法将拖拉机和联合收割机纳入注册登记管理，严格按照规定程序办理牌证业务，严禁跨行政区域发放牌证，严禁给不符合国家安全标准的发放牌证，严禁给安全检验不合格的发放牌证，严禁给未经考试或考试不合格的人员合法驾驶操作证。严格执行《道路交通安全法》、《机动车交通事故责任强制保险条例》的规定、在注册登记、年度检查时，加强对上路拖拉机运输机组查验交强险投保证明。规定农机培训、结合"阳光工程"的实施，加大农机驾驶操作人员教育培训扶持力度，提高培训质量，确保机手熟练掌握驾驶操作技术、安全法规知识和取得法定的驾驶操作证件。规范执法行为，严格按照《农业机械安全监督管理条例》的规定，农机安全建立执法人员进行安全监督检查时，佩戴统一标志，出示行政执法证件，监督检查、事故勘察车辆喷绘统一标识。

五、积极创新农机安全监管工作机制

推进免费安全检验制度的建试。积极推广免费开展实地安全检验、免费发放牌征、免费培训考试的经验和做法，创新安全监管工作机制。鼓励驾驶操作人员、维修技术人员依法成立安全互助组织。鼓励安全互助组织提供安全救助和安全生产信息等服务。鼓励以师带徒传授农机安全知识和操作技能。探索多种形式的农机保险制度，加强农机综合保险和安全互助保险研究，推动将农机保险纳入农业政策性保险，争取财政资金对农机保险保费给予补贴，不断提高保险服务水平。深入推进“创建平安农机、促进新农村建设”活动，以创建“平安农机”示范县、示范乡、示范村、示范合作组织和示范户为载体，广泛开展农机安全宣传教育，不断提高农民群众农机安全意识，建立健全政府负责、农机主抓、部门配合、群众参与的农机安全监管工作长效机制。

六、努力加强农机安全监理能力建设

加强监理机构和队伍建设，明确农机安全监理工作的行政执法性质，积极推进农机安全监理机构参公管理，强化农机安全监理机构，充实力量，合理设置岗位和配备人员，强化检验、考试、事故处理等业务培训，提高农机安全监理人员素质。加强装备建设，落实《农业机械安全监督管理条例》有关“保障农业机械安全的财政投入”的规定，提高农机安全监督检查、实地检验、事故勘察、信息系统等装备能力，改善执法服务手段。加强文化建设，组织开展农机安全监理宣传作品竞赛活动，推出一批优秀的农机安全宣传作品。加强行风建设，积极开展创先争优活动，建立健全监督机制和廉政风险防控机制，坚决惩治和有效预防失职渎职和违法行为，树立求真务实、开拓创新、清正廉洁、文明高效的农机安全监理精神风貌。

七、切实加强农机安全监理工作的组织领导

各级农业机械化主管部门要积极争取政府对农机安全生产的重视，将农机安全生产纳入当地国民经济和社会发展规划，列入政府考核目标，争取加大财政和基本建设投入，保障工作经费，改善装备条件，营造良好的工作环境。要把农机安全监理工作摆在重要位置，纳入重要日程，贯穿了农业机械化工作的各方面。农业机械化主管部门及其安全监理机构要建立健全农机安全生产责任制度，层层签订安全生产责任，切实把农机安全，生产责任落实到农机专业合作社、维修站点和农机户等，确保责任到位、安全监管到位。要转变工作作风，周密组织部署，强化工作措施，狠抓工作落实，努力推动农业机械化安全发展。

二〇一一年七月十五日

农业部关于进一步加强农机试验鉴定工作的意见

农机发[2011]7号

各省、自治区、直辖市和计划单列市农机管理局（办公室），新疆生产建设兵团农机局，黑龙江省农垦总局农机局：

为深入贯彻落实《农业机械化促进法》《农业机械安全监督管理条例》以及《国务院关于促进农业机械化和农机工业又好又快发展的意见》，进一步加强农机试验鉴定工作，增强公共服务能力和水平，提高农业机械质量，推动农业机械化科学发展，提出如下意见。

一、充分认识农机试验鉴定工作的重要意义

农机试验鉴定是《农业机械化促进法》等法律法规确定的农机化管理重要职能，直接关系到国家支持推广的农机装备的适用性、安全性、可靠性和先进性，关系到农机购置补贴政策的实施效果和农民的合法权益，关系到农机装备结构改善和优化，关系到农机企业技术进步，是促进农机化科学发展、和谐发展、安全发展的重要基础。《国务院关于促进农业机械化和农机工业又好又快发展的意见》就加强农机试验鉴定工作提出了明确要求，强调要加大对农机推广鉴定等公益性设施建设的支持力度，增强农业机械化公共服务能力。各级农机化主管部门和农机试验鉴定机构要充分认识加强农机试验鉴定工作的重要意义，进一步增强紧迫感、责任感，努力促进农机试验鉴定工作全面、协调、健康发展。

二、进一步明确农机试验鉴定工作基本原则

要按照立足公益、依法鉴定、科学高效、公正廉洁的基本原则开展农机试验鉴定工作。坚持公益性职能定位，牢固树立服务意识，充分发挥技术支撑和保障作用，满足农业机械化发展需求；坚持依法鉴定、依法监督，严格按照法律法规规定的原则、程序和要求开展农机试验鉴定工作；坚持科学管理，创新方法，加强农机试验鉴定公共服务能力建设，不断提高管理水平、技术水平、服务水平和工作水平；坚持公平公开、廉洁高效，不断提高农机试验鉴定工作人员的廉政意识和道德素养，树立良好职业形象。

三、不断提升农机试验鉴定能力

各地要紧紧围绕现代农业和农业机械化发展需求，按照保障重点、调整结构的要求，不断完善提高农机试验鉴定能力。当前要着力提升粮棉油糖等主要农作物关键环节机械试验鉴定能力，优先发展100马力以上大型拖拉机、50—70马力节能环保型水田拖拉机、高地隙拖拉机、多功能谷物联合收割机、玉米收获机、甘蔗收获机、棉花收获机、大中型动力机械配套机具等试验鉴定能力；加强节水灌溉、精量播种、高效植保和农作物秸秆综合利用等增产增效、资源节约、环境友好型农机化技术配套机具的试验鉴定能力；因地制宜发展特色经济作物、畜禽水产养殖、设施农业等机具试验鉴定能力；加快发展适合丘陵山区使用的小型机械试验鉴定能力。进一步优化全国农机试验鉴定能力结构，统筹部省两级鉴定能力建设，逐步形成重点突出、层次分明、布局合理的鉴定能力分布格局。积极推进农机试验鉴定机构部级鉴定能力认定，引导省级农机试验鉴定机构按照全国农机试验鉴定规划，完善基础设施，提高鉴定能力，承担部级鉴定任务，促进鉴定资源优化整合。各省级鉴定机构要根据当地实际，积极发展区域性农机装备试验鉴定能力，满足当地农机化发展需求。

四、大力推动农机试验鉴定科技进步

各农机试验鉴定机构要不断加强农机适用性、安全性和可靠性等农机试验鉴定评价方法研究，不断改进完善试验鉴定方法，提高科技应用水平。农业部农机试验鉴定总站要组织实施好《农业机械适用性评价技术集成研究》《农业装备可靠性检测技术试验方法研究》等行业科技项目，确保取得成果并促进成果应用。加快农机试验鉴定大纲的制修订工作，为农机试验鉴定提供科学依据。要提高大纲制修订工作质量，充分体现农机试验鉴定的适用性、安全性、可靠性评价特色，保证大纲内容与现行法律法规和标准协调一致。不断完善试验鉴定手段，改进检测设备和检测方法，推动自动化、数字化和信息化技术在试验鉴定中的广泛应用，提高试验鉴定质量、效率和科技水平。

五、继续推进农机试验鉴定工作规范化管理

各农机试验鉴定机构要认真落实《农业机械试验鉴定办法》和《农业机械推广鉴定实施办法》的有关规定，加强制度建设，完善工作程序，切实规范农机推广鉴定受理审查、检测鉴定、证书变更和证后监督等关键环节的管理。加强推广鉴定检验员和审查员的培训考核，完善上岗考核制度，做到检验员和审查员持证上岗。严格按照推广鉴定大纲和通则要求开展鉴定工作，坚决杜绝简化工作程序、减少鉴定内容、以偏概全和弄虚作假等现象的发生。认真落实监督管理制度，强化内部管理措施，完善企业监督等外部监督机制。各农机试验鉴定机构之间要加强信息沟通和工作协调，进一步推动省际间推广鉴定工作的有序管理。各农机试验鉴定机构在受理外省企业产品鉴定或其他省区委托鉴定业务时，要严格按照规定受理，不得放松要求或提高受理条件。

六、认真开展获证产品使用过程中的质量监督

省级农机化主管部门要根据农机使用者质量投诉情况和农业生产实际需要，定期组织对在用获得推广鉴定证书的农机产品质量调查和重点检查。有关质量调查和重点检查的计划和结果，要报农业部农业机械化管理司备案，并按程序向社会发布。对反映问题比较集中的农机产品，要及时督促生产企业或经销商整改，妥善处理，切实维护农机使用者的合法权益。县级以上农机化主管部门要进一步完善全国农机质量投诉监督网络，遵循“属地管理、首问负责、就近处理、无偿服务”的原则开展工作，方便农机用户投诉。按时汇总和认真分析辖区内的农机质量投诉信息，并逐级上报。获证产品发生重大质量问题或集中质量投诉，在规定期限内未能有效解决的，可对其证书予以撤销。省级农机化主管部门要在重点农时季节、产品旺销季节组织开展补贴机具质量保障督导，推动补贴机具质量不断提高。

七、高度重视廉政风险防控机制建设

各级农机化主管部门和农机试验鉴定机构要认真贯彻《农业部推进廉政风险防控机制建设实施方案》和《农业部关于加快推进农机购置补贴廉政风险防控机制建设的意见》，切实加强农机试验鉴定廉政风险防控机制建设。要以推广鉴定和国家支持推广的农机产品目录制定工作为重点，围绕权力运行，对每个岗位，每个工作环节进行认真梳理，逐一排查可能产生的廉政风险点，并对风险点进行风险等级评估，制定完善防范措施，形成完整的防控体系，构建预防腐败、促进廉政勤政建设的长效机制 要加强廉政风险警示教育，提高风险防控意识和廉洁自律自觉性。

八、切实加强农机试验鉴定工作的组织领导

各级农机化工管部门要加强对农机试验鉴定工作的组织领导，科学制定发展规划，明确目标任务，采取有效措施，促进农机试验鉴定工作健康发展。要将农机试验鉴定体系建设纳入到农机化公共服务体系建设相关规划，积极实施项目带动，加大对农机推广鉴定等基础设备设施建设投入力度，提升农机试验鉴定公共服务能力。切实保障质量调查和投诉监督工作经费，确保质量调查和投诉监督工作有效开展。加大信息宣传力度，提高农机试验鉴定工作的社会影响力和认知度。同时，各级农机试验鉴定、质量投诉临督、质量认证、维修管理机构要密切配合、通力合作，全面提升农机化发展质量，促进农业机械化又好又快发展。

二〇一一年十一月四月

农业部办公厅关于印发《全国农机深松整地作业实施规划（2011—2015年）》的通知

农办机[2011]1号

各省、自治区、直辖市农机管理局（办），新疆生产建设兵团农机局：

农机深松整地作业是一项有效增强土壤蓄水保湿和抗旱防涝能力，提高农作物产量的重大技术措施。为推动各地开展农机深松整地作业，我部农业机械化管理司组织编制了《全国农机深松整地作业实施规划（2011—2015年）》（以下简称《规划》），现予以印发。

各地要紧紧围绕保障国家粮食安全和农产品有效供给、增加农民收入、促进农业可持续发展的目标，持“农民自愿、政府扶持、补贴引导、完善机制”的方针，积极开展农机深松整地作业。要积极争取各级财政支持，落实农机深松整地作业补贴政策，充分调动农民和农机手的积极性，认真完成《规划》确定的目标和任务。

附件：全国农机深松整地作业实施规划（2011—2015年）（略）

二〇一一年一月十一日

农业部办公厅关于深入推进农机购置补贴政策信息公开工作的通知

农办机[2011]33号

各省、自治区、直辖市及计划单列市农机管理局(办公室),新疆生产建设兵团农机局,黑龙江省农垦总局农机局,广东省农垦总局:

农机购置补贴政策是中央强农惠农政策的重要内容。多年来,各级农机化主管部门在加强农机购置补贴政策宣传、推进有关工作信息公开方面做了大量工作,取得了良好成效。但是,各地补贴政策信息公开工作进展不均衡,政策信息公开内容与各方面的要求仍存在一定差距,公开的形式和程序不够规范,公开的时效性不强,公开工作机制不够健全。为深入推进农机购置补贴政策信息公开工作,现将有关事项通知如下:

一、进一步提高思想认识

推进农机购置补贴政策及有关工作信息公开,是落实《中华人民共和国政府信息公开条例》(国务院令第492号,以下简称《条例》)、促进依法行政、推进行政权力公开透明运行、建设服务型政府的重要举措,是宣传党的强农惠农政策的重要形式,也是构建农机购置补贴实施监管长效机制的重要内容。各级农机化主管部门要充分认识深入推进农机购置补贴政策信息公开工作的重要意义,切实增强做好补贴政策信息公开工作的责任感和紧迫感,坚持以公开促公正、以公开促效率、以公开促廉政,努力开创农机购置补贴工作新局面。

二、不断充实公开内容

农机购置补贴政策信息量大面广,凡是符合《条例》规定,能够公开的事项,都应分类整理,及时主动公开。主要内容:一是农机购置补贴专项资金使用管理办法,农业部和财政部联合印发的农机购置补贴年度实施指导意见,国家和省级支持推广的农机产品目录;二是各地农机购置补贴实施方案(或补贴资金使用方案),年度农机购置补贴产品范围,农机补贴产品经销商名单、电话、地址、经销的补贴产品,农机购置补贴政策具体操作办法、操作流程等;三是各地各级农机化主管部门农机购置补贴政策咨询电话、补贴工作受理电话、举报电话、补贴机具质量投诉电话和电子邮箱等;四是其他有关规范性文件、制度和办法等。

各地要加大对县级农机化主管部门实施农机购置补贴工作进度、过程等信息的公开力度,至少每半月公布一次各县补贴资金使用进度,及时公布补贴受益对象有关信息(包括补贴农户姓名、所在乡镇、补贴机具数量、具体型号及生产厂家、补贴额等),主动接受社会监督。

三、积极拓展公开渠道

要充分发挥政府网站主渠道作用。地方各级农机化主管部门管理的网站(以下简称各级农机化网站)是农机购置补贴政策信息公开的权威平台,凡是已开通政务网站的各级农机化主管部门,都应在网站上开辟农机购置补贴政策信息公开专栏,集中公开有关信息。要增强各级农机化网站的信息搜索和查询功能,完善网上咨询、网上办事、网上互动等服务功能,努力提高便民服务水平。

要不断丰富补贴政策信息公开形式。在重要的农时季节和农机购置补贴政策实施的关键时期,可采取召开新闻发布会、接受媒体访谈、与当地有影响力的报刊合作策划专版(专刊)等形式,充分发挥手机短信、手机报刊、广播电视等媒体传播速度快、受众范围广的优势,及时向社会公布农机购置补贴政策及有关信息。

在农民群众缺乏上网条件的地区,要把补贴受理工作流程及有关要求、补贴资金使用进度、补贴受益对象等信息,通过当地电视台、政务大厅电子信息屏、村委会大喇叭广播、乡镇公告栏、流动宣传车、简易明白纸、宣传挂图等进行公开。要不断增强农机购置补贴政策信息公开工作的时效性,原则上应在文件签发后五个工作日之内公开相关信息。

四、切实加强组织领导

(一)明确各级农机化主管部门职责。农业部农业机械化管理司负责指导和协调全国农机购置补贴政策信息公开工作,并以农业部门户网站为主要平台发布涉及全国的重要政策和信息,同时充分发挥中国农业机械化信息网的作用。各省级农机化主管部门负责本行政区域的农机购置补贴政策信息公开工作,要在主动公开本部门工作信息的同时,切实加强对辖区内各市、县农机购置补贴政策信息公开的业务指导和工作协调。凡是当地设有政务服务大厅的,原则上都应在政务大厅内开展农机购置补贴申请、受理、审批等环节的工作,并在政务大厅内公示农机购置补贴政策工作流程及受益对象有关信息。各级农机化主管部门要按照要求,认真做好有关信息报送工作。

(二)建立和完善农机购置补贴政策信息公开长效机制。各级农机化主管部门要把农机购置补贴政策信息公开纳入年度工作计划,与农机购置补贴实施和农业机械化其他工作统筹考虑、统一部署、协调推进,逐步建立和完善补贴政策信息公开的长效机制。各地要明确承办机构和责任人,主要领导同志要亲自抓督促、抓协调、抓落实。要把补贴政策信息公开与各项业务工作结合起来,在人员配备、经费安排等方面予以充分保障,做到补贴政策信息公开工作有专门机构负责,有专业人员管理,有专项经费支持。要抓紧制定完善辖区内农机购置补贴政策信息公开工作方案,进一步明确工作目标,细化工作任务,规范公开程序,创新公开形式。要加强教育培训,组织干部职工重点学习《条例》、《国务院办公厅关于施行〈中华人民共和国政府信息公开条例〉若干问题的意见》(国办发[2008]36号)、《农业部办公厅关于进一步加强农业系统政务公开工作的指导意见》(农办办[2009]84 号)以及同级人民政府信息公开工作主管部门发布的有关文件等,提高工作人员思想认识和工作能力。

(三)加强农机购置补贴政策信息公开工作考核。在现有工作的基础上,进一步完善考核评价办法,建立健全社会评议制度。把农机购置补贴政策信息公开工作纳入社会评议政风、行风的范围,并根据评议结果完善制度、改进工作。各省级农机化主管部门要加强对辖区内各市、县贯彻落实本通知精神情况的监督检查。要将农机购置补贴政策信息公开情况作为考评各地农机购置补贴政策落实情况的重要内容,督促和指导各地及时、认真地落实各项工作措施,确保取得实效。

各省级农机化主管部门要于 6 月 10 日前,将本省(区、市、兵团、农垦)农机购置补贴实施方案(或补贴资金使用方案)、年度农机购置补贴产品范围、省级农机化主管部门农机购置补贴政策咨询电话、补贴工作受理电话、举报电话、补贴机具质量投诉电话及电子邮箱等信息,发送到中国农业机械化信息网中公开(联系人:王松,电话:010 - 59199103,E - mail:njbtgk@agri.gov.cn);要于 6 月 25 日前,将辖区内各市、县级农机化主管部门农机购置补贴政策咨询电话、补贴工作受理电话、举报电话、补贴机具质量投诉电话及电子邮箱、辖区内各县补贴资金使用进度、补贴受益对象有关信息等在省级农机化网站集中公开;要于 7 月 10 日前将本省(区、市、兵团、农垦)贯彻落实本通知精神的有关情况,书面报送农业部农业机械化管理司。

二〇一一年五月二十七日

农业部办公厅关于深入开展农机购置补贴政策实施专项整治工作的通知

农办机[2011]34 号

各省、自治区、直辖市、计划单列市农机管理局(办公室),新疆生产建设兵团农业局,黑龙江省农垦总局、广东省农垦总局:

为加强农机购置补贴政策实施监督管理,今年以来,我部印发了《农业部办公厅关于进一步严格农机购置补贴工作纪律要求加强政策执行情况监督检查的通知》(农办机[2011]3 号,以下简称《通知》),展开了全国农机购置补贴工作座谈会,各地认真贯彻《通知》和座谈会精神,按照农业部、财政部要求,加快实施农机购置补贴政策,总体进展顺利。但是,从我部近期组织的督导检查情况看,有些地方执行农财两部有关规定不够严格有力。有的政策公开透明度不够,有的责任制还没有完全落实到位、警示教育开展得不够深入,有的工作经费不落实,有的对补贴政策实施特别是对机具到位情况监管不力,甚至存在失职渎职行为。如果这些问题继续存在和发展,势必会影响补贴政策的实施效果,影响农机化系统形象,影响农机化发展大局。当前正值 2011 年农机购置补贴政策实施的关键时期,为确保政策落实到位,现就进一步严肃农机购置补贴政策实施纪律,全面开展专项整治工作通知如下:

一、进一步明确专项整治重点

各地要根据本省(区、市、农垦、兵团)2011 年农机购置补贴政策落实监督检查活动方案,针对影响农机购置补贴政策实施的关键环节,突出专项整治工作重点,加强政策执行情况核查。一是核查 2010 年以来补贴购置的机具是否全部到位并投入使用;二是核查 2010 年以来补贴购置的实物机具型号是否与协议型号相符,配置技术参数是否符合要求;三是核查是否存在违规收费问题;四是核查廉政风险警示教育是否在各级特别是县级农机化系统全面开展等。如发现可疑线索,要一查到底,对存在的问题要及时坚决纠正。同时要找出产生问题的原因,采取针对性的整改措施,完善操作程序,规范操作方式,确保 2011 年补贴政策实施工作顺利进行。

二、全面推进补贴政策信息公开

公开农机购置补贴政策相关信息,是宣传政策,加强社会监督的重要措施,是建立补贴监管长效机制的重要内容。各地要根据农机购置补贴工作座谈会的要求,按照公开、公正、公平、便民的原则,通过广播、电视、网络、报纸、明白纸、宣传挂图等方式,及时准确地公开国家农机购置补贴政策,当地的具体操作办法、年度补贴产品目录、补贴机具经销商名单、补贴资金使用进度以及当地补贴工作受理机构、受理电话及投诉举报电话等信息,特别是要利用农机购置补贴管理系统软件生成的数据,在不侵犯个人隐私的前提下,每个月中、月底定期整理和公开受益对象个人信息(主要包括受益对象所在乡镇、所购补贴机具型号以及享受补贴金额等)。通过信息公开,努力实现农机购置补贴“阳光操作”,主动接受社会监督、群众监督和舆论监督。

三、严格规范操作程序

按照制度办事,按程序操作,是政策落实到位的基本保证。各地要严格按照农业部、财政部的要求,制定并公布补贴实施方案,公布补贴对象确定办法,公平公正地确定受益对象,保证申请购机农民享有平等的机会,要严格执行企业推荐、省级农机化主管部门公布经销商的规定,农机化主管部门不得指定经销商。要公开进入支持推广目录补贴范围的农机产品,给农民选择机具创造条件,不得以补贴资金额度有限为借口,变相为购机农民推荐补贴产品和经销商。要加强对补贴机具的监管,确保机具到位、机型与推广目录相符。要提高工作效率,增加结算频次,及时兑付企业资金。为了推进先进适用、技术成熟、安全可靠、节能环保、服务到位的机具发展,调整优化农机装备结构布局,鼓励各地结合往年重点机具补贴使用量和资金规模,合理确定敞开补贴的机具品目,积极稳妥地推进试点,让更多农民受益。

四、严肃查处违法违纪行为

要综合运用重点时段督查、重点案件核查、农户抽查、明察和暗访相结合、组织不同县(市)交叉检查等方式,提高监督检查工作实效,加大对违法违规违纪行为的查处力度。对群众举报提供的重要线索,要认真核查处理,涉嫌跨区域违规违纪违法的,要及时向上级农机化主管部门报告。对我部转交办理的投诉举报案件,要按时回复查处情况,查处不到位或结论说服力不够的,须重新查处。对受理的投诉举报,要力争将群众所反映的问题妥善解决在基层。对以各种不正当手段拉拢腐蚀各级农机化主管部门干部、进行违法违规操作的农机生产企业及其经销商,一经确实,要坚决果断地取消其生产或经销的农机产品补贴资格。对农机化主管部门及其工作人员出现的失职渎职、收受贿赂、违规收费等违纪违法行为,一经发现,要会同纪检监察等有关部门依纪依法追究责任。

各地务必高度重视这次专项整治工作,切实加强组织领导,要立即组织本省(区、市、农垦、兵团)所有县(场)全面开展自查自纠工作。要从政治和全局的高度,以对党和人民高度负责的精神,狠抓落实,尽职尽责,确保自查严肃,自纠彻底,措施到位,整改有力。要通过专项整治,建立实施农机购置补贴政策廉政风险防控机制,坚决从源头上杜绝权钱交易、商业贿赂、失职渎职、违规收费等行为的发生。对开展专项整治工作不力的,视情况采取行政告诫、行政约谈、通报批评(抄送同级人民政府)等措施,情节严重的,将提出调减下一年度中央财政农机购置补贴资金指标的建议,减免安排农机化相关项目资金。专项整治工作开展时间为6月15日至9月15日,工作开展情况于9月25日前报送我部农机化管理司。

二〇一一年五月二十五日

农业部办公厅关于印发甘蔗生产机械化技术指导意见的通知

农办机[2011]38号

广东、广西、海南、云南省(自治区)农机管理局:

为促进甘蔗生产机械化,加快农业机械化新技术的普及应用,促进我国糖业健康发展,我部组织有关专家研究提出了适宜不同类型区域条件下的甘蔗生产机械化技术指导意见,现予以印发。

请各地农机化主管部门和推广机构,在技术指导意见的基础上,结合实际情况,细化技术内容,完善技术规范,加强宣传、培训和现场指导。积极开展甘蔗生产机械化生产试验示范,加强农机农艺技术融合,总结经验,不断完善适宜本地区的甘蔗生产机械化技术体系,加快推进我国甘蔗生产机械化。

附件:甘蔗生产机械化技术指导意见(略)

二〇一一年六月二十二日

农业部办公厅关于切实提高拖拉机“三率”的通知

农办机[2011]50号

各省、自治区、直辖市及计划单列市农机管理局(办公室),新疆生产建设兵团农机局,黑龙江省农垦总局农机局:

为深入贯彻实施《农业机械安全监督管理条例》,提高拖拉机上牌率、持证率、检验率,完成我部制定的“十二五”安全发展目标任务,现提出以下要求:

一、深刻认识提高拖拉机“三率”的重要性

农机牌证管理是各级农业机械化主管部门及其安全监理机构的重要法定职责,上牌率、检验率和持证率是衡量农机安全监管水平的重要标准。目前,全国拖拉机“三率”低,一些机具得不到安全检验,安全技术状态没有保证;一些拖拉机操作手未参加培训、未取得法定驾驶操作证书,安全意识不强;一些地区黑车非驾大量存在,农机安全生产事故隐患增多,严重威胁人民生命财产安全。完成“十二五”期末拖拉机“三率”力争达到70%以上的目标,任务十分艰巨,各级农业机械化主管部门及其安全监理机构要充分认识提高拖拉机“三率”水平的重要性和紧迫性,把“三率”工作作为强化安全监管、履行管理职责的季受举措抓紧抓好,努力促进农业机械化安全发展。

二、采取切实可行的措施强化拖拉机牌证管理工作

各地农业机械化主管部门及其安全监理机构要重心下沉,深入田间场院等场所,开展经常性的安全监督检查,加大对无牌无证、不按时参加年检等违规行为的治理力度。要优化程序,寓管理于服务之中,采取上门服务、登记备案、集中检验、争取财政资金免费发放牌证等措施,创造性地开展工作,为农民办理牌证提供便利条件。要严把拖拉机检验发证关,严格执行国家安全标准和拖拉机号牌、驾驶证、行驶证证件农业行业标准,严格治理超标准办理牌证的现象,严禁跨行政区办理牌证业务。要协调安监、公安、交通等部门的力量,发挥农机合作组织和乡镇农机站等乡村基层组织的作用,实行部门配合、上下联动的措施,形成治理无牌无证工作的合力,严厉打击黑车非驾。

三、加强对“三率”目标任务的考核检查

拖拉机“三率”是农业机械上牌率、持证率和检验率的重要内容。我部将对各地拖拉机“三率”目标任务完成情况进行年度考核。各省(区、市)农业机械化主管部门及其安全监理机构要因地制宜,依据我部制定的“十二五”拖拉机“三率”目标任务,制定具体实施方案。要将“三率”的目标任务进行层层分解,明确工作目标,细化工作任务,落实工作责任,进行目标考核,努力保证实施效果。各地要加强组织领导,将提高“三率”纳入各单位创先争优的重要内容,对“三率”偏低的地方进行重点督导检查,同时要注意总结推广好典型、好经验和好做法,以多种形式表彰先进、鞭策后进,调动各方面工作的积极性。

四、严格按要求报送相关材料

各地要加强拖拉机“三率”的统计报送工作,指派专人负责,主要负责人要严格审核统计报表。认真填写拖拉机“三率”情况统计表(附件2),其中“拖拉机累计在册数”与《农业机械化统计报表制度》(农机发[2010]11号)“(十)农业机械及驾驶(操作)人员登记情况”中“拖拉机累计在册”保持一致;“拖拉机拥有量”与“(三)农业机械书拥有量”中“拖拉机”保持一致;“检验数”与“(十)农业机械及驾驶(操作)人员登记情况”中“拖拉机当年累计检验”保持一致;“驾驶人累计在册数”与“(十)农业机械及驾驶(操作)人员登记情况(续1)”中“拖拉机驾驶人累计存册”保持一致;“拖拉机驾驶从业人数”:指实际从事拖拉机驾驶操作的人员。

各省区市农业机械化主管部门要于每年1月15日前,将上一年度拖拉机“三率”完成情况、典型经验和做法以及“拖拉机‘三率’实施情况表”报我部农业机械化管理司安全监理处。

联系人:张汉夫

电话:010—59192867

E-mail:hanfu@ agri. gov. cn

附件1.“十二五”拖拉机“三率”目标任务分解表(略)

2.省(区、市)年拖拉机“三率”情况统计表(略)

二〇一一年九月五日

农业部办公厅关于印发《农业机械事故处理文书规范(试行)》的通知

农办机[2011]51号

各省、自治区、直辖市农机管理局(办公室):

为规范农业机械事故处理行为,提高农业机械事故处理文书制作水平,根据《农业机械事故处理办法》,我部制定了《农业机械事故处理文书规范(试行)》,现予印发,请遵照执行。

二〇一一年七月十四日

农业机械事故处理文书规范(试行)

第一章　总　则

第一条　为规范农业机械事故(以下简称农机事故)处理,提高农机事故处理文书制作水平,根据《农业机械事故处理办法》,结合农机事故处理工作实际,制定本规范。

第二条　本规范适用于农机事故处理文书的制作。

第三条　农机事故处理文书的内容应当符合有关法律、法规和规章的规定,做到格式统一、内容完整、表述清楚、用语规范。

第二章　文书制作基本要求

第四条　农机事故处理文书(以下简称文书)应当按照规定的格式制作。

文书应当使用蓝黑色或黑色笔填写,做到字迹清楚、文面整洁。

文书应当按照规定的格式印制后填写。农机事故认定书等叙述式文书宜打印制作。

第五条　文书设定的栏目,应当逐项填写,不得遗漏或随意修改。无需填写的,应当用斜线划去。

文书中除编号、证件号、数量等必须使用阿拉伯数字外,应当使用汉字。

第六条　文书应当使用公文语体,语言简练、严谨、平实,标点符号规范,避免产生歧义。

第七条　农机事故案件登记表、农机事故认定书(简易程序)、农机事故不予立案(调解)通知书、移送(交)案件通知书、农机事故立案登记表、扣押决定书、农机事故抢救费支付(垫付)通知书、农机事故认定书、农机事故认定复核受理通知书、农机事故认定复核不予受理通知书、农机事故认定复核结论、农机事故损害赔偿调解通知书和农机事故损害赔偿调解终结书等文书,应当编注案号。

第八条　文书中当事人姓名应当填写身份证或户口簿上的姓名,住址应当填写住所地址或经常居住地址。

第九条　农机事故现场勘查笔录、询问笔录等文书,应当当场交当事人阅读或者向当事人宣读,并于事故处理人员和事故当事人逐页签章或捺指印确认。当事人拒绝签章或捺指印,拒不到场的,事故处理人员应当在笔录中注明,可以邀请在场的其他人员签章或捺指印。

记录有遗漏或者有差错的,可以补充和修改,并由当事人在改动处签章或捺指印确认。

第十条 文书首页不够记录时,可以附纸记录,但应当注明页码。

第十一条 文书中的审核或审批意见应当表述明确,没有歧义。

第十二条 需要交付当事人的文书中没有签收栏的,由当事人直接签收,也可以由其同住成年亲属代签收。

文书中没有设签收栏的,应当使用送达回证。

第十三条 文书中注明加盖印章的地方应当加盖公章,注明加盖专用章的地方应当加盖农机事故处理专用章,盖章应当清晰、端正,要"骑年盖月"。

农机事故处理专用章规格:直径42mm。

字体:宋体。

内容:xx省(自治区、直辖市)xx县(市)农业机械化主管部门农机事故处理专用章(农机事故处理专用章式样略)。

第十四条 文书用纸幅面尺寸采用标准A4型纸,其成品幅面尺寸为:297mm×210mm。

文书页边与版心尺寸:

天头(上白边)为:37mm±1mm;

订口(左白边)为:28mm±1mm;

版心尺寸为:156mm×225mm(不含页码)。

第三章 具体文书制作

第十五条 农机事故案件登记表是农机安全监理机构接受农机事故当事人或其他公民报告农机事故时使用的文书。

"案由"应当填写农机事故类别,如:拖拉机事故。

"案件来源"应当填写报案、举报、投案、有关单位移送或工作中检查发现。

"接报记录"应当立即直接报案的基本情况,包括事故发生时间、地点、农机名称牌号、人员伤亡和财产损失等相关内容。

"受案人意见"应当填写是否受理和进一步调查处理的意见。

"领导批示意见"应当填写农机安全监理机构负责人同意受理、不予受理或应当移交的决定。

第十六条 农机事故认定书(简易程序)是对未造成人身伤亡、当事人对实事及成因无争议的农机事故确定责任时使用的文书。

农机事故认定书(简易程序)应当由事故处理人员和事故当事人共同签名后交付当事人。当事人对事故认定有异议,或者拒绝在农机事故认定书(简易程序)上签名,或者不同意损害赔偿调解的,农机事故处理人员应当在农机事故认定书(简易程序)上予以记录,并告知当事人可以向人民法院提起民事诉讼;当事人拒绝接收的,农机事故处理人员应当在农机事故认定书(简易程序)上予以记录。

第十七条 农机事故不予立案(调解)通知书是对农机事故不予立案、不予调解时使用的文书。

经核查无法证明农机事故事实存在,或不在管辖范围内的,农机安全监理机构应当制作农机事故不予立案(调解)通知书,注明理由,送达当事人。

当事人申请调解超过法定时限、对农机事故认定有异议或者各方当事人未共同申请调解的,农机安全监理机构应当制作农机事故不予调解通知中说明不予调解的理由和依据,送达当事人。

第十八条 移送(交)案件通知书是农机安全监理机构经核查不属于农机事故或不属于管辖范围,以及需移送公安机关依法对肇事者追究刑事责任时,将案件或案件卷宗移送(交)相关部门时使用的文书。

第十九条 农机事故立案登记表是农机安全监理机构决定对农机事故进行立案调查时使用的文书。

"事故地点"应当填写发生事故的地理方位或农田、场院的正式名称。

"报案内容"应当填写报案人报案的方式和报案的基本情况。

"初步调查内容"应当填写办案人根据现场勘查及现场调查,初步查明事故的基本情况。

"办案人意见"应当填写办案人根据初步调查情况,提出是否立案的意见。

"领导批示意见"应当填写农机安全监理机构负责人是否同意立案的决定。

第二十条 农机事故现场勘查笔录是农机事故处理人员对农机事故现场进行勘查时,记录事故现场有关情况时使用的文书。

现场勘查笔录主要载明:现场伤亡人员情况及救援简要过程,现场事故农业机械基本情况,物证采集和提取情况,农机事故处理人员认为应当记录的其他情况。

补充勘查事故现场的,应当制作农机事故现场勘查笔录,并在"备注"栏中注明"补充勘查笔录"。

第二十一条 农机事故现场图是利用正投影原理,将事故现场与事故有关的农业机械、人畜尸体、遗留痕迹、物体以及田间场院、作业设施、库棚等,按照《农业机械事故现场图形符号》等标准绘制在平面上的图形。

现场图应当用绘图笔绘制,数据完整、尺寸精确、标注清楚。

第二十二条 农机事故勘查照片是利用照相设备对现场环境、痕迹物证、农业机械和伤亡人员等进行固定、记录的图片资料。

农机事故勘查照片应当客观、真实、全面反映被摄对象,不得有艺术夸张,一般使用标准镜头拍摄。

第二十三条 农机事故当事人陈述材料是经当事人请求或应农机事故处理人员的要求,对事故经过进行陈述的书面材料。

内容包括:事故发生的时间、地点以及事故经过,操作情况,事故主要原因,当事人违法违规行为,造成伤亡及损失情况等。

当事人应当在"当事人"处签章或捺指印。办案人员应当在右上角签名并填写收到日期。

当事人提交陈述材料时,农机事故处理人员应当查验是否确由本人书写,由他人代笔的,应当注明。

第二十四条 询问笔录是农机事故处理人员向事故当事人、证人调查了解案件情况时制作的问答实录。

被询问人对询问笔录核对无误后,应当在笔录末尾写明"以上笔录情况属实,与我说的相符"的字样。

第二十五条 农机事故视听材料目录是农机事故处理人员在事故处理过程中,对事故现场、调查取证等情况进行录像、录音后,进行清点、登记时使用的文书。

第二十六条 扣押决定书和扣押物品清单是农业机械化主管部门对肇事后企图逃逸的、拒不停止存在重大事故隐患农业机械的作业或者转移的当事人,扣押农业机械及证书、牌照、操作证件等时使用的文书。

"驾驶(所有)的"后横线填写农业机械名称;"及"后横线填写证书、牌照、操作证件等;"扣押期限为"后横线填写扣押的具体期限,扣押期限不超过 30 日;情况复杂的,经农业机械化主管部门负责人批准,可延长最多不超过 30 个工作日。扣押期限不包括检验或鉴定的时间。扣押决定书加盖负责事故处理的农业机械化主管部门公章。

扣押物品清单应当对物品的名称、规格、数量等作清楚记录,必要时应当对登记物品拍照。当事人领取扣押物品应当签名并签注日期。

扣押物品清单一式两份,经当事人和两名事故处理人员共同签名后,由当事人和行政机关分别保存。当事人拒绝签名的,应当注明。

第二十七条 证据登记保存清单是农机安全监理机构在调查处理与农机事故有关的涉嫌违法行为时,对不符合扣押条件而又可能灭失或以后难以取得的证据,依法进行登记保存时使用的文书。

第二十八条 农机事故抢救费支付(垫付)通知书时农业机械化主管部门根据投保情况通知保险公司、道路交通事故社会救助基金管理机构先行支付(垫付)农机事故受伤人员抢救费用文书。

事故农业机械参加保险的,通知投保的保险公司支付抢救费用;抢救费用超过保险公司责任限额的、未参加交通事故责任强制保险或者肇事后逃逸的上道路行驶拖拉机事故,通知道路交通事故社会救助资金管理机构垫付抢救费用。

第二十九条 检验、鉴定委托书是农机安全监理机构对需要检验、鉴定的与农机事故有关的农业机械、物品、尸体、当事人的生理和精神状态等,委托具备资质的有关单位进行检验、鉴定时使用的文书。

"委托内容"应当填写需要检验、鉴定的项目,并明确检验、鉴定时限。

第三十条 农机事故调查报告书是农机事故处理人员在事故事实已调查清楚,具备事故认定条件时,向本部门负责人提交的调查报告。

正文应当填写:农机事故案由,当事人、农业机械、作业环境等基本情况,事故发生经过,调查过程,农机事故证据及事故形成原因的分析,适用法律、法规及责任划分意见等。

第三十一条 农机事故认定书是农机安全监理机构适用一般程序认定农机事故责任时使用的文书。

"农机事故证据及事故形成原因分析"栏中农机事故形成原因描述应当全面、客观,阐明事故的基本事实;"当事人导致农机事故的过错及责任或者意外原因"栏中责任认定要写明依据的法律、法规和规章全称,列明适用的条、款、项、目,明确认定的责任。

农机事故认定书由 2 名农机事故处理人员签章,加盖专用章后分别送达当事人,并告知当事人申请复核、调解和直接向人民法院提起民事诉讼的权利、期限。

第三十二条 农机事故认定复核受理通知书是上一级农机安全监理机构同意受理事故认定复核申请,通知各方当事人时使用的文书。

第三十三条 农机事故认定复核不予受理通知书是上一级农机安全监理机构不受理事故认定复核申请,通知各方当事人时使用的文书。

第三十四条 农机事故认定复核结论是上一级农机安全监理机构做出维持原农机事故认定或者撤销原农机事故认定结论时使用的文书。

第三十五条 委托书是当事人依法委托他人作为代理人时,向农机安全监理机构提交的写明委托事项和委托权限的文书。

第三十六条 农机事故损害赔偿调解申请书是农机事故各方当事人共同申请由农机安全监理机构调解损害赔偿时使用的文书。

农机事故各方当事人在收到农机事故认定书之日起 10 日内,一致请求农机安全监理机构调解的,农机安全监理机构应当给予调解。

"请求事项"应当填写请求调解的内容。

第三十七条 农机事故损害赔偿调解通知书是农机安全监理机构决定对农机事故案件进行调解,通知各方当事人时使用的文书。

通知书抬头下方横线处填写被通知人,即对农机事故损害赔偿有争议的各方当事人。

第三十八条 农机事故损害赔偿调解记录是农机安全监理机构对调解过程及当事人在调解过程中提出解决农机事故损害赔偿纠纷意见的记录。

调解记录是对调解过程的客观记录,不应当在记录上作出任何主观的判断。

调解记录是农机安全监理机构制作调解书的依据,应当存入案卷。

第三十九条 农机事故损害赔偿调解书是农机安全监理机构对经调解达成损害赔偿协议时制作的文书。

农机事故损害赔偿调解书应当经各方当事人共同签字后生效。

当事人要求农机安全监理机构帮助转交赔付款的,农机安全监理机构应当在农机事故损害赔偿调解书上附记。

第四十条 农机事故损害赔偿调解终结书是农机事故各方当事人未达成协议,或者一方当事人无正当理由不参加调解,或者放弃调解,或者在调解期间一方当事人向人民法院提起民事诉讼时,农机安全监理机构终止调解使用的文书。

农机事故损害赔偿调解终结书应当载明未达成协议的原因并送达各方当事人。

第四十一条　送达回证是农机安全监理机构将有关文书送达农机事故当事人或其他受送达人的回执证明文书。

送达回证应当直接送交受送达人；本人不在的，交其同住成年亲属签收；已向农机安全监理机构指定代收的，交代收人签收。文书送达后，应当由受送达人在送达回证上签章，受送达人在送达回证上的签收日期为送达日期。受送达人拒绝签收的，应当在送达回证中注明。

第四十二条　农机事故遗留物品清单是农机安全监理机构在农机事故现场勘查完毕后，对事故现场遗留物品暂予保存时使用的文书。

文书中应当对遗留物品的名称、规格、数量等作清楚记录，必要时应当对登记物品拍照。

农机事故遗留物品清单，应有见证人签名，无见证人或见证人拒绝签名的，应当记录清楚，并有两名事故处理人员签名。

第四十三条　农机事故相关材料粘贴纸是粘贴与农机事故处理工作相关、大小不一或者破损不能装订的材料时使用的纸张。

第四章　文书归档及管理

第四十四条　适用简易程序处理的农机事故，可根据具体情况定期归为一个案卷。适用一般程序处理的农机事故分别立卷，结案后随时归档。

第四十五条　案卷应当制作封面、卷内目录和备考表。

封面题名应当为农机事故案卷。

卷内目录应当包括序号、名称、日期、页号和备注等内容，按卷内文书材料排列顺序逐件填写。

备考表应当填写卷中需要说明的情况，并由立卷人、检查人签名。

第四十六条　卷内文书材料应当齐全完整，无重份或多余材料。

第四十七条　适用简易程序处理的农机事故案件归档文书为农机事故认定书(简易程序)。

适用一般程序处理的农机事故案件文书材料按照下列顺序整理归档：

(一)农机事故案件登记表
(二)农机事故不予立案(调节)通知书
(三)移交案件通知书
(四)农机事故立案登记表
(五)农机事故现场勘察笔录
(六)农机事故现场图
(七)农机事故勘查照片
(八)农机事故当事人陈述材料
(九)询问笔录
(十)农机事故视听材料目录
(十一)扣押决定书
(十二)扣押物品清单
(十三)证据登记保存清单
(十四)农机事故抢救费支付(垫付)通知单
(十五)检验、鉴定委托书
(十六)农机事故调查报告书
(十七)农机事故认定书
(十八)农机事故认定复核受理通知书
(十九)农机事故认定复核不予受理通知书
(二十)农机事故认定复核结论
(二十一)委托书
(二十二)农机事故损害赔偿调解申请书
(二十三)农机事故损害赔偿调解通知书
(二十四)农机事故损害赔偿调解记录
(二十五)农机事故损害赔偿调解书
(二十六)农机事故损害赔偿调解终结书
(二十七)送达回证
(二十八)农机事故遗留物品清单
(二十九)农机事故相关材料粘贴纸
(三十)其他与农机事故处理有关的材料。

第四十八条　不能随文书装订立卷的录音、录像等证据材料应当放入证据袋中，并注明录制内容、数量、时间、地点、制作人等，随卷归档。

第四十九条　当事人申请行政复议和提起行政诉讼的案件，可以在案件办结后附入原卷归档。

第五十条　卷内文件材料应当用阿拉伯数字从“1”开始依次用铅笔编写页号；页号编写在有字迹页面上面的右上角和背面的左上角；大张材料折叠后应当在有字迹页面的右上角编写页号；A4横印材料应当字头朝装订线摆放好再编写页号。

第五十一条　案件装订前要做好文书材料的检查。文书材料上的订书钉等金属物应当去掉，对破坏的文书应当进行修补或复制。

第五十二条　案卷应当整齐美观，不松散，不压字迹、不掉页、便于翻阅。

第五十三条　办案人员完成立卷后，应当及时向档案室移交，进行归档。

第五十四条　案卷归档后，不得私自增加或者抽取案卷材料，不得修改案卷内容。

第五十五条　本规范自2011年10月1日起实施。

附件：

1. 农机事故案卷封面(略)
2. 卷内目录(略)
3. 农机事故案件登记表(略)
4. 农机事故认定书(简易程序)(略)
5. 农机事故不予立案(调解)通知书(略)
6. 移送(交)案件通知书(略)
7. 农机事故立案登记表(略)
8. 农机事故现场勘查笔录(略)
9. 农机事故现场图(略)
10. 农机事故勘查照片(略)
11. 农机事故当事人陈述材料(略)
12. 询问笔录(略)
13. 农机事故视听材料目录(略)
14. 扣押决定书(略)
15. 扣押物品清单(略)
16. 证据登记保存清单(略)
17. 农机事故抢救费支付(垫付)通知书(略)
18. 检验、鉴定委托书(略)

19. 农机事故调查报告书(略)
20. 农机事故认定书(略)
21. 农机事故认定复核受理通知书(略)
22. 农机事故认定复核不予受理通知书(略)
23. 农机事故认定复核结论(略)
24. 委托书(略)
25. 农机事故损害赔偿调解申请书(略)
26. 农机事故损害赔偿调解通知书(略)
27. 农机事故损害赔偿调解记录(略)
28. 农机事故损害赔偿调解书(略)
29. 农机事故损害赔偿调解终结书(略)
30. 送达回证(略)
31. 农机事故遗留物品清单(略)
32. 农机事故相关材料粘贴纸(略)

农业部办公厅关于印发全国农业机械化专项发展规划的通知

农办机[2011]55号

各省、自治区、直辖市、计划单列市农机管理局(办公室),新疆生产建设兵团农业局、黑龙江省农垦总局、广东省农垦总局:

为推进农业机械化科技、教育培训、技术推广、试验鉴定及设施农业发展,根据《全国农业和农村经济发展第十二个五年规划(2011—2015年)》和《全国农业机械化发展第十二个五年规划(2011—2015年)》,我部组织编写了《全国农业机械化科技发展"十二五"规划(2011—2015年)》、《全国农业机械化教育培训"十二五"规划(2011—2015年)》、《全国农业机械化技术推广"十二五"规划(2011—2015年)》、《全国农业机械试验鉴定"十二五"规划(2011—2015年)》和《全国设施农业发展"十二五"规划(2011—2015年)》。现予印发,请结合实际,认真贯彻执行。

附件:

1. 全国农业机械化科技发展"十二五"规划(2011—2015年)(略)
2. 全国农业机械化教育培训"十二五"规划(2011—2015年)(略)
3. 全国农业机械化技术推广"十二五"规划(2011—2015年)(略)
4. 全国农业机械试验鉴定"十二五"规划(2011—2015年)(略)
5. 全国设施农业发展"十二五"规划(2011—2015年)(略)

二〇一一年九月二十八日

农业部办公厅关于开展农机安全监理"为民服务创先争优"示范窗口创建活动的通知

农办机[2011]57号

各省、自治区、直辖市及计划单列市农机管理局(办公室),新疆生产建设兵团农机局:

为深入贯彻落实胡锦涛同志在庆祝中国共产党成立90周年大会上的重要讲话精神,按照中央创先争优活动领导小组《关于在窗口单位和服务行业深入开展"为民服务创先争优"活动的指导意见》和农业部《关于在农业系统窗口单位深入开展"为民服务创先争优"活动的通知》要求,为进一步推动农机安全监理机构坚持以人为本、执政为民理念,增强监理服务意识,改进监理工作作风,提高监理业务水平,提升监管服务能力,保障依法依规监理,更好地为广大农民机手群众服务,我部决定在全国范围内开展以"争创群众满意窗口、争创优质服务品牌、争创优秀服务标兵"为主题的农机安全监理"为民服务创先争优"示范窗口创建活动(以下简称创建活动)。现将有关事项通知如下:

一、充分认识开展创建活动的重要意义

农机安全监理机构是农业机械化管理部门联系民生最紧密、服务群众最直接的重要窗口单位。各级农机安全监理机构担负着预防和减少事故、保障农民群众生命财产安全的重要职责,直接为农民机手提供安全检验、牌证发放、事故处理等服务,与农民机手打交道最直接,同农民群众的关系最密切,是联系农村基层、服务农民机手、保障农业机械化安全发展的重要前沿阵地。能否做到让广大农民机手满意,直接关系到农机管理部门的形象,关系到农业机械化工作全局。当前,我国农业机械化正处在加快发展、结构改善、质量提升、领域拓宽的重要阶段,在农业机械化管理部门深入开展以"争创群众满意窗口、争创优质服务品牌、争创优秀服务标兵"为主题的农机安全监理“为民服务创先争优”示范窗口创建活动，紧紧围绕“两个千方百计、两个努力确保”中心任务，争服务“三农”之先，创服务“三农”之优，突出为农村基层和农民机手服务，努力解决农民机手最关心、最现实的利益问题，提高服务农民机手的意识和能力，保障农机安全生产，对于深入推进创先争优活动取得实际效果，进一步密切与农民机手联系树立良好形象，实现好、维护好、发展好农民群众的根本利益，促进农业农村经济和农业机械化又好又快发展，具有十分重要的意义。

二、准确把握目标任务

2011—2015年，各省(自治区、直辖市)要结合各地情况，制定具体的创建活动实施方案，全面开展创建活动，进一步增强服务意识，加强基层组织建设，确保农机安全生产，推动农业机械化科学发展，促进农村和谐社会建设。各省(自治区、直辖市)农业机械化主管部门要通过开展创建活动，定期评出省级农机安全监理“为民服务创先争优”示范窗口和“为民服务创先争优”岗位标兵，并组织好部级示范窗口和岗位标兵的推荐申报工作。农业部每年推出一批100个全国农机安全监理“为民服务创先争优”示范窗口和200名“为民服务创先争优”示范岗位标兵，具体参照《全国“为民服务创先争优”示范窗口和岗位标兵年度目标分解表》(见附件)。

通过5年的努力，达到以下目标：

进一步增强服务意识。坚持全心全意为人民服务的宗旨不动摇，不断改进工作作风，尽心竭力为农民机手办实事、解难事、做好事。

进一步提高队伍素质。不断加强农机安全监理执法人员培训，积极推进学习型机关、服务型机关建设，加大政策法规、业务知识和岗位技能培训力度，培养造就政治坚定、业务过硬的农机安全执法队伍。

进一步规范监理业务。切实履行好《条例》赋予的农机安全监管职责，坚持依法监理，真正做到不缺位，不越位。

进一步提升监管能力。积极争取加大农机安全投入，加强农机安全监理机构基础设施和装备建设，改善农机安全执法手段。

三、积极丰富创建内容

(一)积极规范便民服务措施，强化行风建设。结合当地实际，紧扣农民机手需求，采取设置展示栏显示屏、完善网络平台等方式，完善服务设施，优化各项监理业务流程，不断规范便民服务措施。普遍推行公开法律依据、服务事项、收费标准，推广服务承诺制、限时办结制、首问负责制等做法，采取党员佩戴党徽、服务卡和设立党员责任区、党员先锋岗等形式，强化服务观念，提升服务效果。构建信访、电话、网络的行风监督平台，自觉接受农民机手和社会各界的监督。进一步改进政风行风，寓管理于服务之中，工作重心下沉，贴近基层做好监管服务，真正做到文明执法、高效服务。

(二)深入贯彻实施《条例》，强化监理业务规范。各地进一步强化法制意识，坚持依法监理，切实履行好《条例》赋予的农机安全监职责，做到不缺位、不越位。要严格按照业务流程，进一步规范农业机械牌证核发工作，坚决杜绝给不符合国家安全标准的农业机械办证上牌、跨行政区域发牌发证等违规行为。积极履行好农机安全检验职责，做到定期对危及人身财产安全的农业机械进行实地安全检验，保证其安全技术状态完好。要切实做好农业机械事故责任的认定和调解处理工作，为事故损害赔偿等后续事宜提供便利，维护社会和谐稳定。

(三)广泛开展岗位练兵活动，强化队伍素质提高。适应农业机械化发展要求，开展岗位练兵、技能比武等活动，不断提高农机安全监理业务技能，争当服务“三农”排头兵。开展文明执法、诚信服务、廉洁服务、优质服务竞赛以及岗位明星、服务标兵评比，看实绩、比贡献，形成比学赶超的生动局面。要积极推进学习型机关建设，加强农机安全政策法规、业务知识和岗位技能培训，打造政治坚定、业务过硬、作风优良、清正廉洁的农机安全执法队伍，进一步提升整体农机安全监理服务水平。

(四)不断提高监管服务能力，强化监理装备建设。精良的安全监理装备设施是农机安全监理机构实施依法履行职责任务的基本条件。各地要主动与当地财政部门协调，贯彻国务院行政法规有关“保障农业机械安全的财政投入”的规定，争取设立农机安全管理财政专项。积极完善农机安全息化平台，确保信息互通共享、推进全国农机安全监理信息化建设。要进一步完善办公基地、考试场地，配备先进的移动安全检测、驾驶员考试装备，切实加强安全检查、安全宣传、事故处理等农机安全监理装备建设，提高农机安全监理服务能力，努力改善安全执法手段。

四、明确示范窗口和标兵的基本条件

参加创建活动的范围：所有直接面向广大农民机手，严格履行农机安全监管职责的农机安全监理执法单位和个人。

示范窗口单位应符合以下基本条件：

1. 认真履行《条例》等法律法规赋予的各项农机安全监管职责，组织机构健全，地方财政全额保障各项经费，管理制度完善，执法成效显著。

2. 具备规范整洁的农机安全监理办证大厅，能够实施农业机械牌证申领一条龙服务，方便农民机手办理有关手续。

3. 具备满足履行农机安全监管职能需要的执法服务设施装备，拥有便民服务的安全检测装备以及农机安全检查、事故处理等车辆设备，农机安全监理机构执法车辆不少于2台。

4. 所有农机安全监理人员热爱农机安全生产工作，依法行政，公正廉洁，热心为民服务。广大农机手对农机安全监理满意度高。

5. 所辖区域农机安全生产秩序良好，拖拉机安全监理“三率”较高，近3年未发生一次性死亡3人以上的农机事故。

示范岗位标兵应符合以下基本条件：

1. 坚持四项基本原则，全面贯彻落实科学发展观，政治思想表现好，有良好的职业道德，熟悉农机安全政策法规，具有较高的政策理论水平。

2. 自觉遵守国家各项法律法规，坚持依法行政、文明执法，廉洁自律，作风正派，具有较强的事业心和责任心，团结协作，关心集体。

3. 关心农机安全监理事业的发展，注意研究探索监理工作中出现的新情况、新问题；具有一定的开拓创新能力。

4. 认真履行岗位职责，工作主动热忱、求真务实、任劳任怨，工作成绩突出，起到表率作用，受到农民机手的一致好评。

五、切实加强创建活动的组织领导

全面开展农机安全监理“为民服务创先争优”示范窗口创建活动，是整个创先争优活动的重要组成部分，也是当前和今后一个时期创先争优的重点工作。各级农业机械化主管部门要高度重视，精心组织，明确责任，抓好落实，将创建活动作为一项长期性工作，常抓不懈，确保活动取得实际效果。

（一）加强领导，明确创建任务。各地要提高认识，积极向当地党委、政府汇报，切实加强组织领导，制订工作方案，明确阶段性目标和任务。要紧密结合农业现代化、农业机械化发展，把创建活动与当地“三农”工作结合起来，与推进农业机械化工作结合起来，与“创建平安农机、促进新农村建设”活动结合起来，根据地方党委创先争优活动的总体安排，加强沟通、密切配合、共同推进，努力构建“为民服务创先争优”长效机制。

（二）加强指导，提升创建水平。各地要根据创建活动各阶段重点，加强工作监督检查，把创建活动落到实处。要强化服务意识，牢固树立“以民为本，为民服务，帮民解难，助民增收，保民平安”的“五民”观念，组织农机安全监理人员深入基层，办牌办证到乡镇，安全检查到村屯，宣传到农家，扎实推进创建活动。要加强创建活动的日常检查指导，认真总结、宣传经典经验，全面提升创建活动总体水平。

（三）加强监督，确保创建实效。各级要进一步建立健全监督机制，加强督查，确保创建活动取得实效。要坚持公开、公平、公正的原则，进一步完善申报、考评等程序，开展好各项考核评审工作，推出示范典型。要加强示范单位申报、推荐、考评等工作的督查，杜绝弄虚作假行为。要采取考察、观摩、现场会等形式，组织开展学习交流，互相取长补短，鼓励先进，鞭策后进。

（四）加强宣传，营造创建氛围。各地制定创建活动宣传计划，充分利用各种媒体，采取各种形式，广泛宣传创建活动的重要意义。要加强对农机合作社、农机作业公司等新型农机服务组织的宣传，调动其积极性，进一步完善农机安全网络，使创建活动真正深入到乡村。要把宣传工作落到实处，加大对窗口单位的宣传，带动其他地区做好创建工作，营造良好的创建活动氛围。

请各省（区、市）农业机械化主管部门于今年11月底前，将本地的创建活动方案，报农业部农业机械化管理司备案。

附件：全国“为民服务创先争优”示范窗口和岗位标兵年度目标分解表（略）

二〇一一年十月十四日

农业部办公厅关于印发《全国农业机械安全监理“十二五”规划（2011—2015年）》的通知

农办机［2011］58号

各省、自治区、直辖市及计划单列市农机管理局（办公室），新疆生产建设兵团农机局、黑龙江省农垦总局农机局：

为加强农机安全监理工作，提升安全监管能力，推进农业机械化安全发展，根据《农业机械安全监督管理条例》、《国务院关于促进农业机械化和农机工业又好又快发展的意见》（国发［2010］22号）、《国务院办公厅关于印发安全生产“十二五”规划的通知》（国办发［2011］47号）和《全国农业机械化发展第十二个五年规划（2011—2015年）》，我部组织编写了《全国农业机械安全监理“十二五”规划（2011—2015年）》。现予印发，请认真组织实施。

各级农业机械化主管部门及其安全监理机构要牢固树立以人为本、安全发展的理念，认真贯彻《安全生产“十二五”规划》、《全国农业机械化发展第十二个五年规划（2011—2015年）》和本《规划》的有关规定。加强《规划》实施工作的组织、指导和协调，做到责任到位、措施到位、投入到位、监管到位，转变监理方式，提升监管能力，强化督促检查，确保“十二五”规划目标任务的实现。

附件：《全国农业机械安全监理“十二五”规划（2011—2015年）》（略）

二〇一一年十月十九日

农业部办公厅关于各地贯彻落实《国务院关于促进农业机械化和农机工业又好又快发展的意见》情况的通报

农办机［2011］60号

各省、自治区、直辖市及计划单列市农业（农牧、农村经济）、农机厅（局、委、办），新疆生产建设兵团农业局，黑龙江省农垦总局：

自2010年7月《国务院关于促进农业机械化和农机工业又好又快发展的意见》（国发［2010］22号）（以下简称国务院意见）发布以来，各地采取有力措施，不断把贯彻落实工作推向深入。各省（区、市）农机化主管部门按照《农业部关于学习宣传贯彻落实〈国务院关于促进农业机械化和农机业又好又快发展的意见〉的通知》（农机发［2010］4号）部署，广泛学习宣传国务院意见精神，迅速组织力量开展调查研究，主动与政府相关部门沟通协调，努力推动将国务院意见提出的各项目标任务和政策措施落实在地方实施意见及“十二五”发展规划中，转化为发展农机化的具体行动，有力地促进农业机械化快速协调健康发展。现将有关情况通报如下：

一、各地制定实施意见进展情况

截至2011年9月，已有吉林、北京、河北、安徽、江苏、甘肃、四川、山东、陕西、重庆、青海和新疆等12个省(区、市)政府制定出台了实施意见(以文件发布时间先后为序)。其中，北京市根据有关农机化法律法规和国务院意见精神，新制定了《北京市农业机械化促进条例》，明确了各级政府促进农机化的职责，赋予了农机化主管部门及推广机构、监理机构、鉴定机构相关职能任务，并将农机化扶持措施进行了实化、细化、配套化。

山西、浙江、内蒙古、福建、河南、湖北、贵州、云南、海南等9省(区)基本完成制定实施意见的前期工作，已报请省(自治区)政府审议，有望在2011年年底前后陆续发布。

其余省份大都完成了实施意见调研起草工作，正处于征求部门意见阶段。个别省份进展较慢，仍处在文件起草或农机化(农业)系统内部征求意见阶段。

二、各地落实农机化扶持政策情况

2010年7月以来，各地积极落实国务院意见提出的农机化财政、金融、保险、税费及基础设施建设等扶持政策，推动建立农机化工作责任制，加强农机化机构队伍建设和公共服务能力建设，一些省(区、市)在政策创新、组织创新和制度创新等方面有新的突破。

加大财政投入方面：2011年河北、山东、安徽、山西、吉林、黑龙江、河南、辽宁、天津、北京、青海等(区、市)共从新增农资综合补贴资金中安排10.5亿元用于农机深松整地作业补贴，资金总量比去年增长150%。新疆维吾尔自治区明确从2011年起，自治区财政每年安排5 000万元以上的扶持农机化发展专项资金，主要用于支持农业机械化技术示范推广和装备创新、扶持农机化公共服务体系建设和发展农机专业合作社；此外，自治区财政每年动态安排农机救灾油料补贴专项资金。北京市要求市、县(区)安排财政资金，用于农机研发推广、购置补贴和贷款贴息、燃油补贴、教育培训及基础设施建设等事项。江苏省对报废农机后购买列入购机补贴目录的农业机械给予追加补贴。吉林省明确安排专项资金加快推进农机化示范区建设。河北省明确重点环节农机作业补贴标准。安徽省明确市县财政建立农机化发展专项及保障购机补贴工作经费。青海省明确逐年加大农机购置补贴资金投入。山西省、浙江省、云南省、湖北省、江西省、天津市、宁波市等地，2011年用农机化技术推广、服务体系建设等方面的专项资金较上年大幅度增加。

加大金融、保险支持方面：安徽省明确增加对农机专业合作社的贷款，推进大中型农机具抵押贷款业务。北京市将农业机械保险纳入政策性农业保险范围。江苏省明确加大农机保费财政补贴力度，采用财政贴息方式支持农机专业合作社和农民通过贷款购买先进适用农机。新疆维吾尔自治区明确将农业机械财产保险、拖拉机交通事故强制保险纳入政策性保险范围，实行优惠费率。

实施税费优惠方面：宁夏回族自治区明确实行“农机免费管理”，2011年财政安排500万元补助县区开展免费管理工作。陕西省明确财政补贴农机实地检验费用及减免牌证费用。山东省对跨区作业农业机械、运输跨区作业机械的车辆和技术服务车辆免收车辆通行费。江苏省明确农机专业合作社、农机企业缴纳房产税、城镇土地使用税确有困难的，可分别向当地人民政府、主管地税机关申请减免；农机专业合作社从事农田排涝、灌溉、脱粒等用电，执行农业生产用电电价政策。江苏省、重庆市明确对农机作业用油实行优先、优惠供应。

加强基础设施建设方面：安徽省明确将农业机械化公共服务专用车辆，试验检测、事故处理、宣传教育培训等设备配置和机耕道路建设纳入基础设施建设规划，并安排相应项目。北京市、江苏省、四川省等地明确农机存放场库涉及用地按照农业生产用地手续办理。新疆维吾尔自治区明确各地的县乡道路建设资金每年要安排一定比例用于机耕道路建设和维护；保证乡镇农业机械场、库、棚的建设用地，在符合当地土地利用总体规划的前提下，实行集中或分户划拨。四川省提出构建“进组、入院、到田”的农村机耕道路网络建设目标。

加强机构队伍建设方面：新疆维吾尔自治区明确将各级农机管理机构纳入行政管理序列，乡镇农业机械监理人员纳入县级农业机械监理部门编制，并适当增加人员编制；进一步理顺县乡农机技术推广机构管理体制，实行以县管为主；对空编、缺编突出的基层农机技术推广机构，由自治区实行统一招录，进行人员补充。甘肃省明确省农机局主要负责同志按副厅级配备。山东省、湖北省决定将省农机管理办公室更名为省农机局。山东省农机监理站由差额拨款事业单位列入参照公务员管理范围。广西壮族自治区将区农机推广总站、农机鉴定站纳入参公管理单位。西藏自治区农牧厅正式成立农机处。

加强组织领导方面：重庆市把农业机械化工作纳入对区县的目标考核，对农业机械化工作成绩突出的单位和个人适时开展表彰奖励。山东省把农业机械化发展纳入县域经济考核体系，2011年省政府组织召开了全省农业机械化工作会议。甘肃省实行目标管理，将农业机械化工作责任落实情况列入各级政府年度工作考核内容。新疆维吾尔自治区把农业机械化发展实效纳入政府考核内容，将对工作突出的单位和地方进行表彰奖励，并定期对各地农业机械化发展情况进行督察通报。广东省政府召开全省提升现代农业物质技术装备水平工作会议，省长和省政府各部门、各地市政府主要负责同志参加会议，研究贯彻落实国务院意见、部署推进农业机械化工作。

三、下一步工作要求

国务院意见是指导当前和今后一个时期农业机械化发展的纲领性文件。意见落实情况，是今年中央开展转变经济发展方式督导检查的重要内容。我国农业机械化正处在加快发展、结构改善、质量提升、领域拓宽的关键时期。各级农机化主管部门要充分认识新形势下做好农机化工作特殊而重大的意义，紧紧抓住和用好难得的发展机遇，进一步增强使命感和责任感，切实将思想统一到国务院意见的决策部署上来，将力量凝聚到国务院意见提出的各项目标任务上来，以更坚决的态度，更有力的措施，不断把国务院意见贯彻落实工作引向深入，努力开创农业机械化发展新局面。

一要加快推进国务院意见地方实施意见制定工作。制定促进本地农业机械化发展的政策性文件，是各省(区、市)贯彻国务院意见的一项基础性工作，也是进一步统一思想认识、加强组织领导、明确目标任务、细化促进措施、推进农机化科学发展的迫切需要及有效举措。各地要高度重视实施意见制定工作,目前尚未出台实施意见的省(区、市)农机化主管部门,应尽快向政府主管领导汇报,加强与政府相关部门的沟通协调力度,加快工作进度,积极推动实施意见早日出台。

二要进一步推动落实国务院意见规定的扶持政策。各级农机化主管部门要主动与有关部门加强合作,坚持不懈地推动落实农机化扶持政策。要规范、高效实施农机购置补贴政策,制定实施农机以旧换新办法。要积极协调落实扶持农业机械化的基本建设投资,增强农业机械化公共服务能力。积极协调落实农机作业补贴资金以及重大农业机械化技术推广资金,加快薄弱环节机械化步伐。要积极协调将农机场库棚建设用地纳入设施农业用地管理。要积极推动农机抵押贷款业务和农机保险业务,争取地方财政实施政策性农机保险。积极协调加大对农机化科研投入力度,加快急需的关键性农机和重大共性技术研发。各地要结合本地实际,用好用足用活每项政策,创造性地加以落实,并不断丰富发展,更广泛地调动农民、农机企业发展农业机械化的积极性。

三要进一步抓好国务院意见提出的各项重点工作。各级农机化主管部门要认真履行规划指导、监督管理、协调服务职能,做到责任到位、措施到位,确保农业机械化重点工作抓紧、抓实、抓好。当前和今后一个时期,要抓紧建立农机农艺协作攻关机制和完善农机农艺推广机构紧密配合工作机制;大力推进农机专业合作社等农机服务组织建设和跨区作业等农机社会化服务;大力培养农机作业能手、维修能手,定期对农机推广、监理和试验鉴定人员进行培训,提高公共服务能力水平;加快推广普及重点环节和关键农业机械化技术,不断提高农业机械化技术集成和装备配套水平;依法加强农机试验鉴定及农机化质量监督,强化农机安全使用的教育及管理。各地要抓住机遇,加强农机化机构队伍建设,争取在机构规格、体系完善、条件建设上取得实质性的进展,为更好履行农机化工作职责提供坚强的组织保障。

二〇一一年十月三十一日

农业部办公厅关于印发《农业部农业机械试验鉴定大纲管理办法》的通知

农办机[2011]61 号

各省、自治区、直辖市农机管理局(办公室),黑龙江省农垦总局农机局:

根据《农业机械试验鉴定办法》(农业部令第 54 号)的有关规定,我部制定了《农业部农业机械试验鉴定大纲管理办法》,现印发你们,请遵照执行。

附件:农业部农业机械试验鉴定大纲管理办法(略)

二〇一一年十一月七日

农业部办公厅关于印发玉米生产机械化技术指导意见的通知

农办机[2011]62 号

各省、自治区、直辖市和计划单列市农业(农牧、农村经济)、农机、农垦厅(委、局、办),新疆生产建设兵团农业局、黑龙江省农垦总局:

玉米是我国种植面积第一大粮食作物。发展玉米生产机械化是实现玉米增产的重要措施,对保证粮食安全、促进农业稳定发展和农民持续增收具有十分重要的意义。为贯彻落实《国务院关于促进农业机械化和农机工业又好又快发展的意见》,加快推进玉米收获机械化,实现玉米生产全程机械化,建设现代农业,我部组织有关专家研究提出了玉米生产机械化技术指导意见,现予以印发。

请各地在技术指导意见的基础上,结合本地实际,细化技术内容,加强宣传、培训和指导,积极推进玉米生产全程标准化。要加强农机与农艺技术融合,积极开展与生产机械化试验示范,以地域性种植行距统一为重点逐步规范玉米种植,探索全程机械化的合理生产模式,完善适宜本地区的玉米生产机械化技术体系和操作规范,为实现玉米生产全程机械化创造条件。

附件:玉米生产机械化技术指导意见(略)

二〇一一年十一月九日

农业部办公厅关于落实免收小型微型企业农机监理费的通知

农办机[2011]63 号

各省、自治区、直辖市及计划单列市农机管理局(办公室),新疆生产建设兵团农业局、黑龙江农垦总局农机局:

根据财政部和国家发展改革委《关于免征小型微型企业部分行政事业性收费的通知》(财综[2011]104 号),2012 年 1 月 1 日至 2014 年 12 月 31 日,对小型微型企业免征农机监理行政事业性收费。为进一步做好农机安全监理工作,保障农机安全财政投入,现将有关要求通知如下:

(一)对于符合工业和信息化部、国家统计局、国家发展改革委、财政部《关于印发中小企业划型标准规定的通知》(工信部联企业[2011]300 号)认定的小型和微型企业,免收农机监理费(含牌证工本费、安全技术检验费、驾驶许可考试费等,下同)。

(二)对于依法在工商行政管理部门登记取得法人资格的农民专业合作社,可以参照小型微型企业免收农机监理费。

(三)对于农民申请农业机械牌证、安全技术检验和驾驶证考试等,鼓励有条件的地方推进实施免费安全监理。

各级农业机械化主管部门要主动向政府领导汇报,积极协调同级财政部门,争取财政投入,保证农机安全监理机构正常履行职责。要深入落实国务院《农业机械安全监督管理条例》关于保障农业机械安全的财政投入的规定;贯彻落实国务院办公厅印发的《安全生产"十二五"规划》关于实行农机定期免费检验制度,将农机安全检验、牌证发放等属于公共财政保障范围的工作经费纳入财政预算,鼓励有条件的地方对农机安全保险进行保费补贴的规定,切实推进农机免费安全监理,加强农机安全监理基础设施和装备建设,努力改善执法手段,提高农机安全监管服务能力。

二〇一一年十一月二十一日

地方性法规、规章及文件

北京市人民代表大会常务委员会公告

第 13 号

《北京市农业机械化促进条例》已由北京市第十三届人民代表大会常务委员会第二十二次会议于 2010 年 12 月 23 日通过,现予公布,自 2011 年 3 月 1 日起施行。

二〇一〇年十二月二十三日

北京市农业机械化促进条例

(2010 年 12 月 23 日北京市第十三届人民代表大会常务委员会第二十二次会议通过)

第一章　总　则

第一条　为了鼓励、扶持农民和农业生产经营组织使用先进适用的农业机械,促进本市农业机械化,建设都市型现代农业,根据《中华人民共和国农业机械化促进法》,结合本市实际情况,制定本条例。

第二条　本条例所称农业机械化,是指运用先进适用的农业机械装备农业,改善农业生产经营条件,不断提高农业的生产技术水平和经济效益、生态效益的过程。

本条例所称农业机械,是指用于农业生产及其产品初加工等相关农事活动的机械、设备。

第三条　市和区、县人民政府应当加强对农业机械化工作的领导,将推进农业机械化纳入国民经济和社会发展规划,确定农业机械化发展目标,加大政策扶持和资金投入,充分发挥市场机制的作用,按照因地制宜、经济有效、保障安全、保护环境的原则,促进农业机械化的发展。

乡、镇人民政府负责本行政区域内农业机械化工作,做好对农民和农业生产经营组织的服务和指导,确定专门人员开展促进农业机械化的具体工作。

第四条　市和区、县人民政府农业机械化主管部门(以下简称市和区、县农业机械化主管部门)负责本行政区域的农业机械化促进和农业机械安全监督管理工作。

市和区、县人民政府有关部门应当按照各自的职责分工,共同做好农业机械化促进和农业机械安全监督管理工作。

第五条 鼓励和支持开发、推广先进适用、安全可靠、节能环保的农业机械。

从事农业机械科研开发、推广、生产、销售、维修、作业和示范基地建设的单位和个人,依法享受政府扶持、税收优惠和金融支持等政策。

第二章 科研开发与推广

第六条 市人民政府及其有关部门应当组织科研机构、院校和企业,开展基础性、关键性、公益性的农业机械化技术攻关,支持开发节能减排、低碳和适应都市型现代农业发展的农业机械化新技术、新产品、新工艺。

第七条 市农业机械化主管部门根据农业发展规划和农业生产需要,组织制定本市农业机械化科研开发项目计划。科技、财政部门应当在资金安排、项目组织、创新奖励等方面对农业机械化科研开发项目的技术攻关予以支持。

第八条 鼓励农业机械技术人员和使用者根据农业生产实际需要,开展技术改进和技术革新活动,提高农业机械化水平和农业生产效率。市和区、县农业机械化主管部门应当会同财政、科技等有关部门予以支持。

第九条 农业机械生产者或者销售者,可以委托农业机械试验鉴定机构,对其定型生产或者销售的农业机械产品进行适用性、安全性、可靠性检测,作出技术评价。

农业机械试验鉴定机构应当公布具有适用性、安全性、可靠性的农业机械产品的检测结果,为农民和农业生产经营组织选购先进适用农业机械提供信息。

第十条 市农业机械化主管部门所属的农业机械试验鉴定机构应当提供农业机械推广鉴定服务,按照国家规定受理农业机械生产者或者销售者提出的推广鉴定申请,对其定型生产或者销售的农业机械产品进行适用性、安全性、可靠性检测,如实出具试验鉴定报告。通过推广鉴定的农业机械的相关信息由市农业机械化主管部门予以公告。

第十一条 市和区、县农业机械化主管部门应当组织制定农业机械化推广计划。农业机械化重点推广项目应当列入同级人民政府的科技发展计划。农业机械化推广工作由农业机械技术推广机构组织实施。

第十二条 市和区、县人民政府应当通过建立农业机械化示范基地,加快农业机械化新技术、新产品的引进和试验,为农民和农业生产经营组织使用先进适用的农业机械提供示范服务。

本市农业机械化示范基地建设标准,由市农业机械化主管部门会同有关部门制定并公布。

第十三条 支持在本市举办农业机械化高科技产品展览会、演示会或者技术交流研讨活动。

第三章 质量保障

第十四条 农业机械生产者、维修者、作业者应当执行农业机械产品质量、维修质量和作业质量的国家标准或者行业标准。

本市根据都市型现代农业的需要,建立和完善农业机械维修质量和作业质量标准。没有国家标准或者行业标准,又需要在本市范围内统一农业机械技术要求的,市农业机械化主管部门应当会同质量技术监督部门及时制定地方标准。

第十五条 质量技术监督部门应当依法组织对农业机械产品质量的监督抽查。工商行政管理部门应当依法加强对农业机械产品市场的监督管理工作。

市农业机械化主管部门可以根据农业机械使用者的投诉情况或者农业生产的实际需要,组织对在用的特定种类农业机械产品的适用性、安全性、可靠性和售后服务状况进行调查,并公布调查结果。

第十六条 农业机械生产者、销售者应当对其生产、销售的农业机械产品质量负责,按照国家有关规定为使用者提供零配件供应、培训等售后服务,并承担相应的维修、更换、退货责任。销售、使用的农业机械产品,应当符合本市相关环保要求。

第十七条 从事农业机械维修经营的,应当向当地区、县农业机械化主管部门提出申请,取得相应等级的农业机械维修技术合格证书,并依法办理工商登记手续。

第十八条 农业机械维修者应当在农业机械维修技术合格证书核准的维修范围内开展业务,执行国家有关技术标准、规范,履行与用户签订的维修协议,保证维修质量;维修者应当按照国家有关规定对维修质量承担相应的责任。

第十九条 提供农业机械作业服务的组织或者个人,应当按照相关作业质量标准确保作业质量;没有相关作业质量标准的,当事人双方可以约定作业验收条件。

提供有偿农业机械作业服务的组织或者个人作业质量不符合标准或者未达到约定验收条件,造成经济损失的,应当依法赔偿。

第二十条 因农业机械产品质量、维修质量和作业质量发生争议的,当事人可以协商解决;协商不成的,可以向当地区、县农业机械化主管部门或者其他有关部门申请调解,也可以直接向人民法院提起诉讼。

第四章 社会化服务

第二十一条 市和区、县人民政府应当采取措施,鼓励和扶持多种形式的农业机械服务组织的发展,推进农业机械化信息网络建设,完善农业机械化服务体系。

农业机械服务组织可以根据农民、农业生产经营组织的需求,提供农业机械示范推广、维修、实用技术培训、信息咨询、中介等社会化服务。

第二十二条 支持农业生产经营者通过机械、土地、资本、技术等要素进行联合,在自愿的基础上,依法设立农业机械作业服务合作社。

鼓励农民共同使用、合作经营农业机械,扩大作业规模,提高农业机械利用率和作业效率。

第二十三条 市农业机械化主管部门应当建立安全统一的农业械化信息服务平台,健全信息搜集,发布制度,为单位和个人购买、使用、租赁、流转、维修农业机械和跨行政区域作业提供信息服务。

第二十四条 市和区、县农业机械化主管部门应当为农业机械跨行政区域作业做好服务工作,提供作业信息,维护作业秩序,依法实施安全监督管理。

公安、交通等部门应当根据农业机械跨行政区域作业实际需要,采取有效措施,合理安排跨行政区域作业的农业机械运行时间和路线,并提供相关保障和服务。

第二十五条 市和区、县农业机械化主管部门应当组织农业机械技术推广机构和农业机械化学校,结合本地区农业生产实际,开展农业机械推广和科普宣传活动,做好农业机械化从业人员的培训和继续教育工作,提高农民对先进生产工具及技术的接受能力和安全操作水平。

第二十六条 鼓励有关高等院校、中等职业学校和培训机构通过远程教育、现场观摩、广播网络等多种形式,开展农业机械化专业人才和农业机械作业维修、管理等高技术人员培养工作。

第二十七条 农业机械生产者、销售者、维修者可以依法自愿成立行业协会,实行行业自律。

行业协会应当为成员提供农业机械化的相关信息咨询、技术指导、市场营销、宣传培训等服务,维护成员和行业的合法权益。

第五章 扶持措施

第二十八条 市和区、县人民政府应当安排资金,用于下列农业机械化发展相关事项:

(一)农业机械科研开发与推广;

(二)农业机械化从业人员教育培训;

(三)农业机械购置补贴和贷款贴息;

(四)农业机械生产作业用燃油补贴;

(五)农业机械维修服务体系建设;

(六)农业机械化基础设施建设;

(七)其他促进农业机械化发展的事项。

市和区、县人民政府应当加强对农业机械化扶持资金使用情况的监督。

第二十九条 鼓励和支持农业机械生产者增加新技术、新产品、新工艺的研究开发投入。农业机械的科研开发和生产活动,依法享受税收优惠。

第三十条 鼓励农民和农业生产经营组织购买先进适用的农业机械。市农业机械化主管部门会同财政部门,按照国家有关规定制定并公布本市农业机械购置补贴的产品目录。

具有较大规模的农业机械作业服务合作社及其他农业机械作业服务组织购买农业机械产品,可以按照有关规定享受扶持政策。

第三十一条 市和区、县农业机械化主管部门应当组织有关部门和燃油供应单位采取措施,对季节性农业机械生产用燃油优先予以保障。

第三十二条 政策性金融机构应当采取多种形式为农民和农业机械作业服务组织购买先进适用的农业机械提供信贷服务,扩大购置农业机械信贷规模,加大扶持力度。

鼓励商业性金融机构开展购置农业机械信贷服务,对农民和农业机械作业服务组织提供资金支持。

第三十三条 建立和完善农业机械保险制度,将农业机械保险纳入本市政策性农业保险范围。

鼓励各类保险机构研究开发适合本市农业机械特点的保险产品。

第三十四条 本市各级人民政府应当采取措施,加强农村机耕道路与农业机械存放场库等农业机械化基础设施建设和维护,改善农业机械作业、通行条件。

农业机械存放场库、维修保养车间等农业机械化基础设施用地,应当符合土地利用总体规划和城乡规划;未使用建筑材料硬化地面或者虽使用建筑材料但未破坏工地并易于复垦的,按照设施农业地进行管理。农业机械化基础设施用地不得挪作他用。

村民委员会对农业机械存放场库、维修保养车间等农业机械化基础设施用地和建设,应当给予配合和支持。

第三十五条 市和区、县农业机械化主管部门应当加强农业机械维修服务体系建设,扶持社会力量及农业机械生产企业兴办农业机械维修服务站点,为农业机械的维修、保养提供便利。

从事农业机械维修经营活动的,依法享受税收优惠。

第六章 安全监督管理

第三十六条 本市完善农业机械安全监督管理体系,建立健全农业机械安全生产责任制。市和区、县农业机械化主管部门应当与同级安全生产、公安、工商行政管理、质量技术监督等部门建立定期通报和工作协调制度,依法做好农业机械安全监督管理工作。

第三十七条 本市农业机械使用操作的安全监督管理及其行政处罚、安全事故处理,由市和区、县农业机械安全监督管理机构实施。

市和区、县农业机械安全监督管理机构应当定期对危及人身财产安全的农业机械进行免费实地安全检验。安全检验的农业机械目录及相关检验标准由市农业机械化主管部门制定。

第三十八条 本市按照国家有关规定,实行农业机械的淘汰和报废制度,具体办法由市农业机械化主管部门会同有关部门制定。

明令淘汰和达到报废条件的农业机械应当停止使用并依法实行回收。

市和区、县农业机械化主管部门应当监督回收单位对回收的农业机械进行解体或者销毁。

第三十九条 农业生产经营组织应当制定农业机械安全管理制度,定期对农业机械进行必要的安全检查,排除安全事故隐患,并对农业机械操作人员及相关人员进行农业机械安全知识教育和操作培训,提高其安全意识和安全操作技能。

农业机械所有人不得将农业机械提供给未依法取得相应操作证件的人员操作,不得将明知存在安全事故隐患的农业机械出租、出借给他人使用。

第四十条 农业机械操作人员在农业机械作业前,应当对农业机械进行安全查验;在作业过程中,应当严格执行农业机械安全生产规章制度和安全技术操作规程,正确佩戴和使用劳动防护用品。农业机械操作人员有权拒绝违章指挥和强令冒险作业。

拖拉机、联合收割机操作人员及其他应当依法取得相应操作证件的农业机械操作人员,在农业机械作业过程中,应当随身携带本人合法、有效地操作证件。

第四十一条 投入使用的农业机械,应当确保安全防护装置、警示标志等安全设施完好。

禁止改装、拆除农业机械安全设施。

第七章　法律责任

第四十二条　违反本条例的行为,相关法律、行政法规对其法律责任有规定的,适用其规定;没有规定的,依照本条例规定执行。

第四十三条　市和区、县农业机械化主管部门以及农业机械鉴定、技术推广、安全监督管理等机构工作人员,在农业机械化促进和安全监督管理工作中玩忽职守、滥用职权、徇私舞弊的,由所在单位或者上级主管部门给予行政处分;构成犯罪的,依法追究刑事责任。

第四十四条　违反本条例第三十九条第二款规定,农业机械所有人将农业机械提供给未依法取得相应操作证件的人员操作或者将明知存在安全事故隐患的农业机械出租、出借给他人使用,导致发生农业机械安全事故的,应当依法承担相应法律责任。

第四十五条　违反本条例第四十条第二款规定,拖拉机、联合收割机操作人员及其他应当依法取得相应操作证件的农业机械操作人员,在作业过程中未随身携带本人合法、有效操作证件的,由农业机械安全监督管理机构给予警告,责令改正,可以并处50元以上100元以下罚款。

第四十六条　违反本条例第四十一条第二款规定,改装、拆除农业机械安全设施的,由农业机械安全监督管理机构给予警告,责令限期改正;逾期不改正的,责令停止使用,并处200元以上500元以下罚款。

第八章　附　则

第四十七条　本条例自2011年3月1日起施行。1997年7月18日北京市第十届人民代表大会常务委员会第三十八次会议通过、2001年5月18日北京市第十一届人民代表大会常务委员会第二十六次会议修改的《北京市农业机械管理条例》同时废止。

河北省人民政府关于推进农业机械化和农机工业又好又快发展的意见

冀政[2010]155号

各设区市人民政府,各县(市、区)人民政府,省政府各部门:

为认真落实《国务院关于促进农业机械化和农机工业又好又快发展的意见》(国发[2010]22号)精神,结合我省实际,现就推进农业机械化和农机工业又好又快发展提出如下意见:

一、指导思想、基本原则和发展目标

(一)指导思想。深入贯彻落实科学发展观,立足加快我省现代农业发展进程,提高农机化发展的速度、质量和效益,着力推进粮食作物全程机械化,着力推进养殖业、经济作物、农产品加工机械化,着力推进技术创新、组织创新和制度创新,着力推进农机、农艺、农业经营方式协调发展,着力提升农机工业创新能力和制造水平,进一步加大政策支持力度,推进农业机械化和农机工业又好又快发展。

(二)基本原则。统筹协调,率先突破。鼓励各地根据耕作制度和经济条件,加快推进农业机械化发展,推动农机化发展由数量增长、规模扩张向质量效益转变,提高农机装备水平、作业水平,力争我省率先基本实现农业机械化。

突出重点,全面推进。以促进农机农艺结合、重大农机装备发展为重点,加快实现粮食主产区、主要农作物、关键生产环节机械化。由耕、种、收向农业生产全过程延伸,由种植业向畜牧业、渔业、设施农业、林果业和农产品加工领域拓展。

鼓励创新,完善机制。创新农机服务形式,完善农机社会化服务机制,提高农机利用效率和效益。适应现代农业对农机装备需求,加快农机工业现代企业制度建设,以企业为核心,搭建科技创新平台,提高研发能力和制造水平。

市场引导,政府扶持。以市场需求为导向,引导社会资本、技术和人才等要素投入,继续加大对农机购置、使用和农机工业的财政、金融等扶持力度,调动企业研发生产和农民购机、用机积极性。

(三)发展目标,到2015年,全省农机总动力达到1亿千瓦以上,主要农作物耕种收综合机械化水平达到70%以上,玉米机收水平达到60%以上,农作物机械化秸秆综合利用率达到70%以上。实施耕作制度改革,在适宜地区深松耕达到100%,小麦播后镇压达到100%,加大化肥机械化深施力度。小麦、玉米等主要农作物生产基本实现机械化。基本解决水稻、花生、马铃薯、谷子、棉花等种植和收获机械化关键技术问题。畜牧业、渔业、林果业、蔬菜产业、农产品加工业机械化协调推进。农业机械化服务体系不断完善,服务能力进一步增强。建成协调有效的农机工业自主创新平台,在高效收获、精量播种、深松(耕)整地等主要产品上保持国内先进水平。

到2020年,农机总动力达到12亿千瓦左右,装备结构进一步优化,主要农作物耕种收综合机械化水平达到75%以上,玉米机收水平达到80%以上。继续推广机械化深松、小麦播后镇压、机械化秸秆还田、玉米化肥深施技术,建立适应现代农业发展要求的机械化耕作制度。水稻种植、收获机械化水平分别达到40%和80%,花生达到60%和25%,马铃薯达到70%和15%,谷子达到80%和50%,养殖业、设施农业和农产品初加工在机械化、自动化、智能化等方面取得重大进展。农机工业技术创新体系得到完善,重点领域的关键技术取得突破,形成有市场竞争力的企业集团。基本建成现代化农机流通体系和农机化服务体系。

二、促进农业机械化发展的主要任务

(一)加快推进农业机械化进程。积极转变农业机械化增长方式，以增量调整带动存量优化，以存量优化促进结构升级。重点发展大马力、高性能农机装备。加快推进粮食生产全程机械化，突出抓好农机化节本增效技术的组织实施，满足农业生产需求。推动设施农业发展，引进开发日光温室替代人工作业的卷帘机、微型耕作机和节水灌溉等技术。加速提升养殖业机械化水平，提高规模养殖场饲料饲草加工、自动喂投料、粪污处理机械化水平。发展水产工厂化养殖，重点发展循环水、净水机械，池塘养殖高效增氧、投饵、清淤及大水面现代捕捞机械。提高果园中耕除草、植保、施肥、挖穴和节水灌溉作业水平。积极发展前景看好的果品初加工和农副产品、干果精深加工机械，实现加工转化增值。

（二）促进农机农艺协调发展。建立农机和农艺部门协作配合机制，制定科学合理、相互适应的机械化作业规范和农艺标准，指导各地有针对性地推广适合机械化作业的品种和栽培模式。鼓励农机教学、科研单位与生产企业有机结合，吸收、借鉴国内外先进技术，根据农民需求研制开发适合我省省情和农艺要求的农机装备。完善农业机械化、农业技术推广、种子、土肥、植保等推广服务机构紧密配合的工作机制，组织引导农民推广农作物品种、播期、行距、施肥和植保等标准化技术，为机械化作业创造条件。

（三）推进农机服务组织建设和社会化服务。大力发展多种经济成分、多种经营形式的农机服务组织，积极培育发展一批设施完备、功能齐全、特色鲜明的农机专业合作社，带动先进农业技术的推广应用。引导扶持农机大户、种粮大户开展规模化作业和社会化服务。积极培育作业、中介和租赁市场。建设区域性农机维修服务中心、农机维修厂点、合作社维修间和农机制造流通企业售后维修机构相结合的农机维修网络，基本解决大型、新式、高性能农业机械维修难的问题。加强抗旱排涝和统防统治机械化专业服务队伍建设，保证抗灾减灾需要。加大农机跨区作业组织引导力度，推动跨区作业由“三夏”向“三秋”延伸，由机收向机械化深松、机播、机械化秸秆还田、玉米化肥深施、病虫害防治等多作业环节拓展。

（四）加强农机化技术推广。深入推进基层农机推广体系改革，稳定基层农机推广队伍，建立健全运行高效、服务到位、支撑有力、充满活力的农业机械化推广体系。围绕粮食生产核心区建设，大力集成推广玉米联合收获、保护性耕作、机械化深松、节水灌溉、精量播种、小麦播后镇压、玉米化肥深施、机械化病虫害防治和以秸秆还田、青贮、压块饲料、生物质能源为内容的农作物秸秆综合利用等农机化节本增效技术。加快不同区域内特色和经济作物农机化技术推广。在承德、张家口推广马铃薯机械化种植和加工技术，在唐山、秦皇岛推广水稻机械化种植技术，在邯郸、石家庄、保定、唐山等地推广花生机械化种植技术，在黑龙港地区推广棉花半精播、精播、育苗移栽和节水灌溉技术，在干旱、半干旱地区推广以“张杂谷”为重点的谷子机械化种植技术。

（五）加强农机安全生产监督管理，按照“以人为本、预防事故、保障安全、促进发展”的原则，建立健全农机安全使用制度，加强基层农机安全监理队伍建设，提高装备水平和监管能力。积极开展创建平安农机示范县、农机示范乡（镇）、农机示范村等活动，开展农机安全生产法制宣传和科普教育，规范农机执法行为，提高农机安全技术状态和驾驶员操作水平，努力为农业机械化又好又快发展创造安全、节约、高效、和谐的发展环境。

（六）强化农机化质量监督管理。加强农机试验鉴定工作，进一步完善农机试验鉴定阶段，提高试验鉴定的科学性、权威性。规范农机作业质量监管，提高农机应用和保障水平。组织开展在用农机质量调查，强化对补贴机具的质量监督和跟踪调查，完善各级农机质量投诉组织，严厉打击制售假冒伪劣农机产品等坑农害农行为，维护农民利益。加强农机维修执法工作，维护农机维修市场秩序，提高农机维修质量。

（七）加强农机教育培训和职业技能鉴定。加强对拖拉机驾驶培训机构的监督管理，严格培训机构资格认证及教学人员资格认定，规范培训行为，确保培训质量。结合阳光工程等各类农民培训项目，大力培养农机手和维修能手，提高农民对先进农业机械及技术的接受能力和操作水平。启动农机培训工程，定期对农机经营、管理、技术推广、安全监理、维修执法和试验鉴定人员、教学师资进行培训，提高全省农机化系统的整体素质和公共服务能力。推进农机行业职业技能鉴定体系和考评员队伍建设，鼓励农业机械操作人员参加职业技能培训，推行农机修理、农作物植保、饲料加工设备维修职业技能培训和持证上岗。

三、促进农机工业发展的主要任务

（一）加快农机工业行业改革。坚持市场化改革导向，鼓励农机企业优化产权结构，建立产权明晰、权责明确、管理科学的现代企业制度，强化农机制造业的市场主体地位。鼓励农机制造业开展战略重组，加快培育若干个具有国内竞争力的综合性大型现代农业装备企业集中，逐步形成以大型农机企业为龙头、中小企业相配套的产业体系和产业集群。支持中小型农业装备企业向“专、精、特、新”方向发展，研发具有技术和市场优势的产品。建立健全农机科研联合协作机制，改革农机科研立项和业绩评价机制，打破区域和学科界限，将解决农业机械化实际需求作为科研首要目标和科技成果评价标准，提高农机科研整体水平。

（二）切实解决农机产品结构性矛盾。优化我省农机产品结构，改变目前产业规模小、龙头企业少、高端产品不足、低端产品过剩的局面。大力引进和优先发展大型农机成套装备。支持现有拖拉机制造企业研发生产50—70马力节能环保型拖拉机、高地隙拖拉机等有市场潜力的特种耕作机械。鼓励农机主机生产企业由单机制造为主向成套装备集成为主转变，积极研发适合家庭经营需要的中小型、轻简化和有效节能环保、多功能、智能化、经济型农机。重点突破玉米收获、节水灌溉设备、农业清淤设备等研究开发项目。支持研究生产多功能谷物联合收割机、马铃薯收获机、棉花收获机、大中型动力机械配套机具、高效植保机械、高效节能机泵设备、小型抗旱排涝机械、适合丘陵山区使用的小型机械等。

（三）提升农机工业科技创新能力。坚持自主开发和引进、消化、吸收、再创新相结合的发展道路，建立以企业为主体、市场为导向、产学研相结合的农机工业技术创新体系。依托农机制造企业和大专院校、科研院所，抓紧建设重点农机产品开发企业技术中心以及公益性的农机重大、关键、共性技术实验室和工程中心，支持围绕发动机、传动、电控，液压等核心部件研发，增强农机工业自主创新能力和核心竞争力，形成一批具有自主知识产权的核心技术成果。加大对大马力拖拉机，多功能收割机、高效节能大中型水泵、喷灌机等重大产品开发项目的科研资金补贴力度，提升农机装备制造企业的自主研发和产业化水平。鼓励农机企业与科研院所建立产学研技术联盟，开展对外技术引进和技术合作。支持高等院校加强农机工程学科建设，加强农机专业实用人才培养。

（四）提升农机工业制造水平和产品质量。鼓励农机制造企业开展“对标高端”行动，应用精密成型、智能数控等先进加工装备和柔性制造、敏捷制造等先进制造技术，提高农机制造工艺及装备水平。完善农机产品质量标准体系，落实农机产品技术标准，实现动力机械与配套农具、主机与配件的标准化、系列化和通用化开发生产。支持农机制造企业采用新技术、新工艺、新设备和新材料，淘汰消耗高、污染重、技术落后的工艺和产品。强化企业质量和社会责任意识，进一步完善企业质量保证体系，加强外购零部件的检测及可靠性分析，规范新产品和新技术鉴定验收工作。建立农机制造企业质量监督检查制度，组织开展产品质量抽检。加强生产技术工人培训，提高工人使用现代化机械加工设备的能力，不断提升企业制造水平和产品质量。

（五）完善现代农机流通体系。支持有条件的农机生产企业建立品牌营销网络与专业农机流通企业销售网络相结合的新型农机市场体系。实施农机流通服务品牌工程，优化市场布局，发展连锁经营。加大对辐射面广、服务质量好的大型农机流通企业、品牌农机店、区域性农机市场和农机零配件市场的扶持力度，健全供应网络，提高农机产品流通效率，方便农民购机。支持建立农机产品售后服务体系和信息服务平台，依托重点生产企业、专业流通企业建立售后服务中心，提高服务能力。落实和完善农机产品“三包”制度，明确产品售后维修责任，规范服务程序，提高维修能力和服务质量。

（六）扩大农机工业国际合作。支持与国外先进农机企业合作开发和建立技术研究中心，提升核心技术、关键部件的研究开发能力。支持与国外企业合资、合作生产等方式，积极引进国外先进技术，吸引海外科技人才，做好引进、消化、吸收再创新工作，提高农机产品研发能力和制造管理水平。支持有条件的农机企业实施“走出来”战略，大力开拓国际市场，鼓励企业参与对外援助和国际合作项目，扩大优势农机产品出口，引导有条件的农机制造企业到国外投资办厂。

四、加大政策支持力度

（一）加大财政支持力度。继续落实好农机购置补贴政策，合理确定补贴资金规模。2011—2015 年，对购置玉米收获机的，在国家补贴金额的基础上，省财政按机具价格的 10% 给予累加补贴；对购置深松（耕）机具的，2011 年在国家补贴金额的基础上，省财政按机具价格的 10% 给予累加补贴。2010—2012 年 3 年内，第一次实施小麦农机深松（耕）作业的地块，且深度达到 25 厘米以上，对作业的机手或农机服务组织按每亩 10 元标准给予补贴。已享受中央财政新增农资综合补贴资金农机深松项目补贴的，不再享受此项补贴。鼓励在适宜地区开展保护性耕作、节水灌溉、秸秆机械化综合利用、小麦播后镇压、玉米化肥深施等农机作业和机械化植物保护、农机实地安全检验、循环水高效健康水产养殖示范。支持农机工业技术创新能力建设、科技成果产业化及技术和智力引进。积极开展农机保险业务，探索对参保农业机械给予保费补贴。

（二）加强农机购置补贴监督管理。认真贯彻执行国家农机补贴政策，进一步扩大省级自选补贴产品的品种范围，满足不同区域和不同层次购机需求。按照科学、公开、高效的原则，完善农机购置补贴管理办法，合理确定补贴产品种类，提高政策实施的透明度和公平性。简化审批程序，改进审批方式，方便农民购机和企业销售。完善经销商管理制度，在由企业推荐经销商的基础上，严格经销商资格审查，将售后服务能力作为选择经销商的重要标准。严禁农机化事业单位通过成立公司等手段经销补贴产品。加强监管，严肃查处倒卖补贴指标和补贴产品、套取补贴资金、借补贴之机乱涨价和乱收费等违规行为。保障农民选择权和议价权。

（三）改进金融服务方式。各类金融机构要进一步加大对农民和农机服务组织的信贷扶持力度，满足合理信贷资金需求，做好融资支持和配套金融服务。在保障信贷资金安全的前提下，积极推动农机抵押贷款业务，合理审慎确定抵押率，采取灵活的贷款期限与还款方式，为农民和农机服务组织多元化融资提供便利。对符合产业政策和信贷原则的农机制造企业尤其是中小农机制造企业给予信贷支持。鼓励中小企业信贷担保机构为购机农民提供担保。

（四）落实税费优惠政策。继续免征农机机耕和排灌服务营业税、农机作业和维修服务项目的企业所得税。继续对跨区作业的联合收割机、运输联合收割机（包括插秧机）的车辆免收车辆通行费。进一步落实企业研究开发费加计扣除优惠政策。对生产国家支持发展的新型、大马力农机装备和产品，确有必要进口的关键零部件及原材料，免征关税和进口环节增值税。属于国家重点扶持高新技术企业中的农机制造企业，按照企业所得税法的规定，减按 15% 的税率征收企业所得税。按照现行规定对批发和零售的农机实行免征增值税政策。

（五）支持基础设施建设。将基层农业机械化推广体系、机耕道路、区域农机维修服务中心、节水及排灌、抗旱设施和水产养殖池塘标准化改造等建设纳入相应规划，与规划内其他项目同步实施。实施保护性耕作工程建设规划，落实建设投资。实施农业机械化推进工程，加大对农机安全监理、农机推广、试验鉴定、维修执法、教育培训等公益性设施建设的支持力度，增强农业机械化公共服务能力。在规划、用地等方面积极支持农机合作社建设农机停放场（库、棚）和维修间，改善农机保养条件。有关部门要积极争取将农机科研开发基础设施建设纳入国家工程（技术）实验室、国家工程研究中心、国家级企业技术中心等项目建设范围。加大投资支持力度，在高新技术产业化示范项目安排中，对农机科研新技术和新产品予以倾斜。将农机流通纳入农村市场体系建设规划，加强现代农机流通体系建设，支持农机销售市场、配送中心电子统一结算、信息采集发布系统和区域性售后维修服务中心等农机基础设施建设。

五、加强组织领导

（一）明确部门分工。各级农业机械化主管部门要认真履行规划指导、监督管理、协调服务职能，扎实做好农机技术推广、生产组织、安全监理、质量监督管理工作，抓紧按规定提请修订《河北省农业机械管理条例》。农机工业主管部门要认真履行农机工业行业管理职能，加快制定农机工业发展规划、产业政策和行业准入办法，抓好产品质量管理。发展改革部门要落实扶持农业机械化和农机工业发展的基础设施建设投资。财政部门要落实扶持农业机械化和农机工业发展的各项资金，加强农机购置补贴政策实施的监管，落实农机作业补贴资金及重大农业机械化技术推广资金。科技部门要加大对农业机械化科研投入力度，加快急需的关键性农机和重大共性技术研发。工商行政管理部门要加强对农机维修网点颁发营业执照的管理。石化、石油部门要保障重要农时农机作业、排灌及抗旱用油供应。金融部门要推动农机抵押贷款业务。保险监管部门督促保险公司积极开展相关保险业务，支持有条件的地方积极探索和实施政策性农机保险。税务部门要落实农机服务税费减免政策。商务部门要加强对农机流通行业的指导，加快农机流通体系建设。水利部门要做好灌排设备更新改造规划，推广普及节水灌溉设备，协助农机工业主管部门做好大型灌排设备研发工作。有关行业协会要充分发挥协调、服务、维权、自律的作用，当好政府与企业、农户的桥梁。

（二）落实政府责任。各级政府要统一思想，提高认识。把发展农业机械化和农机工业提上重要议事日程，建立工作责任制，结合本地情况，将其纳入当地经济和社会发展总体规划，制定有效措施，明确发展目标。深入学习宣传和贯彻实施《中华人民共和国农业机械化促进法》、《农业机械安全监督管理条例》和《河北省农业机械管理条例》等有关法律法规，提高依法促进农业机械化发展的能力。依法落实市、县政府和有关部门农机安全生产监管责任。加强组织协调和相关机构队伍建设，充实力量，改善工作条件，保障工作经费，切实解决农机科研、生产、流通、推广应用、社会化服务等方面存在的突出问题，扎实推进本地农业机械化和农机工业又好又快发展。

二〇一〇年十二月二十七日

辽宁省财政厅　辽宁省经济委员会
关于印发辽宁省 2011 年农机专业合作社
农机购置奖励和贷款贴息项目与资金管理办法的通知

辽财农[2011]248 号

各市财政局、农委、农机局，绥中县财政局、农机局：

现将《辽宁省 2011 年农机专业合作社购机奖励和贷款贴息项目资金管理办法》印发给你们，请认真贯彻执行。

二〇一一年四月十四日

辽宁省 2011 年农机专业合作社
农机购置奖励和贷款贴息项目与资金管理办法的通知

第一章　总　则

第一条　为扶持农机专业合作社发展，加快我省农业机械化发展步伐，进一步提高农机作业组织化程度，根据《农业部关于加快发展农机专业合作社的意见》和《辽宁省 2011 年度农机购置补贴实施方案》，特制定本办法。

第二条　项目建设目标：充分发挥财政政策杠杆作用，进一步调动农民购买农机的积极性，通过实施农机购置奖励和贷款贴息政策，积极支持农机专业合作社做大做强，增加全省农机保有量，提升我省主要农作物的农机化率，2011 年全省综合农机化水平在 2010 年 62.6% 基础上提高到 65% 以上。

第三条　项目扶持原则：坚持规范运作、择优扶持、注重增量、突出重点和关键环节，奖补结合，通过实施对农机专业合作社的奖励扶持政策，继续加大全省农业机械化发展的支持力度。

第二章　扶持条件

第四条　拟扶持的农机专业合作社应符合以下条件：

（一）截至 2010 年 12 月 31 日，在工商行政管理部门登记注册的农机专业合作社，有规范的章程和财务管理制度，健全的组织机构，有效的运行机制；

（二）截至 2010 年 12 月 31 日，农机专业合作社农业机械固定资产存量 80 万元（含 80 万元）以上；2011 年农机专业合作社新增农业机械固定资产 80 万元（含 80 万元）以上；

（三）截至 2010 年 12 月 31 日，农机专业合作社作业面积达到 2 万亩（含 2 万亩）以上，2011 年农机作业面积比上年增加 20%（含 20%）以上。

第三章　扶持政策和标准

第五条　对符合扶持条件的农机专业合作社购置水稻育秧成套设备、水稻插秧机、水稻收获机和玉米收获机，在享受国家 30% 购机补贴基础上，省财政再按 10% 的标准给予购机奖励。每个农机专业合作社补贴奖励资金不超过 20 万元。

第六条　对上述享受购机奖励的农机专业合作社，由省财政按照农机专业合作社当年购机新增贷款利息 70% 的标准，给予一次性贷款贴息补助。每个农机专业合作社贷款贴息补助资金不超过10万元。

本办法所称购机贷款是指:符合享受购机奖励条件的农机专业合作社从中国境内银行(含外资银行)、非银行金融机构取得的、专项用于购买农机具(在《辽宁省2011年度农业机械购置补贴产品目录》范围内)的一年期以上贷款。本办法所称的贴息补助是指:省财政对上述农机专业合作社年度(2010年11月1日至2011年11月1日)购机贷款发生的利息(按同期中国人民银行贷款基准利率计算)给予70%的补助。

第四章　项目申报与审核拨付资金

第七条　符合申请农机购置补贴奖励和贷款贴息条件的农机专业合作社向所在县(市、区)农机管理部门和财政部门报送下列相关材料:

(一)农机专业合作社基本情况表(附件1)(略);

(二)2010年农机专业合作社同定资产情况表(附件2)(略);

(三)2011年农机专业合作社新增固定资产情况表(附件3)(略);

(四)2011年农机专业合作社农机作业情况表(附件4)(略);

(五)2011年农机专业合作社农机购置奖励和贷款贴息资金申报表(附件5)(略);

(六)2011年农机专业合作社购机发票复印件(以农机专业合作社或其法人名义开具的正式发票)、贷款有效证明文件(金融机构贷款合同、贷款凭证和银行利息清单复印件等)(略);

(七)在工商行政管理部门登记注册的营业执照复印件(略);

(八)农机专业合作社章程,财务管理制度和农机作业合同等相关材料复印件(略)。

第八条　市、县级农机主管部门会同财政部门对上述材料审核认定后,联合以正式文件并附《2011年农机专业合作社购机奖励和贷款贴息资金申报表》(附件5)(略)以及相关申报材料(一式二份),于2011年11月15日前逐级分别报送到省农委和省财政厅。

第九条　省农委会同省财政厅对各市上报的项目进行审定后,在辽宁省农机化信息网和辽宁金农网上公示10天,无异议后,省财政厅按照国库管理制度相关规定将购机奖励和贷款贴息资金拨付到县级财政部门;县级财政会同县农机管理部门,将奖励资金拨付相关农机专业合作社,将贴息补助资金直接与农机专业合作社贷款银行等予以结算。

第十条　农机专业合作社发生下列情形之一者,将终止执行贴息:

(一)购机项目没有实际发生;

(二)提前归还购机贷款;

(三)将贷款转做他用。

第五章　监督检查

第十一条　农机专业合作社实行法人代表责任制,法人代表对贷款资金使用承担责任,要定期向县级农机主管部门和财政部门报告合作社运行基本情况。

第十二条　市、县农机和财政部门要加强项目申报和项目实施后检查验收等监督和管理工作。涉及项目资金所购农业机械三年内不得转卖。对于弄虚作假骗取项目资金和违规倒卖机具等行为的项目单位,一经查实,将取消项目单位资格,追回项目资金,并依法追究相关责任人责任。

第六章　附　则

第十三条　本办法自发布之日起施行,由省财政厅、省农委按各自职责负责解释。

吉林省人民政府关于促进农业机械化和农机工业又好又快发展的实施意见

吉政发[2010]34号

各市(州)人民政府,长白山管委会,各县(市)人民政府,省政府各厅委办、各直属机构:

为了深入贯彻落实《国务院关于促进农业机械化和农机工业又好又快发展的意见》(国发[2010]22号,以下简称《意见》),提升农业装备水平,改善农业生产条件,增强农业综合生产能力,促进粮食稳步增产和农民持续增收,现就我省农业机械化和农机工业发展提出以下意见:

一、指导思想和发展目标

(一)指导思想。以科学发展观为指导,深入实施《中华人民共和国农业机械化促进法》、《意见》和《吉林省农业机械管理条例》,紧紧围绕粮食稳定增产和农民持续增收,不断加强农业机械化技术创新、组织创新和制度创新,统筹推进农机、农艺、农业生产经营方式协调发展,继续强化农机社会化服务体系建设,努力提高农机工业创新能力和制造水平,加快推进吉林特色的农业现代化建设步伐。

(二)发展目标。到2015年,全省农机总动力达到3 100万千瓦,主要农作物耕种收综合机械化水平达到80%以上。全面提高现代高效农业装备水平,全省水稻种植、收获机械化水平分别达到70%和80%以上,玉米收获机械化水平达到50%以上。农机装备制造产业年产值达到200亿元以上,建设2—3个规模较大、品牌效应较好、辐射带动能力较强、产业集中度较高的先进农机装备制造产业基地和初具规模的农机流通产业园区。

到2020年,农机总动力稳定在4 000万千瓦,主要农作物耕种收综合机械化水平达到90%。其中:水稻种植、收获环节机械化水平分别达到85%和95%,玉米收获机械化水平达到80%。农机装备制造产业年产值达到1 000亿元以上,建成具有较强竞争力和品牌影响力的农机装备制造产业基地和国内一流的现代农机流通体系。

二、促进农业机械化发展的主要任务

(三)大力推进主要粮食作物收获机械化。发展高性能水稻收获机械,巩固提高水稻收获机械化水平。通过政策扶持、项目带动和示范引导,加大玉米收获机械化的行政推动力度。研究制定玉米机械化收获的标准和规范,分别确定适宜中、西部平原和东部半山区的技术路线、适宜机型,组织引导农民在一定区域范围内统一品种、播期、行距、行向、施肥和植保,推进玉米标准化生产、规模化种植,为机械化收获作业创造条件。

(四)不断加强全程农机化示范区建设水平。巩固提高30个粮食主产县(市)全程农机化示范区建设水平,发展大马力、高性能农业机械,提高大型农机配套比和使用效率。着力突破水稻种植、收获和玉米收获机械化等薄弱环节,不断扩大示范建设面积,提高辐射带动能力,率先在全省实现粮食生产全程机械化。发展多元化合作经济组织,促进农业生产组织化、规模化和标准化。

(五)加快推进现代农业农机化示范区建设,在榆树、九台市分别以玉米和水稻生产全程机械化为重点,装备国内外最先进的农业机械及设备,建设排水灌溉、机耕道、场库棚等基础配套设施,积极探索适于项目区生产的农作物种植模式和相应新型耕作制度,促进土地适度规模经营,努力将示范区建成为"国内一流,国际先进"的现代农业农机化示范园区。

(六)加大高效特色农业生产机械化示范基地建设力度。围绕人参、园艺、畜牧、设施农业以及农产品冷藏、保鲜、加工等特色农畜产品资源,大力发展高效特色产业生产机械化,加快建设高效特色农业生产机械化试验示范基地和加工机械化示范县,促进特色主导产业快速发展。

(七)加强农业机械化服务体系建设。不断强化农机试验鉴定、推广应用、教育培训、安全监理等公益职能。以实施国家新增千亿斤粮食生产能力规划和我省新增百亿斤商品粮能力建设项目为载体,加强县级农机化服务体系建设,增加投入,完善设施,为广大农民和企业提供培训、技术指导等公益性服务。各级农机推广服务机构要创新推广服务模式,增强与相关部门的配合与协作,突出生产一线、重点环节的业务指导和服务。乡镇公益性农技推广机构要加强农机管理服务职能,积极探索农业机械化发展的新途径。

(八)深入推进农机社会化服务。大力发展各类农机专业服务组织和农机大户,引导农民通过机械、技术、劳动要素等合作,建立农机专业合作社、协会、股份制服务公司等新型农机服务组织。大力扶持一批设施完备、功能齐全、管理规范、服务优质、信誉良好的示范农机专业合作社,努力培育不同特色的服务品牌。积极推进农机跨区作业,提高机械利用率和经营效益。加大培育、规范农机作业、维修市场力度,大力发展农机服务中介组织,实施从业人员持证上岗制。加强机耕道路建设,改善农机作业、通行条件,保障重要农时农机作业、排灌及抗旱用油。到2015年,全省农机化经营收入达到145亿元,扶持发展各类农机专业合作组织5 000个,发展壮大固定资产20万元以上的农机大户10万个。

(九)大力开展农业机械化人才培养和农机从业人员培训。支持省内高等院校农机工程学科建设,强化农机工程基础教育,培养农业机械化专业人才。通过岗位培训、技能培训、远程教育、继续教育等多种形式,不断提升农机系统在职人员的整体素质。充分利用市、县农业机械化(农业)技术学校,结合阳光工程等各类农民培训项目,广泛开展农机实用技术培训。强化农机销售、维修、作业等人员职业技能鉴定和职业资格管理,造就一支技术过硬、能力较强的农业机械化实用人才队伍。

(十)不断加强农业机械化新技术研究与成果转化。整合科研单位、高等学校、农机生产企业和农机推广部门的"产、学、研、推"四位一体的科研推广力量,协作攻关,突出解决好玉米收获、免耕播种、深松、秸秆综合利用等关键环节的技术研究与创新。加强农机与农艺结合,开展适合玉米机收品种、种植模式等方面的研究试验和机械化保护性耕作创新研究,加快科研成果转化步伐。

(十一)加快推广农机新技术新机具。推广普及水稻育插秧、水稻收获和玉米收获等薄弱环节农业机械化技术,促进先进适用、技术成熟、安全可靠、节能环保、服务到位的农机装备广泛应用。大力推广保护性耕作、节水灌溉、深耕深松、高效植保和农作物秸秆综合利用等技术,促进农业增产增效和可持续发展。加快推广节水灌溉和小型抗旱设备,提高灌排设备装备水平,及时满足农田灌溉需要。

(十二)全面开展农业机械化信息服务。加快县级农机化信息网站建设,到2015年末,全省所有的县(市)全部建立农机化信息网站,形成覆盖全省的农机信息网络群。加强信息员技能培训,广泛开辟信息采集渠道,及时发布农机化政策以及农机生产、销售、作业、维修等信息。转变政务工作方式,探索推进公开办事程序的网络化运行服务。

(十三)全面强化农机安全生产监督管理。进一步健全完善机械耕整地、播种、施肥、植保、收获等作业质量标准和拖拉机、配套机具的维修质量标准,提高农机应用和保障水平。组织开展农机购置补贴产品的质量调查,强化质量监督和跟踪调查。提高省级农机产品的试验鉴定能力,加强农机产品试验鉴定和选型试验工作。加强农机市场监管,严厉打击制售假冒伪劣农机产品等坑农害农行为。建立农机报废更新制度,加快淘汰老旧及高耗能农机,促进安全、节能、环保型农机的推广应用。建立健全农机安全使用法规和制度,开展农机使用安全教育,加强基层农机安全监理队伍建设,提高装备水平和监管能力,预防和减少农机事故发生。

三、促进农机工业发展的主要任务

(十四)深入推进农机装备制造企业改革。重点培育和发展中国一拖(长拖)农机装备集团有限公司、中机北方机械有限公司等一批骨干农机装备制造企业,加大资源整合和核心技术引进开发的力度,不断提高产业规模和市场竞争力,做大做强农机龙头企业,带动中、小企业和相关零部件配套产业集群式发展,逐步建立起较为完善的农机制造产业体系。

(十五)着力构建农机装备制造产业基地。加快建立以长春九台农机装备制造产业同为中心的农用动力机械生产基地,以四平地区为中心的玉米、水稻收获机械生产基地,以延边地区为中心的移栽播种机械产业基地,积极引导域外技术资本和实力雄厚的农机制造企业向三大产业基地集中,加速产业聚集,延伸产业链条,形成规模效应强大、集群优势突出、竞争力较强的农机工业集中园区。

（十六）加快提升农机制造企业自主创新能力。支持引导企业加强技术中心建设，完善先进适用实验检测设备，提升研发试验检测能力。鼓励农机企业与科研院所、推广单位建立产学研推技术联盟，围绕核心技术，开展合作，逐步建立以企业为主体，市场为导向，产学研推相结合的技术创新体系。加快进行大中马力拖拉机、玉米收获机、半喂入水稻收获机、高速机动插秧机等主要产品关键部件的自主研发，提高核心技术竞争能力和产业化水平。建立人才引进和激励机制，制定相关优惠政策，鼓励技术、知识产权管理等要素参与投资创业与利益分配，加快创新型研发设计人才、开拓型经营管理人才和高级技能型操作人才的引进、开发和使用。

（十七）加快建立现代农机流通体系。依托农机制造企业和专业农机流通企业的销售网络，建立新型农机市场体系，发展连锁经营。健全农机零配件供应网络，提高农机产品流通效率，方便农民购机。建立农机产品售后服务体系和信息服务平台，依托重点生产企业、专业流通企业建立售后服务中心，提高服务能力。完善农机产品“三包”制度，健全和规范农机修理市场，提高维修能力和服务质量。建立规范的农机市场竞争机制和农机流通企业信用等级考核评价体系，引导农机销售企业有序竞争。制定农机销售企业市场准入规范，实施登记注册制度。

四、政策扶持和组织领导

（十八）认真落实农机购置补贴政策。继续将水稻插秧机、水稻收获机、玉米收获机、免耕播种机、深松机、节水抗旱机械、高效植保机械、粮食烘干机械、秸秆综合利用机械、大马力拖拉机等现代高效农业机械作为补贴重点给予政策倾斜。加强农机购置补贴管理，完善农机购置补贴管理办法，合理确定补贴种类，严格程序，强化监管，规范操作，严肃纪律，提高政策实施的透明度、公平性和实施效果。

（十九）加大财政支持力度。省财政继续安排农机补贴资金，加快推进全程农机化示范区建设，加大对关键技术的示范推广力度，对水稻育插秧、水稻收获、玉米收获、免耕播种等关键薄弱环节农机具给予政策倾斜。认真落实国家支持农机工业技术创新政策，积极支持大中马力拖拉机、玉米收获机、高速机动插秧机等农机装备企业的关键技术开发、重点产品研制和重大技术改造。积极开展农机保险业务，有条件的市县可对参保农机给予保费补贴。同时，认真落实国家和省里信贷扶持、税费优惠政策，特别是对农民和农机合作组织购买农机具、农机制造企业技术改造、新产品开发和农机流通设施建设给予信贷支持。

（二十）加强对农机装备制造产业技术创新的扶持。支持有条件的农业企业承担研究开发任务，承担或参与重大科技攻关项目建设。鼓励农机企业引进国内外先进适用技术，对引进重大装备以及承担引进技术消化吸收再创新项目的企业，给予政策扶持。对消化吸收再创新、核心技术国产化程度高的产品，优先纳入政府采购范围。

（二十一）强化基础设施建设。将基层农业机械化推广体系、机耕道路、机具场库棚、机电排灌及抗旱设施等建设内容纳入相应规划，统筹规划、合理布局，在建设用地、资金投入等方面实施优惠政策，给予优先安排。在全省 28 个县（市、区、场）实施国家保护性耕作工程建设规划，落实年度建设资金及建设内容。

（二十二）加强农业机械化机构队伍建设和服务能力建设。各级农业机械化行政管理机构符合条件的可实施公务员法或参照公务员法管理。理顺和健全农业机械化管理服务体系，保证工作经费。加大对农机技术推广、农机培训、农机安全监理、农机化质量体系建设等公益性设施建设的支持力度，增强农业机械化公共服务能力。

（二十三）加强组织领导。各地要把发展农业机械化和农机工业提上重要议事日程，抓紧制定符合本地实际的发展规划，明确建设重点，落实工作责任，强化政策措施。农机（农业）、发展改革、财政、工信、水利、商务、科技、银信等有关部门，要按照各自职责，加强配合，密切合作，形成工作合力，推动全省农业机械化和农机工业又好又快发展。

二〇一〇年十一月二十六日

江苏省人民政府关于促进农业机械化和农机工业又好又快发展的实施意见

苏政发［2010］159 号

各市、县人民政府，省各委、办、厅、局，省各直属单位：

农业机械化是农业现代化的重要标志。加快推进农业机械化和农机工业发展，对于增强农业综合生产能力、建设现代农业、拉动农村消费需求具有重要意义。根据《国务院关于促进农业机械化和农机工业又好又快发展的意见》（国发［2010］22 号），紧密结合江苏实际，现提出以下实施意见：

一、总体要求和目标任务

（一）总体要求。深入贯彻落实科学发展观，全面实施《农业机械化促进法》、《江苏省农业机械管理条例》等法律法规，围绕推进农业现代化建设，加快转变农机化发展方式，着力优化农机装备结构，推进农机科技创新，加强农机产量自主创新品牌建设，增强农机公共服务能力，着力促进农机、农艺、农业经营方式协调发展，进一步提升农机装备水平、作业水平和产业化水平，提高农机工业创新能力、制造水平和市场品牌，促进粮食增产、农业增效、农民增收。

（二）目标任务。到 2015 年，全省农业综合机械化水平达到 78%，其中粮油生产机械化水平达到 85%，基本实现粮油生产机械化，苏南等有条件的地区率先基本实现农业生产机械化。全省农机工业总产值达到1 000亿元,形成一批具有自主知识产权的产品和技术,部分产品达到国际先进水平。

到2020年,全省农业综合机械化水平达到85%,其中粮油生产机械化水平达到90%,基本实现农业生产机械化。全省农机工业总产值达到1 800亿元,建成具有先进制造水平和较强竞争能力的农机制造产业体系。

二、全面推进农业生产机械化

(三)提高粮油生产机械化水平。在巩固提高"三麦"生产全程机械化的同时,按照"苏南地区率先发展、苏中地区加快发展、苏北地区跨越发展"的要求,以水稻主产县(市)为重点,加大水稻机插秧整体推进力度,完善水稻机插秧高产栽培技术体系,加快水稻机插秧技术大面积推广步伐,努力提高插秧机利用率和水稻机插水平。继续发展高性能联合收割机,推广高效植保机械、低温烘干及稻米加工成套设备,加快推进水稻生产全程机械化。在玉米种植地区引进、试验、示范玉米精量播种机械,推广玉米收获机械。组织开展油菜种植机械、收获机械科技攻关,示范推广油菜全程机械化技术,不断提高机械性能和生产机械化水平。积极开展花生播种、收获机械化示范推广工作,扩大花生机收面积。

(四)加快推进现代高效农业生产机械化。围绕发展现代农业,结合各地优势特色产业发展需求,加快发展蔬菜园艺业、规划畜牧业、特色水产业以及设施农业、农产品初加工等农业机械,重点推广田园管理、花卉苗木与蔬菜播种、植保及收获、茶叶生产、鱼塘增氧及投喂、农产品保鲜、加工等新机具,逐步推进经济作物及林业、畜禽业、渔业机械化。按照建设资源节约型、环境友好型社会的要求,大力推广节水、节药、节油、节肥、节电等机械设备,加快河道清淤机械、沼气池清渣、畜禽粪便处理与加工机械普及,扩大农用航空、保护性耕作、旱作节水、动力电池、小型风力发电等技术应用范围。引进试验数字化农业生产技术装备、变量播种施肥等新机具,研究探索物联网在农机化技术上的集成应用,积极开展精准农机化技术试验示范。

三、推进农作物秸秆机械化还田和综合利用

(五)大力推广秸秆机械化还田。把稻麦秸秆机械化还田作为"十二五"时期农作物秸秆综合利用的关键措施,建立健全适用于不同地区水田、旱田等类型的秸秆机械化还田技术体系,不断提高秸秆机械化还田水平。建立健全农机与农艺相结合的工作机制,推广麦秸秆机械化全量还田与水稻机插秧集成技术。开展油菜、玉米等农作物秸秆机械化还田技术的研究开发,加快示范推广秸秆捡拾打捆、固化成型、编织加工、青贮等机械,拓宽秸秆机械化综合利用领域。加强农作物秸秆机械化还田技术的指导培训,提高农民对秸秆机械化还田的认知程度。增加财政对农作物秸秆机械化还田作业补贴,建立秸秆机械化还田长效机制。到"十二五"期末,全省稻麦秸秆机械化还田率达到40%。

(六)提高秸秆综合利用水平。积极推进秸秆沼气、气化、固化、发电等利用,多途径开发利用秸秆生物质能,提高秸秆能源利用水平。以市场为导向,重点扶持一批有一定规模、有发展前景的秸秆加工利用农民合作组织和加工企业,大力发展人造板材、包装材料、编织品、生物肥料等,推进秸秆深度加工利用。加强秸秆收集服务体系建设,鼓励建设秸秆储存基地,发展秸秆收集、运输合作组织,为秸秆综合利用提供保障。

四、促进农机工业发展

(七)提升农机制造水平。优化农机产品结构,改变目前高端产品不足、低端产品过剩的局面,积极发展以信息化技术为先导的多功能、智能化、经济型农业装备,逐步形成结构合理、功能完备的农机产品格局。加大农机制造企业技术改造力度,提高农机制造工艺及装备水平,加快产业升级和产品更新换代,提升农机工业制造水平和产品质量,打造一批知名品牌。加强农机工业行业管理,引导农机制造企业优化产权结构,鼓励农机企业战略重组,加快集团化、集约化进程,完善产业组织结构,形成以大型企业为龙头、中小企业相配套的产业体系,提升产业集中度和专业化分工协作水平。实施农机装备"走出去"战略,加强对外交流合作,支持企业利用自主品牌开拓国际市场,扩大优势农机产品出口。构建现代农机流通体系,发展农机连锁经营,开展农村机电产品市场。

(八)优化农机装备结构。坚持数量增长与结构优化并举,重点抓好大中型机械与小型机械、动力机械与配套机械、常规机械与高性能机械、种植业机械与高效农业机械的协调发展,促进先进适用、安全可靠、节能环保复式作业机械的推广应用。加快农业机械更新换代步伐,研究制定农机以旧换新办法,建立老旧农机更新报废经济补偿制度,对报废农机后购买列入购机补贴目录的农业机械给予追加补贴。积极开发绿色低碳农业装备,适应节能要求,促进结构调整,发展循环经济。加快排灌机械更新改造,保障农业排灌需要。

五、增强农机科技创新能力

(九)加强农机研究开发载体建设。围绕农机化发展需求,加快建立以企业为主体、市场为导向的生产制造、教学科研、推广使用等密切结合的农机科技创新体系。支持农机企业特别是行业骨干龙头企业、高新技术企业建设农机工程技术研究中心、公益性农机关键技术实验室,引导企业与高等院校、科研单位共建产业技术联盟和科技成果转化基地,探索建立企业与国内外科教单位合作、按现代企业制度运行的新型研发机构,吸引外资投资农机企业研发机构落户江苏,推进外资企业研发活动本土化。

(十)建立农机产学研推协作创新机制。充分发挥农机企业、高等院校、科研单位、推广机构的优势,探索完善多方协作、良性互动、共同发展的农机科技创新机制,提高农机创新能力、转化能力和储备能力。坚持自主开发和引进、消化、吸收、再创新相结合,抓好关键技术引进、先进装备和适用技术推广应用,强化基础性、关键性、适用性农机科研开发,形成一批具有自主知识产权的核心技术成果,为农机工业发展提供支撑保障。促进农机与农艺配合,将机械适应性作为科研育种、栽培模式推广的重要指标,根据农作物品种、耕作制度和农业经营需求研究开发农机产品,制定科学合理、相互适用、统一配套的机械作业规范和农艺标准。

六、积极推进农机社会化服务

(十一)建立健全农机社会化服务体系。大力发展农机专业合作社、农机服务公司、农机协会等新型农机服务组织,重点扶持农机专业合作社,培育壮大农机经纪人队伍,推进农机服务市场化、专业化、产业化。鼓励农业生产经营者进行农机、土地、资金、技术等生产要素的联合,加强"三库一间"(机库、配件库、油库和维修车间)建设,创办有特色、上规模的农机专业合作社。积极组织开展规范化、示范性农机专业合作社创建活动，提高农机户入社比例。继续组织开展农机跨区作业，拓展跨区作业范围和服务项目，加速培育农机作业、信息服务、租赁和闲置机械调剂等市场。扶持发展农机维修业，按照保障维修、合理布局的原则，建设一批区域性农机维修中心。依法加强农机维修网点的分级分类管理，规范农机维修业健康发展。

（十二）加强农机公共服务能力建设。组织实施农业机械化推进工程，加快建设农业机械化公共服务体系，大力提升农机技术推广、试验鉴定、安全监理、质量监督、教育培训、信息服务和应急救灾等公共服务水平。健全农机质量投诉监督机构，受理调解农民对农机质量和售后服务的各类投诉。健全完善农机技术推广体系，拓展推广服务领域，稳定基层推广队伍，增强乡镇农机技术推广机构服务能力，为农民提供农机示范推广、培训、技术咨询、安全教育、信息等公益性服务。加强农机教育培训和职业技能鉴定，建立多渠道、多层次、多形式的农机技术培训体系。加快农机信息化建设，实现网络互联和信息共享，为农民和农机企业提供信息服务。开展农机抢收抢种、抗旱排涝应急处置试点，探索农机作业服务快速反应机制，制定应急救灾农机储备调度办法，增强应对灾害性气候的能力。

七、加强农机安全监督管理

（十三）提高农机安全生产水平。全面贯彻《农业机械安全监督管理条例》（国务院令第 563 号），健全农机安全监督管理法规、政策体系。加大农机安全监理设施装备建设投入，全面提高农机安全监理水平。认真开展拖拉机、联合收割机登记、安全技术检验、驾驶证申领及审验、事故处理、安全检查、宣传教育等监督管理工作，推进依法行政。着力提高拖拉机、联合收割机登记率、检验率及驾驶人持证率，探索建立对危及人身财产安全的农业机械实地检验方法及备案管理制度，严格变型拖拉机准入门槛。创新农机安全宣传教育形式，深入开展“平安农机”创建，积极推广使用“平安农机通”，强化对农机所有人及驾驶操作人员安全法规、知识的宣传教育。组织农机联合执法检查，开展农机安全专项整治，严格变型拖拉机和进滩涂作业拖拉机的监督管理，严肃查处无牌无证等违法违章行为，预防和减少重特大农机安全事故的发生。推进农机安全监理执法队伍规范化建设，全面履行执法职能。

（十四）加强农机试验鉴定和质量监督。贯彻实施《江苏省农业机械试验鉴定和质量监督办法》，依法开展农机安全鉴定，规范农机新成果、新产品鉴定工作。加快制定农机产品质量、作用质量、维修质量、服务质量和禁用报废标准，推进农机标准化建设。组织开展在用农机质量调查和重点检查，强化对财政补贴农机产品的质量监管，建设农机产品质量跟踪追溯制度，促进农机产品性能和售后服务水平的提高。加强农机产品质量抽查和市场监管，严厉打击生产、销售假冒伪劣农机产品的违法行为，切实维护农民利益。

八、加强农机人才队伍建设

（十五）大力培养农机化实用人才。加强农机人才队伍建设，加快形成结构合理、素质优良的农机人才队伍，为农机化发展提供支撑保障。认真开展送教下乡、科技入户活动，扩大农机培训规模，重点培训农机使用、维修和经营人员，培养一批懂技术、善经营、会管理的新型农机手和农机专业合作社负责人。依托各级农机技术学校及培训机构，不断加大农机从业人员培训力度，提高农机人员整体素质。积极开展农机职业技能竞赛活动，鼓励农机从业人员参加职业技能培训和鉴定，加大农机手培训补助力度，研究建立职业技能鉴定“以奖代补”政策。加强拖拉机驾驶培训机构监督管理，严格培训机构资格许可及教学人员资格认定，确保培训质量。对各级农机管理干部和科技人员加强在职教育，定期轮训，提高素质，增强依法行政和公共服务能力。积极发挥农机行业协会、学会等社团组织人才聚集优势，为行政决策提供咨询服务。

（十六）积极培育农机科技创新人才。依托高等院校、科研单位、制造企业，大力培养高素质的农机科技创新人才，积极引进国内外高层次人才、特别是掌握自主知识产权和核心技术的海外留学人员创新创业，造就一批农机科技创新领军人才和创新团队。鼓励高等院校、中等职业学校加强农业工程及农机化学科建设，开设农机化相关专业，在农机企业建设实习、实验基地，促进教学、科研、生产相结合。

九、加大政策扶持力度

（十七）加大财政支持力度。省、市、县各级财政增加对农机化的资金投入，建立农机化发展保障机制。对农机事业单位履行公益性、执法性职能所需经费，各级财政要纳入预算。继续实施农机购置补贴政策，科学合理确定补贴规模和品种，购机补贴适当向农机专业合作社、种粮大户倾斜。加强农机购置补贴实施管理，严肃查处倒卖补贴产品、套取补贴资金、借补贴之机乱涨价、乱收费等违规行为。各级财政要支持农机工业技术创新能力建设、科技成果产业化以及技术和智力引进，对农机工业技术改造给予重点扶持。中小农机企业享受国家和省扶持中小企业发展的相关政策。创新型企业试点要向农机制造企业倾斜，加大支持力度。

（十八）扩大金融服务领域。鼓励支持金融机构创新农村金融产品和金融服务，大力发展农机小额信贷，为农民购置财政补贴农机提供消费信贷。采用财政贴息方式，支持农机专业合作社和农民通过贷款购买先进适用农机。鼓励农业发展银行拓展支农领域，对农民购置大型农机给予政策性中长期信贷支持。开展农业机械抵押、质押贷款，推广农户联保、农户互保、农机专业合作社为成员担保等多种信用保证方式。对符合产业政策、信贷原则的农机制造企业技术改造、新产品开发和农机流通设施建设，积极给予信贷支持。大力推进农机具政策性保险，加大财政保费补贴力度，调动农机户参保积极性，农业保险经办机构不得拒保或者变相拒保农机保险。

（十九）落实税费优惠政策。对从事农业机耕、排灌、病虫害防治、植物保护以及相关技术培训的单位和个人取得的收入免征营业税，对企业从事农机作业和维修服务的所得免征企业所得税。农机专业合作社、农机企业缴纳房产税、城镇土地使用税确有困难的，可分别向当地人民政府、主管地税机关申请减免。对被认定为高新技术企业的农机企业，按 15% 税率征收企业所得税。继续落实好农机批发、零售免征增值税政策。进行跨区作业的联合收割机（包括插秧机）、经省农业机械管理和交通运输主管部门认定的从事农田作业的其他农业机械以及运输上述农业机械的车辆，免交车辆通行费。工商、税务部门要为农机专业合作社进行工商、税务登记提供便捷服务，办理登记不收取证照工本费。农机专业合作社从事农田排涝、灌溉、脱粒、蔬菜种植、茶叶种植、水产养殖、现代化或专业禽、畜养殖业等用电，执行农业生产用电电价政策。落实企业研发投入税前扣除政策。对生产国家支持发展的新型、大马力农机装备和产品，确有必要进口的关键零部件及原材料，免征关税和进口环节增值税。

（二十）加强基础设施建设。规划建设农机试验示范基地，为农机化新技术、新机具的引进吸收、试验示范和推广应用创造条件。重点支持省现代农业装备科技示范基地建设，引领农机科技成果转化应用。积极支持农机合作社建设农机存放场库，涉及用地按照农业生产用地手续办理，改善农机保养条件。将机耕道路纳入农业综合开发、农田水利建设、高标准农田、农村土地整治工程，统一规划实施，切实改善大中型农机通行条件，提高农机作业效率。将农机研究开发基础设施建设纳入省级工程（技术）实验室、工程研究中心等项目建设范围，加强农机流通基础设施建设，加大投资扶持力度。在高新技术产业化示范项目中，对农机科研新技术和新产品予以倾斜。

十、加强组织领导

各级政府要将农业机械化工作列入重要议事日程，加强组织协调，建立工作责任制，统筹协调推进。要将农机化发展规划纳入当地国民经济和社会发展规划，结合本地实际，研究制订实施计划和配套政策措施。积极支持农机机构队伍建设，改善工作条件，保障工作经费，切实解决农机科研、生产、鉴定推广、社会化服务等方面的问题。各有关部门要统一思想认识，按照职责分工，密切协作配合，共同促进农业机械化和农机工业又好又快发展。

二〇一〇年十二月三十日

浙江省人民政府关于提升发展农业机械化的意见

浙政发[2011]88 号

各市、县（市、区）人民政府，省政府直属各单位：

为大力发展农业机械化，提高农业设备装备水平和生产效率，促进农业现代化建设，根据《国务院关于促进农业机械化和农机工业又好又快发展的意见》（国发[2010]22 号）精神，现就提升发展农业机械化提出如下意见：

一、充分认识提升发展农业机械化的重要意义

农业的根本出路在于机械化。农业机械是现代农业的物质基础、重要内容和主要标志。近年来，各地、各有关部门认真贯彻实施《中华人民共和国农业机械化促进法》，不断加大政策支持力度，积极推进农机科技和管理、经营、服务机制创新，农机装备和应用水平明显提高。随着农业加快转型升级、劳动力成本不断提高，必须加快发展农业机械化，推进农业规模化、标准化，提高农业生产效率。与此不相适应的是，目前仍存在农业机械化发展水平差异较大、农机农艺融合度不高、农机资源利用率偏低、农机工业"低小散"等问题。各地、各有关部门要充分认识发展农业机械化的重要性和紧迫性，采取积极有效措施，大力发展农业机械化和现代农机工业。

二、总体要求

（一）指导思想。以科学发展观为指导，顺应现代农业发展趋势和农民群众需求，坚持农机与农艺、农机制造与农机应用融合发展，加大政策支持引导力度，结合粮食生产功能区、现代农业园区（以下简称"两区"）建设，推进农机技术创新、组织创新和管理创新，拓展农机应用领域，提高农机应用水平，推进农机工业转型升级，为农业现代化提供有力支撑。

（二）总体目标。到 2015 年，力争全省农机总动力达到 2 700万千瓦，水稻、小麦等主要粮食作物全程机械化率达到 70%以上，规模生产的蔬菜、水果、林业特产、花卉苗木、畜禽、水产的主要生产环节和产品初加工等基本实现机械化；实现农机工业产值 800 亿元，培育发展联合收割机、拖拉机、植保机械、渔业机械、茶叶加工机械、笋竹加工机械、喷微灌设施、水泵等一批具有竞争力的农机产业。

（三）基本原则。

——坚持重点突破、全面发展原则。在继续推进粮食生产全程机械化的基础上，扩大农机应用领域，提升农机在农业主导产业关键生产环节的应用水平。

——坚持立足应用、统筹发展原则。以市场为导向，大力推广适合农民使用和地形特点的农机产品，着力推进农机农艺融合发展、农机产业与现代农业协调发展。

——坚持创新机制、提高效率原则。大力发展现代农机化服务组织，完善农机社会化服务机制，提升农机装备的通用性和动力配套比，提高农机资源利用率。

——坚持政府引导、依法发展原则。继续加大对农机购置、使用和农机工业的扶持力度，依法加强对农机产品质量和安全生产监督管理，促进农业机械化健康发展。

三、大力推动农机科技进步

（一）加强农业机械化科技研发。整合科研单位、高等学校、生产企业和推广部门等农业机械化科研资源力量，健全农机科研协作机制，加强农机科技创新平台建设和关键技术攻关，加快研究开发一批适合现代农业发展的农机新产品、新技术。加强农业机械研究院所建设。农机科研开发按有关规定享受税收优惠政策。各级政府在高新技术企业认定、科技企业扶持、技术改造、重大科技攻关项目安排等方面给予倾斜，引导农机企业增加新技术、新产品开发投入，支持农机企业成为技术创新主体。

（二）大力推广先进适用农业机械化技术。完善"三位一体"基层农业公共服务体系，加强农机推广队伍建设，确保必要的人员与经费，逐步改善基层农机部门工作条件。加强责任农技员队伍建设，落实推广责任。充分利用现有农机化学校、农机化技术推广机构等资源，加强对农机操作人员的培训，提高操作、维修和保养农机具的技能。结合"两区"建设，建立一批农业机械化示范区（基地），组织实施农业主导产业机械化示范工程，引导农业经营主体使用先进适用农机具。

（三）构建农机农艺融合发展长效机制。各级农业部门要加强协调和指导，引导农机企业研究开发和生产农民迫切需要、与现行农作制度和农艺规范相衔接的农机产品。建立农机和农艺科研单位协作攻关机制，加强农机农艺技术集成。制定科学合理、相互适应的作业规范和农艺标准。以提高农机作业适应性为重点，推动栽培和养殖方式改进、品种选育，形成农机农艺融合发展的技术体系。

四、积极发展农机社会化服务

（一）培育发展新型农机社会化服务主体。大力发展农机专业合作社、农机作业公司、农机经纪人等新型农机服务主体。结合"两区"和基层农业公共服务中心建设，培育一批集作业、加工、维修、培训等多种服务功能的区域性、综合性农机服务中心，因地制宜推行"菜单式"、"托管式"、"全程化"服务。支持粮食重点产区利用粮食收储企业的场地规划建设粮食烘干中心。

（二）创新农机服务机制。大力推进农机信息化建设，依托"浙江农民信箱"和农机行业网站，构建农业机械化公共信息网络平台，促进农机服务供需对接。鼓励农机专业大户联户合作开展农机服务，鼓励农机服务组织开展跨区作业服务。对跨区作业的联合收割机以及运输联合收割机（包括插秧机）的车辆，在收费公路上免收通行费。

（三）构建现代农机流通体系。大力提升农机流通服务水平，优化市场布局，完善服务网络，发展连锁经营，培育一批辐射面广、服务质量好的大型农机流通企业、品牌农机店和区域性农机市场，健全农机零配件供应网络，提高农机产品流通效率，方便农民购机。建立农机产品售后服务体系，依托重点生产企业、专业流通企业建立售后服务中心，提高服务能力。完善农机产品"三包"制度，健全和规范农机修理市场，明确产品售后维修责任，规范服务程序，提高维修能力和服务质量。

五、加强农机产品质量监管和安全管理

（一）强化农机市场监管。完善农机产品质量、作业质量、维修质量标准体系，规范农机销售、作业、维修服务行为。加强在用农机产品质量调查和安全鉴定，重点加强对财政补贴农机的质量监督和跟踪调查。依法加强对农机市场和维修网点的监管。完善农机质量投诉网络，严厉打击制售假冒伪劣农机产品行为，切实维护农民合法权益。

（二）加强农机安全监理。认真落实农机安全生产责任制，深入开展"平安农机"创建活动，依法规范容易发生安全事故的农机上牌、检验、培训、考试、发证等工作，扎实推进农机安全保险、安全宣教、免费实地检验、机具报废更新等工作。建立健全农机安全动态巡查制度，研究探索农田、场院等道路外行驶的农机安全监管巡查制度。加强基层农机安全监理队伍建设，公安部门与农机部门要加强合作，完善监管网络。

六、加快推进农机工业转型升级

（一）培育农机制造业龙头企业和产业集群。鼓励农机制造企业战略重组，加快集团化、集约化进城，形成若干个具有较强竞争力的大型企业集团和产业集群。完善产业组织结构，形成以大型企业为龙头、中小企业相配套的产业体系和产业集群，提升产业集中度和专业化分工协作水平。鼓励中小企业走专业化、科技型发展道路，提高企业竞争实力。

（二）优化农机产业和产品结构。建立农机行业市场退出机制，逐步淘汰落后产能，杜绝低水平重复制造，优化产业布局。鼓励农机生产企业由单机制造为主向成套装备集成为主转变，积极开发多功能、智能化、经济型、环保型农机，优化农机产品结构。大力发展发动机、传动、电控、液压等核心部件产业，增强核心竞争力。推动动力机械与配套农具、主机与配件的标准化、系列化和通用化开发生产，提高农机动力配套比。

（三）着力提高农机工业制造水平和产品质量。支持农机制造企业加大技术改造力度，改善企业研发和生产条件，应用精密成型、智能数控等先进加工装备和柔性制造、敏捷制造等先进制造技术，提高农机制造工艺及装备水平。加快新技术、新工艺、新设备和新材料应用，提高关键零部件加工精度，逐步淘汰消耗高、污染重、技术落后的工艺和产品。加强生产技术工人培训，提高工人劳动技能，不断提升生产水平。

七、加大政策支持力度

（一）深入实施农机化促进工程。省财政继续安排专项资金，加大农机化促进工程实施力度。各级政府也要安排资金支持农机技术试验示范推广、从业人员培训、示范基地建设、农机购置（更新）补贴、农机服务组织培育、农机安全生产和农村机耕路建设改造等，促进农业机械化全面发展。继续实施并完善农机作业补贴制度，省财政继续对水稻机插、油菜机收、统防统治作业给予补贴，适时组织开展秸秆还田等农机作业补贴试点。建立农机报废更新机制和回收制度，加快淘汰高能耗、高排放的农业机械。

（二）完善农机购置补贴政策。根据农机存量变化和农业生产发展需要，及时调整农机购置补贴产品种类和补贴标准，完善农机购置补贴管理办法。强化购机补贴政策信息公开，及时、准确公开购机补贴政策内容、程序和要求，保障农民的知情权和选择权。加强监管，严肃查处倒卖补贴指标和补贴产品、套取补贴资金、借补贴之机乱涨价和乱收费等违规行为。根据我省实际，进一步扩大自选补贴产品的品种范围，满足不同区域和不同层次购机需求。支持粮食收储企业购买粮食烘干机、除杂机、输送机，为农民提供服务，确保储备粮质量。

（三）优化金融服务。进一步加大对农户和农机服务组织购买农机的信贷支持力度，对符合产业政策和信贷原则的农机制造企业技术改造、新产品开发和农机流通设施建设，积极给予信贷支持，满足合理信贷资金需求。在保障信贷资金安全前提下，创新金融产品和服务方式，采取灵活的信贷期限与还款方式，积极推动小额信用贷款、联保贷款和农机抵押贷款业务等多种融资方式。积极推动农机抵押贷款业务，采取灵活的贷款期限和还款方式。中小农机制造企业可享受国家扶持中小企业发展的相关政策。探索开展农机政策性保险工作。

（四）认真落实税费优惠政策。从企业从事农技推广、农机作业和维修等服务项目的所得，免征企业所得税。开展农业机耕、排灌、植物保护及相关技术培训业务的收入，免征营业税。贯彻落实好农机企业研发开发费加计扣除政策。对生产国家支持发展的新型、大马力农机装备和产品，确有必要进口的关键零部件及原材料，免征关税和进口环节增值税。农机制造企业属于国家重点扶持高新技术企业的，按减 15% 的税率征收企业所得税。按照现行规定对批发和零部件的农机实行免征增值税政策。

（五）加强农业机械化基础设施建设。加大农村机耕路、进排水渠道、机埠、林区作业道建设力度，改善农机作业环境。加大对农机安全监理、推广鉴定、信息服务等公益性设施建设的支持力度，增强农业机械化公共服务能力。在规划、用地、用电等方面积极支持农机专业合作社建设农机停放场（车、棚），改善农机保养、停放条件。

八、加强组织领导

(一)加强统筹协调。各地要高度重视农业机械化工作,切实加强组织领导,建立农业机械化联席会议制度,具体协调和指导农业机械化工作,结合本地实际,制定农业机械化、农机工业发展规划,落实政策措施,加大推进力度。要切实加强农业机械化综合协调与管理队伍建设,充实力量,保障工作经费,改善工作条件。充分发挥行业协会的协调、服务、自律等作用。

(二)明确部门分工。有关部门要认真履行职责,加强协作,优化服务。各级农机部门要统筹农业、林业、渔业、水利等机械化工作,具体抓好规划指导、政策实施、监督管理、技术推广等工作。农机工业主管部门要加快制定农机工业发展规划、产业政策。发展改革部门要落实扶持农业机械化和农机工业发展的基本建设投资。财政部门要落实扶持农业机械化和农机工业发展的资金,加强农机购置补贴政策实施的管理。商务部门要加强对农机流通行业的指导,加快农机流通体系建设。科技部门要加大对农机科研开发的支持力度。石化、电力等单位要保障农机作业用油、用电。其他有关部门都要积极支持农业机械化和农机工业发展。

(三)加强宣传引导。深入宣传《中华人民共和国农业机械化促进法》、《农业机械安全监督管理条例》等有关法律法规,强化农机管理人员依法行政和农机经营人员依法经营意识。通过创建"农机化示范区"、"平安农机"等活动,营造促进农业机械化的良好氛围。大力宣传使用农机作业增加收入的典型例子,科学引导农民购买、使用农机,促进我省农业机械化和农机工业又好又快发展。

二〇一一年十一月二十四日

安徽省人民政府关于促进农业机械化和农机工业又好又快发展的实施意见

皖政[2010]109 号

各市、县人民政府,省政府各部门、各直属机构:

为认真贯彻落实《国务院关于促进农业机械化和农机工业又好又快发展的意见》(国发[2010]22 号)精神,现结合我省实际,提出以下实施意见:

一、指导思想和发展目标

农业机械是发展现代农业的重要物质基础,农业机械化是农业现代化的重要标志。我省正处于工业化、城镇化加速推进的新阶段和传统农业向现代农业转型升级的关键时期,农村劳动力结构和农业生产方式正在发生深刻变化,对农业机械化和农机工业提出了新的更高的要求,亟须进一步加快发展农业机械化和农机工业,提高农业装备水平,增强农业综合生产能力,加快建设现代农业。

(一)指导思想。深入贯彻落实科学发展观,全面实施《中华人民共和国农业机械化促进法》、《安徽省农业机械化促进条例》和《国务院关于促进农业机械化和农机工业又好又快发展的意见》,以粮食增产、农民增收、农业增效为核心,以转变农业发展方式为主线,以实施农业机械化推进工程为抓手,着力推进技术创新、组织创新和制度创新,着力促进农机、农艺、农业经营方式协调发展,着力加强农机社会化服务体系建设,着力提高农机工业创新能力和制造水平,加大政策支持力度,促进农业机械化和农机工业又好又快发展,加速实现安徽由农业大省向农业强省跨越。

(二)发展目标。到 2015 年,全省农业机械总动力达到 6 400万千瓦。大中型拖拉机、联合收割机和水稻栽植机械保有量分别达到 18 万台、15 万台和 3 万台。主要农作物耕种收综合机械化水平达到 70% 以上,山区机械化有新发展,农业排灌机械总动力达到 200 万千瓦。新型农机社会化服务体系初步建成。全省农业机械化经营服务总收入 550 亿元。农机工业以市场为导向,加大结构调整和产业升级力度,重点发展新型节能环保型柴油机、大中型拖拉机及配套农机具、新型农用机械和粮油深加工机械、秸秆综合利用机械、农田基本建设机械等产品,到 2015 年,实现销售收入 200 亿元。

到 2020 年,全省农业机械总动力达到 7 600 万千瓦,装备结构基本合理。主要农作物耕种收综合机械化水平达到 75% 以上,主要粮食作物生产基本实现全程机械化。养殖业、林果业、农产品初加工机械化协调推进。新型农机社会化服务实现全覆盖。农业机械化经营服务总收入 880 亿元。基本建成协调有效的农机工业自主创新平台,一些重点领域、关键技术和重点产品取得重要突破,实现销售收入 350 亿元。

二、农业机械化发展的主要任务

(三)全面提高粮食生产机械化水平。坚持把提升粮食生产能力放在农业机械化工作的首位,42 个国家粮食生产大县率先实现全程机械化。完善机械化生产主导技术、主体机械、技术路线和作业标准,实现作物、机械、技术的统一和协调。提高播种质量,提升小麦生产全程机械化质量和水平。到 2015 年,皖北地区的耕地深耕(松)一遍;旋耕施肥播种镇压复式作业面积占种植面积的 30% 以上。推进水稻、玉米生产全程机械化,普及应用机插秧技术,重点推广应用高速插秧机和玉米联合收割机,到 2015 年,全省水稻栽植环节机械化水平达到 30%,玉米机收水平达到 45%。加大排灌设备更新改造力度,加快节水灌溉和小型抗旱设备推广,提高排灌设备装备水平。加快发展谷物烘干机械化。重点发展从事粮食生产的农机专业合作社。统筹其他作物生产机械化,加快推进油菜、花生等经济作物和设施农业生产机械化,发展畜牧业、渔业、林果业机械化,推进丘陵山区茶叶和特色农产品生产机械化。

(四)着力改善农业机械化装备结构。坚持分类指导,按照技术先进、科学适用、安全可靠、节能环保的原则,稳定增加装备总量,大力发展大中型、高性能、多功能作业机械,促进农业机械化转型升级，形成适应优势农产品生产的区域机械化装备结构和提高不同作物生产质量效益的机械化技术结构。沿淮淮北地区，重点发展大功率、高性能、复式作业机械；沿江江南地区，重点发展技术含量高、适应性强、复式多功能作业的中等功率机械；丘陵山区，重点发展轻便、耐用、低耗的中小型机械和茶叶、特色农产品生产加工成套设备。拓展农业机械化服务空间，增加农业机械种类。引导农民和农机服务组织合理配置动力机械和作业机具，提高动力机械配套比和综合利用率，到2015年，大中型拖拉机与农具的配套比达到1∶2.5。开展补偿性更新报废试点，逐步淘汰污染重、效率低、能耗高的老旧农业和排灌机械。引导和促进农民、农机专业合作社购买使用符合现代农业发展方向和要求的农业机械。

（五）建立健全新型农机社会化服务体系。建立健全以农机专业合作社为主体，农机大户为骨干，农机作业服务公司、农机协会、农机中介组织为补充，多种组织形式并存、高效便捷的新型农机社会化服务体系。根据增加数量、扩大规模、提高标准、提升能力的原则，优先发展农机专业合作社，重点培育300个设施完备、功能齐全、特色鲜明、带动力强的农机专业合作示范社。到2015年，全省登记注册的农机专业合作社达到3 000个，覆盖全省每个乡镇和主要农业行政村。引导政策、资金、技术、信息和服务向农机专业合作社倾斜，支持有条件的农机专业合作社承担农业开发和新技术推广项目。建设一批农业机械维修示范网点。加强抗旱排涝和抢收抢种的机械化应急装备、应急队伍和应急机制建设，提高农业机械化抗灾能力和应急水平。推动农机跨区作业向广度和深度拓展。培育农机作业、维修、中介、租赁等市场，创新社会化服务模式，创建农机服务品牌。保障重要农时农机作业、排灌及抗旱用油。

（六）加快推进农业机械化科技应用。大力推广以深耕深松、旋耕播种施肥镇压、联合收获为代表的机械化增产增收技术，以节水灌溉、精量播种、水稻栽植为代表的机械化资源节约技术和以化肥深施、高效植保、秸秆综合利用为代表的机械化环保技术，加快普及主要农作物关键环节农业机械化新技术新机具。建设重点作物关键环节机械化技术实验室和试验示范基地。制定适应不同区域、不同作物，科学合理、相互适应的农艺标准、机械作业规范和技术路线，提高农机作业标准化水平。建立农机、种子、土肥、植保等推广服务机构紧密配合、相互协调的工作机制，组织引导农民统一作物品种和茬口，提高农业技术的集成应用水平。实行农业机械化新技术推广首席专家负责制、科技人员绩效考核制度和主推技术发布制。

（七）着力加强农业机械化使用人才培养。构建以高等院校、职业院校为基础，农机类技工院校和县级农业机械化培训学校为骨干、生产企业为补充的培训体系。优化培训内容，实行培训与新技术新机具推广的有机结合。加强农业机械化教育培训机构基础设施建设，改善培训条件，提高培训能力。将农机作业和农机维修技术培训纳入"阳光工程"和新型农民培训工程。加强农机科普宣传，开展农机职业技能鉴定提高农民对先进生产工具及技术的接受能力和操作水平。定期对农机推广、监理和试验鉴定人员进行培训。

（八）切实加强农业机械化公共服务能力。建立健全运行高效、服务到位、支撑有力、充满活力的农业机械化推广体系，提升新技术新机具推广服务能力。强化农业机械安全使用监管，建立以源头管理、执法监控、安全教育为主要内容的凝集安全生产长效机制，加强监理装备和基层队伍建设，提升安全使用监管能力，到2015年，省级"平安农机"示范县达到总量的50%。提高质量服务能力，规范农机作业、维修服务，加强农机试验、推广鉴定和质量认证工作，完善推广目录管理办法，组织开展在用农业机械质量调查，强化对财政补贴农机的质量监督和跟踪调查；加强农机市场监管，完善农业机械质量投诉网络，严厉打击制售假冒伪劣农机产品，建立不合格产品退市制度。建立健全连接服务组织和农机大户，功能齐全、服务优良、高效共享的农业机械化公共信息服务平台和服务体系。

三、农机工业发展的主要任务

（九）增强自主研发和创新能力。大力推进农机工业创新，改变目前少、小、散和大中型农机装备空白的现状。实施农机工业技术创新工作，围绕科研手段和条件改善，提升农机新产品开发和试验试制能力；围绕科研机制创新，支持重点企业技术进步，增强农机工业自主创新和核心竞争力，带动行业发展。以全柴集团、奇瑞汽车股份公司、安徽精科公司、阜阳拖拉机厂、长江农业装备公司、京田公司等企业为主，大力发展大中型拖拉机、联合收割机、水田耕整机、机动插秧机、播种机、农田基本建设机械等农机产品。加紧研究制定农机工业产业政策，整顿行业秩序，建立健全产、学、研、推相结合，部门合作与政策相协调的农机科研和生产联合协作机制。

（十）提高现代农机制造水平。利用后发优势，高点定位农机制造，大力发展用于粮食生产的多功能复合型耕作机械，重点发展节能环保农业、绿色循环农业、优势特色农业以及产后服务的多功能机械设备，不断推进农副产品储运、加工、包装等设备的生产。大力发展环保节能型柴油机，提升和改善单缸柴油机、小型拖拉机节能和使用性能。建立和完善产品质量标准体系、质量监督检查制度、售后服务体系。加强生产技术工人培训，提高工人使用现代化机械加工设备的能力和质量意识，提升企业制造水平和产品质量。

（十一）加强农机工业的国内外合作。充分利用皖江城市带承接产业转移示范区建设平台，助推农机工业项目落户我省，促进农机产业转型升级。加强国际经济技术交流与合作，精心选择一批有发展要求和潜力的农机制造企业，确定技术引进的重点项目，引导外商投资我省农机装备制造业。有选择地引进一批国内尚不能制造的高端农机新产品、新技术和管理经验，推进我省农机工业的技术创新、组织创新和制度创新。

（十二）构建现代农机流通体系。建立健全农机制造企业品牌营销网络、专业农机流通企业销售网络相结合的新型农机流通体系。实施农机流通服务品牌工程，优化市场布局，发展连锁经营，培育一批辐射面广、服务质量好的大型农机流通企业、品牌农机店和区域性农机市场，健全农机零配件供应网络，提高农机产品流通效率，方便农民购机。建立农机产品售后服务体系和信息服务平台，依托重点生产企业、专业流通企业建立售后服务中心，提高服务能力。完善农机产品"三包"制度，健全和规范农机修理市场，明确产品售后维修责任，规范服务程序，提高维修能力和服务质量。

四、加大政策支持力度

（十三）加大财政支持力度。继续实施农机购置补贴政策，向粮食主产区、非主产区，产粮大县，以及农机专业合作社等倾斜。大力支持农机富民提升行动，逐步加大农业机械化重大技术推广支持力度。在适用地区实施保护性耕作、节水灌溉、深耕深松、秸秆还田、高效植保等农机作业补贴试点。积极开展商业农机保险业务，有条件的地方可对参保农户给予保费补贴。市、县财政要建立促进本地农业机械化发展的专项扶持政策，保障开展购机补贴工作所需经费。按照科学、公开、公平、高效的原则，完善农机购置补贴管理办法。切实执行国务院及有关部门的政策要求、工作程序和纪律规定，严格经销商资格审查，严禁农业机械化事业单位通过成立公司等手段经销补贴产品。加强对农机购置补贴政策宣传，简化程序，提高效率，优化结构，强化监督。

（十四）落实各项税费优惠政策。按照国家相关规定，免征农业机耕和排灌服务营业税、农机作业和维修服务项目的企业所得税，以及拖拉机、捕捞和养殖渔船车船税。对符合政策规定的跨区作业联合收割机（包括插秧机）、整车运输联合收割机（包括插秧机）的车辆免收车辆通行费。进一步落实关于企业研发投入税前扣除政策。对国内企业为开发、制造符合技术规程的大马力轮式拖拉机、半喂入水稻联合收割机、马铃薯联合收获机、自走式青贮饲料收获机、马铃薯种植机、大型小麦免耕播种机、水稻覆土直播机、采棉机等进口的关键零部件和原材料，所缴纳的进口关税和进口环节增值税实行先征后退。属于国家重点扶持高新技术企业中的农机制造企业，按照企业所得税法的规定，减按15%的税率征收企业所得税。按照现行规定对批发和零售的农机实行免征增值税政策。

（十五）加大基础设施建设支持力度。实施农业机械化推进工程，加大对农业机械化新技术推广、教育培训、安全使用监管、试验和推广鉴定、信息网络等公共服务设施建设的投入，将农业机械化公共服务专用车辆，试验检测、事故处理、宣传教育培训等设备配置和机耕道路建设纳入基础设施建设规划和农村土地整治规划，并安排相应项目。在规划用地方面积极支持农机专业合作社建设农机停放场（库、棚），改善农机保养条件。

（十六）增强金融支持力度。金融部门要加强与农业机械化主管部门的联系与合作，加快制定适合我省农业机械化发展特点的金融政策。增加对农民和农机专业合作社的贷款，推进大中型农机具抵押贷款业务，合理确定还贷期限。对符合产业政策和信贷原则的农机制造企业技术改造、新产品开发和农机流通设施建设，给予信贷支持。中小农机制造企业可享受扶持中小企业发展的相关政策，创新型企业试点向农机制造企业倾斜。支持符合条件的农机企业实现上市融资。

五、加强组织领导

（十七）明确部门职责。农业机械化主管部门要认真履行规划指导、监督管理、协调服务职能，做好技术推广、生产组织、技能培训、安全监管等工作，会同有关部门研究提出相关政策法规建设的意见和建议，组织实施农机富民提升行动和农业机械化推进工程。农机工业主管部门要贯彻落实国家产业政策和行业准入办法，抓好农机自主研发技术改造项目、农机产品质量管理，水利部门要做好排灌设备更新改造规划，推广普及节水灌溉设备，协助农机工业主管部门做好大型排灌设备研发工作。发展改革部门要落实扶持农业机械化公共服务能力和农机工业发展基本建设投资。财政部门要落实扶持农业机械化和农机工业发展的资金，加强对各项财政资金的使用监管。商务部门要加强对农机流通行业的指导，加快农机流通体系建设。科技部门要加大对农业机械化和农机工业科研开发支持力度。银行业和保险业监管部门要督促银行业金融机构和保险公司积极开展农机信贷、保险业务。公安、交通、质监、安监、工商、税务等部门，要明确职责，高度重视，密切配合，努力形成促进农业机械化和农机工业又好又快发展的同向合力。

（十八）落实政府责任。各级人民政府要统一思想，提高认识，把发展农业机械化和农机工业提上重要议事日程，加强组织领导。深入学习宣传和贯彻实施《中华人民共和国农业机械化促进法》、《农业机械安全监督管理条例》、《安徽省农业机械化促进条例》、《国务院关于促进农业机械化和农机工业又好又快发展的意见》等法律法规文件规定，不断提高促进农业机械化发展的能力和水平。建立工作责任制，结合本地情况，制定发展规划，明确发展目标，加强组织协调和队伍建设，改善工作条件，保障工作经费，切实解决农机科研、生产、流通、推广应用、社会化服务等方面存在的突出问题，扎实推进农业机械化和农机工业又好又快发展。

二〇一〇年十二月二十八日

山东省人民政府
关于促进农业机械化和农机工业又好又快发展的意见

鲁政发［2011］13号

各市人民政府，各县（市、区）人民政府，省政府各部门、各直属机构，各大企业，各高等院校：

为贯彻落实《国务院关于促进农业机械化和农机工业又好又快发展的意见》（国发［2010］22号）精神，进一步促进我省农业机械化和农机工业又好又快发展，现提出如下意见：

一、充分认识促进农业机械化和农机工业又好又快发展的重要意义

农业机械化是农业现代化的重要标志，发展农业机械化是现代农业建设中带有方向性的战略任务。改革开放特别是"十一五"以来，我省农机装备总量大幅度增长，科技创新大幅度迈进，农机工业生产值大幅度增加，农业机械化程度大幅度提升，总体发展水平位居全国前列，为全面实现农业机械化奠定了坚实基础。当前，我省正处于由传统农业向现代农业转变，工业化、城市化、农业现代化同步推进的关键时期，农业机械化在转变农业生产方式中发挥着主导作用，在保障粮食安全中发挥着支撑作用，在集成应用农业科技中发挥着载体作用，在建设生态农业中发挥着促进作用，在创新农业经营体制机制中发挥着推动作用，在转移农村劳动力中发挥着替代作用，在振兴装备制造业中发挥着骨干作用。但发展中仍存在农机装备结构不合理，经济作物机械缺乏，不同区域、不同作物机械化发展不平衡，农机工业大而不强、研发创新能力薄弱等问题，特别是农业机械化公共服务体系建设相对滞后、基础设施薄弱、服务手段落后、发展后劲不足。各级政府和有关部门要充分认识加快发展农业机械化的重要性和紧迫性，采取有效措施，进一步促进全省农业机械化和农机工业又好又快发展。

二、指导思想、发展目标和发展重点

（一）指导思想。深入贯彻落实科学发展观，全面实施《中华人民共和国农业机械化促进法》、《山东省农业机械化促进条例》和《山东省农业机械管理条例》等法律法规，按照“立足大农业，发展大农机，服务新农村”的战略要求，以转方式、调结构、抓创新、促发展为重点，通过农机、农艺和农业经营方式的协调融合，探索符合国情省情的农业机械化发展路子；通过健全农业机械化公共服务和支撑保障体系，推进农村各业机械化的全面发展；通过实施现代农业机械化水平提升计划，提高农业机械化发展的质量和档次；通过增强农机科技创新能力，开创农机装备制造业的新优势；通过强化政策支持，建立农业机械化持续发展的长效推进机制，推动农业机械化和农机工业又好又快发展。

（二）发展目标。到 2015 年，全省农机总动力达到 1.4 亿千瓦，主要农作物耕种收综合机械化水平达到85% 以上，其中粮食作物全程机械化水平继续提升，重点经济作物关键生产环节机械化实现重大突破、综合机械化水平超过 65%，设施农业、畜牧业、水产业、林果业和农产品初加工业机械化得到全面发展。加快农机工业结构调整，实现产业升级，建成协调有效的农机工业自主创新体系，开发一批具有自主知识产权的现代农业装备，20% 的产品达到国际先进水平，农机工业总产值达到 2 000 亿元。

到 2020 年，农机总动力稳定在 1.5 亿千瓦左右，主要农作物耕种收综合机械化水平稳定在 90% 以上，在粮食生产机械化继续稳定和提升的同时，重点经济作物生产基本实现机械化、综合机械化水平力争突破 70%，设施农业、畜牧业、水产业、林果业和农产品初加工业等农村各业机械化的发展水平继续走在全国前列。农机工业技术创新能力进一步增强，现代农业装备生产能力和技术水平全国领先，形成一批具有国际竞争力和品牌影响力的大型农机企业集团，40% 的农机产品达到国际先进水平，农机工业总产值达到 4 000 亿元，位居全国前列。

（三）发展重点

1. 围绕省千亿斤粮食生产能力建设规划，重点提升粮食生产全程机械化水平。优化农机装备结构，重点发展大马力、高性能农业机械，提高大型农机配套比和使用效率。巩固小麦、玉米生产全程机械化发展成果，进一步提升粮食生产机械化质量与水平。大力推广免耕播种、保护性耕作和土地深松，集成应用精量播种、化肥深施、节水灌溉等新技术，提高机械作业规模与效益。在水稻产区重点普及水稻育插秧机械化技术，加快推进水稻生产全程机械化。

2. 围绕特色农业产业振兴规划，重点推进经济作物、设施农业机械化发展。以种植、收获等关键环节为突破口，着力建设花生、两薯（马铃薯、红薯）、“三辣”（大蒜、生姜、大葱）、棉花、黄烟、茶叶等经济作物生产机械化推进区，加快联合收获、播种移栽等相关装备的研发生产和推广应用步伐。围绕蔬菜、林木种苗、花卉等现代设施农业建设，在大力推广田园管理、电动卷帘、保温被等机械设施的基础上，加快发展工厂育秧、生态植保和病虫监控、温度湿度控制、物理增肥等高科技技术和机械设备，推动设施农业向建设标准化、控制精准化、生产机械化、管理现代化、服务产业化迈进。围绕提升林果产业化水平，加快育苗嫁接、植保施肥、分级筛选、贮藏加工等先进适用机械设备的推广力度。

3. 围绕黄河三角洲高效生态经济区和山东半岛蓝色经济区建设，重点发展畜牧业、渔业机械和高效生态、节能环保机械。以牧草收获、饲料加工、畜禽养殖、生鲜乳收集和畜产品加工等为重点，搞好相关机械设备的研发和推广应用。围绕盐碱地治理、滩涂开发、中低产田改造和农作物秸秆综合利用，大力发展高效生态、节能环保农业机械。适应现代水产养殖业发展需要，围绕“低碳”和“绿色”健康养殖、海水资源循环利用，大力发展饵料加工、水面增氧、网箱养殖、保鲜贮藏加工等相关机械设备，提升现代渔业科技和装备水平。

4. 围绕创造现代农业产业化、标准化、科技化、国际化、组织化新优势，重点建立农机农艺融合协调机制。适应农业科技化发展需要，整合农机产、学、研、推等各方面力量，提升农机科技自主创新能力和科技成果转化水平。适应农业标准化发展需要，建立农机农艺协作机制，加快制定科学合理、相互适应的机械作业规范和农艺标准，推广适合机械化作业的品种和种植模式，为规模化生产、机械化作业创造条件。充分发挥农村新型农机服务组织的作用，为农机与农艺的结合和融合提供全方位的服务。

5. 围绕推动全省服务业跨越发展的要求，重点培育发展农村新兴农机服务业。把农机服务业作为转方式、调结构，统筹发展农村第二、第三产业的邮寄组成部分，作为全省服务业发展的重要内容，纳入农村服务业发展的总体规划。按照农机服务产业化的要求，努力培育发展农机销售、运输、维修、信息和田间作业等农机服务新模式，不断拓展农机服务领域，拉长服务链条，提高服务效益，努力发展壮大农机服务的市场主体，大力培育发展以农机合作社、农机专业大户等为代表的新型农机服务组织，充分发挥他们在现代农业和新农村建设中的主力军作用，把农机服务业发展成为农村富有活力和发展后劲的服务产业。

6. 围绕装备制造业调整振兴规划，重点建设农机装备生产基地。根据现代农业发展及市场需求，调整优化产业结构和产业布局，着力培育一批大型农机制造企业集团，形成一批特色鲜明、重点突出的产业集群，在潍坊、聊城、日照、淄博、济宁、临沂、青岛、泰安等地，分别建立大中型拖拉机、联合收获机、免耕播种机、深松机、农用工程机械、植保机械及经济作物、农产品加工，机械等生产基地，做大做强骨干企业，创造知名品牌，打造农机装备制造业强省。

三、促进农业机械化发展的主要任务

（一）实施五项工程

1. 实施农机装备结构优化工程。继续实施农机购置补贴政策，进一步完善农机购置补贴制度，扩大农机补贴资金规模和补贴范围，加大高新技术、新型农机装备的补贴力度。对农业生产急需、增产增收效果显著和替代劳动力作用明显的农业机械进行重点补贴，对粮食主产区、产粮大县、农机专业合作社和具有一定规模的农机大户、种粮大户及农机服务组织进行重点扶持。

2. 实施农业机械化创新示范工程。以经济作物机械化为重点,积极推进机具和技术创新,着力解决制约农业生产关键环节机械化发展的"短板"问题。到2015年,建立省市经济作物机械化生产创新示范基地100个。依托示范基地,搞好相关机具的研发和产品的试验选型定型,总结提炼适合不同作物机械化生产的技术路线和生产模式,探索不同地区机械化发展的新模式,示范带动农机化新技术、新机具的大面积推广应用。

3. 实施新型农机服务组织推进工程。加强对农机专业合作社等新型农机服务组织的指导、扶持和服务,在推进农机专业合作社"五有"(有完善的基础设施、有良好的运行机制、有健全的财务制度、有较大的服务规模、有显著的综合效益)的基础上,"十二五"期间重点建设200家省级农机专业合作社示范社。依托各类新型农机服务组织,大力组织开展跨区作业、合同作业、订单作业等农机服务,提高农机服务组织化程度,促进农机共同利用。鼓励农机专业合作社等各类农机服务组织以转包、出租、互换、转让、股份合作等形式,依法取得农民流转的土地承包经营权并发展适度规模经营。

4. 实施农业机械化实用人才培养工程。加强农业机械化培训机构规范化建设,提高培训能力和办学水平。到2015年,通过认证的社会农业机械化培训机构达到200家以上,重点建设30家省级农业机械化培训基地。将农机培训作为阳光工程等农民培训项目的重要内容,提高农民的就业技能。整合培训资源,以农机技术、农艺种植和经营管理为重点,大力培养新型职业农民,发挥其在发展粮食生产、建设现代农业中的带头作用。

5. 实施农业机械化公共服务能力提升工程。积极支持农机技术推广、质量监督、教育培训、安全监理、维修网站和信息服务等公共服务体系建设,提升农业机械化公共服务能力。加强农机安全监理、技术推广装备和试验鉴定能力建设,创建国家级农机安全监理装备示范县和农机具测试中心,重点建设50个现代农业机械化新技术推广基地。开展"星级文明农机维修网点"创建活动,"十二五"期间创建四星、五星级文明农机维修网点300个。建立全省农机跨区作业指挥调度系统和信息服务平台。加强由东平阴农用航空站建设,完善农用航空站设施装备,搞好经营管理,全面提高农业植保和防灾等机械化服务能力。

(二)完善六个体系

1. 创新农机社会化服务体系。推进农机服务组织创新,发展一批设施完善、装备齐全、管理科学、效益显著的农机专业合作社,鼓励发展农机专业大户和联户合作,促进农机服务主体多元化,培育农机作业、维修、租赁等市场。加强抗旱排涝、农林病虫害防治等农机专业服务队伍建设。加强机耕道规划和建设,改善农机作业、通行条件。

2. 完善农业机械化教育培训体系。建立完善以各级农业机械化学校为骨干,农机技术推广机构和高等、中等农业院校为依托,社会培训机构为补充的农业机械化教育培训体系,多层次、多渠道培养农业机械化专业人才。注重农机工程基础教育,鼓励和支持高等院校加强农机制造、工艺设计、使用管理等相关学科建设。

3. 健全农业机械化技术推广体系。建立健全服务公益、支撑有力、运行高效、充满活力的农业机械化技术推广体系,增强服务功能,提高服务能力。加强基层农机技术推广专业人才队伍建设,充实人员,改善条件,增强手段。创新推广机制,加强示范指导,普及实用技术,满足农民需求。实行省级农业机械化新技术、新机具推广发布制度。

4. 健全农业机械质量监督体系。加强农机试验鉴定和质量认证工作,实行农机产品推广目录管理制度,对重点推广的农机产品依法进行质量跟踪调查并公布调整结果。开展农民满意农机产品调查评选活动。加强农机作业质量监管,建立健全农机作业质量标准体系。规范农机维修服务,实行农机维修行业准入制度,严格农机修理者从业资格和维修网点开业技术条件。加强农机市场监管,完善农机质量投诉网络,严格农机产品"三包"规定,加大对私自改装农业机械行为的查处力度,严厉打击制售假冒伪劣农机产业等坑农害农行为。逐步建立农机报废更新制度,加快淘汰老旧及高耗能农业机械。

5. 完善农业机械安全监管体系。健全完善农机安全法规和制度,强化农机安全监督管理,建立农机安全应急管理体系,深入开展"平安农机"示范创建活动,形成农机安全监管的长效机制。理顺农机安全监理体制,加强农机安全监理队伍正规化建设,建立农机监理执法训练基地,加强对拖拉机、联合收割机和电动卷帘机等农业机械的安全监督检查,努力提高农业机械挂牌率、年检率和驾驶员持证率水平,预防和减少农机事故发生。

6. 完备现代农业机械流通体系。鼓励大型农机制造骨干企业与专业农机流通企业相结合,建立新型农机营销网络。实行农机流通品牌服务,培育一批辐射面广、服务质量好的大型农机流通龙头企业、农机"4S"店、品牌农机店、连锁农机店和区域性农机市场。强化农机零配件供应,利用农机维修网点、农机专业合作社、农资超市等渠道,推行送货上门、服务到田间等销售服务模式。依托重点生产和专业流通企业建立售后服务中心,搭建农机产品信息服务平台,提高技术指导和服务水平。积极研究国外市场特点,有计划、有目标、有重点地组织企业开发拓展国外市场,完善服务体系,扩大国外市场销售规模。

四、促进农机工业发展的主要任务

(一)推进产业组织结构调整。一是加快培育大型企业集团,采用技术改造、兼并重组、改革改制等方式,鼓励和引导农机骨干优势企业向产品技术水平高、生产规模大、市场竞争力强的大型企业集团发展。二是积极扶持中小企业专业化发展,引导中小企业走向"专、精、特、新"的路子,实现产业分工的细化、深化和专业化。三是打造一批优势产业集群,以大型企业集团为核心,引导中小企业和配套零部件企业向基础设施完善、区位优势明显的地区集聚,提升产业集中度和专业化分工协作水平。四是支持部分产能过大的农机产品实施产业转移,将生产能力向地域集中、市场需求量大、运输距离远的地区转移,降低企业经营成本,提高市场竞争力。五是推动现代农机新兴服务业发展,带动关联产业和支援产业的发展,为农机工业转型升级营造社会服务平台。

(二)调整优化产品结构。以高效节能环保、多功能、智能化、经济型农机装备为主攻方向,着力发展现代农业生产急需的农机装备。一是优先发展80马力以上的大型拖拉机,积极发展多功能、节能环保中小型拖拉机,改进技术性能,提高智能化和自动化水平。二是着力发展新型高效多功能耕作机械,重点研发生产免耕精量播种、土地深松等先进适用的保护性耕作机械。三是重点发展玉米联合收获机，提高产品的科技性、可靠性、适应性，进一步提高谷物联合收获机的技术水平。四是大力发展经济作物机械。研发生产花生、马铃薯、红薯、“三辣”（大蒜、生姜、大葱）、棉花等急需的经济作物机械、设施农业机械、林果生产机械等。五是加快发展畜牧机械，重点研发大型、高效玉米青贮机械、牧草生产机械以及草粉、草颗粒、草块、草饼等加工机械和饲养机械。六是积极发展农作物秸秆综合利用机械，重点发展秸秆制肥关键设备、农作物秸秆固化和碳化机械、秸秆颗粒饲料加工机械、秸秆生物质能转化机械。七是积极发展节水灌溉和高效植保机械。八是积极发展农产品加工机械。

（三）加强科技创新能力建设。坚持自主开发引进、消化、吸收再创新相结合，建立以企业为主体、市场为导向、产学研相结合的农机工业技术创新体系。鼓励和支持骨干企业加强企业技术中心建设，建立工程技术研究开发中心，开展自主创新，形成一批拥有自主知识产权的核心技术产品。依托农机骨干企业、科研院所、推广机构和重点高等院校，大力推进行业关键共性技术创新工作，支持高端产品和关键零部件领域的技术引进。充分发挥高等院校和科研院所在人才、技术、信息、科研等方面的优势，整合科技资源，实施联合协作创新，提升科技成果转化能力，实现由农机生产大省向农机创新强省转变。

（四）提升农机工业制造水平和产品质量。加大农机制造企业技术改造力度，改善企业研发和生产条件，应用先进加工设备和制造技术，全面提高农机制造工艺、装备水平及产品质量。一是推进质量检测体系建设，建立健全产品质量检查制度，增加企业质量检测设备投入和质检人员配备，把好原材料、零部件采购验收和产品出厂质量关。二是推进质量标准体系建设，积极采用国际先进标准，加快制（修）订农机产品技术标准，形成完善的标准计量体系，提高农机产品的标准化、系列化和通用化率。三是推进质量培训体系建设，强化企业质量和社会责任意识，积极开展质量教育和技术工人培训，通过岗位培训与资质认证的有机结合，全面提高掌握现代农机加工设备和技术的能力。四是推进质量研究体系建设，强化产品可靠性技术研究、检验理论和方法研究、工艺技术研究和测量研究。

（五）积极扩大对外合作。一是积极引进国外先进技术，鼓励大型骨干农机企业与国外合作开发或建立技术研究中心，提升核心技术和整机及关键零部件的开发能力。二是积极吸引国外著名农机企业到我省投资建厂、合资合作，提升现代农业机械制造水平。三是积极实施“走出去”战略，鼓励大型骨干农机企业参与对外援助和国际合作项目，积极开展境外联合研发、设立研发机构和投资办厂、加工装配，深度开发东南亚、中亚、西亚和非洲等传统市场，加快开发印度、俄罗斯、南美等新兴市场，扩大农机出口。

五、加大政策扶持力度

（一）加大财政支持力度。各地要积极筹措资金，加大对农业机械化发展的投入力度。支持现代农业机械化水平提升计划，重点支持农机装备结构优化、先进农机具创新示范和农机规模化作业等。鼓励支持各地建立现代农业机械化示范园区。保障农业机械安全的财政投入。逐步加大农业机械化重大技术推广支持力度。按照国家统一部署，在适宜地区实施保护性耕作、土地深松、秸秆还田、高效植保、节水灌溉等农机作业补贴试点。积极开展农机安全保险业务，研究对农业机械的保费补贴办法。积极争取中央财政投入，支持农机工业技术创新、科技成果转化和技术、智力引进。按规定落实好国家对农机工业技改的配套资金。加大政府对公益性农机、内燃机科研院所的支持力度，采取政府推动和市场化运作的方式，深化科研院所改革，完善科技立项与计划管理，鼓励围绕关键共性技术的攻关，建设重点实验室和工程技术中心，增强自身活力和研发创新能力。

（二）加强和改进金融服务。积极推动农机抵押贷款业务，研究制定对农民和农机服务组织购买大型拖拉机、联合收获机等大中型农业机械和基础设施建设的信贷支持政策。对农机制造企业重大技术装备研发和引进等科技贷款项目，给予重点安排。对符合产业政策的农机制造企业技术改造、新产品开发和农机流通设施建设给予信贷支持。按国家规定，中小农机制造企业可享受国家扶持中小企业发展的相关政策，创新型企业试点向农机制造企业倾斜。

（三）落实税费优惠政策。按国家有关规定，认真落实免征农机机耕和排灌服务营业税、农机作业和维修服务项目的企业所得税的优惠政策；对批发和零售的农机免征增值税；对生产国家支持发展的新型、大马力农机装备和产品及确有必要进口的关键零部件和原材料免征关税和进口环节增值税；对国家重点扶持高新技术企业中的农机制造企业减按15%的税率征收企业所得税；进一步落实农机企业研发投入税前扣除等政策。继续对跨区作业农业机械、运输跨区作业机械的车辆和技术服务车辆免收车辆通行费，建立农机跨区作业“绿色通道”。

（四）支持基础设施建设。根据国家新增1 000亿斤粮食生产能力规划要求，实施好农机服务体系建设，着力提升农机推广和安全监管能力。根据国家保护性耕作工程建设规划要求，搞好保护性耕作示范区建设。按照国家关于新增农资综合补贴资金集中用于粮食基础能力建设的规定，优先支持农机土地深松作业。组织实施好农业部农业机械化推进工程，加大对农机科研、技术推广、安全监理、试验鉴定、教育培训、农机维修等公益性设施建设的支持力度，提升农业机械化公共服务能力。根据国土资源部、农业部《关于完善设施农用地管理有关问题的通知》（国土资发［2010］155号）规定，研究支持农机专业合作社场（库、棚）建设用地政策，制定符合山东实际的具体实施办法。将农机新技术和新产品研发作为有关科技项目的重要内容予以安排。将农机流通纳入农村市场体系建设规划，支持农机流通基础设施建设。根据深化省属国有企业改革的总体要求，积极推进国有农机流通企业改革改制，条件成熟时逐渐将省农业机械集团公司所属各市农机分公司整体划归所在市管理，协调解决企业改革中的重大问题，做好稳定工作。

六、加强组织领导

（一）明确部门分工。有关部门要高度重视促进农业机械化和农机工业发展工作，按照职责分工，密切配合，加强指导。农机管理部门要认真履行规划指导、监督管理、协调服务职能，做好机械化生产、技术推广、安全监理等工作；农机工业部门要认真履行行业管理职能，制定发展规划和产业政策；农业部门要加强农艺与农机相互融合的研究，将机械作业的适应性作为农作物种植模式推广的最要依据；水利部门要做好农业排水灌溉技术的推广普及工作；畜牧业、林业、渔业及中小企业管理部门要大力推广先进适用机械设备，积极支持农业机械化发展；发展改革部门要落实扶持农业机械化和农机工业发展的基本建设投资;财政部门要落实扶持农业机械化和农机工业发展的资金,加强农机购置补贴政策和农业机械化项目实施的监管;科技部门要加大对农业机械化和农机工业科研开发支持力度;质监部门要加强农机产品质量监管;工业部门要加强农机市场管理;商务部门要加强对农机对外合作交流和商务贸易的指导;银行业和保险业监管部门要督促金融机构和保险公司积极开展农机信贷、保险业务;其他部门也要根据职责积极支持农业机械化和农机工业发展。有关行业协会要当好政府与企业农户的桥梁,充分发挥协调、服务、维权、自律的作用。

(二)落实政府责任。各级人民政府要认真学习和贯彻实施《中华人民共和国农业机械化促进法》、《农业机械安全监督管理条例》和《山东省农业机械化促进条例》、《山东省农业机械管理条例》等有关法律法规,把推进农业机械化和农机工业发展纳入国民经济和社会发展规划,建设工作责任制,落实扶持政策,加大资金投入,为农业机械化发展创造良好的环境。要把农业机械化发展作为现代农业的重要指标,纳入县域经济考核体系。要按照国发[2010]22 号文件的要求,着力加强农业机械化队伍建设,理顺农机管理体制,进一步提高执法、监管和服务能力。切实解决好农业机械化发展中遇到的各种矛盾和问题,保障全省农村各业机械化的全面实现。

二〇一一年四月九日

广东省人民政府关于扶持农业机械化发展议案办理情况的报告

粤府案[2011]10 号

省人大常委会:

省九届人大五次会议代表提出的《关于扶持农业机械化发展议案》,省政府从 2003 年起组织实施,到 2010 年实施期满。2011 年 4 月下旬和 5 月中旬,省政府组织省发展改革委、财政厅、农业厅、海洋渔业局等单位,分赴汕头、梅州、惠州、江门、阳江、茂名、湛江、肇庆、潮州等 9 个市及有关县(市、区),对议案实施情况进行了检查。省政府认为,议案实施 8 年来,在省委的正确领导下,在各级人大及其常委会的支持监督下,通过各级政府和有关部门的共同努力,议案提出的目标任务已全面完成,议案实施取得了明显成效,建议予以结案。现将主要情况报告如下:

一、采取积极有力举措,精心组织实施议案

实施议案 8 年来,各级政府和有关部门积极采取有力措施,狠抓工作落实,确保议案顺利实施。

(一)高度重视,合力推进。农业机械化是现代农业的重要支撑。省政府高度重视议案实施工作,制定出台政策措施,努力推动我省农业机械化实现跨越式发展,提高农业劳动生产率,增强农业竞争力,促进农业增效、农民增收。先后印发了《转发广东省人大常委会关于扶持农业机械化发展议案的决议的通知》(粤府[2003]12 号)和《转发省农业厅关于扶持农业机械化发展议案的实施办法的通知》(粤府办[2003]58 号),全面部署议案实施工作。议案实施过程中,省政府及有关部门坚持开展不定期工作检查,认真总结实施议案的阶段性成效,及时发现问题,研究提出针对性措施,确保议案顺利实施。2010 年 12 月,省政府专题召开提升现代农业装备水平工作会议,黄华华省长亲自出席会议,全面总结议案实施的成效,分析存在问题,部署下阶段农业机械化工作。各地把议案实施工作摆在重要议事日程,成立议案实施领导小组,落实目标责任制;制定相应措施,严格执行议案项目建设程序,落实项目法人责任制、招标投标制、合同管理制,加强议案项目建设管理。农业(农机)、海洋渔业、财政等有关部门各司其职,密切配合,狠抓落实,严格按要求实施好议案项目。各级发展改革、经信、科技等部门大力协作,合力推进议案顺利实施。

(二)突出重点,攻克难点。根据我省农机化发展底子薄、基础差、水平低的特点,议案突出实施农机购置补贴,重点建设农机社会化服务体系、科研推广体系、安全生产和质量监督管理体系。一是突出实施农机购置补贴。2003 年开始,我省加大对农民购机的补贴力度,议案安排用于农民购机补贴资金达到 2.2 亿元,调动农民购机用机的积极性,为农业机械化发展注入强大动力。二是健全农机社会化服务体系。扶持建设区域性农机专业市场,建立覆盖省、市、县三级农机化信息网络,健全农机销售、维修、培训服务网。扶持发展农机专业合作组织。重点扶持省部级农机专业合作示范社、农机示范大户和农机维修示范点建设。三是健全农机科学推广体系。大力扶持农机科研创新,建设省现代农业装备工程技术研发中心,打造全省科研骨干基地,大力扶持我省急需的水稻生产和特色农业等农机关键技术和设备的研发攻关。加强农机推广机构建设,重点扶持建设省农机推广站,择优建设 80 个省级区域性农机推广站,建设水稻生产全程机械化、园艺作物试验示范物栽培机械化、农产品加工和畜禽、水产养殖机械化示范基地 204 个。四是完善农机安全生产和质量监督管理体系。制订并实施《广东省农业机械管理条例》,农机安全生产管理工作逐步走向科学化、规范化和法制化。强化农机质量监督管理,重点建设省农机鉴定检验检测中心和农机产品质量投诉站(点),完善农机质量投诉举报程序和管理制度,维护农机市场公平和农民权益。五是针对水稻机械化插秧难点,大幅度提高插秧机和秧盘的补贴率,单机(个)补贴比例提高到机具价格的 60%。2008 年起部署建设 30 个水稻机插秧示范县,同时抓好 18 个部级水稻育插秧机械化示范县建设。

(三)宣传培训,示范推广。各级农业(农机)、海洋渔业和财政等部门采取多种方式、多种渠道加大农机宣传培训和示范推广。运用电视、广播、报纸、网络等媒体,发布议案相关文件特别是农机购置补贴政策、农机安全生产知识;制作并印发各种农机资料 10 万多套,送到基层和广大农民手中;每年均开展农机购置补贴政策和农机安全生产宣传月与咨询日活动。加强扶持省级农机培训基地、拖拉机教员培训基地和拖拉机教练员实习基地建设,举办多层次、多形式的培训班,重点培训农机操作、维修、统计、管理、安全检验等农机人员。8 年来,共培训农机从业人员 10 万多人次,完成 5 200 多人的职业技能考核工作. 使全省农机操作、维修人员的再教育率达到 85% 以上。创新示范推广模式,及时向农民传播农机新机具、新技术,举办各种农机推广现场会 2 500 场次,举办多场大型现代农业装备演习、演示等推广活动。

(四)规范管理,加强监督。为确保议案顺利实施和资金安全,先后制定出台了《广东省农业机械化科研课题招标办法(试行)》(粤农[2003]303 号)、《广东省农业机械购置补贴管理暂行办法》(粤农[2003]336 号)、《广东省扶持农业机械化发展议案资金管理办法》(粤财农[2008]194 号)和《广东省支持推广的农业机械产品目录管理办法》(粤农[2010]453 号)。在全国率先建立并实行农机购置补贴监督员制度,聘请人大代表、政协委员、社会人士共 58 名作为农机购置补贴监督员。建立健全议案项目公开招投标、专家评审、资金因素法和竞争性分配、集中支付和报账制、项目绩效考核等多种制度机制,明确项目申报、审核、论证、审批程序和项目实施、监督、考核要求。议案实施过程中,每年坚持组织项目检查和绩效评价,重点检查农机购置补贴政策落实情况,自觉接受各级人大、政协、纪检监察、审计等部门检查监督。

二、全面完成目标任务,议案实施成效明显

议案的顺利实施,有力推动我省农业机械化发展实现历史性突破,40 个产粮大县水稻生产综合机械化水平达到 65%,水产养殖池塘的增氧机、清淤机应用率达 73%,具有广东特色的农产品主要生产环节、主要农产品加工机械化有明显提高,为推动广东农业加快转变发展方式、加快转型升级、加快建设现代农业强省发挥了积极的作用。主要体现在“五个有效促进”:

(一)有效促进了农业机械化的快速发展。通过议案实施,我省农机总量持续增长,装备结构不断优化,作业水平快速提升,园艺和经济作物、畜牧业、渔业生产机械化水平不断提高。从 2003—2010 年,全省农机总动力从 1 740 万千瓦增加到 2 345 万千瓦,增长了 34.8%;主要农机拥有量从 207.4 万台(套)增加到 267.5 万台(套),增长 29%;大中型拖拉机、联合收割机和插秧机从 4 938 台、3 951 台和 28 台增加到 15 734 台、18 237 台和 3 141 台,分别增长了 2.2、3.6 和 111.2 倍。畜牧饲养机械和增氧机跃居全国第 1 位。2009 年,全省水稻生产耕种收综合机械化进入中级阶段,实现了历史性跨越。2010 年,水稻生产耕种收综合机械化水平达到 53.7%,8 年间每年提高 3.68 个百分点,是全国同期的 2.4 倍,是 1978—2002 年全省平均每年提高 0.17 个百分点的 21.6 倍。

(二)有效促进了农机“三大体系”发展。8 年来,我省农机社会化服务体系、科研推广体系、安全生产和质量监督管理体系不断完善,队伍和基础建设得到加强,农机化服务能力和决策执行能力大大提高,为农机化创新发展打下了良好基础。一是农机社会化服务体系长足发展。扶持建设了区域性农机专业市场 3 个、发展农机专业合作社 266 个、农机户近 100 万户、农机专业户 16 万户。全省渔业机械化社会服务体系逐步发展,鱼塘清淤形成专业化服务队伍,改变了“人拉、手耙、肩挑”的传统方式。农机化服务领域不断拓宽,服务规模不断扩大。补贴农机具 35 万多台(套),受益农户 20 多万户,带动农民直接投入近 25 亿元,社会投入近 65 亿元。二是农机科研推广体系逐步完善。农机科研基础能力不断提高,省现代农业装备工程技术研究开发中心的综合实力大大增强,完成农机科研课题 84 项,获得专利 80 项,研发出水稻收获和干燥、荔枝龙眼剥壳及产后加工、种猪智能测定、智能化母猪群养以及蔬菜、水果清洗分级包装等近百项农机关键技术和适用机具。重点扶持的省农机推广站推广能力和手段不断增强,推广机制体制和方式不断创新,带动各级农机推广机构为主体,科研机构、生产企业、经销商、农机专业组织共同组成的农机推广体系不断完善和发展。三是农机安全生产和质量监督管理体系初步建成。农机化安全生产形势稳定,农业机械事故、死亡人数、受伤人数和造成的经济损失大幅下降,2008—2010 年连续三年实现了零死亡记录。农机试验鉴定能力明显增强,2006 年 5 月省农业机械鉴定站成为农业部设施农业机械设备质量监督检验测试中心(广州),先后通过省级、国家级计量认证和国家实验室认可,具有收割机、插秧机等 42 种(类)农机产品的部(省)级农机推广鉴定能力。

(三)有效促进了农业综合生产能力的提高。议案的实施,加速了农业机械化技术的推广应用,提高了农业劳动生产率、土地产出率。实践证明,水稻机械插秧技术比人工抛秧增加产量 8% 左右,机收割比人工收割减少损失 5%,水稻生产全程机械化作业提高亩产量 100 斤以上。2003 年以来,我省水稻综合机械化水平从 24.3% 提高到 53.7%,相当于水稻种植面积增加 61.4 万亩,产量增加 8.8 亿斤。渔业养殖机械等现代技术装备的广泛应用,大大提高了水产养殖的效益,一组深水网箱养殖的产量相当于 400 亩鱼塘产量。2010 年全省水产养殖面积比 2003 年减少了 50 多万亩,但产量和单产分别提高了 19% 和 25%,单位水产品产值是 2003 年的 13.6 倍。广大农(渔)户在推进农业机械化进程中直接受惠,农机化经营收入从 2003 年的 65.6 亿元提高到 2010 年的 96.6 亿元,提高了 47%。

(四)有效促进了农村劳动力转移和农民素质提高。随着农业机械化水平不断提高,农村劳动力从繁重的耕作中解放出来,进城入厂打工经商,开辟了新的就业领域,第一产业从业人员从 1 559.6 万人减至 1 536.7 万人,减少 22.9 万人。农机具在农村的广泛使用,拉动了农机推广、销售、培训、作业和维修等农机服务业的发展,培育了有技能、懂经营、会管理的新型农民 118 多万人。大批新型农民及承包土地有开展农机经营作业,为推动现代农业建设发挥了积极作用。如廉江市吉水镇西莲塘村,成立农机专业合作社,全村转移劳动力 700 多人,其中有 400 多人进厂打工,200 多人到外地从事建筑等工作,全村每年增加工资性收入 550 多万元,全村农民人均一年增加收入 1 700 元。

(五)有效促进了农产品质量安全水平的提高。农业机械化的快速推进,为农产品的机械化、自动化、智能化、规模化健康种植养殖和加工提供厂坚实的支撑,推动了农业标准化生产和名牌带动战略,有效促进了农产品质量安全水平的提高。议案实施以来,全省以机械化、自动化现代生产方式为标志的规模化健康生猪重点养殖场达 300 个,无公害水产品产地 614 个,农业名牌产品达 499 个。全省新增无公害农产品产地

162个，产品102个；无公害水产品501个，有效期内绿色食品562个，有机农产品498个。全省农产品抽检总合格率均稳定在96%左右，质量安全水平逐步提高。如广州市番禺东升农场等实施议案项目，使用机械播种、育苗、喷灌、植保、清洗、分级、包装、冷藏、运输，使蔬菜生产、加工全程标准化，有效地控制了产品质量，提高了产品的市场竞争力。

三、下一步工作思路

经过8年议案的实施，我省的农业机械化发展跃进了中级阶段，但与农业农村经济迅速发展的形势相比，与农民对农业机械的日益迫切需求相比，与国家和先进省份对农业机械化投入的力度相比，我省的农业机械化发展还存在一些薄弱环节：一是农业机械化整体水平有待提高。2010年全省水稻耕种收综合机械化水平为53.7%，低于全国58%的平均水平，与浙江省的67%、江苏省的82.5%水平差距较大。二是均衡发展有待推进。从地区看，珠三角地区综合水平高，达到58.7%，其中珠海、中山、江门、惠州达到62%—69%；而粤东西北地区有11个市综合机械化水平低于全省平均水平。从农业细分行业看，水稻生产机械化发展较快，而特色农业经济作物与园艺产业的机械化水平还较低。三是研发制造能力有待加强。省内农业技术装备科研机构少，企业研发能力弱。农业装备工业规模小、产值低，设备工艺落后。四是公共服务能力有待提升。农机社会化服务体系特别是农机专业合作社还处在起步阶段，农机技术推广体系、农机监督管理体系尚不健全，基础设施建设有待加强。下一步，重点抓好以下工作：

（一）全面提升农业机械化水平。紧紧围绕转变农业发展方式、加快转型升级、建设现代农业强省，加快推进重点领域和关键环节的农业装备建设，以加大力度实施农机购置补贴政策和扶持建设一批农业机械化示范县为抓手，加快推进全省特别是40个产粮大县水稻生产全程机械化和现代渔业、畜牧业机械化，全面提升现代渔业、畜牧业集约化技术装备水平。积极推进经济作物生产机械化、自动化和智能化。着力提高粤东西北地区水稻生产机械化水平，促进全省农业机械化协调发展，力争“十二五”末全省农业机械化发展赶上全国水平，进入发展的高级阶段。

（二）着力增强现代农业装备自主创新能力。结合我省农业产业特色，按照农业发展规模化、精准化、设施化的要求，加快开发多功能、智能化、经济型农业装备设施，集中力量研发一批具有自主知识产权的核心技术和新兴技术装备产品，力争在田间作业、设施栽培、健康养殖、精深加工、储运保鲜等重点环节取得新突破。加快建设南方农业装备产业技术创业中心，围绕重点农产品建立农业装备重点实验室，扶持建设若干个现代农业装备技术创新产业园区，打造我省农业技术装备公共创新平台。重点支持进入我省现代产业500强项目法人农机企业，打造一批现代农业装备龙头企业。

（三）大力发展现代设施农业。按照“高产、优质、高效、生态、安全”的要求，加强现代设施农业基础设施建设，制定、推广设施设计与建造标准，推动设施结构优化升级，提高现代设施农业机械化水平。重点发展以优质花卉、水果种植为主、以温室大棚为主要设施的高效设施农业示范点和以微灌喷灌为主要设施的节水设施农业示范片，以及生态健康与工厂化渔业、畜牧养殖技术设施设备。

（四）切实提高现代农业装备公共服务能力。逐步加大基层农机推广基础设施投入，建立完善以基层农机技术推广机构为主导，农机合作组织、农机科研、教育机构及企业广泛参与，分工协作、服务到位的多元化农机推广体系。扶持建设一批农业机械化专业合作示范社，争取“十二五”时期在农业生产区每个镇建立2—3个有一定实力的农机专业合作组织。加强农机试验鉴定和监理机构、队伍、装备建设，提高安全监管能力，保障农机安全生产。开展多层次农机教育培训工作，提升农业机械化信息服务水平。

（五）强化现代农业装备建设保障。一是加大投入。各级政府将积极筹措资金，支持农业机械化发展。议案结束后，省级财政继续安排专项资金支持农业机械化发展。二是完善农机购置补贴政策。在认真落实中央财政补贴的基础上，对我省的重点和薄弱环节、特色农业机械，研究制定扶持政策，改革完善补贴办法，规范操作，简化手续。三是加强统筹协调。充分发挥和有效整合各级农业、发展改革、财政、科技、经信、海洋渔业等部门的作用和资源，形成推进农业机械化建设的合力。

以上报告，请予审议。

二〇一一年八月十一日

重庆市人民政府关于促进农业机械化和农机工业发展的意见

渝府发〔2011〕40号

各区县（自治县）人民政府，市政府各部门，有关单位：

农业机械是发展现代农业的重要物质基础，农业机械化是农业现代化的重要标志。加快推进农业机械化和农机工业发展，对于提高农业装备水平、改善农业生产条件、增强农业综合生产能力、拉动农村消费需求等具有重要意义。为认真贯彻落实《国务院关于促进农业机械化和农机工业又好又快发展的意见》（国发〔2010〕22号）精神，促进我市农业机械化和农机工业加快发展，结合我市实际，现提出如下意见：

一、指导思想、基本原则和主要目标

（一）指导思想

深入贯彻落实科学发展观，积极探索丘陵山区特色农业机械化发展机制和模式。以推进农业现代化为根本，以市场为导向，以机械化耕作、播栽、收获为主线，以特色农产品生产机械化为重点，以试验示范为带动，加大农机科技创新和推广力度，努力提高农机装备水平、作业水平、安全水平、科技水平和服务水平,促进农业机械化和农机工业又好又快发展。

(二)基本原则

——因地制宜,重点突破。根据不同区域的自然禀赋、耕作制度和经济条件,采取相应的技术路线和政策措施。实施整村社、整乡镇、整区县(自治县)推进,鼓励有条件的地方率先实现农业机械化。

——统筹兼顾,全面发展。坚持与现代农业发展相结合,以促进农机农艺融合、实现重大装备技术突破为重点,加快推进粮食主产区、大宗农作物、关键生产环节机械化。加大协同攻关和工作力度,促进种植业、养殖业、设施农业及农产品加工机械化全面协调发展。

——鼓励创新,完善机制。创新农机服务形式,完善农机社会化服务机制,提高农机利用效率和效益。建立以企业为核心、科研为基础、推广为助力的科技创新平台,提高新型实用农机装备研发能力和制造水平。

——市场主导,政府扶持。以市场需求为导向,以专业合作组织为主体,强化政府扶持,继续加大对农机购置、使用和农机工业的财税、金融等政策扶持力度。通过政策激励、示范带动和效益推动,调动企业研发生产和农民购机用机积极性。

(三)主要目标

到2015年,全市农机总动力达到1 540万千瓦以上,主要农作物耕种收综合机械化水平达到50%以上。其中水稻种植、收获环节机械化水平分别超过25%和50%。基本形成具有丘陵山区特色的农业机械化科技创新体系。到2020年,全市农机总动力达到2 000万千瓦以上,主要农作物耕种收综合机械化水平达到70%以上,建成全国最大的小型农机装备制造基地。

二、推进农业机械化发展的主要任务

(一)实施农业机械化示范工程

建设一批农业机械化新技术、新机具推广示范区,重点推广田间作业机械化技术、农产品加工机械化技术、水稻和油菜生产全程机械化技术、特色作物关键环节生产机械化技术、畜禽养殖机械化技术、设施农业机械化技术和机械化节水灌溉技术。2012年前,选择10个区县(自治县)开展水稻生产全程机械化试点示范,选择10个区县(自治县)开展油菜生产机械化试点示范。10个国家级产粮大县和19个市级产油大县分别抓好水稻、油菜生产各环节机械化技术示范推广工作。建设10个特色经济作物生产机械化示范基地,着力推进渝东北和渝东南的柑橘、烟叶、茶叶、中药材、食用菌等特色农产品生产加工机械化示范基地建设,加快推进潼南县、璧山县、铜梁县、武隆县、涪陵区等区县的蔬菜生产机械化示范基地建设,大力推进巴南区、永川区、万盛区等区县茶叶生产机械化示范基地建设。建设10个畜牧养殖机械化示范基地,着力抓好动物畜舍饲喂、供水饮水、疫病防控、粪便处理等机械化、自动化技术和装备的应用推广,积极推行新型实用畜产品采集、初加工、保鲜、贮藏运输设备及健康养殖装备、先进养殖模式。建设10个农产品加工机械化示范基地,大力提升农产品质量和附加值。围绕优势农产品区域布局,积极推广稻谷、薯类、油菜籽、果品、蔬菜、烟叶、肉类、乳品等机械化精深加工技术。

(二)实施农机社会化服务工程

大力培育多元化农机作业市场主体,扶持100个农机作业公司、1 000个农机专业合作社、10 000个农机专业大户。重点建设一批设施完备、功能齐全、管理规范、服务优质、信誉良好、示范作用明显的农机专业合作社,鼓励发展农机专业大户和开展联户合作,不断壮大农机作业队伍,完善农业机械销售、作业、维修等农机服务市场体系,逐步扩大农机作业服务范围。积极推进农机跨区作业,提高机械利用率和经营效益。进一步完善体制机制,引导社会力量参与农机服务,做大做强农机服务产业。

(三)实施农机公共服务能力提升工程

加强农业机械化试验鉴定、技术推广、安全监理、教育培训等公共服务体系建设,落实基层农机服务职责,着力提升农机公共服务能力。完善农机安全监理网络,积极推进全市农机安全技术检测检验自动化系统建设和农机操作(驾驶)人员培训考试智能化系统建设,促进农机安全监理执法手段和装备现代化。建立农机安全生产互助保险机制,健全互助保险组织。加快丘陵山区农业机械试验鉴定基地建设,着力提高农业机械试验鉴定能力和水平。完善农机培训体系,利用高、中等职业教育资源加强农机制造、农机修理等专业实用人才培养。依托现代信息技术,建立功能齐全、服务优良、资源共享、运行高效的农业机械化信息网络,以信息化促进农业机械化。

三、加快农机工业发展的主要任务

(一)增强农机工业科技创新能力

坚持自主开发与引进、消化、吸收、再创新相结合的发展道路,建立以企业为主体、市场为导向、产学研相结合的农机工业技术创新体系。围绕微耕机、小型收割机、水泵、高性能插秧机等产品开发,加快产业升级和产品更新换代;围绕小型通用汽油机、柴油机、传动箱等核心部件研发,增强农机工业自主创新和核心竞争力;围绕科研手段和条件改善,提升农机新技术和新产品开发、实验试制能力;围绕科研机制创新,支持重点企业技术进步,带动行业发展。依托农机制造业和科研院所,抓紧建设微耕机、小型收割机等重点农机产品开发企业技术中心,以及公益性的农机重大、关键、共性技术实验室和工程中心,凝聚优秀研发人才,加快急需的关键性农机和重大共性技术研发,集中力量攻克困扰产业发展的工艺材料、基础部件、关键作业装置等技术瓶颈,形成一批具有自主知识产权的核心技术成果。新技术和新产品的开发要充分考虑农作物品种、耕作制度和经营体系的需要,提高农机的适用性。支持高等院校加强农机工程学科建设,强化农机工程基础教育。

(二)着力优化农机产品结构

加快小型农机装备制造中心、农机研发中心、农机维修中心、农机经营流通市场建设,构建以企业和科研院所为主体、市场为导向、产学研推相结合的,适合丘陵山区特色的农业机械化科技创新体系。重点研发和生产小型耕整地机械、小型水稻插秧机械、小型联合收割机,以及油菜、马铃薯等作物机械化生产关键技术与装备。促进小型农机装备制造企业重组,扶持一批技术含量高、规模大的农机制造企业,研发一批适应丘陵山区和重庆农业生产需要的农机装备和机械化技术,打造全国最大的小型农机装备制造产业集群和小型农机产品集散中心。

(三)构建现代农机流通体系

建立健全农机工业企业品牌营销网络与专业农机流通企业销售网络相结合的新型农机市场体系。实施农机流通服务品牌工程,优化市场布局,发展连锁经营,培育一批辐射面广、服务质量好的大中型农机流通企业、品牌农机店和区域性农机市场，健全农机零配件供应网络，提高农机产品流通效率，方便农民购机。建立农机产品售后服务体系和信息服务平台，依托重点生产企业、专业流通企业建立售后服务中心，提高服务能力。完善农机产品“三包”制度，健全和规范农机修理市场，明确产品售后维修责任，规范服务程序，提高维修能力和服务质量。

四、加大政策扶持力度

（一）加大财政支持力度

逐步建立以财政资金为引导，农民和农机经营服务组织投资为主体，社会力量广泛参与的多元化投入机制，推动农机事业持续健康发展。加强农业机械化科技创新，加大对先进适用农业机械的研发投入力度，重点支持小型耕整地机械、插秧机、稻麦联合收割机、油菜播种机、油菜收割机等粮油作物主要生产环节机械化技术创新和新产品开发，以及特色经济作物精深加工技术创新和新产品开发。继续实施农机购置补贴政策，科学、合理确定补贴规模和品种，并向产粮大县和农机专业合作组织适当倾斜。进一步完善农机购置补贴管理办法，简化补贴审批程序，改进审批方式，缩短审批时间。加强农机购置补贴资金监管，提高政策实施的透明度和公平性。严肃查处倒卖补贴产品、套取补贴资金、借补贴之机乱涨价、乱收费等违法违规行为。

（二）强化基础设施建设

将基层农业机械化推广体系、机耕道路、机电排灌、抗旱设施等建设内容纳入相应规划，与规划内其他项目同步实施。在规划、用地等方面，积极支持农机专业合作社建设农机停放场（库、棚），改善农机保养条件。加大农业机械化技术推广、质量监督、安全监理、教育培训、信息宣传等公益性设施建设的支持力度，充分发挥农机服务体系的职能作用。

（三）加强和改进金融服务

进一步加大对农民和农机服务组织的信贷扶持力度，创新金融产品和服务方式，扩大购机信贷规模，积极满足合理信贷资金需求，做好融资支持和配套金融服务。在保障信贷资金安全的前提下，积极推动农机抵押贷款业务，采取灵活的贷款期限与还款方式，为农民和农机服务组织多元化融资提供便利。对符合产业政策和信贷原则的农机制造企业开展技术改造、新产品开发和农机流通设施建设，给予信贷支持。中小农机制造企业可享受国家扶持中小企业发展的相关政策。创新型企业试点向农机制造企业倾斜，加大支持力度。

（四）落实税费优惠政策

继续免征农机机耕和排灌服务营业税、农机作业和维修服务项目的企业所得税。继续对跨区作业的联合收割机、运输联合收割机（包括插秧机）的车辆免收车辆通行费。符合西部大开发税收优惠政策规定的农机企业，可在政策规定年度内享受企业所得税减按15%税率征收的优惠政策。对生产国家支持发展的新型、大马力农机装备和产品，确有必要进口的关键零部件及原材料，免征关税和进口环节增值税。属于国家重点扶持高新技术企业中的农机制造企业，按照企业所得税法规定，减按15%的税率征收企业所得税。按照现行规定落实农机生产、批发、零售等增值税优惠政策。

五、切实加强组织领导

全市各级政府要高度重视，切实加强对农业机械化以及农机工业发展的组织领导，及时协调解决农机科研、生产、流通、推广应用、社会化服务等方面存在的突出问题。要把加快发展农业机械化纳入当地农业农村发展中长期规划，理清发展思路，明确目标任务和工作重点。采取多种形式加大宣传力度，营造农业机械化和农机工业发展的良好氛围。建立工作目标责任制，把农业机械化工作纳入对区县（自治县）的目标考核，对农业机械化工作成绩突出的单位和个人适时开展表彰奖励。加强基层农机推广服务机构队伍建设，充实力量，保障经费，改善工作条件，调动农机推广服务人员的工作积极性。结合实施“阳光工程”、“金蓝领计划”等相关项目，努力培养一批农机作业能手、维修能手和经营能手。加强部门协作，合力推动农业机械化和农机化工业发展。农业机械化主管部门要认真履行规划指导、监督管理、协调服务职能，做好技术推广、生产组织、安全监理等工作。农机工业主管部门要加强行业管理，加快制定农机工业发展规划和产业扶持政策。水利部门要做好灌排设备更新改造工作。发展改革部门要积极争取和落实扶持农业机械化与农机工业发展的基本建设投资。财政部门要落实扶持农业机械化和农机工业发展的资金，加强农机购置补贴政策实施的监管。商务部门要加强对农机流通行业的指导，加快农机流通体系建设。科技部门要加大对农业机械化和农机工业科研开发支持力度。银行业和保险业监管部门要督促银行业金融机构、保险公司积极开展农机信贷与保险业务。其他部门要积极支持农业机械化和农机工业发展。

二〇一一年五月三十一日

四川省人民政府关于推进农业机械化和农机工业又好又快发展的实施意见

川府发[2011]7号

各市（州）、县（市、区）人民政府，省政府各部门、各直属机构：

为切实推进我省农业机械化和农机工业又好又快发展，根据《国务院关于促进农业机械化和农机工业又好又快发展的意见》（国发[2010]22号）精神，结合我省实际，提出如下实施意见：

一、总体要求

（一）指导思想

全面贯彻落实《中华人民共和国农业机械化促进法》，紧紧围绕现代农业产业基地建设和新增粮食生产能力，进一步加大政策支持力度，着力推进科技创新、组织创新和机制创新，转变农业机械化发展方式。进一步推动我省农机工业上规模、上档次，全面提升农机装备水平、作业水平、服务水平和制造水平，积极探索具有四川特色的农业机械化和农机工业发展道路，实现全省农业机械化和农机工业发展新跨越。

（二）基本原则

因地制宜，分类指导。根据不同区域的自然禀赋、耕作制度和经济条件，采取相应的技术路线和政策措施，实行分类指导，鼓励和支持有条件的地方率先实现农业机械化，结合各地装备制造业基础条件，发展适销对路的农机产品。

重点突破，协调发展。以实现主要农作物关键生产环节机械化为重点，坚持大、中、小、微农机具并举，促进农机农艺有效结合，推动农业机械化全面协调发展。结合实际突破一批关键技术，优化农机工业在不同地区布局，实行差异化发展。

创新机制，科学发展。发挥市场在农业机械化发展中的主导作用，创新农业机械化投入机制、管理机制、服务机制，引导农机工业企业建立现代企业制度和产学研科研机制，提升农业机械研发和制造能力，促进农业机械化和农机工业科学发展。

安全高效，持续发展。适应环保型社会建设和农业现代化发展要求，着力优化农机装备结构，大力研制和推广先进适用、技术成熟、安全可靠、节能环保的农业机械，促进农业机械化和农机工业健康可持续发展。

（三）发展目标

到 2015 年，全省农机总动力达到 4 400 万千瓦，每年递增 7%，其中排灌动力机械达到 500 万千瓦，主要农作物耕种收综合机械化水平达到 50%，年均提高 4 个百分点。水稻、小麦机械化水平明显提高，马铃薯、油菜、玉米等机械化水平明显突破，设施农业、特色农业、养殖业、林业等机械化协调推进。农机工业总产值达到 300 亿元，较 2010 年增长 200%。建成一批农机企业省级技术中心，企业创新能力明显提高，形成若干具有自主知识产权的产品和技术，部分产品达到国内先进水平。

到 2020 年，全省农机总动力达到 5 500 万千瓦，其中排灌动力机械达到 560 万千瓦，主要农作物耕种收综合机械化水平达到 65%。农机工业产值达到 800 亿元，在 2015 年基础上增长 150% 以上。农机工业形成在国内乃至国际上具有竞争力的大型企业集团，在部分地区形成农机产业集聚发展，打造一批在全国知名的农机品牌，初步建成现代农机流通体系。

二、促进农业机械化发展的主要任务

（一）着力提高农业机械装备水平

以贯彻落实国家农机购置补贴等强农惠农政策为抓手，促进农业机械总量持续增长。优先、均衡发展主要粮食、经济作物作业机械，鼓励引导农民使用高性能、多功能复式作业机械，加快淘汰高能耗、低效率的老旧农机及机电提灌设施，提高机具配套率，优化农机装备结构，推动农业机械化发展由数量型向质量效益型转变。

（二）努力推进主要农作物关键生产环节机械化

以提高水稻、小麦、马铃薯、油菜、玉米等主要农作物综合生产能力为重点，加强农机农艺结合，加大种植模式改革和品种改良力度，全面推进粮油生产机械化。以水稻机械化育插秧为突破口，加快水稻育插秧机械化技术推广步伐，大力示范推广小麦精少量播种机械化技术，以及马铃薯、油菜、玉米直播与收获机械化技术，不断提高主要粮食作物生产机械化水平。到 2015 年，全省水稻耕种收综合机械化水平由 2009 年的 28.5% 提高到 54%，小麦耕种收综合机械化水平由 2009 年的 28.1% 提高到 45%。

突出抓好成都平原、安宁河谷等地区的农业机械化发展，确立农机化发展先行县，促进平原地区率先实现农业机械化。突出抓好粮食生产重点县以及现代农业产业基地、粮油高产创建区等农业项目区的农业机械化发展，提高农业机械化对项目建设的支撑作用。因地制宜发展特色效益农业、畜禽水产养殖业等机械化，推进农业机械化由粮食作物向经济作物发展，由种植业向林、牧、渔等各个领域扩展，由产中环节向产前、产后延伸，逐步提高全省农业机械化整体水平。

（三）切实增强农业机械化服务能力

稳定基层农机推广队伍，完善农机推广服务体系，创新农机推广机制，提高农机示范推广能力。加大主要农作物生产关键环节机械化技术和适合丘陵山区的中小型农业机械的推广力度，加大保护性耕作、设施农业、节水灌溉、秸秆气化、粮食烘干等重大农业机械技术的推广应用。加快建立平原、丘陵、山区、高原等不同区域和马铃薯、油菜、玉米等不同作物的农业机械化示范区、示范基地，辐射带动先进适用、技术成熟、安全可靠、节能环保的农机装备和技术的推广应用。

建立完善农机作业、维修质量标准体系，规范农机作业、维修服务，提高农机应用和保障水平。加强农机试验鉴定和质量认证工作，开展在用农机质量调查，完善农机产品质量投诉网络，强化农机生产、销售、维修、作业市场监管。

积极培育农机大户，大力发展农机专业合作社。建立完善以农机专业合作社、农机作业公司、农机协会为龙头，农机人（户）为主体，农机户为基础的农机服务体系，形成多层次、多功能、全方位的农机服务网络。大力开展农机跨区作业，加强组织引导，推动小麦、水稻跨区机收由平原向丘陵山区发展，农机跨区作业由机收向机耕、机插、机播和机械植保等环节拓展。创新农机服务模式，积极探索订单作业、承包服务、土地托管等服务方式，促进农业土地流转和适度规模经营，推动农机服务市场化、专业化、产业化。建立农机服务应急处置机制，增强农机抢收抢种、抗旱排涝等抗灾减灾能力。加强发展农机维修网点，加快区域性农机维修中心建设。

（四）全面加强农机安全监管

全面实施《农业机械安全监督管理条例》，开展农机使用安全教育，加强基层农机安全监理队伍建设，完善农机安全管理网络，提高农机安全监理装备水平和监管能力。提高农业机械上牌率、检审率和持证率。积极培育发展农机安全互助组织，依法开展互助保险、合作救济。大力开展平安农机创建活动，预防和减少农机事故发生。

三、加快农机工业发展的主要任务

（一）因地制宜，积极发展适合我省农村生产条件的农机产品

要针对不同地区特点实行差异化发展。结合我省机械装备制造业区域优势，有针对性地发展大马力、高性能耕作、栽插、收获、烘干等农业机械，重点发展中小型多功能耕作、灌溉、播种、植保、收获、加工等农业机械。根据我省装备制造业产业布局情况，对农机工业进行合理布局，避免同类型产品重复建设。

（二）鼓励我省装备制造企业投资农机工业，新建或参股农机企业，促进我省现有农机工业企业改造升级

要积极鼓励装备制造企业，特别是在交通运输机械生产、动力机械生产、泵阀生产等方面有技术、人才优势的企业投资于农机工业，采取参股现有农机企业对企业进行技术改造升级，或单独投资新建农机企业从整体上提升我省农机工业水平。

（三）重点扶持企业做大做强品牌和产品，着力培育优势产品

1. 做强农用动力机械生产和研发。重点支持在农用动力机械领域具有知名企业品牌和名优产品的企业，鼓励和扶持这部分企业做大做强现有品牌和产品，搞好一代产品的研发，增强企业的持续竞争力。

2. 大力发展小型农副产品加工机械。要充分发挥我省在小型农副产品加工机械制造的优势，重点鼓励小型农副产品加工机械企业产品上档升级，搞好新产品研发，支持和引导企业组建联合集团，集聚发展，不断壮大。

3. 促进农机零配件生产企业的上档升级。积极引导分布在我省广大农村的众多农机零配件小企业寻求大中型农机企业配套协作，支持小型零配件企业加快生产设备、检测设备的更新换代，不断提高产品质量，为我省农用机械提供精度高、通用性强、互换性好的零配件。

4. 鼓励和支持我省农机企业申报进入国家农机补贴产品目录。对于已形成一定规模，在国内已经有一定知名度的企业产品，积极鼓励和支持企业申报进入国家农机补贴产品目录，不断扩大国内市场份额。

（四）增强农机工业企业科技创新能力

鼓励企业建立以企业为主体，市场为导向，与科研院所、大专院校协作的产学研合作创新体系，增强自主创新和核心竞争力。结合我省实际，加强先进使用农机具研究和农业生产关键环节技术设备的开发，大力研发适合我省平原、山区、丘陵地区、高原等不同区域农业发展急需的农业机械与装备，特别是适合山区和丘陵地区耕作使用的小型农机具。在新技术和新产品的开发中要充分考虑农作物品种、耕作制度和经营体系的需要、提高农机的适用性。

通过自主创新突破一批关键技术，打造一批拥有自主知识产权的知名品牌，鼓励农机企业争创国家驰名商标、中国名牌产品、国家免检产品、四川名牌产品、著名商标等，支持农机企业积极申报国家级、省级企业技术中心。

（五）优化产业结构，打造农机产业发展集群

按照择优扶强的原则，打造一批农机工业的优势企业，实施龙头企业带动农机中小企业发展战略，发展一批“专、精、特、新、配”的中小企业，依托我省机械装备制造产业园区建设，引导农机企业集聚发展。

（六）鼓励农机企业对外开放，扩大国际合作

继续实施“走出去，引进来”战略，进一步扩大利用外资规模，鼓励省外国外先进农机企业到我省合资或独资办厂，促进我省农业机械产品提高质量，加速我省农机工业的发展进程。积极开拓国际市场，扩大国际市场份额，逐步提高产品的国际竞争力。

（七）加速农机技术人才队伍的建设

鼓励和支持高等院校恢复或新设立农机设计、制造等专业。充分利用现有的农机教育培训体系，采取多种有效方式培养富有创新意识能力的农机专业人才队伍，突破农机工业的人才瓶颈制约。建立健全有利于加快各类农机人才成长的用人机制，推行技术参与分配的有效形式，创造良好的工作环境和生活条件，稳定企业人才队伍，为促进全省农机工业发展，提供坚实的智力支持和人才保障。

（八）构建现代农机流通体系

建立健全农机制造企业品牌营销网络、专业农机流通企业销售网络相结合的新型农机市场体系。实施农机流通服务品牌工程，优化市场布局，发展连锁经营，培育一批辐射面广、服务质量好的大型农机流通企业、品牌农机店和区域性农机市场，健全农机零配件供应网络，提高农机产品流通效率，方便农民购机。建立农机产品售后服务体系和信息服务平台，依托重点生产企业、专业流通企业建立售后服务中心，提高服务能力。完善农机产品“三包”制度和召回制度。

四、推进农业机械化和农机工业的政策措施

（一）加大财政支持力度

各级政府要认真贯彻落实促进农业机械化和农机工业发展政策，逐步加大投入力度，支持农业机械化和农机工业发展。积极探索农机化发展的新模式、新机制，建立农业机械化示范区、示范基地，鼓励率先实现农业机械化。有条件的地方可探索建立农机作业补贴制度，可在中央和省农机购置补贴比例的基础上，实行累加补贴，优先扶持主要农作物、区域性优势产业、地方性等特色农产品农业机械化发展，并适当向农机专业合作社、农机大户和种植大户倾斜。

（二）加强和改进金融服务

鼓励和支持金融机构创新农村金融产品和金融服务，加大对农机工业、农机专业合作组织、农机户的信贷扶持力度。发展农机小额信贷，为农民购置先进适用农业机械提供信贷支持。在保障信贷资金安全的前提下，适当放宽贷款条件，简化贷款手续，积极开展农机抵押、质押贷款业务，推动农户联保、农机互保、农机专业合作社为成员担保等多种信用保证方式。对符合产业政策和信贷原则的农机制造企业技术改造、新产品开发和农机流通设施建设给予信贷支持。中小农机制造企业可享受国家扶持中小企业发展的相关信贷政策，各级政府和金融部门应切实采取措施努力解决中小农机企业贷款难的问题。

（三）切实落实和完善税收优惠政策

认真落实国家有关农业机械化的税费优惠政策。对跨区作业的联合收割机、运输联合收割机（包括插秧机）的车辆，免收车辆通行费。农机专业合作社申办工商登记和年检，不收取证照工本费和年检（审）费。保障农业生产燃油供应，落实排水灌溉用电执行农业排灌电价的政策。

进一步落实关于企业研发投入税前扣除政策。对生产国家支持发展的新型、大马力农机装备和产品，确有必要进口的关键零部件及原材料，免征关税和进口环节增值税；属于国家重点扶持高新技术企业中的农机制造企业，按照企业所得税法的规定，减免15%的税率征收企业所得税；按照现行规定对批发和零售的农机实行免征增值税政策。

（四）不断加强农机基础设施建设

各级政府要加大对农村机耕道建设、提灌抗旱设施更新改造的投入力度，要将农村机耕道、提灌抗旱设施建设纳入农村经济发展总体规划，与规划内的项目同步实施，逐步

构建"进组、入院、到田"的农村机耕道路网络，改善农机作业、通行条件，恢复、新增农村机电灌溉面积，不断增强抗旱保栽能力。完善农机质量鉴定、安全监理、推广培训体系建设，加大对农机安全监理、农机推广鉴定、机电提灌服务队等公益性设施建设的支持力度，增强农业机械化公共服务能力。支持农机化信息公共服务平台建设。加快农机科研中心、试验场地、示范基地、产业园区建设。支持农机大户、农机专业合作社的场库棚建设，对停放农机具的场库棚建设用地，按农业用地办理手续。

五、加强组织领导

各级政府要把发展农业机械化和农机工业列入重要议事日程，结合本地实际研究制定发展规划和扶持政策，明确发展目标和工作重点。各有关部门要按照职责分工，加强沟通协调，密切配合，制定各项配套政策，共同做好农业机械化和农机工业工作。农业机械化主管部门要认真履行规划指导、监督管理、协调服务职能，做好技术推广、生产组织、安全监督以及与有关部门的协调配合等工作。农机工业主管部门要加快制定农机工业发展规划、产业政策。发展改革部门要落实扶持农业机械和农机工业发展的基本建设投资。财政部门要保障农业机械化的资金投入，加强农机购置补贴资金的监管。商务部门要加大对农机流通行业的指导，加快农机流通体系建设。公安、交通运输部门要保证农机跨区作业绿色通道畅通。科技部门要加大对农业机械化和农机工业科研开发支持力度。银行业和保险业监管部门要督促银行金融机构和保险公司积极开展农机信贷、保险业务。其他部门也要根据职责积极支持农业机械化和农机工业发展。有关行业协会要当好政府与企业、农户的桥梁，充分发挥协调、服务、维权、自律的作用。

二〇一一年三月十五日

云南省人民政府贯彻落实国务院关于促进农业机械化和农机工业又好又快发展文件的实施意见

云政发[2011]229 号

各州、市、县(市、区)人民政府，省直各委、办、厅、局：

为认真贯彻落实《国务院关下促进农业机械化和农机工业又好又快发展的意见》(国发[2010]22 号)精神，切实转变农业增长方式，加快全省农业机械化发展，结合我省实际，提出如下实施意见：

一、充分认识加快发展农业机械化的重要性和紧迫性

(一)我省农业机械化发展成效显著。在省委、省政府的正确领导下，在农机购置补贴等惠农强农政策的有效拉动下，各级农业农机部门抢抓机遇、真抓实干，全省农业机械化快速发展，呈现出投入大、发展快、种类多、覆盖面广的特点。"十一五"末，全省农业机械总值达到 148 亿元，比 2005 年增加 54 亿元，增长 57%；农业机械总动力达到 2 411 万千瓦，比 2005 年增加 745 万千瓦，增长 45%；农机总量达到 402 万台，增长 56%；全省农机作业面积达到 5 611 万亩，主要农作物耕种收综合机械化水平达到 32%，农业机械化成为全省农业农村经济又好又快发展的重要支撑。

(二)加快农业机械化发展是我省从传统农业向现代农业转变的必然选择。农业机械是发展现代农业的重要物质基础和农业现代化的重要标志。当前，我省正处于从传统农业向现代农业转变，工业化、城镇化、农业现代化同步推进的关键时期，加快全省农业机械化发展，对促进我省农业科技进步、提高农业装备水平、转变农业发展方式、增强农业综合生产能力、保障粮食安全、增加农民收入、加快全省农业现代化进程和社会主义新农村建设具有十分重要的意义。

(三)加快农业机械化发展是提升农村经济整体发展水平的客观需要。加快农业机械化发展，既是改善农民生产生活条件、提高农业劳动生产率的必由之路，也是提升农村经济整体发展水平，促进农业增效、农民增收的重要途径。虽然近年来我省农业机械化实现较快发展，但综合机械化水平仍然较低，主要农作物耕种收综合机械化水平比全国低 20 个百分点，仍存在投入结构不合理，装备结构单一，水稻机插、玉米和马铃薯机播、机收刚刚起步，农机专业合作组织、农机大户发展滞后，新机具应用能力、新技术推广水平偏低等问题。加快农业机械化发展，提高综合机械化水平迫在眉睫。

二、促进我省农业机械化又好又快发展的总体要求

(四)指导思想。坚持以科学发展观为指导，深入贯彻《国务院关于促进农业机械化和农机工业又好又快发展的意见》精神，按照"立足大农业、发展大农机、服务新农村"的战略要求，以粮食增产、农业增效、农民增收为核心，以转变农业生产方式和增强农业综合生产能力为主线，以提高主要农作物和特色优势产业机械化水平为重点，加大政策扶持力度，扩大新农机、新机具、新技术推广应用，改善优化农机装备结构，提高农业机械装备水平，强化农机社会化服务体系建设，提高农机安全生产管理水平，不断提升我省农业机械化程度，努力加快农业机械化和农机工业又好又快发展。

(五)基本原则

——以人为本，服务"三农"。优先发展安全可靠、经济适用、节能环保和深受农民欢迎的农业机械装备，满足农民最迫切的生产生活需求。

——因地制宜，分类指导。区分不同区域自然条件、经济条件和农艺要求，采取相应的技术路线和政策措施，推进不同地区农业机械化发展。

——重点突破，稳步推进。针对主要农作物、骨干产业的分布，促进农机农艺有机结合，加快粮食主产区、优势特色产业基地、主要农作物关键生产环节机械化快速发展，实现重大装备技术突破，带动农业机械化全面协调发展。

——完善机制,鼓励创新。创新农机服务形式,强化农机公共服务能力建设,着力提升农机社会化服务能力,推进科研生产推广应用并举,速度质量安全效益并重,提高农机利用率和效益。

——市场引导,政府扶持。以市场需求为导向,引导社会资本、技术和人才等要素投入,加大财政支持力度,增加农业机械化投入,加大对农机工业的财税,金融等扶持力度。

(六)发展目标。力争到2015年,农机总值达到200亿元,农机总动力突破3 000万千瓦,农机作业面积7 000万亩,主要农作物耕种收综合机械化水平达到4.5%以上,水稻、玉米、小麦、马铃薯等机械化和花卉、蔬菜等设施农业水平明显提高,养殖业、林果业、农产品初加工机械化协调推进。农业机械化服务体系不断完善,服务能力进一步增强。到2020年,农机总值达300亿元,农机总动力达到4 000万千瓦,农机作业面积8 500万亩,主要农作物耕种收综合机械化水平达到60%左右。在适宜农业机械作业的耕地中,水稻机插、收获机械化水平达到50%以上,小麦耕种收综合机械化水平达到40%以上,甘蔗种植、收获机械化关键技术有重大突破。养殖业、林果业、农产品加工机械化有重大进展,农机工业初步形成体系和规模,在特色农机研发生产技术应用中有较大发展。

三、加快农业机械推广应用的重点领域

(七)粮食生产领域。围绕我省百亿斤粮食增产计划实施,加大粮食主产县(市、区)和农业机械化重点县的农机技术推广力度,在部分重点县努力实现粮食生产全程机械化,提高粮食综合生产能力。

(八)畜牧水产领域。围绕100个年出栏万头以上标准化生猪规模养殖场和50个高原淡水养殖基地重点建设项目,发展畜产品养殖机械设备,积极推广畜牧规模化养殖机械技术设备,提高畜牧水产机械装备水平。

(九)特色优势产业领域。围绕烤烟、茶叶、咖啡、花卉、橡胶、甘蔗、蚕桑、马铃薯、蔬菜、水果、核桃等优势特色产业,推进农机技术、设备的集成应用和推广,着力提高优势特色产业、示范园区的农机化技术示范带动作用。

(十)农业产业化经营领域。建立农机农艺协调机制,为推进农业产业化经营提供农机技术支撑,重点在生产基地机械化的普及应用和农产品加工机械应用上实现重大突破。逐步实现农产品由初级加工向精深加工转变,由传统加工工艺向先进适用技术转变,由小批量加工向适度规模生产转变。

(十一)专业化服务领域。围绕农机专业合作组织建设,以大力培育扶持农机专业合作社、农机大户为重点,努力培育农机销售、维修、作业服务等组织和网络,构建主体多元、功能齐全、覆盖面广、服务高效的新型农机社会化服务体系。

四、加快农业机械化发展的主要任务

(十二)转变农业机械增长方式。深入贯彻落实国家农机购置补贴等强农惠农政策,加快农业机械由农民被动应用向主动推广转变,促进农业机械总量持续增长。立足我省水稻、玉米、小麦等粮食生产和优势特色产业的需求,优先发展大马力、高性能农机装备。鼓励引导农民使用高性能、多功能复式作业机械,加快推进以水稻为重点的粮食生产全程机械化。通过优先发展主要作物、主要作业环节、主要生产领域的农业机械,快速增加农业机械装备,快速提高机械化水平。

(十三)优化农业机械装备结构。坚持农业机械数量增长与结构优化并举,以增量调整带动存量优化,以存量优化促进结构升级,根据农业产业化发展和农业产业结构调整需要,从我省户均土地规模小和山区较多的实际出发,在确保农业机械总量稳步增长的前提下,积极发展适应家庭经营需要的中小型农机,加大力度研发推广适应我省地形和土质的小型农机具,着力调整大中型机械与小型机械、动力机械与配套机具、粮食作物机械与经济作物机械、种植业机械与农村其他产业所需机械的比例,形成适应我省不同区域、不同地貌的高中低端产品共同发展的良好格局。

(十四)分类指导农业机械化发展。统筹推进坝区、半山区、山区,以及经济发达与欠发达地区的农业机械化发展,突出重点区域、重点县和重点机型。坝区推广以大马力、高性能拖拉机、联合收割机为重点的农业机械;半山区推广以玉米、马铃薯种植、收获机械为重点的农业机械;山区推广以微型耕整机、排灌机械为重点的小型农业机械。粮食生产推广以水稻插秧机、联合收割机、烘干机为重点的农业机械;养殖业推广以饲料加工、奶业、畜禽粪便处理设备和微型增氧技术设备为重点的农业机械;蔬菜、花卉等特色产业推广以大棚移栽机、植保机具、二氧化碳发生器和滴灌、微灌等设施农业装备为重点的农业机械。同时,选择30个不同类型的示范县(市、区),结合产业特点,开展农业机械化推广试点,率先实现全程机械化,为全省农业机械化的发展探索推广应用经验。

(十五)强化农业机械安全生产监督管理。加快修订和完善有关配套政策。加强农机试验鉴定、质量认证和质量监督,规范农机销售、作业、维修3个市场,完善农机质量投诉网络,严厉打击制售假冒伪劣农机产品等坑农害农行为。强化农机安全监理,建立以源头管理、管控结合、安全教育为主要内容的农机安全生产监管长效机制,以人为本,文明执法,推进农机监理执法机构建设,加大拖拉机检测线建设,使拖拉机检验率达80%以上,逐步推广公安交通管理部门委托农机监理部门对上道路拖拉机实施安全监管执法机制,切实提高农机安全监理水平,确保农机安全生产。

(十六)提高农业机械服务水平。进一步增强省、州(市)、县(市、区)、乡(镇)4级农业农机部门公共服务能力,加强基层农机服务体系建设。大力发展多种形式的农机社会化服务组织,创新服务机制,逐步形成形式多样、功能齐全的农机社会化服务体系,实现服务组织多元化。按照建设标准化、管理规范化、经营企业化、作业规模化、生产科技化的要求,鼓励和发展农机专业合作组织、专业协会,把农机专业合作社和农机大户作为农业机械化服务生力军,积极予以重点扶持、引导和发展。重点培育扶持300个设施完备、功能齐全、特色明显、效益良好的农机专业合作组织。着力培育农机作业、维修、中介、租赁和信息咨询等市场。继续抓好农机跨区作业,加强组织引导,推动农机跨区作业由水稻向小麦等大宗农作物延伸,由机收向机耕、机播、机插等环节拓展。

(十七)加快农业机械实用人才培训。整合教育培训资源,充分发挥高等院校、职业高中等农机教育培训机构的主阵地作用,大力培养农业机械化专业技术人才。拓展教育培训领域,结合"阳光工程"等各类农民培训项目,开展农机实用技能培训和科普宣传,提高农民对农业机械的接受能力和操作水平。定期对农机管理、推广、监理、学校和修理人员进行培训,提升农业机械化公共服务人员业务素质。加强各级农机技术培训学校基础设施建设,不断改善办学条件,提高办学能力。到2015年通过认证许可的农机培训机构达150个以上,建设农村劳动力转移技能培训基地120个,年均完成农机户技能和实用人才培训10万人次以上。

(十八)加强对外合作与交流。实施"引进来"、"走出去"发展战略,抓住国家实施新一轮西部大开发和把云南建成面向西南开放重要桥头堡战略机遇期,以南亚、东南亚为重点,积极组织、引导、扶持优质的农机产品对外出口,建立农机交流中心,促进云南农机对外交流与合作。

(十九)推进农机工业有序发展。加大对农机工业企业扶持力度,鼓励农机企业兼并重组,重点培育3—5户大型企业(集团),形成集群、集聚发展,增强企业竞争力。鼓励企业建立以企业为主体,市场为导向,与农业生产相结合的创新研发机制,引导企业加大对云南特色产业农机具的研发力度,重点发展高原小型多功能耕作、播种、植保、收获、加工等农机设备。加强农机工业人才队伍建设,增强农机工业科技创新能力,建立健全专业农机流通企业销售网络、维修服务体系和信息服务平台。加大招商引资力度,不断增强企业自主研发创新能力,应用先进加工设备和制造技术,提高农机制造工艺、装备水平及产品质量,扶持企业做大做强品牌,促进农机工业高效发展。

五、加快农业机械化和农机工业发展的保障措施

(二十)加强组织领导。各级政府要统一思想、深化认识,把提高农业机械化水平作为促进农业和农村经济发展的重要工作来抓,及时研究解决农业机械化发展中遇到的困难和问题,认真协调部署事关农业机械化发展的重点工作,制定和完善扶持措施,努力提高农业机械化水平。要健全农业机械管理机构,加强人员队伍建设,充实力量,改善工作条件,保障必要的工作经费,切实提高管理水平。

(二十一)加大投入力度。建立以政府投入为导向,农民和农业生产经营组织投资为主体,社会资金广泛参与的多元化投入机制。各级政府要切实加大对农业机械化的投入力度,并随着财力的增长逐步加大支持力度。省直有关部门要在现有投入的资金中通过调整结构加大对农业机械化的投入力度,积极向中央争取给予更大的支持。继续实施农机购置补贴政策,向粮食主产区、非主产区产粮大县等倾斜,并逐步强化对农业机械化重大技术研发推广的支持。州(市)、县(市、区)财政也要加大投入力度,不断增加农业机械化投入在农业总投入中的比重。

(二十二)明确部门责任。加快建立政府负责、农业主抓、部门配合、社会参与的农业机械化发展新格局。农业部门要认真履行规划指导、监督管理、协调服务职能,做好技术推广、生产组织、安全监理、技能培训、质量监督等工作。农机工业主管部门要认真履行农机工业行业管理职能,加快制定农机工业发展规划、产业政策和行业准入办法,抓好产品质量管理。水利部门要做好灌排设备更新改造规划,推广普及节水灌溉设备,协助农机工业主管部门做好大型灌排设备研发工作。发展改革部门要落实扶持农业机械化和农机工业发展的基本建设投资。财政部门要落实加快发展农业机械化和农机工业的资金,加强农机购置补贴政策实施的监管。商务部门要加强对农机流通行业的指导,加快农机流通体系建设。科技部门要加大对农业机械化和农机工业科研开发支持力度。有关行业协会要做好政府与企业、农户的桥梁和纽带,充分发挥协调、服务、维权作用。其他有关部门也要根据职责积极支持农业机械化发展。

(二十三)落实优惠政策。突出补贴重点,简化农机购置补贴审批程序,提高工作效率,确保农机购置补贴政策落到实处。继续免征农业机耕业务营业税,免征从事农机作用和维修等农、林、牧、渔服务业项目的企业所得税;继续对跨区作业的联合收割机、运输联合收割机(包括插秧机)车辆,免收车辆通行费。进一步落实关于企业研发投入税前扣除政策。根据国家有关规定,对生产国家支持发展的新型农机装备和产品,确有必要进口的关键零部件及原材料,免征关税和进口环节增值税。按照现行规定对批发和零售的农机实行免征增值税政策。

(二十四)改善金融服务。银监和保监部门要督促银行业金融机构和保险公司积极开展农机信贷、保险业务。进一步创新金融产品和服务模式,加大对购买农机具农民和农机服务组织的信贷扶持力度。积极推动农机抵押贷款业务,采取灵活的贷款期限与还款方式,为农民和农机服务组织多元化融资提供便利。对符合产业政策和信贷原则的农机制造企业技术改造、新产品开发和农机流通设施建设,给予信贷支持。中小农机制造企业可享受国家扶持中小企业发展的有关政策。积极扩大农机保险业务,开展对使用风险相对较大的参保农机给予保费补贴试点。

二〇一一年十二月一日

陕西省人民政府关于促进农业机械化和农机工业又好又快发展的实施意见

陕政发[2011]20号

各市、县、区人民政府,省人民政府各工作部门、各直属机构:

为了深入贯彻落实《国务院关于促进农业机械化和农机工业又好又快发展的意见》(国发[2010]22号)精神,加快推进我省农业机械化和农机工业发展,提升农业装备水平,改善农业生产条件,增强农业综合生产能力,推进现代农业发展,现提出如下意见。

一、加快提升农业装备水平

(一)着力改善装备结构。强化农机购置补贴政策调控作用,在确保农机装备总量增长的同时,优化区域布局,改善农机结构,发展大马力、高性能、复式作业机械和节水、节肥、节药、节种等资源节约型机械，推广轻便、耐用、低耗的中小型农业机械。加大排灌设备更新改造力度，加快节水灌溉和小型抗旱设备推广。针对粮食、畜牧业、设施农业、林果业及加工业机械生产关键环节，大力发展适用机械，推进玉米、水稻、马铃薯、油菜等粮油作物种收机械化，尽快实现饲草（料）加工、挤奶及饲养设施机械化，加快推进设施农业建棚标准化、耕作机械化、卷帘自动化、灌溉节水化。力争到2015年，主要农作物耕种收综合机械化水平超过60%，其中玉米机收达到50%，果园耕作、植保机械化水平在60%以上，其他特色产业机械化水平明显提升，全省农机总动力达到2 500万千瓦，2020年达到3 000万千瓦。

（二）实施粮食生产机械化推进工程。大力推进小麦生产全程机械化，加快提升玉米、水稻、马铃薯等主要农作物生产关键环节的机械化水平，促进农机与农艺结合，确保新增25亿公斤粮食生产能力规划顺利实施。加强粮食机械化生产综合示范基地建设，推广精量播种、化肥深施、秸秆还田、秸秆覆盖、保护性耕作等机械化技术，推进玉米收获、春玉米覆膜播种、水稻育插秧和收获、马铃薯播种和收获机械化，提升粮食生产机械化综合水平和综合服务能力，促进粮食生产规模化、组织化、专业化和产业化发展。

（三）实施保护性耕作工程。认真组织实施国家保护性耕作工程建设规划，编制全省保护性耕作工程规划，加快完善保护性耕作技术体系和机具系统，扩大实施规模，力争2015年全省新增保护性耕作面积300万亩，保护性耕作技术应用规模达到600万亩以上。建立健全保护性耕作长效机制，以提升农业机械化水平为抓手，培育和扶持农机大户和农机专业合作社，坚持市场化运作、社会化服务、规模化经营，推进保护性耕作工程。依托西北农林科技大学和省级农机推广、鉴定机构，组建陕西省保护性耕作工程技术中心，加强保护性耕作机具、技术的引进研发、示范推广、培训指导工作。

（四）实施农作物秸秆综合利用工程。按照综合统筹、板块推进、面上示范、整体提升的思路，以专业合作社和龙头企业为主体，推广玉米免耕硬茬播种、小麦玉米带状旋耕播种、玉米收获、秸秆还田、秸秆捡拾打捆、秸秆饲草加工、水稻秸秆编织七大农业机械化技术，推进示范田示范基地建设，发展秸秆产业，促进农作物秸秆综合利用。力争2015年全省基本建立秸秆机械化综合利用技术、产业和服务体系，形成不同区域、不同品种的综合利用产业化格局，秸秆综合利用率达到80%，重点区和禁烧区达到95%，利用面积达到3 000万亩。

二、加强农业机械化技术推广

（五）完善农业机械化推广机制。建立健全以国家农机推广机构为主体，科研单位、大专院校、示范基地和专业合作社共同参与的农业机械化技术推广体系，创新推广机制，提高推广能力，大力推广粮食、果业、畜牧业、设施农业、保护性耕作、秸秆综合利用、茶叶、油料、高效植保、节水灌溉等十大农业机械化技术，提高生产能力。加快推进基层农机推广机构改革，充实推广队伍，完善农机、种子、土肥、植保等推广服务机构密切配合的工作机制，促进农机农艺融合。

（六）建设农业机械化示范区。围绕粮、果、畜、菜等主导优势特色产业，以种养大户和农机专业合作社为主体，以集成配套技术为载体，建设一批农业机械化示范区，引领和带动我省农业机械化发展。按照全程机械化标准，推进粮食主产区机械化。按照健康养殖、标准化养殖要求，提高畜牧业、渔业生产机械化水平。抓住关键环节，推进设施农业、油菜、茶叶及林果业生产机械化。通过示范引领带动，主导优势特色产业机械化实现整村、整乡、整县推进。

三、加强农业机械化科研教育培训

（七）创新农机科研体制机制。依托西北农林科技大学，建立科研院所、农机推广与鉴定机构及有关企业联合协作工作机制，实现资金、人才、技术优化组合，提升农机研发能力。考虑农作物品种、区域主导产业、耕作制度、经营体系等需要，以引进、示范、推广为主，坚持开发和引进相结合，加快急需的关键性农机和共性技术机具的研发、引进。

（八）提高农机人员素质。整合教育培训资源，加大培训力度，努力建设一支高素质农业机械化管理、科技、实用人才队伍。结合“阳光工程”等各类农民培训项目，广泛开展农机实用技术培训，培养新型职业农民。加大投入力度，加强基础设施建设，完善农机教育培训体系，严格培训资质，加强监督管理，确保培训质量。

四、强化农机安全使用与监督管理

（九）加强农业机械安全生产管理。贯彻落实《拖拉机和联合收割机监理检验技术规范》、《农机安全监理机构建设规范》，着力提高拖拉机、联合收割机登记率、检验率及其驾驶人持证率，定期对危及人身财产安全的农业机械进行实地检验，消除安全隐患。结合“平安农机”创建活动，定期开展专项督查，确保安全生产。完善农机安全监督管理体系，加强农机监理机构建设，推进队伍规范化建设，全面履行执法职能。加强与公安等部门协作，完善监管网络，探索建立农机安全管理长效机制。

（十）强化农业机械产品质量监督管理。按照先进性、适用性、可靠性、安全性要求，制定和完善支持推广的农业机械产品目录，提升农机化水平。加强农机鉴定机构建设，提高农机产品鉴定、检测和监督能力。做好农机质量投诉处理工作，督促提高产品质量和售后服务水平。依法加强对生产、流通领域农机产品的质量监管，打击生产销售假冒伪劣农机产品的违法行为。依法做好农机维修网点的分级分类管理和从业人员技术等级的审定工作，规范和促进农机维修业发展。

五、提高农机社会化服务水平

（十一）构建现代农机流通体系。建立健全农机制造企业品牌营销网络与专业农机流通企业销售网络相结合的新型农机市场体系，优化市场布局，完善服务网络，发展连锁经营，培育一批辐射面广、服务质量好的大型农机流通企业、品牌农机店和区域性农机市场，方便农民购机。建立农机产品售后服务体系和信息服务平台，依托重点生产企业专业流通企业建立售后服务中心，提高服务能力。完善农机产品“三包”制度，健全和规范农机修理市场，支持在西安、杨凌、渭南等地建设一批服务功能齐全、设备设施齐备、维修技术能力强、经营管理水平高、服务覆盖范围大的区域性高性能农业机械维修中心，提高维修能力和服务质量。

（十二）推进农机专业服务组织建设。以市场为导向，以推进土地规模经营和产业化发展为着力点，通过示范引导、安排项目、政策扶持，大力培育农机专业合作社、农机作业服务队和农机大户等农机作业服务组织，发展高效农机社会化服务。组织开展农机专业合作社示范社建设，培育发展一批设施完备、功能齐全、特色鲜明的示范农机合作社。鼓励发展农机专业大户和联户合作,积极探索发展农机作业公司,促进农机服务主体多元化。大力扶持农机专业合作组织建设,引导社会投入,逐步建立起国家扶持、群众自筹、集体入股、银行贷款等多渠道、多形式、多元化的投入机制,推进农机专业合作组织发展。力争到2015年,全省每个乡镇建设1—2个农机专业合作社。

(十三)培育发展农业机械化服务市场。加强组织协调,发展农机跨区作业,拓展作业领域,延长服务链,打造农机作业品牌。积极采取订单作业、承包服务、产销一条龙等方式,为农业生产提供优质、高效服务。鼓励采取土地流转和代耕代种方式,实行节约经营,提高规模效益。引导农机服务组织开展农资、农产品、建筑材料运销等农村物流服务。

(十四)强化农业机械信息化服务。健全省、市、县三级农机化信息网络,完善信息收集、加工、发布、传输系统,构筑农机信息服务平台,实现信息共享,推动农机服务业发展。加强信息人才培养,发展中介组织、从业人员和经纪人队伍,为农机生产企业和经营者提供生产、销售、作业及政策、技术等信息服务。突出抓好重要农时季节的信息服务工作,引导作业机具有序流动,确保关键季节机械化生产顺利进行。

六、提高农机工业制造能力

(十五)推进农机工业行业改革。着力推动农机企业兼并重组,加快资源整合,引导要素资源向优势企业集中,形成相互配套、特色明显的农机产业集群和龙头企业,提高我省农机产业的市场竞争力。加快转变发展方式,支持中小型农业装备企业向"专、精、特、新"的方向发展,培育一批具有比较优势的零部件企业,实现规模生产,产业结构优化升级.由省工业和信息化厅牵头,省农业厅、省水利厅、杨凌示范区管委会在杨凌设立农业机械工业园区,鼓励民营企业、外资企业投资,重点研发和生产节水灌溉、秸秆综合利用等方面的机械,做大做强农机制造业。

(十六)增强农机工业科技创新能力。加强行业技术创新体系建设,组织开展关键技术、关键零部件、重点项目产品的研发,解决农机产品结构性矛盾。依托农机制造企业和科研院所,建设重点农机产品开发企业技术中心,加快关键性农机和重大共性技术研发,推动企业自主创新,加快技术改造步伐,不断提高生产技术水平和工艺装备水平,提升产品竞争力。

(十七)加强农机企业管理。完善行业质量政策和法规,加强对企业的扶持和政策引导,强化执法监督力度。完善农机产品质量标准体系和企业质量保证体系,强化外购零部件的检测和可能性分析,规范新产品和新技术鉴定验收工作。建立农机企业质量监督检查制度,组织开展产品质量抽检。建立健全产品质量认证、质量体系认证机构,鼓励企业通过质量体系认证、产品认证,加强内部质量管理,开展争优创优,提高市场竞争力。

七、加大对农业机械化工作的扶持力度

(十八)加大财政支持力度。省财政要建立稳定的农机化投入增长机制,加大对农机化重大技术示范推广、农机化示范园区建设的支持力度。要安排专项资金,按照中央农机购置补贴资金规模对关键农机具进行配套补贴,对关键机具的引进、研发、示范、推广予以支持,积极开展农机作业补贴和农机保险补贴试点,建立健全农机技术推广、质量监督、教育培训、科研开发和安全管理体系。按照《农业机械安全监督管理条例》规定,对拖拉机和联合收割机实行减免费注册登记与实地检验,由财政给予资金补贴。在缴纳交通强制险后,拖拉机和联合收割机等农业机械挂牌费用,农机部门予以减免。各市、县(市、区)财政也要加大投入力度,支持发展重点产业农业机械化。

(十九)落实税费优惠政策。继续免征农机机耕和排灌服务营业税、农机作业和维修服务项目的企业所得税。继续对跨区作业的联合收割机、运输联合收割机(包括插秧机)的车辆免收车辆通行费。进一步落实关于企业研发投入税前扣除政策。对生产国家支持发展的新型、大马力农机装备和产品,确有必要进口的关键零部件及原材料,免征关税和进口环节增值税。属于国家重点扶持高新技术企业中的农机制造企业,按照企业所得税法的规定,减按15%的税率征收企业所得税。按照现行规定对批发和零售的农机实行免征增值税政策。

(二十)加强和改进金融服务。进一步加大对农民和农机服务组织的信贷扶持力度,创新金融产品与服务方式,扩大购机信贷规模,做好融资支持和配套金融服务。对符合产业政策和信贷原则的农机制造企业技术改造、新产品开发和农机流通设施建设,给予信贷支持。中小农机制造企业可享受国家扶持中小企业发展的相关政策。创新型企业试点向农机制造企业倾斜,加大支持力度。

(二十一)支持基础设施建设。实施农业综合开发、粮食基地建设、扶贫开发、生态环境建设、土地治理、农业产业化建设等涉农项目,要大力推广农业机械化技术,将农村机耕道路、排灌及抗旱设施等建设内容纳入相应规划,与规划内的项目同步实施。在规划、用地等方面积极支持农机合作社建设农机停放场(库、棚),改善农机保养条件。加大投资支持力度,在高新技术产业化示范项目安排中,对农机新技术和新产品开发予以倾斜。将农机流通纳入农村市场体系建设规划,加强现代农机流通体系建设,支持农机销售市场、区域性售后维修服务中心等农机流通基础设施建设。

八、加强对农业机械化工作的组织领导

(二十二)明确部门分工。有关部门要明确职责,加强指导,为推进农业机械化和农机工业发展做好服务。农业机械化主管部门要认真履行规划指导、监督管理、协调服务职能,做好技术推广、生产组织、安全监理等工作。农机工业主管部门要认真履行农机工业行业管理职能,加快制定农机工业发展规划、产业政策和行业准入办法,抓好产品质量管理。水利部门要做好灌排设备更新改造规划,推广普及节水灌溉设备,协助农机工业主管部门做好大型灌排设备研发工作。发展改革部门要落实扶持农业机械化和农机工业发展的基本建设投资。财政部门要落实扶持农业机械化和农机工业发展的资金,加强农机购置补贴政策实施的监管。公安、科技、交通、质检、安监、工商、税务等其他各有关部门要按照职责分工,密切协作配合,共同推进农业机械化和农机工业又好又快发展。

(二十三)落实工作责任。各市、县(市、区)政府要把发展农业机械化和农机工业提上重要议事日程,加强组织协调,建立工作责任制,统筹协调推进。要将农机发展规划纳入当地国经济和社会发展规划,结合本地实际,研究制定实施计划和配套政策措施。积极支持农机机构队伍建设,改善工作条件,保障工作经费,切实解决农机科研、生产、鉴定推广、社会化服务等方面的问题,扎实促进农业机械化和农机工业又好又快发展。

二〇一一年四月二十二日

甘肃省人民政府关于促进农业机械化和农机工业又好又快发展的实施意见

甘政发[2011]31号

各市、自治州人民政府，省政府有关部门：

农业机械化是农业现代化的重要标志。当前，我省正处于从传统农业向现代农业转变的关键时期，加快推进农业机械化和农机工业发展，对于提高农业装备水平、改善农业生产条件、增强农业综合生产能力、保障粮食安全、增加农民收入等具有重要意义。为促进我省农业机械化和农机工业又好又快发展，根据《国务院关于促进农业机械化和农机工业又好又快发展的意见》(国发[2010]22号)精神，现提出如下实施意见。

一、指导思想、基本原则和发展目标

(一)指导思想。深入贯彻落实科学发展观，紧紧围绕发展现代农业和全面建设小康社会目标，以加快转变农业发展方式为方向，以粮食增产、农业增效、农民增收为核心，以提高主要农作物和特色优势产业机械化水平为重点，以实施农业机械化推进工程为载体，扩总量拓领域，抓推广调结构，提水平增效益，保安全促发展，着力推进技术创新、组织创新和制度创新，着力加强农机社会化服务体系建设，着力促进农机、农艺、农业经营方式协调发展，着力提高农机工业创新能力和制造水平，进一步加大政策支持力度，增强农机工业自主创新和核心竞争力，推动我省农业机械化由初级阶段向中级阶段全面跨越。

(二)基本原则

1. 因地制宜，分类指导。统筹推进不同地区农业机械化发展，鼓励有条件的地方率先实现农业机械化。

2. 重点突破，全面发展。以解决主要农作物、关键生产环节机械化为重点，着力提升农业产业化水平，促进农业机械化全面协调发展。

3. 鼓励创新，完善机制。创新农机服务形式，完善社会化服务机制，提高农机利用效率和效益。建立健全农机工业创新机制，提升农机工业研发能力和制造水平。

4. 市场引导，政府扶持。加大对农机购置、使用和农机工业的财税、金融等扶持力度，调动企业研发生产和农民购机用机积极性。

5. 农机农艺结合，协调推进。将机械适应性作为制定农艺标准和作业规范的重要依据，建立农机和农艺科研单位协作攻关机制，促进农业生产经营专业化、标准化、规模化和集约化。

(三)发展目标。到2015年，全省农业机械化发展进入中级阶段，农机总动力达到2 800万千瓦，主要农作物耕种收综合机械化水平达到48%。草食畜牧业、林果业、设施农业、特色产业机械化协调推进。农机社会化服务体系不断完善，服务能力显著增强，形成若干具有地方特色的农机工业产品和技术，部分产品达到国内先进水平。

到2020年，全省农机总动力稳定在3 700万千瓦左右，主要农作物耕种收综合机械化水平达到65%以上。草食畜牧业、林果业、设施农业、特色产业综合机械化水平显著提高。农机工业整体实力进一步增强，培育若干具有相当竞争实力的企业集团，基本建设成现代化农机流通体系和农机售后服务网络。

二、重点工作任务

(一)实施农业机械装备提升工程。强化农机购置补贴政策调控作用，着力优化区域农业机械化发展布局，努力实现大中型机械和小型机械、动力机械和配套机械、粮食作业机械与其他农产加生产机械、川塬和丘陵山区适用机械的协调持续增长。河西地区和沿黄灌区重点发展大马力、高性能农机，提高农机配套比和使用效率，突破玉米种植收获机械化瓶颈制约，大力发展高效节水灌溉机械和设施农业设备，加快推进棉花、蔬菜等经济作物生产机械化，率先实现农业生产全程机械化；中部及丘陵山区重点发展玉米、马铃薯作业机具，加快旱作节水灌溉和抗旱设备推广，大力推进地方特色产业机械化，力争实现主要农作物和特色优势产业关键生产环节机械化；陇东旱塬地区在巩固小麦生产机械化发展成果的基础上，着力提高玉米机收和农作物秸秆综合利用水平，重点发展大中型旱作农业机械、保护性耕作机械、畜牧养殖机械，积极推进林果业机械化，基本实现农业生产全程机械化；中南部和少数民族地区加快实施“以机代牛推进行动”，重点发展轻便耐用、经济低耗的中小型农业机械，推进主要粮油作物和特色农产品生产机械化。

(二)实施农业机械化科技示范工程。根据农业和农村经济发展的战略需求，建立不同层次农业机械化综合示范区和示范基地，大力推广主要农作物重点环节的农业机械化技术，广泛应用先进适用、技术成熟、安全可靠、节能环保、服务到位的农机装备。每个市州确定1个农业机械化新技术示范区，力争每个示范区每年示范面积达到100万亩。要坚持省、市、县三级联办、多元投入的原则，鼓励农业科研院所、大专院校、农民合作组织、农机大户和企业参与示范基地建设，大力推广深耕深松、保护性耕作、全膜双垄沟播、灌区高效节水、农作物秸秆综合利用。玉米收获、马铃薯播种和收获、油菜收获、中药材收获、设施农业、废膜捡拾回收利用等方面机械化技术，推动科研向产业聚集，技术向产品聚焦，全面提升农业科技装备实力、创新能力和产业化水平。

(三)实施农机节能减排节本增效工程。大力推广实施“节地、节水、节种、节肥、节药、节油”机械化节能减排增效技术，积极发展“高产、优质、低耗、高效、生态、安全”农业。大力发展保护性耕作，认真组织实施国家保护性耕作工程建设规划，编制全省保护性耕作工程规划，加快完善保护性耕作技术体系和机具系统，扩大实施规模，每年新增实施面积20万亩以上。大力发展农业机械化节本增效技术，每个市州确定1个示范区，每个示范区每年示范面积要达到40万亩以上。大力发展草食畜牧养殖机械化，加大秸秆综合利用力度，加快废物循环利用。建立农机报废更新制度，加快淘汰能耗高、污染重、性能低的老旧机械，促进节能环保型农机的推广应用。

（四）实施农业机械化人才培育工程。以建设高素质的农业机械化管理人才、科技人才、实用人才队伍为目标，加强教学设施建设、师资队伍建设、培训教材建设，改善培训手段，创新培训方式，提高培训质量，努力造就结构合理、素质优良、保障有力的专业人才队伍。加强农业机械化管理和科技人才培养，有计划有组织地对农机管理、推广、监理和试验鉴定人员进行岗位轮训，强化农业机械化公共服务能力。加强农业机械化实用人才培训，把农业机械化试验人才培训纳入阳光工程等各类农民培训项目，组织实施农机实用人才培训行动，全面提高农机操作人员基本素质。每年培训农机实用人才 10 万人次以上，2020 年累计培训 100 万人次以上。积极开展农机职业技能鉴定，实施职业资格证书制度，把广大农机手培养成为有文化、懂技术、会经营的新型农民。

（五）实施农业机械化基础设施建设工程。将农业机械化基础设施建设纳入城乡建设规划和基本建设计划，积极推进机耕道路、机修梯田、机具库棚、维修网点建设，切实改善农业机械化生产基础条件。按照农机管理、推广、监理、培训、质量监督等体系建设的需求，逐步改善农业机械化试验场地、办公场地、交通工具、设备仪器、试验示范装备等服务手段，建立健全农业机械化信息服务网络，完善服务功能，努力打造装备先进、设施齐全、保障有力、服务完备的农业机械化公共服务平台。

（六）实施特色农机装备制造业振兴工程。打破所有制界限、隶属关系界限、区域界限，鼓励和引导农机装备制造企业兼并重组，优化产权结构，建立现代企业制度。以满足我省农业机械化实际需求为首要目标，加大技术改造和新产品开发力度，大力调整产品结构，避免低水平重复建设，重点培育一批特色优势明显、市场竞争力强、市场占有率高的品牌产品。遵循市场运行规则，优化产业区域布局，扶持发展区域性龙头企业，逐步形成一批布局合理、各具特色的农机制造产业集群。加强农机产品质量标准体系和企业质量保证体系建设，加快新技术、新工艺、新设备和新材料应用，逐步淘汰消耗高、污染重、技术落后的工艺和产品，全面提升农机产品质量和制造水平，为发展地方特色产业提供技术装备支撑。

三、健全和完善支撑体系

（一）加强农机社会化服务体系建设。加大政策引导和扶持发展力度，推动农机服务组织创新、机制创新和管理方式创新，促进机械、技术、资本、土地等要素优化整合，逐步建立以农机专业合作社、农机协会、农机作业公司等专业服务组织为龙头，农机大户为主体，农机专业户为基础，农机中介服务组织为纽带，农机销售维修、信息服务和技术咨询等服务组织为支撑的新型农机社会化服务体系，形成以市场为导向、主体多元、功能齐全、服务高效的农机社会化服务新机制。大力开展农机专业合作社示范行动，培育发展一批设施完备、功能齐全、特色鲜明、运行规范的农机专业合作示范社，促进土地流转和规模经营。从 2011 年开始争取每年扶持发展 200 个农机合作社。鼓励发展农机作业服务公司、农机协会、农机作业经纪人（公司）等农机中介组织，满足农业机械化发展需求。要加强农机作业、维修、销售市场建设，完善市场机制，提高服务质量。

（二）加强农机推广体系建设。以农机推广装备建设、队伍建设、试验示范基地建设为重点，着力改善农机推广条件，着力提高人员素质，切实加强省、市、县农机推广机构能力建设，建立健全运行高效、服务到位、支撑有力、充满活力的农机推广体系。进一步深化乡镇农机推广机构改革，按照“强化公益性、放活经营性”的要求，明确公益性职能，合理设置机构，理顺管理体制，科学核定编制，落实工作措施。各级农机推广机构要创新发展理念和服务机制，不断拓宽服务领域，切实承担起加快科技成果转化的任务和责任。

（三）加强农机安全监督管理体系建设。认真贯彻落实《中华人民共和国农业机械化促进法》、《农业机械安全监督管理条例》等法律法规，依法保障和促进农机安全监督工作。加强农机监理队伍建设、装备建设和法制机制建设。全面提升农机安全监理能力。加快农机安全检测线和农机事故处理设备建设，到 2015 年全省各县市区基本配齐，建立省级农机安全应急指挥中心，完善农机安全预防和重特大事故应急机制。深入开展农机安全生产执法治理和宣传教育活动，预防和减少农机事故发生。扎实开展“创建平安农机，促进新农村建设”活动，夯实农业机械安全生产基础，构建“政府负责、农机主抓、部门协作、社会参与”的农机安全生产长效机制。在全省范围有条件推行农业机械免费管理惠农政策。

（四）加强农机质量监管体系建设。建立健全农机产品质量、作业质量、维修质量、服务质量标准体系，强化试验鉴定、质量投诉、质量调查、职业技能鉴定和维修管理等监管手段，着力构建和完善农业机械化质量评价监督管理工作体系。抓好农机销售、作业、维修三大市场监管，规范农机销售、作业、维修服务行为，提高农机应用和保障水平。依法定期公布调整《甘肃省支持推广的农业机械产品目录》，把好农机购置补贴产品质量准入关。加强农机质量投诉网络建设，健全服务机制，提高服务质量。建立农机制造企业质量监督检查制度，组织开展产品质量抽检。建立农机、工商、质监部门联系机制，开展农机联合执法、打假护农行动，严厉打击制售假冒伪劣农机产品等坑农害农行为。

（五）构建现代农机流通体系。建立健全农机制造企业品牌营销网络与专业农机流通企业销售网络相结合的新型农机市场流通体系。制定全省农机流通市场建设规划，优化市场布局，发展连锁经营，培育一批辐射面广、服务质量好的大型农机流通企业、品牌农机店和区域性农机市场，健全农机零配件供应网络，提高农机产品流通效率，方便农民购机。有选择地培育和扶持大型农机物流配送仓业、配送中心，构建链接全省各地农机销售企业、门店、超市、维修点的物流配送供应链，开展快捷高效的售后服务。建立农机产品售后服务体系和信息服务平台，依托重点生产企业、专业流通企业建立售后服务中心，提高服务能力。落实农机产品“三包”制度，明确产品售后维修责任，规范服务程序，提高维修能力和服务质量。

（六）建立健全农机工业创新体系。着力提高原始创新和集成创新能力，建立以企业为主体、市场为导向、产学研相结合的农机工业技术创新体系，促进科技成果转化，推动先进技术应用。找准创新着力点，明确主攻方向，着力加大马铃薯种植和收获机械研制开发力度，培育出一批具有自主知识产权的全国知名品牌；着力加大对全膜双垄沟播、垄作沟灌、免耕播种、秸秆还田等机械核心部件的研发力度，推出一批在北方旱作农业区有较强竞争力的品牌产品；着力加大玉米生产种收机械的研发力度,切实满足我省不同区域、不同种植模式的机具需求;着力加大区域优势产业和地方特色产业生产机械研发力度,优化产品结构,提升农机工业市场竞争力。

四、政策措施

(一)加大财政支持力度。各级政府要加大农业机械化发展的投入力度,组织实施农业机械化推进工程,支持农业机械化重大技术推广、农业机械化示范区、农机专业合作社建设和农机新产品研发。要进一步加大省级农机具购置补贴资金规模,扩大补贴产品种类和范围,重点扶持地方特色优势产品生产机械化发展。鼓励市县财政实施累加补贴,开展深松整地、保护性耕作、秸秆还田等农机作业补贴试点。

(二)完善农业机械化扶持政策。按照科学公开、公平、高效的原则,完善农机购置补贴管理办法,合理确定补贴产品种类,及时公布年度实施方案和补贴资金等,提高政策实施的透明度和公平性。简化农机购置补贴审批程序,改进审批方式,缩短审批时间。完善经销商管理制度,在由企业推荐经销商的基础上,严格经销商资格审查,将售后服务能力作为选择经销商的重要标准,严禁农机化事业单位通过成立公司等手段经销补贴产品。缩短补贴资金结算时限,增加结算频次,加快企业资金回笼速度。加强监管,受理农民投诉,严肃查处倒卖补贴指标和补贴产品、套取补贴资金、借补贴之机乱涨价和乱收费等违规行为。保障农民选择权和议价权,允许农民对实行统一定额补贴的同一种类、同一档次产品在全省范围内跨县自主购机,允许农民在签订购机协议后调换机型。探索建立政策性农机保险制度,努力提高农业机械投保率,降低农机生产风险。

(三)加强和改进金融服务。进一步加大对农机工业、农机专业合作社和农机户的信贷扶持力度,创新金融产品和服务方式,扩大购机信贷规模,积极满足合理信贷资金需求,做好融资支持和配套金融服务。积极推动农机抵押贷款业务,在保障信贷资金安全的前提下,适当放宽贷款条件,简化贷款手续,为多元化融资提供便利。对符合产业政策和信贷原则的农机制造企业技术改造、新产品开发和农机流通设施建设,给予信贷支持。将中小农机制造企业纳入国家中小企业、创新型企业试点金融扶持政策范围,加大金融支持力度。

(四)切实落实税费优惠政策。根据《国务院关于促进农业机械化和农机工业又好又快发展的意见》规定,继续免征农机机耕营业税、农机作业和维修服务项目的企业所得税,继续对跨区作业的联合收割机、运输联合收割机(包括插秧机)的车辆免收车辆通行费。进一步落实企业研发投入税前扣除政策。对生产国家支持发展的新型、大马力农机装备和产品,确有必要进口的关键零部件及原材料,免征关税和进口环节增值税。属于国家重点扶持高新技术企业中的农机制造企业,按照企业所得税法的规定,减按15%的税率征收企业所得税。按照现行规定对批发和零售的农机实行免征增值税政策。

(五)加大农机工业创新支持力度。把农机制造企业技术改造纳入中小企业技术改造范畴。加快制定甘肃省农机工业扶持政策和振兴规划,构建起支持农机工业加快发展的政策保障体系。把农机工业纳入省级产业化资金扶持范围,支持企业与科研院所、大专院校建设重点实验室和工程技术研究中心。将农机流通纳入农村市场体系建设规划,加强现代农机流通体系建设,支持农机销售市场、配送中心电子统一结算、信息采集发布系统和区域售后维修服务中心等农机流通基础设施建设。

五、加强组织领导

(一)加强领导,落实责任。各级政府要把发展农业机械化摆上重要议事日程,把农业机械化发展纳入全省经济社会发展总体规划,指导编制农业机械化发展规划并组织实施,协调解决农业机械化发展中的重大问题。要切实加强组织领导,强化农机行政管理职能,完善措施,落实保障经费,推动工作开展,实行目标管理,将农业机械化工作责任落实情况列入年度工作考核内容。

(二)明确分工,加强协调。有关部门要按照职能分工,密切配合,加强指导,共同促进农业机械化和农机工业发展。农业机械化主管部门要认真履行规划指导、监督管理、协调服务职能,做好技术推广、生产组织、安全监督等工作。农机工业主管部门要制定农机工业发展规划、产业政策、技改政策。发展改革部门要落实扶持农业机械化和农机工业发展的基本建设投资。财政部门要保障农业机械化和农机工业发展的资金投入。科技部门要加大对农业机械化和农机工业科研开发支持力度。商务部门要加强对农机流通行业的指导,加快农机流通体系建设。其他有关部门也要根据各自职责积极支持农业机械化和农机工业发展。有关行业协会要当好政府与企业、农户间的媒介,充分发挥协调、服务、维权、自律的作用。通过紧密协作,扎实推进农业机械化和农机工业又好又快发展。

二〇一一年三月五日

青海省人民政府关于促进农业机械化和农机工业又好又快发展的实施意见

青政[2011]38号

西宁市、各自治州人民政府,海东行署,省政府各委、办、厅、局:

为认真贯彻落实《国务院关于促进农业机械化和农机工业又好又快发展的意见》(国发[2010]22号),切实加快我省农业机械和农机工业发展,结合我省农机化和农机工业发展实际,现提出如下实施意见:

一、充分认识加快农机化发展的重大意义

农业机械是发展现代农业的重要物质基础,是促进传统农业向现代农业转变的关键要素。新中国成立以来尤其改革开放30多年的发展,我省农机化事业取得了明显成绩,在促进农业生产方式转变、提高农业劳动生产率、增加农民收入、解放农村劳动力等方面做出了突出贡献。到2009年年底，全省农机总动力达到388.68万千瓦，拥有拖拉机、联合收割机26.51万台，耕种收综合机械化水平达到42.67%。但总体来看，我省农机化发展与全国平均水平和我省农牧业加快发展的实际需求存在较大差距。当前，我省正处于从传统农业向现代农业转变的关键时期，加快推进农机化发展，对于持续提高农业劳动生产率、土地产出率和资源利用率，保障粮食安全，增加农民收入，拉动农机工业快速健康发展，推进城乡经济社会发展一体化进程，建设社会主义新农村具有十分重要的意义。

二、总体要求

（一）指导思想。深入贯彻落实科学发展观，全面实施《中华人民共和国农业机械化促进法》、《青海省农业机械管理条例》等法律法规，认真落实《国务院关于促进农业机械化和农机工业又好又快发展的意见》精神，坚持走青海高原特色农业机械化道路，着力推进技术创新、组织创新和制度创新，着力促进农机、农艺、农业生产经营方式协调发展，着力加强农机社会化服务体系建设，着力提高农机工业创新能力和制造水平，进一步加大政策支持力度，促进农业机械化和农机工业又好又快发展。

（二）基本原则

——因地制宜，分类指导。根据省内不同区域的自然环境、耕作制度和经济条件，制定好发展农业机械化和农机工业项目规划，采取相应的政策措施，推进不同地区农业机械化发展。

——重点突破，全面发展。以促进农机农艺结合、实现关键装备技术突破为重点，加强示范，重点突破。实现重点优势农作物生产关键环节机械化，加大协同攻关工作力度，带动农机化全面协调发展。

——市场引导，政府扶持。以市场为导向。引导资本、技术和人才等要素投入，继续加大对农机购置、使用和农机工业的财税、金融等扶持力度，调动企业研发生产和农民购机用机积极性。

——调整结构，提质增效。鼓励先进、实用、高性能农机的发展，加快老旧农机的更新报废，支持地方农机工业改造升级，持续推动农机装备结构优化，加快转变农机化发展方式，不断提高农机化发展质量和效益。

——鼓励创新，完善机制。培育农机社会化服务主体，创新农机服务形式，拓展农机服务领域，完善社会化服务，扩大农机市场需求，推动农机工业创新发展，提升农机工业的研发能力、制造水平和农机社会化服务水平。

（三）发展目标。到2015年，主要农作物耕种收综合机械化水平达到48%以上。小麦耕种收机械化水平达到60%以上，马铃薯种植、收获环节机械化水平分别达到10%和25%，杂交油菜机播、机收水平分别达到50%和20%以上。养殖业、草产业、农产品初加工机械化协调推进。农机服务体系不断完善，服务能力进一步增强。农机工业初步形成若干具有自主知识产权的产品和技术。农机产品本省检验率达70%以上，总体达到西部省份中等水平。

到2020年，主要农作物耕种收综合机械化水平达到55%。其中，小麦耕种收机械化水平达到70%以上，马铃薯种植、收购环节机械化水平分别达到90%以上，总体水平达到国内中等水平。农机制造领域的关键技术取得突破，形成具有市场竞争力和品牌影响力的农机制造企业，基本形成现代农机流通体系和完善的农机售后服务网络。

三、加快发展农业机械化

（四）加快农机装备结构调整。要适应区域性优势产业、地方性特色产业的发展需求，加快农机发展方式的转变。依靠农机购置补贴政策，提升农机装备水平，优化农机装备结构，加快各类先进适用、技术成熟、安全可靠、节能环保的农机装备的推广应用。发展大中型、高性能、多功能复式作业机械，加快淘汰能耗高、污染重的老旧农业机械，努力实现大、中、小型机械，高、中、低档机械，动力与配套机械，生产作业机械、牧草加工和农副产品加工机械的合理配置，提高农业机械化技术集成和装备配套水平，促进农机化发展方式由数量增长型向质量效益型转变，满足发展现代农牧业生产的需要。

（五）加快重大农机化新技术推广。重点推广保护性耕作、全膜双垄、节水灌溉、农作物秸秆综合利用、高效植保、杂交油菜收获、马铃薯播种和收获、大蒜播种和收获、设施农业以及牧业机械化等十大技术，加强农机化技术集成研究和组装配套。东部地区，优先推广技术密集性、附加值较高的先进适用的中小型农牧业机械。重点推广节本增效、保护性耕作、设施农业等机械化技术，加大马铃薯、杂交油菜种植和收获以及深加工机械的引进、研发和推广的力度。环湖地区，坚持以保护生态为前提，有重点地发展粮、经、饲机械。大力发展先进适用的大中型农机具，推广节本增效、保护性耕作和牧草生产机械化技术，发展牧草种植、收获、保鲜、储运及畜产品采集、加工机械，建设牧草机械化生产示范基地、抗灾保畜饲草料基地和草畜转化示范基地。柴达木地区，大力发展旱作节灌集成、牧草生产及枸杞等经济作物机械化技术，不断提高农牧业综合生产能力。三江源地区，把生态保护和建设作为主要任务，加快退牧还草工程实施进度，重点发展草原改良、生态治理及牧草补播及畜产品采集、加工机械。大力推广牧草免耕播种和牧草生产机械化技术，确保生态治理和草地畜牧业协调发展。

（六）推进农业机械化示范区建设。围绕特色产业发展，抓好农业机械化示范县、示范区建设。通过示范县、区建设，实现产、学、研、推相结合，农机与农艺相结合的良性互动模式。以农机专业合作社和农机大户为载体，以集成配套技术为手段，建设一批具有新技术、新机械、新方法、新模式的农业机械化示范区。各级农机部门要以示范基地为依托，搞好试验示范和推广培训等工作，引导农业生产经营主体使用先进适用的农业机械。

（七）推进农机服务组织建设。创新农业机械化服务组织形式，鼓励农业生产经营者通过机械、工地、资本、技术等生产要素联合，创办多种所有制形式的农机专业服务组织，带动高性能农机和先进农业技术的推广应用。培育农机作业、维修、中介、租赁等市场，引导和扶持农机大户及各类农机服务组织购置先进适用的农业机械。鼓励跨区作业，开展社会化服务。在“十二五”期间，全省农业区、半农半牧区和部分牧区每个乡（镇）都建有一个以上的农机专业服务组织。加大对农机服务组织的资金扶持，在项目安排、技术培训、农资和燃油补贴等方面给予优先安排。

（八）加强农机化人才培养。充分利用大专院校、农广校、农机驾校和农机推广、监理管理单位的资源，开展学历教育、职业技能教育、岗位培训和科普教育，培养不同层次的农机科技人才、管理人才及机械操作使用人才。结合阳光工程、新型农民培训等各类培训项目，开展形式多样的农机技能培训和科普宣传。开展农机职业技能鉴定，大力培养农机作业和维修能手。对农机管理、推广、监理和试验鉴定人员进行岗位轮训，提升人员素质，提高服务能力。

（九）加强农机质量监督管理。完善农机质量监管的政策法规，强化质量监管手段，提高农机质量监督能力，进一步规范农机销售、作业、维修大市场，抓好主要作物、重点产品、关键环节的农机作业和服务质量，全面提高产品质量、作业质量、维修质量和服务质量。加大农机质量专项执法检查力度，扎实开展试验鉴定、质量认证、质量调查、职业技能鉴定和维修管理。健全农机质量标准化体系，建立农机报废更新制度、产品召回制度和市场退出制度。妥善处理农牧民的质量投诉，保障农牧民的合法权益不受侵害。

（十）加强农机安全监督管理。建立健全农机安全生产责任制，把农机安全生产工作作为社会总体安全工作的一项重要内容，列入政府目标考核中，形成政府统一领导、农机管理部门依法监管、各部门协作配合、广大农牧民群众广泛参与的农机安全生产新格局。加强农机监理队伍建设，完善农机安全监督管理体系。进一步完善农机安全预防和重特大事故应急机制。严格农业机械技术检验、牌证核发和驾驶操作人员考核。加强与公安交警的协作，完善监管网络，探索建立农机安全管理长效机制。

（十一）强化农业机械信息化服务。拓宽农业机械信息收集和发布渠道，开发信息资源，以信息化推动农业机械服务业发展。健全省、州（市）、县三级农业机械化信息网络，加强信息人才培养。完善信息收集、加工、发布、传输系统，充分发挥"12316"农牧服务热线的信息平台作用，实现网络互连和信息共享。及时准确地为农业机械生产企业和农业机械经营者提供生产、销售、质量、作业和政策、技术等信息服务。突出抓好重要农时季节的信息服务工作，向农牧民提供作业价格、机具分布、道路交通状况等资讯，引导作业机具有序流动，确保关键季节的机械化生产顺利进行。

四、大力发展农机工业

（十二）推进农机工业行业改革。以市场为导向，鼓励和引导农机制造企业体制机制创新。优化产权结构，建立产权明晰、权责明确、管理科学的现代企业制度。加大技术改造和新产品开发力度，重点培育一批特色优势明显、市场竞争力强、市场占有率高的品牌产品。加强农机产品质量标准体系和企业质量保证体系建设，提高企业售后服务水平、"三包"服务能力和时效性。规范新产品和新技术鉴定验收工作。建立农机企业质量监督检查制度。强化企业质量和社会责任意识，加快新技术、新工艺、新设备和新材料应用，逐步淘汰消耗高、污染重、技术落后的工艺和产品，提升农机产品质量和制造水平。

（十三）增强农机科研创新能力。立足青海农牧业特点，在引进先进农机具的基础上，进行消化、吸收、改进和再创新。加强现有农机具的改造和消化，加快产品更新换代和产业升级。建立以企业为主体、市场为导向、产学研相结合的农机工业技术创新体系，促进科技成果转化，推动先进技术应用，努力提高集成创新和原始创新能力，提升农机新技术和新产品开发、试验、试制能力；围绕科研机制创新，支持重点企业技术进步。加快关键农机技术研发，形成一批具有自主知识产权的核心技术成果。

（十四）构建现代农机流通体系。规范农机流通领域，建立专业农机流通企业销售网络与生产企业相结合的新型农机市场体系。实施农机流通服务品牌工程，优化市场布局，培育一批辐射面广、服务质量好的大型农机流通企业。做好农机零配件供应和储备，提高农机产品流通效率，方便农民购机。建立农机产品售后服务体系和信息服务平台，促成重点生产企业、专业流通企业和现有维修企业联合组成农机"三包"售后服务中心，扩大服务范围、提高服务能力和服务质量。

五、强化对农业机械化和农机工业发展的扶持

（十五）加大财政支持力度。各级人民政府要加大对农机化事业的资金投入，并纳入同级财政预算。各级财政部门要不断增加农机化科技推广、农机化科技示范基地、平安农机创建以及农机安全宣传、执法装备、监管经费的专项投入。省级科学技术资金要逐步加大对农机化重点技术推广应用的支持力度，支持农机工业技术创新能力建设、科技成果产业化以及技术和智力引进。省级工业项目前期费、工业项目投资补助及贴息资金等技术改造资金，要对农机工业技术改造、技术创新给予倾斜和重点支持。在各级农业产业化项目、扶贫开发、农业综合开发、水利和草原建设等项目安排中，凡涉及农机化内容的，都要按有关规定搞好农机化设施配套，增加农机化投入。支持开展农机保险业务，逐步创造条件对参保农机给予保费补贴。

（十六）加大农机购置补贴专项投入。逐年加大农机购置补贴资金投入，鼓励各级财政在中央农机购置补贴比例的基础上实施地方累加补贴，优先扶持主导产业、区域性优势产业、地方性特色产业生产机械化发展。适度提高部分先进机械的农机购置补贴比例。加大对农机服务组织的扶持力度，补贴政策优先满足农机专业服务组织、农机大户的需求。各有关部门要严格按照国家农机具购置补贴政策的规定，进一步完善措施，加强监管，把补贴政策不折不扣地落到实处。

（十七）加强和改进金融服务。进一步加大对农民和农机服务组织的信贷扶持力度，创新金融产品和服务方式，扩大购机信贷规模。对符合产业政策的农机制造企业技术改造、新产品开发和农机流通设施建设给予信贷支持。中小农机制造企业可享受国家扶持中小企业发展的相关政策。创新型企业试点向农机制造企业倾斜，加大支持力度。

（十八）切实落实税费优惠政策。各级税务部门要继续执行国家已经出台的各项农机化税收优惠政策，继续免征农机作业和维修服务项目的企业所得税、农机机耕和排灌服务营业税，对拖拉机免征车船使用税。进一步落实关于企业研发投入税前扣除政策。对生产国家支持发展的新型、大马力农机装备和产品，确有必要进口的关键零部件及原材料，免征关税和进口环节增值税。属于国家重点扶持高新技术企业中的农机制造企业，按照企业所得税法的规定，减按15%的税率征收企业所得税。按照现行规定对批发和零售的农机实行免征增值税政策。交通管理部门对开展跨区作业的联合收割机、运输联合收割机的车辆免收车辆通行费。

（十九）加大农机化科技创新支持力度。加大农机化科技创新专项资金投入，发挥农机化行政部门的龙头带动作用，搭建起以企业为主体、市场为导向、产学研结合的技术创新平台，加大对战略性主导产业、区域性优势产业、地方性特色产业生产机械化薄弱环节的研发力度，加快科研成果的转化。加快农机化科技创新应用，支持农机化新产品、新技术、新工艺、新设备、新材料的科技创新和开发步伐。进一步加强技术交流与合作，鼓励农机制造企业与国外、省外农机企业和集团合作开发和建立技术研发中心，提升核心技术、关键部件的研究开发和引进吸收能力。

（二十）支持基础设施和农机公共服务能力建设。实施农机化推进工程，加大对农机推广鉴定、农机安全监理等的公益性设施建设支持力度，增强农机化公共服务能力。将基层农机化推广体系、机耕道路及抗旱设施等建设内容纳入相应规划。增加基层、牧业和少数民族地区的农机基础设施的投入，增强服务能力。在规划、用地等方面积极支持农机合作组织建设农机具停放场（库、棚），改善农机具存放条件。把农机下乡纳入农村市场体系建设规划。按照农机管理、技术推广、安全监理、人员培训、质量监督等体系建设的需求，建立健全农机化试验场地、检验场所和培训基地，改善办公、交通、设备仪器、信息装备等条件，强化服务功能，努力构建"装备先进、设施齐全、保障有力、服务完备"的农机化公共服务体系。

（二十一）健全农机社会化服务体系。坚持产业化方向，发展有利于农机共同利用、高效利用的社会化服务。以综合服务和推进土地规模经营为重点，大力发展农机化专业合作组织。加大对农机服务组织的资金扶持，在项目安排、技术培训、农资和燃油补贴等方面给予优先安排。完善农机社会化服务机制，切实解决农机科研、生产、流通、推广应用、安全生产、社会化服务等方面存在的突出问题，构建以国家农机化公共服务机构为依托、社会多方面力量积极参与、公益性服务与经营性服务相结合、专项服务与综合服务相协调的多元化的农机社会化服务体系，增强农机社会化服务能力。

六、切实加强对农业机械化和农机工业发展工作的领导

（二十二）实行政府负责制。各级人民政府要统一思想，提高认识，切实把农业机械化工作提上重要议事日程，不断提高依法促进农业机械化发展的能力和水平。要把农业机械化纳入当地经济社会发展总体规划和布局中来谋划，制定发展规划，明确发展目标，落实发展政策。加强组织协调，不断完善农机化发展的新举措、新机制。加强农机机构和队伍建设，充实力量，改善工作条件，保障工作经费，切实解决农机化发展中存在的问题，扎实推进本地区农业机械化又好又快发展。

（二十三）明确部门分工。农业机械化主管部门要认真履行规划指导、监督管理、协调服务职能，会同有关部门提出有关法律法规修订意见；会同技术质量监督部门制定相关的质量标准，建立农机产品质量监督检查长效机制。发展改革部门要落实扶持农业机械化和农机工业发展的基本建设投资。财政部门要落实扶持农业机械化和农机工业发展的资金，加强农机购置补贴政策实施的监管。科技部门要加大对农业机械化和农机工业科研开发支持力度。水利部门配合做好节水灌溉机械化技术、设备研发和推广普及工作。商务部门要加强对农机流通行业的指导。公安和交通部门要做好农机跨区作业道路畅通和过路费免征工作。银行和保险业务监管部门要督促各级银行和保险公司积极开展农机信贷、保险业务。消费行协会组织要积极做好农机投诉站的业务指导工作。有关行业协会要当好政府与企业、农户的桥梁，充分发挥协调、服务、维权、自律的作用。

二〇一一年六月二十七日

宁夏回族自治区人民代表大会常务委员会公告

第86号

《宁夏回族自治区农业机械安全监督管理条例》已由宁夏回族自治区第十届人民代表大会常务委员会第二十二次会议于2011年1月7日修订通过，现将修订后的《宁夏回族自治区农业机械安全监督管理条例》公布，自2011年3月1日起施行。

二〇一一年一月七日

宁夏回族自治区农业机械安全监督管理条例

（1997年8月21日宁夏回族自治区第七届人民代表大会常务委员会第二十六次会议通过 2011年1月7日宁夏回族自治区第十届人民代表大会常务委员会第二十二次会议修订）

第一章 总 则

第一条 为了加强对农业机械以及驾驶操作人员的安全监督管理，预防和减少农业机械事故，保障人民生命财产安全，根据国务院《农业机械安全监督管理条例》和有关法律、法规的规定，结合自治区实际，制定本条例。

第二条 在自治区行政区域内从事农业机械使用操作以及安全监督管理等活动，应当遵守本条例。

第三条 农业机械安全监督管理应当遵循预防事故、保障安全、促进发展的原则。

第四条 县级以上人民政府应当保障农业机械安全监督管理的技术装备、宣传教育和基础设施建设的财政投入，将农业机械安全监督管理经费列入本级财政预算。

县级以上人民政府应当对农民购买农业机械给予补贴，对农业机械登记、检验以及使用操作的培训、考试、审验等实行免费管理。

第五条 县级以上人民政府农业机械化主管部门负责本行政区域内的农业机械安全监督管理工作，其所属的农业机械安全监督管理机构具体负责农业机械安全监督管理的日常工作。

第六条 鼓励和支持农机安全协会或者农业机械操作人员参加技能培训.依法成立安全互助组织，提高农业机械化安全操作水平。

第二章 登记与使用管理

第七条 拖拉机、联合收割机投入使用前，其所有人应向县级以上人民政府农业机械化主管部门申请登记。

危及人身财产安全的机动植保机械、机动脱粒机、饲料粉碎机、插秧机、铡草机等农业机械，其所有人应当向县级人民政府农业机械化主管部门备案。

第八条 申请拖拉机、联合收割机登记的，应当提交下列证明、凭证：

（一）所有人的身份证明；

（二）拖拉机、联合收割机的来源证明；

（三）拖拉机、联合收割机整机出厂合格证明或者进口凭证；

（四）安全技术检验合格证明；

（五）法律、法规规定应当提交的其他证明、凭证。

第九条 申请人提交的证明、凭证齐全、有效，拖拉机、联合收割机经安全检验合格的，县级以上人民政府农业机械化主管部门应当当场予以登记并核发相应的证件和牌照。

提交的证明、凭证不全的，应当当场告知申请人需要补正的全部内容。提交的证明、凭证可以半场补正的，应当允许申请人当场补正。

第十条 下列情形之一的，农业机械化主管部门不予登记：

（一）依法须经认证的农业机械的产品而未经认证的；

（二）不符合国家、自治区有关农业机械强制性安全技术标准的；

（三）属于国家明令淘汰或者报废的；

（四）依法被查封、扣押的；

（五）法律、法规规定的其他情形。

第十一条 拖拉机、联合收割机的证书、牌照丢失或者损毁的，所有人应该向原核发证书、牌照的机关提出补发申请，并提交本人身份证明和相关材料。经核实符合补发条件的，应当自收到申请之日起10个工作日内补发。

第十二条 拖拉机、联合收割机牌照应当悬挂在指定位置，保持清晰、完整，不得故意遮挡、污损。拖拉机及其挂车的车身或者车厢后部应当喷涂放大的牌号，字样应当端正并保持清晰。

拖拉机、联合收割机的证书、牌照不得转借、涂改、伪造和变造。

第十三条 县级以上人民政府农业机械化主管部门应当对拖拉机、联合收割机每年进行一次安全技术经验；对检验合格的，发给检验合格标志。

未经检验或者检验不合格的拖拉机、联合收割机，不得继续驾驶操作。

农业机械化主管部门对农业机械进行安全技术检验时，应当按照国家有关农业机械安全技术检验项目、标准进行，并对检验结果承担法律责任。

第十四条 拖拉机、联合收割机的所有权转移、用作抵押或者报废等登记事项发生变更的，其所有人应当在15个工作日内到原登记机关办理变更、注销登记。

申请注销登记的，其所有人应当向原登记机关提交本人身份证明和拖拉机、联合收割机的来源证明、并交回原登记证书和拍照。

第十五条 新购置的拖拉机、联合收割机尚未登记，需要临时使用的，其所有人应当向县级以上人民政府农业机械化主管部门申请领取临时号牌。

第十六条 农业机械作业时，应当遵守下列规定：

（一）载物、载人不得超过行驶证上核定的载质量和载人数，载物尺寸应当符合装载规定；挂车、自卸车厢内不得载人；禁止人、货混载；

（二）不得在非乘坐（站）部位上坐（站）人，不得擅自增设座位或者踏板，不得超员、超速、超负荷作业；

（三）拖拉机悬挂、牵引的配套机具应当符合国家规定的技术标准；

（四）农业机械发生故障需要牵引的，不得拖带全挂挂车；制动器失效的，应当采用硬连接牵引装置；自走式联合收割机不得拖带其他农业机具；

（五）农业机械在易燃易爆场区作业时，应当安装防护罩，配备安全消防设施；

（六）大中型农业机械通过村镇、铁路道口或者道路危险地段，应当有人员护行，时速不得超过五公里；

（七）喷施农药时应当采取安全防护和防污染措施；

（八）清除杂物或者排除故障时，应当在停机或者切断动力源，待惯性转动完全停止后进行；

（九）液压悬挂农机具在停机后应当置于安全位置；

（十）符合安全操作、使用的其他规定。

第三章 操作人员管理

第十七条 拖拉机、联合收割机驾驶操作人员应当接受农业机械驾驶操作专业培训，并参加县级以上人民政府农业机械化主管部门组织的考试；考试合格的，农业机械化主管部门应当在两个工作日内核发相应的驾驶操作证件。

第十八条 拖拉机、联合收割机驾驶操作证件有效期为六年；有效期满，拖拉机、联合收割机驾驶操作人员可以向原发证机关申请续延。未满十八周岁不得驾驶操作拖拉机、联合收割机。驾驶操作人员年满七十周岁的，县级以上人民政府农业机械化主管部门应当注销其驾驶操作证件。

第十九条 换发拖拉机、联合收割机驾驶操作证件时，农业机械化主管部门应当对拖拉机、联合收割机驾驶操作证件进行审验。未经审验或者审验不合格的，不得继续驾驶操作拖拉机、联合收割机。

第二十条 拖拉机、联合收割机驾驶操作人员不得有下列行为：

（一）未携带驾驶操作证件驾驶操作拖拉机、联合收割机；

（二）驾驶操作与本人驾驶操作证件规定不相符的拖拉机、联合收割机；

（三）驾驶操作未按照规定登记、检验或者检验不合格、安全设施不全、机件失效的拖拉机、联合收割机；

（四）驾驶操作拼装、报废或者经检验、检查发现存在事故隐患的拖拉机、联合收割机；

（五）将拖拉机、联合收割机交给无驾驶操作证件的人员驾驶操作；

（六）使用国家管制的精神药品、麻醉品后驾驶操作拖拉机、联合收割机；

（七）饮酒后或者过度疲劳时驾驶操作拖拉机、联合收割机；

（八）患有妨碍安全操作的疾病驾驶操作拖拉机、联合收割机；

（九）强迫、纵容他人违规驾驶操作拖拉机、联合收割机；

（十）法律、法规规定的其他禁止行为。

禁止使用拖拉机、联合收割机违反规定载人。

第二十一条 农业机械化主管部门应当定期组织农业机械操作人员参加相关的农业机械安全法律、法规和农业机械新技术的培训。

第四章 事故处理

第二十二条 本条例所称农业机械事故，是指农业机械在田间、作业场区作业、停放或者转移等过程中，造成人身伤亡、机械毁损和其他财产损失的事件。

第二十三条 县级以上人民政府农业机械化主管部门负责本辖区内农业机械事故责任的认定和调解处理。

第二十四条 农业机械事故按照国家规定分为特别重大农业机械事故、重大农业机械事故、较大农业机械事故和一般农业机械事故四种。

第二十五条 农业机械事故责任分为全部责任、主要责任、同等责任、次要责任和无责任五种。

农业机械事故责任人按照违规情节以及造成的后果承担责任。

第二十六条 县级以上人民政府农业机械化主管部门应当建立值班制度，并向社会公布值班电话，保持通讯畅通，及时受理举报投诉。

第五章 监督检查

第二十七条 县级以上人民政府农业机械化主管部门应当建立健全农业机械安全生产责任制。

农业机械化主管部门应当在农业机械作业场区进行农业机械作业安全技术指导、安全宣传教育，开展安全监督检查，维护安全生产秩序。

第二十八条 农业机械安全监督管理执法人员进行农业机械安全监督检查时，可采取下列措施：

（一）向有关单位和个人了解情况，查阅、复制有关资料；

（二）查验拖拉机、联合收割机证书、牌照以及有关操作证件；

（三）检查危及人身、财产安全的农业机械的安全状况，对存在重大事故隐患的农业机械，责令当事人立即停止作业或者停止农业机械的转移，并进行维修；

（四）责令农业机械操作人员改正违规操作行为。

第二十九条 农业机械安全监督管理执法人员进行安全监督检查时，应当佩戴统一标志，出示行政执法证件。

农业机械安全监督检查、事故勘察、移动式检测、移动式电子考试车辆应当在车身喷涂统一标识。

第六章 法律责任

第三十条 违反本条例规定，未按照规定办理登记手续并取得相应的证书、牌照，擅自将拖拉机、联合收割机投入使用，或者未按照规定办理变更登记手续的，由县级以上人民政府农业机械化主管部门责令限期补办手续；逾期不补办的，责令停止使用；拒不停止使用的，扣押拖拉机、联合收割机，并处二百元以上二千元以下罚款。当事人补办相关手续的，应当及时退还扣押的拖拉机、联合收割机。

第三十一条 违反本条例规定，伪造、变更或者使用伪造、变造的拖拉机、联合收割机证书和牌照的，或使用其他拖拉机、联合收割机的证书和牌照的，由县级以上人民政府农业机械化主管部门收缴伪造、变更或者使用的证书和牌照，并处二百元以上二千元以下罚款。

第三十二条 违反本条规定，有下列行为之一的，由县级以上人民政府农业机械化主管部门责令改正，处以一百元以上五百元以下罚款：

（一）未取得拖拉机、联合收割机驾驶操作证件，驾驶操作拖拉机、联合收割机；

（二）驾驶操作未经安全技术检验或者经检验不合格的拖拉机、联合收割机的；

（三）换发拖拉机、联合收割机驾驶操作证件时，未经审验或者审验不合格，继续驾驶操作拖拉机、联合收割机的。

第三十三条 违反本条列第十六条（一）、（二）项规定的，由县级以上人民政府农业机械化主管部门责令改正；拒不改正的，处以一百元以上三百元以下罚款。

第三十四条 违反本条例第二十条第一款（一）、（二）、（三）、（四）、（五）、（六）、（七）、（八）、（九）项规定行为之一的，由县级以上人民政府农业机械化主管部门责令改正；拒不改正的，处以一百元以上五百元以下罚款；情节严重的，吊销驾驶操作证件。

第三十五条 违反本条列规定，使用拖拉机、联合收割机违反规定载人的，由县级以上人民政府机械化主管部门责令违法行为人改正；拒不改正的，扣押拖拉机、联合收割机的证书、牌照；情节严重的，吊销驾驶操作证件。

当事人改正违法行为的，应当及时退还扣押的拖拉机、联合收割机的证书、牌照。

第三十六条 农业机械安全监督管理执法人员玩忽职守、滥用职权、徇私舞弊的，由其所在的单位或者监察机关给予处分；构成犯罪的，依法追究刑事责任。

第三十七条 当事人对县级以上人民政府农业机械化主管部门作出的具体行政行为不服的，可以依法申请行政复议或者提起行政诉讼。

第七章 附 则

第三十八条 本条例自2011年3月1日起施行。1997年8月21日宁夏回族自治区第七届人民代表大会常务委员会第二十六次会议通过的《宁夏回族自治区农业机械安全监督管理条例》同时废止。

新疆维吾尔自治区人民政府关于加快农业机械化发展的意见

新政发[2011]72号

伊犁哈萨克自治州，各州、市人民政府，各行政公署，自治区人民政府各部门、各直属机构：

农业机械化是农业现代化的重要标志。进入新世纪以来，特别是"十一五"以来我区农业机械化事业取得了长足发展，农业机械装备总量大幅增加，装备结构明显改善，综合服务水平显著提高，农业机械化在改造提升我区传统农业、促进传统农业向现代农业转变过程中发挥了重要作用。当前，我区已经进入加快推进农业现代化建设的新时期，面对新形势新任务，必须更加突出农业机械化的地位和作用，在新的起点下，努力推进农业机械化发展实现新跨越。

一、新时期加快农业机械化发展的指导思想、目标任务和基本原则

（一）指导思想。以邓小平理论和"三个代表"重要思想为指导，深入贯彻落实科学发展观，围绕自治区农业现代化建设，以转变农业机械化发展方式为主线，着力推进技术创新、组织创新和制度创新，着力促进农机、农艺、农业经营方式协调发展，着力加强农机社会化服务体系建设，力争在提升农业机械装备水平、拓展农业机械化服务领域、创新农业机械化服务方式上取得新突破，促进农业机械化又好又快发展。

（二）目标任务。到2015年，农机总动力达到1 900万千瓦，农业综合机械化程度达到65%。主要农作物机械化水平再上新台阶，畜牧水产养殖业、设施农业、林果业和区域性特色农业生产机械化水平最著提高，初步建立起农机社会化服务新体系。到2020年，农机总动力稳定在2 100万千瓦以上，农业综合机械化程度达到70%。主要农作物生产全面实现机械化，构建起与我区农业现代化建设相适应的农机化公共服务体系和社会化服务体系，在农业现代化建设中率先实现农业机械化。

（三）基本原则。

——坚持因地制宜，分类指导。根据不同区域的自然禀赋、耕作制度和经济条件，采取相应的技术路线和政策措施，走符合当地实际的农业机械化发展路子。

——坚持重点突破，全面发展。围绕农业现代化建设，主攻薄弱领域、关键环节机械化，启动一批农业机械化重点工程，示范带动农业机械化全面协调发展。

——坚持鼓励创新，完善机制。以市场为导向，创新农机服务形式，完善农机社会化服务机制，提高农机利用效率和效益。依法促机，强化政府扶持，完善公共服务，调动各方面积极性，共同推进农业机械化发展。

——坚持保障安全，保护环境。强化安全监管，促进安全、节能、环保型农业机械推广应用，发挥农业机械化在资源开发可持续、生态环境可持续中的重要作用。

二、大力调整农机装备结构，加快优势产业机械化进程

（四）提升大宗农作物装备水平。以粮棉生产机械装备的现代化为切入点，示范带动大宗农作物生产机械更新换代。加大成熟机械化技术的组装配套，提高综合机械化作业效率。突出抓好新型复式、精准作业等现代农业机械的推广应用，全面实施棉花、玉米等大宗作物精量播种机械化技术，重点解决南疆地区小麦、玉米机械化收获和条件具备的优势棉区棉花机械化采收问题。集中支持一批大宗农作物机械化集成创新成果的示范推广。加快开发棉秆等大宗农作物秸秆综合利用机械。到2015年，大宗农作物综合机械化程度达到85%，到2020年，大宗农作物生产实现全面机械化。

（五）强化农业机械化领域的技术推广应用。重点在畜牧薄弱水产养殖业、林果业、设施农业、区域性特色农业和农产品加工保鲜业等领域加快推进机械化。围绕传统畜牧业改造提升和现代畜牧业开拓创新，突出推广普及饲草料种植、收获、加工、贮运和草场改良等机械化技术，加快应用畜禽水产养殖业饲养新机械、畜禽水产品采集加工成套机械装备，稳步推进牲畜机械化转场，力争十年内我区畜牧业机械化水平达到60%以上。全面提升林果生产机械化水平，重点普及苗木繁育和果树移栽、修剪、施肥、有害生物防治等机械。支持区域性特色农业机械化新技术、新机具的引进、研发和推广，重点突破番茄、辣椒、甜菜等特色作物机械化收获的瓶颈。高度重视发展节水灌溉机械、保护性耕作机械和农产品分级、储存、保鲜、烘干、运输等环节的机械化。适应社会发展和城镇化快速推进的要求，大力推广环保、园林等机械。

三、创新组织形式，全面加强农业机械化服务能力建设

（六）推进农机服务组织建设和社会化服务。把发展农机专业合作社作为发展农业机械化的重要组织形式和建设农机社会化服务体系的主攻方向，积极培育建设，加强指导服务，力争尽快取得明显突破。强化政策扶持，引导农机专业户和联户组建农机专业合作社。确定一批农机专业合作社示范社，实行重点支持，推进规范建设，完善经营机制，增强发展能力。创造条件，鼓励农机经营主体、农机事业单位和行业协会领办、创办农机专业合作社，扩大合作社规模和服务范围。自治区扶持农民专业合作社的专项资金要支持发展农机专业合作。坚持市场导向，探索发展农机作业公司，培育农机作业、维修、中介、租赁等市场，促进农机服务主体多元化。扶持引导农机大户及各类农机服务组织购置先进适用的农机。农业机械购置补贴、作业补贴等优惠政策优先向农机大户、农机专业合作社倾斜。加强农业机械信息公共服务平台建设。鼓励拓展农机跨区作业领域，对参加跨区作业的农业机械和运输农副产品、农用生产资料的农业机械，继续执行免收过路费、过桥费等"绿色通道"

的优惠政策。

（七）加强农业机械化技术推广体系建设。建立完善以基层公益性农机技术推广服务机构为主导，农机专业合作服务为基础，农业机械科研、教育和制造企业广泛参与、运行高效、服务到位、支撑有力、充满活力的农业机械化技术推广体系。落实自治区人民政府《关于加快基层农业技术推广体系改革与建设的意见》（新政发［2010］25号）的有关规定，调整乡镇农机技术推广机构的隶属关系，实行以县管为主，进一步理顺县乡农机技术推广机构管理体制。加大农机技术推广机构设施更新力度，提升装备水平，改善服务手段。建立农机技术推广机构和农艺科研单位协作攻关机制，制定科学合理、相互适应的机械作业规范和农艺标准，将机械适应性作为科研育种、栽培模式推广的重要指标，有针对性地推广一批适合机械化作业的品种和种植模式。支持地州市、县市农机技术推广机构围绕当地优势产业建立农机化试验示范基地，开展农机化技术的示范、推广和培训等服务。创新技术推广服务机制，不断探索农业机械化推广模式，增强技术推广能力。强化农机技术推广专业人才队伍建设，充实力量，更新知识结构，提高服务水平。对空编、缺编突出的基层农机技术推广机构，由自治区实行统一招录，进行人员补充。

（八）构建现代农机流通体系。建立健全农机制造企业品牌营销网络、专业农机流通企业销售网络相结合的新型农机市场体系。实施农机流通服务品牌工程，优化市场布局，发展连锁经营，培育一批辐射面广、服务质量好的大型农机流通企业、品牌农机店和区域性农机市场。健全农机零配件供应网络，提高农机产品流通效率，方便农民购机。建立农机产品售后服务体系和信息服务平台，依托重点生产企业专业流通企业建立售后服务中心，提高服务能力。完善农机产品“三包”制度，健全和规范农机修理市场，明确产品售后维修责任，规范服务程序，提高维修能力和服务质量。

（九）加强农业机械化人才培养。充分利用各类教育培训资源，大力培养农业机械化专业人才。各类农业院校要合理设置农机专业，强化农机学科建设，以满足农业机械化加快发展的需要。发挥好农业机械化技术学校在培训农机化实用人才方面的重要作用，充实师资力量，改善办学条件，提高办学水平。把农机技能培训纳入农村劳动力转移就业、阳光工程等各类农民培训项目，并给予大力支持。依托高校、职业技术学院、重点农机企业等建立农机管理人才、科技人才及高技能人才培养基地。支持有条件的地州市建立农业机械化职业教育机构。

四、实行重点突破，深入推进农业机械化提升工程

（十）加快建设现代农业机械化示范区。立足优势产区，以农业机械化高新技术引进、集成和创新为重点，把农业机械化示范区建设成为农业现代化的标志性工程。用5年时间，在棉花主产区高标准规划建设2个棉花全程机械化示范区，装备先进高效棉花生产机械，重点示范推广棉花机械化收获技术和机械化残膜回收技术，使其成为棉花集约化生产的技术示范中心。在设施农业优势产区，建立一批设施农业机械化技术集成示范区，重点在标准节能日光温室建设和设施耕作、病虫害防治、节水灌溉、作物生长调控等机械化技术、装备方面发挥示范引领作用。在林果主产区规划建设一批特色林果业机械化示范区，探索果树修剪、施肥、有害生物防治、果品采收及采后清洗、分级、包装和保鲜等机械化技术一体化发展模式。在奶牛优势产业带和禽类养殖区，建设若干奶牛、禽类全程机械化养殖示范区，用现代机械装备提升奶业、养禽业的现代化水平。

（十一）组织实施好保护性耕作工程建设。强化保护性耕作对改善我区生态环境和增加农民收入重要性的认识。全面落实国家《保护性耕作工程建设规划（2009—2015年）》明确的我区40个县市保护性耕作工程示范区建设任务。要针对不同区域特点确定示范区保护性耕作主导技术模式，加强农机农艺结合，坚持循序渐进，按照试点、示范、推广的步骤稳步推进，通过示范带动，加快我区保护性耕作技术的推广应用。

（十二）提升农机工业装备制造水平。推进农机工业行业改革，支持农机制造企业实行战略重组，加快集团化、集约化进程。鼓励中小企业走专业化、科技型发展道路，提高企业竞争实力。加快优化农机产品结构，鼓励农机生产企业以单机制造为主向成套装备集成为主转变，积极开发生产高效节能环保、多功能、智能化、经济型农业机械。建立健全农机产品质量标准体系，加快制定和完善农机产品技术标准。建立农机制造企业质量监督检查制度。实施农机装备“走出去”战略，鼓励企业充分利用新疆区位优势和资源优势，大力开拓周边国家市场，扩大优势农机产品出口。

（十三）加强农机科技创新。整合资源，充分发挥农机制造企业、高等院校、科研院所、推广部门的优势，建立以企业为主体，市场为导向，产学研相结合的农业机械科技创新体系，不断提升农业机械化科技自主创新能力。建立自治区农业机械化重点实验室，集中力量突破一批农业机械化发展中的技术瓶颈，加快农业现代化建设中急需的关键性农机和重大共性技术研发，形成一批具有自主知识产权的核心技术成果。积极开展农机技术国际交流与合作。

五、强化农机安全使用监管，提高农机应用和保障水平

（十四）加强农机安全监理和维护市场秩序。健全农机作业质量、维修质量标准体系，规范农机作业、维修服务。强化对补贴机具的质量监督和跟踪调查。加强农机试验鉴定和质量认证工作完善农业机械安全监理法规，健全农业机械安全监管体系，强化农机安全生产监督管理。切实加强基层农机安全监理队伍建设，提高装备水平和监管能力，预防和减少农机事故发生。乡镇农业机械监理人员纳入县级农业机械监理部门编制，并适当增加人员编制。加强农机市场监管，完善农机质量投诉网络，严厉打击制售假冒伪劣农机产品等坑农害农行为，营造竞争有序、充满活力的市场环境，切实维护农民利益。建立农机报废更新制度，加快淘汰老旧及高耗能农机。建立健全各级农机市场监管执法机构。

六、加大扶持力度，为加快农业机械化发展提供保障

（十五）增加财政投入。继续落实好农机购置补贴政策。从2011年起，自治区财政每年扶持农机化发展的专项资金增加到5 000万元，主要用于支持农业机械化技术示范推广和装备创新、扶持农机化公共服务体系建设和发展农机专业合作社，今后随着自治区财力的增加，再逐步增加扶持资金。各地州市、县（市）财政也要相应增加农业机械化投入。根据农业灾害救助需要，自治区财政每年动态安排农机救灾油料补贴专项资金。

（十六）强化金融服务和税收扶持。金融机构要为符合条件的农机企业和服务组织放宽贷款条件，简化贷款手续，增加贷款投放。农村信用社要进一步完善农机专业户小额贷款、联户担保贷款制度,对符合产业政策和信贷原则的农机制造企业技术改造、新产品开发和农机流通设施建设,给予信贷支持。积极探索开展农机抵押贷款业务。将农业机械财产保险、拖拉机交通事故强制保险纳入政策性保险范围,实行优惠费率。切实落实国家明确规定的各项支持农机化发展的税收优惠政策,继续对农机机耕和排灌服务营业税、农机作业和维修服务项目免征企业所得税。进一步落实关于企业研发投入税前扣除政策。继续落实对农机制造企业所得税的优惠政策。

(十七)支持基础设施建设。将机耕道路等纳入农村基础设施建设规划,与规划内项目同步实施。各地的县乡道路建设资金每年要安排一定比例用于机耕道路建设和维护。要保证乡镇农业机械场、库、棚的建设用地,在符合当地土地利用总体规划的前提下,实行集中或分户划拨。石油、石化部门要积极支持农机技术推广部门和社会力量完善边远乡镇加油网点建设,缩短农机加油半径,切实解决农机加油难问题。自治区农机化建设项目,要优先支持农机技术推广、教育培训、安全监理、信息平台、质量监管等公益性基础设施建设。

七、切实加强对农机工作的组织领导

(十八)落实责任。全区各级政府一定要充分认识新形势下加快推进农业机械化的重要意义,在推进农业现代化建设中,高度重视发展农业机械化,进一步明确思路,落实任务,从工作部署、组织保障、政策措施上全力推动,努力开创农业机械化事业发展的新局面。把加快农业机械化发展作为当地国民经济和社会发展总体规划内容,进行部署。各地在推进农业现代化建设中要突出农业机械化发展这项指标,实行动态评价,切实解决农业机械化发展中的困难和问题。把农业机械化发展实效纳入当地政府考核内容,对工作突出的单位和地方要进行表彰奖励。

(十九)形成发展合力。各级发改、财政、税务、农业、金融、保险、公安、交通、科技、教育工商、质监等部门要按照各自职责,相互配合,共同支持农机部门做好工作。要采取有力措施,确保各项扶持政策落实到位,并发挥作用。农机部门要适应新形势的需要,进一步增强加快改革发展的紧迫感和责任感,自加压力,切实转变工作作风,解放思想,创新求变,以全新的理念推进工作。强化农机管理职能,将各级农机管理机构纳入行政管理序列。切实加强农机系统党风廉政建设,努力建设一支廉清高效、勤政务实的农机干部队伍。要组织实施好农机化重点项目,强化对项目资金的有效监管,加强对农机监理费、农机培训费和罚没收入的征缴管理。要定期对各地农业机械化发展情况进行督查,确保自治区各项部署落实到位。

各地各有关部门要根据本意见精神,结合实际,制定具体实施措施。

二〇一一年八月五日

青岛市人民政府关于促进农业机械化又好又快发展的意见

青政发[2011]34号

各区、市人民政府,市政府各部门,市直各单位:

农业机械是发展现代农业的重要物质基础,农业机械化是农业现代化的重要标志。当前,我市正处于传统农业向现代农业转变的关键时期,加快推进农业机械化发展,对于提高农业装备水平、改善农业生产条件、增强农业综合生产能力、推动新农村建设等具有重要意义。根据《国务院关于促进农业机械化和农机工业又好又快发展的意见》(国发[2010]22号)和《山东省人民政府关于促进农业机械化和农机工业又好又快发展的意见》(鲁政发[2011]13号),结合青岛实际,提出如下意见:

一、指导思想和发展目标

(一)指导思想。深入贯彻落实科学发展观,全面实施《中华人民共和国农业机械化促进法》、《中华人民共和国农业机械安全监督管理条例》和《山东省农业机械化促进条例》等法律法规,加快转变农业机械化发展方式;着力推进技术创新、组织创新和制度创新;着力促进农机、农艺、农业经营方式协调发展;着力加强农机公共服务体系建设;着力提高农机社会化服务水平,进一步加大政策支持力度,促进全市农业机械化又好又快发展。

(二)发展目标。到2015年,全市农机总动力达到926万千瓦,主要农作物耕种收综合机械化水平达到90%,重点经济作物生产综合机械化水平达到70%,设施农业、畜牧业、水产业、林果业和农产品初加工机械化协调推进。农业机械化公共服务和支撑保障体系进一步健全,农机服务组织化程度和社会化服务水平明显提高。

到2020年,农机总动力稳定在1 100万千瓦左右,主要农作物耕种收综合机械化水平达到95%,重点经济作物生产综合机械化水平达到80%,全面提高设施农业、畜牧业、水产业、林果业和农产品初加工机械化水平。不断完善农业机械化服务体系,切实增强服务能力,逐步建立农业机械化持续发展的长效机制。

二、促进农业机械化发展的主要任务

(一)以转变农业机械化发展方式为主线,全面提升农业生产机械化水平

1. 优化农机装备结构和区域布局。坚持提升总量与优化结构相结合,以增量调整带动存量优化,以存量优化促进结构升级,广泛推广应用先进适用、安全可靠、节能环保的农业机械,实现农机装备数量稳步增长、装备结构更加合理、区域发展更加协调。统筹发展大中型机械与小型机械、动力机械与配套机械、常规机械与高性能机械、粮食作物机械与其他农产品机械,重点发展大马力、高性能农业机械,提高大型农机配套比和使用效率。加快农业机械更新换代步伐,研究制定农机

以旧换新办法，适时实施老旧农机更新报废经济补偿制度。在平度南部、即墨西北部、莱西西南部、胶州东南部的粮油生产区重点发展大马力、高性能、复试作业机械；在即墨东部、胶州西南部、胶南等丘陵地区重点发展技术含量高、适用性强的中小型机械。

2. 全面提升农业机械化水平。围绕推进粮食生产机械化，巩固小麦生产全程机械化发展成果，着力提升玉米联合机收水平。大力推广保护性耕作、土地深松、秸秆还田、节水灌溉和精量播种施肥等环保低碳的农业机械和技术，积极探索集约高效的新型农业耕作方式。围绕推进经济作物生产机械化，建设花生、马铃薯、红薯、大蒜、生姜和胡萝卜，生产机械化推进区，加快播种栽培、联合收获机械推广力度，积极发展种植和收获机械化。围绕推进设施农业机械化，积极推广田园管理、电动卷帘、保温被、工厂化育秧、生态植保、病虫监控、温度湿度控制、物理增肥等高科技机械设备和技术，加快设施农业生产标准化、机械化。围绕推进现代畜牧业、渔业和林果业机械化，加大饲料加工、畜禽养殖、生鲜乳收集、水面增氧、网箱养殖、机械挖穴、育苗嫁接等机械设备的推广力度。围绕推进农产品初加工机械化，不断提高种子加工处理、保鲜贮藏、分级筛选、粮食烘干等方面的机械化水平。

（二）以完善"四大体系"为支撑，着力增强农机公共服务能力

1. 完善技术创新体系。整合农机产、学、研、推等各方面力量，提升农机科技自主创新能力和科技成果转化水平。支持有条件的市内农机企业承担研究开发任务，承担或参与科技攻关项目建设。建立农机农艺协作机制，将机械适应性作为科研育种、栽培模式推广的重要指标，加快制定科学合理、相适应的机械作业规范和农艺标准，推动规模化生产、机械化作业。建立农机农艺融合示范基地，集成和融合品种、栽培及机械化技术，带动农业生产方式转变和机械化水平提高。试验引进数字化农业生产技术装备，提高机械作业的智能化、自动化水平，促进机械化与信息化融合。

2. 完善技术推广体系。坚持公益性定位，建立完善以基层农机技术推广机构为主导，新型农机服务组织为基础，农机科研、教育机构和生产企业广泛参与，运行高效、服务到位、支撑有力、充满活力的农业机械化技术推广体系，提高推广服务能力。加快普及主要农作物重点环节的农业机械化技术，推动现代农业重点领域的生产机械化，逐步满足农业生产需求。加强基层农机技术推广专业人才队伍建设，充实人员，改善条件，增强手段。实行市级农业机械化新技术、新机具发布制度。结合我市现代农业四大基地建设，在全市规划建设一批产出能力强、机械化水平高、示范带动作用大、各具特色的农业机械化示范园区，实现区内耕、种、收、植保全程机械化生产，探索适合不同区域特点的农机化技术路线和模式。加快推广以秸秆覆盖留茬还田、免耕播种施肥复式作业为主要内容的保护性耕作技术，实施面积进一步扩大。积极推进农机深松整地，不断改进作业模式和技术规范。

3. 完善教育培训体系。建立完善以各级农业机械化学校为骨干、农机技术推广机构和农业院校为依托、社会培训机构为补充的农业机械化教育培训体系，多层次、多渠道培养农业机械化专业人才。加强农业机械化培训机构的基础设施和规范化建设，重点建设市、区（市）两级农机化实用技术培训基地，稳步推进农业机械社会化培训机构发展，提高培训能力和办学水平。组织实施新型农民培训计划和农机阳光培训工程，开展实用技能培训，提高农机手的技术操作水平。加快培训农机管理人员、操作人员和技术人员，逐步形成结构合理、素质优良的农机人才队伍。

4. 完善流通服务体系。鼓励大型农机制造企业与专业农机流通企业相结合，建立新型农机营销网络。开展农机服务品牌创建活动，培育一批辐射面广、服务务质量好的农机"4S"店、品牌农机店、连锁农机店和区域性农机市场。强化农机零配件供应，利用农机维修网点、农机专业合作社、农资超市等渠道，推行送货上门、服务到田间等销售服务模式。依托重点生产和专业流通企业建立售后服务中心，搭建农机产品信息服务平台，提高技术指导和服务水平。

（三）以发展新型农机服务组织为载体，加快推进农机社会化服务

创新农业机械化服务组织形式，大力发展农机专业合作社，鼓励发展农机专业大户和联户合作，探索发展农机作业公司，着力培养以农机手为代表的新型职业农民。到2015年全市登记注册的农机专业合作社达到500个以上，承担全市80%以上的农机作业量。积极开展规范化、示范性农机专业合作社创建活动，重点培育100个设施完备、管理规范、特色鲜明、带动力强的农机专业合作社。充分发挥农机专业合作社的主力军作用，大力组织开展跨区作业、合同作业、订单单作、代耕代种代收等农机服务，提高农机服务组织化程度。鼓励农机专业合作社等农机服务组织以转包、出租、互换、转让、股份合作等形式，依法取得农民流转的土地承包经营权并发展适度规模经营。培育农机作业、维修、租赁等市场，推进农机服务市场化、专业化、产业化。

（四）以实施网格化管理为契机，切实加强农机安全监督管理

适应农机化快速发展的新形势和安全生产的新要求，以提高上牌率、检验率、持证率为重点，深化"平安农机"创建，积极推进农机安全网格化管理，落实"一格三网九定"措施，逐步建立以农机系统为主体的市、区（市）、镇、村四级网格化监管体系，构建纵到底、横到边、职能到位、责任到人、高效灵活的农机监管机制。大力推进农机安置监理方式转变，监管环节由使用操作向农业机械化全过程延伸，监管范围由拖拉机、联合收割（获）机扩大到所有农业机械，监管方式由重管理向管理与服务并重转变，监管手段由传统向现代化提升。加强农机安全监理机构和队伍建设，提高装备水平和监管能力，促进农机安全生产。加大农机安全隐患排查治理力度，预防和减少农机事故发生。规范农机维修服务，实行农机维修行业准入制度，严格农机修理者从业资格和维修网点开业技术条件，加快区域性农机维修服务中心建设。加强农机产品质量抽查和市场监管，深入开展"星级文明农机市场和销售企业"创建活动，严厉打击制售假冒伪劣农机产品等坑农害农行为，切实维护农民的合法利益。

三、加大政策扶持力度

（一）加大财政支持力度。继续实施农机购置补贴政策，合理确定补贴资金规模和品种，并向重点作业机械、农机专业合作社等倾斜。支持农机化推进工程，重点支持农机装备结构优化、先进农机具创新示范和农机规模化作业。鼓励支持各

区、市建立现代农业机械化示范园区。加大农业机械化重大技术推广支持力度，在适宜地区实施保护性耕作、土地深松、玉米机收、花生收获、秸秆还田、高效植保、节水灌溉等农机作业补贴试点。支持有条件的农机专业合作社承担农业开发和新技术推广项目，在加强装备、完善设施、组织作业、促进土地适度规模经营等方面给予扶持。对农机事业单位履行公益性、执法性职能所需经费，各级财政要纳入预算。积极开展政策性农机保险业务，研究对农业机械的保费补贴办法。

（二）扩大金融服务领域，积极推动农机抵押贷款业务，研究制定对农民和农机服务组织购买大型拖拉机、联合收割（获）机等大中型农业机械和基础设施建设的信贷支持政策。对农机制造企业重大技术装备研发和引进等科技贷款项目，给予重点安排。对符合产业政策的农机制造企业技术改造、新产品开发和农机流通设施建设给予信贷支持。按照国家有关规定，中小农机制造企业可享受国家扶持中小企业发展的相关政策，创新型企业试点向农机制造企业倾斜。

（三）落实税费优惠政策。继续对符合规定的跨防区作业农业机械、运输跨区作业机械的车辆和技术服务车辆免收车辆通行费，建立农机跨区作业“绿色通道”。按照国家有关规定，认真落实免征农机机耕和排灌服务营业税、农机作业和维修服务项目的企业所得税的优惠政策；对批发和零售的农机免征增值税；对国家重点扶持高新技术企业中的农机制造企业，减按15%的税率征收企业所得税；进一步落实农机企业研发投入税前扣除等政策。

（四）加强基础设施建设。根据国家新增千亿斤粮食生产能力规划要求，加强农机服务体系建设，着力提升农机推广和安全监管能力。根据国家保护性耕作工程建设规划要求，搞好保护性耕作示范区建设。加大对农机科研、技术推广、安全监理、教育培训、农机维修、信息服务平台等公益性设施建设的支持力度，提升农业机械化公共服务能力。在规划、用地等方面积极支持农机等业合作社建设农机库房、维修间等配套设施，改善农机存放和保养条件。将机耕道路纳入农业综合开发、农田水利建设、现代农业四大基地建设和农村土地整治工程，统一规划实施，切实改善大中型农机通行条件，提高农机作业效率。将农机流通体系纳入农村市场体系建设规划，支持农机流通基础设施建设。

四、加强组织领导

（一）明确部门分工。有关部门要高度重视促进农业机械化发展工作，按照职责分工，密切配合，加强指导。农机管理部门要认真履行规划指导、监督管理、协调服务职能，做好机械化生产、技术推广、安全监理和教育培训等工作；农机工业主管部门要认真履行行业管理职能，制定发展规划和产业政策；农业部门要加强农艺与农机相互融合的研究，将机械作业的适应性作为农作物种植模式推广的重要依据；水利部门要做好农业节水灌溉技术的推广普及工作；畜牧业、林业、渔业管理部门要大力推广先进适用机械设备，积极支持农业机械化发展；发展改革部门要积极争取上级资金，扶持农业机械化发展；财政部门要落实扶持农业机械化发展的资金，加强农机购置补贴政策和农业机械化项目实施的监管；科技部门要加大对农业机械化新技术、新机具、新成果开发推广支持力度；质监部门要加强生产领域农机产品质量监管；工商部门要加强农机市场管理；商务部门要加强对农机流通行业的指导，加快农机流通体系建设；银行业和保险业监管部门要督促金融机构和保险公司积极开展农机信贷、保险业务；其他部门也要根据职责积极支持农业机械化发展。有关行业协会要当好政府与企业、农户的桥梁，充分发挥协调、服务、维权、自律的作用。

（二）落实政府责任。各级人民政府要认真学习和贯彻实施《中华人民共和国农业机械化促进法》、《农业机械安全监督管理条例》等有关法律法规，把推进农业机械化发展纳入国民经济和社会发展规划，建立工作责任制，落实扶持政策，保障工作经费，改善工作条件，为农业机械化发展创造良好的环境。要把农业机械化发展作为现代农业的重要指标和新农村建设的重要内容，纳入县域经济考核体系。要按照国发［2010］22号和鲁政发［2011］13号文件的要求，着力加强农业机械化管理机构和队伍建设，优化农机管理体制，进一步提高执法、监管和服务能力。切实解决好农业机械化发展中遇到的各种矛盾和问题，全面推动全市农业机械化又好又快发展。

二〇一一年十一月十五日

索 引

说 明

一、本索引采用主题分析索引方法,依据汉语拼音字母顺序排列,同音字按声调排列。
二、类目用黑体字。数字表示内容所在页码或参见页码,数字后字母表示从左到右内容所在栏别。
三、除标题外,机构与负责人、大事记栏目内容不作索引。

A

B

C

D

F

K

L

M

N

P

Q

R

S

T

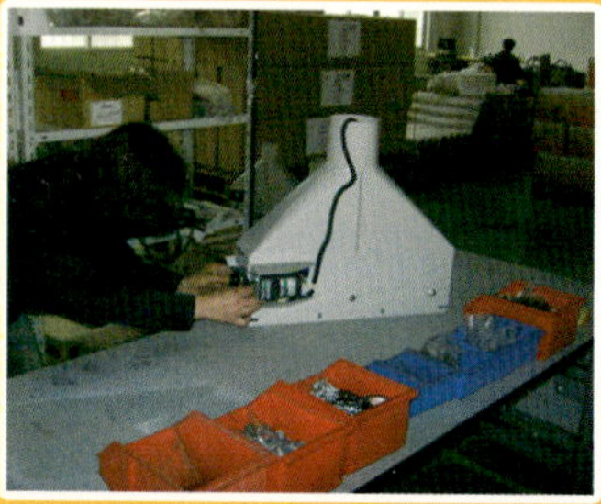

百川®
BAICHUAN
河南金大川机械有限公司始建于20世纪80年代初期，已有30多年生产农机具的历史。占地面积35000㎡，是国内生产超大型、中型、小型，单、双向液压调幅翻转犁的重点企业。配套动力适用于4.4—353KW（6—480马力）轮式、履带式拖拉机。产品严格按照国家标准（GB/T14225-2008）生产。生产的农用挂车、悬挂犁等产品通过省级部门鉴定，研制的产品获多项国家专利和科技奖。2012年中国国际农业机械展览会1LFTB-746荣获创新奖，农业部评为质量管理达标企业，荣获河南省名优产品奖，被中国农业机械工业协会评为理事单位。
河南金大川机械有限公司
电话：400-0378-618 0378-7288666
传真：0378-7288918
网址：www.金大川.cn www.bcjxc.cn
邮箱：304154188@qq.com
地址：河南省尉氏县永兴镇司马村

SMJ® 双木农机 自排草 水旱两用稻麦脱粒机

贵阳事达精工机械有限公司——是目前国内最大的脱粒机制造企业，集脱粒机、微耕机等现代化农用机械专业研发、制造、销售为一体的涉农科技型企业。成立于2008年11月，注册资金516万元，占地面积130亩，公司坐落于——贵州省平坝县夏云工业园。

公司生产的所有产品均利用现代化的数控设备、液压设备、冲压设备、剪切设备、铆接设备以及专业焊机设备等精工制造而成，且聘请了国内资深的农用机械技术研究人员加盟公司进行技术指导及产品研发、更新。现公司推出的产品有：5TG-50/60/70型半自动稻麦脱粒机（俗称“打谷机”），是目前国内市场上最轻便、最先进的机动脱粒机，零负荷启动，国家专利产品（专利号ZL201020055004.7）；也是目前国内市场上首款“能背”的机动脱粒机。重量只有20多公斤，且体积小、功能全，具有自动筛选、自动排草、自动风选、自动装袋等功能。1WG4.0-105FC-Z/1WG6.3-135FC-Z型多功能微耕机，小巧灵活、性能稳定、使用维护方便，可配置各种刀具及高压水泵、喷雾器等其它机具，能满足不同的作业要求，特别适合西部山区及丘陵地带使用。

贵阳事达精工机械有限公司

地址：贵州省平坝县夏云工业园二期规划区02-19、02、22地块　电话/传真：0853-4298777　http://gyshida.cn.alibaba.com

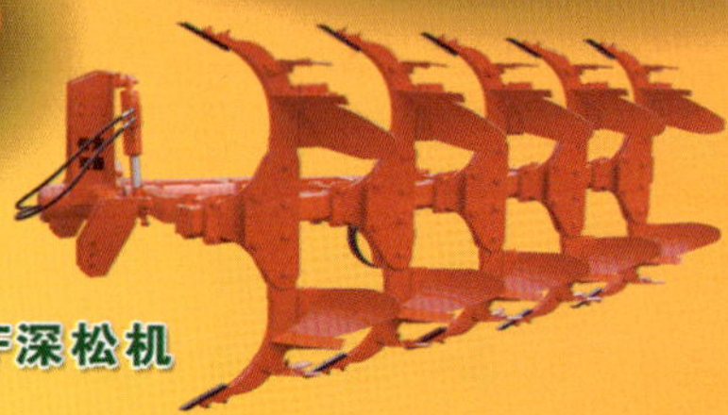

石家庄市绿炬种子机械厂

石家庄市绿炬种子机械厂是农业部投资改建的国内第一家只从事种业机械研究、开发和生产经营的专业企业。

石家庄市绿炬种子机械厂在位处京畿腹地、地扼华北要道的石家庄市。这里信息灵通、交通便利、货运快捷、商家如云。

20多年来，石家庄市绿炬种子机械厂甘愿为"绿色革命的火炬"-"绿炬"，燃烧自己，照亮他人。自行开发研制的"绿炬"牌种业机械系列产品，成功的实现了从"引进仿制"到"消化创新"的跨越。多项自主知识产权的产品把世界先进技术与中国特色完美的结合，已经成为"绿炬"产品典型的风格和特征，深受国人的欢迎。产品畅销除台湾省以外的全国各省、市、自治区。从雪域高原到三江平原，从天山侧畔到东海之滨，到处都有"绿炬"种机在工作。部分产品引起外商的兴趣，已经打入国际市场，并受到韩国、古巴、智利、巴基斯坦、蒙古、俄罗斯、菲律宾等国的好评。

在国家质量技术监督局的国家产品质量抽查中"绿炬"种业机械连续均为合格。

"绿炬"牌种业机械曾荣获首届中国农业博览会银奖，第二届银奖、铜奖，第三届被认定为名牌产品；99中国国际农业博览会荣获名牌产品称号，并于2001年11月再次被中国国际农业博览会认定为名牌产品。是河北省农业名优产品；5种产品被国家"种子工程"试验选型后，首批颁发了推广许可证书；9项技术荣获国家实用新型专利。

先进的技术，精湛的工艺，优良的质量、真诚的服务为企业赢得了荣誉，被石家庄市工商行政管理局命名为："重合同、守信用"单位。被市政府连续几年命名为市级"文明单位"，被河北省专利管理局命名为"中国专利河北明星企业"。

"绿炬——真诚服务到永远"是石家庄市绿炬种子机械厂"绿炬"员工的庄严承诺。

真诚服务到永远

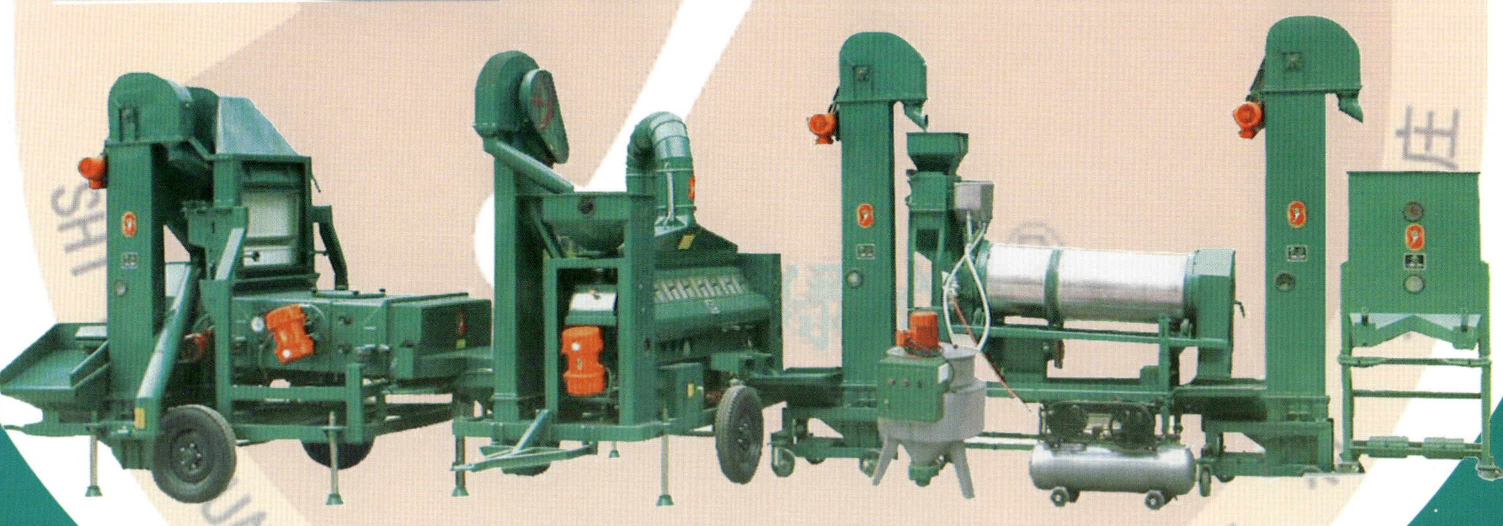

石家庄市绿炬种子机械厂

地址：石家庄市胜利北街175号　邮编：050041　电话：（0311）86086793　咨询、定货专线：（0311）86083433

传真：（0311）86088361　网址：www.lvju.cn

连云港市华旋农业机械装备有限公司
华旋
华 旋
连云港市华旋旋耕机厂
华旋牌系列多功能旋播机
荣获全国旋耕机械行业
创新产品奖
中国农业机械工业协会旋耕机械分会
二〇〇七年九月
连云港市华旋旋耕机厂
华旋牌系列框架旋耕机被评为
全国旋耕机械行业
优秀品牌产品
中国农业机械工业协会旋耕机械分会
二〇〇七年九月